読書案内・紀行編

歴史と民俗の旅

日外アソシエーツ

Guide to Books of Travels on History and Folklore

Compiled by
Nichigai Associates, Inc.

©2002 by Nichigai Associates, Inc.
Printed in Japan

本書はディジタルデータでご利用いただくことができます。詳細はお問い合わせください。

●編集担当● 一ノ瀬 雅隆
装 丁：浅海 亜矢子

刊行にあたって

　日本人の旅行熱は不況下の今日においても高く、2000年には史上初めて海外旅行者数が1700万人を越えた。世界中どこへ行っても日本人観光客のいないところはないというくらいの旅行大国ではあるが、旅の中身・質の面ではどうだろうか。ともするとツアーに組み込まれて、名所や観光地を一瞥して回るだけの旅行になりがちで、その背景にある文化や風土への視点がおろそかになってしまうことも多い。また毎年多数刊行されている旅行ガイドも、地域別に観光スポットを紹介するだけの簡便なものがほとんどで、ステレオタイプに陥っていることは否めない。本書は、そのような単なるガイド類とは一線を画す、旅に学ぶ、旅の記録や資料から学ぶための図書を分野別、テーマごとに紹介する読書案内のための目録である。

　「読書案内」シリーズは、膨大な刊行物の中から必要なテーマの本を素早く探すためのハンディな図書目録シリーズであり、利用者のニーズに細かく対応してテーマごとに図書の一覧を提供しようとするものである。すでに「伝記編」7点、「作品編」4点、「知る本」8点が刊行されており、今回新たに「紀行編」として『歴史と民俗の旅』『自然と冒険の旅』『芸術と文学の旅』の3点を刊行する。

　本巻『歴史と民俗の旅』は、日本と世界の紀行・旅行に関する文献の中から'歴史'または'民俗'に関するテーマを選び、その関連図書を示した図書目録である。

　本書が、旅のきっかけ、またより豊かな旅を楽しむための手掛かりとなれば幸いである。

2002年9月

日外アソシエーツ

凡　例

1. **本書の内容**

    本書は、紀行・旅行に関する図書のうち歴史と民俗に関わるテーマをとりあげ、その参考となる図書を示した図書目録である。

2. **見出し**

    1) 全体を「歴史紀行一般」「遺跡・史跡」「宗教・神話」「寺社仏閣」「文化財・仏像」「古都・街道」「城と城下町」「人物探訪」「民俗・生活」の9つの分野に分け、大見出しを立てた。
    2) 大見出しの下で、基本となる分野・地域・時代別に中見出しを立てた。さらに重要なテーマについては独立したテーマ見出しを設け、地域・時代・関連人物・文化財としての指定名称や関連する名数等の情報をできるだけ付した。

3. **図書リスト**

    1) 2001(平成13年)年までの最近20年間に日本国内で刊行された図書を中心にとりあげたが、重要な文献については20年以上前のものであっても収録した。収録点数は8,660点である。
    2) 書名の五十音順に排列した。欧文で始まる書名については末尾にABC順で排列した。

4. **事項名索引（巻末）**

    本文の見出し項目、その中に含まれているテーマなどを五十音順に排列し、その見出しの掲載頁を指示した。

目　　次

歴史紀行一般

日　　本 ………………………… 1
　　平家落人伝説 ………………… 3
　　太平記 ………………………… 3
　　幕末・明治維新 ……………… 4
　　漂流記 ………………………… 6
　　司馬遼太郎「街道をゆく」… 7
外国人の見た日本 ……………… 11
　　エンゲルベルト・ケンペル … 18
　　ペリー ………………………… 19
　　シーボルト …………………… 19
　　E.S.モース …………………… 20
　　イザベラ・バード …………… 20
　　アーネスト・サトウ ………… 21
北海道・東北地方 ……………… 22
　　蝦夷地 ………………………… 25
関東地方 ………………………… 26
　　秩父事件 ……………………… 36
中部・東海地方 ………………… 37
北陸地方 ………………………… 42
近畿地方 ………………………… 44
中国地方 ………………………… 49
四国地方 ………………………… 52
九州・沖縄地方 ………………… 53
世　　界 ………………………… 56
アジア …………………………… 59
　　海のシルクロード …………… 62
朝　　鮮 ………………………… 64
中　　国 ………………………… 65
　　三国志 ………………………… 69
　　旧満州 ………………………… 70
　　シルクロードと楼蘭 ………… 74
ヨーロッパ ……………………… 86

世界遺産の旅 …………………… 93

遺跡・史跡

古代遺跡（日本）……………… 99
古代遺跡（北海道・東北地方）… 101
古代遺跡（関東地方）………… 101
古代遺跡（中部・東海地方）… 102
古代遺跡（北陸地方）………… 103
古代遺跡（近畿地方）………… 103
古代遺跡（中国地方）………… 104
古代遺跡（四国地方）………… 104
古代遺跡（九州地方）………… 105
　　吉野ヶ里遺跡 ………………… 105
古代遺跡（世界）……………… 106
古代遺跡（アジア）…………… 108
　　万里の長城 …………………… 111
　　敦煌の遺跡 …………………… 111
　　ガンダーラ文化 ……………… 112
古代遺跡（ヨーロッパ）……… 113
　　古代ギリシア遺跡 …………… 113
　　古代ローマ遺跡 ……………… 114
　　ポンペイ遺跡 ………………… 116
古代遺跡（アフリカ）………… 116
　　古代エジプト文明 …………… 116
古代遺跡（中南米）…………… 120
　　マヤ・アステカ文明 ………… 120
　　ナスカ遺跡 …………………… 122
古墳（日本）…………………… 122
古墳（世界）…………………… 124
遺跡・史跡めぐり（日本）…… 124
遺跡・史跡めぐり（北海道・東北地方）
　　………………………………… 126
遺跡・史跡めぐり（関東地方）… 127
遺跡・史跡めぐり（中部・東海地方）133
遺跡・史跡めぐり（北陸地方）… 134

遺跡・史跡めぐり（近畿地方）…… 134
遺跡・史跡めぐり（中国地方）…… 136
　原爆ドームと原爆資料 …………… 137
遺跡・史跡めぐり（四国地方）…… 138
遺跡・史跡めぐり（九州・沖縄地方）… 138
　大宰府 ………………………………… 139
　琉球王国遺跡 ………………………… 139
遺跡・史跡めぐり（世界）………… 140
　インカ帝国の遺跡 …………………… 141
　イースター島のモアイ像 …………… 142
遺跡・史跡めぐり（アジア）……… 143
　雲崗石窟 ……………………………… 145
　アンコール遺跡 ……………………… 145
古戦場（日本）……………………… 148
　川中島合戦 …………………………… 149
　関ヶ原合戦 …………………………… 149
　戊辰戦争 ……………………………… 149
古戦場（世界）……………………… 150
　ノモンハン事件 ……………………… 150

宗教・神話

宗教・神話（日本）………………… 151
　熊野古道 ……………………………… 151
　出雲神話 ……………………………… 153
日本とキリスト教（キリシタン）… 154
　フランシスコ・ザビエル …………… 155
　ルイス・フロイス …………………… 155
宗教・神話（世界）………………… 156
仏教（世界）………………………… 156
仏教（中国）………………………… 156
仏教（インド）……………………… 157
仏教（チベット）…………………… 160
イスラム教 …………………………… 162
キリスト教 …………………………… 163
宗教・神話（ヨーロッパ）………… 165
　スペイン巡礼 ………………………… 166
　ケルト神話 …………………………… 167
　ギリシア神話 ………………………… 168

寺社仏閣

寺社めぐり（日本）………………… 169
寺社めぐり（北海道・東北地方）… 176
寺社めぐり（関東地方）…………… 177
　日光東照宮 …………………………… 182
　秩父札所めぐり ……………………… 183
寺社めぐり（鎌倉）………………… 185
寺社めぐり（中部・東海地方）…… 185
　伊勢神宮 ……………………………… 188
　善光寺 ………………………………… 189
寺社めぐり（北陸地方）…………… 189
寺社めぐり（近畿地方）…………… 190
　西国巡礼 ……………………………… 193
　比叡山延暦寺 ………………………… 195
　高野山金剛峰寺 ……………………… 196
寺社めぐり（京都）………………… 197
　平等院 ………………………………… 202
　清水寺 ………………………………… 202
　金閣と銀閣 …………………………… 202
寺社めぐり（奈良）………………… 202
　東大寺 ………………………………… 205
　興福寺 ………………………………… 206
　法隆寺 ………………………………… 206
　薬師寺 ………………………………… 207
　室生寺 ………………………………… 208
　唐招提寺 ……………………………… 208
寺社めぐり（中国地方）…………… 208
　厳島神社 ……………………………… 209
寺社めぐり（四国地方）…………… 209
　四国遍路の旅 ………………………… 210
　金刀比羅宮 …………………………… 219
寺社めぐり（九州・沖縄地方）…… 219
寺院・教会（世界）………………… 220
寺院・教会（アジア）……………… 220
　タージ・マハル宮 …………………… 221
寺院・教会（ヨーロッパ）………… 221
　アッシジの聖フランチェスコ ……… 222
　シャルトル大聖堂 …………………… 223
修道院（ヨーロッパ）……………… 223

モン・サン・ミシェル修道院 223

文化財・仏像

　国　宝 224
　文化財探訪（日本） 227
　文化財探訪（北海道・東北地方） 227
　文化財探訪（関東地方） 228
　文化財探訪（中部・東海地方） 230
　文化財探訪（北陸地方） 231
　文化財探訪（近畿地方） 231
　　正倉院 232
　文化財探訪（中国地方） 233
　文化財探訪（四国地方） 233
　文化財探訪（九州・沖縄地方） 233
　仏像めぐり（日本） 234
　仏像めぐり（北海道・東北地方） 238
　仏像めぐり（関東地方） 240
　仏像めぐり（中部・東海地方） 242
　仏像めぐり（北陸地方） 243
　仏像めぐり（近畿地方） 244
　仏像めぐり（京都） 245
　仏像めぐり（奈良） 245
　仏像めぐり（中国地方） 246
　仏像めぐり（四国地方） 247
　仏像めぐり（九州・沖縄地方） 247
　仏像めぐり（アジア） 247

古都・街道

　古都（日本） 249
　　奥州平泉 249
　　江戸名所散策 249
　　江戸名所図会 255
　　東京下町 262
　　鎌倉 265
　　京都 270
　　京名所図会 282
　　奈良 285
　　大阪名所図会 289
　　長崎と異国文化 290

　古都（アジア） 291
　　北京 292
　　上海 293
　　イスタンブール 293
　古都（ヨーロッパ） 295
　　ロンドン 297
　　パリ 298
　　ベルリン 299
　　ウィーン 300
　　ローマ 301
　　ヴェネツィア 302
　　シエナ 304
　　フィレンツェ 304
　　バチカン 305
　　バルセロナ 306
　　モスクワ 306
　　サンクト・ペテルブルク 307
　街道（日本） 307
　街道（北海道・東北地方） 308
　　奥州街道 309
　街道（関東地方） 309
　　日光街道 311
　　鎌倉街道 312
　　甲州街道 312
　街道（中部・東海地方） 313
　　中山道 315
　　東海道 318
　街道（北陸地方） 325
　街道（近畿地方） 325
　街道（中国地方） 327
　街道（四国地方） 327
　街道（九州・沖縄地方） 327
　宿場町 328
　関所跡 329
　街道（世界） 329
　　ロマンチック街道 329
　　メルヘン街道 330

城と城下町

　城・城跡（日本） 331

城・城跡（北海道・東北地方） …… 335
城・城跡（関東地方） …… 336
　江戸城 …… 338
城・城跡（中部・東海地方） …… 338
　名古屋城 …… 340
　松本城 …… 341
城・城跡（北陸地方） …… 341
城・城跡（近畿地方） …… 342
　大坂城 …… 344
　姫路城 …… 345
城・城跡（中国地方） …… 346
城・城跡（四国地方） …… 347
城・城跡（九州沖縄地方） …… 348
　熊本城 …… 349
城・城跡（世界） …… 349
城・城跡（アジア） …… 349
　紫禁城 …… 350
城・城跡（ヨーロッパ） …… 350
城・城跡（ドイツ） …… 353
　ヴェルサイユ宮殿 …… 354
　アルハンブラ宮殿 …… 354
城下町（日本） …… 354
城下町（北海道・東北地方） …… 355
城下町（関東地方） …… 355
城下町（中部・東海地方） …… 355
城下町（北陸地方） …… 356
城下町（近畿地方） …… 356
城下町（中国地方） …… 356
城下町（四国地方） …… 357
城下町（九州沖縄地方） …… 357

人物探訪

日本史―古代 …… 358
　聖徳太子 …… 358
　空海 …… 358
　円仁 …… 359
　平将門 …… 359
　瀬戸内水軍と村上氏 …… 360
日本史―中世 …… 360
　源氏と平家 …… 361

源頼朝と源義経 …… 362
法然 …… 363
親鸞 …… 363
日蓮 …… 363
一休宗純 …… 364
北条時宗 …… 364
蓮如 …… 364
戦国大名 …… 365
　毛利元就 …… 366
　武田信玄 …… 366
　明智光秀 …… 366
　織田信長 …… 367
　豊臣秀吉 …… 367
　徳川家康 …… 367
　伊達政宗 …… 367
日本史―近世 …… 368
　水戸光圀 …… 369
　円空 …… 369
　宮本武蔵 …… 370
　赤穂浪士と忠臣蔵 …… 370
　伊能忠敬 …… 370
　大黒屋光太夫 …… 371
　良寛 …… 371
　間宮林蔵 …… 372
　松浦武四郎 …… 373
　ジョン万次郎 …… 373
　アメリカ彦蔵 …… 374
日本史―近代 …… 374
　勝海舟 …… 375
　岩倉具視と岩倉使節団 …… 376
　西郷隆盛 …… 376
　吉田松陰 …… 377
　福沢諭吉 …… 377
　坂本竜馬 …… 377
　徳川慶喜 …… 378
　高杉晋作 …… 378
　新撰組 …… 379
世界史 …… 379
　張騫 …… 379
　アレキサンダー大王 …… 380

聖パウロの旅 ……………………… 380
毛沢東 …………………………… 380

民俗・生活

民俗学 …………………………… 382
菅江真澄 ………………………… 382
柳田国男と遠野物語 …………… 383
宮本常一と民俗学 ……………… 386
柳宗悦と民芸 …………………… 388
方言の旅 ………………………… 388
年中行事（日本） ………………… 390
年中行事（北海道・東北地方） …… 392
年中行事（関東地方） …………… 392
年中行事（中部・東海地方） …… 395
年中行事（北陸地方） …………… 396
年中行事（近畿地方） …………… 396
大文字送り火 …………………… 397
年中行事（中国地方） …………… 398
年中行事（四国地方） …………… 398
年中行事（九州・沖縄地方） …… 398
年中行事（世界） ………………… 398
祭（日本） ………………………… 399
祭（北海道・東北地方） ………… 402
青森ねぶた ……………………… 404
仙台七夕 ………………………… 404
祭（関東地方） …………………… 404
東京三社祭 ……………………… 407
祭（中部・東海地方） …………… 407
祭（北陸地方） …………………… 411
祭（近畿地方） …………………… 413
京都祇園祭 ……………………… 416
大阪天神祭 ……………………… 417
祭（中国地方） …………………… 417
祭（四国地方） …………………… 418
徳島阿波踊り …………………… 419
祭（九州・沖縄地方） …………… 419
祭（世界） ………………………… 421
祭（アジア） ……………………… 423
祭（ヨーロッパ） ………………… 423
街並み（日本） …………………… 424
角館の武家町 …………………… 424
白川郷の合掌造り ……………… 425
街並み（ヨーロッパ） …………… 425
民謡（日本） ……………………… 427
民謡（沖縄） ……………………… 428
民謡（世界） ……………………… 428
民　族 …………………………… 429
アイヌ …………………………… 429
中国少数民族 …………………… 431
ロマ ……………………………… 432
ネイティブ・アメリカン ……… 433
イヌイット ……………………… 434
アボリジニ ……………………… 435

事項名索引 ……………………… 437

歴史紀行一般

日 本

◇一冊で名所100景の歴史を探る―バスガイドさんの話で学ぶ歴史・伝説　友人社編集部編　友人社　1990.3　233p　19cm　(一冊で100シリーズ　8)　1240円　ⓝ4-946447-09-1
　＊本書は、全国各地の代表的な名所を100ケ所選び、バス旅行のときに私たちを楽しませてくれるガイドさんの口調で、その正史、伝説などを紹介したものである。
◇古代史を歩く　大和編　清水銀造著　近代文芸社　1992.2　289p　19cm　2000円　ⓝ4-7733-1205-X
◇古代史紀行　宮脇俊三著　講談社　1994.9　404p　15cm　(講談社文庫)　620円　ⓝ4-06-185773-8
　＊鉄道と時刻表に興味を抱く旅行作家の著者が、日本の歴史を、その歴史の成り立つ順に史跡を求めて旅をする。『魏志倭人伝』に紹介された対馬から、道鏡左遷の地・下野薬師寺跡まで、約五百年の古代日本史の現場に立ち、歴史の舞台となった場所を実地検分した上での「臨場感のある歴史」をここに再現する。
◇新・日本史への旅　東日本編　森浩一著　朝日新聞社　1987.3　165p　21cm　1800円　ⓝ4-02-255627-7
　＊日本各地を歩き調査した豊富な体験をもとに、ヤマト中心の歴史を打破する。
◇図説歴史散歩事典　人見春雄ほか編集・執筆　2版　山川出版社　1983.4　384,48p　19cm　1300円
◇清張歴史游記　松本清張著　日本放送出版協会　1982.11　240p　20cm　1200円　ⓝ4-14-008297-6
◇地図でたどる日本史　佐藤和彦〔ほか〕編　東京堂出版　1995.12　226p　22cm　2500円　ⓝ4-490-20263-6
◇奈良本辰也自選歴史を往く　2　歴史の旅情　奈良本辰也著　学習研究社　1977.10　318p　20cm　1300円

◇日本歴史推理紀行　林直道著　青木書店　1991.10　300p　19cm　2060円　ⓝ4-250-91030-X
　＊謎と感動の歴史秘話。
◇日本歴史探検―タイムトラベルれきはく案内　2　中世を歩く　国立歴史民俗博物館編集　福武書店　1988.5　98p　26cm　800円　ⓝ4-8288-1172-9
◇風情と人情になごむ全国歴史町散歩　旅行読売出版社　1998.10　122p　26cm　(旅行読売mook　133)　952円　ⓝ4-89752-115-7
◇ふるさと歴史紀行―人との出会いの日々　市川雄二著　市川雄二　1999.6　236p　22cm　1500円
◇明治民衆史を歩く　井出孫六著　新人物往来社　1980.6　253p　20cm　2000円
◇歴史をあるく、文学をゆく　半藤一利著　平凡社　2001.2　269p　20cm　1500円　ⓝ4-582-82955-4
　＊芭蕉、信長、竜馬、漱石、荷風…らに思いを馳せて、日本列島を北へ南へ。"歴史の微笑""文学のえくぼ"を拾いにゆく。
◇歴史を旅する　徳田敬männ　増補版　ソーゴー21　1997.10　164p　17cm
◇歴史旅のファンタジア　小坂田司作　遊心居　1992.4　259p　21cm
◇歴史の旅　第2集　大塚益郎著　大塚益郎　1991.1　161p　21cm
◇歴史の中の"まち"　新井福之助著　教育新聞出版センター　1992.5　391p　19cm　3000円
◇歴史への旅　水上勉著　平凡社　1983.10　286p　20cm　(水上勉紀行文集　第6巻)　1200円
◇歴史を紀行する　司馬遼太郎著　文芸春秋　1987.11　261p　16cm　(文春文庫　105‐22)　360円　ⓝ4-16-910522-5
◇歴史を訪ねる旅21選　悠遊の会編　七賢出版　1994.4　221p　19cm　(GUIDE BOOK OF SHICHIKEN)　1400円　ⓝ4-88304-129-8
　＊本書は首都圏から気軽に出かけられる予算一万円の旅シリーズとして発刊します。由緒ある社寺や伝統ある文化の真随を体

日本　　　　　　　　　　　　　　　　　歴史紀行一般

感できる場所を厳選しました。
◇歴史街道を歩く　小松重男著　東洋経済新報社　1996.3　221p　19cm　1200円　ⓘ4-492-06078-2
　＊日本全国51ケ所のスポットとそこにまつわるエピソードをとりあげた歴史紀行。全ケ所イラストマップつき。
◇歴史紀行　津上忠著　新日本出版社　1985.2　299p　20cm　2300円
◇歴史紀行―海よ島よ　白石一郎著　講談社　1994.11　228p　19cm　1400円　ⓘ4-06-207305-6
　＊日本歴史を海から見る。足でたどった歴史紀行エッセイ。
◇歴史紀行　峠をあるく　井出孫六著　筑摩書房　1987.3　249p　15cm　（ちくま文庫）380円　ⓘ4-480-02120-5
　＊歴史の転換期に重要な役割を果たしてきた峠、近代化のなかで切り捨てられてきた庶民の哀歓を刻みこんでいる峠道をたどり、その秘められた歴史をさぐる、興趣つきない旅の記録である。
◇歴史見学にやくだつ遺跡と人物 3　飛鳥・奈良・平安時代の遺跡と人物　島津隆子執筆　ポプラ社　1992.4　45p　29×22cm　2500円　ⓘ4-591-04053-4
　＊遺跡、法隆寺・東大寺・多賀城政庁跡など。人物、聖徳太子・中大兄皇子・鑑真・平清盛など。カラー版。小学上級～中学生向。
◇歴史見学にやくだつ遺跡と人物 5　室町時代の遺跡と人物　島津隆子執筆　ポプラ社　1992.4　45p　29×22cm　2500円　ⓘ4-591-04055-0
　＊遺跡、足利学校・首里城跡・金閣・銀閣など。人物、足利義満・足利義政・雪舟など。カラー版。小学上級～中学生向。
◇歴史見学にやくだつ遺跡と人物 7　安土桃山時代の遺跡と人物　島津隆子執筆　ポプラ社　1992.4　45p　29×22cm　2500円　ⓘ4-591-04057-7
　＊遺跡、小田原城・大阪城・名護屋城跡など。人物、豊臣秀吉など。カラー版。小学上級～中学生向。
◇歴史見学にやくだつ遺跡と人物 8　江戸時代前期の遺跡と人物　島津隆子執筆　ポプラ社　1992.4　45p　29×22cm　2500円　ⓘ4-591-04058-5
　＊遺跡、熊本城・二条城・名古屋城・島原城など。人物、徳川家康・徳川家光など。カラー版。小学上級～中学生向。

◇歴史見学にやくだつ遺跡と人物 9　江戸時代中期・後期の遺跡と人物　島津隆子執筆　ポプラ社　1992.4　45p　29×22cm　2500円　ⓘ4-591-04059-3
　＊遺跡、水戸城跡・箱根関所跡・木戸孝允旧宅など。人物、安藤広重・ペリー・西郷隆盛など。カラー版。小学上級～中学生向。
◇歴史見学にやくだつ遺跡と人物 10　明治・大正・昭和時代の遺跡と人物　島津隆子執筆　ポプラ社　1992.4　45p　29×22cm　2500円　ⓘ4-591-04060-7
　＊遺跡、五稜郭跡・野口英世の生家・原爆ドームなど。人物、大久保利通・福沢諭吉・伊藤博文など。カラー版。小学上級～中学生向。
◇歴史探訪に便利な日本史小典　日笠山正治編　3版　日正社　1989.5　173p　15cm　800円　ⓘ4-931208-02-9
◇歴史と古道―歩いて学ぶ中世史　戸田芳実著　人文書院　1992.6　346p　21×16cm　3914円　ⓘ4-409-52018-0
　＊古え人の痕跡を無言のうちにのこす「歴史の道」道の文化を踏査・観察・記録する新しい歴史学。
◇歴史の島をゆく　鈴木亨著　鷹書房　1986.5　298p　19cm　1500円　ⓘ4-8034-0288-4
　＊ロマンあふれる遙かなる島々への旅。豊かな風物詩・史話・伝説・遺跡そして古戦場などには、周囲を海に限られた世界で必死に生きた人間たちの営みがある。
◇歴史の旅　小滝和子著　小滝喜代子　1984.12　497p　20cm　2000円
◇歴史のなかの紀行　北日本・海外　中田嘉種著　そしえて　1986.7　314,12p　19cm　2300円　ⓘ4-88169-802-8
◇歴史のねむる里へ　永井路子著　PHP研究所　1988.3　234p　19cm　1200円　ⓘ4-569-22196-3
　＊古都の風にのってときの囁きがきこえてくる。奈良、飛鳥、京都、鎌倉…静かなたたずまいをみせる古都。そこにねむる昔人の喜び、悲しみ、陰謀、野望のドラマが、旅人・永井路子に語りかけたものは何か。昔人の息づかいがよみがえる歴史紀行集。
◇歴史の道・再発見　第3巻　家持から野麦峠まで―中山道・北陸道をあるく　井271田良治、塚田孝、田朋敬一、細川涼一、藪田貫、吉田晶編　フォーラム・A　1996.7　275p　19cm　2480円　ⓘ4-938701-61-8
　＊歴史は中央でだけ創られるものではない。それは地方の日々の生活からも生まれて

くる。売薬商人あり、文人あり、出稼女工あり。望郷の思いを胸に、彼らは故郷を出て、新たな歴史の一頁を切り拓いていく。中山道・北陸道・伊勢街道の歴史。
◇歴史の旅情　奈良本辰也著　河出書房新社　1963　200p 図版　19cm　(Kawade paperbacks)
◇歴史風景の旅　山崎昇著　創栄出版,星雲社発売　1995.3　330p　21cm　1500円　⓵4-7952-5240-8

平家落人伝説

全国各地　鎌倉時代以降

＊　　＊　　＊

◇阿波の平家部落　祖谷　久米惣七、原三正、今市正義共編　祖谷刊行会　1956　640p 図版　19cm
◇落人伝説の旅—平家谷秘話　武田静澄著　社会思想社　1969　332p　15cm　(現代教養文庫)
◇栗山村物語—平家落人伝説の里　芦原伸著　駿台曜曜社　1999.10　205p　21cm　1300円　⓵4-89692-188-7
◇秘境秋山郷を旅する—平家落人伝説を追って　大藪宏著　新潟日報事業社出版部　1993.6　283p　19cm　1500円　⓵4-88862-487-9
◇平家落人伝説の旅　加藤賢三著　朝日ソノラマ　1976　158p 図　18cm　(紀行シリーズ)　550円
◇平家の谷—秘境秋山郷　市川健夫著　9版　令文社　1973　167p 図　19cm　420円

太平記

神奈川県, 奈良県, 京都府, 大阪府ほか　南北朝時代　関連人物：後醍醐天皇, 足利尊氏

＊　　＊　　＊

◇写真紀行　太平記　長野重一著　アイピーシー　1991.1　144p　26×19cm　3600円　⓵4-87198-834-1
　＊歴史にゆかりのある「太平記」の山河への旅は、豊かなイメージを抱かせる。古戦場に立てば吹く風の中から大軍の関の声が聞え、夏草に埋れた墓の下から武将たちのうめき声が聞える。平凡な日本の山河ドラマチックな舞台となって立ちあらわれる。写真太平記。
◇太平記供養の旅 4　四国九州と中部北陸から青森まで111カ所　新田明江著　梅檀社　1993.6　224p　19cm　1300円　⓵4-7952-2836-1
◇太平記を歩く—日本人の心の源流を求めて　田中澄江著　PHP研究所　1991.2　225p　19cm　1100円　⓵4-569-53003-6
◇太平記おもしろ紀行—南北朝争乱の舞台を行く　村松定孝著　大陸書房　1990.12　222p　15cm　(大陸文庫)　480円　⓵4-8033-3152-9
　＊'91年度NHK大河ドラマ化決定。壮大な歴史ロマンを写真と地図で再現。後醍醐天皇、尊氏、正成ら武将の生きざまをリアルに描く。収録図版100枚。
◇太平記紀行—鎌倉・吉野・笠置・河内　永井路子著　平凡社　1974　208p　20cm　(歴史と文学の旅)　900円
◇太平記紀行—鎌倉・吉野・笠置・河内　永井路子著　中央公論社　1990.12　205p　15cm　(中公文庫)　420円　⓵4-12-201770-X
　＊天皇親政にあくまでも固執した波瀾の生涯をおくった後醍醐天皇、北条政権を倒し主導権を握ろうともくろむ足利尊氏、更に楠木正成・護良親王…。それぞれの思惑を胸にくり広げた変革と動乱の跡を辿る。従来の南北朝史に新たな視点を加える歴史紀行。
◇太平記紀行　邦光史郎著　徳間書店　1991.4　175p　15cm　(徳間文庫)　320円　⓵4-19-569294-6
　＊鎌倉幕府を倒して誕生した建武政権だったが、公家に偏る政事の混迷は、武士との確執を生んだ。後醍醐天皇方には新田義貞、楠木正成、名和長年の諸将。一方で武士層の不満を一手に担い、着々と勢力を伸ばす足利尊氏。風雲の人護良親王を加えて、世情は騒然とした。新興する者と滅びゆく者、戦乱に明け暮れる時流の渦中で、絢爛の合戦絵巻を彩った英雄たちを偲ぶ歴史紀行書下し。
◇太平記供養の旅 4　四国九州と中部北陸から青森まで111カ所　新田明江著　梅檀社,星雲社発売　1993.6　224p　19cm　1300円　⓵4-7952-2836-1
◇太平記供養の旅 1 関東・東海編　新田明江著　梅檀社,星雲社発売　1992.2　227p　19cm　1300円　⓵4-7952-2833-7
◇太平記供養の旅 2 中部・北陸・関西編　新田明江著　梅檀社,星雲社発売　1992.9　225p　19cm　1300円　⓵4-7952-2834-5

日本　　　　　　　　　　　　　　　　　　　　　　　　　　　　　　　　　　　歴史紀行一般

◇太平記供養の旅 3 大阪神・中国編　新田明江著　栴檀社,星雲社発売　1993.1　228p　19cm　1300円　①4-7952-2835-3
◇太平記の旅　村松定孝著　人物往来社　1968　221p 図版12枚　19cm
◇太平記物語―物語と史蹟をたずねて　徳永真一郎著　成美堂出版　1977.4　224p　19cm　700円
◇吉野山と太平記　NHKサービスセンター編　吉野町経済観光課　1991.3　59p　26cm　700円

幕末・明治維新

日本各地　　江戸時代,明治時代

　　　　　＊　　　＊　　　＊

◇維新と京都―明治百年京都の史跡めぐり　奈良本辰也著　光村推古書院　1967　64p　19cm
◇イタリア使節の幕末見聞記　V.F.アルミニヨン〔著〕,大久保昭男訳　講談社　2000.2　285p　15cm（講談社学術文庫）　860円　①4-06-159420-6
　＊ヨーロッパは、連年、蚕の病に見舞われていた。良質の蚕卵紙購入が動機で、通商を求め来日した、マジェンタ号艦長が綴る日本滞在記。開明的海軍中佐で地理学者の、西欧を代表する知識人が、日伊修好通商条約の交渉の準備から成立までの様子と「開国」に大きく揺れる幕末日本、江戸の庶民の生活や風俗を印象深く描き出す。
◇英国外交官の見た幕末維新―リーズデイル卿回想録　A.B.ミットフォード〔著〕,長岡祥三訳　講談社　1998.10　291p　15cm（講談社学術文庫）　900円　①4-06-159349-8
　＊近代日本幕開けの原動力は何か。西洋列強の脅威にさらされた日本は国際社会にいかに参加していったか。本書は、維新の四年間を我国で過した英国外交官の眼が捉えた臨場感あふれる記録である。明治天皇・徳川慶喜との会見、時代を先導した藩主や志士達との交流、外国人襲撃事件、維新の波の中に迸り出る民衆の底力等を鮮明に綴る。「外圧」にゆれる現代日本にとっても示唆に富む貴重な史料である。
◇英国外交官の見た幕末日本　飯田鼎著　吉川弘文館　1995.9　316,4p　19cm　2884円　①4-642-07469-4
　＊内憂外患に揺れる幕末の時代相を外交官たちの記録から発見する。
◇英国人が見た幕末薩摩　宮沢真一編著　高城書房出版　1988.9　206p　27cm　4500円　①4-924752-06-1
◇絵金と幕末土佐歴史散歩　鍵岡正謹,吉村淑甫著　新潮社　1999.5　111p　22cm（とんぼの本）　1500円　①4-10-602078-5
　＊蝋燭の灯に揺らぐ血みどろの芝居絵屏風が、今も土佐（高知）の夏祭りを怪しく彩る。これを描いたのが幕末の動乱期を生きた"絵金"こと絵師金蔵。その謎にみちた生涯と画業を追いながら、そこかしこに幕末の陰影を残す歴史の街土佐を探訪する。
◇京都・幕末維新をゆく　木村幸比古文,三村博史写真　淡交社　2000.5　126p　21cm（新撰京の魅力）　1500円　①4-473-01742-7
　＊明治維新で起きた事件を、時代の流れに添って詳しく解説。各章に、簡略な地図と交通手段を併せて掲載。
◇薩摩路に幕末維新を歩く―熊本近代史研究会1992年巡検　新藤東洋男〔編著〕　熊本近代史研究会　1992.4　52p　26cm
◇写真でみる維新の京都　石田孝喜文・写真　新人物往来社　1986.11　238,6p　26cm　7500円　①4-404-01394-9
　＊幕末の動乱は京の町を舞台に激しく展開。暗殺、処刑、逃亡、斬殺、梟首と血に染った維新の史跡を770枚の写真と40枚の地図・解説で詳細に描く決定版！
◇写真で見る幕末・明治　世界文化社　1990.4　255p　26×22cm　3800円　①4-418-90901-X
　＊ワーズウィックコレクション秘蔵の古写真2000枚の中から、未発表100枚を含む430枚を厳選。
◇城郭と幕末維新の藩主・領主―伊勢志摩 上　藤林明芳著　日本古城友の会　1998.11　6,15p　22cm（城と陣屋シリーズ 225号）
◇城郭と幕末維新の藩主・領主―伊勢伊賀 下　藤林明芳著　日本古城友の会　1999.1　6,16p　22cm（城と陣屋シリーズ 227号）
◇図説 歴史の街道・幕末維新　榊原和夫写真・文　河出書房新社　1990.11　127p　22×17cm　1600円　①4-309-72477-9
　＊幕末維新の鼓動をいきいきと伝える歴史小説の名場面に導かれ、運命の岐路となった街道、峠道、宿場町、古戦場の往時の面影や栄光と悲劇の跡の今昔をたずね、心うつカメラ・ガイド紀行。

◇長州・薩摩・土佐—維新の群像　千賀四郎編　小学館　1974　182p　20cm　（歴史の旅 10）　750円
◇長州歴史散歩—維新のあしおと　古川薫著　創元社　1968　191p　18cm
◇ドイツ商人幕末をゆく！—横浜・長崎・新潟　A.R.ベーバー著, 坂井洲二訳・編　新潟日報事業社　1997.9　349p　19cm　1800円　①4-88862-674-X
◇東海道・品川宿を駆け抜けた幕末維新　〔東京都〕品川区立品川歴史館編　品川区教育委員会　1999.10　72p　30cm
◇幕末維新江戸東京史跡事典　新人物往来社編　新人物往来社　2000.8　344p　22cm　9800円　①4-404-02860-1
　＊本書は、ペリーが来航した嘉永六年（一八五三）から明治二年（一八六九）の箱館戦争終結まで、いわゆる幕末維新期に起きた政治的事件、およびその関係者の史跡をたどったものである。
◇幕末維新オランダ異聞　宮永孝著　日本経済評論社　1992.7　274p　20cm　2884円　①4-8188-0616-1
◇幕末維新京都史跡事典　石田孝喜著　新装版　新人物往来社　1997.11　336p　22cm　9800円　①4-404-02534-3
　＊幕末、維新に関する京都の史跡204ケ所を収録。配列は五十音順、所在地や当時の状況など詳細に解説、付録に幕末維新京都の史跡、京都史跡地図、参考文献、人名索引、事項索引、年号対照表が付く。
◇幕末日本探訪記—江戸と北京　ロバート・フォーチュン〔著〕, 三宅馨訳　講談社　1997.12　363p　15cm　（講談社学術文庫）　960円　①4-06-159308-0
　＊英国生まれの世界的プラントハンターが、植物採集のため幕末の長崎、江戸、北京などを歴訪。団子坂や染井村の植木市など各地で珍しい園芸植物を手に入れるだけでなく、茶店や農家の庭先、宿泊先の寺院で庶民の暮らしぶりを自ら体験。日本の文化や社会を暖かな目で観察する一方、桜田門外の変、英国公使館襲撃事件や生麦事件など生々しい見聞をも記述。幕末日本の実情をつぶさに伝える貴重な探訪記。
◇幕末の京都をゆく—絵解き案内　宗政五十緒, 村上明子, 西野由紀著　小学館　1997.12　127p　19cm　1600円　①4-09-626197-1
　＊勤王か佐幕か、攘夷か開国か。日本の夜明けは来るのか？理想と野心、恋と剣戟に飛び散る火花。どこよりも熱かった幕末動乱の京都を、豊富な図版と軽妙な解説でたどる、愛と死の歴史探訪ガイドです。
◇幕末の私塾・蔵春園—教育の源流をたずねて　恒遠俊輔著　葦書房　1992.7　166p　19cm　1550円　①4-7512-0436-X
◇幕末・明治の生活風景—外国人の見たニッポン　図集　須藤功編著　東方総合研究所　1995.3　351p　27cm　17000円　①4-540-94139-9
◇幕末・明治のホテルと旅券　大鹿武著　築地書館　1987.10　245p　19cm　2400円　①4-8067-5649-0
◇幕末維新京都史跡事典　石田孝喜著　新人物往来社　1983.11　333p　23cm　5800円
◇幕末維新の旅　鈴木亨著　オリエント書房　1974　221p　19cm　980円
◇幕末維新 夢の跡紀行—旅路に雨の降るごとく　福島溥著　教育書籍　1990.5　235p　19cm　1500円　①4-317-60041-2
◇幕末の京都がわかる絵図・武鑑　田中泰彦編集・解説　京を語る会　1989.12　153p　27cm　4000円
◇幕末の反射炉跡を訪ねて—反射炉紀行　金子功著　金子功　1987.5　102p　26cm　（山村文化研究所報　no.22）
◇幕末明治の佐渡日記　磯部欣三著　恒文社　2000.12　19,390p　21cm　4000円　①4-7704-1033-6
　＊十九世紀初頭から終わりにかけて、五人の高名な人物が荒波を越えて佐渡へ渡った。幕末日本の動乱期を生きた俊英たちである。島の沿海実測を実施した伊能忠敬。佐渡奉行として赴任した川路聖謨。攘夷か開国かで国論がゆれ動いていた時代、ロシアへの最前線の位置にある佐渡を視察した松浦武四郎と吉田松陰。戊辰戦争で山形の松山藩家老として西軍と戦い、のち博物学者に転身した松森胤保である。彼らはそれぞれに佐渡滞在の日記（紀行文）を綴った。本書は五人の日記を手掛かりに、地元の郷土史家として知られる著者が、彼らの足跡を詳細にたどり、今までとちがった視点から、幕末明治の佐渡を再現した一冊である。
◇幕末・明治萩城下見聞録　林茂香著　マツノ書店　1980.11　208,4p　21cm　2700円
◇函館の幕末・維新—フランス士官ブリュネのスケッチ100枚　岡田新一, 紺野哲也, 田中彰, 綱淵謙錠, クリスチャン・ポラック執筆　中央公論社　1988.6　110p　30cm　1600円　①4-12-001699-4
　＊今から120年前、榎本武揚、土方歳三らと共に「箱館戦争」を戦ったフランス軍事顧問団の指導者ブリュネのスケッチを軸

に、函館の幕末・維新を再現する。
◇防長路 ― Yamgin Graph 第11 尊皇攘夷の海峡戦をたずねて 山口銀行編 1960-64 21cm
◇防長路 ― Yamgin Graph 第10 四境戦争の遺蹟をたずねて 山口銀行編 1960-64 21cm
◇港区の文化財 第1集 幕末の外交史跡 東京都港区教育委員会, 東京都港区文化財調査委員会編 東京都港区教育委員会 1964.10 29p 26cm
◇美濃城郭と幕末維新の藩主たち 藤林明芳著 日本古城友の会 1999.5 8,20p 22cm (城と陣屋シリーズ 228号)
◇明治維新紀行 邦光史郎著 徳間書店 1989.11 253p 15cm (徳間文庫) 420円 ①4-19-568917-1
　＊嘉永6年(1853)、浦賀に来航したペリーは、260年余に及ぶ鎖国政策の下で蓄積された諸矛盾を一挙に噴出させた。防戦のすべさえ忘れはてた旗本たち、無為無策で混乱する幕府首脳、この機に乗じて失地を回復せんと躍起になる朝廷…。それぞれの思惑を秘めながら、歴史の歯車は大きく回転し始めた。明快な語り口で、維新のドラマに隠された様々な疑問に正面から挑んだ歴史紀行。
◇明治維新紀行 上 邦光史郎著 平凡社 1973 209p 図 20cm (歴史と文学の旅) 750円

漂流記

江戸時代

　　　　＊　　　＊　　　＊

◇栄力丸漂流人 ― ふるさとへの遠い道 井上朋義著 井上義昭 1984.5 101p 26cm
◇江戸時代ハワイ漂流記 ― 『夷蛮漂流帰国録』の検証 高山純著 三一書房 1997.4 282p 22cm 7000円＋税 ①4-380-97217-8
　＊新発見の史料によるその記念碑的足跡の検証。ハワイへ上陸した最初の日本人の記録。
◇江戸漂流記総集 ― 石井研堂これくしょん 第3巻 山下恒夫再編 日本評論社 1992.7 623p 20cm 8000円 ①4-535-06613-2
◇江戸時代パラウ漂流記 ― 新史料の民族誌的検証 高山純著 三一書房 1993.10 274p 21cm 7000円 ①4-380-93260-5

　＊1821年、漂着した南海の島で七人の日本人は何を見たか？日本漂流記の歴史に新たな一ページを加える画期的な労作。新史料「異国江漂流仕奥州南部之者七人口書」収録。
◇江戸漂流記総集 第1巻 石井研堂著, 山下恒夫編 日本評論社 1992.4 622p 19cm (石井研堂コレクション) 8000円 ①4-535-06611-6
◇江戸漂流記総集 第2巻 石井研堂著, 山下恒夫編 日本評論社 1992.5 623p 19cm (石井研堂コレクション) 8000円 ①4-535-06612-4
　＊本総集は、石井研堂の二編著『漂流奇談全集』『異国漂流奇譚集』と、東京商船大資料館所蔵の研堂奇贈漂流記類写本を中心に構成し、さらに幾篇かの新史料を加え、新たに再編纂したものである。
◇江戸漂流記総集 第4巻 石井研堂著, 山下恒夫編 日本評論社 1992.9 618p 19cm (石井研堂コレクション) 8000円 ①4-535-06614-0
◇江戸漂流記総集 第5巻 石井研堂著, 山下恒夫編 日本評論社 1992.12 646p 19cm (石井研堂コレクション) 8000円 ①4-535-06615-9
◇江戸漂流記総集 第6巻 石井研堂著, 山下恒夫編 日本評論社 1993.7 832p 19cm (石井研堂コレクション) 8000円 ①4-535-06616-7
　＊最終巻は江戸時代最大の漂流記録『環海異聞』。アリューシャンへの漂着とロシアでの生活、そして世界一周船への同乗という希有な体験をした回船乗りたちの見聞は、世界地誌書として広く筆写され、開国の受容に大きな役割をはたすことになる。
◇音吉少年漂流記 春名徹著 旺文社 1989.4 207p 15cm (必読名作シリーズ) 480円 ①4-01-066028-7
　＊江戸時代には、日本人が海外に自由に行き来したり、貿易をすることは幕府によってきびしく禁止されていました。では、この鎖国の時代に、船が難破し、漂流した人人は、どのような運命をたどったのでしょうか。一本書は江戸時代末期、一人の少年が漂流民としてたどった数奇な運命を、豊富な史料をもとに描いた感動のドキュメントです。
◇嘉永無人島漂流記 ― 長州藤曲村廻船遭難事件の研究 小林郁著 三一書房 1998.6 254p 20cm 2400円 ①4-380-98275-0

歴史紀行一般　　　　　　　　　　　日本

＊嘉永3年10月、銚子沖で暴風雨に遭遇し、漂流した「浮木丸」と船乗りたちの運命を。

◇春日丸船頭伝兵衛漂流記―史料　西田耕三編　耕風社　1992.6　207p　21cm　3000円

◇北前船長者丸の漂流　高瀬重雄著　清水書院　1974.4　261p　22cm

◇最初にアメリカを見た日本人　キャサリン・プラマー著, 酒井正子訳　日本放送出版協会　1989.10　292p　19cm　1800円　①4-14-008672-6

＊将軍の政府が鎖国を持ちこたえようと懸命な頃、過酷な運命のなかでアメリカやハワイに漂着した彼らは、異国に不思議の国日本の情報を伝え、一方で祖国に外国の実情を伝えて識者を啓蒙する役割を果たした。本書は足で集めた日米交渉初期の海事史料により、歴史のなかでは「ものいわぬ」漂流民の生きた姿を比較文学的手法で生き生きと蘇えらせる。

◇鎖国をはみ出た漂流者―その足跡を追う　松島駿二郎著　筑摩書房　1999.2　199p　19cm　（ちくまプリマーブックス）　1100円　①4-480-04227-X

＊日本の外に出ることを禁じられた鎖国時代に、正史にあらわれないたくさんの日本人が海外にいた。そのほとんどが沿岸で操業中、嵐にまき込まれたり、方向を見失って漂流せざるを得なくなった人びとである。顔かたち、体格などまったく違ううえ、ことばも通じない見知らぬ地で、彼らはどうやって日本に帰ろうとしたのか。世界各地に足跡を残した漂流者を追った、著者の長い旅。

◇にっぽん音吉漂流記　春名徹著　晶文社　1979.5　289p　20cm　1300円

◇にっぽん音吉漂流記　春名徹著　中央公論社　1988.11　374p　15cm　（中公文庫）　520円　①4-12-201568-5

＊14か月後、北米に漂着、米船で江戸湾に送還されたが砲撃を受け帰国できず、その後のほとんどを上海で過ごした一日本人―その数奇な生涯を少ない資料から浮び上がらせることによって、幕末外交に新たな光を当てる。大宅壮一ノンフィクション賞受賞作。

◇ニッポン人異国漂流記　小林茂文著　小学館　2000.1　381p　20cm　2500円　①4-09-626122-X

＊「世界」を見た近世漂流民。江戸漂流民事情。江戸時代の漂流はなぜ起こり、いかなる漂流を経験したのか。漂流民が諸外国で見てきたものは…。漂流の実態と漂流民の世界観・日本観をさぐる。

◇日本人漂流記　川合彦充著　社会思想社　1967　396p　15cm　（現代教養文庫）

◇日本 漂流 漂着 史料　荒川秀俊編　気象研究所　1962　658p　22cm　（気象史料シリーズ　3）

◇能登・加賀漂流物語　佃和雄著　北国新聞社出版局　1998.5　248p　19cm　1500円　①4-8330-1012-7

◇漂流―鎖国時代の海外発展　鮎沢信太郎著　至文堂　1956　205p　19cm　（日本歴史新書）

◇漂流奇談集成　加藤貴校訂　国書刊行会　1990.5　553p　20cm　（叢書江戸文庫　1）　5700円　①4-336-03003-0

◇船長日記―池田寛親自筆本　池田寛親〔原著〕, 鈴木太吉著　愛知県郷土資料刊行会　2000.6　273p　21cm　2500円　①4-87161-071-3

◇若宮丸漂流記　石巻古文書の会編　石巻古文書の会　1995.8　53p　26cm　（石巻古文書の会テキスト解読シリーズ　第3冊）

司馬遼太郎「街道をゆく」

日本各地, 世界各地

　　　＊　　　＊　　　＊

◇街道をゆく 38　オホーツク街道　司馬遼太郎著　朝日新聞社　1997.2　402p　15cm　（朝日文芸文庫）　618円　①4-02-264136-3

＊流氷の流れ着く北海道・オホーツク海沿岸で発見された多くの遺跡。この土地でどんな暮らしが営まれていたのか。彼らはどこからやってきたのか。海・山・川に恵まれた豊かな北の狩猟生活に思いを馳せ、"韃靼大陸"へ繋がる道を探る。歴史全体への深い洞察に、独自の考古学的視点を重ねた異色の一冊。

◇街道をゆく 39　ニューヨーク散歩　司馬遼太郎著　朝日新聞社　1997.4　176p　15cm　（朝日文芸文庫）　391円　①4-02-264143-6

＊ブルックリン橋を造ったジョン・ローブリング、江戸末期に日本にやってきたタウンゼント・ハリス、そして「日本学の世界的な研究者である」ドナルド・キーン…。マンハッタンの片隅でこの街の歴史を辿り、ブルックリンの街角で海を越え日本と関わった人々を思う。シリーズ唯一のアメリカ紀行。

日本　　　　　　　　　　　　　　　　　　　　　　　歴史紀行一般

◇街道をゆく 41　司馬遼太郎著　朝日新聞社　1995.11　485p　19cm　1700円　Ⓘ4-02-256900-X
◇街道をゆく 41　北のまほろば　司馬遼太郎著　朝日新聞社　1997.9　370p　15cm　（朝日文芸文庫）　600円　Ⓘ4-02-264158-4
◇街道をゆく 42　三浦半島記　司馬遼太郎著　朝日新聞社　1998.1　281p　15cm　（朝日文芸文庫）　480円　Ⓘ4-02-264167-3
◇街道をゆく 43　濃尾参州記　司馬遼太郎著　朝日新聞社　1998.4　141p　15cm　（朝日文芸文庫）　400円　Ⓘ4-02-264168-1
◇街道をゆく 40　台湾紀行　司馬遼太郎著　朝日新聞社　1997.6　393p　15cm　（朝日文芸文庫）　600円　Ⓘ4-02-264148-7
◇街道をゆく　司馬遼太郎著　朝日新聞社　1971　353p　19cm　480円
◇街道をゆく 36　本所深川散歩；神田界隈　司馬遼太郎著　朝日新聞社　1992.4　486p　19cm　1600円　Ⓘ4-02-256405-9
　＊まだ若かった東京の街に思いを馳せながら、新しい文化を育くんだ人びとの跫音に耳そばだてる…。
◇街道をゆく 37　本郷界隈　司馬遼太郎著　朝日新聞社　1992.12　374p　19cm　1400円　Ⓘ4-02-256554-3
　＊近代化を急いだ明治日本の、文明の配電盤だった街。加賀屋敷趾の東大構内、菊坂、団子坂、藪下の道に、漱石、鴎外、子規、一葉たちの息吹を甦らせる…。
◇街道をゆく 38　オホーツク街道　司馬遼太郎著　朝日新聞社　1993.8　514p　19cm　1700円　Ⓘ4-02-256639-6
　＊流氷の寄せてくる海辺に足跡を残し、消えた狩猟民族…、グローバルな視点からその謎に迫り、発見者・研究者たちの真摯な情熱を感動的に描く。
◇街道をゆく 39　ニューヨーク散歩　司馬遼太郎著　朝日新聞社　1994.2　221p　19cm　1300円　Ⓘ4-02-256702-3
　＊ブルックリン橋をわたり、勃興期のアメリカ文明を思う。親友ドナルド・キーン教授のコロンビア大学退官を見つめながら、豊かにひろがった日本学の水脈を遡行する…。
◇街道をゆく 41　北のまほろば　司馬遼太郎著　朝日新聞社　1995.11　485p　19cm　1700円　Ⓘ4-02-256900-X
　＊中世という時期には、十三湊とその周辺こそ"北のまほろば"だったかもしれない。太宰治が「悲しき国」と嘆いた津軽・南部・下北。"けかち（飢饉）"に悩まされてき

た僻陬の地に、豊饒の歴史の鉱脈を探る。
◇街道をゆく 42　三浦半島記　司馬遼太郎著　朝日新聞社　1996.6　371p　19cm　1500円　Ⓘ4-02-256959-X
　＊鎌倉で語るべきものは、武士たちの節義というものであり、死についてのいさぎよさである。源頼朝と三浦一族の足跡を辿りつつ、「武士」とは何かを問い、軍港・横須賀に昭和海軍の栄光と悲惨を想う。
◇街道をゆく 43　濃尾参州記　司馬遼太郎著　朝日新聞社　1996.11　123p　19cm　1000円　Ⓘ4-02-257034-2
　＊信長、秀吉、家康…戦国の覇者を育んだ尾張・美濃・三河。起業家精神あふれる独自の風土を照射した、未完の遺作。
◇街道をゆく 1　長州路ほか　司馬遼太郎著　朝日新聞社　1978.10　268p　15cm　300円
◇街道をゆく 11　司馬遼太郎著　朝日新聞社　1979.9　274p　19cm　820円
◇街道をゆく 11　肥前の諸街道　司馬遼太郎著　朝日新聞社　1983.2　202p　15cm　320円
◇街道をゆく 12　司馬遼太郎著　朝日新聞社　1980.9　225p　19cm　920円
◇街道をゆく 12　十津川街道　司馬遼太郎著　朝日新聞社　1983.3　172p　15cm　300円
◇街道をゆく 13　司馬遼太郎著　朝日新聞社　1981.4　342p　19cm　1200円
◇街道をゆく 13　壱岐・対馬の道　司馬遼太郎著　朝日新聞社　1985.5　244p　15cm　（朝日文庫）　360円　Ⓘ4-02-260183-3
◇街道をゆく 14　司馬遼太郎著　朝日新聞社　1981.6　265p　19cm　1000円
◇街道をゆく 14　南伊予・西土佐の道　司馬遼太郎著　朝日新聞社　1985.5　192p　15cm　（朝日文庫）　320円　Ⓘ4-02-260184-1
◇街道をゆく 15　司馬遼太郎著　朝日新聞社　1981.7　381p　19cm　1200円
◇街道をゆく 15　北海道の諸道　司馬遼太郎著　朝日新聞社　1985.7　271p　15cm　（朝日文庫）　360円　Ⓘ4-02-260185-X
◇街道をゆく 16　叡山の諸道　司馬遼太郎著　朝日新聞社　1985.7　242p　15cm　（朝日文庫）　360円　Ⓘ4-02-260186-8
◇街道をゆく 17　司馬遼太郎著　朝日新聞社　1982.3　414p　19cm　1300円
◇街道をゆく 17　司馬遼太郎著　朝日新聞社　1987.1　291p　15cm　（朝日文庫）　380円　Ⓘ4-02-260187-6
　＊島原の乱で原城に籠もったのは数万、生き残ったのはただ一人、村々は一空に帰

歴史紀行一般　　　　　　　　　　　　　　　　　　　　　　　　　　　日本

　した—。
◇街道をゆく 18　司馬遼太郎著　朝日新聞社　1982.7　364p　19cm　1200円
◇街道をゆく 18　越前の諸道　司馬遼太郎著　朝日新聞社　1987.2　255p　15cm　（朝日文庫）　360円　ⓘ4-02-260188-4
◇街道をゆく 19　司馬遼太郎著　朝日新聞社　1982.10　478p　19cm　1400円
◇街道をゆく 10　司馬遼太郎著　朝日新聞社　1978.11　331p　19cm　840円
◇街道をゆく 10　羽州街道・佐渡のみち　司馬遼太郎著　朝日新聞社　1983.1　227p　15cm　340円
◇街道をゆく 2　司馬遼太郎著　朝日新聞社　1972　381p　19cm　520円
◇街道をゆく 2　韓のくに紀行　司馬遼太郎著　朝日新聞社　1978.10　276p　15cm　300円
◇街道をゆく 21　司馬遼太郎著　朝日新聞社　1988.9　257p　15cm　（朝日文庫）　380円　ⓘ4-02-260518-9
　＊関西学院の創始者の墓、日本で最初に靴をつくった人の墓、米国の初代長崎領事だった人の墓、日本の洋菓子の基礎を築いたモロゾフさんやフロインドリーさんの墓、明治元年のいわゆる堺事件で死んだフランス水兵11人の墓。安芸・備後のみちと、神戸・横浜の港散歩。
◇街道をゆく 22　司馬遼太郎著　朝日新聞社　1984.3　525p　19cm　1500円
◇街道をゆく 23　司馬遼太郎著　朝日新聞社　1984.5　317p　19cm　1100円
◇街道をゆく 23　司馬遼太郎著　朝日新聞社　1988.11　234p　15cm　（朝日文庫）　360円　ⓘ4-02-260520-0
　＊イベリア半島を横切って大航海時代の原点をみる最新刊。
◇街道をゆく 24　司馬遼太郎著　朝日新聞社　1984.11　446p　19cm　1400円　ⓘ4-02-254964-5
◇街道をゆく 24　司馬遼太郎著　朝日新聞社　1988.12　336p　15cm　（朝日文庫）　440円　ⓘ4-02-260521-9
◇街道をゆく 25　司馬遼太郎著　朝日新聞社　1985.5　326p　19cm　1000円　ⓘ4-02-254965-3
◇街道をゆく 26　司馬遼太郎著　朝日新聞社　1985.11　352p　19cm　1200円　ⓘ4-02-254966-1
◇街道をゆく 26　司馬遼太郎著　朝日新聞社　1990.6　275p　15cm　（朝日文庫）　390円　ⓘ4-02-260626-6

　＊嵯峨野から仙台・石巻へ伝統に培われた歴史の道。
◇街道をゆく 27　因幡・伯耆のみち、檮原街道　司馬遼太郎著　朝日新聞社　1990.7　293p　15cm　（朝日文庫）　400円　ⓘ4-02-260627-4
◇街道をゆく 28　司馬遼太郎著　朝日新聞社　1990.8　305p　15cm　（朝日文庫）　370円　ⓘ4-02-260628-2
◇街道をゆく 29　司馬遼太郎著　朝日新聞社　1990.9　306p　15cm　（朝日文庫）　370円　ⓘ4-02-260629-0
　＊出羽と飛騨へ、人と風土と伝統に触れる歴史紀行。
◇街道をゆく 20　司馬遼太郎著　朝日新聞社　1983.1　364p　19cm　1200円
◇街道をゆく 3　司馬遼太郎著　朝日新聞社　1973　398p　19cm　600円
◇街道をゆく 3　陸奥のみちほか　司馬遼太郎著　朝日新聞社　1978.11　292p　15cm　320円
◇街道をゆく 31　愛蘭土紀行 2　司馬遼太郎著　朝日新聞社　1988.6　326p　19cm　1100円　ⓘ4-02-255551-3
　＊イェイツ、ジョイス、ベケット…偉大なるアイルランド文学と、荒蕪の地で形成された不屈なアイルランド魂への旅—。
◇街道をゆく 31　愛蘭土紀行 1　司馬遼太郎著　朝日新聞社　1993.7　268p　15cm　（朝日文芸文庫）　530円　ⓘ4-02-264002-2
　＊首都ダブリンから西部そしてアラン島…。神秘が漂い妖精が集うアイルランド島の真っ只中へ。
◇街道をゆく 32　阿波紀行・紀ノ川流域　司馬遼太郎著　朝日新聞社　1989.6　305p　19cm　1100円　ⓘ4-02-255552-1
　＊淡路島—大鳴門橋を経て四国へ、吉野川を秘境祖谷まで遡り、室町戦国期の三好氏、江戸時代の蜂須賀氏の文化を考える「阿波紀行」。新義真言宗の覚鑁が開き、戦国時代最強の鉄砲集団がよった根来寺、紀州徳川家の和歌山城、神話時代から続く紀氏の日前宮などを歩く「紀ノ川流域」の二編を収録しました。
◇街道をゆく 33　奥州白河・会津のみち;赤坂散歩　司馬遼太郎著　朝日新聞社　1989.11　384p　19cm　1100円　ⓘ4-02-255553-X
◇街道をゆく 33　奥州白河・会津のみち、赤坂散歩　司馬遼太郎著　朝日新聞社　1994.3　321p　15cm　（朝日文芸文庫）　580円　ⓘ4-02-264037-5

＊平安朝貴族文人を魅了した奥州、みちのくとは？

◇街道をゆく34　中津・宇佐の道ほか　司馬遼太郎著　朝日新聞社　1990.4　353p　19cm　1160円　①4-02-255554-8

◇街道をゆく34　大徳寺散歩、中津・宇佐のみち　司馬遼太郎著　朝日新聞社　1994.9　292p　15cm　（朝日文芸文庫）　550円　①4-02-264045-6

＊京都・紫野の地に立つ大徳寺。花園上皇、後醍醐天皇、大灯国師、一休宗純、小堀遠州と縁深い臨済宗大本山の山内にある、二十余の塔頭をめぐる歴史散策（第1部）全国四万余の八幡神社の故郷・宇佐八幡の杜をたずねて古代に思いを馳せ、福沢諭吉が生まれた海に臨む城下町・中津を歩く（第2部）。

◇街道をゆく35　オランダ紀行　司馬遼太郎著　朝日新聞社　1994.12　397p　15cm　（朝日文芸文庫）　600円　①4-02-264053-7

◇街道をゆく36　本所深川散歩・神田界隈　司馬遼太郎著　朝日新聞社　1995.9　383p　15cm　（朝日文芸文庫）　600円　①4-02-264081-2

＊「とりあえずは江戸っ子の産地じゃないか」と思い、訪ねた本所深川。落語や鳶の頭、芸者たちの話などから"江戸っ子"の奥義を探る。「古本屋さんと出版社と、それに付随する印刷屋のまち」神田。森鷗外、夏目漱石ら、このまちに住み、かかわった人びとの足跡を辿り、江戸から東京へと続く歴史を歩く。

◇街道をゆく30　愛蘭土紀行1　司馬遼太郎著　朝日新聞社　1988.6　324p　19cm　1100円　①4-02-255550-5

＊ケルト人の住む辺境アイルランドと、隣国イギリスとの長く苦い関係から、ヨーロッパ文明の光と陰を探る。

◇街道をゆく30　愛蘭土紀行1　司馬遼太郎著　朝日新聞社　1993.7　142p　15cm　（朝日文芸文庫）　530円　①4-02-264001-4

＊ローマ文明の洗礼を受けず独自の文化を築いたアイルランドの地へ…。司馬史観の新たな地平。

◇街道をゆく4　司馬遼太郎著　朝日新聞社　1974　398p　19cm　750円

◇街道をゆく4　洛北諸道ほか　司馬遼太郎著　朝日新聞社　1978.11　291p　15cm　320円

◇街道をゆく40　司馬遼太郎著　朝日新聞社　1994.11　502p　19cm　1700円　①4-02-256808-9

＊一個の人間の痛覚として、私は台湾の未来が気がかりなのである…。台湾人による国づくりをはじめた、この島を歩きながら考えた、華麗島（フォルモサ）の苦難と栄光の歴史。特別対談—李登輝総統・司馬/遼太郎「場所の悲哀」。

◇街道をゆく5　司馬遼太郎著　朝日新聞社　1974　389p　19cm　860円

◇街道をゆく5　モンゴル紀行　司馬遼太郎著　朝日新聞社　1978.12　282p　15cm　320円

◇街道をゆく6　司馬遼太郎著　朝日新聞社　1975　294p　19cm　820円

◇街道をゆく6　沖縄・先島への道　司馬遼太郎著　朝日新聞社　1978.12　222p　15cm　280円

◇街道をゆく7　司馬遼太郎著　朝日新聞社　1976　422p　20cm　920円

◇街道をゆく7　大和・壺坂みちほか　司馬遼太郎著　朝日新聞社　1979.1　315p　15cm　340円

◇街道をゆく8　司馬遼太郎著　朝日新聞社　1977.3　409p　20cm　900円

◇街道をゆく8　種子島みちほか　司馬遼太郎著　朝日新聞社　1979.1　304p　15cm　340円

◇街道をゆく9　司馬遼太郎著　朝日新聞社　1977.11　451p　20cm　980円

◇街道をゆく9　信州佐久平みち—ほか　司馬遼太郎著　朝日新聞社　1979.2　334p　15cm　360円

◇街道をゆく南蛮のみち—ザヴィエルを追って　司馬遼太郎著, 長谷忠彦写真　朝日新聞社　1985.1　148p　27cm　4300円　①4-02-255304-9

◇ガイド街道をゆく　近畿編　司馬遼太郎著　朝日新聞社　1983.7　96p　26cm　1500円

◇司馬遼太郎全集48　街道をゆく2　文芸春秋　1984.7　504p　20cm　1800円

◇司馬遼太郎全集48　街道をゆく2　文芸春秋　1984.7　504p　20cm　1800円

◇司馬遼太郎全集49　街道をゆく3　文芸春秋　1984.8　521p　20cm　1800円

◇司馬遼太郎の風景11　砂鉄のみち、因幡・伯耆のみち、芸備の道　NHK「街道をゆく」プロジェクト著　日本放送出版協会　2000.9　209p　21cm　1800円　①4-14-080472-6

＊鉄はどこから来て、日本人をどう変えたか。古代、砂鉄と森林に恵まれた中国山地に成立した鉄王国。その痕跡を辿り鉄に育まれた日本人の欲望の構造を問う。

歴史紀行一般　　　　　　　　　　　　　　　　　　　　　　外国人の見た日本

◇司馬遼太郎の風景 10　　「中国〜江南のみち/蜀と雲南のみち/閩のみち」　NHK「街道をゆく」プロジェクト著　日本放送出版協会　2000.7　195p　21cm　1800円　①4-14-080471-8
　＊なぜ中国に普遍的な文明が成立しえたか。茫漠とした大地に十三億人が暮らす多民族国家・中国。渾沌たる民族文化の坩堝から生まれた壮大な文明の根源に迫る。NHK教育テレビ番組「街道をゆく」の出版化。

◇司馬遼太郎の風景 2　　NHKスペシャル「湖西のみち・韓のくに紀行・モンゴル紀行」　NHK「街道をゆく」プロジェクト著　日本放送出版協会　1998.1　212p　21cm　1800円　①4-14-080337-1
　＊近江から海を越えて朝鮮半島へ！日本人の祖形を探し求めた旅の始まりである。(湖西のみち・韓のくに紀行)。詩的な存在にして思索の原点モンゴル。草原の民の過酷な運命を辿り生きる意味を問う。(モンゴル紀行)。日本とはどういう国か日本人とは何者か「街道をゆく」における思索の道筋を追った、壮大な紀行ドキュメント

◇司馬遼太郎の風景 3　　NHKスペシャル「北のまほろば・南蛮のみち」　NHK「街道をゆく」プロジェクト著　日本放送出版協会　1998.4　212p　21cm　1800円　①4-14-080338-X
　＊日本とはどういう国か日本人とは何者か。「街道をゆく」における思索の道筋を追った、壮大な紀行ドキュメント。本書には、NHKスペシャル「街道をゆく」の第三回「北のまほろば」と第四回「南蛮のみち」の取材記が収められています。

◇司馬遼太郎の風景 5　　NHKスペシャル「オランダ紀行」　NHK「街道をゆく」プロジェクト著　日本放送出版協会　1998.12　205p　21cm　1800円　①4-14-080402-5
　＊鎖国日本に西欧文明の光を当て続けた唯一の国オランダ。自ら創り出した国土の上に成り立つ豊かで健全な「市民国家」。今再び、暗闇に包まれた平成日本の明日を照らす光源はオランダの中にある。NHKスペシャル「街道をゆく」の出版化。

◇司馬遼太郎の風景 6　　NHKスペシャル「沖縄・先島への道/奥州白河・会津のみち」　NHK「街道をゆく」プロジェクト著　日本放送出版協会　1999.3　203p　21cm　1800円　①4-14-080403-3
　＊慟哭と忍従の歴史を重ねながら穏やかで優しい人々。豊饒なる黒潮を遡り原倭人の面影を辿る(沖縄・先島への道)。道理と信義に殉じ維新革命の犠牲となった会津藩。気高い精神が敗れた悲劇の真相に迫る(奥州白河・会津のみち)。NHKスペシャル「街道をゆく」の出版化。

◇司馬遼太郎の風景 8　　NHKスペシャル「愛蘭土紀行」　NHK「街道をゆく」プロジェクト著　日本放送出版協会　1999.7　187p　21cm　1800円　①4-14-080405-X
　＊長い植民地支配に対する血みどろの抵抗が育んだ不屈、不敗のアイルランド魂。美しくも過酷な風土に敢然と根を下ろし、誇り高き民が豊かな精神生活を営む。物質万能の日本への痛烈なメッセージがそこにある。

◇司馬遼太郎の風景 9　　南伊予・西土佐の道、檮原街道、阿波紀行　NHK「街道をゆく」プロジェクト著　日本放送出版協会　1999.11　199p　21cm　1800円　①4-14-080470-X
　＊竜馬が、空海が、生まれ出る土壌とは。「外」を寛大に受容し混血と混淆により多様な個性を育んできた人びと。均一化に流れる世紀末日本の在り方を問う。

◇司馬遼太郎の風景 第7巻　　NHKスペシャル「オホーツク街道・十津川街道」　NHK「街道をゆく」プロジェクト著　日本放送出版協会　1999.5　219p　21cm　1800円　①4-14-080404-1
　＊流氷の海を疾駆し北方アジアの血と文化を遺して消えた。謎のオホーツク人を追って北進する。「オホーツク街道」、命懸けで免租と自由を守り抜いた山の民。貧しき自然郷でなぜ健全な「公」の精神が育まれたか。「十津川街道」。NHKスペシャル「街道をゆく」の出版化。

◇本郷界隈―街道をゆく 37　　司馬遼太郎著　朝日新聞社　1996.7　295p　15cm　(朝日文芸文庫)　520円　①4-02-264112-6
　＊明治初期、お雇い外国人が住み、日本最初の大学が置かれた街。本郷は近代化を急ぐ当時の日本で、欧米文明を一手に受け入れ地方へ分ける"配電盤"の役を担った。今も残る団子坂、菊坂、真砂町、追分などの往来に、夏目漱石、森鴎外、樋口一葉ら、この街を愛した文豪が書き残した面影をたどる。

外国人の見た日本

◇青い目が見た「大琉球」　ラブ・オーシュリ,上原正稔編著、照屋善彦監修、上原正稔訳　改版　ニライ社　2000.5　240p　21×

22cm 5000円 ①4-931314-42-2
* 本書はかつて地球上に確かに存在した"守礼の邦"の画集であり、"大琉球"の讃歌である。世界に名だたるブロートン、バジル・ホール、マクスウェル、ビーチー、ベルチャー、ペリー提督、その他数多くの冒険家、探検家が守礼の邦を訪れ、大琉球を讃える航海記を残した。その真実の物語も、文明の荒波の真っ只中にいる現代のわれわれには、はるか遠くの夢物語、あるいはお伽話の世界でしかない。どれほど美しい言葉で飾ろうと、万の文章も一枚の絵に及ばない。幸いにも、"青い目の訪問者たち"は物語の他に、数多くの絵を残してくれた。いろいろな航海記のさし絵を中心に、これまで隠されていた世界の図書館、美術館、資料館、個人所蔵の"青い目が見た大琉球"の絵を子供たちに、そして子供の心を忘れないおとなたちに捧げたい。

◇青い目が見た大琉球 ラブ・オーシュリ,上原正稔編著 (那覇)ニライ社,新日本教育図書発売 1987.8 240p 26×27cm 10000円 ①4-88024-106-7
* 本書は、18世紀末から19世紀中葉に至るまでの琉球王国末期に琉球を訪れたヨーロッパ人やアメリカ人などが記録した航海記、紀行文、報告書、個人の日記、新聞や雑誌等に載っている当時の琉球の社会と風土を描いた貴重な史料である。

◇ある英国外交官の明治維新—ミットフォードの回想 ヒュー・コータッツィ編,中須賀哲朗訳 中央公論社 1986.6 253p 19cm 1300円 ①4-12-001491-6
* 本書は、元駐日英国大使サー・ヒュー・コータッツィが、ミットフォードの『回想録』から日本に関する項目を抜粋し、これにミットフォードが個人的に父親に宛てた書簡と英国国立公文書館に保管されている報告文を補足し編纂したもので、明治維新の貴重な資料であるばかりでなく、ロマンチシズムの精神に富んだ学究的な紳士で、日本文化の本質に共感し、日本の樹木(とくに紅葉と竹)を愛でたミットフォードの人間性を活き活きと描いている。

◇アンベール幕末日本図絵 上 アンベール著,高橋邦太郎訳 雄松堂書店 1985.7 366,18p 23cm (新異国叢書 第I輯 14) 4300円

◇アンベール幕末日本図絵 下 アンベール著,高橋邦太郎訳 雄松堂書店 1980.2 400,18p 23cm (新異国叢書 第I輯 15)

3500円

◇維新の港の英人たち ヒュー・コータッツィ著,中須賀哲朗訳 中央公論社 1988.8 461p 19cm 2200円 ①4-12-001713-3
* 幕末維新の激動期に、日本の庶民はどのような生活をしていたのだろうか。この文化史的・歴史的な関心にこたえる克明な記録が、実は英国人によって残されている。本書は、『東の島国西の島国』(正・続)他で知られる元駐日英国大使サー・ヒュー・コータッツィが、いまは忘れられた文献群から興味深いものを抽出し編纂したものである。

◇イタリア使節の幕末見聞記 V.F.アルミニョン著,大久保昭男訳 新人物往来社 1987.2 205p 19cm 1800円 ①4-404-01410-4
* 19世紀西欧知識人の日本認識。幕末期、日・伊通商条約締結のために来日した、軍艦マジェンタ号艦長アルミニョンの日本滞在記。

◇異邦人の見た近代日本 懐徳堂記念会編 和泉書院 1999.10 199p 20cm (懐徳堂ライブラリー 3) 2600円 ①4-87088-991-9
* いまからおよそ百年前の近代日本は、異邦人の目にどのように映っていたのか。ピエール・ロチ、ラフカディオ・ハーン、アーネスト・フェノロサ、ブルーノ・タウト、魯迅、周作人の事績を中心に、気鋭の五人の研究者が、二十世紀を終えようとするいま、あらたな視点から描く近代日本の目撃者の言説。近代日本の始発期の諸相とその輪郭をとおして、日本の「近代」のひな型があざやかに提示される。平成六年度の懐徳堂記念会秋季公開講座での同テーマの講演をもとにした論集。

◇ウェストンの明治見聞記—知られざる日本を旅して W.ウェストン著,長岡祥三訳 新人物往来社 1987.4 220p 19cm 1800円 ①4-404-01418-X
* 日本の登山界の父として知られ、残された自然を深く愛した著者の知られざる片田舎の徒歩旅行記。

◇英国外交官の見た幕末維新 A.B.ミットフォード著,長岡祥三訳 新人物往来社 1986.12 210p 19cm 1800円 ①4-404-01282-9
* 幕末から維新にかけて英国外交官として在日した著者の貴重な回想記を完訳。

◇英国貴族の見た明治日本 A.B.ミットフォード著,,長岡祥三訳 新人物往来社 1986.7 213p 19cm 1800円 ①4-404-01370-1

歴史紀行一般　　　　　　　　　　　　　　　　　　　　外国人の見た日本

＊明治末、英国コンノート殿下に随行して来日した著者が描く40年ぶりに見た素顔の明治。

◇英国公使夫人の見た明治日本　メアリー・フレイザー著, ヒュー・コータッツ編, 横山俊夫訳　(京都)淡交社　1988.3　348,10p　21cm　3800円　④4-473-01033-3

◇英国人が見た幕末薩摩　宮沢真一編著　高城書房出版　1988.9　206p　27cm　4500円　④4-924752-06-1

◇英国特派員の明治紀行　ハーバート・ジョージ・ポンティング著, 長岡祥三訳　新人物往来社　1988.2　217p　19cm　1800円　④4-404-01470-8

＊スコットの南極探検に参加した著者が日露戦争の取材に来日。その従軍体験から得た鋭い日本と日本人観。

◇蝦夷と江戸―ケプロン日誌　ホーレス・ケプロン著, 西島照男訳　北海道新聞社　1985.2　405p　20cm　1900円

◇江戸開城　萩原延寿著　朝日新聞社　2000.1　345p　20cm　(遠い崖―アーネスト・サトウ日記抄　7)　2600円　④4-02-257319-8

＊慶応4年3月15日に予定された江戸総攻撃は、西郷隆盛と勝海舟の2度の会談によって回避された。この会談をめぐって「パークスの圧力」は、はたしてあったのか？越後、会津へと展開する戊辰戦争の前途は？おりからサトウは北海の旅に出て、宗谷沖で坐礁・難波する。

◇江戸時代を見た英国人―日本及び日本人は彼らの目にどう映ったか　ろじゃめいちん著　PHP研究所　1984.2　193p　18cm　(21世紀図書館　33)　500円　④4-569-21231-X

◇エルギン卿遣日使節録　ローレンス・オリファント著, 岡田章雄訳　雄松堂出版　1984.10　298,13p　23cm　(新異国叢書)　4300円

◇エルベ号艦長幕末記　R.ヴェルナー著, 金森誠也, 安藤勉訳　新人物往来社　1990.7　190p　20cm　2200円　④4-404-01743-X

◇オーストリア外交官の明治維新―世界周遊記 日本篇　アレクサンダー・F.V.ヒューブナー著, 市川慎一, 松本雅弘訳　新人物往来社　1988.7　276p　19cm　2000円　④4-404-01508-9

＊維新とは何かを明らかにする問題作。アーネスト・サトーを案内役に、西欧の代表的政治家である著者が鋭く問う。

◇オイレンブルク日本遠征記 上　オイレンブルク著, 中井晶夫訳　雄松堂出版　1985.11　24,409,13p　23cm　(新異国叢書　第I輯 12)　4300円

◇オイレンブルク日本遠征記 下　オイレンブルクほか著, 中井晶夫訳　雄松堂書店　1980.2　398,16p　23cm　(新異国叢書　第I輯 13)　3500円

◇お雇い外人の見た近代日本　リチャード・ヘンリー・ブラントン著, 徳力真太郎訳　講談社　1986.8　274p　15cm　(講談社学術文庫)　680円　④4-06-158751-X

＊徳川幕府は慶応2年英・米・仏・蘭と改税約書を締結、日本は列国に対して灯台建設を義務づけられた。ブラントンが新政府お雇い灯台技師として日本に着任したのは戊辰戦争(明治元年)終結直後であった。爾来十数年、わが国は漸く封建制から脱皮し、欧米先進国を範とし、試行錯誤を繰り返しながらもひたすら近代国家を目指した。本書は政府役人と近代技術移植の先駆者との人間関係を通じて開化期日本の姿を描いた貴重な見聞録である。

◇外国人の見た信長・秀吉・家康―日本にはいってきた南蛮文化　谷真介著　ポプラ社　1991.4　188p　19cm　(ポプラ社教養文庫 15)　1500円　④4-591-03845-9

＊およそ4百年ほどまえ―。時代は、歴史に名高い戦国の世。日本にはじめてヨーロッパ人がやってきた。信長は、秀吉は、家康は、また日本人という民族は、彼らの眼にどのように映ったのだろう。天下統一から鎖国へ、という道を歩んだ日本史に、彼ら"南蛮人"があたえた影響をさぐる。

◇海游録―朝鮮通信使の日本紀行　申維翰著, 姜在彦訳注　平凡社　1974　339p 地図　18cm　(東洋文庫　252)　850円

◇カラカウア王のニッポン仰天旅行記　〔ウィリアム・N.アームストロング〕〔著〕, 荒俣宏訳・解説, 樋口あやこ共訳　小学館　2000.7　382p　15cm　(小学館文庫)　676円　④4-09-403117-0

＊外国人による日本旅行記はどれを読んでもかぎりなくおもしろい。本書は、1881(明治14)年、ハワイ王国の陽気な王様カラカウアが世界一周をしたときの旅行記を、日本編を中心に翻訳したものである。カラカウア王一行は、日本に着くやいなや、なぜか大歓迎。豪華な晩餐会、芸者の接待などなど―その裏には不平等条約の改正に賭ける井上馨らの思惑があったのだ。一方、カラカウア王も密かな企みがあった。明治天皇に密会し、仰天すべきあるお願いをしたのだが―。

◇カルレッティ氏の東洋見聞録―あるイタリア商人が見た秀吉時代の世界と日本　エンゲル

13

外国人の見た日本　　　　　　　　　　　　　　　　　　歴史紀行一般

ベルト・ヨリッセン著　PHP研究所　1987.3　193,6p　18cm　（21世紀図書館　0085）　580円　④4-569-21959-4
　＊豊臣秀吉は、日本だけでなく世界に通じる"名君"である！ニッポン人は残忍で、快楽主義者である！16～7世紀にかけ、商人として世界を1周したカルレッティ。彼の著書『世界周遊談』を読み解き、宣教師たちの"日本記"とは一味違った日本と東洋の姿を描き出す！

◇ギルデマイスターの手紙―ドイツ商人と幕末の日本　生熊文編訳　（横浜）有隣堂　1991.3　207p　18cm　（有隣新書　38）　920円　④4-89660-097-5
　＊一八五九年に横浜が開港し、「第二のカリフォルニア」になるというニュースは全世界に広がった。統一以前のドイツ諸国のなかで、ブレーメンの商人ギルデマイスターはオランダ人の名目で来日、ハンザ都市と日本との通商条約の締結を画策し、その経過や商業活動の見込みなどを故国に書き送った。本書は、ギルデマイスターの手紙十九通と回想録をとおして、商人の目で見た幕末の日本をはじめて紹介し、ドイツ人クラブの創設に貢献し、在横浜プロシア名誉領事なども務めたその足跡をたどりながら、日独交流史の隠れた側面を浮き彫りにする。

◇グラント将軍日本訪問記　ジョン・ラッセル・ヤング著、宮永孝訳　雄松堂書店　1983.2　274,13p　図版17枚　23cm　（新異国叢書　第2輯　9）　5200円

◇孤独な帝国日本の一九二〇年代―ポール・クローデル外交書簡一九二一―二七　ポール・クローデル著、奈良道子訳　草思社　1999.7　446p　20cm　2500円　④4-7942-0898-7

◇ゴンチャローフ日本渡航記　ゴンチャローフ著、高野明共訳、島田陽共訳　雄松堂書店　1984.2　10,753,15p　23cm　（新異国叢書　第I輯　11）　4300円

◇鎖国前に南蛮人の作れる日本地図　第1　中村拓著　東洋文庫　1966　224p　表地図　37cm　（東洋文庫論叢　第48）

◇鎖国前に南蛮人の作れる日本地図　第2　中村拓著　東洋文庫　1966　225-427p　表　37cm　（東洋文庫論叢　第48）

◇鎖国前に南蛮人の作れる日本地図　第3　中村拓著　東洋文庫　1967　図版104枚　37cm　（東洋文庫論叢　第48）

◇薩摩国滞在記―宣教師の見た明治の日本　H.B.シュワルツ著、島津久大、長岡祥三訳　新人物往来社　1984.11　180p　20cm　1500円　④4-404-01242-X

◇下田物語　下　総領事ハリスの江戸への旅行　スタットラー著、金井円ほか共訳　社会思想社　1983.4　364p　15cm　（現代教養文庫　1074）　640円

◇ジャポンスコ―ボヘミア人旅行家が見た1893年の日本　ヨゼフ・コジェンスキー著、鈴木文彦訳　朝日新聞社　2001.2　325p　15cm　（朝日文庫）　660円　④4-02-261304-1
　＊1893（明治26）年9月、友人と世界一周旅行の途にあった著者は、ついに憧れの地・日本に降り立つ。産業・教育から庶民生活、動植物にいたるまで、日本各地での見聞を旺盛な好奇心で丹念につづる。外国人の目を通し、明治日本の"ある真実の姿"を鮮明に伝える好著。当時の稀少な図版も多数収録。

◇ジャポン1867年　リュドヴィック・ド・ボーヴォワール著、綾部友治郎訳　有隣堂　1984.5　168p　18cm　（有隣新書）　680円　④4-89660-063-0

◇ジャポンヤ―イスラム系ロシア人の見た明治日本　アブデュルレシト・イブラヒム著、小松香織、小松久男訳　第三書館　1991.12　410p　19cm　2575円
　＊〈近代的発展〉と〈東洋の理想〉に燃える明治日本を訪れたタタール人（韃靼人）の報告。伊藤博文、大隈重信、東郷提督、頭山満から無名の庶民までを生き生きと描き出し、日本人とは何かを探る。オスマン・トルコ語からの原典初訳。

◇周恩来『十九歳の東京日記』―1918.1.1～12.23　周恩来著、矢吹晋編、鈴木博訳　小学館　1999.10　282p　15cm　（小学館文庫）　657円　④4-09-403621-0
　＊革命か、勉学か。悩める若き周恩来の東京留学日記が新たに公開され、このたび、その全文を本邦初訳する。東京の周青年は、けっきょく受験に失敗して失意のうちに帰国し、燃え上がる祖国の革命運動に身を投じていく。しかし、この一年数ケ月の東京滞在経験が、その後の日中友好・親善に果たした役割ははかり知れないほど大きい。大正7年、若き宰相が隣国・日本で考えたこと、そして帝都・東京で見たものとは、いったい何だったのか。神田、早稲田、浅草、日本橋…大正デモクラシーとモダニズムの花咲く、大震災前夜の帝都・東京の案内コラム付き。

◇シュリーマン旅行記―清国・日本　ハインリッヒ・シュリーマン〔著〕、石井和子訳　講談社　1998.4　222p　15cm　（講談社学術文庫）　720円　④4-06-159325-0

◇清国人日本留学日記 1905—1912年　黄尊三著, さねとうけいしゅう, 佐藤三郎訳　東方書店　1986.4　334p　136cm　2300円　①4-497-86158-9
　＊明治末期、清国留学生の生活を知る史料。台頭する日本軍国主義、清国内では革命の気運が—。この時間、清国留日学生たちは、何を感じ、いかなる生活を送ったのか。
◇スイス領事の見た幕末日本　ルドルフ・リンダウ著, 森本英夫訳　新人物往来社　1986.2　231p　20cm　2000円　①4-404-01332-9
◇セーリス日本渡航記　セーリス著,, 村川堅固訳, 雄松堂書店　1980.2　1冊　23cm　(新異国叢書　第I輯 6)　3500円
◇占領者の眼—アメリカ人は〈沖縄〉をどう見たか　宮城悦二郎著　那覇出版社　1982.12　382p　19cm　2400円
◇1643年アイヌ社会探訪記—フリース船隊航海記録　北構保男著　雄山閣出版　1983.8　170p　22cm　(雄山閣books 13)　2200円　①4-639-00272-6
◇大日本—技術立国日本の恩人が描いた明治日本の実像　ヘンリー・ダイアー著, 平野勇夫訳　実業之日本社　1999.12　545p　21cm　6800円　①4-408-10357-8
　＊明治6年(1873)年に来日して、東京大学工学部の前身である工部大学校の初代都検(校長)に就任、日本の近代化に多大な功績を残したスコットランド人、ヘンリー・ダイアー。本国に帰国後は不遇の後半生を送ったダイアーが、日本滞在の体験と膨大な資料をもとに、欧米諸国の人々へ愛する日本の実相を紹介すべく執筆した「幻の大著」が、イギリスでの出版後約一世紀を経ていま甦る—。
◇チェンバレンの明治旅行案内　横浜・東京編　B.H.チェンバレン, W.B.メーソン著, 楠家重敏訳　新人物往来社　1988.1　236p　19cm　2000円　①4-404-01450-3
　＊日本学の権威による外国人のための日本案内書である本書は、最初のガイドブックであるだけでなく、優れた日本文化論としても知られる名著。
◇朝鮮・琉球航海記—1816年アマースト使節団とともに　ベイジル・ホール著, 春名徹訳　岩波書店　1986.7　385p　15cm　(岩波文庫)　550円
　＊19世紀初頭、イギリス軍艦による朝鮮・琉球の探検・航海記。住民との交流や風俗を中心に琉球をヨーロッパに紹介した最初の書物。

◇通辞ロドリゲス—南蛮の冒険者と大航海時代の日本・中国　マイケル・クーパー著, 松本たま訳　原書房　1991.1　351,28p　19cm　2800円　①4-562-02171-3
　＊文化通訳の先駆者、あるポルトガル人宣教師の肖像。イエズス会宣教師のスポークスマンにして南蛮貿易遂行の実務家、マカオへ追放後は北京へ遠征し満州族と戦う冒険家—。日本語と日本文化の深い理解者でもあったロドリゲスの多彩な生涯。
◇ディアス・コバルビアス日本旅行記　大垣貴志郎, 坂東省次訳　雄松堂出版　1983.5　295,16p　23cm　(新異国叢書　第2輯 7)　5200円
◇ティチング日本風俗図誌　ティチング著, 沼田次郎訳　雄松堂書店　1980.2　489,17p　23cm　(新異国叢書　第I輯 7)　3500円
◇天皇国見聞記　ポール・クローデル著, 樋口裕一訳　新人物往来社　1989.8　199p　19cm　2000円　①4-404-01623-9
　＊20世紀を代表する世界的詩人の著者による日本印象記の古典。
◇ドイツ貴族の明治宮廷記　オットマール・フォン・モール著, 金森誠也訳　新人物往来社　1988.4　206p　19cm　1800円　①4-404-01496-1
　＊宮中の近代化のため明治中頃来日した著者が描く、明治日本の宮廷生活。
◇ドイツ公使の見た明治維新　M.V.ブラント著, 原潔, 永岡敦訳　新人物往来社　1987.1　274p　19cm　2000円　①4-404-01409-0
◇ドイツ宣教師の見た明治社会　カール・ムンチンガー著, 生熊文訳　新人物往来社　1987.7　207p　19cm　1800円　①4-404-01432-5
　＊日本と日本人論の古典的名著。日本社会を詳細に分析した本書は以後の西欧人の日本人論に大きな影響をあたえた古典。
◇ドクトル・ヘボン—伝記・ドクトル・ヘボン　高谷道男著〔復刻版〕　大空社　1989.7　454,7p　21cm　(伝記叢書 69)　10300円
　＊和英辞典の編纂・ヘボン式ローマ寺の創案者。アメリカ人宣教医として、貧富や身分を問わない施療に尽くし、黎明期の教育、日本文化に与えた影響は大きい。明治学院初代総理として務める。(1815年〜1911年)
◇長崎函館滞在記　ホジソン著, 多田実訳　雄松堂出版　1984.9　339,11p　23cm　(新異国叢書　第2輯 4)　5200円

外国人の見た日本　　　　　　　　　　　　　　　　　　　　　　　歴史紀行一般

◇ニコライの見た幕末日本　ニコライ著, 中村健之介訳　講談社　1979.5　155p　15cm　（講談社学術文庫）　260円
◇日本滞在日記―1804―1805　レザーノフ著, 大島幹雄訳　岩波書店　2000.8　440p　15cm　（岩波文庫）　800円　Ⓘ4-00-334791-9
　＊1804年9月、長い航海の末長崎に到着したロシアの全権大使レザーノフ。通商を求めて交渉するが、日本側の対応にいらだちを募らせる―半年余りの日本滞在中の日記。本書は長年出版が禁じられ、1994年に初めて公刊された。開国への胎動のうかがえる日本社会や、日露交流史を考える上で、興味ぶかい数多くの事実に満ちている。
◇日本雑事詩　黄遵憲著, 実藤恵秀, 豊田穣訳　平凡社　1968　322p　18cm　（東洋文庫）
◇日本事物誌　第1　チェンバレン著, 高梨健吉訳　平凡社　1969　362p　図版　18cm　（東洋文庫　131）　500円
◇日本事物誌　第2　チェンバレン著, 高梨健吉訳　平凡社　1969　337,24p　図版　18cm　（東洋文庫　147）　500円
◇日本大王国志　フランソア・カロン原著, 幸田成友訳著　平凡社　1967　312p　18cm　（東洋文庫）
◇日本滞在記　上中下　ハリス著, マリオ・E.コセンザ編, 坂田精一訳　岩波書店　1953-54　3冊　15cm　（岩波文庫）
◇日本中国旅行記　シュリーマン著, 藤川徹訳　雄松堂書店　1982.12　1冊　23cm　（新異国叢書　第2輯6）　5200円
◇日本渡航記―フレガート「パルラダ」号より　ゴンチャロフ著, 井上満訳　岩波書店　1959　3刷　404p　15cm　（岩波文庫）
◇日本内陸紀行　クロウ著, 岡田章雄, 武田万里子訳　雄松堂出版　1984.7　336,12p　23cm　（新異国叢書　第2輯10）　5200円
◇日本風俗備考1　フィッセル著, 庄司三男, 沼田次郎訳注　平凡社　1978.3　302p　18cm　（東洋文庫　326）　1100円
◇日本風俗備考2　フィッセル著, 庄司三男, 沼田次郎訳注　平凡社　1978.10　266p　18cm　（東洋文庫　341）　1000円
◇日本幽囚記　ゴロヴニン著, 井上満訳　岩波書店　1960　3刷　3冊　15cm　（岩波文庫）
◇日本留学精神史―近代中国知識人の軌跡　厳安生著　岩波書店　1991.12　380p　19cm　4100円　Ⓘ4-00-001689-X
　＊日清戦争から辛亥革命にいたるまでの間、清朝末期の中国から明治の日本に大勢の男女学生が渡来した。東アジアの歴史変動のなかにあって彼らはいったいいかなる精神のドラマを体験したか。数多くの例に即して、その意味を内在的に明らかにする。十年来の歳月をかけてこのテーマに取り組んできた、中国人である著者にして初めて描きだしえたユニークな近代日中交流精神史。
◇ヒュースケン日本日記　1855～1861　ヒュースケン著, 青木枝朗訳　岩波書店　1989.7　322p　15cm　（岩波文庫）　570円　Ⓘ4-00-334491-X
　＊1858年、日米修好通商条約調印の際のアメリカ側全権使節ハリスの通訳兼書記として活躍したヒュースケン（1832―1861）の日本日記。ニューヨークを出発、日本に向う南方航路の印象を記した1855年から、翌年下田に到着、外交折衝や日本での見聞をつづった1861年までの日誌で読み物としての楽しさも十分にそなえた幕末外交史の貴重な記録。
◇フィンランド初代公使滞日見聞録　グスタフ・ヨン・ラムステット著, 坂井玲子訳　日本フィンランド協会　1987.1　246p　20cm
◇米軍記者が見た沖縄昭和20年…　青山洋二編著, 下地春義訳　青山映子　1985.7　103p　27cm　2000円
◇ベニョフスキー航海記　水口志計夫, 沼田次郎編訳　平凡社　1970　350p　18cm　（東洋文庫　160）　550円
◇ヘボン―同時代人の見た　ウイリアム・エリオット・グリフィス著, 佐々木晃訳　教文館　1991.10　250,6p　19cm　2200円　Ⓘ4-7642-6276-2
　＊開国間もない日本での33年間におよぶヘボンの足跡を、同時代人W.E.グリフィスが、日記、手紙などの原資料を縦横に使って、生き生きと描写し、その人柄に迫る。ヘボン式ローマ字、医学、和英辞典、聖書翻訳の父、ヘボンの生涯。
◇ヘボンの生涯と日本語　望月洋子著　新潮社　1987.4　248p　19cm　（新潮選書）　830円　Ⓘ4-10-600329-5
　＊1859年に来日、攘夷の嵐が吹きすさぶなかで、何よりもまず言葉の架橋をと、和英辞書を編纂、聖書の日本語訳に精魂を傾けたアメリカ人宣教医。その多難な道を、激動の時代を背景に辿る。
◇ベルツの日記　第1部　上下　第2部　上下　エルヴィン・ベルツ著, トク・ベルツ編, 菅沼竜太郎訳　岩波書店　1951-55　4冊　15cm　（岩波文庫）

◇亡命ロシア人の見た明治維新　レフ・イリイッチ・メーチニコフ著,渡辺雅司訳　講談社　1982.5　195p　15cm　(講談社学術文庫)　500円　④4-06-158548-7

◇ボンジュール・ジャポン―青い目の見た文明開化　エドモン・コトー著,幸田礼雅訳　新評論　1992.5　231p　19cm　2884円　④4-7948-0136-X
　＊何でも見てやろうと好奇心旺盛なフランス人の見た百年前の日本。シベリアから長崎を経て横浜→東京を起点に人力車で日光、東海道下り。当時の庶民の生活・風俗・習慣を心暖まる筆致で描いた好読物。当時を偲ぶ木版画を多数収録。

◇ボンジュール・ジャポン―フランス青年が活写した1882年　ウーグ・クラフト著,後藤和雄編　朝日新聞社　1998.6　177p　27cm　3600円　④4-02-257263-9
　＊明治15年、シャンパン財閥の御曹司、5ヶ月にわたる大名旅行。世界一周旅行の途中に訪れた憧れの国・日本旅行記と156点の乾板写真。

◇ポンペ日本滞在見聞記―日本における五年間　ポンペ・ファン・メールデルフォールト著,沼田次郎共訳,荒瀬進共訳　雄松堂書店　1984.2　470,14p　23cm　(新異国叢書　第Ⅰ輯10)　4300円

◇ミットフォード日本日記―英国貴族の見た明治　A.B.ミットフォード〔著〕,長岡祥三訳　講談社　2001.2　298p　15cm　(講談社学術文庫)　960円　④4-06-159474-5
　＊幕末維新の激動期に外交官として活躍した著者は、明治三十九年、英国皇族の首席随行員として再び来日。その様子を日記体で綴り、感想を添えて故国へ送った。四十年ぶりに見た日本はいかに変わったか。徳川慶喜公、東郷平八郎提督や当時の高官との会見、宮中晩餐会、歌舞伎見物、日本各地での大歓迎の様子、大きく変貌した明治の姿などを生き生きと描き出す。

◇明治初期における朝鮮修信使の日本見聞　宋敏〔述〕,国際日本文化研究センター編　国際日本文化研究センター　2000.3　108p　21cm　(日文研フォーラム　第121回)

◇明治日本見聞録―英国家庭教師夫人の回想　エセル・ハワード〔著〕,島津久大訳　講談社　1999.2　301p　15cm　(講談社学術文庫)　900円　④4-06-159364-1
　＊ドイツのカイザーの王子たちを教育した英国婦人E・ハワードは、明治三十四年日本に招かれ、元薩摩藩主島津家の五人の子息の教育を託された。本書は、その興趣溢れる養育体験記であり、激動する明治のすがたを伝える回想記でもある。また、当時の上流社会の家庭の様子と日本の風俗や日本人の気質が愛情こめてほのぼのと語られる。

◇明治滞在日記　アンドレ・ベルソール著,大久保昭男訳　新人物往来社　1989.4　198p　19cm　2000円　④4-404-01597-6
　＊明治30年に来日したフランス作家ベルソールの貴重な明治文化論。日本見聞記シリーズNo.19

◇明治日本体験記　グリフィス著,山下英一訳　平凡社　1984.2　343p　18cm　(東洋文庫430)　1700円

◇明治のジャポンスコ―ボヘミア教育総監の日本観察記　ヨセフ・コジェンスキー著,鈴木文彦訳　サイマル出版会　1985.1　242p　19cm　1500円　④4-377-40658-2

◇モンブランの日本見聞記―フランス人の幕末明治観　C.モンブラン,デュパン,P.ボヌタン,E.カヴァリヨン著,森本英夫訳　新人物往来社　1987.10　203p　19cm　1800円　④4-404-01450-3
　＊政商モンブランの日本論を始め、幕末明治期来日した4人の仏国人の、貴重な証言を収録。

◇横浜ものがたり―アメリカ女性が見た大正期の日本　セオダテ・ジョフリー著,中西道子訳　雄松堂出版　1998.9　237p　22cm　(東西交流叢書　9)　2900円　④4-8419-0251-1

◇黎明期の日本からの手紙　ヘンリー・S.パーマー著,樋口次郎訳　筑摩書房　1982.12　231p　20cm　1800円

◇老松堂日本行録―朝鮮使節の見た中世日本　宋希璟著,村井章介校注　岩波書店　1987.3　312,12p　15cm　(岩波文庫)　550円

◇老松堂日本行録―朝鮮使節の見た中世日本　宋希璟著,村井章介校注　岩波書店　2000.10　312p　15cm　(岩波文庫)　700円　④4-00-334541-X
　＊15世紀日本社会の多彩な様相を活写した日本紀行詩文集。1420(応永27)年、日本への使節として漢城(ソウル)・京都間を往復した宋希璟(1376‐1446)が、その9か月間の見聞・感慨を綴ったもので、海賊・都市・性風俗・農耕等当時の日本社会の実情を子細に記した貴重な史料。朝鮮人の手になる最古の日本紀行。原文・索引を付す。

◇ロシア艦隊幕末来訪記　アレクセイ・ウラヂミー・ヴィチ・ヴィシェスラフツォフ著,長島要

外国人の見た日本　　　　　　　　　　　　　　　　　　　　　　　　　歴史紀行一般

一訳　新人物往来社　1990.4　200p　19cm　2200円　ⓒ4-404-01714-6
＊安政6年、アムール艦隊の軍医として来日した著者の描く幕末期江戸の貴重ルポルタージュ―本邦初訳。攘夷の嵐の時代の江戸見聞記。

◇ロシア士官の見た徳川日本―続・日本俘虜実記　W.M.ゴロウニン著, 徳力真太郎訳　講談社　1985.3　345p　15cm　（講談社学術文庫）　880円　ⓒ4-06-158676-9

◇ロシア人宣教師の「蝦夷旅行記」　セルギー著, 佐藤靖彦訳　新読社　1999.7　343p　19cm　2500円　ⓒ4-7880-9015-5
＊本書は、1898年に北海道を旅したハリストス正教会掌院セルギー（1867年～1944年）が記した手記を訳したものである。

◇ロシア人の日本発見―北太平洋における航海と地図の歴史　S・ズナメンスキー著, 秋月俊幸訳　〔新装版〕（札幌）北海道大学図書刊行会　1986.2　273,15p　19cm　2400円
＊本書はソ連の歴史家S・ズナメンスキーの著書の全訳で、原書名を直訳すれば「日本を探して」という意味である。今日、一衣帯水の隣国である日本とソ連邦の地理的関係を考えれば、このような書名は不思議に思われるかもしれない。しかし17世紀中葉にロシア人が始めて太平洋沿岸にあらわれたころ、両国の間には当時の世界地理学ではまったく未知の海洋が拡がっていたのであった。

エンゲルベルト・ケンペル

ドイツ　江戸時代（1651～1716）

＊　　　＊　　　＊

◇江戸参府旅行日記　ケンペル著, 斎藤信訳　平凡社　1977.2　371,12p　18cm　（東洋文庫　303）　1000円
◇検夫爾日本誌　上巻　エンゲルベルト・ケンペル著, 坪井信良訳　霞ケ関出版　1997.6　921p　27cm　ⓒ4-7603-0126-7
◇検夫爾日本誌　中巻　エンゲルベルト・ケンペル著, 坪井信良訳　霞ケ関出版　1997.6　p922-1890　27cm　ⓒ4-7603-0126-7
◇検夫爾日本誌　下巻　エンゲルベルト・ケンペル著, 坪井信良訳　霞ケ関出版　1997.6　p1892-2758　27cm　ⓒ4-7603-0126-7
◇『検夫爾日本誌』解説・総索引　『検夫爾日本誌』解説・総索引編纂委員会編　霞ケ関出版　1999.3　458p　26cm　30000円　ⓒ4-7603-0126-7

◇ケンペルのみたトクガワ・ジャパン　ヨーゼフ・クライナー編　六興出版　1992.1　294p　19cm　2800円　ⓒ4-8453-8118-4
＊鎖国の下で平和を謳歌する日本、戦乱のやまぬヨーロッパ。ドイツの医師・博物学者・探検家ケンペルの比較文化の眼は、300年の時を超えて今も語り続ける。

◇ケンペルのみた日本　ヨーゼフ・クライナー編　日本放送出版協会　1996.3　252p　19cm　（NHKブックス）　950円　ⓒ4-14-001762-7
＊エンゲルベルト・ケンペルは、1690（元禄3）年、長崎オランダ商館付の外科医として、日本を訪れた。戦乱に倦み疲れた西欧を離れ、五代将軍・綱吉の治世のもと、徳川政権が最も栄え、泰平の世を謳歌した元禄の社会と文化を、ケンペルはどのように観察し、そして記録に残したのか。日・独・英の研究者により、克明な見聞記『日本誌』を読み解き、"とざされた国"の状況を検証する。

◇新版 改訂・増補日本誌―日本の歴史と紀行　1　エンゲルベルト・ケンペル著, 今井正編訳　霞ケ関出版　2001.7　181p　21cm　（古典叢書）　4000円　ⓒ4-7603-0246-8
◇新版 改訂・増補日本誌―日本の歴史と紀行　2　エンゲルベルト・ケンペル著, 今井正編訳　霞ケ関出版　2001.7　264p　21cm　（古典叢書）　4000円　ⓒ4-7603-0247-6
◇新版 改訂・増補日本誌―日本の歴史と紀行　3　エンゲルベルト・ケンペル著, 今井正編訳　新版　霞ケ関出版　2001.7　400p　21cm　（古典叢書）　4000円　ⓒ4-7603-0248-4
◇新版 改訂・増補日本誌―日本の歴史と紀行　4　エンゲルベルト・ケンペル著, 今井正編訳　新版　霞ケ関出版　2001.7　492p　21cm　（古典叢書）　4000円　ⓒ4-7603-0249-2
◇新版 改訂・増補日本誌―日本の歴史と紀行　5　エンゲルベルト・ケンペル著, 今井正編訳　新版　霞ケ関出版　2001.7　704p　21cm　（古典叢書）　4000円　ⓒ4-7603-0250-6
◇新版 改訂・増補日本誌―日本の歴史と紀行　6　エンゲルベルト・ケンペル著, 今井正編訳　新版　霞ケ関出版　2001.7　1104p　21cm　（古典叢書）　4000円　ⓒ4-7603-0251-4
◇新版 改訂・増補日本誌―日本の歴史と紀行　7　エンゲルベルト・ケンペル著, 今井正編訳　新版　霞ケ関出版　2001.7　1880p　21cm　（古典叢書）　4000円　ⓒ4-7603-0252-2
◇日本誌　エンゲルベルト・ケンペル著, 今井正編訳　改訂増補版　霞ケ関出版　1989.10　2冊　26cm　61800円

ペリー

アメリカ　江戸時代(1794～1858)

　　　＊　　　＊　　　＊

◇日本遠征日記　ペリー著, 金井円訳　雄松堂出版　1985.10　502,31p　23cm　(新異国叢書　第2輯 1)　5200円
◇ペリー日本遠征記図譜　豆州下田郷土資料館編　京都書院　1998.6　255p　15cm　(京都書院アーツコレクション　86 絵画 8)　1000円　①4-7636-1586-6
◇ペリー艦隊 黒船に乗っていた日本人—「栄力丸」17名の漂流人生　足立和著　徳間書店　1990.4　242p　19cm　1300円　①4-19-224225-7
　　＊江戸から大阪にむけ出帆した「栄力丸」に何が起こったか。幕末、鎖国の下、日本人船乗りたちが見た「時代の裂け目」—。遭難ドキュメント。
◇ペリー提督と会えなかった男の本懐—ジョン万次郎のそれから　土橋治重著　経済界　1991.6　245p　19cm　(リュウセレクション)　1300円　①4-7667-8081-7
　　＊幕末の1841年、漂流中を米捕鯨船に助けられ、日本人として初めて米国で学んできた男・ジョン万次郎の実像と真実に迫る書き下ろし人物伝！
◇ペリー提督沖縄訪問記—原文和文対訳　外間政章訳注　改訂版　外間政章　球陽堂書房(販売)　1975　442p 図51枚 地図　19cm　4200円
◇ペリー提督日本遠征記　M.C.ペリー著, 合衆国海軍省編, 大羽綾子訳　法政大学出版局　1953　387p 図版10枚　19cm
◇ペリー日本遠征随行記　洞富雄訳　雄松堂書店　1983.4　11,553p　23cm　(新異国叢書 第I輯 8)　4300円
◇ペルリ提督遠征記　M.C.ペルリ著, アメリカ合衆國海軍省編, 大羽綾子訳　酣燈社　1947　365p　21cm　35円
◇ペルリ提督日本遠征記　ペルリ著, 土屋喬雄, 玉城肇共訳　臨川書店　1988.6　2冊　27cm　全38000円　①4-653-01754-9
◇ペルリ提督日本遠征記 1　ペルリ著, 土屋喬雄訳, 玉城肇訳　岩波書店　1990.10　362p　15cm　(岩波文庫　33‐422‐1)　553円　①4-00-334221-6
◇ペルリ提督日本遠征記 2　ペルリ著, 土屋喬雄訳, 玉城肇訳　岩波書店　1990.10　252p　15cm　(岩波文庫　33‐422‐2)　505円　①4-00-334222-4
◇ペルリ提督日本遠征記 3　ペルリ著, 土屋喬雄訳, 玉城肇訳　岩波書店　1990.10　271p　15cm　(岩波文庫　33‐422‐3)　520円　①4-00-334223-2
◇ペルリ提督日本遠征記 4　ペルリ著, 土屋喬雄訳, 玉城肇訳　岩波書店　1990.10　244,15p　15cm　(岩波文庫　33‐422‐4)　505円　①4-00-334224-0

シーボルト

ドイツ　江戸時代(1796～1866)

　　　＊　　　＊　　　＊

◇異國叢書 第3　シーボルト著, 呉秀三訳註　雄松堂書店　1966　23cm
◇異國叢書 第9　シーボルト著, 呉秀三訳註　雄松堂書店　1966　23cm
◇参府旅行中の日記　シーボルト著, フリードリヒ・M.トラウツ編, 斎藤信訳　思文閣出版　1983.10　211,11p　20cm　2500円
◇シーボルトの日本史　布施昌一著　木耳社　1988.10　278p　19cm　(オリエントブックス)　1300円　①4-8393-7459-7
　　＊開国前夜、日本に学術探険の密命を帯びて来日したシーボルトは、鳴滝塾の塾生、高野長英、小関三英、土生玄碩らに多大なる影響を与えた。シーボルトの視た日本史。
◇シーボルトのみたニッポン　シーボルト記念館著　シーボルト記念館　1994.9　64p　21cm
◇ジーボルト最後の日本旅行　A.ジーボルト著, 斎藤信訳　平凡社　1981.6　210p　18cm　(東洋文庫　398)　1200円
◇シーボルト「日本」の研究と解説　緒方富雄等著　講談社　1977.1　319p　31cm　8000円
◇シーボルトの日本探険—この「人間と歴史」の風景　布施昌一著　木耳社　1977.11　278p 図　19cm　1300円
◇黄昏のトクガワ・ジャパン—シーボルト父子の見た日本　ヨーゼフ・クライナー編著　日本放送出版協会　1998.10　284p　19cm　(NHKブックス)　1070円　①4-14-001842-9
　　＊幕末日本に西欧諸科学を伝えたオランダ商館付医師シーボルトは、国禁を犯し、追放された。世に謂う"シーボルト事件"

である。三十年を経て日本再訪を果たしたシーボルト、そして二人の息子たちは、精力的に日本の産物、工芸品、民族資料を収集している。彼らの"日本"コレクションは、洗練された江戸文化の輝きとともに、活き活きと暮らした人々の表情を鮮やかに捉えていた。十九世紀末の西欧社会を背景に、発信された"日本情報"とは何であったのか。ヨーロッパ社会が日本に求めたものは何であったのか。

◇日本 図録 第1巻　フィリップ・フランツ・フォン・シーボルト著, 中井晶夫, 八城圀衛訳　雄松堂書店　1978.3　76p 図版24枚　31cm　7500円

◇日本 図録 第3巻　フィリップ・フランツ・フォン・シーボルト著, 末木文美士ほか訳　雄松堂書店　1979.2　102p 図版69枚　31cm　7500円

◇日本 第1巻　フィリップ・フランツ・フォン・シーボルト著, 中井晶夫訳　雄松堂書店　1977.11　414p　23cm　5200円

◇日本 第2巻　フィリップ・フランツ・フォン・シーボルト著, 中井晶夫, 斎藤信訳　雄松堂書店　1978.1　400p　23cm　5200円

◇日本 第3巻　フィリップ・フランツ・フォン・シーボルト著, 斎藤信, 金本正之訳　雄松堂書店　1978.5　386p　23cm　5200円

◇日本 第4巻　フィリップ・フランツ・フォン・シーボルト著, 中井晶夫ほか訳　雄松堂書店　1978.7　350p　23cm　5200円

◇日本 第5巻　フィリップ・フランツ・フォン・シーボルト著, 尾崎賢治訳　雄松堂書店　1978.12　292p　23cm　5200円

◇日本 第6巻　フィリップ・フランツ・フォン・シーボルト著, 加藤九祚ほか訳　雄松堂書店　1979.5　482p　23cm　5200円

E.S.モース

アメリカ　明治時代(1838〜1925)

＊　　＊　　＊

◇共同研究 モースと日本　守屋毅編　小学館　1988.7　518p　21cm　7800円　⓵4-09-358021-9
　＊これまでごく一部しか知られていなかったE.S.モースの業績をその足跡と膨大なコレクションに探る。各分野の第一線の研究者による書きおろし論考。写真・図版多数収載。いま最も刺激的な博物学者、E.S.モースとそのコレクションに関する研究のすべて。

◇日本その日その日 1　E.S.モース著, 石川欣一訳　平凡社　1989.12　258p　18cm　（東洋文庫 171）　1800円　⓵4-582-80171-4

◇日本その日その日 2　E.S.モース著, 石川欣一訳　平凡社　1989.2　296p　18cm　（東洋文庫 172）　2100円　⓵4-582-80172-2

◇日本その日その日 3　E.S.モース著, 石川欣一訳　平凡社　1990.1　236p　18cm　（東洋文庫 179）　1800円　⓵4-582-80179-X

◇モースの発掘―日本に魅せられたナチュラリスト　椎名仙卓著　恒和出版　1988.1　216,6p　19cm　（恒和選書 11）　1400円　⓵4-87536-111-4
　＊明治の日本に魅せられ、最も日本を愛しつづけたお雇い外国人。エドワード・S.モースは、来日直後の大森貝塚発見をはじめ、進化論の紹介、博物館の整備、陶器の研究、動物学・考古学の端緒を開くなど、当時の学術文化に広範な足跡を残している。また、その鋭い観察力と豊かな人間性、科学精神で、さまざまな日本を発見し、発掘し、世界に紹介した。この偉大なナチュラリスト、モースの全体像を見つめ直す。

◇モースの見た日本―セイラム・ピーボディー博物館蔵モース・コレクション 日本民具編　小西四郎, 田辺悟編　小学館　1988.5　215p　31×23cm　5800円　⓵4-09-563012-1
　＊モースは100年前の日本を訪れ、始めは驚きを、そしてすぐに深い愛情をもって日本と日本人の生活を見た。確かに貧しくはあったが、海は青く澄み、野山は緑にあふれ、街は活気に満ち、心豊かな生活を送る人々がいた。それは現代の多くの日本人が心のどこかに求めている壊かしい日本、豊かすぎる現代に何かしら反省を迫る日本であった。モースとともに「モースの見た日本」を訪ねてみよう。そこには忘れられた日本が、そして忘れることのできない日本がある。

イザベラ・バード

イギリス　明治時代(1831〜1904)

＊　　＊　　＊

◇イザベラ・バード 旅の生涯　オリーヴ・チェックランド著, 川勝貴美訳　日本経済評論社　1995.7　306p　19cm　2884円　⓵4-8188-0796-6

◇コタン探訪記 — 日本の知られざる辺境 北海道編　イサベラ・エル・バード著, 神成利男訳　北海道出版企画センター　1977.8　174p　19cm　（北海道ライブラリー　7）　850円

＊女性が自らの可能性を求めることが困難だった時代。イザベラ・バードは海を越え、未知の国へ飛びたつ。自由に生きたかった。だから彼女は旅にでた。

◇朝鮮奥地紀行 1　イサベラ・L.バード著, 朴尚得訳　平凡社　1993.12　369p　18cm　（東洋文庫　572）　2884円　④4-582-80572-8

＊『日本奥地紀行』につづく、英国女性によるアジア紀行第二弾。甲申政変、日清戦争など混乱を極める十九世紀末朝鮮に深く分け入り、王室から民衆文化・風俗までつぶさに見聞。

◇朝鮮奥地紀行 2　イサベラ・L.バード著, 朴尚得訳　平凡社　1994.1　414p　18cm　（東洋文庫　573）　3090円　④4-582-80573-6

＊『日本奥地紀行』につづく、英国女性によるアジア紀行第二弾。甲申政変、日清戦争など混乱を極める十九世紀末朝鮮に深く分け入り、王室から民衆文化・風俗までつぶさに見聞。

◇日本奥地紀行　イザベラ・バード〔著〕, 高梨健吉訳　平凡社　2000.2　529p　16cm　（平凡社ライブラリー）　1500円　④4-582-76329-4

＊文明開化期の日本…。イザベラは北へ旅立つ。本当の日本を求めて。東京から北海道まで、美しい自然のなかの貧しい農村、アイヌの生活など、明治初期の日本を浮き彫りにした旅の記録。

◇日本奥地紀行　イサベラ・バード著, 高梨健吉訳　平凡社　1987.5　386p　18cm　（東洋文庫　240）　2500円　④4-582-80240-0

◇日本の知られざる辺境 北海道篇　イサベラ・エル・バード著, 神成利男訳　郷土研究社　1969　127p 図版　19cm　300円

◇古川古松軒／イザベラ・バード　宮本常一著　未来社　1984.10　257p　20cm　（旅人たちの歴史　3）　2000円

アーネスト・サトウ

イギリス　明治時代(1843〜1929)

＊　　＊　　＊

◇一外交官の見た明治維新 上　アーネスト・サトウ著, 坂田精一訳　岩波書店　1960　290p　15cm　（岩波文庫）

◇一外交官の見た明治維新 下　アーネスト・サトウ著, 坂田精一訳　岩波書店　1989.8　294p　15cm　（岩波文庫　33‐425‐2）　447円　④4-00-334252-4

◇遠い崖 — アーネスト・サトウ日記抄 12　賜暇　萩原延寿著　朝日新聞社　2001.3　299p　19cm　2500円　④4-02-257324-4

＊賜暇を得て帰国したサトウは、法律の勉強に着手し、さらに合間をぬってヨーロッパ大陸への旅行や音楽会の楽しみを満喫する。2年の後、東京へ帰任する前に、サトウは鹿児島へ赴き、西南戦争勃発の現場にいあわせることになった。

◇遠い崖 — アーネスト・サトウ日記抄 5　外国交際　萩原延寿著　朝日新聞社　1999.7　342p　19cm　2500円　④4-02-257317-1

＊幕末の政局が大政奉還か武力倒幕かの決着をめざして急速に動きだしていた時期、サトウは情報収集をかねて、大坂から江戸まで、東海道の旅に出た。サトウの眼に映った庶民の姿は？一方、パリでは万国博覧会への参加をめぐって、幕府と薩摩が熾烈な外交戦を展開する。

◇遠い崖 — アーネスト・サトウ日記抄 9　岩倉使節団　萩原延寿著　朝日新聞社　2000.7　346p　19cm　2700円　④4-02-257321-X

＊絶頂期にあった大英帝国の「富強」の所以は何なのか。条約改正交渉が進展しないまま、岩倉ら一行は旺盛な好奇の眼を光らせ、イギリス各地を見学していた。一方サトウは、少くともその私生活は、明治5年初めの富士を眺める甲州路の旅以来、日光への旅、西国巡遊と、旅一色の感がある。

◇明治日本旅行案内 上巻　カルチャー編　アーネスト・サトウ編著, 庄田元男訳　平凡社　1996.10　210p　21cm　2472円　④4-582-82901-5

◇明治日本旅行案内 中巻　ルート編 1　アーネスト・サトウ編著, 庄田元男訳　平凡社　1996.11　465p　21cm　4017円　④4-582-82902-3

◇明治日本旅行案内 下巻　ルート編 2　アーネスト・サトウ編著, 庄田元男訳　平凡社　1996.12　458,28p　21cm　4017円　④4-582-82903-1

＊E・サトウたちの使命感あふれた明治期日本紹介。当時の主街道を中心に、中・四国を除く64ルートの行程を詳細に案内。山岳を跋渉し、名所を訪ねた尨大な記録の集成。

◇Y.アーネスト・サトウ写真集　Y.アーネスト・サトウ写真, 高階秀爾監修　講談社

1998.10　127p　29cm　3800円　ⓘ4-06-209445-2

北海道・東北地方

◇会津―自然と歴史とロマンの地　北日本印刷営業第二課　1982.4　175p　30cm　1500円
◇会津―自然と歴史とロマンの地　歴史春秋社　1990.11　176p　30cm　1800円　ⓘ4-89757-250-9
◇会津　とっておきの歴史　野口信一著　歴史春秋出版　1997.5　245p　19cm　1524円　ⓘ4-89757-349-1
◇青森県　東奥日報社編　河出書房新社　1982.1　246p　19cm　(各駅停車全国歴史散歩)　980円
◇青森県の歴史散歩　青森県高等学校地方史研究会編　新版　山川出版社　1990.1　294p　18cm　(新全国歴史散歩シリーズ　2)　890円　ⓘ4-634-29020-0
◇青森市の歴史散歩　小沼幹止編・著　よしのや本間書店　1984.7　511p　22cm　2600円
◇赤い鉄道馬車―古川の昔いろいろ　紺野敏雄編　横町コンヨー　1988　20枚　26cm
◇秋田郷土史物語　下　和泉竜一著　(横手)県南民報社　1986.5　214p　19cm　1000円
◇歩いて調べるみやぎの歴史ガイド　熊谷鉄治〔ほか〕編　宮城県歴史教育者協議会　1997.6　127p　19cm
◇歌志内のむかしばなし―歴史の散歩道　第3集　歌志内歴史資料収集・保存会　1990.8　50p　27cm
◇歌志内のむかしばなし―歴史の散歩道　第4集　歌志内歴史資料収集・保存会　1992.5　51p　27cm
◇ウトロの自然と歴史　斜里町立知床博物館　1992.3　47p　17×17cm　(郷土学習シリーズ　第14編)
◇黄金郷への旅―北の砂金物語　矢野牧夫著　(札幌)北海道新聞社　1988.5　233p　19cm　(道新選書　7)　980円　ⓘ4-89363-926-9
　＊北国を舞台にひたすら黄金の夢に執念を燃やし、より大粒な砂金を求めた男達。独特な採取法で金掘りを続けてきた彼等の生きざまとその歴史をたどる。
◇大高歴史探訪　大高歴史探訪編集委員会編　大高区会　2000.3　64p　30cm
◇大館地方の歴史散歩　鷲谷豊著　無明舎出版　1990.10　227p　19cm　1456円

◇大原歴史散歩―史跡探訪　菊池喜一編　大原史談会　1984.5　231p　19cm　1500円
◇大船渡市周辺の歴史散歩　平山憲治著　気仙大工研究所　1993.3　329,90p　19cm　2200円
◇小田山麓を歩く―若松発祥の地　小田山の歴史と自然　小田山麓の歴史を訪ねる会著　歴史春秋出版　1999.4　63p　19cm　(歴春ブックレット　no.21)　500円　ⓘ4-89757-386-6
◇小樽―坂と歴史の港町　朝日新聞小樽通信局編　改訂版　北海道教育社　1989.6　246p　19cm
◇小樽歴史探訪　小野洋一郎著　最新版　共同文化社　1999.7　255p　19cm　1500円　ⓘ4-87739-028-6
◇小樽歴史探訪　小野洋一郎著　共同文化社　1989.8　191p　18cm　980円　ⓘ4-905664-60-8
◇おはなし歴史風土記　3　岩手県　歴史教育者協議会編著　岩崎書店　1982.9　91p　27cm　1200円
◇おはなし歴史風土記　7　福島県　歴史教育者協議会編　岩崎書店　1984.4　91p　27cm　1200円　ⓘ4-265-93207-X
◇おはなし歴史風土記　1　歴史教育者協議会編著　榎森進ほか編　岩崎書店　1980.9　91p　27cm　1200円
◇おはなし歴史風土記　2　青森県　歴史教育者協議会編　岩崎書店　1983.2　91p　27cm　1200円
◇おはなし歴史風土記　4　宮城県　歴史教育者協議会編　岩崎書店　1983.8　91p　27cm　1200円
◇おはなし歴史風土記　5　秋田県　歴史教育者協議会編著　栗原郁夫ほか編　岩崎書店　1982.1　91p　27cm　1200円
◇おはなし歴史風土記　6　歴史教育者協議会編著　伊田稔ほか編　岩崎書店　1981.3　91p　27cm　1200円
◇河北町の歴史散歩　浅黄三治著　浅黄三治　1988.12　188p　22cm
◇かわはた今昔　金原仁三編　金原仁三　1986.4　34p　26cm
◇北上川物語　三陸河北新報社編　河北新報社　1989.5　335p　19cm　1300円　ⓘ4-87341-017-7
◇釧路歴史散歩　上　佐藤尚著　第3版　釧路市　1988.2　200p　18cm　(釧路新書　9)　500円
◇釧路歴史散歩　下　佐藤尚著　釧路市　1989.11　240p　18cm　(釧路新書　11)

歴史紀行一般　　　　　　　　　　　　　　　　北海道・東北地方

500円
◇栗駒物語 第2集　栗駒町史談会　1988.12　62p　21cm
◇けせんぬま歴史散歩　加藤正禎編　NSK地方出版　1980.10　178p　19cm　1200円
◇見聞録―足で見つけた歴史　七十七銀行創業110周年記念　七十七銀行営業企画部広報課編　七十七銀行　1988.12　82p　26cm
◇高野今・むかし―磐越自動車道開通記念誌　磐越自動車道開通記念誌編集委員会編　磐越自動車道高野町地権者会　1995.8　324p　27cm
◇胡四王郷の散策―花巻矢沢の伝承されるべき歴史と文化　矢沢地区観光開発協議会編　矢沢地区観光開発協議会　1989.5　85p　26cm
◇ザ・絵図　近世やまがたの風景―特別展図録　山形県立博物館　1994.6　88p　30cm
◇雑学北海道歴史の旅　本多貢著　改訂版　北海道教育社　1990.5　349p　19cm　1300円
◇さっぽろ歴史散歩―山の辺の道―定山渓紀行　山崎長吉著　北海道出版企画センター　1995.6　255p　19cm　1800円　①4-8328-9502-8
◇札幌歴史地図 昭和編　札幌市教育委員会文化資料室編　北海道新聞社　1981.3　52p　30cm　(さっぽろ文庫 別冊)　1000円
◇さっぽろ歴史なんでも探見　山谷正著　北海道新聞社　1993.8　285p　19cm　1900円　①4-89363-682-0
　＊明治時代からの由緒ある建物や記念碑など300カ所の完全ガイド。
◇塩竈歴史漫歩　丹治英一著　丹治英一　1987.6　52p　21cm
◇塩の道を行く　朝日新聞福島支局編　歴史春秋出版　1986.3　295p　21cm　1600円
◇標津ひとむかし―標津・野付の明治・大正・昭和史話　北海道標津町郷土研究会　1991.8　151p　26cm
◇写真で見る八戸の戦後史―ふるさとの想い出別巻　中里進編　国書刊行会　1981.11　166p　31cm　4800円
◇白河の歴史と観光　髙村左文郎著　白河結城刊行会　1988.12　201p　19cm　1500円
◇しらたかの歴史をたずねて　白鷹町教育委員会　1981.3　129p　22cm
◇新五城目町歴史散歩　五城目町教育委員会編　五城目町教育委員会　1999.3　43p　19cm
◇新版 秋田県の歴史散歩　秋田県の歴史散歩編集委員会編　山川出版社　1989.11　285p　18cm　(新全国歴史散歩シリーズ 5)　890円　①4-634-29050-2
◇新版 岩手県の歴史散歩　岩手県高等学校教育研究会社会部会日本史部会編　山川出版社　1990.4　285p　18cm　(新全国歴史散歩シリーズ 3)　890円　①4-634-29030-8
◇新版 北海道の歴史散歩　北海道歴史教育研究会編　山川出版社　1994.8　295p　18cm　(新全国歴史散歩シリーズ 1)　890円　①4-634-29010-3
◇新版 宮城県の歴史散歩　宮城県高等学校社会科教育研究会歴史部会編　山川出版社　1988.4　253p　18cm　(新全国歴史散歩シリーズ 4)　870円　①4-634-29040-5
◇新版 山形県の歴史散歩　山形県高等学校社会科教育研究会編　山川出版社　1993.2　287p　18cm　(新全国歴史散歩シリーズ 6)　890円　①4-634-29060-X
◇新聞と人名録にみる明治の札幌　札幌市教育委員会編　北海道新聞社　1985.3　552p　22cm　2300円
◇すぎだま―横町今昔物語　横町親寿会　1986.12　50p　26cm
◇田麦野之今昔　東海林昭典編著　東海林昭典　1984.1　210,13p　22cm
◇田麦野之今昔 続　東海林昭典編著　東海林昭典　1987.1　215p　22cm
◇千島・樺太の文化誌　木村信六ほか著, 新岡武彦編　北海道出版企画センター　1984.10　267p　22cm　(北方歴史文化叢書)　3500円
◇地図と写真でみる旭川歴史探訪　金巻鎮雄編　総北海　1982.4　97p　30cm　(旭川文庫 1)　1980円
◇津軽海峡―歴史と文芸の旅　北の会編　北の街社　1989.12　260p　19cm　1165円
◇手作り会津学　宮崎十三八著　歴史春秋出版　1995.12　271p　19cm　1800円　①4-89757-336-X
　＊独自の史観による会津史の数々、わかりやすい史跡解説、全国にわたる会津人の足跡調査、著名な作家との交遊など、ひと味ちがった歴史エッセイ。
◇東北の古代探訪―みちのくの文化源流考　司東真雄著　八重岳書房　1980.11　197p　20cm　1600円
◇東北歴史紀行　髙橋富雄著　岩波書店　1985.6　224p　18cm　(岩波ジュニア新書)　580円
◇常呂町歴史散歩　常呂町郷土研究同好会編　常呂町郷土研究同好会　1994.2　164p　17cm　(ところ文庫 10)
◇中島公園百年―民衆の発掘した歴史の証明　さっぽろ歴史散歩　山崎長吉著　北海タイム

23

北海道・東北地方　　　　　　　　　　　　　　　　　　　　　　　　　　　歴史紀行一般

ス社　1988.10　287p　19cm　①4-88654-
029-5
◇幕吏 松田伝十郎のカラフト探検　中島欣也
著　新潮社　1991.2　224p　19cm　1400
円　①4-10-379901-3
　＊間宮林蔵が間宮海峡を踏破する1年前
　（1808）、幕命を帯びて林蔵とともにカ
　ラフトを探検した松田伝十郎の発見とそ
　の後のカラフト経営。北方領土問題のル
　ーツ。
◇箱館英学事始め　井上能孝著　（札幌）北海
道新聞社　1987.11　238p　19cm　（道新
選書 3）　980円　①4-89363-922-6
　＊「トマラヘバンバエ」とは「明朝参る」の
　意味だった。ペリー来航時の箱館で英語
　はどう広まっていったか。耳学問から英
　学のルーツを探った異色作！
◇はこだて歴史散歩　北海道新聞社編　北海道
新聞社　1982.5　322p　17cm　1200円
◇八戸の旅・ふるさと歴史散歩　江刺家均著
八戸青年会議所　1986.8　59p　19cm
（ラブはちのへbooks 1）　500円
◇半世紀の風景─戦後50年 東北をあるく　河
北新報社編集局編　河北新報社　1995.8
343p　19cm　1700円　①4-87341-090-8
◇東山の今昔　会津史談会　1995.5　129p
21cm　1500円
◇弘前今昔　荒井清明著　北方新社　1985.10
199p　19cm　1000円
◇弘前今昔 続　荒井清明著　北方新社
1987.7　208p　19cm　1000円
◇弘前今昔 続々　荒井清明著　北方新社
1989.7　198p　19cm　1030円
◇ヒロミの歴史旅行─北海道開拓の村ガイド
2　中村斎文, 中村織音絵　北海道出版企画
センター　1985.11　83p　19cm　400円
◇ヒロミの歴史旅行─北海道開拓の村ガイド
3　子どものための北海道開拓史　中村斎
文, 中村織音絵　北海道出版企画センター
1986.7　86p　19cm　420円　①4-8328-
8609-6
◇福島県　福島民報社編　河出書房新社
1982.7　260p　19cm　（各駅停車全国歴
史散歩 8）　980円
◇福島県の歴史散歩　福島県高等学校社会科
研究会編　山川出版社　1990.11　295p
18cm　（新版 新全国歴史散歩シリーズ 7）
890円　①4-634-29070-7
◇ふるさとアルバム 歴史と文化をつたえる117
の町 1　北海道・東北 歴史の町　三田村信行
編著　PHP研究所　1994.10　39p　30cm
2600円　①4-569-58911-1

◇ふるさと仙台・原町　高砂敏夫著　宝文堂
1990.5　183p　19cm　1200円　①4-8323-
0023-7
◇ふるさと歴史百選─解説と写真　寒河江市
教育委員会　1989.3　217p　19cm
◇北海道身近な歴史紀行　地蔵慶護著　北海
道新聞社　1999.11　197p　21cm　1700円
①4-89453-053-8
　＊史実の謎と疑問を推理する!! 松浦武四郎
　が越えた中山峠はどこか？なぜ北海道に
　ガロウ地名が多いのか？一身の回りにあ
　る歴史の知られざる一面を著者が立てた
　仮説に基づいて紹介。森林鉄道跡や各地
　の資料館などの探訪記もあり、郷土史の
　楽しみ方が伝わる一冊。
◇北海道いがいがい物語─北海道謎学紀行
合田一道著　（函館）幻洋社　1990.12　254p
18×15cm　1340円　①4-906320-12-0
　＊北海道の歴史にちりばめられた意外や意
　外の歴史物語。
◇北海道開拓の村ガイド─ヒロミの歴史旅行
1　中村斎文, 中村織音絵　北海道出版企画
センター　1984.4　82p　19cm　380円
◇北海道開拓の村ガイド　北海道開拓記念館,
北海道開拓の村編　改訂版　北海道開拓記念
館　1989.3　125p　20cm
◇北海道地図を紀行する 道南・道央編　堀淳
一著　（札幌）北海道新聞社　1988.10　206p
19×15cm　1500円　①4-89363-512-3
　＊ガイドブックも知らない道南・道央20景。
　北海道内各地の原始風景や歴史遺跡、炭
　鉱鉄道の跡などを訪ね、その底知れぬ魅
　力や隠された素顔を地図とエッセーと写
　真で綴る。
◇北海道の歴史散歩　北海道歴史教育研究会著
山川出版社　1977.9　218,19p 図　15cm
（全国歴史散歩シリーズ 1）　480円
◇北海道歴史散歩　亀井勝一郎編　河出書房新
社　1962　230p　図版　18cm
◇北海道歴史散歩─50コース　北海道歴史教
育者協議会編　草土文化　1983.12　262p
19cm　1400円
◇北方四島・千島・樺太─地図で語る戦前・戦
中・戦後　籠瀬良明著　古今書院　1995.3
171p　21×17cm　2575円　①4-7722-
1649-9
◇丸森町金山の歴史散歩　志間泰治編　金山開
邑四〇〇年祭実行委員会　1985.12　104p
21cm
◇東北歴史推理行　高橋克彦編　徳間書店
1993.5　313p　16cm　（徳間文庫）　520円
①4-19-597574-3

◇みちの奥二題―東北郷土史物語　和泉竜一著　県南民報社　1987.6　227p　19cm　1200円

◇宮城県　河北新報社編　河出書房新社　1984.4　240p　19cm　（各駅停車全国歴史散歩　5）　1200円

◇目でみる岩手一世紀―写真集　岩手日報社編　岩手日報社　1986.2　449p　38cm　22000円

◇ものがたり北海道2　新しい大地よ―探検と冒険の時代　塩沢実信著,北島新平絵　理論社　1986.12　192,〔1〕p　21cm　1500円　①4-652-01562-3

◇森町の歴史散歩　森地方史研究会編　森地方史研究会　1982.10　205p　21cm

◇山形県の歴史散歩　山形県高等学校社会科教育研究会著　山川出版社　1977.10　211,18p 図　15cm　（全国歴史散歩シリーズ　6）　480円

◇よしま―ふるさとの歴史探訪　好間地区関係団体会議　1998.3　413p　22cm

◇米里の歴史散歩―米里家庭教育学級　探検・発見ボクのマチ　江刺市立米里公民館　1999.2　22p　26cm

◇歴史と文学の回廊―県別日本再発見・思索の旅　1　北海道・東北　1　ぎょうせい　1992.8　191p　27×20cm　3800円　①4-324-02732-3

◇歴史の散歩道―仁鮒地区　二ツ井町公民館仁鮒分館　1986.3　34p　26cm

◇歴史の散歩道―仁鮒地区　続　二ツ井町公民館仁鮒分館　1987.3　50p　26cm

◇歴史の風景　白河こんじゃく　金子誠三著　（会津若松）歴史春秋社　1986.5　354p　19cm　1700円

　＊白河は、みちのくの玄関口であり、奥州三関の一つ、白河の関あり。日本で最も古いそこは、往古からさまざまな人々が行き来し、歴史の足跡がきざまれてきた。悲運の将義経に殉じた佐藤継信、忠信兄弟が往来し、芭蕉もこの道を通って、あこがれの「奥の細道」の旅の一歩をしるした。また、戊辰の役では最初の激戦の地となり、太平洋戦争では「ああ、お母さんと一緒に夕食を食べたい」と言った少女たちの悲鳴をいまに残す。その時代風景を、こまやかに描いた白河歴史紀行。

◇歴史のふるい都市群 3　東北地方太平洋側の都市　山田安彦,山崎謹哉編　大明堂　1989.12　243p　19cm　2430円　①4-470-51023-8

◇歴史のふるい都市群 4　東北地方日本海側・北海道の都市　山田安彦,山崎謹哉編　大明堂　1990.10　192p　19cm　2400円　①4-470-51024-6

蝦夷地

北海道　明治以前

　　　＊　　　＊　　　＊

◇蝦夷古地図物語　梅木通徳著　北海道新聞社　1974　102p　19×21cm　1200円

◇蝦夷実地検考録―箱館 尻沢辺 大盛 一本木　市川十郎著　市立函館図書館　1970　1冊　25cm　（郷土資料複製叢書　15）　非売

◇蝦夷実地検考録　巻17　市川十郎著　市立函館図書館　1971　1冊　25cm　（郷土資料複製叢書　17）　非売

◇蝦夷実地検考録　巻29　市川十郎著　市立函館図書館　1971　1冊　25cm　（郷土資料複製叢書　16）　非売

◇蝦夷実地検考録　巻4　市川十郎著　市立函館図書館　1970　1冊　25cm　（郷土資料複製叢書　13）　非売

◇蝦夷実地検考録　巻7　市川十郎著　市立函館図書館　1970　1冊　25cm　（郷土資料複製叢書　12）　非売

◇蝦夷実地検考録　第9　市川十郎著　市立函館図書館　1970　1冊　25cm　（郷土資料複製叢書　14）　非売

◇蝦夷拾遺　巻之1-4　佐藤行信著　83p　23cm

◇〔蝦夷図〕　〔高橋景保作〕　伊奈町教育委員会　1995　1枚　111×195cm

◇蝦夷草紙―10巻　最上徳内著　写　3冊　27cm

◇蝦夷草紙　最上徳内著,吉田常吉編　時事通信社　1965　283p 図版 地図　18cm　（時事新書）

◇蝦夷草紙　最上徳内著,須藤十郎編　MBC21　1994.5　301p　20cm　2500円　①4-8064-0403-9

◇蝦夷地エトロフより風土見聞之巻 3巻　多川仲之丞著　ファン手帳社　1981.9　1冊　23cm　1800円

◇蝦夷島奇観　秦檍麿筆　雄峰社　1982.4　260p　27×38cm　85000円

◇蝦夷日誌　松浦武四郎著,吉田常吉編　時事通信社　1984.11　2冊　20cm　各1800円　①4-7887-8427-0

◇えぞ物価考―物価と生活　森梢伍著　福島印刷所（印刷）　1971　140p　19cm

25

◇東夷周覧　朦知文著, 市立函館図書館編　図書裡会　1969　98p　26cm（郷土資料複製叢書 6）非売
◇入北記―蝦夷地・樺太巡見日誌　玉虫左太夫著, 稲葉一郎解読　北海道出版企画センター　1992.7　330p　22cm　5800円　①4-8328-9204-5
◇明治初期の蝦夷探訪記　イザベラ・L.バード著, 小針孝哉訳　さろるん書房　1977.10　172p　16×22cm

関東地方

◇上尾歴史散歩　上尾市企画財政部広報課編　上尾市　2000.12　232p　21cm
◇朝霞市歴史の道　朝霞市教育委員会編　改訂版　朝霞市教育委員会　1993.3　19p　26cm
◇足利歴史散策　松崎洋二著　岩下書店　1999.6　113p　15cm　953円
◇足利浪漫紀行―知られざる歴史を訪ねて　日下部高明, 菊地卓著　随想舎　1991.3　156p　21cm　1545円
◇生きている八王子地方の歴史―地下たび族が書いた　村下要助著　有峰書店新社　1984.5　414p　19cm　2000円
◇いたばし郷土史事典　板橋史談会編　板橋史談会　1989.4　255p　18cm
◇市原市の昭和史―子らに語りつぐふるさとの歴史写真集　安藤操編　千秋社　1990.7　194p　31cm　8641円　①4-88477-134-6
◇伊奈町の歴史散歩　伊奈町社会教育講座歴史教室執筆・編集　筑波書林　1988.7　112p　18cm（ふるさと文庫）600円
◇茨城の歴史紀行　園部公一著　曉印書館　1998.9　218p　26cm（写真で綴る文化史シリーズ 茨城 3）2500円　①4-87015-128-6
　＊本書は県下85の市町村をくまなく訪ねて, 現在に息づく「歴史の足跡」を豊富な写真と, その所在地図を添えて紹介した画期的な案内書で各市町村別の歴史紀行書である。
◇茨城県　茨城新聞社編　河出書房新社　1983.1　243p　19cm（各駅停車全国歴史散歩 9）980円
◇茨城県の歴史散歩　茨城県歴史散歩研究会編　新版　山川出版社　1985.4　265p　18cm（新全国歴史散歩シリーズ 8）870円　①4-634-29080-4

◇イラスト・ながれやま物語　おのつよし著　崙書房出版　1989.10　189p　18cm（ふるさと文庫）1000円
◇うしく歴史散歩　木村有見編著　筑波書林　1995.11　141p　19cm　1400円　①4-900725-33-1
◇うつのみやの歴史再発見―日曜散歩　塙静夫著　随想舎　1994.11　191p　21cm　1800円
◇絵図で見る小川町　小川町編　小川町　1998.6　191p　30cm（小川町の歴史）
◇絵図の世界―ふるさとの風景の移りかわり　タイムマシンで旅に出る　第8回特別展図録　土浦市立博物館編　土浦市立博物館　1992.1　60p　26cm
◇江戸時代上州の図絵　あかぎ出版編纂　あかぎ出版　1997.1　247p　37cm　40000円
◇江戸時代の横浜の姿―絵図・地誌などにみる　横浜市歴史博物館, 横浜市ふるさと歴史財団編　横浜市歴史博物館　1997.3　79p　30cm
◇江戸から東京へ 第1巻　矢田挿雲著　中央公論社　1980.10　367p　20cm　1900円
◇江戸から東京へ 第2巻　矢田挿雲著　中央公論社　1980.11　276p　20cm　1900円
◇江戸から東京へ 第3巻　矢田挿雲著　中央公論社　1980.12　283p　20cm　1900円
◇江戸から東京へ 第4巻　矢田挿雲著　中央公論社　1981.1　317p　20cm　1900円
◇江戸から東京へ 第5巻　矢田挿雲著　中央公論社　1981.2　333p　20cm　1900円
◇江戸から東京へ 第6巻　矢田挿雲著　中央公論社　1981.3　342p　20cm　1900円
◇江戸から東京へ 第7巻　矢田挿雲著　中央公論社　1981.4　325p　20cm　1900円
◇江戸から東京へ 第8巻　矢田挿雲著　中央公論社　1981.5　336p　20cm　1900円
◇江戸から東京へ 第9巻　矢田挿雲著　中央公論社　1981.6　269p　20cm　1900円
◇江戸川ライン歴史散歩―川沿いの史跡を訪ねて　松戸・市川・浦安　千野原靖方著　崙書房出版　1991.4　206p　18cm　1000円
◇江戸わがふるさと　川崎房五郎著　ぎょうせい　1980.11　381p　19cm　1900円
◇大井町歴史散歩案内図　大井町教育委員会　1981.3　1枚　21cm（大井町文化財報告第11集）
◇奥多摩歴史散歩―歴史 民俗 風土　大舘勇吉著　有峰書店新社　1992.10　272p　19cm　1900円　①4-87045-195-6
　＊山紫水明の奥多摩にも歴史が深く刻まれ, 自然と調和して生きた人たちの生活があ

る。多摩川、秋川、平井川流域の歴史と民俗をやさしく、親しみやすく詳述した。

◇奥利根の歴史と旅―詩と随筆　おの・ちゅうこう著　崙書房　1982.8　123p　19cm　1000円

◇小田急沿線―見なれた町みぢかな歴史　現代旅行調査資料室編　現代地図出版　1980.9　183p　19cm　（ロータリーガイドシリーズ　6）　680円

◇小田急線歴史散歩―史跡をたずねて各駅停車　円谷真護著　鷹書房　1986.9　252p　19cm　980円　①4-8034-0298-1

＊「いっそ小田急で逃げましょか…」東京行進曲の昔から、地域と密着しつつ、箱根へ、江の島へと発展を続ける小田急―その沿線を各駅停車でルポして、先人の足跡をデッサンする。

◇おはなし歴史風土記 9　栃木県　歴史教育者協議会編　岩崎書店　1984.3　91p　27cm　1200円　①4-265-93209-6

◇おはなし歴史風土記 13　東京都　歴史教育者協議会編著　岩崎書店　1986.7　91p　26cm　1200円　①4-265-93213-4

◇おはなし歴史風土記 14　歴史教育者協議会編著　秋山敏ほか編　岩崎書店　1980.9　91p　27cm　1200円

◇おはなし歴史風土記 10　群馬県　歴史教育者協議会編　岩崎書店　1984.12　91p　27cm　1200円　①4-265-93210-X

◇おはなし歴史風土記 8　茨城県　歴史教育者協議会編著　岩崎書店　1985.10　91p　27cm　1200円　①4-265-93208-8

◇各駅停車全国歴史散歩 15　神奈川県　神奈川新聞社編　河出書房新社　1980.2　316,6p　19cm　980円

◇各駅停車全国歴史散歩 10　栃木県　小川和佑著　河出書房新社　1981.6　254,5p　19cm　980円

◇神奈川の中の中国　岡崎雄児著　岡崎雄児　1998.8　160p　20cm　1800円　①4-497-98548-2

＊中世文化の栄えた古都・鎌倉や近代海外交易の窓口・横浜を擁する神奈川県内に残る中国ゆかりの遺跡や土地を案内し、日中交流の歩みを振り返る。

◇神奈川のなかの朝鮮―歩いて知る朝鮮と日本の歴史　『神奈川のなかの朝鮮』編集委員会編著　明石書店　1998.8　228p　21cm　1600円　①4-7503-1068-9

＊神奈川にも、朝鮮との豊かな関わりを物語る渡来人や朝鮮通信使の足跡があり、他方、関東大震災時の朝鮮人虐殺や強制連行など植民地支配の傷跡を見せつける痛ましい場所も多く残されています。本書は、神奈川県内のさまざまな場所を歩きながら、日本と朝鮮の密接な歴史をたどることで、差別や偏見、無知や無関心を克服し、いまを生きる私たちと隣人との豊かな関係を紡ぎ出す一助になればと編まれたものです。

◇神奈川県の歴史散歩　神奈川県高等学校教科研究会社会科歴史分科会編　新版　山川出版社　1987.5　2冊　18cm　（新全国歴史散歩シリーズ　14）　各870円　①4-634-29140-1

◇かながわ茶縁めぐり　宇野克己著　国書刊行会　1983.11　194p　22cm　2800円

◇神奈川の歴史を歩く　片山丈士著　神奈川新聞社　1985.2　259p　18cm　（かなしんブックス）　870円

◇神奈川ふるさと風土図　横浜編　萩坂昇著　有峰書店新社　1985.3　186p　21cm　1500円　①4-87045-155-7

◇神奈川歴史散歩―50コース　神奈川県歴史教育者協議会編著　草土文化　1980.3　287p　19cm　1000円

◇上福岡の歴史散歩　上福岡市立歴史民俗資料館編　改訂版　上福岡市教育委員会　1987.3　77p　19cm　（郷土史料　第23集）

◇川崎―歴史と文化　三輪修三著　多摩川新聞社　1995.11　204p　19cm　1450円　①4-924882-17-8

＊郷土史研究家の第一人者が、ベストセラー『川崎の歴史五十三話』に次いで著した最新作。川崎南部の歴史や多摩川の文化史などをわかりやすく解説。

◇川崎歴史ガイド―6ルート合本　川崎市文化財団　1991.3　144p　25cm　980円

◇観光コースでない東京―『江戸』と『明治』と『戦争』と　轡田隆史文，福井理文写真　高文研　1999.7　213p　19cm　1400円　①4-87498-221-2

＊こんな東京知っていますか？ニュースステーションの解説者が、軽快な名文に乗せ、今も東京に息づく"歴史"の現場へと案内します。

◇絹の道　打越歴史研究会編　かたくら書店　1986.9　120p　17cm　（かたくら書店新書　21）　500円

◇行徳・浦安　やまひこ社編　リブロポート　1986.10　159p　19cm　（わがまち発見　1）　1000円　①4-8457-0237-1

◇行徳物語　宮崎長蔵，綿貫喜郎共著　（市川）青山書店，五柳書院発売　1987.2　367p

◇銀座—煉瓦と水があった日々　原田弘著　白馬出版　1988.10　151p　21cm　1500円　④4-8266-0188-3

◇銀座いまむかし　中村孝士著　東京新聞出版局　1989.1　201,9p　19cm　1200円　④4-8083-0290-X

＊ギンザが、いまナウイ。センスのある街、買い物に便利な街、銀座。江戸時代からつづく老舗や有名専門店、料理店からホテル、画廊まで、今昔を紹介する。

◇銀座は緑なりき　武田勝彦、田中康子著　六興出版　1988.10　256,10p　19cm　1600円　④4-8453-7161-8

＊明治の初期には銀座は煉瓦地として注目された。京橋から尾張町、そして新橋まで、煉瓦建築の二階建ての家が並び、歩道には文字通り煉瓦が敷きつめられたのであった。関東大震災を契機にして、近代建築術を反映した高層ビルも出現し、日本一の商店街が誕生した。昭和に入ってからは地下鉄の開通によって、銀座はさらに近代化のスピードに拍車をかけられたのであった。日本の近代化に最も有効な空間を提供した街、銀座の変遷を描く。

◇近世の佐倉—ふるさと歴史読本　佐倉市役所総務部総務課市史編さん室編　佐倉市　1998.3　64p　21cm

◇近代の佐倉—ふるさと歴史読本　佐倉市総務部総務課編　佐倉市　2001.3　72p　21cm

◇くにたち歴史探訪　国立市教育委員会編　国立市教育委員会　1997.3　38p　26×13cm　(国立市文化財調査報告書　第41集)

◇熊谷市の昭和史—写真集　田倉米造, 地域文化研究学会編　千秋社　1992.7　194p　31cm　(子らに語りつぐふるさとの歴史)　8900円　④4-88477-164-8

◇群馬県の歴史散歩　群馬県高等学校教育研究会歴史部会編　新版　山川出版社　1990.7　293p　18cm　(新全国歴史散歩シリーズ10)　890円　④4-634-29100-2

◇京王線歴史散歩　関根治子, 滝沢仁志著　鷹書房　1990.8　250p　19cm　(史跡をたずねて各駅停車シリーズ)　1010円　④4-8034-0372-4

＊超高層ビルが立ち並ぶ新都心新宿から伝説に彩られた深大寺、新選組が活躍した多摩川原、南北朝の古戦場を経て千人同人の八王子までひた走る京王線。その豊かな歴史の旅を訪ねての小旅行。

◇京成線歴史散歩　岩井寛著　鷹書房　1987.6　250p　19cm　(史跡をたずねて各駅停車)　980円　④4-8034-0315-5

＊京成本線・押上線・金町線・千葉線。上野山を出て日暮らしの里千住の大橋を渡れば葛西・柴又・向島ニュータウン・習志野を疾走すると成田不動の甍、新国際空港のタワー群！興趣に富む京成を各駅停車で歴史ルポ。

◇京浜急行線歴史散歩　葛西道夫著　鷹書房　1987.6　250p　19cm　(史跡をたずねて各駅停車)　980円　④4-8034-0320-1

＊泉岳寺と品川ホテル群、川崎大師と大地下街、21世紀的新都市横浜と弘明寺観音、金沢文庫と白亜の街上大岡・能見台、軍港横須賀と観光のメッカ三浦三崎。伝統とナウ、郷愁とまばゆさの交錯する街々の老若や狆犬に熱い感慨を寄せるユニークなタウンウォッチング。

◇京浜東北線歴史散歩　広瀬瑛著　鷹書房　1987.3　252p　19cm　(史跡をたずねて各駅停車シリーズ)　980円　④4-8034-0309-0

＊一都二県を直通で北行、南行する京浜東北・根岸線の車窓風景は、団地、高層ビル、下町、大工場群と、めまぐるしく変わる。そしてその現代的人間の営みの陰にも、歴史が息づいている。

◇県北をいく—神奈川の陸の道・18の歴史風景　横浜銀行産業文化財団編　西北社,星雲社発売　1988.3　120p　21cm　(郷土誌探求族)　980円　④4-7952-5008-1

＊神奈川に住んでいて「神奈川が大好きだ」と言っていながら、さて神奈川の郷土史となると、さっぱり知らない。そんな神奈川県民が多いのではなかろうか。この本は、そういう人々の気持ちにみごとに応えてくれる。郷土が好きになるやさしい神奈川史。

◇こうなん道ばたの風土記　港南の歴史研究会編　港南の歴史研究会　1986.2　99p　13×19cm

◇小江戸川越歴史散歩—城下町・川越の蔵と古刹と時の鐘　広瀬瑛著　鷹書房弓プレス　1991.9　246p　19cm　1300円　④4-8034-0375-9

◇古写真で見る江戸から東京へ—保存版　小沢健志、鈴木理生監修　世界文化社　2001.4　247p　26cm　3800円　④4-418-01210-9

＊写真は歴史の「生き証人」！明治初年から20年代初めの東京が、くまなく撮影された未発表の貴重な写真を多数含む、写真アルバム「大日本東京写真名所一覧表」を初めて公開。100余年前の東京グラフィティー。

◇埼玉ふるさと散歩 日光道・古利根流域編　秋葉一男編　さきたま出版会　2001.3　206p　19cm　1500円　Ⓘ4-87891-077-1
　＊川と街道に育まれた歴史の時間を歩く。
◇埼玉ふるさと散歩 比企丘陵編　梅沢太久夫編　さきたま出版会　2001.4　190p　19cm　1500円　Ⓘ4-87891-074-7
◇埼玉県　埼玉新聞社編　河出書房新社　1982.9　278p　19cm　（各駅停車全国歴史散歩　12）　980円
◇埼玉歴史散歩 — 県西・県北コース　埼玉県歴史教育者協議会編　歴史散歩刊行会　1982.3　166p　19cm　（歴史散歩シリーズ　10）　900円
◇坂戸市歴史散歩　坂戸市教育委員会編　坂戸市教育委員会　1984.3　142p　19cm
◇相模のもののふたち — 中世史を歩く　永井路子著　有隣堂　1978.8　268p　18cm　（有隣新書）
◇相模のもののふたち — 中世史を歩く　永井路子著　文芸春秋　1986.6　254p　15cm　（文春文庫）　360円　Ⓘ4-16-720016-3
　＊大革命であった鎌倉幕府の成立の主役は、当時辺境であった東国の武士たちだ。彼らに魅せられて、数々の作品を物してきた著者が、「その表舞台である相模に焦点をしぼって紀行ふうに書いた」のが本篇である。彼らの根拠地の址に実際に身を置き、その生きざまに思いを馳せて、大地の語りかけに耳をかたむけた、異色の歴史紀行
◇幸手町歴史散歩　幸手町教育委員会　1985.6　118p　19cm
◇座間むかしむかし 第16集　座間市教育委員会編　座間市教育委員会　1993.3　69p　21cm
◇座間むかしむかし 第17集　座間市教育委員会編　座間市教育委員会　1994.2　78p　21cm
◇座間むかしむかし 第18集　座間市教育委員会編　座間市教育委員会　1996.3　70p　21cm
◇座間むかしむかし合本集　座間市教育委員会編　座間市教育委員会　1992.3　166p　30cm
◇佐波伊勢崎史帖　しの木弘明著　みやま文庫　1991.3　196p　19cm　（みやま文庫　121）
◇佐原の歴史散歩　島田七夫著　たけしま出版　1998.6　326p　21cm　2400円　Ⓘ4-925111-04-3
　＊本書は、佐原の歴史と風土を市街地・東部・西部・南部・北部に分けて多くの写真と地図を交えてわかりやすく、詳しく解説。
◇散歩に誘って！ — 吉井町歴史散策道神保多胡の路ガイドブック　吉井町教育委員会　2001　16p　26cm
◇しきね — 人・自然・歴史　新島本村立式根島小学校昭和60年度卒業生　1986.3　41p　21cm
◇しばさきあちこち — 大正・昭和初期の立川　立川治雄著　けやき出版　2001.1　225p　19cm　1300円　Ⓘ4-87751-128-8
◇紙碑・東京の中の会津　牧野登著　歴史調査研究所　1980.12　198p　27cm　2500円
◇写真でみる大宮の昔と今　大宮市立博物館編　大宮市　1990.11　223p　31cm
◇写真で見る埼玉東部今昔物語　本間清利著　望月印刷　1993.10　225p　22cm　（マイブック・シリーズ　96）　2000円
◇写真集 市原市の昭和史　安藤操編　千秋社　1990.7　194p　31×23cm　8900円　Ⓘ4-88477-134-6
◇写真集 木更津・袖ケ浦の昭和史　安藤操編　千秋社　1991.9　194p　30cm　（写真集・君津郡の昭和史　1）　8900円　Ⓘ4-88477-156-7
◇写真集 君津・富津の昭和史　安藤操編　千秋社　1991.9　194p　30cm　（写真集・君津郡の昭和史　2）　8900円　Ⓘ4-88477-157-5
◇十番わがふるさと　稲垣利吉著　稲垣利吉　1980.8　148p　21cm
◇小江戸 川越歴史散歩　広瀬瑛著　鷹書房弓プレス　1991.9　246p　19cm　1300円　Ⓘ4-8034-0375-9
◇上州の歴史と風土をたずねて — ふるさと散策 その2　茂木晃文, 大西寛〔ほか〕写真, 群馬日本電気株式会社編　群馬日本電気　1991　93,36p　30cm
◇上州の歴史と風土をたずねて — ふるさと散策　茂木晃文, 大西寛ほか写真, 群馬日本電気株式会社編　群馬日本電気　1988　85,36p　29cm
◇常磐線歴史散歩　栗林忠義著　鷹書房　1989.6　252p　19cm　（史跡をたずねて各駅停車シリーズ）　1010円　Ⓘ4-8034-0350-3
　＊芭蕉旅立の千住宿、国府台戦の松戸、将門の故地取手、名峰筑波を望む水郷土浦、徳川御三家・黄門の城下町水府。旧水戸街道に沿って走り、千葉・茨城都民の足として発展する常磐線沿線の風光と史跡を訪ねる。

◇史話・私の横浜地図　内田四方蔵著　横浜歴史研究普及会　1986.3　204p　21cm　(よこれき双書　第6巻)
◇新宿―エンドレスタウン　そしえて編集部編　そしえて　1985.3　87p　19cm　(風土と歴史をあるく)　1300円　Ⓘ4-88169-311-5
◇新版　埼玉県の歴史散歩　埼玉県高等学校社会科教育研究会歴史部会編　山川出版社　1991.8　295p　18cm　(新全国歴史散歩シリーズ　11)　890円　Ⓘ4-634-29110-X
◇新版　千葉県の歴史散歩　千葉県高等学校教育研究会歴史部会編　山川出版社　1989.4　298p　18cm　(新全国歴史散歩シリーズ　12)　890円　Ⓘ4-634-29120-7
◇新版　東京都の歴史散歩　上　東京都歴史教育研究会編　山川出版社　1988.12　296p　18cm　(新全国歴史散歩シリーズ　13)　870円　Ⓘ4-634-29130-4
＊本書は「現代の東京の中に古い歴史の面影を見つける手掛り」とする旧版以来の方針を堅持している。それは歴史を自分の目でたしかめてほしいという願いと、これを機に東京のあるべき姿を考えてもらいたいとの意図からである。上巻は主としていわゆる下町を、中巻は山手、下巻は多摩及び島嶼とした。
◇新版　東京都の歴史散歩　下　東京都歴史教育研究会編　山川出版社　1989.6　298p　18cm　(新全国歴史散歩シリーズ　13)　890円　Ⓘ4-634-29530-X
◇新版　栃木県の歴史散歩　栃木県の歴史散歩編集委員会編　山川出版社　1991.6　298p　18cm　(新全国歴史散歩シリーズ　9)　890円　Ⓘ4-634-29090-1
◇新編足利浪漫紀行―知られざる歴史を訪ねて　日下部高明、菊地卓著　随想舎　1997.4　255p　21cm　1800円　Ⓘ4-938640-91-0
◇西武池袋線歴史散歩　川目竜央、菊地由紀著　鷹書房　1989.11　250p　19cm　(史跡をたずねて各駅停車)　1010円　Ⓘ4-8034-0359-7
＊高層ビルそびえる池袋から祭りと巡礼の秩父路まで、東京西部と埼玉南部を走る西武池袋線―渓谷美・遊園地・城跡・球場・古戦場・大団地群などと都市化の波と伝統のはざまで変化に富む旅路。
◇西武新宿線歴史散歩　和泉たか子著　鷹書房　1987.3　250p　19cm　(史跡をたずねて各駅停車シリーズ)　980円　Ⓘ4-8034-0312-0
＊明るくクラシックな装いで、瀟洒な住宅街を、のどかな畑を、林を突っ切って走る西武線は、武蔵野の忘れられた自然と歴史に出会う小さな旅にいざなう。
◇世田谷の歴史散歩　上(原始古代)　〔東京都〕世田谷区立郷土資料館編　東京都世田谷区教育委員会　1981.7　124p　19cm
◇雑木林のあるまち―目で見る北本の歴史　写真集　北本市教育委員会市史編さん室、北本市教育委員会編　北本市　1992.3　198p　26×27cm
◇雑司が谷村風土記―江戸地誌50編　矢島勝昭訳　矢島勝昭　1997　233p　21cm
◇総武線歴史散歩　岡崎柾男著　鷹書房　1988.3　249p　19cm　(史跡をたずねて各駅停車シリーズ)　980円　Ⓘ4-8034-0332-5
＊学生街お茶の水、快速起点東京、相撲と花火の両国、本所七不思議の錦糸町、江戸川畔の小岩、万葉の市川、成田山詣での船橋宿、千葉氏の拠点千葉など総武線緩行・快速の各駅周辺の歴史をみずみずしく描き出す。
◇大子の歴史散歩　西部編　大子郷土史の会著　筑波書林　1992.8　100p　18cm　(ふるさと文庫)　618円
◇大正小田原万華鏡　高田掬泉著　夢工房　1998.5　188p　19cm　1500円　Ⓘ4-946513-44-2
◇立川の歴史散歩　立川市教育委員会　1984.3　88p　18cm
◇たのしい歴史散歩集録　松下邦夫著　松戸史談会　1992　82p　26cm
◇玉川上水―親と子の歴史散歩　肥留間博著　たましん地域文化財団　1991.10　14,304p　19cm　(多摩郷土文庫)　1200円
◇玉川上水と分水　小坂克信著　改訂新版　新人物往来社　1990.7　154p　21cm　(ふるさと散歩シリーズ)　1000円　Ⓘ4-404-01728-6
＊人間にとって大切な水を手に入れるため、人々はどのような苦労をしたのでしょうか。昔の人の水を得るための努力や苦労を、とくに、江戸時代まで人があまり住んでいなかった今の東京都の武蔵野台地とその下町を中心に、さぐっていきましょう。
◇多摩歴史散歩　1　八王子・多摩丘陵　佐藤孝太郎著　新装版　有峰書店新社　1995.11　293p　19cm　2000円　Ⓘ4-87045-214-6
＊東京族の増加で、農村・山村地帯だった多摩地方も大きく変わってゆく…秘められた歴史を克明に追って現代によみがえらせた多摩歴史散歩の決定版。
◇ちがさき歴史の散歩道　藁品彦一著　茅ケ崎市　2000.1　44p　21cm　(茅ケ崎市史ブッ

歴史紀行一般　　　　　　　　　　　　　　　　関東地方

クレット　2）
◇地図に刻まれた歴史と景観　明治・大正・昭和1　藤沢市　高木勇夫編著　新人物往来社　1992.11　158p　27×19cm　3900円　①4-404-01945-9
　＊私たちの町の生活と歴史のなりたちを地図からさぐる異色の書。
◇地図に刻まれた歴史と景観　明治・大正・昭和2　市川市・浦安市　小室正紀編著　新人物往来社　1992.12　154p　26cm　4900円　①4-404-01946-7
　＊一目でわかる、町の移り変わり。環境と都市のなりたちをさぐる。明治以来120余年、大きく変貌した私たちの町…。この町の風景はどう変わってきたのだろうか。また今後どう変わるべきか？…ユニークな手法で初めて明らかにした一家に一冊必備の書。
◇地図に刻まれた歴史と景観　明治・大正・昭和3　川口市・鳩ケ谷市　元木靖編著　新人物往来社　1993.2　142p　26cm　4900円　①4-404-01947-5
　＊一目でわかる、町の移り変わり。環境と都市のなりたちをさぐる。明治以来120余年、大きく変貌した私たちの町…。この町の風景はどう変わってきたのだろうか。また今後どう変わるべきか？ユニークな手法で初めて明らかにした一家に一冊必備の書。
◇秩父路50年　清水武甲，千嶋寿著　新潮社　1986.3　119p　22×17cm　（とんぼの本）　1100円　①4-10-601933-7
◇秩父歴史散歩2　古道と峠路　井口一幸著　有峰書店新社　1994.3　206p　19cm　1800円　①4-87045-204-9
　＊古代人の踏み跡をしのぶ古道や峠路、ひっそりと鎮まる野仏や石碑、四季それぞれに美しい秩父の山々を、比較的歩きやすい低山を中心に札所巡りも加えて紹介。霊気ただよう山並み、歴史を語る墓塔や名もない花の香りが、一層人々の心をいやす。
◇秩父歴史散歩1　秩父鉄道沿線　山田英二著　増補新装版　有峰書店新社　1995.3　261p　19cm　1900円　①4-87045-209-X
　＊秩父札所や黒谷の和銅遺跡、三峰・秩父・宝登山の3神社をはじめ、山国秩父の特徴ある史跡を詳細に述べ、あわせて鉢形城を中心とする寄居町、畠山重忠遺跡の川本町、熊谷・行田・羽生の成田氏や埼玉古墳群、忍城・羽生城など、秩父鉄道全沿線の歴史を克明に追う。

◇千葉県市川市行徳周辺の歴史散歩／伊豆・小笠原島々図説　武井順一，佐野英孝共著　武井順一　2000.10　167p　図版12枚　19cm　1500円
◇千葉県市川市周辺の歴史散歩　武井順一著　弘文社（印刷）　1998.1　164p　図版10枚　19cm　1500円
◇千葉市歴史散歩　千葉市教育委員会生涯学習部文化課　1994.3　192p　22cm
◇千葉県風土記—郷土史読本　千葉日報社編集局編　千葉日報社　1981.2　417p　18cm　1000円
◇千葉のなかの朝鮮—歩いて知る朝鮮と日本の歴史　千葉県日本韓国・朝鮮関係史研究会編著　明石書店　2001.10　182p　21cm　1600円　①4-7503-1479-X
　＊本書の目的の第一は、近現代の千葉県と朝鮮半島・朝鮮民族の悲劇的な歴史を、可能な限り明確に刻むこと。第二には、それ以外にも現代の朝鮮文化をめぐって、千葉県は実は密接にして重要な関わりをもっているいくつかの事実が存在しており、これを強調すること。第三には、前近代においても、朝鮮文化は房総半島に明確な足跡を刻んでいることを紹介すること。第四には、以上に述べた歴史的事実を今日に伝える遺跡・遺物を紹介することである。
◇中央線歴史散歩　萩原良彦著　鷹書房　1986.9　250p　19cm　（史跡をたずねて各駅停車）　980円　①4-8034-0294-9
◇中高年から始める歴史歩き　関東版　歴史と風土を歩く会編著　主婦と生活社　1997.10　160p　21cm　（ひと目でわかる！図解）　1400円　①4-391-12095-X
◇中世の佐倉—ふるさと歴史読本　佐倉市総務部総務課市史編さん室編　佐倉市　2000.3　72p　21cm
◇長州歴史散歩　関東編　雅出版　1997.3　50p　21cm　（行こうよ！　1）
◇長南町長南の歴史と民俗　千葉県立房総のむら編　千葉県立房総のむら　1994.3　60p　26cm　（町並みに関する調査報告書　第2集）
◇津久井歴史散歩—つくい城跡中心のアラカルト　小川良一著　揺籃社　1988.5　135p　19cm　980円　①4-946430-18-0
◇都筑の村々—絵図・古文書で探る区域のすがた　企画展・江戸時代のよこはま　横浜市歴史博物館，横浜市ふるさと歴史財団編　横浜市歴史博物館　2000.3　31p　30cm
◇鶴見川歴史散歩　瀬田秀人著　第2版　230クラブ新聞社　1998.6　147p　21cm

1800円　①4-931353-30-4
◇東京の近現代を歩く　東京都歴史教育者協議会編著　岩崎書店　1998.8　227p　21cm　1905円　①4-265-80084-X
◇東京を地誌る―江戸からの東京・世界の東京　服部鉦二郎著　同友館　1990.12　197p　19cm　1800円　①4-496-01688-5
＊「江の戸」にわずか散在した漁家の寒村から、五百年ほどの間に世界のトップ都市にのしあがってしまった東京。何から何まで飲みこんでしまう不思議なエネルギーの根源はどこにあるのか。著者は、自然が刻んだ大地の襞を、先人の遺した生活史のひだをたどる“地誌る旅”をつづけて五十余年。その成果をここにまとめる。
◇東京空間1868～1930　小木新造ほか編　筑摩書房　1986.9　3冊　31cm　各2500円　①4-480-35801-3
◇東京探見―江戸・東京の歴史と文化をたどる　石井庸雄著　甲陽書房　1996.7　246p　19cm　1500円　①4-87531-123-0
＊江戸・東京の名所旧跡をつづる珠玉の九十七編が歴史と文化の旅にいざなう。「東京探見」は、朝日新聞で二年余にわたり、絶賛を博したエッセー風の探訪記である。寺社、庭園、坂・橋、博物館、人名から引ける索引と、名所案内の地図を備える。
◇東京歴史の散歩道　段木一行著　第一法規出版　1981.5　253p　19cm　1500円
◇東京歴史マップ 上　尾河直太郎著　新草出版　1987.9　219p　19cm　1500円
◇峠路を行く　蜂矢敬啓編著　高文堂出版社　1999.6　231p　19cm　1857円　①4-7707-0622-7
＊この十余年の間に碓氷峠・足柄峠の旧道をはじめ、多摩や近県の小さな峠路までを「歴史の峠を歩く会」として歩き続けた著者。その峠行の中で見つけた様々なこと。
◇東武線歴史散歩　伊藤大仁著　鷹書房　1988.6　250p　19cm　（史跡をたずねて各駅停車）　980円　①4-8034-0334-1
＊東武は浅草から埼玉・群馬・栃木へ延びる。墨田・荒川・利根・渡良瀬川が流れ、赤城・日光＝男体山が浮かぶ北関東の重厚な歴史を俯瞰する。
◇東武東上線歴史散歩　日野彰生著　鷹書房　1986.10　249p　19cm　（史跡をたずねて各駅停車シリーズ）　980円　①4-8034-0302-3
＊豊かな自然と歴史を紀行する。奥行の深い自然を残す一方、新市街地や学園都市が次々に出現する東上線とその支線越生線沿線を各駅停車でルポして、関東武士のふるさと、豊島、練馬、埼玉の新らしい息吹きをさぐる。
◇東横・東急全線歴史散歩　光武敏郎著　鷹書房　1986.10　250p　19cm　（史跡をたずねて各駅停車シリーズ）　980円　①4-8034-0303-1
＊東京南部、横浜川崎を縦横に走る東急線。住みはじめたばかりの人にも興味あるあなたの町角の歴史を掘りおこす。
◇都電荒川線歴史散歩　鈴木亨著　鷹書房弓プレス　1991.9　250p　19cm　（史跡をたずねて各駅停車シリーズ）　1010円　①4-8034-0378-3
＊青春の町、早稲田を起点に、江戸の名所鬼子母神・飛鳥山に遊び、雑司ケ谷霊園と巣鴨・とげ抜き地蔵に詣で、王子稲荷や下町情緒の尾久・町屋を散策し、大関横丁賑わう三ノ輪橋まで唯一残る都電でのんびり歴史紀行。
◇利根川物語―風土と歴史を歩く　渡辺良夫著　御園書房　1991.5　182p　19cm　1000円
◇取手の朱印状　取手市教育委員会編　取手市教育委員会　1992.3　20p　26cm　（取手市文化財調査報告書）
◇成増・赤塚　リブロポート　1990.10　159p　19cm　（わがまち発見　12）　1030円　①4-8457-0563-X
◇南武線歴史散歩　中村吾郎著　鷹書房　1988.3　249p　19cm　（史跡をたずねて各駅停車）　980円　①4-8034-0333-3
＊南武線―浜川崎線を乗り次いで、工都川崎の繁栄、夢見ケ崎と丸子の渡し、中原街道と小杉御殿、溝ノ口・登戸宿の盛衰、桝形城と分倍河原合戦、武蔵七党立川氏館など、多摩川流域の清冽な歴史の水脈を汲みあげる。
◇西上総歴史よもやま話　高崎繁雄著　聚海書林　1992.8　277p　20cm　2000円
◇西さがみ歴史への旅―古代から現代まで。ナゾのタイムトラベル50　福島匠著　ポスト広告出版局　1988.7　237p　21cm　1200円
◇日記が語る19世紀の横浜―関口日記と堤家文書　横浜開港資料館, 横浜近世史研究会編　山川出版社　1998.3　311p　21cm　2571円　①4-634-52020-6
＊本書は、江戸時代の後半から明治の初めにおける横浜とその周辺地を対象として、地域の歴史をさまざまな角度から明らかにしようとした論文集である。

◇「野火止の昔を歩く」記録集　新座市立野火止公民館編　新座市立野火止公民館　1998.5　84p　26cm　（講座クローズアップにいざ）
◇飯能市の昭和史―写真集　坂口和子, 地域文化研究学会編　千秋社　1994.5　189p　31cm　（子らに語りつぐふるさとの歴史）8900円　①4-88477-180-X
◇常陸太田市の歴史散歩　常陸太田市秘書課編　増補　常陸太田市　1988.12　203p　19cm　（舞鶴叢書　2）
◇百年前の東京絵図　山本松谷画, 山本駿次朗編　小学館　1999.3　217p　15cm　（小学館文庫）638円　①4-09-403101-4
　＊維新から30余年、西郷死して20余年、いまだ覚めやらぬ江戸の夢。押し寄せる近代化の波に、混沌として生成する東京の貌を好奇と哀惜の眼で捉えた報道画家山本松谷の明治東京フォーカス。絵画から写真へと移行する報道プロセス、その最後を飾る石版画の数々。21世紀を目前にして、今、問いなおす曽祖父曽祖母たちの明治東京、その光と陰。絵を鍵に短文で誘う百年前の東京案内。魅力のカラー文庫。
◇武州・川越舟運―新河岸川の今と昔　斎藤貞夫著　（浦和）さきたま出版会　1990.4　130p　26cm　4000円　①4-182-4
◇船橋歴史風土記　綿貫啓一著　崙書房　1984.3　227p　18cm　1000円
◇ふるさと腰上―その歴史と伝説　内田康男編　内田康男　1999.11　144p　26cm
◇ふるさと玉生の今昔　石下義一著　第3版　石下義一　1990.11　256p　26cm
◇ふるさと久米―今と昔　平塚義角著　所沢郷土美術館　1985.1　328p　20cm　1500円
◇ふるさと玉生の今昔　石下義一著　石下義一　1986.10　261p　26cm　2000円
◇郷土史点描―熊谷　熊谷市立図書館編　熊谷市立図書館　1987.6　108p　26cm
◇ふるさとの歴史　白子の群像　牧野誠一著　千秋社　1987.2　269p　19cm　1500円　①4-88477-092-7
◇前新田廓の歴史散歩　大鷲功著　大鷲功　1992.8　42p　21cm
◇松戸の歴史散歩　千野原靖方著　たけしま出版　2000.7　276p　19cm　1600円　①4-925111-09-2
　＊本書は、松戸の社寺・史跡めぐりに出かける人々のための、手ごろなガイドブックである。

◇松戸今昔物語　三井良尚著　崙書房　1986.7　228p　19cm　1300円
◇松戸の歴史案内　松下邦夫著　改訂新版　郷土史出版　1982.7　256p　26cm　1200円
◇万場町20世紀のあゆみ―西暦2000年記念写真集　万場町20世紀のあゆみ編集委員会編　万場町　2000.12　139p　31cm
◇水戸土浦道中絵図―あびこ版　長谷川一編著　我孫子市教育委員会　1988.3　152p　26cm　（我孫子市史叢書）800円
◇水戸の道しるべ　水戸史学会編　改訂新版　展転社　1993.4　190p　19cm　1200円　①4-88656-087-3
　＊本書は、水戸の長い歴史と、今も残る史跡、あるいは有名な文章などを、なるべく分かりやすく、紹介したものである。
◇みなみ歴史とまちなみ散歩道　みなみ歴史とまちなみ散歩道発刊委員会　1987.3　105p　21cm
◇みやざきの里―川崎歴史散歩　加藤善清著　改訂2版　加藤ひろえ　1986.3　151p　19cm　1000円
◇むかしのところざわ百景　峯岸正雄著, 所沢市企画部秘書広報課編　所沢市企画部秘書広報課　1983.3　137p　19×27cm
◇武蔵野―歴史細見　桜井正信著　八坂書房　1980.10　332,15p　19cm　1800円
◇武蔵野歴史散策　加藤薫, 坂口よし朗共著　保育社　1982.3　151p　15cm　（カラーブックス　564）500円
◇武蔵野歴史散歩 1　多摩編・埼玉編　伊佐九三四郎著　有峰書店新社　1983.6　260p　19cm　1500円
◇武蔵野歴史散歩 2　関東山ノ辺の道　蜂矢敬啓著　有峰書店新社　1994.11　246p　19cm　1900円　①4-87045-205-7
　＊碓氷峠から山名丘陵を越え関東山麓を縫って足柄峠や小田原に向かう道は、時代や場所によって秩父道、八王子道、矢倉沢道、或は鎌倉街道山ノ道（町田市大戸で分かれ鎌倉へ）などと呼ばれた。著者はこの全行程約150キロを踏破、かつての歴史の跡をよみがえらせた。
◇武蔵野歴史めぐり　TAMA3ぶんかざいユニット編著　七賢出版　1994.10　209p　19cm　（首都圏3時間ハイキング　8）1400円　①4-88304-183-2
　＊気軽に出かけよう特選17コース。実用ハイキング徹底ガイド。
◇明治四十年茨城県写真帖―特別大演習記念写真帖　茨城県編　聚海書林　1983.7　200p　27cm　7600円　①4-915521-18-4

関東地方　　　　　　　　　　　　　　　　　　　　　　　　　　　歴史紀行一般

◇明治東京名所図会　山本松谷画　講談社　1989.7　135p　24×31cm　5000円　①4-06-204403-X
　＊むかし、山本松谷という画家が、絵筆を担い東京の名所を尋ね歩いた。日本橋・芝・上野・浅草・深川…、そこにはまだ江戸の名残りがあった。神社・仏閣・街の佇まい・子供の遊び…、千点に及ぶ作品の中から百十六点を選び、明治の姿を今に伝える生きた風俗史。

◇名所探訪・地図から消えた東京遺産　田中聡著　祥伝社　1999.1　314p　16cm　（祥伝社文庫）　571円　①4-396-31112-5
　＊地図から消えた名所が遺した、数々の謎に迫る。

◇焼跡・都電・40年—激変した東京の街 下町　林順信著　大正出版　1987.3　138p　24cm　2000円

◇八千代ふるさと歴史—総集録　八千代市企画部広報文化課編　八千代市　1990.3　211p　18cm

◇谷中百景—江戸のぬくもり　石田良介著　アドファイブ出版局　1984.3　95p　25×27cm　2500円　①4-900084-06-9

◇山手・都心部歴史めぐり　さんぽみち総合研究所編著　七賢出版　1994.9　209p　19cm　（首都圏3時間ハイキング 6）　1400円　①4-88304-181-6
　＊気軽に出かけよう特選17コース。歩いてみたい。見てみたい。実用ハイキング徹底ガイド。

◇遊遊めぐろ—めぐろめぐり　東京都目黒区企画部広報課企画・編集　東京都目黒区　1989.3　168p　21cm

◇有楽町今と昔　木村毅編　東京交通会館　1980.10　279p　22cm　1800円

◇横須賀線歴史散歩　鈴木亨著　鷹書房　1986.9　250p　19cm　（史跡をたずねて各駅停車）　980円　①4-8034-0295-7

◇横浜浮世絵と近代日本—異国"横浜"を旅する　神奈川県立歴史博物館編　神奈川県立歴史博物館　1999.3　187p　24×25cm

◇横浜外国人居留地ホテル史　沢護著　白桃書房　2001.3　310p　22cm　（敬愛大学学術叢書 3）　3500円　①4-561-56048-3
　＊本書は横浜開港から居留地制度がなくなる1899年までの約40年間に、どのようなホテルがあったのかを調査し、その沿革を明らかにすることを目的にしているが、単なるホテル名だけの羅列はできる限り避け、当時の新聞記事や旅行者の手記なども傍証として利用し変化を求めた。

◇横浜謎とき散歩—異国情緒あふれる歴史の街を訪ねて　谷内英伸著　広済堂出版　1998.5　252p　19cm　1600円　①4-331-50631-2
　＊陽光あふれるハイカラ港街の素顔に出会う。幕末の頃、新しい時代の到来を夢みて先人たちは海を渡った。開国と開港から誕生したエキゾチックな横浜の歴史散策。

◇横浜・大正・洋楽ロマン　斎藤龍著　丸善　1991.9　194p　18cm　（丸善ライブラリー025）　640円　①4-621-05025-7

◇横浜浮世絵　横ältre洋一編　（横浜）有隣堂　1989.5　71p　31×22cm　2990円　①4-89660-089-4
　＊西洋文明の窓口となった幕末・明治の横浜。外国人にはじめて接した人びとの、好奇心と憧れを色あざやかに甦らせる。開港以来130年のヨコハマの姿を"見て楽しむ"ジャンル別資料集。

◇横浜絵地図　岩壁義光編者　（横浜）有隣堂　1989.3　69p　30cm　（ヨコハマ・グラフィカ）　2900円　①4-89660-087-8
　＊細長い砂洲の上に誕生した横浜—。都市の歩みを、数多くの絵地図と図版によって再現する。

◇ヨコハマ公園物語—港町の歴史を歩く　田中祥夫著　中央公論新社　2000.9　260p　18cm　（中公新書）　780円　①4-12-101553-3
　＊幕末に一寒村に過ぎなかった横浜は、今や街全体がテーマパーク。異国情緒あふれる街並みは、開国以来の外国人との交流と、公共スペースを重視した近代的都市計画の精華で、その中心は公園。日本最初の洋式公園山手公園、野球場のある横浜公園、田園都市計画の核となった三渓園、臨海公園の先駆山下公園の誕生と変貌の軌跡を辿ろう。国際港湾都市の景観をつくった人々の希望と労苦を描き、街づくりの今後を展望する。

◇横浜ふらんす物語　富田仁著　白水社　1991.11　228p　19cm　1900円　①4-560-02863-X
　＊士官斬殺事件に始まる外交交渉の劇的展開、西洋の文化や産業技術の導入に尽力した人びとの営み、ラシャメンや遊女の悲哀など、幕末から明治期の横浜を舞台にした日仏交流とその人間ドラマを語り、日本近代史上の意義を考える。

◇横浜もの物語　リクルート出版編　リクルート出版　1989.6　145p　30cm　1500円　①4-88991-156-1

歴史紀行一般　　　　　　　　　　　　　　　　　　　　　　関東地方

◇ヨコハマ歴史散歩　生出恵哉著　暁印書館　1983.6　187p　26cm　（写真で綴る文化史シリーズ）　2000円
◇四谷散歩―その歴史と文化を訪ねて　安本直弘著　改訂　みくに書房　1998.1　279p　21cm　2000円　①4-943850-65-0
◇四谷散歩―その歴史と文化を訪ねて　安本直弘著　みくに書房　1989.7　279p　21×16cm　2000円　①4-943850-24-3
◇歴史探訪地図から消えた「東京の町」　福田国士著　祥伝社　1999.10　268p　16cm　（祥伝社文庫）　552円　①4-396-31133-8
　＊角筈、本両替町、黒門町、松坂町…かつて、そこには懐かしく、情緒あふれる名があった！新旧地図と写真で紹介！戦後消えた360の町名から30ヵ所を厳選し、歴史や文化遺産の残るもう一つの東京の姿に迫る。
◇歴史と文化の散歩道―Tokyo walking 全23コース散策ガイドブック　東京都生活文化局コミュニティ文化部観光レクリエーション課編　東京都生活文化局コミュニティ文化部観光レクリエーション課　1996.3　239p　30cm
◇歴史と文化の散歩道―Tokyo walking 1　お堀端コース　余暇開発センター編　東京都生活文化局コミュニティ文化部観光レクリエーション課　1987.3　23p　23×11cm
◇歴史と文化の散歩道―Tokyo walking 11　府中国分寺コース　余暇開発センター編　東京都生活文化局コミュニティ文化部観光レクリエーション課　1989.3　24p　23×11cm
◇歴史と文化の散歩道―Tokyo walking 11　品川池上コース　さんぽみち総合研究所(株)編　東京都生活文化局コミュニティ文化部観光レクリエーション課　1992.3　23p　23×11cm
◇歴史と文化の散歩道―Tokyo walking 12　髙尾八王子コース　余暇開発センター編　東京都生活文化局コミュニティ文化部観光レクリエーション課　1989.3　24p　23×11cm
◇歴史と文化の散歩道―Tokyo walking 12　目黒田園調布コース　東京都生活文化局コミュニティ文化部観光レクリエーション課　1993.3　23p　23×11cm
◇歴史と文化の散歩道―Tokyo walking 13　世田谷コース　東京都生活文化局コミュニティ文化部観光レクリエーション課　1993.3　23p　23×11cm
◇歴史と文化の散歩道―Tokyo walking 14　杉並コース　さんぽみち総合研究所(株)編　東京都生活文化局コミュニティ文化部観光レクリエーション課　1994.3　19p　23×11cm
◇歴史と文化の散歩道―Tokyo walking 15　中野石神井コース　東京都生活文化局コミュニティ文化部観光レクリエーション課　1993.3　23p　23×11cm
◇歴史と文化の散歩道―Tokyo walking 16　旧中山道コース　さんぽみち総合研究所(株)編　東京都生活文化局コミュニティ文化部観光レクリエーション課　1994.3　23p　23×11cm
◇歴史と文化の散歩道―Tokyo walking 17　飛鳥山コース　さんぽみち総合研究所(株)編　東京都生活文化局コミュニティ文化部観光レクリエーション課　1994.3　23p　23×11cm
◇歴史と文化の散歩道―Tokyo walking 18　西新井竹の塚コース　さんぽみち総合研究所(株)編　東京都生活文化局コミュニティ文化部観光レクリエーション課　1995.3　23p　23×11cm
◇歴史と文化の散歩道―Tokyo walking 2　日本橋本所深川コース　余暇開発センター編　東京都生活文化局コミュニティ文化部観光レクリエーション課　1986.9　28p　23×11cm
◇歴史と文化の散歩道―Tokyo walking 21　井の頭深大寺コース　さんぽみち総合研究所(株)編　東京都生活文化局コミュニティ文化部観光レクリエーション課　1992.3　23p　23×11cm
◇歴史と文化の散歩道―Tokyo walking 20　砂町葛西瑞江コース　さんぽみち総合研究所(株)編　東京都生活文化局コミュニティ文化部観光レクリエーション課　1995.3　23p　23×11cm
◇歴史と文化の散歩道―Tokyo walking 3　銀座佃島コース　余暇開発センター編　東京都生活文化局コミュニティ文化部観光レクリエーション課　1988.3　24p　23×11cm
◇歴史と文化の散歩道―Tokyo walking 4　芝髙輪コース　余暇開発センター編　東京都生活文化局コミュニティ文化部観光レクリエーション課　1988.3　24p　23×11cm
◇歴史と文化の散歩道―Tokyo walking 5　渋谷コース　余暇開発センター編　東京都生活文化局コミュニティ文化部観光レクリエーション課　1986.9　24p　23×11cm
◇歴史と文化の散歩道―Tokyo walking 6　新宿コース　余暇開発センター編　東京都生活文化局コミュニティ文化部観光レクリエーション課　1986.9　24p　23×11cm

関東地方　　　　　　　　　　　　　　　　　　　　　　　　　　歴史紀行一般

◇歴史と文化の散歩道—Tokyo walking 7 池袋コース　余暇開発センター編　東京都生活文化局コミュニティ文化部観光レクリエーション課　1988.3　24p　23×11cm
◇歴史と文化の散歩道—Tokyo walking 別冊23コースの紹介　余暇開発センター編　東京都生活文化局コミュニティ文化部観光レクリエーション課　1990.1　37p　30×12cm
◇歴史と文学の回廊—県別日本再発見・思索の旅第3巻　関東 1　ぎょうせい　1992.6　191p　27cm　3800円　⓪4-324-02734-X
◇歴史と文学の回廊—県別日本再発見・思索の旅 第4巻　東京　ぎょうせい　1992.5　191p　27cm　3800円　⓪4-324-02735-8
◇歴史探訪桐生とその周縁　周東隆一著　あかぎ出版　1983.5　239p　22cm　（歴史探訪シリーズ）　2900円
◇歴史と文学の回廊—県別日本再発見・思索の旅 4　東京　ぎょうせい　1992.5　191p　26cm　3800円　⓪4-324-02735-8
◇歴史と文学の回廊—県別日本再発見・思索の旅 3　関東 1　ぎょうせい　1992.6　191p　26cm　3800円　⓪4-324-02734-X
◇歴史と文学の回廊—県別日本再発見・思索の旅 5　関東 2　ぎょうせい　1992.7　191p　26cm　3800円　⓪4-324-02736-6
◇歴史の散歩路—小江戸紀行＝一〇八巡り　池田直樹著　東洋書院　2001.3　228p　19cm　1400円　⓪4-88594-300-0
　＊江戸のむかしが残る街道、名作の生まれたまち、古い家並み、なつかしい行事、祭りなどを豊かな自然と素朴な人情に触れながら訪ねる味わい深い旅の数々。
◇歴史の舞台を歩く—横浜・緑区　相沢雅雄著　昭和書院　1991.11　159p　25cm　1500円　⓪4-915122-62-X
◇歴史のふるい都市群 1　東京とその周辺の都市　藤岡謙二郎編　大明堂　1984.5　185p　19cm　1800円　⓪4-470-51021-1
◇歴史・浪漫（ろまん）の散歩道　八王子市教育委員会編集　改訂第2版　八王子市教育委員会　1987.7　188p　19cm
◇わが町川越歴史散歩—小江戸の残照　小泉功著　ルック　1995.2　222p　21cm　2000円　⓪4-947676-12-4
　＊この本は、歴史の歩みをもつ川越について詳細にわたって記したものである。
◇私の銀座昭和史—帝都モダン銀座から世界の銀座へ　水原孝著　泰流社　1988.11　247p　19cm　（泰流選書）　1800円　⓪4-88470-658-5

　＊帝都モダン銀座のレンガ街。そして大震災と戦災。焼け野原から不死鳥のごとく甦って世界の銀座へ。だが、かつて川と橋にかこまれていた銀座から川と橋が消え、ビルの街になってしまった。そんな銀座の移り変わりを、銀座の老舗「清月堂」に生まれた著者が、折々の思いを込めて詳細に綴る。元朝日新聞記者だった著者はジャーナリストとしての目配りも忘れず、世相と風物を描く。自由闊達な筆致からユニークな文化を育ててきた銀座の雰囲気が伝わってくる。
◇NHK 関東甲信越 小さな旅 8　歴史と文学のふるさと　小さな旅取材班編　学陽書房　1987.10　227p　19cm　1100円　⓪4-313-88018-6
　＊名作の生まれたまち、歴史が暮らしに生きるまち。文士たちが訪れた温泉郷、桜や梅と史跡のかずかず、雨情と童謡の里…。すぐに役立つ"あし""やど""あじ"などの情報も便利。

秩父事件

埼玉県　明治時代　関連人物：田代栄助

　　　＊　　　＊　　　＊

◇秩父事件—歴史紀行　中沢市朗著　新日本出版社　1991.10　251p　20cm　1700円　⓪4-406-02013-6
◇秩父事件を歩く—困民党の風土と人　戸井昌造著　新人物往来社　1978.10　314p　22cm　3000円
◇秩父事件〈佐久戦争〉を行く　上条宏之編著　銀河書房　1984.11　134p　17cm　（銀河グラフィック選書 1）　1500円
◇秩父悲歌—秩父事件の心と風土　清水武甲著　春秋社　1971　149p　地図　27cm　2800円
◇峠の廃道—秩父困民党紀行　井出孫六著　平凡社　1995.8　298p　16cm　（平凡社ライブラリー）　1200円　⓪4-582-76109-7
　＊明治17年、秩父・信州南佐久の農民約1万によって戦われた秩父事件。それを支えていたのは、近代国家がしつらえたのとは別の、もう一つの交通・情報網、「峠道のネットワーク」だった。廃道を歩き、事件と参加者の実像を再現する。

中部・東海地方

◇愛知県　花村稔著　河出書房新社　1982.5　320p　19cm（各駅停車全国歴史散歩　24）　1200円

◇熱田―歴史散歩　日下英之著　風媒社　1999.4　200p　22cm　1700円　Ⓘ4-8331-0517-9

＊古代から戦国時代をへて江戸へ―。悠久の歴史が織りなすさまざまな町の貌。数々の伝承が育まれた舞台を歩く。

◇安濃津歴史散歩　安濃津物語実行委員会編　安濃津物語実行委員会　1999.3　42p　30cm

◇アルプスの里堀金―その歴史と文化　宮下一男著　日本図書刊行会,近代文芸社発売　1986.7　314p　19cm　1600円　Ⓘ4-89607-928-0

＊アルプスの麓に開かれた昔ながらの農村・堀金村。失われゆく豊かな文化遺産を残し、後世に伝えたい。そんな願いを込めて、十有余年の歳月をかけた著者の調査・研究集大成！

◇安城歴史紀行　神谷素光著　神谷素光　1991.11　125p　19cm

◇安城いまむかし―写真集　名古屋郷土出版社　1989.2　165p　26×26cm　4800円　Ⓘ4-87670-000-1

◇伊自良のくらしいまむかし　伊自良村文芸クラブ編　伊自良村　1987.3　220p　22cm

◇伊勢の文学と歴史の散歩 続　中川竫梵著　古川書店　1983.8　246p　21cm　1300円

◇引佐町の歴史探訪　引佐町歴史探訪ガイドブック編集委員会編　引佐町教育委員会　1992.3　145p　26cm

◇犬山の歴史散歩　横山住雄著　第3版　横山住雄　1989.5　170p　21cm　1500円

◇「上田」を読む　全面改訂版　アース工房　1996.4　215p　18cm（信濃路ガイド）　980円　Ⓘ4-87947-030-9

＊上田城下・信濃国分寺・農民美術・別所温泉・塩田平鎌倉道・真田発祥の地・菅平高原・鹿教湯・修那羅峠…。「信州の鎌倉」と謳われた塩田平、真田一族のふるさと真田、居城上田、乾いた空の下、木々の間に佇む碑が、空を指す塔寺の数々が、今も武者たちの夢の跡を静かに語る。

◇上田歴史の道を歩く　土屋郁子,平野勝重著　郷土出版社　1985.10　204p　19cm（ふるさとの歴史散歩シリーズ　1）　1200円

◇江戸期なごやアトラス―絵図・分布図からの発想　新修名古屋市史第三専門部会編　名古屋市総務局　1998.9　77p　30cm（新修名古屋市史報告書　4）

◇遠州歴史散歩　神谷昌志著（静岡）静岡新聞社　1989.8　238p　19cm　2060円　Ⓘ4-7838-0664-0

＊本書は静岡県の西部遠州地域に散在する歴史の跡や信仰の拠点をたずね歩いた記録です。

◇岡崎いまむかし―写真集　名古屋郷土出版社　1989.7　167p　26×26cm　4800円　Ⓘ4-87670-005-2

◇おはなし歴史風土記 21　歴史教育者協議会編著　岩崎書店　1984.6　91p　27cm　1200円　Ⓘ4-265-93221-5

◇おはなし歴史風土記 22　静岡県　歴史教育者協議会編　岩崎書店　1984.9　91p　27cm　1200円　Ⓘ4-265-93222-3

◇おはなし歴史風土記 23　愛知県篇　歴史教育者協議会編著　岩崎書店　1986.8　91p　26cm　1200円　Ⓘ4-265-93223-1

＊本州のほぼ中央部に位置する愛知県は、深く入りこんだ二つの湾(伊勢湾、三河湾)、広びろとした濃尾平野、樹木の豊かな三河山間部の三つの部分から成り立っています。気候も温暖で、自然に恵まれた地域です。愛知県は、東西を結ぶ交通路の要衝で東西文化の接点でもありました。この愛知に生きた人びとのたくましさ、苦しみ、楽しみ、願いをえぐり出したいと考え10話を選びました。子どもたちの歴史を見つめる眼が少しでも豊かになることを期待しています。

◇おはなし 歴史風土記 24　三重県　歴史教育者協議会編　岩崎書店　1986.6　91p　26cm　1200円　Ⓘ4-265-93224-X

◇尾張名所図会 後編 1　岡田啓,野口道直著,尾張名所図会を原文で読む会〔編〕　ブックショップマイタウン　1995.9　108p　30cm　1800円

◇尾張名所図会 前編 1　岡田啓,野口道直著,尾張名所図会を原文で読む会〔編〕　ブックショップマイタウン　1995.8　174p　30cm　2800円

◇尾張名所図会 前編 2　岡田啓,野口道直著,尾張名所図会を原文で読む会〔編〕　ブックショップマイタウン　1995.11　134p　30cm　2000円

◇海賊のいた入江―随想伊豆水軍　永岡治著　青弓社　1986.9　204p　19cm　1400円

中部・東海地方　　　　　　　　　　　　　　　　　　　　　　　歴史紀行一般

＊伊豆に海賊がいた！伊豆半島にも、東と西を結ぶ「海上の道」を駆け巡った海賊がいた。その原像を求めて古代にまで遡り、海賊城址を歩いて、海に生きた男たちの航跡をつづる。

◇海賊の道―伊勢・志摩の水軍と落人　榊原和夫著　誠文堂新光社　1985.6　98p　22cm　1600円　①4-416-88504-0

◇各務原の歴史散歩―鵜沼石工と石亀神社　佐藤重造著，横山住雄著　石亀神社　1986.6　123p　21cm　1200円

◇上高地物語―その歴史と自然　横山篤美著　信州の旅社　1981.10　215p　19cm　1200円

◇木曽―歴史と民俗を訪ねて　木曽教育会郷土館委員会編著　改訂版　信濃教育会出版部　1981.3　406p　19cm　1800円

◇木曽谷の歴史と文学　新井正彦著　教育出版センター　1986.4　269p　20cm　（風土文学選書　9）　2700円　①4-7632-1926-X

◇岐阜県　岐阜歴史地理学研究会編　河出書房新社　1981.7　274p　19cm　（各駅停車全国歴史散歩　22）　980円

◇岐阜県蘭学医学歴史散歩　青木一郎著　岐阜県医師会　1983.10　22,248p　20cm　2500円

◇甲府90年―明治・大正・昭和写真集　甲府市　1981.3　126p　30cm

◇ここにも戦争が!!―県下の軍事施設　1989年を中心とした調査，とりくみ　篠ノ井旭高校郷土研究班　1990.3　44p　26cm

◇こさい―ふるさと歴史探訪　湖西市教育委員会編　湖西市教育委員会　1985.3　76p　21cm

◇湖西の歴史探訪　彦坂良平著，湖西文化研究協議会編　湖西文化研究協議会　1983.9　250p　22cm

◇古代東三河穂の国八百年の旅　横田孜著　横田孜　2000.6　241p　21cm　2500円

◇坂本記録写真集―目で見るふるさとの歴史　第1部　坂本記録写真編集委員会編　中津川市坂本公民館　1984.12　128p　27cm

◇坂本記録写真集―目で見るふるさとの歴史　第2部　坂本記録写真編集委員会編　中津川市坂本公民館　1985.3　136p　27cm

◇里のあかり　金箱正美編著，宮本辰雄写真　信濃教育会出版部　1985.12　77p　24cm　（新信濃写真風土記）　2000円　①4-7839-1004-9

◇佐屋路―歴史散歩　日下英之著　七賢出版　1994.7　214p　21cm　1800円　①4-88304-170-2

◇三の倉の自然・歴史―神楽獅子とともに歩んだ里　多治見市文化財保護センター編　多治見市教育委員会　1994.3　39p　26cm　（多治見市文化財調査報告書　第9号）

◇静岡市歴史散歩　川崎文昭著　（静岡）静岡新聞社　1990.9　158p　19cm　1700円　①4-7838-0680-2

＊本書は、静岡市内の史跡の解説、ガイド書として、カラー写真多数を使用し「見て」「読んで」「訪れて」―と利用していただくように、まとめました。地域を7ブロックに分けて、史跡の紹介をしてあります。

◇志段味の自然と歴史 no.1　創刊前第1～4号,創刊号～第5号　志段味の自然と歴史に親しむ会世話人会　1986.11　312p　26cm　3000円

◇信濃すとーん記―石が語る歴史と風土　信濃毎日新聞社編集局編　信濃毎日新聞社　1992.8　130p　26cm　1700円　①4-7840-9220-X

◇下諏訪歴史散歩　両角俊一，増沢光男著　下諏訪歴史散歩刊行会　1984.4　249p　19cm　1000円

◇写真が語る郡上八幡の一世紀―明治・大正・昭和の記録　嶋数男著　あゆみ会　1994.12　158p　27cm　6500円

◇写真集浜松今昔100景　神谷昌志編著　羽衣出版　1998.7　213p　19×27cm　4286円　①4-938138-22-0

＊思い出があふれ、懐かしさがこみ上げる…感動の今と昔の比較写真集。

◇写真集 愛知百年　中日新聞本社編　（名古屋）中日新聞本社　1986.11　443p　37cm　15000円　①4-8062-0176-6

＊名古屋市が昭和64年(1989年)に市制100周年を迎えるのと、ことし中日新聞社が創業100周年にあたるのを機に、愛知100年の歴史をいま一度顧みるため、本写真集の刊行を企画しました。明治元年から今日まで正確には118年を経ておりますが、明治・大正・昭和3代の歴史を県民皆さまのご協力を得て再現しようという試みで、写真収集に8カ月をかけ12,000点の中から約1,500点を厳選して収録し「写真集 愛知百年」としました。

◇史録いちのみや　松本勝二著　郷土出版社　1986.1　246p　27cm　3500円

◇新桑名歴史散歩　西羽晃著　3版　桑名新光堂書店　1988.6　187p　19cm

◇新修春日井市近世村絵図集　安藤慶一郎編　春日井市　1988.3　243p　31cm

歴史紀行一般　　　　　　　　　　　　　　　　　中部・東海地方

◇信州の韓来文化　今井泰男編著　銀河書房　1985.8　81p　22cm　(銀河グラフィック選書　2)　1400円
◇信州歴史の旅　南原公平, 若林伝著　新版令文社　1981.3　225p　18cm　980円
◇新城歴史ばなし　大原紋三郎著, 新城市郷土研究会編　新城市郷土研究会　1988.2　199p　22cm
◇新版 愛知県の歴史散歩 上　愛知県高等学校郷土史研究会編　山川出版社　1992.3　281p　18cm　(新全国歴史散歩シリーズ　23)　890円　①4-634-29230-0
◇新版 愛知県の歴史散歩 下　愛知県高等学校郷土史研究会編　山川出版社　1992.3　285p　18cm　(新全国歴史散歩シリーズ　23)　890円　①4-634-29730-2
◇新版 岐阜県の歴史散歩　岐阜県高等学校教育研究会社会科部会編　山川出版社　1988.4　296p　18cm　(新全国歴史散歩シリーズ　21)　870円　①4-634-29210-6
◇新版 静岡県の歴史散歩　静岡県日本史教育研究会編　山川出版社　1992.8　280p　18cm　(新全国歴史散歩シリーズ　22)　890円　①4-634-29220-3
◇新版 長野県の歴史散歩　長野県高等学校歴史研究会編　山川出版社　1994.4　285p　18cm　(新全国歴史散歩シリーズ　20)　890円　①4-634-29200-9
◇新版 三重県の歴史散歩　三重県高等学校社会科研究会編　山川出版社　1990.3　281p　18cm　(新全国歴史散歩シリーズ　24)　890円　①4-634-29240-8
◇新版 山梨県の歴史散歩　山梨県高等学校教育研究会社会科部会編　山川出版社　1988.10　248p　18cm　(新全国歴史散歩シリーズ　19)　870円　①4-634-29190-8
◇図説飛騨の歴史―目で見る高山市・大野郡・益田郡・吉城郡の歴史　小鳥幸男編著　郷土出版社　1987.2　170p　27cm　(岐阜県の歴史シリーズ　6)　3500円
◇1945年8月14日～15日時点の長野県下の軍隊・軍事施設　篠ノ井旭高校郷土研究班　1992.11　25p　26cm
◇戦国人質物語―奥平氏の場合・十三本塚の話　鳳来町立長篠城趾史跡保存館　鳳来町立長篠城趾史跡保存館　1980.1　85p　21cm
◇田切ものがたり―天竜川上流右岸の田切地域の歴史的考察　赤羽篤著　建設省中部地方建設局天竜川上流工事事務所　1998.3　35p　21cm　(語りつぐ天竜川)
◇千曲川ものがたり―その流域の歴史と文化の旅　オフィスP&P著　郷土出版社　1992.1　202p　19cm　1600円　①4-87663-174-3
◇千曲川歴史紀行―ともに生きた人びとの記録 平成12年度夏季企画展　長野県立歴史館編　長野県立歴史館　2000.7　68p　30cm
◇秩父往還―武田家外伝　太田巌著　新人物往来社　1988.11　182p　19cm　1300円　①4-404-01576-3
　＊甲斐から秩父へ、知られざる古道。その歴史・民俗・地理を踏査した、地元学者の貴重なレポート！
◇津市の歴史散歩　改訂2版　津市教育委員会　1995.3　64p　19cm
◇つゆはし歴史散歩　石橋隆蔵編著　石橋隆蔵　1988.3　135p　21×30cm
◇定本 信州百峠　三橋秀年撮影　改訂普及版　郷土出版社　1995.8　227p　26cm　2000円　①4-87663-295-2
　＊峠の宝庫・信州の代表的な峠をビジュアルに紹介。峠を歩く。峠を越える。峠のかなたに夢がある。全写真撮りおろし。信州の名だたる140の峠に秘められた歴史とロマンを初めて集大成。ふるさとの峠にまつわる文化と自然を伝える待望の"信州の峠百科"。市町村別・50音別全峠リスト付。
◇徳山村―その自然と歴史と文化　徳山村の自然と歴史と文化を語る集い編　マイタウン　1984.9　464p　22cm　4800円
◇徳山村―その自然と歴史と文化 2　徳山村の自然と歴史と文化を語る集い編　マイタウン　1985.9　484p　22cm　4800円
◇豊川の歴史散歩　豊川の歴史散歩編集委員会編　豊川市　1993.6　265p　19cm
◇豊川・宝飯いまむかし―写真集　名古屋郷土出版社　1989.6　167p　26×26cm　4800円　①4-87670-004-4
◇豊田いまむかし―写真集　名古屋郷土出版社　1989.4　165p　26×26cm　4800円　①4-87670-002-8
◇豊橋いまむかし―写真集　名古屋郷土出版社　1989.5　167p　25×26cm　4800円　①4-87670-003-6
◇中川区の昔をたずねて　中川区老人クラブ連合会編　名古屋市中川区社会福祉事務所　1980.2　50p　26cm
◇長野史―研究雑筆　関川千代丸著　日本図書刊行会, 近代文芸社発売　1986.11　190p　19cm　1300円　①4-89607-935-3
　＊地名考から名所・文化財めぐりまで、長野史研究集大成。長野県人必読の書。

中部・東海地方　　　　　　　　　　　　　　　　歴史紀行一般

◇長野歴史散歩―50コース　長野県歴史教育者協議会編　草土文化　1985.6　246p　19cm　(歴史散歩シリーズ)　1400円　ⓝ4-7945-0213-3
◇名古屋いまむかしシリーズ―秘蔵写真館1　北区・西区編　郷土出版社　1993.7　167p　26×26cm　6800円　ⓝ4-87670-051-6
◇名古屋いまむかしシリーズ―秘蔵写真館2　昭和・瑞穂・天白編　浅井金松〔ほか〕執筆　郷土出版社　1993.7　165p　26×26cm　6800円　ⓝ4-87670-050-8
◇名古屋謎とき散歩―戦国の三英傑を育んだ歴史街を訪ねて　恩田耕治著　広済堂出版　1998.10　275p　19cm　1600円　ⓝ4-331-50655-X
　＊天下の名古屋城、一大決戦場・尾張、家康ゆかりの三河路、瀬戸から美濃へと続く陶磁器の道、大神おわす伊勢。いつも歴史の要衝であった名古屋と東海の歴史を旅する。
◇名古屋再発見―歴史写真集　服部鉦太郎著　中日新聞本社　1984.4　71p　30cm　1900円　ⓝ4-8062-0150-2
◇名古屋 街かど歴史散歩―街の歴史を再発見する散歩、それは、宝さがしのようにエキサイティングな旅だ！　山田寂雀著　郷土出版社　1994.7　197p　19cm　1500円　ⓝ4-87670-064-8
　＊大都会名古屋の知られざる歴史秘話を満載。伝説と逸話でつづる決定版名古屋意外史。
◇名古屋歴史散策―名古屋とその周辺　川田忠著　保育社　1980.11　151p　15cm　(カラーブックス　517)　500円
◇鳴海・有松　やまひこ社編　リブロポート　1988.10　158p　19cm　(わがまち発見　8)　1000円　ⓝ4-8457-0376-9
◇浜松・浜名湖周辺の歴史探歩　神谷昌志著　静岡新聞社　1982.3　238p　17cm　(Shizushin books)　650円　ⓝ4-7838-0607-1
◇浜松歴史散歩―浜松とその周辺の史跡ガイド　神谷昌志著　静岡新聞社　1985.4　239p　19cm　(カラーブック)　2000円　ⓝ4-7838-0615-2
◇はままつ歴史発見　神谷昌志著　(静岡)静岡新聞社　1987.8　239p　19cm　1200円　ⓝ4-7838-0213-0
　＊本書は従来の書物ではふれられていない裏面史にスポットをあて、歴史の掘りおこしを…と心掛けました。たとえば浜松城を築いたのは家康ですが、実際に縄張りをし、構築の指揮をとったのは誰であったのだろうかという素朴な疑問や、浜松時代家康の周辺にいた女性の人間像などを調べました。フィクションではありませんので、すべて史料の裏付けをもった記述です。
◇飛驒―よみがえる山国の歴史　森浩一、八賀晋編　大巧社　1997.8　268p　19cm　2000円　ⓝ4-924899-20-8
　＊地域から本当の歴史を読む。飛驒匠の技術とは？両面宿儺は何を語るのか？古来、「文明の十字路」であった飛驒の歴史の知られざる姿が浮かび上がる。
◇飛驒高山―江戸街道のロマンを訪ねて　平塚市観光協会　1984　46p　26cm
◇飛驒高山謎とき散歩―山都の匠と祭のふるさとを訪ねて　恩田耕治著　広済堂出版　1999.2　258p　19cm　1600円　ⓝ4-331-50693-2
　＊美しいむかし町、懐かし町を訪ねてみたい。飛驒の小京都・高山、清水涌く踊りの町・郡上八幡、世界遺産となった合掌の里・白川郷などなど、ロマンに彩られた飛驒路を歩く。
◇秘められた遠州の史話と伝承　上　神谷昌志著　(静岡)明文出版社　1988.5　275p　19cm　1600円　ⓝ4-943976-14-X
　＊謎ときを通してふる里の歴史の魅力を味わう。実地踏査でまとめた知られざる遠州の史話。
◇漂泊の聖たち―箱根周辺の木食僧　西海賢二著　岩田書院　1995.6　188p　19cm　2575円　ⓝ4-900697-28-1
◇富士山―歴史と風土と人と　中日新聞静岡支局編　中日新聞本社　1980.7　280p　20cm　1200円　ⓝ4-8062-0075-1
◇富士市歴史散歩　山口稔著　緑星社出版部　1983.1　285p　19cm　980円
◇富士宮歴史散歩　遠藤秀男著　増補改訂　緑星社出版部　1980.11　197p　19cm　900円　ⓝ4-89750-004-4
◇富士・富士宮・沼津・三島・駿東歴史散歩　遠藤秀男、辻真澄男　(静岡)静岡新聞社　1987.9　255p　19cm　2000円　ⓝ4-7838-0638-1
　＊私たちの周辺には、数多くの史跡があります。この本は、皆さんが史跡や古社寺を訪れる際のささやかな道しるべになればと、まとめたものです。本書は、富士市地域と富士宮市地域を遠藤秀男氏に、また沼津市地域と三島市地域及び駿東郡地域を辻真澄氏に執筆をお願いし、広い地域を丹念に取材していただきました。

歴史紀行一般　　　　　　　　　　　　　　　　　　　中部・東海地方

◇ふるさと由比　歴史散歩編　由比町文化財保護審議会編　改訂版　由比町教育委員会　1985.9　42p　21cm
◇ふるさとアルバム 歴史と文化をつたえる117の町 3　北陸・中部 歴史の町　笠原秀編著　PHP研究所　1994.10　39p　30cm　2600円　ⓝ4-569-58913-8
◇三島いまむかし 1　水・道・小祠　秋津亘著　秋津亘　1988.1　218p　19cm　1300円
◇三島いまむかし 2　石・河川・三島点描　秋津亘著　秋津亘　1988.8　206p　19cm　1300円
◇南区の歴史探訪　池田陸介文、桜井克郎絵　マイタウン　1986.3　82p　26cm　600円
◇明治百景―100年前の三重県　三重県生活部文化課　2000.3　150p　21×27cm
◇明治初期長野県町村絵地図大鑑　滝沢主税編　郷土出版社　1985.6　5冊　38cm　全148000円
◇明治・大正の一宮―写真集　松本勝二編著　郷土出版社　1983.9　168p　27cm　（思い出のアルバム　〔愛知県〕2）　3800円
◇名鉄線歴史散歩 西部編　斎藤典子著　鷹書房　1987.6　250p　19cm　（史跡をたずねて各駅停車）　980円　ⓝ4-8034-0319-8
　＊木曽、揖斐、長良の3川の治水を背景に名古屋城、稲葉山城、小牧山、犬山城に信長、家三、秀吉、家康らの戦国絵巻が展開した濃尾平野の歴史探訪。
◇名鉄線歴史散歩 東部編　斎藤典子著　鷹書房　1988.7　249p　19cm　（史跡をたずねて各駅停車シリーズ）　980円　ⓝ4-8034-0338-4
　＊名鉄名古屋本線（東部）―豊川線西尾線―蒲郡線―三河線―豊田線―常滑線―河和線―知多新線。熱田神宮の森厳と東海道鳴海・知立宿の盛衰。家康と三河武士の故郷岡崎。豊橋（吉田）と豊川稲荷の賑わい。三州吉良港の任侠や知多半島の風光にロマンをさぐる旅。
◇焼津・藤枝・島田・志太・榛原歴史散歩　杉山元衛著　静岡新聞社　1993.4　198p　19cm　2400円　ⓝ4-7838-1623-9
◇矢作川歴史紀行―川の流れのようにゆっくりふるさとを訪ねる旅　神谷素光著　郷土新聞社　2000.4　178p　19cm　（ふるさとを知るシリーズ）　1600円　ⓝ4-87670-133-4
◇山梨　甲斐古文書研究会編　河出書房新社　1983.2　239p　19cm　（各駅停車全国歴史散歩　20）　980円
◇歴史散歩―総集編　津市教育委員会文化課編　津市　1999.7　141,29,8p　30cm

◇歴史ウォッチング 3　名古屋テレビ放送編　（舞阪町）ひくまの出版　1989.2　257p　19cm　1200円　ⓝ4-89317-110-5
　＊ヤマトタケルの昔から、戦国動乱をくぐりぬけ、徳川、そして近代・現代まで、東海はつねに日本の政治、経済、文化の一大拠点として栄えてきた。その史跡にかくされた謎とロマンを追って、あなたも旅に出ませんか。
◇歴史ウォッチング Part1　名古屋テレビ編　（舞阪町）ひくまの出版　1987.4　269p　19cm　1200円　ⓝ4-89317-102-X
　＊視点をかえてみると、新しい歴史がみえてくる！ヤマトタケルの昔から、戦国動乱をくぐりぬけ、徳川、そして近代・現代まで、東海はつねに日本の政治、経済、文化の一大拠点として栄えてきた。その史跡にかくされた謎とロマンを追って、あなたも旅に出ませんか。
◇歴史ウォッチング Part2　名古屋テレビ編　（舞阪町）ひくまの出版　1987.11　252p　19cm　1200円　ⓝ4-89317-103-8
　＊東海の史跡に謎とロマンを求めて！ヤマトタケルの昔から、戦国動乱をくぐりぬけ、徳川、そして近代・現代まで、東海はつねに日本の政治、経済、文化の一大拠点として栄えてきた。その史跡にかくされた謎とロマンを追って、あなたも旅に出ませんか。
◇歴史時代の集落と交通路―三重県について　藤本利治著　地人書房　1989.4　265p　22cm　3592円　ⓝ4-88501-062-4
◇歴史と文学の回廊―県別日本再発見・思索の旅 6　甲信越　ぎょうせい　1991.10　191p　26cm　3800円　ⓝ4-324-02737-4
◇歴史と文学の回廊―県別日本再発見・思索の旅 8　東海　ぎょうせい　1991.11　191p　26cm　3800円　ⓝ4-324-02739-0
　＊自然のすばらしさ、風土性、風俗的、歴史的な様々な事象や伝承には、文学によって、よりあざやかに表現され、追体験される。『歴史と文学の回廊』は、歴史と文学の接点となる舞台をたどりながら、その風土にふれたユニークな旅のシリーズである。
◇歴史のふるい都市群 6　東海と周辺の都市　山田安彦、山崎謹哉編　大明堂　1992.8　254p　19cm　2430円　ⓝ4-470-51026-2
◇藁科路をたずねて　海野実著　明文出版社　1984.11　232p　22cm　1400円

41

北陸地方

◇石川県　北国新聞社編　河出書房新社　1983.10　231p　19cm　(各駅停車全国歴史散歩　18)　1200円
◇鵜川の話2　髙橋義宗著, 鵜川郷土歴史研究会編　鵜川郷土歴史研究会　1995.12　463p　21cm
◇越前戦国紀行　水上勉著　平凡社　1973　206p　20cm　(歴史と文学の旅)　750円
◇越中戦国紀行　髙岡徹著　北日本新聞社出版部　1988.11　239p　21cm　1800円
◇小千谷郷土物語　岩下庄之助著　歴史図書社　1980.11　335p　20cm　3500円
◇おはなし歴史風土記16　富山県　歴史教育協議会編著　岩崎書店　1981.9　91p　27cm　1200円
◇おはなし歴史風土記15　歴史教育者協議会編著　五十嵐公ほか編　岩崎書店　1981.10　91p　27cm　1200円
◇おはなし歴史風土記17　石川県　歴史教育者協議会編著　岩崎書店　1983.4　91p　27cm　1200円
◇加賀・能登歴史の窓　加能史料編纂委員会編　青史出版　1999.11　329p　22cm　3000円　④-921145-01-6
◇各駅停車全国歴史散歩16　新潟県　川崎久一著　河出書房新社　1981.9　271,7p　19cm　980円
◇かしまの歴史探訪　かしまの歴史探訪編集委員会編　鹿島町教育委員会　1988.3　66p　21cm
◇金沢市歴史のまちしるべ案内　金沢市教育委員会文化課　1983.3　102p　13×19cm　(金沢市文化財紀要　38)
◇金沢市歴史のまちしるべ案内　金沢市教育委員会文化課編　金沢市教育委員会　1992.3　183p　13×19cm　(金沢市文化財紀要　104)
◇金沢市歴史のまちしるべ案内　金沢市教育委員会文化財課編　金沢市教育委員会　1998.3　208p　13×19cm　(金沢市文化財紀要　137)
◇北前船の人々—能登・加賀・越前・若狭　上杉喜寿著　安田書店　1993.8　417p　21cm　4300円
　＊風をはらんだ帆を見上げ、ぐっと沖をニラんだ船頭の目には水夫や積荷の安全を希がう必死の光がにじむ。わずか20トンぐらいの木帆船、即ち北前船で荒海を漕

ぎまわり、誰が、何を、どこへ売込んだか。そのルーツを解説してみた、話題の本である。
◇郷土の文化　昭和56年　富山県立図書館, 富山県郷土史会編　富山県立図書館　1981.3　78p　26cm
◇河間の今昔—字誌　字誌編集委員会編　新潟県西蒲原郡中之口村大字河間　1991.12　273p　27cm
◇古老の語る尾張町今昔—人を引き付ける引力を持つために　その2　石野瑛一著　尾張町商店街振興組合　1991.11　20p　21cm　(老舗の街・尾張町シリーズ)
◇古老の語る尾張町今昔　その3　石野瑛一著　尾張町商店街振興組合　1993.9　28p　21cm　(老舗の街・尾張町シリーズ)
◇佐渡—謎とロマンの島　伊藤邦男ほか著　原書房　1988.8　152p　30cm　(歴史紀行　2)　1800円　④-562-01951-4
◇写真と地図でみる金沢のいまむかし　丸山敦, 住川俊一郎, 袖吉正樹編　国書刊行会　1991.2　124p　31×24cm　4800円　④-336-03201-7
◇じょうえつの市の郷土史散歩　続　池田嘉一著, 渡辺慶一著　北越出版　1990.4　245p　19cm　1505円
◇新版　石川県の歴史散歩　石川県の歴史散歩研究会編　山川出版社　1993.4　267p　18cm　(新全国歴史散歩シリーズ　17)　890円　④-634-29170-3
◇新版　富山県の歴史散歩　富山県歴史散歩研究会編　山川出版社　1992.1　286p　18cm　(新全国歴史散歩シリーズ　16)　890円　④-634-29160-6
◇新版　福井県の歴史散歩　福井県の歴史散歩編集委員会編　山川出版社　1991.3　296p　18cm　(新全国歴史散歩シリーズ　18)　890円　④-634-29180-0
◇図解にいがた歴史散歩佐渡　新潟日報事業社出版部編　新潟日報事業社出版部　1985.1　197p　27cm　3300円　④-88862-241-8
◇図解にいがた歴史散歩十日町・中魚沼　新潟日報事業社出版部編　新潟日報事業社出版部　1984.1　196p　27cm　3300円　④-88862-219-1
◇図解にいがた歴史散歩村上・岩船　新潟日報事業社出版部編　新潟日報事業社出版部　1983.9　197p　27cm　3300円　④-88862-207-8
◇図説佐渡島歴史散歩　佐渡博物館監修, 児玉信雄, 田中圭一, 本間寅雄編　河出書房新社　1998.7　105p　22cm　1800円　④-309-

歴史紀行一般　　　　　　　　　　　　　　　　　　　　　北陸地方

72582-1
　＊黄金の島の全貌。古来、大陸への玄関として異文化と接し、雅やかな芸能の数かずを今に伝え継ぐ、厳峻なる大自然に抱かれた魅惑の島の歴史と風土。
◇図説中島町の歴史と文化　中島町史編纂専門委員会編　中島町　1995.3　201p　27cm
◇せきかわ歴史散歩　高橋重右ェ門著　関川村　1989.11　195p　18cm　（せきかわふるさとブックス　A001）　800円
◇たかおか散策　高岡市広報統計課編　桂書房　1996.7　176p　19cm　1300円
　＊本書では、日頃見過ごしがちな地域の自然や歴史、文化遺産などを自分の足と目で確かめ、高岡のすばらしさを再発見してもらえる七十一のコースを紹介します。
◇たけふ歴史探訪　上巻　旧北陸道東側市街地　斎藤嘉造著　丹南史料研究会　1997.6　221,4p　21cm　（丹南史料研究　第4集）　1600円
◇たけふ歴史探訪　中巻　旧北陸道西側市街地　斎藤嘉造著　丹南史料研究会　1999.11　263,4p　21cm　（丹南史料研究　第5集）　1600円
◇「中世」横越の風景—阿賀の舟旅をよむ　神田勝郎編著　神田勝郎　1997.3　223p　図版11枚　26cm
◇妻有郷の歴史散歩　佐野良吉著　国書刊行会　1990.5　286p　19cm　1800円　ⓘ4-336-03157-6
◇長岡の明治・大正・昭和—続・長岡の歴史散歩　山崎昇編著　長岡郷土史研究会　1986.4　597p　22cm
◇にいがた歴史紀行 1　新潟市　足立豊〔ほか〕著　新潟日報事業社出版部　1994.9　111p　21cm　1800円　ⓘ4-88862-524-7
◇にいがた歴史紀行 11　小千谷市・北魚沼郡　樋口学〔ほか〕著　新潟日報事業社　1995.7　119p　21cm　1800円　ⓘ4-88862-568-9
◇にいがた歴史紀行 14　上越市　花ケ前盛明著　新潟日報事業社　1995.8　111p　21cm　1800円　ⓘ4-88862-574-3
◇にいがた歴史紀行 16　糸魚川市・西頸城郡　土田孝雄著　新潟日報事業社出版部　1994.12　109p　21cm　1800円　ⓘ4-88862-539-5
◇にいがた歴史紀行 17　両津市・佐渡郡　佐藤利夫著　新潟日報事業社　1995.6　115p　21cm　1800円　ⓘ4-88862-558-1
◇にいがた歴史紀行 10　栃尾市　見附市　南蒲原郡 2　石田哲弥〔ほか〕著　石田哲弥〔ほか〕著　石田哲弥〔ほか〕著　新潟日報事業社出版部　1995.1　111p　21cm　1800円　ⓘ4-88862-541-7
◇にいがた歴史紀行 2　村上市・岩船郡　大場喜代司著　新潟日報事業社　1995.9　113p　21cm　1800円　ⓘ4-88862-579-4
◇にいがた歴史紀行 3　新発田市　北蒲原郡 1　上村啓, 長谷川正也著　上村啓, 長谷川正也著　新潟日報事業社出版部　1994.11　115p　21cm　1800円　ⓘ4-88862-532-8
◇にいがた歴史紀行 4　豊栄市　北蒲原郡 2　五百川清著　五百川清著　新潟日報事業社出版部　1995.4　111p　21cm　1800円　ⓘ4-88862-552-2
◇にいがた歴史紀行 7　燕市・西蒲原郡　中村義隆〔ほか〕著　新潟日報事業社出版部　1995.2　115p　21cm　1800円　ⓘ4-88862-545-X
◇にいがた歴史紀行 8　三条市・加茂市・南蒲原郡1　関正平〔ほか〕著　新潟日報事業社　1995.5　111p　21cm　1800円　ⓘ4-88862-553-0
◇にいがた歴史紀行 9　長岡市・古志郡　吉沢俊夫著　新潟日報事業社出版部　1994.10　113p　21cm　1800円　ⓘ4-88862-527-1
◇新潟郷土物語　石川秀雄著　歴史図書社　1980.3　245p　20cm　2600円
◇新潟県の医学の歴史をたずねて　蒲原宏, 本間邦則著　西村書店　1988.5　88p　19cm　1000円　ⓘ4-89013-101-9
◇新潟県の歴史散歩　新潟県の歴史散歩編集委員会編　新版　山川出版社　1995.4　290p　18cm　（新全国歴史散歩シリーズ　15）　860円　ⓘ4-634-29150-9
◇新潟歴史散歩　新潟県歴史教育者協議会編　歴史散歩刊行会　1982.7　2冊　19cm　（歴史散歩シリーズ　13,14）　各900円
◇ひと・まち・歴史　中山千秋著, 中山明子編集・構成　博ящ堂　1999.9　84p　22cm
◇福井今庄の歴史探訪　山本勝士著　今庄町商工観光課　1995.10　124p　19cm
◇福井県余暇ガイドブック—文学・歴史編　1999　福井県県民生活部生活企画課　1999.12　144p　25×26cm
◇ふるさと里のいぶき　中島康雄著　石川県農村文化協会　1993.7　292p　22cm
◇ふるさと歴史散歩　加茂市教育委員会編　加茂市教育委員会　1986.10　131p　19cm
◇松之山郷の歴史散歩　関谷哲郎著　野島出版　1997.4　241p　19cm　1810円　ⓘ4-8221-0156-8
◇目で見る三島町いまむかし　三島町記念誌編集委員会編　三島町町内会　1995.9　127p

26cm
◇明治の蒲原佐渡探訪　小林存著, 曽我広見訳　新潟日報事業社出版部　1993.11　318p　19cm　1600円　④4-88862-495-X
◇歴史と文学の回廊—県別日本再発見・思索の旅7　北陸　ぎょうせい　1992.3　191p　26cm　3800円　④4-324-02738-2
◇私の郷土史探訪抄　宮西清次郎著　宮西清次郎　2000.4　119p　19cm

近畿地方

◇淡路国名所図絵　暁鐘成著　臨川書店　1995.6　642p　21cm　（版本地誌大系　5）　9270円　④4-653-03010-3
◇池田の旅—ミコとアスオのタイムトラベル　富田好久編　池田青年会議所　1983.10　1冊　31cm
◇「礎」周辺の歴史探訪　近畿陸士第五十六期生会編　近畿陸士第五十六期生会　1984.5　255p　26cm
◇出石の歴史散歩—但馬の史都　岡本久彦編著　船田企画　1983.5　117p　15cm　750円
◇和泉市ガイドブック—地歴小辞典　和泉市教育委員会　1981.3　131p　19cm
◇伊丹古絵図集成　伊丹市立博物館編　伊丹市　1982.11　2冊　27cm　（伊丹資料叢書　6）
◇永源寺町の歴史探訪 1　深谷弘典著　近江文化社　1993.1　197p　27cm　3000円　④4-900536-11-3
◇永源寺町の歴史探訪 1　深谷弘典著　深谷弘典　1989　1冊　30cm
◇近江　水野正好編　吉川弘文館　1992.5　269p　19cm　（古代を考える）　1980円　④4-642-02182-5
　＊伊吹・鈴鹿・信楽・比叡の深い山々に囲まれ、古来よりかずかずの船が行きかう詩情豊かな湖国—淡海国。この近江を舞台に展開された、謎多き継体天皇、雄琴和邇・息長氏、天智天皇と大津宮、また渡来人の里として異国の特色を示す古墳や仏教文化など、古代史の重要テーマを、最新の成果をもとに多方面から追究。詳細な歴史散歩を収録した現地見学に最適。
◇近江商人のふるさとを歩く　Akindo委員会編　滋賀県AKINDO委員会　2000.4　127p　21cm　1800円　④4-88325-205-1
◇近江名所図会　秦石田, 秋里離島著　臨川書店　1997.3　358p　22cm　（版本地誌大系　13）　6600円　④4-653-03287-4

＊本書は、『伊勢参宮名所図会』『木曽路名所図会』『廿四輩順拝図会』の三書の「抜摺」からなる。
◇近江路ガイド—自然と歴史のワンダーランド　編集工房ぺん編　サンブライト出版　1986　100p　30cm　580円　④4-7832-0075-0
◇近江史を歩く　京都新聞滋賀本社編著　京都新聞社　1984.4　354p　19cm　1400円
◇大坂見聞録—関宿藩士池田正樹の難波探訪　渡辺忠司著　東方出版　2001.7　222p　19cm　2000円　④4-88591-730-1
　＊『難波噺』を読み解く歴史散歩。天下の台所・町人の都といわれた近世大坂の名所・旧跡・風聞・人物・伝承・事蹟を訪ねる。
◇大阪タイムマシン紀行—その1500年史を考える　関西過去・未来考　小松左京著　PHP研究所　1982.12　246p　18cm　780円　④4-569-20925-4
◇大阪の歴史を歩く　大谷晃一著　創元社　1985.12　220p　19cm　1200円　④4-422-20456-4
◇大津の名勝　大津市教育委員会博物館建設室企画編集　大津市　1989.9　150p　19cm　（ふるさと大津歴史文庫）
◇おの—ふるさと散歩　「歴史の散歩道」編集委員会編　小野市観光協会　1989.12　195p　19cm
◇おはなし歴史風土記 25　滋賀県　歴史教育者協議会編　大江一道編　岩崎書店　1985.4　91p　27cm　1200円　④4-265-93225-8
◇おはなし歴史風土記 27　大阪府　歴史教育者協議会編著　岩崎書店　1986.8　91p　26cm　1200円　④4-265-93227-4
◇おはなし歴史風土記 28　兵庫県　歴史教育者協議会編著　岩崎書店　1983.4　91p　27cm　1200円
◇おはなし歴史風土記 30　和歌山県　歴史教育者協議会編　岩崎書店　1985.8　91p　27cm　1200円　④4-265-93230-4
◇各駅停車全国歴史散歩 28　大阪府　大谷晃一著　河出書房新社　1980.1　349,6p　19cm　1200円
◇各駅停車全国歴史散歩 29　兵庫県　神戸新聞社編　河出書房新社　1984.6　336,6p　19cm　1200円　④4-309-71229-0
◇各駅停車全国歴史散歩 31　和歌山県　梅田恵以子ほか著　河出書房新社　1980.4　255,6p　19cm　980円
◇かさいの歴史探訪　山本安彦著　平疑原神社　1993.12　257p　19cm

歴史紀行一般　　　　　　　　　　　　　　　近畿地方

◇河内飛鳥をゆく―渡来民の里　津田さち子著　そしえて　1984.12　79p　19cm　（風土と歴史を歩く）　1100円　Ⓘ4-88169-310-7
◇河内長野　リブロポート　1989.4　159p　19cm　（わがまち発見　10）　1030円　Ⓘ4-8457-0402-1
◇河内・歴史の古里　森迫博美著　（寝屋川）河内新聞社,法政出版発売　1991.7　217p　21cm　2000円　Ⓘ4-938554-41-0
　＊母なる淀川と大和川の流域は、どこよりも文明開化が早かった。縄文、弥生の先祖が稲作により定住を始めた河内地区。京都、奈良、大阪の三都からの位置が等間隔であり、戦国の覇者は勢力下に入れんと、戦火のたえまがなかった。歴史の中で、要衝の地となった河内を、歴史考証を元に、かくれた史実を説きあかす。これまで気にもとめなかった身近な、山寺が、実は重要な歴史の舞台となっていた。わが町の歴史秘話。郷土愛をはぐくむ一書。
◇川西の歴史散策　山田裕久編　川西書店協同組合　1985.7　292p　19cm　980円
◇関西歴史の道を歩く。　高木美千子著　ティビーエス・ブリタニカ　1999.10　332p　20cm　1800円　Ⓘ4-484-99213-2
　＊ホリデーウォーキング、あなたもはじめてみませんか。奈良、京都、大阪、神戸、近江、伊賀上野、高野、熊野…、関西の古道、自然歩道を満喫する旅へ、スニーカーを履いて、万歩計をつけて、いざ出発。
◇紀伊国名所図会　熊野編　髙市志友他著　臨川書店　1996.3　579p　22cm　（版本地誌大系　9）　Ⓘ4-653-03195-9,4-653-03191-6
◇紀伊国名所図会　後編　髙市志友他著　臨川書店　1996.3　776p　22cm　（版本地誌大系　9）　Ⓘ4-653-03194-0,4-653-03191-6
◇紀伊国名所図会　三編　髙市志友他著　臨川書店　1996.3　749p　22cm　（版本地誌大系　9）　Ⓘ4-653-03193-2,4-653-03191-6
◇紀伊国名所図会　初・二編　髙市志友他著　臨川書店　1996.3　996p　22cm　（版本地誌大系　9）　Ⓘ4-653-03192-4,4-653-03191-6
◇紀伊国名所図会　髙市志友ほか著　臨川書店　1996.3　4冊（セット）　21cm　（版本地誌大系　9）　43260円　Ⓘ4-653-03191-6
◇紀州史散策―トンガ丸の冒険ほか　神坂次郎著　朝日新聞社　1988.9　295p　15cm　（朝日文庫）　460円　Ⓘ4-02-260517-0
　＊昭和3年、トンガ王国から御用船の注文を受けた田並村は沸きたった。…昭和の珍史「トンガ丸の冒険」はじめ、反逆と信仰のドラマを描く「熊野街道をゆく」「高野山への道」、戦国の英雄「雑賀鉄砲衆」「九度山の濡れ草鞋―真田幸村」など、都に近く、山深く、温かな黒潮の流れる紀州独特の風土と歴史が生んだ興味つきない物語の数々を、紀州に生まれ、今も暮らす著者が描く珠玉の短篇集。
◇紀州ふるさと小咄―歴史・文化そして医学　浜光治著　和歌山サンケイ新聞社　1984.7　177p　19cm　1000円
◇技術と信仰の名僧―和泉・河内国の新探訪　古代・中世　辻川季三郎著　辻川季三郎　1993.6　210p　22cm
◇木津川歴史散歩　続　斎藤幸雄著　かもがわ出版　1992.10　254p　19cm　（かもがわ選書　9）　1800円　Ⓘ4-87699-059-X
◇紀の川流域の歴史と文化をたずねて―紀の川流域歴史ゾーン調査報告書　和歌山県編　和歌山社会経済研究所　1984.3　138,123p　24×25cm　2000円
◇城崎物語　神戸新聞但馬総局編　新装増補版　（神戸）神戸新聞総合出版センター　1990.6　243p　19cm　1200円　Ⓘ4-87521-687-4
　＊歴史と文学といで湯の町・城崎。山陰但馬の名湯として一千年余の歴史を持ち、数多くのドラマを生んできたこの町を、埋もれた史料を発掘し写真や図版を駆使しながら、神戸新聞但馬版で好評を得た長期連載の出版化。
◇京都―歴史と文化 3　文化・行事　林屋辰三郎責任編集,京都市編　平凡社　1994.6　281p　20cm　2200円　Ⓘ4-582-47723-2
◇京都のなかの朝鮮―歩いて知る朝鮮と日本の歴史　朴鐘鳴編著　明石書店　1999.1　222p　21cm　1600円　Ⓘ4-7503-1115-4
　＊本書は、当代の庶民には縁遠い「異なるもの」でありながら、日本文化の源流の相当部分を形成した4世紀から8世紀末までを視野に、古代京都における、朝鮮半島出身の人物、市全域に分布する関連古墳、社寺等々の諸遺跡を万遍なく研究、調査し、提示したものである。
◇京都案内―歴史をたずねて　京都歴史教育者協議会編　かもがわ出版　1993.8　144,7p　21cm　1500円　Ⓘ4-87699-098-0
◇京阪線歴史散歩　鷹書房　1988.4　250p　19cm　（史跡をたずねて各駅停車シリーズ）　980円　Ⓘ4-8034-0335-X
　＊京阪電車は大阪の中心街から古代遺跡の宝庫を突きぬけ、一路日本文化の枠、京都へ。さらに鉄路は独自の文化の薫る近

45

近畿地方　　　　　　　　　　　　　　　　　　　　　歴史紀行一般

江へと通じて、日本史のあらゆる時代の相を網羅する。
◇けいはんな風土記　関西文化学術研究都市推進機構編　関西文化学術研究都市推進機構　1990.3　332p　27cm　1990円
◇神戸の歴史を歩く―海辺と街と山　藤井勇三著　藤井勇三　1997.8　169p　21cm　1300円　Ⓘ4-87521-250-X
　＊楽しく歩こう神戸の歴史。石器時代から近・現代まで、神戸の主な史跡を実際に歩き、1冊の本にまとめました。史跡めぐりに、また、神戸の歴史の入門書としても最適。写真・地図多数。
◇神戸の歴史探検―英和対照　田辺真人, クリス・K.シブヤ著　神文書院　1985.8　175p　19cm　980円
◇神戸歴史散策　春木一夫著　保育社　1981.2　151p　15cm　（カラーブックス　525）　500円
◇古絵図が語る大津の歴史　大津市歴史博物館　2000.10　64p　30cm
◇こころの旅路―古都遍歴　榊原幸一著　編集工房・旅と湯と風,星雲社発売　1987.6　271p　19cm　1800円　Ⓘ4-7952-9453-4
◇湖西湖辺の道―近江歴史回廊　淡海文化を育てる会編　淡海文化を育てる会　1997.4　237p　21cm　1500円　Ⓘ4-88325-035-0
◇古代の謎を歩く―現代に羽ばたく羽曳野、白鳥伝説　水町星四著　時事通信社　1997.1　185p　19cm　1300円　Ⓘ4-7887-9704-6
　＊古代の謎を秘めた地―羽曳野、この地には古代人の「こころ」が宿っている。「歴史街道」なにわ歴史ルートの散策に最適の一冊。
◇古代大阪を旅する―渡来人の残したもの　朴鐘鳴著　（大阪）ブレーンセンター　1987.4　205p　19cm　1000円
　＊大阪府は、朝鮮からの渡来人文化の宝庫であるとともに、日本の古代文化の源流でもある。この本は、宝庫の扉を開く鍵である。ハイテク時代にもふさわしく、豊富な内容をコンパクトにまとめた、史跡探訪に必須の書である。
◇古代難波の水光る―歴史の河海を行く　津田由伎子著　大和書房　1989.5　229p　19cm　2060円　Ⓘ4-479-95016-8
　＊「いにしえの難波」への憧景を胸に華麗な都跡・宮跡を訪ねる。
◇コタニマサオのめもらんだむ三木―わが町の昭和　コタニマサオ著　神戸新聞事業社三木支社　1989.7　104p　26cm

◇ザ・ひがしなだ―東灘の歴史の足跡をたどる　道谷卓ほか編著　神戸深江生活文化史料館友の会　1990.6　78p　19cm　300円
◇山東町歴史写真集　山東町編　山東町　1992.5　265p　21×30cm
◇新近江史を歩く―近代編　京都新聞滋賀本社編著　京都新聞社　1985.3　314p　19cm　1400円　Ⓘ4-7638-0185-6
◇壬申に翔ぶ　玉城妙子著　読売新聞社　1989.10　160p　19cm　1500円　Ⓘ4-643-89071-1
　＊女流新進歴史研究家が、古代史の中で最も夢とロマンに満ちた「壬申の乱」の主役、大海人皇子（天武天皇）に思いをはせ、戦闘期間そのままに一ヵ月間『日本書紀』の記述通りの道を徒歩で踏査した全記録。
◇新版　大阪府の歴史散歩　上　大阪府の歴史散歩編集委員会編　山川出版社　1990.12　249p　18cm　（新全国歴史散歩シリーズ　27）　890円　Ⓘ4-634-29270-X
◇新版　滋賀県の歴史散歩　上　滋賀県高等学校歴史散歩研究会編　山川出版社　1990.8　227p　18cm　（新全国歴史散歩シリーズ　25）　890円　Ⓘ4-634-29250-5
◇新版　兵庫県の歴史散歩　上　兵庫県高等学校教育研究会歴史部編　山川出版社　1990.2　250p　18cm　（新全国歴史散歩シリーズ　28）　890円　Ⓘ4-634-29280-7
◇新版　和歌山県の歴史散歩　和歌山県高等学校社会科研究協会編　山川出版社　1993.10　296p　18cm　（新全国歴史散歩シリーズ　30）　890円　Ⓘ4-634-29300-5
◇神仏融合・歴史の旅―紀州史の神仏習合　松田文夫著　〔1994〕増補版　松田文夫　1994.7　194p　24cm　2700円
◇神仏融合・歴史の旅　松田文夫著　増補版　松田文夫　1990.5　156p　23cm　2700円
◇好きやねん史「すいた・千里」　池田半兵衛著　（大阪）創芸出版　1987.10　207p　19cm　1300円　Ⓘ4-915479-26-9
◇須磨の歴史散歩　田辺真人著　改訂版　神戸市須磨区　1998.3　137p　21cm　500円
◇続・木津川歴史散歩　斎藤幸雄著　かもがわ出版　1992.10　254p　19cm　（かもがわ選書　9）　1800円　Ⓘ4-87699-059-X
　＊木津川流域・南山城は、都の存在した奈良・京都という、いわば日本の歴史の縮図ともいうべき二大エポックをなした都市の狭間にあって、時間的にも空間的にも特異な位置を占めてきた。本書は、ただどこそこにどんな史跡・文化財があるということを紹介したものではなく、ど

46

◇タイムトラベル大阪　小松左京著　勁文社　1990.4　205p　15cm　（ケイブンシャ文庫）　420円　①4-7669-1153-9
◇高島町歴史写真館　高島町文化協会民具クラブ編　高島町文化協会民具クラブ　1993.3　158p　22×31cm　（高島民俗叢書　第2輯）
◇土の匂い―村の昔と今　井上敏夫著　井上敏夫　1985.6　78p　22cm
◇長浜町絵図の世界―湖北の絵図　市立長浜城歴史博物館編　市立長浜城歴史博物館　1987.10　107p　24×25cm
◇謎の丹波路―歴史散歩　春木一夫著　神戸新聞総合出版センター　1994.5　274p　19×13cm　1700円　①4-87521-177-5
◇なにわ大阪今と昔―絵解き案内　宗政五十緒、西野由紀著　小学館　2000.1　143p　21cm　1500円　①4-09-626213-7
　＊京都よりも古い都があり、江戸よりもにぎやかな大都市で、近代日本の首都になっていたかもしれない民力と庶民文化の源泉。絵と写真でたどる、麗しき町々の今昔アルバム。
◇なにわ考―大阪の歴史と文化を探る　古館晋、弘本由香里著、大久保昌一、古館晋対談　KBI出版　1997.1　226p　19cm　1456円　①4-906368-30-1
◇難波京の風景―人物と史跡でたどる大阪のルーツ　小笠原好彦著　文英堂　1995.3　255p　21cm　（古代の三都を歩く）　1950円　①4-578-00458-9
◇奈良のなかの朝鮮―歩いて知る朝鮮と日本の歴史　朴鐘鳴著　明石書店　2000.8　179p　21cm　1600円　①4-7503-1300-9
　＊著者が扱う時代は、5世紀頃から8世紀末まであたりを視野にとらえ、日本に移住してきた、朝鮮三国の人々が古代日本で果たした重要な役割を、人や遺跡、そして遺称などを紹介することによって示すと思う。
◇南海高野線歴史散歩　中井一水著　鷹書房　1987.10　252p　19cm　（史跡をたずねて各駅停車）　980円　①4-8034-0330-9
　＊21世紀を展望するなんばcity、古道が走る堺東。花と緑の狭山遊園、河内長野の観心寺金剛寺。大規模開発のすすむ林間田園都市・美加の台。紀ノ川・九度山を越えれば峻嶮の霊場高野山。さまざまに変容する高野線を各駅停車で歴史散策。
◇南海本線歴史散歩　中井一水著　鷹書房　1987.4　250p　19cm　（史跡をたずねて各駅停車）　980円　①4-8034-0317-1
　＊大阪ミナミの賑わい、庶民の社・住吉さん、街道ぞいの白砂青松、自由都市堺、脚光浴びる関西新空港、そして城下町和歌山―摂津・河内・和泉・紀伊を走る南海本線と4支線を歴史ルポ。
◇西宮歴史散歩　西宮市教育委員会編　西宮市教育委員会　1987.3　144p　19cm　（文化財資料　第28号）
◇日本史の舞台2　平安の夢路をたどる―平安時代　村井康彦ほか著　集英社　1982.4　167p　27cm　1800円
◇花の下影―幕末浪花のくいだおれ　朝日新聞阪神支局執筆　清文堂出版　1986.6　158p　27cm　9800円
◇はびきのを訪ねる―豊かな歴史の河内飛鳥の里　羽曳野市市民ふれあい課編　羽曳野市市民ふれあい課　1989.2　48p　28cm
◇阪急沿線歴史紀行　熊野紀一著　阪急電鉄総務部広報課　1981.10　227p　21cm　800円
◇阪急線歴史散歩　野添梨麻著　鷹書房　1987.4　250p　19cm　（史跡をたずねて各駅停車）　980円　①4-8034-0318-X
　＊梅田を基点に京都へ、宝塚へ、神戸へと華麗に走る関西電車の車窓風景を女性らしい観察眼でルポ。
◇播州名所巡覧図絵　秦石田著　臨川書店　1995.12　434p　21cm　（版本地誌大系　8）　7725円　①4-653-03171-1
　＊享和3年（1803）序、文化元年（1804）に刊行された『播州名所巡覧図絵』（全5巻）を影印・複製。摂州より播州に至る道程を、山陽道を中心に間道の名所をもとりあげ詳述する。古書・古版本の記述等に材を取った伝承も掲載する一方、名所にまつわる古歌を引くなど、歌紀行としての側面も持った文学的名所案内である。
◇東灘歴史散歩　田辺真人著　新版　神戸市東灘区　1992.10　176p　19cm　300円
◇東灘歴史散歩　田辺真人著　新訂第2版　神戸市東灘区　1998.6　164p　19cm　300円
◇彦根明治の古地図1　彦根市史編集委員会編　彦根市　2001.3　169p　30cm
◇兵庫のなかの朝鮮―歩いて知る朝鮮と日本の歴史　『兵庫のなかの朝鮮』編集委員会編著　明石書店　2001.5　289p　21cm　1800円　①4-7503-1416-1
　＊「人権と共生の世紀」の21世紀に、忘れ去られようとしている朝鮮との正しい関係の記録を残す意図で製作。近代の朝鮮人関係資料を調査研究している「兵庫朝

鮮関係研究会(兵朝研)」、三十数年日朝・日韓関係を学習研究・調査している「むくげの会」と、学校の教員が中心となって在日韓国朝鮮人をはじめとする外国人の教育課題の解決をめざしている「兵庫県在日外国人教育研究協議会(兵庫県外教)」の三団体で企画・編集された。

◇兵庫史を歩く　NHK神戸放送局・姫路放送編　神戸新聞出版センター　1981.1　250p　19cm　1000円

◇兵庫史を歩く　完結編　NHK神戸放送局・姫路支局編　神戸新聞総合出版センター　1992.7　281p　19cm　1300円　⓪4-87521-042-6

◇兵庫史を歩く　続　NHK神戸放送局, 姫路放送局編　神戸新聞出版センター　1983.10　254p　19cm　1000円　⓪4-87521-603-3

◇兵庫史を歩く　第3集　NHK神戸放送局・姫路放送局編　(神戸)神戸新聞出版センター　1987.11　261p　19cm　1100円　⓪4-87521-663-7

＊歩いてみつける身近かな歴史、ふるさとの自然。延べ2万人の参加者とともに歩きつづけてきたNHK「兵庫史を歩く」待望の第三集！

◇兵庫史の謎　春木一夫著　神戸新聞総合出版センター　1999.10　315p　19cm　1800円　⓪4-343-00059-1

＊数々の謎。大胆な仮説。著者・春木一夫は兵庫県の歴史の空白を埋め、掘り起こそうと、その謎に作家の目で挑み解き明かす興味津々の歴史探訪読み物です。

◇兵庫歴史散歩　兵庫歴史教育者協議会編著　草土文化　1982.5　2冊　19cm　(歴史散歩シリーズ　11,12)　各900円

◇ひょうご歴史のみち—イラスト散歩　兵庫県教育委員会編　兵庫県文化協会　1983.3　260p　17cm

◇ひょうご歴史のみち　兵庫県教育委員会, 兵庫県文化協会編集　神戸新聞出版センター　1983.4　260p　17cm　(兵庫ふるさと散歩10)　90円　⓪4-87521-585-1

◇フェニックス堺—進取の気風で時代を拓き、たくましく甦った都市の歴史　堺市制100周年記念事業事務局編　堺市,大阪書籍発売　1989.10　94p　30cm　1200円　⓪4-7548-6013-6

＊堺市は古代の仁徳天皇陵墓や中世の自治都市の名でよく知られています。その後、明治時代に産業都市として再出発し、今日の産業文化都市としての発達の基盤をつくりあげました。この間、幾度も戦乱や戦災などで街に大打撃をうけてきました。しかし、そのつど、再興を果してきました。まさに、堺はフェニックス(不死鳥)というべき都市なのです。平成元年4月、市制100周年を迎え、これを機会に堺市は新しいまちづくりへの飛躍をはかろうとしています。それには、市民のみなさんが自らのまちの歴史を知り、愛着をもって、まちを良くしていうことという気持ちが大切です。そこで、このたび堺市の近代100年の成り立ちを広くみなさんに知っていただくため、写真や絵をふんだんに用いた"堺物語"としての本書を発刊いたしました。

◇風土記が語る古代播磨　姫路文学館編　姫路文学館　2000.10　63p　30cm

◇ふるさとアルバム　歴史と文化をつたえる117の町　4　近畿　歴史の町　藤森陽子編著　PHP研究所　1994.10　39p　30cm　2600円　⓪4-569-58914-6

◇ふるさと城南ものがたり　城南地区連合自治会編　城南地区連合自治会　1983.11　130p　26cm

◇ふるさと兵庫の歴史　兵庫県編集　兵庫県文化協会　1981.4　108p　26cm　400円　⓪4-87521-104-X

◇御堂筋ものがたり　三田純市著　(大阪)東方出版　1991.7　252p　19cm　2200円　⓪4-88591-269-5

＊御堂筋はキタからミナミに至る単なる交通路ではない。江戸時代から21世紀へと大阪の歴史を、上方の文化を串刺しにした書である。

◇むかしむかし近江の国に…—自然・文物もの知り事典　滋賀県商工労働観光物産課編　京都新聞社　1985.5　227p　19cm　780円　⓪4-7638-0187-2

◇目でみる志知・道ばたの歴史　三宅進編　西淡町志知公民館　1995.3　130p　26cm

◇目で見る但馬の100年—豊岡市・城崎郡・出石郡・美方郡・養父郡・朝来郡　郷土出版社　1994.9　162p　37cm　11000円　⓪4-87664-086-6

◇明治の村絵図　新旭町教育委員会事務局内郷土資料室編　新旭町　1988.2　82p　30cm

◇もうちょっと知っとく?私たちの阿倍野—子どもたちにも伝えたい郷土の歴史　難波りんご著　新風書房　2000.8　55p　26cm　500円　⓪4-88269-453-0

◇八鹿町の歴史探訪　八鹿町教育委員会編　八鹿町教育委員会　2000.3　238p　26cm　(兵庫県八鹿町ふるさとシリーズ　第13集)

◇淀川絵巻―びわ湖から大阪湾まで　木村きよし著　(大阪)保育社　1988.9　95p　26cm　4800円　④4-586-18023-4
　＊淀川両岸に展開する、歴史上の人物などについて―その物語と共に、わずかに現存する建造物・風景・記録・その人の作品などを目前にして観察していると、いままでおぼろげに胸中を去来していた人物像やあたりの情景が、次第にピントの合った映像になり、かなりくっきりと浮かんでくるのだった。本書は、"すべてわかりやすく"との願いで、語るより見せるという方式で、略画で情景を描写した。画面は「絵画」ではなく「説明画」といったところか。
◇流域の歴史地理―紀ノ川　中野栄治著　古今書院　1991.4　250p　21cm　3200円　④4-7722-1551-4
◇歴史街道を行く―京都・大阪・奈良・兵庫・和歌山・三重・滋賀・福井　昭文社　2001.1 (13刷)　219p　21cm　(旅の森)　1400円　④4-398-13314-3
　＊本書は、京都府、大阪府、奈良県、兵庫県、和歌山県、三重県、滋賀県、福井県の78コースを、古代から近代まで5つの大きな時代に区切って紹介しています。
◇歴史のまちを歩こう―歴史街道 v.1　建設省近畿地方建設局監修　歴史街道推進協議会　1997.5　13p　30cm　200円
◇「歴史街道」を歩く―伊勢から神戸、日本1500年の旅　堀江誠二文、水島良太写真　PHP研究所　1990.7　95p　22×17cm　1600円　④4-569-52810-4
　＊一筋の道がある。それは古代から現代へと日本の歴史を繋ぐ道である。その道をたどることにより、旅人は日本の伝統に触れ、日本人の心を肌で感じることができるだろう。そして、かなたに日本の明日をかいまみることもできるかもしれない。旅は伊勢から始まり、飛鳥・奈良・京都・大阪・神戸へと続く。そこには、日本1500年の足跡が刻まれている。
◇歴史街道を行く―京都・大阪・奈良・兵庫・和歌山・三重・滋賀・福井　昭文社　1996.10　207p　21cm　(旅の森 30)　1300円　④4-398-13147-7
　＊充実の全71コース迷わず歩ける詳細マップ付。
◇歴史と文学の回廊―県別日本再発見・思索の旅 10　近畿 2　ぎょうせい　1992.2　191p　26cm　3800円　④4-324-02741-2
◇歴史の須磨　井川宏之写真、田辺真人文　神戸新聞出版センター　1982.3　32p　36cm　1200円　④4-87521-018-3
◇わが町今昔―みきの路地　コタニマサオ著　神戸新聞事業社三木営業所　1983.12　64p　19×26cm　(町名シリーズ)
◇和歌山県への提言―関西国際空港で生まれかわる紀州新時代を模索する　西村嘉一郎著　ぴいぷる社　1988.9　223p　19cm　1200円　④4-89374-019-9

中国地方

◇安芸吉川氏―歴史紀行　中国新聞社編著　新人物往来社　1988.6　222p　20cm　2000円　④4-404-01517-8
◇雨滝川の今昔　岸本政実著　岸本政実　1987.5　334p　22cm
◇軍津浦輪物語―西部広島の郷土史　広島郷土史研究会編　改訂版　広島郷土史研究会　1980.3　507p　21cm　2500円
◇おかやま 石のこころ　山陽新聞社　1995.11　225p　19cm　(歴史散歩)　1600円　④4-88197-558-7
◇岡山県の歴史散歩　岡山県高等学校教育研究会社会科部会歴史分科会編　新版　山川出版社　1991.9　261p　18cm　(新全国歴史散歩シリーズ 33)　890円　④4-634-29330-7
◇隠岐 西ノ島の今昔―町誌　西ノ島町　1995.4　697p　27cm
◇隠岐 人と歴史　奈良本辰也文、植田正治写真　淡交新社　1967　219p地図　22cm
◇おはなし歴史風土記 34　広島県　歴史教育者協議会編著　岩崎書店　1982.3　91p　27cm　1200円
◇おはなし歴史風土記 33　岡山県　歴史教育者協議会編　岩崎書店　1982.12　91p　27cm　1200円
◇おはなし歴史風土記 35　山口県　歴史教育者協議会編　岩崎書店　1985.7　91p　27cm　1200円　④4-265-93235-5
◇海道を往く　河村盛明著　静山社　1994.7　294p　19cm　1500円　④4-915512-29-0
　＊万葉の昔から、わが国の大動脈として繁栄を重ね、歴史とロマンを秘めた中国・四国沿岸を訪ねる珠玉の歴史紀行。
◇唐琴の歴史と伝承　倉敷市児島唐琴自治会「唐琴の歴史と伝承」編集委員会著　倉敷市児島唐琴自治会　1988.3　134p　26cm
◇倉敷今昔写真集―倉敷の歴史を刻む昭和23年～平成3年　倉敷新聞社編　第2版　倉敷新聞社　1991.12　143p　31cm　5000円

中国地方　　　　　　　　　　　　　　　　　　　　　　　　　　　歴史紀行一般

◇呉―明治の海軍と市民生活　呉公論社編著　あき書房　1985.10　318p　21cm　3000円
◇芸備歴史散歩　続　益田与一著　益田与一　1993.1　396p　20cm
◇芸備歴史散歩　益田与一著　益田与一　1988.11　532p　20cm
◇古代浪漫の郷―真備町風土記　緑川洋一撮影, 緑川洋一写真美術館企画編集　真備町文化スポーツ振興財団　1995.6　48p　17×19cm　(Green books 7)　1300円
◇古代吉備国―歴史とロマンの旅　山陽新聞社編　山陽新聞社　1989.5　275p　19cm　1600円　④4-88197-293-6
◇境港―昔と今　境港市　1984.3　168p　21cm
◇山陽・瀬戸内散策案内―歴史いきいきロマンの旅 1996年度版　ユニプラン　1996.5　87p　21cm　390円　④4-89704-079-5
◇島根半島「平田の歴史散歩」　「平田の歴史散歩」編集委員会編　平田郷土史研究会　1994.8　124p　21cm
◇島根県の歴史散歩　新版　山川出版社　1995.10　262p　18cm　(新全国歴史散歩シリーズ　32)　890円　④4-634-29320-X
◇下関その歴史を訪ねて　清永唯夫著　山口銀行　1988.11　373p　22cm
◇写真で綴る勝央町百年　石浦浩治編著　石浦浩治　1990.3　274p　31cm
◇新版 岡山県の歴史散歩　岡山県高等学校教育研究会社会科部会歴史分科会編　山川出版社　1991.9　261p　18cm　(新全国歴史散歩シリーズ　33)　890円　④4-634-29330-7
◇新版 鳥取県の歴史散歩　鳥取県歴史散歩研究会編　山川出版社　1994.3　252p　18cm　(新全国歴史散歩シリーズ　31)　890円　④4-634-29310-2
◇新版 広島県の歴史散歩　広島県歴史散歩研究会編　山川出版社　1992.4　270p　18cm　(新全国歴史散歩シリーズ　34)　890円　④4-634-29340-4
◇新版 山口県の歴史散歩　山口県の歴史散歩編集委員会編　山川出版社　1993.8　284p　18cm　(新全国歴史散歩シリーズ　35)　890円　④4-634-29350-1
◇瀬戸内の旅情―その歴史と風土　文:奈良本辰也, 写真:緑川洋一, 名執剛輔　大和書房　1972　173p　22cm
◇瀬戸町の歴史散歩 1984年　矢部秋夫著, 難波武志編　瀬戸町の文化財を語る会　1984.10　113p　26cm

◇船上山案内記　赤碕町文化財解説員連絡協議会執筆　立花書院　1992.8　201p　19cm　1500円
◇戦前の岡山―失われた時をたずねて 写真集　渡辺泰多著　丸善岡山支店出版サービスセンター　1997.1　206p　31cm　4000円　④4-89620-040-3
◇大栄町の歴史散歩　久保木良著　崙書房　1994.6　222p　18cm　(ふるさと文庫　165)　1000円　④4-8455-0165-1
◇高宮の郷―史跡・神話のロマン上菅福長ふるさとめぐり　菅福小学校PTA編　青少年ふるさと学習特別推進事業実行委員会　1990.3　64p　22cm
◇田布施町の今昔―激動の明治・大正・昭和 写真集　林芙美夫編著　田布施町教育委員会　2000.6　61p　21cm　(郷土館叢書　第6集)　820円
◇探訪沼隈半島の歴史と文化　第59回広島県文化財協会臨地研修会編　沼隈町文化財協会　1988.8　34p　26cm
◇中世瀬戸内をゆく　山陽新聞社編　山陽新聞社　1981.6　251p　19cm　1500円
◇鳥取県　新日本海新聞社編　河出書房新社　1984.3　217p　19cm　(各駅停車全国歴史散歩　32)　1200円
◇奈良本辰也自選歴史を往く 5　海の史情　奈良本辰也著　学習研究社　1977.10　318p　22cm　1300円
◇はつかいち―歴史と文化をたずねて　廿日市町観光協会, 廿日市町産業課編　改訂　廿日市町観光キャンペーン実行委員会　1986.4　1冊　26cm
◇廿日市の歴史探訪 1　石田米孝著　渓水社　1998.3　196p　21cm　1800円　④4-87440-487-1
　＊神話の時代から昭和まで、ふるさと廿日市の歴史散策…故事来歴・神社仏閣・地名人名・風土と文化などなど、ふるさとの奥深さ、あたたかさがしみじみと伝わる。
◇廿日市の歴史探訪 2　石田米孝著　渓水社　1999.3　255p　21cm　1940円　④4-87440-523-1
◇廿日市の歴史探訪 3　石田米孝著　渓水社　1999.10　209p　21cm　1800円　④4-87440-570-3
◇はるかなる吉備―王国の風景　神崎宣武著, 日本観光文化研究所編　そしえて　1983.9　79p　19cm　(風土と歴史をあるく)　980円　④4-88169-302-6
◇春木村をたずねて　藤浦権一著　藤浦権一　1987.1　50p　21cm

50

歴史紀行一般　　　　　　　　　　　　　　　　　　　　中国地方

◇備中 高梁　末安祥二写真, 今村新三文　（岡山）山陽新聞社　1991.4　95p　26cm　（山陽新聞サンブックス）　1400円　ⓃB4-88197-368-1
◇広島県　中国新聞社編　河出書房新社　1980.10　276p　19cm　（各駅停車全国歴史散歩 35）　980円
◇備後の歴史散歩 上　森本繁著　山陽新聞社　1995.11　258p　18cm　1600円　ⓃB4-88197-556-0
◇ふるさと宇津木物語　田村正雄〔著〕　桧小野歴史文化研究会　1989.8　212p　26cm
◇ふるさと田布施歴史散歩　林芙美夫編著　3版　ふるさと田布施歴史散歩刊行会　1991.12　104p　16cm
◇ふるさと歴史散歩―宇部の歴史を支えてきたもの　黒木甫著　宇部時報社　1994.1　243p　21cm　1500円
◇ふるさとアルバム 歴史と文化をつたえる117の町 5　中国・四国 歴史の町　三浦はじめ編著　PHP研究所　1994.10　39p　30cm　2600円　ⓃB4-569-58915-4
◇ふるさと神辺 文化の香りただよう歴史のまち―徳永善彦写真集　徳永善彦写真・著　光村印刷　1996.8　1冊　18×19cm　(BeeBooks)　1000円　ⓃB4-89615-233-6
　＊本書では「神辺」が誇る、先人達への思いを馳せ、その風土への深い愛着と郷愁の念をこめ「ふるさと神辺」を撮ってみた。これらの写真は、昨年の秋こぐちから紫陽花の咲く六月にかけて、ほんの短期間に撮影したものである。
◇ふるさと田布施歴史散歩　林芙美夫編著　改訂版　ふるさと田布施歴史散歩刊行会　1984.5　93p　16cm
◇三原歴史ロード　福岡幸司著　福岡幸司　1989.2　70p　19cm　1000円
◇民族のロマン 瀬戸内歴史紀行　村上圭三著　山陽新聞社　1992.3　267p　19cm　1500円　ⓃB4-88197-403-3
　＊太古の昔から日本文化の発祥に大きく係わった瀬戸内海。日本人の心を育み、相次ぐ戦乱は日本の歴史を揺るがした。瀬戸内経済文化圏づくりが構想されている今、母なる瀬戸内海の歴史の跡を訪ねたロマンの珠玉編―。
◇むかしの帝釈―明治・大正のころの話〔第1集〕　帝釈の昔を語る会　1982.3　38p　26cm
◇むかしの帝釈―明治・大正のころの話 第2集　帝釈の昔を語る会編　帝釈の昔を語る会　1984.3　51p　26cm

◇山口県　中国新聞山口支社編　河出書房新社　1980.9　267p　19cm　（各駅停車全国歴史散歩 36）　980円
◇山口県の歴史―こころの宝庫は、時代を超えて美しい　（山口）山口県広報連絡協議会, ぎょうせい発売　1991.6　527,18p　18cm　1100円　ⓃB4-324-02760-9
　＊県在住の歴史学者がそれぞれの専門分野を担当し、先史時代から現代までを正確かつ簡潔明快に述べた通史は、従来では見られなかったもので、まさに決定版ともいうべき権威ある"ふるさとの史書"となっている。ハンディサイズだから、歴史探訪の伴侶としての機能も発揮してくれるにちがいない。とにかくこの一冊を読めば山口県の歴史にたいする確かな把握と同時に、誇り高く日本史の上に位置づける郷土への認識を新たにすることができるはずである。
◇山内歴史の散歩道　山内公民館編　庄原市山内公民館　1986.2　39p　19×26cm
◇ゆかりの地を訪ねて 上　山陽新聞社編　山陽新聞社　1993.2　320p　19cm　1600円　ⓃB4-88197-444-0
　＊歴史に名をとどめる先人のゆかりの地では、今もその人を敬慕し、誇りにしている。遺徳を物語る史跡も、各地で大切に保存されている。本書は、瀬戸内地方が育んだ代表的先人13人のゆかりの地を全国に訪ね、その足跡と業績を克明に検証する。
◇淀江町内歴史散歩 第3集　なつかしの養良校・淀江風土記　淀江中央公民館歴史教室編　淀江中央公民館歴史教室　1984.10　97p　26cm
◇歴史とロマンの旅 古代吉備国　山陽新聞社編　（岡山）山陽新聞社　1989.5　275p　19cm　1600円　ⓃB4-88197-293-6
◇歴史のふるい都市群 10　山陰・中国山地・南四国の都市　山田安彦, 山崎謹哉編　大明堂　1991.6　243p　19cm　2420円　ⓃB4-470-51030-0
◇歴史のふるい都市群 9　瀬戸内の都市　山田安彦, 山崎謹哉編　大明堂　1991.4　270p　19cm　2430円　ⓃB4-470-51029-7
◇六十六部巡礼札　鳥取県立博物館　1998.3　44p　26cm　（資料調査報告書 第25集（平成9年度））

51

四国地方

◇明浜こぼれ話—郷土史片々録　久保高一著　明浜史談会　1980.9　471p　26cm
◇明浜こぼれ話 第2集　郷土の人物伝—続先人集・現代人物伝　久保高一著　明浜歴史民俗資料館　1985.12　137p　26cm
◇阿讃峠みち 地理・歴史篇　岡泰著　岡泰　1986.1　85p　26cm
◇阿波北がた風土記　村尾耕炳著　教育出版センター　1980.7　319p　19cm　1800円
◇今治の歴史散歩—市制60周年記念　今治市教育委員会編　今治市教育委員会　1980.10　192p　22cm
◇伊予市探訪—歴史文化の里めぐり　伊予市歴史文化の会編　伊予市歴史文化の会　1993.8　128p　22cm　（伊予市歴史文化双書　1）　1000円
◇宇和海—原田政章写真集　原田政章著　原田政章　1997.4　147p　27cm　4800円
◇おはなし歴史風土記 37　香川県　歴史教育者協議会編著　岩崎書店　1980.11　91p　27cm　1200円
◇おはなし歴史風土記 36　徳島県　歴史教育者協議会編　岩崎書店　1985.2　91p　27cm　1200円　④4-265-93236-3
◇おはなし歴史風土記 38　愛媛県　歴史教育者協議会編　岩崎書店　1982.10　91p　27cm　1200円
◇おはなし歴史風土記 39　高知県　歴史教育者協議会編著　岩崎書店　1983.11　91p　27cm　1200円
◇香川県の歴史散歩　香川県の歴史散歩編集委員会編　新版　山川出版社　1996.5　281p　18cm　（新全国歴史散歩シリーズ　37）　890円　④4-634-29370-6
◇香川歴史散歩—50コース　香川県歴史教育者協議会編　草土文化　1983.9　240p　19cm　1400円
◇各駅停車全国歴史散歩 37　徳島県　徳島新聞社編　河出書房新社　1980.5　215,5p　19cm　980円
◇各駅停車全国歴史散歩 39　愛媛県　愛媛新聞社編　河出書房新社　1980.3　253,5p　19cm　980円
◇各駅停車全国歴史散歩 40　高知県　高知新聞社編　河出書房新社　1980.7　221,4p　19cm　980円
◇郷土史を訪ねて—NHK徳島放送局文化講座　文化講座運営委員会編　NHK徳島放送局　1982.2　105p　21cm
◇国分いまむかし　国分読書会編　国分読書会　1982.5　70p　22cm
◇新版 愛媛県の歴史散歩　愛媛県高等学校教育研究会社会部会編　山川出版社　1991.3　254p　18cm　（新全国歴史散歩シリーズ　38）　890円　④4-634-29380-3
◇新版 高知県の歴史散歩　高知県高等学校教育研究会歴史部会編　山川出版社　1989.7　263p　18cm　（新全国歴史散歩シリーズ　39）　890円　④4-634-29390-0
◇新版 徳島県の歴史散歩　山川出版社　1995.7　264p　18cm　（新全国歴史散歩シリーズ）　890円　④4-634-29360-9
◇高縄半島と芸予の島々—その地理歴史研究　近藤福太郎著　ふるさとをしらべる会　1982.10　181p　22cm　1500円
◇土佐の高知いまむかし　高知新聞社企画・編集　高知新聞社　1984.2　207p　30cm　（Koshin Books）　2200円
◇土佐歴史散歩—戦国・幕末・明治　宮地佐一郎著　創元社　1986.9　220p　19cm　1200円　④4-422-20457-2
◇なると歴史散歩　西田素康著　西田素康　1986.4　218p　19cm　1200円
◇ふるさとアルバム 歴史と文化をつたえる117の町 5　中国・四国 歴史の町　三浦はじめ編著　PHP研究所　1994.10　39p　30cm　2600円　④4-569-58915-4
◇ふるさとの生いたち—ゆげの文化と歴史　弓削町編　弓削町　1988.11　50p　19cm
◇遍路国往還記　早坂暁著　朝日新聞社　1994.2　314p　19cm　1600円　④4-02-256669-8
　＊生死と再生を求め、四国を往還する"人生の遍路"たち。その姿を間近に見続けてきた『夢千代日記』の著者が、空海、竜馬、山頭火など四国ゆかりの100人に想いを寄せて描く、人間の生と夢と死。
◇丸亀の歴史散歩　直井武久著　第2版　直井武久　1983.9　341p　22cm　2000円
◇吉野川ふたむかし—島内英佑写真集　島内英佑著　教育出版センター　1981.2　150p　29cm　3300円
◇歴史街道佐川　佐川町立青山文庫編　佐川町立青山文庫　1998.7　88p　26cm
◇脇町—その周辺の歴史漫歩　京屋社会福祉事業団　1987.3　28p　21cm

九州・沖縄地方

◇天草の歴史文化探訪　鶴田文史著　天草文化出版社　1986.1　295p　26cm　3000円
◇碑は訴える―原爆モニュメント・遺構集　被爆40周年記念　長崎国際文化会館編　長崎市　1986.3　176p　26cm
◇浦添の歴史散歩　浦添市教育委員会文化課　1993.7　16p　26cm
◇NHK かごしま歴史散歩　原口泉著、NHK鹿児島放送局編　日本放送出版協会　1986.5　233p　19cm　1200円　④4-14-008486-3
　＊南日本の歴史・文化を新たな視点で語る!!　江戸期より南島をとおして海外に開かれていた薩摩藩は、内に外城制度を敷き独自の殖産・政治・文化を形づくってきた。その蓄積は明治維新を迎えて、近代日本へと発展していく糧となる多くの人材を供給した。
◇追分の今昔　亀山康雄著　亀山康雄　1984.11　36p　26cm
◇大分今昔　渡辺克己著　2版　大分合同新聞社　1983.8　413p　21×21cm　6500円
◇大城の今昔　仲村栄春著　仲村栄春　1980.12　238p　19cm
◇大牟田の歴史散歩物語―大牟田の近現代史を中心に　新藤東洋男著　古雅書店　2000.7　2冊　22cm　各1000円
◇沖縄謎とき散歩―海洋に育まれた輝かしい琉球の歴史を訪ねて　青柳悠友著　広済堂出版　1999.9　269p　19cm　1600円　④4-331-50700-9
　＊風も、海も、空も素晴らしい。四百年王朝の栄華をしのぶ遺跡の数々、神話と伝説に彩られた古代聖地、忘れさることのできない戦争の墓碑銘…。波乱に富んだ琉球・沖縄の歴史を歩く。
◇沖縄「歴史の道」を行く―新歴史ロマン　新城俊昭監修、座間味栄議著　むぎ社　2001.3　312p　26cm　2500円　④4-944116-19-5
◇沖縄から平和を拓く―エミール・沖縄への旅　清水寛編著　あゆみ出版　1995.10　222p　21cm　2000円　④4-7519-2213-0
◇沖縄県　沖縄タイムス社編　河出書房新社　1984.9　333p　19cm　(各駅停車全国歴史散歩　48)　1500円　④4-309-71248-7
◇沖縄県の歴史散歩　沖縄歴史研究会編　新版　山川出版社　1994.7　224p　18cm　(新全国歴史散歩シリーズ　47)　890円　④4-634-29470-2
◇沖縄の歴史と文化　外間守善著　中央公論社　1986.4　248p　18cm　(中公新書)　600円　④4-12-100799-9
　＊沖縄は地理的に遠く、日本本土の趣きの異なる歴史と文化をもっているため、歴史を区切る概念も、文化を貫く美意識も、それらを表現する言語も、すべて本土的な尺度でははかれない。本書は、単に日本列島の一島嶼群として捉えるのではなく、広く太平洋文化圏の中に位置づけ、日本人および日本文化のルーツの1つともいうべき沖縄の歴史と文化を、諸分野の研究成果を取り入れながら紹介する、沖縄の実相を識るための入門書である。
◇沖縄歴史散歩―南海を生きたもう一つの日本史　大城立裕著　創元社　1980.12　225p　18cm　730円
◇おはなし歴史風土記 43　熊本県　歴史教育者協議会著　岩崎書店　1982.7　91p　27cm　1200円
◇おはなし歴史風土記 44　大分県篇　歴史教育者協議会編　岩崎書店　1986.4　91p　26cm　1200円　④4-265-93244-4
◇おはなし歴史風土記 45　宮崎県　歴史教育者協議会編著　岩崎書店　1984.11　91p　27cm　1200円　④4-265-93245-2
◇おはなし歴史風土記 46　歴史教育者協議会編著　有馬純一ほか編　岩崎書店　1982.3　91p　27cm　1200円
◇おはなし歴史風土記 47　沖縄県　歴史教育者協議会編著　岩崎書店　1984.8　91p　27cm　1200円　④4-265-93247-9
◇おはなし歴史風土記 40　歴史教育者協議会編著　石井康夫ほか編　岩崎書店　1980.9　91p　27cm　1200円
◇遠賀川流域史探訪　林正登著　葦書房　1989.12　260p　19cm　1700円
◇鹿児島県　南日本新聞社編　河出書房新社　1981.4　310p　19cm　(各駅停車全国歴史散歩　47)　1500円
◇鹿児島県立図書館蔵天保十四年鹿児島城下絵図　鹿児島県立図書館　1980　1冊　38×15cm
◇鹿児島県歴史資料センター黎明館総合案内　鹿児島県歴史資料センター黎明館編　鹿児島県歴史資料センター黎明館　1987.10　87p　26cm
◇鹿児島の医学史散歩　森重孝著　森重孝　1981.10　49p　21cm
◇川棚歴史散歩　続続　喜々津健寿著　芸文堂　1991.12　258p　18cm　(筑紫文庫　9)　1050円　④4-905897-54-8

53

九州・沖縄地方　　　　　　　　　　　　　　　　歴史紀行一般

◇川棚歴史散歩　喜々津健寿著　芸文堂　1986.12　259p　18cm　(筑紫文庫　7)　1000円

◇九州中世・戦国の旅　岩崎光著　岩崎光　1993.5　511p　19cm　2700円

◇九州謎とき散歩—旅する心と歴史推理を満喫　山本鉱太郎著　広済堂出版　2000.4　334p　19cm　1600円　ⓘ4-331-50718-1
　＊いで湯あふれる温泉町あり、異国情緒いっぱいの街あり。神話と伝説のふるさとを訪ね、太古の自然を残す南国の島へ渡る。よかとこ九州のすべて。

◇九州の精神的風土　高松光彦著　改訂版　葦書房　1992.8　500p　19cm　2750円　ⓘ4-7512-0438-6
　＊県別に九州・沖縄の風土の特色と県民気質を浮き彫りにした貴重な労作。

◇郷土太田のあゆみ　大野顕編　2版　大野顕　1988.12　103p　21cm

◇古絵図・写真にみるいいづか—江戸・明治・現代300年　平成5年度企画展　飯塚市歴史資料館編　飯塚市歴史資料館　1993.10　29p　19×26cm

◇五島富江歴史散歩　第1集　崎連著　長崎出版文化協会(発売)　1987.4　163p　18cm　1000円

◇佐賀県　佐賀新聞社編　河出書房新社　1980.11　226p　19cm　(各駅停車全国歴史散歩　42)　980円

◇佐賀県の歴史散歩　新版　山川出版社　1995.4　267p　18cm　(新全国歴史散歩シリーズ　41)　890円　ⓘ4-634-29410-9

◇させぼ歴史散歩　芸文堂編　芸文堂　1994.3　401p　19cm　1200円　ⓘ4-905897-64-5

◇佐世保名所史跡図絵—歩いて見る歴史ノート　佐世保市立図書館　1987.3　159p　26cm

◇上山の自然と歴史ガイド—森林浴100選の地　上山公園生態系基本調査団編　諫早市　1991.3　121p　19cm

◇新いまりの歴史散歩　伊万里市郷土研究会編　増補改訂新装版　伊万里市郷土研究会　1990.2　339p　19cm　1350円　ⓘ4-905897-43-2

◇新・宇城学　熊本日日新聞社編集局編　熊本日日新聞社　1989.3　219p　19cm　(地域学シリーズ　5)　1500円

◇新南嶋探験—笹森儀助と沖縄百年　琉球新報社　1999.9　302p　21cm　2500円　ⓘ4-89742-024-5
　＊青森県元弘前藩士の笹森儀助が、さい果ての地琉球を踏査したのは1893(明治26)年。そのときの記録『南嶋探験』を辿りつつ激動の100年を多角的に検証する。激動の100年を照射する歴史ドキュメント。

◇新版 大分県の歴史散歩　大分県高等学校教育研究会社会部編　山川出版社　1993.3　250p　18cm　(新全国歴史散歩シリーズ　44)　890円　ⓘ4-634-29440-0

◇新版 沖縄県の歴史散歩　沖縄歴史研究会編　山川出版社　1994.7　224p　18cm　(新全国歴史散歩シリーズ　47)　890円　ⓘ4-634-29470-2

◇新版 観光コースでない沖縄—戦跡・基地・産業・文化　新崎盛暉, 大城将保, 高嶺朝一, 長元朝浩, 山門健一, 仲宗根将二, 金城朝夫, 安里英子, 宮城晴美著　高文研　1989.5　326p　19cm　1500円　ⓘ4-87498-103-8
　＊沖縄をぬきにして、「日本」は見えてこない。沖縄戦の跡をたどり、基地をあるき、揺れ動く「今日の沖縄」の素顔を伝える!

◇新版 熊本県の歴史散歩　熊本県高等学校社会科研究会編　山川出版社　1993.6　274p　18cm　(新全国歴史散歩シリーズ　43)　890円　ⓘ4-634-29430-3

◇新版 福岡県の歴史散歩　福岡県高等学校歴史研究会編　山川出版社　1989.11　285p　18cm　(新全国歴史散歩シリーズ　40)　890円　ⓘ4-634-29400-1

◇新版 宮崎県の歴史散歩　宮崎県高等学校社会科研究会歴史部会編　山川出版社　1990.6　257p　18cm　(新全国歴史散歩シリーズ　45)　890円　ⓘ4-634-29450-8

◇泉都有情—別府歴史散歩　永尾和夫著　西日本新聞社　1993.7　185p　19cm　1200円　ⓘ8167-0339-X
　＊白蓮がいて、夢二も来た、別府。明治、大正の昔から日本を代表する温泉・レジャー基地として、庶民の哀歓をはぐくみ、日本の近代を切り開いた政財界人、文人墨客の足跡をきざみつづけた街・別府。一夜千両の湯けむりの陰で泉都別府を築き、支えて、いま自然環境都市へ着実な歩みをみせる地元の気骨と人情の系譜を探った。

◇続川棚歴史散歩　喜々津健寿著　芸文堂　1989.1　283p　18cm　(筑紫文庫　8)　1000円　ⓘ4-905897-99-4

◇それからの門司の歴史ものがたり　田郷利雄著　(北九州)あらき書店　1988.12　177p　21×18cm　1300円
　＊伝説と史跡とエピソードに見る、郷土・門司の新世紀。明治以降近代化の波は、国内的に交通の要所としての駅、対外的にも大陸等への門戸としての門司に、時代

◇タネガシマ風物誌 — 鉄砲伝来の島 下野敏見著 未来社 1983.11 244 図版14枚 21cm 2000円
◇筑前名所図会 奥村玉蘭著、田坂大蔵、春日古文書を読む会校訂 文献出版 1985.12 897,8p 22cm 12000円
◇那珂川町の歴史探訪 川崎幹二著 海鳥社 2001.4 191p 21cm 1800円 ①4-87415-331-3
　＊『日本書紀』にも記されている「裂田の溝」や「一の井手」、「安徳台」（迹驚岡）、元寇の役で最前線に立った武藤少弐景資の詰城「岩門城」、歴史の道百選にも指定された「肥前・筑前街道」、今も静かに佇む国境石など、町に残る史跡を尋ね、博多や大宰府との関わりなど、旧筑紫郡域の中世史に光を当てる。
◇長崎対岸 稲佐風土記 松竹秀雄著 長崎文献社 1985.4 322p 19cm （新長崎郷土シリーズ 第1巻） 2200円
◇長崎に燃えよ、オリンポスの火 — 車いすの平和の旅 橋本進、渡辺千恵子著 草土文化 1983.11 241p 19cm 1200円
◇南海の国・沖縄をたずねて — 沖縄復帰25周年記念展 通信総合博物館（郵政研究所附属資料館）編 通信総合博物館（郵政研究所附属資料館） 1997 53p 30cm
◇博多中洲ものがたり 後編 大正改元より空襲・終戦までの変遷 咲山恭三著 文献出版 1980.11 466,33p 27cm 4500円
◇日向灘沿岸をゆく — 黒潮路ロマン三九七キロ 三又喬著 海鳥社 1997.7 213p 19cm 1300円 ①4-87415-193-0
　＊日向灘沿岸は、波状岩、リアス式海岸など、豊かな自然を誇るだけでなく、古代から南方ルートでの交流や倭寇などの活躍、瀬戸内海を経由した交易・交流の舞台でもあった。神話、伝説から歴史まで。宮崎新発見への誘い。
◇福岡歴史探検 2 近世に生きる女たち 福岡地方史研究会編 海鳥社 1995.5 255p 19cm 1700円 ①4-87415-098-5
◇福岡歴史探訪 早良区編 柳猛直著 海鳥社 1995.11 193p 19cm 1300円 ①4-87415-123-X
◇福岡歴史探訪 博多区編 柳猛直著 海鳥社 1993.10 194p 19cm 1300円 ①4-87415-055-1
◇福岡歴史百景 後藤光秀著 葦書房 1994.6 258,18p 19cm 1957円 ①4-7512-0566-8
◇ふくおか100年 江頭光著 ぐるーぷ・ぱあめ,清水弘文堂発売 1989.6 359p 19cm （ぐるーぷ・ぱあめの本 福岡版 1） 2000円 ①4-87950-502-1
　＊明治、大正、昭和そして平成、市制施行以来100年、福岡市民の悲喜こもごもの歴史を、暮らしを名文家江頭光が活写。幻の名著『福岡意外史ふてがってえ』復刻。
◇福岡県の歴史散歩 福岡県高等学校歴史研究会編 新版 山川出版社 1989.11 285p 18cm （新全国歴史散歩シリーズ 40） 890円 ①4-634-29400-1
◇福岡県文化百選 5 道編 福岡県編 西日本新聞社 1992.4 218p 19cm 1600円 ①4-8167-0315-2
◇福岡県文化百選 9 歴史散歩編 西日本新聞社 1996.7 210p 19cm 1600円 ①4-8167-0417-5
◇福岡県名所図録図絵 清水吉康著 原田徳彦 1985.6 22p 203枚 23×33cm 15000円
◇福岡歴史散歩 福岡県歴史教育者協議会編 歴史散歩刊行会 1981.11 2冊 19cm （歴史散歩シリーズ 7,8） 各900円
◇福岡歴史探訪 西区編 柳猛直著 海鳥社 1995.6 197p 19cm （歴史探訪シリーズ） 1300円 ①4-87415-109-4
　＊玄界灘に面し、対ný貿易、刀伊の襲来など、古くから異文化との遭遇の場であった西区。海岸に広がる数々の奇勝、元寇防塁など、その豊かな自然と歴史に迫る。
◇福岡歴史探訪 南区・城南区編 柳猛直著 海鳥社 1994.6 205p 19cm 1300円 ①4-87415-069-1
　＊鬼火の飛び交う農村地帯から、開発が進む文教・住宅地域へと変貌する南区・城南区。穴観音、友泉亭、鳥飼炭鉱など、身近な町の埋もれた歴史を再発見。
◇福岡歴史探訪 中央区編 柳猛直著 海鳥社 1996.4 218p 19cm 1300円 ①4-87415-152-3
　＊武家屋敷の並ぶ町から天神を核とする文化・情報発信地へ—。水鏡天満宮、警固神社、平尾山荘、西公園など、ビルの谷間に豊かな歴史を秘めた中央区を歩く。
◇福岡歴史探訪 東区編 柳猛直著 海鳥社 1995.2 193p 19cm 1300円 ①4-87415-096-9
　＊金印出土の志賀島、香椎宮、帆柱石、筥崎八幡宮など伝承、遺跡が多く残る東区は、発電所や飛行場の開設で福岡の近代化を担う。海のロマンが彩る東区を歩く。

◇ふるさと雑記帖　平松鷹史著　大分合同新聞社　c1981　245p　18cm　1300円
◇ふるさと歴史散歩(鹿児島)　佐藤剛著　葦書房　1988.3　251p　19cm　1300円
◇宝満山歴史散歩　森弘子著　葦書房　2000.5　205p　19cm　1600円　④4-7512-0769-5
　＊法螺貝響き、山伏が峯をわたる霊峰・宝満は時代を超えて人々を魅きつける。「神の山」研究の第一人者による歴史徹底ガイド。
◇宮古の戦争と平和を歩く　宮古郷土史研究会　1995.11　40,18p　19cm
◇都城盆地の歴史散歩　本村秀雄著　5訂版　南九州文化研究所　1984.3　117p　17cm　350円
◇宮崎県　宮崎日日新聞社編　河出書房新社　1984.2　280p　19cm　(各駅停車全国歴史散歩 46)　1200円
◇みやざきの謎－ふるさと再発見　三又喬著　西日本新聞社　1990.8　198p　19cm　1200円　④4-8167-0285-7
◇宗像の歴史散歩　安川浄生著　2版　曹洞宗安昌院布教所　1984.10　218p　19cm　1200円
◇目で見る宇城・上益城の100年　佐藤伸二監修, 岡田浩洋〔ほか〕編　郷土出版社　2000.11　146p　38cm　11000円　④4-87670-147-4
◇米良－九州の山里　髙松圭吉著, 日本観光文化研究所編　そしえて　1984.4　79p　19cm　(風土と歴史をあるく)　980円　④4-88169-307-7
◇門司の歴史ものがたり 下　田郷利雄著　(北九州)あらき書店　1987.10　147p　21×14cm　1300円
　＊伝説と史跡とエピソードにいろどられた門司の歴史が、今よみがえる。それらの一つ一つに、時代、時代を生きてきたふるさとの人々の生活や思いが息づいている。
◇やんばる100年－ふるさとの明治・大正・昭和 写真集 沖縄・思い出のアルバム　那覇出版社編集部編　那覇出版社　1981.11　180p　27cm　2500円
◇与勝の歴史散歩－ふなやれ・平安座　親川光繁〔著〕　安里公認会計士事務所　1990.2　392p　22cm　3000円
◇よかとこ博多読本－郷土の歴史・文化・観光百科 筑紫・糸島・宗像・粕屋　改訂　筑紫の歴史を学ぶ会　1988.4　191p　30cm　3300円

◇琉球紀行　高野澄著　徳間書店　1993.2　252p　15cm　(徳間文庫)　460円　④4-19-597474-7
　＊源為朝は保元の乱の後、九州五島をへて琉球に漂着。土地の女性との間にもうけた男子・舜天が琉球最初の王となった―。琉球の正史にも記載され、今に伝わる伝説だ。時は移り、14世紀初頭、世は乱れ、"三山"に分裂して戦いに明けくれる。100年後尚巴志が統一。明との関係を深めるが、1609年、薩摩が侵攻して武力制圧。再び、琉球の苦難が始まった。琉球史を平易に描く格好の入門書。
◇歴史の道ガイドブック－出水筋　鹿児島県教育委員会　1998.3　47p　19cm
◇歴史の道ガイドブック－南薩地域の道筋　鹿児島県教育委員会　1999.3　39p　19cm
◇歴史の道ガイドブック その1(平成8年度)　鹿児島県教育委員会　1997.3　50p　19cm
◇私の歴史探訪 3　八幡さまの道　竹折勉著　竹折勉　2000.3　177p　19cm

世　界

◇アメリカ　増田哲朗著　読売新聞社　1987.11　214p　19cm　(世界歴史紀行)　1200円　④4-643-87084-2
　＊建国200年余、アメリカン・ドリームを育んだ、自由な都市群の素顔。
◇アメリカ　新潮社　1992.2　473p　20cm　(読んで旅する世界の歴史と文化)　3200円　④4-10-601830-6
◇アメリカを見ろ！　ダンカン・ウェブスター著, 安岡真訳　白水社　1993.6　447,22p　20cm　3800円　④4-560-04032-X
◇アメリカ西部開拓博物誌　鶴谷寿著　増補版　PMC出版　1990.2　402p　19cm　2060円　④4-89368-128-1
　＊アメリカにとってフロンティアとは何だったのか？文学・映画・ミュージアム・書肆を漁り、交遊を深め、自ら探険の旅に出る。西部開拓史のエピソードを語らせたら当代随一の著者のつきせぬ知識の源泉。好評の初版本に「悪魔の帽子飾り」と呼ばれた有刺鉄線、「ピースメーカー」と愛称されたピストル物語を補遺。
◇アメリカ歴史の旅－イエスタデイ＆トゥデイ　猿谷要著　朝日新聞社　1987.3　322,8p　19cm　(朝日選書 325)　1200円　④4-02-259425-X
　＊'60年代にアメリカで湧き起こった諸変革の波。建国200年の歴史の跡を旅しなが

ら、新視点からアメリカ社会の本質について考える。「歴史の旅」シリーズ第2弾。

◇絵はがきの旅歴史の旅　中川浩一著　原書房　1990.3　208p　21cm　2300円　⑭4-562-02093-8

＊事始め・蘊蓄もりだくさんの絵はがきで綴るノスタルジアの旅。ホームズや『うたかたの記』などの小説の舞台、飛行機・バス・連絡船・エアポートやエアライン等乗り物あれこれ、ホテルや駅前旅館、海水浴の事始めなどを、少年期からの長年にわたる絵はがきコレクションとともに紹介。世界各地を旅してきた特に鉄道に造詣の深い著者の絵はがき旅語り。

◇オーストラリア人物語　大津彬裕著　大修館書店　1996.7　185p　19cm　1545円　⑭4-469-24389-2

＊本書は、単なるオーストラリアの紹介から一歩つっこんで、歴史的な文脈のなかでオーストラリア人とはどんな人々なのか、その考え方や気質を考える。

◇オーストラリア歴史地理―都市と農地の方格プラン　金田章裕著　地人書房　1985.6　282p　22cm　3800円

◇オーストラリア物語―歴史と日豪交流10話　遠藤雅子著　平凡社　2000.7　235p　18cm（平凡社新書）　720円　⑭4-582-85050-2

＊旅や留学先として静かなブームを呼び、環太平洋のパートナーとして日本との結びつきを強めているオーストラリアとは、どんな国なのでしょうか？英領植民地から連邦政府樹立までの興味つきない歴史、そして江戸後期の日豪接触、北部オーストラリアに遺る日本人の足跡、明治期に来日し活躍したオーストラリアの人々…。滞豪生活十年の作家が、日豪交流秘話とともに物語る絶好のオーストラリア歴史案内。

◇オーストラリア歴史の旅　藤川隆男著　朝日新聞社　1990.8　265,8p　19cm（朝日選書　407）　1050円　⑭4-02-259507-8

◇オセアニア　髙山純〔ほか〕著　朝日新聞社　1992.12　207p　19cm（地域からの世界史　第17巻）　1400円　⑭4-02-258512-9

◇カイロ―世界の都市の物語　牟田口義郎著　文芸春秋　1999.3　398p　15cm（文春文庫）　629円　⑭4-16-741802-9

＊文明の発祥地としての栄光を担う古代エジプトの話をまくらに、七世紀におけるアラブの征服を踏まえた上で、十世紀のカイロ建設から現代までナイル川のほとりにしるす千年の叙事詩。アラブ世界最大の都の発展の歴史を、各時代の国際関係と絡めながら、資料を博捜して人物中心に描く。これは、わが国で初めてのカイロ物語である。

◇カナダ歴史紀行　木村和男著　筑摩書房　1995.11　278p　19cm　2600円　⑭4-480-85724-9

◇紀行モロッコ史　那谷敏郎著　新潮社　1984.3　287p　20cm（新潮選書）　1050円　⑭4-10-600260-4

◇昨日の旅―ラテン・アメリカからスペインへ　清水幾太郎著　中央公論社　1990.1　470p　15cm（中公文庫）　620円　⑭4-12-201682-7

＊独立のため戦い散ったラテン・アメリカの英雄たちの跡やコント因縁のブラジルなどの諸国をまわり、かつてラテン・アメリカを植民地として領有していた母国のスペインへ。フランコの死とカルロス1世の即位という、歴史の転換点に立ち合い、フランコと人民戦線の史跡を辿り、ロヨラゆかりの地を訪ねる。現代史への深い知識と認識をもつ著者が、旅先での印象、感動、体験を率直に綴った、魅力あふれる歴史紀行。

◇現代ニュージーランド―その歴史を創った人びと　地引嘉博著　増補版　サイマル出版会　1991.8　326p　19cm　2100円　⑭4-377-30902-1

＊緑なす島ニュージーランドと日本の交流が、急速に深まっている。現代ニュージーランド発展を跡づけた全体像。不屈の精神と旺盛な冒険心で、ニュージーランドを創った人びととの物語。歴史と風土と国民性を描いた待望の案内書。

◇ココス島奇譚　鶴見良行著　みすず書房　1995.12　188p　19cm　2060円　⑭4-622-03653-3

＊遠くインド洋に浮かぶ謎の孤島ココス。『ナマコの眼』の著者が、晩年、情熱を傾けた珊瑚礁の島の隠された歴史とは。深い洞察を湛えた遺作。

◇図説 アメリカ歴史地図―目で見るアメリカの500年　ロバート・H.フェレル著、リチャード・ナトキール地図，谷中寿子，岩本裕子，斎藤元一訳　原書房　1994.3　198p　30cm　12360円　⑭4-562-02510-7

＊250におよぶ地図・図版と解説によって合衆国500年の歩みを明解に描く名著。ヴィジュアルに学ぶアメリカ史のすべて。

◇清張歴史游記　松本清張著　日本放送出版協会　1982.11　240p　20cm　1200円　⑭4-14-008297-6

世界　　　　　　　　　　　　　　　　　　　　　　　　　　　　歴史紀行一般

◇世界再発見―人々の暮らしが見える歴史、風土、国情が読める7　東南アジア・オセアニア　ベルテルスマン社, ミッチェル・ビーズリー社編　同朋舎出版　1992.10　173p　28cm　（ビジュアルシリーズ）　5000円　④4-8104-1009-9

◇世界再発見―人々の暮らしが見える歴史、風土、国情が読める8　北アメリカ・中央アメリカ　ベルテルスマン社, ミッチェル・ビーズリー社編　同朋舎出版　1992.12　173p　28cm　（ビジュアルシリーズ）　5000円　④4-8104-1010-2

◇世界史散歩―世界史のエピソードを訪ねて　今村俊正著　こずえ　1988.2　291p　18cm　2000円　④4-87557-402-9

◇世界史の舞台――一線記者が歩いた3　南北アメリカからオセアニアアフリカ　朝日新聞社編　朝日新聞社　1983.3　112p　30cm　（朝日旅の百科）　1600円

◇世界の都市の物語10　カイロ　牟田口義郎著　文芸春秋　1992.10　382,9,7p　19cm　2000円　④4-16-509620-2
　＊ナイル川のほとりにしるすアラブ時代1000年の叙事詩。

◇セーラムの歴史―日米友好のかけ橋となった街 ガイドブック　〔東京都〕大田区立郷土博物館編　大田区立郷土博物館　1993.5　72p　21cm

◇大航海時代叢書 第2期25　インディアス史5　ラス・カサス〔著〕, 長南実〔訳〕　岩波書店　1992.9　809,20p　22cm　7800円　④4-00-008550-6

◇ダイナミック・アフリカ―地図に見るアフリカの歴史　M.クワメナ・ポー〔ほか〕著, 保科秀明監訳　古今書院　1997.12　88p　30cm　3500円　④4-7722-5008-5

◇旅は道づれアロハ・ハワイ　高峰秀子, 松山善三著　中央公論社　1993.6　304p　15cm　（中公文庫）　640円　④4-12-202009-3
　＊日本人の十人に一人は訪れているというハワイ。でも、一週間や二週間の滞在では本当の魅力はわからない。ホノルルに部屋を借りて十年。ひたすらハワイを愛するおしどり夫婦が紹介する夢の島の日常生活と歴史、伝統。

◇地球物理学者 竹内均の歴史探訪　竹内均著　同文書院　1988.6　211p　19cm　（コスモス・ライブラリー）　1500円　④4-8103-8000-9
　＊地球物理学者として、私は人がめったに行かない大陸や人里離れた山の中などへも出かける。この本には、ふつうの歴史の本には出ていない国や場所の歴史もおさめられている。自然界の動きの流れにそった、もろもろの民族の歴史を知っていただければ、たいへんありがたい。

◇地図で訪ねる歴史の舞台―世界　帝国書院編集部著　初訂版　帝国書院　2000.7　180p　26cm　1600円　④4-8071-5238-6
　＊臨場感あふれる鳥瞰図で歴史の舞台が鮮明に！現代(世界)に歴史を重ねた地図帳。

◇ニューヨーク拝見　バーバラ・コーエン, シーモア・クワスト, スティーブン・ヘラー編, 常盤新平訳　白水社　1993.6　215,7p　21cm　3200円　④4-560-04485-6
　＊ダイヤモンドの氷山のように川面に漂う、ニューヨーク350年の歴史とその表情を、のべ250人を超える作家と画家が捕えた、異色のシティ・アンソロジー。

◇ニューヨーク　芦原伸著　読売新聞社　1987.5　205p　19cm　（世界歴史紀行）　1200円　④4-643-87035-4
　＊合衆国の首都から、世界金融の中心へ。大ニューヨークの、20世紀都市物語。

◇ニューヨーク歴史紀行―「中国迷」のマンハッタン漫歩　榛名亮著　日中出版　1997.3　273p　19cm　1854円　④4-8175-1227-X
　＊小栗上野介忠順、岩倉使節団、テレサ・テン、司馬遼太郎…、「一つの中国」とは何か、台湾とは何か…。ヴロードウェイを歩きつつ、アメリカ史を紐解きながら、中国、台湾、日本など「アジア」が歩んだ「近代」を問う。

◇ペルー王国史　ペドロ・ピサロ, B.オカンポ, P.J.アリアーガ著, 旦敬介, 増田義郎訳　岩波書店　1994.2　676,30p　21cm　（大航海時代叢書　2-16）　7000円　④4-00-008536-0

◇ラテンアメリカ　大井邦明, 加茂雄三著　朝日新聞社　1992.10　251p　19cm　（地域からの世界史 第16巻）　1450円　④4-02-258511-0

◇ラテン・アメリカ事典 1996年版　ラテン・アメリカ協会　1996.2　1263p　22cm

◇ラテンアメリカ―悠久の大地・情熱の人々　国本伊代著　総合法令出版　1995.4　340p　19cm　2500円　④4-89346-448-5
　＊本書は、地域の特徴と歴史をできるだけ簡潔に紹介しながら、現代ラテンアメリカ諸国が抱える諸問題の背景を理解できるようにまとめられた。また日本とラテンアメリカの関係にも触れている。

◇歴史家の旅から　坂口昂著　中央公論社　1981.5　304p　16cm　（中公文庫）　400円

歴史紀行一般　　　　　　　　　　　　　　　　アジア

◇歴史のなかの旅人たち　岡田喜秋著　玉川大学出版部　1992.2　292p　19cm　2266円　④4-472-09301-4
　＊観光、グルメ、ショッピング…。旅にもいろいろあるけれど、こんな旅もあるんです。長年雑誌『旅』の編集長をつとめた著者がおくる"旅人の世界史"。
◇歴史の光と影　井上靖著　講談社　1979.4　279p　20cm　1200円

アジア

◇アジア歴史地図　松田寿男，森鹿三編　平凡社　1985.1　144,4,148p　27cm　④4-582-10800-8
◇イスラエル×ウクライナ紀行─東欧ユダヤ人の跡をたずねて　佐藤康彦著　彩流社　1997.2　277p　20cm　2575円　④4-88202-431-4
　＊熱暑の土地、多言語の国からヨーロッパのみちのくへ─苛酷な現実のなかに息づく「ユダヤ人の歴史」をたどる。
◇イスラムと古代文明の協奏─中東・北アフリカ　嘉納秀郎著　平凡社　1997.11　211p　28×31cm　（嘉納秀郎写真集　第3巻）　4900円　④4-582-21713-3
　＊アラブ・ペルシアの世界にイスラムの精粋と太古の幻影を追って。イスラムの文化圏の中心を成す中東・北アフリカの国々。イラン、イラク、ヨルダン、イエメン、エジプト、チュニジア、アルジェリア、モロッコ。遙か文明の発祥以来、盛衰を重ねた数多の都市。イスラム社会の歴史と現在。いまを逞しく生きるムスリムや少数民族たち。好評写真集の第3弾。
◇イラク歴史紀行─チグリス・ユーフラテス物語　髙橋英彦著　日本放送出版協会　1981.4　246p　19cm　（NHKブックス　390）　750円
◇インド　新潮社　1992.11　377p　19cm　（世界の歴史と文化）　3000円　④4-10-601836-5
　＊聖と俗、貧と富、不変と変化─。みなつつみこんでしまう豊饒混沌の大地に、8億5000万人の人々が260もの言語を話す多民族の国。お釈迦様、ガンジス川、カレーライス、ターバン─だけでは知り得ない、インド文化の豊かさに迫る。
◇インド世界─その歴史と文化　近藤治編　世界思想社　1984.11　254p　19cm　（Sekaishiso seminar）　1900円　④4-7907-0272-3

◇風と光と─モンゴルの大草原を旅する　新潟国際文化交流センター新潟モンゴル親善協会編著　新潟日報事業社　2001.4　203p　19cm　1600円　④4-88862-852-1
　＊驚き、感動、衝撃─日本人が失ってしまった「心」を、輝く果てしないモンゴルの大草原が、そこで暮らす人々が、ゆったりと語りかけてくる。
◇観光コースでないフィリピン─歴史と現在・日本との関係史　大野俊著　高文研　1997.11　318p　19cm　1900円　④4-87498-198-4
　＊キリシタン大名・高山右近のルソン渡航以来、日本と深い関わりをもつフィリピン。その歴史と現在を、すべて現場を訪ねつつ、この国を愛してやまぬベテラン記者が案内する。
◇観光コースでないマレーシア・シンガポール─ Another Malaysia & Singapore　陸培春著　高文研　1997.9　280p　19cm　1700円　④4-87498-192-5
　＊日本との真の友好を望むからこそ、この歴史の事実を知ってほしい！マレーシアに生まれ、祖父を日本軍に連れ去られた在日のジャーナリストが、各地に残る「戦争の傷跡」をたずねつつ、「華僑虐殺」の実相と、華僑たちの不屈の抵抗の歴史を説き明かす。
◇観光コースでないベトナム─歴史・戦争・民族を知る旅　伊藤千尋文・写真　高文研　1995.11　233p　19cm　1545円　④4-87498-167-4
　＊いまベトナムは、世界で一番エキサイティングな国。戦争を知らない若い世代に、ベトナム戦争が青春だった団塊の世代に、経済交流で南へ向かうビジネスマンに─贈るベトナム案内。
◇北インド　辛島昇、坂田貞二編，大村次郷写真　山川出版社　1999.7　198p　21cm　（世界歴史の旅）　2800円　④4-634-63210-1
　＊サリーの華やかな色合い。悠久たるガンジスの流れ。インドの旅は日本では出会えない不思議な魅力に満ちている。その源泉は「歴史」にある。多くの異なった民族が来住し、長い年月をかけて築き上げた文化。北インドには、インダスの都市遺跡、数々の仏跡、タージ・マハルなどのインド・イスラーム建築、そしてまた、ガンジス川に沐浴する敬虔なヒンドゥー教徒の姿がみられる。混沌のインド世界がそこにある。

59

アジア　　　　　　　　　　　　　　　　　　　　　歴史紀行一般

◇これだけは知っておきたい故宮の秘宝　古屋奎二著　二玄社　1998.12　277p　19cm　2000円　Ⓘ4-544-01147-7
　＊アジアの秘宝の声が聞こえる！台北故宮博物院の選りすぐった名品をかろやかにエッセイ。これだけは持っていきたい故宮ガイド。
◇写真記録東南アジア―歴史・戦争・日本 2　インドネシア　古田元夫〔ほか〕編　倉沢愛子編著　ほるぷ出版　1997.3　218p　31cm　Ⓘ4-593-09513-1
◇写真記録東南アジア―歴史・戦争・日本 4　ビルマ（ミャンマー）・タイ　古田元夫〔ほか〕編　根本敬,村嶋英治編著　ほるぷ出版　1997.3　211p　31cm　Ⓘ4-593-09513-1
◇写真記録東南アジア―歴史・戦争・日本 5　ベトナム・ラオス・カンボジア　古田元夫〔ほか〕編　古田元夫,鈴木亮編著　ほるぷ出版　1997.3　206p　31cm　Ⓘ4-593-09513-1
◇写真記録東南アジア―歴史・戦争・日本 6　東南アジアはいま　古田元夫〔ほか〕編　早瀬晋三〔ほか〕編著　ほるぷ出版　1997.3　209p　31cm　Ⓘ4-593-09513-1
◇週刊地球旅行　no.34　台湾・故宮博物院と日月潭―台湾　講談社　1998.11　34p　30cm　533円
◇シリーズ・知っておきたい　東南アジア 2　歴史教育者協議会編　青木書店　1994.10　228p　21cm　2884円　Ⓘ4-250-94026-8
　＊東南アジア島嶼部4か国に住む人びとの暮らしやその文化的伝統、豊かな文化遺産を深く知り、日本との結びつきの歴史を確かめつつ共生のあり方を考える。教室や旅行先で、東南アジアの魅力にふれ新しい発見を楽しむ本。
◇ジンギス・カンの国へ　高瀬秀一著　丸善　1992.2　251p　18cm　（丸善ライブラリー 038）　660円　Ⓘ4-621-05038-9
　＊モンゴルは、ロシアと中国の間で、ある時代には世界の雄として、またある時は被征服者として、歴史の流れの中に様々の変貌を遂げてきた。また、この遊牧と騎馬の民たちは、雄大な自然の中で独得の文化を育んできた。そして現代、世界の劇的な変動の中で、ジンギス・カンを初めとする過去の歴史の復活とともに、モンゴルは再び生まれかわろうとしている。この激動の時代に全権大使として当地に赴任した著者がつぶさに見たモンゴルの素顔を生々しく伝える。
◇図説―バンコク歴史散歩　友杉孝著　河出書房新社　1994.11　111p　22×17cm　（都市散歩シリーズ）　1700円　Ⓘ4-309-72424-8
　＊本書では、モンスーンが運ぶ豊かな水、町を行き交う僧侶、香り豊かなタイ料理など、道と水路をたどり「天使の都」の知られざる魅力に触れる。
◇図説ペルシア　山崎秀司撮影・編　河出書房新社　1998.11　110p　22cm　1800円　Ⓘ4-309-72590-2
　＊ペルシア絨毯と唐草模様のふるさと、日本人の眼に長く触れなかった魅惑のイランの全貌を紹介。古代ギリシアを震撼させた大帝国の遺跡。王の広場、世界遺産となったモスクを生み出したイスラム文化の輝き。バザールの人々、遊牧民たちの人間味あふれる生活…。オリエントの遺産とイスラムの文化が混在する未知の国イラン、初のガイド。
◇図説モンゴル歴史紀行　松川節著　河出書房新社　1998.11　111p　22cm　1800円　Ⓘ4-309-72588-0
　＊匈奴、テュルク、ウイグル、ジンギス・カン率いるモンゴル…アジアの中央に覇を競った遊牧民族興亡の跡をたどる。
◇図説 インド歴史散歩　小西正捷,岩瀬一郎編　河出書房新社　1995.8　127p　22×17cm　（河出の図説シリーズ）　1800円　Ⓘ4-309-72425-6
　＊魅惑のインド。悠久の「時」の流れる神秘の国。ブッダ・仏教のふるさと。目もくらむ多様性、そして混沌―。広大な「不思議の国」を時代を画したテーマで歩く、歴史の迷路を読み解く。インド歴史入門。
◇世界史の舞台―一線記者が歩いた 2　北アフリカから中近東アジア　朝日新聞社編　朝日新聞社　1983.2　113p　30cm　（朝日旅の百科）　1600円
◇タイ王国の光と影　金子民雄著　北宋社　1997.1　188p　20cm　1748円　Ⓘ4-89463-002-8
◇タイ北部―歴史と文化の源流を訪ねる　谷克二文,鷹野晃写真,「旅名人」編集部編　日経BP社,日経BP出版センター発売　2001.7　218p　21cm　（旅名人ブックス）　1500円　Ⓘ4-8222-2698-0
　＊スコータイ、アユタヤ、チェンマイ、そしてバンコク…タイの諸王朝発祥の地、北部の山岳民族を訪ね、超一流ホテルに泊まり、アジアン雑貨に酔いしれる。
◇台湾―四百年の歴史と展望　伊藤潔著　中央公論社　1993.8　252p　18cm　（中公新書）　720円　Ⓘ4-12-101144-9

歴史紀行一般　　　　　　　　　　　　　　　　　　　　　　アジア

◇台湾近い昔の旅―植民地時代をガイドする　台北　又吉盛清著　凱風社　1996.5　285p　21cm　2330円　④4-7736-2005-6
◇旅へのいざない―オスマン帝国を訪れた人々の記録　高橋忠久執筆　中近東文化センター　1998.9　20p　21cm
◇チベット―歴史と文化　赤烈曲扎著, 池上正治訳　東方書店　1999.6　234p　19cm　2200円　④4-497-99562-3
　＊チベットの著名な出版人・民俗学者が、日本の読者のために、本格的かつ全面的に"チベット"を紹介！天地創造神話、民族の始祖伝説、原始宗教と仏教の関係、各地方の特徴と背景、都ラサの歴史、文化や風俗と、内容豊富。
◇チベット　上　山口瑞鳳著　東京大学出版会　1987.6　33p　19cm（東洋叢書 3）2600円　④4-13-013033-1
◇チベット入門　ペマ・ギャルポ著　改訂新版　日中出版　1998.3　252p　19cm（チベット選書）2500円　④4-8175-1234-2
◇中国辺境歴史の旅 2　女性大使チベットを行く　陳舜臣編集・解説　劉曼卿著, 岡崎俊夫訳, 松枝茂夫訳　白水社　1986.8　271p　20cm　2200円　④4-560-03117-7
◇中国辺境歴史の旅 3　東チベット紀行　陳舜臣編集・解説　E.タイクマン著, 水野勉訳　白水社　1986.7　266p　20cm　2200円　④4-560-03118-5
◇東南アジア　桜井由躬雄〔ほか〕著　朝日新聞社　1993.2　261p　19cm（地域からの世界史 第4巻）1600円　④4-02-258499-8
◇東南アジア 1　歴史教育者協議会編　青木書店　1994.8　230p　21cm（シリーズ知っておきたい）2884円　④4-250-94018-7
　＊日本とのかかわりの深い東南アジア―その半島部5か国の歴史と現在、その地に生きる人びとの生活や文化を、より深くよりグローバルに知るために…。教室や旅行先で、東南アジアの魅力や親しさを発見する本。
◇東洋史の散歩　岩村忍著　新潮社　1970　241p　図版　20cm（新潮叢書）420円
◇時の回廊―中東歴史紀行　ジュリアン・ハクスリー著, 田隅恒生訳　平凡社　1992.6　571p　19cm　4600円　④4-582-48108-6
　＊ユネスコ初代事務局長として近代化以前の中東を訪れたハクスリーが、その該博な知識と英国人のユーモアを交え、当時の人々の暮しや自然を生き生きと描き出すとともに、中東の六千年を彩る濃密な曼茶羅を織りあげる。

◇トルコ　大村幸弘著, 大村次郷写真　山川出版社　2000.8　170p　21cm（世界歴史の旅）2800円　④4-634-63240-3
　＊アナトリアの台地に点在する遺跡の数々　この地を東西に行き交った人々の歴史の息吹が感じられる。知の旅行案内の決定版。
◇トルコの東トルコの西　保科真一, 望月敦子著　叢文社　1996.11　243p　19cm　1500円　④4-7947-0256-6
　＊ヒッタイト・ギリシャ・ローマ・アルメニアなどの巨大な古代遺蹟。不可思議なイスラム世界の魔力。幾多の民族抗争のはてに咲いた雄渾の文化…深い眼と軽妙なペンが探るトルコの歴史、風土、人情…。
◇トルコ歴史紀行―文明の十字路・4000年のドラマ　大島直政著　自由国民社　1986.3　246p　19cm　1300円　④4-426-40077-5
◇トルコ歴史紀行―小アジアの回廊　ダンカン・フォーブス著, 月村澄枝訳　心交社　1992.4　342p　19cm（世界紀行冒険選書 17）1545円　④4-88302-064-9
　＊豊饒な聖書的遺跡の中で、魅惑的オリエンタリズムを現前させるこの国は、しかしアジア的専制主義の帝国主義とイスラム教とを混在させた現在を持った大国でもある。著名な旅行作家の興味深い報告書。
◇内陸アジア　間野英二〔ほか〕著　朝日新聞社　1992.7　233p　19cm（地域からの世界史 第6巻）1400円　④4-02-258501-3
◇西アジア 上　屋形禎亮, 佐藤次高著　朝日新聞社　1993.6　231p　19cm（地域からの世界史 第7巻）1650円　④4-02-258502-1
◇西アジア 下　永田雄三, 加藤博著　朝日新聞社　1993.8　232p　19cm（地域からの世界史 第8巻）1650円　④4-02-258503-X
◇日本の侵略:中国/朝鮮―写真記録　黒羽清隆解説, 梶村秀樹解説　ほるぷ出版　1983.8　248p　26cm　2800円
◇パルティア見聞録―シルク・ロード古文化吟遊　相馬隆著　東京新聞出版局　1981.1　240p　19cm（オリエント選書 7）1300円　④4-8083-0045-1
◇パレスチナ―砂に沈む太陽　並河万里著　中央公論社　1991.6　260p　15cm（中公文庫）560円　④4-12-201817-X
　＊ペルシア、シルクロード、ボロブドゥール、マヤ・アステカなど、世界の遺跡、文化財を38年間にわたって撮りつづけてきた著者が、パレスチナとその周囲のアラ

61

アジア　　　　　　　　　　　　　　　　　　　　　　　　歴史紀行一般

ブ諸国を旅しながら、一日本人として、観察し、経験したままを率直に書き記す。取材中、第3次中東戦争にまきこまれ負傷するなど、国際カメラマンとして世評高い氏の原点ともいえる中東の、古代から現代までの臨場感溢れる歴史紀行。

◇ハーレム―ヴェールに隠された世界　アレヴ・リトル・クルーティエ著, 篠原勝訳　河出書房新社　1991.9　215p　26cm　5900円　④4-309-22203-X
　＊「至福の館」トプカプ宮殿の奥深く、神秘のヴェールに閉ざされたまま、歴史から消え去ったハーレムとは何だったのか。歴史文献、書簡、旅行記、絵画など膨大な断片資料をつなぎ合わせながら、オスマン帝国400年の歴史を華麗に染めあげたグランド・ハーレムの実相を克明に描いた歴史ロマンの名篇。

◇ビジュアルシリーズ 世界再発見―人々の暮らしが見える歴史、風土、国情が読める 7 東南アジア・オセアニア　ベルテスマン社、ミッチェル・ビーズリー社編　同朋舎出版　1992.10　173p　28×22cm　5000円　④4-8104-1009-9
　＊民族、歴史、文化、産業、経済、政治、自然、観光、人々の暮らし、現代の情勢など、世界170カ国以上をあらゆる角度から浮き彫りに。政治、経済、言語、人口、国土などの便利な比較データの一覧付き。

◇ベンガル歴史風土記　小西正捷著　法政大学出版局　1986.11　315,7p　19cm　2800円
　＊東インドの風土と歴史の原点に立って、くらしの中の造形からタゴールの詩にいたるゆたかな文化の伝統を掘り起こし、混沌と多様性の満ちた〈文化の吹きだまり〉としてのベンガル地方にインド文化の原風土を読み取る。

◇マニラ 都市の歴史　ラモン・マリア・サラゴーサ著、城所哲夫、木田健一訳　学芸出版社　1996.3　127p　19cm（IMAGES OF ASIA）　2060円　④4-7615-2149-X
　＊本書は、マニラが、16世紀に戦略的な地点に設けられた数千人の小さなマレー人集落から始まり、20世紀には1,200万人の喧噪の大都会へと成長するまでをまとめたものである。この物語の大半はイントラムロスと呼ばれる都心部の城塞都市に集中している。

◇緑色の野帖―東南アジアの歴史を歩く　桜井由躬雄著　めこん　1997.2　441p　20cm　2800円　④4-8396-0105-4
　＊歴史家は旅人だ。風景の積み重なりが歴史を読み解く鍵となる。ベトナム、タイ、カンボジア、インドシネア、雲南、南インド、八重山、シンガポール…ドンソン文化からドイモイまでを歩く壮大な試み。

◇南アジア　辛島昇著　朝日新聞社　1992.4　271p　19cm（地域からの世界史　第5巻）　1500円　④4-02-258500-5

海のシルクロード

中国～ローマ　古代～中世

＊　　　＊　　　＊

◇海のシルクロード―海南島・中国南海道・長江　NHK取材班編　愛蔵版　日本放送出版協会　1997.6　181p　31cm（写真集NHKシルクロード・大黄河・海のシルクロード　12）　④4-14-009277-7

◇海のシルクロード―アラビア海・インド西海岸　NHK取材班編　愛蔵版　日本放送出版協会　1997.6　181p　31cm（写真集NHKシルクロード・大黄河・海のシルクロード　10）　④4-14-009277-7

◇海のシルクロード―スリランカ・マラッカ海峡・ベトナム海岸　NHK取材班編　愛蔵版　日本放送出版協会　1997.6　181p　31cm（写真集NHKシルクロード・大黄河・海のシルクロード　11）　④4-14-009277-7

◇海のシルクロード―中国・泉州からイスタンブールまで　辛島昇文　集英社　2000.6　117p　23cm（アジアをゆく）　1900円　④4-08-199001-8
　＊絹、香料、陶磁器、馬…。ジャンクやダウ船が風に乗り、港から港へと人類の夢を運んだ。十数世紀に亘る海上交易の壮大なドラマを探る、豊穣アジアの旅。

◇海のシルクロードとベトナム―ホイアン国際シンポジウム　日本ベトナム研究者会議編　穂高書店　1993.11　500p　20cm（アジア文化叢書　10）　4500円　④4-938672-19-7

◇海のシルクロード―ヒョウタンが語る古代の謎　戸川安雄著　徳間書店　1980.11　238p　19cm　980円

◇海のシルクロード―絹・香料・陶磁器　藤本勝次ほか著　大阪書籍　1982.12　217p　19cm（朝日カルチャーブックス　14）　1200円　④4-7548-1014-7

◇海のシルクロードを求めて　三杉隆敏著　創元社　1968　245p　地図　19cm

◇海のシルクロードを求めて―シンポジウム・シルクロード　NHKサービスセンター編集　三菱広報委員会　1989.11　386p　26cm

歴史紀行一般　　　　　　　　　　　　　　　　　　　　　　　　アジア

◇海のシルク・ロード事典　三杉隆敏, 榊原昭二編著　新潮社　1988.4　220p　19cm　（新潮選書）　830円　①4-10-600341-4
　＊海には壮大なロマンがある。季節風、潮流に乗って古代より現代まで、数知れぬ船が探検、漁撈、交易に七つの海を渡って行った。世界に運ばれた中国磁器の海上運輸を調べているうち、夢はますます広がり、「海のシルク・ロード」は限りないテーマとなった。物語や歴史、古い港町、沈没船発見…、500の項目は私にとってひとつひとつが海へのロマンの小窓である。

◇写真集NHK海のシルクロード　第1巻　地中海・ナイル・紅海　NHK取材班編　日本放送出版協会　1988.7　181p　30cm　3400円　①4-14-008600-9
　＊同行カメラマンが撮影した約10万枚の写真群の中から各巻150枚、計600枚を厳選し4ブロック別に編集。港、船、海、そこに暮らし躍動する人々、そして絹や香料、陶磁器などの産物から宗教の伝播まで、海のシルクロードの全容が、より視覚的に、異国情緒豊かに眼の前に拡がる。

◇写真集NHK海のシルクロード　第2巻　アラビア海;インド西海岸　宇佐美博幸, 大塚清吾, 大村次郷写真, NHK取材班編　日本放送出版協会　1988.9　181p　30cm　3400円　①4-14-008601-7
　＊いま、大いなる海のルートが眼の前に拡がる。同行カメラマンが撮影した約10万枚の写真群の中から各巻150枚、計600枚を厳選し4ブロック別に編集。港、船、海、そこに暮らし躍動する人々、そして絹や香料、陶磁器などの産物から宗教の伝播まで、海のシルクロードの全容が、より視覚的に、異国情緒豊かに眼の前に拡がる。ヒッポロスの風を帆いっぱいにはらみインド洋へ向かう木造帆船ダウ。十字架に導かれてインド西海岸に来たった3人の冒険者、その聖なる道！世界中が求めてやまなかった黄金のスパイス、胡椒ゆかりのインド西海岸を南へと下る。

◇写真集NHK海のシルクロード　第4巻　海南島・中国南海道・長江　NHK取材班編　日本放送出版協会　1989.3　181p　30cm　3400円　①4-14-008603-3
　＊シルクロード全域を完全踏破。遂に長安に還る。"中国の門"といわれた海南島をくぐり、悠久の大地に上陸。ジャンクで国際都市・広州、咲き誇る海都・泉州を訪ね、中国磁器の故郷・景徳鎮へ。そして、長江・黄河の水運を辿りながら壮大なシルクロードの旅の出発点である長安に再び立つ。

◇写真集NHK海のシルクロード　第3巻　スリランカ・マラッカ海峡・ベトナム海岸　NHK取材班・大塚清吾, 大村次郷, 林泰弘写真編　日本放送出版協会　1989.1　180p　30cm　3400円　①4-14-008602-5
　＊聖地スリランカに見る仏教の"祈り"と宝石の"輝き"。海のシルクロード最大の要衝マラッカ海峡。大航海時代の幕を開く動因となった香料諸島のスパイス。ローマ帝国と漢帝国とを結び、「海道の王国」として栄えたベトナム…。永遠の都ローマから「日の出づる東方」へと向かった壮大な旅は、さらにその航路を東へと進める。

◇シルクロード航海記　鈴木肇著　筑摩書房　1988.11　226p　19cm　（ちくまプリマーブックス　23）　950円　①4-480-04123-0
　＊陸のシルクロードより安全で、大量輸送を可能にした海のシルクロード。世界史を変え、歴史を動かしてきた重要な絹の交易路は陶磁器の道、セラミック・ロードでもあった。シリアのタルトス沖から長安まで、物と心が東西に行きかった歴史の航路をふたたびたどる。

◇NHK　海のシルクロード　第1巻　海底からの出発;ナイル・熱砂の海道　塩野七生, 田辺昭三, NHK取材班著　日本放送出版協会　1988.4　277p　21cm　1800円　①4-14-008568-1
　＊砂漠の道、そして草原の道をわたって遙かなるローマに至った壮大なシルクロードの旅は、再び長安を目指し残されたもうひとつのシルクロード"海の道"に船出する。本書は、地中海から紅海、インド洋、そして東南アジア沿岸、中国沿岸へと"シルクロード・海の道"をたどり東西交易と文化交流の歴史をさぐる冒険とロマンに満ちた大型紀行ドキュメントである。

◇NHK　海のシルクロード　第2巻　ハッピーアラビア;帆走、シンドバッドの船　森本哲郎, 片倉もとこ, NHK取材班著　日本放送出版協会　1988.6　281p　21cm　1800円　①4-14-008569-X
　＊砂漠の道、そして草原の道をわたって遙かなるローマに至った壮大なシルクロードの旅は、再び長安を目指し残されたもうひとつのシルクロード"海の道"に船出する。本書は、地中海から紅海、インド洋、そして東南アジア沿岸、中国沿岸へと"シルクロード・海の道"をたどり東西

63

交易と文化交流の歴史をさぐる冒険とロマンに満ちた大型紀行ドキュメントである。

◇NHK 海のシルクロード 第3巻 十字架の冒険者;インド胡椒海岸 立松和平, 辛島昇, NHK取材班著 日本放送出版協会 1988.8 277p 21cm 1800円 ④4-14-008570-3
＊東と西を結ぶ重要な中継地インド。十字架に導かれて波濤を越えた三人の冒険者。世界の歴史を変えたといわれる胡椒。これらの軌跡を求めてゆかりのインド西海岸を南へと下る。

◇NHK 海のシルクロード 第4巻 仏陀と宝石;黄金半島を越える 三浦朱門, 増田義郎, NHK取材班著 日本放送出版協会 1988.10 281p 21cm 1800円 ④4-14-008571-1
＊巨大な仏教遺跡が残り、宝石の眠る島スリランカの"現代見聞録"を綴りマラッカ海峡を抜けて香料諸島へ。そして隠されていた、もう一つのルート、マレー半島の横断行を再現。

◇NHK 海のシルクロード 第5巻 海道の王国;中国の門 中野美代子, 川本邦衛, NHK取材班著 日本放送出版協会 1988.12 283p 21cm 1800円 ④4-14-008572-X
＊ベトナム海岸2000キロを旅し、悠久の中国へ。ローマ帝国と漢帝国を結んだ貿易の中継地ベトナム。その文化の香りたつ海岸線を中国国境まで北上する。そして、古来より中国大陸の窓といわれた海南島、広州へのルートを探る。

◇NHK 海のシルクロード 第6巻 ジャンク、海都をいく;遙かなる長江の道 陳舜臣, 三杉隆敏, NHK取材班著 日本放送出版協会 1989.2 283p 21cm 1800円 ④4-14-008573-8
＊砂漠の道、そして草原の道をわたって遙かなるローマに至った壮大なシルクロードの旅は、再び長安を目指し残されたもうひとつのシルクロード"海の道"に船出する。本書は、地中海から紅海、インド洋、そして東南アジア沿岸、中国沿岸へと"シルクロード・海の道"をたどり東西交易と文化交流の歴史をさぐる冒険とロマンに満ちた大型紀行ドキュメントである。

朝　鮮

◇ある日韓歴史の旅―鎮海の桜 竹国友康著 朝日新聞社 1999.3 284p 19cm （朝日選書　622） 1300円 ④4-02-259722-4
＊韓国南端の街・鎮海（チネ）の春は桜祭りでにぎわう。日露戦を契機に、日本はここに街を造り始めた。鎮海に暮らした日韓双方の人々の記録・証言をもとに、日本海軍の象徴・桜の戦後史にいたるまで、一人の教師が舞台の地を歩き、史実をたどるルポルタージュ。

◇観光コースでない韓国―歩いて見る日韓・歴史の現場 小林慶二著, 福井理文写真 高文研 1994.12 260p 19cm 1545円 ④4-87498-149-6

◇観光コースでない韓国―歩いて見る日韓・歴史の現場 小林慶二著, 福井理文写真 新装版 高文研 2000.4 260p 19cm 1500円 ④4-87498-237-9

◇観光コースでない韓国―歩いて見る日韓・歴史の現場 小林慶二著, 福井理文写真 高文研 1994.8 260p 19cm 1545円 ④4-87498-149-6
＊過去、日本は韓国に対して何をし、韓国人はそれにどう応え、どう抵抗したか―。有数の韓国通ジャーナリストが、韓国各地の遺跡をたどり、記念館を歩き、撮り下し150点の写真とともに日韓の歴史の事実を伝える。

◇韓国 片野次雄著 読売新聞社 1987.5 238p 19cm （世界歴史紀行） 1200円 ④4-643-87036-2
＊古き王朝時代から現代の繁栄まで隣国の興亡史をさかのぼる。

◇韓国 新潮社 1993.5 388p 19cm （世界の歴史と文化） 3000円 ④4-10-601837-3
＊日本に最も近くで遠い国。似ていて懐いのに、どこか異なる風景、風俗、文化。文民政権の誕生で、今、民族の悲願、南北統一へ踏み出した韓国の、5000年の歴史に培われた優しく魅力溢れる文化を、日韓双方の視点から捉える。

◇韓国 伊藤亜人著 河出書房新社 1996.7 330p 19cm （暮らしがわかるアジア読本） 2000円 ④4-309-72448-5
＊文化人類学から見た韓国。歴史観・儒教・民族文化から族譜・契・タパンまで。

◇韓国近い昔の旅―植民地時代をたどる 神谷丹路著 凱風社 1994.3 238p 21cm 1845円 ④4-7736-1804-3

◇韓国 近い昔の旅―植民地時代をたどる 神谷丹路著 凱風社 1994.3 238p 21cm 1900円 ④4-7736-1804-3
＊「日帝時代」とはいったいどんな時代だったのだろう。「似て非なる異国」への近さ

歴史紀行一般　　　　　　　　　　　　　　　　　　　　　　　　　　　　　　中国

　と遠さを探る心の軌跡。
◇韓国の史を歩く　金両基著　みずうみ書房
　1988.9　247p　20cm（歴史・美術ガイド）
　1500円　Ⓘ4-8380-1516-X
　　＊「複眼思考」の国際派である著者が、祖国である韓国を基点とした眼と、生まれ育ち定住している日本を基点とした眼。その二つの文化の眼をもって歩き、観、感じた韓国史散策。
◇韓国の歴史─目でみる5000年　アンドリュー・C.ナム著、田中節子訳　（ソウル）翰林出版社，三修社発売　1988.8　128p　25×20cm　2500円　Ⓘ4-384-02159-3
　　＊この本は一般の読者と若い学生層のような非専門家に韓国の歴史の総体的な姿を紹介することを意図し、いわゆる「歴史の大衆化」という試みの下で構成してみた。
◇韓国の歴史散歩　井上秀雄，江坂輝弥，山口修，李進熙著　山川出版社　1991.11　270p　18cm（アジア歴史散歩シリーズ）1500円　Ⓘ4-634-63060-5
◇韓国の歴史探訪　徐万基著　洋々社　1981.9　368p　20cm　2300円
◇韓国の歴史探訪　徐万基著　洋々社　1986.2　368，〔2〕p　20cm　2300円
◇慶州歴史散歩　江崎泰明著　（福岡）祥文社　1986.6　211p　19cm　2500円
◇高句麗・渤海を行く─歴史紀行　李進熙著　青丘文化社　1997.10　269p　22cm（青丘文化叢書　2）　2600円　Ⓘ4-87924-078-8
◇高句麗の歴史と遺跡　東潮，田中俊明編著　中央公論社　1995.4　482p　21cm　4650円　Ⓘ4-12-002433-4
　　＊新資料から明らかにされる謎の国、高句麗の歴史。中国・北朝鮮・韓国におよぶ現地踏査のうえに各国の研究成果を総合し、古代東アジアの大国として日本文化に大きな影響をあたえた高句麗の遺跡を歴史のなかに体系化する。
◇写真で知る韓国の独立運動　李圭憲著，高柳俊男，池貞玉共訳　国書刊行会　1988.11　2冊　30cm　各4800円
◇ソウル都市物語─歴史・文学・風景　川村湊著　平凡社　2000.4　271p　18cm（平凡社新書）　740円　Ⓘ4-582-85039-1
　　＊「千年王国」の風水神話に導かれ、李朝初期に成立をみた都市・漢陽は、要塞都市・漢城から、日本の植民都市・京城へ、そして南北分断後のソウル特別市へと大きくその姿を変貌させていく。この都市に生き、訪れ、去っていた人々は、どんな想いを抱いたか？伝説や文学、歌、流言の風景を史実に重ねあわせ、都市の近代化を新たな視点で探る。歴史を生き抜いた都市の過去から未来を、多彩な物語で読みとく、新しいソウル案内。
◇朝鮮　武田幸男〔ほか〕著　朝日新聞社　1993.5　205p　19cm（地域からの世界史　第1巻）　1500円　Ⓘ4-02-258496-3
◇恨の韓国史─六つの古都の歴史案内　麗羅著　徳間書店　1988.7　261p　15cm（徳間文庫）　420円　Ⓘ4-19-568553-2
　　＊本書は、日本人に史跡を通じて韓民族の歴史のあらましを理解してもらうために書いたものである。取り上げる場所はソウル、江華、済州、扶余、慶州、釜山の6か所と最小限にしぼり、史跡も著者なりの判断で選定した。
◇恨の韓国史─六つの古都の歴史案内　麗羅著　徳間書店　1988.9　261p　16cm（徳間文庫）　420円　Ⓘ4-19-568553-2
◇歴史まみれの韓国─現代両班紀行　尹学準著　亜紀書房　1993.1　264p　19cm　1700円　Ⓘ4-7505-9219-6
　　＊みずから名門両班である著者が、亡国の内因を血への固執に見る。ユーモラスな文体で儒教を解説。
◇倭館・倭城を歩く─李朝のなかの日本　李進熙著　六興出版　1984.1　261p　19cm（ロッコウブックス）　1300円

中　国

◇元朝・中国渡航記─留学僧・雪村友梅の数奇な運命　今谷明著　宝島社　1994.8　285p　19cm　（歴史の想像力）　1750円　Ⓘ4-7966-0821-4
　　＊スパイ容疑、死刑判決、助命に奔走した中国人僧の"非業の死"、下獄、10年に及ぶ幽閉生活。広大な中国大陸を舞台に劇的な運命に翻弄される日本人禅僧の足跡を、貴重な史料の解読と現地取材で辿った"歴史ノンフィクション"。
◇黄河─中国文明の旅　小松左京著　徳間書店　1986.6　244p　19cm　980円　Ⓘ4-19-553276-0
　　＊小松左京、「暴れ竜・黄河」に挑む泥と水の闘い、中国文明4000年の歴史をたどる傑作ルポルタージュ
◇黄河歴史街道─中国の母なる大河を訪ねて　星亮一著　光人社　2001.7　205p　20cm　1800円　Ⓘ4-7698-1009-1

65

＊古代文明を育んだ中国第2の大河「黄河」。遙か源流のチベット高原を皮切りに、広大な流域の各地に刻まれた歴史の跡をたどる異色の中国歴史紀行。

◇司馬遷「史記」歴史紀行　村山孚著　尚文社ジャパン　1995.3　236p　19cm　1800円　①4-916002-03-2

　＊人は過去を語り、未来を考える―。秦の始皇帝、項羽と劉邦、大公望、暴君紂王、刺客荊軻、汨羅の詩人屈原など「史記の人物郡像」のゆかりの土地を訪ねる歴史紀行書の傑作。中国古典理解の絶好書。

◇シリーズ　知っておきたい中国 1　東アジアのなかの中国　歴史教育者協議会編　青木書店　1996.3　250p　21cm　2884円　①4-250-96001-3

　＊多様な人びとの交流と融合、対立と共存を通して東アジア世界の中心となった前近代中国―その多彩な歴史を楽しく学びながら、現代の中国を知り、日中関係を考えるユニークな中国案内。

◇大黄河―風土と文明　NHK取材班編　愛蔵版　日本放送出版協会　1997.6　181p　31cm（写真集NHKシルクロード・大黄河・海のシルクロード　8）①4-14-009277-7

◇旅路で読む歴史と文学―中国・ソ連散索　松浦正隆著　産業能率大学出版部　1981.6　250p　19cm　1300円

◇中国　新潮社　1993.11　489p　19cm（世界の歴史と文化）3200円　①4-10-601838-1

　＊北京、西安に王朝文化を尋ね、西域や長江に英雄・豪傑たちの夢をおい、上海、広州に近代史の足跡をたどる。黄河文明の昔から戦乱・政変・革命の繰返しのなか、脈々と現代まで受継がれてきた中国5000年の文化と知恵を学ぶ旅。

◇中国―万里の長城からラスト・エンペラーまで　アーサー・コットレル著,中村愼一訳　同朋舎出版　1995.6　63p　29cm（ビジュアル博物館　第55巻）2800円　①4-8104-2133-3

◇中国の歴史散歩 4　山口修, 鈴木啓造編　山川出版社　1997.7　296p　18cm（アジア歴史散歩シリーズ）1524円　①4-634-63040-0

　＊本書は中国"南部"と"西部"とを取上げた。この地方を探訪するに当たっては、北京または上海を経由するほか、本冊で取上げた香港～広州のルートを利用することができる。南部および西部の地方においては、中国の全域から見て、辺境に位置する地域も多く、いわゆる少数民族が多数居住していて、自治区を構成していることが大きな特徴である。

◇中国歴史紀行―遙かなる歴史、勇躍する英傑、広大な風土をたどる　第1巻　先秦・秦・漢　陳舜臣監修, 坂田新責任編集　学習研究社　1998.5　177p　30cm　2233円　①4-05-400992-1

　＊伝説の三皇・五帝、春秋戦国の英傑、秦の始皇帝、項羽と劉邦らが織りなす古代中国の興亡。

◇中国歴史紀行―遙かなる歴史、勇躍する英傑、広大な風土をたどる　図書館版　第2巻　三国・晋・南北朝　陳舜臣監修　松岡栄志, 町田隆吉責任編集　学習研究社　1997.2　177p　31cm　①4-05-500219-X

◇中国歴史紀行―遙かなる歴史、勇躍する英傑、広大な風土をたどる　第2巻　三国・晋・南北朝　陳舜臣監修, 松岡栄志, 町田隆吉責任編集　学習研究社　1998.5　177p　30cm　2233円　①4-05-400993-X

　＊曹操・孫権・劉備、群雄英傑が繰り広げる波瀾の三国時代と、江南・華北を吹き抜けた興亡の嵐。

◇中国歴史紀行―遙かなる歴史、勇躍する英傑、広大な風土をたどる　図書館版　第3巻　隋・唐　陳舜臣監修　村山吉広, 江口尚純責任編集　学習研究社　1997.2　177p　31cm　①4-05-500220-3

◇中国歴史紀行―遙かなる歴史、勇躍する英傑、広大な風土をたどる　第3巻　隋・唐　陳舜臣監修, 村山吉広, 江口尚純責任編集　学習研究社　1998.5　177p　30cm　2233円　①4-05-400994-8

　＊煬帝の激情、則天武后の苛烈、李白の漂泊個性豊かな人々が創りあげた隋・唐代の爛熟の文化と国際色豊かな時代を巡る。

◇中国歴史紀行―遙かなる歴史、勇躍する英傑、広大な風土をたどる　図書館版　第4巻　宋・元　陳舜臣監修　岡晴夫責任編集　学習研究社　1997.2　177p　31cm　①4-05-500221-1

◇中国歴史紀行―遙かなる歴史、勇躍する英傑、広大な風土をたどる　第4巻　宋・元　陳舜臣監修, 岡晴夫責任編集　学習研究社　1998.5　177p　30cm　2233円　①4-05-400995-6

　＊蘇軾・朱子が生きた宋の時代から、草原を駆け抜けたチンギス・ハーンに始まるモンゴル・元帝国をゆく。

◇中国歴史紀行―遙かなる歴史、勇躍する英傑、広大な風土をたどる　図書館版　第5巻　明・清　陳舜臣監修　佐野公治責任編集　学

習研究社　1997.2　177p　31cm　Ⓘ4-05-500222-X
◇中国歴史紀行—遙かなる歴史、勇躍する英傑、広大な風土をたどる　第5巻　明・清　陳舜臣監修, 佐野公治責任編集　学習研究社　1998.5　177p　30cm　2233円　Ⓘ4-05-400996-4
　＊東アジアに君臨する大帝国を築きあげたふたつの民族、近代への序章を奏でたふたつの時代—明と清の青史を解く。
◇中国歴史散歩　伴野朗著　集英社　1997.12　283p　16cm　（集英社文庫）　552円　Ⓘ4-08-748720-2
　＊赤壁の戦いでの曹操の敗因は風土病の流行にあった。元寇には、反乱の火種となる旧南宋軍の「棄兵」という目的が隠されていた—悠久の大地は『こぼれ話』の宝庫である。三国志や西遊記の世界、はたまた傾城の美女、魔性の皇帝と話題は尽きない。
◇中国歴史の旅　竹内実著　朝日新聞社　1998.10　379p　19cm　（朝日選書　611）　1600円　Ⓘ4-02-259711-9
　＊ここで紂王は酒池肉林のぜいたくにふけった。ここで則天武后をモデルに大仏がつくられた。ここで項羽と劉邦は鴻門の宴をひらいた。ここで葉剣英は人民解放軍を検閲した。—「みやこ」を訪ね、「歴史」にふれる。
◇中国歴史の旅　陳舜臣著　集英社　1999.8　541p　21cm　（陳舜臣中国ライブラリー　24）　2800円　Ⓘ4-08-154024-1
◇中国歴史の旅　上　北京から西域へ　陳舜臣著　集英社　1997.8　206p　16cm　（集英社文庫）　381円　Ⓘ4-08-748663-X
◇中国歴史の旅　下　上海から桂林へ　陳舜臣著　集英社　1997.8　189p　16cm　（集英社文庫）　381円　Ⓘ4-08-748664-8
◇中国志を旅する　尾崎秀樹著　あずさ書房　1981.10　216p　20cm　（あずさ選書）　1200円
◇中国史の散策—北京から敦煌への道　野村耀昌著　日貿出版社　1981.11　340,10p　22cm　2500円
◇中国人強制連行の軌跡—「聖戦」の墓標　上羽修著　青木書店　1993.7　246p　19cm　2060円　Ⓘ4-250-93018-1
　＊「過去の克服」は真相を自ら究明することから始まる。中国人強制連行の歴史を追ってその舞台裏・旧満州へ、表舞台・華北へ…。ルポ・フォトグラファーが日本の自分史を求めて行く。

◇中国の歴史　1　神話から歴史へ　陳舜臣著, 陳立人写真　平凡社　1980.11　279p　20cm　1600円
◇中国の歴史　11　明から清へ　陳舜臣著, 陳立人写真　平凡社　1982.9　262p　20cm　1600円
◇中国の歴史　12　清朝二百余年　陳舜臣著, 陳立人写真　平凡社　1982.12　261p　20cm　1600円
◇中国の歴史　13　斜陽と黎明　陳舜臣著, 陳立人写真　平凡社　1983.3　266p　20cm　1600円
◇中国の歴史　10　復興と明暗　陳舜臣著, 陳立人写真　平凡社　1982.7　273p　20cm　1600円
◇中国の歴史　2　中華の揺籃　陳舜臣著, 陳立人写真　平凡社　1981.1　283,〔3〕p　20cm　1600円
◇中国の歴史　3　大統一時代　陳舜臣著, 陳立人写真　平凡社　1981.3　284,〔4〕p　20cm　1600円
◇中国の歴史　4　漢王朝の光と影　陳舜臣著, 陳立人写真　平凡社　1981.5　278,〔2〕p　20cm　1600円
◇中国の歴史　5　動乱の群像　陳舜臣著, 陳立人写真　平凡社　1981.7　282p　21cm　1600円
◇中国の歴史　8　宋とその周辺　陳舜臣著, 陳立人写真　平凡社　1982.2　282p　21cm　1600円
◇中国の歴史　9　草原からの疾風　陳舜臣著, 陳立人写真　平凡社　1982.4　267p　20cm　1600円
◇中国の歴史を歩く　駒田信二著　文芸春秋　1995.5　212p　19cm　1400円　Ⓘ4-16-350260-2
　＊中国文学に精通した著者がその古代に思いを馳せ現代を直視する最後の紀行文集。
◇中国の歴史散歩　1　山口修, 鈴木啓造, 五味充子編　山川出版社　1993.8　263p　18cm　（アジア歴史散歩シリーズ）　1500円　Ⓘ4-634-63010-9
◇中国の歴史散歩　2　山口修, 鈴木啓造, 五味充子編　山川出版社　1995.11　254p　18cm　（アジア歴史散歩シリーズ）　1500円　Ⓘ4-634-63020-6
◇中国の歴史散歩　3　山口修, 鈴木啓造編, 味岡徹, 伊原弘, 田所政江, 西江清高, 広田律子執筆　山川出版社　1996.7　263p　18cm　（アジア歴史散歩シリーズ）　1500円　Ⓘ4-634-63030-3

中国　　　　　　　　　　　　　　　　　　　　　　　　　　　　　　歴史紀行一般

◇中国歴史紀行―悠久なる中国の大地　尾形勇著　角川書店　1993.7　270p　19cm（角川選書　240）　1300円　Ⓘ4-04-703240-9
　＊中国古史研究の第一人者が、北京を起点に、東北地方、華北、江南をめぐる三つのコースをたどる二か月のひとり旅。それまでの十数回の旅のイメージを重ねながら、古都や史跡の場所に則して、背景に息づく中国史の流れを手ぎわよくまとめる。また、人々とのあたたかな触れ合いをとおして中国の文化を実感させる。中国旅行への魅力的な誘いの書である。

◇中国歴史の旅　陳舜臣著　東方書店　1981.4　321p　20cm　1200円　Ⓘ4-497-00070-4

◇中国歴史の旅　陳舜臣著　旺文社　1985.2　2冊　16cm（旺文社文庫）　各340円　Ⓘ4-01-064315-3

◇中国歴史の旅　上　陳舜臣著　徳間書店　1988.4　226p　15cm（徳間文庫）　400円　Ⓘ4-19-568492-7
　＊広大な大地と悠久の歴史をもつ中国、いまなお刻々と動いてやまない国。あまりにも広大なゆえに風土も文化も一様ではなく、各地方それぞれ独特の"顔"をもっている。本書は人類発祥の謎を秘める周口店遺跡から近代史の生々しい痕跡を垣間みせる北京、そして万里の長城、東北地方、古都洛陽、西安、シルクロードの町々、四川と、古くて新しい国の過去と現在を綴る。歴史紀行であると同時に恰好の中国旅行案内。

◇中国歴史の旅　上　北京から西域へ　陳舜臣著　毎日新聞社　1993.6　212p　18cm（ミューブックス）　780円　Ⓘ4-620-72071-2
　＊北京から西域へ、中国歴史紀行の集大成。広遼たる大地に中国四千年の治乱興亡の跡を訪ねる。

◇中国歴史の旅　下　陳舜臣著　徳間書店　1988.4　227p　15cm（徳間文庫）　400円　Ⓘ4-19-568493-5
　＊歴史上、つねに要害の地となった南京、越王勾践と呉王夫差があい争った水の都・蘇州、中国近代史の中心・上海、古くから文明が栄えた杭州、「香鑪峰の雪」で名高い廬山と磁器の景徳鎮を擁する江西、中国の臍・洞庭湖をはさむ湖南・湖北、国際貿易港として栄えた福建、山水の町・桂林、中国の南の窓・広州。バラエティに富んだ文明が重層して独特の文化を築いた中国の全体像を描く、歴史と旅の長篇紀行。

◇中国歴史の旅　下　上海から桂林　陳舜臣著　毎日新聞社　1993.6　202p　18cm（ミューブックス）　780円　Ⓘ4-620-72072-0
　＊上海から桂林へ、中国歴史紀行の集大成。広大なる山河に悠久の歴史と文化を追想する。

◇中国歴史・文化地理図冊　陳正祥編著　原書房　1982.4　190p　41cm　28000円　Ⓘ4-562-01233-1

◇長江有情―英雄光芒の地をゆく　田中芳樹、井上祐美子, 土屋文子著, 柏木久育写真　徳間書店　2001.4　187p　16cm（徳間文庫）　857円　Ⓘ4-19-891487-7
　＊「長江の水面に消えし英雄かず知れず」とは『三国志演義』の冒頭に載った詞句だ―重慶から武漢へ、中国に魅せられた田中芳樹、井上祐美子のふたりが波乱の歴史を刻んだ長江をさかのぼる。女将軍秦良玉、岳飛、孔明を思い、三峡、赤壁の地を眺め、そして今も水辺で生きる人々を見つめる。失われゆく光景を求める大河、1300キロの旅。さらに翻訳家・土屋文子が英雄たちへの思いを語る、ファンタジックな一冊。

◇長江有情　田中芳樹, 井上祐美子著, 柏木久育写真　徳間書店　1994.12　111p　19×22cm　2500円　Ⓘ4-19-860210-7
　＊重慶から武漢へ。幾多の歴史を刻む三峡と水辺に生きる人々を見つめる1300キロの旅。

◇長江物語　飯塚勝重著　大修館書店　1999.6　270p　19cm（あじあブックス）　1900円　Ⓘ4-469-23157-6
　＊全長6300キロ、世界第三位の大河、中国長江は今再び世界の注目を浴びている。中国文明の淵源は長江に始まるとする「長江文明論」、21世紀にかかる一大水利事業「三峡ダム」。この長江とその流域の現在および歴史を縦横に語る。

◇万邦の賓客―中国歴史紀行　陳舜臣著　集英社　1999.3　292p　20cm　1600円　Ⓘ4-08-774397-7
　＊北京、台北の二つの「故宮」、シルクロードと中国辺境への尽きせぬ想い。珠玉の中国歴史随想。

◇ふたたび南京へ　早乙女勝元編　草の根出版会　2000.4　135p　21cm（母と子でみる　49）　2200円　Ⓘ4-87648-151-2

◇渤海紀行―古代中国の港を求めて　高見玄一郎著　ぎょうせい　1994.7　254p　21cm　4000円　Ⓘ4-324-04160-1

◇ポプラの街から―中国と日本のはざまで
劉苹著　共同通信社　1989.11　230p
19cm　1200円　⓵4-7641-0230-7
　＊中国人の父と日本人の母をもつ少女の目が深い悲しみのうちに見たものは。嵐の日々をとらえた、生活実感あふれる歴史への証言。
◇昔を今に訪ねて―中国史概観　宇田川芳郎著　宇田川芳郎　1989.1　654p　19cm
◇悠久の大河―中国史紀行　加賀乙彦著　潮出版社　1991.5　193p　19cm　1100円　⓵4-267-01266-0
　＊人間の大地を歩く。発見の楽しさあふれる中国・歴史と文化への旅。
◇吉村作治の古代中国不思議物語　吉村作治, 岩出まゆみ著　汐文社　2000.4　122p　21cm　1300円　⓵4-8113-7314-6
◇洛陽発「中原歴史文物」案内　堀内正範編著　新評論　1998.10　366p　20cm　2500円　⓵4-7948-0411-3
　＊本書は、中国中原の古都洛陽に滞在中の筆者が、河南省文物局・旅游局や現地国際旅行社の人々の協力をえて、中原にいまなお残る約550項の歴史文物をとりあげ、日本文化とも関連の深い「三国志」「孔子列国周遊」「唐詩」「碑志・書法」「古陶磁」「仏教史跡」「故事名言」など17テーマに整理して解説した、現地発信の「東方文化」探訪ガイドである。
◇歴史の舞台―文明のさまざま　司馬遼太郎著　中央公論社　1986.11　271p　15cm（中公文庫）　400円　⓵4-12-201369-0
　＊憧憬の西域、天山山麓の大草原に立って、宿年の関心であった中国周縁にひろがる地と人々の歴史と風貌、遊牧と農耕の暮らし方を語る「イリ十日記」や「古朝鮮の成立」「倭の印象」など、中国・朝鮮・日本を連関して観ることから普遍文明について地球規模で考察する雄大なエッセイ集。

三国志

中国　三国時代（2世紀）

　　　　　＊　　　＊　　　＊

◇三国志―英雄の舞台　寺尾善雄・川田秀文写真文　旺文社　1987.3　143p　26cm　2400円　⓵4-01-071572-3
　＊写真と物語でたどる「三国志演義」の世界。現地特別取材による珍しい写真を多数収録。

◇「三国志」の旅―英雄たちの足跡を訪ねて　村山孚著　徳間書店　1997.4　251p　16cm（徳間文庫）　514円＋税　⓵4-19-890676-9
　＊千八百年もの昔から現代まで、常に幅広く読まれ続けている『三国志』。そこには壮大なスケールで、多彩な人間ドラマが満ち溢れている。曹操、劉備、関羽、諸葛孔明…彼らは群雄割拠の世、広大な中国大陸に立って何を見、そして何を思っていたのだろうか。十年余の間、『三国志』ゆかりの地を歩き続けた著者が、豊富な知識と共に英雄たちの足跡を紹介する、構想新たな『三国志』紀行。
◇「三国志」劉備と歩く　雑喉潤著　立風書房　1997.11　253p　20cm　1600円　⓵4-651-75110-5
　＊三国志の英傑たちはすべて悠久の旅人だった…貴重な歴史舞台の現地風景の写真とエピソードから謳いあげる書下ろし三国志ロマン!!「三国志」の地へ幾度となく取材に出た著者が、劉備玄徳のあゆんだ行程をたどり、千七百年前の熱き男たちの覇道の歴史を謳いあげる。
◇三国志世界を行く　雑喉潤著　徳間書店　1987.9　240p　19cm　1500円　⓵4-19-223527-7
　＊吉川幸次郎門下生として学究の道を志すも、果たさなかった一ジャーナリストが、積年の想いを胸に数次の訪中を重ね、その鋭い"目"で捉えた三国志世界の裏表！
◇三国志と現代中国写真展　市立名寄図書館編　市立名寄図書館　1988.1　161p　26cm
◇三国志の旅　山本巌著, 寺崎一雄著, 庄野徹哉ほか写真　西日本新聞社　1988.5　182p　26cm　1800円　⓵4-8167-0014-5
◇三国志旅行ガイド　光栄　1996.2　152p　21cm　1200円　⓵4-87719-328-6
◇中国三国志巡りの本　近畿日本ツーリスト　1997.7　184p　26cm（旅のガイドムック38）　1980円　⓵4-87638-606-4
◇"中国三国志の旅"文集　中国の歴史と文化を学ぶ会編　中国の歴史と文化を学ぶ会　1987.9　48p　26cm
◇中国史の風景　山口直樹著　実業之日本社　1999.12　213p　22cm　2400円　⓵4-408-01710-8
　＊『三国志』の舞台はどんな所か？壮大な大地を舞台に活躍した人物にスポットをあて、現代の風景に往時をしのび、悠久の歴史を旅する。
◇秘境と三国志の旅　大津留温著　千代田永田書房　1987.7　246p　19cm　1000円

中国　　　　　　　　　　　　　　　　　　　　　歴史紀行一般

旧満州

中国　　中華民国時代（昭和時代）　関連人物：
溥儀

＊　　　＊　　　＊

◇黄花菜よ、いま再び　善元幸夫著　筑摩書房
　1987.7　222p　19cm　1200円　Ⓘ4-480-
　85389-8
　＊生き地獄の旧満州、何もかも失われたか
　　に見えた。が、そこに中国人との確かな
　　出会いがあった。曠野に乱れ咲く花の誘
　　い、草原に暮らす老婆の微笑、匪賊の妻
　　との重い語らい。やがて見えてきたもの
　　は…？国や民族を越えて通いあう心にふ
　　れ、人と人との深い絆に目を開かれた日
　　本人女性の感動の記録。もうひとつの満
　　州体験。
◇アムール・中ソ国境を駆ける―満州・シベリ
　ア鉄道紀行　志賀勝著　研文出版　1986.1
　205p　20cm　（研文選書　28）　1600円
　Ⓘ4-87636-062-6
◇思い出の満州再訪の旅　山田邦夫著　新風書
　房　1997.4　232p　19cm　1500円　Ⓘ4-
　88269-361-5
◇北に吹く風―「満州難民」の街から　坂本
　竜彦, 坂本三奈子著　すずさわ書店　1987.7
　254p　19cm　1600円　Ⓘ4-7954-0525-5
　＊国境をこえて吹きつらぬく平和の風。人々
　　がこれからの時代を"地球の民"として生
　　きてゆく道は…。"北満"をたどる夫と、
　　ハルビンに暮す妻の連作ルポ。
◇旧北満の荒野にさ迷える霊魂を尋ねて　読書
　開拓自興会　1982.8　97p　22cm
◇旧満州―写真集　池宮城晃撮影　池宮商会
　1988.6　659p　22×31cm　15000円　Ⓘ4-
　87180-012-1
◇旧満州の街角1984年―長春・瀋陽・ハルビ
　ン・方正　写真集　池宮城幸興文, 池宮城晃写
　真　池宮商会出版部　1985.8　150p　22×
　31cm　2800円　Ⓘ4-87180-000-8
◇旧満州　幻の国の子どもたち―歴史を生きる
　残留孤児　菅原幸助著　有斐閣　1986.12
　229p　19cm　（有斐閣選書　766）　1200
　円　Ⓘ4-641-18031-8
　＊建国から崩壊、そして帰国、定着問題ま
　　で、著者は歴史的事実と現実の姿をもっ
　　て、われわれに、どう考えるべきかを問
　　いかけてくる。朝日新聞記者が取材を通
　　してみた残留孤児のこころ。

◇旧満州はいま―日中交流の十字路　朝日新
　聞中国・東北取材班著　朝日新聞社　1983.5
　203p　19cm　780円
◇極限の満州に生きる―15歳の敗戦避難　原
　清実著　文芸社　2001.2　203p　19cm
　1200円　Ⓘ4-8355-1418-1
　＊敗戦で、15歳で満州から引揚げてきた著
　　者が綴る十ケ月に及ぶ過酷な流浪の日々。
◇黒竜江への旅　高野悦子著　新潮社　1986.9
　346p　19cm　1400円　Ⓘ4-10-363701-3
　＊黒竜江に父の遺骨を流したい―父の青春
　　は原野と凍土の広大な満洲に鉄道を張り
　　めぐらすことにあった。大連から瀋陽、撫
　　順、吉林、ハルビンを経て、黒竜河畔の
　　国境の町黒河へ、青春の喜びも苦渋もの
　　みこんだ父の航跡を訪ねる旅は、中国の
　　人々との新鮮な心の出会いの旅でもある。
　　幻の風景と数々のドラマが現出する書下
　　ろし。
◇最後の開拓義勇軍―墓参訪中の記録　山形
　第七次拓友会訪中団著　山形第七次拓友会
　1985.3　125p　21cm
◇最新旅順大連探訪―Guide　「旅順探訪」
　刊行会編著　近代消防社　1999.5　121p
　22cm　1800円　Ⓘ4-421-00615-7
　＊旅順＋大連ガイドブック。1910～30年代
　　そのままの面影を残す、関東庁、関東軍
　　司令部、白玉山塔、日露戦跡、日本橋、ヤ
　　マトホテル、白銀山トンネル…豊富な満
　　州時代の写真、新旧の市街図併載。タイ
　　ムトリップで史跡探訪ができる。
◇残留日本人への旅―40年目の「満州」　坂
　本竜彦著　朝日イブニングニュース社,朝日
　新聞社発売　1986.11　249p　19cm　1200
　円　Ⓘ4-02-219157-0
　＊引揚者である著者が、40年前、夢中で南
　　下した道を、瀋陽（旧奉天）、ハルビンと
　　逆にたどる。「自分は何故、生きて帰国で
　　きたのか」「彼らは何故、残されざるを得
　　なかったのか」を問いつつ、"北満"の広
　　野を旅する異色ルポ。
◇七三一部隊のはなし―十代のあなたへのメ
　ッセージ　西野留美子著,日野多津子さし絵
　明石書店　1994.6　158p　18cm　1300円
　Ⓘ4-7503-0606-1
　＊教科書に書かれていない七三一部隊の足
　　跡を、現地取材や証言によってたどる。未
　　来を見つめるために過去とどう向きあう
　　か。「まぼろしの部隊」を追う旅。
◇写真集　さらば新京　国書刊行会構成　国
　書刊行会　1994.6　182p　30cm　5000円
　Ⓘ4-336-01733-6

歴史紀行一般　　　　　　　　　　　　　　　　　　　　　　　　　　中国

◇写真集　さらば大連・旅順　北小路健編著　国書刊行会　1995.1　183p　31×24cm　5000円　Ⓘ4-336-01734-4
◇写真集ハルビンの詩(うた)　小畑典也写真と文　原書房　1984.12　111p　16×23cm　6000円　Ⓘ4-562-01526-8
◇写真集　望郷　満洲　北小路健文　国書刊行会　1995.3　237p　30×23cm　5800円　Ⓘ4-336-01730-1
◇写真集　まぼろし国・満洲―江成常夫写真集　江成常夫著　新潮社　1995.4　155p　31×31cm　5000円　Ⓘ4-10-404701-5
　＊宮廷府、関東軍司令部、満映協会、大和ホテル、そして開拓団の家々…。戦後50年を経ても、当時の建造物や町並みは厳然と存在する。風化しつつあるあの時代を、131点の鮮烈な写真で検証する。
◇終戦前後満洲ひとり旅　星野珠子著,小林正一編　夢工房(製作)　1992.2　142p　19cm
◇終戦秘話　赤い夕日の満洲　小林伝三郎著　近代文芸社　1986.2　140p　19cm　1000円　Ⓘ4-89607-903-5
　＊多数の人命の犠牲を強いた忌むべきあの様な戦争が再びあってはならない。そんな至情からの体験記。
◇少年の見た満洲　米田洋著　近代文芸社　1995.1　434p　19cm　2000円　Ⓘ4-7733-3626-9
　＊鶏の初産卵は、凍って割れた…執念が人を動かし、弟の一時帰国実現。弟の行方を追い続けた壮絶な日々の記録。
◇図説　大連都市物語　西沢泰彦著　河出書房新社　1999.8　111p　22×17cm　（ふくろうの本）　1800円　Ⓘ4-309-72616-X
　＊「満洲」の玄関、アカシアの花咲く理想都市。「満洲」の荒野に建設された港湾都市・大連。誕生から現在までを写真・図版で綴る決定版！大連都市ガイド。
◇1981瀋陽　北小路健文,渡部まなぶ写真　国書刊行会　1981.11　126p　31cm　（満洲の旅）　4800円
◇1981大連　北小路健文,渡部まなぶ写真　国書刊行会　1981.12　126p　31cm　（満洲の旅）　4800円
◇1981撫順・本渓・丹東・遼陽・鞍山　北小路健文,渡部まなぶ写真　国書刊行会　1981.11　126p　31cm　（満洲の旅）　4800円
◇1982チチハル・チャムス・牡丹江　北小路健文,渡部まなぶ写真　国書刊行会　1982.3　126p　31cm　（満洲の旅）　4800円
◇1982長春・吉林　北小路健文,渡部まなぶ写真　国書刊行会　1982.11　126p　31cm　（満洲の旅）　4800円
◇1982ハルピン　北小路健文,渡部まなぶ写真　国書刊行会　1982.6　126p　31cm　（満洲の旅）　4800円
◇大連―1987年・夏　高野悦子、向坊隆、大来佐武郎、富永孝子執筆,PHP研究所編、神長文夫写真　PHP研究所　1987.12　126p　21cm　1600円　Ⓘ4-569-22134-3
　＊中国東北地方の大玄関・大連市。遼東半島の最南端に位置する美しい港町。かつては、多くの日本人が住んでいた思い出の町。街路はこんもりと繁ったアカシヤ並木に包まれ、初夏には、それらがいっせいに白い花をつけ、甘い香りが町中に漂う。三方は美しい海岸線に囲まれ、広場を中心に放射状に広がる街並は、「東洋のパリ」と謳われた。今、大連は活気に満ち、徐々に生まれ変わろうとしている。そんな現在の姿を、思い出とともに写真で綴ってみた。
◇大連に暮らす　「大連に暮らす」編集委員会著　日本貿易振興会　1998.2　307p　19cm　（地球ライブラリー）　1800円　Ⓘ4-8224-0786-1
◇大連・空白の六百日―戦後、そこで何が起ったか　富永孝子著　改訂新版　新評論　1999.8　534p　19cm　3500円　Ⓘ4-7948-0464-4
　＊日本人少女Tの敗戦記録。新資料・証言をもとに補記16項を収録。別添地図他、資料充実。
◇大連物語　木村遼次著　謙光社　1983.12　341p　19cm　1500円　Ⓘ4-905864-49-6
◇韃靼　衛藤利夫著　中央公論社　1992.3　318p　15cm　（中公文庫）　540円　Ⓘ4-12-201886-2
　＊奉天在住時代、戦後日本の図書館界での活躍等、生涯を図書館事業に尽力した著者が熱情こめて語る。康熙帝・南懐仁のこと、そして実利主義の横行とは裏腹に純粋な教化伝道のため、または学術調査を志して満州、蒙古、シベリアの僻地に入った宣教師やアジア文化史上の先人の足跡を探求し、満州文化史の一面を紹介する名著。
◇韃靼漂流記の研究　井上義太郎著　下中インサツ(印刷)　1998.3　211p　19cm
◇中国大陸横断―満州日報時代の思い出　島田一男著　徳間書店　1985.8　262p　16cm　（徳間文庫）　360円　Ⓘ4-19-567902-8
◇中国東北の旅―もはや"旧満州"ではない　村山孚著　徳間書店　1986.7　286p　19cm　1500円　Ⓘ4-19-553293-0

中国　　　　　　　　　　　　　　　　　　歴史紀行一般

＊真の日中関係の在り方をいま、改めて問い直す！かつて"満州国"職員であった著者が40年後に、再び訪れた村の現実は？
◇追憶の奉天を行く―長春・瀋陽・大連　川崎疆著　ワープロ出版　1985.5　189p　19cm
◇つち―故郷に辿り着いて　長谷川陽子著　青磁社　1982.9　164p　19cm　1200円
◇ドライブイン中国―東北三省のひと・自然・歴史をたずねて10万キロ　江原規由著　日本貿易振興会　1999.8　205p　19cm　1600円　Ⓘ4-8224-0860-4
＊大連赴任中、中国東北地区に頻繁に足を運ぶ機会に恵まれた著者が、その地の人々、自然、歴史そして産業を見聞し、かつ感じたことを書き綴った書。
◇内藤湖南全集　第6巻　内藤虎次郎著　筑摩書房　1997.4　702p　23cm　9500円　Ⓘ4-480-75506-3
＊支那・満洲の旅行日記五種と欧洲旅行日記一種。三回の満洲旅行で撮った遺跡・遺物の写真集「満洲写真帖」。
◇なつかしの高千穂よ―教材をたずさえて　小川倉一著　高千穂会事務局　1985.10　86p　21cm
◇你好、満州―満蒙養老部隊再訪の旅　唐沢昌弘著　銀河書房　1992.9　233p　19cm　1600円
◇ハイラル沈黙の大地―日中戦争の傷跡を訪ねて　日中平和調査団編　風媒社　2000.8　85p　21cm（風媒社ブックレット　9）　800円　Ⓘ4-8331-5408-0
＊七三一部隊の本拠が存在したハイラル、今も日本兵の遺骨が眠る「沙山万人坑」、慰安所、地下要塞…。中国大陸に残る戦争遺跡を調査、今なお生々しい傷跡をたどる。
◇海拉爾再び　関野歩男著　関野歩男　1988.4　65p　21cm　2000円
◇遙かなる大地満州再見　原明緒人編　教育書籍　1985.12　2冊　31cm　全18000円　Ⓘ4-317-60008-0
◇遙かなる大地満洲再見 1　満洲に溢れる光と影　原明緒人編　材本栄一写真　教育書籍　1985.12　176p　31cm
◇哈爾浜の街―Здравствуйте Харбин　麻谷春治編　麻谷春治　1981.9　6p　30cm
◇引き裂かれた人生　山崎朋子著　文芸春秋　1987.9　305p　19cm　1200円　Ⓘ4-16-341230-1
＊「中国残留孤児」を現地に訪う。凍土に遺棄された孤児たちの軌跡を、中国東北地方に取材し、さらに帰国後の人生を追った、著者渾身のノンフィクション。
◇引き裂かれた人生　山崎朋子著　文芸春秋　1991.11　324p　15cm（文春文庫）　450円　Ⓘ4-16-714705-X
＊「中国残留孤児」の軌跡。七人の孤児たちの人生を中国に現地取材し、帰国後の問題を浮彫りにしたノンフィクション。
◇撫順―1980年　撫順会友好訪中団編集委員会編　撫順会友好訪中団　1980.8　110p　31cm
◇二つの国歌―私の満洲国　古田俊彦著　日本図書刊行会,近代文芸社発売　1997.12　446p　19cm　2500円　Ⓘ4-89039-559-8
＊僅か13年でバブルと消えた満洲帝国の知られざる側面!!―少年が体験した満洲市民のさまざまな生活描写、鈴木梅太郎博士が初代院長だった大陸科学院の敗戦閉鎖に至る状況が詳しく描かれている。
◇ふるさと旅順―母校創立九十周年記念文集　記念文集編集委員会編　旅順第二尋常高等小学校・旅順第二尋常小学校・旅順師範学校附属小学校・旅順師範学校附属国民学校同窓会霊玉会　1997.10　607p　20cm　5000円
◇ふるさと大連静浦を訪ねて　大連静浦小学校校友会本部　1989.10　44p　30cm
◇奉天三十年　クリスティー著,矢内原忠雄訳　岩波書店　1982.3　2冊　19cm（岩波新書特装版）　各800円
◇まぼろし国・満洲―写真集　江成常夫著　新潮社　1995.4　155p　31×31cm　5000円　Ⓘ4-10-404701-5
◇マンガ・ぼくの満洲 上　森田拳次著　晩成書房　2001.8　259p　21cm　1400円　Ⓘ4-89380-260-7
＊ぼくは茂。昭和十四年生まれ。家は、満洲・奉天の協和街にある。ほんとは東京生まれだけど、東京のことは全然知らない。だって、ぼくの一家がこっちに渡ってきたのは、ぼくが生まれてすぐのことだったんだ。父さんたちは、だんだん兵隊さんになっていくけれど、ぼくらは日本人や、中国人の子どもたちと、毎日とびまわっている。来年は、ぼくも国民学校に入学だ。
◇満洲―昨日今日　松本栄一他著　新潮社　1985.5　127p　22cm（とんぼの本）　1200円　Ⓘ4-10-601922-1
◇満洲帰行　北川孝次,山路清美著　キダガワフォトオフィス　1992.5　1冊（頁付なし）　25×25cm　4500円
◇満洲紀行　島木健作著　大空社　2000.10　359,6p　22cm（リバイバル〈外地〉文学

◇満洲鉄道まぼろし旅行　川村湊著　ネスコ　1998.9　283p　20cm　1900円　④4-89036-980-5
　＊大連、旅順、奉天、新京、哈爾浜、斎斎哈爾、満洲里。昭和12年の時刻表通りに特急「あじあ」号に乗り、全都市と三大温泉を巡る架空旅行記。

◇満洲奉天の写真屋物語　永清文二著　MBC21　1999.6　511p　20cm　2600円　④4-8064-0626-0
　＊今はその名も留めぬ幻の国満洲。その奉天なる街に生き、人々を愛し、そこで死んだひとりの男への壮大なる挽歌。

◇満洲歴史街道―まぼろしの国を訪ねて　星亮一著　光人社　2000.9　221p　20cm　1800円　④4-7698-0969-7
　＊大陸紀行3,800キロ。日露戦争、満鉄、関東軍、ラストエンペラー、王道楽土、ソ連侵攻、残留孤児…。幻影の帝国「満州国」は現代に何を遺したのか？時の帳の向こうに消え去ったまぼろしの国・満州国。かつての大陸の玄関口・大連から瀋陽、長春、そしてハルピンへ―。中国東北部の広大な大地を行く者の眼前に次々に現われる歴史の痕跡。帰国直後に急逝した文芸評論家・尾崎秀樹とともに知られざる旧満州の道を歩いた歴史作家が綴る異色のルポルタージュ。

◇満州概観―思い出の写真帖　南満洲鉄道株式会社総裁室弘報課編　国書刊行会　1987.3　2冊　31cm　全7800円

◇満洲幻想　長谷川伝次郎著　復刻版　東京経済　1988.7　186p　30cm　4800円
　＊昭和15年の満州。英文の解説が付された写真集。

◇「満州国」見聞記―リットン調査団同行記　ハインリッヒ・シュネー著，金森誠也訳　新人物往来社　1988.11　199p　19cm　1800円　④4-404-01567-4
　＊1931年9月18日勃発した満州事変は世界を震撼させた。国際連盟が派遣した調査団の一員として同行した著者の貴重な証言―。

◇満州、少国民の戦記　藤原作弥著　新潮社　1988.7　362p　15cm　（新潮文庫）　400円　④4-10-146902-4
　＊昭和20年8月、満州の朝鮮との国境にある町、安東で終戦を迎えた日本人は、八路軍、国民党、ソ連軍の勢力争いの狭間で、右顧左眄しなければならない立場を強いられる。しかし、この混沌と矛盾に満ちた町で、ひそかに情報収集、相互扶助活動を行い、帰国の日に備える一群の日本人がいた…。現在は記者として活躍する著者が自らの幼少時代を振り返って綴った、心の旅の記録。

◇満州そして私の無言の旅　鈴木政子著　立風書房　1987.8　270p　19cm　1200円　④4-651-70033-0
　＊10歳の少女の時、満州で幼い弟妹を失った著者は深い傷を心に、細い無言の歴史を生きた。そして幼い死者と戦争の犠牲者に手をさしのべるように鉛筆を握り戦争と人間を書いた。

◇満洲大栗子再見　和田紀久恵著　朋興社　1988.8　208p　19cm　1200円　④4-938512-06-8

◇満洲地名考　谷光世編　第一書房　1982.3　252p　22cm　3500円

◇満州鎮魂―引き揚げからみる戦中・戦後　梁礼先，矢野一弥著　インパクト出版会　2001.1　174p　19cm　1400円　④4-7554-0105-4

◇満洲慟哭　友清高志著　講談社　1987.12　251p　19cm　1400円　④4-06-203553-7
　＊日本人はかつての傷痕を忘れてはならない！消滅しつつある事実、新たなる事実、そして厳粛なる歴史。再び満州の地を踏んだ著者の悔恨と憤りの書き下ろし！

◇満州の記録―満映フィルムに映された満州　集英社　1995.8　245p　26cm　3500円　④4-08-781121-2
　＊スターリンが設立したロシア国立映像資料館。その奥深い秘密のベールの中から発見された満映のフィルム300巻、38時間もの"失われたはず"の映像である。本書はその中から貴重な写真約600点を収集・編集した画期的な写真資料集である。李香蘭主演劇映画『迎春花』。森繁久弥ナレーションの啓蒙映画『北の護り』。特急あじあ号、皇帝溥儀、建国パレードほか、新京、大連、ハルビンの街並みなど。ロシア人・モンゴル族の生活や習慣ほか。

◇満洲の大地を生きのびて　山上春夫著　日本図書刊行会，近代文芸社発売　1997.6　263p　19cm　1500円　④4-89039-449-4
　＊16歳の少女たちの夢はでっかいものだった。「王道楽土」「五族協和」のスローガンを信じ、未開の大地満洲国に胸ふくらませながら、玄海灘の波濤を越えての渡満であったが…。

◇満洲は春なお遠く―19歳の新妻が体験した敗戦の真実　加藤百合子著　かのう書房　1991.2　246p　19cm　（女性の世界シリーズ　8）　1236円

中国　　　　　　　　　　　　　　　　　　　　　　　　　　歴史紀行一般

＊敗戦の満洲で、八路軍（中国人民解放軍）の制服の縫い子として、8年間抑留された彼女が、内側で体験した中国革命の内幕を、娘や息子に初めて語った感動の書。
◇満洲分省地図―地名総覧　国際地学協会編　国書刊行会　1980.12　160p 図版22枚　37cm　9800円
◇満洲・北京民芸紀行　外村吉之介著　花曜社　1983.5　238p 20cm　3000円　①4-87346-039-5
◇満州メモリー・マップ　小宮清著　筑摩書房　1990.12　207p 19cm（ちくまプリマーブックス 48）　951円　①4-480-04148-6
◇満州旅行記　古川忠蔵著　県内出版　1984.1　104p 19cm（熟年シリーズ 1）　750円　①4-87608-027-5
◇「満州」旅行写真館―ぶらり横断・縦断気まま旅　アジア旅行研究会編著　日本機関紙出版センター　1996.12　170p 21cm　1500円　①4-88900-800-4
◇満州旅情―1938年夏 飯田鉄太郎写真集　飯田鉄太郎写真, 森繁久弥文　サンブライト出版　1981.11　113p 21×23cm　2500円
◇満州歴史紀行　大江志乃夫著　立風書房　1995.8　251p 19cm　1800円　①4-651-70070-5
　＊改革開放がさけばれる中国・東北三省の最新事情。日清戦争とは、満州事変とは、いったい何であったのか。いま、新たな歴史認識と私たちの位置を確認する。
◇満蒙開拓青少年義勇軍　桜本富雄著　青木書店　1987.6　289p 19cm　2500円　①4-250-87012-X
　＊満蒙開拓青少年義勇軍（満洲開拓青年義勇隊）は、満州を建国した日本が、その防衛強化と集団開拓の補強の手段として実施された国策であった。しかし、16歳から19歳の青少年たちを動員して特別の訓練を施し編成された満洲開拓青少年義勇軍は、1945年8月の日本敗戦とともに国家から見すてられ、やがて忘却された。本書は、満蒙開拓青少年義勇軍が、どのような運命をたどったかを、読者のこころに刻みこんでもらう目的で、実証的に再現したものである。
◇南満州鉄道旅行案内　南満州鉄道株式会社編　宏文社　1988　313p 図版40枚　18cm
◇梅君妹妹―満洲国・共産中国での十一年　青木キミ子著　三章文庫　1998.1　243p 19cm　1800円　①4-921034-08-7
　＊満洲開拓団国民学校の教師として、満州に赴任した若い女性が、敗戦から死の淵をたどった逃避行、囚われの身となり、建国まじかの共産中国の政府職員となり、惜しまれながら日本へ帰国するまでの、十一年間の数奇な体験を語る。
◇夕方、ハルピン駅で　岸本葉子著　NTT出版　1996.9　225p 19cm（AROUND THE WORLD LIBRARY）　1300円　①4-87188-625-5
　＊小姐はどこまで行くんだい。中国で過ごした異邦人としての日々。車窓を過ぎゆく、幾つもの人生。
◇李湘と私の大連　大津邦彦, 李湘著　文芸社　2000.8　94p 20cm　1100円　①4-8355-0457-7
　＊もっていますか？あなたの第二の故郷。ちょっとした出会いが、文化を越えた心の交流にまで。心の触れ合いに感動した中国、大連での一週間。
◇旅順・大連訪問記―1999年4月21日～26日　旅順女子師範学校同窓会にれい会　1999.8　24p 26cm
◇旅順物語　佐藤益躬著　小山篤　1997.10　137p 19cm
◇旅順歴史紀行―いま甦るセピア色の世界　斎藤充功著　スリーエーネットワーク　2001.8　197P 21cm　1900円　①4-88319-196-6
　＊本書は、大パノラマ、セピア色の世界、旅順の最新情報と旅順を巡る日中百二十年の近・現代史を、紙上体験するものである。

シルクロードと楼蘭

中国～地中海　古代～中世

　　　　＊　　　＊　　　＊

◇足かけ11年上海―イスタンブール陸路の旅　尾崎房郎著　中西出版　1998.9　237p 19cm　1500円　①4-931204-79-1
　＊仕事に穴を開けないための厳しい旅程で体はよれよれ。バスの故障は序の口で汽車の遅れは最大15時間。あちこちでボラし、しまいには睡眠薬強盗に遭遇。でもやめられないアジア陸路の旅。通うこと数度、遂に上海―イスタンブール間の陸路を踏破。
◇アルバム シルクロード考古学　樋口隆康著　法蔵館　1986.11　185p 26cm　4800円　①4-8318-3755-5
　＊東西を結ぶはるかな道に埋もれた文明を追って四半世紀に及ぶフィールドワーク

歴史紀行一般　　　　　　　　　　　　　　　　　　　　　　　　　中国

の探険行はつづく。仏教遺跡のメッカ、ガンダーラやバーミヤーンなど、パキスタン、アフガニスタンからソ連、中央アジアへ文明流伝の姿が生き生きとよみがえってくる。遺跡を知り尽した著者のカメラが捉えた貴重な西域アルバム。

◇異域の民と仏　三好久夫著　岩波ブックサービスセンター(製作)　1999.1　216p　20cm　(西域紀行)

◇遺跡の旅・シルクロード　井上靖著　新潮社　1977.9　227p 図　21cm　1800円

◇遺跡の旅・シルクロード　井上靖著　新潮社　1982.12　309p　15cm　(新潮文庫)　360円　④4-10-106328-1

◇井上靖歴史紀行文集 第3巻　シルクロード行下　井上靖著　岩波書店　1992.3　379p　21cm　4200円　④4-00-004188-6

◇埋もれたシルクロード　V.マッソン著、加藤九祚訳　岩波書店　1970　209p　18cm　(岩波新書)　150円

◇女たちのシルクロード　升本順子著　蒼洋社, 桜楓社発売　1988.1　264p　19cm　1500円　④4-915628-33-7

＊マルコポーロ「東方見聞録」と、アジアの黒い髪の女たちに魅せられた、ひとりの女の放浪記。男たちの誰も書かなかったシルクロード。

◇カラコルム紀行—仏法伝来の道をゆく　松本和夫文、衣斐啓写真　聖教新聞社　1980.8　206p 図版16枚　21cm　980円

◇ガンダーラへの道—シルクロード調査紀行　樋口隆康著　サンケイ出版　1980.11　239p　20cm　1500円

◇ガンダーラへの道—シルクロード調査紀行　樋口隆康著　旺文社　1982　240p　16cm　(旺文社文庫)　340円　④4-01-064168-1

◇ガンダーラ 大唐西域記の旅　高田好胤著、副島泰写真　講談社　1988.12　143p　24×18cm　2000円　④4-06-203616-9

＊大乗仏教のふるさとガンダーラ。奈良薬師寺の高田好胤管長と共に辿る玄奘三蔵求法の道。空に飛ぶ鳥もなく地に走る獣もいない、ただ白骨を道標とする熱砂のタクラマカン砂漠を渡り、氷雪に閉ざされたパミールを越えて、仏道の正法をインドに求めた玄奘三蔵の、前後十八年、三万キロの旅の記録『大唐西域記』に導かれ、玄奘三蔵の御頂骨を抱いて感動の旅は続く。

◇ガンダーラへの道—シルクロード調査紀行　樋口隆康著　第三文明社　1989.12　233p　18cm　(レグルス文庫　182)　700円　④4-476-01182-9

＊透徹した考古学の眼差に浮び上がる世界交通としてのシルクロード。

◇桓檀古記—シルクロード興亡史　桂延寿編、鹿島昇訳　歴史と現代社　1982.7　519p　27cm　30000円　④4-915157-33-4

◇絹の道　エルネスト・パリゼー著、渡辺暢二訳　雄山閣出版　1988.11　294p　21cm　3800円　④4-639-00780-9

＊中国の長安を起点として、西は中央アジア・西アジアを経てローマへ、東は朝鮮を経て日本へと進む、シルクロードの象徴である絹・生糸のもつ文化史的役割を解説。

◇絹の道を西へたどる—安息隊商歴程考　相馬隆著　東京新聞出版局　1982.10　473,16p　22cm　18000円　④4-8083-0123-7

◇郷愁讃歌　山口弥一郎著　文化書房博文社　1995.3　490p　19cm　3500円　④4-8301-0722-7

＊柳田民俗学に魅せられ、みちのく採訪の旅七十年。ストゥーパ研究に憑れて二十年のシルクロード踏査行。修験の道をうがつ「空」の直観は欺瞞か。陽炎の悪戯か、タクラマカン・死の砂漠で「実在」の尊厳を識る。古里の隈畔で懊悩の若き日を偲び愛しみながら碩学はいま、精進一途、日々に謝し、世界文化構成論を極めんと九十路の逍遙を貪る。その壮大な抒情詩の行間に、宇宙の真理をのぞき、民俗の心眼の呟きを聴く。

◇高昌国物語　玉木重輝著　白水社　1986.2　282p　19cm　1800円　④4-560-02921-0

＊西域トルファン通史。トルファン盆地はシルクロードの縮図である。あくまでも青い空の下, 黄の大地に緑のオアシス, 赤く燃える山々, さまざまな民族をかかえた多彩な高昌国の物語は, シルクロード史のエッセンスといえる。

◇黄文弼著作集 第1巻　ロプノール考古記　黄文弼著、田川純三訳　恒文社　1988.11　427p　26cm　12000円　④4-7704-0692-4

＊黄文弼は、中国人として初めて西域調査を行ない、シルクロード研究に輝かしい足跡をのこした。本書は、ロプノール周辺の丹念な踏査記録と、著者が発掘した遺跡と文物をもとに、楼蘭国をはじめとする西域の歴史、東西文化交渉史について、中国の史書や古書の記述と重ね合わせて検証しながら、新たな角度から独自の問題を提起している。本邦初訳！

◇古史古伝が明かす謎のシルクロード ― 日本人の原郷「高天原」を求めて　佐治芳彦著　徳間書店　1980.7　262p　19cm　980円
◇砂漠の中のシルクロード ― 悠久の自然と歴史　真木太一,真木みどり著　新日本出版社　1992.9　206p　21cm　3000円　④4-406-02110-8
　＊中国北西部で砂漠化防止・緑化の研究に従事する著者が書き下ろした科学的でロマンあふれる道案内。
◇写真集シルクロード ― 糸綢之路 1　長安・河西回廊・敦煌　NHK取材班編　室靖男,大塚清吾写真　日本放送出版協会　1981.4　187p　30cm　3200円
◇写真集シルクロード ― 糸綢之路 2　天山南路・天山北路　NHK取材班編　大塚清吾ほか写真　日本放送出版協会　1981.5　189p　35cm　3200円
◇写真集シルクロード ― 糸綢之路 3　西域南道　NHK取材班編　大塚清吾,室靖男写真　日本放送出版協会　1981.6　189p　30cm　3200円
◇写真集シルクロード ― ローマへの道 5　ソビエト～中央アジア　NHK取材班編　飯田隆夫,大塚清吾写真　日本放送出版協会　1984.7　189p　30cm　3200円　④4-14-008336-0
◇写真集シルクロード ― ローマへの道 6　コーカサス・シリア・トルコ・ギリシャ・イタリア　NHK取材班編　大塚清吾ほか写真　日本放送出版協会　1984.12　189p　30cm　3200円　④4-14-008337-9
◇写真集シルクロード ― ローマへの道 4　パキスタン・インド・イラン・イラク　NHK取材班編　飯田隆夫ほか写真　日本放送出版協会　1983.12　189p　30cm　3200円　④4-14-008335-2
◇シルクロード遺跡と現代　色川大吉著　小学館　1998.4　334p　20cm　2600円　④4-09-626121-1
　＊なぜシルクロードに平和はないのか。30年にわたる旅で見つめてきたシルクロードの歴史と変貌。
◇シルクロード ― 飛天の舞いに魅せられて　大塚清吾著　大修館書店　1999.6　166p　20cm　2400円　④4-469-23207-6
　＊NHK特集番組「シルクロード」の取材に参加した著者が、日本の伝統文化のルーツを訪ねるシルクロード紀行。
◇シルクロード紀行 上　井上靖著　岩波書店　1993.8　297p　16cm　（同時代ライブラリー 157）　900円　④4-00-260157-9
　＊名作『敦煌』の舞台を作者が訪れることができたのは、執筆後二十年が経過していた―。本書は自らの青春の夢を探り、古今の探検家たちの足跡に想いを馳せながら、憑かれたように栄光の歴史の跡を経廻った記録である。本巻には、西安、敦煌、西域南道、ホータン、トルファンなど、中国の旅を収める。
◇シルクロード紀行 下　井上靖著　岩波書店　1993.9　306p　16cm　（同時代ライブラリー 158）　950円　④4-00-260158-7
　＊フェルガナ、ピャンジケント、タシケント、ブハラ、サマルカンド…。砂漠の砂と風とたたかいつつ、シルクロードのオアシス都市をめぐる作家の眼に、滅亡した繁栄の歴史がよみがえる。
◇シルクロードの伝説 ― 説話で辿る二千年の旅　甘粛人民出版社編,浜田英作訳　サイマル出版会　1994.2　310p　19cm　2100円　④4-377-40997-2
　＊悠久の歴史に輝き、人びとを魅了してやまないシルクロード。それはまた、美しい神話と伝説の宝庫でもある。二千年を越えて語りつがれた豊かで多彩な説話から、丹念に蒐集、西安から河西回廊、敦煌を経て、トルファン、ウルムチへと至るオアシス路にそって編んだ、口承文芸・珠玉の85選。
◇シルク・ロード　深田久弥著　角川書店　1972　308p 地図　19cm　（角川選書）
◇シルクロード ― 砂に埋もれた遺産　並河万里著　新人物往来社　1974　221p 図　20cm　1200円
◇シルクロード　並河万里写真と文　新潮社　1976　151p　36cm　8000円
◇シルクロード ― 横山修写真集　横山修著　創思社出版　1980.3　203p　31cm　28000円
◇シルクロード ― 過去と現在　深田久弥,長沢和俊著　白水社　1980.6　298p 図版20枚　21cm　2800円
◇シルクロード ―「絹」文化の起源をさぐる　リュセット＝ブルノア著,長沢和俊,伊藤健司訳　河出書房新社　1980.7　363,9p　20cm　2300円
◇シルクロード　金子民雄著　未来工房　1984.3　114p　9cm　（人と本）　1000円
◇シルクロード　永畑恭典,小畠郁生監修・執筆　〔新装版〕　福武書店　1986.4　93p　26cm　（サイエンス・アイ）　1200円　④4-8288-0343-2
◇シルクロード　林良一著　〔愛蔵版〕　時事通信社　1988.4　234p　26cm　5800円

歴史紀行一般　　　　　　　　　　　　　　　　　　　　　　　　　　　　中国

ⓘ4-7887-8814-4
＊シルクロードにおける沙漠のキャラヴァンルートや、オアシス都市の在りし日の姿を描き、諸国興亡の歴史を織り込みながら、今世紀初頭に各国探険隊が発掘した遺跡や石窟寺院をはじめ、世界各地の美術館などに所蔵されている西域美術の遺品を詳説。特に正倉院宝物の意匠や文様のルーツを、シルクロードを経て西方のサーサーン朝ペルシアなどの美術に遡って、芸術学ならびに精神史的に考察する。日本エッセイスト・クラブ賞受賞。

◇シルクロード ― 中央アジアの国々　旅行人編集室著　旅行人　1999.5　376p　21cm　（旅行人ノート　6）　1800円　ⓘ4-947702-18-4
＊ウズベキスタン・トルクメニスタン・アゼルバイジャン・カザフスタン・タジキスタン・アルメニア・キルギス・グルジア・トルコ・中国。

◇シルクロード 2　民族・言語・宗教編 ― 儚く、逞しく。民族と宗教の興亡史。　長沢和俊書籍監修　富士通　1997.5　50p　26cm　3400円　ⓘ4-915966-27-5
＊CD-ROMの決定版！『シルクロード』究極の旅(ロマン)。「圧倒的な情報量とわかりやすさ」。96年度IDMA(国際デジタルメディア大賞)受賞。

◇シルクロード ― ローマへの道写真集 6　コーカサス・シリア・トルコ・ギリシャ・イタリア　NHK日本放送出版協会取材班編　大塚清吾ほか写真　日本放送出版協会　1984.12　189p　30cm　3200円　ⓘ4-14-008337-9

◇シルクロード ― ローマへの道　第11巻　騎馬・隊商の道 ― コーカサス・シリア・トルコ　江上波夫ほか著　日本放送出版協会　1984.8　317p　22cm　1800円　ⓘ4-14-008313-1

◇シルクロード ― ローマへの道　第12巻　すべての道はローマに通ず ― イスタンブール・ギリシャ・イタリア　井上靖ほか著　日本放送出版協会　1984.10　280p　22cm　1800円　ⓘ4-14-008314-X

◇シルクロード ― ローマへの道　第10巻　アジア最深部 ― ソビエト 2　井上靖ほか著　日本放送出版協会　1984.4　340p　22cm　1800円　ⓘ4-14-008312-3

◇シルクロード ― ローマへの道　第7巻　パミールを越えて ― パキスタン・インド　陳舜臣ほか著　日本放送出版協会　1983.3　327p　22cm　1800円　ⓘ4-14-008309-3

◇シルクロード ― ローマへの道　第8巻　コーランの世界 ― イラン・イラク　陳舜臣ほか著　日本放送出版協会　1983.9　314p　22cm　1800円　ⓘ4-14-008310-7

◇シルクロード ― ローマへの道　第9巻　大草原をゆく ― ソビエト 1　井上靖ほか著　日本放送出版協会　1983.12　249p　22cm　1800円　ⓘ4-14-008311-5

◇糸綢之路遺跡とロマンの旅 ― 坂田黎一のスケッチ＆エッセイ　坂田黎一著　坂田黎一　1992.11　50p　26cm　1500円

◇シルクロード紀行　北海道新聞社編　北海道新聞社　1999.6　134p　34cm　2500円　ⓘ4-89453-025-2
＊東方世界と西方世界の交易や文化交流を担った「絹の道」。そこに残された繁栄の記憶と現在の姿を記者たちが見た。

◇シルクロードキジル大紀行　宮治昭, NHK「キジル」プロジェクト著, 岡本央写真　日本放送出版協会　2000.1　219p　図版20枚　20cm　（NHKスペシャルセレクション）　1800円　ⓘ4-14-080410-6
＊8世紀に忽然と姿を消した国に花開いた石窟美術が今、砂塵の奥から甦る。砂漠の懐深くに眠る「タクラマカンの秘宝」。それはあの敦煌莫高窟をも凌ぐ絢爛豪華な壁画芸術の極致だった。巨大な石窟寺院とそこに描かれた壁画世界が語るシルクロード最大のオアシス国家・古代亀茲国の全貌に迫る。

◇シルクロード糸綢之路 ― 長安・河西回廊・敦煌　NHK取材班編　愛蔵版　日本放送出版協会　1997.6　188p　31cm　（写真集NHKシルクロード・大黄河・海のシルクロード　1）　ⓘ4-14-009277-7

◇シルクロード糸綢之路 ― 天山南路・天山北路　NHK取材班編　愛蔵版　日本放送出版協会　1997.6　188p　31cm　（写真集NHKシルクロード・大黄河・海のシルクロード　2）　ⓘ4-14-009277-7

◇シルクロード糸綢之路 ― 西域南道　NHK取材班編　愛蔵版　日本放送出版協会　1997.6　188p　31cm　（写真集NHKシルクロード・大黄河・海のシルクロード　3）　ⓘ4-14-009277-7

◇シルクロード旅ノート　陳舜臣著　中央公論新社　1999.3　224p　図版12枚　16cm　（中公文庫）　743円　ⓘ4-12-203369-1
＊パミールの銀嶺、流砂に埋もれた仏塔、バザールの喧噪…。若き日からの憧憬の地、シルクロードを数度にわたって旅した著者が、東西文明交流の歴史と遙かな想い出を綴る、悠々たる筆致の紀行文。

◇シルクロードと中央アジアの国々 2001-2002年版　「地球の歩き方」編集室著作編集

中国　　　　　　　　　　　　　　　　　　　　　　　　　歴史紀行一般

ダイヤモンド・ビッグ社　2001.4　267p　21cm　（地球の歩き方　109）　1840円　①4-478-07898-X
　＊遊牧騎馬民の疾走、オアシスの憩い。熱砂に磨かれたレンガ色の建築群。今よみがえった遙かなるシルクロードを自由に旅する徹底ガイド。

◇シルクロードの文化財を訪ねて―ウズベキスタン視察研修報告　全国史跡市町村協議会事務局編集企画　全国史跡整備市町村協議会　1998.12　60p　30cm

◇シルクロードの仏を描く―仏教東伝の道　荒了寛著　日貿出版社　2000.8　178p　26cm　2500円　①4-8170-3173-5
　＊はてしない砂漠の道「シルクロード」。東の国から絹を西の国へと運んだ道は、逆をたどると、仏の教えを東の国、日本へと運んだ「仏の来た道＝ブッダロード」であった。著者は二十数年来、この道を訪ね歩き、仏との出会いを求めてスケッチを続けて来た。敦煌の文書が発見されて百年目の節目に、荒了寛版"新西遊記"がここにまとめられた―。

◇シルクロード波瀾万丈　長沢和俊著　新潮社　2000.1　235p　20cm　1600円　①4-10-434101-0
　＊発掘も人生も、あきらめた頃に大逆転が待っていた！幾多の障害を乗り越え、20年をかけて長安からローマまでを完全制覇。戦争真っ直中のイラクを果敢に調査し、幻の砂漠を捜して砂漠を進む。途中、病魔に冒されながら奇跡的に生還し、最後には、黄金の王冠という世紀の発見を成し遂げた。西域を旅することは、こんなにも素晴らしく面白い。

◇シルクロードローマへの道―パキスタン・インド・イラン・イラク　NHK取材班編　愛蔵版　日本放送出版協会　1997.6　188p　31cm　（写真集NHKシルクロード・大黄河・海のシルクロード　4）　①4-14-009277-4

◇シルクロードローマへの道―ソビエト―中央アジア　NHK取材班編　愛蔵版　日本放送出版協会　1997.6　188p　31cm　（写真集NHKシルクロード・大黄河・海のシルクロード　5）　①4-14-009277-7

◇シルクロードローマへの道―コーカサス・シリア・トルコ・ギリシャ・イタリア　NHK取材班編　愛蔵版　日本放送出版協会　1997.6　189p　31cm　（写真集NHKシルクロード・大黄河・海のシルクロード　6）　①4-14-009277-7

◇シルク・ロード・遺跡の旅　村上真完著　第三文明社　1982.6　240p　18cm　（レグルス文庫　145）　680円　①4-476-01145-4

◇シルクロード今と昔　上　西安から敦煌へ　人民中国雑誌社、小学館編集、車慕奇著　小学館　1981.7　277p　20cm　1200円

◇シルクロード今と昔　上　車慕奇著，人民中国雑誌社，小学館共編　徳間書店　1987.10　305p　15cm　（徳間文庫）　460円　①4-19-598383-5
　＊地中海の真珠が長安の宮殿を飾り、黄河流域の絹織物が砂漠を渡って古代ローマ市場に彩りをそえた。この宝物の交易路・シルクロードはまた、精神の交易路、仏教東伝の道でもあった。古都西安を起点に、祁連山一帯の寺峰、景観と仏教遺跡の宝庫・敦煌へ。そこから道は三つに分かれて、合流点を目ざす。中国人ジャーナリストが悠久の歴史を絹の道の古跡に探る壮大なルポルタージュ。

◇シルクロード今と昔　中　天山北路を行く　人民中国雑誌社、小学館編集、車慕奇著　小学館　1981.9　270p　20cm　1200円

◇シルクロード今と昔　下　砂漠の古代王国　人民中国雑誌社、小学館編集、車慕奇著　小学館　1981.10　239p　20cm　1200円

◇シルクロード今と昔　下　車慕奇著，人民中国雑誌社，小学館共編　徳間書店　1987.10　306p　15cm　（徳間文庫）　460円　①4-19-598384-3
　＊いくたの治乱興亡の跡を現在に伝える東西交流の道、シルクロード。漢の武帝の使者・張騫が不滅の名をとどめた同じ道を、いま中国人ジャーナリストがキジル千仏洞から西域の中心カシュガル、そしてタクラマカン砂漠の難所を経て天山ウイグルへ。20世紀に入って初めて陽の目を見た多くの出土文物から古代最大の交易路の謎を探るロマンゆたかなルポルタージュ。巻末に陳舜臣との対談を収録。

◇シルクロード・イラスト年表　藤井純夫構成・解説　新時代社　1988.4　2冊　26cm　1500円　①4-7874-0021-5
　＊「漢委奴国王」印、万里の長城、ボロブドゥール、ガンダーラ仏など、代表的な遺跡や出土品60余点を入念に描きおこし、これをそれぞれの時代と地域にちりばめ、広くシルクロード世界を一望したビジュアル年表。個々の文物を鑑賞しながら、文化史、美術史の流れを自然に覚えられる異色の「年表」。

◇シルクロードを旅して―〔録音資料〕　武田泰淳講演　岩波書店　1988.3　録音カセット1巻　モノラル　17cm　（カセットできく学芸諸家）　1800円　①4-00-120008-2

◇シルクロードをゆく仏——インドから日本へ 並河亮著 新人物往来社 1974 216p 図 20cm 1300円
◇シルクロード紀行——イラン・トルコの遺跡を訪ねて 折橋徹彦, 北川原俊一郎著 花曜社 1974 284,17p 19cm 1500円
◇シルクロード・キャラバン アンヌ・フィリップ著, 吉田花子, 朝倉剛訳 晶文社 1988.6 325p 19cm (双書・20世紀紀行) 2300円 ①4-7949-2821-1
 ＊切りたつ峰を馬を連ねて進むキャラバンのリズム。さまざまな文化を生きる異郷の民との出会い。1948年、革命前夜の中国シルクロードを映したこの紀行には、"旅の眩暈"がある。
◇シルクロード建築考 岡野忠幸著 東京美術 1983.7 199p 19cm (東京美術選書 32) 1200円 ①4-8087-0146-4
◇糸綱之路行 田川純三著 潮出版社 1988.5 234p 19cm 1200円 ①4-267-01183-4
 ＊NHK特集「シルクロード」「大黄河」のチーフ・ディレクターが踏破した、遙かなる絹の道の、人と街、文化と歴史との出会い。憧憬の西域紀行。
◇シルクロード考古学 アルバム 樋口隆康著 法蔵館 1986.11 185p 27cm 4800円 ①4-8318-3755-5
◇シルクロード考古学 第1巻 インド・中央アジア 樋口隆康著 法蔵館 1986.7 304p 19cm 2400円 ①4-8318-3751-2
 ＊著者のシルクロードのフィールドはインドに始まった。はじめての海外発掘であり、思い出も深い。しかもA・カニンガムやM・ウィーラーに鍛えられたインドの考古学から学ぶところは大きかった。インドから中央アジアへ、遺跡の宝庫を追って発掘は進み、東西文明の交流の跡がいきいきと実証されていく。
◇シルクロード考古学 第2巻 西域紀行 樋口隆康著 (京都)法蔵館 1986.4 280p 19cm 2400円
◇シルクロード考古学 第3巻 敦煌から日本へ 樋口隆康著 法蔵館 1986.5 316p 19cm 2400円
 ＊1957年、戦後初めての敦煌調査に著者は参加した。キジルの石窟も日本人として戦後最初であり、カシュガルの三仙洞も著者の再発見になる。遠く敦煌から中国・韓国を貫き正倉院や高松塚に至る道に、文明の絆を見、歴史の秘められた謎を推理する。
◇シルクロード史上の群像——東西文化交流の諸相 前嶋信次著 誠文堂新光社 1982.9 306p 21cm 1800円 ①4-416-88213-0
◇シルクロード巡歴 陳舜臣著 読売新聞社 1996.2 293p 19cm (西域シルクロード全紀行 4) 1600円 ①4-643-96010-8
 ＊井上靖文化賞受賞記念。楊貴妃、玄奘、マルコ・ポーロ。時代を越え歴史の主役が見つめた流沙の道をたどり、唐の都長安から西域、イラン、トルコへ。王朝、民族の興亡を子細に描く。
◇シルクロード史話 陳良著, 周明, 鄭然権, 伝永康訳 恒文社 1986.11 361p 19cm (現代中国紀行選書) 2500円 ①4-7704-0650-9
 ＊長安から西へ、ユーラシア大陸を貫いて地中海の東海岸まで連なる古代の商路——それがシルクロードである。本書は、この国際友好と文化交流の象徴ともいえるシルクロードの歴史を、インドへ仏法を求めて旅した玄奘三蔵や、元代の中国を訪れ、ヨーロッパに中国を紹介したマルコ・ポーロなどの足跡をたどり、考古学の最新成果を折りまぜて、わかりやすく解説する。
◇シルクロード 新疆の旅 小島康誉著 (名古屋)プラス 1991.8 179p 21cm 2800円 ①4-938594-19-6
◇シルクロード タクラマカン砂漠2500キロの旅 胡桃沢耕史著, 正木信之写真 光文社 1989.6 205p 15cm (光文社文庫) 540円 ①4-334-70964-8
 ＊「シルクロード全行程踏破」——それは、胡桃沢耕史の長い間の夢であった。実現のために、彼は全行程を二つに分けた。本書はその2回目、ホータン、ウルムチ間の全記録である。歯に衣を着せない論調と、膨大な数のカラー写真。ガイドブックにはない中国を紹介する、ベストセラー作家が気鋭のカメラマンと組んだ書下ろし写真文庫。
◇シルクロード旅ノート 陳舜臣著 徳間書店 1988.3 217p 19cm 1300円 ①4-19-173620-5
 ＊枯れ果てた河。連なる山々。砂嵐が吹き荒れる砂漠。そんな過酷な自然の中にも、点在する緑のオアシス。そのオアシスをつないで、西洋と東洋を結んだシルクロード。そこにも人びとの豊かな営みがあった。シルクロードが生んだ様々な文物に託して描く中国歴史紀行エッセイ。
◇シルクロード旅ノート 陳舜臣著 徳間書店 1991.10 238p 15cm (徳間文庫) 500円 ①4-19-569399-3

＊紀元前、古代中国と西域諸国との交易路として開かれたシルクロードは、宗教・文化・芸術の交流の道でもあった。流砂に埋れた多くの文化遺跡は遙かな時代の興亡の歴史を物語る。枯れ果てた河、連なる山々、砂嵐が吹き荒れる沙漠。そんな過酷な自然の中に点在する緑のオアシス。そこには今もなお人びとの豊かな営みがあった。―シルクロードが生んだ様々な文物、生活を素材に描く中国歴史紀行。

◇シルクロードと仏教文化 続 樋口隆康編 東洋哲学研究所 1980.4 343p 20cm 1600円

◇シルクロードに生きる―「日本人の源流」踏査記録 カラーフォト・ドキュメント 森田勇造著 学習研究社 1982.2 132p 22cm 1600円 ④4-05-004687-3

◇シルクロード二十五年―並河万里写真集 並河万里著 講談社 1980.6 134p 28cm 3900円

◇シルクロードの裏舞台 左能典代著 講談社 1985.3 238p 20cm 1200円 ④4-06-201760-1

◇シルクロードの黄金遺宝―シバルガン王墓発掘記 ヴィクトール・I.サリアニディ著, 加藤九祚訳 岩波書店 1988.7 277p 26cm 4800円 ④4-00-002654-2

＊壮大なロマンを秘めるシルクロードの遺跡、シバルガン王墓から発掘された二万点の黄金遺宝は、古代エジプトのツタンカーメン王墓発掘にも比する衝撃を世界に与えた。然し燦然と輝く装身具とともに地下に眠った被葬者の謎は深く、今なお発見者自ら綴る本書がその鍵を解く唯一の記録となっている。

◇シルクロードの女たち 升本順子著 日本盲人会連合点字出版所 1981 2冊 26cm 全2500円

◇シルクロードの怪神怪獣 森豊著 六興出版 1982.11 221p 20cm （シルクロード史考察 正倉院からの発見 19） 1700円

◇シルクロードの開拓者 張騫 田川純三著 筑摩書房 1991.9 236p 19cm （ちくまライブラリー 62） 1250円 ④4-480-05162-7

＊こうして漢と西域は結ばれた。紀元前2世紀、幾多の艱難辛苦に耐え、10数年に及ぶ旅を成し遂げた男の生涯を描く。

◇シルクロードの風―カメラ紀行 平山美知子写真・文 読売新聞社 1984.4 133p 26cm 3000円

◇シルクロードの幻術 森豊著 六興出版 1981.1 222p 20cm （シルクロード史考察） 1500円

◇シルクロードの幻像―東西文明の接点トルコ 並河万里著 新人物往来社 1975 266p 図 20cm 1500円

◇シルクロードの真珠 森豊著 六興出版 1983.2 254p 20cm （シルクロード史考察 正倉院からの発見 20） 1800円

◇シルクロードの象―正倉院からの発見 森豊著 六興出版 1980.8 226p 20cm （シルクロード史考察 14） 1500円

◇シルクロードの旅人 長沢和俊著 徳間書店 1988.6 412p 15cm （徳間文庫） 540円 ④4-19-598546-3

＊紀元前二世紀、匈奴に虜囚として留まる事十余年、前漢の都長安に西域情勢をもたらした張騫。天竺へ求法に旅立ち克明な紀行を残した五世紀の僧法顕。二百年後、同じ道を辿る三蔵玄奘。元帝国フビライ帝に長く仕え、見聞録を著して大航海時代の礎を築いたマルコ=ポーロ。今世紀、中央アジアの秘境を次々に踏査、シルクロードの諸都市を発掘したヘディン―二千年にわたる西域世界を点綴する評伝集大成。

◇シルクロードの謎 前嶋信次著 大和書房 1985.6 253p 19cm （古代学ミニエンサイクロペディア 6） 990円 ④4-479-47006-9

◇シルクロードの謎 町田隆吉著 光文社 1989.2 197p 15cm （光文社文庫 8） 500円 ④4-334-70900-1

＊シルクロードに栄えたオアシス都市。そこには東西の商人が集まり、豊かな物産があふれていた。しかし、同時にこれらのオアシスはしばしば他民族の侵略を被った。強力な国家や民族が出現するとその支配下におかれ、その勢いが弱まると独立政権が生まれるといった複雑な歴史をたどらざるをえなかったのだ。中国西北方のオアシス、トルファンの歴史を中心に、古代シルクロードの世界に迫る。

◇シルクロードの虹―仏像の旅 陳立人著 徳間書店 1986.12 151p 15cm （徳間文庫） 560円 ④4-19-598196-4

＊インドに生まれた仏教は、パミール高原を越えて東へ向かった。やがて、"入ると出られない"砂漠に行き当たると、西域南道、北道に分かれて進み、その昔、沙州と呼ばれた"漢土"への関門、敦煌の地でまた一つに合した。三蔵法師玄奘が経典を求めた道を逆にインドから中国へ、キジル、トルファン、敦煌とたどり、シルクロード仏教東進の旅を、豊富な写真に

◇シルクロードの文化交流—その虚像と実像　大庭脩編　同朋舎出版　1981.10　249p　19cm　1800円　①4-8104-0246-0
◇シルクロードの歴史と文学　古田敬一編著　第一法規出版　1981.12　367p　19cm　2000円
◇シルクロード博物誌　長沢和俊著　青土社　1987.5　323,9p　19cm　1900円
　＊〈物〉でたどる、東西文化交流の軌跡。シルクロードを通じておこなわれた文物交流の歴史を、絹、玉、青銅、漆、ガラス、宝石、紙、陶磁、香料、スパイス、文様、楽器など、交易の主役となった〈物〉の流れによって明らかにし、東西文化のルーツをさぐる。
◇シルクロード発掘秘話　ピーター・ホップカーク著，小江慶雄，小林茂訳　時事通信社　1981.8　336p　20cm　1600円
◇シルクロード はるか—沢地久枝自作朗読〔録音資料〕　沢地久枝著・朗読　東京新聞出版局　1988.9　録音カセット1巻 モノラル　15cm（東京新聞カセットブック）1900円　①4-8083-0280-2
◇シルクロード独り旅—古代のロマン・廃墟への巡礼　和田幸信著　昭和出版　1980.7　285p　20cm　1500円
◇シルクロード文化史 1　長沢和俊著　白水社　1983.5　240p　21cm　1900円
◇シルクロード文化史 2　長沢和俊著　白水社　1983.6　240p　21cm　1900円
◇シルクロード文化史 3　長沢和俊著　白水社　1983.7　274p　21cm　1900円
◇シルクロード文明 1　古代都市の神秘　写真:並河万里　光潮社　1972　257p　43cm　50000円
◇シルクロード文明 2　現代に息づく文化財宝　写真:並河万里　光潮社　1973　261p　43cm　50000円
◇シルクロード文明誌図鑑　ジャン・ピエール・ドレージュ著，中村公則訳　原書房　1989.2　293p　30×25cm　9800円　①4-562-01949-2
　＊絹の道は、商品の流通する経路であったのみならず、また思想や技術や諸宗教の伝播経路であった。それは東西を結ぶ絆の象徴である。中国からイタリアに至るまで魅惑的な旅を通じて、ここに我々は、文物の複雑な交流と多様な文化や風景を発見する。
◇シルクロード幻の王国 楼蘭からの手紙—楼蘭テレビ探検隊の記録　田川一郎著　全国朝日放送　1989.1　189p　22×18cm　1500円　①4-88131-120-4
◇シルクロード物語　松本和夫著　論創社　1981.12　248p　20cm　1200円
◇シルクロード悠遊　色川大吉著　筑摩書房　1986.9　253p　19cm　1800円　①4-480-85327-8
　＊アナトリアから西安まで、歴史家で山男の著者が訪ねるシルクロード・グラフィティ。廃墟を訪ねるばかりが旅ではない、生きている歴史の姿に接することが大切なのだ。
◇シルクロード悠遊　色川大吉著　筑摩書房　1988.4　257p　15cm（ちくま文庫）460円　①4-480-02225-2
　＊シルクロード、それは単なる隊商の道ではない。精神性を求めてやまない人間ドラマの壮大な舞台であった。そしてそれは過去の道ではない。そこには、数億の人々が住み、日々、きびしい現代の状況のなかで、哀歓や戦いの人生を織りつづけている。歴史家で山男の著者が、東西文明が行き交うその舞台にたって、人々の暮らしぶりを見つめつつ、歴史と探検のロマンへ誘う。
◇シルクロード歴史と文化　長沢和俊著　角川書店　1983.12　250p　19cm（角川選書143）920円
◇シルクロード わが旅　森豊著　六興出版　1981.12　238p　20cm（シルクロード史考察）1300円
◇新疆の旅　中国人民美術出版社編　美乃美　1981.4　187p　19cm（中国カラー文庫1）1500円
◇西域をゆく　井上靖，司馬遼太郎著　文芸春秋　1998.5　283p　16cm（文春文庫）467円　①4-16-710566-7
◇西域幻沙記　藤氏晴嵐著　白地社　2000.2　190p　21cm　1600円　①4-89359-206-8
　＊千六百年の時の砂に埋れた失われた道を求めて。かの玄奘三蔵や学僧法顕でさえ通ることをはばかった死都楼蘭へと続く道を簡潔な文体で綴る新感覚の手記。
◇西域をゆく　井上靖，司馬遼太郎著　潮出版社　1978.10　236p　19cm　1200円
◇西域をゆく　井上靖，司馬遼太郎著　潮出版社　1983.11　220p　15cm（潮文庫）370円
◇西域紀行—シルクロードの歴史と旅　藤堂明保著　旺文社　1984.1　314p　16cm（旺文社文庫）420円　①4-01-064261-0
◇西域巡礼　陳舜臣文，樋口隆康解説，陳立人写真　平凡社　1980.8　204p　27cm

中国　　　　　　　　　　　　　　　　　　　　　　　歴史紀行一般

2300円
◇西域日誌　陳舜臣著　読売新聞社　1996.3　261p　19cm　（西域シルクロード全紀行5）　1600円　Ⓓ4-643-96023-X
　＊東西をつなぐ回廊への旅。絹の製法伝来の秘密。玉を産する伝説の山。ペルシャのバザール。博学の知識でシルクロードのすべてを語る西域シリーズ最終巻。
◇西域の旅―遙かなるシルクロード　広谷正喜写真集　広谷正喜著　東京313センター　1982.3　1冊　37cm　6000円
◇西域発掘誌　樋口隆康著　（京都）法蔵館　1986.8　315p　19cm　（シルクロード考古学　第4巻）　2400円　Ⓓ4-8318-3754-7
　＊フィールド調査、とりわけ発掘は考古学研究の基礎である。発掘による出土品はその時代の第1級資料であり、それを最初に手にした発掘者の喜びは大きい。しかしそこから真理を導くには実証の長い時間を要する。著者は敢てその地道な方向を選んだ。スタイン、ペリオらの今なお価値を持続する学問伝統の継承である。
◇西域仏跡紀行　井上靖著　法蔵館　1992.1　623p　26cm　Ⓓ4-8318-8182-1
　＊仏教東漸の道を、韓国、中国、敦煌からガンダーラへと、文明の十字路をゆくロマンの旅。
◇世界の大遺跡7　シルクロードの残映　杉山二郎編著、講談社ほか撮影　講談社　1988.11　175p　37cm　5800円　Ⓓ4-06-192157-6
　＊悠久の昔から東と西の人と物を結んでシルクロードの往来は絶えることなく今に続いている。幾千の謎、幾万の伝説。あなたは古代ロマンの目撃者。
◇染料の道―シルクロードの赤を追う　村上道太郎著　日本放送出版協会　1989.8　213p　19cm　（NHKブックス　580）　780円　Ⓓ4-14-001580-2
　＊2000年を経ても色褪せない赤い色。シルクロードに残された多くの発掘品に触発されて、その赤は何で染められていたのかを追う。染色家である著者は、アカネ、紅花、スオウ、ラック、ケルメスなど古くから使われている赤の染料で作品を復元することをタテ糸に、東西の書物に記されていることをヨコ糸にして、染料のきた道を大胆に推理する。
◇蒼氓の詩・イスラム―シルクロードの旅より　木ノ切恒雄写真集　木ノ切恒雄著　サンケイ出版　1980.6　83p　26×26cm　3800円
◇太陽と戦場のシルクロード―カメラ紀行　並河万里著　新潮社　1979.5　245p　19cm

（新潮選書）　750円
◇旅・仏の道絹の道―シルクロード　山崎脩写真・文　京都書院　1998.9　223p　15cm　（京都書院アーツコレクション　202　旅行23）　1000円　Ⓓ4-7636-1702-8
◇旅・文明・人間―シルクロードをたずねて　鈴木肇著　岩崎書店　1987.1　71p　26cm　（社会・未来・わたしたち　15）　1800円　Ⓓ4-265-01415-1
　＊シルクロード―それは、紀元前からアジア大陸をつらぬいてつづく道でした。その〈絹の道〉を通って日本にも、あたらしい生活や文化がつたえられました。いま、シルクロードをたどると、昔の文明とその文明の遺産をうけつぐ民族のくらしにふれることができます。シルクロードの旅―それは、きみたちの未来の旅と冒険の夢を約束します。
◇中亜細亜紀事　西徳二郎著　青史社　1987.10　421,270p　20cm　（異域叢書）　14000円
◇中国歴史を歩く―山西省・内蒙古・シルクロード　窪木寅吉著　日本図書刊行会　2001.4　212p　20cm　1600円　Ⓓ4-8231-0656-3
　＊シルクロードのオアシス！それは―騎馬民族と農耕民族との争奪の場。自然と人間とのせめぎ合いの地。
◇中国歴代西域紀行選　渡辺義一郎編訳　ベースボール・マガジン社　1997.8　328p　19cm　2200円　Ⓓ4-583-03408-3
　＊中国歴代の西域紀行文を厳選した初の翻訳集。穆天子伝は紀元前10世紀、周の穆王の西域旅行記、中国最古の故事という。河源記は元代一三世紀、黄河の源流調査記。伊犂日記は清の学者、洪亮吉の流刑の地新疆伊犂までの記録。西域水道記は清の地理学者、徐松による西域の河川誌。莎車行記は新疆ヤルカンドへ役人として赴任する都から莎車までの記録。衛蔵道場勝迹志は近世チベットの著名寺院の巡礼ガイド。寧海紀行は蘭州から青海高原の玉樹に至る調査記。タクラマカン砂漠横断記は中国の近代考古学者、黄文弼によるタクラマカン砂漠横断、ホータン河ぞいの調査記。
◇中国辺境歴史の旅1　新疆紀遊　陳舜臣編集・解説　呉藹宸著、楊井克巳訳　白水社　1986.6　282p　20cm　2200円　Ⓓ4-560-03116-9
◇中国辺境歴史の旅2　女性大使チベットを行く　陳舜臣編集・解説　劉曼卿著、岡崎俊夫訳、松枝茂夫訳　白水社　1986.8　271p　20cm　2200円　Ⓓ4-560-03117-7

歴史紀行一般　　　　　　　　　　　　　　　中国

◇中国辺境歴史の旅 4　東トルキスタン風物誌　陳舜臣編集・解説　A.フォン・ル・コック著, 羽鳥重雄訳　白水社　1986.10　273p 図版16枚　20cm　2400円　①4-560-03119-3
◇中国辺境歴史の旅 5　中央アジア騎馬行　陳舜臣編集・解説　R.ショーンバーグ著, 雁部貞夫訳　白水社　1986.11　260p　20cm　2200円　①4-560-03120-7
◇中国辺境歴史の旅 6　天山から青海へ　陳舜臣編集・解説　V・I・ロボロフスキー著, 田村俊介訳　白水社　1987.3　274p　20cm　2200円　①4-560-03121-5
◇中国辺境歴史の旅 7　アジアを跨ぐ　陳舜臣編集・解説　副島次郎著　白水社　1987.2　276p　20cm　2200円　①4-560-03122-3
◇中国辺境歴史の旅 8　西域旅行日記—大谷探検隊　陳舜臣編集・解説　堀賢雄著, 水野勉校閲　白水社　1987.5　271p　20cm　2200円　①4-560-03123-1
◇陳舜臣全集 第24巻　敦煌の旅;北京の旅;シルクロードの旅　陳舜臣著　講談社　1988.5　567p　19cm　2900円　①4-06-192624-1
　＊母国・中国の山野を歩き、人々にふれ、遺跡を訪ね、風と景のなかに悠久の歴史の流れを、人間の営みを読みとり、湧きあがる感動を懸命におさえて書き綴った大仏次郎賞作『敦煌の旅』ほか2篇。陳紀行文学三つの巨峰。
◇天山　新疆人民出版社編、ベースボール・マガジン社訳　ベースボール・マガジン社　1983.8　167p　29cm　6900円　①4-583-02352-9
◇天山・糸綢之路行　正木信之・胡桃沢耕史文写真　徳間書店　1987.7　166p　15cm（徳間文庫）　560円　①4-19-598321-5
　＊「とうとうぼくは天山へ登った。そして天池の畔りに立っている。これでこの旅の目的は達した」名作『天山を越えて』で推理作家協会賞を受賞した胡桃沢耕史が40数年ぶりで天山を訪れた。北京から西安、蘭州、酒泉、敦煌、トルファン、ウルムチとシルクロードを経て、ついに思い出の天山に辿りついたのだ。気鋭のカメラマン正木信之と組んだ渾身のシルクロード紀行！徳間文庫書下し特別作品。
◇天山西東—シルクロード史随想　玉木重輝著　東方書店　1988.4　276p　19cm　1450円　①4-497-88227-6
　＊中央アジアの厳しい気候の草原地帯（ステップ）に住む遊牧民と、砂漠地帯のオアシスに定住する農耕民との、天山山脈の雄大な姿を背景にした長い間のせめぎあい。シルクロードを舞台とする民族の興

亡をテーマにした8篇。
◇唐シルクロード十話　スーザン・ウィットフィールド〔著〕, 山口静一訳　白水社　2001.2　278p　20cm　3000円　①4-560-03038-3
　＊本書は包括的な史書ではなく、西暦750年から1000年までの間の東方シルクロードの特質や登場人物を一瞥させることを目的としたものである。この期間の異なった時代に生きた十人の人物を中心に置き、それぞれの個人的体験を通してその歴史を物語らせてある。物語は二百五十年間にわたっており、きわめて複雑な歴史を分かりやすくするため、話はもっぱら少数の重要な政治的事件を中心とし、一人ないし数人の目を通してそれを物語らせた。
◇トルコ行進曲に魅かれて—土耳古人の足跡を辿って一万粁の旅　新岡武彦著　北海道出版企画センター　1986.11　284p　19cm　1200円　①4-8328-8618-5
◇並河万里遺跡をゆく 第4集　はるかなるシルクロード　並河万里撮影　学習研究社　1977.12　132p　29cm　1600円
◇南疆ヤクシイー—シルクロード西域南道の人々とくらし　小西忠一写真集　小西忠一著, 田沼武能監修　光村印刷　1999.9　71p　20×22cm（Bee books）　2000円　①4-89615-780-X
◇日本に生きるシルクロード—宗教・音楽・風俗の源流を訪ねて　仏教伝道協会編　広済堂出版　1981.7　216p　20cm　1300円
◇廃墟と栄光—西トルキスタン紀行　石田米孝著　山陽女学園山陽女子高等学校　1985.3　77p　21cm　1000円
◇バザール、ヤクシー　カシュガルにて　石嘉福写真・文　六興出版　1984.2　1冊　27cm　2300円
◇バーミヤンの鳩笛—セントラルシルクロード　並河亮文, 並河万里写真　玉川大学出版部　1979.12　190p　19cm（玉川選書 115）　950円
◇遙かなり流砂の大陸—中央アジア歴史紀行　秋吉茂著　河出書房新社　1999.4　254p　20cm　1800円　①4-309-22348-6
　＊シルクロードの中心にあって、熾烈な民族興亡劇の舞台となった中央アジア。ソ連解体によってヴェールを脱いだ諸国を訪ね、その素顔と歴史を細やかな愛情をこめて語り感動をよぶ、異色の歴史紀行。
◇東トルキスタン風物誌　A.フォン・ル・コック著, 羽鳥重雄訳, 陳舜臣編　白水社　1986.10　273p　19cm（中国辺境歴史の旅　4）

83

2400円　①4-560-03119-3
*東西文化交流の接点ともいえる中国領トルキスタン。古代遺跡の豊庫である。ル・コック率いるドイツの探検隊は、この東トルキスタンから多くの貴重な美術品や古代遺物を発掘した。東トルキスタンの風物を背景にしながら、古代からえんえんと続く東西の交渉の歴史が浮かび上がる。

◇秘境のキルギス―シルクロードの遊牧民　藤木高嶺著　朝日新聞社　1982.5　246p　20cm　1700円

◇秘宝・草原のシルクロード―並河万里写真集　並河万里著　講談社　1991.5　217p　30cm　35000円　①4-06-205055-2

◇夫婦で歩いたシルクロード　中山富太郎,中山佐代子著　現代旅行研究所　1995.5　214p　19cm　2000円　①4-87482-061-1
*中国語を話せない夫婦がはるばると新疆の砂漠を行く、筆談頼りのシルクロード道中記。

◇仏教東漸―シルクロード巡歴　京都新聞社編　京都新聞社　1992.8　331p　22cm　2400円　①4-7638-0298-4

◇仏教伝来―白川義員作品集　第2巻　シルクロードから飛鳥へ　白川義員著　学習研究社　1986.7　314p　43cm　38000円　①4-05-004967-8

◇ペルセポリスから飛鳥へ―清張古代史をゆく　松本清張著　日本放送出版協会　1988.5　235p　18cm　（新コンパクト・シリーズ005）　700円　①4-14-018005-6
*飛鳥の地に点在する奇怪な石造物は古代ペルシアの拝火教に関連があった―この大胆な仮説をもとに、著者松本清張が、イラン踏査によって、古代史の謎に挑む。イランの骨董屋で手に入れた、正倉院宝物と同形の瑠璃碗をきっかけに、著者の推理の旅は展開された。ペルセポリスの遺跡に立ち、砂漠の水路を見ながら、冷厳な検証の眼が光る。古代日本と古代ペルシアとの間の「失われた線」は、この本で、ついに解明された。

◇松原哲明　西域仏教の旅　福島一嘉写真,松原哲明,小島康誉文　佼成出版社　1990.3　140p　21cm　（フォト・マンダラ）　1850円　①4-333-01474-3

◇魅惑のシルクロード2　よみがえる海上の道　学習研究社　1988.8　149p　30cm　2800円　①4-05-102922-0
*あなたは海を渡る風になる…。体感、夢紀行。なら・シルクロード博記念出版写真集。

◇魅惑のシルクロード―壮大なロマンの道をいく　長沢和俊ほか著　講談社　1981.10　288p　19cm　（講談社ゼミナール選書）　1200円

◇魅惑のシルクロード1　オアシスと草原の道　学習研究社　1988.6　157p　30cm　2800円　①4-05-102921-2
*あなたは砂漠の風を感じたか…。体感、夢紀行なら・シルクロード博記念出版写真集。

◇もう一つのシルクロード―草原民族の興亡と遺産　石黒寛編訳　東海大学出版会　1981.10　249p　20cm　1800円

◇悠々シルクロード　鈴木肇著　集英社　1999.2　277p　20cm　1600円　①4-08-783138-8
*あの名作『シルクロード』（NHK）で活躍したディレクターが、新たに辿る最新シルクロード複眼紀行。

◇ユーラシアシルクロード1　熱砂の中央アジア　加藤九祚,加藤久晴著　日本テレビ放送網　1981.10　245p　22cm　1700円

◇ユーラシアシルクロード2　万年雪の大コーカサス　加藤九祚,加藤久晴著　日本テレビ放送網　1981.10　229p　図版40枚　22cm　1700円

◇ユーラシアシルクロード3　女王の隊商都市　前嶋信次,加藤久晴著　日本テレビ放送網　1982.4　227p　図版20枚　22cm　1500円

◇ユーラシアシルクロード5　オリエントから永遠の都へ　大島直政,加藤久晴著　日本テレビ放送網　1983.8　253p　図版20枚　22cm　1800円

◇楼蘭　朝日新聞社編　朝日新聞社　1988.12　77p　27×22cm　1800円　①4-02-255973-X
*荒涼としたタクラマカン砂漠の流砂に消えた楼蘭。ロプノールの湖底、風化土堆群、キャラバン中の美しい風景など、数々の遺跡群を朝日新聞楼蘭探検隊が特撮。

◇楼蘭巡礼―ラクダと歩いた500キロ　田中匡昭著　文芸社　2001.6　159p　19cm　1000円　①4-8355-1838-1

◇楼蘭王国　長沢和俊著　徳間書店　1988.1　310p　15cm　（徳間文庫）　460円　①4-19-598442-4
*茫漠たる砂の海、白雪皚々の高原、七彩に輝く氷河や峡谷、それらを縫い、ラクダの白骨を目印にキャラバンが進んだシルク・ロード。1900年春、探検家ヘディンによって発見された楼蘭王国の王都クロライナは、かつてシルク・ロードの要

歴史紀行一般　　　　　　　　　　　　　　　　　　　　　　　　　　中国

衝として無類を繁栄を誇り、晋の西域進出とともに突如、廃墟と化したオアシスであった。夥しい装飾美術品、古文書等をもとに西域学の泰斗が神秘の国の全貌に迫る名著。

◇楼蘭王国に立つ―シルクロード・砂漠の二十日間　屠国璧著, 田川純三訳　日本放送出版協会　1984.10　356p　20cm　1600円　Ⓘ4-14-008384-0

◇楼蘭紀行―平山郁夫画集　平山郁夫著　朝日新聞社　1990.5　1冊　22×31cm　2000円　Ⓘ4-02-256151-3

◇楼蘭古城にたたずんで　長沢和俊著　朝日新聞社　1989.7　228p　19cm　1450円　Ⓘ4-02-256020-7

◇楼蘭の詩　水村孝著　朝日新聞社　1990.6　95p　19×27cm　2250円　Ⓘ4-02-256155-6
　＊唐代の詩人は、楼蘭を遙かな西域の象徴として、たびたび詩句に登場させた。今、カメラマンの眼は、消え去った"悲劇の王国"をよみがえらせる。

◇楼蘭からの手紙―シルクロード幻の王国　楼蘭テレビ探検隊の記録　田川一郎著　全国朝日放送　1989.1　189p　22cm　1500円　Ⓘ4-88131-120-4

◇私のシルクロード　細呂木見良・細呂木千鶴子文, 中村康明写真　(大阪)大阪書籍　1988.5　108p　21cm　1000円　Ⓘ4-7548-6008-X

◇NHKシルクロード　第11巻　江上波夫, 陳舜臣, NHK取材班著　日本放送出版協会　1989.2　245p　18cm　(新コンパクト・シリーズ　035)　700円　Ⓘ4-14-018035-8
　＊炎熱のシリア大砂漠を横断し、カスピ海の北岸を通って、コーカサスの険峻を走破した二つの取材班は、アジア大陸の西の端海へと向かった。「騎馬・隊商の道」の過去とそこに生活する人たちを、臨場感あふれるレポートで綴る。

◇NHKシルクロード　第12巻　井上靖, NHK取材班ほか著　日本放送出版協会　1989.3　237p　18cm　(新コンパクト・シリーズ　038)　700円　Ⓘ4-14-018038-2
　＊巻頭にシルクロードを縦横に語る座談会。イスタンブール、ギリシャを経て、ついにローマにシルクロードの旅は終わった。

◇NHKシルクロード　第10巻　井上靖, 加藤九祚, NHK取材班著　日本放送出版協会　1989.1　245p　18cm　(新コンパクト・シリーズ　032)　700円　Ⓘ4-14-018032-3

　＊シルクロードを縦横に駆けめぐり巨万の富を蓄えた自由の民―。ソグド。8世紀に霧消した彼らが、今、20世紀の末に突如として姿を現わした。サマルカンド、ブハラ、ヒワと中央アジアに点在する歴史の町々を訪ね歩く。そして取材行の最後は、灼熱の世界カラクム砂漠。

◇NHKシルクロード　第1巻　陳舜臣, NHK取材班著　日本放送出版協会　1988.5　237p　18cm　(新コンパクト・シリーズ　003)　700円　Ⓘ4-14-018003-X
　＊シルクロードの旅は長安に始まり、そして長安に終わる。歴代の朝王がここに都をおき、東と西の、人と文明が行き交い、殷賑をきわめた。だが、唐王朝の滅亡とともに花の都は消え失せたのだろうか。シルクロードの旅は渭水、そして黄河を渡り、西域への長い廊下、河西回廊へと入る。武威、張掖、酒泉と回廊に点在する歴史の町々を訪ね歩く。陳舜臣氏が豊かな学識と文藻を駆使して語る「長安の春」と取材班の臨場感あふれる現地レポートで綴る。

◇NHKシルクロード　第2巻　井上靖, NHK取材班著　日本放送出版協会　1988.5　237p　18cm　(新コンパクト・シリーズ　004)　700円　Ⓘ4-14-018004-8
　＊絢爛の塑像、息をのむ壁画群…。荒涼たる砂の大地に4世紀から14世紀の約千年にわたって次々と穿たれた荘厳された〈大画廊〉敦煌莫高窟。その美の真髄と風土とを、長期間現地に滞在したNHKシルクロード取材班の実感あふれるレポートと、井上靖氏の深い想いをこめた随想で綴る。スタイン、ペリオらの手で流出した敦煌およびシルクロード全域の文物を求めて、世界各地の博物館に取材したドキュメントも併載。

◇NHKシルクロード　第3巻　井上靖, 岡崎敬, NHK取材班著　日本放送出版協会　1988.6　233p　18cm　(新コンパクト・シリーズ　008)　700円　Ⓘ4-14-018008-0
　＊かつてタクラマカン砂漠の東端に類なき賑わいを見せたオアシスがあった。楼蘭王国である。だが、ロプ・ノールに水が失われ人馬の流れが絶えたとき街は死んだ。砂に侵され、砂に埋もれ、人びとは去り2000年が流れた。カラホト、別名、黒水城。河西回廊の北に広がるゴビにひと時、繁栄の花を咲かせながら、約800年前、ジンギス汗に滅ぼされて消えた。民族の名はタングート、王国の名は西夏。死の砂漠に取り巻かれた未踏の二つの廃墟をつ

85

いに踏査した筆者が、その栄光と翳りを想いをこめて描く。

◇NHKシルクロード 第4巻 井上靖, 長沢和俊, NHK取材班著 日本放送出版協会 1988.7 245p 18cm (新コンパクト・シリーズ 012) 700円 ①4-14-018012-9

＊タクラマカン砂漠南縁の波打ち際に点々と営まれたオアシス群。旅人が、文物が、そのオアシスを伝いながら行き交った。西域と呼ばれる中国—シルクロードの中でも、南道は最もきびしい地獄の道。ミーラン、チャルクリク、チェルチェン、ニヤ、ホータンの2千キロを、筆者たちは自動車で、ラクダでついに踏破した。その難渋と苦労の道行を、臨場感あふれる現地レポートで綴る。

◇NHKシルクロード 第5巻 陳舜臣, NHK取材班著 日本放送出版協会 1988.8 245p 18cm (新コンパクトシリーズ 016) 700円 ①4-14-018016-1

＊灼けつく大地に砂まじりの熱風が吹くトルファン盆地。東に高昌、西に交河故城、今はつわものどもの夢のあとである。タクラマカン砂漠南縁に点々と並ぶオアシスの街々—天山南路。南疆鉄道で天山を貫き、西へと走る。歌舞の故郷・クチャに到る。街の北方に穿たれたキジル千仏洞では、伎楽天が五絃の琵琶を奏でていた。南路の過去とそこに生活する人たちを臨場感あふれるレポートで綴る。

◇NHKシルクロード 第6巻 司馬遼太郎, NHK取材班著 日本放送出版協会 1988.9 245p 18cm (新コンパクト・シリーズ 019) 700円 ①4-14-018019-6

＊万年雪の巨大な山塊、天山。その北麓は緑したたる大草原。「天馬」と呼ぶ良馬が今も生き続ける。操るのは"地球規模"の大空間で暮らす騎馬遊牧民族ハザック族。タクラマカン砂漠の南北を走ったきたシルクロードは、カシュガルで一つになり、パミールを越えるはるか西へと続く。天山北路、パミールと中国領最後の道行を、臨場感あふれる現地レポートで綴る。

◇NHKシルクロード 第7巻 陳舜臣, 樋口隆康, NHK取材班著 日本放送出版協会 1988.10 237p 18cm (新コンパクト・シリーズ 022) 700円 ①4-14-018022-6

＊中国とパキスタンを画するパミールの大山塊。はるかな終着地ローマを目指すシルクロード西進の旅は、パミール山中のクンジェラブ峠から始まった。仏像誕生の地ガンダーラ、アフガニスタンとの国境カイバル峠、そして灼熱の大地インド

へ。仏教の縁に結ばれたブッダガヤ、ナーランダ、ベナレス、サルナートで釈尊、玄奘を偲び、ヒマラヤ奥地に取り残された幻の仏教王国ラダックへと飛ぶ。陳舜臣・樋口隆康氏が豊かな学識と文藻を駆使して語る文明紀行と、取材班の臨場感あふれる現地レポートで綴る。

◇NHKシルクロード 第8巻 陳舜臣, 藤井秀夫, NHK取材班著 日本放送出版協会 1988.11 237p 18cm (新コンパクト・シリーズ) 700円 ①4-14-018025-0

＊古代シルクロードに華開いた文明の残影をみる。ペルシャ、メソポタミアの遺跡、そしてアラビアンナイトの舞台バグダッド。

◇NHKシルクロード 第9巻 井上靖, 樋口隆康, NHK取材班著 日本放送出版協会 1988.12 227p 18cm (新コンパクト・シリーズ) 700円 ①4-14-018029-3

＊天山の大空間に歴史がこだまする壮大なロマンの旅はいよいよソ連領中央アジアへ！

ヨーロッパ

◇アーサー王伝説紀行—神秘の城を求めて 加藤恭子著 中央公論社 1992.2 213p 18cm (中公新書 1062) 640円 ①4-12-101062-0

＊円卓の騎士団の武勇伝。王妃と騎士の恋物語。異界との交流—。恋と冒険、現実と神秘の織りなす華麗な伝説に秘められた遠い過去の記憶と未知の世界の魅惑に誘われて、著者はイギリスに向かう。史実と幻想の狭間に生まれ、さまざまな"霧"に包まれた英雄の実像を求めてイングランド、ウェイルズを巡り、物語に謳われた風景に接し人々と語る旅のなかから、今もイギリス人の心に生きつづけるアーサー王の世界が鮮やかに浮かび上がる。

◇アイルランド地誌 ギラルドゥス・カンブレンシス作, 有光秀行訳 青土社 1996.12 301p 19cm (叢書・西洋中世綺譚集成) 2678円 ①4-7917-9133-9

＊12世紀イングランド国王に仕えた司祭がアイルランドの土地を歩き、ケルトの風習を蒐集した。ストーンヘンジの起源、海洋から生まれる鳥類、人語を話す狼…等々、驚異的な自然・不思議な事物・習俗の諸層を、才能きらめく筆致で描きだした、ヨーロッパ精神の古層世界。ラテン語から本邦初訳。

◇アイルランド歴史紀行　高橋哲雄著　筑摩書房　1991.11　286p　19cm　（ちくまライブラリー　65）　1450円　ⓘ4-480-05165-1
◇アイルランド歴史紀行　高橋哲雄著　筑摩書房　1995.7　322p　15cm　（ちくま学芸文庫）　980円　ⓘ4-480-08222-0
　＊森には妖精がすみ、若い娘も平気でヒッチハイクできる国、円塔とケルト十字架を背に人びとの深い信仰が今も息づく国、独立に向けて百敗の戦いを挑んだ過剰な情熱の国、はるかな極西のヨーロッパ―田舎の国アイルランドを旅して、多様な視点から知られていない魅力を浮き彫りにする歴史読みもの。写真多数収載。
◇赤松則良半生談―幕末オランダ留学の記録　赤松則良述、赤松範一編注　平凡社　1977.11　313p　肖像　18cm　（東洋文庫　317）　1000円
◇イギリス　新潮社　1992.5　425p　19cm　（読んで旅する世界の歴史と文化）　3100円　ⓘ4-10-601832-2
◇イギリス　今井宏著　山川出版社　1993.5　267,23p　19cm　（ヒストリカル・ガイド）　1800円　ⓘ4-634-64230-1
　＊ジェントルマンの国、「大英帝国」の栄光、「議会政治」の母国―。わたしたちの知っているイギリスのイメージは本当のものだろうか？そもそも「イギリス」という国の呼び名は？さあ、今からイギリスの歴史をたどる旅にでよう。
◇イギリスの思い出―歴史と文学の旅から　藤本英雄著　山口書店　1985.8　216p　20cm　1300円　ⓘ4-8411-0103-9
◇イギリスの旅―歴史を訪ねて　田村秀夫著　改訂版　三修社　1982.10　259,14p　19cm　（コロンブックス）　980円　ⓘ4-384-06419-5
◇イギリスの旅「イングランド編」―歴史・文学・地誌をたずねて　宮崎昭威著　太陽出版　1996.10　284p　19cm　1648円　ⓘ4-88469-117-2
◇イギリス歴史紀行　中村勝己著　リブロポート　1991.10　246p　21cm　（リブロ「旅の本」）　3605円　ⓘ4-8457-0604-0
　＊多年西欧市民文化の精髄を学んできた歴史家が観光案内には出てこない歴史モニュメントを精選して懇切に語る。長期滞在・再訪問必読。
◇イギリス歴史地図　マルカム・フォーカス、ジョン・ギリンガム責任編集、中村英勝ほか訳　東京書籍　1983.11　230p　30cm　9800円
◇イギリス歴史の旅　田村秀夫著　三修社　1983.2　259,14p　15cm　380円　ⓘ4-384-06918-9
◇イギリス歴史の旅　田村秀夫著　三修社　1987.2　259,14p　15cm　380円　ⓘ4-384-06918-9
◇イギリス歴史の旅　佐古田辰世著　日本図書刊行会,近代文芸社発売　1993.11　146p　19cm　1300円　ⓘ4-7733-2426-0
　＊スコットランドからイングランドまでイギリス縦断の旅。
◇イギリス歴史の旅　高橋哲雄著　朝日新聞社　1996.3　266,9p　19cm　（朝日選書）　1300円　ⓘ4-02-259648-1
　＊詩人が愛した湖水地方の自然美へ。貴族たちの壮麗な館へ。そして、産業と暮らしの調和をめざした工業村へ―。ひと味ちがう旅への誘い。
◇イタリア　新潮社　1993.9　481p　19cm　（世界の歴史と文化）　3200円　ⓘ4-10-601835-7
　＊ローマ、ヴェネツィア、フィレンツェ…。永遠の世界都市、水の都、花の都。古代ローマに栄華をきわめ、ルネサンスに華麗な花を咲かせた、豊かな都市文化の伝統の国、イタリア。その多彩な歴史と文化のすべてを明らかにする。
◇イタリア　歴史の旅　坂本鉄男著　朝日新聞社　1992.2　293p　19cm　（朝日選書　444）　1200円　ⓘ4-02-259544-2
◇イタリヤところどころ―光の国の美術・歴史散歩　西本晃二著　実業之日本社　1986.6　260p　19cm　1600円　ⓘ4-408-00716-1
　＊マフィアとは何か？カトリックの総本山がローマにおかれているのはなぜ？イタリヤの北緯40度～45度、それなのになぜ"君よ知るや〈南の国〉"なのか？経済大国ヴェネツィアが没落したのはなぜ？ミケランジェロとラファエルロは本当に仲が悪かったのか？ルネッサンスはなぜイタリアから始まったのか？聖と俗の間でゆれる"光の国"の魅力！
◇井上靖歴史紀行文集　第4巻　北からヨーロッパへ　岩波書店　1992.4　347p　23cm　4200円　ⓘ4-00-004189-4
◇イベリアの光と影―古代スペインへの旅　ニュートンプレス　1999.10　195p　28cm　（Newtonムック）　1720円　ⓘ4-315-51528-0
◇いま、中世の秋　堀越孝一著　中央公論社　1987.5　230p　15cm　（中公文庫）　360円　ⓘ4-12-201421-2
　＊『中世の秋』を辿るヨーロッパの旅、歴史への愛着と想像力で綴るホイジンガ紀

ヨーロッパ　　　　　　　　　　　　　　　　　　　　　歴史紀行一般

行。ヨーロッパの陽光、陰翳、風までが、歴史空間をみたし歴史学への想いを喚起する。歴史という時の流れに佇む好エッセイ集。

◇ウクライナ―歴史の復元を模索する　早坂真理著　リブロポート　1994.12　194p　19cm　（社会科学の冒険　18）　1957円　④4-8457-0973-2
　＊国家として歴史に蘇ったウクライナ。しかし、中世末以来ポーランドに、ツァーリズム・ロシアに、ハプスブルグに分割されソヴィエトに支配されてきたこの地域は、固有の歴史を復元できるだろうか。アイデンティティを模索する人々の姿を東欧史家が描いた価値ある旅行記。

◇英国史探訪　J.ランドル著, 鈴木博仁訳　風媒社　1985.10　312p　19cm

◇絵ときガイド　ヨーロッパの歴史　日本交通公社出版事業局　1988.1　191p　15cm　880円　④4-533-00885-2
　＊美しいヨーロッパの風景を旅することは、その歴史を旅することでもある。すでにヨーロッパを訪れた人の中には「もう少し歴史を知っていれば…」と溜め息をもらした経験を持つ人も少なくないだろう。この小さな本はそういう人のために、また、これからヨーロッパを旅しようとしている人のために作られた歴史の小箱である。この箱には、様々な時代のヨーロッパがぎっしり詰まっている。この小さな歴史の一粒一粒が、あなたの旅をより味わい深いものとすることを願ってやまない。

◇遠景のロシア―歴史と民俗の旅　中村喜和著　彩流社　1996.12　285p　20×15cm　2884円　④4-88202-422-5
　＊ロシアの歴史を動かした英雄や姫君、その足跡を今にとどめる古い都、そして、町で、森で、生き続ける民衆の生活と信仰。ロシア各地を訪れた体験と、長年の研究成果を、滋味あふれる文章でつづる興味津々の歴史紀行。

◇オーストリア　新潮社　1995.5　387p　19cm　（読んで旅する世界の歴史と文化）　3000円　④4-10-601840-3

◇オランダ雑学事始―意外に知らなかったオランダ　皆越尚子著　彩流社　1989.6　174p　21cm　1500円

◇オランダ・ベルギー　新潮社　1995.6　381p　19cm　（読んで旅する世界の歴史と文化）　3000円　④4-10-601841-1
　＊運河沿いの美しい破風の家々、羽根を休める風車たち…。黄金時代の栄華を偲び、ルーベンスやレンブラントの美を尋ねる旅。EUの中核として躍動する両国の魅力に迫る。

◇カフカーズの歴史と文化を探る―カフカーズ＝コーカサスの旅　新藤東洋男編著, 井手将夫カメラ　日ソ協会福岡県連大牟田支部　1987.6　42p　36cm　2200円

◇カラーイラスト世界の生活史 8　城と騎士　福井芳男, 木村尚三郎監訳　フィリップ・ブロシャール著, パトリス・ペルランイラスト　東京書籍　1985.4　64p　29cm　1500円

◇昨日の旅―ラテン・アメリカからスペインへ　清水幾太郎著　中央公論社　1990.1　470p　15cm　（中公文庫）　620円　④4-12-201682-7
　＊独立のため戦い散ったラテン・アメリカの英雄たちの跡やコント因縁のブラジルなどの諸国をまわり、かつてラテン・アメリカを植民地として領有していた母国のスペインへ。フランコの死とカルロス1世の即位という、歴史の転換点に立ち合い、フランコと人民戦線の史跡を辿り、ロヨラゆかりの地を訪ねる。現代史への深い知識と認識をもつ著者が、旅先での印象、感動、体験を率直に綴った、魅力あふれる歴史紀行。

◇ギリシア歴史の旅―現代から過去へ　斎木俊男著　恒文社　1997.2　243p　20cm　2000円　④4-7704-0905-2
　＊ヨーロッパ文明発祥の地ギリシア。著者は、特命全権大使として勤務するかたわら、若き日に憧れたギリシア各地の遺跡や島々を巡り、聖山アトスで親しく修道士と語らう。そして該博な知識と透徹した史眼で、ギリシアという国を捉え直す。一八九年に修好通商航海条約が結ばれて以来、百年を数える日本とギリシアの関係は古くて新しい。本書は、すでに彼の地を旅した人はもちろん、これから訪れようとしている人にも、興味つきない格好のギリシア案内書である。

◇ギリシア歴史の旅　続　斎木俊男著　恒文社　1999.12　246p　20cm　2000円　④4-7704-1013-1
　＊前著『ギリシア歴史の旅―現代から過去へ―』では、百年にわたる修好のわりにはわが国にはあまり知られていない現代のギリシアについて、駐在大使の立場と歴史家としての両面から、政治や経済、歴史、風土などについて幅広く紹介し、ペロポネソス半島はじめミコノスとデロス、アトス山、デルフィ、ミケーネなどの遺跡や聖地を訪ねる旅を紹介した。続く本書では、古代ギリシア世界の一翼を

担っていた小アジアのエーゲ海沿いに点在するミレトス、プリエネ、デディマ、エフェソスなどの古代イオニアの遺跡を豪華船クルーズで訪ねる旅を中心に、エピロス地方の遺跡探訪や生誕百五十年を迎えるラフカディオ・ハーン—小泉八雲の生地レフカダ島訪問記など、興味深い旅行記を加えて贈る、歴史紀行。

◇古代シチリア紀行　弓削達，弓削二三子著　河出書房新社　1980.12　182p　20cm　1300円

◇サンドイッチをどうぞ—イギリス歴史漫歩　小川和彦著　武蔵野書房　1994.12　166p　20×14cm　2000円

◇死の発見—ヨーロッパの古層を訪ねて　松原秀一，養老孟司，荻野アンナ著　岩波書店　1997.9　205p　20cm　1900円　④4-00-023316-5

◇シチリア神々とマフィアの島　竹山博英著　朝日新聞社　1985.9　280p　19cm　（朝日選書　288）　980円　④4-02-259388-1

◇死の風景—歴史紀行　立川昭二著　朝日新聞社　1982.10　245p　19cm　（朝日選書　216）　980円

◇死の風景—ヨーロッパ歴史紀行　立川昭二著　講談社　1995.8　276p　15cm　（講談社学術文庫）　800円　④4-06-159192-4

＊死のかたちは時代や社会により異なる。歴史にみる飢餓やペストによる死は集団的・瞬時的であり、現代のガン死や交通事故死は個別的・散発的な死因構造を持っている。人類の歴史の中で、死の諸相は文明や風土とどうかかわってきたのか。近代医学誕生の契機となった大疫病の爪痕の残る古都を歴訪、ひたすら健康を希求して死を忘れようとする現代人が見失った「生と死の尊厳」を感銘深く説いた名著。

◇写真集　アイルランドの歴史と文学　蛭川久康・桜庭信之編著　大修館書店　1986.4　163p　26cm　5800円　④4-469-24091-5

◇巡礼の道星の道—コンポステラへ旅する人びと　ピエール・バレ，ジャン・ノエル・ジュルガン著，五十嵐ミドリ訳　平凡社　1986.12　331p　20cm　2400円　④4-582-47417-9

◇新「エスペラント国」周遊記　西欧編　水野義明著　新泉社　1987.1　282p　19cm　1700円

＊1987年は、エスペラント誕生100周年だ。創始者ザメンホフの故国ポーランドのワルシャワでは、第72回世界エスペラント大会が挙行され、盛大な祝賀行事が計画されている。欧米はもとより、中国でも韓国でも世紀の祝典を控えて、国際語運動の波が高まっている。「全人類の友好と調和」を理想とし、それを実現するために「中立・無国籍の言語」によって「諸民族の対等の交流と相互理解」を目指すエスペラントは、平和を念願するすべての人々にとって、21世紀の言語なのだ。

◇スイスのリンゴ—自然と歴史と文化にふれて　会津伸著　松籟社　1992.3　228p　19cm　2000円　④4-87984-130-7

◇スコットランド風物詩—耀よう自然と中世への旅　持田信夫写真・文　徳間書店　1981.6　159p　30cm　5800円

◇図説　英国史　石川敏男訳・著　ニューカレントインターナショナル　1987.1　442p　26cm　5800円　④4-89029-062-1

＊歴史上の重要な場面は余すところなく歴史に合わせて蒐めた600枚に及ぶ貴重な絵画や写真で綴る大英国史。歴史の流れは各章毎に書かれているが、絵や写真をみてその説明を読むだけで英国の歴史の概要が掴める。見るだけでも興趣尽きない本。

◇図説　スペインの歴史　川成洋，中西省三編，宮本雅弘写真　河出書房新社　1992.6　143p　22×17cm　1600円　④4-309-72480-9

＊天衣無縫のダイナミズム。目をみはる壮大なドラマ。断絶の連続。世界史のメルティング・ポット—。多彩・百花繚乱のスペイン史の迷路を図版330点を駆使して読み解き案内する決定版。本邦初。待望のスペイン全史。

◇図説　スペインの歴史　川成洋，宮本雅弘写真　改訂新版　河出書房新社　1999.1　143p　22×17cm　（ふくろうの本）　1800円　④4-309-72594-5

＊天衣無縫のダイナミズム。目をみはる壮大なドラマ。断絶の連続。百花繚乱。多彩なスペイン史の迷路を図版330点を駆使し読み解き案内する決定版。

◇スペイン　小西章子著　読売新聞社　1987.12　235p　19cm　（世界歴史紀行）　1200円　④4-643-87100-8

＊ヨーロッパ、アフリカ、地中海、大西洋に隣接、ひと味違う歴史と文化。

◇スペイン街道—歴史と文化の旅　中央公論社　1992.4　176p　30×23cm　1980円　④4-12-002114-9

◇世界史の旅—地中海・エーゲ海周辺紀行　立野茂著　立野茂　1989.8　255p　19cm

◇世界史の舞台——線記者が歩いた　1　ヨーロッパからソ連　朝日新聞社編　朝日新聞

社 1983.1 113p 30cm （朝日旅の百科） 1600円
◇世界史の舞台から　鈴木宗明著　千倉書房 1996.4 304p 21cm 3502円　⑪4-8051-0721-9
◇世界ふしぎ発見！クイズで学ぶヨーロッパ史 ギリシア・イタリア編　安芸一穂文　小学館 1989.10 221p 18cm 780円　⑪4-09-348603-4
　＊ナゾがナゾを呼ぶ歴史の面白さ！人気TVクイズ番組・待望の単行本化！
◇閃光のアルメニア―ナゴルノ・カラバフはどこへ トランスコーカサス歴史と紀行　中島偉晴著　神保出版会 1990.3 1冊 21cm 3874円　⑪4-915757-03-X
◇前・スコットランドの歴史と文化と民俗―スコットランドの遠い昔の風ါ誌　小牧英幸編著　リーベル出版 1999.7 273p 21cm 2800円　⑪4-89798-584-6
　＊本書は、中石器時代以降、ダンカン王の即位をもって始まる「統一スコットランド王国」の成立までの時代をまとめの範囲として、新石器、青銅器、鉄器の各時代、ローマ軍の駐留、キリスト教の伝来とピクト族(the Picts)、スコット族(the Scots)、ブリトン族(the Britons)、アングロ・サクスン族(the Anglo-Saxons)の相剋期、北欧海賊(Viking)の侵攻期に、そこに流入し定住した人々が何をしたか、何を彼らが残したかなど、彼ら先人たちの心奥ふかくに蓄積され、現在まで残り伝えられている自然観、火や水の信仰、方位や色彩に関する吉凶観、アニミズム、霊魂不滅の別世観、そこに独自に培われた彼ら特有の信仰や習俗、ネス湖の「ネッシィ」のような水生動物の由来などと共に綴ったものである。旅行者の「ガイド・ブック」にもなるようにと、扱いは通時的にではなく地域別に扱っている。
◇第一次大戦後のドイツ―安井誠一郎ドイツ留学日記より　安井誠一郎著,尾平佳津江編　尾平佳津江 1986.7 364p 22cm
◇大英国―歴史と風景　ルイ・カザミヤン著,手塚リリ子,石川京子共訳　白水社 1985.7 527,194p 22cm 9800円　⑪4-560-02917-2
◇大地母神の時代―ヨーロッパからの発想　安田喜憲著　角川書店 1991.3 240p 19cm （角川選書 210） 1200円　⑪4-04-703210-7
　＊1989年夏、オランダからトルコまで、車でヨーロッパ縦断の旅をした環境考古学の一家が目にしたものは何か―。人工の

美しい森と、ギリシア神話の女神メドゥウサを化物に変質させた近代ヨーロッパ文明の"負"の姿だった。地球環境の危機にあたって、人類が生き残り得る道を求めて思索するヨーロッパ紀行。
◇旅路で読む歴史と文学―中国・ソ連散索　松浦正隆著　産業能率大学出版部 1981.6 250p 19cm 1300円
◇地中海の誘惑　樺山紘一著　ティビーエス・ブリタニカ 1982.7 229p 20cm 1200円
◇地中海の誘惑　樺山紘一著　中央公論社 1985.10 221p 16cm （中公文庫） 360円　⑪4-12-201265-1
◇地中海文化の旅 1　地中海学会編　河出書房新社 1990.6 272p 15cm （河出文庫） 650円　⑪4-309-47193-5
　＊文化の海・地中海への誘い。学際的なエッセイの醍醐味。当代一流の執筆陣が縦横に書き下した地中海世界の素顔。
◇地中海文化の旅 2　地中海学会編　河出書房新社 1990.6 282p 15cm （河出文庫） 650円　⑪4-309-47194-3
　＊豊饒の海・地中海への憧れ。文明の回廊・地中海世界の歴史と文化、人びとの生活が見えてくる本格エッセイ集。
◇地中海文化の旅 3　地中海学会編　河出書房新社 1993.10 271p 15cm （河出文庫） 750円　⑪4-309-47257-5
　＊文明の回廊、地中海を巡る歴史と文化、民族の素顔を照射する待望のエッセイ第三弾。
◇地中海文明印象記　太田秀通著　岩波書店 1963 288p 19cm
◇地中海文明の旅　牟田口義郎著　講談社 1980.5 337p 22cm 1300円
◇地中海歴史の旅　並河亮,並河万里共著　集英社 1967 324p 図版 20cm
◇中欧―ポーランド・チェコ・スロヴァキア・ハンガリー　新潮社 1996.2 369p 19cm （世界の歴史と文化） 3000円　⑪4-10-601843-8
　＊かつては「地理的に中央部にありながら、文化的には西、政治的には東に位置する、最も複雑なヨーロッパ」と呼ばれた「中欧」。西欧以上にヨーロッパ本来の香りを残すとも言われるこの地域の、多様な歴史と文化の魅力を探る。
◇中世への旅都市と庶民　ハインリヒ・プレティヒャ著,関楠生訳　白水社 1982.6 256p 20cm 1700円
◇中世への旅農民戦争と傭兵　ハインリヒ・プレティヒャ著,関楠生訳　白水社 1982.7

歴史紀行一般　　　　　　　　　　　　　　　　ヨーロッパ

252p　20cm　1700円
◇中世の旅　ノルベルト・オーラー著，藤代幸一訳　法政大学出版局　1989.8　455,24p　19cm　（叢書・ウニベルシタス　274）　3914円　①4-588-00274-0
　＊旅を通して中世を読む。ガレー船の船底のすえた臭いが立ちのぼる。凍傷の足の痛みが伝わる。あらゆる階層の、あらゆる職種の、あらゆる目的の旅のありようを描きつくして、中世的世界の実像に迫る。
◇ドイツ　紅山雪夫著　読売新聞社　1987.11　246p　19cm　（世界歴史紀行）　1200円　①4-643-87083-4
　＊ドイツ興亡史と、古き良き時代の面影を残す、中世都市のロマンチック紀行。
◇ドイツの歴史と文化の旅―歴史家の手作りツアー体験記　望田幸男著　ミネルヴァ書房　2001.9　198p　19cm　2300円　①4-623-03488-7
　＊臨場感ある歴史と文化の叙述。見聞・安らぎ・感動の旅。
◇ドイツ歴史の旅　坂井栄八郎著　朝日新聞社　1986.8　244p　19cm　（朝日選書）　940円　①4-02-259412-8
　＊中世の夢のあと。ゲーテの恋のおもかげ。青春の大学町。20世紀の激動の現場。ドイツの多彩な過去を映す都市を訪れるひと味ちがった旅のガイド。
◇ドーヴァー海峡―歴史紀行　東潔著　振学出版　1994.7　308p　19cm　2000円　①4-7952-8597-7
◇ドナウ河紀行―東欧・中欧の歴史と文化　加藤雅彦著　岩波書店　1991.10　220,9p　18cm　（岩波新書　189）　580円　①4-00-430189-0
　＊ドイツの黒森に発し、黒海に注ぐドナウ。東欧・中欧8か国を流れるこの約2900キロの大河の両岸には、多彩な文化に彩られた独特の「ドナウ世界」が広がっている。古代ローマの植民やハプスブルク家の時代から冷戦期を経て現在に至るまでの歴史を織り込みながら、多様な民族や宗教を軸に今も揺れ動くこの地域へやさしく案内する。
◇トランシルヴァニア―その歴史と文化　カーロイ・コーシュ著，奥山裕之，山本明代訳，田代文雄監訳　恒文社　1991.9　157,13p　19cm　2800円　①4-7704-0743-2
　＊ハンガリー・アールヌーヴォーの代表的建築家が、その深い森の奥にくりひろげられてきた波瀾の歴史とゆたかな文化を概観、合わせて各地の興味あふれる建物を美しい版画で紹介。
◇トロイア幻想―わが古代散歩　上原和著　PHP研究所　1981.5　257p　20cm　1300円
◇トロイア幻想―古代憧憬の旅　上原和著　講談社　1989.6　275p　15cm　（講談社学術文庫）　700円　①4-06-158879-6
　＊パルテノン神殿の柱を見ては、法隆寺の太く雄々しい柱の源流ならんかと思い、アルカイック期の女神たちの微笑と正面観照性の衣褶に、遙かなわが飛鳥仏を偲び、古代美術の大いなる東漸の道に想いを馳せる。あるいはまた、ギリシア悲劇の中でも、10年に及ぶトロイア遠征にかかわる詩句は、その先史世界の諸遺跡と相まって、著者の胸奥に今もなお鮮明に息づく。日本美の源泉を求め続ける旅人が、古代逍遙にみいだしたロマンのこころ。
◇西ヨーロッパ　上　佐藤彰一，松村赳著　朝日新聞社　1992.9　237p　19cm　（地域からの世界史　第13巻）　1450円　①4-02-258508-0
◇西ヨーロッパ　下　松村赳〔ほか〕著　朝日新聞社　1993.3　210p　19cm　（地域からの世界史　第14巻）　1450円　①4-02-258509-9
◇ハプスブルクの旗のもとに　池内紀著　NTT出版　1995.7　248p　19cm　（気球の本）　1300円　①4-87188-600-X
　＊地図から失われて久しいが、ヨーロッパを旅するといま確かに息づいている不思議の帝国ハプスブルク。万巻の書を読み万里を歩き、達人池内紀がこの国の風景と心象を鮮やかに紡ぎ出す。
◇ハンガリーれきし紀行　クラウディ・キンガ文，N.ホルバート・ピーター，西川啓子訳　Corvina　1997　1冊（ページ付なし）　24cm　①963-13-4353-7
◇ハンガリーからトルコへ―その言語及び歴史、地理　久保義光著　泰流社　1989.12　443,4p　19cm　3800円　①4-88470-718-4
◇ハンザの興亡―北ヨーロッパ中世都市物語　小嶋三樹，邸景一写真，旅名人編集部，入江和夫文　日経BP社　1997.12　152p　21cm　（旅名人ブックス）　1200円　①4-8222-2652-2
　＊リューベック、リューネブルク、ブレーメン、ケルンからベルゲン、ロンドン、ブリュージュ…へと訪ね歩いた「異色の旅」案内書！地元民もビックリ！ディープな情報と物語が満載。

◇ビジュアルシリーズ 世界再発見―人々の暮らしが見える歴史、風土、国情が読める 4 イギリス・中央ヨーロッパ ベルテルスマン社, ミッチェル・ビーズリー社編 同朋舎出版 1992.5 173P 28×22cm 5000円 ⓣ4-8104-1006-4
◇フランス歴史の旅―モンマルトルからサント・マリーへ 田辺保絵 朝日新聞社 1990.11 250,3p 19cm (朝日選書 413) 1050円 ⓣ4-02-259513-2
　＊ラ・フランス―この「女性的なもの」―。フランス精神の源流をさぐる旅。
◇ブルガリア―風土と歴史 森安達也, 今井淳子共訳編 恒文社 1981.8 232,7p 19cm 980円 ⓣ4-7704-0456-5
◇ブルガリア歴史の旅 香山陽坪著 新潮社 1981.11 252p 20cm (新潮選書) 800円
◇文学と歴史の旅 岡田良平著 近代文芸社 1996.11 214p 19cm 1800円 ⓣ4-7733-5904-8
　＊文学と歴史にふれる日本の旅。欧米の旅。弁護士が書いたロマンと知性溢れる異色の紀行文。
◇名著のある風景―ヨーロッパ歴史紀行 加藤静雄著 サンエイジング, 三修社発売 1986.12 258p 19cm 1600円 ⓣ4-384-03747-3
　＊私の旅はいつも現実を離れて、その国の、そのまちの文化遺産ばかり追うことに終始してしまうことが多い。するとブルクハルト、ホイジンガ、ピレンヌ、ウェーバーなどの「名著」を思いおこし、旅の後にも読みかえす。まじめな学究とはとても言えないが、自分の旅の軌跡に「名著」があることは楽しい。思わぬ小さなまちが、輝いて見えてくる。
◇ヨーロッパ歴史と文化の旅―カルチャーガイド 水野潤一著 大修館書店 1992.6 222p 19cm 1648円 ⓣ4-469-24329-9
　＊ヨーロッパの歴史や文化を色々な語り口で紹介している本書は、読んでいるだけで、その地を旅しているような気にさせる不思議な本である。
◇ヨーロッパ世界と旅 宮崎揚弘編 法政大学出版局 1997.6 348,10p 20cm 3600円 ⓣ4-588-36407-3
　＊旅券の成立史から気球の旅まで。中世末～19世紀のヨーロッパ世界を実際に旅した、ハミルトン、カザノヴァ、マッツィーニ、イグナーチー、モア、エルヴェシウスら、そして移民・革命家・祖国喪失者らのさまざまな旅、はては空想の旅をもたどり、開化する近代の相貌および精神を多面的に浮き彫りにする。
◇ヨーロッパ・歴史と謎の名所物語 2 桐生操〔著〕 ベストセラーズ 1997.3 255p 15cm (ワニ文庫) 490円 ⓣ4-584-30525-0
　＊偽物説の囁かれる名画『モナ・リザ』があるルーヴル美術館、悲劇の運命を終えた二人の少年王の遺骨が発見されたロンドン塔、殺人を見せ物としたコロッセウム、神秘的な石像が立ち並ぶイタリアの森の中の庭園…名所に秘められた、驚きと不思議の歴史秘話の数々。ガイドブックとはひと味違うこの本で、あなたの旅はもっと楽しく深くなる。
◇ヨーロッパの旅―歴史への手引 「朝日旅の百科・海外編」編集部編 朝日新聞社 1984.9 2冊 21cm (朝日ブックレット 35,36) 各250円 ⓣ4-02-268035-0
◇ヨーロッパの旅・歴史への手引 上 ア～セ 「朝日旅の百科・海外編」編集部編 朝日新聞社 1984.9 63p 21cm (朝日ブックレット 35) 250円 ⓣ4-02-268035-0
◇ヨーロッパの旅・歴史への手引 下 ソ～ワ 「朝日旅の百科・海外編」編集部編 朝日新聞社 1984.9 63p 21cm (朝日ブックレット 36) 250円 ⓣ4-02-268036-9
◇ヨーロッパ歴史紀行 堀米庸三著 筑摩書房 1981.7 296p 19cm (筑摩叢書 273) 1400円
◇ヨーロッパ歴史地図 マーク・アーモンド, フェリペ・フェルナンデス＝アルメスト, クリス・スカール, ジェレミー・ブラック, ロザモンド・マキタリック編 原書房 1995.12 236p 31×24cm 18540円 ⓣ4-562-02713-4
　＊ヨーロッパ3000年の歴史の歩みが、鮮やかなカラー地図と解説で一目でわかる画期的アトラス。ヨーロッパ世界の変遷を多彩な配色によってわかりやすくヴィジュアルに表現。前900年から1993年まで、46のキー年代に〔全体図＋部分図〕の見開き4ページ構成。
◇ヨーロッパ歴史と謎の名所物語―世界史ミステリー紀行 桐生操著 ベストセラーズ 1996.2 254p 15cm (ワニ文庫) 500円 ⓣ4-584-30478-5
　＊二人の英国人旅行者がマリー・アントワネットの幻を見たヴェルサイユ宮殿、人骨シャンデリアまであるローマの教会、大惨劇の舞台となったアルジェシ城、妖精の出現したイギリスの小村、一夜にして水底に沈んだ街…ガイドブックには載っていない、意外な観光名所と驚きの歴史秘話。人とは違う旅をしてみたいと思っ

◇ヨーロッパ歴史の旅　田村秀夫著　三修社　1983.9　293,7p　15cm　380円　①4-384-06919-7
◇ライン河―ヨーロッパ史の動脈　加藤雅彦著　岩波書店　1999.10　201p　18cm（岩波新書）　660円　①4-00-430639-6
   *中世の古城やローレライの伝説など、ロマンティックなイメージをまとったライン河は、他方でドイツとフランスの激しい抗争の舞台となり、ヨーロッパ全域に戦争の惨禍をもたらしてきた。ラインをめぐる波瀾の独仏関係史をエピソード豊かにたどり、ライン河畔に芽ばえた"ヨーロッパ精神"から、欧州統合の行方を展望
◇歴史家の旅から　坂口昂著　中央公論社　1981.5　304p　16cm　（中公文庫）　400円
◇ロシア―民族の大地　プラネタ文、恒文社訳　恒文社　1993.5　287p　30×25cm　9800円　①4-7704-0776-9
   *本書は、信じ難いほどのロシアの多様性、息を呑む景観、ロシア人、ウクライナ人、その他の民族が創造した文化遺産を次々と繰り広げてくれる。優れた写真と簡潔なテキストによって、読者はロシアの大地に深く分け入り、その歴史と文化、風土、建築と美術に親しく接することができる。本日本語版には、ロシア史の専門家による北方領土を中心とした、分かりやすい日ロ交渉史を特別掲載した。
◇ロシア　新潮社　1994.2　441p　19cm（世界の歴史と文化）　3100円　①4-10-601839-X
◇ローヌ河歴史紀行―アルプスから地中海へ　笹本駿二著　岩波書店　1980.9　209p　18cm（岩波新書）　380円
◇わが青春のハプスブルク―皇妃エリザベートとその時代　塚本哲也著　文芸春秋　1999.3　375p　15cm（文春文庫）　514円　①4-16-757402-0
   *なぜ人々は今もハプスブルク家を慕うのか？なぜハプスブルク帝国には絢爛たる文化・学術の花が咲いたのか？皇妃エリザベート、皇帝フランツ・ヨーゼフからシューベルト、ヴィスコンティ、クーデンホーフ・カレルギーまで、著者自身の体験を交えながら中欧の歴史と人物を語り尽くした、ハプスブルク・エッセイ。
◇私のスペイン歴史散策　安藤まさ子著　三修社　1987.7　201p　15cm（異文化を知る一冊）　420円　①4-384-07049-7
   *宮廷に渦まく陰謀と確執、戦場を駆ける英雄、義臣。スペインの歴史を彩るさまざまな人物を軽妙な語り口で描きながら、スペイン人気質を浮き彫りにする。この国を愛してやまない著者の私的スペイン讃歌。

世界遺産の旅

◇イヤイヤ訪ねた世界遺産だったけど―アジアで見つけた夢の足跡　大西剛著　新評論　2001.7　332p　19cm　2200円　①4-7948-0531-4
   *韓国・インドネシア・カンボジア・タイ・ラオス開き直って巡り巡ったその地には真実の姿が待ち受けていた！アジア世界遺産旅游記。
◇おもしろくてためになる世界遺産の雑学事典　荻野洋一著　日本実業出版社　2001.5　222p　19cm　1300円　①4-534-03228-5
   *本書では、世界的に有名なクメール寺院「アンコール」や旅行者に人気の高いフランスの「モン-サン-ミシェル」から、オマーンにある不思議な考古遺跡「バット」や南西ニュージーランドにある世界一のフィヨルド「テ・ワヒポウナム」、シリア砂漠のオアシス「パルミラの遺跡」など、あまり一般には知られていないような遺産までを網羅。その遺産がもつ謎や裏話を紹介した。
◇ぐるっと世界遺産をひとめぐり　小林克己著　東京書籍　2000.4　157p　21cm　1900円　①4-487-79541-9
   *子どもの頃からだれもが魅了されてきた世界中の不思議な遺跡、地形、市街…。2000年1月現在、世界遺産に登録されているそんな物件は630件に達しています。本書では、そのなかからとくに興味深い60件を厳選し、多数の写真とともに、そこに隠されている数々のエピソードを紹介してみました。
◇週刊ユネスコ世界遺産 no.16　トレドの旧市街―スペイン　講談社　2001.2　34p　30cm　533円
◇週刊ユネスコ世界遺産 no.17　フォンテンブロー宮殿と庭園／シャンボール城―フランス　講談社　2001.2　34p　30cm　533円
◇週刊ユネスコ世界遺産 no.21　ナポリの歴史地区―イタリア　講談社　2001.3　34p　30cm　533円
◇週刊ユネスコ世界遺産 no.22　シェーンブルン宮殿と庭園／ザルツブルクの歴史地

世界遺産の旅　　　　　　　　　　　　　　　　　歴史紀行一般

◇週刊ユネスコ世界遺産 no.22 シェーンブルン宮殿と庭園/ザルツブルク市街の歴史地区—オーストリア　講談社　2001.4　34p　30cm　533円
◇週刊ユネスコ世界遺産 no.23　エルサレムの旧市街とその城壁—エルサレム　講談社　2001.4　34p　30cm　533円
◇週刊ユネスコ世界遺産 no.24　ギョレメ国立公園とカッパドキアの岩石群—トルコ　講談社　2001.4　34p　30cm　533円
◇週刊ユネスコ世界遺産 no.25　ブダペストのドナウ河岸とブダ城—ハンガリー　講談社　2001.4　34p　30cm　533円
◇週刊ユネスコ世界遺産 no.26　カルタゴの考古遺跡/チュニスの旧市街—チュニジア　講談社　2001.5　34p　30cm　533円
◇週刊ユネスコ世界遺産 no.27　バルセローナのグエル公園、グエル邸、カサ・ミラ—スペイン　講談社　2001.5　34p　30cm　533円
◇週刊ユネスコ世界遺産 no.20　フェスの旧市街/マランシュの旧市街—モロッコ　講談社　2001.3　34p　30cm　533円
◇週刊ユネスコ世界遺産 no.33　ラヴェンナの初期キリスト教建造物群—イタリア　講談社　2001.6　34p　30cm　533円
◇週刊ユネスコ世界遺産 no.38　ポツダムとベルリンの宮殿と庭園—ドイツ　講談社　2001.8　34p　30cm　533円
◇週刊ユネスコ世界遺産 no.39　テオティワカンの古代都市/チチェン・イツァの古代都市—メキシコ　講談社　2001.8　34p　30cm　533円
◇週刊ユネスコ世界遺産 no.30　アヴィニョンの歴史地区/アルルのローマ遺跡とロマネスク建築—フランス　講談社　2001.6　34p　30cm　533円
◇週刊ユネスコ世界遺産 no.41　リヨンの歴史地区/ブールジュの大聖堂—フランス　講談社　2001.8　34p　30cm　533円
◇週刊ユネスコ世界遺産 no.43　リスボンのジェロニモス修道院とベレンの塔/シントラの文化的景観—ポルトガル　講談社　2001.9　34p　30cm　533円
◇週刊ユネスコ世界遺産 no.44　ストラスブールの旧市街/ヴェズレーの聖堂と丘—フランス　講談社　2001.9　34p　30cm　533円
◇週刊ユネスコ世界遺産 no.40　古代都市パルミラ/ダマスカスの旧市街—シリア　講談社　2001.8　34p　30cm　533円
◇世界遺産行ってみたい55　世界遺産を旅する会編　小学館　2000.7　221p　15cm　(小学館文庫)　638円　④4-09-417182-7

＊現在630ある世界遺産から55カ所を厳選して紹介するオールカラー版の第2弾。今回は、『富と権力の象徴を訪ねる』…日光、タージ・マハル他、『風土と暮らしを考える』…白川郷、アルベロベッロ他、『自然の不思議に驚く』…セレンゲティ、カナディアン・ロッキー他、『謎の古代遺跡を探る』…ストーンヘンジ、莫高窟他、『歴史のある街を歩く』…フィレンツェ、プラハ、カイロ他、以上の5テーマで構成。この地球上に確かに存在するかけがえのない"宝"ばかりです。前作同様、美しい写真と簡潔な文章であなたを旅へと誘う、迫力満点の写真集です。
◇世界遺産を歩く—建材の歴史を訪ねて　三嶋清敬著　技術書院　2000.9　254p　19cm　1900円　④4-7654-3186-X
＊古代コンクリートの欠片が悠久の時の旅へと誘う。世界遺産(文化遺産)の魅力を、その技術的成立ちや使用される材料に目を向けながら語る。建築材料学を専門とする著者による40編の旅。
◇世界遺産を旅する—地球の記録 1　イタリア・バチカン・ギリシア・マルタ　近畿日本ツーリスト　1997.7　191p　22cm　1800円　④4-87638-620-X
＊「世界遺産」紀行。「イタリア」ヴェネツィアとその潟、フィレンツェ歴史地区、ピサのドゥオーモ広場、ローマ歴史地区、教皇庁直轄領とサン・パオロ・フォーリ・レ・ムーラ教会「バチカン」バチカン・シティ「ギリシア」アテネのアクロポリス、オリンピア古代遺跡、デルフィ古代遺跡、ディロス「マルタ」ヴァレッタ市街。
◇世界遺産を旅する—地球の記録 11　メキシコ・中米・カリブ海　近畿日本ツーリスト　1999.6　175p　22cm　1800円　④4-87638-630-7
◇世界遺産を旅する—地球の記録 10　トルコ・中近東・ロシア　近畿日本ツーリスト　1999.4　231p　22cm　1800円　④4-87638-629-3
◇世界遺産を旅する—地球の記録 2　スペイン・ポルトガル・モロッコ・チュニジア　近畿日本ツーリスト　1997.7　191p　22cm　1800円　④4-87638-621-8
＊「世界遺産」紀行。「スペイン」サンディアゴ・デ・コンポステーラ、バルセロナのグエル公園、カサ・ミラ、ブルゴスの大聖堂、古都トレド「ポルトガル」バターリャの修道院、リスボンのジェロニモス修道院とベレンの塔「モロッコ」フェズ旧市街、マラケシュ旧市街「チュニジア」

カルタゴ遺跡、スース旧市街。

◇世界遺産を旅する—地球の記録 3　フランス・スイス・イギリス・アイルランド　近畿日本ツーリスト　1997.7　191p　22cm　1800円　①4-87638-622-6
　＊「世界遺産」紀行。「フランス」ヴェルサイユ宮殿と庭園、モン・サン・ミシェルとその湾、フォンテーヌブロー宮殿と庭園「スイス」ベルン旧市街、ミュスタールの聖ヨハネのベネディクト派修道院「イギリス」ウエストミンスター・パレス、聖マーガレット教会、カンタベリー大聖堂「アイルランド」ボイン渓谷の古代遺跡群。

◇世界遺産を旅する—地球の記録 4　オーストリア・東欧　近畿日本ツーリスト　1998.3　191p　22cm　1800円　①4-87638-623-4

◇世界遺産を旅する—地球の記録 5　ドイツ・オランダ・ルクセンブルク・北欧　近畿日本ツーリスト　1998.1　191p　22cm　1800円　①4-87638-624-2

◇世界遺産を旅する—地球の記録 6　日本・中国・大韓民国・東南アジア　近畿日本ツーリスト　1998.1　191p　22cm　1800円　①4-87638-625-0
　＊日本 姫路城、屋久島、古都京都の文化財、白神山地。中国 万里の長城、敦煌・莫高窟、秦始皇帝陵。大韓民国 石窟庵と仏国寺。ベトナム フエの建造物群。ラオス ルアン・プラバンの町。カンボジア アンコール遺跡群。タイ アユタヤと周辺の歴史地区群。インドネシア ボロブドゥール寺院遺跡群。

◇世界遺産を旅する—地球の記録 7　アメリカ・カナダ・オーストラリア・ニュージーランド　近畿日本ツーリスト　1998.5　191p　22cm　1800円　①4-87638-626-9

◇世界遺産を旅する—地球の記録 8　インド・南アジア　近畿日本ツーリスト　1998.8　175p　22cm　1800円　①4-87638-627-7

◇世界遺産を旅する—地球の記録 9　南米　近畿日本ツーリスト　1998.8　175p　22cm　1800円　①4-87638-628-5

◇世界遺産の歩き方—謎と不思議をめぐる冒険　グローバル倶楽部編　ベストセラーズ　2001.3　239p　15cm　(ワニ文庫)　648円　①4-584-30699-0
　＊現代、「世界遺産」に登録されている古代遺跡や自然公園は600を超える。これらのなかには、あまり語られることのない不思議なエピソードを持つものも少なくない。灌漑施設が繁栄と滅亡をもたらしたといわれるアンコール・ワット、地上400メートルもの高さのある凸岩上に建つメテオラの修道院…。本書では「世界遺産」の神秘的かつ壮大なミステリーにスポットを当て、その知られざる魅力にオールカラーで迫る。

◇世界遺産の凄さがわかる本—ガイドブックも教えない本当の楽しみ方　歴史の謎を探る会編　河出書房新社　2000.7　221p　15cm　(Kawade夢文庫)　476円　①4-309-49348-3
　＊「世界遺産」に登録された遺産は、すでに600を越えた。そのどれもが、貴重な普遍的価値をもっていることはいうまでもない。そんな多くの世界遺産のなかには、歴史的、芸術的、自然的価値が高いだけでなく、成立や保存などをめぐってユニークな背景があったり、独自の事情を抱え込んでいたりと、驚きのエピソードをもつものも少なくない。本書は、世界遺産を網羅したガイドブックとはちょっと違った角度から眺め、このような知られざる物語を紹介していく。なかでも驚きの話、あまり紹介されていない話を厳選した。

◇世界遺産の旅—地球紀行　小学館　1999.10　351p　26cm　(小学館green mook)　3800円　①4-09-102051-8

◇世界遺産の旅—地球紀行 2000　小学館　2000.5　34p　26cm　(小学館green mook)　476円　①4-09-102053-4

◇世界遺産フォトス—写真で見るユネスコの世界遺産　ザ・ワールドヘリティッジ　古田陽久，古田真美監修，世界遺産研究センター編　シンクタンクせとうち総合研究機構　1999.8　126p　21cm　1905円　①4-916208-22-6
　＊本書は、ユネスコ世界遺産に登録されている世界遺産の多様性を、これまでに収集した写真資料を基に、多角的な視点から考察している。

◇世界遺産ミステリー紀行—超古代に何が起こったか　平川陽一〔著〕　ベストセラーズ　2001.2　221p　15cm　(ワニ文庫)　571円　①4-584-30697-4
　＊世界遺産—人類が知恵と力をふり絞って築き上げた、素晴らしい文明の痕跡である。ところが、いまとなっては何のためにに作られたのかまったくわからないばかりか、工法まで謎に包まれているものも少なくない。エジプトのピラミッド、ナスカの地上絵など有名なものからしてそうである。そこで本書では伝承、古文書などに想像力を加え、世界遺産にまつわる謎の解明を試みてみた。さあ、世界遺

世界遺産の旅　　　　　　　　　　　　　　　　　　　　　歴史紀行一般

◇世界遺産—ユネスコ登録690遺産すべて収録　昭文社　2001.7　343p　31×25cm　4500円　⓪4-398-20050-9
　＊本書では、世界遺産に登録された最新の自然遺産、文化遺産をすべて個別に解説。遺産はヨーロッパ、アジア、オセアニア、アフリカ、アメリカの順にまとめ、さらに地域ごとに分類して、地域別の地図にその位置を示した。2000年12月に新たに登録された61の遺産を含め、全690(文化遺産529、自然遺産138、複合遺産23)の世界遺産を収録。

◇世界遺産ガイド—アフリカ編　古田陽久,古田真美監修　シンクタンクせとうち総合研究機構　2000.3　126p　21cm　2000円　⓪4-916208-27-7
　＊アフリカのユネスコ世界遺産を特集したガイドブック。アフリカでユネスコ世界遺産に登録されている物件の全プロフィールを写真、地図、データを用いて紹介。配列はアフリカ北部から南部へ国ごとに分類。各国のデータは国連およびユネスコへの加盟年、国の概要と経済活動などを載せ、世界遺産については地図、登録された年と解説を掲載している。巻末に世界遺産の物件名索引と国名索引を付す。

◇世界遺産ガイド—北欧・東欧・CIS編　古田陽久,古田真美監修,日本ウォッチ研究所企画・構成,世界遺産研究センター編　シンクタンクせとうち総合研究機構　2000.4　126p　21cm　2000円　⓪4-916208-28-5
　＊北欧、東欧、CISにおいてユネスコ世界遺産に登録されている全世界遺産のプロフィールを掲載したガイドブック。各世界遺産を国ごとに写真等を用いて特色などを紹介。巻末に五十音順索引と国名索引がある。

◇世界遺産ガイド—危機遺産編　古田陽久,古田真美監修,21世紀総合研究所企画・構成,世界遺産総合研究センター編　シンクタンクせとうち総合研究機構　2001.7　128p　21cm　2000円　⓪4-916208-45-5
　＊本書は、ユネスコ世界遺産に登録されている物件のうち、深刻な危機にさらされ緊急の救済措置が必要とされている「危機にさらされている世界遺産」(危機遺産)30物件を特集する。また、危機遺産関連の情報源や参考データも収録している。

◇世界遺産ガイド　アジア・太平洋編　古田陽久,古田真美監修,日本ウォッチ研究所企画・構成,世界遺産研究センター編　シンクタンクせとうち総合研究機構　1999.3　126p　21cm　1905円　⓪4-916208-19-6
　＊アジア・太平洋地域のユネスコ世界遺産を、写真、地図、グラフ等を用いて、エリア別・国別に紹介したガイドブック。

◇世界遺産ガイド　西欧編　古田陽久,古田真美監修,日本ウォッチ研究所企画・構成,世界遺産研究センター編　シンクタンクせとうち総合研究機構　2000.4　126p　21cm　2000円　⓪4-916208-29-3
　＊本書は、ユネスコ世界遺産に登録されている西欧のユネスコ世界遺産のプロフィールを、写真・地図・グラフ等を用いながら紹介したもの。また、西欧の国々と地域の特色、それに、わが国と西欧との関わり等を学習するためのデータも掲載。

◇世界遺産ガイド　中東編　古田陽久,古田真美監修,21世紀総合研究所企画・構成,世界遺産研究センター編　シンクタンクせとうち総合研究機構　2000.7　125p　21cm　2000円　⓪4-916208-30-7
　＊本書は、ユネスコ世界遺産に登録されている中東のユネスコ世界遺産の全プロフィールを、写真・地図・グラフ等を用いながら紹介。また、中東の国々と地域の特色、それに、わが国と中東との関わり等を学習するためのデータも網羅。

◇世界遺産ガイド　都市・建築編　古田陽久,古田真美監修,21世紀総合研究所企画・構成,世界遺産研究センター編　シンクタンクせとうち総合研究機構　2001.2　126p　21cm　2000円　⓪4-916208-39-0
　＊ユネスコ世界遺産に登録されている主要な都市・建築を特集。本書は、世界各国の首都をはじめとする主要都市にあるユネスコ世界遺産を紹介する。都市の歴史と建築様式、都市計画家や建築家の関わりについても触れる。21世紀の国土・都市・まちづくり計画、それに、建築計画の参考資料とされたい。

◇世界遺産Q&A—世界遺産の基礎知識　2001改訂版　古田陽久監修,21世紀総合研究所企画・構成,世界遺産総合研究センター編　シンクタンクせとうち総合研究機構　2001.9　128p　21cm　2000円　⓪4-916208-47-1
　＊本書は、ユネスコ世界遺産についての基本的事項と要点を、写真、地図、グラフ、フロー・チャート等を用いながらQ&A形式でわかりやすく解説。最新のユネスコ世界遺産の全体像が把握できるように構成した。

◇世界遺産極める55　世界遺産を旅する会編　小学館　2001.8　221p　15cm　(小学館文庫)　638円　⓪4-09-417184-3

歴史紀行一般　　　　　　　　　　　　　　　　　世界遺産の旅

◇世界遺産厳選55　世界遺産を旅する会編　小学館　2000.1　221p　15cm　(小学館文庫)　638円　①4-09-417181-9
　＊"世界遺産"わたしたちの地球に、これほど美しく、壮麗で、雄大な遺跡・建築・自然があったとは…。現在登録されている600近い世界遺産の中から、とっておきの55カ所を選びました。人々の生きた暮らしが今も息づく"古都"、人類の歩みが刻まれた"遺跡"、神からの壮大な贈り物"自然"、篤い信仰心が造形化された"祈りの地"。本書はこの4テーマに沿って構成しています。美しい写真満載で、その魅力が掌いっぱいに広がると同時に、人類にとって世界遺産がいかにかけがえのない宝であるかを伝え、いつかあなたを旅へと誘うことでしょう。

◇世界遺産最新セレクション100　小林克己著　三笠書房　2001.8　236p　19cm　(王様文庫)　657円　①4-8379-6100-2
　＊海外渡航数一〇〇回以上、訪れた国は一三〇以上という著者が選んだ自信のベスト・コレクション！さらに、ツアーの自由行動日や、個人旅行で訪れたい人のための、よくばりモデルコース付き。日本の世界遺産や幻の世界遺産などもわかる、一二〇パーセントの充実度。

◇世界遺産37の謎の回廊―ふしぎ歴史館　巻ノ7　歴史の謎研究会編　青春出版社　2001.4　230p　15cm　(青春文庫)　514円　①4-413-09188-4
　＊永久なる遺跡に残された謎の断片。故宮、アユタヤ、ウェストミンスター宮殿…その未知なる真相に迫る！文庫書き下ろし。

◇世界遺産32の謎の符合―ふしぎ歴史館　巻ノ6　歴史の謎研究会編　青春出版社　2001.1　205p　15cm　(青春文庫)　514円　①4-413-09177-9
　＊奇跡の遺産をとりまく謎の痕跡。琉球・首里城、オリンピア、モン・サン・ミッシェル…その消えた真相を追う。

＊"世界遺産"の魅力を凝縮してお届けする好評シリーズ、お待ちかねの第4弾。今回は「王の物語を聞く」「未知なる自然を知る」「遺跡に往時を想う」「都市の歴史を探る」「祈りと巡礼の地を訪ねる」の5テーマ構成。2000年12月の新登録分より竜門石窟、エオリエ諸島、ムル山国立公園、アッシジの聖フランチェスコ教会、琉球王国のグスク、ヴェローナ市街の6カ所を含む計55カ所を、見ごたえある写真満載で紹介。開くだけで心楽しく、読む人を旅へと誘う美しい写真集。

◇世界遺産30の謎の痕跡―ふしぎ歴史館　巻ノ2　歴史の謎研究会編　青春出版社　2000.4　245p　15cm　(青春文庫)　524円　①4-413-09138-8
　＊神秘の遺産に秘められた謎の数々。ポンペイ、万里の長城、モヘンジョダロ、厳島神社…その知られざる真相に迫る。

◇世界遺産事典―関連用語と情報源　シンクタンクせとうち総合研究機構編　シンクタンクせとうち総合研究機構　1997.9　128p　21cm　1905円　①4-916208-10-2
　＊最新のユネスコの世界遺産506物件(物件名は和英対照)のプロフィールを写真データ(約100物件)と共に紹介。また、世界遺産に関する専門用語の解説、インターネット情報も取り込んだ国内外の情報源、世界遺産に関する書誌データも網羅。世界遺産に関することなら何でもわかるコンパクトで便利な事典。

◇世界遺産事典―関連用語と全物件プロフィール　2001改訂版　古田陽久監修, 21世紀総合研究所企画・構成, 世界遺産総合研究センター編　シンクタンクせとうち総合研究機構　2001.8　128p　21cm　2000円　①4-916208-49-8
　＊ユネスコ世界遺産の関連用語と全物件プロフィールを特集。

◇世界遺産太鼓判55　世界遺産を旅する会編　小学館　2000.11　221p　15cm　(小学館文庫)　638円　①4-09-417183-5
　＊"世界遺産"の魅力をポケットサイズに凝縮した、オールカラー写真集第3弾。今回は、バチカン、カトマンズなどの「聖地巡礼」、バルセロナほか「芸術家の街」、ロイヤル・チトワン国立公園やタスマニアなどの「偉大なる自然」、万里の長城をはじめ「古代人の知恵」、ローマ、クスコなどの「都市建築」という5テーマによる構成です。美しく、迫力と意外性のある160点の写真満載、歴史やエピソードをまじえた文章も簡潔です。地球がこれほどに美しく、素晴らしいものだったとは…あなたを魅了して、旅へと誘う「太鼓判」の55カ所です。

◇世界遺産データ・ブック　1995年版　河野祥宣編著　シンクタンクせとうち総合研究機構　1996.1　68p　21cm　2500円　①4-9900145-5-3
　＊本書は、世界遺産とは何か、また、どのような物件が世界遺産として登録されているのかなどの基本的な理解と認識を深め啓蒙していくことを目的に編集したものです。エジプトのピラミッド、アメリ

97

世界遺産の旅

カ合衆国のグランド・キャニオン、中国の万里の長城をはじめとして世界遺産を国別にデータ・ブックとして取り纏めました。

◇世界遺産データ・ブック 2001年版　古田陽久,古田真美監修,21世紀総合研究所企画・構成,世界遺産研究センター編　シンクタンクせとうち総合研究機構　2001.1　126p　21cm　2000円　④4-916208-37-4

＊最新のユネスコ世界遺産690物件の全データを掲載。本年度版は、第24回世界遺産委員会ケアンズ会議で、新たに、ユネスコの「世界遺産リスト」と「危機にさらされている世界遺産リスト」に登録された物件など、最新のユネスコ世界遺産690物件の登録データを、世界遺産委員会別・地域別・国別(122か国)、登録パターン別に掲載。

◇世界遺産と都市―ヨーロッパの都市・アジアの都市・日本の都市　奈良大学文学部世界遺産コース編　風媒社　2001.6　272p　21cm　2400円　④4-8331-4029-2

＊ローマ、アテネ、ロンドン、エルサレム、西安、ソウルそして奈良、京都…。人類が膨大な時間と英知を傾けて作り上げた世界遺産都市。その人類史的価値をあらためて考える。

◇世界遺産入門―地球と人類の至宝　古田陽久,古田真美監修　シンクタンクせとうち総合研究機構　1998.4　126p　21cm　1429円　④4-916208-12-9

＊本書では、「世界遺産」に関する基本的事項をわかりやすく解説します。

◇世界遺産のいま　平山郁夫,石弘之,高野孝子著　朝日新聞社　1998.11　159p　26cm　2400円　④4-02-257276-0

＊地球の歴史は46億年、そして人類の歴史は500万年。この時間の流れの中で、地球は、心をかきたてるようなすばらしい自然美をつくり上げ、人類は感動を呼び起こさずにはおかない多くの文化を築き上げてきた。法隆寺、屋久島、アンコール遺跡群、カッパドキア、モン・サン・ミッシェル、ピサの斜塔、ブダペスト、ンゴロンゴロ自然保護区、アルバータ州立恐竜公園、ガラパゴス諸島、パタゴニア氷河など全世界36カ所を訪問、オールカラーで紹介。

◇世界遺産マップス―地図で見るユネスコの世界遺産 2001改訂版　古田陽久,古田真美監修,21世紀総合研究所企画・構成,世界遺産研究センター編　シンクタンクせとうち総合研究機構　2001.1　126p　21cm　2000円　④4-916208-38-2

◇ユネスコ世界遺産125―佐藤敦子の遺跡紀行　佐藤敦子著　光村印刷　2000.11　107p　20×22cm　(Bee books)　2500円　④4-89615-798-2

◇ユネスコ世界遺産 8　西ヨーロッパ　講談社　1996.9　271p　30×24cm　5800円　④4-06-254708-2

＊オールカラーで世界100カ国、440件の遺産を網羅！未来に伝えたい人類の文化と地球の自然ユネスコ世界遺産。

◇ユネスコ世界遺産 1　北アメリカ　ユネスコ世界遺産センター監修　講談社　1996.11　293p　30×24cm　5800円　④4-06-254701-5

＊本書は、1995年11月現在において、世界遺産リストに登録されているカナダ、アメリカ、メキシコの3カ国、40件の遺産を扱った。

◇ユネスコ世界遺産 6　東南アジア・オセアニア　ユネスコ世界遺産センター監修　講談社　1997.1　271p　30×24cm　5800円　④4-06-254706-6

◇ユネスコ世界遺産 7　北・中央ヨーロッパ　ユネスコ世界遺産センター監修　講談社　1997.7　295p　30×24cm　5631円　④4-06-254707-4

◇ユネスコ世界遺産 11　北・西アフリカ　ユネスコ世界遺産センター監修　講談社　1998.1　295p　30×24cm　5631円　④4-06-254711-2

＊オールカラーで世界100カ国、440件の遺産を網羅したユネスコ世界遺産全12巻の北アフリカ、西アフリカ編。

◇ユネスコ世界遺産 3　西アジア　ユネスコ世界遺産センター監修　講談社　1998.3　271p　30×24cm　5631円　④4-06-254703-1

＊オールカラーで世界100カ国、440件の遺産を網羅したユネスコ世界遺産の西アジア編。

◇ユネスコ世界遺産年報 1997‐1998　日本ユネスコ協会連盟編　芸術新聞社　1998.3　63p　30cm　1000円　④4-87586-238-5

◇ユネスコ世界遺産年報 2001　平山郁夫総監修,城戸一夫監修,日本ユネスコ協会連盟編　平凡社　2001.3　71p　30cm　1000円　④4-582-71403-X

遺跡・史跡

古代遺跡(日本)

◇遺跡の謎旅―史実と伝説の交差点を訪ね歩く　マガジントップ編　山海堂　1999.5　143p　21cm　(私の創る旅　2)　1600円　④4-381-10330-0
　＊縄文・弥生時代から飛鳥まで、想像力を道づれに旅してみたい47の遺跡。

◇遺跡を楽しもう　岩田一平著　岩波書店　1999.7　200p　18cm　(岩波ジュニア新書)　700円　④4-00-500326-5
　＊日本人はどこから来たのか？稲作の起源は？DNA分析、科学的年代測定法など、ハイテクを駆使した発掘・研究が日本古代の謎を次々と明らかにしつつある。大ブームの縄文を中心に、旧石器時代のたき火跡から弥生のクニの都まで、著者みずから歩いた経験をもとに、全国の遺跡を案内しながら語る最新考古学探検。

◇遺跡が語る日本人のくらし　佐原真著　岩波書店　1994.3　200p　18cm　(岩波ジュニア新書　234)　650円　④4-00-500234-X
　＊自分専用の茶碗と箸をつかってごはんを食べる。魚や肉、生野菜を食べる。柱の多い家、花瓶の花。こんな私たちの生活文化はいつから始まり、どう発展してきたのだろう。吉野ケ里、土井ケ浜、唐古＝鍵など各地の遺跡をたずね、そこで発掘された資料をもとに実証的に、想像力豊かに考えてゆく。考古学が身近になる一冊。

◇命の根っこ稲・歴史ガイド―遺跡・博物館・古典でたどる　羽田丈夫著　梨の木舎　2001.1　140p　21cm　(旅行ガイドにないアジアを歩く日本)　1700円　④4-8166-0101-5
　＊稲は伝来して2500年、大地を守り水を守り森を守ってきました。その歴史を著者は6年にわたり200か所以上の遺跡・博物館を訪ね探ります。さらに古典からも明らかにします。日本全国の遺跡・博物館地図30点。

◇おとうさん、縄文遺跡へ行こう　結城昌子,体験文化研究会編著　小池書院　1999.5　56p　18×23cm　(親子で旅するシリーズ)　1700円　④4-88315-503-X

◇おとうさん、弥生遺跡へ行こう　結城昌子,体験文化研究会編著　小池書院　1999.5　56p　18×23cm　(親子で旅するシリーズ)　1700円　④4-88315-504-8

◇黒潮に乗ってきた古代文化―石造遺物の謎を追って　小川光暘著　日本放送出版協会　1990.10　233p　19cm　(NHKブックス　606)　757円　④4-14-001606-X

◇古代遺跡への旅　旅行読売出版社　1997.2　122p　26cm　(旅行読売mook　52)　880円

◇古代遺跡見聞録　青沼辰雄著　創栄出版　1998.8　277p　20cm　④4-88250-777-3

◇古代遺跡謎解きの旅―風水ウォーキング　松本司著　小学館　1999.5　269p　20cm　(小学館の謎解き古代史シリーズ　1)　1600円　④4-09-387239-2

◇古代大発見―縄文・弥生遺跡の旅　豊田有恒著　勁文社　1999.4　238p　19cm　1200円　④4-7669-3189-0
　＊日本人のルーツをさぐる遺跡探訪。古代を旅する著者の新発見、満載。

◇古代への旅　西田昭治著　北国出版社　1981.11　453p　19cm　2000円

◇古代紀行　西田昭治著　近代文芸社　1987.9　378p　19cm　2000円　④4-89607-727-X
　＊「古代への旅」に続く著者の目、肌、心で捉えた紀行集！この本の随処にみえるのは、著者の知的好奇心の強さと民族の古代に対するはろばろとした大きな心と愛である。

◇古代史発見の旅　田辺昭三〔著〕　角川書店　1990.12　168p　22cm　2600円　④4-04-821039-4

◇古代史歴史散歩―日本人の原点を訪ねて　武光誠編　講談社　1999.1　314p　15cm　(講談社文庫)　619円　④4-06-263973-4
　＊三内丸山、吉野ケ里―陸続と発見される古代日本の遺跡は、日本人のロマンの心を大いに刺激する、もっとも興味の湧く分野。今や日本人のルーツは縄文を超えて旧石器時代に遡れるまでになった。最新の発掘品も入れて400遺跡を取り上げた。読んで満足、歩いて納得の古代史案

古代遺跡

内。ファン必読。

◇古代史紀行　宮脇俊三著　講談社　1990.11　349p　19cm　1500円　④4-06-205018-8
　＊三種の神器は、年表、地図、時刻表。旅による日本通史古代史篇。あくまでも歴史の流れに従って、ご存じ宮脇俊三が旅を行く。

◇古代朝鮮と日本の旅　朴春日著　明石書店　1989.9　429p　19cm　2060円
　＊藤ノ木古墳、吉野ケ里遺跡、飛鳥、京都、近江路、出雲路…。各地の遺跡や神社仏閣を訪ね歩きながら、古代朝鮮と日本との関わりを考える紀行文集。古代朝鮮から移住した人びとが伝えた文化の足跡は、どう刻まれたか。

◇古代日本七不思議—驚異への旅　文芸春秋編　文芸春秋　1990.5　261p　16cm　（文春文庫ビジュアル版）　550円　④4-16-811611-5

◇縄文発見の旅　信濃毎日新聞社編集局編　信濃毎日新聞社　2000.7　126p　21cm　1400円　④4-7840-9871-2

◇全国古代遺跡古墳鑑賞ガイド—古代ロマンの世界へご招待　小林達雄監修　小学館　2000.3　127p　21cm　（小学館フォトカルチャー）　1500円　④4-09-331115-3
　＊111箇所の古代遺跡をわかりやすく紹介。不思議な古墳の壁画を鮮やかなカラー写真で再現。考古学者・小林達雄教授が語る古代遺跡の楽しみ方。縄文・弥生・古墳を時代別に構成し全遺跡のマップつき。古代人の精神文化や生活ぶりを積極的に紹介。

◇全国古代遺跡めぐりガイドブック　PHP研究所編　PHP研究所　1998.4　207p　18cm　1143円　④4-569-60022-0
　＊発掘された遺跡を旧石器、縄文、弥生、古墳の4つの時代別に収録した全国遺跡ガイドブック。所在地、交通、開館時間、入館料と遺跡の特徴や出土品などを写真きで解説。巻末では地域別に博物館・資料館を紹介。

◇全国訪ねてみたい古代遺跡100—日本古代遺跡観察図鑑　岡村道雄監修　成美堂出版　2000.1　271p　22cm　1500円　④4-415-00882-8

◇続・日本全国 化石採集の旅—まだまだ化石が僕を呼んでいる　大八木和久著　築地書館　1996.5　162p　19cm　2266円　④4-8067-1115-2
　＊無敵のアマチュアリズムで大反響を巻きおこした正編につづく待望の第2弾。著者オリジナルの巻頭カラー口絵も8ページ増。化石の採集・クリーニング・整理の達人が伝授する化石採集の"ヨロコビ"とその極意。

遺跡・史跡

◇探訪縄文の遺跡　東日本編　戸沢充則編　有斐閣　1985.3　519p　20cm　（有斐閣選書R 33）　3500円

◇探訪先土器の遺跡　戸沢充則, 安蒜政雄編　有斐閣　1983.12　494p　20cm　（有斐閣選書R 18）　2900円　④4-641-02383-2

◇探訪 弥生の遺跡　佐原真, 工楽善通編　有斐閣　1987.12　511p　19cm　（有斐閣選書R 48）　3800円　④4-641-18069-5
　＊弥生時代の遺跡は、数千におよぶでしょう。この巻には、九州地方から近畿地方の兵庫・和歌山県にいたる西日本の六三遺跡(郡)をおさめました。

◇探訪 弥生の遺跡　畿内・東日本編　佐原真, 工楽善通編　有斐閣　1989.9　588p　19cm　（有斐閣選書R 50）　5150円　④4-641-18127-6
　＊本書は、弥生時代の代表的な遺跡を二巻に分けて紹介する『探訪弥生の遺跡』西日本編に続くもので、大阪府以東の近畿地方の一部と東日本すべてとをあつかったものです。

◇銅鐸「祖霊祭器説」—古代の謎発見の旅　井上香都羅著　彩流社　1997.8　297p　19cm　1900円　④4-88202-551-5
　＊古代の神山・祖霊信仰。解明された銅鐸の謎！不自由な体で、全国の銅鐸出土地250ケ所。すべてを数度にわたって精査した成果が通説の古代世界に風穴を開けた。

◇遠い祖先に出会う最新古代遺跡の旅　旅行読売出版社　1998.11　120p　26cm　（旅行読売mook 139）　857円　④4-89752-155-6

◇謎解き日本古代史の歩き方徹底ガイド　彩流社　1998.5　212p　22cm　（オフサイド・ブックス）　1200円　④4-88202-603-1
　＊縄文イメージを革命的に変えた三内丸山遺跡、世紀の大発見・弥生時代の吉野ケ里遺跡、「鏡」で話題の黒塚古墳、邪馬台国論争、御柱祭の諏訪大社、銅鐸等、各地の謎を解きながら、全国200以上のポイントを「歩く」。

◇日本の遺跡50—原始・古代を旅するガイド　朝日新聞社　1994.6　246p　21cm　（朝日ワンテーママガジン 32）　1300円　④4-02-274032-9

◇日本超古代遺跡紀行　木村信行著　日本歴史研究所　1988.10　357p　22cm　9800円

◇日本の深層—縄文・蝦夷文化を探る　梅原猛著, 井上隆雄写真　佼成出版社　1983.11

遺跡・史跡　　　　　　　　　　　　　　　　　　　　　　　　　　古代遺跡

187p　27cm　2800円　⒤4-333-01133-7
◇卑弥呼　　近畿日本ツーリスト　1998.8
191p　22cm　（歴史の舞台を旅する　3）
1800円　⒤4-87638-660-9
◇ふるさとを探る―歴史の多角的研究　小野真一著　近代文芸社　1992.4　237p　19cm　1800円　⒤4-7733-1644-6
◇邪馬台国を見つけよう　豊田有恒著　講談社　1983.10　289p　15cm　（講談社文庫）360円　⒤4-06-134125-1
◇歴史見学にやくだつ遺跡と人物 1　先土器・縄文・弥生時代の遺跡と人物　島津隆子執筆　ポプラ社　1992.4　45p　29×22cm　2500円　⒤4-591-04051-8
　＊遺跡、岩宿遺跡・加曽利貝塚・登呂遺跡・吉野ケ里遺跡など。人物、卑弥呼など。カラー版。小学上級〜中学生向。
◇SF作家古代史を歩く　豊田有恒著　PHP研究所　1983.12　231p　19cm　980円　⒤4-569-21203-4

古代遺跡（北海道・東北地方）

◇青森県の遺跡めぐり―縄文時代の遺跡の宝庫　亀ケ岡文化研究会　1981.3　254p　17cm
◇秋田県遺跡地図　由利地区版　秋田県教育委員会　2001.3　30枚　43×54cm
◇阿光坊の史跡と伝説　成田健康著　成田健康　1987.6　205p　21cm
◇いまよみがえる縄文の都―巨大集落・三内丸山遺跡　国松俊英著, 原田こういち絵, 荻原明写真　佼成出版社　1996.1　127p　21cm　（体験ノンフィクション）1500円　⒤4-333-01786-6
◇角田市遺跡マップ　角田市教育委員会　1998.9　1冊（ページ付なし）　30×42cm　（角田市の文化財　第17集）
◇軽米町遺跡地図　軽米町教育委員会編　軽米町教育委員会　2001.3　82p　30cm　（軽米町文化財調査報告書　第16集）
◇北の考古学散歩　野村崇著　北海道新聞社　2000.7　301p　19cm　1400円　⒤4-89453-101-1
　＊遺跡をたずねて古代を探る。北海道の名だたる遺跡、最近の注目される発掘成果を、サハリン、カムチャツカまで足をのばして解説する、ロマンあふれる知的散策。
◇久慈市遺跡地図　久慈市教育委員会　1997.3　74p　30cm　（久慈市埋蔵文化財調査報告書　第24集）
◇古代に遊ぶ　札幌市教育委員会編　北海道新聞社　1999.9　316p　19cm　（さっぽろ文庫　90）　1437円　⒤4-89453-041-4
　＊札幌に約500カ所ある縄文、擦文時代の遺跡。数千年前からこの地に住んだ人々が残した貴重な生活の跡を訪ねる。発掘された土器、石器、住居跡などを写真や図とともに紹介。
◇高畠町遺跡地図　高畠町教育委員会　2000.3　13p　図版31枚　30×43cm　（高畠町埋蔵文化財発掘調査報告書　第8集）
◇出羽の遺跡を歩く―山形考古の散歩道　山形考古学事始　川崎利夫著　高志書院　2001.2　210p　21cm　2300円　⒤4-906641-42-3
　＊山形県の遺跡案内！縄文時代の遺跡をはじめ、弥生時代の集落跡、古墳、古代の官衙遺跡、中世城館等々の遺跡と出土遺物をわかりやすく解説。
◇東和町内遺跡地図　東和町ふるさと歴史資料館編　東和町教育委員会　2001.3　28p　30cm　（岩手県東和町遺跡報告書　第31集）
◇日本の深層―縄文・蝦夷文化を探る　梅原猛著　新版　佼成出版社　1985.1　233p　20cm　1200円　⒤4-333-01165-5
◇前沢町遺跡地図　前沢町教育委員会編　前沢町教育委員会　2000.3　31p　30cm　（岩手県前沢町文化財調査報告書　第11集）
◇宮城県遺跡地図　宮城県教育委員会　1998.3　21p　図版107枚　42×60cm　（宮城県文化財調査報告書　第176集）
◇宮城県遺跡地名表　宮城県教育委員会　1998.3　459p　30cm
◇宮戸―豊かな自然と縄文の里　渡辺照悟著　渡辺照悟　1988　18p　21cm
◇米沢遺跡地図　米沢市教育委員会　1998.3　121p　43×33cm　（米沢市埋蔵文化財調査報告書　第60集）

古代遺跡（関東地方）

◇秋川遺跡散歩―秋川市ところどころ2　河野重義文　秋川市教育委員会　1995.3　42p　21cm
◇荒川の風―野外考古学のすすめ　吉川国男著　さきたま出版会　2000.10　248p　22cm　2000円　⒤4-87891-123-9
　＊横道にそれ、脇道に迷い、ときには道草をくう。そして、歩き続ける。荒川の風を感じながら…脈々と流れる悠久な文化を探る。

101

◇遺跡をたずねて　櫛形町教育委員会編　櫛形町教育委員会　1988.3　20p　26cm　（ふるさとシリーズ　6）
◇大田区遺跡地図〔1992〕　〔東京都〕大田区教育委員会社会教育部社会教育課編　大田区教育委員会　1992.3　16p　26cm
◇大昔の大田区―原始・古代の遺跡ガイドブック　〔東京都〕大田区立郷土博物館編　大田区立郷土博物館　1997.3　128p　21cm
◇鹿沼市遺跡分布地図　鹿沼市教育委員会事務局生涯学習課編　鹿沼市教育委員会　1995.3　167p　31cm
◇桐生市埋蔵文化財分布地図・地名表　桐生市教育委員会文化財保護課編　桐生市教育委員会　1994.3　153p　30×42cm
◇群馬県の史跡　原始古代編　群馬県教育委員会文化財保護課編　群馬県教育委員会　2001.3　113p　21cm
◇原始・古代の佐倉―ふるさと歴史読本　佐倉市総務部総務課市史編さん室編　佐倉市　1999.3　74p　21cm
◇高崎市遺跡分布地図―高崎市内遺跡詳細分布調査報告書　高崎市教育委員会編　高崎市教育委員会　1998.3　127p　30×42cm　（高崎市文化財調査報告書　第155集）
◇東京の遺跡散歩　東京都教育庁生涯学習部文化課編　東京都教育庁生涯学習部文化課　1993.3　207p　19cm
◇東京都遺跡地図 1(遺跡分布図)　東京都教育庁社会教育部文化課編　東京都教育委員会　1996.3～　冊(加除式)　31cm
◇東京都遺跡地図 2(遺跡・文献)　東京都教育庁社会教育部文化課編　東京都教育委員会　1996.3～　冊(加除式)　31cm
◇那珂川と八溝の古代文化を歩く　八溝古代文化研究会編　随想舎　2000.4　127p　21cm　1500円　Ⓘ4-88748-039-3
◇日本の古代遺跡 16　群馬東部　梅沢重昭編著　（大阪）保育社　1987.1　262p　19cm　1700円　Ⓘ4-586-80016-X
　＊考古学史に重要な岩宿遺跡や千網谷戸遺跡。石田川式土器文化と前橋天神山古墳。よみがえる古代村落の全貌―黒井峯遺跡。毛野の古墳時代を中心に古代文化を展望する。
◇日本の古代遺跡 32　東京23区　坂詰秀一著　（大阪）保育社　1987.5　279p　19cm　1800円　Ⓘ4-586-80032-5
　＊"マイタウン東京"の原点をさぐる。超巨大都市―東京に残り、あるいは消え去った古代遺跡のかずかず。

◇日本の古代遺跡 36　茨城　茂木雅博著　（大阪）保育社　1987.9　262p　19cm　1800円　Ⓘ4-586-80036-4
　＊新しい風土記の世界の展開。研究史と『常陸国風土記』をふまえつつ語られる茨城県の考古学。
◇ひたちなか市の考古学 v.1　ひたちなか市文化・スポーツ振興公社編　ひたちなか市教育委員会　1998.1　103p　21cm　762円
◇まぼろし紀行―稲荷山鉄剣の周辺　奥村邦彦著　毎日新聞社　1983.6　220p　20cm　1000円
◇目黒の遺跡―ガイドブック　〔東京都〕目黒区守屋教育会館郷土資料室編　目黒区守屋教育会館郷土資料室　1993.10　29p　26cm
◇歴史探検縄文時代をゆく―第17回企画展図録　川越市立博物館編　川越市立博物館　2001.3　57p　30cm

古代遺跡（中部・東海地方）

◇愛知県遺跡地図 1　尾張地区　愛知県教育委員会　1994.3　2冊(別冊とも)　42cm
◇愛知県遺跡地図 2　知多・西三河地区　愛知県教育委員会　1995.3　2冊(別冊とも)　42cm
◇愛知県遺跡地図 3　東三河地区　愛知県教育委員会　1996.3　2冊(別冊とも)　42cm
◇上野市遺跡地図　上野市教育委員会編　上野市教育委員会　1992.3　123p　39×53cm
◇岐阜県各務原市遺跡地図　各務原市埋蔵文化財調査センター編　各務原市教育委員会　1998.3　45p　30×42cm
◇桑名市遺跡分布地図　桑名市教育委員会編　桑名市教育委員会　1995.3　1冊(頁付なし)　37cm　（桑名市文化財調査報告　3）
◇甲府市遺跡地図　甲府市教育委員会生涯学習部文化芸術課編　甲府市教育委員会　1992.3　56p　27×37cm
◇古代への旅に出かけよう―長野県の遺跡探検　長野県埋蔵文化財センター著、中日新聞長野支局編　ボロンテ　2001.9　198p　21cm　1800円　Ⓘ4-939127-04-4
　＊遺跡はタイムトンネルだ。出土品はもちろん、周りの風景や地形はいろいろなことを語って、私たちを原始・古代の世界に誘う。そんな時を超える旅のガイドブックがこの本。旧石器時代から近世まで、長野県内50遺跡を紹介。
◇静岡県文化財ガイドブック―原始・古代の史跡　静岡県文化財保存協会編　静岡県教

◇瀬戸市詳細遺跡地図　瀬戸市教育委員会文化財課編　瀬戸市教育委員会　1997.3　1冊（ページ付なし）37×52cm
◇多度町遺跡詳細分布地図　多度町教育委員会　1999.3　61p　37cm（多度町埋蔵文化財調査報告　5）
◇東海考古の旅―東西文化の接点　楢崎彰一編　毎日新聞社　1989.6　285p　19cm　1650円　①4-620-30687-8
　＊旧石器時代から江戸時代まで。中部地方の考古学の専門家が共同で執筆した遺構・遺跡・遺物の集大成。東西の接点に残されたユニークな文化の跡をたどる楽しい旅の記録。
◇豊田町遺跡地図　豊田町教育委員会　1999.3　52p　図版10枚　30cm
◇日本の古代遺跡 48　愛知　岩野見司, 赤塚次郎共著　保育社　1994.8　249p　19cm　2600円　①4-586-80048-8
◇富士市原始・古代の旅―市民のための考古学教室　富士市教育委員会文化体育課編　富士市教育委員会　1985.3　27p　26cm
◇富士宮市遺跡地図　富士宮市教育委員会編　富士宮市教育委員会　1992.3　1冊（頁付なし）30cm
◇三重県阿山郡伊賀町遺跡地図　伊賀町教育委員会　1992.3　103p　36cm
◇美濃国古蹟考　平清円編著, 吉岡勲校訂　岐阜郷土出版社　1988.1　2冊　27cm　20000円

古代遺跡（北陸地方）

◇いしかわ遺跡めぐり―ドライブ紀行 加賀編　橋本澄夫著　北国新聞社　1998.4　274p　21cm　1800円　①4-8330-1021-6
◇いしかわ遺跡めぐり―ドライブ紀行 金沢編　橋本澄夫著　北国新聞社　1993.12　256,4p　21cm　1500円　①4-8330-0829-7
◇いしかわ遺跡めぐり―ドライブ紀行 能登編　橋本澄夫著　北国新聞社　1991.10　249,4p　21cm　1500円　①4-8330-0739-8
◇石川県遺跡地図〔平成3年度現在〕　石川県立埋蔵文化財センター編　石川県教育委員会　1992.3　306p　43cm
◇高岡市遺跡地図　高岡市教育委員会　2000.3　36枚　52cm
◇氷見市遺跡地図　氷見市教育委員会編　第2版　氷見市教育委員会　1993.3　23p　37cm（氷見市埋蔵文化財調査報告　第14冊）
◇福井県遺跡地図 平成4年度　福井県教育委員会　1993.3　205p　43cm

古代遺跡（近畿地方）

◇飛鳥ロマンの旅―畿内の古代遺跡めぐり　金達寿著　河出書房新社　1985.11　230p　15cm（河出文庫）　440円　①4-309-47083-1
◇綾部市遺跡地図　綾部市教育委員会　1998.3　66p　30cm
◇大宮町遺跡地図　大宮町教育委員会　1999.3　87p　30cm（京都府大宮町文化財調査報告　第17集）
◇大山崎町遺跡地図　大山崎町教育委員会編　大山崎町教育委員会　1989.3　21p　19×26cm
◇古代遺跡見学―奈良・大阪・京都・滋賀　直木孝次郎著　岩波書店　1986.4　209,15p　18cm（岩波ジュニア新書）　580円
　＊歴史のとばりの中から、いま古代世界がその大らかな姿を私たちの前に現わしはじめています。この本は、近畿地方に分布する代表的な古代遺跡―奈良三輪山山麓・大阪古市などの古墳群、飛鳥・大津・藤原・平城・難波・長岡などの宮跡、寺跡、運河跡―を訪れて、往時をしのばせる遺物を紹介しつつ、3―8世紀にわたって古代国家が確立していく推移を解説します。巻末には関連の博物館・資料館一覧もついている便利な古代史の道案内。
◇古代近江王朝の全貌―琵琶湖周辺の秘境・古跡を探る　吾郷清彦著　琵琶湖研究会　1980.11　414p　19cm　3000円
◇古代史探検―京・山城　佐原真, 平良泰久, 奥村清一郎, 石井清司, 杉本宏著　京都書院　1994.1　159p　21cm　2300円　①4-7636-4055-0
　＊発掘調査の苦労・感激・落胆etc…。現場の日常茶飯事で綴る京都府南部の遺跡ガイド。
◇古道紀行 近江路　小山和著　（大阪）保育社　1991.12　186p　19cm　1800円　①4-586-61302-5
　＊古文化財の宝庫であり、古代百済人定着以来の伝承と歴史を秘める里、近江を訪ね、湖国の人々のくらしを描く。
◇滋賀県遺跡地図 平成2年度　滋賀県教育委員会事務局文化部文化財保護課編　滋賀県教育委員会　1991.3　222p　42cm

◇史跡でつづる古代の近江　岡田精司編　法律文化社　1982.2　207,7p　20cm　1600円

◇日本の古代遺跡46　和歌山　大野嶺夫,藤井保夫共著　保育社　1992.1　298p　19cm　2600円　①4-586-80046-1
　＊本書は、重要な遺跡を紹介しながら地方文化圏の特質を論じるもので、地域に則した考古学の好個のマニュアルである。また、鮮明なカラー図版と豊富な挿図・写真は、視覚的に理解を助け、考古学を志す人々の至便の入門書たる資格をもつ。

◇日本の古代遺跡28　京都　2　山中章,山田邦和共著　保育社　1992.10　277p　19cm　2600円　①4-586-80028-3

◇日本の古代遺跡27‖　京都　平良泰久たいらやすひさ,久保哲正,奥村清一郎共編　(大阪)保育社　1986.4　262p　19cm　1600円　①4-586-80027-5
　＊"千年の都"がおかれる京都府の歴史には、丹後・丹波・山城という独自の地域文化圏があった。弥生—古墳時代の主要遺跡を中心に地域史の解明を試みる。

◇榛原町遺跡分布地図1993年度　榛原町教育委員会編　榛原町教育委員会　1994.3　83p　26cm　(榛原町文化財調査概要　13)

◇兵庫県多可郡黒田庄町遺跡分布地図　黒田庄町教育委員会編　黒田庄町教育委員会　1997.3　56p　30cm　(黒田庄町埋蔵文化財調査報告書　1)

◇大和・飛鳥考古学散歩　伊達宗泰著　第2版　学生社　1998.10　238p　19cm　1980円　①4-311-20218-0
　＊古代史の舞台、大和・飛鳥を訪ねて。遺跡や古墳をめぐる詳細なガイドブック‼黒塚古墳やキトラ古墳など最新の発掘を加えた改訂第2版。

◇大和古代遺跡案内　泉森皎著　吉川弘文館　2001.11　266p　19cm　2800円　①4-642-07780-4
　＊藤ノ木古墳の被葬者は誰か。発掘調査に携わってきた第一人者が、明日香・山辺の道などに点在する数々の遺跡を語る、臨場感に満ちたレポート。豊富な図版と共に、最新の成果と史料を駆使して古代大和の歴史の旅へ誘う。

◇大和の古代史跡を歩く　町田誠之著　思文閣出版　1990.8　238,4p　20cm　2200円　①4-7842-0597-7

古代遺跡(中国地方)

◇井原市遺跡地図　井原市教育委員会編　井原市教育委員会　2001.3　1冊(ページ付なし)　28×40cm

◇邑久町遺跡地図　邑久町教育委員会編　邑久町教育委員会　2001.3　29枚　42cm

◇倉敷市遺跡地図　玉島地区　倉敷埋蔵文化財センター編　倉敷市教育委員会　1999.3　22枚　42×60cm

◇倉敷市遺跡地図　児島地区　倉敷埋蔵文化財センター編　倉敷市教育委員会　2001.3　19枚　42×60cm

◇古代散策—広島県北の遺跡を訪ねて　岡本康浩著,中国新聞社編　菁文社　1987.10　230p　21cm　1800円

◇湖陵町遺跡地図　湖陵町教育委員会編　2000.3　91p　30cm

◇日本の古代遺跡30　山口　森浩一企画,小野忠熙編著　(大阪)保育社　1986.7　246p　19cm　1600円　①4-586-80030-5
　＊山口県は本州島の西端に位置し、北部九州とともに早くから大陸との交流の門戸となった。学史に名高い土井ケ浜遺跡や、弥生系高地性集落、周防鋳銭司跡と幻の長門城など、日本古代史のうえに重要な遺跡が多い。

◇広島県遺跡地図　1　広島県教育委員会　1992.3　54p　30cm

◇広島県遺跡地図　2　広島県教育委員会　1994.3　107p　30cm

◇広島県遺跡地図　4　高田郡　広島県教育委員会　1997.3　69p　30cm

◇広島県遺跡地図　5　御調郡・世羅郡　広島県教育委員会　1998.3　68p　30cm

◇広島県遺跡地図　6　三原市・尾道市・因島市・竹原市・豊田郡　広島県教育委員会　1999.3　65p　30cm

古代遺跡(四国地方)

◇高知県遺跡地図　高知県教育委員会文化財保護室編　高知県教育委員会　1998.3　161p　30cm　(高知県埋蔵文化財調査報告書　第43集)

◇徳島の遺跡散歩　天羽利夫,岡山真知子著　徳島市立図書館　1985.3　284p　20cm　(徳島市民双書　19)　1700円

◇日本の古代遺跡37　徳島　菅原康夫著　（大阪）保育社　1988.1　245p　19cm　1800円　①4-586-80037-2
◇ひびのきサウジ遺跡―土佐山田観光開発株式会社寮建設に伴う埋蔵文化財発掘調査報告書2　高知県文化財団埋蔵文化財センター　1992.3　32p　図版16p　26cm　（高知県埋蔵文化財センター発掘調査報告書　第7集）

古代遺跡（九州地方）

◇阿蘇町遺跡地図―阿蘇町遺跡詳細分布調査　阿蘇町教育委員会　2000.3　116p　37cm　（阿蘇町文化財調査報告　第5集）
◇甘木市遺跡等分布地図　甘木市教育委員会　1993.3　26p　図版8p　30cm　（甘木市文化財調査報告　第27集）
◇植木町遺跡地図―町内遺跡詳細分布調査　植木町教育委員会編　植木町教育委員会　1999.3　92p　37cm　（植木町文化財調査報告書　第10集）
◇大分県遺跡地図　大分県教育委員会　1993.3　1冊　43×63cm
◇かごしま考古新地図　南日本新聞社編　雄山閣　1986.6　255p　19cm　1800円　①4-639-00576-8
　＊鹿児島県の古代を知る本。遺跡めぐりに最適！
◇九州考古学散歩　小田富士雄編著　学生社　2000.6　324p　19cm　2200円　①4-311-20226-1
　＊倭人伝の舞台！九州の遺跡・古墳を歩く。邪馬台国は九州にあったか？倭人伝の国々の遺跡から隼人の装飾古墳まで対馬・壱岐・九州各地の遺跡・古墳をめぐる詳しいガイドブック。
◇市内遺跡等分布地図―福岡県小郡市　小郡市教育委員会　1999.3　52p　30×42cm
◇新・肥前風土記―古代史の現場を歩く　横尾文子文，大塚清吾写真　〔カラー版〕　日本放送出版協会　1990.3　186p　19cm　（NHKブックス　C41）　930円　①4-14-003041-0
　＊肥前は、古来、大陸・朝鮮文化の渡来・交流の窓口であり、古代史探求のメッカのひとつである。本書は『肥前国風土記』の跡を刻明に辿り、古代の風光・文化を現代の眼で甦らせようとする試みである。
◇筑豊ひ古代の旅　岩崎光著　岩崎光　1987.10　496p　19cm　2500円

◇日本の古代遺跡34　福岡県　渡辺正気著　（大阪）保育社　1987.10　263p　19cm　1700円　①4-586-80034-8
◇日本の古代遺跡38　鹿児島　河口貞徳著　（大阪）保育社　1988.4　246p　19cm　1800円　①4-586-80038-0
　＊「日本の古代遺跡」シリーズは、たんなる遺跡ガイド書ではなく、重要な遺跡を紹介しながら地方文化圏の特質を論じるもので、地域に則した考古学の好個のマニュアルである。
◇福岡県前原市市内遺跡等分布地図　前原市教育委員会　1998.3　52枚　30×42cm
◇豊前市内遺跡分布地図　豊前市教育委員会　2000.3　52枚　30×42cm
◇弥生紀行―鹿児島と北部九州の文化をたずねて　黎明館企画特別展　鹿児島県歴史資料センター黎明館企画・編集　鹿児島県歴史資料センター黎明館　1994.7　92p　30cm

吉野ヶ里遺跡

佐賀県　弥生時代　指定：特別史跡「吉野ヶ里遺跡」

　　　　＊　　　＊　　　＊

◇日本の古代遺跡を掘る2　吉野ケ里遺跡「魏志倭人伝」の世界　七田忠昭，小田富士雄著　読売新聞社　1994.6　214p　21cm　2500円　①4-643-94049-2
　＊日本の弥生時代が凝縮した吉野ケ里。新たな発掘成果をふまえて、その全容を解明。
◇邪馬台国紀行　奥野正男著　海鳥社　1993.12　257p　19cm　（海鳥ブックス15）　1700円　①4-87415-068-3
　＊邪馬台国の所在を吉野ケ里を含む筑後川北岸としてきた著者が魏の使が来た道―、韓国・対馬・壱岐・松浦・唐津そして糸島・福岡を歩き、文献・民俗・考古資料を駆使し、吉野ケ里遺跡出現以降の邪馬台国をめぐる論議にあらたな方向性を示す。
◇吉野ケ里―邪馬台国が見えてきた　アサヒグラフ編　朝日新聞社　1989.7　197p　21cm　1600円　①4-02-256036-3
　＊巨大環濠集落、最古の墳丘墓、膨大な甕棺墓、巴形銅器鋳型、絹織物…。邪馬大国に女王卑弥呼がいた弥生時代の"クニ"が姿を現した。豊富な写真・図版と発掘調査担当者の報告、綿密な考証で弥生の"クニ"から届いたメッセージを解読する。

◇吉野ケ里遺跡―邪馬台国が近づいた　七田忠昭, 高島忠平, 武光誠, 西谷正, 樋口清之, 森浩一執筆　学習研究社　1989.6　79p　26×22cm　1000円　①4-05-103508-5
　＊「魏志倭人伝」に書かれている集落形態と似ているところから、注目を集めている吉野ケ里遺跡。集落の立地状態がよくわかるよう特別取材をした航空写真をはじめ、現地に行っても見れないところまで克明に特撮。考古学的にまだ解明されていないところなども、ポイントを紹介し、考える楽しさを提供。遺跡や遺物だけでは、わかりにくいものは、想像復元写真・イラスト・図版を多用。
◇吉野ケ里と古代遺跡探訪―古代日本のタイムカプセル　講談社　1991.7　143p　21cm　（講談社カルチャーブックス　19）　1500円　①4-06-198019-X
　＊吉野ケ里遺跡、藤ノ木古墳、高松塚古墳、荒神谷遺跡…。土の中から、あるいは積まれた石の奥から現れる遺跡や遺構。そこから蘇る古代―人々の姿や生活、そして情念―は、時を超えて、現代に生きる人々に強い興味をかきたてる。本書は、吉野ケ里遺跡を中心として、われわれの古代に対する想いを揺るがした遺跡の数々を紹介し、古代史の謎に、また日本のアイデンティティに迫る。

古代遺跡（世界）

◇遺跡と人間―イメージの旅　岡田晋文, 斉藤耕一撮影　集英社　1985.3　233p　22cm　1600円　①4-08-783037-3
◇失われた文明―最古の文明から古代ギリシアへの旅　ロバート・イングペン画, フィリップ・ウィルキンソン著, 教育社訳　教育社　1995.8　127p　31cm　（ニュートンムック）　2500円
◇失われた世界への旅　オービス・パブリッシング, 矢追純一編　同朋舎出版　1996.8　218p　19cm　（世界の超常現象ファイル）　880円　①4-8104-2298-4
　＊未知の超文明は存在したか？消滅した古代文明と超大陸の謎に迫る。シリーズ第3弾。
◇失われた文明を求めて　木村重信著　KBI出版　1994.7　203p　21cm　2500円　①4-906368-21-2
　＊壮大な世界の遺跡をめぐる大ロマン。失われた古代文明を求める旅の中に私たちは過去の人類の叡智を見、そして、未来を考えさせられる。
◇オーパーツ奇跡の真相―超古代文明の不思議を解明する　影山蓊夫著　ベストセラーズ　1996.5　237p　15cm　（ワニ文庫）　490円　①4-584-30484-X
　＊三葉虫を踏み付けた足跡の化石、未発見の南極大陸が描かれていた古地図、電気を起こすことができる古代の壺、恐竜と戯れる人間をかたどった土偶、人類の文明発生以前の海底都市遺跡…世界各地で続々と発見されている理解不能の遺物たち。どうしてそんなものが存在するのか。飛び交うさまざまな諸説を検証しつつ、この膨大なる謎の解明に挑戦。これらオーパーツは人類の手によるものなのか。それとも…。
◇オーパーツの謎と不思議―驚異の物体に隠された超古代文明の秘密　超古代研究会編　日本文芸社　1996.1　222p　15cm　（にちぶん文庫）　480円　①4-537-06155-3
　＊時を越えて甦る超文明の謎。現代の科学技術をもはるかに超える、謎の物体・オーパーツ―過去に栄華を極め崩壊した超古代文明の遺産か。太古に地球を訪れた宇宙人の痕跡か。オーパーツの謎を解明し、超古代文明に潜む秘密を暴く。
◇巨大遺跡を行く―人類の英知と力の遺産　読売新聞社編　読売新聞社　1991.4　317p　21cm　3500円　①4-643-91024-0
◇黒潮に乗ってきた古代文化―石造遺物の謎を追って　小川光暘著　日本放送出版協会　1990.10　233p　19cm　（NHKブックス　606）　780円　①4-14-001606-X
　＊猿石によく似たパンブラユ像をパリ博物館の片隅で発見した。これこそ謎を秘めた猿石のルーツにちがいない。しかし、どの道を通って飛鳥に辿りついたのか。実地調査と豊富な資料を駆使して、日本文化は西からという通説を打破、太平洋を環流する黒潮に乗りメキシコ、ポリネシア、インドネシア、済州島、そして、飛鳥にいたる文化の流れを立証した。古代文化史上の課題である飛鳥石造遺物の謎を一挙にときあかす。
◇古代遺跡を楽しむ本―ピラミッドからナスカ地上絵まで、世界の文明を探検する　吉村作治著　PHP研究所　2000.6　301p　15cm　（PHP文庫）　590円　①4-569-57422-X
　＊はるか昔、隆盛を誇った帝国の面影や、そこに生きた人たちの息吹を今に伝える古代遺跡。ロマンあふれる往古の世界に憧れるなら、思いきって現地へ行こう！エ

遺跡・史跡　　　　　　　　　　　　　　　　　　　古代遺跡

ジプト、地中海沿岸から中東、中国、南米まで、世界の古代遺跡を踏破した筆者が、各地の文明の概説から遺跡の見どころ、旅行の注意点などをわかりやすく解説。考古学ファン必読の"吉村流"世界の遺跡の歩き方。

◇古代遺跡タイムトラベル—Ancient mystery　講談社Quark編集部編　講談社　1994.4　146p　27cm　（講談社Mook）　1800円

◇古代文明と遺跡の謎・総解説—失われた偉大な過去への知的探究の旅　〔1993〕改訂版　自由国民社　1993.12　272p　21cm　2200円　①4-426-64005-9

◇古代のアメリカ　マイケル・コウ，ディーン・スノウ，エリザベス・ベンソン著，寺田和夫監訳　朝倉書店　1989.1　241p　32×25cm　（図説 世界文化地理大百科）　22000円　①4-254-16599-4
＊エスキモーからマヤ・アステカ・インカまで、南北アメリカの多様な古代文明を広く紹介。貴重な北アメリカの考古学資料を多数掲載。豊富な地図と写真によりビジュアルに解説。

◇さがしあてたなぞの国　たかしよいち文，小泉澄夫絵　理論社　1986.12　166p　21×16cm　（とおい昔の謎をとく 7）　1500円　①4-652-01557-7
＊世界五つの大陸のうち、アジア、ヨーロッパ、そしてアフリカ、南アメリカには、かつて数千年のむかし、偉大な文明が花開きました。長い間人びとから忘れ去られたまま、ひっそりとジャングルや砂漠の中に眠る古代文明のなぞを解くために、すぐれた考古学者たちが発掘にいどみました。さあ、これからあなたを、その感動の発掘ドラマへご案内しましょう。

◇さばくにねむるミイラ　たかしよいち文，小泉澄夫絵　理論社　1987.2　155p　51×16cm　（とおい昔の謎をとく 9）　1500円　①4-652-01559-3
＊世界五つの大陸のうち、アジア、ヨーロッパ、そしてアフリカ、南アメリカには、かつて数千年のむかし、偉大な文明が花開きました。長い間人びとから忘れ去られたまま、ひっそりとジャングルや砂漠の中に眠る古代文明のなぞを解くために、すぐれた考古学者たちが発掘にいどみました。さあ、これからあなたを、その感動の発掘ドラマへご案内しましょう。

◇ジャングルにのこるみやこ　たかしよいち文，小泉澄夫絵　理論社　1987.1　163p　21×16cm　（とおい昔の謎をとく 8）　1500円

①4-652-01558-5
＊世界五つの大陸のうち、アジア、ヨーロッパ、そしてアフリカ、南アフリカには、かつて数千年のむかし、偉大な文明が花開きました。長い間人びとから忘れ去られたまま、ひっそりとジャングルや砂漠の中に眠る古代文明のなぞを解くために、すぐれた考古学者たちが発掘にいどみました。あなたを、その感動の発掘ドラマへとご案内します。

◇図説・世界古代遺跡地図　ジャケッタ・ホークス編，桜井清彦監訳　原書房　1984.12　273p　29cm　15000円　①4-562-01527-6

◇すばらしい世界遺産—古代遺跡の旅　吉村作治監修　集英社　1999.5　158p　21cm　（集英社版・学習漫画）　900円　①4-08-288057-7
＊古代遺跡で世界遺産を旅しよう！吉村教授が案内するよ!!　ピラミッド、ナスカの地上絵、万里の長城、きみはいくつ知っている。

◇聖なる石に出会う旅　須田郡司フォト・エッセイ　新紀元社　1999.8　160p　24cm　（Truth in fantasy ビジュアル版）　1800円　①4-88317-760-2

◇世界遺跡地図　コリン・ウィルソン著，森本哲郎監訳　三省堂　1998.4　192p　32cm　4700円　①4-385-15808-8
＊巨大・壮麗・崇高・不思議な世界の遺跡・聖域を集大成。古代文明の偉大な遺跡、神話に描かれた聖地・聖域の歴史と文化のビジュアル・ガイド（カラー図版400点）。世界1100か所の遺跡・聖域の場所が一目でわかる遺跡地図26ページを併載。

◇世界史の中のミステリーゾーン巡り—謎と怪奇に彩られた不思議地帯へようこそ！　瑞穂れい子著　河出書房新社　1996.11　237p　15cm　（KAWADE夢文庫）　480円　①4-309-49172-3
＊歴代の国王の霊が出没する怪奇城、幽霊船が現れる海域、インカの秘宝が眠る山…歴史のロマンが現代に蘇る世界の神秘ゾーンへご案内。

◇世界なぞ！ふしぎ！事典 遺跡編2 巨大遺跡はなにを語る　岩田一彦文，ふしぎ事典編集室編　理論社　1994.4　77p　21cm　1000円　①4-652-01422-8

◇世界の遺跡探検術—古代文明の歩き方　吉村作治著　集英社　1994.7　271p　19cm　1400円　①4-08-783085-3
＊王家の谷、ポンペイ、トロイア、インカへ…地球探検塾塾長・インディ・吉村が世

107

◇世界の古代遺跡ミステリー――失われた文明と遺跡の不思議ガイド　中村省三著　グリーンアロー出版社　1992.8　191p　26cm　1800円　④4-7663-3142-7
　　＊エジプトのギザにそびえるクフ王の大ピラミッドが、沈黙したまま秘め続ける千古不易の謎はどこまで解明されたのか。イギリスのリールズベリ平原に立つ巨石遺構ストーンヘンジは、新石器時代人が建造した巨大な天文観測コンピュータなのか。アナトリア高原に大帝国を築いたヒッタイト文明は、なぜ歴史の闇に葬られてしまったのか。あるいはまた、太平洋の孤島イースター島に無数に残っている不思議な顔立ちをした巨人石像モアイや、南米のナスカの砂漠をカンバスにして描かれた上空からしか全貌のわからない巨大地上絵は、誰によって、いったいなんのために製作されたのか。さらにまた、東南アジアに目を向けると、壮大な宗教遺跡ボロブドールとアンコールが、そのドラマティックな再発見のいきさつをも含めて、ひときわ際立っている。そして、アフリカで発見された「石の家」グレート・ジンバブエ遺跡、ヨルダンの幻の都市ペトラの廃墟、中南米の古代文明など、失われた文明のロマンとミステリーを紹介する古代遺跡の不思議ガイドブック。
◇世界の大遺跡 3　地中海アジアの古都　小川英雄編著　講談社　1987.7　175p　37cm　5800円　④4-06-192153-3
　　＊メソポタミアとエジプトを結ぶ回廊、シリア・パレスティナは商業都市と宗教都市が発達した。ユダヤ教、キリスト教、イスラム教の三大一神教を生んだ聖地の争乱の歴史が蘇る！
◇世界ふしぎ探検隊　桜井信夫著　くもん出版　1996.10　133p　19cm　（ミステリーファイル　4）　750円　④4-7743-0064-0
　　＊大自然や遺跡にひめられたミステリーを、世界じゅうから集めて、わかりやすく分析する。
◇大地の記憶――古代遺跡の暗号を読む　ポール・デヴェルー著，松田和也訳　青土社　1998.5　395,15p　20cm　3400円　④4-7917-5629-0
◇地図から消えた古代文明の謎　歴史の謎を探る会編　河出書房新社　2000.2　221p　15cm　（Kawade夢文庫）　476円　④4-309-49328-9
　　＊意味不明の奇妙な建造物、栄華を極めながら滅亡した王国、日本に存在した超文明…失われた幻の時空を求めて数々の遺跡の謎に迫る探検本。
◇地図から消えた古代文明の謎――誌上発掘調査　吉村作治監修　成美堂出版　2000.5　253p　16cm　（成美文庫）　505円　④4-415-06888-X
　　＊エジプトの「スフィンクス」、幻の古代民族「スキタイ人」、精霊伝説が残る「カルナック列石」…、世界各地には、いまだ全貌が明らかになっていない古代遺跡・文明が数多く残されている。ここでは「失われた遺跡・文明の謎」に、斯界の第一人者・吉村教授が鋭く迫る。ミステリアスで、そしてロマンあふれる古代ワールドへ、いざタイムトラベル。
◇地図と絵でみる世界の遺跡・名所　ポプラ社　1992.4　39p　31×25cm　（地図と絵でみる世界　10）　2980円　④4-591-04030-5
◇謎の古代遺跡――古代エジプトからマヤ文明への旅　ロバート・イングペン画，フィリップ・ウィルキンソン著，教育社訳　教育社　1995.11　135p　31cm　（ニュートンムック）　2500円
◇謎の古代遺跡を歩く　服部研二著　葦書房　1982.4　337p　21cm　2500円
◇謎の古代遺跡を歩く　服部研二著　中央公論社　1983.8　432p　16cm　（中公文庫）　520円
◇復原透し図 世界の遺跡　ステファニア・ペリング，ドミニク・ペリング著，桐敷真次郎訳　三省堂　1994.10　143p　23×24cm　3800円　④4-385-15857-6
　　＊透明シートに印刷した、正確で詳細な遺跡のカラー復原図。この透明シートをめくると、今の遺跡の姿を示すカラー写真。遺跡の各部分の名称を図解した断面図。復原図に示された遺跡の歴史と文化を詳しく解説した本文。当時の歴史の細部にまで、こまかな光をあてる豊富な写真と図面。
◇悠久の時の流れはジェット機で――古代文明遺跡の旅　清野広之著　清野広之　1986　317p　21cm

古代遺跡（アジア）

◇アジアの人間と遺跡――三枝朝四郎50年の写真記録　三枝朝四郎写真，江上波夫責任編集　光村推古書院　1981.5　333p　31cm　20000円　④4-8381-0057-4
◇NHKスペシャル 四大文明 インダス　近藤英夫，NHKスペシャル「四大文明」プロジェク

ト編著　日本放送出版協会　2000.8　254p　21cm　1900円　④4-14-080534-X
　＊インダス川流域に発達したインダス文明は、文字もまだ解読されておらず、謎に包まれている。モヘンジョ・ダロやハラッパーに代表される遺跡のほかに、近年新たに脚光を浴びてきたドーラビーラー遺跡の発掘に関する世界初の本格的取材の内容が明らかにされる。
◇NHKスペシャル　四大文明　中国　鶴間和幸，NHKスペシャル「四大文明」プロジェクト編著　日本放送出版協会　2000.8　254p　21cm　1900円　④4-14-080535-8
　＊黄土によって育まれてきたといわれる黄河流域の古代文明。さらに近年多くの遺跡と発掘品によって注目を集める長江流域の文明。多元的な広がりを見せる中国文明の最新の研究成果を、さまざまな角度から丹念に紹介する。
◇花山岩画　漓江出版社編選　(京都)賛交社，光琳社出版発売　1987.12　167p　30cm　15000円　④4-7713-0101-8
　＊広西の左江流域には先人から残された岩画の遺跡が多く発見されている。現在まで84点、183ケ所に確認されている。その中でも特に寧明の花山が最も典型的で名高いものである。寧明花山岩画は左江の支流にあたる明江の右岸に位置し、寧明県庁所在地から約25キロにあり、花山は水面から高さ約250ルートル、川に面する一面の石壁である。著名な花山壁画はこの大きな石壁の上に描かれている。壁画は幅135メートル、高さ44メートルで、人像が約1300体描かれ、画像は麓から5〜20メートルのところに数多く、最も高いものは40メートル、最も低いものは2メートルのところに描かれている。
◇韓国の古代遺跡1　新羅篇　東潮，田中俊明編著　中央公論社　1988.7　354p　21cm　2200円　④4-12-001690-0
　＊朝鮮考古・歴史学の専門研究者が、最新の資料をとりいれ、みずからくまなく探訪して執筆。古墳・王陵から山城・寺院まで詳細に紹介。
◇韓国の古代遺跡2　百済・伽耶篇　東潮，田中俊明編著　中央公論社　1989.2　424p　21cm　2200円　④4-12-001691-9
　＊本書は日本と韓国の歴史をともによく識る研究者が熱意をもって執筆したもので、最新の資料成果を豊富に採り入れており、精密な検討を加え、叙述にあたって確実な論拠を示している点では従来の啓蒙書の域を超え、信頼度の高いものとなって

いる。また、日本人研究者としての視点から今日の問題点を掲げているのも一つの特色である。
◇韓・中遺跡管見　菊池啓治郎著　菊池啓治郎　1988.3　79p　21cm
◇韓・中遺跡管見　菊池啓治郎著　菊池啓治郎　1988.3　79p　21cm
◇来て見てトルコ—遺跡めぐり　小林けい絵・文　凱風社　1995.9　133p　21cm　1339円　④4-7736-1909-0
◇慶陵調査紀行　田村実造著　平凡社　1994.7　264p　19cm　3500円　④4-582-48208-2
◇好太王碑—50年ぶりに見た高句麗の遺跡　寺田隆信編著　ぎょうせい　1985.9　98p　図版16p　27cm　2500円　④4-324-00160-X
◇好太王碑探訪記　寺田隆信，井上秀雄編　日本放送出版協会　1985.3　326p　22cm　3200円　④4-14-008407-3
◇古代中国を発掘する—馬王堆、満城他　樋口隆康著　新潮社　1975　263p　図　20cm　(新潮選書)　880円
◇週刊地球旅行　no.52　トロイとカッパドキア—トルコ　講談社　1999.4　33p　30cm　533円
◇少年は遺跡に行った　高山修著　日本図書刊行会　1998.7　299p　20cm　1500円　④4-8231-0108-1
◇スコータイ美術の旅—タイの古代遺跡　金子民雄著　胡桃書房　1985.1　379p　26cm　5300円　④4-7952-8957-3
◇図説　古代中国5000年の旅　韓中民，ユベール・ドラエ著，田島淳，弓場紀知訳　日本放送出版協会　1987.2　283p　30×25cm　5500円　④4-14-008518-5
　＊1949年新中国成立。以後37年間、広大な国土に散在する遺跡からの膨大な量の、しかも驚嘆すべき質の出土物が続々と発掘された。今回、中国の文物出版社が主導し、解放後中国の考古発掘の全貌を、未公開の写真も含めて300余点、全世界に向けドイツ、フランス、英語版とあわせて日本語版として提示する。日本語版に際しては、各解説に日本人向けのより詳しい内容紹介が付け加えられた。
◇世界の大遺跡10　古代朝鮮のあけぼの　上原和編　講談社　1988.12　175p　36×26cm　5800円　④4-06-192160-6
　＊高句麗・百済・新羅の三国がせめぎ合いついに新羅が勝利する。古代の朝鮮半島を舞台に知と技と美の饗演をみる。
◇世界の大遺跡9　古代中国の遺産　樋口隆康編著　講談社　1988.6　174p　37cm

古代遺跡

5800円　Ⓘ4-06-192159-2
*周口店の洞穴から第一歩を踏みだした古代中国の文化は黄土の大地に豊かに稔った。戦乱の世を統一した秦の大軍団は地下に眠り埋もれた漢帝国の遺宝は再び世界の脚光を浴びる。遙かなるシルクロードに仏教美術の精華は刻まれ、大唐の都長安の栄華は悲劇の王族の墓に描かれた。

◇中国遺跡の旅　藤堂明保著　旺文社　1985.8　2冊　16cm　(旺文社文庫) 各350円　Ⓘ4-01-064341-2

◇中国考古と歴史の旅　村山孚著　中央公論社　1985.5　266p　16cm　(中公文庫)　400円　Ⓘ4-12-201222-8

◇中国古代史を散歩する　李家正文著　泰流社　1989.2　278p　19cm　2800円　Ⓘ4-88470-663-3

◇中国の都城遺跡——出土文物と派遣研究員の踏査記録　特別展　奈良県立橿原考古学研究所附属博物館編　奈良県立橿原考古学研究所附属博物館　1983.4　84p　26cm

◇ティラウラコット——ネパール王国タライ地方における城塞遺跡の発掘調査報告 1(本文編)　中村瑞隆〔ほか〕編著　雄山閣出版　2000.12　292p　37cm　(立正大学ネパール考古学調査報告　第1冊)　28000円　Ⓘ4-639-01717-0
*立正大学がネパール王国政府考古局と共同してティラウラコット遺跡の発掘調査を開始したのは昭和42(1967)年のことであった。それ以来十数年間、8回にわたって調査が行われた。本書はその報告書第1冊本文編である。

◇トルコ東西文明交流の地　吉村作治著　平凡社　1999.2　109p　22cm　(ビジュアルガイド世界の遺跡)　1700円　Ⓘ4-582-63164-9
*吉村作治と旅する東西文明の十字路に栄え大帝国。数多くの民族と宗教と交易が幾層もの文明を築き上げてきたこの国は、遠い。しかし近い国。

◇トルコ遺跡の旅　臼井斌男著　三修社　1984.12　206p　19cm　(コロン・ブックス)　980円　Ⓘ4-384-06430-6

◇謎のチベット文明——密教王国・世紀の大発見　徐朝竜,霍巍著　PHP研究所　1996.2　237p　19cm　1300円　Ⓘ4-569-55053-3
*本書は、筆者たちがチベット高原で行なった考古学探険の紀行を中心としている。

◇並河万里遺跡をゆく　第1集　イスラム世界の旅　並河万里撮影　学習研究社　1976　132p　29cm　1600円

◇パルミラの遺跡　アドナン・ブンニ,ハレド・アル・アサド著,小玉新次郎訳　東京新聞出版局　1988.10　133p　19cm　900円　Ⓘ4-8083-0278-0
*パルミラは、現地名をタドモルという。シリア砂漠の要地として古い記録にも現われる、オアシスの街である。パルミラの遺跡は、シリア考古局の管理のもとに現在発掘中であり、今後なお何十年も継続されるであろうが、修復作業も同時に進んでいる。この発掘と修復に当たっている中心人物が、本書の著者アドナン=ブンニ氏とハレド=アル=アサド氏である。本書は、著者の意向を受けてフランス語版を訳出し、日本語版として一部書き改めている。

◇ペルセポリス——古代ペルシア歴史の旅　並河亮著　芙蓉書房　1975　332p　図　20cm　2300円

◇ペルセポリス——ペルシアの巨大遺跡　並河亮著　改訂版　芙蓉書房　1980.10　332p　20cm　2300円

◇ペルセポリスから飛鳥へ——清張古代史をゆく　松本清張著　日本放送出版協会　1979.5　235p　22cm　1300円

◇幻の瑠璃碗を求めて——秘境デーラマン発掘行　野田裕著　東京新聞出版局　1981.9　241p　19cm　(オリエント選書 10)　1400円　Ⓘ4-8083-0093-1

◇メソポタミア建築序説——門と扉の建築術　ムアイヤッド・S.B.ダメルジ著,高世富夫,岡田保良編訳　(町田)国士舘大学イラク古代文化研究所,日本教育新聞社発売　1987.11　323p　26cm　8800円　Ⓘ4-930821-88-6
*豊富な図版と、懇切な解説を添えて綴る、メソポタミア遺跡案内。門と扉に注がれた古代人の叡知。古代遺跡への新たな視点。文明の原流古代メソポタミアの建築を綴る。

◇やっぱり旅が好き——中近東遺跡めぐり　田所邦雄著　朝日出版社　1993.1　428p　22cm　2200円　Ⓘ4-255-92048-6

◇良渚遺跡への旅——幻の長江文明　稲盛和夫,梅原猛編,林義勝写真　PHP研究所　1995.11　102p　21cm　1400円　Ⓘ4-569-54973-X

◇THE DEVELOPMENT of THE ARCHITECTURE of DOORS and GATES in ANCIENT MESOPOTAMIA　ムアイヤッド・S.B.ダメルジ著,高世富夫,岡田保良編訳　(町田)国士舘大学イラク古代文化研究所,日本教育新聞社発売　1987.11　250p　26cm　9800円　Ⓘ4-930821-89-4

＊豊富な図版と、懇切な解説を添えて綴る、メソポタミア遺跡案内。門と扉に注がれた古代人の叡知。古代遺跡への新たな視点。文明の源流、古代メソポタミアの建築を綴る。

万里の長城

中国　秦時代～明時代　指定：世界遺産「万里の長城」

＊　　　＊　　　＊

◇週刊地球旅行 no.10　北京・紫禁城と万里の長城 — 中国　講談社　1998.5　34p　30cm　533円
◇週刊ユネスコ世界遺産 no.34　故宮/万里の長城 — 中国　講談社　2001.7　34p　30cm　533円
◇長城 — 文明の回廊　陳長芬撮影　河出書房新社　1990.9　142p　31×23cm　6800円　①4-309-22173-4
　＊"長城に致らずんば好漢にあらず"中国人カメラマンが中国の心を撮った。
◇万里の長城 — 中国小史　植村清二著　中央公論社　1979.2　296p　15cm　(中公文庫)　380円
◇万里の長城　羅哲文ほか著、田島淳訳　河出書房新社　1984.1　190p　29cm　4900円

敦煌の遺跡

中国　漢時代(紀元前2世紀)　関連人物：武帝
指定：世界遺産「莫高窟」

＊　　　＊　　　＊

◇講座敦煌 5　敦煌漢文文献　池田温責任編集　大東出版社　1992.3　731p　22cm　15000円　①4-500-00454-8
◇中国の都城 3　敦煌物語　中野美代子著　集英社　1987.8　268p　19cm　1400円　①4-08-162003-2
◇敦煌 — 北京・蘭州・敦煌　井筒雅風、井筒令依子著　宗教文化研究所　1979.11　50p　図版21p　16×22cm　(世界の印象　12)
◇敦煌 — THE ART OF DUNHUANG　田川純三解説、大塚清吾写真　日本放送出版協会　1992.4　318p　38×31cm　70000円　①4-14-009188-6
◇敦煌撮影記　大塚清吾著　岩波書店　1994.11　233p　19cm　(シリーズ旅の本箱)　2500円　①4-00-003837-0
◇敦煌の風 — 大塚清吾先生と行く敦煌・シルクロードの旅　佐賀女子短期大学敦煌学研究会編　佐賀女子短期大学敦煌学研究会　2000.6　94p　21cm
◇敦煌飛天 — 松村謙三顕彰会第18次友好訪中団　山崎秀信編　石沢義文　1993.11　73p　21cm
◇敦煌物語　ひろさちや原作、森村たつお漫画　鈴木出版　1997.6　153p　22cm　(仏教コミックス　68)　1165円　①4-7902-1899-6
　＊シルクロードの都・中国敦煌に取材旅行に出かけた漫画家の氷室と編集者の水島。月牙泉のラクダ乗りで砂漠の醍醐味を満喫したふたりは、旅の最大の目的地、莫高窟へ。絶壁のアトリエ・莫高窟は、南北約1.8キロにわたって、492もの窟が並び、2500体におよぶ仏像が納められている。莫高窟の代表的な仏像・壁画を紹介しつつ、歴史や文化、仏教とのかかわりを解説。現地の事情や人々の生活も織り込みながら、恋あり、笑いありの楽しい敦煌ガイドブック。
◇敦煌歴史の旅 — シルクロードに法隆寺をみた　平山郁夫著　光文社　1988.3　157p　18cm　(カッパ・ホームス)　830円　①4-334-05148-0
◇敦煌への道 — 私達の訪中記　和歌山文化友好訪中団訪中記編集委員会編　和歌山文化友好訪中団　1985.12　102p　26cm
◇敦煌往還記　松本竜見著、荒田秀也スケッチ　第三文明社　1988.9　284p　21cm　2600円　①4-476-03146-3
　＊シルクロードの華、敦煌へのロマンと憧れの旅。
◇敦煌を語る　池田大作著　角川書店　1984.7　302p　20cm　1200円
◇敦煌紀行　北川桃雄著　小山書店新社　1959　169p　図版　22cm
◇敦煌行　鄧健吾著　潮出版社　1985.10　262p　15cm　(潮文庫)　580円　①4-267-01049-8
◇敦煌石窟の旅　久野健著　六興出版　1981.7　173p　図版32枚　22cm　2300円
◇敦煌・西蔵・洛陽　瀬戸内寂聴著　講談社　1983.6　159p　24cm　(美と愛の旅　2)　1800円　①4-06-180662-9
◇敦煌と私 — 石窟芸術とともに生きた40年　常書鴻著チャンシューホン》　サイマル出版　1986.4　231p　19cm　(石坂記念財団講演シリーズ　6)　1800円　①4-377-20702-4

古代遺跡

＊敦煌石窟芸術は、4世紀から14世紀にいたる約1千年間に掘りつがれていった、中国芸術の至宝である。自然の侵蝕と外国人の略奪にさらされていた、この人類文化のかけがえのない宝は、敦煌の人・常書鴻の保護・研究・整理により、現代中国に蘇生した。本書は、石坂記念財団に招かれた常書鴻氏が、シルクロードの孤絶した"大画廊"で、同じ画家である夫人李承仙女史と苦楽をともにしつつ、奉仕しつづけた40年を語り、伝来仏教と中国古代文化の結晶ともいうべき敦煌莫高窟の芸術美と、それを持続させるための保護事業への協力を訴えた、著者夫妻ならではの心のメッセージである。

◇敦煌のうた　陳立人・陳舜臣文写真　徳間書店　1988.5　177p　15cm　（徳間文庫）580円　Ⓘ4-19-568510-9

＊観光客で賑わう敦煌、莫高窟。1000年の昔、そこは西洋と東洋のかけ橋、絹の道の要であり、中原に覇を唱えた中国歴代王朝の盛衰を映す、西域経営の最前線でもあった。万巻の経文、幾多の古文書を抱いて眠りについた莫高窟は、今世紀初め、1000年の眠りをとき、大唐の香りを、そして砂塵に谺す干戈と馬蹄の轟きを甦らせた。滔々と流れたその遙かな歳月と人々に思いを託し、随想、詩、写真で綴る敦煌への讃歌。

◇敦煌の旅　陳舜臣著　平凡社　1976　326p　図12枚　21cm　1500円

◇敦煌の旅　陳舜臣著　講談社　1991.5　287p　15cm　（講談社文庫）460円　Ⓘ4-06-184906-9

＊シルクロードの途上にあるまち敦煌。かつて天竺にむかって三蔵法師玄奘や法顕がたどり、ラクダの隊商が往来した西域のまち敦煌。大らかなロマンと悠久の歴史を秘めて息づく莫高窟。念願かない、その地を訪れることのできた著者が、胸を燃やしその胸の炎の輝きを情熱こめて綴る。第3回大仏次郎賞受賞作。

◇敦煌の旅　陳舜臣著　読売新聞社　1995.11　300p　19cm　（西域シルクロード全紀行1）　1600円　Ⓘ4-643-95101-X

＊はるか敦煌莫高窟へ。さまざまな夢、歴史、文化が往来したシルクロード。憧憬の地、敦煌を訪れた著者の旅心とロマンをかきたてる珠玉の紀行文。

◇敦煌美術の旅　北川桃雄著　雪華社　1963　230p　図版　22cm

◇敦煌ものがたり　東山健吾、松本竜見、野町和嘉著　新潮社　1989.5　119p　22×17cm　（とんぼの本）1300円　Ⓘ4-10-601971-X

◇美術紀行　敦煌　北川桃雄著　東出版　1977.7　205p　図　22cm　2000円

ガンダーラ文化

パキスタン　紀元前4世紀

＊　　＊　　＊

◇ガンダーラへの道──シルクロード調査紀行　樋口隆康著　サンケイ出版　1980.11　239p　20cm　1500円

◇ガンダーラへの道──シルクロード調査紀行　樋口隆康著　旺文社　1982　240p　16cm　（旺文社文庫）340円　Ⓘ4-01-064168-1

◇ガンダーラから正倉院へ　田辺勝美著　（京都）同朋舎出版　1988.10　233p　19cm　2800円　Ⓘ4-8104-0666-0

＊仏像を初めて創ったのは誰か？「五絃琵琶」のラクダはなぜ2コブか？「鳥毛立女」の額のマークは何か？図像分析の視点から語るシルクロード文化の新見解。

◇ガンダーラ考古游記　アルフレッド・フーシェ著, 前田竜彦, 前田寿彦訳　同朋舎出版　1988.5　375,6p　20cm　4800円　Ⓘ4-8104-0665-2

◇ガンダーラ　大唐西域記の旅　高田好胤著, 副島泰写真　講談社　1988.12　143p　24×18cm　2000円　Ⓘ4-06-203616-9

＊大乗仏教のふるさとガンダーラ。奈良薬師寺の高田好胤管長と共に辿る玄奘三蔵求法の道。空に飛ぶ鳥もなく地に歩む獣もいない、ただ白骨を道標とする熱砂のタクラマカン砂漠を渡り、氷雪に閉ざされたパミールを越えて、仏道の正法をインドに求めた玄奘三蔵の、前後十八年、三万キロの旅の記録『大唐西域記』に導かれ、玄奘三蔵の御頂骨を抱いて感動の旅は続く。

◇ガンダーラの美神と仏たち──その源流と本質　樋口隆康著　日本放送出版協会　1986.5　178p　19cm　（NHKブックス カラー版）900円　Ⓘ4-14-003028-3

＊民族と民族が出会い、文明と文明が交わるシルクロードの要衝ガンダーラ。この地で、東方の仏教思想と西方の美意識が交差し、壮麗な仏教美術が華ひらいた。京大学術調査隊を率いてきた著者がその精髄を平易に解く、好個の概説書。

◇ガンダーラ美術 1　栗田功編著　二玄社　1988.11　317p　34×27cm　(古代仏教美術叢刊)　28000円　①4-544-02012-3
　＊世界各地の博物館・コレクター・美術商などを徹底探査して得た膨大な写真資料から、優品・重要品、約1500点を精選。『パキスタンのガンダーラ美術』(H・インゴルト著)掲載の重要な作品もすべて再録した。第1巻に約670点、第2巻に約800点を収録するが、そのうち約1000点は、従来ほとんど紹介されることのなかった欧米博物館やコレクター・美術商等の所蔵品である。

◇ガンダーラ美術 2　栗田功編著　二玄社　1990.1　314P　32×26cm　(古代仏教美術叢刊)　28840円　①4-544-02013-1
　＊世界各地の博物館・コレクター・美術商などを徹底探査して得た膨大な写真資料から、優品・重要品、約1500点を精選。『パキスタンのガンダーラ美術』掲載の重要な作品もすべて再録した。第1巻に約670点、第2巻に約800点を収録するが、そのうち約1000点は、従来ほとんど紹介されることのなかった欧米博物館やコレクター・美術商等の所蔵品である。近年の出土品も多数収めた。

◇ガンダーラ美術紀行　林良一著　時事通信社　1984.9　314p　22cm　2200円

◇ガンダーラへの道―シルクロード調査紀行　樋口隆康著　第三文明社　1989.12　233p　18cm　(レグルス文庫 182)　700円　①4-476-01182-9
　＊透徹した考古学の眼差に浮び上がる世界交通としてのシルクロード。

◇図説 ガンダーラ―異文化交流地域の生活と風俗　フランシーヌ・ティッソ著, 前田竜彦, 佐野満里子訳　東京美術　1993.11　247p　26cm　12360円　①4-8087-0605-9
　＊本書は、ガンダーラ美術に表現されている日常生活の要素を絞って集められた図録であると同時に、その研究書でもある。これまでのガンダーラ研究は、もっぱら歴史的な問題や様式やその影響といった問題の追求とか、仏像の起源の探索といったことに限られてきたが、本書は視点を日常性にすえて、異なった展望を切りひらこうとするものである。

◇旅は道づれガンダーラ　高峰秀子, 松山善三著　中央公論　1992.10　278p　16cm　(中公文庫)　620円　①4-12-201938-9

古代遺跡（ヨーロッパ）

◇イギリス聖地紀行―謎のストーン・サークルを訪ねて　沢田京子著　トラベルジャーナル　1996.8　237p　19cm　1800円　①4-89559-367-3

◇エトルリア遺跡　D.H.ロレンス作, 鈴木新一郎訳　不死鳥社　1969　130p　18cm　300円

◇エトルリアの遺跡　D.H.ロレンス著, 土方定一, 杉浦勝郎訳　美術出版社　1973　223p　21cm　(美術選書)　980円

◇南フランス古代文明紀行　川島清吉著　公論社　1993.10　329,14p　19cm　2900円　①4-7714-9301-4
　＊この書は、古代ギリシア・ローマ研究の一環として、南フランス(プロヴァンス、ラングドック)の古代文明の跡を幾度も遍歴し、現代文化と民俗の中で見聞したり感動したりしたことの記録で、ヨーロッパ世界の古代文明を展望し、快適な古代ロマンの旅を共に楽しむことができるように構成されています。

古代ギリシア遺跡

ギリシア　紀元前20～5世紀　指定：世界遺産「オリンピアの遺跡」ほか

　　　　＊　　　＊　　　＊

◇オリンピア―遺跡・祭典・競技　村川堅太郎著　中央公論社　1963　217p　18cm　(中公新書)

◇ギリシア―史跡と光と人情と　田中忠夫著　みずうみ書房　1981.3　274p　20cm　(もうひとつの世界をひらく旅)　1200円

◇ギリシア　新潮社　1995.10　385p　19cm　(世界の歴史と文化)　3000円　①4-10-601842-X
　＊エーゲ海の青い空と碧い海。古代の栄光を今に伝える遺跡の数々。しかし、それだけが、この国のすべてではない。古代とは、ビザンティンとは、現代とは。東西文化が交錯する「ギリシア」の意味を問い、その真実の姿に迫る。

◇ギリシア・トルコの遺跡を訪ねて―アテネ・コリント・エフェソ・カッパドキア・イスタンブール　井手雄太郎著　中央出版社　1994.11　130p　18cm　1000円　①4-8056-2066-8

古代遺跡

◇ギリシアの神殿　フィオーナ・マクドナルド文, マーク・バーギン画, 伊藤重剛訳　三省堂　1993.12　48p　29×23cm　(三省堂図解ライブラリー)　2200円　④4-385-15866-5
　＊完成当時のパルテノン神殿やアクロポリスの丘を再現する。巨大な神殿は、どんな材料でできていて、どのように建設されたか。戦車競技、パレード、スポーツ競技でにぎわう、女神アテナのお祭り。古代のアテネ市民は、どのような家に住み、何を食べ、どんな仕事をしていたのか。神殿を飾る華麗な彫刻が物語る、古代ギリシアの暮らし。アテネの守護神アテナをめぐっての、ギリシア神話の数々。パルテノン神殿の運命をたどり、後世への影響を確かめる。

◇古代オリンピックの旅　西川亮, 後藤淳著　協同出版　1988.4　143p　25×22cm　2500円　④4-319-00635-6

◇古代ギリシア―西欧世界の黎明　フリオ・ドゥランド著, 西村太良訳　新潮社　1998.11　291p　37cm　9000円　④4-10-530303-1
　＊最新の考古学資料、最高の写真図版で解き明かす「現代ギリシア」の全貌!!西欧文明の発祥地ギリシア。その歴史や文化を航空撮影など豊富な撮り下ろし写真やリアルな復元図を用いて紹介。読者をスリルに満ちた古代ギリシア発見の旅に誘う。

◇古代ギリシア植民都市巡礼　川島清吉著　吉川弘文館　1989.5　261,12p　19cm　2900円　④4-642-08132-1
　＊自らの未来を植民地にかけ、海の彼方へと雄飛した古代ギリシアの人々。彼らがシチリア・南イタリア・エジプトに広く残した遺跡・遺物の数々を、文化史を基礎にさまざまな角度から描き出すユニークな書。著者長年の踏査に基づく現地の実情のつぶさな報告と、多くのオリジナル写真の掲載は、古代ギリシアの一大ロマンを偲ぶ旅の書としても読者を魅了する。

◇古代ギリシアに遊ぶ―わたしのギリシア周遊記　加藤静雄著　サンエイジング　1980.6　314p　20cm　1600円

◇古代ギリシアに遊ぶ　加藤静雄著　三修社　1983.10　237p　15cm　380円　④4-384-06955-3

◇古代ギリシア歴訪　向坂寛著　北樹出版　1978.12　196p　20cm　1600円

◇古代シチリア連想の旅―わたしの大ギリシア周遊記　加藤静雄著　三修社　1983.11　232p　20cm　1300円　④4-384-03735-X

◇古代シチリア連想の旅―わたしの大ギリシア周遊記　加藤静雄著　三修社　1985.3　232p　15cm　(異文化を知る一冊)　380円　④4-384-06995-2

◇史蹟のギリシャ　村田数之亮著　大阪新聞社　1947　250p　B6

◇史蹟のギリシャ　村田数之亮著　大八洲出版　1947　276p　図版　19cm　(古文化叢刊)　50円

◇週刊ユネスコ世界遺産 no.12　アテネのアクロポリス―ギリシア　講談社　2001.1　34p　30cm　533円

◇十六歳のギリシア巡礼記　二田原阿里沙著　筑摩書房　1987.7　210p　19cm　1300円　④4-480-82230-5
　＊パルテノン神殿の強烈な存在感に驚愕し、"青銅の御者像"に宇宙の息吹きを感得するなど、その豊かな感性と的確な表現力によって読む者の心を放さない。すぐれた彫刻家と世界的オペラ歌手を両親にイタリアで生まれ、二人の天分をうけついだ著者が、昨年訪れたギリシアの風土と芸術に触発される遍歴紀行。国際化時代の申し子ともいうべき著者が世に問う問題の書。

◇図説ギリシア―エーゲ海文明の歴史を訪ねて　周藤芳幸著　河出書房新社　1997.7　143p　22cm　1800円　④4-309-72564-3
　＊紺碧のエーゲ海に華開いた古代文明。ヨーロッパ文明の源流となった輝かしい古代ギリシア文明の精華と史跡を、気鋭の史家が案内する。新発見の旅・ギリシア歴史散歩。

◇世界の文化史蹟 第3巻　村川堅太郎編　講談社　1967　215p　34cm

古代ローマ遺跡

イタリア　紀元前4世紀～紀元5世紀　指定：世界遺産「ポンペイ、エルコラーノおよびトッレ・アヌンツィアータの遺跡」

　　　　＊　　　＊　　　＊

◇永遠の都ローマ―歴史と芸術をたずねて　モーリス・パレオローグ著, 鹿島守之助, 鹿島卯女編　鹿島研究所出版会　1966　285p　図版　21cm

◇建築、その変遷―古代ローマの建築空間をめぐって　S.ギーディオン著, 前川道郎, 玉腰芳夫訳　みすず書房　1978.5　487,70p　20cm　6000円

◇古代都市ローマ　青柳正規著　中央公論美術出版　1990.6　469p　30cm　43000円

遺跡・史跡　　　　　　　　　　　　　　　　　　　古代遺跡

◇古代のローマ　ティム・コーネル, ジョン・マシューズ著, 小林雅夫訳　朝倉書店　1985.6　244p　31cm　(図説世界文化地理大百科)　20000円　①4-8055-0189-9
◇古代ローマ―人類初の世界文明　アンナ・マリア・リベラティ, ファビオ・ブルボン著, 青柳正規監訳　新潮社　1997.4　291p　37cm　8000円　①4-10-530302-3
  ＊本書は、永遠の都ローマの建国から帝国の衰退まで、ローマ文明のあらゆる側面を紹介しています。歴史的あるいは政治的出来事のみならず、風俗習慣から、芸術、技術、モード、金細工技術に至るまで、古代ローマ社会の高度に発展した文化の全てを網羅しており、航空写真、詳細な復元図、考古学的主要地の平面図など莫大な図版資料と詳細な注釈により、高度な内容をもつと同時に理解しやすい構成となっています。
◇古代ローマ散歩　吉村忠典著　社会思想研究会出版部　1961　221p　15cm　(現代教養文庫)
◇古代ローマの歴史―ヨーロッパ文明のルーツを求めて　ベルナルド・ロゴラ著, 長谷川岳男訳　PHPエディターズ・グループ, PHP研究所発売　2000.2　126p　21cm　1400円　①4-569-60980-5
  ＊いざ「知の冒険」へ。美しいイラストと写真で甦る古代ローマの興亡。
◇古代ローマへの道　ヘルマン・シュライバー著, 関楠生訳　河出書房新社　1989.2　422p　19cm　2600円　①4-309-22156-4
  ＊かつて全ヨーロッパを覆い、軍隊が、旅商人が通った道は、今雑草の下に埋もれてしまっている。文化と文明が通った道、消えた道の歴史と伝説と秘話を名著『道の文化史』の著者が実地踏査しながら語る。
◇塩野七生『ローマ人の物語』の旅―コンプリート・ガイドブック　新潮45編集部編　新潮社　1999.9　322p　22cm　2000円　①4-10-354016-8
◇週刊地球旅行　no.78　フォロ・ロマーノと古代ローマの遺跡―イタリア　講談社　1999.10　34p　30cm　533円
◇週刊ユネスコ世界遺産　no.1　フォロ・ロマーノとコロッセオ―イタリア　1　講談社　2000.10　36p　30cm　276円
◇週刊ユネスコ世界遺産　no.8　カラカラ浴場とパンテオン―イタリア　3　講談社　2000.12　34p　30cm　533円
◇世界の文化史蹟　第4巻　呉茂一編　講談社　1968　215p　34cm

◇世界歴史の旅　第4　大帝国ローマ　座右宝刊行会編　小学館　1969　201p　24cm　800円
◇ローマ古代散歩　小森谷慶子, 小森谷賢二著　新潮社　1998.7　126p　22cm　(とんぼの本)　1600円　①4-10-602070-X
  ＊永遠の都ローマ、その中でも栄華を極めた古代ローマの遺構を訪ね歩いて往時を偲んでみよう。ローマの原点フォロ・ロマーノから皇帝の宮殿がそびえていたパラティーノ、ローマの象徴コロッセオ、ローマ建築の粋パンテオン、街道の女王・旧アッピア街道、そして郊外の見どころ古代オスティアやハドリアヌス帝の別荘までをコース別に徹底紹介。最新の考古学・歴史学の知見を盛り込み、読んで楽しく、歩いて役立つ決定版。
◇ローマ、フィレンツェ、ヴェネツィア―古代遺跡とイタリア・ルネサンス　学習研究社　2001.3　127p　21cm　(知的でゆたかな旅シリーズ)　1500円　①4-05-401327-9
  ＊大きな文字で読みやすく、通りごとに地図を入れた使いやすいガイドブック。美術館や遺跡、芸術家が愛したプチホテルも紹介し、知的でゆたかな旅を満喫していただける大人のイタリアガイドです。
◇ローマの道　遍歴と散策―道・水道・橋　藤原武著　筑摩書房　1988.10　346p　19cm　2400円　①4-480-85454-1
  ＊そのスケールの雄大さ、高度の技術力と完成度においてローマの道は人類の最高の文化遺産であった。その現状を探ねて東奔西走何キロ。道づくりの何たるかを熟知した著者の学殖豊かなユーモラスな名文で辿るローマの道紀行。
◇ローマ文明の跡を訪ねて　浅香正著　吉川弘文館　1975　340,11p　地図　20cm　2500円
◇ローマ歴史散歩　吉浦盛純著　鹿島出版会　1975　242p　19cm　980円
◇ローマ歴史散歩　エリザベス・ボーエン著, 篠田綾子訳　晶文社　1991.3　261p　19cm　2200円　①4-7949-6056-5
  ＊街道。城壁。丘。神殿。広場。さまざまな遺跡や風景に触発されながら、この永遠の都を歩き、神話の神々や皇帝たちから19世紀まで、2500年にわたるこの街の物語を眼前に浮かびあがらせる。イギリスの代表的女流作家による歴史紀行の名品。

115

ポンペイ遺跡

イタリア　1世紀　指定：世界遺産「ポンペイ、エルコラーノおよびトッレ・アヌンツィアータの遺跡」

　　　　＊　　　＊　　　＊

◇死都ポンペイ　岩波書店編集部編　岩波書店　1955　図版64p　19cm　（岩波写真文庫）
◇死都ポンペイ　岩波書店編集部編　〔復刻版〕岩波書店　1990.3　1冊　21cm　（シリーズ　世界の美術案内　2）　650円　④4-00-003568-1
◇週刊ユネスコ世界遺産 no.18　ポンペイ、エルコラーノ、トッレ・アヌンツィアータの考古地区—イタリア　講談社　2001.3　34p　30cm　533円
◇ポンペイ―ジャンニ・ベレンゴ・ガルディン写真集　ジャンニ・ベレンゴ・ガルディン写真　岩波書店　1998.8　165p　29×31cm　6800円　④4-00-008193-4
◇ポンペイの遺跡―2000年前のローマ人の暮らし　青柳正規監修　小学館　1999.12　127p　26cm　（アートセレクション）　1900円　④4-09-607004-1
　＊代表的な世界遺産として知られるペンペイ。このポンペイは、西暦79年のヴェスヴィオ火山の噴火により、都市全体が地中に封印され、忘れ去られた悲劇の都市だった。しかし、250年にわたる発掘調査により古代ローマ都市・ポンペイは現代によみがえり、我々は当時のローマ人の生活を見ることが出来るようになった。本書は、発掘されたポンペイの街や、家々に残された豊富な壁画や日常品、さらにはコンピュータグラフィックや精巧な模型を使って2000年前の生活を再現。当時の食事や娯楽、仕事や日常生活だけではなく、家の構造や庭園の有様、居酒屋、浴場、豪華な宴会から娼婦の館まで紹介する、肩の凝らない見て楽しめる古代ローマ案内。
◇ポンペイの滅んだ日―ベスビオをめぐるジオドラマ　金子史朗著　原書房　1988.2　223p　21cm　1800円　④4-562-01908-5
　＊現在の時点で、ベスビオ西暦79年の噴火の真相は、ほぼ全貌が理解されるようになった。小著でわたしは、1986年までの新しい資料をふまえて、ヘルクラネウムの再発見と、ポンペイとともに埋没した最後の日について、小プリニウスの書簡を軸としながら述べてみたいと思う。…ナポリ湾岸の美しい古代都市はなぜ滅んだのか？最新の発掘調査と地質学上の研究成果を土台にして、西暦79年のベスビオ大噴火を時々刻々と再現！
◇埋没都市ポンペイ—その日何が起ったか　NTVスペシャル　日本テレビ放送網　1983.10　136p　27cm　2500円
◇ローマ都市ポンペイ　青柳正規，中山典夫，毛利晶著　日本テレビ放送網　1986.11　79p　21cm　（NTVジュニアスペシャル　世界の文明・遺跡のなぞ　4）　980円
　＊世界はふしぎにみちている。文明と遺跡のなぞに挑戦する。火山の大噴火とともに、失われた都市ポンペイ運命のその日、人々に何が起こったか？発掘があきらかにした古代都市のすがたは？ローマ都市ポンペイに、古代のくらしをたずねる。

古代遺跡（アフリカ）

◇アフリカ古代文明の謎　田名部昭著　光文社　1990.2　197p　15cm　（光文社文庫　12）　510円　④4-334-71101-4
　＊5億を超える人口、50余りの国、様々な言語・習慣…そうした多様性にもかかわらず、アフリカはその全体像を構築してみたいと思わせる魅力がある。人類が誕生した大地。不毛のサハラに残された岩壁画。ナイル河流域だけでなく、ニジェール河流域や東アフリカにも黄金の都が栄えていた。アフリカの栄華をたどる。
◇タッシリ遺跡　サハラ砂漠の秘密　アンリ・ロート著，永戸多喜雄訳　毎日新聞社　1960　241p　図版21枚　20cm
◇リビア―ローマ遺跡写真集　青木弐朗著　アクティブ（印刷）　1999.4　107p　24cm

古代エジプト文明

エジプト　紀元前30～1世紀　指定：世界遺産「メンフィスとその墓地遺跡—ギーザからダハシュールまでのピラミッド地帯」

　　　　＊　　　＊　　　＊

◇アル=フスタート遺跡—エジプト・イスラーム都市　発掘調査1978～1985年　桜井清彦，川床睦夫編　早稲田大学出版部　1992.3　2冊　31cm　全60000円　④4-657-92530-X

遺跡・史跡　　　　　　　　　　　　　　　　　　　　古代遺跡

◇磯崎新＋篠山紀信建築行脚 1　ナイルの祝祭──カルナック神殿　六耀社　1980.10　182p　29cm　7800円　Ⓓ4-89737-003-5
◇ヴィジュアル版 古代エジプトの世界　チャールズ・フリーマン著，内田杉彦訳　原書房　1999.4　225p　31×24cm　9500円　Ⓓ4-562-03150-6
　＊ピラミッドからハリウッド映画まで脈々といきづく，華麗なる文明の全貌。現代への影響までわかる，まったくあたらしいエジプト文化案内。
◇エジプト　朝日新聞社編　1958　図版64p　26cm　（アサヒ写真ブック）
◇エジプト──驚異の古代文明　アルベルト・シリオッティ著，鈴木八司訳　新潮社　1995.5　291p　37cm　8000円　Ⓓ4-10-530301-5
　＊黄金のツタンカーメン王墓発見の瞬間が，謎を秘めた大ピラミッドの内部が，写真とイラストで生々しく再現される。世界12カ国・国際提携出版によりなしえた快挙。
◇エジプト──遺跡の手ざわり　吉村作治著　NTT出版　1996.3　241p　19cm　(AROUND THE WORLD LIBRARY)　1300円　Ⓓ4-87188-616-6
　＊本書では，初めての試みだが，教え子と旅する形で私の理想の旅を再現してみた。こんな旅をしたら素敵ですよというエジプトの達人である私の問題提起である。
◇エジプト　鈴木八司監修　新潮社　1996.12　385p　19cm　（読んで旅する世界の歴史と文化）　3000円　Ⓓ4-10-601845-4
　＊悠久のナイルが8000年にわたって育んできた国。エジプトへの我々の関心は古代の王朝時代に傾きがちだが，中世以後の豊かな歴史と文化にも目を向けたい。古代から現代まで，エジプトがトータルに理解できる，画期的な1冊本。
◇エジプト王陵の秘密　メノー・ホルスト著，関楠生訳　みすず書房　1960　231p　図版　19cm
◇エジプト原風景への旅　北井三郎写真，鈴木まどか文　丸善　1991.10　88p　26cm　3914円　Ⓓ4-621-03651-3
◇エジプト古代への旅　鈴木まどか文，石田光於絵　リブロポート　1982.2　1冊　31cm　1200円　Ⓓ4-8457-0047-6
◇エジプト古代文明の旅──ナイルのほとりの遺跡をめぐる　仁田三夫写真・文，松本弥，村治笙子，合田佐和子文　講談社　1996.11　119p　21cm　（講談社カルチャーブックス）　1500円　Ⓓ4-06-198118-8

＊5000年の時を超えて絢爛たる文明が華開いた古代エジプトへ，タイム・トリップ！古代王国・夢紀行。
◇エジプトの石　山崎脩写真・文　（京都）京都書院　1989.8　159p　23×29cm　（デザイン発見）　3920円　Ⓓ4-7636-8067-6
◇エジプトの古代を訪ねて　松浦正隆著　産業能率大学出版部　1982.6　212p　19cm　1400円
◇エジプトの全遺跡──エジプト5000年をゆく5　日本テレビ放送網　1985.2　144p　27cm　2500円
◇エジプト美術の旅──ファラオ国の魅惑　水沢澄夫著　雪華社　1963　183p　図版　22cm
◇エジプト美術の謎　鈴木まどか著　丸善　1992.3　203p　18cm　（丸善ライブラリー043）　620円　Ⓓ4-621-05043-5
　＊巨大な王墓ピラミッド，ツタンカーメンの黄金のマスク，まばゆいばかりの宝飾品の数々，そしてもの言わぬ王達の彫像など，本書では広く世界の美術史上に燦然と輝く名作の数々を残すエジプト美術の流れをたどりつつ，その神秘のヴェールにかくされた謎解きに挑戦し，古代エジプトからのメッセージを読みといてゆく。そこには5千年の時を超え，忘れられていた王朝の栄華が再現され，神と人とが一体となった美の世界を味わうことができるだろう。
◇エジプト文化入門　エーベルハルト・オット著，吉成薫訳　六興出版　1992.5　252,4p　19cm　（ロッコウブックス）　1400円　Ⓓ4-8453-5082-3
　＊古代エジプト人が残した膨大な文化遺産──。美術をはじめ，文学，歴史記述等，さまざまな文化現象に通底するその独自なスタイルを抽出し，〈エジプト的なもの〉の粋を余すところなく記述した最良の入門書。
◇エジプト・文明への旅──伝統と現代　小杉泰著　日本放送出版協会　1989.11　229p　19cm　（NHKブックス 585）　780円　Ⓓ4-14-001585-3
　＊エジプト人を根底から支える宗教共同体や人間の平等観など，イスラームを理念としてでなく，民衆の生活実態から理解し，アラブの盟主として，西洋の模倣でない独自の近代化をとげようとする困難な歩みを，政治・経済から見つめて，エジプトの伝統と現代，ポスト・モダンの可能性を，文明として総合的に捉え直す。著者はエジプトに長期滞在し，人々の中

117

に現実に生きるイスラームを研究する第1人者。

◇王家の谷―テーベの神殿とネクロポリス アルベルト・シリオッティ著, 矢島文夫監訳, 吉田春美訳　河出書房新社　1998.1　167p　30cm　3800円　④4-309-22316-8
* 本邦初!!「王家の谷」完全ガイド。エジプト考古学の最新の成果を踏まえ、写真と図面と地図を駆使してあらゆる側面から紹介する王たちのネクロポリス。周辺の神殿も併せて紹介。

◇王妃ネフェルタリの墓―古代エジプト文明の粋ここによみがえる　ジョン・K.マクドナルド著, 竹内智子訳　ミュージアム図書　2000.10　116p　25×20cm　3200円　④4-944113-36-6
* 王妃ネフェルタリはクレオパトラと共に、古代エジプト三大美人のひとりです。ルクソールにある「王家の谷、王妃の谷」のなかで、今日最大の観光ポイントである「王妃ネフェルタリの墓」は、数年前によやく公開されたものの、今も見学には人数にも時間にも制限があります。本書では、貴重な資料と美しいカラー写真で内部の様子を詳しく紹介しています。現地に行った方も行かなかった方も、日本にいながらにしてこの見事な「王妃ネフェルタリの墓」をお楽しみいただけます。

◇カイロ博物館 古代エジプトの秘宝　吉村作治監修　ニュートンプレス　2000.10　416p　37cm　28000円　④4-315-51600-7
* 本書はカイロ・エジプト博物館の他に類をみない長い歴史を、そして、エジプト学を開き、現代の人々に古代エジプトの芸術や、文明の不思議に思いをはせる機会をあたえた、学者たちの功績をたたえるためにつくられました。

◇上エジプトの歴史をたどる―早稲田大学古代エジプト調査隊マルカタ遺跡出土品を中心として　早稲田大学古代エジプト調査室編　出光美術館三鷹分館　1983.3　56p　26cm

◇君はピラミッドを見たか　吉村作治著　近代文芸社　1997.6　132p　20cm　1300円　④4-7733-6226-X

◇古代エジプトを歩く　神津拓夫著　沖積舎　1995.6　262p　20cm　2500円

◇古代エジプトファラオの昼寝　吉村作治著　近代文芸社　1997.6　118p　20cm　1300円　④4-7733-6225-1

◇古代エジプト文明―歴代王国3000年を旅する　レンツォ・ロッシ著, 松本弥訳　PHPエディターズ・グループ　1999.12　123p　20cm　(Visual book)　1400円　④4-569-60882-5
* ミイラ作りには専門の職人がいた！古代エジプト人の憧れの職業は「書記」だった！古代エジプトに奴隷はいなかった！別荘を持つことがステイタスシンボルだった！移民は友好的なら自由に入国できた！いざ"知の冒険"へ。美しいイラストと写真で甦る古代エジプトの神秘。

◇古代文明の源流を訪ねる―新しい世紀の展望のために '96エジプト・トルコ・ギリシャ視察報告　京都経済同友会交流部会〔著〕　京都経済同友会　1997.1　32p　30cm

◇古代エジプト　ジョージ・ハート編, 長谷川奏日本語版監修, 本地忍訳　金の星社　1998.3　64p　31×26cm　(ビジュアル学習図鑑ディスカバリー)　3500円　④4-323-02801-6
* ピラミッド建造や王家の谷など、古代エジプトの謎をさぐります。

◇古代エジプトへの旅　鈴木八司執筆, 仁田三夫写真　岩波書店　1983.12　80p　22cm　(岩波グラフィックス　19)　1200円

◇古代エジプトを掘る　吉村作治著　PHP研究所　2001.10　319p　15cm　(PHP文庫)　648円　④4-569-57633-8
* エジプトを掘ろう、掘ればわかるさ！―砂漠の下から、遙か数千年前に栄華を極めた王家と古代人たちの息吹が聞こえる。幼き日にその悠久の世界に魅せられた著者は、仲間と手を取りあいながら、数々の障壁も乗り越え、日本のエジプト考古学発展の礎を築く。神のみぞ知る古代エジプトの秘密に、今なお挑み続ける著者が、エジプト考古学の魅力を熱く語る。

◇古代エジプト探検史　ジャン・ベルクテール著, 福田素子訳, 吉村作治監訳　(大阪)創元社　1990.11　235p　19cm　(「知の再発見」双書　02)　1400円　④4-422-21052-1
* ヒエログリフは記号がひとつの概念に対応するような表意文字なのだろうか。それとも、各記号が近代ヨーロッパ語のようにひとつの音を表す表音文字なのだろうか。

◇古代エジプトの遺産―仁田三夫写真集　仁田三夫写真　ぎょうせい　1985.1　72p　32×32cm　3000円

◇古代エジプト文明の謎　光文社　1987.6　197p　15cm　(光文社文庫)　500円　④4-334-70567-7
* 古代エジプト文明が栄えたのは今から5000年前。そんな昔になぜあんな巨大なピラミッドを造ったのだろう？なぜ死者をミイラにしたのだろう？人々は何を考え、どんな生活をしていたのだろう？大

遺跡・史跡　　　　　　　　　　　　　　　　　　　　　古代遺跡

ピラミッドにわが国のハイテク技術が挑戦し、新たな謎を発見…。最新の情報をもとに古代エジプト文明の謎に迫る。あなたも謎を楽しんでみませんか。
◇古代のエジプト　ジョン・ベインズ，ジャミール・マレック著，吉村作治訳　朝倉書店　1983.11　244p　31cm　（図説世界文化地理大百科）　20000円
◇週刊地球旅行 no.13　人類の謎ピラミッドとスフィンクス―エジプト　講談社　1998.6　33p　30cm　533円
◇週刊ユネスコ世界遺産 no.28　イスラム都市カイロ―エジプト　講談社　2001.5　34p　30cm　533円
◇週刊ユネスコ世界遺産 no.3　メンフィスのピラミッド地帯―エジプト　講談社　2000.11　34p　30cm　533円
◇神秘の都・テーベ―エジプト5000年をゆく2　日本テレビ放送網　1982.7　151p　27cm　2200円
◇図説 古代エジプト 1　「ピラミッドとツタンカーメンの遺宝」篇　仁田三夫編著・写真，松本弥，村治笙子，片岸直美文　河出書房新社　1998.5　127p　22×17cm　1800円　①4-309-72577-5
　＊古代エジプトの写真記録をライフワークとしてきた世界的写真家が紹介する驚異的遺産の全容。
◇図説 古代エジプト 2　「王家の谷と神々の遺産」篇　仁田三夫編著・写真，松本弥，村治笙子，片岸直美文　河出書房新社　1998.5　135p　22×17cm　1800円　①4-309-72578-3
　＊ルクソール（古都テーベ）東岸の驚異的巨大神殿群、西岸ネクロポリス（死者の都）に展開された王墓、私人墓の華麗・神秘的な全貌。
◇図説 ピラミッド大百科　マーク・レーナー著，内田杉彦訳　東洋書林　2001.1　256p　26×20cm　12000円　①4-88721-409-X
　＊数千年の時を超え多くの謎を秘めてそびえ続けるピラミッドを徹底解剖。紀元前3000年頃から同300年頃の間につくられ、現存するすべてのピラミッドを網羅。それぞれの建造方法や、宗教的・社会的意義を、豊富な図版を駆使しつつ詳述。
◇世界の文化史蹟 第1巻　杉勇編　講談社　1967　215p　34cm
◇世界歴史の旅 第1　座右宝刊行会編　小学館　1968　202p　24cm
◇大英博物館 古代エジプト百科事典　イアン・ショー，ポール・ニコルソン著，内田杉彦訳

原書房　1997.5　667p　21cm　9500円　①4-562-02922-6
◇旅・古代エジプト憧憬　横山宗一郎著　京都書院　1997.7　255p　15cm　（京都書院アーツコレクション　29 旅行1）　1000円　①4-7636-1529-7
◇旅は道づれツタンカーメン　高峰秀子，松山善三著　中央公論社　1994.1　279p　15cm　（中公文庫）　680円　①4-12-202064-6
　＊悠久の歴史の中に静かに眠る遺跡。混乱と異様な熱気で煮えくり返る街の中で、あるいはたくましく、あるいは慎ましやかに暮す人々。そして五千年前から変らず悠々と砂漠を流れるナイル河…。エジプトの昔と今を伝える、おしどり夫婦の"旅は道づれシリーズ"第三弾。
◇ダムと神殿 ヌビアの遺跡を訪ねて　レスリー・グリーナー著，酒井伝六訳　紀伊國屋書店　1963　289p 図版　20cm
◇超古代ピラミッドとスフィンクス　吉村作治著　平凡社　1997.4　110p　22cm　（ビジュアルガイド世界の遺跡）　1500円　①4-582-63161-4
◇ツタンカーメンファラオの都テーベ　吉村作治著　平凡社　1997.7　109p　22cm　（ビジュアルガイド世界の遺跡）　1500円　①4-582-63162-2
　＊吉村作治が解く最も有名で最も未知なる王の謎。発見されて以来、世界の人々を魅了してきた黄金のマスク。その素顔とテーベの時代に迫る。
◇ナイルの遺産―エジプト歴史の旅　山川出版社　1995.1　183p　21cm　2900円　①4-634-64270-0
　＊エジプトヒストリカルガイド決定版。紺碧の空とナイルの輝きのもと5000年の時を駆けるファラオ達の夢いま、ここに。ギザ、カルナックのサウンド・アンド・ライト日本語訳付。
◇ナイルのほとりの物語―古代エジプト遺跡紀行　吉村作治著　小学館　1993.10　268p　16cm　（小学館ライブラリー　50）　800円　①4-09-460050-7
　＊ナイル川流域に点在する古代エジプトの遺跡群。それらの歴史と、土地の人々との交流を愛情のこもった平易な語り口で紹介する。斯界の第一人者ならではの格好の『古代エジプト文化入門書』。
◇美術紀行エジプト・ギリシア　東珠樹著　東出版　1977.3　187p 図　22cm　2000円
◇ピラミッド―川人忠幸エジプト写真集　川人忠幸著　角川書店　1983.3　144p　27cm　3900円

119

◇ピラミッド ―時間を超越したピラミッドの偉大さを探訪する　ジェームズ・パットナム著, 鈴木麻穂訳　同朋舎出版　1995.4　63p 29cm　（ビジュアル博物館　第53巻）　2800円　④4-8104-2131-7

◇ピラミッド　アルベルト・シリオッティ著, 矢島文夫監訳, 吉田春美訳　河出書房新社　1998.10　167p　30cm　3800円　④4-309-22331-1
＊ギザの三大ピラミッドをはじめ、スフィンクス、階段ピラミッド、マスタバなどの主要なモニュメントを網羅してその構造を解明し、今なお残る多くの謎に迫る。

◇ピラミッド文明・ナイルの旅　吉村作治著　日本放送出版協会　2000.10　190p　19cm　1200円　④4-14-080557-9
＊約4500年前、古代エジプトの人々は巨大なピラミッドを建設し、高度な文明を生み出した。ピラミッド文明…この強大なパワーの源泉を求めてナイル川2000キロをさかのぼっていく。河口の街アレクサンドリアから、ルクソール、アブ・シンベルまで、古代文明の謎を解くナイル川歴史の旅。

◇ピラミッド・謎と科学―エジプト5000年をゆく3　日本テレビ放送網　1986.3　144p　27cm　2500円

◇ピラミッドの秘密　カーター作, 白木茂編　あかね書房　1982.2　182p　20cm　（少年少女世界の大探検　2）　880円

◇ファラオの遺跡　日本テレビ放送網　1987.3　79p　21cm　（NTVジュニアスペシャル　世界の文明・遺跡のなぞ　5）　980円　④4-8203-8725-1
＊王であり神であった古代エジプトのファラオたち。現世も、そして来世も世界を支配する存在。歴史上もっとも強い力で君臨した古代の王。ファラオの力の秘密を解きあかす。

◇ファラオの眠る谷―エジプト5000年をゆく　1　日本テレビ放送網　1982.4　152p　27cm　2200円

◇女神が遺した国エジプト ―古代文明発見の旅　水上洋子著　祥伝社　1998.4　244p　16cm　（ノン・ポシェット）　571円　④4-396-31096-X

◇甦るツタンカーメン―NTVスペシャル　アイビス社編　日本テレビ放送網　1984.4　144p　27cm　（エジプト5000年をゆく　4）　2500円

◇甦るツタンカーメン―エジプト5000年をゆく4　日本テレビ放送網　1985.2　144p　27cm　2500円

◇楽園への道―オリエントの昔と今　鈴木英夫著　本阿弥書店　1991.9　214p　19cm　2300円　④4-89373-047-9
＊狛犬のルーツを求めながら、歴史と人間に自由闊達なる洞察をめぐらせるエジプト・イラン・イラク・クウェートの旅。―『稲の道・歌の道』『狛犬のきた道』に続く第三作。

◇ルクソール讃歌―ナイルと太陽の遺産　仁田三夫著　筑摩書房　1995.5　207p　15cm　（ちくま文庫）　1200円　④4-480-03037-9
＊古代オリエントで最も栄えたテーベの都の地、ルクソール。アメン大神殿、ツタンカーメン王墓のある王家の谷等の目をみはるばかりに壮大な遺跡群、3000年前の生活・文化がそのまま描かれている色鮮かな壁画の数々…。古代エジプトの美に魅入られて撮りつづけること40年、写真家NITTAの作品と文章で、ナイル観光の拠点、ルクソールの全容を紹介する。観光案内兼エジプト美術の粋。

古代遺跡（中南米）

◇写真・メキシコ　遺跡の中の青春　三木淳著　社会思想研究会出版部　1961　182p　15cm　（現代教養文庫）

◇メキシコ湾岸紀行トトナカ遺跡エルタヒン考　河合十五平著　河合十五平　1978　32p　図版11p　26cm

マヤ・アステカ文明

メキシコ, グアテマラ　紀元前後〜15世紀　関連人物：世界遺産「古代都市ウシュマル」ほか

＊　　　＊　　　＊

◇アステカ・マヤ巡礼―古代都市の遺跡を歩く　種橋鉄扇著　泰流社　1990.5　238p　19cm　（泰流選書）　2400円　④4-88470-725-7
＊かつて栄華を誇った古代都市―アステカ、マヤ、インカの遺跡をめぐる旅。巨大な神殿ピラミッドや石像など、神秘につつまれた文化遺跡にたたずみ、興隆と滅亡の歴史に思いをはせる。アメリカ大陸を南下し、多くの人びととの交流のなかで生まれた、ほほえましいエピソードを織り込んだ遺跡紀行。

◇失われた世界、そして追憶―マヤ・アステカ私的紀行　曽野綾子著　PHP研究所

1994.5　225p　15cm　（PHP文庫）　500円　ⓘ4-569-56636-7
　＊家族と共に思い出の地メキシコ・グァテマラを旅した著者。アステカの神々、マヤの戦士たちとひそやかに語り合いながら過ごした一夏を綴る。
◇失われた文明 メキシコ・マヤ写真集　持田信夫著　講談社　1968　206p　25cm
◇驚異の世界史 黄金帝国の謎―インカ・アステカ・マヤ　森本哲郎編　文芸春秋　1986.12　254p　15cm　（文春文庫）　480円　ⓘ4-16-810403-6
　＊いまや、「インディオ文明」はかなり正確に復元されるようになった。本文庫ではその代表ともいうべき三つの文明の姿をできるだけくわしく紹介しようと試みた。三つの文明とは、アンデス山脈一帯にわたって大帝国を築いたインカ、中部アメリカのメキシコに繁栄を誇ったアステカ、そしてグアテマラ、ホンデュラスからユカタン半島にかけて高度の文化を創り出したマヤである。
◇巨大遺跡―メヒコ・ユ・カタンひとり旅 佐藤敦子写真集　佐藤敦子著　光村印刷　1993.10　83p　17×19cm　（Bee books）　1600円　ⓘ4-89615-523-8
◇原始林にねむるマヤ文明のなぞ　スティーヴンズ作, 矢代堅二編　あかね書房　1982.3　200p　20cm　（少年少女世界の大探検　11）　880円
◇最後のマヤ民族　若林美智子著　新潮社　1980.9　251p　20cm　（新潮選書）　800円
◇週刊ユネスコ世界遺産 no.32　マチュ・ピチュ/ナスカとフマーナ平原の地上絵―ペルー　講談社　2001.6　34p　30cm　533円
◇図説 古代マヤ文明　寺崎秀一郎著　河出書房新社　1999.5　127p　21cm　（ふくろうの本）　1800円　ⓘ4-309-72605-4
　＊中部アメリカの密林の中にのこる巨大石造遺蹟群。天文学・文字など独自の高度な文化を発展させつつ、突然900年ごろ消滅した謎の古代文明―。最新の知見をもとに、世界の四大文明と全く異なる環境に生まれたマヤ文明の全貌に迫る。
◇世界の文化史蹟 第9巻　石田英一郎編　講談社　1968　213p　34cm
◇謎のラカンドン族―古代マヤ族との六年　猪又徹著　牧野出版社　1975　図56枚　45p　19cm　900円
◇並河万里遺跡をゆく 第2集　マヤ・アステカの旅　並河万里撮影　学習研究社　1977.6　132p　29cm　1600円

◇東ユカタン・マヤ遺跡,メキシコ湾岸紀行トトナカ遺跡エルタヒン考　河合十五平著　河合十五平　1978　13,32p 図版19枚　26cm
◇ビバ・メヒコ―現代メキシコ紀行 アステカとマヤを訪ねて 下　杉野圀明著　文理閣　2000.6　266p　19cm　2300円　ⓘ4-89259-359-1
◇マヤ・アステカ太陽の文明　吉村作治著　平凡社　1998.7　111p　22cm　（ビジュアルガイド 世界の遺跡）　1700円　ⓘ4-582-63163-0
◇マヤ/グアテマラ&ベリーズ　辻丸純一〔著〕　雷鳥社　2001.3　201p　21cm　（写真でわかる謎への旅）　1800円　ⓘ4-8441-3321-7
　＊グアテマラ&ベリーズの旅に必携の一冊。マヤ…。謎への旅。
◇マヤ終焉―メソアメリカを歩く　土方美雄著　新評論　1999.12　332p　20cm　2500円　ⓘ4-7948-0468-7
　＊ちょっと知的な世界遺産への旅。文明の痕跡と先住民の現在から得られた旅の眼差し。
◇マヤ・インカに縄文人を追う　野口赫宙著　新芸術社　1989.6　237p　19cm　1500円　ⓘ4-88293-004-8
　＊太平洋をへだてた同じ神話。同じ土器の謎に挑む老作家の壮大な夢が生んだ紀行文学の傑作。
◇マヤ・アステカ文明を訪ねて―メキシコ・グァテマラの旅　石川宏安著　石川宏安　1980.9　116p　21cm
◇マヤ・インカうたの旅―世界をめぐる奥の細道　遠藤八重子著　共和印刷企画センター　1986.7　255p　19cm　（ぬはり叢書　第153篇 2）　1600円
◇マヤ 神秘を開く旅　ピーター・キャンビー著,大窪一志訳　図書出版社　1993.9　564p　19cm　（海外旅行選書）　4120円　ⓘ4-8099-0711-2
　＊失なわれたマヤ文明の謎を解くため、危険を冒し現代のマヤ世界に足を踏み入れた著者の異色の中米紀行。
◇マヤの死の儀礼　宮西照夫著　大阪書籍　1986.6　207p　19cm　（朝日カルチャーVブックス）　1200円　ⓘ4-7548-1829-6
◇マヤ文明―征服と探検の歴史　デイヴィッド・アダムソン著, 沢崎和子訳　文化放送開発センター出版部　1979.5　301p　20cm　1500円
◇マヤ文明―征服と探検の歴史　デイヴィッド・アダムソン著, 沢崎和子訳　法政大学出版局　1987.11　302p　19cm　（教養選書

59)　1700円
　　＊スペインによる征服ののち、失われた都市、密林の奥深く眠る遺跡への探索行が繰り返された。本書は、考古学の英雄時代19世紀を中心に、マヤに憑かれた人々の探検と業績、夢と執念の軌跡を描く迫真の記録である。

◇マヤ文明の旅　ロナルド・ライト著, 池田比佐子訳　心交社　1991.12　399p　19cm　(世界紀行冒険選書　12)　1854円　①4-88302-027-4

◇緑の迷宮——マヤ文明・ユカタン半島幻想紀行　夢枕獏著　全国朝日放送　1991.11　189p　23×19cm　(ネイチャリングスペシャル)　1500円　①4-88131-173-5
　　＊知と感性の越境者、小説家の夢枕獏が中央アメリカのユカタン半島に、滅亡したマヤ文明の遺跡を訪ねる。

◇緑の迷宮——マヤ文明・ユカタン半島幻想紀行　夢枕獏著　小池書院　1996.12　238p　15cm　(道草文庫)　640円　①4-88315-742-3
　　＊テレビ番組の取材のためユカタン半島をおとずれ、ジャングルに眠る、謎多きマヤ文明の遺跡を訪ね歩く。著者にとってこの旅は、ジャングルの中からもう一度、現代というものを、問いなおしてみようという旅なのだ。およそ40日間におよぶジャングル(緑の迷宮)の旅で、著者自身が考えたこと、想ったこと、体験したことを、日記形式で綴った異色の、ユカタン半島幻想旅行記。

◇メキシコ/マヤ&アステカ　辻丸純一構成・写真, 土方美雄文　雷鳥社　2001.8　205p　21cm　(写真でわかる謎への旅)　1800円　①4-8441-3325-X

◇ユカタン半島——メキシコ・マヤ文明の足跡　邸景一文・写真, 清水卓司, 村井勝男写真, 「旅名人」編集部編　日経BP社　1998.3　162p　21cm　(旅名人ブックス)　1300円　①4-8222-2654-9
　　＊カンクン、メリダ、場合によってはメキシコ南端のチェトゥマルを拠点にした、マヤ文明にふれあう旅を提案する。チチェン、イッツァ、ウシュマルなど日本でもなじみのある遺跡はもちろん、ジャングルの奥地にある遺跡も登場。20世紀冒頭まで続いた「マヤ独立国」の姿を通して、マヤ文明の実像にせまる。

ナスカ遺跡

ペルー　紀元前4～7世紀　指定：世界遺産「ナスカおよびフマナ平原の地上絵」

＊　　　＊　　　＊

◇週刊ユネスコ世界遺産 no.32　マチュ・ピチュ/ナスカとフマーナ平原の地上絵——ペルー　講談社　2001.6　34p　30cm　533円

◇ナスカ　砂の王国——地上絵の謎を追ったマリア・ライへの生涯　楠田枝里子著　文芸春秋　1990.9　229p　19cm　1200円　①4-16-344680-X
　　＊激動の東ドイツから南米ペルー、謎の遺跡へ。『ナスカの地上絵』の解明に生涯を賭けたマリア・ライへの軌跡を迫う。著者渾身のノン・フィクション。

古墳(日本)

◇遺跡ガイドブック——かわさきの古墳めぐり　川崎市市民ミュージアム編　第2版　川崎市市民ミュージアム　1994.6　36p　26cm

◇思川西岸の低地に築かれた古墳　小山市立博物館　1992.7　14p　21cm　(シリーズ・郷土小山の古墳を巡る　1)

◇思川西岸の低地に築かれた古墳 2　思川東岸の台地に築かれた古墳 1　小山市立博物館　1994.3　11p　21cm　(シリーズ・郷土小山の古墳を巡る　2)

◇神奈川の古墳散歩　相原精次, 藤城憲児著　彩流社　2000.8　294p　19cm　1800円　①4-88202-676-7
　　＊"神奈川にもこんなに古墳があったの？"歩いてびっくり、こんな身近に古代のロマンが！古墳の見方、背景などをわかりやすく解説、足もとに眠る歴史を掘り起こす。歴史愛好家、ウォーキング・グループ、中・高校生などの歴史探索にも最適。

◇県下の貝塚と古墳　石川県考古学研究会〔著〕　石川県図書館協会　1993.3　129p　19cm　(郷土シリーズ)

◇古代天皇陵をめぐる——古代天皇陵ガイドブック　藤田友治と天皇陵研究会編　三一書房　1997.3　314p　18cm　(三一新書)　927円　①4-380-97002-7
　　＊"平成の蒲生君平"を目ざし、一つ一つの天皇陵を実地に訪ねる。日本古代史の真実を求める研究は、タブー視されていた

遺跡・史跡　　　　　　　　　　　　　　　　　　　　　　　　　　　　古墳

天皇陵を解明することからはじまる。歩いてわかる日本古代史の謎。
◇古墳探訪―備南の古代文化を歩く　備陽史探訪の会編　備陽史探訪の会　1993.5　107p　21cm
◇古墳探訪―空から見た古墳　鈴木亨著　中央公論社　1998.6　248p　16cm　（中公文庫）　857円　⑪4-12-203169-9
　＊世界最大の陵墓・仁徳天皇陵、三角縁神獣鏡が多数出土し、邪馬台国＝大和説を勢いづかせた黒塚古墳、九州の王者磐井の墳墓・岩戸山古墳、稲荷山鉄剣出土の埼玉古墳群など、日本全土の古墳を探訪する。空から日本の古代を見る壮大な紀行。
◇古墳のまつり―常設展示案内　城陽市歴史民俗資料館編　城陽市歴史民俗資料館　1995.11　63p　30cm　（城陽市歴史民俗資料館展示図録　1）
◇古墳を歩く　東京新聞編集局編　学生社　1993.2　340p　19cm　2800円　⑪4-311-20179-6
　＊関東の古墳ガイダンス。関東から山梨・静岡まで古墳と古墳群を読みながら歩く。
◇古墳と御陵紀行　迫田哲夫著　迫田哲夫　1974　210p　22cm
◇古墳の旅―民族のふるさと　毎日新聞社編　毎日新聞社　1972　162p　22cm　1600円
◇古墳の旅―中国と日本　森浩一著　芸艸堂　1979.10　262p　22cm　1500円
◇古墳めぐりハンドブック　群馬県立歴史博物館友の会　1986.3　80p　21cm
◇御陵をたずねて　鎌田喜市郎著　明玄書房　1972　330p　図　19cm　950円
◇さいたま古墳めぐり―古代ロマンの70基　宮川進著　さきたま出版会　1997.9　175p　19cm　（さきたま双書）　1500円　⑪4-87891-067-4
◇さきたま古墳群―国宝金錯銘鉄剣と古代東国　埼玉新聞社編，土屋皓生写真　（浦和）埼玉新聞社　1986.3　64p　21cm　980円　⑪4-87889-080-0
　＊稲荷山古墳出土品を完全収録、先端技術で迫る銘文剣の謎、周辺古墳群の徹底ガイド。
◇前方後円墳集成 近畿編　近藤義郎編　山川出版社　1992.12　795p　30cm　23000円　⑪4-634-50030-2
◇前方後円墳集成 東北・関東編　近藤義郎編　山川出版社　1994.2　1365p　26cm　35000円　⑪4-634-50010-8
　＊全国四千六百余基にのぼる前方後円（方）墳の調査資料を集大成した大型企画。考

古学研究者のみならず、文献史学者にとっても貴重な前方後円墳時代の政治史研究資料である。
◇装飾古墳紀行　玉利勲著　新潮社　1984.11　272p　20cm　（新潮選書）　980円　⑪4-10-600275-2
◇楽しい古墳めぐり―大阪府内の古墳をたずねる　瀬川芳則編　松籟社　1994.7　233p　19cm　1400円　⑪4-87984-157-9
◇探訪 とちぎの古墳　塙静夫著　随想舎　2000.2　222p　21cm　1800円　⑪4-88748-034-2
　＊県内に散在する古墳を河川流域別に分け解説した「栃木県古墳小辞典」。出土した副葬品の写真や測量図など図版を多数用い、栃木県の古墳時代に迫る。古墳を訪ね歩くガイドブックに最適。
◇探訪武蔵の古墳―埼玉・東京・神奈川　野崎正俊著　新人物往来社　1998.1　224p　19cm　2600円　⑪4-404-02576-9
　＊現在の埼玉・東京・神奈川に及ぶ古代の武蔵を理解するために本書では現存する約120の古墳を紹介した。地図・所在地を掲載し、訪問の際のハンドブックとしても最適である。
◇探訪日本の古墳―東日本編　大塚初重編　有斐閣　1981.11　xi,488p　20cm　（有斐閣選書　R-2）　2900円　⑪4-641-02224-0
◇天皇陵紀行古墳・陵墓を訪ね歩く　三樹威〔著〕　三樹良子　1997　282p　21cm
◇天皇陵を訪ねて―京洛千年紀　渡会恵介著　文化評論社　1983.1　225p　27cm　4800円　⑪4-915057-08-9
◇天皇陵散歩―大和の古墳群へのいざない　橋本哲二著　新人物往来社　1974　250p　20cm　980円
◇東京古蹟史―古墳の露　大橋義三〔著〕，竜渓書舎編集部編　竜渓書舎　1992.7　206p　22cm　（近代日本地誌叢書　東京篇 4）　15000円　⑪4-8447-3350-8
◇東京の貝塚と古墳を歩く　歴史教育者協議会編、大坪庄吾著　大月書店　1995.6　119p　19cm　（こだわり歴史散策　5）　1400円　⑪4-272-61075-9
　＊読んで知り、歩いて実感する。私たちの足もとに存在する数多くの遺跡。歴史博物館としての東京をガイドする。
◇東国の古墳―古代史の宝庫　前沢輝政著　そしえて　1985.9　127p　19cm　（風土と歴史をあるく）　1300円　⑪4-88169-314-X
◇房総の古墳を歩く　「房総の古墳を歩く」編集委員会編　芝山町教育委員会　1998.5

123

古墳　　　　　　　　　　　　　　　　　　　　　　　　　　　　　遺跡・史跡

150p　19cm
◇みささぎ巡拝―天皇の遺跡をたどる　西山徳他著　日本教文社　1979.7　286p　19cm　1000円
◇御津の梅林―海の見える古墳群の丘　森川進著　春陽出版　1982.12　127p　19cm　950円
◇大和古墳めぐり　永井路子，前園実知雄，関川尚功，玉城妙子著　（京都）京都書院　1989.1　256p　21cm　1900円　ⓘ4-9026-0024-X
　＊奈良市周辺の主要な古墳90ケ所を取り上げ分りやすく解説した古墳の紹介書。
◇大和の古墳を語る　泉森絞，河上邦彦，伊藤勇輔著　臨川書店　1993.12　312p　19cm　（臨川選書　6）　1600円　ⓘ4-653-02593-2
　＊藤ノ木古墳、一般に知られていない古墳も含む110余基の成立から発掘成果までを、外観写真・略地図と共に解説。総説・編年表・古墳の手引きも付す。
◇歴史見学にやくだつ遺跡と人物 2　古墳（大和）時代の遺跡と人物　島津隆子執筆　ポプラ社　1992.4　45p　29×22cm　2500円　ⓘ4-591-04052-6
　＊遺跡、五色塚古墳・大山古墳・西都原古墳群・さきたま風土記の丘など。人物、筑紫国造磐井など。カラー版。小学上級～中学生向。
◇歴代天皇陵めぐり―ガイドブックと陵印帖　小松正枝著　新風書房　1991.9　166p　21cm　2000円　ⓘ4-88269-128-0
◇わがまち茨木　古墳編　茨木市，茨木市教育委員会編　茨木市　1990.3　84p　26cm

古墳（世界）

◇考古紀行　騎馬民族の道はるか―高句麗古墳がいま語るもの　森浩一，NHK取材班著　日本放送出版協会　1994.3　215,7p　19cm　1600円　ⓘ4-14-080149-2
　＊朝鮮民主主義人民共和国の鴨緑江河畔にある「雲坪里古墳」。ここで、日本の四隅突出形古墳の祖型・前方後円墳の源流とみられる積石塚古墳が確認された。はたして日本民族の源は、遠く朝鮮半島北部、古代・高句麗の騎馬民族にさかのぼるのか。1992年秋、NHK取材班は現地踏査に成功した。日本民族の出自・日本文化の淵流をたどる『騎馬民族征服王朝説』への新試論。
◇空からみた古墳　末永雅雄著　朝日新聞社　1955　図版64p　26cm　（アサヒ写真ブック）

遺跡・史跡めぐり（日本）

◇足の下の日本史―ねむる遺跡への旅　樋口清之著　家の光協会　1980.8　208p　19cm　1100円
◇磐座紀行　藤本浩一著　向陽書房　1982.9　287p　20cm　2700円　ⓘ4-906108-04-0
◇江戸期の主要城館を探る　第1巻　杉本幸雄著　杉本幸雄　2000.10　120p　図版35枚　26cm
◇カラー版　近代化遺産を歩く　増田彰久著　中央公論新社　2001.9　222p　18cm　（中公新書）　980円　ⓘ4-12-101604-1
　＊幕末以降150年間に、日本は驚くべきスピードで近代化を進めた。鉄鋼、石炭、造船などの基幹産業を立ち上げ、ダムや鉄道をつくり、ホテルや刑務所を建設した。いまでも現役のものもあれば、すでに取り壊されたものや廃墟と化したものもあるが、そのどれもが力強く、美しい。著者は北海道から九州まで、各地に残された歴史的価値の高い近代化遺産を写真と文で訪ねた。
◇木の国 日本の世界遺産―法隆寺・姫路城・白神山地・屋久島　大蔵省印刷局編　大蔵省印刷局　1994.7　63p　26cm　900円　ⓘ4-17-160001-4
◇木の国 日本の世界遺産―法隆寺・姫路城・白神山地・屋久島　大蔵省印刷局編　大蔵省印刷局　1994.7　63p　26cm　27000円　ⓘ4-17-160002-2
◇宮都発掘　坪井清足編　吉川弘文館　1987.10　303p　19cm　（古代を考える）　1800円　ⓘ4-642-02144-2
　＊古代の宮都は、政治・経済・文化の中心地であるばかりでなく、古代社会の諸矛盾の発露の場で、たび重なる遷都は、それをよく物語っている。本書は、飛鳥の諸宮から平安京に至る宮都と主要官衙を、発掘に携わる研究者が最新の調査成果と新知見を披瀝し、古代国家の展開を考えるための新素材を提供する。地図・写真を豊富に収め、現地見学にも最適。
◇史跡を歩く　石井進，増淵徹監修　山川出版社　2000.8　129,5p　21cm　（文化財探訪クラブ　12）　1600円　ⓘ4-634-22320-1
　＊旅立つ心が知識を求めて…。歴史を探る文化財を訪ねる。文化財探訪の旅へのいざない。

◇史跡と伝説—カラー版　永木徳三編　日本史跡尊存会本部　1980.8〜1993.5　10冊　27cm
◇史蹟をあるく　今野信雄著　青蛙房　1981.3　296p　20cm　2000円
◇写真で見る日本史跡大事典1　坪井清足監修　日本図書センター　1998.12　198p　31cm　ⓘ4-8205-7883-9,4-8205-7882-0
◇写真で見る日本史跡大事典2　坪井清足監修　日本図書センター　1998.12　198p　31cm　ⓘ4-8205-7884-7,4-8205-7882-0
◇写真で見る日本史跡大事典3　坪井清足監修　日本図書センター　1998.12　199p　31cm　ⓘ4-8205-7885-5,4-8205-7882-0
◇世界遺産ガイド—ザ・ワールドヘリテイッジ日本編　古田陽久,古田真美監修,世界遺産研究センター編　2001改訂版　シンクタンクせとうち総合研究機構　2001.1　126p　21cm　2000円　ⓘ4-916208-36-6
◇世界遺産ガイド—日本編　古田陽久,古田真美監修　シンクタンクせとうち総合研究機構　1999.1　126p　21cm　1905円　ⓘ4-916208-17-X
　＊日本の9つの世界遺産地での取材と現地資料に基づいて、その概要を取りまとめたもの。
◇世界遺産 21の日本の迷宮—ふしぎ歴史館巻ノ3　歴史の謎研究会編　青春出版社　2000.7　245p　15cm（青春文庫）524円　ⓘ4-413-09151-5
　＊大いなる日本の遺産に隠された謎の数々。金閣寺、平城京、屋久島、白川郷…見えざるいにしえの「記憶」を辿る。
◇千年前の名所旧跡 七道編　村田寛夫著　近代文芸社　1994.9　294p　19cm　2400円　ⓘ4-7733-3212-3
　＊日本の大切な財産—それは昔のままの自然の風景。歌に詠まれ、謡曲に謡われた千年前の名所旧跡を訪ねてみませんか。
◇訪ねてみたい 地図測量史跡　山岡光治著　古今書院　1996.10　147p　26cm　2575円　ⓘ4-7722-1859-9
◇探訪 江戸明治名士の墓　千鹿野茂著　新人物往来社　1993.7　258p　19cm　2900円　ⓘ4-404-02039-2
　＊江戸・明治の名士1,500人の墓を踏査、絶好の歴史散歩ガイド。略伝・写真・家紋入り。
◇日本近代化遺産を歩く—産業・土木・建築・機械、近代を語る証人たち　日本ナショナルトラスト監修　JTB　2001.4　159p　21cm（JTBキャンブックス）1700円　ⓘ4-533-03760-7
　＊「時代の証人」ともいうべき近代化遺産がどのようなものかを知り、これまでとは違った視点で日本を再発見する。
◇日本の世界遺産　昭文社　1998.8　207p　21cm（エアリアマップ）1524円　ⓘ4-398-13183-3
　＊本書は、日本の世界遺産を理解するための入門書です。世界遺産の各資産の内容を、できるだけわかりやすく、地域の歴史や伝統をふまえて詳述しています。
◇日本の世界遺産—三好和義写真集　三好和義著　小学館　1999.1　1冊（ページ付なし）27cm　3600円　ⓘ4-09-680616-1
　＊一度は見たい、身を置きたい、残しておきたい大切なところ。伝えるべき日本の心。
◇日本の世界遺産　塙ちと文,小林庸浩写真　小学館　2001.1　125p　21cm（Shotor travel）1600円　ⓘ4-09-343169-8
　＊SFじゃないのに1000年の時間の旅人になれる、日本の世界遺産を巡る実用的旅の本。
◇日本の世界遺産—歩いて見る、歩いて知る　昭文社　2001.8（4刷）231p　21cm（旅の森）1500円　ⓘ4-398-13307-0
◇日本遺跡めぐり 東日本　たかしよいち著,寺島竜一絵　国土社　1985.4　201p　22cm（日本発掘物語全集　14）1200円　ⓘ4-337-12614-7
◇日本の近代化遺産—新しい文化財と地域の活性化　伊東孝著　岩波書店　2000.10　250,4p　18cm（岩波新書）700円　ⓘ4-00-430695-7
　＊今なお稼働している長野・木曽川流域の読書発電所、横浜のドックヤードガーデンなど新しい文化財として注目されている日本のさまざまな近代化遺産の見方・楽しみ方を紹介する。近代化遺産がその地域の人々の営みを示す歴史的遺産であることを明らかにしながら、まちづくりの資産として活用することをすすめる。写真多数。
◇日本の世界遺産ガイド 1997年版　古田陽久,古田真美編　シンクタンクせとうち総合研究機構　1997.3　111p　21cm　1262円　ⓘ4-9900145-9-6
◇墓は生きている!!—墓碑と史跡のひとり歩き　永田浩著　原生林　1983.5　222p　19cm　1500円
◇富士塚探訪　福井光治著　福井光治　1990.2　265p　21cm
◇宝篋印塔を訪ねて　関根三郎著　創栄出版　1994.9　362p　27cm　ⓘ4-88250-451-0

◇幻の国府を掘る―東国の歩みから　寺村光晴，早川泉，駒見和夫編　雄山閣出版　1999.9　245p　21cm　2900円　ⓓ4-639-01634-4
　＊国府の成立年代・立地・広がり，国衙の構造と変遷および文献にみられる国府などについて，考古学の最新の成果をもとに詳細に検証。全国68か国の国府跡やその推定地をも紹介。
◇名所旧跡旅ゆけば誰も書かないウラの話300　こまつばらしげお著　葉文館出版　2000.5　233p　21cm　1500円　ⓓ4-89716-194-0
　＊旅行がもっと楽しくなる日本の名所隠れガイド。奇想天外な伝説，民話のエピソードが満載。今から国内旅行へ行く人，もう一度行きたい人へ。
◇名所旧跡道中記―羽前米沢より周防岩国まで　尾崎茂一編　よねざわ豆本の会　1987.10　79p　9×9cm　（よねざわ豆本第52輯）

遺跡・史跡めぐり（北海道・東北地方）

◇会津先賢者の墓石を訪ねて 6　ふるさと散歩　栗城訪霊著　学習社　1991.11～1992.4　2冊（別巻とも）　26cm
◇会津先賢者の墓石を訪ねて 第1号　喜多方，塩川，磐梯，猪苗代，戸ノ口原滝沢峠方部　栗城訪霊著　学習社　1989.10　70p　26cm
◇会津の史的な風景　宮崎十三八著　歴史春秋出版　1993.8　303p　19cm　1800円　ⓓ4-89757-282-7
　＊歴史ある会津の文化を語り，会津の外の会津人の足跡を訪ねて…。会津歴史散歩。
◇会津名所図会　鈴木亨著　鷹書房　1980.2　192p　19cm　980円
◇会津若松史跡めぐり　歴史春秋社編　歴史春秋出版　1993.1　63p　19cm　（歴春ブックレット 3）　500円　ⓓ4-89757-303-3
◇旭川の石碑　管野逸一著，旭川市立図書館編　旭川振興公社　1992.9　230p　18cm　（旭川叢書　第20巻）　2000円
◇石狩の碑―石碑等にみる石狩町の歩み 第1輯　石狩町郷土研究会石碑調査班編　石狩町郷土研究会　1987.7　107p　21cm　（いしかり郷土シリーズ　2）　800円
◇石狩の碑―石碑等にみる石狩町の歩み 第2輯　石狩町郷土研究会石碑調査班編　石狩町郷土研究会　1988.3　150p　21cm　（いしかり郷土シリーズ　3）

◇いしぶみの岩手　小島俊一著　熊谷印刷出版部　1992.10　167p　図版11枚　19cm　1300円
◇猪苗代湖　小檜山六郎著　歴史春秋社　1993.7　63p　19cm　（歴春ブックレット 7）　500円　ⓓ4-89757-307-6
◇岩手路　岩手県　1987.3　48p　30cm
◇大原史跡をたずねて―郷土史研究　菊池喜一編　大原史談会　1992.3　87p　21cm
◇金成の散歩手帖―歴史とロマンの町を訪ねて　石川繁著　宝文堂　2001.3　148p　19cm　1000円　ⓓ4-8323-0109-8
　＊本書は金成町内の史跡名勝等をくまなく訪ね歩き，その故事来歴等をつぶさに調べた記録である。
◇金成の史跡散歩―金売吉次のふるさと　金野正著　刀水書房　1992.7　64p　15cm　380円　ⓓ4-88708-137-5
　＊金成町の歴史は古く，その痕跡は縄文時代に始まるが，平安時代から鎌倉，室町，また近世から明治にかけて，それぞれの時代の史跡や文化財がよく残されている。この本では，これらの史跡や文化財のうち，おもなものをあげてみた。伝説も多いので拾いあげたが，中には炭焼き藤太のように伝説で終らないものもある。
◇喜多方史跡めぐり―蔵のまちの知られざるもうひとつの魅力　歴史春秋社編　歴史春秋出版　1993.12　62p　19cm　（歴春ブックレット 11）　500円　ⓓ4-89757-311-4
◇史蹟の里「寺内のはなし」　中野稔著　中野稔　1997.11　174p　19cm
◇仙台の散策―歴史と文学をたずねて　佐々久，吉岡一男監修　改訂版　宝文堂出版販売　1999.4　258,5p　15cm　810円　ⓓ4-8323-0162-4
◇仙台・泉の散歩手帖―根白石・七北田の史跡を訪ねて　木村孝文著　二版　宝文堂　2001.3　159p　19cm　1048円　ⓓ4-8323-0094-6
　＊本書は仙台・泉地区の史跡を訪ね歩き，その故事等を調べた記録である。
◇太白の散歩手帖―郡山から二口までの史跡を訪ねて　木村孝文著　宝文堂　2001.3　200p　19cm　1143円　ⓓ4-8323-0108-X
　＊本書は変貌する太白区内の史跡を訪ね歩き，その故事等を調べた記録である。
◇端野町の石碑　鷲見文男，伊藤公平著，端野町立歴史民俗資料館編　端野町立歴史民俗資料館　1993.3　128p　26cm　（資料館シリーズ　no.5）

◇東北謎とき散歩―多くの史跡や霊場霊山の不思議の舞台に迫る　星亮一著　広済堂出版　1998.11　271p　19cm　1600円　ⓘ4-331-50659-2
　＊魅力的な風景、食べ物、人情とみちのくの歴史再発見の旅！三内丸山遺跡の大発見、十三湊の再評価、遠野の昔話信仰の根強い出羽三山、黄金の藤原王国、小京都、そして戊辰戦争の真実を歩いて探した歴史ロマン。
◇十和田市内名所旧跡案内―こころの故郷を求めて　沢口馴三夫著　沢口馴三夫　1989.8　152p　19cm　1200円　ⓘ4-311-41971-6
◇奈井江の碑　奈井江町郷土研究会編　奈井江町教育委員会　1983.6　34p　26cm
◇ふる里道しるべ―久保田城跡・千秋公園・八橋・寺内・川尻編　飯塚喜市編著　公人の友社　1991.1　176p　19cm　1030円
◇北海道の史跡を歩く　永井秀夫著　（札幌）北海道新聞社　1990.9　245p　19cm　1400円　ⓘ4-89363-582-4
　＊国指定特別史跡「五稜郭」や国指定重要文化財「福山城（松前城）本丸御門」など北海道の史跡、文化財の中から82点をカラー写真と地図つきで解説。
◇みちのく市浦・その史跡を訪ねて　葛西安十郎著　西北刊行会　1985.8　188p　19cm　1000円
◇宮城県史蹟名勝天然記念物　宮城県史蹟名勝天然記念物調査会編　国書刊行会　1982.11　5冊　22cm　全38000円
◇宮城野の散歩手帖―榴岡から蒲生までの史跡を訪ねて　木村孝文著　宝文堂　1999.4　182p　19cm　1000円　ⓘ4-8323-0099-7
◇村田町の石碑　菅生地区編　村田町歴史みらい館編　村田町教育委員会　1997.3　127p　26cm　（村田町文化財調査報告書　第15集）
◇森の史跡と碑・石仏―風雪に耐える無言の語りべ　森地方史研究会編　森地方史研究会　1981.11　67p　26cm
◇陸前高田の石碑　宗宮参治郎編　陸前高田市石仏研究所　1994.7　429p　26cm
◇若林の散歩手帖―新寺から藤塚までの史跡を訪ねて　木村孝文著　宝文堂　2000.3　200p　19cm　1143円　ⓘ4-8323-0104-7
　＊仙台市の政令指定都市移行に伴い、平成元年若林区が誕生し養種園跡地は区役所や文化センター等になった。若林区は北部の流通工業地帯、西部の寺院・住居地帯、西南部の商業・住居地帯、東部の田園地帯に分かれる。しかし、土地区画整理事業によって七郷・六郷は急速に宅地化が進んでおり、居住環境の整備ととも

に、都市型農業の振興という課題も抱えているところである。本書はこの工商住農の混在する区内の史跡を訪ね歩き、その故事等を調べた記録である。

遺跡・史跡めぐり（関東地方）

◇足立区史跡散歩　足立史談会編　学生社　1992.6　191p　19cm　（東京史跡ガイド21）　1600円　ⓘ4-311-41971-6
　＊歴史と史跡の足立区。"千住宿めぐり"千住宿本陣跡・横山家旧宅・千住絵馬屋・おくのほそ道矢立部の碑。西新井大師（総持寺）。旧日光街道の梅田・島根・竹の塚。伊興遺跡や舎人宿。花畑の獅子舞や中川べりの史跡ハイキング。
◇あの人の眠る場所―東京のお墓めぐり　ブルーガイド編集部編　実業之日本社　2001.3　207p　19cm　（ぽけっと東京）　1000円　ⓘ4-408-00768-4
　＊深川、浅草、谷中、小石川、巣鴨・駒込、麻布、高輪・白金、四谷、東中野、烏山寺町、品川の11コースをめぐる小さな旅。徳川将軍霊廟のある増上寺と寛永寺、明治の元勲が集まる護国寺ほか力士寺、役者寺など。下町から山の手、多摩地区まで地域別に有名人のお墓を案内。
◇我孫子の史跡を訪ねる―我孫子市史跡ガイドブック　我孫子市教育委員会編　我孫子市教育委員会　1983.12　144p　19cm　500円
◇荒川区史跡散歩　高田隆成，荒川史談会著　学生社　1992.10　163p　19cm　（東京史跡ガイド　18）　1700円　ⓘ4-311-41968-6
　＊奥州旧街道や日光街道の「荒川区」史跡。小塚原刑場や日暮里・南千住・尾久…。
◇碑を歩く―よこすか中央地域　よこすか中央地域文化振興懇話会編　中央地域文化振興懇話会　1992.3　108p　15×21cm
◇いたばしの史跡散歩コース　東京都板橋区教育委員会　1980.3　1枚　19×26cm　（文化財シリーズ　第16集）
◇板橋区史跡散歩　馬場憲一著　学生社　1993.4　133p　19cm　（東京史跡ガイド　19）　1700円　ⓘ4-311-41969-4
◇茨城の史跡は語る　茨城地方史研究会編　茨城新聞社　1990.8　317p　22cm　3500円
◇茨城の百姓一揆と義民伝承―史蹟と口碑訪ね歩記　上　木村由美子著　筑波書林　1985.11　90p　18cm　（ふるさと文庫）

遺跡・史跡めぐり　　　　　　　　　　　　　　　　遺跡・史跡

600円
◇茨城の百姓一揆と義民伝承—史蹟と口碑訪ね歩記　下　木村由美子著　筑波書林　1986.1　93p　18cm　(ふるさと文庫)　600円
◇内原町の記念碑　内原町史編さん委員会編　内原町　1997.3　104p　26cm　(内原町史資料　第4集)
◇宇都宮の旧跡　宇都宮市教育委員会社会教育課編　宇都宮市教育委員会　1989.3　107p　26cm　(文化財シリーズ　第10号)
◇江戸近郊名所づくし—広重「名所江戸百景」へのみち　品川歴史館特別展　〔東京都〕品川区立品川歴史館編　東京都品川区教育委員会　1998.10　48p　26cm
◇江戸の旧跡江戸の災害　三田村鳶魚著, 朝倉治彦編　中央公論社　1998.5　409p　16cm　(中公文庫)　762円　①4-12-203150-8
  ＊久米の平内など浅草・上野の旧跡を回顧した「大江戸の名残り」、永代橋崩落の背後にある人災的側面と政治的背景を深く抉り出した「永代落橋」、火事がもたらした思いがけない風俗の変化を描いた「秋葉ばら」など、江戸の旧跡や地震大火などの災害を考証する。鳶魚の着眼の鋭さと手法の確かさを示す論稿。
◇江戸の旗本たち—墓碑銘をたずねて　河原芳嗣著　アグネ技術センター　1997.3　275p　21cm　3500円　①4-7507-0860-7
  ＊『図説徳川将軍家・大名の墓』の著者による、大都市東京に残された江戸の遺産発掘の続編。風化が進む墓碑をたずね、伝えられる史料をもとに、徳川幕府の骨格を支えた旗本たちの実像をさぐる。
◇江戸川区史跡散歩　内田定夫著　学生社　1992.6　176p　19cm　(東京史跡ガイド　23)　1600円　①4-311-41973-2
  ＊小岩市川渡し跡と関所跡、平井聖天・最膳寺、永井荷風の句碑の宣要寺や北原白秋歌碑。今井の渡し跡・熊野神社の梅見の句碑、影向の松と星降りの松、一之江名主屋敷や江戸川沿いの文学碑…。江戸川区の歴史散策。
◇江戸・大名の墓を歩く　河原芳嗣著　六興出版　1991.8　283p　19cm　(ロッコウブックス)　1400円　①4-8453-5073-4
  ＊徳川家康江戸入府より約400年、百万人都市・江戸に暮らした諸国の大名そして妻子の墓碑は今もなお雑踏の中に眠っている。訪ね歩いた約2800基182所を紹介。もう一つの江戸の姿、江戸芸術の粋を求めて—。

◇海老名の史跡探訪　海老名市農業協同組合　1982.7　68p　21cm
◇大田の史跡めぐり　〔東京都〕大田区教育委員会社会教育部社会教育課編　大田区教育委員会　1997.2　63p　21cm　200円
◇大田区史跡ガイド　東京都大田区教育委員会社会教育課編　大田区教育委員会　1988.10　42p　26cm
◇大田区史跡散歩　新倉善之著　学生社　1992.4　219p　19cm　(東京史跡ガイド　11)　1700円　①4-311-41961-9
  ＊地上本門寺周辺と雪谷・洗足池・久が原付近、光明寺・田園調布・矢口新田神社、大森貝塚・羽田周辺、蒲田駅西口の史跡と梅屋敷公園・蒲田松竹キネマ撮影所跡など、かつての江戸の近郊の史跡をガイド。
◇大田原の記念碑　大田原市教育委員会編　大田原市教育委員会　1987.3　144p　27cm
◇音無川べりの史蹟　高田卓郎著　教育文化刊行会　1982.8　157p　19cm　1000円
◇ガイドブック新宿区の文化財 3　史跡　東部篇　東京都新宿区教育委員会編　新宿区教育委員会　1981.3　123p　19cm
◇ガイドブック新宿区の文化財 4　史跡　西部編　東京都新宿区教育委員会編　新宿区教育委員会　1982.3　123p　19cm
◇ガイドブック横浜外人墓地—山手の丘に眠る人々　武内博著　山桃舎　1985.11　214p　19cm　1300円　①4-924463-14-0
◇加賀殿再訪—東京大学本郷キャンパスの遺跡　西秋良宏編　東京大学総合研究博物館,東京大学出版会発売　2000.6　210p　26×20cm　(東京大学コレクション　10)　3800円　①4-13-020210-3
  ＊東京大学本郷構内では、1983年以降、施設整備に伴う埋蔵文化財の調査が活発に続けられています。埋蔵文化財調査室の設立10周年にあたり、総合研究博物館とともに調査成果を展覧する機会が得られました。本書はその展示図録として作成したものです。
◇葛飾区史跡散歩　入本英太郎, 橋本直子著　学生社　1993.4　156p　19cm　(東京史跡ガイド　22)　1800円　①4-311-41972-4
  ＊柴又や野菊の墓の舞台の「葛飾区」散策。
◇かながわ遺跡めぐり　神奈川県考古学会編　多摩川新聞社　1999.8　261p　19cm　2000円　①4-924882-30-5
  ＊神奈川県には、古都・鎌倉や城下町として発展した小田原などのように、政治・経済・文化などの面で大きな歴史的役割りを果たした都市があります。一方、地理

的には首都・東京に隣接し、さらに横浜、川崎のような大都市を抱えておりますので、昭和四十年代から住宅建設などの開発計画が進み、それにともなう遺跡調査で大きな成果を挙げてきました。本書は、こうして県内各地で発掘された数多くの遺跡の中から、地域と時期の両面から主要な遺跡を厳選して、紹介したものです。

◇鎌倉みち古跡彷徨　田辺由太郎著　日本宗教研究会　1995.11　125p　19cm

◇かわさき百景　路きよし文、さとう菊夫絵　ほるぷ出版　1985.11　109p　19×26cm　3000円　④4-593-53325-2

◇北区史跡散歩　芦田正次郎、工藤信一著　学生社　1993.7　159p　19cm（東京史跡ガイド 17）　1800円　④4-311-41967-8
＊桜や紅葉の江戸名所、王子・飛鳥山―赤羽・滝野川など「北区」の全史跡。

◇郷土資料事典―ふるさとの文化遺産13（東京都）　ゼンリン　1997.3　351p　26cm　④4-7959-1093-6

◇群馬の史跡めぐり―古代人との語らい　吉江久夫著　教育報道社　1982.1　101p　19cm　1000円

◇群馬の墓めぐり　市部篇　萩原進編　みやま文庫　1980.3　218p　19cm（みやま文庫 77）

◇現代地江戸茨城名所図絵　県南編　山本秋広著　歴史図書社　1981.2　262p　20cm　2800円

◇講釈江戸史跡めぐり　一竜斎貞心著　稜北出版　1986.2　195p　20cm　1200円

◇上野名蹟図誌―佐波・新田・山田・邑楽の巻　新北涯編　歴史図書社　1980.10　383p　22cm　6500円

◇こだいらの史跡めぐり　小平市教育委員会社会教育部社会教育課編　小平市教育委員会　1989.3　131p　19cm

◇こんにちは流山―新100か所めぐりガイド　流山市経済環境部商工課　1997.4　112p　26cm

◇鹿手袋夜話―物語と史跡あれこれ　直井啓市編　直井啓市　1987.4　57p　26cm　500円

◇時空漂泊―逝きし人々と石のつぶやき　鈴木竜太郎著　文芸社　2000.5　99p　20cm　1000円　④4-8355-0171-3

◇志津の史跡と名所―まだ知らなかった志津！ガイドブック　宮武孝吉著　志津文庫　2000.7　220p　19cm　1000円

◇史跡でつづる東京の歴史　上　原始―戦国時代　尾河直太郎著　新版　一声社　1998.8　215p　19cm　1500円　④4-87077-151-9
＊東京にゾウのいたころから家康の「江戸御討入」まで。歩いてみよう江戸・東京。東京の歴史がみえるモデルコース・マップ付。

◇史跡でつづる東京の歴史　中　江戸時代・確立期　尾河直太郎著　新版　一声社　1999.6　178p　19cm　1500円　④4-87077-155-1
＊家康の江戸城「天下普請」から定信の寛政の改革まで、歩いてみよう江戸・東京。江戸の歴史がみえるモデルコース・マップ付。

◇史跡でつづる東京の歴史　下　江戸時代・崩壊期　尾河直太郎著　新版　一声社　2000.3　212p　19cm　1500円　④4-87077-158-6
＊「大江戸文化」の開花から「江戸開城」まで、歩いてみよう江戸・東京。ペリーの黒船・血に染まる桜田門の雪・彰義隊の人気935ほか。江戸の歴史がみえるモデルコース・マップ付。

◇史跡ある記　石島潔著　上尾市　1980.12　147p　18cm

◇史跡ある記　続　石島潔著、上尾市企画財政部広報課編　上尾市　1990.3　150p　19cm

◇史跡探訪―郷土のしおり 1　上信電鉄沿線の巻　清水要次著　郷土誌刊行会　1982.1　287p　19cm　1300円　④4-87392-006-X

◇史跡探訪　関東100選　上　茨城・栃木・群馬・埼玉　関東歴史教育研究協議会編　山川出版社　1991.8　298p　18cm　1300円　④4-634-60610-0
＊本書は北関東と南関東の上下2巻よりなり、重要と考えられる史跡・文化財などを各都県別に平等に選んで、全体で100カ所になるようにし、高校の歴史教師が中心となって解説している。

◇しながわの史跡めぐり　〔東京都〕品川区教育委員会編　新装改訂版　品川区教育委員会　1997.3　179p　19cm

◇品川区史跡散歩　平野栄次著　学生社　1993.7　162p　19cm（東京史跡ガイド 9）　1800円　④4-311-41959-7
＊伝承に満ちた社寺や大森貝塚など、旧東海道宿場「品川区」の史跡群。

◇渋谷区史跡散歩　佐藤昇著　学生社　1992.6　182p　19cm（東京史跡ガイド 13）　1600円　④4-311-41963-5
＊史跡と文学の道玄坂。エピソードに満ちた宮益坂や宮下公園。史跡とオアシスの代々木の森。江戸時代の味わい残る笹塚・初台などの甲州街道。原宿・明治神宮あたりの歴史散歩コースなど。

◇島の史跡 大島編　東京都教育庁大島出張所編　東京都教育庁大島出張所　1985.3　102p　26cm

◇島の史跡 大島編 続　東京都教育庁大島出張所編　東京都教育庁大島出張所　1988.3　72p　26cm

◇下総名勝図絵　宮負定雄著, 川名登編　国書刊行会　1990.2　427,9p　27cm　9000円

◇自由民権・東京史跡探訪　竹橋事件の真相を明らかにする会編　昭和出版　1984.10　134p　19cm　1000円

◇将軍・大名家の墓　河原芳嗣著　アグネ技術センター　1999.3　174p　21cm（シリーズ東京を歩く）　1800円　①4-900041-48-3
  * 明治維新を経て、震災・戦災にも耐え、今も残る将軍・大名家の墓。火をかぶり、風雨にさらされながら、なお風格をとどめる2800余りの墓碑は、東京に残された江戸の残照である。携帯に便利なものを、という要望にこたえ、既刊『図説徳川将軍家・大名の墓』の中から、寺名・交通経路・墓碑銘をとり出してまとめ、豊富な地図写真とともに紹介する。

◇新宿区史跡散歩　高橋庄助著　学生社　1992.4　172p　19cm（東京史跡ガイド 4）　1600円　①4-311-41954-6
  * 新宿副都心と十二社・淀橋。四谷大木戸・内藤新宿。高田馬場のあとと落合遺跡。江戸時代からの町並が残る「四谷三丁目界隈」。牛込城跡と神楽坂の裏みち。抜弁天と明治の文豪たちの旧居など…。新宿の歴史を隅々まで。

◇新風土記・房総史蹟紀行　荒川法勝編　昭和図書出版　1981.8　198p　20cm　1300円　①4-87986-022-0

◇杉並区史跡散歩　大谷光男, 嗣永芳照著　学生社　1992.4　183p　19cm（東京史跡ガイド 15）　1600円　①4-311-41965-1
  * 閑静な寺町の高円寺界隈、善福寺公園や和田堀公園の自然、堀ノ内・和泉・甲州街道の宿駅、井草八幡宮・天沼八幡神社・荻窪白山神社、戦国武士の菩提所や名家の眠る寺、阿佐ケ谷の歴史など杉並区の歴史と文化財案内。

◇世田谷区史跡散歩　竹内秀雄著　学生社　1992.12　170p　19cm（東京史跡ガイド 12）　1800円　①4-311-41962-7
  * 豪徳寺や世田谷城址など、豊かな緑の「せたがや散歩道」。

◇世田谷史跡解説　〔東京都〕世田谷区立郷土資料館編　改訂版　世田谷区教育委員会　1985.2　65p　22cm

◇探訪・江戸大名旗本の墓　河原芳嗣著　毎日新聞社　1993.11　354p　19cm　2800円　①4-620-30958-3
  * 東京を中心に埼玉、千葉、神奈川、茨城の各地に遺る大名・旗本家の菩提寺と墓を訪ね、徹底調査した大労作。

◇中央区区内散歩—史跡と歴史を訪ねて〔1995〕　東京都中央区企画部広報課編　東京都中央区企画部広報課　1995.3　219p　18cm

◇中央区区内散歩—史跡と歴史を訪ねて 第4集　東京都中央区企画部広報課編　東京都中央区企画部広報課　1998.3　243p　18cm

◇中央区区内散歩—史跡と歴史を訪ねて　東京都中央区企画部広報課編　東京都中央区　1988.10　167p　18cm

◇中央区史跡散歩　金山正好, 金山るみ著　学生社　1993.7　164p　19cm（東京史跡ガイド 2）　1800円　①4-311-41952-X
  * 文明開花の華—、中央区。銀座・日本橋・築地などの史跡。

◇註解山吹日記　奈佐勝皐原著, 脇屋真一著　あさを社　1982.9　174p　19cm（上州路文庫 7）　1000円

◇千代田区史跡散歩　岡部喜丸著　学生社　1992.6　235p　19cm（東京史跡ガイド 1）　1700円　①4-311-41951-1
  * 天主閣や松の廊下などの皇居内の史跡、二重橋・桜田門など、なじみの史跡。南・北町奉行所跡・鹿鳴館跡、日比谷公園・靖国神社・千鳥ケ淵戦没者墓苑、神田明神・日枝神社・お玉が池・ニコライ堂など東京中心街の史跡探訪。

◇天狗党の跡をゆく　鈴木茂乃夫著　増補版　暁印書館　1989.2　264p　20cm　1500円　①4-87015-043-3

◇としま区いちにっさんぽ—豊島区郷土すごろくガイド　豊島区親子読書連絡会編　豊島区親子読書連絡会　2000.10　116p　21cm

◇東京ウォーキング—文学と歴史を巡る10000歩 no.12　新宿区 早稲田・高田馬場コース　籠谷典子編著　牧野出版　2001.5　101p　19cm　800円　①4-89500-080-X
  * 夏目坂の起点に生家があった夏目漱石は、後に早稲田南町に住んで最期を迎えた。漱石の著書を携え、ゆかりの地を訪ねながら、有島武郎旧居跡、牛込氏廟所や山鹿素行墓碑のある宗参寺、「一陽来福」のお札を授ける穴八幡神社にも立ち寄るように勧めたい。そして早稲田大学へ行き、大隈重信侯の遺徳を偲びながら、会津八一記念博物館と坪内博士記念演劇博物館に入っていただきたい。多くの遺業に感

動なさることでしょう。
◇東京ウォーキング―文学と歴史を巡る10000歩 no.2　千代田区　番町・竹橋コース　籠谷典子編著　牧野出版　2001.5　99p　19cm　800円　Ⓘ4-89500-070-2
　＊江戸城が最悪事態に陥ったとき、将軍は甲府城へ避難することになっていた。脱出ルートは半蔵門から麹町通りを四谷見附へ向かうと決めて、沿道地域には信頼できる旗本「大番組」を配置した。「番町」の名を興した大番組の屋敷地は、新しい実力者が保有し、今はマンションも多くなっているが、住宅地の静かな佇まいは失っていない。起伏に富んだ地形なので、軽い靴を履いて出掛けていただきたい。
◇東京江戸謎とき散歩―首都の歴史ミステリーを訪ねて　加来耕三, 志治美世子, 黒田敏穂著　広済堂出版　1998.11　375p　19cm　1600円　Ⓘ4-331-50661-4
　＊失われた江戸のざわめきと遠いモダン東京の記憶を求めて事件と人物の現場を歩く。
◇東京見物　江戸史蹟　籔野椋十〔著〕　戸川残花〔述〕, 竜渓書舎編集部編　竜渓書舎　1992.7　216,5,148p　22cm　(近代日本地誌叢書　東京篇8)　15000円　Ⓘ4-8447-3350-8
◇東京史蹟写真帖　新撰東京遊学案内　戸川残花〔編〕　集文館編輯部〔編〕, 竜渓書舎編集部編　竜渓書舎　1992.7　1冊　22cm　(近代日本地誌叢書　東京篇13)　15000円　Ⓘ4-8447-3350-8
◇東京12カ月歴史散歩　河合敦著　光人社　2001.6　221p　18cm　1600円　Ⓘ4-7698-1007-5
　＊四季折々の自然の彩りの中で楽しむ江戸東京歴史ツアー。
◇東京新発見散歩　昭文社　2000.4(12刷)　189p　21cm　(旅の森)　1400円　Ⓘ4-398-13315-1
　＊本書は東京の今を歩く散歩の本です。選定した37コースを紀行文とデータ、地図などで紹介しています。
◇東京の史蹟　東京市公園課〔編纂〕, 竜渓書舎編集部編　竜渓書舎　1992.9　260p　22cm　(近代日本地誌叢書　東京篇17)　15000円　Ⓘ4-8447-3350-8
◇東京風俗三十帖　浜本高明著　演劇出版社出版事業部　1998.12　211p　21cm　1500円　Ⓘ4-900256-56-0
◇東京ウォーキング―文学と歴史を巡る10000歩 1　千代田区　半蔵門・日比谷コース　籠谷典子編著　牧野出版　2001.10　99p　19cm　800円　Ⓘ4-89500-069-9
◇東京ウォーキング―文学と歴史を巡る10000歩 3　千代田区　お茶の水・神田明神コース　籠谷典子編著　牧野出版　2001.10　101p　19cm　800円　Ⓘ4-89500-071-0
◇東京ウォーキング―文学と歴史を巡る10000歩 4　中央区　日本橋・茅場町コース　籠谷典子編著　牧野出版　2001.3　91p　19cm　800円　Ⓘ4-89500-072-9
◇東京ウォーキング―文学と歴史を巡る10000歩 9　港区　三田・麻布十番コース　籠谷典子編著　牧野出版　2001.3　87p　19cm　800円　Ⓘ4-89500-077-X
◇東京ウォーキング―日本橋人形町・浜町コース No.5　中央区　籠谷典子編著　牧野出版　2001.8　99p　19cm　800円　Ⓘ4-89500-073-7
◇東京ウォーキング―築地・佃島コース No.6　中央区　籠谷典子編著　牧野出版　2001.8　101p　19cm　800円　Ⓘ4-89500-074-5
◇東京都著名人墳墓略誌―墓塔に辿る鎮魂の手記　長谷川芳貞著　(東村山)雲母書房　1990.12　294p　19cm　1400円　Ⓘ4-87672-012-6
　＊ビルの植込みにねむる首塚から武蔵野の雑木林に囲まれた五輪へと一基一基探訪した巡拝の記録。墓地の木下道を歩く思いは安心立命への道程か…。
◇東京の歴史―大江戸・大東京史跡見学　松本四郎著　岩波書店　1988.1　234p　18cm　(岩波ジュニア新書　136)　650円　Ⓘ4-00-500136-X
　＊超高層ビルが立ちならび人口一千万人を越す巨大都市東京。太田道灌の江戸築城にはじまり徳川幕府の城下町。明治以後は世界につながる日本の首都として目まぐるしい変貌をとげた東京の歩みを、町の様子、住民の暮らしぶりにそって生き生きと伝えます。巻末には時代・テーマ別史跡見学コースが図示されています。
◇東京名所鑑　本編　相沢朮著　相沢高尚　1985.9　139,173,156p　26cm
◇東京名所鑑稿本　続編　相沢朮著　相沢高尚　1984.9　639p　26cm
◇東国の歴史と史跡　菊池山哉著　批評社　2000.9　839,22p　図版16枚　22cm　8500円　Ⓘ4-8265-0313-X
　＊山哉の生まれ故郷・武蔵府中の郷土研究を手がかりに、武蔵六所明神、高幡不動堂、平氏・立川氏・北条氏・上杉氏、関所、田遊び、おしら神(白山信仰の祭神)

の研究など、平安・鎌倉期から江戸期にいたる歴史と史跡を現地踏査と膨大な資料の緻密な分析をとおして東国の歴史秘録を跡付ける。研究者必読文献。
◇豊島区史跡散歩　伊藤栄洪、堀切康司著　学生社　1994.1　139p　19cm　(東京史跡ガイド　16)　1700円　Ⓘ4-311-41966-X
＊とげぬき地蔵や鬼子母神、雑司が谷・染井霊園から大正ロマンの跡。
◇とちぎの史跡をめぐる小さな旅　下野新聞社　2000.3　271p　21cm　(とちぎの小さな文化シリーズ　1)　1800円　Ⓘ4-88286-113-5
＊本書では、栃木県内に数多くある歴史文化遺産を紹介する。
◇中野区史跡散歩　中野区史跡研究会著　学生社　1992.4　181p　19cm　(東京史跡ガイド　14)　1600円　Ⓘ4-311-41964-X
＊中野長者の夢のあと、明治の中野駅舎、旧中野町役場跡の宝仙寺、上高田に並ぶ寺町の今に残る景観、新井薬師・江古田・沼袋の古社寺、逸話に満ちた鍋屋横町など、中野区の史跡。
◇なかのの碑文　中野文化センター郷土史料室編　東京都中野区教育委員会　1980.3　85p　21cm　(中野の文化財　no.4)
◇練馬を往く　〔東京都〕練馬区教育委員会編　改訂版　練馬区教育委員会　1993.3　67p　21cm
◇練馬を往く　〔東京都〕練馬区教育委員会編　2訂版　練馬区教育委員会　2000.3　72p　21cm
◇練馬区史跡散歩　江幡潤著　学生社　1993.4　135p　19cm　(東京史跡ガイド　20)　1700円　Ⓘ4-311-41970-8
＊武蔵野に残る「練馬区」の史跡。
◇野田の史跡を訪ねて　続　野田市立興風図書館編　野田市立興風図書館　1989.3　149p　18cm　850円
◇幕末水戸藩士の眠る丘・東松山薬師面墓地　神永敏子著　風濤社　1997.11　167p　22cm　2000円　Ⓘ4-89219-159-0
◇秦野の記念碑　秦野市　1987.3　193p　26cm
◇藤沢史跡めぐり　藤沢文庫刊行会編　名著出版　1985.4　243p　19cm　(藤沢文庫　9)　980円　Ⓘ4-626-01166-7
◇ふるさとかわさきめぐり　川崎市教育委員会編　川崎市教育委員会　1984.3　95p　26cm
◇ぶんきょうの史跡めぐり　東京都文京区教育委員会社会教育課　1983.8　202p　17cm　500円
◇文京区史跡散歩　江幡潤著　学生社　1992.6　187p　19cm　(東京史跡ガイド　5)　1600円　Ⓘ4-311-41955-4
＊江戸300年の歴史が残る文京区散策。
◇房総の史跡散歩　篠崎四郎著　国書刊行会　1987.4　241,11p　19cm　1900円
◇三尻の石碑漫歩―拓本そぞろ歩き　嶋田文夫著　若葉印刷(製作)　1999.5　204p　30cm
◇水戸八景碑―史跡めぐり　但野正弘著　水戸史学会　1997.8　75p　19cm　1000円　Ⓘ4-7646-0244-X
＊水戸八景。その地に立てば、烈公徳川斉昭の選定眼の確かさと詩心の豊かさとをしみじみ感じさせてくれる。楽しい史跡めぐり。
◇港区史跡散歩　俵元昭著　学生社　1992.11　202p　19cm　(東京史跡ガイド　3)　1800円　Ⓘ4-311-41953-8
＊赤坂・麻布・六本木や泉岳寺などの史跡。古寺・名刹や文化財を訪ねる「港区」散歩。
◇武蔵野史蹟ハイク　東京新聞立川支局編　改訂版　昭和図書出版　1981.3　166p　18cm　680円　Ⓘ4-87986-018-2
◇武蔵野の板碑　第3巻　今淳治郎著　日和　1994.11　385p　26cm　20000円　Ⓘ4-931339-13-1
＊待望の武蔵野の板碑を三巻1,000ページに収録　写真・図版　約3,000枚　著者、自ら直接の取材。
◇目黒区史跡散歩　山本和夫著　学生社　1992.7　140p　19cm　(東京史跡ガイド　10)　1600円　Ⓘ4-311-41960-0
◇目黒区史跡散歩　山本和夫著　学生社　1992.10　137p　19cm　(東京史跡ガイド　10)　1600円　Ⓘ4-311-41960-0
＊江戸市民の信仰行楽地だった目黒区探訪。由緒ある地名―碑文谷、かつての駒場野に拡がる日本民芸館や近代文学館・駒場公園。祐天上人をしのぶ中目黒・権之助伝説や庚申塔の道。歴史の縮図を示す鎌倉街道、富士見の茶屋やしるこ餅の正月屋、サンマの本場の目黒など。
◇横浜山手外人墓地　生出恵哉著　暁印書館　1984.12　227p　26cm　(写真で綴る文化シリーズ)　2200円
◇歴史のふるい都市群 2　関東の都市　山田安彦、山崎謹哉編　大明堂　1994.2　226p　19cm　2575円　Ⓘ4-470-51022-X

遺跡・史跡めぐり(中部・東海地方)

◇安城の石造物　安城の歴史を学ぶ会編　安城市教育委員会　1992.11　276p　22cm
◇碑と道標　蛭川村文化財審議会編　蛭川村教育委員会　1980.3　124p　21cm　(郷土のしらべ　no.6)
◇伊勢参宮名所図会　蔀関月画・編, 原田幹校訂　国書刊行会　1988.1　695p　31cm　12000円
◇伊平史跡案内　池田利喜男編　伊平の歴史と文化を守る会　1991.1　61p　26cm
◇岡崎の碑林―岡崎地方の名古碑を訪ねて　仲金風著　岡崎地方史研究会　1995.1　351p　21cm
◇現代語訳尾張名所図会　第1巻　岡田啓, 野口道直原著, 舟橋武志訳　マイタウン　1982.10　259p　27cm　6500円
◇佐久の史跡と名勝　菊池清人著　櫟　1992.11　377p　19cm　(千曲川文庫　16)　2200円　④4-900408-38-7
◇静岡県史跡名勝誌　羽衣出版　1992.10　298p　22cm　5500円　④4-938138-04-2
◇静岡県の史跡散歩　神谷昌志著　静岡新聞社　1993.10　253p　19cm　(歴史を訪ねるドライブ&ハイク)　2000円　④4-7838-1633-6
　＊本書には国県の指定史跡はすべてとりあげ、さらに市町村指定でも重要なものや、逆に世間にあまり知られていないものについても収録した。文化財には史跡のほか建造物、絵画、彫刻、工芸品、名勝、天然記念物などの分野があり、多岐にわたっているので、それらのうち建造物や天然記念物で見ておきたいものについても収載した。
◇史跡散策　石黒勇著　石黒勇　1988.1　130p　26cm
◇信州の史跡百選　長野県観光連盟,第一法規出版発売　1993.6　120p　20cm　(長野県観光みどころシリーズ　4)　1000円　④4-474-10184-7
◇神都名勝誌　神宮司庁編　皇学館大学　1992.10　2冊　27cm　全15000円
◇瀬戸の石ぶみ―瀬戸歩き　村瀬一郎著　村瀬一郎　1995.11　191p　21×30cm　2000円　④4-89597-115-5
◇武田史跡めぐり　山梨日日新聞社企画出版部編　山梨日日新聞社　1980.4　340p　19cm　1300円

◇町内史跡めぐり　豊田町郷土を研究する会編　豊田町教育委員会　1989.3　38p　21cm　(郷土研究資料　第4集)
◇知立の文化財と史跡―ハイライト　野村泰三著　知立市文化協会　1990.12　346p　19cm
◇土肥の石造物　路傍編　土肥町郷土誌編纂委員会編　土肥町教育委員会　1992.3　90p　21cm　(郷土誌叢書　第9集)
◇土肥の名勝旧跡　土肥町郷土誌編集委員会編　土肥町教育委員会　1987.12　113p　21cm　(郷土誌叢書　第7集)
◇遠江古蹟図絵　藤長庚編, 神谷昌志修訂(静岡)明文出版社　1991.1　469p　21cm　3000円　④4-943976-18-2
　＊今から約190年前の江戸時代に東海道掛川宿の1庶民が足で調べ自ら描きあげた絵入りの史跡・名勝案内書を刊行した。その原本をもとに、歴史研究家・神谷昌志が現代に置きかえて110余カ所を足とカメラで解説した遠州の名勝・史跡のガイドブックが本書である。
◇名古屋の史跡と文化財　名古屋市教育委員会編　新訂版　第2版　名古屋市教育委員会　1991.10　391p　26cm
◇榛原町の石文　榛原町文化財保護審議会石文調査部会編　榛原町教育委員会　1986.6　145p　21cm　(郷土シリーズ　18)
◇榛原町の石造物　榛原町文化財保護審議会編集・執筆　榛原町教育委員会　1987.3　81p　21cm　(郷土シリーズ　21)
◇長谷村の石ぶみ　長谷村文化財専門委員会編　長谷村文化財専門委員会　1986.3　103p　21cm
◇浜松古跡図絵―古絵図と懐かしの写真でつづる　神谷昌志著　明文出版社　1987.8　213p　23cm　2400円　④4-943976-12-3
◇碑文をたずねて1　岐阜県下碑文　漢文の部　岐阜県歴史資料館　1994.2　247p　26cm
◇本城村の史跡と歴史を語る文化財　本城村文化財調査委員会編　本城村教育委員会　1991.11　94p　27cm
◇丸子路の史跡めぐり―歴史とロマンの里　滝本雄士著　改訂　丸子路会　1992.9　112p　19cm
◇歴史と出会う道―名古屋市史跡散策路案内・地図　名古屋市教育委員会　1993.6　59p　26cm

遺跡・史跡めぐり（北陸地方）

- ◇足羽山の主な史跡と墓碑石　福井市立郷土歴史博物館編　福井市立郷土歴史博物館　1988.3　185,2p　21cm
- ◇いしかわの史跡めぐり　石川県史跡整備市町村協議会編　石川県史跡整備市町村協議会　1985.11　124p　13×19cm　500円
- ◇加賀能登史蹟の散歩――地方史の視点　田中喜男著　北国出版社　1981.1　328p　19cm　1400円
- ◇かくれた佐渡の史跡　山本修巳著　新装改訂版　新潟日報事業社　1999.3　174p　21cm　1800円　①4-88862-738-X
- ◇金沢の史跡探訪　金沢市文化財保存財団　1992.6　99p　26cm
- ◇国指定県指定新潟県の史跡名勝天然記念物　新潟県書店商業組合　1984　160p　38cm　16000円
- ◇コラージュ福井　田加村一也執筆　北陸電力　1989.7　53p　20×20cm
- ◇佐渡――美しき自然と史跡の旅　安島武俊執筆　新潟日報事業社出版部　1987.8　103p　21cm　1300円　①4-88862-313-9
- ◇史蹟と碑の里松任市　蒔田達雄編著　松任市教育委員会　1988.11　225,26p　15cm
- ◇新北陸歴史紀行――北陸路の隠れた遺跡と歴史　中西舗土著　毎日石川開発センター　1980.11　177p　18cm　980円
- ◇石碑でつづるふるさとの山河　小矢部市編　小矢部市　1999.3　284p　21cm
- ◇立山町の石造物　第3集（平成2年度）　岩峅野、末三賀、野村、向新庄、一本木、一夜泊、三ツ塚、西大森、東大森地区　立山町婦人ボランティア養成講座編　立山町教育委員会　1991.3　17p　26cm
- ◇七尾の碑　間蔵俊甫写真，七尾市立図書館友の会「七尾の碑編集委員会」編　七尾市立図書館友の会　1999.3　173p　23cm　1905円
- ◇能登と加賀の板碑文化　桜井甚一著　石川県図書館協会　1993.3　192p　19cm　(郷土シリーズ　第3期2)
- ◇東蒲原郡の城館跡探訪　若松茂著　若松茂　1991.4　182p　18cm　(東蒲原郡シリーズ　3)
- ◇ふるさとの石造物を訪ねて　若松茂〔著〕　若松茂　1994　167p　19cm　(東蒲原郡シリーズ　4)
- ◇望郷・愚図な奴の日記――庄川・雄神村史跡を訪ね　三谷村とよじ編著　エヌ・ビー・エス　1998.6　224p　22cm
- ◇若山荘を歩く――能登最大の中世荘園　石川県立歴史博物館編　石川県立歴史博物館　2000.10　170p　30cm

遺跡・史跡めぐり（近畿地方）

- ◇明石の史跡　明石市芸術文化センター　1982.11　267,16p　19cm　1200円
- ◇嵐山あたりの史跡と伝説と古典文学を訪ねて　加納進著，京都の史跡を訪ねる会編　室町書房　1991.10　95p　22cm　1200円　①4-944013-03-5
- ◇生駒と平群　近畿日本鉄道株式会社近畿文化会編　綜芸舎　1982.3　108p　19cm　(近畿日本ブックス　8)　600円　①4-7940-0018-9
- ◇茨木の史跡　茨木市教育委員会編　茨木市教育委員会　1998.3　114p　21cm
- ◇近江名跡案内記　北川舜治著　弘文堂書店　1982.9　592p　23cm　4800円
- ◇大阪史蹟散歩――遺跡は私たちに何を訴えているか　中谷義夫著　カペラ書店　1985.8　234p　22cm
- ◇大阪市内の史跡(記念碑等)索引　大阪市立中央図書館編　大阪市立中央図書館　1981.3　44p　26cm
- ◇大阪の史跡を訪ねて――近世編　大阪民主新報編　改訂新版　ナンバー出版　1983.9　202p　19cm　(ナンバーガイド)　780円
- ◇大阪の戦争遺跡ガイドブック――21世紀の子どもたちに平和を　戦争体験を記録する会編，大阪教育文化センター編著　清風堂書店出版部　1987.7　125pp　19cm　880円　①4-915339-22-X
- ◇大阪の歴史――史跡めぐり　岡本良一著　岩波書店　1989.6　238,8p　18cm　(岩波ジュニア新書　160)　670円　①4-00-500160-2
  * 大化改新で有名な難波の地大阪は、近世に入ると秀吉の大坂築城で一躍、大城下町に発展、江戸時代には、「天下の台所」として元禄文化の花を咲かせ、明治以後は大工業都市に変貌をとげます。日本史のなかで政治・経済・文化の主要舞台となった歩みを、大阪城をふりだしに史跡・文化財にそって紹介する大阪案内。
- ◇太田・耳原の史跡を訪れる――太田小学校記念誌から　加藤弥三一著　加藤弥三一　1982

遺跡・史跡　　　　　　　　　　　　　　　　　　遺跡・史跡めぐり

41p　26cm　（太田誌シリーズ　3）
◇おんなの史跡を歩く　京都新聞社編　京都新聞社　2000.9　309p　21cm　1400円　①4-7638-0475-8
　＊万葉の時代から文明開化の明治まで、京・近江を舞台に、恋に生き、政争の嵐に翻弄されつつ波乱の生涯を送った女性たち…。栄枯の思いを残すゆかりの地を訪ねて綴る華麗、多彩な女性群像。
◇鴨川周辺の史跡を歩く　竹村俊則著　京都新聞社　1996.3　253p　19cm　1400円　①4-7638-0388-3
◇河内ふるさとのみちみちしるべ—史蹟・遺蹟めぐり　その1　精工社（印刷）　1988.5　91p　19cm
◇京の駒札　続　吉田達也著　芸艸堂　1995.1　221p　21cm　2200円　①4-7538-0165-9
◇京を綴って　奈良本辰也著　駸々堂出版　1970　219p　19cm　（京都文庫）　690円
◇京・茶の史跡めぐり　淡交社編集局編　淡交社　1983.4　222p　19cm　1200円　①4-473-00838-X
◇京都　京都府商工部観光課　1986.3　1冊　26×26cm
◇京都百人歴史散歩—人物別史跡ガイド　世界文化社　1999.11　177p　21cm　（ビッグマンスペシャル）　1400円　①4-418-99146-8
◇京都史跡見学　村井康彦著　岩波書店　1982.8　258,7p　18cm　（岩波ジュニア新書）　580円
◇京都史跡辞典コンパクト版　石田孝喜著　新人物往来社　2001.10　290p　19cm　4800円　①4-404-02938-1
◇京都名墓探訪　1　洛東編-1　小川善明著　ナカニシヤ出版　1994.9　146p　26cm　2500円　①4-88848-243-8
　＊京の街を歩けば、そこかしこに偉人たちの墓が散在する。思いがけないめぐりあいに心躍らせ、生前の業績や生きざまに思いを馳せ、墓前において一対一で対話する探墓の楽しみ…。
◇京都名墓探訪〈2〉2　洛東編　小川善明著　ナカニシヤ出版　1996.9　138p　26cm　2678円　①4-88848-328-0
　＊京都有数の大墓苑はもとより、小さなお寺、はたまた料亭の庭先など、東山山麓をくまなく歩けば、意外なところに意外な人の墓がある。まだまだ尽きぬ探墓の楽しみ、第二弾。
◇京の医史跡探訪　杉立義一著　思文閣出版　1984.3　348,18p　21cm　2800円

◇京の北山—史跡探訪　京都新聞社編著　京都新聞社　1980.11　190p　19cm　980円　①4-7638-0136-8
◇京の駒札　吉田達也著　芸艸堂　1991.7　255p　21cm　2200円　①4-7538-0148-9
　＊名所旧蹟の由来を説く立札は、将棋の駒を象っていることから、駒札と呼ばれる。京の町の道すがら、これらの駒札を訪ねると、千年の歴史がひとつの線となり、駒札は一点の場面となってあざやかによみがえる。駒札の由来の裏に潜む民衆の声とは…。史実と伝説・民話・文学・芸能等の史料を縦横に渉猟し、洛北鞍馬寺から洛西落柿舎に至る京都60ヶ所、京の歴史の四方山を自在に語るユニークな歴史随想。
◇京の史跡めぐり　竹村俊則著　京都新聞社　1987.6　310p　19cm　1500円　①4-7638-0221-6
◇京の石碑ものがたり　伊東宗裕著　京都新聞社　1997.7　228p　19cm　1700円　①4-7638-0416-2
　＊石碑をめぐる逸話と謎。京都に点在する記念碑を訪ね刻まれた碑文を読み解きながら知られざる歴史を発掘。
◇京の墓碑めぐり　竹村俊則著　京都新聞社　1985.6　259,13p　19cm　1500円　①4-7638-0188-0
◇近鉄大阪・名古屋線歴史散歩　籔景三著　鷹書房　1987.9　252p　19cm　（史跡をたずねて各駅停車）　980円　①4-8034-0328-7
　＊河内平野から大和三山、室生・長谷の両寺、伊賀の里を経て伊勢志摩鳥羽へ。松阪・津・四日市・桑名と伊勢路をたどって美濃・尾張への旅。
◇荒神山無縁墓地の由来　松本行雄著　住吉学園　1982.11　120p　19cm
◇神戸の史跡　神戸市教育委員会編　神戸新聞出版センター　1981.4　303,6p　19cm　1200円
◇湖国百景　滋賀県企画部調整室　1986.3　216p　25cm
◇古都残影　写真:浅野喜市, 文:白洲正子　駸々堂出版　1970　201p　31cm　8000円
◇史跡への案内—京都市管理史跡・名勝・天然記念物の紹介　京都市文化観光局文化部文化財保護課編　京都市文化観光局　1993.3　49p　26cm
◇史跡を訪ねて—西淀川・福島・野田篇　大阪福島女子高等学校地歴部　1997　28p　25cm
◇史跡・嶋上郡衙跡附寺跡—保存管理計画書　高槻市教育委員会　1992.3　44p　26cm

135

◇史跡でつづる京都の歴史 門脇禎二編 京都ライトハウス点字出版部 1983.7 3冊 28cm 全5100円
◇史跡奈良―古代史を歩く 門脇禎二編 改訂版 一声社 1985.10 2冊 19cm 各800円
◇使徒たちよ眠れ―神戸外国人墓地物語 谷口利一著 (神戸)神戸新聞出版センター 1986.11 214p 19cm (のじぎく文庫) 1100円 ①4-87521-447-2
　＊神戸・修法ケ原にたたずむ二千五百余の墓標。黎明期の神戸にあって、政治・経済・文化・技術・教育・スポーツなど各分野で活躍した彼らの足跡をたどるとき、もうひとつの神戸近代史が浮かびあがってくる。
◇千年前の名所旧跡 畿内編 村田寛夫著 近代文芸社 1994.9 244p 19cm 2000円 ①4-7733-3208-5
　＊日本の大切な財産―それは昔のままの自然の風景。歌に詠まれ、謡曲に謡われた千年前の名所旧跡を訪ねてみませんか。
◇続 京の駒札 吉田達也著 芸艸堂 1995.1 221p 21cm 2000円 ①4-7538-0165-9
　＊名所旧蹟の由来を説く立札は、将棋の駒を象っていることから、駒札と呼ばれる。京れ町の道すがら、これらの駒札を訪ねると、千年の歴史がひとつの線となり、駒札は一点の場面となってあざやかによみがえる。駒札の由来の裏に潜む民衆の声とは…。史実と伝説・民話・文学・芸能等の史料を縦横に渉猟し、洛北貴船神社から洛西梅宮神社に至る京都の五十余カ所、京の歴史の四方山を自在に語るユニークな歴史随想。
◇高槻の史跡―目でみる郷土の文化財 改訂新版 高槻市教育委員会社会教育課 1987.3 52p 21cm
◇哲学の道とその周辺の史跡を訪ねて 加納進著,京都の史跡を訪ねる会編 補訂版 室町書房 1986.12 64p 21cm 800円
◇天皇の都―宮都再発見 左方郁子編著 読売新聞社 1994.2 253p 19cm 1200円 ①4-643-94007-7
　＊歴代天皇の政治と文化の舞台、宮都が語る日本の歴史。
◇なにわの石碑を訪ねて 杵川久一著 新風書房 1994.5 248p 19cm 1200円 ①4-88269-276-7
◇南海沿線史跡散策 南海本線編 塩見暁著 摂河泉文庫 1981.10 240p 19cm (南海沿線ガイド) 1200円

◇西陣の史跡―思い出の西陣映画館 田中泰彦編集・解説 京を語る会 1990.9 104,77p 22cm 2428円
◇日高路の碑巡礼 清水長一郎著,清水章博編 御坊文化財研究会 1998.11 1024,51p 22cm
◇姫路風土記の里―播磨国分寺周辺の史跡めぐり 姫路市教育委員会文化課 1982.3 72p 15cm
◇松原を紀行する―史跡と文化財 西田孝司著 西田孝司 1981.5 111p 19cm 700円
◇八尾の史跡散歩 井ノ口豊男著,八尾郷土文化研究会編 再版 八尾郷土文化研究会 1981.3 50p 21cm
◇八尾の道標 西辻豊著,八尾郷土文化研究会編 第2版 八尾郷土文化研究会 1981.9 45p 22cm
◇八鹿の碑文 小田垣義雄著 小田垣義雄 1986.3 406p 26cm 4500円
◇歴史のさんぽマップ―信貴・生駒の史跡 中河内地域広域行政推進協議会 1982.10 23p 26×13cm
◇歴史のさんぽマップ―信貴・生駒の史跡〔1992年版〕 中河内地域広域行政推進協議会 1992 27p 26×38cm

遺跡・史跡めぐり(中国地方)

◇遺蹟の旅―ほうきいなば太平記 名和長年諸将の活躍と遺蹟 河本英明編著 中小企業育成協会鳥取県本部 1991 47p 21cm 900円
◇岡山県の埋もれた史跡―その故事来歴を訪ねる 小出公大著 創文社(印刷) 1997.2 141p 19cm
◇岡山県の最古・最大―そのナンバー1ぶりを訪ねる 小出公大著 小出公大 1989.2 110p 19cm
◇古跡ガイド―玖西の歴史を訪ねて 玖西青年会議所 1983.4 173p 26cm 1000円
◇島根観光事典 改版 島根県観光連盟 1989.3 309p 26cm
◇新岡山百景―ふるさと点描 毎日新聞社岡山支局編 日本文教出版 1982.3 103p 19×21cm 2000円 ①4-8212-0110-0
◇高梁の名碑―原文とその訳文 菊楽末一著 2版 高梁市郷土資料刊行会 1990.4 172p 22cm (高梁市郷土資料叢書 第1集)

◇長府旧蹟案内―長門略史草稿　坂田時正著　下関文書館　1983.3　82p　21cm　（史料叢書　24）
◇渡来人の遺跡を歩く 1 山陰・北陸編　段煕麟著　六興出版　1986.6　223p　19cm　（ロッコウブックス）　1200円
　＊出雲・北陸の古代文化の実像に迫る。稲作農耕文化を始め、大陸の進んだ技術を携え、出雲・北陸地域にも進出した渡来人が、新たに開いた産業と文化の跡を探る。
◇渡来人の遺跡を歩く 2　段煕麟著　六興出版　1986.7　221　19cm　（ロッコウブックス）　1300円
　＊山陽の古代史に渡来人が果した役割―鉄器・須恵器・織物生産など山陽地域に栄えた古代文化に百済・伽倻国からの渡来人が果した役割を考古学・古地名・伝承を通して実証する。
◇はつかいちロマンのこみち―ぶらり気ままに8コース 史跡と文化　廿日市市郷土文化研究会　1990.2　63p　26cm
◇光市史跡探訪 第2集　国広哲也著　光市文化財研究会　1990.10　128p　21cm
◇光市史跡探訪 第1集　国広哲也著　光市文化財研究会　1986.11　129p　21cm
◇広島県文化百選 9　史跡編　中国新聞社　1992.3　217p　17cm　1700円　Ⓘ4-88517-141-5
◇ふるさと探訪―福山周辺の史跡めぐり十五選　備陽史探訪の会　2000.10　157p　21cm
◇ふるさとの史跡　山口県ふるさとづくり県民会議編　山口県ふるさとづくり県民会議　1993.3　120p　21cm
◇ふるさと美称―史跡ガイド　美祢市郷土文化研究会編　美祢市　1994.3　60p　21cm
◇ふるさとめぐり―孝霊山麓のロマンあふれる　鳥取県教育委員会　1986　44p　21cm　（歴史と文化の里シリーズ　1）
◇伯耆の石碑　西尾護著　西尾護　1991.5　256p　22cm　1500円
◇万葉の里・因幡国府のふるさとめぐり　鳥取県教育委員会　1988　50p　21cm　（歴史と文化の里シリーズ　2）
◇三徳山・東郷湖のふるさとめぐり　鳥取県教育委員会　1989　70p　21cm　（歴史と文化の里シリーズ　3）
◇矢野の史跡さんぽ道　発喜会　1988.1　1冊　26cm

原爆ドームと原爆資料

広島県　昭和時代　指定：世界遺産「原爆ドーム」，史跡「原爆ドーム」

＊　　　＊　　　＊

◇回顧五年 原爆ヒロシマの記録　「原爆ヒロシマの記録」編集部編　瀬戸内海文庫　1950　76p 図版6枚　26cm
◇ガイドブック ヒロシマ―被爆の跡を歩く　原爆遺跡保存運動懇談会編　新日本出版社　1996.8　111p　19cm　（新日本Guide Book）　1300円　Ⓘ4-406-02459-X
◇くにたちからひろしまへ　堀ちず子編　堀ちず子　1993.3　184p　26cm
◇原爆遺跡・軍都広島案内ハンドブック写真集　ヒロシマの今から過去を見て回る会（製作）　1993　1冊　26cm　2000円
◇原爆ドーム　朝日新聞広島支局著　朝日新聞社　1998.7　238p　15cm　（朝日文庫）　580円　Ⓘ4-02-261235-5
　＊アウシュヴィッツに次いで「負の遺産」として1996年、世界遺産に登録された原爆ドーム。登録にいたるドキュメントを中心に、誕生から被爆までの歴史、知られざる設計者の一生、普段見ることのできない建物内部から撮影された写真など、ドームのすべてを徹底取材。広島を訪れる際に必携の一冊。
◇原爆の碑―広島のこころ　黒川万千代編　黒川万千代　1976.8　99p　20×21cm　700円
◇新版 広島長崎修学旅行案内―原爆の跡をたずねる　松元寛著　岩波書店　1998.5　217p　18cm　（岩波ジュニア新書）　640円　Ⓘ4-00-500300-1
　＊人類最初の被爆地広島・長崎への旅は、世界から核や戦争をなくすための第一歩です。原爆資料館の遺品や写真にふれ、遺跡や記念碑を訪ねるなかから、広島・長崎が人類の歴史にもつ意味や、被爆体験の継承とは何かを学びとって下さい。旧版から16年、戦後50年を経た状況の変化をふまえて大幅改訂、待望の新版。
◇広島―戦争と都市　岩波書店編集部編　岩波書店　1952　図版64p　19cm　（岩波写真文庫）
◇ヒロシマ　土田ヒロミ著　佼成出版社　1985.8　201p　29cm　9000円　Ⓘ4-333-01197-3

◇ヒロシマ散歩―原爆遺跡・戦跡をたずねて　植野浩著　汐文社(発売)　1997.7　172p　20×21cm　1600円　①4-8113-0177-3
◇ヒロシマ・ナガサキへの旅―原爆の碑と遺跡が語る　水田九八二郎著　中央公論社　1993.7　299p　15cm　(中公文庫)　640円　①4-12-202018-2
  ＊原爆体験―、これは過去の出来事ではなく、核時代に生きる私たちの現在・未来の問題である。無惨な死者の声なき碑が、何を語りかけ、何を訴えようとしているのか。広島、長崎を訪れる人々に、命の尊さ、平和の大切さを考える〈平和学習〉の手引・資料に、主要な原爆慰霊碑・遺跡を紹介する。
◇ひろしまを考える旅　日本YWCA「ひろしまを考える旅」委員会編　新教出版社　1983.7　174p　18cm　(新教新書)　600円
◇広島修学旅行ハンドブック―学び・調べ・考えよう　森田俊男監修, 平和・国際教育研究会編　平和文化　1999.2　64p　21cm　600円　①4-938585-77-4
  ＊本書には、ヒロシマを知るための資料、核兵器廃絶の見通しをもつために必要な情報がいっぱいつまっています。ぜひ、みなさんのヒロシマ学習に役立ててください。
◇広島長崎修学旅行案内―原爆の跡をたずねる　松元寛著　岩波書店　1982.6　206p　18cm　(岩波ジュニア新書)　530円
◇平和公園―広島の神話から　宮本善樹著　広島文化出版　1973　207p　図　18cm　(広島文化叢書　1)　550円

遺跡・史跡めぐり(四国地方)

◇大西の史跡を訪ねて　大西町教育委員会編　大西町教育委員会　1986.3　86p　21cm
◇神代の史跡案内―日本神話の舞台は阿波だった!　大杉博著　倭国研究所　1997.4　67p　21×30cm　1238円
◇土佐の史蹟名勝　武市佐市郎著　土佐史談会　1984.12　356,36,4p　19cm　(土佐史談複刻叢書　第7巻)　1200円
◇ふるさと阿南―史跡と観光　阿南市女性ボランティア文化財愛護コース編　阿南市教育委員会　1999.3　251p　19cm
◇三好町の史跡と遺跡　三好町教育委員会, 三好町文化財保護審議会編　三好町教育委員会　2001.3　76p　26cm

◇流域史蹟ガイド―仁淀川・物部川・高知　建設省四国地方建設局高知工事務所　1987　38p　37cm

遺跡・史跡めぐり(九州・沖縄地方)

◇大分の石橋記念碑　岡崎文雄著　岡崎文雄　1994.12　168p　26cm
◇小郡市史跡案内　福永久編著　第2版　福永久　1982.2　123p　22cm
◇親と子と教師のための沖縄史跡マップ　本島編　渡久地正清編著　新報出版　1981.4　197p　18cm　900円
◇ガイドブックながさき―原爆遺跡と戦跡をめぐる　長崎平和研究所著　新日本出版社　1997.8　111p　19cm　1300円　①4-406-02532-4
◇鹿児島市内の史跡めぐり―ガイドブック　改訂版　鹿児島市教育委員会　1989.3　252p　18cm
◇春日市の史跡―ハンドブック　春日市教育委員会　1980.10　79p　21cm
◇九州史跡見学　川添昭二著　岩波書店　1989.7　234,5p　18cm　(岩波ジュニア新書　162)　670円　①4-00-500162-9
  ＊九州は太宰府、長崎をはじめ外交・貿易の主舞台、外来文化の窓口として古くから重要な役割をはたしてきました。金印出土など日本史の鍵をにぎる史跡・文化財も少なくありません。九州の入り口、北九州市をふりだしに主要幹線にそって各県の見逃せない名所・旧跡を探訪。奥行き深い魅力を豊富な伝える九州案内。
◇郷土の史跡散歩　大町三男著　大町三男　1989.5　321p　27cm　3000円
◇郷土佐伯の碑文　益田学著　歴史と文化を語る会　1980.12　218p　26cm
◇郷土誌橘町史跡めぐり　橘町歴史研究会編　橘町歴史研究会　1991　273p　21cm
◇くにざかいの碑―藩境石物語　古賀敏朗著　峠の会　1983.11　316p　20cm　2500円
◇くまもと史跡散歩　髙木盛義著　熊本新評社　1983.1　258p　19cm　2000円
◇種子島の史跡―歴史寸描　徳永和喜著　和田書店　1983.9　143p　21cm　1000円
◇都於郡史跡散歩　大町三男著　大町三男　1994.5　107p　26cm　1300円
◇豊国名所―付「六郡名所記」　北九州市立歴史博物館　2000.3　117p　26×27cm

◇西区は歴史の博物館―福岡史跡ガイド　海鳥社　1995.10　174p　19cm　1300円　①4-87415-139-6
＊本書は、西区の歴史・文化に慣れ親しんでもらうため、主要文化財や伝統芸能、行事などを幅広く紹介し、家族や友人と一緒に、手軽に史跡などの見て歩きができるよう編集。

◇ヒロシマ・ナガサキへの旅―原爆の碑と遺跡が語る　水田九八二郎著　中央公論社　1993.7　299p　15cm（中公文庫）640円　①4-12-202018-2
＊原爆体験―、これは過去の出来事ではなく、核時代に生きる私たちの現在・未来の問題である。無惨な死者の声なき碑が、何を語りかけ、何を訴えようとしているのか。広島、長崎を訪れる人々に、命の尊さ、平和の大切さを考える〈平和学習〉の手引・資料に、主要な原爆慰霊碑・遺跡を紹介する。

◇安武町の史跡〔第1集〕　本村篇　原口重吉、野口勝人編　原口重吉　1982.2　63p　26cm
◇安武町の史跡　第2集　古町、住吉篇　原口重吉、野口勝人編　原口重吉　1982.8　88p　26cm
◇安武町の史跡　第3集　武島篇　原口重吉、野口勝人編　原口重吉　1983.5　101p　26cm
◇安武町の史跡　第4集　追分、目安町、上野篇　原口重吉、野口勝人著　原口重吉　1983.12　82p　26cm
◇安武町の史跡まとめ　原口重吉、野口勝人編　原口重吉　1984　17p　22cm
◇わが南島風土記―史跡よりみた沖縄の歴史　川口誠著　真人社　1982.5　251p　22cm

大宰府

福岡県　平安時代　関連人物：菅原道真　指定：特別史跡「大宰府跡」

＊　　　　＊　　　　＊

◇大宰府条坊跡 11　第50次調査　太宰府市教育委員会編　太宰府市教育委員会　1999.3　221p　26cm（太宰府市の文化財　第42集）
◇大宰府条坊跡 12　大宰府条坊跡 第149次調査　太宰府市教育委員会編　太宰府市教育委員会　1999.3　164p　図版22p　26cm（太宰府市の文化財　第43集）
◇大宰府条坊跡 13　第56次調査　太宰府市教育委員会編　太宰府市教育委員会　1999.3　35p　図版17p　26cm（太宰府市の文化財　第46集）
◇大宰府条坊跡 14　市ノ上周辺の調査　太宰府市教育委員会編　太宰府市教育委員会　2000.3　308p　図版96p　26cm（太宰府市の文化財　第48集）
◇大宰府条坊跡 15　陶磁器分類表　太宰府市教育委員会編　太宰府市教育委員会　2000.3　86p　図版33p　26cm（太宰府市の文化財　第49集）
◇大宰府条坊跡 10　推定大宰府朱雀大路周辺の調査 2　太宰府市教育委員会　1998.3　379p　26cm（太宰府市の文化財　第37集）
◇筑紫路大宰府―歴史を訪ねて　田中政喜著　青雲書房　1971　173p　図　19cm　350円
◇筑紫太宰府―歴史とロマンのふるさと　増補改訂版　筑紫の歴史を学ぶ会　1989.6　168p　26cm　2900円
◇私と歩こう博多と太宰府　筑紫豊著　文献出版　1977.1　210p　図　19cm　850円

琉球王国遺跡

沖縄県　室町時代, 江戸時代　指定：世界遺産「琉球王国のグスク及び関連遺産等」、史跡「首里城跡」

＊　　　　＊　　　　＊

◇外国人来琉記　山口栄鉄編訳・解説　琉球新報社　2000.7　263p　21cm　2000円　①4-89742-029-6
＊世界が身近にあった沖縄。航海記が語る大琉球の姿。よみがえる交流の歴史。ここにあった日本の交流史の原点。沖縄サミット記念出版。
◇古都首里―高校生が見た文化財　沖縄県立首里高等学校　1988　239p　26cm
◇首里城―写真集　首里城復元期成会, 那覇出版社編集部編　那覇出版社　1987.3　199p　32cm　9500円
◇首里城―琉球王府　ぎょうせい　1993.5　251p　38cm　30000円　①4-324-03665-9
◇首里城　毎日新聞社　1993.7　206p　35cm　29000円　①4-620-80309-X
◇首里城を救った男―阪谷良之進・柳田菊造の軌跡　野々村孝男著　ニライ社　1999.10　221p　22cm　2000円　①4-931314-38-4
＊未公開写真・資料をふんだんに使用。もう一つの首里城物語。

◇首里城公園ガイドブック　池宮正治, 高良倉吉監修, 沖縄開発庁沖縄総合事務局国営沖縄記念公園事務所編　海洋博覧会記念公園管理財団首里城公園管理センター　2000.3　100p　21cm
◇首里城の起源を探る―エッセイで楽しむ沖縄の歴史再発見　宮野賢吉著　那覇出版社（製作）　1998.3　164p　20cm　1500円　Ⓘ4-89095-095-8
◇新編風土記―首里城(周辺)　新垣恒篤著　花城清用　1972　391p　19cm
◇新編風土記　後編　首里城茶湯崎碑文　新垣恒篤著　富名腰秀夫　1975　307p　図22cm　2400円
◇「世界遺産」グスク紀行―古琉球の光と影　岡田輝雄文, 国吉和夫写真　琉球新報社　2000.12　222p　26cm　1800円　Ⓘ4-89742-035-0
　＊群雄割拠し…按司たちが攻防を繰り広げた古琉球。「世界遺産」グスクをはじめ, 各地のグスクの興亡を探る歴史ドキュメント。琉球新報連載。
◇世界遺産琉球王国のグスク及び関連遺産群　沖縄県教育庁文化課編　「琉球王国のグスク及び関連遺産群」世界遺産登録記念事業実行委員会　2001.2　199p　31cm
◇「世界遺産」琉球グスク群　琉球新報社編　琉球新報社　2000.12　103p　28cm　2500円　Ⓘ4-89742-034-2
◇残しておきたい琉球文化財遺産―神谷堪正写真集/建造物　神谷堪正著　首里写真館　1990.5　44p　30cm
◇南の王国琉球―1993年NHK大河ドラマの歴史・文化ガイド　日本放送出版協会　1992.6　158p　24cm　1200円
◇名勝「識名園」創設―琉球庭園の歴史　下巻　古塚達朗著　ひるぎ社　2000.5　471p　18cm　(おきなわ文庫)　900円
　＊本書は, 沖縄県で初めて人の手になるもので国宝級の文化財として, 国の特別名勝に指定された琉球王朝時代を代表する庭園「識名園」について, 本格的に取り上げた初の研究である。そして, それは同時に「識名園」を頂点とする琉球庭園について, 時代を追って整理された研究としても初のものである。その「識名園」を管理・運営する那覇市において, 十五年間, 文化財保護を担当してきた著者が, 余すところなく「識名園」の魅力を浮き彫りにする。
◇名勝「識名園」の創設―琉球庭園の歴史　上巻　古塚達朗著　ひるぎ社　2000.5　227p　18cm　(おきなわ文庫)　900円

＊本書は, 沖縄県で初めて人の手になるもので国宝級の文化財として, 国の特別名勝に指定された琉球王朝時代を代表する庭園「識名園」について, 本格的に取り上げた初の研究である。そして, それは同時に「識名園」を頂点とする琉球庭園について, 時代を追って整理された研究としても初のものである。その「識名園」を管理・運営する那覇市において, 十五年間, 文化財保護を担当してきた著者が, 余すところなく「識名園」の魅力を浮き彫りにする。
◇琉球王朝―物語と史蹟をたずねて　嶋岡晨著　成美堂出版　2000.3　245p　15cm　(成美文庫)　543円　Ⓘ4-415-06881-2
◇琉球遺宝史　琉球遺宝顕彰会　東京　日本ブックセンター(発売)　1972　1冊　36cm　20000円

遺跡・史跡めぐり(世界)

◇語りかける文化遺産―ピラミッドから安土城・桂離宮まで　神部四郎次著　吉川弘文館　1998.4　220p　19cm　(歴史文化ライブラリー　35)　1700円　Ⓘ4-642-05435-9
　＊現代文明が最も進歩した世界であるとの常識はいまや崩れつつある。人類に残された心と叡智の結晶である世界と日本の文化遺産, その設計者における心の世界の探訪により, 物質から心への回帰の道を探る新たな挑戦の書。
◇地中海の史蹟めぐり　岩波書店編集部, 岩波映画製作所編　岩波書店　1958　図版64p　19cm　(岩波写真文庫)
◇地中海の史蹟めぐり　岩波書店編集部, 岩波映画製作所編　〔復刻版〕　岩波書店　1990.3　1冊　21cm　(シリーズ 世界の美術案内　2)　650円　Ⓘ4-00-003567-3
◇鉄道・バス利用のイギリス史跡めぐり　宮崎昭威著　太陽出版　1980.5　210p　19cm　980円
◇ひとり旅なら…アイルランド！―史跡めぐり旅日記　鈴木健夫著　近代文芸社　1995.12　228p　19cm　1800円　Ⓘ4-7733-5203-5
　＊"エメラルドの島""ケルトの聖地"アイルランド。アイルランドに憧れて, 旅立った若者―。「海外ひとり旅初体験」の著者による, 不安と喜びに彩られた「アイルランド名所・旧跡めぐりの旅」。その模様を実況中継。写真・地図多数。実地的ガイド本としても利用可。

◇ベルリンに壁のあったころ―共産主義崩壊前夜の東ドイツ　三宅悟著　東京図書出版会　2000.10　297p　19cm　1500円　Ⓓ4-434-00425-5
　＊ドイツは今年(2000年)10月3日再統一10周年記念日を迎える。この書はベルリンの壁崩壊の1年前まで東ドイツに4年間滞在した著者が、共産主義崩壊までの過程を克明に描いた貴重な歴史の証言である。
◇ベルリンウォール　土田ヒロミ著，食野雅子訳　メディアファクトリー　2001.8　50p　22×31cm　2800円　Ⓓ4-8401-0347-X
　＊ベルリンの壁崩壊から10余年。かつて壁によって分断されていた湖、不自然に切り取られた建物、パイプラインに変わった壁、ペイントされ、わずかに残る壁の痕跡…見えない壁を求めて、ベルリンを徘徊する土田ヒロミの"ベルリンマップ"。

インカ帝国の遺跡

ペルー，ボリビア　16世紀　指定：世界遺産「マチュ・ピチュ歴史保護区」

　　　　＊　　　＊　　　＊

◇アンデスの旅　田沼武能著　リブロポート　1988.9　239p　21cm　(リブロ「旅の本」)　2500円　Ⓓ4-8457-0352-1
　＊ファインダーを通し、ペンを通し、インカ帝国、滅亡の民インディオにそそがれる、写真家田沼武能のあたたかい眼差し。
◇インカ―天空の時間と歩む大自然の共存者　高野潤著　情報センター出版局　1991.4　118p　26cm　(地球ドキュメント・シリーズ)　2900円　Ⓓ4-7958-0543-1
　＊言語を絶する自然の雄大、大地の恵み、人間と家畜の健気な日常、家族の絆と呪縛、瞳の輝き、叫びと歓びのある祭り…。18年間の関わりを経たアンデス・レポートは、失われつつあるものへの挽歌ではなく、地球再生に寄せた熱いエールである。第7弾。
◇インカ帝国―太陽と黄金の民族　カルメン・ベルナン著，阪田由美子訳　(大阪)創元社　1991.5　201p　19cm　(「知の再発見」双書　06)　1300円　Ⓓ4-422-21056-4
◇インカ帝国を探る　ジャン・ラスパイユ著，近藤等訳　新潮社　1957　202p地図　20cm　(人と自然叢書)
◇インカ帝国を探る　ジャン・ラスパイユ著，近藤等訳　新潮社　1970　202p　20cm　(人と自然シリーズ)　750円

◇インカ帝国探検記―その文化と滅亡の歴史　増田義郎著　中央公論社　1961　195p　図版　20cm
◇インカ帝国探検記―ある文化の滅亡の歴史　増田義郎著　中央公論社　1988.5　219p　16cm　(中公文庫　M16)　360円　Ⓓ4-12-200254-0
◇インカ帝国の最期―ピサロ/バルディビア　榊原晃三訳　タイムライフブックス　1983.9　48p　30cm　(冒険者たちの世界史　7)　1200円　Ⓓ4-8275-1175-6
◇インカ帝国の残照―神秘とロマンとその末裔　長野重一写真・文　アイピーシー　1988.12　1冊　22×31cm　3800円　Ⓓ4-87198-787-6
◇インカ帝国の探検　泉靖一著　あかね書房　1982.4　203p　22cm　(少年少女20世紀の記録　30)　1200円
◇インカ帝国編―太陽の帝国とインカ皇帝の栄光と死　ミゲル・ロハス・ミクス文，モニカ・ブンステル画，藤井寛訳　偕成社　1991.4　55p　31×22cm　(精密イラスト・古代文化シリーズ　5)　3000円　Ⓓ4-03-743050-9
◇インカの秘宝　飯山達雄写真，寺田和夫解説　読売新聞社　1969　154p　22cm　2500円
◇インカの末裔たち―ラテンアメリカの秘境と文明　鈴木一郎著　英知出版　1981.10　194p　19cm　980円
◇インカの末裔たち　山本紀夫著　日本放送出版協会　1992.10　238p　19cm　(NHKブックス　650)　860円　Ⓓ4-14-001650-7
　＊インカ帝国の滅亡後、歴史に埋もれていったアンデス文明。しかし、その伝統も営みもペルー山間部で受け継がれていた。500年の歳月を越えて今、甦るインディオたちの真実とは。
◇黄金の秘境　インカ探検記　泉貴美子著　徳間書店　1965　205p　19cm
◇驚異の世界史　黄金帝国の謎―インカ・アステカ・マヤ　森本哲郎編　文芸春秋　1986.12　254p　15cm　(文春文庫)　480円　Ⓓ4-16-810403-6
　＊いまや、「インディオ文明」はかなり正確に復元されるようになった。本文庫ではその代表ともいうべき三つの文明の姿をできるだけくわしく紹介しようと試みた。三つの文明とは、アンデス山脈一帯にわたって大帝国を築いたインカ、中部アメリカのメキシコに繁栄を誇ったアステカ、そしてグアテマラ、ホンデュラスからユカタン半島にかけて高度の文化を創り出したマヤである。

141

遺跡・史跡めぐり　　　　　　　　　　　　　　　　　　遺跡・史跡

◇ケロ―遙かなるインカの村　関野吉晴著　朝日新聞社　1984.6　145p　31cm　5500円　④4-02-255198-4
◇週刊地球旅行 no.45　アンデスの秘宝マチュピチュとクスコ―ペルー　講談社　1999.2　34p　30cm　533円
◇図説 インカ帝国　義井豊・フランクリン・ピース著，増田義郎共著撮影　小学館　1988.11　237,13p　21cm　3200円　④4-09-680451-7
　＊1532年、スペイン人の侵略によって潰え去った黄金帝国100年の栄光とはなにか。構想5年、最高の執筆者と写真家が本格的に取り組んだインカ帝国の決定版。アンデス秘境国家の全貌が最新の研究成果と特撮により実像を結ぶ。
◇世界の聖域 18　神々のアンデス　増田義郎ほか著　講談社　1982.7　151p　33×27cm　4300円　④4-06-143298-2
◇太陽の道―インカ王道の秘密　V.W.フォン―ハーゲン著，勝又茂幸訳　朋文堂　1958　279p 図版10枚　20cm
◇謎のアンデス文明―「衛星考古学」検証の旅　NHK取材班著　日本放送出版協会　1981.10　193p　19cm　1200円
◇はるかインカを訪ねて　関野吉晴文・写真　小峰書店　1996.8　119p　21cm　(グレートジャーニー 人類5万キロの旅 3)　1300円　④4-338-12403-2
　＊グレートジャーニーとは、五百万年まえに東アフリカで誕生した人類が、アジア、北アメリカを経由して南アメリカの南端にたどりつくまでの五万キロの旅のことです。一九九三年十二月、著者はこの人類の旅を、徒歩、カヤック、自転車という、自分の足と腕の力だけでたどりはじめました。今回はペルーの首都クスコを中心に、より道中心の旅を報告します。標高4,600メートルの高地で開かれる星と雪の巡礼祭コイユリティ、現在もインカ時代の生活を残すアンデスのケロの村、著者が二三年にわたり通うアマゾン源流のマチゲンガの村、さまざまな風土に生きる人々の姿を紹介するグレートジャーニー第三弾です。
◇秘境アンデスのなぞ　桜井信夫文，梶鮎太絵　あすなろ書房　1990.3　77p　22cm　(ほんとうにあったふしぎな話 4)　880円　①4-7515-1549-7
◇秘境 インジオ王国 インカとアマゾンの谷間　小林大二著　三笠書房　1958　271p 地図　19cm

◇ビルカバンバ―インカ最後の都　エドムンド・ギエン著，寺田和夫監訳　時事通信社　1977.11　305p　20cm　1100円
◇ペルーを歩く―「インカ帝国の残照」　渡辺久樹著　YOU出版社,山と渓谷社発売　1988.5　178p　19cm　(Your Guide 10)　1300円　①4-635-88329-9
◇ペルー蜃気楼紀行　立松和平著　サンドケー出版局　1995.3　190p　19cm　1500円　①4-914938-62-6
　＊蜃気楼が世界中で最も美しいと言われる国ペルー。まわりを砂漠に囲まれた都市リマ、インカ帝国の都クスコ、そして聖なる山アンデス。―太陽の蜃気楼を求めて、立松和平がペルーに挑む。
◇ペルーの天野博物館―古代アンデス文化案内　天野芳太郎著，義井豊撮影　岩波書店　1983.8　80p　22cm　(岩波グラフィックス 15)　1200円
◇マチュピチュ 写真でわかる謎への旅　柳谷杞一郎[著]　雷鳥社　2000.2　193p　21cm　1680円　①4-8441-3309-8
　＊ペルーを旅する人、旅したい人、必読。完璧版トラベル＆ミステリーガイド。
◇幻のインカ―衛星考古学の実証探検　関野吉晴著　立風書房　1980.11　158p　21cm　1000円
◇ラテン・アメリカ今日は―幻のインカと中南米の旅　湯沢光行著　広済堂出版　1972　214p 図　20cm　580円

イースター島のモアイ像

チリ　10～15世紀

　　　　＊　　　＊　　　＊

◇アク・アク―孤島イースター島の秘密　T.ヘイエルダール著，山田晃訳　社会思想社　1975　2冊　15cm　(現代教養文庫)　400円
◇アク・アク 上　トール・ヘイエルダール著，山田晃訳　光文社　1958　246p 図版　19cm
◇イースター島　大友慶高写真・絵・文　玄同社　1993.1　1冊　22×30cm　3900円　①4-905935-33-4
◇イースター島―遺跡との対話　森本哲郎著　平凡社　1975　144p 図　18cm　(平凡社カラー新書)　550円
◇イースター島　秋田智弥執筆　日本テレビ放送網　1987.10　80p　21cm　(NTVジュニアスペシャル 世界の文明・遺跡のなぞ 6)

980円　①4-8203-8756-1
　＊南太平洋に浮かぶ孤島イースター島、失われた文化の地、巨像アモイの故郷、解読できない絵文字。古代島民のルーツ探究が島の謎を解くカギになる。ふしぎの島イースター島のすべて。
◇イースター島―写真でわかる謎への旅　柳谷杞一郎〔著〕　王様出版　1998.8　207p　21cm　1800円　④4-7952-1818-8
　＊世界で最も美しい写真で綴るモアイ…。謎への旅。完全版トラベル&ミステリーガイド。
◇イースター島の悲劇―倒された巨像の謎　鈴木篤夫著　新評論　1999.12　253p　20cm　2500円　①4-7948-0470-9
　＊イースター島のモアイ像について知ってはいても、あの奇怪な像が全て倒されていたことを知る人は少ない。なぜ、倒されてしまったのか、島にまつわるもろもろのミステリーの解明に取り組んだ―。
◇イースター島紀行―語らざる島への誘い　西野照太郎著　花曜社　1976　236p　図　20cm　1500円
◇イースター島とチリ　地球の歩き方編集室編　ダイヤモンド・ビッグ社,ダイヤモンド社発売　1990.11　139p　22×19cm　（地球の歩き方フロンティア　109）　1480円　①4-478-07064-4
　＊この本はチリの西方3800キロの海上に浮かぶイースター島を中心に編集してあります。また、チリ本土の主だった観光ポイントもあわせて紹介しました。
◇イースター島の巨石文明　フランシス・マジェール著、早津敏彦、服部研二共訳　大陸書房　1972　286p　19cm　750円
◇巨石人像（モアイ）を追って―南太平洋調査の旅　木村重信著　〔カラー版〕　日本放送出版協会　1986.12　185p　19cm　（NHKブックス　C23）　900円　①4-14-003033-X
　＊イースター島に点在するモアイ。かつてヘイエルダールは南米ペルーから筏舟コン・ティキ号で実験漂流し、モアイの南米起源説を実証したとした。だが原始美術の世界的権威である著者の、長年月にわたる踏査結果は、全く異なった様相を示している。

遺跡・史跡めぐり（アジア）

◇アジア墳墓考　小島麗逸編著　勁草書房　1994.12　256p　19cm　2678円　①4-326-65162-8

　＊葬り方で知るアジア。死にともなう儀式をタブー視しては、人類文化の本質は見えない。現地での豊富な見聞をもとにアジアにおける死へのかかわり方を紹介する。
◇韓国史蹟散歩　森田芳夫著　日韓文化交流基金　1999.8　286p　21cm
◇韓国史跡と美術の旅　高橋隆博著　（大阪）創元社　1988.9　318p　19cm　1800円　①4-422-70026-X
◇韓国史跡の旅　横山健一編　創元社　1972　294p　19cm　（創元古代史叢書　2）　650円
◇韓国名勝・旧蹟めぐり　亀山襄二著　時潮社　1990.9　406p　21cm　3708円　①4-7888-6500-9
◇慶州史跡ひとり旅―2泊3日のみどころ　井内功著　井内古文化研究室　1984.12　73p　15cm　500円
◇週刊地球旅行 no.20　黄金のバンコクと古都アユタヤ―タイ　講談社　1998.8　33p　30cm　533円
◇ソウル―日帝下の遺跡を歩く　中村欽哉著　柘植書房新社　1998.4　262p　19cm　2000円　①4-8068-0409-6
　＊ソウルに残っている日帝時代の傷跡を通して、韓国人の被支配時代に対する考え方を伝えたのが本書である。
◇ソウルの王宮めぐり―朝鮮王朝の500年を歩く　武井一著　桐書房　2000.12　238p　21cm　2200円　①4-87647-502-4
　＊朝鮮王朝の生活と文化、日本と似ているの？どこが違うの？王宮のすべてがわかる！行ってから読むか、読んでから行くか。
◇泰山と曲阜に古碑を訪ねて　本田春玲著　新地書房　1981.2　249p　22cm　3500円
◇探訪中国の史跡　田辺昭三著　角川書店　1982.4　236p　20cm　1400円
◇中国の書　史跡と博物館ガイド　考古文物研究友好訪中団編　雄山閣出版　1989.9　207p　26cm　3800円　①4-639-00919-4
　＊書の名品と史跡の宝庫、中国。愛好家ならぜひ訪れたい史跡、博物館展示品配置図と写真約三百点を紹介。
◇中国文化史蹟 1　山西　常盤大定、関野貞著　法蔵館　1975　120p　37cm　20000円
◇中国文化史蹟 11　山東　常盤大定,関野貞著　法蔵館　1976　図106p　37cm　20000円
◇中国文化史蹟 12　河北　常盤大定、関野貞著　法蔵館　1976　図111p　37cm　20000円
◇中国文化史蹟 10　四川・湖北・江西・安徽・江蘇　常盤大定、関野貞著　法蔵館　1976

143

図107p 37cm 20000円
◇中国文化史蹟 2 河南 常盤大定,関野貞著 法蔵館 1975 120p 37cm 20000円
◇中国文化史蹟 3 広東・湖南 常盤大定,関野貞著 法蔵館 1975 図116p 37cm 20000円
◇中国文化史蹟 4 江蘇・浙江 常盤大定,関野貞著 法蔵館 1975 図119p 37cm 20000円
◇中国文化史蹟 5 河南・河北 常盤大定,関野貞著 法蔵館 1975 図120p 37cm 20000円
◇中国文化史蹟 6 浙江・福建 常盤大定,関野貞著 法蔵館 1975 図120p 37cm 20000円
◇中国文化史蹟 7 山東 常盤大定,関野貞著 法蔵館 1976 図116p 37cm 20000円
◇中国文化史蹟 8 山西・河北 常盤大定,関野貞著 法蔵館 1976 図105p 37cm 20000円
◇中国文化史蹟 9 陝西 常盤大定,関野貞著 法蔵館 1976 図105p 37cm 20000円
◇中国文化史蹟 解説 上(第1-第6巻) 常盤大定,関野貞著 法蔵館 1975 1冊 22cm
◇中国文化史蹟 解説 下(第7巻-第12巻) 常盤大定,関野貞著 法蔵館 1976 1冊 22cm
◇中国文化史蹟 増補 東北篇 竹島卓一,島田正郎著 法蔵館 1976 209p 37cm 20000円
◇中国名勝旧跡事典 第1巻 華北・東北篇 中国国家文物事業管理局編,鈴木博訳 ぺりかん社 1986.10 297p 19cm 2600円
  ＊中国全土の由緒ある山川・湖沼・洞穴などの景勝地、歴代の宮殿・寺廟・亭台・楼閣・塔・橋梁・墓碑などの文化財・旧蹟など、約4600カ所を網羅・収録。中国文化に親しむための基本文献であり、旅のガイドブックとしても最適。中国の歴史・地理・文化研究の必携の書。国家文物事業管理局の指導のもと、全中国の文化局・文物局・園林局などの関係機関を動員して共同編纂した決定板。
◇中国名勝旧跡事典 第2巻 華東篇 中国国家文物事業管理局編,鈴木博訳 ぺりかん社 1987.3 311p 19cm 2600円
  ＊中国全土の由緒ある山川・湖沼・洞穴などの景勝地、歴代の宮殿・寺廟・亭台・楼閣・塔・橋梁・墓碑などの文化財・旧蹟など、約4600カ所を網羅・収録。中国文化に親しむための基本文献であり、旅のガイドブックとしても最適。中国の歴史・地理・文化研究の必携の書。国家文物事業管理局の指導のもと、全中国の文化局・文物局・園林局などの関係機関を動員して共同編纂した決定版。
◇中国名勝旧跡事典 第3巻 華北2・中南1篇 中国国家文物事業管理局編,鈴木博訳、村松伸解説 ぺりかん社 1988.3 390p 19cm 3200円
  ＊中国全土の由緒ある山川・湖沼・洞穴などの景勝地、歴代の宮殿・寺廟・亭台・楼閣・塔・橋梁・墓碑などの文化財・旧蹟など、約4600カ所を網羅・収録。中国文化に親しむための基本文献であり、旅のガイドブックとしても最適。中国の歴史・地理・文化研究の必携の書。現代中国で最も普及し、権威ある「名勝事典」の日本語版。
◇中国名勝旧跡事典 第4巻 中南2・華南篇 中国国家文物事業管理局編,鈴木博訳 ぺりかん社 1988.10 354p 19cm 3200円
  ＊現代中国で最も普及し、権威ある「名勝事典」(第2版)の日本語版！中国全土の由緒ある山川・湖沼・洞穴などの景勝地、歴代の宮殿・寺廟・亭台・楼閣・塔・橋梁・墓碑などの文化財・旧蹟など、約4600カ所を網羅・収録。
◇中国名勝旧跡事典 第5巻 西北・西南篇 中国国家文物事業管理局編,鈴木博訳 ぺりかん社 1989.6 402p 19cm 3760円
  ＊中国全土の由緒ある山川・湖沼・洞穴などの景勝地、歴代の宮殿・寺廟・亭台・楼閣・塔・橋梁・墓碑などの文化財・旧蹟など、約4600カ所を網羅・収録。中国文化に親しむための基本文献であり、旅のガイドブックとしても最適。中国の歴史・地理・文化研究の必携の書。
◇東南アジアの華 アンコール・ボロブドゥール 吉村作治著 平凡社 1999.12 111p 22cm (ビジュアルガイド 世界の遺跡) 1700円 ①4-582-63165-7
  ＊吉村作治と考える二大宗教が織り上げた文明の謎。仏教とヒンドゥー教が東南アジアの地に咲かせた文明の華。日本文化の源流を遡る。
◇東南アジアの遺跡を歩く 高杉等著 めこん 2001.7 353p 21cm 2000円 ①4-8396-0144-5
  ＊著者が今までの遺跡巡りの体験で知り得た情報を踏まえて、東南アジアに残る遺跡を私的にガイドした一冊。一般のガイドブックに書かれている有名な遺跡だけでなく、旅行者がほとんど訪れることのない、忘れ去られた遺跡も多数取り上げ、特に、近年観光客が自由に訪れることができるようになったカンボジアのクメー

ル遺跡については、アンコール地域の遺跡だけでなく、地方の大遺跡も紹介している。さらに、タイやラオスにあるクメール遺跡にも多くのページを割いた。

◇トルコの旅―栄枯八千年・沈黙の軌跡　立田洋司著　六興出版　1981.8　221p 図版20枚　22cm　2300円

◇ボロブドール遺跡めぐり　田枝幹宏撮影, 伊東照司文　新潮社　1992.5　115p　22×17cm　(とんぼの本)　1400円　④4-10-602006-8

＊仏舎利塔か霊廟か、寺院か？インドネシア・ジャワ島の深い緑に囲まれてそびえたつ雄大な大仏教建造物ボロブドールは今なお多くの謎につつまれている。仏伝浮彫120パネル全解説をはじめ、生前のブブを語る本生話レリーフの読み方、方壇から円壇へと配置された仏像の意味など、迷宮のごとき大聖殿の体験方法を紹介する。

◇NHK美の回廊をゆく 東南アジア至宝の旅 1　はるかなる源流の旅「聖地スリランカ」森林の幻都・覇王の夢「カンボジア・アンコール・ワット」　NHK取材班ほか著　日本放送出版協会　1991.2　141p　25×20cm　1800円　④4-14-009155-X

＊菩提樹、仏歯、ストゥーパ、石窟寺院―。紀元前3世紀以来、培われた仏教の心とかたちが今も人々の暮らしに生きる。東南アジアに広まる上座部仏教の源流を「光り輝く島」―スリランカに訪ねる。クメールの宇宙観を地上に具現した壮大な伽藍として密林の王都に埋もれていた巨大な仏顔。栄光の王国アンコールの崇高な美を探る。

◇NHK美の回廊をゆく 東南アジア至宝の旅 3　祈り天空に満ちて「ミャンマー・パガン万塔」はるかなる都の夢「ベトナム・フエ」　NHK取材班ほか著　日本放送出版協会　1991.4　141p　26cm　1800円　④4-14-009157-6

＊ビルマ族最初の統一王朝の都パガン。王や信者たちは功徳を願い、無数の仏塔・寺院を建立した。天界へ向けた往時の祈りを伝えるうつくしい仏教遺跡を紹介。清流、香江のほとりにたたずむフエ。ベトナム最後の王朝、グエン朝の都の跡に、戦火に翻弄された民族の光と影を訪ねゆく。

雲崗石窟

中国　北魏時代(5世紀)　関連人物：文成帝　指定：世界遺産「雲崗石窟」

＊　　＊　　＊

◇雲崗石仏めぐり　朝日新聞社編　1954　図版64p　26cm　(アサヒ写真ブック)

◇雲崗石窟 1　雲崗石窟文物保管所編　平凡社　1989.4　268p　30cm　(中国石窟)　30900円　④4-582-65515-7

＊中国の代表的石窟寺院を網羅し、現地研究所を中心とした両国の最高権威が編集・執筆に参画した中国石窟の決定版！中国・文物出版社/平凡社国際提携出版。

◇雲崗石窟の旅　NHK取材班著　日本放送出版協会　1979.9　134p　26cm　1500円

アンコール遺跡

カンボジア　12～15世紀　指定：世界遺産「アンコール」

＊　　＊　　＊

◇アンコール―宮本隆司写真集　宮本隆司著　トレヴィル, リブロポート発売　1994.2　1冊　29×22cm　4995円　④4-8457-0881-7

◇アンコール・ワット拓本集　髙崎光哲著, 木寺安彦写真　五月書房　1993.4　96,17,5,6p　37×27cm　29000円　④4-7727-0123-0

＊インド的要素を基調とし、東洋趣味を巧みにとり入れながら全く独自の様式を完成させたクメール芸術。余白を残さずどこまでも埋め尽す、過飾とおもえるほど濃厚な彫刻群は、まさに美の極致である。壮麗な浮彫り群の再現。

◇アンコール・ワットへの旅―人類の至宝、カンボジアの誇りを守る　平山郁夫, 石沢良昭, 松本栄一著　講談社　1992.11　127p　21cm　(講談社カルチャーブックス　65)　1500円　④4-06-198071-8

＊クメール文化が生んだ最高傑作。アンコール遺跡の偉容。12世紀にカンボジアの地に咲いた大輪、アンコール・ワットをはじめとする遺跡群を破壊から守るためにいまこそ、世界が救いの手を…。

◇アンコール遺跡見聞録―Angkor photo guide　内田弘慈著　KDDクリエイティ

ブ　1993.6　183p　22cm　2800円　①4-906372-17-1
◇アンコールへの長い道　土方美雄著　新評論　1999.4　306p　20cm　2500円　①4-7948-0448-2
　＊アンコールへの長い道を辿る旅は、同時に、アンコール朝の好敵手であり、今は「地図にない国」となっているベトナム中部のチャンパの、かつての栄光の軌跡を辿る旅でもあった。また、そのチャンパとアンコールの共通した「始まりの地」であったラオス南部のワット・プーへの旅ともなった。本書は、そうした著者の1991年から98年にかけての8年間の、旅の記録をまとめたものである。
◇アンコールの王道を行く　田村仁写真, 石沢良昭文　淡交社　1999.2　198p　26cm　3300円　①4-473-01635-8
　＊内戦のため、取材不可能だったアンコール遺跡群を初めてカメラに収め、謎に包まれた王朝の全貌に迫る。
◇アンコール・ワット／うたの旅─世界をめぐる奥の細道　遠藤八重子著　共和印刷企画センター　1993.2　309p　19cm　（ぬはり叢書　第153篇 4）　2500円
◇アンコール遺跡とカンボジアの歴史　フーオッ・タット, 今川幸雄編訳　めこん　1995.7　136p　19cm　2060円　①4-8396-0095-3
◇アンコール遺跡と社会文化発展　石沢良昭監修, 坪井善明編　連合出版　2001.4　286p　21cm　（アンコール・ワットの解明）　2800円　①4-89772-166-0
　＊救うのは遺跡か、人間か？自然環境と人々の生活を守りつつ遺跡を今にいかす道は？ユニークな実践と提言。
◇アンコール遺跡の建築学　片桐正夫編, 石沢良昭監修　連合出版　2001.7　350p　21cm　（アンコール・ワットの解明　3）　2800円　①4-89772-165-2
　＊本書は、主として建築学の立場からアンコール遺跡を解き明かそうと試みたものである。
◇アンコール史跡考─エロスと蛇神　宗谷真爾著　中央公論社　1980.12　326p　16cm　（中公文庫）　440円
◇アンコール踏査行　ドラポルト著, 三宅一郎訳　平凡社　1970　258p　18cm　（東洋文庫）　500円
◇アンコールの遺跡─カンボジアの文化と芸術　今川幸雄, 川瀬生郎, 山田基久著　霞ケ関出版　1969　217p　18cm　720円

◇アンコールの芸術─カンボディア王国遺跡めぐり　今川幸雄, 川瀬生郎, 山田基久著　1962　106p 図版 地図 表　21cm
◇アンコールの帝王 クメール文化の謎　藤島泰輔著　展望社　1960　236p 図版　19cm
◇アンコールの廃墟　R.J.ケーシー著, 内山敏訳　大陸書房　1968　313p　19cm
◇アンコール詣で　ピエール・ロティ著, 佐藤輝夫訳　中央公論社　1981.8　199p　16cm　（中公文庫）　320円
◇アンコール・ワット─遺跡と民衆　石川文洋著　朝日ソノラマ　1981.2　1冊　21×22cm　3000円
◇アンコール・ワット─甦る文化遺産　石沢良昭著　日本テレビ放送網　1989.10　160p　29cm　2500円　①4-8203-8935-1
◇アンコール・ワット─密林に消えた文明を求めて　ブリュノ・ダジャンス著, 中島節子訳　創元社　1995.6　214p　19cm　（「知の再発見」双書）　1400円　①4-422-21098-X
◇アンコール・ワット─大伽藍と文明の謎　石沢良昭著　講談社　1996.3　215p　18cm　（講談社現代新書）　650円　①4-06-149295-0
　＊インドシナ半島の中央に次々と巨大な寺院を完成させたアンコール王朝。建造に費した年月は。回廊に描かれた物語とは。なぜ密林に埋もれたのか。遺跡研究の第一人者がカンボジア史を辿りながら東南アジア最大の謎に迫る。
◇アンコール・ワット─密林の中に眠っていた巨大遺跡　谷克二文, 武田和秀写真, 「旅名人」編集部編　日経BP社, 日経BP出版センター発売　2001.10　218p　21cm　（旅名人ブックス）　1500円　①4-8222-2871-1
　＊有名なアンコール・ワットだけでなく、その他のアンコールの遺跡群、さらに、本邦初公開で公開されたばかりの驚異の遺跡クバルスピアンの川底にある遺跡も登場。
◇アンコールワット・カンボジア　ゼンリン　2000.3　176,16p　19cm　（ニューツアーガイド 52）　1200円　①4-432-90462-3
◇アンコールワット・カンボジア120パーセントガイド　世界の本編集部編　日地出版　1997.7　173p　19cm　（ひとりで行ける世界の本　30）　1500円　①4-527-00713-0
◇アンコール・ワットとカンボジア 2001-2002年版　『地球の歩き方』編集室著作編集　ダイヤモンド・ビッグ社　2000.12　274p　21cm　（地球の歩き方 98）　1640円　①4-478-07837-8

◇アンコール・ワットへの道―クメール人が築いた世界遺産　石沢良昭文，内山澄夫写真　JTB　2000.3　140p　21cm　（JTBキャンブックス）　1700円　ⓘ4-533-03341-5
◇アンコールワット・カンボジア　日地出版　1999.1　173,16p　19cm　（ニューツアーガイド　世界の本　30）　1400円　ⓘ4-527-00930-3
　＊アンコール・トム、シエム・リアップ、プノンペン。
◇アンコール・ワット　旅の雑学ノート―森と水の神話世界　樋口英夫著　ダイヤモンド社　2001.4　261p　19cm　1600円　ⓘ4-478-94189-0
　＊見る者を圧倒せずにはおかない巨大遺跡群が、さらに一歩二歩踏みこめば、驚くべき物語を語り出す。最新学説を紹介しつつ、ヒンドゥー世界全体を見つめる広い視野と、人々の生活の細部を見逃さない探求心で、アンコールの謎に迫る。
◇アンコール・ワットの発見　アンリ・ムーオ著，菊池一雅訳　学生社　1974　202p　22cm　1400円
◇アンコール・ワット物語　内山澄夫著　集英社　1999.2　1冊　27×22cm　5000円　ⓘ4-08-783116-7
　＊天界の宮殿の再現であるアンコール・ワットを様々な角度から撮った決定版写真集。随所に幻想的な文を織りこみ、読者を「物語の世界」へと誘う。
◇クメールの残照―アンコール・ワットを巡りて　野口清隆写真と和歌　野口清隆　1984.7　1冊　26×27cm
◇クメールの彫像　ジャン・ボワスリエ著，石沢良昭，中島節子訳　連合出版　1986.7　139p　19cm　1500円　ⓘ4-89772-045-1
　＊世界史の中でひときわ光輝くアンコール王朝時代、アンコール・ワットなどの壮麗な石造大伽藍には神々の彫像や仏像が安置され、日夜灯明がともり当時の人々は渇仰敬神の生活を送っていた。本書は、独創的な美の世界を構築したクメール芸術の代表的彫像をとりあげ、それを作った彫工の工夫のあとをたどり当時の精神世界を再現する。
◇週刊地球旅行 no.56　蘇るアンコールワット―カンボジア　講談社　1999.4　34p　30cm　533円
◇週刊ユネスコ世界遺産 no.31　アンコールの遺跡群―カンボジア　講談社　2001.6　34p　30cm　533円
◇真臘風土記―アンコール期のカンボジア　周達観著，和田久徳訳注　平凡社　1989.8　256p　18cm　（東洋文庫　507）　2266円　ⓘ4-582-80507-8
　＊世界の大史跡アンコール・ワットを築いたカンボジア王国最盛期の余光漂う1296年、元の使節に随行して当地を訪れた著者が、その自然・文化・習俗・産物などを14項目にわたって簡潔に綴った見聞記。13～14世紀の当地に関する中国史料と本書原文も付載。
◇西欧が見たアンコール―水利都市アンコールの繁栄と没落　ベルナール・P.グロリエ〔著〕，石沢良昭，中島節子訳　連合出版　1997.11　325p　21cm　2800円　ⓘ4-89772-135-0
　＊世界の中で最も美しく最も清潔な都。アンコールワットは誇大妄想狂の王が自分の来世のために作ったものではない。都城は巧みな水路網と一つのシステムでつながり、時間と空間が秩序づけられていた。その体系は、クメールの人々の生の源泉であった。
◇戦火にさらされるアンコール・ワット　松橋達良講述　広島電話印刷　1970　123p　図　18cm　300円
◇なぞのアンコール・ワット　ケーシー作，矢代堅二訳　あかね書房　1982.2　197p　20cm　（少年少女世界の大探検　8）　880円
◇ベトナム・アンコールワット '01～'02　るるぶ社海外ガイドブック編集部企画・編　JTB　2001.8　287p　21cm　（ワールドガイド）　1550円　ⓘ4-533-03932-4
◇女神群舞　アンコール遺跡の神々―松本栄一写真集　松本栄一写真　時事通信社　1993.8　95p　26cm　3200円　ⓘ4-7887-9327-X
　＊カンボジア内戦を生き抜いたアンコール遺跡の女神たち。その永遠の美しさがここにある。
◇るるぶベトナム・アンコールワット 2000-2001　JTB　2000.4　96p　26cm　（るるぶ情報版　海外 25）　1000円　ⓘ4-533-03439-X
◇ANGKOR―密林の王土アンコール　田村仁写真・著　恒文社　1994.9　174p　30cm　8000円　ⓘ4-7704-0809-9
　＊東南アジア最大の文化遺産アンコール遺跡をめぐる。カンボジアが世界に誇る至宝アンコール・ワット、アンコール・トムをはじめ、周辺の遺跡群まで収録し、その精緻な石像建築、浮き彫り図像と文様、

女神像と観世音菩薩像など、アンコール王朝の栄華を紹介する写真集。

古戦場(日本)

◇大阪戦争遺跡歴史ガイドマップ　平和のための大阪の戦争展実行委員会,日本機関紙協会大阪府本部共著　日本機関紙出版センター　2001.9　86p　26cm　857円　④4-88900-817-9
　　＊205団体約500人が27市区の戦争遺跡280カ所を、実地に足で歩いたマップ&ガイド。
◇岡山の古戦場　多和和彦著　日本文教出版　1973　182p　15cm　(岡山文庫)　450円
◇沖縄の戦跡と軍事基地—平和のためのガイドブック　「沖縄の戦跡と軍事基地」編集委員会編　あけぼの出版社　1985.10　112p　19cm
◇沖縄の旅・アブチラガマと轟の壕—国内が戦場になったとき　石原昌家著　集英社　2000.6　222p　18cm　(集英社新書)　700円　④4-08-720036-1
　　＊沖縄県本島南部にはガマとよばれる自然洞窟がいくつもある。半世紀前の戦争中にこのガマは避難壕として軍・民双方に使用されていた。本書に登場する「アブチラガマ」も「轟の壕」もそうした避難所のひとつだった。ガマでなにが起こっていたのか。人びとの忘却の彼方にあったこれらガマの記憶をたどる石原教授たちの調査行は、取材開始から25年の歳月を要することになる。半世紀をへて、よみがえる真実とはなんだったのか？裁かれざる「犯罪」は放置されたまま、闇のなかに眠るのか。「洞窟の惨劇」はいま姿を現そうとしている。
◇合戦—物語と史跡　松永義弘著　日貿出版社　1974　257p　20cm　1200円
◇鎌倉古戦場を歩く　奥富敬之,奥富雅子著　新装版　新人物往来社　2000.12　246p　20cm　2200円　④4-404-02896-2
　　＊四方を山と海に囲まれたもののふの都鎌倉。幕府が置かれ、寺院や館が立ち並ぶ往時の姿を、現在も偲ぶことができる。切通し、やぐらなど、北条氏ゆかりの地を中心に紹介する散策のための決定版。
◇鎌倉　古戦場を歩く　奥富敬之著,奥富雅子著　新人物往来社　1985.7　246p　20cm　2000円　④4-404-01276-4
◇紀行奥羽戦争　柳敏之著　文芸社　2000.9　299p　20cm　1200円　④4-8355-0574-3
　　＊戊辰戦争の一部を「奥羽戦争」と捉え、その舞台となった東北の名刹や城跡を辿った著者の、かの戦いについての精力的かつ詳細な取材による労作。遙かなる歴史に思いをはせ、古戦場巡りに旅立つ。
◇紀行西南の役　清水幸義著　PHP研究所　1973　311p　20cm　780円
◇九州の古戦場を歩く　吉永正春著　2版　葦書房　1998.9　282p　19cm　2200円　④4-7512-0720-2
◇九州の古戦場を歩く　吉永正春著　葦書房　1986.7　285p　19cm　1500円
◇京都の「戦争遺跡」をめぐる　池田一郎,鈴木哲也著　機関紙共同出版　1991.11　151p　21cm　(語りつぐ京都の戦争・シリーズ 2)　980円　④4-87668-079-5
◇熊本の古戦場　谷川憲介編著　熊本日々新聞社　1978.11　223p　15cm　(熊本の風土とこころ 2)　700円
◇源平の古戦場を行く　鈴木亨著　青樹社　1972　254p　図　20cm　500円
◇高知の戦争遺跡—ガイドブック　戦争遺跡保存ネットワーク高知編　平和資料館・草の家　2000.7　102p　21cm　(草の家ブックレット no.10)　1000円
◇古戦場の旅　泰山哲之著　人物往来社　1963　302p　22cm
◇常総戦蹟　東白蘋著　崙書房　1975　301p　22cm　3600円
◇城と古戦場　上巻　新人物往来社　1969　240p　19cm　650円
◇信州の城と古戦場　南原公平著　令文社　1987.5　310p　18cm　800円
◇戦国古戦場の旅—静かなる男達の声を聞く　野口冬人著　山海堂　1999.4　191p　21cm　1500円　④4-381-10341-6
　　＊「風林火山」の旗印を甲斐にはためかせた勇将武田信玄と、越後に勇名を馳せた上杉謙信との宿命の合戦・川中島の激突、天下統一にかけた織田信長の非情なまでの戦い、豊臣秀吉のひとまずの天下統一、徳川家康の最後の戦いによって戦国乱世に終止譜が打たれるまでを、現地古戦場の跡を訪ねる。
◇戦国のロマン—北陸路・古戦場めぐり　塩照夫著　北日本新聞社出版部　1973　201p　図　18cm　880円
◇戦災の跡をたずねて—東京を歩く　長崎誠三編著　アグネ技術センター　1998.7　158p　21cm　1900円　④4-7507-0875-5
　　＊東京大空襲から53年の歳月が流れた。都心には、戦災の傷跡を残す樹木や石など

遺跡・史跡　　　　　　　　　　　　　　　　　　　　　　　　　　　　古戦場

が、まだ数多く残されている。20数年にわたり、歩いて調査した記録の中から、56カ所を選び、200枚の写真とともに、今も東京に残る戦災の傷跡を紹介する。
◇戦争を歩く・みる・ふれる ― ピースロード多摩丘陵　川崎・横浜平和のための戦争展実行委員会編　教育史料出版会　2001.7　144p　21cm　1600円　④4-87652-406-8
◇続 日本の古戦場　中部日本新聞社編　東京中日新聞出版局　1965　390p　19cm
◇日本古戦場一〇〇選　日本史蹟研究会著　11版　秋田書店　1983.7　324p　19cm　1200円　④4-253-00303-6
◇日本の古戦場　中部日本新聞社編　東京中日新聞出版局　1964　375p　19cm
◇ひろしま城と古戦場　村上正名著　広学図書　1985.5　143p　15cm　（ひろしま文庫 6）　700円
◇房総の古戦場めぐり　府馬清著　昭和図書出版　1980.8　228p　19cm　1500円
◇三方原 ― 赤土台地古戦場　わが町文化誌　浜松市立三方原公民館わが町文化誌編集委員会編　浜松市立三方原公民館　1994.2　350p　21cm

川中島合戦

長野県　戦国時代　関連人物：武田信玄, 上杉謙信

＊　　　　＊　　　　＊

◇川中島古戦場の旅　桑田忠親著　秋田書店　1969　236p　18cm　（サンデー新書）　350円
◇川中嶋古戦場ひとり旅 ― 信玄軍配団扇の跡　岡沢由往著　銀河書房　1988.3　216p　19cm　1000円
◇激戦川中島 ― 武田信玄最大の戦闘　一ノ瀬義法著　教育書籍　1987.11　249p　19cm　1200円　④4-317-60015-3
　＊武田信玄の生涯で最大の戦闘は、何といっても、宿敵上杉謙信との間で戦われた川中島の戦いであった。本書は、古戦場跡に何度も足を運んだ著者が、綿密な考証と両将の人間性の分析を経て書き下ろされた信玄論の決定版である。本文中に「史跡めぐり」に便利なように地図と写真・解説を豊富に入れた。

関ヶ原合戦

岐阜県　安土桃山時代　関連人物：徳川家康, 石田三成　指定：史跡「関ヶ原古戦場」

＊　　　　＊　　　　＊

◇関ケ原合戦写真集　安藤英男著　新人物往来社　1988.3　243p　26cm　7800円　④4-404-01481-3
　＊慶長5年9月15日、関ケ原の戦いで日本の運命は決った…。50枚の地図、450枚の写真で綴るドキュメント。
◇武将たちの関ケ原　茅原照雄著　東方出版　1988.12　208p　20cm　（墓碑探訪 2）　1600円　④4-88591-206-7

戊辰戦争

近畿地方, 関東地方, 東北地方, 北海道　江戸時代　関連人物：徳川慶喜　指定：特別史跡「五稜郭」

＊　　　　＊　　　　＊

◇ザ・会津 ― 戊辰戦争への旅　読売新聞社出版局, 歴史春秋社編　読売新聞社　1986.12　161p　30×22cm　2000円　④4-643-55000-7
　＊白虎隊の悲劇に象徴される戊辰戦争の跡は、いまも会津の各所にある。二十三万石、鶴ケ城の城下町に残る数々の史跡、飯盛山、御薬園、松平家廟所…。そして会津は、むろん自然にも恵まれている。一歩街に足を運べば、漆器や会津木綿、地酒といった民芸品、特産物の伝統を守る店も多い。会津は、現代の旅人をとらえて放さない懐かしさに満ちている。
◇戊辰戦争とうほく紀行　加藤貞仁著　無明舎出版　1999.10　145p　21cm　（んだんだブックス）　1800円　④4-89544-224-1
◇戊辰戦争を歩く　清水幸義著　PHP研究所　1974　246p　20cm　1000円
◇水戸藩・戊辰の戦跡をゆく　鈴木茂乃夫著　暁印書館　1986.2　276p　20cm　1500円

古戦場（世界）

◇あゝ涙の決戦場ソロモン慰霊巡拝記　柴山正雄筆　柴山正雄　1987.5　24p 図版15枚　21cm

◇世界の戦跡めぐり　久保崎輯編　草の根出版会　1996.10　143p　21cm　(母と子でみる　28)　2266円　Ⓘ4-87648-112-1

◇中国大陸戦痕紀行　木下博民著　第三書館　1997.4　594p　20cm　3300円　Ⓘ4-8074-9710-3
　＊日中戦争とは何であったのか。香港、広州、仏山、桂林、黄山・南京…半世紀を経た古戦場をたどり、日中平和への途をさぐる。

◇南十字星の戦場　豊田穣著　文芸春秋　1974　245p　20cm　750円

◇レクイエム──ヴェトナム・カンボジア・ラオスの戦場に散った報道カメラマン遺作集　ホースト・ファース、ティム・ペイジ編、大空博訳　集英社　1997.10　350p　31×25cm　6800円　Ⓘ4-08-773276-2
　＊1950年代のフランスによるインドシナ戦争の最盛期から、1975年のプノンペンそしてサイゴン陥落までのあいだに、報道カメラマン135名の死亡あるいは行方不明が記録されている。この数字には戦いのどんな局面、あるいはどちらのサイドであっても、すべて含まれている。本書はこれらの男女に手向ける墓碑銘であり、また彼らが最後に撮影した写真を多数収録したものである。

＊　＊　＊

◇ノモンハンへの道──モンゴル横断一千キロ　旭照愿著　日本図書刊行会　1997.1　106p　20cm　1300円　Ⓘ4-89039-141-X
　＊「ザー、ヤプツァイ(さぁ、出発しよう)」温かく、大きな心を持ったモンゴル人と触れ合いながら、見渡す限りの大草原を渡るノモンハン慰霊の旅。

◇ノモンハンの地平──ホロンバイル草原の真実　細川呉港著　光人社　2000.1　299p　20cm　2300円　Ⓘ4-7698-0943-3
　＊今も草原で暮らすモンゴル人や中国人の生活や文化を、深い洞察力と鋭い観察眼で描いた力作。ノモンハン事件の真相、戦争末期のハイラル地下要塞の攻防戦の実態、ハルハ河国境確定問題など、証言と現地の写真、収集した当時の地図を駆使して再現、考証する異色の草原紀行。

◇モンゴル1939幻の日本兵──隠されたノモンハン事件の真相と生き残り兵士を探す旅　篠宮喜代四著　にんげん社　1988.10　191p　19cm　1200円
　＊今から50年前、日本とモンゴルの間に一つの戦いがあった。そして日本軍は敗北した。ノモンハン事件にはあまりにも謎が多い。日本はなぜこんな無謀な戦いを仕掛けたのか。映像ジャーナリストは、今もモンゴルをさまよう2万の英霊達を弔い、もしかして遠い地で生き残っているかもしれない兵士を探す旅に出かける。

ノモンハン事件

中国, モンゴル　昭和時代(1939)

宗教・神話

宗教・神話(日本)

熊野古道

和歌山県　平安時代以降

＊　　＊　　＊

◇伊勢・熊野謎とき散歩―日本と日本人の源流を訪ねて　井上宏生著　広済堂出版　1999.11　254p　19cm　1600円　①4-331-50705-X
　＊伊勢から熊野、さらに十津川から吉野へ…。紀伊半島に点在する歴史の地に、この国の本質を見る。
◇紀州歴史散歩―古熊野の道を往く　神坂次郎著　創元社　1985.4　214p　19cm　1200円　①4-422-20454-8
◇木の国紀聞―熊野古道より　宇江敏勝著　新宿書房　1989.12　251p　20cm　1553円　①4-88008-131-0
◇熊野への道―熊野古道ガイドマップ　藤白神社　1998.10　27p　26×37cm　900円
◇熊野への道―熊野古道ガイドブック　吉田昌生著　向陽書房　1999.5　128p　21cm　1000円　①4-906108-37-7
　＊既刊「熊野古道」1・2・3の「地図編」。
◇熊野回廊　槇野尚一著　京都書院　1998.7　255p　15cm　（京都書院アーツコレクション117 旅行13）　1000円　①4-7636-1617-X
◇くまの九十九王子をゆく　第1部　紀路編―京都から田辺まで　西口勇著　燃焼社　1998.9　268p　19cm　1429円　①4-88978-987-1
　＊和歌山県は平成十一年四月二十九日から九月十九日にかけてジャパン・エキスポ南紀熊野体験博を開きます。これまでのようなパビリオン型の博覧会ではなく、南紀・熊野全体をフィールドにして、平安時代から近世にかけて人々をひきつけて離さなかった熊野への崇敬の心を蘇えらせようと願ってのものです。熊野と呼ばれる、現在の西牟婁郡・東牟婁郡の自然と歴史・文化を肌で感じて、心を癒してもらおうというのが南紀熊野体験博の理念です。知事として自分はなにをすべきか、と自問自答したなかで、ともかく、著者自身が熊野九十九王子社の古跡を巡ってみようと決心しました。これが、なかなか大変なことでした。地元の人達によって大切に祀られているところもありましたし、地元の人達でさえ、「そんなの知らんでぇー」といわれるところもありました。いま記録に残しておかないと、忘れ去られてしまう。そうした危機感をもって、王子社さがしのスピードをあげ、七十三社、まわることができました。そうした矢先、出版社のお誘いがあり、出版の運びとなった次第です。
◇くまの九十九王子をゆく　第2部　中辺路・大辺路・小辺路編―田辺・高野から那智・新宮へ　西口勇著　燃焼社　1998.11　300p　19cm　1429円　①4-88978-989-8
　＊王朝ロマンいよいよ佳境に。中辺路・大辺路・小辺路の王子社や古跡を和歌山県知事が自らの足で確めた探訪記。復元されている熊野古道や関連施設への案内ガイド付き。
◇熊野古道―九十九王子を辿る　フォト紀行　海部要三・多賀子著　蟷螂舎　1999.2　142p　21cm　1200円
◇熊野古道を歩く　JTB　1999.7　143p　21cm　（JTBキャンブックス）　1600円　①4-533-03273-7
◇熊野古道を歩く　山と渓谷社　2000.5　152p　21cm　（歩く旅シリーズ）　1400円　①4-635-01115-1
　＊中辺路・小辺路・大辺路・伊勢路全33コース。
◇熊野修験の森―大峯山脈奥駈け記　宇江敏勝著　岩波書店　1999.4　248p　20cm　1800円　①4-00-000446-8
◇熊野的領域―木崎武尊写真集　木崎武尊著　熊野的領域刊行会　1999　75p　30cm　2000円
◇熊野today―共生の時代における山と海と人と　疋田真臣編集代表　はる書房　1998.5　388p　20cm　2200円　①4-938133-82-2

◇熊野中辺路 ― 歴史と風土　熊野路編さん委員会編　熊野中辺路刊行会　1991.9　237p　22cm　（くまの文庫　別巻）　2000円

◇熊野まんだら街道　神坂次郎著　新潮社　2000.6　538p　16cm　（新潮文庫）　705円　④4-10-120923-5

◇熊野御幸　神坂次郎著　新潮社　1992.2　194p　19cm　1300円　④4-10-358405-X
＊山川千里を過ぎて、遂に奉拝す、感涙禁じ難し。十方浄土への難行苦行の旅を、後鳥羽上皇に随従する歌人定家の眼を通して追体験する―。熊野を熟知した著者による案内記。

◇熊野古道 ― 古道を歩くためのガイドブック　芝村勉著　ゆのき書房　1981.6　129p　18cm　800円

◇熊野古道 3　中辺路と大辺路　上方史蹟散策の会編　向陽書房　1994.2　147p　21×18cm　1950円　④4-906108-25-3
＊いま熊野古道は、ブームである。なぜ、熊野古道を歩くのか。交通が発達し、歩くことを忘れている日本人の心に熊野古道は、信仰に誘われた日本人の真摯な姿を甦らせてくれるのだ。中辺路25王子、大辺路5王子を訪ね、合わせて熊野三山も含め、カラー22点、モノクロ143点で紹介する、歩く人のための案内書である。

◇熊野古道　上方史蹟散策の会編　向陽書房　1995.3　257p　20×18cm　2100円　④4-906108-27-X

◇熊野路　松本壮吉著　57p　26cm

◇熊野路　佐藤春夫等文、三栗参平写真　雷華社　1965　133p　図版16枚　19cm

◇熊野路　神坂次郎著　保育社　1978.1　151p　15cm　（カラーブックス）　430円

◇熊野神社歴訪　宇井邦夫著　巌松堂出版　1998.11　234,71p　21cm　4500円　④4-87356-911-7
＊紀州熊野三山を祖とする熊野神社222社と関連社を全国に訪ね、その由緒と歴史を豊富な写真と図表を織り混ぜながら綴った易しくユニークな神社歴訪記。

◇熊野日記　熊代繁里稿、紀南文化財研究会編　紀南文化財研究会　1981.10　146p　22cm　（紀南郷土叢書　第10輯）

◇熊野まんだら街道 前　泉州から紀州まで　神坂次郎著　新潮社　1994.2　271p　19cm　1500円　④4-10-358406-8

＊"日本の原郷"とも称される熊野。本書は、その熊野を内側からとらえる試みであり、座談、論考、人物点描で立体的に構成した。熊野理解、ひいては日本の地域理解に役立つ情報を読みとれる。

＊陽光あふれる紀州路。今も息づく伝説、秘話、人々の哀歓。街道を歩きながら独特の風土と人情を描いた、手ざわりの歴史紀行。

◇熊野まんだら街道 後　熊野路を往く　神坂次郎著　新潮社　1994.2　258p　19cm　1500円　④4-10-358407-6
＊神秘に満ちた熊野路。神、自然への畏れと祈り、幾多の物語。日本人の魂を引き寄せる熊野の今昔を活写、街道の魅力を伝える風土記。

◇熊野詣 ― 三山信仰と文化　文:五来重，写真:三栗参平　淡交新社　1967　268p　22cm　750円

◇熊野詣 ― 熊野古道を歩く　講談社編　講談社　1993.2　135p　21cm　（講談社カルチャーブックス　69）　1500円　④4-06-198074-2
＊文化庁より"歴史の道"に指定された熊野古道をたどりながら、大自然と信仰が複雑に重なりあった熊野の歴史と宗教をやさしく解説。古道歩きを楽しむハイキングコース全行程徹底ガイドつき。

◇古道紀行　熊野路　小山和著　保育社　1992.8　186p　19cm　1800円　④4-586-61304-1

◇死の国・熊野 ― 日本人の聖地信仰　豊島修著　講談社　1992.6　232p　18cm　（講談社現代新書　1103）　600円　④4-06-149103-2
＊神霊の隠れ籠もる地、また海の彼方常世への起点。熊野詣・補陀落渡海の裏に他界信仰を見通し、日本人の聖地信仰を検証する。

◇旅と言いたくない「旅」― 熊野古道の迷子　琉亜理著　新風舎　2000.3　45p　16cm　（新風選書）　580円　④4-7974-1185-6
＊―私は一体、どこへ行ったのか？いまも己に問うてしまう、生まれて初めての熊野古道ひとり歩き。忘れたくない大切なこと、もの、ひととの出会いを感じたままに綴った、旅の「案内書」ならぬ「さまよい方指南書」。

◇日本の原郷熊野　梅原猛著　新潮社　1990.1　119p　22cm　（とんぼの本）　1300円　④4-10-601978-7

◇橘爪啓の熊野 ― 古座・古座川　橘爪啓〔著〕，黒崎弘次郎監修　山崎守雄　1999.7　49p　26cm

◇みくまの歴史散歩 1　熊野詣の歌碑めぐり　みくまの総合資料館研究委員会編　みくまの総合資料館研究委員会　1990.3　1冊　28cm

◇魅せられて熊野　近畿農政局和歌山統計情報事務所編　和歌山林統計情報協会　1999.1　149p　30cm
◇みなみだい―泉州日根郡瓦屋村南出　米谷昌子著　長征社　1998.11　1冊　19cm　1500円　ⓘ4-924929-33-6
　＊熊野街道の南に広がる南代の地は、かつて、藪におおわれた荒野でした。が、この30年の間に、村の景観は、すっかり変わってしまいました。本書は、下瓦屋支部結成30年記念事業の写真集です。日頃見過ごしているような、ありふれた風景の中に、時を経ても変わらぬものが見えてきます。
◇吉野・熊野路の魅力　中村直勝著, 葛西宗誠写真　淡交新社　1962　204p　22cm

出雲神話

島根県　弥生時代

　　　　　＊　　　＊　　　＊

◇出雲　上田正昭編　吉川弘文館　1993.8　276p　19cm（古代を考える）　1980円　ⓘ4-642-02185-X
　＊古代史における出雲の位置は極めて重要である。対外的には中国・朝鮮半島など東アジア諸国との関係、国内では九州・大和・吉備との関係を併せ説き、荒神谷遺跡など多くの考古学的成果も示す。現存する唯一の完本『出雲国風土記』に語られる国引き詞章、祭祀儀礼等の地域の独自性を明らかにし、古代出雲の姿を最新の研究に基づいて浮彫りにした。
◇出雲大社の祭礼行事―神在祭・古伝新嘗祭・涼殿祭　島根県古代文化センター編　島根県古代文化センター　1999.3　133,3p　30cm　（島根県古代文化センター調査研究報告書　6）
◇出雲の神々に魅せられて―出雲の古代を歩く　上田正昭, 江原護著　マイブック社　2000.6　267p　19cm　1800円　ⓘ4-7952-0983-9
　＊出雲に残る渡来の文化の今は…風土記にのこる神々をすべて訪ね歩いた著者の探求心。
◇出雲の神々　谷川健一著　平凡社　1978.3　144p　18cm　（平凡社カラー新書）　550円
◇一畑電車がゆく―松江〜出雲、神々の棲まう里を旅する　根宜康広写真　今井書店　1999.8　93p　24×19cm　1800円　ⓘ4-89678-040-X
　＊出雲の風景をはこんで…運転士が撮った、山陰唯一のローカル私鉄。
◇いま解き明かす出雲大社の謎　山崎謙著　ディーエイチシー　1994.9　229p　19cm　1500円　ⓘ4-88724-021-X
　＊神々の里に栄えた古代出雲王国その栄光と敗北を、いまに伝えるモニュメント出雲大社の全貌に迫る。
◇奥出雲神話の谷間から　キムラ・フジオ著　石見詩人社　1970　95p　21cm　200円
◇神々の鼓動―出雲の風と土と　中国新聞社編・著　中国新聞社　1998.1　109p　28cm　2600円　ⓘ4-88517-260-8
◇カメラ紀行　出雲の神話―神々のふるさと　上田正昭文, 植田正治写真　淡交新社　1965　209p　図版共　地図　22cm
◇古代の出雲的世界　滝音能之著　白鳥舎　1998.9　217p　19cm　2400円　ⓘ4-939046-01-X
◇古代出雲大社の復元―失なわれたかたちを求めて　福山敏男監修, 大林組プロジェクトチーム編　増補版　学生社　2000.6　258p　19cm　1980円　ⓘ4-311-20236-9
　＊48メートルもの高さを誇った古代の出雲大社はどのようにして建てられたかこの「大社」を生んだ人々は何者か？古代建築物の復元を通してみた古代史像の真実。
◇古代の出雲事典　滝音能之著　新人物往来社　2001.10　326p　21cm　5800円　ⓘ4-404-02941-1
　＊古代出雲の歴史と景観を読み解く初の本格的事典。解説事項約500、最新の関連遺跡・史跡220か所、写真・図版210点収載。
◇古道紀行　出雲路　小山和著　保育社　1992.11　187p　19cm　1800円　ⓘ4-586-61305-X
　＊年に1度、全国の神々が参集するという出雲―。神話伝承を中心に、出雲の古跡や歴史を紀行する。
◇神話の旅―出雲・日向のふるさと　文:上田正昭等, 写真:植田正治等　毎日新聞社　1973　178p　22cm　（日本のふるさとシリーズ）　1600円
◇図説古代出雲と風土記世界　滝音能之編　河出書房新社　1998.9　111p　22cm　1800円　ⓘ4-309-72584-8
　＊日本海を媒介にして東アジア世界につながり、スケールの雄大な「国引き神話」を創生した出雲。銅剣・銅矛・銅戈・銅鐸を大量に保有し、大和に対峙する勢力の存在を実感させる古代出雲。古代史上に異

◇大社—紀行と詩歌　梶谷実編　ユースホステル大社グループ　1970　168p　18cm　350円
◇日本名建築写真選集 14　伊勢神宮・出雲大社　渡辺義雄撮影, 稲垣栄三解説, 梅原猛エッセイ　新潮社　1993.3　130p　31×24cm　5000円　①4-10-602633-3
　＊神話に直結する二大建築。四重の玉垣に護られた象徴的な空間伊勢神宮。八雲立つかのように重層する巨大な出雲大社。建築写真の雄・渡辺義雄にして初めて映像化しえた、古代に根ざす二大神社の現代的魅力。

日本とキリスト教（キリシタン）

◇明石の風物　続〔第1集〕　キリシタンと明石　山口光紀撮影, 永富義信解説・編集　永富義信　1981.11　1冊　27cm
◇奥羽古キリシタン探訪—後藤寿庵の軌跡　司東真雄著　八重岳書房　1981.7　157p　20cm　1400円
◇尾張と美濃のキリシタン　横山住雄著　中日出版社　1979.5　304p　19cm　1500円
◇九州キリシタン新風土記　浜名志松著　（福岡）葦書房　1989.6　744p　21cm　6000円
　＊辺境の地ではたされたキリスト教の受容と日本土着化の過程を、現代に甦る風土記として提示する。
◇教会のある風景—日本の教会美を訪ねて　亀田博和撮影・文　MBC21　2000.3　219p　19cm　1905円　①4-8064-0653-8
　＊日本ではじめてのキリスト教会写真集！歴史的・文化的に貴重な信仰の遺産118棟を、わかりやすい解説付きで紹介。明治という時代の活力にひかれ、とくに教会建築にまとをしぼって撮りつづけること8年—北海道から、長崎五島列島の無人島まで、足で集めた貴重な記録の集大成。
◇キリシタン遺跡と巡礼の旅—マップ・ガイドブック　カトリック大阪大司教区域編　喜田哲他編集　愛心館　1981.2　182p　26cm　3600円
◇キリシタン史跡の旅　荒木誠三著　朝日ソノラマ　1975　223p　図　17cm　（紀行シリーズ）　600円
◇キリシタン時代を歩く　松田毅一著　中央公論社　1981.7　267p　20cm　1300円

◇キリシタン殉教史跡の旅—信仰に命を捧げた人びと、その足跡を追って　荒木誠三著　大陸書房　1988.4　237p　19cm　1300円　①4-8033-1365-2
　＊戦い、隠れ、時には命を賭けてまでも守り通した、神への強い意志。日本キリスト教史を支えたキリシタンたちの、貴重な足跡の数かず。南は九州の離島から、中国・四国・近畿・関東、そして東北・北海道へと、著者が自らの足で訪ねたキリシタン史跡を紹介する。
◇切支丹巡礼の譜—山口・萩・津和野・紫福・地福・長門　沢本良秋文, 岡田憲佳写真, 萩キリシタン遺跡物保存会編　防長出版　1981.9　72p　30cm　2000円
◇切支丹の里　遠藤周作著　人文書院　1971　213p　地図　19cm　680円
◇キリシタン迫害の跡をたずねて　田中澄江著　中央出版社　1993.8　239p　19cm　1700円　①4-8056-2065-X
◇キリシタン風土記—図会　文:岡田章雄　毎日新聞社　1975　200p　22cm　1500円
◇切支丹風土記　第1　飯塚伝太郎　宝文館　1960　349p　20cm
◇切支丹風土記　第2　樋口彰一　宝文館　1960　367p　20cm
◇切支丹風土記　第3　茂野幽考　宝文館　1960　375p　20cm
◇車田秋次全集　第3巻　聖書講義・紀行文　いのちのことば社　1986.3　372p　22cm　3500円　①4-264-00775-5
◇考証・切支丹が来た島—女殉教者ジュリアをめぐって　津田三郎著　現代書館　1981.10　213p　20cm　1300円
◇殉教の島—天草 写真集　宮崎喜一〔撮影〕　宮崎喜一　1993　1冊（頁付なし）　23×31cm
◇外海—キリシタンの里　外海町　1983.10　44,33p　26×27cm
◇高山右近の北摂キリシタン遺跡案内—高槻城主・キリシタン大名高山右近の北摂巡礼　奥田康雄著　高槻高山右近研究会　1971　1冊　26cm
◇天主堂—天主堂写真集・天主堂物語　雑賀雄二著　新潮社　1989.12　2冊　31×24cm　12000円　①4-10-363203-8
　＊九州の旅路で出会った天主堂の数々。その用強い外観と彩り鮮やかな内部をカラー写真で捉えて、天主堂建築の魅力に迫る！「天主堂物語」の文章を付す。
◇東京きりしたん巡礼　山田野理夫著　東京新聞出版局　1982.3　251p　19cm　1400円

①4-8083-0103-2
◇長崎の教会―キリシタンの里をたずねて　カトリック長崎大司教区司牧企画室　1989.4　368p　19cm　824円
◇長崎のキリシタン学校―セミナリヨ、コレジョの跡を訪ねて　長崎県教育委員会編　長崎県教育委員会　1987.3　164p　21cm
◇南蛮巡礼　松田毅一著　中央公論社　1981.12　262p　16cm（中公文庫）360円
◇日生の観光とキリシタン　星尾正一著　星尾ガラス屋　1978.7　132p　15cm　500円

フランシスコ・ザビエル

スペイン　室町時代（1506～1552）

＊　　　＊　　　＊

◇ザビエルの旅　菅井日人著　グラフィック社　1991.10　129p　27×23cm（ヨーロッパ新紀行）2990円　①4-7661-0652-0
◇ザビエルの見た大分―豊後国際交流史　加藤知弘著　葦書房　1985.5　xi,236p　20cm　1600円
◇ザビエルの見た日本　ピーター・ミルワード著，松本たま訳　講談社　1998.11　181p　15cm（講談社学術文庫）620円　①4-06-159354-4
　＊日本人の西欧文化受容に重要な役割を演じたフランシスコ・ザビエル。一五四九年に来日すると、旺盛な行動力で布教に邁進した。その間、スペインのイエズス会や友人宛に手紙を書き送る。いわく、日本人は知識に飢えている。神の存在に興味を示し説教に真剣に聞き入っている。いわく、日本はキリスト教伝道にふさわしい国だ…。書簡から、ザビエルの心情とその目に映った日本人像を読みとる好著。

ルイス・フロイス

ポルトガル　室町時代（1532～1597）

＊　　　＊　　　＊

◇フロイス　日本史3　五畿内篇　1　ルイス・フロイス著，松田毅一，川崎桃太訳　〔普及版〕　中央公論社　1991.12　339p　19cm　1600円　①4-12-402363-A
　＊1551年にフランシスコ・ザビエルが都に至りながら空しく平戸に帰った後、都での布教のため比叡山に派遣された司祭ガスパル・ヴィレラ、日本人修道士ロレンソらは公方様＝将軍足利義輝から允許状を得ることに成功するが、法華宗など仏教勢力の抵抗にあい逆に都を追われてしまう。65年、フロイスは都に上り義輝を年初の挨拶に訪れる。その筆は三十三間堂、東福寺、金閣寺、東寺など巨大で豪華な建築物で飾られた都の魅力、堺の修道士アルメイダが実見した奈良の興福寺、東大寺の偉容に及び、また堺の日比屋了珪の娘、高山右近の父ダリオの信仰が感動的に語られる。さらに6月、松永久秀、三好義継らの陰謀により義輝が弑逆された次第が詳述される。信長の肉声を生き生きと伝える迫真の戦国時代史手写本から完訳。毎日出版文化賞、菊池寛賞受賞。

◇フロイス　日本史4　五畿内篇　2　ルイス・フロイス著，松田毅一，川崎桃太訳　〔普及版〕　中央公論社　1991.12　343p　19cm　1600円　①4-12-402364-2
　＊1568年、足利義昭を将軍に奉じて信長が上洛を果たす。都を追われ堺で布教を続けていたフロイスは5年ぶりに都に戻り、信長から居住の自由と諸義務の免除を認める允許状を手に入れる。伴天連の追放を主張する僧日乗を信長の面前で論破したフロイスは、バビロンの繁栄を思わせる岐阜の居城にまで信長を訪ねてその寵愛を得ることに成功、好戦的で傲慢不遜と記す一方で、神と仏への礼拝ならびにあらゆる異教的占卜や迷信的習慣を軽蔑し、善き理性と明晰な判断力を有すると信長を評価し、デウスの「鞭」と見なした。そして75年、将軍義昭を都から追放して「絶対的君主」の地位を獲得した信長の保護のもとで、都には「被昇天の聖母教会」が落成する。信長の肉声を生き生きと伝える迫真の戦国時代史手写本から完訳。毎日出版文化賞、菊池寛賞受賞。

◇フロイス　日本史5　五畿内篇　3　ルイス・フロイス著，松田毅一，川崎桃太訳　〔普及版〕　中央公論社　1991.12　350p　19cm　1600円　①4-12-402365-0
　＊天下の主となった信長は安土に7層の天守閣をもつ豪壮華麗な城を築き、日本第一の新市街を拓いた。司祭オルガンティーノは神学校を付属した3階建の修道院を建設する。1581年、都で信長に謁見、安土を訪ねた巡察使ヴァリニャーノを、信長は2度にわたって招き自ら城内を案内するなどの厚遇を与える。しかし狂気と盲目に陥り自らを神格化するに至った信長は、82年、逆臣明智光秀によって本能寺で殺害されてしまう。光秀は旬日にして惨

な最後を遂げ秀吉が天下をとるが、87年の伴天連追放令によってキリシタンたちは再び苦難の時を迎える。フロイスはこの弾圧下に夫の目を盗んで改宗した光秀の娘細川ガラシアのことを感動をもって記録する。信長の肉声を生き生きと伝える迫真の戦国時代史手写本から完訳。毎日出版文化賞、菊池寛賞受賞。
◇フロイスの日本覚書—日本とヨーロッパの風習の違い　松田毅一著、E・ヨリッセン著　中央公論社　1983.10　194p　18cm　（中公新書 707）　480円　①4-12-100707-7

宗教・神話（世界）

仏教（世界）

◇図録東洋仏教遺跡—日本仏教文化の源流を訪ねて　斎藤忠著　吉川弘文館　1975　129,119,113p 原色図12枚　21cm　2900円
◇世界仏教の旅　古田紹欽著　大法輪閣　1964　277p　19cm
◇パゴダの国々 仏教をたずねて　福井栄太郎著　凡人社　1967　135p 図版　19cm
◇仏陀街道—川人忠幸写真集　川人忠幸著　求竜堂　1986.5　107p　23cm　2900円　①4-7630-8604-9
◇仏の歩いた道—東アジア/中国・韓国/紀行　石田米孝著　山陽女学園山陽女子高等学校　1982.3　104p　21cm　1300円

仏教（中国）

◇現代中国仏教見聞—もう一つの中国旅行　村中祐生著　山喜房仏書林　1986.7　483p　22cm　6500円
◇支那仏教史蹟踏査記　常盤大定著　国書刊行会　1972　698,9p 図32枚 地図　27cm　8000円
◇中国仏教に遊ぶ　大賀渓生著　樹林社　2000.4　257p　19cm　1500円
◇中国祖師巡歴の旅—あつき心の留学僧　松原哲明著　佼成出版社　1987.3　216p　21cm　2000円　①4-333-01268-6
　＊本書は、唐および宋の時代に、中国の古都・仏教聖地を巡歴した日本の僧たちの足跡を訪ねたルポである。
◇中国の仏教美術　水野清一著　平凡社　1990.11　489p　21cm　10000円　①4-582-21201-8
◇中国仏教の旅 第1集　北京・太原・西安・洛陽　中国仏教協会、日中友好仏教協会編集　美乃美　1980.4　210p　26cm　2000円
◇中国仏教の旅 第2集　上海・蘇州・南京・揚州・鎮江・曲阜・泰安　中国仏教協会、日中友好仏教協会編集　美乃美　1980.6　198p　26cm　2500円
◇中国仏教の旅 第3集　大同・鄭州・開封・成都・新都・昆明　中国仏教協会、日中友好仏教協会編集　美乃美　1980.9　200p　26cm　2500円
◇中国仏教の旅 第4集　桂林・南昌・廬山・景徳鎮・福州・泉州・寧波・杭州・天台山・臨済塔　中国仏教協会、日中友好仏教協会編集　美乃美　1980.12　216p　26cm　2500円
◇中国仏教の旅 第5集　蘭州・麦積山・炳霊寺・酒泉・嘉峪関・敦煌・吐魯蕃・烏魯木斉・庫車・大足・承徳・雲居寺　中国仏教協会、日中友好仏教協会編集　美乃美　1981.2　192p　26cm　2500円
◇中国仏教四大名山図鑑　秦孟瀟編、邱茂訳、陳立権監訳　柏書房　1991.10　287p　33×25cm　18500円　①4-7601-0660-X
　＊現代に息づく中国仏教の有り様をヴィジュアルに再現。現代人の魂を浄化してやまない名山深奥の景勝。オールカラー写真430余点。
◇中国仏祖路紀行—道念の旅　古田紹欽著　春秋社　1992.7　300p　19cm　2600円　①4-393-13625-X
　＊中国仏教2千年の歴史を巡るロマン溢れる旅へ。シルクロードから五台山まで、中国仏教の祖蹟の歴史と現状を記録した稀有のドキュメント。
◇中国四大霊山の旅　鎌田茂雄著　佼成出版社　1987.12　186p　21cm　2000円　①4-333-01315-1
◇秘められた仏たち—中国の仏教遺跡を訪ねて　鎌田茂雄著　中外日報社　1997.1　205p　19cm　1545円　①4-7952-8937-9
　＊秘境に立つ仏像、霊山に開かれた大伽藍、大河流域の石窟群—中国全土の仏教遺跡を踏破した著者が、その知られざる仏たちの姿を明らかにする。
◇仏教聖地五台山の旅　中国人民美術出版社編　美乃美　1984.12　159p　19cm　（中国カラー文庫 17）　1500円

仏教（インド）

◇アジャンタとエローラ―インドデカン高原の岩窟寺院と壁画　立川武蔵文　集英社　2000.6　117p　23cm　（アジアをゆく）　1900円　Ⓝ4-08-199008-5
＊虎狩りの士官が密林に発見したアジャンタの壁画、灼熱の岩盤を掘り抜いたエローラの巨大な彫刻建築に、インド美術の精髄を見る。豊穣アジアの旅。

◇アミダ仏の源流をたずねて―車イスの旅―〇〇日　向坊弘道著　樹心社　1998.12　202p　20cm　1800円　Ⓝ4-7952-2479-X
＊全身マヒのハンディキャップを負って40年。絶望の生き地獄の中で親鸞と出遇い、アミダ仏の懐の中に抱きとられた著者が、自らを救い給うたアミダ仏の御恩に報謝しつつ、そのふるさとを、その源流をたずね歩いた車イスの旅100日。―インド、ネパール、タイ、カンボジア等々、仏教信仰に生きるアジアの人々の素顔とふれあいながら、お釈迦さまのみ跡をめぐる仏の旅。

◇遺跡にみる仏陀の生涯　福田徳郎著　三学出版　1980.11　438,9p　19cm　3300円

◇インド聖地巡礼　久保田展弘著　新潮社　1991.11　269p　19cm　（新潮選書）　1100円　Ⓝ4-10-600403-8

◇インド聖地巡礼　久保田展弘著　日本点字図書館（製作）　1992.6　4冊　27cm　各1700円

◇インド仏跡巡礼　前田行貴著　東方出版　1998.12　261p　19cm　1500円　Ⓝ4-88591-587-2
＊滞印四十五年、仏跡巡礼百八十回に及び、日印文化の交流に尽す前田行貴師の詳細なインド・ネパール仏跡巡礼紀行。

◇インド仏跡巡礼紀行―内なる光を求めて　須貝光夫著　リーベル出版　1999.2　242p　19cm　2000円　Ⓝ4-89798-573-0

◇インド巡礼1089日―椎野能敬遺稿集　椎野能敬著　かど創房　1985.7　262p　20cm　1800円

◇インド聖地巡礼　久保田展弘著　新潮社　1991.7　269p　19cm　（新潮選書）　1100円　Ⓝ4-10-600403-8
＊聖地を巡礼しつつ探るインドの姿、宗教の意味。北部の仏跡から南端コモリン岬、ヒンドゥーの聖地まで、宗教の真髄に触れる。

◇インド東南アジア古寺巡礼　伊東照司著　雄山閣出版　1995.8　178,5p　21cm　2884円　Ⓝ4-639-01311-6
＊人びとの暮らしとともに生きているアジアの仏教寺院や古都をたずね、新しい風景と懐かしいこころに出会う旅。

◇インドの聖地　ひろさちや原作, 巴里夫漫画　鈴木出版　1997.12　153p　21cm　（仏教コミックス　10）　1165円　Ⓝ4-7902-1893-7
＊インドへ行けば、おシャカさまにお会いできる。取材のため「インド仏蹟巡拝の旅」のツアーに参加した漫画家、巴里夫。カルカッタの喧騒、時刻表などあてにならない「インド時間」に、インドの「洗礼」を受けつつ、四大聖地・ラージギルを中心に仏蹟を巡拝。朽ちかけた遺蹟と仏像。そしてそこに住むインドの人びとの信仰の姿にふれ、二千五百年の時を越え、この地を歩いたおシャカさまの姿、帰依した人びとの信仰が眼前によみがえってくる…。

◇インドの仏蹟―大唐西域記の旅　高田好胤著　講談社　1990.12　158p　25×20cm　3000円　Ⓝ4-06-205179-6
＊祈りと感動の大地インド、玄奘三蔵の御頂骨を抱き、『大唐西域記』に導かれつつ、奈良薬師寺高田好胤管長と共に歩む、インド仏蹟巡礼の旅。

◇インド花巡礼―ブッダの道をたどって　石川響絵, 三友量順文　春秋社　1996.6　218p　19cm　3914円　Ⓝ4-393-13901-1
＊インドの大地に咲き匂う花々が、ブッダの精神に私たちをいざなう魂の旅。

◇インドはるかぜ仏陀のみちを　田村栄著　なないろ文庫　1985.10　139p　21cm　1200円

◇インド仏跡の旅　宮坂宥勝著　人文書院　1980.5　279p　20cm　1600円

◇合掌の旅―インドの仏跡を巡礼して　竹下哲著　改訂版　長崎出版文化協会　1987.8　65p　19cm　400円

◇希望への道―お釈迦さまの足跡を訪ねて　助安由吉著　エイト社　1991.10　214p　19cm　1000円　Ⓝ4-87164-222-4
＊2,500年経ったお釈迦さまのゆかりの地に今尚、高いエネルギーが満ち満ちている。そのエネルギーに触れた時、新たなる智慧が時代を超えてほとばしり出てきた。

◇巨像の風景―インド古道に立つ大仏たち　前田耕作著　中央公論社　1986.7　237p　18cm　（中公新書）　560円　Ⓝ4-12-100808-1

仏教　　　　　　　　　　　　　　　　　　　　　宗教・神話

* 多彩な歴史に織りなされたバクトリアの古都バルフから、仏教城市として有名なバーミヤンを結ぶルートはインド古道と呼ばれる。唐の仏僧玄奘が著わした『大唐西域記』もここを旅しての記録だが、この古道上に屹立する巨像たちはいつ、だれにより、なんのために造られたのか。19〜20世紀にかけてこの謎に挑んだ西欧の探検家たちが、近代の夜明けを迎えるアフガンを駆け巡りながら遂にその秘密の一端を捉えるに至るドラマを描く。

◇楽園の蛇—インド巡礼記　ミゲール・セラノ著、大野純一訳　平河出版社　1984.4　299p　19cm　(Mind books)　1400円　④4-89203-072-4

◇心の旅—インド仏跡　藤吉慈海、平野仁司共著　東洋文化出版　1987.5　219p　20cm　1200円　④4-88676-075-9

◇古寺名刹への道　第3部　ブッダの道・インド石窟寺を訪ねて　尾崎安雄著　創栄出版　1992.12　205p　21cm　④4-88250-302-6

◇鑽仰印度仏蹟　石川欣也著　(京都)蓮河舎、青菁社発売　1991.4　218p　19cm　1500円　④4-915534-55-3
   * インド聖地巡拝の旅。その地で授かる広大無辺の恩寵。2千5百年の昔、釈尊の歩かれた道を、今自分もこの足で—。その衝撃的感動。

◇シッダルタの旅—仏教童話　水本大岳著　東方出版　1984.6　258p　19cm　1300円

◇釈尊の道はるかなり—智慧を学ぶインド仏跡の旅　赤根祥道著　佼成出版社　1994.5　246p　19cm　1500円　④4-333-01692-4

◇聖者の大地　牛尾日秀著　みずすまし舎　1999.9　231p　19cm　1500円　④4-944052-13-8
   * 人生の悩みを解決されたブッダからのヒント。本書は単なる観光ガイドブックではない。著者がじかに触れ、肌で感じた生のインド・ネパールが息づいている、とおり一遍の観光では満足できない旅慣れたリピーターのための、あるいは真剣に生き方を求めようとする人のためのガイドブックである。

◇旅・インド巡礼石の道—インド巡礼石の道　山崎脩写真・文　京都書院　1997.11　255p　15cm　(京都書院アーツコレクション　63　旅行 8)　1000円　④4-7636-1563-7
   * 沐浴する眼前を音もなく流れる腐肉、烏がついばみ野犬が食む。華麗、醜悪、高貴、貧困。混沌につきるこの国にも多量の石があった。岩壁を穿ち岩山を彫った寺院、仏像や神像の数々。そこに、ついえない信仰と魂を見る。インド巡礼とは、石の道を行くことに他ならない。

◇ダルマ・ヤートラ　ブッダの歩いた道—画文集「インド巡礼」　畠中光享著　日本経済新聞社　1993.10　1冊　28×27cm　4300円　④4-532-12234-1
   * ブッダ没後2500年。悠久の時を刻むインドの大地に、ブッダをテーマに取り組む日本画界の俊英が、50度を超える炎熱下、雨季の洪水下、ブッダの苦難の生涯をたどる。

◇天竺への旅　第1集　ブッダの生涯をたずねて　奈良康明編著　学習研究社　1983.4　139, [1]p　30cm　2000円　④4-05-004704-7

◇天竺への旅　第2集　仏像の源流をたずねて　肥塚隆編著　学習研究社　1983.4　147,[1]p　30cm　2000円　④4-05-004705-5

◇美と愛の旅 1　印度・乾陀羅　瀬戸内寂聴(晴美)著　講談社　1983.2　143p　24cm　1800円　④4-06-180661-0

◇仏教の源流—釈尊の生涯とインド仏跡をたずねて　加藤茂著　世界書院　1990.7　286p　22cm　3500円

◇仏教美術—印度彫刻　岩波書店編集部編〔復刻版〕　岩波書店　1990.3　1冊　21cm　(シリーズ　世界の美術案内　1)　650円　④4-00-003564-9

◇仏跡巡礼—インドへの道　前田行貴著　(京都)蓮河舎、青菁社発売　1989.8　254p　19cm　1800円　④4-915534-51-0
   * 滞印35年、インドの大地にあって教育・診療活動を続けながら、仏跡巡拝150回に及ぶ、グルジー前田行貴師が心から祈りをこめて綴る待望の仏跡紀行…。

◇ブッダ大いなる旅路 1　輪廻する大地仏教誕生　高崎直道監修, NHK「ブッダ」プロジェクト編　日本放送出版協会　1998.6　231p　22cm　(NHKスペシャル)　2000円　④4-14-080371-1
   * 仏教誕生から2500年。いまブッダの壮大な世界が甦る!!「輪廻転生」の大地インドに生まれたブッダの思想。大地に吸収され消えさったインドの仏教と、現在も生きつづけるバングラデシュの仏教。取材記と写真で綴る、「大いなる旅路」の序章。

◇ブッダ大いなる旅路 3　救いの思想大乗仏教　石田尚豊監修, NHK「ブッダ」プロジェクト編　日本放送出版協会　1998.11　231p　22cm　(NHKスペシャル)　2000円　④4-14-080373-8

宗教・神話　　　　　　　　　　　　　　　　　　　　　　　　仏教

＊仏教誕生から2500年。いまブッダの壮大な世界が甦る!!ブッダによって否定された偶像崇拝は、死後500年の後、仏像という形で表出する。仏像誕生の謎に迫るとともに、大乗仏教の流れを遡行し、「救い」の思想の変容をみる。

◇仏陀から道元への道 — インド・ネパール仏蹟巡礼記　東隆真著　国書刊行会　2000.8　295p　19cm　1800円　ⓈⒹ4-336-04260-8
＊本書は著者のインド・ネパール仏蹟の巡礼記録である。しかし、単なる旅行記ではない。著者は曹洞宗学、特に道元、瑩山両禅師の思想と生涯に詳しい宗学者である。両禅師とも正伝の仏法はインドの釈尊から脈々と受け継がれていることを疑っていないし、今日の学問研究から言ってもそれは正しい。著者は宗学からさかのぼってついに釈尊に至り、釈尊を思慕し、「求道の旅」としてインド仏蹟巡拝に出かけられた。四大仏蹟を中心として旅しながら、博士は執拗なまでに釈尊にかかわる土地、事蹟、年代、遺品、遺跡、遺跡、歴史、伝承等を調べ、そして両禅師の語録から釈尊の生涯、事蹟、仏蹟に関するすべての記述をあらためて検討される（博士自らの現代語訳が付されている）。その結果、博士は道元禅師の目指した「仏祖正伝の法」は釈尊につながっていることを自らに確認される。本書は、そうした事をふまえた記録である。

◇ブッダの歩いた道　司修著　法蔵館　1992.7　206p　22×15cm　2600円　Ⓓ4-8318-7189-3
＊亡き母の菩提寺から、ブッダの涅槃図を壁画にするよう頼まれたが、さてどう描くか。あてない手がかりをさぐり、サルナートからクシナガラ、ブッダガヤへと、不安な彷徨が始まる。画家の手と作家の視線が、畏れと驚きをもって捉えた〈人の原風景・インド〉。他にスリランカへの奇妙な旅を描く「象が来る日まで」を収録。挿画50点。

◇仏陀の国・インド探訪 — 人間主義の源流を求めて　植木雅俊著　メディア・ルネッサンス、星雲社発売　1994.8　374p　19cm　2900円　Ⓓ4-7952-4509-6
＊旅行感覚で読めるインド文明、初期仏教への格好のテキスト。仏教ルネサンスの時代を迎えた今人間主義としての仏教の原点を問う。

◇ブッダの生涯　三友量順・小林正典写真文　新潮社　1990.3　119p　22×17cm　（とんぼの本）　1300円　Ⓓ4-10-601981-7

＊ブッダ（仏陀）は何を求め、何を考え、何を伝えようとしたのだろうか。生誕から入滅まで、80年にわたる生涯の事跡は、2500年の時を経た今日も、四大聖地あるいは八大聖地として、大切に伝えられている。特派撮影によるそれらの聖地の佇いをグラフで味わい、経典に記されたそこでのエピソードを読みながら、ブッダの説いた教えの核心に触れる。

◇仏陀の生涯　岩波書店編集部編　〔復刻版〕岩波書店　1990.3　1冊　21cm　（シリーズ 世界の美術案内　1）　650円　Ⓓ4-00-003565-7

◇ブッダの世界　中村元編著, 奈良康明, 佐藤良純著、丸山勇撮影　学習研究社　1980.7　509p　36cm　32000円

◇仏陀の大地　藤田弘基撮影、茂市久美子文　ぎょうせい　1988.8　119p　30cm　（ロマンチック・インディア）　3000円　Ⓓ4-324-01231-8

◇仏陀の旅 — インド・ネパール仏跡紀行　福田徳郎写真、相沢啓三文　朝日新聞社　1981.12　168p　31cm　6800円

◇ブッダの誕生 — インド仏跡の旅　松本栄一著、菊池武夫文　佼成出版社　1988.2　141p　21cm　（フォト・マンダラ）　1600円　Ⓓ4-333-01323-2

◇仏陀のひびき — 仏陀の足跡を訪ねて　エイト社　1996.1　263p　19cm　1000円　Ⓓ4-87164-259-3

◇ブッダ・ロード — 川人忠幸インド写真集　川人忠幸写真、ひろさちや文や　角川書店　1987.5　204p　15cm　（角川文庫）　580円　Ⓓ4-04-168601-6
＊二千五、六百年の昔、ルンビニーの花苑に釈尊は誕生した。のちに悟りを開いて仏陀となり、いまなお人類の偉大な師であり続ける釈尊は、どのような生を生きたのだろうか。本書は、仏陀＝釈尊の足跡をたどりながら、厳しさの中に静謐をたたえたインドの自然、そして生と死の混沌の中に営まれる人々の暮らしをとらえたオールカラー写真集である。気鋭の写真家・川人忠幸の作品と、仏教学者として知られるひろさちやの解説が結びついた、感動に満ちた一書。

◇仏陀街道(ブッダロード)川人忠幸写真集　川人忠幸写真、中沢新一、山田孝男文　求竜堂　1986.5　107p　21cm　2900円　Ⓓ4-7630-8604-9
＊生誕の地ルンビニーから入滅の地クシナガラまで二千数百年の時を超えていま甦る仏陀のいる風景

159

仏教　　　　　　　　　　　　　　　　　　　　　　　　　宗教・神話

◇「法華経」を手にブッダの故郷へ　三友量順著　日蓮宗新聞社　1999.7　161,5p　19cm（仏跡ガイドブック）　1500円　⓿4-89045-128-5
◇仏様—インド紀行　沢井武三著　沢井武三　1984　47p　21cm
◇迷宮のインド紀行　武沢秀一著　新潮社　2001.9　268p　19cm（新潮選書）　1300円　⓿4-10-603505-7
◇ユネスコ世界遺産　5　インド亜大陸　ユネスコ世界遺産センター監修　講談社　1997.11　295p　30×24cm　5631円　⓿4-06-254705-8
　＊1995年11月現在の世界遺産リストに登録されているパキスタン、インドスリランカ、ネパール、バングラデシュの5カ国38件の遺跡を収録。
◇ルンビニ—釈尊生誕の聖地　宮地国男，Krishna Rijal共著　フリープレス,星雲社発売　1996.9　193p　21cm　2000円　⓿4-7952-3029-3
　＊人類に悟りの道を示した人の息吹きが感じられる聖なる荒野の全て！！ルンビニとはどんなところか？ルンビニのあるネパールの歴史と自然は？ルンビニをめぐる論争とは何だった？ルンビニに巡礼するにはどう行く？何に乗る？—すべてに答えるお釈迦さまファン必携の一冊！ついに立証された「お釈迦さま生誕の地」！巡礼者のための全ガイド。

仏教（チベット）

◇カラコルム紀行—仏法伝来の道をゆく　松本和夫文, 衣斐啓写真　聖教新聞社　1980.8　206p　図版16枚　21cm　980円
◇極限の高地　チベット世界　松本栄一写真　小学館　1988.3　195p　30cm　8500円　⓿4-09-680421-5
　＊チベットには21世紀に向う人類への根源的な啓示がある。極高の地チベットに燦然と開花した仏教世界とチベット民衆の生活に迫る。最新『チベット小事典』付録。
◇図説チベット歴史紀行　石浜裕美子著, 永橋和雄写真　河出書房新社　1999.9　127p　22cm（ふくろうの本）　1800円　⓿4-309-72618-6
　＊世界の創世神話に始まり、古代チベット王朝から教団仏教の時代を経て現代まで、ヒマラヤの霊峰をのぞむ極高の地に栄えた高度な文明の歴史を追って、絢爛たる宮殿や遺跡、聖地をたどる未踏の旅。
◇聖山巡礼　玉村和彦著　山と渓谷社　1987.5　253p　19cm　1800円　⓿4-635-28009-8
　＊著者は、1985年5月、日中友好ナムナニ（納木那尼）峰合同登山隊に、人文科学の学術隊員として、参加した。ナムナニ峰の近くにあるチベット仏教徒、ボン教徒、ヒンズー教徒にとっての聖地であるカン・リンポチェ(サンスクリット語でカイラス山)における巡礼、そして偶然にも出くわした、通い婚というチベットではそれまで知られていなかった家族制度について得た資料をまとめたのが本書である。
◇聖なる地チベット　助安由吉著　エイト社　1999.5　253p　19cm　1000円　⓿4-87164-274-7
　＊遙かな昔から大いなる智慧を抱いて来る人をときに暖かく、ときに厳しく迎え入れるチベットの大地、そしてヒマラヤの山々…。白い万年雪に育まれた聖人たちのメッセージは人々になにを訴えかけるのか。詩的に短くまとめられたメッセージ108編を収録。
◇ダライ・ラマの微笑—最新チベット事情　五十嵐文彦, 牧野聖修著　蝸牛社　1998.6　183p　19cm　1500円　⓿4-87661-336-2
　＊ダライ・ラマ訪日(4/2)を知っていましたか？マスコミが報道しなかった事情こそ、チベット問題の重大さを雄弁に物語っている。チベットの今が眼からウロコが落ちるようにわかる本。
◇ダライ・ラマの贈り物—東アジアの現場から　谷有二著　未来社　1990.10　263p　19cm　1854円　⓿4-624-41070-X
　＊旺盛な行動力で、インド亡命中のダライ・ラマとの会見を果し、またチベット、中国、北朝鮮を旅する著者の、臨場感あふるる報告。
◇チベット巡礼　永橋和雄写真, 小野田俊蔵〔ほか〕文　KDDクリエイティブ　1997.2　175p　22cm　3500円　⓿4-906372-37-6
　＊チベット仏教圏全域を踏破し、聖地巡礼のすべてを写し撮った15年の集大成。
◇チベット滞在記　多田等観著, 牧野文子編　新装版　白水社　1999.2　230p　20cm　2400円　⓿4-560-03034-0
　＊1913年から10年の長きにわたってチベットに滞在し、ラサのセラ寺で修行を重ねた著者が、チベット潜入にはじまって、13世ダライ・ラマとの交流、僧院生活、チベットの仏教、巡礼の旅などを語る—著者唯一の遺稿。

宗教・神話　　　　　　　　　　　　　　　　　　　　　　　　　　　仏教

◇チベットの七年―ダライ・ラマの宮廷に仕えて　ハインリヒ・ハラー〔著〕, 福田宏年訳　新装復刊　白水社　1997.10　401p 図版10枚　22cm　4500円　④4-560-03028-6
◇チベットのシャーマン探検　永橋和雄著　河出書房新社　1999.5　237p　20cm　2200円　④4-309-23058-X
　＊海抜四千メートル級の極限の地に今も残る宗教の祖型チベットのシャーマニズム。二十年の歳月をかけてチベット仏教圏全域を踏査し、数多くのシャーマンの秘儀の内奥に立ち会った驚異の記録と映像。シャーマンたちの肉声と豊富な写真が初めて明かす、根源的な癒しのコスモロジー。
◇チベットの文化―決定版　R.A.スタン著, 山口瑞鳳, 定方晟訳　岩波書店　1993.5　389,53p　22cm　12000円　④4-00-001365-3
◇チベット・聖山・巡礼者―カイラスと通い婚の村　玉村和彦著　社会思想社　1995.9　271p　15cm　（現代教養文庫）　640円　④4-390-11569-3
◇チベット潜行1939　野元甚蔵著　悠々社　2001.8　361p　20×14cm　3300円　④4-946406-71-9
　＊1939（昭和14）年、内モンゴルでの3年間の生活を経て、23歳の日本人がモンゴル人になりすましてチベットに潜入した。ラサでその青年は、ダライラマ14世の誕生（当時4歳）に遭遇することになる。極秘報告書『入蔵記』をもとにいま開戦前夜の"封印"が解かれる。
◇チベット／天界の建築　友田正彦著　INAX, 図書出版社発売　1995.10　47p　21cm　（INAX ALBUM 33）　927円　④4-8099-1064-4
　＊ヒマラヤ山麓、標高4000mの高原に位置する秘境チベットは、過酷な自然のなかで独自の生活様式と宗教文化をつくりだしてきた。その都市と建築は、チベット密教そのものの象徴であり、曼荼羅世界を体現化したものといえる。チベット建築独特の構造や、さまざまな装飾の意味性など、その魅力を紹介する。
◇チベットの報告 2　イッポリト・デシデリ著, フィリッポ・デ・フィリッピ編, 薬師義美訳　平凡社　1992.1　349p　18cm　（東洋文庫 543）　2884円　④4-582-80543-4
　＊18世紀初期、西欧社会にもたらされた初の本格的チベット報告（1712-27）。無限に転生するダライ・ラマ、伝教者の奇蹟、託宣の「魔術師」たち、聖なる場の周囲を回るコラの儀礼…。教義から信仰習俗まで、イエズス会士のとらえたチベット仏教の世界は本報告の圧巻。
◇西蔵漂泊―チベットに魅せられた十人の日本人 下　江本嘉伸著　山と渓谷社　1994.4　305,6p　21cm　3000円　④4-635-28024-1
　＊仏教の原典を求めて、あるいは僧院での修学に、そして国の密命をおびてチベットへ。10人が実践した「旅」はきわめて稀な「知の体験」であった。彼らの旅を、新発見の資料と現地を含めた取材で探った異色のドキュメンタリー。
◇チベット仏教探検誌―G・トゥッチのヤルルン紀行　ジュゼッペ・トゥッチ著, 杉浦満訳　平河出版社　1992.12　348,9p　21cm　3200円　④4-89203-219-0
◇チベット「マンダラの国」―ショトル・ミュージアム　松本栄一写真, 奥山直司文　小学館　1996.6　127p　21cm　1500円　④4-09-606051-8
　＊チベットは神と人とが交感しあうマンダラ世界だ。ダライ・ラマとは何か。活仏とは何か。チベットの神・自然・人間・歴史を訪ねる時空を超えた旅。極高の地に燦然たる密教文化を開花させて、今なお謎につつまれたチベットのすべてをこの一冊に凝縮。
◇チベット・曼荼羅の世界―その芸術・宗教・生活　色川大吉編　小学館　1995.6　389p　15cm　（小学館ライブラリー）　1000円　④4-09-460071-X
　＊チベットの歴史・自然・信仰を多角的に解明。極限の高地に独自の仏教文化を開花させたチベット。その背景と現代史をいろいろな視点から解明するチベット入門書。
◇秘境ラダック―西チベットにラマ教を訪ねて　成田山新勝寺成田山仏教研究所　1980.12　120p　24cm　2500円
◇ヒマラヤ仏教王国　田村仁撮影　三省堂　1986.4　2冊　37cm　80000円　④4-385-34863-4
◇マンダラ探険―チベット仏教踏査　佐藤健著　人文書院　1981.6　321p　20cm　1800円
◇マンダラ探険―チベット仏教踏査　佐藤健著　中央公論社　1988.10　405p　15cm　（中公文庫）　580円　④4-12-201555-3
　＊インドの北西部の秘境ラダック・ザンスカールは、マンダラの宝庫。チベット仏教の修法や壁画を現代に残すタイム・カプセルだ。5千メートルの峠をいくつも越えて、密教の宇宙をたずねる探検記。

◇もうひとつのチベット行―ダライ・ラマとケルサンに会ったよ　後藤ふたば著　山と渓谷社　1994.7　277p　19cm　1700円　①4-635-28027-6

◇雪の国からの亡命―チベットとダライ・ラマ半世紀の証言　ジョン・F.アベドン著、三浦順子、小林秀次、梅野泉著　地湧社　1991.1　606p　19cm　3399円　①4-88503-085-4
　＊何世紀にもわたって外の世界と隔絶されて、独自の精神文化を築きあげてきた孤高の国チベット。現世における精神的最高指導者であるダライ・ラマを中心に、あらゆる問題を自らの手で解決してきた人々が、なぜかくのごとき悲劇に見舞われたのか？ダライ・ラマをはじめ、400人以上のチベット人の生の声と膨大な資料を駆使し、チベットの根底を流れる仏教精神を浮き彫りにしながら、中国の侵略から今日に至る歴史の流れを鮮烈に描き出した長編ドキュメンタリー。

◇ラダック―仏教最後の安住の里　内海邦輔著　みずうみ書房　1980.6　268p　20cm　（もうひとつの世界をひらく旅）　1200円

◇ラダック紀行　馬場昭道著　鉱脈社　1984.11　221p　21cm　1500円

◇ラダック密教の旅　滝雄一著、佐藤健文佼成出版社　1988.2　166p　21cm　（フォト・マンダラ）　1600円　①4-333-01318-6
　＊本書は、ラダック・ザンスカールの仏教とはどのようなものかを伝えるだけではなく、この地方の風土や民俗までも記録し、もし、この地方の旅を目指す人があるならば、その案内書としても役立つように、という編集をしている。

◇Kailas―チベット聖地巡礼 松本栄一写真集　松本栄一著　小学館　1995.7　126p　27cm　3200円　①4-09-680423-1

イスラム教

◇イスラーム巡礼　坂本勉著　岩波書店　2000.6　220p　18cm（岩波新書）　660円　①4-00-430677-9

◇イスラーム世界　フランシス・ロビンスン著、板垣雄三監訳　朝倉書店　1988.5　239p　32×25cm　（図説 世界文化地理大百科）　22000円　①4-254-16595-1
　＊西暦1500年以降のイスラム世界の動向を詳細に解説。西アジア、中東に限らずアジア諸地域をひろく含む生活・文化の諸相を具体的かつ視覚的にとらえ紹介。イスラム文明と歴史を地図や写真で再現。

◇イスラム世界の人びと 1　総論　上岡弘二ほか編　東洋経済新報社　1984.10 x,390p　20cm　2900円　①4-492-81261-X

◇イスラム世界の人びと 2　農民　佐藤次高編、冨岡倍雄編　東洋経済新報社　1984.10　323,11p　20cm　2600円　①4-492-81262-8

◇イスラム世界の人びと 3　牧畜民　永田雄三編、松原正毅　東洋経済新報社　1984.10　355p　20cm　2600円　①4-492-81263-6

◇イスラム世界の人びと 4　海上民　家島彦一編、渡辺金一編　東洋経済新報社　1984.10 x,321p　20cm　2600円　①4-492-81264-4

◇イスラム世界の人びと 5　都市民　三木亘編、山形孝夫編　東洋経済新報社　1984.10 x,383p　20cm　2900円　①4-492-81265-2

◇イスラムの朝昼晩　菅原篤著　三修社　1984.5　228p　15cm　380円　①4-384-06969-3

◇イスラムの世界　モクタール・モクテフィ著、セダト・トスンイラスト、福井芳男、木村尚三郎訳　東京書籍　1989.9　64p　29×23cm　（カラーイラスト世界の生活史 27）　1800円　①4-487-76057-7
　＊原始時代から現代までの庶民の生活を全ページ・カラーイラストで再現する。

◇イスラームの日常世界　片倉もと子著　岩波書店　1991.1　227p　18cm　（岩波新書 154）　550円　①4-00-430154-8
　＊イスラームは、いまや第三世界にとどまらず地球的規模に広がっている。その世界観が、幅広い世代にわたって、10億もの人びとの心をひきつけるのはなぜか。30年以上、世界各地の実情を見てきた著者が、日々のイスラームを、断食、礼拝、巡礼など最も大切にされていることや、結婚・職業観などから語り、その知られざる姿を明らかにする。

◇「移動文化」考―イスラームの世界をたずねて　片倉もとこ著　日本経済新聞社　1995.1　218p　20×13cm　1500円　①4-532-16146-0
　＊新しい遊牧民の時代。アラビア人たちのライフスタイルに見られる「移動の哲学」。彼らは人生を旅だと考え、その道中そのものを楽しむ。ヨーロッパ的合理思考からぬけだし、しなやかに生きるヒントを探る文化論。

◇いのち―イスラム世界のなかで　並河万里著　リベロ　1996.5　285p　19cm　1800

宗教・神話　　　　　　　　　　　　　　　　　　　　　　　　　　　キリスト教

円　①4-947703-01-6
＊世界の遺跡を40年間撮り続けている写真家・並河万里が、イスラムの生と死を深く、客観的に見つめる。

◇マホメットはなぜ、九人の妻をもてたのか　紅山雪夫著　トラベルジャーナル　1990.7　238p　21cm　（旅行講座　PART2　インド・イスラム文化編）　2060円　①4-89559-213-8
＊愛妻ハディージャが世を去るとマホメットは俄然、一夫多妻制の実践者となった。しかもその数は9人。聖典コーランによれば「妻は4人まで」と決まっているはずなのだが…。海外の歴史や文化を訪ねるツアーの同行講師として活躍している著者がインド・イスラム圏の自然や歴史・文化の"秘められた逸話"を紹介。

◇メッカ巡礼　野町和嘉著，サイイド・ホセイン・ナスル文　集英社　1997.9　190p　28×29cm　5700円　①4-08-780253-1
＊メッカ、10億人の聖地イスラム宇宙の中軸へ…。スクープ！異教徒禁断の2大聖地、メッカ、メディナ完全取材。

キリスト教

◇イエスの足跡を訪ねて―オランダ・ドイツ・イスラエル紀行　寺脇丕信著　日本図書刊行会　1999.10　227p　19cm　1300円　①4-8231-0463-3

◇イエスを訪ねて　本田栄一著　日本基督教団出版局　1984.10　98p　21cm　（キリスト教入門　ジュニア版）　680円

◇イエスの風景　小川国夫文，善養寺康之写真　新装版　講談社　2000.10　99p　22×20cm　2200円　①4-06-210227-7
＊聖書の地イスラエルにイエスの足跡を訪ねる。

◇イエスの道を行く　木村栄寿著　新教出版社　1988.6　26p　26cm　（聖書地図帖・新約聖書　1）　400円　①4-400-51727-6

◇イスラエル・パレスチナ聖地紀行―車で巡る歴史の宝庫　小川秀樹著　連合出版　2000.4　234p　19cm　1800円　①4-89772-153-9
＊在イスラエル日本大使館に勤務し、イスラエル・パレスチナをくまなく旅した体験をもとに、歴史と遺跡の宝庫を車で案内する。紛争の地のもうひとつの素顔が見えてくる。

◇イスラエル八日間の旅―キリスト教のふるさと　柳江耕二著　日本図書刊行会　1998.8　138,3p　18cm　1200円　①4-8231-0106-5

◇イスラエル聖地旅行ガイド・ブック　野町裕編著　改訂新版　グロリヤ出版　1985.10　99p　19cm　2000円　①4-905819-06-7

◇イスラエルに見る聖書の世界　新約聖書編　ミルトス編集部編　ミルトス　1987.11　175p　30cm　3600円　①4-89586-002-7
＊聖書を理解するための手引きとして、先に2年間にわたり、聖書の舞台イスラエルを取材し、聖書のストーリーを3時間のビデオに要約して発刊しました。本書はそのビデオの内容をもとにして写真を配し、解説及び取材体験記を加えて単行本としたものです。

◇エルサレム―記憶の戦場　アモス・エロン著，村田靖子訳　法政大学出版局　1998.3　354,51p　20cm　（りぶらりあ選書）　4200円　①4-588-02192-3
＊「語りの歴史家」がみせる聖と俗。聖なる都、諍いの都、憑かれた都、巡礼の都、そして現在のない都・エルサレムを詩情ゆたかに描く。

◇想い出の聖地―竹内知子写真集　竹内知子〔撮影〕　竹内豊治　1995.7　64p　21×24cm

◇ガリラヤの道　山本七平文，善養寺康之写真　講談社　1984.9　96p　22cm　2000円　①4-06-200632-4

◇旧約聖書の世界―白川義員作品集　白川義員著　小学館　1980.10　1冊　43cm　28000円

◇旧約聖書の世界―白川義員作品集　白川義員著　小学館　1983.12　159p　38cm　7500円　①4-09-680023-6

◇旧約聖書の世界　池田裕著　三省堂　1992.1　302p　19cm　（三省堂選書　166）　1700円　①4-385-43166-3
＊現代イスラエル国家に生きる人たちの心に今もなお生きつづける「旧約聖書」の世界を現代ヘブライ人の生活を通して探る。

◇キリスト―その生涯と弟子たち　岩波書店編集部,岩波映画製作所編　〔復刻版〕　岩波書店　1990.3　1冊　21cm　（シリーズ世界の美術案内　1）　650円　①4-00-003563-0

◇詩編の旅　1　善養寺康之著　（新宿区）山本書店　1988.11　78p　22×19cm　2400円　①4-8414-0231-4
＊「聖地ひとり歩き」の写真家が、イエス、パウロが歌った賛美歌『詩編』をイスラエルの風景の中で再読する写真集。本文は18年の歳月をかけた『新共同訳』からの引用。

163

キリスト教　　　　　　　　　　　　　　　　　　　　　　　　　　　宗教・神話

◇詩編の旅 2　善養寺康之著　（新宿区）山本書店　1988.11　78p　22×19cm　2400円　Ⓘ4-8414-0232-2
  ＊「聖地ひとり歩き」の写真家が、イエス、パウロらが歌った賛美歌『詩編』をイスラエルの風景の中で再読する。写真集。本文は18年の歳月をかけた『新共同訳』からの引用。

◇詩編の旅 3　善養寺康之著　山本書店　1989.10　78p　22×19cm　2500円　Ⓘ4-8414-0234-9
  ＊「聖地ひとり歩き」の写真家が、イエス、パウロらが歌った賛美歌『詩編』をイスラエルの風景の中で再読する。本文は18年の歳月をかけた『新共同訳』からの引用。

◇詩編の旅 4　善養寺康之著　山本書店　1990.11　77p　21×19cm　2500円　Ⓘ4-8414-0236-5
  ＊「聖地ひとり歩き」の写真家が、イエス、パウロらが歌った賛美歌『詩編』をイスラエルの風景の中で再読する。

◇詩編の旅 5　善養寺康之著　山本書店　1991.10　78p　22×19cm　2500円　Ⓘ4-8414-0237-3
  ＊「聖地ひとり歩き」の写真家が、イエス、イエスの弟子たち、パウロがいつも歌っていた賛美歌『詩編』をイスラエルの風景の中で再読する。本文は18年の歳月をかけた『新共同訳』からの引用。巻末に撮影エピソード等の解説を付す。

◇写真集 聖書の旅　副田信子著　副田信子,ヨルダン社発売　1993.12　125p　26cm　3000円　Ⓘ4-8428-0162-X

◇順礼紀行　徳富健次郎著　中央公論社　1989.10　271p　15cm　（中公文庫）　400円　Ⓘ4-12-201656-8
  ＊日露戦争終結直後の明治39年4月から8月まで、念願の聖地パレスチナ巡礼を敢行し、さらにはロシアのヤスナヤ・ポリヤナに文豪トルストイ翁を訪ねた貴重なドキュメント。トルストイとの対話から深い人類平等の思想を吸収するなど、生涯忘れ得ぬ体験と新たな発見を重ねた、蘆花初の海外紀行。

◇新聖書地図　ジャン・ロジャーソン著,小野寺幸也訳　朝倉書店　1988.11　237p　31cm　（図説世界文化地理大百科）　22000円　Ⓘ4-254-16598-6

◇新約聖書の世界―白川義員作品集　白川義員著　小学館　1979.10　1冊　43cm　28000円

◇新約聖書の世界―白川義員作品集　白川義員著　小学館　1983.10　159p　38cm　7500円　Ⓘ4-09-680022-8

◇聖書の川―オリエントの古代都市とアブラハム巡行　藤山美穂著　新公論社　1998.4　260p　20cm　1800円　Ⓘ4-915156-11-7

◇聖書の旅―写真集　副田信子著　副田信子　1993.12　125p　26cm　3000円　Ⓘ4-8428-0162-X

◇聖書の時代―ドラマティックな聖書世界へのヴィジュアル・ガイド　ブルース・メッツガー, デイヴィッド・ゴールドスタイン, ジョン・ファーガソン編, 斎藤和明訳　河出書房新社　1990.11　199p　32×26cm　9800円　Ⓘ4-309-22188-2
  ＊聖書世界の民族、風土、偉大な出来事をコンピュータ・グラフィックス、衛星写真、迫真のイラストを駆使してリアルに再現。壮麗なドラマがいまよみがえる。

◇聖書の世界―歴史地図と写真で実証する　ハリー・トーマス・フランク著, 秀村欣二訳, 高橋正男訳　東京書籍　1983.11　276,〔5〕p　29cm　6800円

◇聖書の世界 使徒行伝編　ミルトス編集部編　ミルトス　1990.1　184p　30×22cm　3800円　Ⓘ4-89586-007-8
  ＊イエス・キリスト以降、初代キリスト教がいかに発展していったかを伝える新約聖書中の「使徒行伝」は、「ルカ伝福音書」と同一の記者に手になる重要な文書である。使徒パウロをはじめ、さまざまな人物が困難を乗り越え、ギリシア・ローマ世界に新しい教えを布教していった。そして西洋文明の礎がきずかれたのであった。この写真文集は、「使徒行伝」のあらすじとその舞台を、分かりやすく紹介するものである。

◇聖書の大地を行く　太田愛人著　大和書房　1982.9　224p　18cm　1300円

◇聖書の旅　山本七平著, 白川義員写真　文芸春秋　1981.7　413p　20cm　2300円

◇聖書の旅―イエスの歩まれた道モーセの歩いた道パウロの歩いた道　副田信子著　副田信子　1989.7　378p　20cm　1942円　Ⓘ4-8428-0027-5

◇聖書の旅　山本七平著　文芸春秋　1991.12　414p　15cm　（文春文庫）　500円　Ⓘ4-16-730610-7
  ＊普通の人間にはあり得ない言葉、また決して結びつかない言葉を結びつけて新しい世界を開くこと、それが「歴史における進歩」であるなら、この旧約の地こそ、その言葉を生み出した地であった。古都の神殿跡、荒野の廃址丘、オアシスの聚落…。聖書の地をひとつひとつ訪ねて、

人間の歴史、永遠、聖について考える巡礼の旅。
◇聖書の旅　滝口鉄夫写真・文　小学館　2000.2　127p　21cm（ショトル・ミュージアム）　1700円　ⓃY4-09-606019-4
　＊イエス・キリスト生誕から2000年。いま聖書ゆかりの地に立ってはるかな過去と現代を考える。
◇聖書の発掘物語　モシェ・パールマン著, 小野寺幸也訳　山本書店　1987.10　326p　21cm　4800円
　＊忘れられていた聖書の遺跡の考古学的踏査を初めて行なったのは誰か。聖書の記述を裏付ける碑文等がどのようにして発見され、解読され、博物館に納められたか。遺跡、発掘品はどのようにしてその年代が確定されたか。ヨセフスが「ユダヤ戦記」で述べているエルサレム陥落の情景そのままが、発掘によって見ることができるようになった。聖書を身近にした考古学者の物語！
◇聖地を行く―イエスのあとを追って　井手雄太郎著　サンパウロ　1986.2　204p　18cm　Ⓝ4-8056-4719-1
◇聖地フォトガイド　尾崎律夫撮影・解説　いのちのことば社　1995.12　63p　15×16cm　1500円　Ⓝ4-264-01561-8
◇聖地ひとり歩き　善養寺康之文・写真　講談社　1985.9　96p　22cm　2000円　Ⓝ4-06-201807-1
◇続いのちを育くむ―真実を追い求める旅の記録　三宅廉著　青竜社　1990.6　284p　19cm　1800円　Ⓝ4-88258-102-4
◇小さな旅から見た聖書の世界―トルコ・イスラエルを訪ねて　門馬美恵子著　日本図書刊行会　1997.6　141p　20cm　1500円　Ⓝ4-89039-525-3
◇光の誘惑―わが聖地行　松永伍一著　紀伊国屋書店　1994.11　317p　19cm　2000円　Ⓝ4-314-00693-5
　＊ビザンティン時間に身をゆだね、孤高に生き続ける聖山アトス。硝煙の匂いを漂わせ、歴史に翻弄されながらも輝き続けるエルサレム。「静」と「動」。「純」と「濁」。「単」と「複」。対極をなすかにみえるふたつのサンクチュアリで詩人が見たものは…。
◇福音書への旅　ホアン・マシア著　あかし書房　1980.11　131p　18cm　800円　Ⓝ4-87013-780-1
◇福音書のイエス・キリスト 3　旅空に歩むイエス―ルカによる福音書　三好迪著　講談社　1984.3　276p　19cm　1800円　Ⓝ4-

06-187343-1
◇マクミラン聖書歴史地図　Y.アハロニ著, M.アヴィ＝ヨナ著, 池田裕訳　原書房　1988.9　198p　30cm　15000円　Ⓝ4-562-01950-6
◇聖国への旅―小林正一・郁子遺稿追憶集　小林正一, 小林郁子著, 絹川正吉編　小林啓一郎　1986.9　448p　22cm
◇ヨルダン・シリア聖書の旅　横山匡・牛山剛著写真　ミルトス　1988.9　240p　21cm　2200円　Ⓝ4-89586-004-3
　＊壮大な歴史の舞台ヨルダン・シリアは、聖書を通してみるとさらに新しい魅力とロマンがあふれてくる。
◇るるくイスラエル―聖地遊学記　千代崎秀雄著　エンゼル社　1983.7　357,7p　20cm　1900円
◇私を変えた聖地の旅　森礼子著　海竜社　1992.5　206p　19cm　1300円　Ⓝ4-7593-0310-3
　＊災難は恵みに、痛みは感謝に、持たざることは豊かさに、―今、私たちは、心の奇跡をとり戻す。人生の真実を見つけるために。

宗教・神話（ヨーロッパ）

◇奇蹟の聖地ファチマ　菅井日人・矢田静一文写真　講談社　1987.10　96p　22×19cm　2200円　Ⓝ4-06-203489-1
　＊第三の予言とは！ポルトガルの寒村ファチマに何が起ったのか！写文集。
◇奇蹟の聖地ルルド　田中澄江文, 菅井日人写真　講談社　1984.11　95p　22cm　2000円　Ⓝ4-06-201416-5
◇奇蹟の聖地ルルド　田中澄江文, 菅井日人写真　新装版　講談社　2000.10　95p　22×20cm　2200円　Ⓝ4-06-210229-3
　＊巡礼たちは、はるばるとピレネーの谷間に、聖母出現の洞窟と奇蹟の泉を訪ねる。
◇救世史巡礼　野田茂徳著　水府出版　1983.12　206p　20cm　2300円　Ⓝ4-915504-02-6
◇巡礼の旅―ヨーロッパからの贈りもの　福田正俊, 福田千恵子著　福田正俊　1983.7　125p　20cm
◇巡礼の道―西南ヨーロッパの歴史景観　渡辺昌美著　中央公論社　1980.2　257p　18cm　（中公新書）　480円
◇巡礼ロシア―その聖なる異端のふところへ　ミハイル・ミハーイロヴィチ・プリーシヴィン

著, 太田正一編訳　平凡社　1994.4　446p　22×14cm　4200円　Ⓘ4-582-45214-0
＊白夜と森が織りなす幻想的な世界を、〈ロシアの自然の歌い手〉は、頑なに信仰を守って隠れ住む人びとをたずねて旅する。白海へ、奥ヴォルガへと―聖なるロシアを求めて。

◇聖地は生きている―巡礼レポート　井手雄太郎著　サンパウロ　1993.9　187p　18cm　1000円　Ⓘ4-8056-4787-6

◇聖地巡礼の旅―初めて日本から出る娘を伴って 第15次海外旅行　荻原真一編　荻原真一　1983.5　81p　21cm

◇聖地は生きている―巡礼レポート　井手雄太郎著　中央出版社　1979.7　187p　18cm　850円

◇中世キリスト教文化紀行―ヨーロッパ文化の源流をもとめて　坂口昂吉著　南窓社　1995.6　188p　19cm　1998円　Ⓘ4-8165-0158-4
＊中世教会史の深い森をのびやかに散策し、信仰の鮮烈な原型を生き生きと描き出す。文明の危機の様相を呈する現代、キリスト教という永遠の原点に立ち返り、歴史を深く省察する。

◇光の祝祭―ヨーロッパのクリスマス　小塩節著, 小林恵写真　日本基督教団出版局　1996.10　93p　20×22cm　1854円　Ⓘ4-8184-0271-0
＊いまも、ヨーロッパの人びとの心と生活に生き続けるクリスマス。著者のオリジナル訳による詩や物語の紹介をはじめ、クリスマスを飾る様々な習慣、また人との出会いを、心安らぐ筆致で綴る。

◇101のマドンナ―ポーランド・イコン巡礼　塚原琢哉著　毎日新聞社　1999.3　163p　31cm　4700円　Ⓘ4-620-60539-5
＊ビザンチンで生まれ、バルカンや東欧、ロシアへと広がっていった聖母イコンは、ポーランドでローマ・カソリックと出会い独自の発展を遂げた。その様々なスタイルの聖母像は、苦難の歴史を強いられたポーランドの人々を常に勇気づけ、数々の奇跡を起こしたといわれる。聖なる母の眼差しに魅せられた写真家・塚原琢哉が、8年の歳月をかけて撮り下ろした101点の聖母像。門外不出の「黒いマドンナ」をはじめ、ポーランドの貴重なイコンを多数収録。第三の千年紀の始まりを目前にしたいま、未来を見つめるマドンナの姿に、あなたは何を託しますか。

◇フランスの田舎道―巡礼の道をたずねて　水谷チセ子著　文芸書房　1998.7　147p　20cm　1300円　Ⓘ4-938791-64-1

◇フランス巡礼の旅　田辺保著　朝日新聞社　2000.9　280,2p　19cm　（朝日選書）　1400円　Ⓘ4-02-259759-3
＊中世の庶民たちと同じように聖母に会いに行く。聖地への道を歩いてみよう。

◇ホーリィー・ルルド　菅井日人写真　中央出版社　1989.6　1冊　23×20cm　1950円　Ⓘ4-8056-7904-2

◇ヨーロッパ巡礼物語　田沼武能著　グラフィック社　1988.12　142p　30cm　2900円　Ⓘ4-7661-0506-0
＊パリからスペインのサンチャゴ・デ・コンポステーラまで、全行程2000キロにも及ぶ"中世の巡礼路"を、美しい古城や街並や祭りなどを交えながら紹介する。

◇ヨーロッパの旅とキリスト教　紅山雪夫著　創元社　1996.9　342p　19cm　1854円　Ⓘ4-422-24084-6
＊ヨーロッパ基盤はキリスト教である。キリスト教がわかればヨーロッパはもっとずっとおもしろい。キリスト教に関する日本人の疑問を知り抜いた旅のベテランが見どころに即してお答えする。

スペイン巡礼

スペイン　指定：世界遺産「サンティアゴ・デ・コンポステーラの巡礼路」

　　　＊　　　＊　　　＊

◇サンティアゴへの巡礼道―フォト紀行　海部要三・多賀子著　蟷螂舎　1999.3　80p　21cm　1000円

◇巡礼の道 星の道―コンポステラへ旅する人びと　ピエール・バレ, ジャン・ノエル・ギュルガン著, 五十嵐ミドリ訳　平凡社　1986.12　331p　21cm　2400円　Ⓘ4-582-47417-9
＊魂の救済をもとめて旅立つ人びとの群れ。この群れはやがて、星ふる夜空の〈銀河〉のごとく、西ヨーロッパを横切る大河となって、スペイン北西部の聖地にたどり着く。過去の民衆たちの声を紡いで織り上げた〈巡礼者たちの日常生活〉。

◇スペイン巡礼街道一人旅―カミノ・デ・サンチャゴ旅日記　茅野紘一著　文芸社　2000.6　239p　19cm　1200円　Ⓘ4-8355-0316-3
＊ヨーロッパ中世期から、多くのキリスト教徒が巡礼の道として歩く「カミノ・デ・サンチャゴ」―広大な大地とローマ帝国時代の中世の歴史に魅せられた著者が、各土地の人々、生活、歴史に触れながら

ひた歩く、1100キロの旅の記録。
◇スペイン巡礼の旅　エンリケ・R.アユカル著, 樋渡紀和子, 米山万里子訳　中央出版社　1993.10　105p　18cm　1800円　ⓒ4-8056-4611-X
◇スペイン巡礼の旅―パリからサンティアゴ・デ・コンポステーラへ　田沼武能写真, 矢野純一文　NTT出版　1997.1　237p　19cm　（気球の本 Around the world library）1600円　ⓒ4-87188-632-8
　＊中世から続くサンティアゴ巡礼の道に残る神への捧げもの（聖堂建築）や現代の巡礼たちを、美しい写真と文で追う。
◇旅スペイン巡礼星の道　山崎脩写真・文　京都書院　1998.3　255p　15cm　（京都書院アーツコレクション　90 旅行 11）1000円　ⓒ4-7636-1590-4
◇遙かなる巡礼の道―スペインサンティアゴ・デ・コンポステーラへ ユネスコ世界遺産　池田宗弘著　志摩スペイン村　1997.1　223p　27×37cm

ケルト神話

アイルランド

　　　　＊　　　＊　　　＊

◇北アイルランド「ケルト」紀行―アルスターを歩く　武部好伸著　彩流社　2001.10　266,4p　19cm　2200円　ⓒ4-88202-716-X
　＊紛争の影と同居するケルトの遺産。宗教・政治対立の火種がくすぶり続ける街々に、豊かなケルト文化と重層的なアイルランドの歴史を見出し、街の人々の声を交えながら「もうひとつのアイルランド」を描く。
◇ケルト―生きている神話　フランク・ディレイニー著, 森野聡子訳　創元社　1993.3　398p　19cm　3000円　ⓒ4-422-23005-0
　＊ケルト民族の歴史と文化のユニークな書。
◇ケルト紀行―アイルランド・コーンウォール（英）・ブルターニュ（仏）へ　松島駿二郎著　JTB　2000.9　253p　19cm　1500円　ⓒ4-533-03603-1
　＊わたし（著者）のケルトを訪れる旅は、時間と空間を超える不思議旅。だからヨーロッパ周縁部をアイリッシュ海、イギリス海峡をぴょんぴょんと跳び超えるホッピング的なものとなる。わたしはそれを「ケルティック・ホッピング」と名付けたいと思う。

◇ケルト入門書―ミステリアス・ケルトの本　ミスター・パートナー出版部編　ミスター・パートナー　1998.12　265p　19cm　1500円　ⓒ4-7952-6724-3
　＊本書は、ケルトと出会ったばかりの人々が、学術書や専門書に進む前の入門書です。ケルトを広く浅く知りたい人、あるいは、ケルトと出会う旅を始めたい人のために「分かりやすく、読みやすい」をモットーに編集しました。
◇ケルト・石の遺跡たち―アイルランドひとり旅　堀淳一著　筑摩書房　1991.1　263p　21cm　3300円　ⓒ4-480-85569-6
◇ケルト人の世界　T.G.E.パウエル著, 笹田公明訳　東京書籍　1990.7　297p　19cm　2500円　ⓒ4-487-76089-5
　＊本書は、歴史学、考古学、言語学のさまざまな証拠を駆使して、東のバルカン半島からフランス、スペイン、そして西のイギリス、アイルランドにいたるまで「未開のヨーロッパ」に生きたケルト人の生活、芸術、宗教全般を鮮やかに描いている。従来、「幻の民」と呼ばれてきたケルト人を、その起源から最後の軌跡まで、初めて総合的に解説した記念碑的名著である。カラー口絵はじめ160点に及ぶ写真・図版を掲載。
◇ケルト　装飾的思考　鶴岡真弓著　筑摩書房　1993.9　449,21p　15cm　（ちくま学芸文庫）1350円　ⓒ4-480-08094-5
　＊辺境に生まれて、ヨーロッパ文化のもう一つの源流となったケルト的想像力の軌跡を、豊富な資料に基づいて辿る。
◇ケルトの残照―ブルターニュ、ハルシュタット、ラ・テーヌ心象紀行　堀淳一文・写真　東京書籍　1991.6　246p　21cm　2500円　ⓒ4-487-75292-2
◇ケルトの島・アイルランド―自然と遺跡　堀淳一著　筑摩書房　1992.9　278p　15cm　（ちくま文庫）600円　ⓒ4-480-02646-0
　＊北の聖地アイルランド。その霧のかなたにかすむ土地を、地図にまかせてそぞろ歩いた紀行文。ヨーロッパの源流ケルト人たちの心やさしい笑みと、ヒースの丘、氷河の造形ドラムリン―。歩くことを何より好む著者の足の向くまま、しばしケルト・アイルランドの旅をどうぞ。
◇孤島はるか・トーリィー―大西洋縁辺地帯のケルトの民　ロビン・フォックス著, 佐藤信行, 米田巌訳　思索社　1987.10　348p　20cm　3200円　ⓒ4-7835-1134-9

167

宗教・神話

◇スコットランド「ケルト」紀行―ヘブリディーズ諸島を歩く　武部好伸著　彩流社　1999.9　254p　20cm　2500円　⓪4-88202-599-X
　＊アイルランドだけが「ケルト」の地ではない！ヨーロッパ最後の「辺境」、スコットランドのヘブリディーズ諸島には、手つかずの自然と豊かなケルト文化が息づいていた。ガイドブックが書かない「ケルト」を発見する旅。写真・地図多数。

◇スペイン「ケルト」紀行―ガリシア地方を歩く　武部好伸著　彩流社　2000.5　204p　20cm　2200円　⓪4-88202-647-3
　＊「ラテンの鎧を着たケルト」とは？アイルランド、スコットランド、ブルターニュなどと並んで"ケルト文化圏"に加えられるスペインのガリシア地方に、現在のケルトの息吹き、過去とのしがらみ、住民の気質や風土をたずねる歴史探索紀行。

◇松本清張のケルト紀行―フォト・ドキュメント　歴史の旅人　NHK出版編、松本清張、佐原真〔著〕、飯田隆夫写真　日本放送出版協会　2000.3　245p　23cm　1800円　⓪4-14-080501-3
　＊作家・松本清張は、かつて古代ペルシアと日本をつなぐ"火の路"＝ゾロアスターの回路に新たな古代史像を見出した。そして、1985年、ヨーロッパに散在するドルメンやメンヒル、そして、ストーンヘンジなどの巨石記念物と幻の巨石聖徒ケルトの文化をたどる旅に出た。―スコットランド北端の島から南仏カルナックに到る苛烈な取材の日々が続いた。やがて、鋭い視線の先に、新たなドキュメント・ノベルの着想を得る。とどまることのない、旺盛な好奇心に満ちた巨匠の素顔を追う。

ギリシア神話

ギリシア
　　　　　＊　　＊　　＊
◇失われた神話への旅ギリシア　南原実著　白水社　1982.2　265p　21cm　2400円

◇海のヴィーナスの思い出―ロドス太陽神の島1945～1947　ロレンス・ダレル著, 土井亨訳　新評論　1999.3　251p　19cm　2800円　⓪4-7948-0200-5
　＊エーゲ海の輝き、緑なす山と谷にたたずむ教会と遺跡、聖人を祝う祭りの響きと匂い、古代と中世の島のスケッチなど、華麗な筆致で描くダレルの郷愁のエーゲ海。

◇エーゲ海ギリシア神話の旅　楠見千鶴子〔著〕　講談社　1998.8　316p　15cm（講談社文庫）　552円　⓪4-06-263889-4
　＊透き通るように碧く、どこまでも広がるエーゲ海。ギリシアの神々は、ここでどんな午睡を楽しんだのだろうか。またオリンポスの山のなかで、どんなドラマを繰りひろげたのだろうか。ギリシアの旅は神話を手がかりに、心身の癒しを求めて歩くのが最高。ストレスだらけの現代人にピッタリの一味違った旅ガイド。

◇神々の指紋―ギリシア神話逍遙　多田智満子著　筑摩書房　1989.1　275p　19cm　2200円　⓪4-480-81263-6
　＊魅力あふれる古代逍遙遊、ギリシアからエジプトへ。古典学・神話学への深い造詣と詩人ならではの感性と発想にきらめくエッセイ・紀行・詩。

◇ギリシア神話の女たち　楠見千鶴子著　筑摩書房　1984.11　228p　20cm　1300円

◇ギリシアの神々　岩波書店編集部, 岩波映画製作所編　〔復刻版〕　岩波書店　1990.3　1冊　21cm　（シリーズ 世界の美術案内 1）　650円　⓪4-00-003561-4

◇ギリシャ神話の旅　楠見千鶴子著　毎日新聞社　1989.2　273p　19cm　1500円　⓪4-620-30670-3
　＊ギリシャ全土に鏤められた数々の神話は、日本の神話にも少なからぬ影響を与えている。その神々、英雄、人間のドラマを、自らの足でたどり目で見つつ綴ったはじめての神話の旅。

◇世界歴史の旅 第3　座右宝刊行会編　小学館　1968　199p　24cm

寺社仏閣

寺社めぐり（日本）

◇歩けたぞ六万キロ ― 全国行脚二千日　篠崎由吉著　柏樹社　1988.9　235p　19cm　1400円
　＊前へ前へ―71歳から歩き始めて14年。6万3千キロ、2千日をただひたすら歩くことで、生きた観音さまと出会い、自己の病を克服し、人々に希望を与え続けてきた著者の感動の遍路行脚記。
◇安心霊場巡礼 ― しきたりと心得　波羅蜜薩婆訶著　三心堂　1985.5　108p　19cm　750円
◇一宮巡拝の旅　入江孝一郎著　みくに書房　1988.11　348p　19cm　1200円　④4-943850-26-X
◇一宮めぐり　林輝夫著　大正堂兼松書店　1985.10　104p　21cm　1200円
◇稲荷信仰事典　山折哲雄編　戎光祥出版　1999.9　491p　26cm　（神仏信仰事典シリーズ 3）　19000円　④4-900901-10-5
　＊稲荷信仰入門、稲荷信仰の美術、稲荷大社由緒記集成など、稲荷信仰について解説した事典。わかりやすい入門編から学術論文までを収録。
◇美しい古寺を鑑賞する旅　近畿日本ツーリスト　1991.10　154p　19cm　（トラベルメイト 19）　950円　④4-87638-177-1
◇お遍路を満願するための本 ― 必ず成功！　ひろたみを著　リヨン社　2000.3　254p　20cm　1600円　④4-576-00539-1
　＊本書は、お遍路の形成の歴史を語りつつ、「歩く」ことの実質的な方法や情報や知識、トレーニング法に重きをおいて書きました。お遍路とは、宗教的にどういう意味を持つのか。またお遍路とは、どんな形成史を持つのかを、まず頭に入れてもらったところで、そのお遍路を行なう際に必要な実践知識を、可能な限り紹介することにしたものです。
◇観光 ― 日本霊地巡礼　中沢新一、細野晴臣著　筑摩書房　1990.2　372p　15cm　（ちくま文庫）　890円　④4-480-02380-1

＊現代は「大洪水の時代」だ。全ての価値は崩壊し流れ去っていった。そしていま、東欧から赤道地帯から、大変革の兆しが見えてきた。この大洪水のなか、音楽家と宗教学者は、箱舟を仕立て地球を観察する大遊覧の旅へ出た。地球的英知を感じるため、日本の代表的な霊地を旅して、現代の思想、宗教、物理学、美術、音楽など幅広く語り合う先鋭的でヴィジュアルな対談集。
◇観音札所巡りのすべて　平幡良雄著　広済堂出版　1981.3　439p　19cm　（新しい生活全書）　1800円
◇近代の神社景観 ― 神社局時代に撮影された神社　神道文化会創立五十周年記念出版委員会編　中央公論美術出版　1998.4　598p　31cm　30000円　④4-8055-0345-9
◇愚眼遍路　上田雅一著　同行新聞社　1982.7　259p　19cm　1100円
◇講座 日本の巡礼 第3巻　巡礼の構造と地方巡礼　真野俊和編　雄山閣出版　1996.11　339p　21cm　4944円　④4-639-01378-7
　＊民衆への普及と地方における巡礼。地方巡礼の開創は近世にはいると爆発的ともいえる流行になり、庶民の代表的な宗教習俗となった。かれらを巡礼にかりたてるものは何か、また、そこから何が生まれてきたのか。その問題を日本における具体的な事実に即して考察することこそ、世界的な広がりをもつ巡礼を理論するための最良の手掛かりになる。
◇こころを癒す巡礼・参拝用語事典　白木利幸著　小学館　2000.8　370p　16cm　（小学館ライブラリー）　1200円　④4-09-460133-3
　＊人には悩みがつきもの…。往時の人はその悩みを解消し乗り越えていくために、苦しいことを承知の上で巡礼し、神社仏閣へ参拝した。なぜ人びとはそんな苦行を求めたのか。その起源と意義を気鋭が解説した、こころ癒しの啓蒙書。
◇古寺巡礼辞典　中尾堯編　新装版　東京堂出版　1999.9　343p　18cm　2500円　④4-490-10531-2

169

寺社めぐり　　　　　　　　　　　　　　　　　　　　　寺社仏閣

◇古寺めぐり百科―目的に合わせて楽しめる　主婦と生活社　1990.11　295p　26cm　（生活シリーズ　154）　2300円
◇古寺を歩く―全国の古寺の歴史と見どころ徹底ガイド　渋谷申博，山川悟共著　日本文芸社　2001.9　254p　18cm　（日文新書）705円　④4-537-25064-X
　＊古寺を訪ね、その寂静な雰囲気と厳粛な空気に触れれば、あわただしい日常に傷ついた心も癒されるだろう。古寺巡りが静かなブームとなっていることもうなずける。しかし、何の知識もなく訪ねるよりは、ある程度の基礎知識をもって訪れたほうが感動の大きさも違ってくるだろう。歴史と見どころ、仏像や行事、周辺の情報・交通などを写真つきでコンパクトに解説。
◇古寺思索の旅　矢内原伊作著　時事通信社　1983.3　233p　22cm　1800円
◇古寺社巡りの愉しみ―歴史と建物の鑑賞ハンドブック　瓜生中著　ベストセラーズ　2001.8　262p　18cm　（ベスト新書）680円　④4-584-12011-0
　＊古いお寺や神社に参拝して心の安らぎを得るだけでなく、その歴史や建物など、さまざまな事柄を学んでさらに鑑賞を深めたい…。本書ではそんな人のために、寺院建築の鑑賞のポイントから、仏像の見分け方、神社の起源や参拝の正式な作法にいたるまで、豊富な図解を元に詳しく解説しました。旅のお供に携行すれば、眼前の世界の奥行きが一段と増すことでしょう。全国の寺院・神社参拝ガイド付き。
◇古寺巡遊　水上勉著　平凡社　1983.4　277p　20cm　（水上勉紀行文集　第3巻）　1200円
◇古寺巡礼―心のふるさとをたずねて　斎藤栄三郎著　日本経済通信社　1980.2　210p　19cm　（NKTブックス）　980円
◇古寺巡礼―日本精神の風景　栗田勇著　春秋社　1990.10　265p　19cm　1900円　④4-393-13624-1
　＊日本の聖地を巡り歩き、聖地のもつ意味とその由縁、そして心の旅としての「巡礼」の深層構造を探り、神社・仏寺等さまざまに変現しつつも、古代より脈々と生き続ける日本精神の真実に迫る。
◇古寺巡礼　第1集　土門拳著　限定版　美術出版社　1963　図版215p　43cm
◇古寺巡礼　第2集　土門拳著　限定版　美術出版社　1965　図版219p　43cm
◇古寺巡礼　第3集　土門拳著　限定版　美術出版社　1968　図版219p　43cm

◇古寺巡礼　第4集　土門拳著　美術出版社　1971　図223p　43cm　32000円
◇古寺巡礼　第5集　土門拳著　美術出版社　1975　231p　43cm　45000円
◇古寺巡礼ひとり旅　臼井史朗著　淡交社　1982.4　271p　19cm　1200円　④4-473-00803-7
◇古寺新巡礼　森実著　ふだん記関西グループ　1982.11　100p　21cm　（ふだん記本　72）
◇古寺発掘　中村真一郎著　改訂3版　日本交通公社出版事業局　1974　299p　19cm　1300円
◇古寺発掘　中村真一郎著　中央公論社　1980.4　265p　15cm　（中公文庫）　340円
◇古寺、仏像　こころの旅　佐藤知範著　講談社　1996.2　245p　19cm　1700円　④4-06-207728-0
　＊古寺を訪ね、ほとけに出会う。仏像鑑賞の喜びと古寺めぐりの楽しさをおしえてくれる"こころの旅"の案内書。
◇古寺遍歴―法文化の深層を尋ねて　池田政章著　信山社出版，大学図書発売　2001.6　334p　21cm　8000円　④4-7972-2186-0
◇古寺名刹の百科事典　歴史百科編集部編　新人物往来社　1988.3　510p　26cm　9800円　④4-404-01479-1
　＊収録寺院数5000カ寺。知りたい寺院の情報が特徴別、地域別に一目でわかる日本で最初の本格的古寺百科事典。
◇ご利益めぐり全国神社誌　巌谷小波，神社神徳研究会編著　展望社　1997.12　539p　20cm　4200円　④4-88546-009-3
◇ご利益別全国寺社めぐり　日之出出版　1983.12　336p　21cm　（ふるさとシリーズ）　1200円　④4-89198-037-0
◇山岳霊場巡礼　久保田展弘著　新潮社　1985.2　224p　19cm　（新潮選書）　780円　④4-10-600282-5
◇三重塔紀行　牧野和春著　牧野出版　1980.5　184p　19cm　1500円
◇寺院建築　浜島正士監修　山川出版社　2000.5　130,10p　21cm　（文化財探訪クラブ　3）　1600円　④4-634-22230-2
　＊旅立つ心が知識を求めて…歴史を探る、文化財を訪ねる。文化財探訪の旅へのいざない。
◇林志翁百庚申巡礼記　石川博司編　ともしび会　1994.11　34枚　26cm
◇七福神巡拝　白木利幸著　朱鷺書房　1995.2　224p　19cm　1030円　④4-88602-303-7
　＊恵美須・大黒天・毘沙門天・弁財天・福禄寿・寿老人・布袋尊の七つの神仏を巡

拝し、福徳を願う。素朴な庶民の願いに支えられて、全国各地に七福神めぐりのコースが設けられている。関西地区を主とした九コースを詳細に案内し、全国の主要コースを紹介する。

◇七福神めぐり―大御利益 お参りの礼式と心得　小関親康著　三心堂　1993.1　189p　19cm　1200円　⑭4-915620-59-X
　＊全国62か所の七福神をコース地図入りで紹介。

◇自分だけの神さま選び 全国神社旅行ガイド100　髙橋一宙著　ごま書房　1994.3　190,3p　19cm　1200円　⑭4-341-08029-6

◇写経の古寺巡礼　乾侑美子著　日本放送出版協会　1997.4　176p　20cm　1600円　⑭4-14-080309-6
　＊薬師寺・大覚寺・唐招提寺…写経の名刹から、中尊寺・厳島神社…名宝写経の所蔵寺社まで、繊細な文で綴る、古寺案内。

◇寂聴古寺巡礼　瀬戸内寂聴著　平凡社　1994.2　244p　19cm　1300円　⑭4-582-82870-1
　＊名刹への熱い思いを綴った瀬戸内文学珠玉の一編。

◇寂聴ほとけ径―私の好きな寺　瀬戸内寂聴著　マガジンハウス　1998.3　108p　22×17cm　1500円　⑭4-8387-0852-1
　＊心に響く寺がある。日本各地に点在する「古寺・名刹」の中から、作家であり自らも僧侶である瀬戸内寂聴氏が選び、訪ねた各地の寺・人・花の風物詩。

◇修行千二百日―真の自己を求めて　市川覚峯著　PHP研究所　1995.12　245p　19cm　1500円　⑭4-569-54928-4
　＊人生の折り返し点で、男は密教の山に入った。三年半にわたる修行の体験記。

◇巡礼―写真集　鶴田雄亮編・著　鶴田雄亮　1993　48p　27×27cm

◇巡礼・遍路―こころと歴史　大法輪閣編集部編　大法輪閣　1997.9　222p　19cm　1900円　⑭4-8046-1135-5
　＊巡礼・遍路のすすめ。それは仏と出会い、お大師さんに導かれ、自分を見つける旅、死から再生への旅路！掲載282霊場・札所延べ7750か所身近な霊場がすぐ引ける地域別索引！巡礼の手引き・問合せ先完全ガイド。

◇巡礼論集1 巡礼研究の可能性　巡礼研究会編　岩田書院　2000.3　202p　22cm　3800円　⑭4-87294-162-4

◇巡礼ツーリング　樫野和弘著　無頼派　1988.12　354p　19cm　1000円

◇巡礼と御詠歌―観音信仰へのひとつの道標　清水谷孝尚著　朱鷺書房　1992.10　363p　19cm　2678円　⑭4-88602-153-0
　＊札所めぐりという祈りの旅。それはなぜ人々の心をとらえつづけてきたのか。史実と伝説が錯綜するその信仰史をたどり西国・坂東・秩父札所の御詠歌のこころを江戸期の版本にみる。

◇巡礼・遍路―共に歩む　松原哲明著　集英社　1987.6　267p　19cm　（信ずる心　9）　1400円　⑭4-08-192009-5
　＊金剛杖を手に鈴を振り鳴らしながら廻国する巡礼・遍路の旅。日常を離れた異質の世界をたどるとき、ほとけと共に歩む喜びが、澄みきった心身に沁みわたる。

◇諸国一宮巡り　小幡貞司著　彩図社　1997.4　151p　19cm　1400円＋税　⑭4-924937-72-X

◇新旧日本巡礼集（由緒）―巡礼の道案内　小林精太郎〔編〕　小林精太郎　1993　3冊　26cm

◇新旧日本遍路集八十八所―遍路の道案内　小林精太郎〔編〕　小林精太郎　1992　2冊　26cm

◇新旧日本遍路集（由緒）―巡礼の道案内　小林精太郎〔編〕　小林精太郎　1993　2冊　26cm

◇神社建築　浜島正士監修　山川出版社　2001.5　114,13p　21cm　（文化財探訪クラブ　4）　1600円　⑭4-634-22240-X

◇神社ふしぎ探検―ウォッチング・ガイド　外山晴彦著　さきたま出版会　1999.4　155p　20cm　1714円　⑭4-87891-115-8
　＊本書は、宗教や思想的背景に基づくものではありません。実地に観察・調査・見聞を続けてきた著者の、趣味としての蓄積を公開するものです。神社や野仏、路傍神を観察・鑑賞し、気軽に楽しもうという旅心・遊び心を主眼とした、新しい趣味の世界へのいざないです。

◇神社仏閣ものしりガイド　小池長之編　4版　日本交通公社出版事業局　1985.2　227p　18cm　（交通公社のガイドシリーズ）　700円

◇神社ウォッチング　外山晴彦著　東京書籍　2000.7　199p　19cm　1500円　⑭4-487-79500-1
　＊本書は、日本の伝統文化、日本の民俗文化としての神社をよく知るためのガイダンス。

◇神社辞典　白井永二, 土岐昌訓編　新装普及版　東京堂出版　1997.9　360,31p　21cm　2800円　⑭4-490-10474-X

◇神社と神々ー知れば知るほど　井上順孝監修　実業之日本社　1999.5　263p　19cm　1300円　ⓟ4-408-10314-4
＊自分たちの祖先が伝えてきた宗教文化に詳しくなれば、外国の宗教文化を眺める目も豊かになる。テレビの映像や海外旅行で目にする宗教施設も、これまでとは違った印象になるかもしれない。ともあれ、本来日本人に身近な宗教文化である神社や、自然と手を合わせている神々について、楽しみながら、豊かな知識をつけてほしいというのが本書のもっとも大きなねらいである。

◇人生遍路　冨永航平著　朱鷺書房　1992.7　219p　19cm　1500円　ⓟ4-88602-149-2
＊この世は同行二人の遍路行。各地の札所霊場開創にかかわり、宗教界を厳しく見つめてきた著者の辛口人生紀行。

◇新・日本神社100選　秋田書店　1990.10　262p　19cm（新100選シリーズ　5）1700円　ⓟ4-253-00405-9
＊神代の時代から伝承される神々は今も日本人の心の中に生きつづけている。荘厳なる信仰の杜に神話の世界を訪ねる異色の旅。

◇真理の国・日本ーとどけ吾が祈り、天神地祇へ　柳生妙子著　展転社　1994.8　286p　19cm　1500円　ⓟ4-88656-107-1

◇図解・寺院めぐり必携　大法輪編集部編　大法輪閣　1981.5　240p　19cm（大法輪選書　2）980円

◇全国「三十三所巡礼」総覧ー「めぐり」の旅・地域観光のルーツを求めて　北川宗忠編著　流通科学大学教育協力会　1995.3　175p　26cm

◇全国寺社巡りーご利益がひとめでわかる　平成〔2年〕版　日之出出版　1990.1　186p　28cm　910円　ⓟ4-89198-086-9

◇全国の開運神社案内　深見東州著　たちばな出版　1997.1　159p　30cm　2816円　ⓟ4-88692-699-1
＊ビジネス・金銭・健康・恋愛・縁結び・学問…強力なご神徳を授かる神社を日本全国から厳選！ご神霊を動かし奇跡的な強運を呼び込む参拝の方法。

◇全国霊場巡拝事典　大法輪閣編集部編　大法輪閣　1997.6　478p　19cm　3800円　ⓟ4-8046-1133-9
＊観音（三十三カ所）・弘法大師（八十八カ所）・不動・薬師・地蔵・十三仏・十二支・七福神の各霊場と、これらに分類できない、法然・親鸞・道元・日蓮・西山らの各祖師の霊場、聖徳太子遺跡霊場などを含む特別な霊場を収録。

◇全国霊場大事典ー全国霊場巡礼・巡拝案内　『全国霊場大事典』編纂室編　六月書房　2000.11　1006p　27cm　9524円　ⓟ4-7952-3343-8
＊満願寺巡礼の会・浅草寺無畏参拝団など霊場巡拝主催団体（会）紹介/四国八十八ケ所・西国観音霊場など霊場別全国宿坊案内他役だつ情報満載。

◇全国北から南から寺社巡り　日之出出版　1987.1　220p　28×22cm　880円　ⓟ4-89198-052-4

◇全国九カ所島四国霊場めぐり　首藤一著　創元社　1984.10　274p　19cm　1800円　ⓟ4-422-25035-3

◇全国国分寺跡探訪記　髙井貢著　近代文芸社　1996.9　135p　19cm　1400円　ⓟ4-7733-5712-6
＊日本廻国、国分寺跡探訪！一介のサラリーマンが日本文化の原点をさぐる。

◇全国の霊場・札所・巡拝　サンメイク編集室編　（大阪）サンメイク,ナンバー出版発売　1990.6　544p　19cm　3000円　ⓟ4-88859-129-6
＊この本は、関西地方に残るほとんどの霊場と、四国と東国の一部の霊場を一堂に収録したものです。

◇全国百八カ寺浄心の旅ー煩悩消滅祈願〈愛と心〉やすらぎの寺めぐり　中川稔朗著　啓明書房　1984.10　245p　19cm　980円

◇全国本山めぐりー日蓮宗篇　日蓮宗本山会企画編集　改訂版　日蓮宗新聞社　1989.8　191,5p　26cm　2884円　ⓟ4-89045-151-X

◇禅寺に游ぶー身近な禅寺全国ガイド　石川潔著　二期出版　1997.9　238p　19cm（シリーズ週末の達人）　1400円　ⓟ4-89050-331-5
＊京都五山ー天竜寺、相国寺、建仁寺、東福寺、万寿寺。鎌倉五山ー建長寺、円覚寺、寿福寺、浄智寺、浄妙寺。この他ー瑞竜寺、報恩寺、玄光庵、雲厳寺、達磨寺、神宮寺、永保寺、桂林寺、永源寺、本源寺、妙香寺、一畑寺、観音寺、薬王寺、護国寺、聖福寺、浄国寺、英雄寺、安国

寺、竜福寺、など、全国の主だった禅寺を網羅。
◇禅の寺―臨済宗・黄檗宗 十五本山と開山禅師　阿部理恵子著　禅文化研究所　1996.10　266p　21cm　1854円　①4-88182-117-2
　＊禅宗十五本山の歴史と開山禅師の生涯。豊富な写真資料を通し、各本山の歴史・文化財・年中行事などを、旅情豊かに学ぶ。建造物はもちろん、墨蹟・絵画などの文化財までも豊富な写真で紹介。灯史書類をもとに、史実関係の記述には十分正確を期した。各本山の年中行事などを紹介し、参詣の手引き書としても利用できる。明治以後の各派本山管長一覧(生没年・別号など)を掲載。
◇禅の道紀行　水上勉著　平凡社　1975　203p　20cm　(歴史と文学の旅)　900円
◇続 古代山人の興亡―懸け造り寺社巡礼 西日本編　井口一幸著　彩流社　1996.10　283p　19cm　2472円　①4-88202-417-9
　＊なぜ?山の上にお寺が!険しい岩窟に、なぜ堂宇が必要か?現在も残る懸け造り寺社を訪ねてその変貌のウラに脈打つ歴史を探る。
◇塔―238基を訪ねて　大原完爾著　菅原印刷(印刷)　1998.3　238p　30cm
◇塔をゆく 第1巻　五重塔　国見辰雄著　三協商事　2000.9　307p　22cm
◇塔をゆく 第2巻　三重塔　国見辰雄著　三協商事　2001.3　488p　22cm
◇とっておきの寺社詣で　三木露風ほか著　作品社　1998.4　251p　22cm　(新編・日本随筆紀行 大きな活字で読みやすい本)　①4-87893-895-1,4-87893-807-2
◇土門拳古寺巡礼―愛蔵版　土門拳著,土門たみ監修　小学館　1998.11　295p　31cm　9500円　①4-09-681151-3
　＊力強く個性的なものだけを撮りたい…。昭和15年から40年にわたり、最後は車椅子で撮り続けた「古寺巡礼」。土門拳の作家生活を長く支えた夫人の監修による初めての写真集。
◇土門拳古寺巡礼　土門拳著　美術出版社　1996.9　130p　42cm　29000円　①4-568-12056-X
◇土門拳全集 4　古寺巡礼 4 全国篇　小学館　1984.5　187p　31cm　4800円　①4-09-559004-1
◇土門拳の古寺巡礼 別巻 第1巻　東日本　土門拳著　小学館　1990.5　147p　26cm　1950円　①4-09-559106-4
　＊昭和14年から35年間かけて撮影した膨大な作品群から精選。仏像、建築に肉迫する土門拳のカメラ・アイの魅力を満載。各寺社別に写真とエッセイで構成、土門美学の神髄に迫る。
◇日蓮宗の寺めぐり　浅井靖子著　宝文館出版　1994.1　251p　19cm　1957円　①4-8320-1424-2
　＊日蓮聖人と六老僧の寺々へ読者を道案内する参拝記。清澄寺・妙本寺・竜口寺ほかを清新な筆致で紹介する。
◇日蓮宗の寺めぐり 2　浅井靖子著　宝文館出版　1996.3　247p　19cm　1957円　①4-8320-1456-0
　＊歴史と信仰の舞台を、興趣ゆたかに描いて好評の古寺巡拝記・第2集。柴又帝釈天、雑司ケ谷鬼子母神、京都頂妙寺、能勢妙見山、広島国前寺、熊本本妙寺など35カ寺を訪ねる。
◇日本古寺巡礼　井上靖著　法蔵館　1992.3　415p　27cm　6700円　①4-8318-8181-3
◇日本再発見―古寺探訪ガイド　井沢元彦〔著〕　角川書店　1997.5　123p　12cm　(角川mini文庫)　200円＋税　①4-04-700154-6
　＊修学旅行でだれもが訪れる金閣には、どうして屋根の上に鳳凰がいるの?仏像にはいろんな種類があるってホント?おかめ伝説って何?日本の仏像にはどうして木彫が多いの?歴史を知ることは未来を探ることです。もっとお寺を楽しむために、もっと日本を理解するために古寺に行ってみましょう。「逆説の日本史」の著者によるやさしく面白い古寺ガイド。
◇日本全国三十三所・札所集覧　塚田芳雄著　塚田芳雄　1999　42,7丁　26cm
◇日本の古寺名刹―古寺と仏像のこころを訪ねる旅の本　講談社　1982.5　202p　29cm　(講談社mook)　980円　①4-06-172423-1
◇日本廻国記―一宮巡歴　川村二郎著　河出書房新社　1987.5　294p　19cm　1800円　①4-309-22131-9
　＊全国一宮(いちのみや)案内。日本の各地に篤い信仰を集める神社、一宮―全国68カ所の一宮すべてをたずね歩き、由来、祭神、神社の建物・鎮座地の印象、交通の便などを綴り、神と人とのかかわりを考える。
◇日本巡礼記集成 第1集　弘法大師空海刊行会編　弘法大師空海刊行会　1985.11　381p　27cm　12000円
◇日本「神社」総覧　上山春平ほか著　〔愛蔵保存版〕　新人物往来社　1992.10　517p　21cm　3800円　①4-404-01957-2

◇日本全国三十三所・八十八所集覧　塚田芳雄著　塚田芳雄　1981.12印刷　54p　22cm　700円

◇日本の寺院を知る事典―これだけは知っておきたい古刹・名刹の歴史と仏たち　瓜生中,渋谷申博著　日本文芸社　1994.10　349p　19cm　1300円　④4-537-02434-8
  * 全国の由緒ある古刹見応えのある名刹の沿革・建築・仏像・行事、周辺の見どころなどを豊富な写真で解説した寺院ガイドの決定版。
  * 北海道から九州まで全国100の重要神社の鎮座地・祭神・社格・由緒・宝物などを解説。

◇日本のミイラ仏をたずねて　土方正志著,酒井敦写真　晶文社　1996.7　270p　19cm　2600円　④4-7949-6267-3
  * きびしい断食修行のすえ、生きながら土に埋もれ、ミイラとなった僧侶たち―。彼らはなにを願って「即身仏」となったのか。芭蕉も参拝した14世紀の弘智法印から、明治を生きた仏海上人まで、全国18体の即身仏を、気鋭のライターと写真家が4年がかりで訪ねあるいた。即身仏とともに、守り守られて暮らす人びとの声、さまざまな伝承、初公開をふくむ貴重な写真を多数おさめた、かつてない「即身仏紀行」。

◇日本百名刹歳時記　窪寺紘一著　世界聖典刊行協会　1990.6　214p　19cm　(ぽんブックス　23)　1494円　④4-88110-173-0
  * 浅草寺・善光寺・清水寺・延暦寺・法隆寺・高野山など、日本全国から古寺名刹百か寺を特選して紹介した本書は、日本仏教宗派史を知る良き案内書であるとともに古都探訪の好伴侶でもある。

◇日本仏塔集成　浜島正士著　中央公論美術出版　2001.2　314p　29×23cm　28000円　④4-8055-0392-0
  * 仏教と共に伝来した仏塔は6世紀末に飛鳥寺で建てられて以来、寺院の中心建物としてあるいは寺院を象徴する建物として、各時代を通して数多く建てられてきた。その形式は飛鳥時代に中国・朝鮮半島から伝えられた三重・五重や七重の層塔と、平安時代以来日本で建てられるようになった多宝塔とに大別される。層塔・多宝塔とも比例、平面計画、構造、細部の形式手法など多くの問題があり、これらを解明することは日本建築技術史を研究する上にきわめて重要と考えられる。また、多宝塔については初期の形態・性格を明らかにする必要がある。本書はこの

ような日本の仏塔に関する諸問題について、主に重要文化財指定の遺例を対象として考察した「日本仏塔の形式、構造と比例に関する研究」(学位論文)と、近世の全遺例を対象として考察した「近世仏塔の意匠と構造」(昭和58・59年度科学研究費補助金による研究成果論文)を合わせ、前者を第1～3章、後者を第四章とし、加えて古代から近世までの全遺例の写真と主要遺例の断面図を収録したものである。

◇日本仏塔巡礼記　後編　山口倭太郎著　日本仏塔巡礼記刊行会　1981.12　488p　21cm　3000円

◇日本仏塔巡礼記　前編　山口倭太郎著　日本仏塔巡礼記刊行会　1980.2　475p　21cm　2800円

◇女人古寺巡礼　杉本苑子〔著〕　講談社　1996.1　283p　15cm　(講談社文庫)　480円　④4-06-263145-8

◇野の寺山の寺　岡部伊都子著　新潮社　1981.8　223p　20cm　1100円

◇花の古寺巡礼―大貫茂写真集　大貫茂著　ぎょうせい　1987.6　206p　29cm　10000円　④4-324-00873-6

◇花の寺百景　大貫茂著　旅行読売出版社　1984.4　113p　26cm　1500円　④4-89752-139-4

◇比企理恵の神社でヒーリング　比企理恵著　実業之日本社　2001.9　206p　19cm　1300円　④4-408-32125-7
  * 発見、一番身近な癒しの場所。神社と仲よくなると幸せがやってくる。

◇美術ガイド　全国寺社・仏像ガイド―行きやすい地域別+沿線別　美術出版社　2001.7　447p　21cm　2800円　④4-568-43057-7
  * お遍路さんのメッカ四国霊場八十八か寺をはじめ、奈良・京都の名刹など、国宝・重文ほかの仏像・神像・肖像彫刻を所蔵する全国1800余の寺院・神社・博物館・資料館を北から南まで、各地域・鉄道沿線ごとに徹底的に網羅。巻末に全国秘仏開帳案内を付す。

◇百観音霊場ご詠歌―音譜と解説　小室裕充著　渓水社,北辰堂発売　1994.5　228p　18cm　1236円　④4-89287-094-3

◇ひろさちや名刹108の旅　ひろさちや編　読売新聞社　1990.12　271p　15cm　1800円　④4-643-90117-9
  * 全国各地の古寺や名刹を訪ね歴史・風土・仏像・文化財などについてビジュアルに解説。コラムも豊富な旅のガイドブック。

◇札所めぐりの旅—西国・坂東・秩父百観音　竹村節子著　日本交通公社出版事業局　1982.2　258p　19cm　（交通公社のガイドシリーズ）　880円
◇仏塔巡礼　西国編　長谷川周文・写真　東京書籍　2000.12　185,6p　21cm　2200円　Ⓘ4-487-79596-6
　＊江戸以前・木造の仏塔（三重塔、五重塔）を完全網羅！仏塔に魅せられ、20年間撮り続けた写真家による完全ガイド。法隆寺五重塔、醍醐寺五重塔、瑠璃光寺五重塔など、西日本を代表する76の塔を掲載。美しい写真に寺伝・建立年・様式など詳細データをつけて解説。日本の全仏塔一覧表付き。
◇仏塔巡礼　東国編　長谷川周文・写真　東京書籍　2000.12　169,6p　21cm　2200円　Ⓘ4-487-79595-8
　＊江戸以前・木造の仏塔（三重塔、五重塔）を完全網羅！仏塔に魅せられ、20年間撮り続けた写真家による完全ガイド。羽黒山五重塔、日光東照宮五重塔、信州安楽寺八角三重塔など、国宝、重要文化財をはじめとする東日本の64の塔を掲載。美しい写真に寺伝・建立年・様式など詳細データをつけて解説。日本の全仏塔一覧表付き。
◇古い寺、古い城—「形と心」を探る　藤本輝夫著　近代文芸社　1996.11　142p　19cm　2000円　Ⓘ4-7733-5771-1
　＊形を通して心を探る。古寺巡礼に曼荼羅の心をたずね古城探訪に歴史のロマンを追う。一病理学者の旅は尽きない。
◇辺境の古寺巡礼　大門八郎著　大東出版社　1989.10　254p　20cm　1800円　Ⓘ4-500-00560-9
◇遍路千日之記抄—遍路図三葉付　献体大聖殿建立祈願日本全国千社千ケ寺詣　篠崎由吉筆　十方舎　1980.11　96p　26cm　1200円
◇遍路日記—乞食行脚三百里　鍵田忠三郎著　第12版　協同出版　1982.5　228p　19cm　1300円
◇法灯を守り伝える社寺聖地　永井路子、田村豊幸、今川徳三、上之郷利昭、松尾陽吉、徳永真一郎、中野幡能著　ぎょうせい　1991.12　231p　19cm　（ふるさと歴史舞台　6）　2000円　Ⓘ4-324-02514-3
　＊時には親しみ時には畏れ人間は等しく大自然に接し祖霊を敬う。
◇法華古寺巡礼 1　小山和著　東方出版　1983.12　244p　19cm　1200円
◇法華古寺巡礼 2　小山和著　（大阪）東方出版　1987.11　214p　19cm　1300円
　＊わが国で法華経を所依の経典とする宗派は、天台宗、日蓮宗の2宗です。したがって法華古寺巡礼は、天台宗、日蓮（法華）宗の古寺を全国にたずね、めぐりましたもので、それらの寺々の寺歴や興味深いエピソードをひろいながら、古書も博捜し、その寺にかかわる人々の人物像をも可能な限り描くことを念がけました。寺々に伝わる秘宝と、現状をもできるだけ正確に書きとめるよう努めました。
◇幻の大伽藍　稲垣直著　日本図書刊行会、近代文芸社発売　2000.11　252p　21cm　2000円　Ⓘ4-8231-0518-4
　＊本書では、嘗ては輪奐の美を誇ったが今は衰微して往昔の盛観を喪ったり、跡形も失くなった大寺院に焦点を当てている。先学の論考を基盤とし且背景として綴られた著者の見聞記。
◇マンダラ紀行　森敦著　筑摩書房　1989.12　160p　15cm　（ちくま文庫）　460円　Ⓘ4-480-02358-5
　＊神護寺、東寺、東大寺、高野山町石道そして四国八十八カ所への巡拝。引法大師空海の跡を辿る旅は、しだいに開けゆく密教論理空間解読の旅でもある。従来のマンダラ諸論とは隔絶したトポロジカルな思念の前に、胎蔵界・金剛界の両界マンダラ図が開示する真言密教の秘奥とは何か。民衆仏教の一面をも鮮やかに描きる。
◇密教古寺巡礼 1　小山和著　東方出版　1992.10　237p　19cm　1600円　Ⓘ4-88591-307-1
◇密教古寺巡礼 2　小山和著　東方出版　1984.11　259p　19cm　1400円
◇密教古寺巡礼 3　小山和著　（大阪）東方出版　1988.11　302p　19cm　1600円　Ⓘ4-88591-204-0
◇物語の寺—全国100ヵ寺めぐり　徳永隆平著　冬樹社　1981.7　283p　20cm　1400円
◇遊行と巡礼　五来重著　角川書店　1989.12　242p　19cm　（角川選書　192）　1100円　Ⓘ4-04-703192-5
　＊目的を定めない遊行も、巡路と目的がある巡礼も、歩くことにかわりない。「歩く宗教」こそ原始的な宗教の実践であり、洋の東西を問わず、多数の庶民が参加する、いわば教派・宗派のない宗教である。本書は「遊行と巡礼」の事例として、巫女の遊行、聖の回国、観音霊場の巡礼、四国の遍路、熊野詣などをとりあげ、「海の修験」など、実地踏査にもとづく多くの

◇よくわかる古建築の見方―寺院、神社、城郭　河津優司監修　JTB　1998.3　119p　21cm　（JTBキャンブックス）　1300円　Ⓘ4-533-02946-9

◇霊場の事典―日本全国の神仏と出会う道　藤田庄市監修　学習研究社　1997.12　283p　21cm　（New sight mook）　1500円　Ⓘ4-05-601630-5

◇歴史のある寺　奈良本辰也編　人物往来社　1967　318p　19cm　（歴史選書）

◇わが心の国分寺―巡訪事典　玉手英四郎著　里文出版　1997.6　397p　21×14cm　2800円　Ⓘ4-89806-057-9
　＊1200年前のまほろばの里に想いを馳せながら全国68カ所の国分寺と国分寺跡を訪ねて20年。本書は著者の、この巡訪体験と調査をもとに、当時の風土、沿革、考古資料と共に現況、交通などをまとめ、国分寺建立のこころと歴史を訪ねる貴重な事典となっている。（英文概要付）。

◇私の古寺巡礼　白洲正子著　法蔵館　1982.2　208p　20cm　（法蔵選書　10）　1600円

◇私の古寺巡礼 4　諸国　（京都）淡交社　1987.10　267p　19cm　1300円　Ⓘ4-473-01010-4

◇私の古寺巡礼　白洲正子著　新版　法蔵館　1997.5　223p　20cm　2000円　Ⓘ4-8318-8080-9

◇私の古寺巡礼　白洲正子著　講談社　2000.4　237p　15cm　（講談社文芸文庫）　1100円　Ⓘ4-06-198208-7

◇私の一宮巡詣記　大林太良著　青土社　2001.9　513p　19cm　3400円　Ⓘ4-7917-5908-7
　＊古くより諸国それぞれで首位の社格とされてきた神社"一宮"。全国各地をたずね歩き、各神社の祭神・歴史・伝説・祭礼を丹念に解き明かす。民族学の泰斗が晩年新たに取り組んだ成果。

◇わたしの古寺巡礼　室生朝子著　新人物往来社　1985.10　278p　20cm　1800円　Ⓘ4-404-01299-3

寺社めぐり（北海道・東北地方）

◇会津寺院風土記 熱塩加納地区　会津寺院調査委員会編　会津寺院調査委員会　1988.12　112p　26cm　1500円

◇会津のお寺さん　笹川寿夫著　歴史春秋出版　1994.3　64p　19cm　（歴春ブックレット　12）　500円　Ⓘ4-89757-312-2
　＊寺には会津の歴史がある。心静かな一時を求め散策すると、そこに新しい発見がある。そんなガイドに最適なブックレット。

◇会津の古寺巡礼―会津の歴史を深く理解するために　宮崎十三八著　恒文社　1996.5　221p　18cm　1900円　Ⓘ4-7704-0873-0
　＊会津のお寺さんの縁起と寺歴をたずねる旅は波乱にとんだ会津寺巡礼である。深い歴史と美しい自然、仏都会津への散策の誘い。

◇会津の寺―会津若松市・北会津村の寺々　笹川寿夫, 間島勲, 滝沢洋之, 野口信一著　（会津若松）歴史春秋出版　1986.5　238p　26cm　2500円
　＊信仰の郷"会津"に存在する寺々―歴史や伝説を織り交ぜながら、写真をふんだんに盛り込みわかりやすく紹介。寺の歴史や寺宝、それにまつわる人物やエピソード等々…114カ寺を掲載。歴史の研究に、ぶらりと散策に最適!!

◇奥州巡礼・佐土原飛脚　水沢松次, 青山幹雄編　水沢松次　1994.10　168p　26cm

◇北国八十八ケ所霊場めぐり　仏教文化通信編集部編　仏教文化振興会　1987.2～3　2冊　19cm　各550円

◇古寺巡礼 東国 1　中尊寺　井上靖ほか著　淡交社　1982.1　164,〔3〕p　27cm　3200円　Ⓘ4-473-00761-8

◇信夫の里札所めぐり―新しい眼で見る信夫・伊達の霊場　梅宮茂著　2版　信楽社　1991.7　160p　19cm　（新発見福島遍路）　1300円

◇週刊古寺をゆく 4　中尊寺　小学館　2001.3　35p　30cm　（小学館ウイークリーブック）　533円

◇照源寺の創建とその時代　三宅宗議, 阿部清一著　曹洞宗板橋山照源寺　1992.10　85p　26cm　（照源寺叢書　第4）

◇庄内札所霊場　池田宗機著　みちのく豆本の会　1990.4　58p　7.9×11cm　（みちのく豆本　116冊）

◇探訪日本の古寺 1　東北・北海道　第2版　小学館　1991.1　179p　26cm　2000円　Ⓘ4-09-377101-4
　＊芭蕉の足跡や北辺信仰の神秘、陸奥・北海道の名刹を辿る。

◇津軽八十八ケ所霊場　清野昌邦著　改訂　津軽八十八ケ所霊場事務局　1989.6　206p

19cm 1000円
◇東国の古寺巡礼　氏平裕明著　芸艸堂　1981.5　338p　19cm　1500円
◇なるほど小牛田の山の神　後藤一蔵著　カルダイ社　1993.6　63p　15cm　500円
◇日蓮宗秋田県寺院巡り　日蓮宗秋田県青年会　1988.7　1冊　27cm
◇二人三脚置賜霊場巡り　奥村幸雄著　奥村幸雄　1997.12　99p　18×26cm
◇みちのく古寺巡礼　髙橋富雄著　日本経済新聞社　1985.6　210p　20cm　1800円　ⓒ4-532-09372-4
◇最上参拾参霊場歴史　石山十四美著　石山智美　1983.8　85p　21cm　2350円
◇もちずりの里の寺院仏堂——その沿革と現状　ふるさと再見　福島市もちずり地区歴史研究会　1992.12　125p　26cm
◇山形七福神参り道路案内略図　佐藤清敏著　佐藤清敏　1984.1　33p　26cm
◇山形の山寺　黒木衛編著　第3版　山形市観光協会　1993.3　167p　19cm
◇山形市街十景と山寺　小形利吉著　小形利吉　1988.8　238p　19cm　1300円
◇霊島金華山　金華山黄金山神社社務所　1989.3　120p　30cm　2000円

寺社めぐり（関東地方）

◇足柄の寺々　南足柄市郷土資料館編　南足柄市郷土資料館　1995.10　46p　26cm　（郷土資料館調査報告書　第5集）
◇石岡の寺とみほとけ　石岡ライオンズクラブ編　石岡ライオンズクラブ　1987.6　245p　27cm
◇いたこの神社・寺院　潮来町史編さん委員会編　潮来町史編さん委員会　1994.9　107p　26cm
◇茨城の神社覚書2　鎌田啓司著　鎌田啓司　1993.11　236p　19cm
◇茨城の古社寺遍路　上　一色史彦著　建築文化振興研究所　1994.6　177p　21cm　1500円
◇入間市の幟——社寺祭礼幟調査報告書　入間市文化財保護審議委員会，入間市教育委員会社会教育課編　入間市教育委員会　1995.3　101p　30cm
◇江戸東京ご利益散歩　金子桂三著　新潮社　1999.12　111p　22cm　（とんぼの本）1600円　ⓒ4-10-602081-5
　＊無病息災、延命長寿、安産祈願、商売繁盛、開運招福、出世開運、福徳金運、恋愛成就、夫婦和合、子孫繁栄、学業成就、厄除け、断ち事、極楽往生から航空安全、裁縫上達、料理上達、衣装運、俳句上達、盗難除け、そして勝負の勝運、ギャンブルの当り運まで——どこの寺社におまいりしたら願いがかなうのか、まちがわないための必読書。七福神詣附。
◇江戸名利巡礼　柴田博，相川浩子著　シバ　1995.9　189p　19cm　（シバ巡礼シリーズ4）　1400円　ⓒ4-915543-04-8
◇江戸古社70　小山和著　NTT出版　1998.5　210p　19cm　（AROUND THE WORLD LIBRARY）　1500円　ⓒ4-87188-653-0
　＊お祭り、ご利益、ゆかりの名句、花のみどころ、おいしいお店、必要情報全て満載。親しいご友人との語らい、楽しい吟行に必携の1冊！江戸の森の鎮守様、精選70。
◇江戸・東京札所事典　塚田芳雄著　下町タイムス社　1989.7　215p　18cm　1300円
◇大三箇倭文神宮社記　大貫幸男編　筑波書林　1993.2　88p　18cm　（ふるさと文庫）618円
◇奥の細道100霊場と伊勢詣り——関東路33ケ所めぐり　仏教文化通信編集部編　仏教文化振興会　1987.6　85p　19cm　500円
◇小田急沿線　花の寺めぐり　大貫茂著　山と渓谷社　1989.5　155p　21cm　1700円　ⓒ4-635-60006-8
◇お寺巡り健康法——心と体によい東京80か寺　朝倉光太郎著　佼成出版社　1992.10　172p　19cm　1200円　ⓒ4-333-01587-1
　＊豊富な写真、イラストマップ、わかりやすい解説で、おとどけする"お寺巡り健康ガイド"。
◇お仁王さん、こんにちは——いばらきの寺　執金剛神、そして仁王の出自に関する私見を添えて　小林利喜写真と文　小林陽太郎　1985　205p　27cm　2000円
◇開運・ご利益・元気になる首都圏七福神めぐり　旅行読売出版社　1998.12　122p　26cm　（旅行読売mook　143）　857円　ⓒ4-89752-159-9
◇加波山周辺岩瀬町　前川康司〔著〕　前川康　1991　185p　26cm
◇関東古社名刹の旅　千葉・埼玉・神奈川編　稲葉博著　読売新聞社　1986.9　221p　21cm　1500円　ⓒ4-643-54920-3
　＊南関東各社寺のうち、宗教的に由緒があり歴史的にも美術史上からも意義深く、さらに都会の人々にとって憩いの場ともなり得るよう、できるだけ緑陰の散策逍遥に適するものを選び、成立の縁起を説

177

寺社めぐり　　　　　　　　　　　　　　　　寺社仏閣

◇関東古社名刹の旅2　群馬・栃木・茨城編　稲葉博著　読売新聞社　1987.2　222p　21cm　1500円　①4-643-87009-5
　＊足利氏は下野の出で、室町時代、北関東出身者が初めて天下をとった。氏は単に政権だけでなく、学問の面でも「足利学校」の名声を遠くヨーロッパにまで轟かせた。またこの時代に栄えた臨済弾の中心は雲巌寺と長楽寺で共に北関東の寺である。本書では、これらの寺をはじめ、いわれ正しい数々の寺社の逸話や秘められた意外史などを紹介した。

◇関東霊山紀行　浅野孝一著　自由国民社　1996.10　244p　19cm　（信仰の山歩き41）　1339円　①4-426-87600-1

◇観音霊場巡り―猿島・葛飾坂東観音御開帳記念　木塚治雄著　筑波書林　1989.3　99p　18cm　（ふるさと文庫）　600円

◇北区の札所　東京都北区立郷土資料館編　東京都北区教育委員会　1987.3　21p　26cm　（北区立郷土資料館シリーズ　8）

◇行徳三十三所札所案内　鈴木恒男編著　鈴木恒男　1997.1　1冊（頁付なし）　18cm

◇郷土のお寺の見どころ―関東の重要文化財（寺院建築）の個別解説　古建築鑑賞の手引き　丸山扉著　表現社　1989.12　524p　21cm　3000円

◇黒滝山―関東の仙境　不動寺と南牧村を歩く…　あさを社　1994.4　148p　19cm　1000円

◇源長寺　金箱文夫文・写真　（浦和）さきたま出版会　1991.10　38p　18×14cm　（さきたま文庫 31）　600円　①4-87891-231-6
　＊埼玉は全国五位の人口を有する大県となった。その大半は新県民。本文庫は"埼玉を愛す"県民を願い、辛亥銘鉄剣から江戸幕府の天領を経て近代埼玉に至る歴史を古社寺、人物、事件などに焦点を合わせ、コンパクトな姿で紹介する新ふるさとガイド。

◇建長寺正統庵領鶴見寺尾郷図考　前田右勝著・編　前田右勝　2000.5　146,5p　27cm

◇古寺と伝説の旅―電車・バス・徒歩でたどる　東急沿線を中心に　新井恵美子著　田園都市出版　1992.5　96p　21cm　2000円

◇古寺巡礼　東国2　輪王寺　山本健吉著,菅原信海著　淡交社　1981.12　174,〔1〕p　27cm　3200円　①4-473-00762-6

◇古社寺遍路　中　一色史彦著　建築文化振興研究所　1998.11　193p　21cm　1619円

◇古社巡礼―式内社を歩く　榎本実著　筑波書林　1990.3　108p　18cm　（ふるさと文庫）　618円

◇小淵山観音院　柳田敏司監修,実松幸男文・写真　さきたま出版会　1999.10　38p　17×13cm　（さきたま文庫）　600円　①4-87891-255-3

◇高麗　聖天院　山本修康文・写真　さきたま出版会　1992.6　38p　17cm　（さきたま文庫 37）　600円　①4-87891-237-5
　＊埼玉は全国5位の人口を有する大県となった。その大半は新県民。本文庫は"埼玉を愛す"県民を願い、辛亥銘鉄剣から江戸幕府の天領を経て近代埼玉に至る悠久な歴史を古社寺、人物、事件などに焦点を合わせ、コンパクトな姿で紹介する新ふるさとガイド。

◇西光院　新井浩文文・写真　さきたま出版会　1992.12　38p　18cm　（さきたま文庫 41）　600円　①4-87891-241-3
　＊本文庫は、辛亥銘鉄剣から江戸幕府の天領を経て近代埼玉に至る悠久な歴史を古社寺、人物、事件などに焦点を合わせ、コンパクトな姿で紹介する新ふるさとガイド。

◇さいたま寺社めぐり―夫婦で訪ねた四季の寺社76選　花井泰子文、花井敬写真、青木忠雄解説　幹書房　1999.3　151p　21cm　1800円　①4-944004-52-4
　＊ペンとカメラで、ハラハラドキドキ。歴史と文化財、花や木、自然、祭りと行事、伝説というふうに5つの扉を立てたが、どの寺社もそのすべてを持っているわけで、いろんな角度から接した取材は発見と感動の連続であった。平常の日と祭日、その両方を訪れて、その地に住む人々と神仏との深い係りを改めて認識できた。

◇埼玉県寺院全集　埼玉のお寺　埼玉県仏教会監修　千秋社,(東金)多田屋発売　2001.10　567p　30cm　4800円　①4-88477-273-3
　＊埼玉県仏教会会員・全寺院の特徴がこの一冊に、歴史・寺宝から周辺の観光地まで、故郷のお寺がより身近に感じられる貴重な記録。

◇埼東八十八霊場巡り　渡辺良夫著　（浦和）さきたま出版会　1988.11　206p　19cm　1200円　①4-87891-175-1
　＊四国八十八箇所霊場巡りは、鎌倉時代に高野聖により始められたといわれますが、埼玉においても、坂東や秩父の札所をはじめ各地に霊場が設けられ、多数の信者の参拝が盛んに行なわれています。本書には、明治維新の廃仏毀釈により廃寺や合寺され、現在は存在しない寺院についても、丹念に調査をすすめられ、そ

178

の跡を探り全寺院を確認し、記録にとどめられてあります。また、各札所寺院の歴史的記述以外にも、広く郷土の歴史を調査研究され、その成果も盛りこまれています。
◇四季を楽しむ寺―東京周辺心にふれる100カ寺　竹村節子著　日本交通公社出版事業局　1984.7　227p　19cm　(交通公社のガイドシリーズ)　950円
◇私説三原田山興禅寺縁起　永井勝衛, 諸田政治共著　永井勝衛　1994.8　218p　19cm　1200円
◇下野三十三札所巡りと小さな旅　下野新聞社編　下野新聞社　1992.8　248p　21cm　1500円　⒤4-88286-023-6
◇下総国札―よみがえる観音札所　岡田秀樹文, 石井久雄写真　仏教書林中山書房　1983.6　183p　21cm　2200円
◇社寺の彫物を訪ねて―近世社寺装飾彫刻画題考　関忠次編著　関忠次　1991.6　79p　21cm
◇浄安寺　小林照教文・写真　さきたま出版会　1992.6　38p　17cm　(さきたま文庫　38)　600円　⒤4-87891-238-3
　＊埼玉は全国5位の人口を有する大県となった。その大半は新県民。本文庫は"埼玉を愛す"県民を願い、辛亥銘鉄剣から江戸幕府の天領を経て近代埼玉に至る悠久な歴史を古社寺、人物、事件などの焦点を合わせ、コンパクトな姿で紹介する新ふるさとガイド。
◇勝願寺　水村孝行文, 吉口法幸写真　(浦和)さきたま出版会　1989.11　38p　17cm　(さきたま文庫　11)　600円　⒤4-87891-211-1
　＊本文庫は"埼玉を愛す"県民を願い、辛亥銘鉄剣から江戸幕府の天領を経て近代埼玉に至る悠久な歴史を古社寺、人物、事件などに焦点を合わせ、コンパクトな姿で紹介する新ふるさとガイド。
◇常光院―熊谷　柳田敏司監修, 平井加余子著　さきたま出版会　1997.5　37p　17×13cm　(さきたま文庫)　600円　⒤4-87891-252-9
◇庄和の巡礼―庄内領新四国八十八所　庄和高等学校地理歴史研究部　1993.9　386p　21cm　(庄和高校地理歴史部年報　10号)
◇真観寺　斉藤国夫文・写真　さきたま出版会　1992.6　38p　17cm　(さきたま文庫　39)　600円　⒤4-87891-239-1
　＊埼玉は全国5位の人口を有する大県となった。その大半は新県民。本文庫は"埼玉を愛す"県民を願い、辛亥銘鉄剣から江戸幕府の天領を経て近代埼玉に至る悠久な歴史を古社寺、人物、歴史などに焦点を合わせ、コンパクトな姿で紹介する新ふるさとガイド。
◇神社仏閣開運ガイド―首都圏版　ラポール編　改訂版　七賢出版　1999.11　237p　19cm　1500円　⒤4-88304-408-4
　＊商売繁盛、家内安全、学業成就、縁結びetc.ご利益たっぷり、見どころいっぱいの寺社を一挙掲載。
◇神社めぐり―神々と信仰の系譜　関東・中部編　川口謙二著　三一書房　1997.4　222p　18cm　(三一新書)　800円　⒤4-380-97005-1
◇神社・仏閣ご利益の旅―関東500選　中島武きり絵・文　郁朋社　1994.7　196p　21cm　1500円　⒤4-900417-51-3
◇新東総四十九薬師　大木衛, 高森良昌著　賢美閣　1990.8　206p　18cm　1500円
　＊"薬師霊場めぐりの決定版"東総全域の薬師霊場を、多年にわたる実地踏査と厖大な資料を駆使し、多数の写真をまじえて読みやすく紹介。仏跡・史跡めぐりに絶好の書！
◇図説　浅草寺―今むかし　金竜山浅草寺編　金竜山浅草寺,東京美術発売　1996.11　127p　21cm　1500円　⒤4-8087-0635-0
　＊浅草寺の歴史や境内の見どころ、年中行事や寺宝を錦絵・写真・案内図で紹介。
◇墨絵で歩く関東古寺巡礼　難波淳郎著　新人物往来社　1988.12　279p　19cm　2000円　⒤4-404-01571-2
　＊墨絵による仏画・写仏で知られる著者が、秩父・房総・鎌倉・坂東各地の古寺を歩き、その風景・仏像を見事な墨絵と文で描く。
◇世田谷の社寺写真集　〔東京都〕世田谷区教育委員会社会教育部管理課編　世田谷区教育委員会社会教育部管理課　1992.3　60p　29cm
◇泉福寺　吉川国男著　さきたま出版会　1993.8　38p　18×14cm　(さきたま文庫　43)　600円　⒤4-87891-243-X
　＊埼玉は全国五位の人口を有する大県となった。その大半は新県民。本文庫は"埼玉を愛す"県民を願い、辛亥銘鉄剣から江戸幕府の天領を経て近代埼玉に至る悠久な歴史を古社寺、人物、事件などに焦点を合わせ、コンパクトな姿で紹介する新ふるさとガイド。
◇曹洞宗茨城県寺院アルバム　寺院アルバム編纂委員会編　曹洞宗茨城県宗務所　1994.5　219p　31cm

◇滝野川寺院めぐり案内　滝野川仏教会　1993.7　42p　26cm

◇多福寺　松本富雄文・写真　（浦和）さきたま出版会　1990.11　38p　19cm　（さきたま文庫 23）　600円　④4-87891-223-5
＊本文庫は"埼玉を愛す"県民を願い、辛亥銘鉄剣から江戸幕府の天領を経て近代埼玉に至る悠久の歴史を古社寺、人物、事件などに焦点を合わせ、コンパクトな姿で紹介する新ふるさとガイド。

◇多摩川遍路―玉川八十八ケ所霊場案内　新田明江著　梅檀社,星雲社発売　1989.6　215p　18cm　1030円　④4-7952-2828-0

◇多摩のお寺めぐり　坂本正仁、塩入亮乗、鈴木良明、根本誠二編　雄山閣出版　1993.8　262p　19cm　2200円　④4-639-01180-6
＊さまざまな祈りと願いを求めて歩く多摩の古寺風物詩。自然にひたりながら、花と文学と歴史を訪ねてみませんか。カラー口絵18点。本文写真120点。地図付き。

◇多摩名寺百選―ふるさとの古寺を訪ねて　嶋崎政男編著　嶋崎政男　1984.11　170p　18cm

◇探訪日本の古寺 2　関東・甲信越　第2版　小学館　1991.5　191p　26cm　2000円　④4-09-377102-2
＊沃野と山と海の広がり。素朴さ漂う東国の古寺を訪ねて。

◇探訪日本の古寺 3　東京・鎌倉　第2版　小学館　1991.3　179p　26cm　2000円　④4-09-377103-0
＊なつかしい江戸の面影と緑深き古都・鎌倉を訪ねる。

◇中世の霞ケ浦と律宗―よみがえる仏教文化の聖地　土浦市立博物館編　土浦市立博物館　1997.2　95p　30cm　（土浦市立博物館特別展図録　第18回）

◇東京近効ご利益散歩ガイド―のんびり歩こう　東京散歩倶楽部編著　小学館　1998.5　223p　19cm　1400円　④4-09-385131-X
＊歩けば健康、訪ねてご利益！都心から気軽に行ける東京近郊散歩。名所・旧跡＆グルメスポット情報満載。都下・神奈川・埼玉・千葉、全24の散歩コースを収録。

◇東京御利益案内　ブルーガイド編集部編　実業之日本社　2001.3　207p　19cm　（ぽけっと東京）　1000円　④4-408-00767-6
＊御利益どころをめぐる東京散歩。江戸六地蔵、七福神、天神様案内つき。

◇東京のお寺・神社謎とき散歩―歩いて訪ねる首都圏のご利益さん　岸乃青柳著　広済堂出版　1998.12　291p　19cm　1600円　④4-331-50666-5
＊心のふるさと浅草寺、チンチン電車が似合う雑司ケ谷鬼子母神、ウソ替え神事の亀戸天神、一陽来復の穴八幡、猫観音のある豪徳寺…。首都圏にはユニークな社寺がいっぱい。ご利益ガイド＆地図付き。

◇東京古寺巡礼―都会の僧堂に江戸を訪ねる　高石寿次写真・文　東京新聞出版局　1988.5　159p　26×22cm　（TOKYO MOOK）　2000円　④4-8083-0271-3
＊東京の古寺には、観光バスで乗りつける観光寺では味わえない、静けさと安らぎがあります。春深い朝、秋深い夕暮れ、この寺々を訪ねれば、絶間なく変容しつづける近代都市東京の、もう一つの顔に出会うことができるでしょう。

◇東京古社名利の旅　稲葉博著　読売新聞社　1987.8　230p　21cm　1500円　④4-643-87068-0
＊都会散策ひとり旅。由緒ある社寺の成立縁起と歴史余話。東京都80余の寺院と神社を探訪する。

◇東京ご利益散歩ガイド―のんびり歩こう　東京散歩倶楽部編著　小学館　1997.1　271p　19cm　（POPCOM BUSINESS）　1600円　④4-09-385097-6

◇東京御利益案内　リブロポート　1987.11　157p　19cm　（わがまち発見 4）　1000円　④4-8457-0302-5
＊こまった時こそ神仏だのみ。のんびり東京御利益めぐり。効能別ガイド。

◇東京ご利益散歩　大江戸探検会編著　博美館出版　1994.5　220p　19cm　1300円　④4-938546-66-3

◇東京のえんぎもの　早川光著　求竜堂　1999.12　134p　19cm　1300円　④4-7630-9943-4
＊本来、縁起物というのは神社やお寺で授かる特別な品であり、バラエティショップで気軽に買える開運グッズではない。神仏の聖なる力が宿っていない招き猫やお守りは、ただのインテリア小物であって"縁起物"ではないのだ。本書では、擬物ではない"本当の縁起物"がこの東京にどのくらい残っているのか、徹底的に探してみた。

◇東京の熊野神社　宇井邦夫著　巌松堂出版　2000.10　129p　19cm　1600円　④4-87356-914-1
＊権現様として親しまれ、日本各地に点在する熊野神社は、三〇〇〇社近くにも及ぶ。そこで、このたびは、著者の住んでいる東京都下の熊野神社に的を絞り、これ

をできるだけ徹底的に紹介しようと試みたのが、本書『東京の熊野神社』である。

◇東京の寺社―その信仰と伝説を訪ねて　内藤正敏著，下川耿史編　稜北出版　1984.3　270p　19cm　（シリーズご利益　1）　1200円

◇東京遍路―御府内八十八カ所霊場案内　新田明江著　改訂版　梅檀社,星雲社発売　1989.5　223p　18cm　1030円　Ⓒ4-7952-2827-2
　＊瀬戸大橋ができてもやはり四国は遠い。時間のない人、足弱で歩けない人には東京の遍路を歩いてはどうであろうか。関東以北、近県の人には手近な霊場である。四国八十八カ所から御砂を持って来た「御府内八十八カ所」は四国遍路を行ったのと同様の御利益がある。本書は、弘法大師霊場への巡拝案内書である。

◇東京遍路 2　新田明江著　梅檀社,星雲社発売　1990.1　214p　18cm　1030円　Ⓒ4-7952-2829-9

◇東京遍路 3　新田明江著　梅檀社,星雲社発売　1991.1　229p　18cm　1100円　Ⓒ4-7952-2831-0

◇東京名刹散歩　辻野透著　文化総合出版　1990.2　299p　19cm　1700円　Ⓒ4-89246-179-2
　＊東京の寺々は、そのほとんどが戦後再建の新様式で、堂塔も寺域も変ってしまった。しかし、江戸時代につちかわれた市民のつつましやかな祈りと願いは伝承され、法灯は絶えることがなかった。そこに人情味溢れる物語りが生まれ、そして、静寂の奥津城には、忘れ得ざる先人達が永遠の眠りについている。

◇東福寺　今井規雄文・写真　(浦和)さきたま出版会　1991.10　38p　18×14cm　（さきたま文庫　32）　600円　Ⓒ4-87891-232-4
　＊埼玉は全国五位の人口を有する大県となった。その大半は新県民。本文庫は"埼玉を愛す"県民を願い、辛亥銘鉄剣から江戸幕府の天領を経て近代埼玉に至る悠久の歴史を古社寺、人物、事件などに焦点を合わせ、コンパクトな姿で紹介する新ふるさとガイド。

◇長瀞七草寺霊場めぐり　長瀞不動寺奉賛会編　国書刊行会　1984.7　155p　19cm　1000円

◇成田参詣記―現代語訳　〔中路定俊，中路定得〕〔著〕，太田次男監修，若杉哲男，湯浅吉美編　大本山成田山新勝寺成田山仏教研究所　1998.4　630p　22cm

◇なるほどご利益ランド―首都圏の神社仏閣ガイド　日本交通公社出版事業局　1992.1　128p　26cm　（るるぶ情報版　402）　880円

◇日曜関東古寺めぐり　久野健，後藤真樹著　新潮社　1993.11　119p　22×17cm　（とんぼの本）　1400円　Ⓒ4-10-602021-1
　＊東国だけに残る雄渾なナタ彫の木彫仏、奈良の運慶がわざわざ関東に出張して造った仏たち、鎌倉武士の尚武の願いをこめた荒々しい鉄仏…、見事な仏像を伝世する関東地方の古寺を巡り歩く、発見の喜びにあふれた半日散歩。

◇練馬の寺院　〔東京都〕練馬区教育委員会社会教育課編　2訂版　練馬区教育委員会　1996.3　68p　21cm　（郷土史シリーズ　3・4）

◇乃木神社・東郷神社　新人物往来社　1993.10　225p　21cm　（神社シリーズ）　1200円　Ⓒ4-404-02054-6

◇のんびり歩こう関東古寺巡礼　（京都)淡交社　1991.11　143p　21cm　（うるおい情報シリーズ　14）　1800円　Ⓒ4-473-01220-4

◇日枝神社史―桐生城守護　平塚貞作著　奈良書店　1990.12　253p　22cm

◇氷川女体神社　浦和　野尻靖文・写真　さきたま出版会　1995.3　37p　18×14cm　（さきたま文庫）　600円　Ⓒ4-87891-248-0
　＊"埼玉を愛す"県民を願い、辛亥銘鉄剣から江戸幕府の天領を経て近代埼玉に至る悠久な歴史を古社寺、人物、事件などに焦点を合わせ、コンパクトな姿で紹介する新ふるさとガイド。

◇徐徐漂たかさき続　内山信次著　あさを社　1992.6　234p　19cm　1500円

◇平林寺　藤井孝文著　さきたま出版会　1993.8　38p　18×14cm　（さきたま文庫　44）　600円　Ⓒ4-87891-244-8
　＊埼玉は全国五位の人口を有する大県となった。その大半は新県民。本文庫は"埼玉を愛す"県民を願い、辛亥銘鉄剣から江戸幕府の天領を経て近代埼玉に至る悠久な歴史を古社寺、人物、事件などに焦点を合わせ、コンパクトな姿で紹介する新ふるさとガイド。

◇房総の古寺巡礼三十三カ所&蔵元探訪　浜名徳順，一条薫著　千葉日報社出版局　1999.10　159p　21cm　1000円　Ⓒ4-924418-37-4

◇房総の万病平癒御利益寺社巡り　川村純一著　近代文芸社　1985.12　311p　20cm　1500円　Ⓒ4-89607-482-3

◇水戸三十三番札所をゆく　榎本実著　榎本実　1986.1　70p　21cm　800円

◇峯ケ岡八幡神社　柳田敏司監修，小沢正弘文・写真　さきたま出版会　2000.10　38p　17×13cm　（さきたま文庫　58）　600円　①4-87891-258-8
　＊鎌倉の鶴岡八幡宮を分祀した源氏ゆかりの神社。江戸時代徳川家康から30石の朱印地を与えられ、谷古田領の総鎮守として崇敬された。
◇美浦村の寺社　美浦村史編さん委員会編　美浦村教育委員会　1993.3　210p　27cm　（美浦村史料集　第6号）
◇武蔵野古寺巡礼　柴田博，相川浩子著　シバ　1994.5　205p　19cm　（シバ巡礼シリーズ　2）　1200円　①4-915543-02-1
◇明治神宮―明治天皇八十年祭・ご生誕百四十年祭記念　新人物往来社　1992.5　231p　21cm　（「別冊歴史研究」神社シリーズ）　1000円　①4-404-01916-5
◇薬師堂　髙橋稔文・写真　（浦和）さきたま出版会　1991.10　38p　18×14cm　（さきたま文庫　33）　600円　①4-87891-233-2
　＊埼玉は全国五位の人口を有する大県となった。その大半は新県民。本文庫は"埼玉を愛す"県民を願い、辛亥銘鉄剣から江戸幕府の天領を経て近代埼玉に至る悠久の歴史を古社寺、人物、事件などに焦点を合わせ、コンパクトな姿で紹介する新ふるさとガイド。
◇ようこそ靖国神社へ　靖国神社監修，所功編　近代出版社　2000.4　127p　21cm　1500円　①4-907816-01-4
　＊初の公式ガイドブック誕生！えっ、そうだったのか！ここに発見と驚き、そして感動がある。本書を片手に靖国神社を歩いてみよう。
◇よこはまの古寺と仏像を訪ねて　松本茂夫編集・撮影　松本茂夫　1992.1　167p　21cm　2800円
◇竜興寺　島村範久文・写真　さきたま出版会　1992.12　37p　18cm　（さきたま文庫　40）　600円　①4-87891-240-5
　＊本文庫は、辛亥銘鉄剣から江戸幕府の天領を経て近代埼玉に始る悠久の歴史を古社寺、人物、事件などに焦点を合わせ、コンパクトな姿で紹介する新ふるさとガイド。
◇竜泉寺　嶋野義智文，吉口法幸写真　さきたま出版会　1992.12　38p　18cm　（さきたま文庫　42）　600円　①4-87891-242-1
　＊本文庫は、辛亥銘鉄剣から江戸幕府の天領を経て近代埼玉に至る悠久の歴史を古社寺、人物、事件などに焦点を合わせ、コンパクトな姿で紹介する新ふるさとガイド。
◇龍門寺　内藤勝雄，杉山正司文・写真　（浦和）さきたま出版会　1989.4　38p　17×13cm　（さきたま文庫　3）　600円　①4-87891-203-0
　＊埼玉は全国5位の人口を有する大県となった。その大半は新県民。本文庫は"埼玉を愛す"県民を願い、辛亥銘鉄剣から江戸幕府の天領を経て近代埼玉に至る悠久な歴史を古社寺、人物、事件などに焦点を合わせ、コンパクトな姿で紹介する新ふるさとガイド。
◇林光寺　大宮　橋本栄文・写真　さきたま出版会　1995.3　38p　18×14cm　（さきたま文庫）　600円　①4-87891-247-2
　＊"埼玉を愛す"県民を願い、辛亥銘鉄剣から江戸幕府の天領を経て近代埼玉に至る悠久な歴史を古社寺、人物、事件などに焦点を合わせ、コンパクトな姿で紹介する新ふるさとガイド。

日光東照宮

栃木県　江戸時代　関連人物：徳川家康　指定：世界遺産「日光の社寺」、史跡「日光東照宮、二荒山神社輪王寺とその境内」

　　　　＊　　　　＊　　　　＊

◇英文日本絵とき事典6　日光編　日本交通公社出版事業局　1985.10　191p　15cm　880円　①4-533-00529-2
◇修学旅行の本　3　日光　修学旅行研究会編　国土社　1988.1　39p　26cm　2000円　①4-337-25703-9
　＊学校時代のよい思い出に、知らない町をたずねてみよう！生きた社会科の副読本。体験学習に役立つ。
◇日光　吉田利雄著　国際情報社　1975　144,18p　37cm　15000円
◇日光　藤原健三郎著　保育社　1985.1　151p　15cm　（カラーブックス　668）　500円　①4-586-50668-7
◇日光の社寺―悠久の杜の中で　世界遺産写真集　下野新聞社　2000.3　127p　29cm　3800円　①4-88286-112-7
　＊絢爛豪華な建造物と神秘の自然が調和した異空間の美。世界遺産登録・国宝および重要文化財全103棟を完全収録した初の写真集。
◇日光歴史散歩　和歌森太郎編　河出書房新社　1961　232p　図版　18cm

◇日本名建築写真選集 15　日光東照宮　牧直視撮影, 伊東竜一解説, 栗田勇エッセイ　新潮社　1993.2　134p　31×24cm　5000円　Ⓘ4-10-602634-1
　＊海抜650メートルの深山を切りひらき、鬱蒼と繁る杉木立のなかに営まれた日光東照宮。古代からの山岳信仰と照応するこの絢爛たる大霊廟をトータルにとらえた牧直視の傑作集。

◇不滅の建築 12　東照宮陽明門　岡本茂男撮影, 鈴木嘉吉, 工藤圭章編　毎日新聞社　1989.5　63p　30cm　1850円　Ⓘ4-620-60282-5

◇もうひとつの日光を歩く─隠れた史跡を訪ねて　日光ふるさとボランティア編　随想舎　1996.6　159p　21cm　1545円　Ⓘ4-938640-81-3
　＊日光市街に点在する隠れた神社仏閣名所旧跡158カ所を15コースに分け詳細に紹介。

秩父札所めぐり

埼玉県

＊　　＊　　＊

◇江戸氏と秩父流一族と秩父札所に関する考察　門間義一編著　門間義一　1997　121p　26cm

◇絵本秩父の札所　池原昭治絵・文　木馬書館　1979.12　118p　20cm　880円

◇カラー版 秩父の札所　池原昭治絵・文〔改訂新版〕　木馬書館　1996.11　191p　19cm　1600円　Ⓘ4-943931-52-9
　＊池原昭治がカラーの民話絵とやさしい文章で札所34か所をご案内。札所ごとの詳細絵地図付き。巻末付録─札所巡りモデルコース、ハイキングガイド、見どころ、味、宿など最新の秩父情報を満載。

◇観音巡礼─忍領西国三十三札所・足立坂東三十三札所・忍秩父三十四札所　山田計司著　さきたま出版会　1993.3　310p　19cm　2000円　Ⓘ4-87891-329-0

◇観音巡礼　山田計司著　さきたま出版　1994.3　310p　19cm　2000円　Ⓘ4-87891-329-0

◇空からの巡礼・秩父三十四カ所　朝日新聞浦和支局編　さきたま出版会　1984.6　146p　25cm　1500円　Ⓘ4-87891-158-1

◇秩父─札所三十四カ所めぐり　文・画:鶴田知也, 写真:井上光三郎　思学社　1975　78p

18cm

◇秩父─観音巡礼　平幡良雄著　改訂2版　満願寺教化部　1993.5　240p　19cm　1000円

◇秩父巡礼みち　柴田博, 相川浩子著　シバ　1994.5　182p　19cm　(シバ巡礼シリーズ 1)　1200円　Ⓘ4-915543-01-3

◇秩父札所─観音霊場への誘い　清水史郎著　改訂版　さきたま出版会　2000.3　95p　25cm　1500円　Ⓘ4-87891-122-0
　＊静かなる秩父、美しき山河。日本画家の著者が魅せられた34カ所の霊場が、ここにある。

◇秩父札所めぐり─秩父34カ所観音霊場コースガイド　井上光三郎文・写真　新版　幹書房　2000.3　68p　21cm　(見て歩きシリーズ 6)　857円　Ⓘ4-944004-60-5
　＊ゆっくりのんびり仏の里をめぐる旅。そんな旅にあなたも出かけてみませんか。本書では全長90kmに及ぶ行程を8コースに分け案内。

◇秩父歴史散歩 3　秩父路の寺々　井口一幸著　有峰書店新社　1999.10　216p　19cm　1714円　Ⓘ4-87045-218-9
　＊秩父は札所巡り以外にも、すばらしい寺々が静かな山里にたたずむ。一般に知られていない寺も含めて、十三仏霊場巡り、秋の七草の寺、寄居十二支の寺など、巡りに適した寺々を紹介。霊気に煙る山並み、ひっそりと立つ古寺、山寺に咲く花の香が、一層人々の心をいやす。

◇秩父34カ所　竹村節子著　(大阪)保育社　1991.4　151p　15cm　(カラーブックス) 620円　Ⓘ4-586-50809-4
　＊各寺の佇まいや寺伝、歴史、エピソードを紹介。ご詠歌、交通等も付記。

◇秩父幻想行─観音霊場、そのこころと風土　清水武甲写真, 木耳社編集部文　木耳社　1968　101p　おもに図版　27cm

◇秩父 古寺を歩く　室生朝子著　新人物往来社　1987.7　244p　19cm　2000円　Ⓘ4-404-01433-3
　＊父犀星をはじめ故人への切ない思いが仏の里への旅にいざなう。34札所・13仏のすべてをめぐり、心安まる風光のなかで仏を拝し、仏に仕える人々と語らい、その伝承・霊験を克明に記した文学紀行。納札のすべてを写真におさめ、懇切な地理ガイドを添えた。

◇秩父三十四カ所　平幡良雄著　札所研究会　1968　196p　18cm

◇秩父三十四札所─観音霊場めぐり　平幡良雄著　2版　満願寺事業部　1980.1　196p

18cm （古寺巡礼シリーズ） 750円
◇秩父三十四観音―完全案内 久保利雄著 国書刊行会 1978.5 170p 18cm 800円
◇秩父三十四観音めぐり―心から心への旅路 山田英二著 大蔵出版 1986.11 230p 18cm 850円 ⓘ4-8043-1506-3
　*最近のカタログ的なガイドブックを読みなれている私たちは、読みにくく、まどろっこしさを感じさせる本書ですが、著者が、古い巡礼路を一歩一歩たずね、霊場から霊場、むしろ"観音さま"から"観音さま"を求めて歩む道すがら、路傍の石仏に、また遠くに見えるお寺に、そして四方の山々に心を寄せ書きしるしているうちに、いつしか私たちに、昔の巡礼の姿・心を語りかけています。
◇秩父三十四札所考 河野善太郎著 埼玉新聞社 1984.3 370p 22cm 3800円
◇秩父三十四札所めぐり―安らぎをもとめてぶらり旅 それぞれの思いを胸に 婦人画報社 1994.6 135p 21×15cm （あるすぶっくす 13） 1600円 ⓘ4-573-40013-3
　*本書では三十四か所の各札所の案内と見どころをはじめ、秩父ならではの食べものや名所・旧跡など、札所めぐりをより楽しくするための情報を集めました。
◇秩父34カ所霊場めぐり 大貫茂著 日地出版 1994.6 144p 19cm 1380円 ⓘ4-527-00558-8
◇秩父三十四観音めぐり―心から心への旅路 山田英二著 新装版 大蔵出版 1996.3 230p 18cm 1545円 ⓘ4-8043-2016-4
◇秩父三十四所観音巡礼―法話と札所案内 秩父札所連合会編（大阪）朱鷺書房 1988.3 189p 19cm 980円 ⓘ4-88602-103-4
　*坂東、西国の札所とともに、日本百観音霊場として長い歴史を持つ秩父三十四所。山紫水明の秩父地方に広がる観音霊場である。三峯山、武甲山などの山岳信仰とも結びついて発展してきたこの霊場には、庶民の素朴な信仰が今なお脈々と受けつがれ、守られている。札所案内とあわせて、札所住職の法話でつづる巡拝の手引き。
◇秩父路の信仰と霊場―秩父札所記 栗原仲道著 国書刊行会 1976 264p 図 19cm 950円
◇秩父巡礼ひとり旅 福田常雄著 現代書林 1981.9 224p 20cm 1200円 ⓘ4-905924-37-5
◇秩父坂東最上巡礼の旅 伊藤九左エ門著 伊藤九左エ門 1980.10 86p 22cm

◇秩父札所めぐり―秩父34カ所観音霊場コースガイド 井上光三郎文・写真, 石橋城呉イラスト 幹書房 1992.4 68p 21cm （見て歩きシリーズ 6） 900円 ⓘ4-944004-10-9
◇坂東三十三カ所・秩父三十四カ所めぐり 安宅夏夫, 大牟田太朗〔執筆〕 JTB 1997.9 155p 21cm （JTBキャンブックス） 1600円 ⓘ4-533-02794-6
◇坂東三十三ケ所・秩父三十四ケ所巡り 昭文社 1999.1 175p 21cm （エアリアマップ） 1333円 ⓘ4-398-13185-X
　*本書では、坂東三十三観音霊場と秩父三十四観音霊場を紹介しています。関東一円に広く点在する坂東霊場と、のどかな秩父盆地にある秩父霊場。寺院や巡礼の道の雰囲気が異なる2つの霊場には、それぞれに歴史や伝統、また魅力的な四季の自然があります。本書では、写真と地図、紀行文でこれらの札所を紹介しています。
◇坂東三十三ケ所・秩父三十四ケ所巡り 昭文社 2000.4(3刷) 175p 21cm （旅の森） 1400円 ⓘ4-398-13199-X
　*本書では、坂東三十三観音霊場と秩父三十四観音霊場を紹介しています。関東一円に広く点在する坂東霊場と、のどかな秩父盆地にある秩父霊場。寺院や巡礼の道の雰囲気が異なる2つの霊場には、それぞれに歴史や伝統、また魅力的な四季の自然があります。本書では、写真と地図、紀行文でこれらの札所を紹介しています。
◇坂東三十三観音札所巡り―関東を再発見する旅 講談社 1994.4 145p 21cm （講談社カルチャーブックス 89） 1500円 ⓘ4-06-198088-2
　*関東地方の一都六県にわたる三十三の札所を巡り歩き、四季折々の自然と素朴な霊場のたたずまいに訪れる人々は心洗われるひとときを過ごす。鎌倉時代の観音信仰の足跡を訪ねる旅。
◇不生不滅――一市井人の秩父観音霊場巡礼随想記 山崎守著 山崎守 1983.9 256p 20cm 1300円
◇冬の秩父札所 坂内亨著 ふだん記全国グループ 1975 71p 21cm （ふだん記本 44）
◇目で見る秩父札所―三十四ケ寺歩いてみたら 磯部謹作著 磯部謹作 1985.12 113p 21cm

寺社めぐり（鎌倉）

◇鎌倉—古寺社と四季の花道　上武和彦文、関戸勇写真　偕成社　1994.7　231p　19cm　（マチュア選書）　2200円　④4-03-529340-7

◇鎌倉—古寺・名刹の旅 感動と発見　学習研究社　2001.5　127p　15cm　（学研M文庫）　650円　④4-05-902037-0
　＊旅は心をいやすために、また先人たちの残してくれた建造物や、その思想を確かめるために行く。大人たちが求めるやすらぎの旅や、知的欲求を満たすために、訪れたいエリアを厳選して、地元でも愛された老舗だけを紹介。

◇鎌倉三十三カ所—観音霊場めぐり　平幡良雄著　満願寺教化部　1987.1　61p　19cm　（古寺巡礼シリーズ　13）

◇鎌倉の禅寺散歩　竹貫元勝著　慶友社　2001.2　172p　19cm　2500円　④4-87449-230-4
　＊北条時頼の開創した建長寺、時宗の円覚寺をはじめとする鎌倉の禅寺を網羅し、それら寺院の創建・変遷・建築・庭園・文化財・年中行事等、みどころを紹介。

◇鎌倉の古寺—四季の花と仏像を訪ねて　日本交通公社出版事業局　1996.3　151p　21cm　（JTBキャンブックス）　1500円　④4-533-02425-4

◇鎌倉の寺　永井路子著　保育社　1967　153p　15cm　（カラーブックス）

◇鎌倉の寺　永井路子著　第2版　保育社　1992.2　155p　15cm　（カラーブックス）　620円　④4-586-50821-3

◇鎌倉の寺　ひろさちや原作、望月あきら漫画　鈴木出版　1994.1　153p　21cm　（仏教コミックス　104）　1200円　④4-7902-1941-0
　＊太田一家の大黒柱、熊さんこと熊五郎は気が小さくておっちょこちょい。勝気でしっかり者の虎世には頭が上がらない。ある日、夫婦げんかがもとで熊さんは"駆けこみ寺に行く"と言い残し家出をしてしまう。父を心配して鎌倉を訪れるふたりの子どもたち。三人の後を追うように虎世もやってきた。東慶寺、建長寺、円覚寺等と訪ね歩き寺の歴史や物語に触れる。初夏の鎌倉を舞台に、太田一家の寺めぐり珍道中がはじまる。

◇鎌倉の寺小事典　かまくら春秋社　2001.6　239p　19cm　952円　④4-7740-0173-2

　＊縁起、本尊、寺宝から用語解説、散策地図まで鎌倉のすべてを知るこの一冊に。

◇古寺巡礼 東国3　建長寺　澁澤龍彦ほか著　淡交社　1981.11　167,〔1〕p　27cm　3200円　④4-473-00763-4

◇古寺巡礼 東国4　円覚寺　中里恒子著、足立大進著　淡交社　1982.3　167,〔1〕p　27cm　3200円　④4-473-00764-2

◇写真譜・鶴岡八幡宮—古都鎌倉の大社　高橋健司写真、加藤健司、土肥218解説　桜楓社　1987.10　118p　26cm　2500円　④4-273-02199-4

◇週刊古寺をゆく18　建長寺・円覚寺　小学館　2001.6　35p　30cm　（小学館ウイークリーブック）　533円

◇不滅の建築7　円覚寺舎利殿　荒牧万佐行撮影、鈴木嘉吉、工藤圭章編　毎日新聞社　1988.12　63p　30cm　1800円　④4-620-60277-9
　＊禅宗仏殿の純粋な姿。古建築が秘める美とロマンの起源—ひとつの建築で一巻にまとめた『魅惑の仏像』姉妹編。

◇歴史見学にやくだつ遺跡と人物4　鎌倉時代の遺跡と人物　島津隆子執筆　ポプラ社　1992.4　45p　29×22cm　2500円　④4-591-04054-2
　＊遺跡、鶴岡八幡宮・西念寺・円覚寺・永平寺など。人物、源義経・源頼朝・北条時宗など。カラー版。小学上級〜中学生向。

◇私の鎌倉古寺巡礼　安川秋一郎著　新風舎　1996.3　177p　19cm　1300円　④4-88306-673-8
　＊古刹・名刹の古事来歴をたどるごとに自らの来し方を誠実に見つめなおし、み仏の前に謝罪を求め続けた覚悟の旅の記録。

寺社めぐり（中部・東海地方）

◇伊賀遍路—伊賀四国八十八ケ所札所めぐり　真言宗豊山派三重仏教青年会編　遊タイム出版　2000.10　152p　21cm　1500円　④4-946496-97-1

◇伊豆横道三十三カ所—観音霊場めぐり　平幡良雄編　満願寺事業部　1980.7　107p　18cm　（よみがえる観音霊場シリーズ　4）

◇伊勢西国三十三所案内記—観音霊場史蹟の旅　川村利勝著　川村利勝　1982.4　178p　19cm

◇遺徳を称えて—山室山神社の祭祀と鈴屋遺蹟の保存　岩出忠次著　岩出忠次　1994.10

47p　26cm
◇遠州の寺社・霊場　神谷昌志, 酢山隆著　静岡新聞社　1992.11　214p　19cm　2500円　ⓉI4-7838-1614-X
　＊本書に取り上げた寺社は97カ所で、遠州に伽藍を構え、また鎮座している寺社の一部です。
◇尾張三十三カ所 ― 観音霊場めぐり　平幡良雄著　満願寺教化部　1987.8　80p　19cm　(古寺巡礼シリーズ　15)
◇開運ご利益ガイド ― 遠州88番　神谷昌志著　羽衣出版　1997.7　186p　21cm　1600円　ⓉI4-938138-18-2
　＊霊験あらたかな遠州の願かけ88ケ所！開運福徳・商売繁盛・病気平癒・試験合格・子授け安産・家内安全・財宝増大などのご利益ガイド。開運稲荷・延命地蔵・子安観音・日限地蔵・目の薬師・弘法様・身代わり地蔵・いぼ地蔵・足神様など特色のある神仏を紹介。
◇甲斐みほとけの国　矢野建彦著, 清雲俊元, 辰繁存文　佼成出版社　1988.4　151p　21cm　(フォト・マンダラ)　1600円　ⓉI4-333-01326-7
◇郷土の小祠　榛原町文化財保護審議会編集・執筆　榛原町教育委員会　1989.3　71p　21cm　(郷土シリーズ　25)
◇郷土の小祠　続　榛原町文化財保護審議会編集・執筆　榛原町教育委員会　1989.9　58p　21cm　(郷土シリーズ　26)
◇郷土の小祠　続々　榛原町文化財保護審議会編集・執筆　榛原町教育委員会　1990.3　64p　21cm　(郷土シリーズ　27)
◇郷土の八幡信仰　榛原町文化財保護審議会編集・執筆　榛原町教育委員会　1992.2　49p　21cm　(郷土シリーズ　33)
◇郷土の薬師信仰　榛原町文化財保護審議会編集・執筆　榛原町教育委員会　1991.2　56p　21cm　(郷土シリーズ　30)
◇古寺巡礼 東国 6　横蔵寺　梅原猛著, 坂本廣博著　淡交社　1982.2　151, [1] p　27cm　3200円　ⓉI4-473-00766-9
◇西国霊場冠名頌釈文　桐山丘著　桐山丘　1990.5　100p　21cm
◇塩田平の古寺めぐり ― 塩田平の札所を歩く　風景社　1997.4　112p　21cm　1200円
◇四国移土信濃八十八ケ所道法案内　駒込孝英編著　ダブリュネット　1999.11　225p　図版25枚　21cm　2857円　ⓉI4-7952-7219-0
　＊今から約百八十年の昔、文化・文政の時代に幾多の辛苦を乗り越えて、信濃の地に「信濃新四国」を開いた駒込伊兵衛夫

婦の遺跡を復活し、多くの人にその巡礼の道法を紹介する。
◇静岡県の三十三所　石川靖夫〔著〕　石川靖夫　2000.10　124p　19cm
◇静岡県の史跡散歩 ― 歴史を訪ねるハイキング　神村清著　改訂版　静岡新聞社　1985.7　223p　17cm　(Shizushin books)　680円　ⓉI4-7838-0617-9
◇静岡県 百寺百社　水野茂写真, 八木洋行解説(静岡)静岡新聞社　1987.10　239p　19cm　2000円　ⓉI4-7834-0604-3
　＊寺社めぐりファンのために、県下のおもだった神社仏閣の"カタログ"を作ってみようと思い立ちました。寺社をそれぞれ100ずつ、しかも全市町村なるべくもれのないようピックアップするのは、最初思ったよりはるかに大変な仕事でした。あれも残したいこれも載せたいと、今も心が残りますが、ファインダーで選んだ私の個人的な寺社百選としてごらん下さい。
◇信濃三十三札所めぐり　柿木憲二, 関保男著　郷土出版社　1991.12　174p　19cm　1600円　ⓉI4-87663-177-8
◇信濃三十三番観音札所めぐり　改訂第8版　カシヨ出版センター　1998.5　64p　19cm　500円
◇神社仏閣開運ガイド ― 東海版　マック出版編　改訂版　七賢出版　1998.12　226p　19cm　1500円　ⓉI4-88304-392-4
　＊商売繁盛、家内安全、学業成就、縁結びetc.、ご利益たっぷり、見どころいっぱいの寺社を一挙掲載。
◇神社仏閣開運ガイド 東海版　七賢出版　1993.3　222p　19cm　1400円　ⓉI4-88304-101-8
　＊本書は、愛知・岐阜・三重県の、ご利益(ご神徳)、由緒、庭園、仏像、建築物など、何んらかで有名な神社・寺院を150社寺紹介したものである。
◇信州の「古寺」百選　長野県観光連盟　1995.8　119p　20cm　(長野県観光みどころシリーズ　12)　1000円　ⓉI4-474-10192-8
◇信州の「神社」百選　長野県観光連盟　1995.8　119p　20cm　(長野県観光みどころシリーズ　13)　1000円　ⓉI4-474-10193-6
◇信州 上田の古寺めぐり　風景社　1996.6　73p　21cm　1000円
◇信州の鎌倉塩田平　梓隆展著　文化堂出版部　1982.11　188p　22cm　2700円

◇信州ぼたんの寺 玄向寺―四季おりおりに美しい松本城主水野公の菩提寺・宮下済雄写真集 宮下済雄写真 研光新社 1988.4 120p 24×26cm 2800円 ⓘ4-87454-002-3
◇須坂の古寺めぐり 風景社 1989.10 76p 21cm （別冊信濃仏海）
◇諏訪隠しを訪ねて 宮坂彦一編 諏訪がくしを訪ねる会 1989.9 81p 26cm
◇探訪 伊豆の古寺めぐり 相磯守、太田君男、柴田寿彦、清水真澄、高橋広明、永岡治、森山俊英著 郷土出版社 1993.12 199p 19cm 1600円 ⓘ4-87665-050-0
　＊歴史の寺、信仰の寺、文人ゆかりの寺―。伊豆全域の名刹75か寺を厳選収録。
◇探訪日本の古寺 4 東海・北陸 第2版 小学館 1991.4 179p 26cm 2000円 ⓘ4-09-377104-9
　＊重厚な寺々と表情豊かな仏像自然のなかを歩く東海・北陸の旅。
◇知多四国88ケ所巡り完全ガイド 真野由季江著 改訂版 海越出版社 1998.3 127p 21cm 1300円 ⓘ4-87697-244-3
◇知多四国八十八カ所ひとり歩きの巡記 高木芳郎著 高木芳郎 1993.8 78p 21cm
◇知多四国八十八所遍路 知多四国霊場会編, 冨永航平著 朱鷺書房 2000.8 230p 19cm 1000円 ⓘ4-88602-320-7
　＊弘法大師の霊跡が数多く残る愛知県・知多半島。江戸後期、弘法大師の夢告により亮山阿闍梨が開いた知多四国八十八カ所は、日本三大新四国の一として今に引き継がれ、年間数万人もの「弘法まいり」でにぎわう。番外札所を含めて98か寺の巡拝ガイド。詳細地図・付。
◇知多四国88ケ所巡り完全ガイド 真野由季江著 海越出版社 1993.7 127p 21cm 1300円 ⓘ4-87697-159-5
◇中部四十九薬師巡礼 中部四十九薬師霊場会編, 冨永航平著 朱鷺書房 1999.3 233p 19cm 1000円 ⓘ4-88602-316-9
　＊長野県と岐阜県を中心に、山梨・愛知両県にまたがる中部四十九薬師霊場は、アルプスの山懐にいだかれ、温泉地にも恵まれた大自然のなかの巡拝コース。―その詳細ガイド。
◇中部の古寺巡礼 氏平裕明著 芸艸堂 1985.6 278p 19cm 1500円 ⓘ4-7538-0112-8
◇定本・甲斐百寺―その歴史と文化 磯貝正義編 郷土出版社 1996.7 234p 30cm 11000円 ⓘ4-87663-337-1

＊ふるさと山梨の古寺・名刹をビジュアルに紹介‼ 甲斐の寺院、その歴史と文化を初めて集大成。
◇土肥の石造物 神社・寺院編 土肥町郷土誌編纂委員会編 土肥町教育委員会 1993.3 153p 21cm （郷土誌叢書 第10集）
◇東海四十九薬師巡礼 東海四十九薬師霊場会編, 冨永航平著 朱鷺書房 2000.1 229p 19cm 1000円 ⓘ4-88602-319-3
　＊三重県を振り出しに、愛知、岐阜、静岡と四県にまたがる薬師霊場めぐりの詳細ガイド。お薬師さまの限りない慈悲の心にふれる巡拝は、心身のやすらぎと自己発見の旅―。詳細地図・付。
◇東海の古寺と仏像100選―文化財のある寺 渡辺辰典、白井伸昴著 風媒社 1994.9 264p 21cm 1700円 ⓘ4-8331-0031-2
　＊愛知・三重・岐阜・静岡の名刹116寺を迫力ある豊富な写真とともに紹介。―愛好家必携のお寺ガイド。
◇東海の古寺と仏像100選―文化財のある寺 渡辺辰典、白井信昂著 新訂版 風媒社 1997.10 264p 21cm 1700円 ⓘ4-8331-0060-6
　＊愛知・三重・岐阜・静岡の名刹・古刹116寺を迫力ある豊富な写真とともに紹介。―愛好家必携のお寺ガイド！カラー増補の新版。
◇東濃の古寺 東濃教育事務所学校教育課編 ききょう出版 1982.3 41p 22cm （東濃探訪 第6集）
◇遠江四十九薬師―寺院の歴史と文化を訪ねて 遠江四十九薬師編集委員会編著 遠江四十九薬師奉賛会 2000.6 182p 26cm
◇中野の古寺めぐり 風景社 1993.4 88p 21cm （別冊えん） 1000円
◇名古屋起点！神社・仏閣ガイド―評判の御利益寺社 海越出版社 1992.12 143p 21cm 1400円 ⓘ4-87697-145-5
◇花とご利益の寺社めぐり―静岡県とその周辺220選 静岡新聞社編著 静岡新聞社 1999.12 157p 21cm 1600円 ⓘ4-7838-1744-8
　＊本書は静岡県を中心に、ご利益と花どころとして知られる寺社226カ所を選び、数カ所を訪ねるコースをつくって紹介した。静岡県を東から西へ28のエリアにわけ、それぞれにコースをつくって収録。エリアは東部10、中部8、西部10の構成である。
◇浜参宮 二見興玉神社編 二見興玉神社社務所 1993.2 27p 21cm

◇百六十一の袋井の寺巡り―袋井の歴史探訪　田中元峰〔著〕　田中元峰　1995　188p　21cm
◇ふるさとの神々―一社寺めぐり　知立の神社　野村泰三著　野村泰三　1997.10　101p　21cm
◇ふるさと探訪弥富町―栄光に輝く荷上山興善寺　青木富雄著　青木富雄　1989.12　35p　21cm
◇法華経信仰の霊場七面山　かまくら出版　1983.9　125p　21cm　800円
◇松代の古寺めぐり　風景社　1991.12　120p　21cm　（別冊信濃仏海）　1200円
◇美濃西国巡礼手引記　岐阜県郷土資料研究協議会　1989.11　〔54〕,15p　24cm　Ⓓ4-905687-16-0
◇室場・寺院風土記　上巻　柳史朗編著　東声会　1980.8　60p　21cm
◇室場・寺院風土記　下巻　柳史朗編著　東声会　1981.7　47p　22cm

伊勢神宮

三重県　古代～現代

*　　　*　　　*

◇伊勢参宮道中記―天明六年　大馬金蔵著　いわき地域学会出版部　1993.12　125p　21cm　（いわき地域学会図書　15）　2000円
◇伊勢参宮名所図会　蔀関月編　臨川書店　1998.5　669p　22cm　（版本地誌大系　16）　9500円　Ⓓ4-653-03491-5
◇伊勢神宮―日本人のこころのふるさとを訪ねて　矢野憲一文,篠原竜写真　講談社　1991.10　143p　21cm　（講談社カルチャーブックス　31）　1500円　Ⓓ4-06-198041-6
◇伊勢神宮―遷宮とその秘儀　石川梵著　朝日新聞社　1993.12　159p　35cm　9200円　Ⓓ4-02-258549-8
◇伊勢神宮　所功著　講談社　1993.4　233p　15cm　（講談社学術文庫）　740円　Ⓓ4-06-159068-5
　＊お伊勢さんの名で親しまれる伊勢神宮は、つねに古くて新しい。朝な夕なの祭典は、千数百年来の民族信仰を純粋に守り伝えてきた。そして20年に一度の遷宮は、日本独自の手製文化を高度に磨き上げ、生命の再生を祈念してきた。まさに神宮こそ日本人の心のふるさとであり、そこには未来を拓く英知が潜んでいる。世界にも稀な聖地といわれる神宮の歴史と、伝統を重んずる日本人の志を論述した好著。

◇伊勢神宮　石元泰博写真　岩波書店　1995.2　261p　35×27cm　16000円　Ⓓ4-00-008061-X
◇伊勢神宮の衣食住　矢野憲一著　東京書籍　1992.12　337p　19cm　（東書選書　130）　1600円　Ⓓ4-487-72230-6
　＊2000年ものあいだ変わることなく、永々と営まれてきた伊勢の文化と歴史を、ものと人間のかかわりから説き明かす―。
◇伊勢神宮はなぜここに在るか―全国百三十余神社の立地環境をさぐる　石原知津著　ニットー,続文堂発売　1992.10　342p　19cm　1800円　Ⓓ4-88116-051-6
◇伊勢道中記史料　東京都世田谷区教育委員会編　東京都世田谷区教育委員会　1984.3　250p　22cm
◇お伊勢さんの遷宮―"日本の心"伝える"二十年に一度"の祭　伊勢志摩編集室　1993.4　128p　22cm　（しおさい文庫　1）　1300円
◇斎王のみち―伊勢参宮の文化史　田畑美穂著　中日新聞社　1980.10　276p　19cm　1300円　Ⓓ4-8062-0086-7
◇神宮遷宮記　第6巻　神宮司庁編　神宮式年造営庁,国書刊行会発売　1995.4　1121p　21cm　20000円　Ⓓ4-336-03354-4
　＊本書には神宮遷宮記録のうち、近世の式年遷宮・臨時遷宮に関する記録を中心に、別宮諸祭儀・法例・格式などの記録史料全般を収載した。
◇聖域伊勢神宮　西川孟,田中清司撮影,内藤昌,矢野憲一執筆　ぎょうせい　1994.4　189p　37cm　18000円　Ⓓ4-324-04082-6
◇聖地への旅―伊勢神宮　土田ヒロミ著,森本哲郎,矢野憲一文　佼成出版社　1988.9　134p　21cm　（フォト・マンダラ）　1600円　Ⓓ4-333-01360-7
◇旅の民俗と歴史5　伊勢参宮　宮本常一編著　八坂書房　1987.10　245p　19cm　1800円　Ⓓ4-89694-705-3
　＊伊勢信仰の変遷と参詣の旅。講の組織化、ぬけ参り、お蔭参りなど民衆と伊勢信仰の実相を究明する。
◇東海近畿の参宮常夜灯　荒井留五郎著　三重県郷土資料刊行会　1991.12　391p　27cm　（三重県郷土資料叢書　第105集）　10000円
◇日本名建築写真選集　14　伊勢神宮・出雲大社　渡辺義雄撮影,稲垣栄三解説,梅原猛エッセイ　新潮社　1993.3　130p　31×24cm　5000円　Ⓓ4-10-602633-3
　＊神話に直結する二大建築。四重の玉垣に護られた象徴的な空間伊勢神宮。八雲立つかのように重層する巨大な出雲大社。

建築写真の雄・渡辺義雄にして初めて映像化しえた、古代に根ざす二大神社の現代的魅力。

善光寺

長野県　飛鳥時代　関連人物：本田善光　指定：国宝「善光寺本堂」

　　　　＊　　　＊　　　＊

◇ガイドブック善光寺　えいぶる　1978.9　140p　19cm　500円
◇写真集・善光寺の四季—悠久のシンフォニー　上野滋数著　郷土出版　1997.4　85p　20cm　1600円　①4-87663-361-4
◇信州善光寺—と其周辺　信越弘告社調査部編　信越弘告社　1957　図版48p　19cm
◇善光寺　信濃路出版編　信濃路出版　1985.4　104p　26cm　1000円
◇善光寺さん—信仰の「ふるさと」への旅　信濃毎日新聞社　1999.7　79p　30cm　600円　①4-7840-9840-2
◇善光寺街道拓本の旅—野辺の石碑・石仏を訪ねて　信濃金石拓本研究会編　郷土出版社　1982.11　214p　19cm　1600円
◇善光寺平のまつりと講　郷土を知る会編　郷土を知る会　1998.5　78p　21cm
◇善光寺道名所図会　豊田利忠編画，小田切忠近補画　名著出版　1972　481p　23cm　4000円
◇善光寺道　塚原耕作写真，花島堯春文　東峰書房　1972　図33枚　125p　27cm　2300円
◇善光寺道名所図会　豊田庸園著　臨川書店　1998.4　610p　22cm　(版本地誌大系　15)　8900円　①4-653-03492-3
◇なぜか信濃は善光寺　上条逸雄著　桐原書店　1997.5　243p　19cm　1500円　①4-342-77481-X
　＊「善光寺」写真物語。善光寺さんとその町に住む人達の姿をとおして、人間の生きる喜びを讃う。
◇よくわかる善光寺参り　善光寺事務局監修，チクマ秀版社編　チクマ秀版社　2000.4　126p　15cm　(チクマの実学文庫)　550円　①4-8050-0362-6
　＊人肌の温もりを持つといわれる生身の善光寺一光三尊阿弥陀如来は、死後の最も確かな魂の受け取り手であり、安楽な世界への導き手であると信仰され、霊魂が安住するこの場所は、仏教の一大「聖地」へと転じたのでありました。仏教は都を中心に、大いなる文化を創り出しました。しかし、都を遠く離れたこの地において、零細で地を這うような大衆庶民のために開花したのが善光寺信仰の姿であります。

寺社めぐり（北陸地方）

◇越後・佐渡ご利益さん—開運の道案内　吉田正美著，戸嶋寛撮影　新潟日報事業社　1992.10　195p　21cm　1500円　①4-88862-469-0
◇越後・霊場・へんろ道—写真・詩文　小林良彦著　考古堂書店　1991.7　151p　24cm　1800円　①4-87499-946-8
◇越後八十八ケ所霊場めぐり　越後新四国八十八ケ所霊場会編　考古堂書店　1993.8　208p　21cm　1500円　①4-87499-183-1
　＊弘法大師の四国にならって越後八十八ケ所を訪ねる。自己を見つめ直し、苦しみや悩みをとり除く遍路の旅—。御本尊・内陣・本堂、御詠歌、縁起など、写真や地図を入れて分かりやすく紹介。
◇奥の細道三十三ケ所霊場めぐり—越後・北陸路～伊勢詣り　仏教文化通信編集部編　仏教文化振興会　1987.4　87p　19cm　500円
◇おやべの寺めぐり　小矢部市商工観光課　1982.5　44p　21cm　(ふるさとのこころ　第8集)
◇国宝・高岡山瑞竜寺　瑞竜寺国宝指定記念出版刊行委員会編　北日本新聞社　1999.7　129p　30cm　2857円　①4-906678-38-6
　＊瑞竜寺は、江戸時代の建築技法により建てられた社寺建築物として、平成9年12月に国宝に指定された指定された貴重な文化財です。本書では、瑞竜寺の文化財的な価値について、改めてさまざまな角度から分析を行なうとともに、優美な建築物、伽藍の姿を写真で紹介しています。
◇古寺巡礼　東国5　永平寺　奈良本辰也著，峯岸應哉著　淡交社　1982.3　152，〔1〕p　27cm　3200円　①4-473-00765-0
◇佐渡古寺巡礼　山本修巳，酒井友二共著，城野忠弥撮影　新潟日報事業社出版部　1994.8　117p　21cm　1600円　①4-88862-526-3
◇四季・若狭の詩—若狭古寺み仏巡礼　岡村昌二郎文　福井新聞社　1983.6　113p　18×19cm　1800円
◇布勢湖八勝　二十四輩順拝図会—勝興寺・伏木関係のみ　復刻版　高岡市立中央図書館　1999.3　50p　25cm　(高岡市古書古文献シリーズ　第7集)

寺社めぐり（近畿地方）

◇尼寺三十六所法話巡礼―浄心の旅・尼寺めぐり　尼寺三十六所霊場会編　（大阪）朱鷺書房　1988.2　206p　19cm　980円　ⓘ4-88602-102-6
　＊近畿2府5県と愛知・長野両県にわたる尼寺三十六所霊場。尼僧の手によって護りつがれてきた清楚な寺々である。仏前にぬかづき静かな庭を眺め、ご法話に耳を傾ける。あわただしい日常をはなれ、心洗われる巡拝の旅への招い。

◇淡路百八カ寺巡り―歴史とロマンと渦潮の島　毎日新聞淡路支局編　2版　毎日新聞社淡路支局　1980.10　229p　17cm　950円

◇淡路巡礼　武田信一文、徳田寿春写真　名著出版　1981.3　192p　26cm　1300円

◇あわじのお宮めぐり　兵庫県神道青年会淡路支部編　兵庫県神道青年会淡路支部　1984.8　40p　26cm

◇絵馬を訪ねて　岩井宏実著、山崎義洋写真　神戸新聞出版センター　1980.5　190p　17cm　（兵庫ふるさと散歩　4）　780円

◇近江湖東二十七名利と札所案内　近江湖東名利会編　朱鷺書房　1997.3　212p　19cm　1030円　ⓘ4-88602-309-6
　＊本書は、湖東地域の二十七名利についての由来、文化財等について解説をし、巡拝地図や、行事、その他の案内事項を掲載すると共に、地域内の市、町の紹介記事を併せてまとめた案内書である。

◇近江山辺の道―湖東山辺の道・比叡山と回峰の道　近江歴史回廊　石丸正運〔ほか〕著、淡海文化を育てる会編　淡海文化を育てる会　2001.2　244p　21cm　1500円　ⓘ4-88325-209-4
　＊湖東三山と呼ばれる西明寺、金剛輪寺、百済寺の文化資源など、歴史を感じる湖東山辺の道と、日本仏教の聖地と言われる比叡山延暦寺など、今でも修験者の足音が聞こえる比叡山と回峰の道を紹介。

◇近江湖北二十七名利巡礼―法話と札所案内　近江湖北名利会編　朱鷺書房　1992.9　213p　19cm　1030円　ⓘ4-88602-152-2
　＊琵琶湖に臨む近江湖北路は、古くから仏教文化が花開き、苦難の歴史のなか、人々の厚い信仰に支えられ今日に引きつがれている。国宝・重文をたずねて、二十七名利と湖北路への誘い。

◇近江路の古寺を歩く―踏みわけて訪ねる名利の数々　大石真人著　山と渓谷社　1997.12　175p　19cm　1500円　ⓘ4-635-24037-1

◇近江・若狭の古寺と仏像―十一面観音の里を訪ねて　日本交通公社出版事業局　1994.12　151p　21cm　（JTBキャンブックス）　1500円　ⓘ4-533-02110-7

◇大阪神戸のお寺・神社謎とき散歩―歩いて訪ねる商都と港町のご利益さん　中村清著　広済堂出版　1998.12　247p　19cm　1600円　ⓘ4-331-50668-1
　＊縁起とご利益の歴史旅。全国住吉さんの総本宮・住吉大社、聖徳太子ゆかりの四天王寺、庶民の強い味方、水掛け不動・法善寺、神戸中華街の関帝廟…。水の都と港町の多彩な社寺は人々の心のよりどころ。ご利益ガイド&地図付き。

◇大阪の日蓮宗寺院めぐり　大阪日青寺院めぐり刊行委員会編　大阪日青寺院めぐり刊行委員会　1994.2　2冊（別冊とも）　26cm

◇大津の社　大津市歴史博物館企画編集　大津市　1992.10　148p　19cm　（ふるさと大津歴史文庫　9）

◇廻国、巡礼行者の系譜を尋ねて―泉、河、紀　辻川季三郎著　大栄印刷(印刷)　1992.5　257p　22cm　4200円

◇かさいの歴史探訪―風土記の史跡と古社・古寺　山本安彦著　平疑原神社　1989.4　95p　19cm

◇関西古寺巡礼250選　首藤一著　創元社　1985.3　466p　19cm　1400円　ⓘ4-422-25036-1

◇関西花の寺二十五カ所―四季の花とみ仏をたずねて　藤井金治撮影　山と渓谷社　2001.4　167p　21cm　（歩く旅シリーズ）　1400円　ⓘ4-635-01144-5

◇郷土を知る―宝塚・史跡伝承の寺々　川端道春著　あさひ高速印刷出版部　1994.3　266p　21cm　1600円　ⓘ4-900742-01-9

◇慶応義塾図書館所蔵江戸時代の寺社境内絵図―一枚刷　上　関西　慶応義塾大学三田情報センター　1989.1　1冊　26×37cm　（文献シリーズ　no.19）

◇京阪沿線ぶらり古社寺めぐり　三田征彦編　朱鷺書房　2001.5　208p　19cm　1000円　ⓘ4-88602-322-3
　＊大阪、京都、宇治、山科、大津…京阪沿線には神さま仏さま、豊かな歴史を今に伝えるお寺や神社がいっぱい。心を見つめる途中下車の旅へ。

◇京阪神ご利益ガイド　神戸新聞出版センター編　神戸新聞出版センター　1985.7　358p　21cm　1600円　⒤4-87521-651-3
◇神戸の神社―市内310社案内　兵庫県神社庁神戸市支部「神戸の神社」編集委員会編著，小林友博監修　神戸新聞総合出版センター　2000.12　318p　図版10枚　21cm　1800円　⒤4-343-00125-3
　＊神戸市内の神社310社を徹底案内！初詣で、厄除け、五穀豊穣、学業祈願、宮参り、茅輪くぐり、祭りの縁日、鎮守の森―遠い昔から人々の心のよりどころとして私たちの暮らしと深いつながりのある神社。あなたの町の神社の歴史を神主さんが紹介します。交通・マップ付。
◇湖国百選―Beautiful Shiga 101 社/寺　滋賀総合研究所編　滋賀県企画部地域振興室　1993.3　113p　26cm
◇古寺巡礼 近江 4　三井寺　瀬戸内寂聴（晴美）著，福家俊明著　淡交社　1980.9　167p　27cm　3200円
◇古寺巡礼 近江 5　西教寺　邦光史郎著，古市義秀著　淡交社　1980.9　151p　27cm　3200円
◇古寺巡礼 近江 6　湖東三山―百済寺・金剛輪寺・西明寺　岡部伊都子ほか著　淡交社　1980.10　159p　27cm　3200円
◇古寺巡礼 近江 7　長命寺　中島千恵子著，武内祐韶編　淡交社　1980.11　132p　27cm　3200円
◇古寺巡礼 近江 8　永源寺　柳田聖山著，関雄峰著　淡交社　1980.12　142p　27cm　3200円
◇古寺巡礼 西国 2　観心寺　前登志夫ほか著　淡交社　1981.6　150p　27cm　3200円　⒤4-473-00745-6
◇古寺巡礼 西国 3　四天王寺　宮本輝著，出口常順著　淡交社　1981.9　148,〔1〕p　27cm　3200円　⒤4-473-00746-4
◇古寺巡礼 西国 4　鶴林寺　野口武彦ほか著　淡交社　1981.8　154p　27cm　3200円　⒤4-473-00747-2
◇古社紀行―摂津・河内・和泉　国井義典著　和泉書院　1993.10　325p　19cm　1600円　⒤4-87088-615-4
　＊大阪近辺(摂津・河内・和泉)の神社、205社の縁起・由来や、祭祀・祭神をわかりやすく紹介したガイドブック。JR・私鉄・地下鉄沿線別に分類し、参詣の友としてはもちろん、ハイキングなどにも携行の価値ある一冊。

◇湖東三山―百済寺・金剛輪寺・西明寺　藤森武撮影　世界文化社　2000.10　79p　21cm　1524円　⒤4-418-00222-7
　＊数奇な運命を辿りながらも天台の法灯を今に伝える鈴鹿西麓の名刹、「百済寺、金剛輪寺、西明寺」の自然美と造形美を撮り下ろし、一冊の本にまとめました。
◇古都・古寺・古仏―その美と歴史を訪ねて　岡田芳朗著　文化出版局　1988.8　257p　19cm　1200円　⒤4-579-30296-6
◇鯵の響き　杉村良雄編　杉村良雄　1993.10　80p　21cm
◇寂聴古寺巡礼　瀬戸内寂聴著　新潮社　1997.3　239p　16cm　(新潮文庫)　529円　⒤4-10-114429-X
　＊「寺はうんと壮大な寺か、思いきってさやかな草庵風の寺がいい」古寺巡礼のひとり旅…静寂な森閑とした名刹に心ひかれる時がある。仏像を見つめ魂を清浄にしたい時がある。51歳の時に得度して、京都嵯峨野に庵を結ぶ著者・寂聴さんは、若いころから好きでよく訪ねた古の奈良や京都のお寺に、いまでも足が向く。神護寺、常照皇寺、薬師寺、延暦寺など、心に残る名刹を綴る。
◇週刊古寺をゆく 24　四天王寺　小学館　2001.7　35p　30cm　(小学館ウイークリーブック)　533円
◇週刊古寺をゆく 26　道成寺・粉河寺・青岸渡寺　小学館　2001.8　35p　30cm　(小学館ウイークリーブック)　533円
◇週刊古寺をゆく 27　石山寺と湖東三山　小学館　2001.8　35p　30cm　(小学館ウイークリーブック)　533円
◇神社仏閣開運ガイド―関西版　マック出版編　改訂版　七賢出版　1998.12　257p　19cm　1500円　⒤4-88304-393-2
　＊本書は、近畿二府四県(大阪・兵庫・京都・奈良・和歌山・滋賀)の、ご利益(ご神徳)など、由緒、庭園、仏像、建築物など、何らかで有名な神社・寺院を205社寺紹介したものである。
◇神社めぐり―神々と信仰の系譜 関西編　川口謙二著　三一書房　1998.1　221p　18cm　(三一新書)　800円　⒤4-380-98000-6
　＊永い都であった関西地方には、古くからの神社が数多く残る。住吉、熊野、伊勢といった有名な大社から、競馬の神や饅頭の神などのめずらしい神々まで、庶民に親しまれてきた神社の由来と系譜を、わかりやすく解説する本格派ガイド。
◇図説 近江古寺紀行　木村至宏著　河出書房新社　1995.11　121p　22×17cm　1800

寺社めぐり　　　　　　　　　　　　　　　　　　　　　　　　寺社仏閣

円　④4-309-72498-1
　＊古刹にみちびかれゆく湖国の旅。秘蔵の寺宝、勝景をあまねく収録。櫟野寺十一面観音坐像、園城寺智証大師像、延暦寺天台法華宗年分縁起、円光寺九重石塔、神照寺金銀鍍透彫華籠、石道寺十一面観音立像、ほか。

◇摂津国八十八所巡礼　摂津国八十八所霊場会編　（大阪）朱鷺書房　1987.12　246p　19cm　1000円　④4-88602-101-8
　＊かつての"摂津国"は、今日の大阪府北部と兵庫県の一部にわたる広い地域であった。江戸時代中期、その摂津国に開かれた八十八所霊場。熱心な大師信仰に支えられて、その昔は大いににぎわった。都心の寺、住宅街の寺、山間のかくれ古寺等々とバラエティに富み、身近にあって、魅力いっぱいの摂津国八十八霊場の巡拝案内。

◇楽しい古代寺院めぐり―大阪府内の古代寺院をたずねる　瀬川芳則編著　松籟社　1998.10　264p　19cm　1800円　④4-87984-197-8

◇単身赴任の日々―大阪の暮し　上野清一郎著　近代文芸社　1996.6　355p　19cm　1800円　④4-7733-5391-0
　＊あの日々が今も心に。単身の生活を、数多く訪れた古寺についての手記を中心にまとめた一冊。

◇丹波西国三十七所道中記　三和町郷土資料館　2001.3　38p　30cm

◇探訪日本の古寺 13　近畿　第2版　小学館　1990.8　188p　26cm　2000円　④4-09-377113-8
　＊真言の響きと熊野信仰。仏教美術を訪ねる近畿の旅。

◇探訪日本の古寺 5　近江・若狭　小学館　1991.2　187p　26cm　2000円　④4-09-377105-7
　＊ワイドカラーで寺院、仏像の魅力を再現。一流執筆者の旅情あふれる紀行文〈古寺探訪〉。名僧の生涯と教えを解説する〈名僧列伝〉。日本仏教、古寺美術を系統的に解明。全国の寺院が所蔵する国・県指定の文化財リスト。

◇同行二人　池田錦七著　池田錦七　1994.10　79p　26cm

◇日本美を語る 2　千古に輝く西の京　薬師寺・唐招提寺と西の京の寺々　矢内原伊作、佐藤昭夫編　ぎょうせい　1989.3　159p　30cm　4500円　④4-324-01556-2

◇日本名建築写真選集 7　西明寺・金剛輪寺　井上隆雄撮影、濱島正士解説、白洲正子エッセ

イ　新潮社　1992.7　134p　30cm　5000円　④4-10-602626-0
　＊桜に新緑、紅葉に雪、四季折々の自然に包まれて、近江の山腹にひっそりと鎮まる純和様の本堂と三重塔。湖東三山と称される天台古刹の優美な姿を、井上隆雄が深い陰翳の中に写し出す。

◇播磨西国三十三カ寺巡礼　藤木明子文、北村泰生写真　神戸新聞総合出版センター　1998.10　143p　21cm　1700円　④4-343-00020-6
　＊三十三体の化身となって悩める衆生を救うという観音さまは、あらゆるみ仏の中でも私たちにとって最も身近なみ仏といえるでしょう。その観音の霊験あらたかな西国三十三カ寺観音霊場に対して、近畿地方を一巡する長大な巡礼がかなわぬ足弱の女、子供、老人のために、江戸時代、姫路慶雲寺の南室禅師が本西国にならって播磨西国観音霊場を選びました。いずれも江戸時代は御朱印寺として栄えた古寺名刹ばかりです。本書は、昭和五十九年に発刊した同題書の改装新版です。今回は「花しるべ」をつけ加えて、各寺の四季の景観とともに咲く花の趣も愛でていただくことになりました。

◇播磨西国三十三カ寺巡礼　藤木明子著　神戸新聞出版センター　1984.4　221p　21cm　1600円　④4-87521-014-0

◇阪急沿線ご利益祈願どころ　阪急電鉄コミュニケーション事業部企画・編集・著作　阪急電鉄コミュニケーション事業部　1999.12　163p　19cm　952円　④4-89485-016-8

◇兵庫のご利益ガイド―心の故郷訪問　須田京介著　神戸新聞総合出版センター　1994.5　265p　21cm　1800円　④4-87521-064-7
　＊本書は県下の213寺社を紹介します。あなたの町から、遠くても2・3時間のところ、「なにか、ホッとする。」「手を合わせたい。」そんな出会いを演出します。巻末に祭事・行事の日も収録しています。

◇ひょうごの塔　前田重夫著、北村泰生写真　神戸新聞出版センター　1984.3　189p　17cm　（兵庫ふるさと散歩　12）　880円　④4-87521-017-5

◇仏塔古寺十八尊巡礼―法話と札所案内　仏塔古寺十八尊霊場会編　朱鷺書房　1996.5　158p　19cm　1030円　④4-88602-305-3
　＊先祖供養の十八尊を巡礼し、あわせて五重塔、三重塔、多宝塔等々の仏塔供養をかなえる霊場めぐりの詳細ガイド。大阪、京都、和歌山、奈良、兵庫の二府三県にまたがる大師信仰にゆかりの古寺・古刹

を、山主の法話とともに紹介する。
◇ふるさとの神々と仏たち―神仏との出会い　洲本編　田村正著　淡路地方史研究会　1992.11　577p　22cm　4900円
◇松原の古寺―ふるさと松原　松原市教育委員会　1988.3　79p　21cm
◇杜を訪ねて―ひょうごの神社とお寺　上　神戸新聞文化部編　（神戸）神戸新聞総合出版センター　1989.9　317p　19cm　（のじぎく文庫）　1300円　①4-87521-459-6
　＊全国でも一、二を誇る"杜の国"兵庫県。7000余もあるという神社仏閣のなかから、特異な縁起や伝説を残す100の社寺を紹介。地図・交通機関・祭礼日なども合わせて掲載、"社寺ウォッチング"また歴史探訪のガイドとしても格好の書。
◇杜を訪ねて―ひょうごの神社とお寺　下　神戸新聞文化部編　（神戸）神戸新聞総合出版センター　1990.12　349p　19cm　（のじぎく文庫）　1300円　①4-87521-464-2
　＊古さびた山門ごしに、新緑の木立の間からのぞく伽藍群。セミしぐれが降りそそぎ、子供たちの歓声がこだました境内は、やがて一斉に紅葉したモミジであたりの空気まで赤く染まる―。四季折々の彩りにつつまれる"ふるさとの杜"、そんな神社やお寺を訪ねて歩く、ちいさな旅。
◇大和巡り及び吉野大峯行者参記―嘉永三年戊年三月廿三日発足 同四月三日帰路　森祐清著　近江八幡市立郷土資料館　1987.3　32p　26cm　（近江八幡歴史シリーズ）
◇夢結び宝の道七福神めぐり　三条杜夫著, 宝の道七福神会監修　朱鷺書房　1998.1　207p　19cm　1000円　①4-88602-312-6
◇わがまち茨木 神社・仏閣編　茨木市, 茨木市教育委員会編　茨木市　1989.3　188p　26cm

西国巡礼

近畿地方　平安時代以降

＊　＊　＊

◇生きる―西国巡礼と観音信仰　伊佐早二郎著　泰流社　1990.7　264p　19cm　1800円　①4-88470-728-1
◇和泉西国三十三所めぐり―ふる里の観音さま　高野善英, 中島重好編　和泉西国会　1985 1冊　21cm
◇河内西国三十三所観世音めぐり　宿場町枚方を考える会編　宿場町枚方を考える会　1986.9　49p　10×27cm　800円

◇観音霊場 西国三十三所の昔話　フジタ編集部編（奈良）フジタ　1986.3　76p　19cm　850円　①4-89349-301-9
◇御詠歌の旅―西国三十三札所を巡る　和田嘉寿男著　新装普及版　和泉書院　1998.4　226p　19cm　（和泉ブックス　1）　1500円　①4-87088-924-2
　＊西国三十三札所の観音霊場を訪ねて、いつの世にからか広く人々の心を支えて来た御詠歌のルーツを探り、日本文化史の深層に迫る。
◇御詠歌の旅―西国三十三札所をめぐる　和田嘉寿男著　和泉書院　1995.7　225p　19cm　（和泉選書）　2060円　①4-87088-732-0
　＊西国三十三札所の観音霊場を訪ねて、いつの世にからか広く人々の心を支えて来た御詠歌のルーツを探り、日本文化史の深層に迫る。
◇西国観音巡礼―千余年の信仰にささえられた　平幡良雄著　改訂2版　満願寺教化部　1994.12　240p　19cm　1000円
◇西国三十三カ所札寺&周辺ガイド　京阪神エルマガジン社編　京阪神エルマガジン社　2000.7　157p　26cm　（エルマガmook）　1200円　①4-87435-124-7
◇西国三十三カ所―歴史と信仰のみちドライブ観音巡礼　平幡良雄著　改訂2版　満願寺教化部　1995.1　96p　19cm　700円
◇西国三十三カ所　山と渓谷社　1997.12　173p　21cm　（Jガイドホリデー）　1300円　①4-635-00664-6
◇西国三十三カ所こころの旅―四季を彩る霊場めぐり　ブルーガイド編集部編　実業之日本社　1998.6　159p　21cm　（通の行く旅）　1600円　①4-408-00073-6
　＊札所巡りの現代風コースの選び方、日程の作り方等を親切に紹介。各札所の境内の見どころ、歴史とのかかわりをわかりやすく解説。巡礼の旅を何倍にも楽しめるよう、札所周辺の観光ポイント、グルメ、温泉などを盛りだくさんにガイド。コースガイド地図、アクセス、宿泊施設など詳細データを収録。
◇西国33カ所札所めぐり　橋本哲二著　保育社　1997.9　146p　19cm　（Prime books）　1400円　①4-586-62003-X
　＊俗塵ばらいの西国巡礼。
◇西国三十三カ所めぐり―歴史と四季が彩る観音の里　藤井金治写真　日本交通公社出版事業局　1994.3　144p　21cm　（JTBキャンブックス）　1500円　①4-533-02022-4

寺社めぐり　　　　　　　　　　　　　　　　　　　　　　　寺社仏閣

◇西国三十三ケ所巡り　昭文社　2000.3（11刷）159p 21cm（旅の森）1400円　ⓝ4-398-13198-1
　＊本書は西国三十三観音霊場の、旅情豊かな紀行文と四季折々のオリジナル写真で綴る詳しいガイドである。
◇西国33カ所霊場めぐり　小林茂著　日地出版（発売）1996.3 149p 19cm 1380円　ⓝ4-527-00552-9
◇西国巡礼　白洲正子著　風媒社　1997.12 218p 22cm 2100円　4-8331-3108-0
　＊美をもとめ、こころを訪ねる観音紀行。みずからめぐり歩いた西国三十三カ所巡礼の旅のなか、日本人の心に息づく"信仰"の姿を探った名著。
◇西国巡礼　白洲正子〔著〕講談社　1999.6 211p 16cm（講談社文芸文庫）980円　ⓝ4-06-197667-2
　＊見事な滝の景観で有名な第一番那智山の青岸渡寺、第二番紀三井寺、大和の長谷寺、滋賀の石山寺、洛中洛外の清水寺、六波羅蜜寺、琵琶湖の竹生島等に、三十三番美濃の華厳寺、番外の花山院。全て自らの足で巡り、観音信仰の広大無辺、自然の中での精神の躍動を、自己の存在を賭けた言葉で語る著者初めての巡礼の旅。後の多くの名著の出発点となった美と魂の発見の旅、西国三十三カ所巡り。
◇西国巡礼三十三度行者の研究　小嶋博巳編　岩田書院　1993.10 353p 22cm 8137円　ⓝ4-900697-06-0
◇西国巡礼と葉室組行者―三十三度の旅の祈り　平成10年度企画展図録　太子町立竹内街道歴史資料館編　太子町立竹内街道歴史資料館　1998.9 56p 26cm
◇西国巡礼のすすめ―御詠歌とともに歩む　前田孝道著　朱鷺書房　1997.7 239p 19cm 1200円　ⓝ4-88602-310-X
◇西国巡礼歌諺註　渡辺守順編　和泉書院　1992.10 223p 21cm（和泉書院影印叢刊 81）2575円　ⓝ4-87088-567-0
◇西国・新西国観音霊場巡拝紀行　漆原秀男著　漆原秀男　1991.8 128p 21cm
◇西国薬師巡礼　井上博道撮影, 西国薬師霊場会編　光村推古書院　1998.11 158p 26cm 2667円　ⓝ4-8381-0240-2
　＊本書、四十九薬師霊場の写真集は、各寺院の薬師如来像鑑賞の旅ではなく、それぞれの寺院の佇まい、住職や見知らぬ土地での人と人との出会いと語らい、そして途中の美しい景観との対話を目的としたものである。

◇西国33カ所巡拝　小林茂著〔カラー版〕（大阪）ナンバー出版　1990.5 149p 19cm（ナンバーガイド）1000円　ⓝ4-88859-038-9
　＊本書は西国霊場のお寺の道順や説明にあわせて巻末に仏教全般や、その他参考となる事柄を記しました。
◇西国愛染十七霊場巡礼―法話と札所案内　西国愛染霊場会編　朱鷺書房　1994.4 117p 19cm 850円　ⓝ4-88602-301-0
　＊迷いをそのままに浄化し、無量の福徳を与えてくださる愛染明王は、ことに愛と良縁成就、福徳円満の仏さまとして、熱心な信仰を集めている。大阪・兵庫・岡山・京都・滋賀・三重・奈良・和歌山を結ぶ愛染さまの霊場巡拝コースを案内する。
◇西国三十三カ所巡礼　井上隆雄, 田中智彦著　新潮社　1988.3 127p 22×17cm（とんぼの本）1300円　ⓝ4-10-601957-4
◇西国33カ所・新西国巡礼　高山瑛著　第2版　ナンバー出版　1987.10 239p 19cm 1000円　ⓝ4-88859-019-2
◇西国三十三カ所めぐり―日曜ドライブ　久保宗一写真・文　サンケイ新聞生活情報センター　1981.9 80p 19cm
◇西国33カ所霊場めぐり　小林茂著　日地出版　1993.4 149p 19cm 1380円　ⓝ4-527-00552-9
◇西国33カ所霊場めぐり　小林茂著　日地出版　1995.1 149p 19cm 1380円　ⓝ4-527-00552-9
◇西国三十三ケ所霊場めぐり　小林茂著　日地出版　1997.1 149p 19cm（日地出版の巡礼シリーズ）1340円　ⓝ4-527-00552-9
　＊本書は、西国霊場のお寺の道順や説明にあわせて巻末に仏教全般や、その他ご参考となる事柄を記しました。
◇西国三十三所―巡礼の手引　福田静男著（奈良）フジタ　1987.11 95p 19cm（歴史とのふれあい）600円　ⓝ4-89349-209-8
◇西国三十三所観音巡礼―法話と札所案内　西国札所会編　（大阪）朱鷺書房　1987.2 207p 19cm 980円
　＊千二百余年の昔、大和長谷寺の徳道上人によって創設、988年花山法皇の手で中興されたと伝えられる西国33所。2府5県にわたるこの最も歴史の古い観音霊場は、人々のあつい信仰に支えられて今日も多くの巡礼者が詣でる。観音巡礼に求めるものは何か。西国札所の案内とあわせて、各霊場山主が信仰生活の真髄を説く。
◇西国三十三所仏画巡礼　小松庸祐編著　朱鷺書房　1993.6 224p 26cm 6180円

194

◇西国三十三所名所図会　暁鐘成著　(京都)臨川書店　1991.4　1041p　21cm　17510円　①4-653-02200-3
　＊嘉永6(1853)年刊。伊勢・紀伊・和泉・河内・大和の霊場巡りの道中名所解説の書。当時の風俗を伝える写実的な図や鳥瞰図を数多く挿入。また伝承や遺跡・出土物の類も収載し、単なる名所図会に終らない。
◇西国巡拝記　杉本苑子著　中央公論社　1980.11　272p　16cm　(中公文庫)　360円
◇西国巡礼　白洲正子著　旺文社　1985.7　244p　16cm　(旺文社文庫)　370円　①4-01-064214-9
◇西国巡礼—三十三所観音めぐり　佐和隆研著,西国札所会編　社会思想社　1988.3　286p　19cm　980円　①4-390-60304-3
　＊西国札所寺院は古くから庶民の信仰の中心、心のささえとして親しまれてきた。地方に散在していながら、各寺にはすぐれた仏像など数多くの文化財が残されており、現在でも巡拝にあるいは参観のため訪れる人が多い。本書は、紀伊南端の那智山からはじまり、近畿6県を経て岐阜谷汲山までの三十三ケ寺と番外三ケ寺の歴史、文化、信仰を中心に紹介し、本尊観音像をはじめ、豊富な写真と交通地図を添えて興味深い巡礼への手引書とした。
◇西国順礼道中記　大子町史編さん委員会編　大子町　1986.10　124p　21cm　(大子町史料　別冊9)
◇西国巡礼の旅　坂田武彦著　坂田武彦　1988.1　221p　20cm　1000円
◇西国巡礼の寺　三浦美佐子,小川光三共著　保育社　1992.3　151p　15cm　(カラーブックス)　620円　①4-586-50825-6
　＊西国33カ所の寺を滋味溢れる文と、風趣あるカメラで描く好ガイド書。
◇西国・新西国巡礼　髙山瑛著　ナンバー出版　1984.4　239p　19cm　(ナンバーガイド　33)　980円
◇西国札所古道巡礼—「母なる道」を歩む　松尾心空著　春秋社　1992.11　300p　19cm　1800円　①4-393-13315-3
　＊熊野古道をはじめ一千キロの行程を克明に記録した感動の巡礼記。西国三十三所徒歩巡礼に必携のガイドブック。
◇西国遍路と俳句—休日を楽しむ霊場の案内　淵脇逸郎著　新風書房　1995.1　114p　19cm　1500円　①4-88269-295-3
　＊本書は仏教徒でもない現職サラリーマンが、西国の霊場(お寺)40カ所を巡り、その折々の俳句79句と紀行文をまとめたものである。
◇西国四十九薬師巡礼—法話と札所案内　西国薬師霊場会編　(大阪)朱鷺書房　1989.11　218p　19cm　1030円　①4-88602-121-2
　＊東方浄瑠璃浄土にあって、現世の人々の心身の安楽を願ってくださる薬師瑠璃光如来。その信仰は仏教の伝来と共にあり、いままた新たな人気を集めている。近畿二府五県にわたる代表的なお薬師さまの霊場四十九所を、それぞれの寺院住職の法話とあわせて詳しく案内する。
◇西国霊場　浅野喜一写真　新人物往来社　1981.5　1冊　31cm　20000円
◇巡礼道—播磨西国三十三カ寺観音霊場　鹿写会　1985.9　141p　22cm
◇巡礼の旅—西国三十三カ所　白洲正子著　淡交新社　1965　214p　図版共　22cm
◇女性の西国巡礼三十三度行者—尼サンドについて　玉城幸男著　玉城幸男　1993.2　107p　21cm
◇新西国巡礼の寺　橋本哲二著　保育社　1982.6　149p　15cm　(カラーブックス　572)　500円　①4-586-50572-9
◇新西国霊場—古寺めぐりへの招待　下休場由晴著　朱鷺書房　1986.6　173p　19cm　880円
◇新西国霊場法話巡礼—法話と札所案内　新西国霊場会編　朱鷺書房　1993.8　214p　19cm　1030円　①4-88602-300-2
　＊昭和のはじめ、人気投票によって選定されたという近畿二府四県にわたるユニークな巡拝霊場。庶民的人気に支えられて今も変わらず賑わう三十八ケ寺をめぐる。詳細地図付。
◇大慈大悲西国三十三所観音聚成　丸山石根,宮本竹逕著　講談社　1986.5　246p　38cm　58000円　①4-06-201824-1
◇同行二人—西国三十三カ所めぐり　松原泰道著　講談社　1985.4　257p　15cm　(講談社学術文庫)　680円　①4-06-158680-7
◇ドライブ西国三十三カ所　札所研究会編　2版　札所研究会　1978.9　80p　18cm　(古寺巡礼シリーズ)　450円
◇霊場巡礼1　西国巡礼の寺　五来重著　角川書店　1995.12　349p　19cm　2500円　①4-04-511301-0

比叡山延暦寺

滋賀県　奈良時代〜室町時代　関連人物：最澄
指定：史跡「延暦寺旧境内」、国宝「延暦寺根

◇大津市坂本地先「延暦寺の建築物」と「比叡山の森林」　滋賀県大津林業事務所編　滋賀県大津林業事務所　1997.3　28p　30cm（先人の築いた歴史資産を訪ねて　no.3）
◇古寺巡礼京都 26　延暦寺　安岡章太郎, 誉田玄昭著　淡交社　1978.7　162p　27cm　2800円
◇週刊古寺をゆく 10　延暦寺　小学館　2001.4　35p　30cm（小学館ウイークリーブック）　533円
◇日本古寺美術全集 10　延暦寺・園城寺と西教寺　濱田隆著　集英社　1980.9　147p　40cm　5600円
◇比叡山　岩波書店編集部編　岩波書店　1952　図版64p　19cm（岩波写真文庫）
◇比叡山　延暦寺編　1954　186p　図版20枚　19cm
◇比叡山　朝日新聞社編　1957　図版64p　26cm（アサヒ写真ブック）
◇比叡山　延暦寺編　関書院　1959　231p　図版9枚　19cm
◇比叡山―その自然と人文　北村四郎, 景山春樹, 藤岡謙二六共編　京都新聞社　1961　340p　図版23枚　地図　26cm
◇比叡山延暦寺―世界文化遺産　渡辺守順著　吉川弘文館　1998.12　222p　19cm（歴史文化ライブラリー）　1700円　①4-642-05455-3
　＊最澄によって開創され、千古の法灯を今に伝える比叡山。その歴史と高僧たちの心を振り返り、法儀・行事に照明を当てる。また、厳しい修行の足跡と、堂塔や仏像などの文化財を巡り、世界文化遺産登録への意味を考える。
◇比叡山歴史の散歩道―延暦寺から、日吉大社を歩く　講談社　1995.10　127p　21cm（講談社カルチャーブックス）　1500円　①4-06-198105-6
　＊ユネスコの世界遺産リストに登録された比叡山、1200年の歴史を誇る延暦寺から全国「山王」の総本宮日吉大社など、史跡を巡る。多くの名僧を輩出した日本仏教のふるさと、また宗教サミットの主催地として、現在も歴史を賑わせ続ける比叡山延暦寺と「山王祭」で知られる日吉大社の全景を紹介。
◇北嶺の行者　酒井雄哉―比叡山回峰2千日の軌跡　島一春著　（大阪）創元社　1987.8　226p　19cm　1300円　①4-422-14013-2

　＊行道8万キロ、2千14年の歳月。行半ばにして息絶える者もあるというこの難行に何故に挑み、あるきつづけるのか？現身の光と影を不動明王に托し、血肉の限界を越え命を刻む僧の内奥に迫る！

高野山金剛峰寺

和歌山県　平安時代　関連人物：空海　指定：国宝「金剛峰寺不動堂」ほか

　　　　＊　　　＊　　　＊

◇高野山　北尾鐐之助著　高野山出版社　1955　4版　92p　図版20枚　地図　18×18cm
◇高野山　山田耕二著　（大阪）保育社　1986.11　228p　19cm（日本の古寺美術9）　1600円　①4-586-72009-3
　＊霊峯高野山の歴史は、中国より密教を持ち帰った空海が、この地に修禅の道場、金剛峯寺を開創したことに始まる。本書では、真言密教、弘法大師信仰、高野山浄土信仰と、複雑な様相を見せる高野山の歴史をたどるとともに、その複雑さゆえに形成された、厖大で多様多彩な高野山の美術品の数々を訪ねてみたい。
◇高野山領史ハイキング―ちょっとした歴史の旅　松田文夫著　松田文夫　1989.3　112p　23cm　1500円
◇古寺巡礼西国 1　高野山金剛峯寺　司馬遼太郎ほか著　淡交社　1981.5　159,1p　27cm　3200円　①4-473-00744-8
◇週刊古寺をゆく 15　高野山　小学館　2001.5　35p　30cm（小学館ウイークリーブック）　533円
◇巡礼高野山　永坂嘉光, 日野西真定, 川又一英著　新潮社　1990.7　119p　22×17cm（とんぼの本）　1300円　①4-10-601984-1
　＊弘法大師空海の入定の地、高野山は真言密教の聖地である。海抜約900メートルの山上に拡がる大規模な宗教都市は、世界的にみても珍しい。真言密教の教義を象徴化したという壇上伽藍、大師の御廟を中心とした奥の院、この二つの聖域を核として発展してきた高野山の今日の姿を、高野山に生まれ育った永坂嘉光氏のカメラを通して紹介する。さらに、高野山大学・日野西真定氏の年中行事案内と、作家・川又一英氏のルポルタージュにより、この聖地が身近かなものとなる。
◇聖と俗と―高野山　朝日新聞和歌山支局編　帯伊書店　1978.5　253p　19cm（きのく

に叢書 1） 1500円
◇続・高野山領ものがたり―高野山領史を歩く 松田文夫著 松田文夫 1988.12 183p 23cm 2200円

寺社めぐり（京都）

◇回峯行―光永覚道阿闍梨写真集 打田浩一写真 春秋社 1994.3 1冊 32×24cm 9800円 Ⓟ4-393-95311-8
  * 身は比叡山三十六谷の諸仏・諸菩薩を巡拝しつつ山中をめぐる荒行、回峯行。先般、先日回峯行を成満した光永覚道阿闍梨の記録。
◇岩船寺 植村幸雄、永野一晃著 淡交社 1998.5 94p 21×16cm （京の古寺から 26） 2000円 Ⓟ4-473-01562-9
◇祇王寺 髙岡智照、大木明著 淡交社 1995.10 94p 21cm （京の古寺から 12） 2000円 Ⓟ4-473-01363-4
◇京の古寺庭めぐり―行雲流水 角省三著 角省三 1995.6 303p 19cm
◇京の社寺を歩く 京都新聞社編 京都新聞社 2000.12 250p 21cm 1200円 Ⓟ4-7638-0481-2
◇京の禅寺をたずねる 寺前浄因監修、福島祐子文、猪口公一写真 淡交社 2000.9 126p 21cm （新撰京の魅力） 1500円 Ⓟ4-473-01746-X
  * モノトーンで出来得る限りの装飾性を省いたシンプルなデザインの建造物に、水墨画を思わせるような枯山水の庭、或いは景勝地を凝縮したような池泉式庭園、方丈や書院の障壁画や襖絵の文化財といったところが、見所の定番であろう。その見所の奥に潜む心を探る。
◇京の通称寺散歩 京都新聞社 1985.11 186p 19cm 1000円 Ⓟ4-7638-0193-7
◇京都古寺逍遙 上巻 古寺巡拝 日本通信教育連盟 1991.6 199p 34cm
◇京都のお寺・神社謎とき散歩―歩いて訪ねる古都のご利益さん 左方郁子著 広済堂出版 1998.12 221p 19cm 1600円 Ⓟ4-331-50667-3
  * どこまでも続く伏見の千本鳥居、光の装飾絵・化野念仏寺の万灯会、火伏せの愛宕神社、恋を取り持つ地主神社…。静寂の境内にたたずめば、古都1200年の歴史ロマンが聞こえてくる。ご利益ガイド＆地図付き。
◇京都の禅寺散歩 竹貫元勝著 雄山閣出版 1994.7 283p 19cm 2200円 Ⓟ4-639-

01245-4
◇京都発見 1 地霊鎮魂 梅原猛著 新潮社 1997.1 302p 22cm 2781円 Ⓟ4-10-303012-7
  * 由緒ある寺社を訪ね、史料を繙けば、天皇・貴族から宗教者、そして民衆にいたるまでの魂の声が聞こえてくる。満たされぬまま歴史の舞台から消えていった怨霊が語り始めるとき、思いもかけぬ真実がよみがえる。京都に住んで五十年の著者が洛中洛外を縦横無尽に歩き、読者を発見の旅へと誘う知的冒険の書。
◇京都発見 2 路地遊行 梅原猛著 新潮社 1998.2 325p 22cm 2800円 Ⓟ4-10-303013-5
  * 京都は日本史の冷凍庫である―聖徳太子と太秦・広隆寺、菅原道真と北野天満宮、後白河法皇と三十三間堂、豊臣秀吉と妙法院など、千二百年の都に足跡を残した人物ゆかりの寺社を訪ね、歴史の彼方に秘められた真実の声に耳を傾ける。千二百年の古都に梅原猛が初めて挑む、知的刺激に溢れた文化論。
◇京都瞑想 2000 吉村達也著 アミューズブックス 2000.2 159p 22cm 1600円 Ⓟ4-906613-47-0
  * 嵯峨野に仕事場を構えた推理作家・吉村達也が、一年かけて古都をめぐり、自らの目で確かめて書き綴り、自らの感性でデジタル・カメラのシャッターを押して切り取った、古都2000年を迎える瞬間にいたるまでの新鮮な京都映像がここにあります。こんなにわかりやすい「京都ガイド」は初めてです。
◇京都・山城寺院神社大事典 平凡社編 平凡社 1997.2 763,36p 22cm 7828円 Ⓟ4-582-13401-7
◇京都・奈良 女人の寺案内 山崎しげ子著 主婦と生活社 1993.4 159p 21cm 1380円 Ⓟ4-391-11530-1
  * 歴史の主人公ゆかりの寺、魅力周辺ガイド。
◇京都 阿弥陀の寺と庭 横山健蔵著, グレッチェン・ミトワ英訳 光村推古書院 2000.11 59p 17×19cm （SUIKO BOOKS） 1000円 Ⓟ4-8381-0276-3
  * 本書は宗派を超えて、阿弥陀さまをまつる京都の著名な寺院と庭園を、多年にわたり撮影した写真で構成するものです。
◇京都千年 2 寺と社―古社寺への道 赤井達郎編 講談社 1984.4 244p 21cm 1500円 Ⓟ4-06-187102-1

◇京都 禅の庭―ZEN GARDENS　水野克比古写真　新装版　光村推古書院　1996.2　62p　17×19cm　（SUIKO BOOKS）　1030円　Ⓘ4-8381-0159-7
　＊本書は禅の庭の美しさを水野克比古氏の新撮影を中心とした素晴らしいカラー写真で紹介し、写真図版下と巻末に庭園解説を記載し、わかりやすく禅の基礎的な知識と座禅の組める寺や宿坊などの情報を折り込み、古都京都に多く残されている禅の庭のガイドブックとして纏めあげた。

◇京都・奈良 古寺巡礼―女人哀歓　奈良本辰也著、伊庭一洋写　徳間書店　1986.11　220p　15cm　（徳間文庫）　680円　Ⓘ4-19-598178-6
　＊栄華を極めた平家一族滅亡の後、建礼門院が読経三昧に隠れ棲んだ大原の冬。夫の愛を喪い、煩悶の日々を「かげろう日記」に祈りこめて道綱の母が縋った長谷寺。ついに滝口入道とは成就しなかった悲恋の横笛の像を安置する法華尼寺。いったいどれほどの女人が、室生寺の石段をすり減らしたのか―。古寺は今なお千年の歴史に女たちの幾多の哀しみと願いを秘めて深く息づいている。珠玉のエッセイ&フォト。

◇京都の寺社―その信仰と伝説を訪ねて　内藤正敏著、下川耿史著　稜北出版　1984.8　265p　19cm　（シリーズご利益　2）　1200円

◇京都の社寺―京都市・南山城 丹波 丹後　京都府文化財保護基金編　淡交社　1980.11　462p　22cm　3800円　Ⓘ4-473-00717-0

◇京都の寺　ひろさちや原作、望月あきら漫画　鈴木出版　1991.7　153p　21cm　（仏教コミックス　102）　1200円　Ⓘ4-7902-1970-4
　＊京都の寺の歴史、いわれについての問題を解いて、オリエンテーリングで巡る修学旅行。夕日が丘中学三年B組八班の四人はみなバラバラでまとまりがない。一日目、清水寺、銀閣寺とまわるが成績は最下位。二日目は大徳寺、金閣寺そして空海、真言密教の道場であった東寺へと向かう。ここで見るまんだら。ほとけさまの集合体であるその図に自分たちもまんだらであると気づくのだった。四人の気持ちはかよい合い一つになる。

◇京都 花の寺　ひらのりょうこ文、土村清治写真　（大阪）保育社　1989.2　151p　15cm　（カラーブックス）　600円　Ⓘ4-586-50771-3
　＊梅・桜・桔梗・萩と、雅の都京都の花の名所の寺を、美しい詩と写真にのせ案内。

◇京都花の寺・茶花散歩 洛西・洛中・洛外　神園英彦写真・文　旅行読売出版社　1990.4　111p　26×22cm　1850円　Ⓘ4-89752-004-5

◇京都・花の寺めぐり　山崎しげ子文、高代貴洋写真　偕社　1995.7　231p　19cm　2000円　Ⓘ4-03-529390-3

◇京の祈願どころ―福運とやすらぎをもとめるご利益別・京都寺社ガイド　山田邦夫著　第4版　昭文社　1988.1　157p　19cm　（エアリアガイド　55）　950円

◇京の寺社・観光地　京都市観光協会編　京都ライトハウス点字出版部　1985.3　3冊　28cm　全3600円

◇京の社寺―歴史と観光　木下正一著　木下正一　1988.4　351p　21cm　2000円

◇京の寺　岡部伊都子著　保育社　1992.2　157p　15cm　（カラーブックス）　620円　Ⓘ4-586-50822-1

◇興聖寺　植本摂道, 溝縁ひろし著　淡交社　1998.4　94p　21cm　（京の古寺から　24）　2000円　Ⓘ4-473-01560-2
　＊凛とした雰囲気の禅寺、興聖寺。「春岸の山吹」「興聖の晩鐘」と謳われるその四季の風光を伝えます。

◇高台寺　野田文外, 後藤典生, 水野克比古著　淡交社　1995.3　93p　21cm　（京の古寺から　5）　2000円　Ⓘ4-473-01356-1

◇光明寺　川崎観随, 橋本健次著　淡交社　1998.9　94p　21×16cm　（京の古寺から　29）　2000円　Ⓘ4-473-01565-3

◇古寺巡礼京都 1　東寺　司馬遼太郎, 鷲尾隆輝著　淡交社　1976　152p　27cm　2800円

◇古寺巡礼京都 11　仁和寺　山本健吉, 森諦円著　淡交社　1977.3　153p　27cm　2800円

◇古寺巡礼京都 12　南禅寺　杉森久英, 勝平宗徹, 桜井景雄著　淡交社　1977.4　170p　27cm　2800円

◇古寺巡礼京都 13　広隆寺　矢内原伊作, 清滝英弘著　淡交社　1977.5　165p　27cm　2800円

◇古寺巡礼京都 14　妙法院,三十三間堂　宇佐見英治, 三崎義泉著　淡交社　1977.6　163p　27cm　2800円

◇古寺巡礼京都 15　高山寺　井上靖, 葉上照澄著　淡交社　1977.7　161p　27cm　2800円

寺社仏閣　　　　　　　　　　　　　　　　寺社めぐり

◇古寺巡礼京都 16　大徳寺　有吉佐和子, 小堀南嶺著　淡交社　1977.8　172p　27cm　2800円

◇古寺巡礼京都 17　三千院　瀬戸内寂聴, 水谷教章著　淡交社　1977.9　146p　27cm　2800円

◇古寺巡礼京都 18　東福寺　大岡信, 福島俊翁著　淡交社　1977.10　160p　27cm　2800円

◇古寺巡礼京都 19　知恩院　梅原猛, 岸信宏著　淡交社　1977.11　158p　27cm　2800円

◇古寺巡礼京都 10　妙心寺　安東次男, 梶浦逸外著　淡交社　1977.2　161p　27cm　2800円

◇古寺巡礼京都 2　相国寺　足立巻一, 有馬頼底著　淡交社　1976　161p　27cm　2800円

◇古寺巡礼京都 21　清涼寺　瀬戸内寂聴, 鵜飼光順著　淡交社　1978.2　157p　27cm　2800円

◇古寺巡礼京都 22　曼殊院　野口武彦, 山口円道著　淡交社　1978.3　154p　27cm　2800円

◇古寺巡礼京都 23　禅林寺　杉本秀太郎ほか著　淡交社　1978.4　150p　27cm　2800円

◇古寺巡礼京都 25　六波羅蜜寺　杉本苑子, 川崎龍性著　淡交社　1978.6　155p　27cm　2800円

◇古寺巡礼京都 27　鞍馬寺　遠藤周作, 信楽香仁著　淡交社　1978.8　149p　27cm　2800円

◇古寺巡礼京都 28　泉涌寺　田中澄江, 小松道円著　淡交社　1978.9　159p　27cm　2800円

◇古寺巡礼京都 29　法界寺　山崎正和ほか著　淡交社　1978.10　157p　27cm　2800円

◇古寺巡礼京都 3　醍醐寺　井上靖, 岡田宥秀著　淡交社　1976　155p　27cm　2800円

◇古寺巡礼京都 30　大覚寺　巌谷大四ほか著　淡交社　1978.11　145p　27cm　2800円

◇古寺巡礼京都 4　天竜寺　水上勉, 関牧翁著　淡交社　1976　160p　27cm　2800円

◇古寺巡礼京都 5　神護寺　林屋辰三郎, 谷内乾岳著　淡交社　1976.11　155p　27cm　2800円

◇古寺巡礼京都 6　建仁寺　秦恒平, 伊藤東慎著　淡交社　1976.11　166p　27cm　2800円

◇古寺巡礼京都 7　浄瑠璃寺　清岡卓行, 佐伯快勝著　淡交社　1976.12　154p　27cm　2800円

◇古寺巡礼京都 9　万福寺　富士正晴, 安部禅梁著　淡交社　1977.1　156p　27cm　2800円

◇古鐘巡礼記　熊谷幸次郎著　同朋舎出版　1980.10　216p　19cm　2400円

◇古都世界遺産散策　松本章男著　京都新聞社　1997.7　253p　20cm　1700円　①4-7638-0417-0

　＊上代の賀茂別雷神社から近世の二条城までユネスコ「世界遺産」登録の歴史資産17を四季に訪ね移りゆく古都の自然に底流する文化のコアを見つめ千年の時空を紀行する―。京都逍遊。

◇古都遍歴―嵯峨野より　栗田勇著　筑摩書房　1981.10　201p　20cm　1800円

◇金地院　佐々木玄竜, 井上隆雄著　淡交社　1998.10　94p　21×16cm　（京の古寺から 30）　2000円　①4-473-01566-1

　＊静かな佇まいを見せる洛東金地院。特別名勝「鶴亀の庭」で知られる禅刹に移りゆく季節の彩りを訪ねます。

◇西芳寺　藤田秀岳, 大道治一著　淡交社　1995.4　93p　20×16cm　（京の古寺から 6）　2000円　①4-473-01357-X

◇静かな京―わたしの京都案内　大村しげ著　講談社　1985.3　275p　15cm　（講談社文庫）　400円　①4-06-183460-6

◇詩仙堂　石川順之, 水野克比古著　淡交社　1995.1　93p　21×16cm　（京の古寺から 3）　2000円　①4-473-01354-5

◇下鴨神社糺の森　四手井綱英編　ナカニシヤ出版　1993.5　296p　20cm　2500円　①4-88848-205-5

◇寂光院　小松智光, 大木明著　淡交社　1995.8　93p　21cm　（京の古寺から 10）　2000円　①4-473-01361-8

◇週刊古寺をゆく 16　妙法院三十三間堂　小学館　2001.6　35p　30cm　（小学館ウイークリーブック）　533円

◇週刊古寺をゆく 17　浄瑠璃寺・岩船寺　小学館　2001.6　35p　30cm　（小学館ウイークリーブック）　533円

◇週刊古寺をゆく 19　鞍馬寺・三千院　小学館　2001.6　35p　30cm　（小学館ウイークリーブック）　533円

◇週刊古寺をゆく 22　大徳寺　小学館　2001.7　35p　30cm　（小学館ウイークリーブック）　533円

◇週刊古寺をゆく 23　知恩院　小学館　2001.7　35p　30cm　（小学館ウイークリーブック）　533円

199

◇週刊古寺をゆく 25　西本願寺　小学館 2001.8　35p　30cm（小学館ウイークリーブック）　533円
◇週刊古寺をゆく 20　妙心寺・竜安寺　小学館　2001.7　35p　30cm（小学館ウイークリーブック）　533円
◇週刊古寺をゆく 3　東寺　小学館　2001.2 35p　30cm（小学館ウイークリーブック） 533円
◇週刊古寺をゆく 9　醍醐寺　小学館　2001.4 35p　30cm（小学館ウイークリーブック） 533円
◇常寂光寺　長尾憲彰，橋本健次著　淡交社 1995.6　93p　21cm（京の古寺から　8） 2000円　①4-473-01359-6
◇常照寺　奥田正叡，横山健蔵著　淡交社 1998.3　94p　21cm（京の古寺から 23） 2000円　①4-473-01559-9
◇浄瑠璃寺と南山城の寺　肥田路美著（大阪）保育社　1987.2　206p　19cm（日本の古寺美術 18）　1600円　①4-586-72018-2
◇青蓮院　東伏見慈洽，横山健蔵著　淡交社 1998.7　94p　20cm（京の古寺から 27） 2000円　①4-473-01563-7
◇新・京都名所めぐり　大久保郁子著　駸々堂 1986.8　233p　18cm　980円　①4-397-50211-0
◇真宗寺院の四季―筑前正行寺　正行寺著 春秋社　2001.3　123p　30cm　4000円 ①4-393-95318-5
　＊蓮如上人の御教えを実感し，日々を行ずる信心聴聞の門信徒。その真実を写し取った一場一場から，お念仏が甦ってくる。「平生業成」を実現する日々の勤行，大遠忌，四季折々を写真で綴る。
◇随心院　蓮生善隆，角野康夫著　淡交社 1998.1　94p　21×16cm（京の古寺から 21）　2000円　①4-473-01557-2
　＊平安の女流歌人，小野小町ゆかりの寺。はねず海がほのかに香るその静寂な佇まいに，往時の風情がよみがえります。
◇1200年の歴史を秘めた京の古寺あるき　メディアユニオン編　有楽出版社　1997.4 191p　21cm（通の行く京都）　1700円＋税　①4-408-59095-9
◇大仙院　尾関宗園，水野克比古著　淡交社 1998.8　94p　21×16cm（京の古寺から 28）　2000円　①4-473-01564-5
　＊山水画さながらの書院庭園と無をきわめた方丈前庭。枯山水庭園に禅の気鋭が漲ります。

◇糺の森―下鴨神社　四手井綱英編　ナカニシヤ出版　1993.5　296p　19cm　2500円 ①4-88848-205-5
　＊古代から続くまちの森，鴨氏の社叢・糺の森は京都の緑の基点。生きものの生態から祭まで。
◇探訪日本の古寺 6　京都 1　第2版　小学館　1990.9　187p　26cm　2000円　①4-09-377106-5
　＊叡山に輝く不滅の法燈古都洛北の名刹を訪ねて。
◇探訪日本の古寺 7　京都 2　第2版　小学館　1990.6　187p　26cm　2000円　①4-09-377107-3
　＊ワイドカラーで寺院、仏像の魅力を再現。一流執筆者の旅情あふれる紀行文〈古寺探訪〉。由緒ある全国の寺院を15巻に集大成。15人の名僧の生涯と教えを解説する〈名僧列伝〉。日本仏教、古寺美術を系統的に解明。全国の寺院が収蔵する国・県指定の文化財リスト。
◇探訪日本の古寺 8　京都 3　第2版　小学館　1990.12　179p　26cm　2000円　①4-09-377108-1
◇探訪日本の古寺 9　京都 4　〔新装版〕小学館　1990.5　187p　26cm　2000円 ①4-09-377109-X
　＊ワイドカラーで寺院、仏像の魅力を再現。一流執筆者の旅情あふれる紀行文古寺探訪。由緒ある全国の寺院を15巻に集大成。15人の名僧列伝。日本仏教、古寺美術を系統的に解明。全国の寺院が収蔵する国・県指定の文化財リスト。
◇智積院　近藤隆敬，水野克比古著　淡交社 1998.6　94p　21cm（京の古寺から 25） 2000円　①4-473-01561-0
　＊阿弥陀ケ峰を背に広大な境内をもつ智積院。長谷川等伯など桃山の華麗な障壁画とともに名勝庭園に移ろう四季をお楽しみください。
◇中世を歩く―京都の古寺　饗庭孝男著　小沢書店　1982.3　199p　20cm　1400円
◇中世を歩く―京都の古寺　饗庭孝男著　小沢書店　1994.3　199p　19cm（小沢コレクション 42）　1648円
　＊「石と光の思想」でヨーロッパ体験を瑞々しい筆致で綴った著者が，幾度となく訪れた京都の古寺を再遊し，中世の文学と思想への深い共感を通して，その光と影の綾なす世界に，死の影の下に生きた少年の日を回想する。古寺を巡る思索の散歩。

◇徒然の見てある記 続 木下堯之著 木下堯之 1994.9 243p 21cm

◇天龍寺と嵯峨野 西野妙子著 白地社 1982.9 96p 18cm (京をたずねて 1) 950円

◇東寺―生命の宇宙 立木義浩写真集 立木義浩著 集英社 1998.9 183p 27cm 4500円 ⑪4-08-532054-8
 ＊つねに時代の最先端にあって、みずみずしい写真を撮りつづけてきた俊才立木義浩が、生命感にみちた古都・東寺の仏像群と交す緊張感あふれる対話。独自のライティングとアングルで、国宝仏群を撮影した入魂の写真集。

◇等持院 川勝承哲,井上博道著 淡交社 1997.12 94p 21×16cm (京の古寺から 20) 2000円 ⑪4-473-01556-1
 ＊等持院の開山夢窓国師作と伝える庭園には、半夏生の花を配しています。西の庭の山上にある茶席「清漣亭」は、わびの世界を表わしています。禅寺の自然美あふれる伽藍の四季を伝えます。

◇土門拳全集 3 古寺巡礼 3 京都篇 小学館 1983.11 187p 31cm 4800円 ⑪4-09-559003-3

◇土門拳の古寺巡礼 第3巻 京都 1 土門拳著 小学館 1989.10 146p 26cm 1950円 ⑪4-09-559103-X
 ＊本巻は、『古寺巡礼』第3集(美術出版社・昭和43年)、同第5集(昭和50年)、『土門拳全集』第3巻(小学館・昭和58年)に収載された作品をもとに、他の作品をも含めて新たに再編集した。・「ぼくの古寺巡礼」は、土門拳が著者、雑誌等に発表したものから、テーマごとに、編集部が援粋、構成した。

◇土門拳の古寺巡礼 第4巻 京都 2 土門拳著 小学館 1989.12 146p 26cm 1950円 ⑪4-09-559104-8
 ＊本巻は、『古寺巡礼』第2集(美術出版社・昭和40年)、同第4集(昭和46年)、『土門拳全集』第3巻(小学館・昭和58年)に収載された作品をもとに、他の作品をも含めて新たに再編集した。・「ぼくの古寺巡礼」は、土門拳が著者、雑誌等に発表したものから、テーマごとに、編集部が抜粋、構成した。

◇日本の古寺美術 18 浄瑠璃寺と南山城の寺 町田甲一企画 肥田路美著 保育社 1987.2 16,206p 19cm 1600円 ⑪4-586-72018-2

◇深草・稲荷をたずねて 2版 深草稲荷・保勝会 1987.11 47p 19cm 300円

◇藤社神社と乙女神社―比治の里の天女伝説と鱒留の神社 田中義一著 田中義一 1998.12 73p 21cm

◇ふるさと歴史散歩―久御山町の社寺 阪部五三夫著,〔久御山町〕広報行政課編 久御山町 2000.3 134p 19cm

◇宝鏡寺 沢田恵璉,水野克比古著 淡交社 1998.2 94p 21×16cm (京の古寺から 22) 2000円 ⑪4-473-01558-0

◇南山城の寺社縁起―特別展 京都府立山城郷土資料館編 京都府立山城郷土資料館 1993.10 48p 26cm (特別展示図録 13)

◇八坂神社文書 八坂神社社務所編 〔復刻版〕;増補版 臨川書店 1994.7 3冊(セット) 21cm 45320円 ⑪4-653-02742-0
 ＊本書は八坂神社の有する建内文書二千三百六十余通を、宮地直一監修・広野三郎編纂によって翻刻出版されたもの。歴史の流れに大きく関与した同社の重要文書は、崇敬・社領など広範囲に亘り、神祇・宗教史のみならず社会・経済史の有数の史料である。復刊にあたり、南北朝期を中心とした神社文書九十五通を増補。また、新たに人名・地名索引(寺社名を含む)を付して、利用の便を図った。

◇吉田探訪誌―平安京を彩る神と仏の里 鈴鹿隆男編著 ナカニシヤ出版 2000.12 260p 22cm 2500円 ⑪4-88848-611-5

◇洛西三十三カ所―観音霊場めぐり 平幡良雄著 満願寺教化部 1987.5 80p 19cm (古寺巡礼シリーズ 14)

◇竜安寺 松倉紹英,水野克比古著 淡交社 1997.9 94p 21cm (京の古寺から 16) 2000円 ⑪4-473-01552-1

◇霊鑑寺 佐藤心弦,水野克比古著 淡交社 1997.9 94p 21cm (京の古寺から 17) 2000円 ⑪4-473-01553-X

◇蓮華寺 安井攸爾,角野康夫著 淡交社 1997.10 94p 21×16cm (京の古寺から 18) 2000円 ⑪4-473-01554-8
 ＊こころに溶け込む自然の静けさ。樹木におおわれた古寺の庭を間近にとらえ、その豊かな四季の表情を伝えます。

◇私の古寺巡礼 1 京都 1 (京都)淡交社 1987.7 231p 19cm 1300円 ⑪4-473-01007-4

◇私の古寺巡礼 22 京都 (京都)淡交社 1987.8 231p 19cm 1300円 ⑪4-473-01008-2

平等院

京都府　平安時代　関連人物：藤原頼道　指定：史跡「平等院庭園」、国宝「平等院鳳凰堂」、同「阿弥陀如来坐像」ほか

＊　　　＊　　　＊

◇古寺巡礼京都 8　平等院　竹西寛子，宮城宏著　淡交社　1976.12　149p　27cm　2800円
◇週刊古寺をゆく 13　平等院と宇治の名刹　小学館　2001.5　35p　30cm　(小学館ウイークリーブック)　533円
◇不滅の建築 3　平等院鳳凰堂　小川光三撮影，鈴木嘉吉，工藤圭章編　毎日新聞社　1988.8　63p　30cm　1800円　④4-620-60273-6
　＊極楽浄土の夢を追う。古建築が秘める美とロマンの起源―ひとつの建築で一巻にまとめた『魅惑の仏像』姉妹編。

清水寺

京都府　平安時代　関連人物：坂上田村麻呂

＊　　　＊　　　＊

◇ガイドブック 清水寺　横山正幸著　法蔵館　1996.11　168p　20×13cm　1600円　④4-8318-2211-6
　＊本書は寺の外観だけでなく、内奥に立ち入って建築様式・美術から歴史・信仰にいたるまで丁寧に詳しく解説し、境内の貴重な石造物・民間信仰物をもくまなく調査し、親切に案内しております。
◇古寺巡礼京都 24　清水寺　大庭みな子ほか著　淡交社　1978.5　143p　27cm　2800円
◇週刊古寺をゆく 6　清水寺　小学館　2001.3　35p　30cm　(小学館ウイークリーブック)　533円

金閣と銀閣

京都府　室町時代　関連人物：足利義満，足利義政　指定：特別史跡・特別名勝「鹿苑寺(金閣寺)庭園」、同「慈照寺(銀閣寺)庭園」、史跡「慈照寺(銀閣寺)旧境内」、国宝「慈照寺銀閣」

＊　　　＊　　　＊

◇古寺巡礼京都 20　金閣寺・銀閣寺　竹中郁，村上慈海著　淡交社　1977.12　156p　27cm　2800円
◇週刊古寺をゆく 14　金閣寺・銀閣寺　小学館　2001.5　35p　30cm　(小学館ウイークリーブック)　533円
◇不滅の建築 8　銀閣寺　鈴木嘉吉，工藤圭章編，岡本茂男撮影　毎日新聞社　1989.1　63p　30cm　1800円　④4-620-60278-7
　＊庭園と楼閣との調和。古建築が秘める美とロマンの起源―ひとつの建築で一巻にまとめた『魅惑の仏像』姉妹編。

寺社めぐり（奈良）

◇飛鳥・天平の華―古寺と み仏　児島建次郎著，入江泰吉，矢野建彦写真　同朋舎出版　1994.5　269p　21cm　2300円　④4-8104-1843-X
　＊大和の古寺とみ仏を撮りつづけた写真家入江泰吉。その思いを継いで元NHKアナウンサー児島建次郎がつづる、見て楽しく、読んで役に立つ新大和古寺巡礼。
◇入江泰吉大和路巡礼 1　平城京　入江泰吉著　集英社　1985.5　115p　31cm　3200円　④4-08-594001-5
◇入江泰吉大和路巡礼 2　飛鳥・葛城古道　入江泰吉著　集英社　1985.7　115p　31cm　3200円　④4-08-594002-3
◇入江泰吉大和路巡礼 3　山の辺古道・室生　入江泰吉著　集英社　1985.9　115p　32cm　3200円　④4-08-594003-1
◇入江泰吉大和路巡礼 4　佐保路　入江泰吉著　集英社　1985.11　107p　31cm　3200円　④4-08-594004-X
◇入江泰吉大和路巡礼 5　西の京　入江泰吉著　集英社　1986.1　115p　32cm　3200円　④4-08-594005-8
◇入江泰吉大和路巡礼 6　斑鳩の里　入江泰吉著　集英社　1986.3　115p　31cm　3200円　④4-08-594006-6
◇改訂 古寺巡礼　和辻哲郎著　岩波書店　1947　360p　B6　80円
◇亀井勝一郎選集 第4巻　亀井勝一郎著　大日本雄弁会講談社　1957-58　22cm
◇神奈備 大神 三輪明神　三輪山文化研究会編　東方出版　1997.6　380p　19cm　2000円　④4-88591-528-7
　＊邪馬台国の時代から現代へ続く三輪山文化の全貌。その歴史・信仰・風土・文学・

芸能を平易に解明。「三輪山と大神神社」を知る事典。

◇古寺巡礼　和辻哲郎著　岩波書店　1991.1　287p　19cm　（ワイド版 岩波文庫　4）　1000円　④4-00-007004-5
　＊本書は、大正七年の五月、二十代の和辻が唐招提寺・薬師寺・法隆寺・中宮寺など奈良付近の寺々に遊んだ際い、飛鳥・奈良の古建築・古美術に相対し、その印象を若さと情熱をこめて書きとめたものである。

◇古寺とみほとけ　入江泰吉著　小学館　1996.9　138p　26cm　（入江泰吉の大和路　1）　2800円　④4-09-559301-6
　＊東大寺、法隆寺、薬師寺、唐招提寺など、入江泰吉が愛した大和の古寺名刹のたたずまいと古代人の祈りを秘めたみほとけの数々。

◇金剛山記　金剛山総合文化学術調査委員会編　葛木神社社務所史跡金剛山奉賛会　1988.4　570p　22cm　12000円　④4-626-01311-2

◇七大寺巡礼私記　奈良国立文化財研究所編　奈良国立文化財研究所　1982.3　306p　22cm　（奈良国立文化財研究所史料　第22冊）

◇週刊古寺をゆく　12　長谷寺と飛鳥の名刹　小学館　2001.5　35p　30cm　（小学館ウイークリーブック）　533円

◇週刊古寺をゆく　21　金峯山寺と吉野の名刹　小学館　2001.7　35p　30cm　（小学館ウイークリーブック）　533円

◇聖徳太子の寺を歩く―太子ゆかりの三十三カ寺めぐり　南谷恵敬監修、林豊著、沖宏治写真　JTB　2001.10　152p　21cm　（JTBキャンブックス）　1600円　④4-533-04021-7

◇水墨画大和古寺〔3〕西の京 佐保・佐紀路　早津剛著　恒文社　1986.2　46p　26×27cm　2800円　④4-7704-0619-3

◇続・瓦と古代寺院　森郁夫著　臨川書店　1993.10　215p　19cm　（臨川選書　3）　1600円　④4-653-02584-3
　＊豊浦寺・山田寺、帰化人の手になる坂田寺、平城京の興福寺等の寺院成立のみならず、瓦を媒介とした各豪族間のつながりまで、その解明を試みる。

◇談山神社―大化改新1350年　新人物往来社　1995.6　208p　21cm　（神社シリーズ）　1500円　④4-404-02226-3

◇探訪日本の古寺　11　奈良　2　第2版　小学館　1990.7　179p　26cm　2000円　④4-09-377111-1

＊聖徳太子ゆかりの地を訪ね仏教伝来期のロマンを追う。

◇探訪日本の古寺　12　奈良　3　小学館　1990.4　191p　26cm　2000円　④4-09-377112-X
　＊ワイドカラーで寺院、仏像の魅力を再現。一流執筆者の旅情あふれる紀行文「古寺探訪」。15人の名僧の生涯と教えを解説する「名僧列伝」。日本仏教、古寺美術を系統的に解明。全国の寺院が収蔵する国・県指定の文化財リスト。

◇探訪日本の古寺　10　奈良　1　第2版　小学館　1990.11　179p　26cm　2000円　④4-09-377110-3
　＊日本仏教のふるさと飛鳥の里と行者の峯々、桜の吉野を逍遥。

◇徒然の見てある記　木下堯之著　木下堯之　1992.12　280p　21cm

◇天河　林屋辰三郎、永島福太郎、高取正男、中村保雄、赤井達郎ほか著　改訂版　平凡社　1995.4　232p　30cm　20000円　④4-582-28303-9
　＊本書は、あまり紹介されることがなかった天河大弁財天社の、今日に伝わる神事、信仰を多数とりあげ、天川の自然や歴史などとともに、そのつきない魅力をまとめあげた。特に、一年を通して執り行われる神事、行事の写真を新たに撮影し、気鋭の宗教学者、鎌田東二氏の一文を加え、大幅に改訂したものである。

◇土門拳古寺を訪ねて―斑鳩から奈良へ　土門拳写真・文　小学館　2001.8　205p　15cm　（小学館文庫）　838円　④4-09-411421-1
　＊戦前戦後を通じ40年にわたって古寺を撮り続けた土門拳。不世出の写真家の眼が見つめた日本の仏像や寺院建築のもつ美しさと強さを、ポケットサイズで最大限に再現するビジュアルシリーズ。文字通りのライフワークより、法隆寺・東大寺・浄瑠璃寺を中心に、奈良の寺々をめぐったカラー・モノクロ写真計93点を収録。自ら胸を打たれたものだけにカメラを構え、クローズアップして撮影した土門拳不朽の名作と、彼が好んだ寺や仏像の魅力を記した名エッセイを収めた古寺案内・大和編。

◇土門拳　古寺を訪ねて―奈良西ノ京から室生へ　土門拳写真・文　小学館　2001.10　205p　15cm　（小学館文庫）　838円　④4-09-411422-X
　＊昭和14年、はじめて室生寺を訪ねて以来40年近い歳月を古寺巡礼に費やした土門

203

拳。車椅子になっても撮影を続けた彼のライフワークより、クローズアップ写真を中心に選り抜き、写真家としての目が光る名エッセイとともに大和の古寺をガイドする。ポケットサイズながら迫力に満ちたビジュアルシリーズ第2弾。天平文化の精華・薬師寺と唐招提寺、仏教伝来の地・飛鳥の里、土門拳が愛してやまなかった室生寺をはじめ、奈良の寺々をめぐったカラー・モノクロ写真100点を収録。巻末に土門たみ夫人の語り下ろし回想記を掲載。

◇土門拳全集 1　古寺巡礼　1 大和篇 上　小学館　1983.9　187p　31cm　4800円　Ⓘ4-09-559001-7

◇土門拳全集 2　古寺巡礼　2 大和篇 下　小学館　1984.3　187p　31cm　4800円　Ⓘ4-09-559002-5

◇土門拳の古寺巡礼 第1巻　大和　1　土門拳著　小学館　1989.8　146p　26cm　1950円　Ⓘ4-09-559101-3

＊ライフ・ワーク「古寺巡礼」が、初めてのハンディサイズに。昭和14年から35年間かけて撮影した膨大な作品群から精選。仏像、建築に肉迫する土門拳のカメラ・アイの魅力を満載。各寺社別に写真とエッセイで構成、土門美学の神髄に迫る。土門拳の撮影哲学、古美術への深い造詣を物語るエッセイ。寺社の歴史、見どころを紹介する「古寺巡礼ガイド」を併載。誕生から現在までのエピソードを盛りこんだ「評伝」を収録。

◇土門拳の古寺巡礼 第2巻　大和　2　土門拳著　小学館　1990.1　246p　26cm　1950円　Ⓘ4-09-559102-1

＊ライフ・ワーク「古寺巡礼」が、初めてハンディサイズに。昭和14年から35年間かけて撮影した膨大な作品群から精選。仏像、建築に肉迫する土門拳のカメラ・アイの魅力を満載。各寺社別に写真とエッセイで構成、土門美学の神髄に迫る。土門拳の撮影哲学、古美術への深い造詣を物語るエッセイ。寺社の歴史、見どころを紹介する「古寺巡礼ガイド」を併載。誕生から現在までのエピソードを盛りこんだ「評伝」を収録。

◇奈良・大和の古寺あるき―古代の歴史・文化・自然を伝える　メディアユニオン編　有楽出版社　1997.9　175p　21cm　(通の行く旅)　1700円　Ⓘ4-408-59100-9

＊ニッポン人のふるさとに息づく由緒深い名刹を徹底ガイド。各寺ごとに観賞ポイントと歴史、エピソードやその他のみどころをわかりやすく紹介。奈良・大和路を11の地域に分けて、古寺や遺跡など見どころをめぐる散策コースを設定。付近の詳細地図も掲載。秘仏や建築物とともに四季折々の境内の様子をカラー写真とイラストで紹介。

◇奈良のかくれ寺―訪ねてみたい古寺88　ホリデーJOY編集室編　山と渓谷社　1992.5　215p　19cm　(ホリデーJOY)　1300円　Ⓘ4-635-00426-0

◇奈良の寺　ひろさちや原作, 望月あきら漫画　鈴木出版　1992.10　153p　21cm　(仏教コミックス　103)　1200円　Ⓘ4-7902-1956-9

＊“おまえの歴史の成績が悪いのは歴史のほんとうの姿を知らないからだ…”中学3年生の中村大児は、ある日夢で大仏さんのお告げを受け、奈良の寺巡りを思い立つ。東大寺、西大寺、秋篠寺、興福寺、法隆寺、薬師寺、唐招提寺などを巡りほとけさまと出会い、昔をしのばせる寺のたたずまいに触れてその歴史やいわれを学んでいく。大児は、当時を生きた人々の心を知り歴史のおもしろさに打たれる。

◇奈良 花の寺　田中真知郎写真, ひらのりょうこ文　(大阪)保育社　1989.9　151p　15cm　(カラーブックス)　620円　Ⓘ4-586-50786-1

＊桜・紫陽花・萩など大和路の花名所の寺を写真で紹介。寺の歴史も綴る。

◇日本美を語る 3　平城京の面影 東大寺・興福寺と奈良の寺々　白洲正子, 西川杏太郎編　ぎょうせい　1989.6　159p　30cm　4635円　Ⓘ4-324-01557-0

◇日本美を語る 4　曼荼羅の宇宙 東寺・高野山と密教の寺々　杉浦康平, 浜田隆編著　ぎょうせい　1989.5　159p　31×23cm　4635円　Ⓘ4-324-01558-9

◇女人哀歓―奈良・京都古寺巡礼　奈良本辰也著　河出書房新社　1963　202p　22cm

◇秘宝のある寺 奈良　小田和著　(大阪)保育社　1990.2　151p　15cm　(カラーブックス)　620円　Ⓘ4-586-50792-6

＊奈良の古寺に伝わる国宝・重文等を寺の案内と共に紹介。年中行事や味処も。

◇夫婦で歩く大和の隠れ寺―今だからこそ、心の安らぎを求めて　浅見潤・孝子著　朱鷺書房　2001.1　155p　19cm　900円　Ⓘ4-88602-321-5

◇不滅の建築 6　長弓寺本堂　小川光三撮影, 鈴木嘉吉, 工藤圭章編　毎日新聞社　1988.11　63p　30cm　1800円　Ⓘ4-620-60276-0

◇大和古寺幻想 飛鳥・白鳳篇　上原和著　講談社　1999.4　386p　19cm　3200円　①4-06-209508-4
　＊はるかなる莫高窟壁画に夢を追い、法隆寺白鳳再建を解き明かした美術史の泰斗が、大和の旅人たちに贈るまほろば幻視行。
◇大和古寺巡歴　町田甲一著　講談社　1989.10　361p　15cm　（講談社学術文庫）　900円　①4-06-158899-0
　＊大和は日本人の心のふるさと。都塵を逃れ、春なれば御仏のうつら眼にかすむ大和国原へ。秋には、水煙の天女の衣の隙に澄む秋天の美しさを振り仰ぎ、折々心のやすらぎを求めてめぐる古寺巡歴の、最も信頼できる手引として本書はある。従来の恣な感傷過剰の空想でなく、著者はあくまで仏像そのものに即して時代の精神の様式を語ろうとする。そこに思いもかけず古寺鑑賞の真の醍醐味が姿を顕すのだ。
◇大和古寺探求 1 平城編　寺尾勇著　有峰書店新社　1987.4　315p　19cm　2800円　①4-87045-166-2
　＊大和に限りなき愛着をそそいで50年、滅びのなかに古寺をみつめ、仏像をみつめ、人生をみつめる著者の心眼に徹した異色の古寺探求。大和古寺研究の総仕上げとして3巻で上梓！
◇大和古寺探求 3 山霊編　寺尾勇著　有峰書店新社　1988.10　326p　19cm　2800円　①4-87045-179-4
　＊名刹室生寺・長谷寺・聖林寺・当麻寺・松尾寺・慈光院・信貴山寺・金峯山寺・大峰山寺など、山麓・山嶺に聳空する大寺から、ひっそりとたたずむ残照の寺々まで約百余ケ寺。
◇大和古寺風物誌　亀井勝一郎著，入江泰吉写真　〔新装版〕　大和書房　1987.2　201p　21cm　2300円　①4-479-88010-0
◇大和古寺風物誌抄　亀井勝一郎著　向学社　1984.9　216p　18cm　（向学社現代教養選書 3）　450円　①4-7952-6653-0
◇大和古寺めぐり―奈良の古寺・かくれ寺をたずねる　吉野正美文，岡田栄一写真　偕成社　1991.6　215p　19cm　（マチュア選書）　2000円　①4-03-529160-9
◇大和路古寺・仏像巡り　小川光三文・写真　主婦と生活社　1999.2　127p　21cm　1500円　①4-391-12314-2
◇大和路花の寺花の社　田中真知郎写真，中山尚子文　講談社　1984.6　189p　22cm　2400円　①4-06-200976-5

◇大和 花の寺　杉本苑子文，日斉貞夫写真　中央公論社　1988.4　107p　30cm　1600円　①4-12-001675-7
　＊四季を彩る大和の花の寺32をとりあげ、豊富なカラー写真と華麗な文章で紀行するオールカラー版。
◇私の古寺巡礼 3　奈良　（京都）淡交社　1987.9　233p　19cm　1300円　①4-473-01009-0
◇和辻哲郎全集 第2巻　和辻哲郎著　岩波書店　1961　22cm

東大寺

奈良県　奈良時代　関連人物：聖武天皇　指定：南都七大寺，史跡「東大寺旧境内」，国宝「盧舎那仏坐像」，同「金剛力士立像」ほか

　　　　＊　　　　＊　　　　＊

◇週刊古寺をゆく 2　東大寺　小学館　2001.2　35p　30cm　（小学館ウイークリーブック）　533円
◇東大寺　井上博道著　中央公論社　1989.5　198p　27×38cm　19000円　①4-12-001797-4
　＊大仏、お水取り、月光菩薩…。東大寺の行事と風光、宗教芸術など、そのすべてを五年余にわたって撮影。華厳の宇宙の光を伝えるカラー写真集。
◇東大寺―入江泰吉写真集　入江泰吉著　小学館　1992.5　291p　41×31cm　38000円　①4-09-699392-1
　＊旧境内に居を構えて40余年。執念で撮影した巨匠入江泰吉最後の自選写真集。
◇東大寺 1　奈良六大寺大観刊行会編　補訂版　岩波書店　2000.11　130p　37cm　（奈良六大寺大観 第9巻）　35000円　①4-00-008909-9
　＊本シリーズは、国宝・重要文化財に指定されたもの、およびそれに準ずるものを収録する。本巻には、東大寺の建築・工芸を収録。主要な参考文献および初版以降の新知見などによる補訂解説を巻末に掲載した。
◇東大寺 2 中世以降　浅井和春，浅井京子共著　（大阪）保育社　1986.9　230p　19cm　（日本の古寺美術 7）　1600円　①4-586-72007-7
　＊本書は、鎌倉時代の東大寺に焦点をしぼり、その復興造営の過程をいくつかの段階に分けて整理するとともに、造営の中心を担った重源の人となり、そして今日

まで東大寺に遺された同期の主な作品をまとめて紹介するものである。

◇東大寺お水取り――二月堂修二会　木村昭彦著　光村印刷　2000.3　95p　21×23cm（Bee books）　3000円　Ⓘ4-89615-790-7
◇奈良の寺 16　東大寺 法華堂と戒壇院の塑像　倉田文作, 入江泰吉著　〔復刻版〕　岩波書店　1993.6　48,16p　33×26cm　3200円　Ⓘ4-00-008316-3
＊理想主義的宗教心と正確な写実を求める美意識が作りあげた統一と調和のとれた見事な仏像群―。法華堂と戒壇院の類まれな彫刻空間。
◇日本美術全集 4　東大寺と平城京 奈良の建築・彫刻　水野敬三郎, 岡田英男, 浅井和春編　講談社　1990.6　241p　37cm　7500円　Ⓘ4-06-196404-6
＊御身ぬぐいにより千年の塵が払われた東大寺法華堂の諸尊。興福寺、新薬師寺、唐招提寺など平城京の寺院と仏像を、臨場感あふれる鮮明なカラー図版で紹介、天平の世の息吹きをいまに伝える。
◇日本名建築写真選集 2　東大寺　井上博道撮影, 宮本長二郎解説, 磯崎新エッセイ　新潮社　1992.2　130p　31×24cm　5000円　Ⓘ4-10-602621-X
＊天平時代創建の大仏殿・法華堂など、雄大なスケールの仏教伽藍。半世紀にわたり東大寺とかかわってきた井上博道が、端正・壮麗にとらえた華厳の世界。
◇魅惑の仏像 四天王――奈良・東大寺　毎日新聞社編, 小川光三撮影　毎日新聞社　2000.12　110p　21cm（めだかの本）　1200円　Ⓘ4-620-60563-8

興福寺

奈良県　奈良時代　関連人物：藤原鎌足, 鏡女王　指定：南都七大寺, 史跡「興福寺旧境内」

＊　　　＊　　　＊

◇興福寺　小川光三撮影, 興福寺監修　新潮社　1997.2　293p　26cm　5150円　Ⓘ4-10-416401-1
＊日本彫刻史上最高の傑作群が、新たなイメージで甦る！仏像写真の第一人者小川光三が、興福寺の至宝を徹底的に撮影した初の決定版写真集。
◇週刊古寺をゆく 5　興福寺　小学館　2001.3　35p　30cm（小学館ウイークリーブック）

533円
◇奈良の寺 11　興福寺 八部衆と十大弟子　毛利久, 辻本米三郎編　〔復刻版〕　岩波書店　1993.3　48,17p　33×26cm　3200円　Ⓘ4-00-008311-2
＊阿修羅を初め古代インドの特異な相貌をもつ八部衆像と仏弟子の人間味を表情深く湛える十大弟子像―。その写実を越えた表現を活写。
◇魅惑の仏像 阿修羅――奈良・興福寺　小川光三撮影　毎日新聞社　2000.11　110p　21cm（めだかの本）　1200円　Ⓘ4-620-60561-1

法隆寺

奈良県　飛鳥時代　関連人物：聖徳太子　指定：南都七大寺, 史跡「法隆寺旧境内」, 国宝「法隆寺金堂」, 同「法隆寺五重塔」, 同「釈迦如来及両脇侍像」ほか

＊　　　＊　　　＊

◇飛鳥・山の辺・法隆寺　改訂10版　日本交通公社出版事業局　1989.3　143p　19cm（JIBのポケットガイド 52）　680円　Ⓘ4-533-00881-X
＊たたなずく青垣山こもれる大和・そして河内飛鳥。本書は、大きな地図と簡潔なガイド記事で立体編集。見やすく、旅先で手放せなくなるガイドブック。
◇いかるがの里　岩波書店編集部編, 岩波映画製作所写真　〔復刻版〕　岩波書店　1988.10　63p　21cm（シリーズ 古都案内 1950〜1954）　600円　Ⓘ4-00-003543-6
◇木の国 日本の世界遺産 文化遺産編　法隆寺・姫路城　大蔵省印刷局編　大蔵省印刷局　1994.7　43p　26cm　13500円　Ⓘ4-17-160003-0
◇週刊古寺をゆく 1　法隆寺　小学館　2001.2　43p　30cm（小学館ウイークリーブック）　333円
◇日本美を語る 1　遙かなる斑鳩の里 法隆寺と斑鳩・飛鳥の古寺　黒岩重吾, 永井信一編　ぎょうせい　1989.2　159p　30cm　4500円　Ⓘ4-324-01555-4
◇日本名建築写真選集 4　法隆寺　入江泰吉撮影, 岡田英男解説, 門脇禎二エッセイ　新潮社　1992.4　134p　31×24cm　5000円　Ⓘ4-10-602623-6
＊入江泰吉最後のフォト・メッセージ。大和といえば法隆寺。生涯をかけて通いつめた日本最後の寺を、氏は1991年厳冬の

◇不滅の建築 1　法隆寺五重塔　鈴木嘉吉, 工藤圭章編, 小川光三撮影　毎日新聞社　1988.6　63p　30cm　1800円　①4-620-60271-X

＊世界最古の木造の塔。古建築が秘める美とロマンの起源─ひとつの建築で一巻にまとめた『魅惑の仏像』姉妹編。

◇法隆寺国宝散歩─日本の美と心のふるさとを訪ねる　高田良信文, 入江泰吉写真　〔ビジュアルカラー版〕講談社　1991.3　143p　21cm　（講談社カルチャーブックス　7）1500円　①4-06-198012-2

◇法隆寺金堂壁画　朝日新聞社　1994.11　99p　30cm　2500円　①4-02-258591-9

＊アジャンター石窟、敦煌莫高窟に比肩する世界的遺産。昭和二十四年の焼損の災禍を乗り越え、四仏浄土、八菩薩の壁画はいまなお荘厳の美と輝きを湛える。

◇法隆寺そぞろあるき　小川弥太郎著　1961　208p 図版　19cm

◇法隆寺の里─わたしの斑鳩巡礼　直木孝次郎著　旺文社　1984.9　250p　16cm　（旺文社文庫）　360円　①4-01-064296-3

◇法隆寺の四季と行事　高田良信著　小学館　1995.8　127p　21cm　（Shotor Museum）1500円　①4-09-606002-X

＊厳寒のなかで行われる千年以上続く修正会の秘儀、日本でもっとも古い鬼追い式、斑鳩に春を告げるお会式、本社カメラマンが10年にわたって撮影し続けた行事の数々と法隆寺の四季。

◇法隆寺の至宝─昭和資財帳 12　荘厳具・堂内具・供養具　法隆寺昭和資財帳編集委員会編　小学館　1993.6　375p　30cm　25000円　①4-09-562012-9

＊日本文化の原点・法隆寺。無尽蔵と言われる寺宝のすべてを調査。国家的事業規模で編集された写真総目録。

◇法隆寺の至宝─西円堂奉納品 武具・髪飾ほか　小学館　1995.3　215p　30cm　（昭和資財帳　11）25000円　①4-09-562011-0

＊日本文化の原点・法隆寺。無尽蔵と言われる寺宝のすべてを調査。国家的事業規模で編集された写真総目録。

◇法隆寺の至宝─昭和資財帳 15　瓦　小学館　1992.9　535p　30cm　28000円　①4-09-562015-3

＊日本文化の原点・法隆寺。無尽蔵と言われる寺宝のすべてを調査、国家的事業規模で編集された写真総目録。

◇法隆寺の至宝─昭和資財帳 3　金銅像・塑像・乾漆像・石像　小学館　1996.4　211p　30cm　28000円　①4-09-562003-X

＊日本文化の原点・法隆寺。無尽蔵と言われる寺宝のすべてを調査。国家的事業規模で編集された写真総目録。

◇法隆寺の謎─日本史の旅　邦光史郎著　祥伝社　1989.7　271p　15cm　（ノン・ポシェット）　440円　①4-396-31024-2

◇法隆寺の謎　高田良信著　小学館　1998.10　271p　19cm　2000円　①4-09-387265-1

＊日本最古の寺、法隆寺の1300年。解明された謎と、解きえぬ謎。悲願の百済観音堂落慶を機に、法隆寺住職が自ら、歴史の謎を解く!!今、明かされる法隆寺の秘話。

◇魅惑の仏像 釈迦三尊─奈良・法隆寺金堂　小川光三撮影・著, 西村公朝, 西川杏太郎, 小川瞳, 山崎隆之, 高田良信著　増補・改訂版　毎日新聞社　2001.1　109p　21cm　（めだかの本）　1200円　①4-620-60564-6

◇私の法隆寺案内　高田良信著　日本放送出版協会　1990.8　189p　24×19cm　2000円　①4-14-008728-5

＊法隆寺執事長による"定番"法隆寺ガイド。法隆寺に修行し、法隆寺に暮らし、法隆寺に生きる。そして今、あらためて法隆寺を歩く。

薬師寺

奈良県　飛鳥時代　関連人物：天武天皇　指定：南都七大寺, 史跡「薬師寺旧境内」, 国宝「薬師寺東塔」ほか

＊　　　＊　　　＊

◇古寺巡礼 奈良 15　薬師寺　大岡信ほか著　淡交社　1980.11　176p　27cm　2800円

◇週刊古寺をゆく 11　薬師寺　小学館　2001.4　35p　30cm　（小学館ウイークリーブック）　533円

◇奈良の寺 9　薬師寺 金堂薬師三尊と聖観音　長谷川誠, 入江泰吉著　〔復刻版〕　岩波書店　1992.12　48,17p　33×25cm　3200円　①4-00-008309-0

＊白鳳から天平時代初期にかけての仏教美術の頂点をなすのが、この薬師寺薬師三尊像であろう。本書はその清新発剌としてなお威厳を見せる類いまれな彫刻表現の魅力を、精確な写真が鋭くとらえる。他に傑作、聖観音像を収録する。

207

◇魅惑の仏像 薬師三尊―奈良・薬師寺 小川光三撮影, 毎日新聞社編 毎日新聞社 2001.3 109p 21cm （めだかの本） 1200円 ⓘ4-620-60566-2

室生寺

奈良県 奈良時代 指定：国宝「室生寺五重塔」ほか

　　　　＊　　　＊　　　＊

◇週刊古寺をゆく 7 室生寺 小学館 2001.3 35p 30cm （小学館ウイークリーブック） 533円
◇土門拳の古寺巡礼 第5巻 室生寺 土門拳著 小学館 1990.2 147p 26cm 1950円 ⓘ4-09-559105-6
　＊室生寺はいつ行ってもいい。杉のそびえている様子は前と変わらずにそびえている。お堂も同じようにそびえている。変わらない様子がいいのかも知れない。前に撮っていようと、どんなにいい写真が撮れていようと、ぼくはただ室生寺のあれこれを、また撮らずにはいられない。
◇日本名建築写真選集 第1巻 室生寺 伊藤ていじ〔ほか〕編 土門拳撮影, 工藤圭章解説, 山折哲雄エッセイ 新潮社 1992.1 130p 31cm 5000円 ⓘ4-10-602620-1
◇魅惑の仏像 十一面観音―奈良・室生寺 小川光三撮影, 毎日新聞社編 毎日新聞社 2001.5 109p 21cm （めだかの本） 1200円 ⓘ4-620-60568-9
◇室生の里有情 山田隆造著, 岡部伊都子文 佼成出版社 1988.4 142p 21cm （フォト・マンダラ） 1600円 ⓘ4-333-01329-1
◇室生路の寺 村井康彦, 入江泰吉共著 保育社 1970 153p 15cm （カラーブックス 奈良の寺シリーズ 3） 250円

唐招提寺

奈良県 奈良時代 関連人物：鑑真 指定：史跡「唐招提寺旧境内」, 国宝「唐招提寺金堂」, 同「鑑真和上坐像」ほか

　　　　＊　　　＊　　　＊

◇週刊古寺をゆく 8 唐招提寺 小学館 2001.4 35p 30cm （小学館ウイークリーブック） 533円

◇奈良の寺 19 唐招提寺 金堂の仏像 田辺三郎助, 米田太三郎著 〔復刻版〕 岩波書店 1993.1 48,15p 33×25cm 3200円 ⓘ4-00-008319-8
　＊鑑真和上の戒律伝教の宿願が見事な形となった金堂本尊廬舎那仏坐像や薬師如来・千手観音以下の圧倒的彫刻群。本書は、これら天平彫刻の後半期を代表する気宇壮大な造形が内に秘める新たな精神とその美を追究する。
◇日本名建築写真選集 5 唐招提寺 小川光三撮影, 山岸常人解説, 陳舜臣エッセイ 新潮社 1992.5 130p 31×24cm 5000円 ⓘ4-10-602624-4
　＊鑑真和上ゆかりの唐招提寺は、天平建築の宝庫である。明快な直線が構成する爽涼たるリズムはここに比類がない。奈良に生まれ住む小川光三がみごとにとらえた「天平の甍」。
◇不滅の建築 2 唐招提寺金堂 小川光三撮影, 鈴木嘉吉, 工藤圭章編 毎日新聞社 1988.7 63p 30cm 1800円 ⓘ4-620-60272-8
　＊み仏を護る太い列柱。古建築が秘める美とロマンの起源―ひとつの建築で一巻にまとめた『魅惑の仏像』姉妹編。
◇魅惑の仏像 千手観音―奈良・唐招提寺 小川光三撮影, 毎日新聞社編 増補・改訂版 毎日新聞社 2001.2 109p 21cm （めだかの本） 1200円 ⓘ4-620-60565-4

寺社めぐり（中国地方）

◇因島「遍路」八十八カ所 村上定道著 村上定道 1984.1 178p 19cm
◇岡山県の墓塔めぐり―幽界にその眠りを訪ねる 小出公大著 小出公大 2000.2 107p 19cm
◇おかやまの古寺巡礼 神野力著 山陽新聞社 1984.11 217p 19cm 1200円
◇邑久郡大師霊場南巡り北巡り八十八カ所順拝の探訪 邑久町郷土史クラブ編 邑久町郷土史クラブ 1981.8 1冊 26cm
◇吉備津神社 花田富士雄写真, 根木修文 山陽新聞社 1995.10 95p 26cm （山陽新聞サンブックス） 1700円 ⓘ4-88197-548-X
◇熊野町の社寺めぐり 熊野町郷土史（社寺）研究会 1982.9 93p 26cm 1500円
◇倉敷福山と安養寺 前川満著 日本文教出版 1997.7 173p 15cm （岡山文庫 188）

◇西大寺みてある記―写真資料集　石原信一〔ほか〕編　岡山市立西大寺公民館　1992.3　72p　21cm　800円　①4-8212-5188-4
◇神林寺―ふるさと再発見―三〇〇年の歴史に挑む　草加部五和会神林寺調査部会編　草加部五和会神林寺調査部会　1993.3　43,36p　30cm
◇大山寺～船上山のふるさとめぐり　鳥取県教育委員会ほか編　鳥取県教育委員会　1990.3　59p　21cm　(歴史と文化の里シリーズ　4)
◇探訪日本の古寺　14　山陽・山陰　第2版　小学館　1991.6　179p　26cm　2000円　①4-09-377114-6
　＊出雲路から瀬戸内の古刹へ…。いま歴史のロマンを求めて。
◇備前の霊場めぐり　川端定三郎著　(岡山)日本文教出版　1991.7　173p　15cm　(岡山文庫)　750円　①4-8212-5151-5
◇備中の霊場めぐり　川端定三郎著　日本文教出版　1993.2　172p　15cm　(岡山文庫)　750円　①4-8212-5162-0
◇遍路―写真集　鶴田雄亮編・著　鶴田雄亮　1992.2　36p　27×27cm
◇法境秋穂―秋穂八十八ケ所巡り　田中穣著　秋穂町商工会青年部　1981.2　136p　18cm
◇美作の寺社―歴史散歩　柳生尚志著　山陽新聞社　1998.9　213p　19cm　1524円　①4-88197-655-9
◇美作の霊場めぐり　川端定三郎著　日本文教出版　1997.2　156p　15cm　(岡山文庫)　728円　①4-8212-5185-X
◇妙見祭祀状況―妙見(明見)調査覚　藤井永喜雄著　藤井宗子　1995.11　471p　19×27cm
◇山口県社寺名勝図録　清水吉康著　マツノ書店　1989.2　290p　27cm　15000円

厳島神社

広島県　平安時代　指定:世界遺産「厳島神社」、特別史跡・特別名勝「厳島」、国宝「厳島神社本社・摂社客神社・廻廊」、同「平家納経」

　　　＊　　　＊　　　＊

◇安芸の宮嶋吉備の高嶋宮　渡辺綱吉著　図書刊行会　1993.4　128p　19cm　1500円　①4-336-03473-7
◇いつく島の史跡・名勝　福田直記編著　宮島町　1980.3　121p　19cm
◇厳島道芝記　小島常也著　宮島町　1971　216p　18cm
◇芸州厳島図会　岡田清編　臨川書店　1995.11　562p　22cm　(版本地誌大系　7)　①4-653-03132-0,4-653-03131-2
◇芸州厳島図会　宝物之部　岡田清編　臨川書店　1995.11　470p　22cm　(版本地誌大系　7)　①4-653-03133-9,4-653-03131-2
◇芸州厳島名所図会　岡田清著　日本資料刊行会　東京　アリス館牧神社(発売)　1975　2冊　22cm　全9300円
◇日本名建築写真選集8　厳島神社　岡本茂男撮影,鈴木充解説,清水好子エッセイ　新潮社　1992.8　126p　30cm　5000円　①4-10-602627-9
　＊満潮の海面に鮮やかに浮かぶ朱の鳥居。弥山の麓、屈曲した回廊に結ばれて低くつらなる朱の社。安芸の宮島に平家一門が総力を挙げて造営した遺宝を、岡本茂男が華麗に描出。
◇不滅の建築　4　厳島神社　鈴木嘉吉,工藤圭章編,岡本茂男撮影　毎日新聞社　1988.9　63p　30cm　1800円　①4-620-60274-4
　＊古建築が秘める美とロマンの起源―ひとつの建築で1巻にまとめた『魅惑の仏像』姉妹編。本巻は海に浮かぶ朱の社殿。
◇宮島　岩波書店編集部編　岩波書店　1952　図版64p　19cm　(岩波写真文庫)
◇宮島　朝日新聞社編　1957　図版64p　26cm　(アサヒ写真ブック)
◇宮島の四季―野村慶一写真集　野村慶一著　ぎょうせい　1987.10　159p　34cm　13000円　①4-324-00945-7

寺社めぐり(四国地方)

◇阿波遍路―日英対訳〈阿波〉遍路ガイドブック　Awa88著　Awa88事務局　1993.2　191p　26cm　1500円
◇絵本小豆島の札所　池原昭治絵・文　木馬書館　1980.6　150p　20cm　1100円
◇奥の院仙竜寺と遍路日記　喜代吉栄徳著　海王舎　1986.11　98p　22cm　800円
◇讃岐古寺巡礼　縁日の寺　安川満俊編　讃岐写真作家の会　1990.11　90p　27cm　(香川写真文庫　2)　1500円
◇讃岐古寺巡礼　花の寺　安川満俊編　讃岐写真作家の会　1991.11　91p　27cm　(香川写真文庫　3)　1500円
◇四国古寺を往く　冨永航平著　(大阪)朱鷺書房　1988.8　210p　19cm　1000円　①4-

88602-107-7
＊四国路の寺々といえば88所霊場がつとに知られるが、それ以外にも数々の古寺名刹が参拝者を待ち受けている。山上の大伽藍あり、町中の霊場あり。そこには、いまも変わらぬ篤い信仰の歴史をみることができる。付・詳細地図。

◇小豆島遍路―島四国めぐり　平幡良雄著　改訂2版　満願寺教化部　1994.3　224p　19cm　1000円

◇小豆島霊場巡拝飛天翁一人百首 1　漆原秀男著　漆原秀男　1990.9　125p　21cm

◇小豆島霊場巡拝飛天翁一人百首 2　漆原秀男著　漆原秀男　1992.1　116p　21cm

◇小豆島八十八所遍路―法話と札所案内　小豆島八十八所霊場会編　朱鷺書房　1993.3　222p　19cm　(巡拝案内シリーズ)　1030円　④4-88602-158-1
　＊一笠一杖に身を托し、三十八里の道程に弘法大師の遺跡をめぐる。島とはいえ、山あり谷あり、野の道あり。豊かな自然と、あたたかい人情につつまれた"島四国"遍路への招待。

◇小豆島風景の中の霊場八十八ケ所　鈴木正義作画　オリーブ園　1985.2　図版45枚　19×26cm

◇諸願成就―高知の神仏ごりやく巡り　市原麟一郎執筆　高知新聞社　1981.8　158p　19cm　(がいどこうち)　1000円

◇人生は路上にあり―お大師さまへの道　東妙絹著　愛媛県文化振興財団　1988.3　264p　18cm　(えひめブックス)　800円

◇風雪の法灯―カメラ紀行/四国の古寺　汲田栄功著　高知新聞社　1993.9　183p　26cm　(Koshin books)　2000円

四国遍路の旅

四国地方　平安時代以降　関連人物：空海

　　　　＊　　　＊　　　＊

◇新しい巡礼歌―四国遍路の友　同行二人四国遍路　樋口政市著　釈迦の心を求める四国巡礼歌奉賛会　1999.8　183p　18cm　1200円

◇歩く四国遍路千二百キロ―ある定年退職者の31日の旅　西川阿羅漢著　現代書館　1999.11　238p　20cm　2200円　④4-7684-6769-5

◇ある日突然、お遍路さん―四国八十八カ所めぐり　髙田京子著　JTB　2000.9　222p　19cm　1400円　④4-533-03579-5

＊へんろ道に魅せられて、徳島から10日間、また歩きたくて13日間。足摺岬へ、道後温泉へ、そして高松へ。今日も八十八番札所を目指し歩き遍路の旅は続く。

◇石摺遍路―四国霊場・拓の旅　井上拓歩著　高知新聞社　1987.11　203p　26×26cm　(Koshin books)　5000円

◇一病担いで遍照金剛　合田輝隆著，喜代吉栄徳監修　其ノ庵　1998.6　260p　21cm　1800円

◇いのちの旅　八木春馬著　文芸社　2000.2　277p　19cm　1400円　④4-88737-822-X
＊「誰も書かなかったお四国さん、お遍路の心を表現したい」歩き遍路とは懺悔と祈りのプロセスである。自己を見つめ、自己を表見、自我を離れることで空一円相に入る。見性体験を通じて感じたお遍路の心。

◇伊予の国霊場の昔話し―四国八十八カ所第四十番～第六十五番　藤田浩樹文・編，島本芳伸画　第2版　フジタ　1984.4　56p　15cm　(昔話しシリーズ)　600円　④4-89349-111-3

◇NHK四国八十八か所こころの旅 1　発心の道場　NHK「四国八十八か所」プロジェクト編　日本放送出版協会　1998.9　239p　19cm　1800円　④4-14-080387-8
＊本書は「発心の道場」といわれる徳島県の二十三の札所をとりあげます。作家の立松和平さん、雑誌編集長の島森路子さん、俳優の萩原健一さん、苅谷俊介さん、歌手の小室等さん、エッセイストの山村レイコさんのそれぞれの四国遍路紀行。紙面で出会い、発見、感動の旅をご堪能ください。

◇NHK四国八十八か所こころの旅 2　修行の道場　NHK「四国八十八か所」プロジェクト編　日本放送出版協会　1999.3　239p　19cm　1800円　④4-14-080388-6
＊NHKテレビで好評放送中の『四国八十八か所』を単行本化！時代の表現者たちが、1200年の時を超えて弘法大師のこころに触れる。第2巻は修行の道場＝高知県の霊場。

◇NHK四国八十八か所こころの旅 3　菩提の道場　NHK「四国八十八か所」プロジェクト編　日本放送出版協会　1999.9　239p　19cm　1800円　④4-14-080389-4
＊NHKテレビで好評放送中の『四国八十八か所』を単行本化！時代の表現者たちが、1200年の時を超えて弘法大師のこころに触れる。第3巻は菩提の道場＝愛媛県の霊場。

◇NHK四国八十八か所こころの旅 4 涅槃の道場　NHK「四国八十八か所」プロジェクト編　日本放送出版協会　2000.3　238p　19cm　1800円　Ⓝ4-14-080390-8
　＊NHKテレビで放送された『四国八十八か所』を単行本化！時代の表現者たちが、1200年の時を超えて弘法大師のこころに触れる。第4巻は涅槃の道場＝香川県の霊場。

◇大きな字の本　四国八十八カ所のあるきかた　ゼンリン道路地図製作部東京編集室編　ゼンリン　2000.5　215p　21cm　（福袋）1200円　Ⓝ4-432-90485-2
　＊近年のお遍路さんの主流はやはりバスを使っての団体遍路でしょう。でもタクシーやマイカーを使い、自分達のペースで肩ひじ張らず、観光気分で巡拝するのも楽しいものです。次のお寺への途中に、土地ならではの味を試したり、観光施設を巡ったり…。本書ではそんな人達のために周辺の「味」や「観光」のポイントも掲載しています。自分流のお遍路を体験して下さい。

◇お四国―四国霊場八十八カ所歩き遍路の記録　宇野恭夫著　文芸社　2000.3　469p　19cm　1400円　Ⓝ4-88737-969-2
　＊信仰、行脚、遍路、修行―四国とは違う異次元世界の"お四国"。八十八カ所を巡拝しその体験から真の幸福のありようが伝わる渾身の「遍路日記」。

◇お四国きり絵の旅　池知隆きり絵・文　高知新聞社　1995.9　94p　二十六cm　2000円

◇お四国旅日記　宮越孝著　文芸社　2001.2　206p　20cm　952円　Ⓝ4-8355-1437-8
　＊1200キロを踏破して男は独りごちた。「俺もまだまだやれるじゃないか」般若心経は俄か仕立て、昼食には欠かさず「ビール！」のオレ流をも魅了した四国の風土と人々のぬくもり。

◇お四国遍路法を越えてゆく　石綿美代子著　日本図書刊行会　1998.2　198p　20cm　1500円　Ⓝ4-89039-958-5

◇お大師さまの道―百八煩悩消滅の旅　四国別格二十霊場ガイドブック　えびす出版　1998.9　92p　19×26cm　952円　Ⓝ4-901121-00-6

◇お大師さまとともに―四国八十八ケ所徒歩巡拝記　平田安峰著　平田安峰　1987.10　144p　21cm

◇お大師さん―四国霊場番外編　汲田栄功著　高知新聞社　1991.10　167p　21cm　（Koshin books）　1700円

◇お遍路―歩いた四国八十八ヵ所四十二日の記録　白神忠志著　洋々社　1997.10　431p　20cm　2200円　Ⓝ4-89674-951-0
　＊札所、札所で「般若心経」を読経しつつ…出会い、そして見て、感じて、考えた歩き遍路42日間の記録。

◇おへんろ出会い旅―四国路1,400キロ ひとりっきりの遍路紀行　おかざききょうこ著　コアラブックス　1997.6　237p　21cm　1000円　Ⓝ4-87693-346-4
　＊ひとりっきりの遍路紀行。世俗をはなれた霊場めぐりは出会いと発見とオドロキの連続。見えない何かに後押しされて、ひとりでまわる88ヵ所。

◇お遍路に咲く花通る風―元気おばさんお四国を歩く　佐藤孝子著　リヨン社　1997.5　254p　20cm　1600円　Ⓝ4-576-97060-7

◇お遍路は大師さまと三人旅―歩いて見つけた夫婦の絆　財津定行著　リヨン社　2000.3　254p　20cm　1600円　Ⓝ4-576-00540-5
　＊本書は、著者たち中年夫婦が、実際に歩いて遍路で体験したこと、途次見たこと、思ったこと、感じたことを記述した、千三百キロを歩いての生きざま探しの遍路紀行である。

◇親子遍路旅日記　今井美沙子ほか著　東方出版　1981.10　229p　19cm　1200円

◇風に吹かれて―川柳で綴る四国遍路　大森一宏著　葉文館出版　1999.1　193p　19cm　1429円　Ⓝ4-89716-038-3

◇風の祈り―四国遍路とボランタリズム　藤沢真理子著　創風社出版　1997.4　162p　19cm　（風ブックス　4）　1200円　Ⓝ4-915699-59-5

◇風の吹くまま―四国遍路記　後藤大著　文芸社　2000.3　205p　20cm　1300円　Ⓝ4-8355-0127-6
　＊定年退職後、ある日ふと思いたって旅立った。風の吹くまま四国八十八カ所の遍路に―。足かけ二年、四十数日におよぶ巡礼で感じた想い、それぞれの季節の風景を自作の俳句を織りまぜて丹念に綴る旅の日記。

◇カメラお四国―八十八ヵ所四季を旅する　カラー版　汲田栄功写真・文　高知新聞社　1995.6　199p　21cm　2300円

◇カメラお四国―八十八ヵ所写真の旅　汲田栄功著　高知新聞社　1981.11　188p　20cm　1600円

◇感謝の心に洗われる道―四国八十八ヵ所お遍路の旅　岡崎朝彰著　郁朋社　2000.6　277p　19cm　1500円　Ⓝ4-87302-098-0

211

＊感謝の想いを胸に抱き、ゆらりふわりとひとり旅。歩き遍路の体験を綴った感動の手記。

◇感動体験　四国八十八カ所―新ガイドブック　NHK編　日本放送出版協会　1990.10　157p　19cm　1300円　⓪4-14-011059-7
　＊各界を代表する著名人26人が語る感動の四国遍路。大師信仰の見どころや名物もあわせて紹介。

◇還暦のにわかおへんろ―35日・1200キロを歩いて私が見つけたもの　原田伸夫著　新風書房　1999.2　233p　19cm　1500円　⓪4-88269-415-8
　＊無事八十八番を打ち終えた時に感じたことは、私の旅を励ましてくれた多くの人たちへの感謝の気持ちであった。「おかげさまで結願できました」この素直な気持ちを多くの人に伝えたいと思い、歩きながら思ったこと、感じたことを旅のメモをもとに文章にしてみた。日頃、宗教とはなじみの薄い「にわか遍路」の旅日記だから内容に深いものはないが、こうして一冊の本にできたことはうれしい。

◇気ままなお四国道中記　黒川清二著　黒川清二　2000.7　298p　21cm

◇切り絵　四国八十八ケ所霊場　風祭竜二切り絵　毎日新聞社　1986.4　126p　30cm　3900円
　＊収録の切り絵点数88葉プラス高野山2葉。各寺の縁起や巡拝のしるべなどガイドと解説。

◇空海の風にのって―中年自転車四国遍路のススメ　北勲著　求竜堂　2000.6　143p　20cm　1400円　⓪4-7630-0025-X
　＊一現役サラリーマンが同世代に贈る人生のエール。後半生の人生をみつめるためひとり自転車で遍路道をゆく。

◇空海の残した道―現代歩き遍路がそこに見たもの　松坂義晃著　新風舎　1997.6　574p　21cm　1800円　⓪4-7974-0199-0

◇玄さんの四国八十八ケ所遍路日記　藤井玄吉著　文芸社　2000.7　204p　19cm　1200円　⓪4-8355-0223-X
　＊全行程1400キロ、40日間にわたるひとり歩きの記録。ひとり歩きへんろ"玄さん"の挑んだ四国八十八ケ所の遍路旅。その道中での日々の心の動き、出会った人々とのふれあい、目にした風景を生き生きと綴った旅日記。―収録写真約50点、遍路行程概略地図、40日間の旅の記録をまとめた行動表も掲載。これから遍路の旅に出かけようと考えている人にとってよき旅のナビゲーターとなる一冊。

◇建築巡礼四国88カ所ガイドブック　日本建築家協会四国支部編　日本建築家協会四国支部　1998.5　33p　30cm　1000円

◇行歩曼荼羅―四国八十八ケ所徒歩遍路　古藤高良著　雪書房　1994.4　333p　23cm　4500円　⓪4-946379-31-2

◇弘法大師空海は生きていた―四国霊場1400キロを歩いて　久保田豊・久江著　なかみや出版　1999.1　348p　22cm　1800円　⓪4-931313-40-X

◇弘法大師空海の跡を辿りて　藤沢勉写真編集　カラムス出版　1983.8　1冊　30cm　10000円

◇心の詩―四国もみじ遍路ひとり歩き　林大斐著　文芸社　1999.12　80p　20cm　1000円　⓪4-88737-748-7
　＊遍路が人生なら詩もまた人生、遍路もまた詩なり―四国遍路ひとり歩き巡拝を成し遂げた著者が詩とスケッチで綴る、四十三日間の魂の記録。

◇こころの降る里―四国遍路　朝倉海玄著　文伸印刷所(印刷)　1997.8　94p　21cm

◇跨者不行―ひとり歩きの遍路日記　四国八十八ケ所　高木芳郎著　高木芳郎　1992.4　113p　21cm

◇こんなふうに四国八十八カ所を歩いた　小西重康著　文芸社　2001.9　213p　19cm　1000円　⓪4-8355-2630-9
　＊本書は四国八十八カ所を歩き通した記録である。ガイドブックにあるような単なる各札所の案内ではなく四国の道を歩くことの奥深さ、多様な人との出会い、四国路の自然とその変化を具体的な情報として提供しており、特に遍路に関心のある人には好読物だ。そして圧巻は「祈る」ことについて無信仰の立場から、混乱しながらも道行きの中にその意味を考えていることで、結論はないながらも問題を提起しており、一貫して随所にその姿勢がうかがえて興深い。

◇さあ、巡礼だ―転機としての四国八十八カ所　加賀山耕一著　三五館　2000.4　445p　19cm　2200円　⓪4-88320-194-5
　＊無我夢中で歩いてみたら、自分の顔が、見えてきた。20代、30代と二度の歩き遍路を果たした新進作家の新・生き方ガイド。

◇サラリーマンのお遍路記―四国八十八カ所歩きお遍路　岡田竜雄〔著〕　岡田竜雄　1995.10　317p　20cm

◇サンダル遍路旅日記　潮見英幸著　文芸社　1999.6　321p　19cm　1500円　⓪4-88737-344-9

＊仕事を辞め、四国八十八ケ所を巡り始めた二十歳の歩き遍路。笑って、怒って、泣いて、歩いた四十三日間のペタペタサンダル旅日記。

◇寺院縁起と他界　谷原博信著　岩田書院　1998.5　385,15p　22cm　8200円　①4-87294-107-1

◇四国歩き遍路の記―法服を白衣に替えて　喜久本朝正著　新風書房　1994.6　247p　19cm　1500円　①4-88269-279-1

◇四国お遍路ガイドブック―よくわかるすぐ行ける　佐藤孝子著　東邦出版　2000.5　141,47p　19cm　1400円　①4-8094-0200-2
　＊自分だけの時間、四国の風に包まれて。必携マニュアルは最新情報満載。お役立ちマップ、リスト付き！お遍路旅はこれ1冊でOK。

◇四国・お遍路謎とき散歩―信仰と巡礼の大地を訪ねて　ひろたみを著　広済堂出版　1999.7　317p　19cm　1600円　①4-331-50690-8
　＊歩いてこそ見えてくる四国の知られざる素顔。お遍路の原点、空海の秘密、阿波踊りの意外な歴史、イゴッソウとハチキン、道後温泉の今昔、金刀比羅宮の不思議、平家の落人伝説…。

◇四国お遍路の歩き方―心身を癒す仏教健康法の旅　朝倉光太郎著　PHP研究所　1997.8　198p　21cm　（ビジュアル・ガイド）　1429円　①4-569-55167-X
　＊弘法大師が修行して歩いた四国八十八カ所霊場―。本書は、全札所をお詣りしながら、しみじみとした自然の景観、名水、霊水、仏像、文化財にふれた心の旅路である。そして、巡礼を通じ、腰痛、高血圧、痛風、糖尿病、癌や難病から健康を回復された方の実話も掲載。心温まる「お接待」、ご住職の法話など、一期一会の出会いに、心は安らぎ、感謝の思いがわいてくる。何かを求めて遍路に旅立つ、老若男女、必携の書である。

◇四国西国巡礼ポケット図鑑　オリジン社　1994.5　400p　15cm　（主婦の友生活シリーズ）　1400円

◇四国三十六不動霊場ガイドブック　えびす企画（製作）　1998.5　72p　19×26cm　952円

◇四国千寺社めぐり―四国の霊場・巡り　阿波・土佐・伊予・讃岐・淡路島の霊場・巡り　えびす出版　1997.8　130p　26cm　1905円

◇四国の辺路石と道守り　喜代吉栄徳著　海王舎　1991.12　80p　21cm　1000円

◇四国八十八カ所ある記　向井安雄著　鳥影社　2000.9　194p　19cm　1300円　①4-88629-510-X
　＊古稀を迎えた夫婦の"お遍路"の記録。困難を乗り越える苦しみの中で、欲望が消えた人生を見いだす。歩き遍路で、四国の方々の接待に慈悲の現世を体得する。泣き笑い道中記。

◇四国八十八カ所を歩く　へんろみち保存協力会監修　山と渓谷社　2000.4　198,10p　21cm　（歩く旅シリーズ）　1400円　①4-635-01114-3
　＊いま、あなたを追い越して行ったあのお遍路さん、頭を下げて、「こんにちは…」と声をかけたあの人が、ひょっとしたらお大師さんかもしれませんね。なにせお大師さんは、健脚なんです。お遍路をすれば、お大師さんに会える楽しみがあります。さあ、お遍路に出ましょうよ。日常世界を飛び出して、お四国の異次元空間にワープしましょう。そうすれば、きっとストレスが発散されますよ。

◇四国八十八カ所お遍路の旅　小暮大而著　上毛新聞社出版局（製作）　2000.5　178p　20cm

◇四国八十八カ所お遍路の旅―祈りの道癒しの道　弘法大師ゆかりの地を訪ねる　婦人画報社　1998.3　130p　21cm　（Ars books 45）　1648円　①4-573-40045-1
　＊本書では、心の貧しさが叫ばれている現代、改めて見直されている巡拝の魅力が満喫できる四国遍路の旅へと案内します。四国八十八カ所札所ガイドをはじめ、札所巡りのバスツアー同行記、お遍路の歴史や必要な用具や用語解説、知っておきたい基礎知識などを網羅した札所巡り入門などを満載しています。

◇四国八十八カ所女へんろ元気旅―天真爛漫な巡礼エッセイ　森春美著　JDC　1999.9　225p　22cm　1700円　①4-89008-256-5
　＊四国八十八カ所お遍路参り、全行程1400キロすべてを歩いて巡拝した著者のエッセイ。

◇四国八十八か所ガイジン夏遍路　クレイグ・マクラクラン著,橋本恵訳　小学館　2000.7　346p　15cm　（小学館文庫）　638円　①4-09-411153-0
　＊日本を心から愛するニュージーランド人が、「本当の日本」を探して、四国八十八か所霊場巡りの旅に出ました。お遍路のなかで一番厳しく、エライとされる「歩き遍路」を選んだ著者が、四国の人々やお遍路仲間とさまざまな出会いを経験した、

暑い30日間の爆笑紀行。『ニッポン縦断歩き旅』『ニッポン百名山よじ登り』でユーモアのセンスあふれる文章が人気を博したクレイグ・マクラクランの第三冊目。

◇四国八十八カ所心の旅癒しの旅―保存版　四国遍路を愛する会編　海竜社　1998.2　211p　21cm　1429円　④4-7593-0538-6
*「心」と「癒し」をテーマにした四国八十八カ所霊場ガイド。お遍路さんに聞いた、苦労や喜びの体験談を収録。初心者でも歩き遍路ができる親切なコースガイド。山号・寺号・院号をはじめ、詠歌・本尊・開基など見やすいデータ。知っておきたい別格二十霊場。誰でも唱えられるふりがな付きの勤行次第つき。

◇四国八十八カ所のあるきかた　ゼンリン　2000.5　215p　21cm　（福袋）　1200円　④4-432-90485-2,4-432-90702-9

◇四国八十八カ所の旅―弘法大師ゆかりの地　四国遍路へのいざない　淡交社編集局編　淡交社　1993.10　167p　30cm　3300円　④4-473-01302-2

◇四国八十八カ所の旅―弘法大師ゆかりの地　四国遍路へのいざない　淡交社編集局編　新版　淡交社　1999.7　167p　21cm　1800円　④4-473-01629-3
*弘法大師をお大師さま、巡拝者をお遍路さんと呼ぶ八十八カ所巡りの旅は、時代のありさまを色濃く映しつつ、今もむかしも、人びとの心を誘うふしぎな魅力に満ちている。そんな四国巡礼のガイド。

◇四国八十八カ所花遍路　溝縁ひろし、吉村淑甫、岡本桂典著　新潮社　1997.5　111p　22cm　（とんぼの本）　1500円　④4-10-602057-2
*チリンチリンと鈴の音を響かせながら四国路を行く白装束のお遍路さんたちを、四季折々に咲く花々がやさしく迎えてくれる。平安時代に始まるといわれる遍路の歴史をたどりながら、野辺に咲く花々を愛でつつ歩く四国八十八カ所霊場ガイド。

◇四国88ケ所札所めぐり　薄井八代子著　保育社　1996.2　183p　19cm　1600円　④4-586-61122-7

◇四国八十八ケ所ブラブラ旅―七十二歳からの巡礼紀行　君塚みきお著　インパクト出版会　2001.4　189p　20cm　1400円　④4-7554-0106-2
*特に信心深いわけでもない普通の病気がちの72歳の老人が、四国八十八カ所を四回に分けて三年がかりでぶらぶらと歩き、お遍路した軽妙なる旅の記録。

◇四国八十八ケ所巡り　昭文社　2001.1（21刷）　199p　21cm　（旅の森）　1400円　④4-398-13197-3
*本書では四国八十八ケ所巡りを志される方のために、各札所を第一番から第八十八番まで県別にまとめて紹介し、宿坊の有無など具体的な情報も併せて案内するとともに、巻末に四国八十八ケ所巡りのための基礎知識を掲載しています。また、各県ごとに札所の位置を示した地図を挿入しています。札所間の距離や徒歩・車での所要時間が示してありますので、札所巡りの計画を立てられる際にお役立てください。また、部分的に徒歩で巡礼される方のために、徒歩での遍路道も示してあります。

◇四国八十八カ所物語―溝縁ひろし写真集　溝縁ひろし著　東方出版　2001.10　118p　22cm　1800円　④4-88591-746-8

◇四国八十八カ所やすらぎの旅―新しい「お遍路」の歩き方　ブルーガイド編集部編　有楽出版社　1998.10　199p　21cm　（通の行く旅）　1600円　④4-408-00074-4
*霊場のめぐり方の最新情報をすべて網羅。各社バスツアー一覧、マイカー、タクシー利用のモデルコース、ヘリコプター巡礼の実際など、詳細に紹介。お寺の歴史と由来、エピソード、付近の見所など盛り沢山にガイド。札所めぐりの心構え、参拝のしかた、お遍路用具の揃えかた、巡拝仏前勤行の次第を紹介。

◇四国八十八ケ所霊場巡り―人間って素晴らしい　渡辺安広著　文芸社　1999.1　142p　19cm　1000円　④4-88737-216-7
*風雨の中、遍路道を下りきろうとするところの杉木立の間より境内が現われ八十八番札所、結願の寺、大窪寺が見えてきたのだ。長年の夢であった四国八十八ケ所霊場巡りが今、完成を迎えようとしている…。出発から30日、1200kmに及ぶ遍路の記録。

◇四国へんろ―めぐりやすい八十八ケ所　平幡良雄著　改訂2版　満願寺教化部　1995.12　288p　19cm　1000円

◇四国遍路―いまを生きる　近藤勅著　近藤勅　2000.9　197p　22cm

◇四国遍路　辰濃和男著　岩波書店　2001.4　248p　18cm　（岩波新書）　700円　④4-00-430727-9

◇四国遍路　阿波・土佐編　平幡良雄著　改訂2版　満願寺教化部　1992.3　240p　18cm　1000円

◇四国遍路 伊予・讃岐編　平幡良雄著　改訂2版　満願寺教化部　1992.3　288p　18cm　1500円

◇詩国へんろ記―八十八か所ひとり歩き七十三日の全記録　細谷昌子著　新評論　1999.10　414p　21cm　3000円　①4-7948-0467-9

＊ゆっくり歩きました1400キロ、ゆっくり読んでください。写真多数ガイド情報満載。

◇四国遍路紀行―札所めぐりで"生きる知恵"を学ぶ　武田喜治著　武田喜治　1998.10　232p　26cm

◇四国遍路ひとり歩き　池田英治著　池田英治　1995.8　87p　20cm

◇四国遍路ひとり歩き同行二人―空海の史跡を尋ねて　宮崎建樹著, へんろみち保存協力会編　第5版　へんろみち保存協力会　1997.9　2冊(別冊とも)　26cm　3500円

◇四国へんろ風景　伊藤太一彫画と文　読売新聞社　1997.5　238p　19cm　1200円+税　①4-643-97054-5

＊四国八十八か所、別格二十番札所、高野山総本山金剛峯寺。読売新聞四国県版に好評連載。

◇四国霊場奥の院まいり―ガイドブック　えびす出版　1999.1　63p　26cm　952円　①4-901121-01-4

◇四国霊場四季暦―へんろみちきせつのかたらい　横田賢一著　山陽新聞社　2000.4　239p　21cm　1400円　①4-88197-681-8

＊"お四国病"うつします。霊場巡りのブームにみる現代の世相、さまざまな人生模様、心温まるお接待文化…。お遍路記者が歩いて体感した1200キロ出会い旅。

◇四国霊場の心　原田是宏写真　新人物往来社　1992.3　334p　27cm　11500円　①4-404-01891-6

◇四国霊場の旅　第9版　徳島新聞社　1983.10　126p　26cm　1000円

◇四国霊場八十八カ寺ガイド　双葉社　2000.5　127p　26cm　(双葉社スーパームック)　1000円　①4-575-47263-8

◇四国霊場八十八カ寺周辺ガイドブック　エス・ピー・シー　1998.12　128p　26cm　1000円　①4-900690-65-1

◇四国霊場八十八カ寺巡り日曜遍路　エス・ピー・シー　1999.9　206p　26cm　1600円　①4-900690-87-2

＊お大師様と四国の心の旅へ。八十八ケ所の歴史と由来、心得、巡拝の仕方などの基礎知識。本堂、大師堂、弘法大師に関する伝説などお寺情報。お寺からお寺への移動に迷わない初心者お薦めルート&詳細ドライブマップ。お薦めルート添いのスポット(有名観光地、温泉、寺院、公園、飲食店)。事前の計画に役立つ、寺間の距離・時間一覧表。

◇四国霊場八十八カ寺―癒しの旅　永井吐無著　講談社　2001.4　158p　21cm　(The new fifties)　1600円　①4-06-268360-1

＊全行程一四〇〇キロ、弘法大師との同行二人は、かけがえのない精神世界への旅。四国全県八十八札所のエッセンスを細密ペン画で表現、札所紀行に加えて類書にない精密地図。四国遍路に欠かせないハンディ旅行ガイド。

◇四国霊場満足行日記　伊藤まさの著　新風舎　1997.8　116p　19cm　(Shinpu books)　1200円　①4-7974-0309-8

＊古稀を前に思い立った八十八カ所巡り。持病を押して、雨の日も風の日もひたすら、歩き、祈る。こころを打つ、歩き遍路の日記。

◇四国霊場巡り歩き遍路の世界―小企業経営者は歩きながら何を考えたか　高見貞徳著　文芸社　1999.12　272p　19cm　1500円　①4-88737-426-7

＊不況の時代を生き抜くための経営哲学、人生観を交え、歩くことそのものを目標に続けた遍路旅を体験談豊かに綴ったエッセイ。

◇四国霊場立地の謎　対尾準三郎著　そうぶん社出版　1998.5　100p　20cm　2000円　①4-88328-112-4

◇四国歩き遍路の旅―「定年」三百万歩の再出発　武藤暢夫著　MBC21,東京経済発売　1996.9　311p　19cm　1800円　①4-8064-0516-7

＊積極チャレンジ!人生第二幕。一歩一歩の「つみかさね」の上に、花が咲き、実が熟す―。定年を迎えた著者が難行苦行に挑み、心身の再生を果たした、38日間の感動のドキュメンタリー！四国88八カ所一360キロを完全歩行した同行二人の旅全記録。

◇四国お遍路こころの旅―八十八カ寺に人は何を求めるのか!?　ひろさちや編著　日本実業出版社　1991.3　237p　19cm　1500円　①4-534-01710-3

＊ほんのしばらく俗事を離れ、ほとけさまの世界に旅立ちませんか？巡礼にまつわる仏教のはなし、知っておきたい作法やしぐさ、お寺は地図とともに紹介します。

◇四国おんな遍路記　西岡寿美子著　新人物往来社　1988.10　261p　19cm　2000円　①4-404-01551-8

＊八十八カ所乱れ打ち！女ふたり「お四国」を行く。この千年の歴史を持つ「へんろ道」には歩けば魂に呼びかけてくる何かがある。その何かにひかれて、ただただ見知らぬ浦や山を漂い歩いた。また歩くだろう、と言うほかない。小熊秀雄賞・農民文学賞受賞。

◇四国八十八カ寺&周辺ガイド　エス・ピー・シー編　出版文化社　2001.11　207p　21cm　1400円　①4-88338-256-7

＊八十八寺の歴史と由来、心得、巡拝の仕方などの基礎知識。はじめての土地でも迷わない初心者向けの詳細ドライブマップ。ちょっと寄ってみたいお寺の周辺スポット(名所・旧跡・温泉・お土産、飲食店)。事前の計画に役立つ、寺間の距離・時間一覧表。宿泊情報、四国へのアクセス、四国内のアクセス等々。

◇四国88カ所札所めぐり　薄井八代子著　保育社　1996.2　183p　19cm　1600円　①4-586-61122-7

＊四国88カ所ガイドの決定版。興味ある内容・豊富な情報(親切な住所・電話・交通の案内、宿坊・駐車場の案内、札所間の距離と所要時間、宗派・本尊・開基、ご詠歌、付近の見どころ)。

◇四国八十八カ所めぐり―大師の徳を求めて心の旅へ　岡崎禎広写真　日本交通公社出版事業局　1995.9　175p　21cm　(JTBキャンブックス)　1500円　①4-533-02231-6

◇四国八十八カ所霊場めぐり―心洗われ、悩み解き放つ旅　講談社　1993.4　127p　21cm　(講談社カルチャーブックス　74)　1500円　①4-06-198078-5

＊一番札所霊山寺から八十八番札所大窪寺まで、同行二人、つまり弘法大師と共に歩くという霊場めぐり。それは、大自然の中に自分を置き、心のやすらぎを求める旅でもある。四国八十八カ所霊場の旅。

◇四国八十八所遍路　愛媛・香川　宮崎忍勝, 原田是宏著　(大阪)朱鷺書房　1987.4　198p　19cm　900円　①4-88602-095-X

＊同行2人の旅。弘法大師の聖跡を巡拝する四国遍路は、心身の蘇生の旅でもある。全道程1360キロ。長い歴史とともに熱心な信仰に支えられている四国八十八カ所霊場への巡拝案内。

◇四国八十八所遍路　徳島・高知編　宮崎忍勝, 原田是宏著　(大阪)朱鷺書房　1987.4　166p　19cm　900円　①4-88602-094-1

＊同行2人の旅。弘法大師の聖跡を巡拝する四国遍路は、心身の蘇生の旅でもある。全道程1360キロ。長い歴史とともに熱心な信仰に支えられている四国88カ所霊場への巡拝案内。

◇四国八十八札所　簡易納経帖つき地図―巡礼便利帖　山下博誉著　協楽社　1984.10　191p　19cm　600円　①4-7635-0710-9

◇四国八十八カ所　平幡良雄著　満廣寺事業部　1980.9　2冊　18cm　(古寺巡礼シリーズ)　700円800円

◇四国八十八カ所―弘法大師と歩く心の旅　藤田庄市写真・文　学習研究社　1996.11　135p　22×17cm　(学研グラフィックブックス)　1600円　①4-05-400639-6

＊白衣、菅笠、金剛杖…四国の豊かな自然のなかをお大師さまと「同行二人」。千二百年の信仰に身も心も洗われる「霊場めぐり」案内記。

◇四国88カ所順拝の道しるべ―カラー版　小林茂著　ナンバー出版　1987.3　142p　19cm　1000円　①4-88859-051-6

◇四国八十八ケ所　順拝の道しるべ　小林茂著　日地出版　1997.4　142p　19cm　(日地出版の巡礼シリーズ)　1340円　①4-527-00554-5

◇四国八十八カ所仏画巡礼　小松庸祐編著　(大阪)朱鷺書房　1990.6　242p　26cm　4500円　①4-88602-127-1

◇四国八十八カ所遍路日記　三沢菊雄著　けやき出版　1984.7　249p　19cm

◇四国八十八ケ処遍路之詩　小松勝著　宮脇書店　1984.5　191p　22cm　3000円

◇四国八十八ケ所霊場―切り絵　風祭竜二切り絵　毎日新聞社　1986.4　127p　31cm　3900円

◇四国八十八ケ所霊場―切り絵遍路　風祭竜二切り絵　風祭竜二　1988.3　1帖　25cm

◇四国八十八ケ所霊場案内―詳細地図　垂水克登編　池田書店　1986.6　203p　26cm　1800円　①4-262-16814-X

◇四国八十八ケ所霊場案内　詳細地図　垂水克登編　池田書店　1986.6　203p　26cm　1800円　①4-262-16814-X

◇四国八十八所霊場―歌集　松岡清彦著　芸術と自由社　1989.9　35p　21×9cm　(新短歌普及シリーズ)　500円

◇四国別格二十霊場巡礼―法話と札所案内　四国別格二十霊場会編, 冨永航平著　朱鷺書房　1999.9　177p　19cm　1000円　①4-88602-138-7

◇四国遍路 ― 八十八カ所霊場めぐり　西村望著　新訂版　保育社　1984.7　151p　15cm　（カラーブックス　158）　500円　Ⓘ4-586-50158-8
* 四国八十八所と共に開創された番外札所。その後、四国別格二十霊場として、弘法大師の霊跡を今に伝えている。八十八霊場とあわせた百八ヵ所巡礼は、お大師さまの心の道をたどる百八煩悩消滅の旅。

◇四国遍路 ― 歴史とこころ　宮崎忍勝著　朱鷺書房　1985.4　228p　20cm　1800円

◇四国へんろ　薄井八代子著　（大阪）保育社　1989.4　151p　15cm　（カラーブックス）　620円　Ⓘ4-586-50775-6
* 四国遍路の世界を知り尽した著者が一般向けにやさしく解説した好ガイド。

◇四国へんろ記　伊藤延一著　古川書房　1981.4　165p　19cm　1000円　Ⓘ4-89236-228-X

◇四国遍路記集　伊予史談会編　伊予史談会　1981.8　325p　19cm　（伊予史談会双書　第3集）　2300円

◇四国遍路句分集 ― 古稀…十善戒を行く　湯橋十善著　日本図書刊行会, 近代文芸社発売　2000.10　228p　19cm　1800円　Ⓘ4-8231-0586-9
* 遍路で十善、俳句で十全！古稀を迎えた医師の遍路の実録。同行二人の俳句初心。"元気"を与える瑞祥の一書である。

◇四国遍路スケッチ紀行　久保田恵一著　創栄出版, 星雲社発売　2001.8　117p　19×26cm　（画文集・心の旅人シリーズ　2）　2000円　Ⓘ4-434-01175-8
* 歩き遍路へのいざない。1,200キロの道程を紀行文と水彩画でつづる感動の旅。

◇四国遍路で生まれ変る ― 霊場88ヶ所歩き方ガイド　高田真快著　立風書房　1986.6　233p　19cm　1200円　Ⓘ4-651-77008-8
* 現代人の心は疲れている。疲れた心を癒すには、遍路に出ることだ。いやこれしか道はない。托鉢遍路十数回の体験から、真快和尚はこう断言する。本書は単なる遍路記ではない。心に安らぎを与える人生の書であると同時に、これから遍路に出発したい人のための、安心して頼れるガイドでもある。

◇四国遍路の足跡を尋ねて　三沢菊雄著　けやき出版　1988.3　126p　20cm　600円　Ⓘ4-905845-44-0

◇四国遍路バスの旅　後藤益太郎著　後藤益太郎　1985.6　287p　20cm

◇四国遍路道しるべ　喜代吉栄徳著　海王舎　1984.10　231p　19cm　1800円

◇四国徧礼霊場記（しこくへんろれいじょうき）　寂本じゃくほん原著, 村上護訳　教育社　1987.3　389p　18cm　（教育社新書）　1000円　Ⓘ4-315-50461-0
* 元禄年間、高野山のエリート学僧寂本が執筆した霊場誌。四国八十八か所諸刹の由緒を詳述する。参考資料として四国霊場案内の嚆矢ともいえる、真言宗『四国遍路道指南』を収録。

◇四国霊場絵行脚　三木文夫画, 三木諒子文　三木文夫　1986.8　101p　30cm　4500円

◇四国霊場の秘宝　原田是宏写真　新人物往来社　1982.3　72p 図版144p　31cm　28000円

◇写真集 四国霊場 花へんろ　溝縁ひろし著　保育社　1992.2　113p　26cm　4500円　Ⓘ4-586-18026-9

◇写仏巡礼 ― 四国八十八所　安達原玄著, 小松庸裕解説　日貿出版社　1985.3　85p　30cm　8800円

◇新四国相馬霊場大師道 ― 地理・民俗・文化財・美術建築部会報告　我孫子市史研究センター合同部会　1995.3　122p　26cm

◇新四国曼荼羅霊場を歩く　冨永航平著　新人物往来社　1990.7　203p　19cm　1200円　Ⓘ4-404-01737-5
* 美しい自然とこまやかな人情の四国路に霊場を巡る旅のガイドブック。各霊場の縁起・歴史・文化財・見どころを網羅した決定版。

◇人生遍路　柄松香編著　柄松香　1992.10　90p　26cm

◇定年からは同行二人 ― 四国歩き遍路に何を見た　小林淳宏著　PHP研究所　1990.5　237p　20cm　1400円　Ⓘ4-569-52754-X

◇時実新子のじぐざぐ遍路　時実新子著　朝日新聞社　1991.6　295p　19cm　1350円　Ⓘ4-02-256314-1
* あの地、この地の「人」に逢いたさ。四国を歩き、四国の心を訪う、時実新子の紀行録88編。

◇土佐の国霊場の昔話し ― 四国八十八ケ所第二十四番～第三十九番　藤田浩樹文・編, 島本芳伸画　第2版　フジタ　1984.4　52p　15cm　（昔話しシリーズ）　600円　Ⓘ4-89349-109-1

◇情け嬉しや お遍路ワールド ― 歩いて歩いて四国の風になった　佐藤孝子著　近代文芸社　1996.5　222p　19cm　1500円　Ⓘ4-7733-5433-X

◇お遍路ロードエッセイ決定版。女ひとり歩いてたどった1,200キロ。泣いた笑った感動した42日間。
◇西村望の四国遍路の旅　西村望著　徳間書店　1987.10　248p　19cm　1500円　ⓒ4-19-553544-1
　＊遍路とは、白い死装束に身を固めて巡り歩く、60日の仮死の旅人一一。人間の業と犯罪を見つめてきた作家が、その深淵を道案内する異色の紀行随筆。
◇二度目の召集令状一一四国遍路記　景山一三〔著〕　景山一三　1997.5　52p　21cm
◇八十八か所巡りによせて　工藤照子著　日本図書刊行会,近代文芸社発売　1994.7　73p　19cm　1100円　ⓒ4-7733-3153-4
◇浜田泰介水彩画集一一弘法大師若き日の修業の聖地を歩く　四国八十八ケ所霊場めぐり　浜田泰介作　サンケイ新聞写真ニュースセンター　1988.3　1冊　25×26cm　2900円　ⓒ4-88238-013-7
　＊1200年もの間、信仰の道場として親しまれてきた四国霊場。その道のりは、険しい山道、黒潮洗う海の道など限りない変化に富んでいます。その88の霊場を、俊英浜田泰介が力のこもる絵筆で巧みに表現しました。私たち日本人の心の琴線にふれ、郷愁をさそう1冊です。
◇「百八十五万歩」の旅一一四国八十八寺歩き遍路　寺門修著　文芸社　2001.1　255p　20cm　1300円　ⓒ4-8355-1174-3
　＊居ながらにして四国遍路の旅が「体験」できる詳細レポート。携帯品リスト、費用細目、宿泊旅館リスト付き。
◇仏教徒四国88カ所巡礼賛歌　寒竹彦文絵・文　開文社出版　1992.3　306p　19cm　2500円　ⓒ4-87571-851-9
　＊現代の四国遍路に見る新しい仏教徒の群像と1,400キロの巡礼。人種、国籍、宗派を超えた楽しいお遍路の旅のエッセイ。即身成仏とは何か？現世利益とは何か？弘法大師と同行2人で雄大な曼荼羅世界の四つの道場を行く。
◇遍路一一四国霊場八十八カ所　講談社　1987.3　168p　26cm　2000円　ⓒ4-06-202880-8
　＊仏の島・四国へ遍路に旅立つ人に、遍路に思いを寄せる人に、霊場巡拝のすべて。
◇遍路と俳句　袖下拝悠著　びんご出版　1997.3　221p　19cm　1800円
◇遍路の風景一一空海のみち　村上護著,吉岡功治撮影　愛媛新聞社　1999.9　241p　30cm　3800円　ⓒ4-900248-61-4

◇遍路まんだら一一空海と四国巡礼を歩く　村上護著　佼成出版社　1986.7　246p　19cm　1100円　ⓒ4-333-01229-5
　＊人の心を捉えてはなさない四国遍路。その魅力の本質は。また歴史と変遷は…。庶民の熱い息ぶきうずまく"まんだらの世界"を歩く。
◇へんろみち一一四国八十八カ所スケッチ集　中島久雄画・文　保育社　1984.7　157p　22cm　3500円　ⓒ4-586-18017-X
◇僕が遍路になった理由一一野宿で行く四国霊場巡りの旅　早坂隆著　連合出版　2000.12　223p　19cm　1700円　ⓒ4-89772-163-6
　＊大学四年時、就職活動を放棄して、四国行きの深夜バスに飛び乗った著者の回想。
◇ポータラカ一一空と海の巡礼　岡本達幸写真集　岡本達幸著　光琳社出版　1998.5　1冊（ページ付なし）　31cm　2857円　ⓒ4-7713-0314-2
　＊すべてはそこに還ってゆく。原形（オリジン）に還る旅、四国霊場巡礼（へんろ）の写真集。
◇本州から行く四国霊場八十八カ寺周辺ガイドブック　エス・ピー・シー編　エス・ピー・シー　1999.3　136p　26cm　（エルマガmook）　1000円　ⓒ4-87435-093-3
◇曼荼羅の旅一一現代に生きる四国遍路の知恵　和田明彦著　近代文芸社　1996.12　210p　19cm　1500円　ⓒ4-7733-5941-2
　＊徒歩と野宿1400kmの旅。そこに見たものは人々が信仰をとおして生かし、生かされ合う曼荼羅の世界だった。
◇向島新四国八十八ケ所道しるべ　浜本米三〔著〕　浜本米三　1984.11　82p　26cm
◇娘遍路　田崎笙子著　（福岡）葦書房　1991.4　152p　19cm　1200円
　＊他人には見えないことが私には見える。お四国へと促がされた心の旅路。
◇夢遍路一一四国巡礼　柳原和子聞き書き　皓星社　1986.6　309p　20cm　1500円
◇よみがえる旅一一お四国の道千二百キロ　榎本三知子著　日本図書刊行会　1998.11　294p　19cm　1400円　ⓒ4-8231-0270-3
　＊ひとり歩き同行二人‼この道でこそ、出会いあり、試練あり、心洗われて、自身を再生できる場であった。
◇霊場巡礼3　四国遍路の寺　下　五来重著　角川書店　1996.4　277p　19cm　2500円　ⓒ4-04-511303-7
◇霊場そのこころ一一カラー写真集　汲田栄功著　高知新聞社　1984.3　223p　28cm　4800円

◇六十六歳からの八十八ケ所巡り―歩き遍路は出逢いの旅 私家版 村田洋介著 村田洋介 2000.4 301p 19cm ①4-89630-025-4
◇私の四国八十八か所 筒井和子著 そうぶん社出版 2000.7 71p 21cm ①4-88328-215-5

金刀比羅宮

香川県　平安時代以降　関連人物：崇徳天皇

＊　　＊　　＊

◇金刀比羅宮―こんぴらさんへの招待 藤田健著 筑摩書房 2000.4 109p 21cm 1429円 ①4-480-87613-8
　＊人々の厚い信仰に支えられてきた「讃岐のこんぴらさん」、魅力のすべて。鮮やかなカラー写真で案内します。
◇今昔・金刀比羅参詣 画：門脇俊一 西日本放送 1972 1帖 21cm 2000円
◇金毘羅参詣名所図会 暁鐘成著 臨川書店 1998.11 525p 22cm （版本地誌大系 19） 8600円 ①4-653-03563-6
　＊江戸時代の後期に九十年間ほど続いた、いわゆる名所図会ブームには、二つのピークがあった。あとのピークとなった天保六年ごろからの時期には、本書の著者暁鐘成が代表的な人気作家として位置付けられる。本書は、浪花の読本作者として著名であった暁鐘成の名所図会第二作目である。
◇金毘羅参詣名所図会 暁鐘成著, 草薙金四郎校訂 歴史図書社 1980.1 425p 22cm 6800円
◇讃岐と金毘羅道 木原溥幸、和田仁編 吉川弘文館 2001.4 266,28p 20cm （街道の日本史 45） 2300円 ①4-642-06245-9
　＊瀬戸内の"海のみち"の要地として栄えた讃岐に空海や農村歌舞伎を生んだ独自の歴史と文化を探る。
◇高橋由一と金刀比羅宮博物館 朝日新聞社編 朝日新聞社 1983.4 152p 19cm （朝日・美術館風土記シリーズ 9） 850円

寺社めぐり（九州・沖縄地方）

◇木城町古社寺めぐり 木城史友会編 木城史友会 1985.4 114p 27cm 1500円
◇九州西国霊場―巡礼の旅 九州西国霊場会編 新人物往来社 1983.7 184p 18cm 980円
◇九州八十八所巡礼 九州八十八カ所霊場会編, 白木利幸著 朱鷺書房 1997.4 245p 19cm 1000円＋税 ①4-88602-308-8
　＊唐から帰朝された弘法大師空海は、九州筑紫の国に二年間滞在し、その間九州各地を訪ねて歩かれた。今も九州の各地には、お大師さまの足跡と伝説が数多く残されている。弘法大師ゆかりの地を結んで開かれた九州八十八ヵ所霊場の詳細ガイド。
◇国東 古寺巡礼 渡辺克己著 （大分）双林社出版部 1986.4 394p 21cm 1800円
　＊み仏の里…国東半島六郷満山をたずねて山間の霊場をめぐる。今、開かれる国東の寺々
◇国東六郷満山霊場めぐり―宇佐神宮と三十三霊場巡拝の旅 渡辺克己著 双林社 1990.4 154p 18cm 951円
◇古寺巡礼 西国 5 富貴寺 白石一郎著 淡交社 1981.7 158,〔1〕p 27cm 3200円 ①4-473-00748-0
◇古寺巡礼 西国 6 観世音寺 江上栄子ほか著 淡交社 1981.10 150p 27cm 3200円 ①4-473-00749-9
◇篠栗八十八カ所霊場めぐり 井上優著 西日本新聞社 1993.3 206p 19cm 1500円 ①4-8167-0331-4
◇篠栗遍路―筑前の霊場めぐり 平幡良雄著 改訂2版 満願寺教化部 1993.9 176p 19cm 1000円
◇島原半島の神社を訪ねて 林田秀晴著 長崎出島文庫 2001.5 250p 20cm 1714円 ①4-931472-23-0
◇巡礼の道―九州西国霊場 九州西国霊場会編, 菊川春暁著 九州西国霊場会 1999.10 203p 19cm 1200円 ①4-87415-290-2
◇巡礼の旅―九州西国霊場 九州西国霊場会編 新人物往来社 1983.7 184p 18cm 980円
◇石城遺宝 広渡正利編著 文献出版 1991.10 286p 22cm 7500円 ①4-8305-1151-6
◇八幡宮の建築 土田充義著 九州大学出版会 1992.4 327p 26cm 10300円 ①4-87378-294-5
◇檜原山正平寺―豊前修験道の霊峰 大分県立宇佐風土記の丘歴史民俗資料館編 大分県立宇佐風土記の丘歴史民俗資料館 1994.3 50p 26cm （大分県立宇佐風土記の丘歴史

◇福岡寺院探訪　今田正昭著　海鳥社　1992.6　192p　19cm　1200円　ⓘ4-87415-021-7
　＊ひっそりと佇む古刹、甍を並べた寺町。さまざまな歴史を秘めた262カ寺を訪ねて、その寺に伝わる伝承をもとに紹介する。
◇霊場肥後33カ所巡道記　髙浜政五朗著　熊本新評社　1993.9　127p　21cm　1000円
◇六郷満山物語――国東半島紀行　中谷都志郎文・写真　大分合同新聞社　1998.10　143p　30cm　2800円　ⓘ4-901120-02-6

寺院・教会（世界）

◇極彩色メキシコ巡礼　小野一郎著　晶文社　2001.2　253p　図版12枚　21cm　2400円　ⓘ4-7949-6477-3
　＊装飾過剰なウルトラバロックの教会。「死者の日」の墓を飾るロウソクの幻想。遺跡を埋め尽くす大胆なレリーフ。広場で売られるカラフルな民芸品…。土着の文化と西洋がぎりぎりのところでせめぎ合う、不思議の国・メキシコ紀行の傑作。
◇古寺巡礼――国際版　土門拳著　美術出版社　1989.7　5冊　43cm　325000円
◇十字架のある風景――児島昭雄写真集　児島昭雄著　日本基督教団出版局　1999.3　118p　20×21cm　2600円　ⓘ4-8184-0337-7
　＊2000年前、ゴルゴダの丘で一人の男が死刑に処され、その出来事の象徴として十字架は広く世界に伝えられた。それらの十字架は人々の信仰や文化、暮らしと溶け合いながら、世界中の至るところで様々な表情をみせてきた。世界の十字架のある光景102点を収録、見る人の心に触れる作品の数々。
◇図説　大聖堂物語――ゴシックの建築と美術　佐藤達生、木俣元一著　河出書房新社　2000.7　119p　22×17cm　（ふくろうの本）　1800円　ⓘ4-309-72642-9
　＊中世ヨーロッパが生み出した奇跡の空間・大聖堂＝カテドラル設計・建設からステンドグラス・彫刻の解読まで完全案内。ノートル・ダム（パリ）、シャルトル、ミラノ、フィレンツェ、ケルン、ソールズベリー、サンチャゴ・デ・コンポステラなど多数収録。ゴシック芸術の決定版ガイド。
◇ニューメキシコの建築――石と土と光の教会　ヨウ箱守, 市原出著　丸善　2000.6　110p　22cm　（建築巡礼 46）　2900円　ⓘ4-621-04767-1
　＊本書は、建築の原点としての力強さと輝きを今なおお放ち続けるニューメキシコ固有の建築を教会を中心に初めて詳しく紹介する本格派体験的ガイドブック。知られざるアメリカ文化に触れる格好の一冊。

寺院・教会（アジア）

◇韓国古寺紀行――日本仏教の源流を訪ねて　桑野淳一著　彩流社　2001.2　299p　19cm　1900円　ⓘ4-88202-698-8
　＊「百済」「新羅」日本文化に大きな影響を与えた仏教の古里をくまなく歩いた歴史と隣人との出会いの旅。
◇韓国古寺巡礼　白籏史朗写真　くもん出版　1987.1　153p　30×25cm　（韓国の美シリーズ 4）　3200円　ⓘ4-87576-282-8
　＊海印寺、法住寺、仏国寺など韓国の名刹を取材。美しい風景に溶け込む寺々の姿と共に仏像・仏塔のかずかずを紹介する。
◇韓国古寺巡礼 新羅編　慶尚南道・慶尚北道・江原道　鎌田茂雄、NHK取材班著、大村次郷写真　日本放送出版協会　1991.3　156p　26cm　1900円　ⓘ4-14-008766-8
　＊美しき韓国の風光の中に、さまざまな伝説に彩られた古刹を訪ね歩く…。
◇韓国古寺巡礼 百済編　鎌田茂雄、NHK取材班著, 大村次郷写真　日本放送出版協会　1991.5　156p　26cm　1900円　ⓘ4-14-008778-1
　＊百済仏の微笑のかぎりない優しさの中に、あるいは冬の寒風吹きすさぶ荒涼たる山野に、時空を超えて息づく百済仏教の栄光の足跡と、高麗時代に形成された韓国曹渓宗の源流を、峰をわたる松風とともに、たどる。
◇韓国古寺探訪　山田修著　学芸出版社　1983.4　226p　19cm　1500円　ⓘ4-7615-1076-5
◇韓国古寺探訪の魅力――古建築と石塔　山田修著　（京都）学芸出版社　1991.8　183p　21cm　2060円　ⓘ4-7615-2076-0
　＊60回を超える訪韓歴をもつ建築家の著者が、古建築・石造物の宝庫、韓国を案内。人々とのふれあいを綴るエピソードと200余点の写真が、魅力あふれる旅情をさそう。
◇韓国古刹ハイキング　山田修著　相模書房　1988.7　178p　21cm　1800円　ⓘ4-7824-8802-5

＊この本は、韓国の「田舎回りのハイキングと古刹めぐりの好きな人」および「地方の名物を賞味したい旅好きな人」のために、わたしなりの体験談を記したものです。

◇古寺名刹への道 第2部 善導大師・玄奘三蔵墓参と北魏石窟寺 尾崎安雄著 創栄出版 1996.3 192p 21cm ⓒ4-88250-568-1

◇浙江江西地方禅宗史蹟訪録 鈴木哲雄著 山喜房仏書林 1997.12 159p 31cm 12000円 ⓒ4-7963-0599-8

◇大同の古寺 北川桃雄著 中央公論美術出版 1969．176p 図版 20cm 930円

◇探訪 韓国の古寺・古塔 徐万基著 成甲書房 1987.7 280p 19cm 2000円 ⓒ4-88086-060-3

◇中国名山古寺の旅 福島一嘉著, 福島慶道, 松原哲明文 佼成出版社 1989.1 141p 21cm（フォト・マンダラ） 1800円 ⓒ4-333-01378-X

◇並河万里遺跡をゆく 第3集 アジア古寺巡礼 並河万里撮影 学習研究社 1977.6 132p 29cm 1600円

◇尼僧のいる風景─内なる中国の旅 羽床正範著 石風社 1990.6 173p 21cm 1800円

◇南の国の古寺巡礼─アジア建築の歴史 千原大五郎著 日本放送出版協会 1986.3 222p 19cm（NHKブックス） 750円 ⓒ4-14-001496-2

＊戦後ジャワ島のボロブドール修復に関わり、著者の研究領域は広がり、深まりをみせた。アジア古寺建築の碩学が綴る古寺巡礼一代記。

タージ・マハル宮

インド　17世紀　指定：世界遺産「タージ・マハル」

＊　　＊　　＊

◇週刊地球旅行 no.58 タージ・マハルインド夢紀行─インド 講談社 1999.5 34p 30cm 533円

◇週刊ユネスコ世界遺産 no.36 タージ・マハル/アーグラ城─インド 講談社 2001.7 34p 30cm 533円

◇タージ・マハル アミーナ・オカダ, M.C.ジョシ著, 中尾ハジメ訳 岩波書店 1994.2 219p 32×27cm 10000円 ⓒ4-00-008176-4

＊インド西北部のタージ・マハルは、ムガル皇帝シャー・ジャハーンが、亡妻を追慕して12年の歳月と国費を傾けて建立した墓廟である。装飾美術の粋をあつめた華麗な建造物としてイスラーム世界を代表する。壮大な白大理石建築、壁面をかざる多彩な草花の浮彫り細工やコーラン章句の装飾文字など、斬新な意匠の魅力を克明に紹介。

寺院・教会（ヨーロッパ）

◇イギリスの大聖堂 志子田光雄, 志子田富寿子著 晶文社 1999.7 286p 21cm 2600円 ⓒ4-7949-6396-3

＊123メートルの尖塔、石畳の急坂、紺青のステンドグラス、聖遺物、中世の書庫、修道士の談話室、シェイクスピア作品の舞台…イギリスの心がこだまする。「古寺巡礼」への誘い。

◇磯崎新＋篠山紀信建築行脚7 メディチ家の華─サン・ロレンツォ聖堂 磯崎新〔ほか〕著 六耀社 1992.2 182p 29cm 10094円 ⓒ4-89737-012-4

◇イタリア古寺巡礼 和辻哲郎著 要書房 1950 239p 図版29枚 19cm

◇イタリア古寺巡礼 和辻哲郎著 角川書店 1956 168p 図版16枚 15cm（角川文庫）

◇カテドラルのある風景 尚樹啓太郎著 東海大学出版会 1982.10 284p 20cm 2500円

◇こころの旅─ヨーロッパの教会とパイプオルガン 松下晴昭著 松下晴昭 1999.5 100p 30cm

◇サン・ピエトロ─アウレリオ・アメンドラ写真集 アウレリオ・アメンドラ写真, 若桑みどり, 新保淳乃訳 岩波書店 1999.12 198p 31×31cm 8600円 ⓒ4-00-008200-0

◇サン・ピエトロ大聖堂 石鍋真澄著 吉川弘文館 2000.12 220p 19cm 2800円 ⓒ4-642-07770-7

＊殉教した使徒ペテロの墓の上に建てられ、ルネサンス期に建て直されたサン・ピエトロ大聖堂は、2000年におよぶ宗教と芸術の偉大な記念碑である。聖年を迎えたキリスト教美術の真髄である聖堂を細部まで紹介する。

◇週刊ユネスコ世界遺産 no.4 ノートル・ダム大聖堂とエッフェル塔─フランス 1 講談社 2000.11 34p 30cm 533円

◇スペインの大聖堂 菅井日人著 グラフィック社 1992.6 129p 27cm（ヨーロッパ

新紀行） 2990円 ①4-7661-0654-7
◇聖なる空間をめぐる―フランス中世の聖堂　前川道郎著　学芸出版社　1998.7　223p　26×16cm　4000円　①4-7615-4061-3
　＊ロマネスクの石の表情、ゴシックの光の壁。巡礼の世紀に華ひらいた教会建築の革新的な芸術理念と空間構成を解き明かす。
◇聖なる夏―ロマネスク教会紀行　饗庭孝男著　小沢書店　1982.9　181p　図版19枚　20cm　1600円
◇聖なる夏―ロマネスク教会紀行　饗庭孝男著　小沢書店　1992.2　183p　19cm　（小沢コレクション　38）　1854円
　＊フランス各地から、スペイン、イタリアの北部へ、永遠の〈時〉のなかに眠るロマネスクの古寺をたずねる旅は、静かに息づくヨーロッパ中世の精神とその魅力を解読する試みでもあった…。
◇二つの大聖堂のある町―現代イギリスの社会と文化　高橋哲雄著　筑摩書房　1985.11　238p　20cm　1500円
◇フランスのロマネスク教会　桜井義夫文, 堀内広治写真　鹿島出版会　2001.3　239p　21cm　(ヨーロッパ建築ガイド　2)　3300円　①4-306-04410-6
◇フランス・ロマネスク　饗庭孝男著・写真　山川出版社　1999.5　221p　21cm　（世界歴史の旅）　2800円　①4-634-63230-6
　＊本書は、中世におけるフランスの「ロマネスク」時代の修道院、教会について、個別に、具体的に書いたものであるが、主として10世紀から12世紀末期までのものを対象とした。
◇フランス古寺巡礼　岩波書店編集部, 岩波映画製作所共編　岩波書店　1955　図版64枚　解説共　19cm　（岩波写真文庫）
◇フランス古寺巡礼　岩波書店編集部編　〔復刻版〕　岩波書店　1990.3　1冊　21cm　（シリーズ　世界の美術案内　2）　650円　①4-00-003569-X
◇フランスの大聖堂―聖地巡礼、そして遺言書　オーギュスト・ロダン著, 新庄嘉章訳　東京創元社　1984.3　284p　19cm　1800円
◇ヨーロッパ教会物語　渡部雄吉著　縮刷　グラフィック社　1997.8　142p　24cm　（写真紀行）　1800円　①4-7661-0993-7
◇ヨーロッパ古寺巡礼　饗庭孝男著　新潮社　1995.5　390p　19cm　2800円　①4-10-386502-4
　＊プロヴァンス、ブルゴーニュ、ロワール、そして、カタルーニア、イタリア…。地中海の光の中に、泉のほとりに、ひっそりと佇むロマネスク教会を訪ねるロマン豊かな思索エッセイ。
◇ヨーロッパ古城・寺院の旅　田村秀夫著　三修社　1984.6　220p　19cm　（コロン・ブックス）　1000円　①4-384-06427-6
◇ロマネスクの園　高坂知英著　リブロポート　1989.11　238p　21cm　（リブロ「旅の本」）　3296円　①4-8457-0440-4
　＊全ヨーロッパの田園・都市に宝石のように散らばる、ロマネスク建築に魅せられて20余年、ひとり旅を続ける著者の膨大なコレクションからのエッセンス。寺院建築の旅。
◇ローマの教会巡り　小畑紘一著　誠文堂新光社　1991.4　256,5p　21cm　2500円　①4-416-99106-1

アッシジの聖フランチェスコ

イタリア　13世紀　関連人物：聖フランチェスコ　指定：世界遺産「アッシジの聖フランチェスコのバシリカとその他の遺跡群」

　　　＊　　　＊　　　＊

◇愛されるより愛することを―アッシジの聖フランシスコ　池利文撮影, 遠藤周作, 加賀乙彦文, 門脇佳吉編　学習研究社　1992.11　146p　30cm　3800円　①4-05-500027-8
◇朝の光の中で―St.FRANCIS OF ASSISI　葉祥明著　愛育社　1999.4　57p　18×19cm　1300円　①4-7500-0047-7
　＊葉祥明と聖フランチェスコの魂の交流。アッシジの聖フランチェスコの魂にふれる旅で葉祥明の心に響いた言葉と、中世の面影を残すイタリア・ウンブリア地方の美しい田園風景画…。
◇アシイシの聖フランチェスコ　巡礼の書　4版　ヨエルゲンセン著, 山村静一訳　岩波書店　1950　388p　19cm
◇アシジおよびラ・ヴェルナ山への巡礼　森正雄著　中央出版社　1959　156p　17cm
◇アシジの丘―聖フランチェスコの愛と光　北原教隆・山川紘矢, 山川亜希子文撮影　(町田)リア・ジャパン, 地湧社発売　1988.4　68p　21×23cm　3800円　①4-88503-804-9
◇古都アッシジと聖フランシスコ　小川国夫文, 菅井日人写真　講談社　1985.9　96p　22cm　2000円　①4-06-201422-X
◇古都アッシジと聖フランシスコ　小川国夫文, 菅井日人写真　新装版　講談社　2000.10　96p　22×19cm　2200円　①4-

06-210228-5
＊小鳥への説教、太陽の歌…吟遊詩人聖フランシスコの言葉に、そして静かな詩の大聖堂に魅せられる。
◇週刊地球旅行 no.72　中世の愛の小径アッシジからオルヴィエートへ―イタリア　講談社　1999.9　34p　30cm　533円
◇巡礼の書―アッシジのフランシスコを賛えて　ヨハンネス・ヨルゲンセン著，永野藤夫訳　中央出版社　1976　370p　図　19cm　1500円
◇聖フランシスコの世界　菅井日人著　グラフィック社　1991.6　127p　27×24cm（ヨーロッパ新紀行）　2990円　④4-7661-0651-2

シャルトル大聖堂

フランス　12世紀　指定：世界遺産「シャルトル大聖堂」

＊　　＊　　＊

◇祈りの大聖堂シャルトル　小川国夫文，菅井日人写真　講談社　1986.11　96p　21×19cm　2000円　④4-06-202490-X
＊大聖堂は芸術そのものであると同時に、生きている教会である！写文集。
◇シャルトルの大聖堂案内　エチエンヌ・ウーベ著，山口高典訳　ウーベ・ラ・クリプト出版　1998　96p　22cm　④2-909575-27-6
◇シャルトル大聖堂　エチエンヌ・ウーベ著，山口高典訳　ウーベ出版社　1999.1　96p　22×12cm　1800円
＊シャルトル大聖堂という中世ゴシック芸術の最高傑作の歴史、建築、彫刻、ステンドグラスのトータルな解説書です。特に従来は部分的にしか紹介されてこなかったシャルトルのステンドグラスの全容が記述されています。ステンドグラスのすべての配置がわかる、大聖堂の丁寧な平面図がついています。カラー写真、六十数葉のついたコンパクトで美しいガイドブックです。
◇シャルトル大聖堂―ゴシック美術への誘い　馬杉宗夫著　八坂書房　2000.6　190p　21cm　3600円　④4-89694-455-0
＊世界遺産・ゴシック美術の宝庫！均整のとれた双塔をもつ建物、扉口の神々しい彫刻群や、神秘の輝きに満ちたステンドグラス。歴史的、芸術的に質の高い作品群がひしめきあっているシャルトルのすべてをカラーを含む150点以上の写真とともに詳述。

修道院（ヨーロッパ）

◇修道院の中のヨーロッパ―ザンクト・ガレン修道院にみる　ヴェルナー・フォーグラー編，阿部謹也訳　朝日新聞社　1994.11　184p　29×22cm　7000円　④4-02-256810-0
＊本書は華麗な写本、建築、音楽など、ヨーロッパを今日のヨーロッパたらしめた文化の原形を、ザンクト・ガレン修道院文書館、図書館、碑文館の収蔵品を中心に、カラー図版多数で紹介する。
◇スペイン・ロマネスクの道―グレゴリオ聖歌の世界　鈴木孝寿著　筑摩書房　1997.7　197p　21cm　2800円　④4-480-87291-4
＊ロマネスクのこころを集めたスペイン修道院案内。4本のサンティアゴ巡礼の道と3本のカタルーニャの道に点在する修道院と教会堂の数々。
◇聖山アトス―ビザンチンの誘惑　川又一英著　新潮社　1989.11　185p　19cm（新潮選書）　780円　④4-10-600371-6
＊女人禁制を貫く修道の王国、ビザンチン美術の宝庫…アトス山をいただくギリシャ北部の半島には祈り一筋に生きる男たちがいる。

モン・サン・ミシェル修道院

フランス　8世紀　指定：世界遺産「モン・サン・ミシェルとその湾」

＊　　＊　　＊

◇週刊地球旅行 no.76　世界遺産モン・サン・ミシェルとノルマンディ―フランス　講談社　1999.9　34p　30cm　533円
◇週刊ユネスコ世界遺産 no.9　モン・サン・ミシェルとその湾―フランス　講談社　2000.12　34p　30cm　533円

文化財・仏像

国宝

◇NHK国宝への旅 7　NHK取材班著　日本放送出版協会　1987.10　140pp　34cm　1800円　ⓓ4-14-008539-8

◇NHK国宝への旅 第1巻　NHK取材班著　日本放送出版協会　1986.9　133p　24cm　1800円　ⓓ4-14-008496-0
＊受けつがれてきた国宝の美をたずねる。新しい旅！

◇暮らしのしおり―山陰の歳時記とガイド no.7　山陰の国宝・重要文化財　山陰中央新報社編　村上勇著　山陰中央テレビジョン放送　1981.8　130p　21cm

◇国宝　芸術新潮編集部編　新潮社　1993.5　223p　22×17cm　（とんぼの本）　2200円　ⓓ4-10-602016-5
＊『国宝』とは何か。文化財保護法の定義によれば、重要文化財の中でも特に"世界文化の見地から価値の高いもので、たぐいない国民の宝"が、それであるという。なんと抽象的な答えであろう。この『国宝』の正体にせまり、真の魅力を知るために、あらゆる角度から徹底調査をおこなった。散歩ガイドや国宝リストもついに必携版。

◇国宝への旅 5　西国巡拝　日本放送出版協会編　日本放送出版協会　1997.1　283p　16cm　（NHKライブラリー）　1068円　ⓓ4-14-084031-5
＊旅は近江から若狭へ。熊野・難波・播磨をめぐる。

◇国宝への旅 6　東国逍遙　日本放送出版協会編　日本放送出版協会　1997.3　275p　16cm　（NHKライブラリー）　1068円　ⓓ4-14-084032-3

◇国宝への旅 7　西海風韻　日本放送出版協会編　日本放送出版協会　1997.5　267p　16cm　（NHKライブラリー）　1070円　ⓓ4-14-084033-1
＊風わたる四季の色。九州・四国路。山陰・山陽路。いまなお、新しく若々しい感動を紡ぎ出します―。好評ロングセラーの

『NHK国宝への旅』シリーズをベースに、NHKライブラリーは地域別に再編集してお届けします。

◇国宝への旅 8　国宝絵画の美術館　日本放送出版協会編　日本放送出版協会　1997.7　267p　16cm　（NHKライブラリー）　1070円　ⓓ4-14-084034-X

◇国宝への旅 別巻　国宝全ガイド　日本放送出版協会編　日本放送出版協会　1999.3　381p　16cm　（NHKライブラリー）　1500円　ⓓ4-14-084035-8
＊国宝指定文化財を各都道府県の所有者または保管先の項目ごとに紹介した鑑賞ガイド。収録数は、絵画154件、彫刻121件、工芸品251件、書跡・典籍・古文書277件、考古資料38件、建造物209件の総数1050件。掲載データは、所有者または保管先の名称、交通・観覧情報、国宝の分類、国宝の指定年月、国宝の名称、附（つけたり）、サイズ、出品、鑑賞ガイドなど。内容は1999年2月現在。用語解説、50音順の国宝総索引付き。

◇国宝建造物の旅―作品集　松谷武著　松谷武　1993.6　98p　30cm

◇国宝建築探訪　中野達夫著　海青社　2000.3　312p　22cm　2800円　ⓓ4-906165-82-6

◇国宝・重要文化財大全 12　建造物 下巻　文化庁監修、〔毎日新聞社〕図書編集部編　毎日新聞社　2000.3　758,28p　31cm　35000円　ⓓ4-620-80332-4
＊国法・重要文化財指定の建造物の図鑑。全2巻の下巻で門・鳥居・城郭・書院、茶室・能舞台・藩校・橋梁その他と民家、近代建築等、重要伝統的建造物群保存地区、世界遺産を図版で収める。2巻で国宝・重要文化財指定の2151件と重要伝統的建造物群保存地区の全てを収録。各図版の説明は通称・旧称を含む名称と所在都道府県名、所有者、規模、構造、軒廻り、屋根および妻のかたち、葺き方と建物の特徴、建立年代を記載。巻末に重要伝統的建造物群保存地区と我が国の世界遺産一覧、所在地一覧を収録。名称索引を付す。

◇国宝・重要文化財大全 8　書跡 下巻　文化庁監修、〔毎日新聞社〕図書編集部編　毎日

文化財・仏像　　　　　　　　　　　　　　　　　　　　　　　　　　　　国宝

新聞社　1999.12　643,24p　31cm　35000円　Ⓓ4-620-80328-6
◇国宝建物巡礼―ふるさとの国宝の建物を見に行こう　髙井貢著　日本図書刊行会　1999.1　176p　20cm　1500円　Ⓓ4-8231-0196-0
＊国宝の建物は京都・奈良にばかりあるのではない。日本文化の原点をさらに奥深く求め、探訪が再び始まる。全国には209件の国宝建物があるが、観光地の奈良・京都・滋賀にある有名寺社の説明は除外し地方のものを主体にした。
◇国宝と歴史の旅 1　飛鳥のほとけ天平のほとけ　朝日新聞社　1999.8　64p　30cm（朝日百科）　933円　Ⓓ4-02-330901-X
◇国宝と歴史の旅 11　「天橋立図」を旅する―雪舟の記憶　朝日新聞社　2001.4　64p　30cm（朝日百科）　933円　Ⓓ4-02-330911-7
◇国宝と歴史の旅 12　中世瀬戸内の寺と社会　朝日新聞社　2001.6　64p　30cm（朝日百科）　933円　Ⓓ4-02-330912-5
◇国宝と歴史の旅 10　新しい飛鳥の歩き方　朝日新聞社　2001.3　64p　30cm（朝日百科）　933円　Ⓓ4-02-330910-9
◇国宝と歴史の旅 2　仏堂の空間と儀式　朝日新聞社　1999.10　64p　30cm（朝日百科）　933円　Ⓓ4-02-330902-8
◇国宝と歴史の旅 3　神護寺薬師如来像の世界　朝日新聞社　1999.12　64p　30cm（朝日百科）　933円　Ⓓ4-02-330903-6
◇国宝と歴史の旅 4　神社建築と祭り　朝日新聞社　2000.2　64p　30cm（朝日百科）　933円　Ⓓ4-02-330904-4
◇国宝と歴史の旅 5　城と城下町　朝日新聞社　2000.4　64p　30cm（朝日百科）　933円　Ⓓ4-02-330905-2
◇国宝と歴史の旅 6　地獄と極楽―イメージとしての他界　朝日新聞社　2000.6　64p　30cm（朝日百科）　933円　Ⓓ4-02-330906-0
◇国宝と歴史の旅 7　鎌倉大仏と宋風の仏像　朝日新聞社　2000.8　64p　30cm（朝日百科）　933円　Ⓓ4-02-330907-9
◇国宝と歴史の旅 8　塔―形・意味・芸術　朝日新聞社　2000.10　64p　30cm（朝日百科）　933円　Ⓓ4-02-330908-7
◇国宝と歴史の旅 9　客殿と障壁画　朝日新聞社　2000.12　64p　30cm（朝日百科）　933円　Ⓓ4-02-330909-5
◇国宝の旅―日本の美日本のこころ　講談社　2001.9　446p　26cm（講談社mook）

3800円　Ⓓ4-06-173492-X
◇国宝への旅 1　古都夢幻　日本放送出版協会　1996.5　287p　15cm（NHKライブラリー）　1100円　Ⓓ4-14-084027-7
＊京の都に日本美の生命を探る。
◇国宝への旅 2　都雅檀風　日本放送出版協会　1996.7　283p　15cm（NHKライブラリー）　1100円　Ⓓ4-14-084028-5
＊輝く美を求めて洛北・洛南の古刹をめぐる。
◇国宝への旅 3　南都鹿鳴　日本放送出版協会　1996.9　270p　15cm（NHKライブラリー）　1100円　Ⓓ4-14-084029-3
＊みほとけの深遠にふれる古都・奈良の旅。
◇国宝への旅 4　斑鳩茜色　日本放送出版協会編　日本放送出版協会　1996.11　283p　15cm（NHKライブラリー）　1100円　Ⓓ4-14-084030-7
◇国宝建造物拝見　首藤一著　創元社　1976　249p　図24枚　19cm
◇国宝建築を旅する―選ばれた53景　橘爪淳一文、冨田祐幸写真　同朋舎、角川書店発売　2001.10　223p　21cm　1900円　Ⓓ4-8104-2709-9
＊ふるさとの風、土、匂いのなかに佇む国宝建築と、そこに住む人びとのエピソード。『シグネチャー』誌に6年に渡り好評連載。
◇国宝重要文化財案内　毎日新聞社編　増補改訂版　毎日新聞社　1979.3　501,15p　20cm　2000円
◇国宝・重要文化財　日本建築案内 第1　北尾春道著　彰国社　1962　178p　図版 解説共　18×19cm
◇国宝・重要文化財　日本建築案内 第11　北尾春道著　彰国社　1962　191p　図版 解説共　18×19cm
◇国宝・重要文化財　日本建築案内 第10　北尾春道著　彰国社　1962　184p　図版 解説共　18×19cm
◇国宝・重要文化財　日本建築案内 第2　北尾春道著　彰国社　1963　212p　図版 解説共　18×19cm
◇国宝・重要文化財　日本建築案内 第4　北尾春道著　彰国社　1964　276p　図版 解説共　18×19cm
◇国宝・高岡山瑞竜寺　瑞竜寺国宝指定記念出版刊行委員会編　北日本新聞社　1999.7　129p　30cm　2857円　Ⓓ4-906678-38-6
＊瑞竜寺は、江戸時代の建築技法により建てられた社寺建築物として、平成9年12月に国宝に指定された指定された貴重な

225

文化財です。本書では、瑞竜寺の文化財的な価値について、改めてさまざまな角度から分析を行なうとともに、優美な建築物、伽藍の姿を写真で紹介しています。
◇国宝と史跡　関忠夫等編　誠文堂新光社　1953　210p　27cm
◇国宝日本建築　城　彰国社編　1962　図版240p 解説共　37cm
◇国宝百撰　平山郁夫　毎日新聞社編　毎日新聞社　1992.2　146p　35×27cm　6300円　①4-620-60409-7
　＊日本の文化を伝える、国宝1,036件の中から、日本画家平山郁夫が、厳しく鋭く選び抜いた100の至宝をここに集大成。時空を超えていまに伝わる美の精髄。
◇国宝仏を訪ねる—仏のひびき　西村公朝監修　講談社　2001.3　151p　26cm　（ベストセレクション）　2500円　①4-06-210339-7
　＊古来より幾多の人々が祈りを捧げた魅惑の仏像。奈良・京都の寺院を中心に臨場感あふれる構成で、国宝仏をたどる西村公朝流のやさしい仏像鑑賞ガイドブック。収録の国宝の仏像63件、重要文化財の仏像9件、カラー収録図版総点数116点。
◇如庵—国宝茶室旧三井家大磯別邸城山荘　松原勇吉写真集　松原勇吉写真・文　松原勇吉　1983.8　119p　16×22cm　3500円
◇日本の国宝 31-40　朝日新聞社　1997.9-11　10冊（合本1冊）　31cm　（週刊朝日百科）　各533円
◇日本の国宝 61-70　朝日新聞社　1998.4-6　10冊（合本1冊）　31cm　（週刊朝日百科）　各533円
◇日本の国宝 71-80　朝日新聞社　1998.7-9　10冊（合本1冊）　31cm　（週刊朝日百科）　各533円
◇日本の国宝 81-90　朝日新聞社　1998.9-11　10冊（合本1冊）　31cm　（週刊朝日百科）　各533円
◇日本の国宝 91-100　朝日新聞社　1998.11-1999.1　10冊（合本1冊）　31cm　（週刊朝日百科）　各533円
◇ふるさとの国宝　河田貞, 立松和平文, 日弁貞夫写真　翔泳社　1997.4　172p　24cm　3400円+税　①4-88135-439-6
◇NHK 国宝への旅 3　NHK取材班著　日本放送出版協会　1986.11　133p　24cm　1800円　①4-14-008498-7
◇NHK 国宝への旅 第4巻　NHK取材班著　日本放送出版協会　1986.12　133p　24×20cm　1800円　①4-14-008499-5
◇NHK 国宝への旅 11　NHK取材班著　日本放送出版協会　1988.7　142p　24×19cm　1800円　①4-14-008590-8
◇NHK 国宝への旅 12　NHK取材班著　日本放送出版協会　1988.8　142p　24×19cm　1800円　①4-14-008591-6
◇NHK 国宝への旅 13　NHK取材班著　日本放送出版協会　1988.10　142p　24×19cm　1800円　①4-14-008592-4
◇NHK 国宝への旅 14　NHK取材班著　日本放送出版協会　1988.12　146p　24cm　1800円　①4-14-008593-2
◇NHK 国宝への旅 15　NHK取材班著　日本放送出版協会　1989.1　146p　24×19cm　1800円　①4-14-008594-0
◇NHK 国宝への旅 16　NHK取材班著　日本放送出版協会　1989.8　146p　24×19cm　1900円　①4-14-008653-X
◇NHK 国宝への旅 17　NHK取材班著　日本放送出版協会　1989.10　146p　24×20cm　1900円　①4-14-008654-8
◇NHK 国宝への旅 18　NHK取材班著　日本放送出版協会　1989.11　146p　24×20cm　1900円　①4-14-008655-6
◇NHK 国宝への旅 19　NHK取材班著　日本放送出版協会　1990.1　146p　25×19cm　1900円　①4-14-008656-4
◇NHK 国宝への旅 10　NHK取材班著　日本放送出版協会　1988.2　140p　24×19cm　1800円　①4-14-008542-8
◇NHK 国宝への旅 2　NHK取材班著　日本放送出版協会　1986.10　133p　24cm　1800円　①4-14-008497-9
　＊曜変天目茶碗—大阪・京都・東京;炎の奇跡・曜変天目茶碗(宮尾登美子);謎の曜変天目茶碗(矢野正人);茶碗にみる日本人の美意識(林屋晴三);阿弥陀如来—加茂 浄瑠璃寺;極楽浄土にビーナスを見た(阿木燿子);西方浄土への憧れ(西村公朝);不動明王—京都 東寺;弘法さんの中国みやげ(中谷新一);東寺講堂の仏たち(清水善三)
◇NHK 国宝への旅 20　NHK取材班著　日本放送出版協会　1990.2　146p　24×20cm　1900円　①4-14-008657-2
◇NHK 国宝への旅 5　NHK取材班著　日本放送出版協会　1987.7　140p　24×20cm　1800円　①4-14-008537-1
◇NHK 国宝への旅 6　NHK取材班著　日本放送出版協会　1987.8　140p　24×19cm　1800円　①4-14-008538-X
◇NHK 国宝への旅 8　NHK取材班著　日本放送出版協会　1987.11　140p　24×19cm

1800円　①4-14-008540-1
◇NHK 国宝への旅 第9巻　NHK取材班著　日本放送出版協会　1987.12　140p　24×19cm　1800円　①4-14-008541-X
◇NHK国宝への旅 別巻　日本放送出版協会編　日本放送出版協会　1990.4　174p　24×19cm　2000円　①4-14-008658-0
＊旅するためのルート紹介と拝観・観覧のためのポイント解説で全国の国宝を完全ガイド。

文化財探訪(日本)

◇重要文化財 第16巻　建造物　5 城郭・書院・茶室・能舞台・舟屋形・藩校　編集:毎日新聞社「重要文化財」委員会事務局　毎日新聞社　1975　140,8p　36cm　4300円
◇探訪ハンドブック　石井進監修　山川出版社　2001.7　93,29p　21cm　(文化財探訪クラブ 1)　1600円　①4-634-22210-8
◇文化財ウォッチング　建築編　井上芳明、小野原光子共著　日本交通公社出版事業局　1987.1　110p　19cm　(DO-LIFE GUIDE)　790円　①4-533-00762-7

文化財探訪(北海道・東北地方)

◇石巻文化財たんぼう 1　石巻市教育委員会編　石巻市教育委員会　1991.3　64p　26cm　800円
◇石巻文化財たんぼう 2　石巻市教育委員会編　石巻市教育委員会　1992.3　63p　26cm　1000円
◇石巻文化財たんぼう 3　石巻市教育委員会編　石巻市教育委員会　1993.3　64p　26cm　1000円
◇石巻文化財たんぼう 4　石巻市教育委員会編　石巻市教育委員会　1994.3　63p　26cm　1000円
◇男鹿市の文化財 第8集　ふるさとの名木・古木　男鹿市教育委員会編　男鹿市教育委員会　1989.3　32p　26cm
◇くんねっぷの文化財シリーズ no.10　訓子府町の和地名　その2　伊藤公平著　訓子府町教育委員会　1991.3　54p　21cm
◇くんねっぷの文化財シリーズ no.8　訓子府町のアイヌ語地名　伊藤公平著　訓子府町教育委員会　1989.3　44p　21cm
◇くんねっぷの文化財シリーズ no.9　訓子府町の和地名　その1　伊藤公平著　訓子府町教育委員会　1990.3　55p　21cm
◇千歳地区石造文化財写真集　渡辺嘉兵衛編　千歳郷土研究会　1984.3　48p 図版32枚　26cm
◇つるおか田川文化財散歩―コース別案内　若松多八郎編　増補6版　鶴岡市文化財愛護協会　1992.4　162p　18cm
◇新冠の文化財をたずねて…―にいかっぷの石碑・ふるさとの木・史跡・記念物　新冠郷土文化研究会編　新冠郷土文化研究会　1985.3　64p　26cm
◇平賀町史跡文化財めぐり 続　斎藤譲著　「続平賀町史跡文化財めぐり」刊行委員会　1988.10　271p　19cm　1800円
◇福島県の文化財―国指定文化財要録　福島県教育委員会編　福島県教育委員会　1989.3　344,49p 図版10枚　27cm
◇二ツ井町の文化財 no.12　羽州街道と通った人々　二ツ井町教育委員会　1992.3　99p　26cm
◇舟形町の文化遺産―文化財・史跡・記念物・石碑・石仏　大友義助監修, 舟形町教育委員会生涯学習課編　舟形町　2000.2　369p　26cm
◇ふるさとの再発見―米沢の文化財地図　米沢市文化財保護委員会編　米沢市教育委員会　1980.8　1枚　27cm
◇北海道の文化財　北海道新聞社編　北海道新聞社　1992.10　307p　30cm　8700円　①4-89363-658-8
◇みどころ訪ね歩き　〔遠藤久七〕〔著〕　角田市教育委員会　1999.3　80p　21cm　(角田市の文化財　第18集)
◇もっと知ろう身近な文化財―みる・ふれる・したしむ 3　北海道教育庁生涯学習部文化課編　北海道教育庁生涯学習部文化課　1997.3　209p　21cm　(文化財シリーズ 3(上川・宗谷・網走・十勝・釧路・根室編))
◇盛岡の文化財―美しき郷土の遺産　盛岡市教育委員会編　盛岡市教育委員会　1997.9　52p　21cm
◇ロマンガイド―ふるさと岩手の文化財めぐり　岩手県教育委員会編　岩手県教育委員会　1994.3　135p　26cm
◇わがまち河南の文化財　河南町文化財保護委員会編　河南町教育委員会　1986.11　201p　27cm
◇渡利・立子山郷土の文化財めぐり　渡利地区歴史研究会　1983.10　30p　26cm

文化財探訪（関東地方）

◇秋川市みて歩き―秋川市文化財地図　秋川市教育委員会　1985.1　1枚　30cm
◇上尾市文化財まっぷ　上尾市教育委員会　1995.3　28p　30×11cm
◇朝霞市博物館総合案内　朝霞市博物館編　朝霞市博物館　1997.3　50p　30cm
◇足利市文化財めぐりテキスト　足利市教育委員会　1983　25p　26cm
◇飯島徳蔵遺稿集―鳩ケ谷の歴史と文化財　飯島斉編　エム・ビー・シー21,東京経済発売　1991.1　246p　19cm　1240円
　＊ふるさと鳩ケ谷をこよなく愛し、長年にわたり市議会議長として今日の鳩ケ谷の発展に尽力しつつ、古き鳩ケ谷の歴史の足跡を丹念にたずね歩いた飯島徳蔵氏の郷土史話集大成。
◇潮来の指定文化財　潮来町町史編さん委員会〔編〕　潮来町教育委員会　1997　128p　31cm
◇いちはら文化財めぐり　市原市教育委員会　1985　1枚　26cm
◇稲城市の文化財　稲城市教育委員会社会教育部社会教育課編　稲城市教育委員会　1993.3　68p　26cm
◇茨城の文化財　第31集　茨城県教育委員会編　茨城県教育委員会　1993.3　58p　26cm
◇茨城の文化財　第32集　茨城県教育委員会編　茨城県教育委員会　1994.3　44p　26cm
◇茨城の文化財　第33集　茨城県教育委員会編　茨城県教育委員会　1995.3　61p　30cm
◇茨城の文化財　第35集　茨城県教育委員会編　茨城県教育委員会　1997.3　50p　30cm
◇茨城の文化財　第36集　茨城県教育委員会編　茨城県教育委員会　1998.3　45p　30cm
◇茨城の文化財　第37集　茨城県教育委員会編　茨城県教育委員会　1999.3　56p　30cm
◇茨城の文化財　第38集　茨城県教育委員会編　茨城県教育委員会　2000.3　166p　30cm
◇茨城の文化財　第39集　茨城県教育委員会編　茨城県教育委員会　2001.3　145p　30cm
◇茨城の文化財　第30集　茨城県教育委員会編　茨城県教育委員会　1992.3　50p　26cm
◇茨城の文化財めぐり　茨城県教育委員会編　茨城県教育委員会　1984.12　79p　26cm
◇岩槻の指定文化財　岩槻市教育委員会編　岩槻市教育委員会　1999.3　66p　19cm（いわつき郷土文庫　第1集）

◇浦安文化財めぐり　浦安市教育委員会生涯学習課編　浦安市教育委員会　2001.3　40p　30cm
◇青梅を歩く―青梅市文化財地図　青梅市教育委員会　1982.3　1枚　24cm
◇太田市文化財ガイドマップ　太田市教育委員会社会教育課編　太田市教育委員会　1988.3　37p　26cm
◇大穂の文化財―写真集　つくば市教育委員会大穂地区教育事務所編　つくば市教育委員会大穂地区教育事務所　1989.3　31枚　26cm
◇大宮の文化財散歩　続　大宮郷土史研究会著　大宮郷土史研究会　1989.7　148p　18cm
◇ガイドブック新宿区の文化財　史跡　東部篇〔東京都〕　新宿区立新宿歴史博物館編　改訂版　新宿区立新宿歴史博物館　1997.3　126p　19cm
◇ガイドブック新宿区の文化財　石造品編〔東京都〕　新宿区立新宿歴史博物館編　新版　新宿区立新宿歴史博物館　2000.3　152,6p　19cm
◇ガイドブック新宿区の文化財 1　古文書　東京都新宿区教育委員会編　新宿区教育委員会　1981.3　143p　19cm
◇笠間市の文化財　笠間市文化財保護審議会編　笠間市教育委員会　2001.1　31p　30cm
◇神奈川県埋蔵文化財包蔵地図―藤沢市域版　藤沢市　1999.4　154p　37cm
◇かわさき文化財読本　川崎市教育委員会社会教育部文化課編　川崎市教育委員会　1991.3　237p　19cm
◇北区文化財ガイドブック　東京都北区教育委員会生涯学習部生涯学習推進課編　東京都北区教育委員会　2001.3　32p　21cm
◇クラシック・ウォッチングいんざい―印西町/文化財ガイドブック　印西町教育委員会　1991　30p　19cm
◇小金井市の文化財めぐり　小金井市教育委員会編　小金井市教育委員会　1994.1　20p　15×21cm
◇狛江の文化財案内　狛江市教育委員会　1988.3　10p　26cm
◇狛江の文化財散歩　狛江市教育委員会　1990.3　10p　26cm
◇埼玉県郷土の文化財―国・県・市町村指定　柳田敏司編著　国土地理協会　1982.3　298p　26cm　2900円
◇さいたまの文化財―街角の歴史を訪ねて　赤松哲彦文、奥田裕写真　瑞光舎　1982.5　635p　22cm　5500円

◇坂戸市文化財ガイド —ふるさと探訪　坂戸市教育委員会　1994.3　77p　26cm
◇佐倉細見—佐倉市文化財ガイドブック　佐倉市教育委員会　1992.3　152p　21cm　1000円
◇白井町の文化財ノート — 文化の再巡礼　鈴木普二男著　鈴木普二男　1984.1　266p　19cm　1200円
◇新宿文化財ガイド — 文化財博〜Bunkazai EXPO〜'97図録　新宿区名宝展　新宿歴史博物館特別展　〔東京都〕新宿区立新宿歴史博物館編　東京都新宿区教育委員会　1997　144p　22cm
◇千葉県大栄町の宝もの 第3輯　180,000kmの旅　久保木良著　久保木良　1992.2　102p　17cm
◇千葉県習志野市埋蔵文化財分布地図 — 史跡・埋蔵文化財包蔵地所在地図　習志野市教育委員会, 習志野市埋蔵文化財調査室編　改訂版　習志野市教育委員会　1998.3　25p　30cm
◇千葉県埋蔵文化財分布地図 1　東葛飾・印旛地区　千葉県文化財センター編　改訂版　千葉県教育委員会　1997.3　164p　42cm
◇千葉県埋蔵文化財分布地図 2　香取・海上・匝瑳・山武地区　千葉県文化財センター編　改訂版　千葉県教育委員会　1998.3　137p　42cm
◇千葉県埋蔵文化財分布地図 3　千葉市・市原市・長生地区　千葉県文化財センター編　改訂版　千葉県教育委員会　1999.3　156p　図版21枚　42cm
◇千葉県埋蔵文化財分布地図 4　君津・夷隅・安房地区　千葉県文化財センター編　改訂版　千葉県教育委員会　2000.3　166p　図版31枚　42cm
◇中央区の文化財 1　史跡・旧跡・記念碑　東京都中央区教育委員会社会教育課編　改訂新版　中央区教育委員会　1995.3　82p　21cm
◇調布の文化財案内 — 歴史のおくりもの　調布市教育委員会郷土博物館編　調布市教育委員会　1993.10　61p　26cm
◇千代田の文化財探訪　〔東京都〕千代田区教育委員会編　千代田区教育委員会　1995.3　128p　19cm　（千代田区文化財調査報告書6）
◇東京文化財ウィークガイドマップ　東京都教育庁生涯学習部文化課　2000　46p　26×13cm
◇東京文化財の旅 1　毎日新聞社　1999.3　179p　21cm　2000円　④4-620-60536-0
◇東京文化財の旅 2　毎日新聞社　1999.4　179p　21cm　2000円　④4-620-60537-9

＊東京都にある文化財を紹介したガイド。本巻では、港、品川、大田、世田谷、目黒、渋谷、杉並、練馬、板橋、豊島、中野、新宿の12区について紹介した。交通機関の最寄り駅と徒歩でのおよその所要時間を示し、博物館・美術館・記念館・庭園等の公開施設については、入場料・休日等の基本的な情報（平成11年3月1日現在）を掲載した。

◇東京都の文化財 1　建造物・史跡　東京都教育庁生涯学習部文化課編　東京都教育庁生涯学習部文化課　1992.3　125p　21cm
◇東京都の文化財 3　無形文化財・民俗文化財・名勝・天然紀念物　東京都教育庁生涯学習部文化課編　東京都教育庁生涯学習部文化課　1992.3　138p　21cm
◇東京都の文化財 4　旧跡　東京都教育庁生涯学習部文化課編　東京都教育庁生涯学習部文化課　1992.3　122p　21cm
◇栃木県埋蔵文化財地図　栃木県教育委員会事務局文化課編　栃木県教育委員会　1997.3　60p　図版85枚　41×56cm
◇成田市の文化財 第19集（昭和62年度）　成田の地名　成田市教育委員会社会教育課編　成田市教育委員会　1988.3　82p　26cm
◇ねりまの文化財と散歩道　東京都練馬区教育委員会社会教育課編　練馬区教育委員会　1989.11　32p　15×22cm
◇はむら文化財ガイド　羽村市教育委員会社会教育課編　羽村市教育委員会　1998.3　56p　21cm
◇東久留米の文化財 — ふるさとマップ　東久留米市教育委員会文化課　1983.3　1枚　27cm
◇ひがしやまと文化財ガイド　東大和市教育委員会社会教育部, 東大和市立郷土博物館編　東大和市教育委員会社会教育部　1999.3　22p　21cm
◇日立市文化財分布地図　日立市教育委員会　2001.3　1冊（ページ付なし）　55cm
◇藤岡の文化財探訪　藤岡市教育委員会文化財課編　藤岡市教育委員会　1999.3　83p　30cm
◇藤沢文化財ハイキングコース　藤沢市教育委員会社会教育課　1982.3　64p　26cm
◇藤沢市文化財ハイキングコース　藤沢市教育委員会社会教育課　1994.3　158p　18cm
◇ふじの文化財探訪　藤野町文化財保護委員会編　藤野町教育委員会　1997.3　181p　26cm
◇ふるさと秋間の石造文化財　安中市社会福祉協議会秋間支部　1994.5　184p　26cm

文化財探訪

2000円
◇ふるさと小山市の指定文化財　小山市立博物館編　小山市立博物館　1994.4　75p　26cm
◇文化財をたずねて　和光市教育委員会編　和光市教育委員会　1991.3　64p　21cm
◇文化財散策ガイドあつぎ—ふるさとの歴史をたずねて　厚木市教育委員会　1994.3　100p　19cm
◇文化財散策ルートよこすか　横須賀市教育委員会　1992.2　200p　18cm
◇真壁町の文化財　真壁町歴史民俗資料館編　真壁町歴史民俗資料館　2000.10　66p　21cm
◇みつかいどうの文化財　水海道市教育委員会生涯学習課編　水海道市教育委員会　1993.3　37p　26cm
◇みつかいどうの文化財　水海道市教育委員会生涯学習課編　水海道市教育委員会　1999.3　38p　26cm
◇睦沢の文化財—ガイドブック　睦沢町文化財審議会監修，睦沢町立歴史民俗資料館編　睦沢町教育委員会　1998.3　37p　26cm
◇目黒区文化財めぐり案内—〔1984〕　東京都目黒区教育委員会社会教育課　1984.9　1枚　26cm
◇八郷の文化財　〔八郷町教育委員会〕生涯学習課編　八郷町教育委員会　1995.3　125p　26cm
◇横浜市文化財地図〔1992〕　横浜市教育委員会事務局社会教育部文化財課編　横浜市教育委員会　1992.3　425p　27×37cm

文化財探訪（中部・東海地方）

◇愛知の史跡と文化財　愛知県文化財保存振興会編　泰文堂　1983.11　795p　図版32p　22cm　4800円
◇安城市文化財図録　安城市教育委員会編　安城市教育委員会　1996.3　200p　27cm
◇飯島町文化財写真集　第3集　西岸寺・聖徳寺　飯島町文化財調査委員会編　改訂版　飯島町教育委員会　1992.12　33p　21cm
◇一宮の文化財めぐり　一宮市文化財保護審議会編　増補改訂版　一宮市教育委員会　1999.3　253p　21cm
◇一宮の文化財めぐり　一宮市文化財保護審議会編　補訂版　一宮市教育委員会　1989.3　241p　21cm

◇おかや歴史の道文化財めぐり—ふるさとウオッチング！　岡谷市教育委員会社会教育課編　岡谷市教育委員会　1990.3　2冊　26cm（郷土の文化財　17）
◇亀山市埋蔵文化財分布地図　亀山市教育委員会　1993.3　18p　図版12枚　52cm（亀山市文化財調査報告　11）
◇河内長野をあるく—河内長野文化財ガイドブック　改訂版　河内長野市教育委員会　1983.3　114p　19cm
◇小牧の文化財　第14集　小牧神明社の三大祭　小牧市文化財資料研究員会編　小牧市教育委員会　1993.3　48p　26cm
◇再発見安城の文化財—かたちに託すこころの世界　安城市歴史博物館編　安城市歴史博物館　1991　62p　26cm
◇静岡県文化財ガイドブック—中世以降の史跡　静岡県教育委員会文化課編　静岡県教育委員会　1997.3　66p　21cm
◇信州の鎌倉塩田平とその周辺—ふるさとの文化財に学ぶ　上田市塩田地区学校職員会，塩田文化財研究所編　信毎書籍出版センター　1992.6　204p　19cm　1800円
◇信州高遠の史跡と文化財　高遠町教育委員会編　高遠町教育委員会　1983.3　157p　21cm
◇知立の文化財と史跡—ハイライト　野村泰三著　知立市文化協会　1990.12　346p　19cm
◇豊田の史跡と文化財　豊田市文化財保護審議会編　豊田市教育委員会　1985.3　300p　18cm（豊田市文化財叢書　第11）
◇豊橋の史跡と文化財　豊橋市教育委員会編　第3版　豊橋市教育委員会　1998.3　308p　19cm
◇豊橋の史跡と文化財　豊橋市教育委員会編　1981.3　230p　19cm
◇長野県文化財めぐり　長野県文化財保護協会著　改訂　長野県文化財保護協会　1998.2　513p　20cm　2800円
◇名古屋の史跡と文化財　名古屋市教育委員会編　新訂版　第2版　名古屋市教育委員会　1991.10　391p　26cm
◇名古屋の史跡と文化財　名古屋市教育委員会編　新訂版　第3版　名古屋市教育委員会　1998.3　391p　26cm
◇名古屋の文化財　下巻　書跡・考古資料・歴史資料・無形・民俗・史跡・名勝・天然記念物　名古屋市教育委員会著　新版　名古屋市教育委員会　1997.3　201p　21cm（文化財叢書　第94号）

◇名古屋の文化財 下巻　書跡・考古資料・歴史資料・無形文化財・民俗文化財・史跡・名勝・天然記念物　名古屋市教育委員会著　名古屋市教育委員会　1985.3　181p　21cm　（文化財叢書　第86号）

◇楢川村文化財散歩―街道とともに歩んできた村　楢川村教育委員会編　楢川村教育委員会　1993.3　55p　21cm　（楢川ブックレット　11）

◇西尾の文化財散歩　西尾市教育委員会編　西尾市教育委員会　1983.12　377,33p　18cm

◇榛原町の彫刻　榛原町文化財保護審議会編　榛原町教育委員会　1988.8　51p　21cm　（郷土シリーズ　23）

◇藤枝市文化財分布地図　藤枝市郷土博物館編　藤枝市教育委員会　1995.3　54p　30×42cm

◇富士吉田の文化財　その25　吉田の風土記　富士吉田市文化財審議会編　富士吉田市教育委員会　1987.3　182p　19cm

◇富士吉田の文化財　第27集　御山登り道―富士禅定ガイド　富士吉田市文化財審議会編　富士吉田市教育委員会　1989.3　79p　21cm

◇ふるさと静岡県文化財写真集 第2巻 名勝・史跡・天然記念物編　静岡県教育委員会文化課編　静岡県文化財保存協会　1992.3　222p　28cm

◇ふるさと静岡県文化財写真集 第3巻 彫刻・工芸品・歴史資料・考古資料編　静岡県教育委員会文化課編　静岡県教育委員会　1993.3　214p　28cm

◇ふるさと静岡県文化財写真集 第4巻 民俗文化財・無形文化財編　静岡県教育委員会文化課編　静岡県教育委員会　1994.3　110p　28cm

◇ふるさと静岡県文化財写真集 第5巻 絵画・書跡・典籍・古文書編　静岡県教育委員会文化課編　静岡県教育委員会　1995.3　223p　28cm

◇ふるさとの文化財　福岡町教育委員会編　福岡町　1994.3　95p　26cm

◇ふるさと由比 文化財編　由比町文化財保護審議会編　由比町教育委員会　1984.3　59p　26cm

◇文化財ガイドブック―彫刻編　静岡県教育委員会文化課編　静岡県教育委員会　1998.10　81p　21cm

◇文化財のしおり 第27集　御厨の順礼　御殿場市文化財審議会編　新居達也著　御殿場市教育委員会　1993.9　94p　21cm

◇文化財叢書 第51号～第55号　名古屋市教育委員会　1982.3　1冊　21cm

◇文化財のしおり 第1集～第5集　御殿場市文化財審議会編　御殿場市教育委員会　1980.3　1冊　22cm

◇松代町文化財・史跡等見学資料　関川千代丸著　関川千代丸　1985.4　23p　21cm

◇松本市文化財地図　松本市教育委員会社会教育課企画・編集　松本市教育委員会　1984　1冊（頁付なし）　26cm　（文化財の知識シリーズ　第1集）

◇南伊豆町の文化財めぐり　南伊豆町教育研究会社会科研修部編　南伊豆町教育委員会　c1989　70p　19cm

◇八幡町の史跡と文化財　八幡町史学会　1999　32p　30cm

◇歴史の宝庫秋葉みち―信遠古道をたどる　長野県立歴史館編　長野県立歴史館　2000.10　75p　30cm

文化財探訪（北陸地方）

◇越佐の文化財―二十一世紀への遺産　新潟日報社編著　新潟日報事業社　2000.10　239p　21cm　1800円　①4-88862-830-0　＊地域に息づく文化財。21世紀に伝える貴重な遺産。

◇輝く城端 第1集　文化財・史蹟・天然記念物編　城端町文化財保護委員会監修, 城端町教育センター編　改訂　城端町教育センター　1999.3　80p　30cm

◇先人からの贈りもの―村に残る文化財　高橋重右ェ門著, 広報せきかわ編集室編　関川村　1993.3　166p　26cm　（せきかわふるさとブックス　A004）　800円

◇富山県文化財・文化施設等一覧　富山県教育委員会文化体育部文化課編　富山県教育委員会　1994.3　57p　21cm

◇富山県埋蔵文化財包蔵地地図　富山県埋蔵文化財センター編　富山県埋蔵文化財センター　1993.3　20p 図版65枚　43×63cm

文化財探訪（近畿地方）

◇泉大津の史跡と文化財　泉大津市教育委員会編　第2版　泉大津市教育委員会　1993.3　46p　18cm

◇大津市文化財散歩　大津教育委員会　1983.10　43p　26cm

231

◇紀州の文化財――有田・日高地方をたずねて　大阪市立博物館　1984　64p　26cm　（展覧会目録　第95号）
◇京都市の文化財――京都市指定・登録文化財集　記念物　京都市文化観光局文化部文化財保護課編　京都市文化観光局　1992.11　110p　26cm　500円
◇甲東の文化財を訪ねて――石造物を中心に　「甲東の文化財を訪ねて」編集委員会編　甲東文化財保存会　1984.3　119p　19cm　700円
◇神戸市文化財マップ　神戸市教育委員会文化財課　2001　49p　26cm
◇高野街道を中心に学文路地区の文化財をめぐる　橋本市文化財探訪テクコロジー実行委員会編　橋本市文化財探訪テクコロジー実行委員会　1998.3　24p　19cm　（てくころ文庫　v.6）
◇湖東の文化財――湖東町歴史民俗資料館ガイドブック　湖東町生涯教育振興事業団湖東町歴史民俗資料館編　湖東町生涯教育振興事業団湖東町歴史民俗資料館　1988.5　87p　27cm
◇滋賀県文化財地図――淡海の文化財　滋賀県教育委員会事務局文化財保護課　1998.3　17p　30cm
◇大東市文化財ガイドブック 1　石の文化財　大東市教育委員会社会教育課　1981.3　91p　21cm
◇大東市文化財ガイドブック 2　大東の伝承文化　大東市教育委員会社会教育課　1982.3　170p　21cm
◇大東市文化財ガイドブック 3　大東の絵馬　大東市教育委員会社会教育課　1983.3　103p　21cm
◇高砂市ふるさとの文化財　高砂市教育委員会編　高砂市教育委員会　1996.1　15p　30cm　（ふるさとの文化財冊子　1）
◇高槻の道しるべ――石造物をたずねて　高槻市教育委員会　1983.3　84p　21cm　（文化財シリーズ　第6冊）
◇奈良の文化財 no.4　民俗芸能　奈良市教育委員会　1986.3　12p　22cm
◇奈良県文化財図録 10　記念物編――史跡・名勝・天然記念物 2　奈良県教育委員会文化財保存課編　奈良県教育委員会　1980.3　105p　26cm
◇日本の文化財　奈良・京都・大阪・滋賀編　日本文化財団，日本交通公社出版事業局発売　1987.11　207p　19cm　（交通公社のガイドシリーズ　408）　700円　①4-533-00880-1

＊本書は、奈良・京都を中心とする関西地方における日本の文化財について、とくに代表的なものを紹介して、これらの地方への修学旅行生や観光を志す人々の、文化財の見学・鑑賞に資することを目的として編集されている。
◇ふるさとしんぐう――文化財をたずねて　奥野利雄ほか編　新宮市教育委員会　1985.3　94p　22cm
◇ふるさとの風景　泉佐野市教育委員会，歴史館いずみさの編　泉佐野市教育委員会　1999.3　77p　21cm　（泉佐野の歴史と文化財　第7集）
◇ふるさとの文化財 その1　瀬川欣一著　日野町　1999.8　158p　21cm　1300円
◇八鹿の文化財　八鹿町教育委員会編　八鹿町教育委員会　1991.3　105p　27cm　（兵庫県八鹿町ふるさとシリーズ　第4集）
◇八鹿町の石造遺物　八鹿町教育委員会　1992.9　61p　26cm　（兵庫県八鹿町ふるさとシリーズ）
◇歴史でつづる市原野の文化財　静市野史跡文化財保存会　1991.3　83p　26cm

正倉院

奈良県　奈良時代　関連人物：聖武天皇

＊　　　　＊　　　　＊

◇ガンダーラから正倉院へ　田辺勝美著　（京都）同朋舎出版　1988.10　233p　19cm　2800円　①4-8104-0666-0
　＊仏像を初めて創ったのは誰か？「五絃琵琶」のラクダはなぜ2コブか？「鳥毛立女」の額のマークは何か？図像分析の視点から語るシルクロード文化の新見解。
◇孔雀文様の旅――正倉院からローマまで　森豊編　講談社　1970　222p　20cm　480円
◇正倉院　東野治之著　岩波書店　1988.10　198,3p　18cm　（岩波新書　42）　480円　①4-00-430042-8
　＊「海のシルクロード」を旅した宝物、輸入品が長らく国産品といわれていた謎、そして屏風の下貼に使われていた輸入品購入申請書が語るものは何か―。著者は、正倉院にまつわる興味深いエピソードを紹介しながら、古代の日本が外国文化を採り入れ享受していった様子をたどり直し、秘められた日本文化の深層を探る。
◇正倉院の宝物　平凡社　1989.4　168p　31×25cm　2890円　①4-582-24202-2

◇正倉院への道―天平美術への招待　関根真隆著　吉川弘文館　1991.4　234p　21cm　3900円　ⓒ4-642-02238-4
◇正倉院よもやま話　松嶋順正著　学生社　1989.6　243p　19cm　1730円　ⓒ4-311-20138-9
　＊シルクロードの終点―正倉院の語るものは何か。正倉院のらく書、聖武天皇の履物、切りとられた名香。玉虫の翅で飾られた宝物、ヒヨン、虹龍とは何か。正倉院裂の由緒は？等々―正倉院の生き字引といわれる著者が綴る、知られざる正倉院の覚え書。

文化財探訪（中国地方）

◇大内文化探訪―中世文化の里　ガイド no.1　大内文化探訪会編　1995改定増補　大内文化探訪会　1995.10　31p　21cm
◇大内文化散歩　山本一成著　大内文化研究会　1982.10　122p　19cm　700円
◇倉吉市埋蔵文化財包蔵地分布地図　倉吉市教育委員会　1992.11　12p　42cm
◇江府町の文化財探訪 第1集　江府町文化財保護審議会編　江府町教育委員会　1989.3　86p　26cm
◇江府町の文化財探訪 第2集　江府町の石造物　江府町文化財保護審議会編　江府町教育委員会　1992.4　148p　26cm
◇宍道町の文化財めぐり　宍道町教育委員会　1991.3　52p　21cm（宍道町ふるさと文庫2）
◇とごうちの文化財をたずねて　戸河内町教育委員会　1981.10　34p　26cm
◇浜田の文化財　浜田市教育委員会編　第4版　浜田市教育委員会　1987.12　102p　19cm
◇東広島市埋蔵文化財地図 4　東広島市八本松町分　東広島市教育委員会編　東広島市教育委員会　1991.3　1冊（頁付なし）　37cm
◇ふるさとの文化財―呉市・東広島市・安芸郡・賀茂郡　「ふるさとの文化財」編集委員会編　海田管内文化財保護・審議会協議会　1991.3　197p　26cm　2060円　ⓒ4-87440-243-7
◇ふるさとの文化財　NHK山口放送局，NHK下関放送局編　五衛府デザイン　1981.7　143p　21cm　1000円
◇文化財ガイド―おおあさ　大朝町教育委員会編　改訂第5版　大朝町教育委員会　1991.3　34p　19cm

◇山口県文化財要録 第1集　史跡　山口県教育委員会編　増補改訂　山口県教育委員会　1983.8　162p　26cm
◇山口市埋蔵文化財地図　山口市教育委員会編　山口市教育委員会　1991.3　10p　26cm

文化財探訪（四国地方）

◇風早探訪―北条市の文化財　得居衛著　風早歴史文化研究会　1986.12　155p　21cm
◇香美郡文化財地図　香美郡文化財保護委員連絡協議会編　香美郡文化財保護委員連絡協議会　1991.5　34p　26cm
◇高松市の文化財 第10集　笠居郷風土記―高松市西部の民俗　高松市西部民俗調査団編　高松市文化財保護協会　1986.7　340p　19cm
◇ふるさと飯山―文化財探訪　飯山町文化財保護協会編　飯山町教育委員会　1998.6　63p　26cm
◇本山町の文化財―彫刻・工芸・絵馬・城跡　前田和男著　本山町教育委員会　1996.3　60p　26cm

文化財探訪（九州・沖縄地方）

◇出水の文化財　出水市教育委員会社会教育課編　出水市教育委員会　1994.10　124p　22cm
◇沖縄の文化財 2　史跡・名勝編　沖縄県教育委員会編　沖縄県教育委員会　1994.3　120p　26cm
◇小城町の文化財　小城町教育委員会　1992.3　90p　21cm
◇小国郷の史蹟・文化財 続　佐藤弘著　熊本日日新聞情報文化センター　1995.7　77p　21cm　1500円
◇親子でたずねる沖縄の文化財　沖縄県教育委員会著　沖縄出版　1993.8　218p　19cm　1500円　ⓒ4-900668-33-8
◇鹿児島県指定文化財（史跡）清水磨崖仏群―清水磨崖仏塔梵字群の研究　川辺町教育委員会編　川辺町教育委員会　1997.3　320p　31cm（川辺町文化財調査報告書第4集）
◇鹿児島市文化財史跡案内地図　平成2年現在　鹿児島地図センター編纂　鹿児島市教育委員会社会教育課　1990.2　39p　26×37cm

◇鹿児島の文化遺産―時の流れの中で　栄喜久元著　丸山学芸図書　1990.4　256p　19cm　2000円　④4-89542-115-5
　＊本書は、多年にわたって郷土の文化遺産の継承に尽力しつつげてきた著者の、その20数余年の足跡を克明にたどった自分史であり、何よりも貴重な文化論である。
◇鹿児島文化財ガイド―気軽に行ける　南日本新聞開発センター　1987.7　271p　19cm　800円
◇北九州市埋蔵文化財分布地図―若松区・戸畑区・八幡東区　北九州市教育委員会　1997.3　22枚　30×42cm
◇北九州市埋蔵文化財分布地図―小倉北区・門司区・離島　北九州市教育委員会　1998.3　23枚　30×42cm
◇郷土の文化財　久留米市教育委員会　1993.3　119p　27cm
◇熊本県の文化財 第3集　史跡　熊本県教育委員会編　熊本県教育委員会　1981.3　184p　27cm
◇島崎―歴史と文化　熊本市教育委員会編　熊本市教育委員会　1988.3　55p　26cm
◇庄内町石造文化財写真集　園田靖峰編　改訂版　園田靖峰　1993.5　70枚　30cm
◇不知火町の文化財―先人の遺産を訪ねて ビジュアル　不知火町文化財保護委員会編　不知火町教育委員会　1998.3　40p　26cm
◇新宮町文化財分布地図　新宮町教育委員会　1998.3　19枚　30×42cm
◇スケッチでたずねるふるさとの文化財　後藤賢一画・文　後藤賢一　1987.10　88p　20×21cm
◇高来町の文化財とふるさと案内　田中長執筆編集　高来町教育委員会　1993.3　79p　21cm
◇天水町の文化財に見るふるさとの心　井出公夫著　熊本日日新聞情報文化センター（製作）　2000.3　326p　26cm
◇とすの文化財―鳥栖の自然と歴史を訪ねて　鳥栖市教育委員会編　鳥栖市教育委員会　1992.3　56p　19cm
◇久山町文化財分布地図　久山町教育委員会　1999　1冊（ページ付なし）　30×42cm
◇福岡市文化財分布地図 西部 3　改訂第2版　福岡市教育委員会　1998.3　32枚　44×59cm
◇福岡市文化財分布地図 東部 2　改訂第2版　福岡市教育委員会　1997.2　28枚　44×60cm
◇ふるさとの文化遺産―はるかなる安岐郷　安岐町教育委員会　1992.3　121p　27cm

◇ふるさとの文化財をたずねて　頴娃町教育委員会　1982.3　24p　22cm
◇宗像の歴史散歩―宗像市文化財ガイドブック　宗像市教育委員会編　宗像市教育委員会　1997.1　44p　19cm
◇むらを歩く―久木野の事蹟と文化財　藤崎清一著，久木野村誌編纂委員会編　久木野村教育委員会　1985.12　201p　21cm　（久木野村誌　第1巻）　1300円

仏像めぐり（日本）

◇足で歩いた百観音―随筆集　神谷恭平著　新ハイキング社　1980.4　230p　20cm　1700円
◇石の仏 東日本編　黙の空間　小川剛弘文・写真　そしえて　1985.9　93p　19cm　（風土と歴史をあるく）　1200円　④4-88169-315-8
◇邂逅―入江泰吉仏像写真の世界　入江泰吉著　近畿日本ツーリスト　1995.6　239,10p　37cm　10000円　④4-87638-325-1
◇隠れた仏たち―海の仏―藤森武写真集　藤森武写真，田中恵文　東京美術　1998.10　95p　27cm　3500円　④4-8087-0655-5
　＊海がもたらす富と文化が生んだ仏像。海は重要な交易路であり、港周辺の仏像は遠く離れた都や大陸との関連を感じさせる。
◇隠れた仏たち―神と仏―藤森武写真集　藤森武写真，田中恵文　東京美術　1998.4　95p　27cm　3500円　④4-8087-0649-0
　＊観音の姿に隠された神への信仰。観音（慈悲）と神（畏怖）の顔をあわせもった十一面観音像など、個性あふれる神と仏に出会う。向源寺（滋賀）・聖林寺（奈良）・大将軍八神社（京都）ほか23寺社を収録。
◇隠れた仏たち―里の仏―藤森武写真集　藤森武写真，田中恵文　東京美術　1997.12　95p　27cm　3500円　④4-8087-0646-6
　＊仏の形をした個性あふれる日本の神々。地域の独自性という視点で、そのゆるぎない存在感を写し撮る。
◇隠れた仏たち―華の仏―藤森武写真集　藤森武写真，田中恵文　東京美術　1997.11　95p　27cm　3500円　④4-8087-0645-8
　＊知られざる仏像の傑作を紹介。日本各地の聖域の奥深くに安置された美しき仏たちが、いま闇の中から立ち現われる。
◇隠れた仏たち―山の仏―藤森武写真集　藤森武写真，田中恵文　東京美術　1998.10

95p 27cm 3500円 ⒤4-8087-0654-7
＊仏教経典の教えと山への信仰―自然の霊感を得て祈祷するという方法―が独自の仏像造形を生んだ。霊山信仰と仏教の習合による仏像。

◇観音巡礼　白洲正子撰, 小川光三写真　毎日新聞社　1993.3　138p　30cm　5000円　⒤4-620-60329-5
＊日本の伝統文化に深く精通した著者の心に遺る観音像63体を、小川光三氏の密度の高い写真がみごとにとらえた。

◇百済観音半身像を見た　野島正興著　晃洋書房　1998.10　234p　20cm　1500円　⒤4-7710-1047-1
＊百済観音微笑みの秘密が今、明らかに！著者はNHKのアナウンサーである。美術史家や随筆家ではない。その彼がふとしたことから百済観音の微笑みにとりつかれ、その秘密を解明しようと資料の探索に六年間走った。そしてついに見つけた。内に秘めた強烈なロマンと執念、追い詰めていく緊迫感。本書はまさにアナウンサー魂ともいえる尊い記録の書と言えよう。

◇賢劫の千仏　長谷法寿著, 室田康雄写真　東方出版　1999.10　111p　30×23cm　(長谷法寿仏像集　1)　5000円　⒤4-88591-630-5
＊「阿闍梨仏師」にして初めて完成し得た数々のみ仏…本書は、昭和・平成の仏像として高い評価を受けている著者の、業績の一端を垣間見る仏像写真集である。

◇見仏記　いとうせいこう文, みうらじゅん絵　中央公論社　1993.9　282p　19cm　1400円　⒤4-12-002239-0
＊笑いと友情の仏像巡礼。

◇見仏記2　仏友篇　いとうせいこう, みうらじゅん著　角川書店　1999.1　332p　15cm　(角川文庫)　724円　⒤4-04-184603-X
＊見仏コンビ、またまた登場！あのなんとも絶妙なコンビネーションのいとう＆みうらが、仏像見物の旅を密かに再開した。ある時は、四国でオヘンローラーとなり、またある時は佐渡で親鸞に思いを馳せる。またふと我に返って、男子二人旅の怪しさを文化的に考察してみたりする。二人の好奇心が向く先は、仏像だけにとどまらない…。一見支離滅裂な二人が、お互いへのおかしな友情をしみじみと深め合い、奇妙な絆を確かめ合った、ますます充実の仏友篇！(新宿店を特別収録)。

◇講座日本の巡礼　第1巻　本尊巡礼　真野俊和編　雄山閣出版　1996.5　339p　21cm　4944円　⒤4-639-01366-3

＊一定の本尊をまつる寺院・堂庵をめぐる巡礼。その複雑な姿故に体系的把握が困難であった巡礼に、いま研究と理解の基礎作りがなされる。

◇古寺、仏像 こころの旅　佐藤知範著　講談社　1996.2　245p　19cm　1700円　⒤4-06-207728-0
＊古寺を訪ね、ほとけに出会う。仏像鑑賞の喜びと古寺めぐりの楽しさをおしえてくれる"こころの旅"の案内書。

◇写真芸術 石仏に魅せられて ― 撮影テクニックと石仏鑑賞ガイド　井上清司著　研光新社　1989.8　235p　19cm　(フォトアート写真入門)　1200円　⒤4-87454-131-3
＊この本は自然のままに見えながら、その実、数多くのテクニックを活用する石仏撮影方法をわかりやすく解説すると共に、石仏撮影ガイドマップを詳細に記した。日本で最初で唯一の石仏写真の入門書である。

◇十一面観音紀行　丸山尚一著, 藤森武写真　平凡社　1985.7　198p　21cm　2500円　⒤4-582-61818-9

◇十一面観音巡礼　白洲正子著　新潮社　1975　276p　21cm　2500円

◇十一面観音巡礼　白洲正子著　講談社　1992.8　330p　15cm　(講談社文芸文庫)　980円　⒤4-06-196186-1
＊"女体でありながら精神はあくまでも男"荒御魂を秘めて初々しく魅惑的な十一面観音の存在の謎。奈良の聖林寺の十一面観音を始めに、泊瀬、木津川流域、室生、京都、若狭、信濃、近江、熊野と心の求めるままに訪ね歩き、山川のたたずまいの中に祈りの歴史を感得し、記紀、万葉、説話、縁起の世界を通して古代と現代を結ぶ。瑞々しい魂で深遠の存在に迫る白洲正子のエッセイの世界。

◇十一面観音の旅　丸山尚一著　新潮社　1992.10　295p　21cm　2600円　⒤4-10-388601-3
＊奈良時代に始まり、平安時代になって幅広い庶民の信仰を得た十一面観音は、地方地方で変化に富んだ、特徴的な仏像となった。日本各地の美しい風景の中に仏像を訪ねる感動の旅。

◇十三仏巡礼―仏像と名刹を訪ねて　谷村俊郎著　講談社　1986.4　302p　19cm　(もんじゅ選書　21)　1200円　⒤4-06-192269-6
＊仏像鑑賞と古寺名刹めぐりの絶好の手引き。この世の人々を極楽浄土に導いてくれるという阿弥陀如来とはどんな仏さま

仏像めぐり　　　　　　　　　　　　　　　　　　　　　　　　　　　　　文化財・仏像

か？九種類に分かれるその仏像の特徴と見方は？国宝像をまつる平等院と浄瑠璃寺、紅葉とみかえり阿弥陀の永観堂。これらのお寺の見どころは？本書は阿弥陀如来のほか、十三仏として名高い不動、釈迦、文殊、普賢、地蔵、弥勒、薬師、観音、勢至、阿閦、大日、そして虚空蔵各仏尊について、それぞれの故事来歴とその仏像とそれをまつる寺院とを、軽妙な文章と豊富な写真で紹介する。

◇信越・北陸　毎日新聞社編　毎日新聞社　1993.2　194p　19cm　（仏像めぐりの旅6）　1300円　①4-620-51026-2
　＊古都にある古寺の略縁起、ご本尊のエピソード、仏像鑑賞のポイント、拝観の可否、交通の便など、仏像めぐりの旅の完全実用ガイド。本書では、基本的に、長野県、新潟県、富山県、石川県における国の重要文化在指定の仏像を紹介した。

◇新・日本仏像100選　町田甲一、入江泰吉編　秋田書店　1999.9　277p　19cm　1900円　①4-253-00409-1
　＊仏像は美と信仰の結晶である。仏教伝来後、飛鳥・白鳳・天平・弘仁・貞観・藤原・鎌倉と各時代の美意識と信仰への熱情を刻みこんできた100体の仏像を取りあげ、美しい写真と簡明な解説で紹介する仏像美への招待。

◇図説仏像巡礼事典　久野健編　山川出版社　1986.6　427p　19cm　1500円　①4-634-60180-X

◇図説 仏像巡礼事典　久野健編　新訂版　山川出版社　1994.11　428p　18cm　2000円　①4-634-60420-5
　＊仏像鑑賞のための基礎知識を写真・図解と解説文で記述する事典。第1部では仏像の如来・菩薩などの尊名別の特徴、尊名判定のための坐法・印相の特徴、技法を扱い、第2部では地域別に主要仏像の解説と寺社縁起を記載する。巻末に日本仏像史年表などの資料、索引を付す。1986年刊行の初版の改訂にあたり86～93年に国宝・重文指定の仏像を追加した、としている。

◇石仏と石塔　石井進,水藤真監修　山川出版社　2001.3　114,13p　21cm　（文化財探訪クラブ　8）　1600円　①4-634-22280-9
　＊旅立つ心が知識を求めて…歴史を探る、文化財を訪ねる。付録・おもな石造物一覧。

◇石仏巡り入門—見方・愉しみ方　日本石仏協会編著　大法輪閣　1997.9　239p　19cm　1900円　①4-8046-1136-3

　＊石仏の見分け方から、名まえの由来、造られた目的まで解説。石仏巡りを始めたい人、必携の入門書！全国の石仏巡りガイド付き。年号表・主尊種子・異体字・石仏検索一覧表・ことばの解説…資料編も充実。

◇石仏を歩く—全国の磨崖仏から道祖神まで　日本交通公社出版事業局　1994.3　159p　21cm　（JTBキャンブックス）　1500円　①4-533-02023-2

◇石仏をたずねて　ひたち文庫　1982.5　97p　26cm　1200円

◇石仏の楽しみ方　日本石仏協会編　晶文社出版,晶文社発売　1999.9　126p　21cm　2800円　①4-7949-7602-X
　＊石仏の世界へ、ようこそ。四季折々、写真でたどる小さな石の仏たち。石仏を楽しみ尽くす、初心者向け基礎知識を満載。

◇石仏の旅　佐藤宗太郎著　芸艸堂　1981.6　347p　22cm　2000円

◇石仏の旅　森山隆平著　弘生書林　1981.9　197p　22cm　2000円　①4-7952-4701-3

◇石仏ロマン—心にふるさとありき　本橋清一、砂場達一郎共著　女性モード社　1981.3　186p　21cm　（美容文庫　30）　2500円

◇全国、石仏を歩く　庚申懇話会編　雄山閣出版　1990.3　292p　19cm　1980円　①4-639-00946-1
　＊野の辻、寺の境内にたたずむ石仏・石塔は何を語りかけているのか—北海道から沖縄まで、石仏の見どころを40コースに厳選し、ベテラン執筆陣がわかりやすく解説する石仏ガイドの決定版！

◇続・十一面観音の旅　丸山尚一著　新潮社　1994.6　311p　21cm　2800円　①4-10-388602-1
　＊はるか昔から大切に守られてきた十一面観音像を、日本全国にあまねく訪ねた異色のルポルタージュ。好評の「十一面観音の旅」完結編。収録図版多数。

◇道祖神散歩　道祖神を歩く会、野中昭夫著　新潮社　1996.5　127p　22cm　（とんぼの本）　1500円　①4-10-602045-9

◇土門拳/日本の仏像　土門拳著　小学館　1991.11　315p　40cm　38000円　①4-09-699421-9

◇にっぽん大仏さがし　坂原弘康著　新風舎　1999.8　54p　16×13cm　（新風選書）　580円　①4-7974-0994-0
　＊大仏は、奈良鎌倉だけじゃない！知られざる大仏たちの魂の叫びを聞け！自称「日本一の大仏ライター」である著者が、出身地の群馬を始め、東北から関西まで日

文化財・仏像　　　　　　　　　　　　　　　　　　　　　　　仏像めぐり

本各地の大仏を訪ねる紀行エッセイ。
◇日本巡礼ガイドブック　大路直哉著,淡交社編集局編　淡交社　2001.4　270p　21cm　1800円　①4-473-01804-0
　＊自己をみつめる旅へのいざない。観音さま、弘法さん、お不動さん、七福神…etc.日本各地の巡礼コースをくまなく紹介。感動の体験談から交通アクセスまで網羅し、巡礼入門書としても最適。便利な地域別構成。
◇日本の石仏200選 ― 写真紀行　中淳志写真・文　東方出版　2001.7　181p　21cm　2800円　①4-88591-721-2
　＊各地の主要な石仏を紹介しつつ、日本仏教の発展の歴史そのものをも俯瞰できる写真紀行。
◇日本百観音 ― 全国各地の霊場を巡る　秩父三十四観音・坂東三十三観音・西国三十三観音　後藤博著　みちのく書房　1999.10　233p　21cm　1650円　①4-944077-42-4
◇野仏巡礼　小島寅雄著　求龍堂　1986.3　110p　27cm　3900円　①4-7630-8603-0
◇秘仏の旅　上　丸山尚一著　東京新聞出版局　1983.4　268p　19cm　1800円　①4-8083-0131-8
◇百観音霊場巡拝記　森成寿著　文芸社　2001.4　231p　19cm　1200円　①4-8355-1591-9
　＊子育ての終わった夫婦が16年かけてなし得た、西国、坂東、秩父札所、百観音を巡る旅。霊場の話や、周辺の名所旧跡の話題のみならず、日頃疑問に思っている仏教の話など、自分なりに調べてみたことも含めて、百観音巡拝記として纏めました。
◇百観音巡礼 ― やすらぎと祈りの旅　小川和佑著　実業之日本社　1985.6　243p　18cm　1000円　①4-408-41043-8
◇百観音札所巡礼　南良和、井上久美子、矢野建彦著、紀野一義、清水谷孝尚文　佼成出版社　1988.7　141p　21cm　(フォト・マンダラ)　1600円　①4-333-01356-9
◇風雪そして石仏　宮川重信著　マイブックチェーン21,東京経済発売　1986.9　212p　19cm　1600円
　＊心を洗う石仏の旅。石仏の本は多い。しかし、石仏を通して人の生を語り、同時に歴史の重みを伝える書は、この本のほかにないであろう。著者は日本全国をくまなく歩き、多くの石仏と対話を交した。大衆の中から自然発生した石仏さま、かれらは永い歴史を語ってくれる。その心を洗う名著がここに誕生！

◇仏像散策　中村元編著　第2版　東京書籍　1998.7　293p　20cm　1619円　①4-487-79555-9
　＊古来から人々を魅了しつづけ、各地の古寺・名刹にまします仏像。永遠の理想の姿を縦横に探る。
◇仏像めぐりの旅6　信越・北陸　毎日新聞社編　毎日新聞社　1993.2　194p　19cm　1300円　①4-620-51026-2
◇仏像をたずねて1　北海道・東北・関東篇　武藤晟造著　明治書院　1994.10　459p　21cm　10000円　①4-625-48058-2
　＊私が仏像に夢中になっているといいますとそれでは京都や奈良によくいかれるのですかといわれます。勿論奈良・滋賀・京都にはすぐれた仏像がたくさんありますが、それ以外にも日本国中に素晴らしい仏像があります。何処かに旅をされる時にその近くの寺をたずねられて、昔の人達がしっかりと残して下さった仏像を拝んでいただけたらと思ってこの本を書きました。
◇仏像鑑賞の旅　久野健編　里文　1981.7　258p　20cm　2000円
◇仏像小事典　亀田武巳編、土屋雅敬挿画　ほおずき書籍,星雲社発売　1996.6　307p　21cm　2500円　①4-7952-1976-1
　＊仏像および関連する用語を「仏像図解」と「ことば」の2部構成で解説したもの。「仏像図解」では京都・奈良の主要な仏像54体をすぐれた仏像を寺院別に集め、イラスト付きで解説、「ことば」では仏像・仏教に関する用語を解説する。見出し語の排列は五十音順。―文化財めぐりや修学旅行の学習、生涯学習にも最適。
◇仏像の旅 ― 辺境の古仏　久野健著　芸艸堂　1987.6　288p　22cm　2500円　①4-7538-0029-6
◇仏像のながい旅路　並河亮文、並河万里写真　玉川大学出版部　1978.4　194p　19cm　(玉川選書)　880円
◇僕の彫刻史 ― カメラかついで五十年　田枝幹宏著　淡交社　1998.11　221p　19cm　1500円　①4-473-01630-7
　＊美術写真の草分けカメラマンが写真とエッセイで日本の彫刻美を浮き彫り。縄文土偶・円空仏・木喰仏・小金銅仏・仮面そして地方仏…。
◇磨崖仏紀行　辺見泰子著　平凡社　1987.1　174p　22×19cm　2500円　①4-582-61827-8
　＊朝日や夕日に照り映える巌、川や池や湖の水面の反射に煌めく岩壁、はたまた巌

237

自体が宿している神秘に導かれるままに、巌の内に宿る神仏を現わしたのが、磨崖仏。そして渓流のせせらぎ、鳥の声、花の香、日の光、星の輝き—、森羅万象を映す仏国土を山野に建設することが、磨崖仏の本領にちがいない。列島の山野に、埋もれた御仏を索めて！

◇魅惑の仏像 22　天灯鬼・竜灯鬼　小川光三写真、西村公朝、西川杏太郎、小川光三文、小川瞳絵　毎日新聞社　1992.11　63p　30cm　2000円　④4-620-60432-1
＊踏んばって灯籠をかつぐ鬼と竜尾を握ってままならぬ鬼。ユーモラスな「動」と「静」。

◇魅惑の仏像 24　薬師如来　小川光三写真・文、西村公朝、西川杏太郎文、小川瞳絵　毎日新聞社　1993.1　63p　30cm　2000円　④4-620-60434-8
＊前方を鋭くにらむ森厳な薬師さん。拝む者を圧倒するボリューム感。

◇魅惑の仏像 25　二十八部衆　小川光三写真、西村公朝、西川杏太郎、小川光三文、小川瞳絵　毎日新聞社　1993.2　67p　30cm　2000円　④4-620-60435-6

◇魅惑の仏像 26　釈迦如来　小川光三写真、西村公朝、西川杏太郎、小川光三文、小川瞳絵　毎日新聞社　1993.3　63p　30cm　2000円　④4-620-60436-4

◇木喰仏巡礼　木喰会編、瀬田千作撮影、丸山太一解説、伊藤勇資料　新装版　有峰書店新社　2000.11　132p　26cm　4500円　④4-87045-219-7
＊円空と並び称される木喰は、人生の晩期を迎えた56才から日本回国の第一歩を踏み出し、93才の老いの身をどこかの旅空で果てるまで37年間の放浪遊行の生涯を全うした。その間千体を超える仏像を刻んだ。その木喰の心と足跡を追って全国各地に残る木喰仏を撮影、詳細な解説を付した木喰仏写真集の決定版。

◇吉岡たすく野の仏紀行　斎藤貢一著、吉岡たすく文　佼成出版社　1990.1　142p　21cm　（フォト・マンダラ）　1850円　④4-333-01462-X

◇羅漢の世界—巡礼と鑑賞　森山隆平著　柏書房　1984.9　248p　20cm　1800円

◇わが心の木彫仏　東日本　丸山尚一著　東京新聞出版局　1998.11　221p　21cm　1800円　④4-8083-0651-4
＊20年間、中日新聞日曜版に「地方の仏たち」を連載してきた著者が、東日本を代表する80社寺を選び、日本古来の風土の中に育まれた"木彫仏"の魅力を貴重な写真とともに紹介。

◇わかりやすい仏像鑑賞のしかた　春日野一男編　有楽出版社,実業之日本社発売　1996.8　171p　19cm　1600円　④4-408-59083-5
＊本書は、仏像のみかたについての基本的な事柄を、イラストと写真で、わかり易く解説した古都旅行に必携の本である。

◇私の石仏地図手帳 10　大護八郎著　木耳社　1980.6　95p　19cm　1200円

◇私の石仏の旅　室井朝子著　立風書房　1985.11　247p　20cm　1200円　④4-651-71021-2

仏像めぐり（北海道・東北地方）

◇会津観音巡礼—よみがえる三十三カ所　平幡良雄著　改訂2版　満願寺教化部　1994.5　96p　19cm　800円

◇会津二十一地蔵尊霊場　宗教グラフ情報社編　会津二十一地蔵尊霊場会　1988.6　70p　19cm　300円

◇会津三十三観音巡り　細谷清著　新風舎　1994.6　112p　19cm　1300円　④4-88306-199-X

◇会津三十三所観音記—カラー版　栗城喜代蔵著　4版　学習社　1989.3　1冊　26cm

◇会津の観音巡礼—会津・奥会津の三十三観音詣り　宮崎十三八著　恒文社　1996.7　155p　18cm　1900円　④4-7704-0881-1
＊三十三番札所巡りの旅。観音詣りと散策の道案内。深い歴史と美しい自然を愛し続けた著者が会津の里に遺してくれた最後の一冊。

◇青森県の仏像—西北五地方編　青森県立郷土館編　青森県立郷土館　1998.3　112p　30cm　（青森県立郷土館調査報告　第41集（歴史—4））

◇奥州観音巡礼　平幡良雄著　満願寺教化部　1993.12　96p　19cm　800円

◇奥州三十三観音の旅—岩手宮城福島　巡礼ガイドブック　河北新報社編　河北新報社　2001.1　175p　20cm　1900円　④4-87341-151-3

◇大曲お地蔵さまめぐり　ぼけよけ地蔵尊講中の会　1999　1冊　21cm

◇置賜三十三観音霊場みちあんない　佐藤清敏著　佐藤清敏　1985.4　43p　26cm

◇奥会津三十三所観音紀行　舟木正義著　歴史春秋出版　1995.6　145p　19cm　1200円　④4-89757-329-7

文化財・仏像 / 仏像めぐり

◇学秀・津要仏―ふるさとの仏像　八戸市博物館編　八戸市博物館　1985.4　48p　26cm

◇寛政十二年最上三十三観音巡礼記　江口哲夫編　山元郷土史研究会　1987.8　125p　18cm

◇観世音―当国三十三所和賀稗貫紫波　由来と巡礼ガイド　小原藤雄著　和賀町史談会　1990.7　187p　21cm　1000円

◇黒川三十三所―陸前黒川の観音霊場めぐり　大宮司慎一著　当来山竜華院　1988.2　43p　21cm

◇気仙三十三観音巡礼のしおり　根本功範著，気仙三十三観音のしおり編集班編　気仙三十三観音のしおり編集班　1982.8　68p　19cm

◇古仏の祈りと涙―みちのく紀行　吉村貞司著　新潮社　1983.9　193p　20cm　(新潮選書)　850円　Ⓘ4-10-600245-0

◇子吉の石碑・石仏　子吉郷土史研究会編　子吉郷土史研究会　1992.3　186p　26cm　(子吉郷土史研究会地誌　第1集)

◇相模国高座郡南部地蔵二十四札所巡り　池田鉎七著　吉田新平　1991.11　56p　26cm

◇地蔵さまめぐり　佐藤公太郎著　みちのく豆本の会　1994.8　80p　11cm　(みちのく豆本　128冊)

◇庄内札所庄内三十三観音霊場みちあんない　佐藤清敏著　佐藤清敏　1985.4　57p　26cm

◇庄内石仏紀行　荘司芳雄著　酒田民俗学会　1987.10　204p　19cm　1900円

◇新庄市廻観音巡り　伊藤九左エ門著　伊藤九左エ門　1982.10　50p　22cm

◇図説みちのく古仏紀行　大矢邦宣著　河出書房新社　1999.2　135p　22cm　(ふくろうの本)　1800円　Ⓘ4-309-72597-X

＊「みちのく」には初めから「奥」がついている。しかも、寒い北の「奥」で、昔、住人は「蝦夷(エミシ)」と呼ばれて「征伐・教化」の対象になった。だから、「みちのく」人の意識にはいつも「奥」がつきまとう。みちのく人には「特殊」と思い込む権利があるのだ。さあ、みちのくらしさを求める旅に出よう。その手がかりを仏像に求めよう。

◇千手観音の里　高橋幸男編著　山口千手観音奉讃会　1985.1　111p　22cm

◇仙台の石仏散歩―散策のガイドと石仏入門　木村孝文著　宝文堂　1996.2　275p　21cm　2800円　Ⓘ4-8323-0079-2

◇仙道三十三観音札所―ガイドブック　山椒の会編　筑波書林　1994.12　76p　18cm　850円　Ⓘ4-900725-19-6

◇旅の仏たち―地方仏紀行 1　丸山尚一著　毎日新聞社　1987.9　230p　21cm　1800円　Ⓘ4-620-60231-0

＊東北地方、とくに北上川流域から会津盆地にかけての地域は、古代木彫仏の宝庫である。中央の仏たちとは異なる、素朴で、風土色に富むこの仏たちは、平安期の日本文化の豊かなひろがりを物語る。一方、関東地方から中部地方にかけての仏たちは、中央の感化を受けながらも、東国独自の力強い造形を示している。400寺400体、ひとりの人間が30年の歳月をかけて日本全国の地方仏を追い求めた〈旅の仏たち〉シリーズ第1集。

◇探訪江刺三十三観音を訪ねて　相原康二著　胆江日日新聞社　1999.11　145p　19cm　952円

◇津軽観音巡礼・恐山　平幡良雄著　改訂2版　満願寺教化部　1992.4　176p　19cm　1000円

◇遠野七観音　大矢邦宣，出羽振治編著　遠野市立博物館　1988.9　148p　26cm

◇仏像を旅する「奥羽線」―生活と文化財のすべて　佐藤昭夫編　至文堂　1989.4　272p　26cm　2200円

◇仏像を旅する「東北線」―みちのくの文化・伝統、典雅と素朴と　佐藤昭夫編　至文堂　1990.1　260p　26cm　2480円

◇ふる里福島路百八地蔵尊霊場めぐり　仏教文化通信編集部編　仏教文化振興会　1988.9　229p　21cm　1200円

◇ふる里宮城路百八地蔵尊霊場めぐり　仏教文化通信編集部編　仏教文化振興会　1988.2　229p　21cm　980円

◇北限の石仏たち　山川力著　(札幌)朱鳥書屋,未来社発売　1987.4　219p　21cm　2800円

＊この本は、ちょっぴり物好きでちょっぴり凝り性な、わたしの性格の福副物である。札幌の藻岩山の石仏にはじまって、中国の雲岡石窟の石仏群に凝って写真展をやってみたり、『雲岡石窟幻想』という詩集までつくってみたりの、とめどもない石仏歴になる。かねもないのにと、なやんだあげくの自費出版である。

◇北海道観音巡礼―よみがえる三十三カ所　平幡良雄著　満願寺教化部　1996.2　96p　19cm　800円

◇北海道三十三観音―よみがえった霊場　資延憲英著　改訂版　同成社　2000.5　175p　19cm　1200円　Ⓘ4-88621-201-8

239

◇北海道巡礼の旅―三十三観音霊場　滝口鉄夫著　北海道新聞社　1998.6　134p　21cm　1800円　ⓘ4-89363-898-X
◇町廻り三十三観音札所　婦人郷土研究会　1982.4　80p　21cm　800円
◇宮城の観音信仰　吉岡一男著　宝文堂　1992.4　169p　19cm　1200円　ⓘ4-8323-0053-9
◇最上観音巡礼―みちのくの三十三カ所　平幡良雄著　改訂2版　満願寺教化部　1994.5　160p　19cm　1000円
◇最上三十三観音巡礼記　渡辺信三著　改訂　最上三十三観音霊場別当会　2000.8　233p　19cm　1905円
◇最上三十三観音巡礼記―絵馬をたずねて　渡辺信三著　月刊やまがた社　1981.5　257p　19cm　1500円
◇最上三十三観音霊場みちあんない―開創555年御開帳記念2　佐藤清敏調査作成　改訂版　佐藤清敏　1987.4　19p　19×26cm　380円
◇盛岡三十三観音巡礼記　高木弥三郎著　高木弥三郎　1983.2　59p　19cm

仏像めぐり（関東地方）

◇安房観音巡礼―よみがえる三十四カ所　平幡良雄著　改訂2版　満願寺教化部　1994.5　96p　19cm　800円
◇潮来の石仏石塔　潮来町史編さん委員会編　潮来町史編さん委員会　1991.3　221p　27cm
◇五日市の石仏―ふるさとの精神風土を探る　五日市町立五日市町郷土館　1987.8　168p　21cm
◇内原町の石仏・石塔　内原町史編さん委員会編　内原町教育委員会　1993.3　197p　26cm　（内原町史資料　第1集）
◇江戸三十三観音めぐり―心から心への旅路　山田英二著　〔新装版〕　大蔵出版　1992.8　212p　18cm　1500円　ⓘ4-8043-1507-1
◇江戸仏像図典　久野健編　東京堂出版　1994.7　306p　21cm　6800円　ⓘ4-490-10366-2
　＊近年脚光を浴びる桃山・江戸期の仏像を写真・図版約500を収め紹介する。
◇ガイドブック新宿区の文化財 2　石仏と石造品　東京都新宿区教育委員会編　新宿区教育委員会　1981.3　135p　19cm
◇各地の石仏巡り　石川博司著　多摩野仏研究会　1999.6　49p　21cm

◇神奈川の石仏巡り　石川博司著　多摩野仏研究会　1999.5　76p　21cm
◇金沢区お話する道ばたの野仏さん―地名と道からも　阿部健治編　阿部健治　1998.7　305p　26cm　1615円
◇鎌倉　毎日新聞社編　毎日新聞社　1992.9　194p　19cm　（仏像めぐりの旅 1）　1300円　ⓘ4-620-51021-1
　＊古都にある古寺の略縁起、ご本尊のエピソード、仏像鑑賞のポイント、拝観の可否、交通の便など、仏像めぐりの旅の完全実用ガイド。
◇鎌倉仏像めぐり　駒沢琛道写真・文　京都書院　1998.2　255p　15cm　（京都書院アーツコレクション　93 彫刻1）　1000円　ⓘ4-7636-1593-9
◇鎌倉みほとけ紀行　湯川晃敏写真,三山進文　PHP研究所　1986.10　92p　25×19cm　（PHPグラフィックス　3）　1300円　ⓘ4-569-21851-2
◇北多摩の石仏巡り　石川博司著　多摩野仏研究会　1999.4　90p　21cm
◇ぐんま観音札所ぶらり旅―ドライブ＆ウオーキング　上毛新聞出版局編　上毛新聞出版局　2001.3　278p　19cm　1500円　ⓘ4-88058-798-2
◇甲州街道石仏紀行　瀬沼和重著　のんぶる舎　1992.4　125p　27cm　（のんぶる舎らいぶらりー　2）　2800円　ⓘ4-931247-15-6
◇古河城下の石仏順礼　田代房春,秋葉敏子著　北下総文化調査会　1985.1　180p　22cm　1800円
◇埼玉の石仏巡り　石川博司著　多摩野仏研究会　1999.5　82p　21cm
◇山霊への紀行―群馬の磨崖仏　金井竹徳著　あさを社　1982.8　143p　22cm　1800円
◇下館の石仏石塔　堀込喜八郎著　新世紀書房　1981.7　303p　22cm　（下館郷土誌稿　1）　6200円
◇下野三十三観音札所としもつけの民話四十八　下野新聞社編　下野新聞社　1998.4　175p　21cm　1600円　ⓘ4-88286-090-2
◇上州の札所めぐり―三十三観音道しるべ　吾妻・利根沼田の巻　しの木弘明著　吾妻書館　1983.9　167p　26cm　1800円
◇新上総国三十三観音巡礼―心の豊かさ自分を探る旅　水野通雄著,中西文明撮影,新上総国三十三観音霊場会監修　千葉日報社出版局　1997.5　138p　21cm　1000円　ⓘ4-924418-21-8
◇新多摩石仏散歩　多摩石仏の会編著,たましん歴史・美術館編　たましん地域文化財団

文化財・仏像　　　　　　　　　　　　　　　　　　　　　仏像めぐり

　1993.3　304p　19cm　（多摩郷土文庫　2）
　1200円
◇石仏を歩く　石川博司〔著〕　ともしび会
　1994.12　17p　21cm
◇石仏散歩―ふるさとの信仰をたずねて30
　コース　埼玉支部15年のあゆみ　日本石仏
　協会埼玉支部編　日本石仏協会埼玉支部
　1994.11　147p　26cm
◇石仏地図手帖 埼玉篇　日本石仏協会編　国
　書刊行会　1988.7　133p　19cm　1800円
◇石仏地図手帖　神奈川篇　　日本石仏協会
　編　国書刊行会　1990.4　127p　19cm
　1854円
◇世田谷区を歩く　石川博司著　ともしび会
　1999.7　55p　21cm
◇多摩の名数石仏を歩く　石川博司著　ともし
　び会　1995.4　48p　21cm
◇千葉の石仏巡り　石川博司著　多摩野仏研究
　会　1999.6　71p　21cm
◇東京区部の石仏巡り　石川博司著　多摩野仏
　研究会　1999.4　177p　21cm
◇東京観音　荒木経惟,杉浦日向子著　筑摩
　書房　1998.1　206p　22×19cm　2200円
　①4-480-87607-3
　　＊古くから日本人に親しまれてきた観音さ
　　まは、人とともに喜怒哀楽の情をあらわ
　　し、いわばまだ悟りのきわみにいたらぬ
　　修行途上の仏さま。殺伐とした東京のそ
　　こかしこ、そんな風情で、またときに妖
　　艶に、ときにひっそりと慎み深く佇みな
　　がら、こちらを見守る観音さまや石仏を
　　巡っての、経惟・日向子の愛の道行き。観
　　音さまひとくちメモ、対談を付す。
◇東京古寺地蔵めぐり　三吉朋十著　有峰書
　店新社　1988.9　331p　19cm　2000円
　①4-87045-178-6
　　＊東京の古寺名刹めぐり。東京23区と多摩
　　地方全域にわたる古寺名刹を訪ね,あわせ
　　て地蔵を詳細に記述。九十歳の翁が50年
　　の蔵月をかけて収録。
◇所沢を歩く　石川博司著　ともしび会
　2000.12　44p　21cm
◇中野石仏散歩　石川博司著　ともしび会
　1994.6　60p　22cm
◇南毛霊場三十三観音―上州の札所めぐり
　青山ハルナ著　あさを社　1983.7　171p
　19cm　1000円
◇西多摩の石仏巡り　石川博司著　多摩野仏研
　究会　1999.2　90p　21cm
◇八王子三十三観音霊場―その案内と現況
　西田鼎江著　揺籃社　1993.8　246p　19cm
　1500円　①4-946430-79-2

◇八王子石仏百景　植松森一著　揺籃社
　1993.10　100p　26cm　1300円　①4-
　946430-30-X
◇八王子の石仏巡り　石川博司著　多摩野仏研
　究会　1999.3　66p　21cm
◇坂東―観音巡礼　平幡良雄著　改訂2版
　満願寺教化部　1995.5　223p　19cm
　1000円
◇坂東三十三所観音巡礼―法話と札所案内
　坂東札所霊場会編　（大阪）朱鷺書房　1987.4
　195p　19cm　980円
　　＊坂東札所は、東国人たちの西国札所に寄
　　せる、強い憧れと信仰によって、鎌倉時
　　代、関東8カ国に設けられた。1都6県にわ
　　たるその霊場は、恵まれた自然の景観と、
　　素朴な伝承によって、巡礼者の心を澄ま
　　せ、今日も多くの人びとを迎えている。
　　この祈りの旅を志す方に、札所の案内と
　　あわせて霊場の住職が、巡礼の「こころ」
　　を語る。
◇日立の石仏散歩　ひたち野仏の会編　筑波書
　林　1988.11　109p　18cm　（ふるさと文
　庫）　600円
◇藤沢の文化財―石仏を訪ねて　藤沢市教
　育委員会編　藤沢市教育委員会　1997.12
　123p　21cm
◇武相観音めぐり―武蔵・相模四十八ケ所　橋
　本豊治画, 佐藤広著　んのぶる舎　1999.11
　173p　21cm　1800円　①4-931247-70-9
◇府中市の仏像　斉藤経生, 若林繁編　府中
　市教育委員会　1981.11　171p　図版18枚
　21cm　（府中市郷土資料集　5）
◇仏像めぐりの旅1　鎌倉　毎日新聞社編　毎
　日新聞社　1992.9　194p　19cm　1300円
　①4-620-51021-1
◇ふる里茨城路百八地蔵尊霊場めぐり　仏教文
　化通信編集部編　仏教文化振興会　1989.6
　229p　21cm　1500円
◇文京区を歩く　石川博司著　多摩獅子の会
　1999.7　29p　21cm
◇平成三年の石仏巡り　石川博司著　ともしび
　会　1994.5　49p　22cm
◇町田の石仏巡り　石川博司著　多摩野仏研究
　会　1999.2　40p　21cm
◇三浦観音札所巡り　柴田秀二著　西田書
　店　1997.4　123p　20cm　1500円　①4-
　88866-259-2
　　＊のんびりと三浦半島を回ってみよう。陽
　　光と潮風につつまれた33の札所。観音様
　　は訪れるあなたを待っている。全札所地
　　図付ガイド。

241

仏像めぐり

◇三浦半島の観音みち　辻井善弥著　有峰書店新社　1981.9　250p　19cm　1300円
◇水戸三十三観音札所―ガイドブック　山椒の会編　筑波書林　1994.10　94p　18cm　850円　④4-900725-13-7
◇南多摩の石仏巡り　石川博司著　多摩野仏研究会　1999.3　41p　21cm
◇武蔵野―観音巡礼　平幡良雄著　改訂2版　満願寺教化部　1993.3　80p　18cm　750円
◇武蔵野の観音さま　柴田博、相川浩子著　シバ　1995.6　190p　19cm　（シバ巡礼シリーズ　3）　1400円　④4-915543-03-X
◇毛呂山町の寺を訪ねて―関東最古平安の古仏から江戸の仏像まで　本尊様を拝む　岡野恵二著　ヨーコー印刷（印刷）　1999.12　95p　26cm
◇私の石仏巡り　石川博司著　ともしび会　1995.3　2冊　21cm

仏像めぐり（中部・東海地方）

◇泉佐野の仏教美術―熊野・紀州街道ぞいを中心に　歴史館いずみさの　1997.4　32p　26cm
◇遠州三十三所観音巡り　神谷昌志著　郷土出版社　1993.12　166p　19cm　1600円　④4-87665-051-9
　＊「遠州三十三観音霊場」の由緒、見どころ、交通などのすべてを紹介。
◇遠州の野仏を追って　米田一夫文・写真　ひくまの出版　1980.6　183p　19cm　（シリーズ・わたしの散歩道　1）　1500円
◇お地蔵さん見つけた―愛知県内80カ所　中日新聞社会部編　中日新聞社　2001.4　177p　21cm　1500円　④4-8062-0429-3
　＊お地蔵さんはどうして頭を丸めているのだろう。人びとから愛されつづけているあったかいお地蔵さん80カ所を歩く…。
◇ガイド　東海の100観音　白井伸昴著　風媒社　1996.10　235p　21cm　1700円　④4-8331-0048-7
　＊尾張・美濃・三河の100観音と周辺の古寺古刹とを豊富な写真と詳細な地図で紹介。愛好家必携の"観音巡礼"ガイドブック。
◇甲斐国海岸寺うつし霊場百体観世音―写真集　野牛嶋豊二資料解説、植松波雄撮影　野牛嶋豊二　1987.10　1冊　31cm
◇かみたからの石仏を訪ねて　第1集　上宝村郷土研究会執筆編集　上宝村教育委員会　2000.11　95p　26cm
◇佐久三十三番観音・札所めぐり　原田昭男編　櫟　1993.8　90p　19cm　1600円　④4-900408-47-6
◇塩の道石仏紀行　日本石仏写真家協会撮影、水沼洋子文　創林社　1983.6　165p　27cm　4800円
◇史跡遠江三十三所観音霊場　桐田幸昭著　桐田栄　1987.2　55p　21cm　600円
◇信濃観音巡礼―よみがえる三十三カ所　平幡良雄著　改訂2版　満願寺教化部　1995.2　96p　19cm　800円
◇駿河三十三所観音巡り　黒沢脩著　静岡郷土出版社　1989.7　166p　19cm　1500円　④4-87665-016-0
◇双体道祖神マップ―富士山　細谷幸男写真撮影　緑星社　1996.4　238p　19cm　（富士山周辺ガイドシリーズ）　1500円　④4-89750-027-3
◇東海三十六不動尊巡礼―法話と札所案内　東海三十六不動尊霊場会編　（大阪）朱鷺書房　1991.11　206p　19cm　1030円　④4-88602-141-7
　＊忿怒のお姿は厳しくとも、心の内には大慈悲を秘めるお不動さま。古来、熱心な信仰を集め、霊験の数々が今に伝えられている。愛知、岐阜、三重の東海三県の三十六カ寺の不動尊霊場を、山主の法話を織り込んで案内する。
◇東海の古寺と仏像100選―文化財のある寺　渡辺辰典、白井伸昴著　風媒社　1994.9　264p　21cm　1700円　④4-8331-0031-2
　＊愛知・三重・岐阜・静岡の名刹116寺を迫力ある豊富な写真とともに紹介。―愛好家必携のお寺ガイド。
◇東海の古寺と仏像100選―文化財のある寺　渡辺辰典、白井信昂著　新訂版　風媒社　1997.10　264p　21cm　1700円　④4-8331-0060-6
　＊愛知・三重・岐阜・静岡の名刹・古刹116寺を迫力ある豊富な写真とともに紹介。―愛好家必携のお寺ガイド！カラー増補の新版。
◇戸隠とその石仏　千種義人著　信濃毎日新聞社　1993.4　212p　21cm　1800円　④4-7840-9305-2
◇箱根の石仏―ガイド・ブック　沢地弘著　神奈川新聞社　1989.3　212p　18cm　（かなしんブックス　28）　950円　④4-87645-100-1
◇橘杭笑地蔵尊を訪ねて　墨俣町郷土史研究会　1981.5　8p　26cm

◇馬頭さんのふるさとを訪ねて―豊田・足助中馬の道写真集　後藤正男編　後藤正男　1980.4　109p　21cm
◇富士山と双体道祖神―富士市・富士宮市・芝川町 細谷幸男写真集　細谷幸男写真　緑星社　1991.12　130,38p　25×26cm　4000円　①4-89750-025-7
◇美濃西国三十三所観音巡礼　美濃西国三十三所観音霊場会編, 冨永航平著　朱鷺書房　1999.6　189p　19cm　1000円　①4-88602-317-7
　＊江戸中期には成立していたと伝わる美濃西国霊場。岐阜県南部の12市町村にまたがり、長良川と木曽川にはさまれた風光明媚な地域は、のどかな自然につつまれて、巡礼の醍醐味を満喫できる。
◇山里の石仏と語る 甲州海岸寺―井上清司写真集　井上清司写真, 水沼洋子著　研光新社　1988.1　151p　26cm　3800円　①4-87454-001-5

仏像めぐり（北陸地方）

◇魚津の石仏を訪ねて　魚津市連合婦人会編　魚津市教育委員会　1988.8　59p　26cm
◇越後・佐渡の石仏　石田哲弥著　新潟日報事業社　1998.10　225p　19cm　1800円　①4-88862-716-9
◇越後巡礼―三十三観音札所　倉茂良海編　越後巡礼研究会　1982.1　64p　19cm　600円
◇越後三十三観音札所巡礼の旅　佐藤高編著, 高橋与兵衛仏像撮影　新潟日報事業社出版部　1988.2　143p　21cm　1600円　①4-88862-331-7
◇越中の街道と石仏―富山県の歴史　塩照夫著　北国出版社　1983.2　374p　21cm　1800円
◇金沢観音巡礼西国三十三札所　高井勝己編　高井勝己　1993.1　64p　19cm
◇倶利伽羅峠三十三観音めぐり　小矢部市婦人ボランティア育成講座文化財愛護コース(ふるさとグループ)編　小矢部市教育委員会　1992.3　95p　19cm
◇写真探訪木喰仏の魅力―信濃・越後・佐渡　宮坂宥勝監修　郷土出版社　1998.11　167p　26cm　1800円　①4-87663-409-2
◇“石仏のまち”を歩く―柏崎石仏探検ガイド　阿部茂雄著　柏崎市立博物館　1994.11　88p　21cm　(フィールド・ワーク叢書　1)
◇石仏を訪ねて　八尾町婦人ボランティア講座編　八尾町教育委員会　1990.3　86p　26cm
◇旅の仏たち―地方仏紀行 2　丸山尚一著　毎日新聞社　1987.10　222p　21cm　1800円　①4-620-60232-9
　＊400寺400体、ひとりの人間が30年の歳月をかけて日本全国の地方仏を追い求めた、〈旅の仏たち〉シリーズ第2集。古く〈越の国〉と呼ばれた北陸地方の仏たちは、高志路を経て浸透してくる中央の文化と、白山信仰にもとづく修験文化とのせめぎあいのなかではぐくまれた。これに対して〈湖国〉滋賀の仏たちは、比叡山延暦寺の強い影響のもとに、天台密教系の森厳さと、京文化の洗練された優雅さを混在させながら、独自の世界を築いている。
◇砺波の石仏　尾田武雄著　尾田武雄　1989.9　78,6p　23cm　1000円
◇南条校下の石仏をたずねて―平成3年～平成5年度　高岡市婦人ボランティアよつば会編　高岡市婦人ボランティアよつば会　1994.4　169p　26cm
◇新潟仏像巡礼　玉木哲編著, 吉田尚二撮影　新潟日報事業社出版部　1989.6　195p　31cm　4500円
◇東五位の石仏をたずねて　竹守澄江著　竹守澄江　1984.2　71p　26cm
◇二塚校下の石仏をたずねて―昭和60～62年度　高岡市婦人ボランティアまゆみ会編　高岡市婦人ボランティアまゆみ会　1988.3　92p　26cm
◇ふるさとの石仏 第11集　寺院　その2　小矢部市婦人ボランティア育成講座ふるさとグループ編　小矢部市教育委員会　1990.3　42p　26cm
◇ふるさとの石仏 第12集(総集編)　小矢部市婦人ボランティア育成講座ふるさとグループ編　小矢部市教育委員会　1991.3　63p　26cm
◇ふるさとの石仏 第10集　寺院　その1　小矢部市婦人ボランティア育成講座ふるさとグループ編　小矢部市教育委員会　1989.3　43p　26cm
◇ふるさとの石仏 第1集　小矢部市婦人ボランティア育成講座ふるさとグループ編　小矢部市教育委員会　1980.3　27p　26cm
◇ふるさとの石仏 第3集　小矢部市婦人ボランティア育成講座ふるさとグループ編　小矢部市教育委員会　1982.3　17,12p　26cm
◇ふるさとの石仏 第4集　小矢部市婦人ボランティア育成講座ふるさとグループ編　小矢部市教育委員会　1983.3　31p　26cm

◇ふるさとの石仏 第6集　南谷、宮島地区　小矢部市婦人ボランティア育成講座ふるさとグループ編　小矢部市教育委員会　1985.3　46p 26cm
◇ふるさとの石仏 第7集　埴生、子撫地区　小矢部市婦人ボランティア育成講座ふるさとグループ編　小矢部市教育委員会　1986.3　45p 26cm
◇ふるさとの石仏 第8集　荒川、正得、若林、松沢地区　小矢部市婦人ボランティア育成講座ふるさとグループ編　小矢部市教育委員会　1987.3　55p 26cm
◇ふるさとの石仏 第9集　福町、石動地区　小矢部市婦人ボランティア育成講座ふるさとグループ編　小矢部市教育委員会　1988.3　48p 26cm
◇ふるさとの石仏さま―福光町朴坂峠を訪ねて　ともしびグループ編　福光町教育委員会　1981.3　34p 21cm
◇北陸路石仏めぐり　森山隆平著　北国出版社　1983.10　225p 19cm　980円

仏像めぐり（近畿地方）

◇近江観音の道―湖南観音の道・湖北観音の道 近江歴史回廊　木村至宏〔ほか〕著, 淡海文化を育てる会編　淡海文化を育てる会　1999.12　239p 21cm　1500円　④4-88325-204-3
◇近江の隠れ仏―えち三十三仏巡礼　能登川青年会議所編　能登川青年会議所　1989.4　126p 27cm　2800円　④4-8318-8081-7
◇大阪の仏像100選―ふるさとの仏を訪ねて　胎中良和著　府政新聞社出版部　1994.1　208p 19cm　1300円
◇おおさか十三仏巡礼　おおさか十三仏霊場会編　朱鷺書房　1985.8　91p 19cm　600円
◇大阪のお地蔵さん　田野登著　渓水社, 北辰堂発売　1994.8　254p 19cm　1957円　④4-89287-095-1
◇関西石仏めぐり　清水俊明著　創元社　1997.3　266p 19cm　1648円　④4-422-25037-X
　＊庶民の祈りと願いを抱いて風雪に耐えてきた野の仏たち。その慈愛に満ちた姿と由来を地図と写真で紹介するガイドブック。
◇近畿三十六不動尊巡礼―法話と霊場案内　近畿三十六不動尊霊場会編　（大阪）朱鷺書房　1986.9　217p 19cm　980円
　＊お不動さまは庶民の仏さまとして親しまれ、熱心な信仰を集めている。近畿地方の代表的な"お不動さまの寺"からなるのが近畿36不動尊霊場。巡拝案内とあわせ、それぞれの霊場寺院山主の法話で案内する不動尊信仰への招待。
◇神戸十三仏めぐり―法話と札所案内　神戸十三仏霊場会編　朱鷺書房　1998.12　146p 19cm　1000円　④4-88602-315-0
　＊不動明王から虚空蔵菩薩まで、追善供養と深いかかわりを持つ十三仏は、今を生きる凡夫の守り本尊としても、篤い信仰を集めている。都会のなかにあって、なお豊かな自然を失うことのない神戸十三仏霊場を、山主の法話を織り混ぜて詳細ガイド。
◇湖北三十三観音めぐり　馬場秋星著　イメーディアリンク　2000.12　60p 21cm　750円
◇湖北仏めぐり―仏姿写伝・近江　駒沢琛道写真集　駒沢琛道写真・文　京都書院　1998.9　207p 15cm（京都書院アーツコレクション 160 彫刻 3）　1000円　④4-7636-1660-9
◇但馬六十六地蔵尊霊場要集　但馬六十六地蔵尊巡拝復興有志会　1983.8　149p 18cm
◇旅の仏たち―地方仏紀行 3　丸山尚一著　毎日新聞社　1987.11　226p 21cm　1800円　④4-620-60233-7
　＊奈良、京都およびその周辺の地域に祀られる〈地方仏〉は、中央からの強い影響を受けながらも、それぞれの地域特有の土着性を示している。とくに紀伊半島をおおう熊野信仰、生駒山地をめぐる観音信仰の存在は、日本のなかでも最も豊かな〈ほとけ〉の風土を成立させている。〈旅の仏たち〉シリーズ第3集。伊勢路・紀伊路・畿内の仏たち〈96寺103体〉
◇地方の仏たち―近江・若狭・越前編　丸山尚一著　中日新聞本社　1996.10　249p 26×21cm　2300円　④4-8062-0331-9
　＊訪ねてみたい心のふるさと。慈愛に満ちた142寺社の美しい秘仏たちが優しく語りかけてくる。
◇地方の仏たち 近畿編　丸山尚一著　中日新聞本社　1997.12　253p 26×21cm　2300円　④4-8062-0353-X
　＊京都、奈良、和歌山、大阪、兵庫151寺社の慈愛に満ちた秘仏を、迫真の写真とともに詩情豊かに紹介。
◇魅惑の仏像 如意輪観音―大阪・観心寺　小川光三撮影・文、西村公朝、西川杏太郎、永島竜弘文、小川瞳絵　毎日新聞社　2001.6　109p 21cm（めだかの本）1200円　④4-

620-60569-7
* 『魅惑の仏像』全28巻を増補・改訂・再編集したシリーズの9冊め。
◇湯浅町野仏散歩　和田堅一著　湯浅町教育委員会　1998　100p　26cm

仏像めぐり（京都）

◇京都 洛中・東山　毎日新聞社編　毎日新聞社　1993.2　194p　19cm　（仏像めぐりの旅 4）　1300円　①4-620-51024-6
* 古都にある古寺の略縁起、ご本尊のエピソード、仏像鑑賞のポイント、拝観の可否、交通の便など、仏像めぐりの旅の完全実用ガイド。
◇京都 洛北・洛西・洛南　毎日新聞社編　毎日新聞社　1993.2　194p　19cm　（仏像めぐりの旅 5）　1300円　①4-620-51025-4
* 古都にある古寺の略縁起、ご本尊のエピソード、仏像鑑賞のポイント、拝観の可否、交通の便など、仏像めぐりの旅の完全実用ガイド。
◇京都 仏像を訪ねる旅ー「こころ」をあらう古都巡礼　講談社　1996.4　127p　21cm　（講談社カルチャーブックス）　1500円　①4-06-198112-9
* こころ安らぐ御仏との出会い。1200年の歴史のなかで、静かに私たちを見守ってくださった京の御仏。喧噪の世紀末、今こそ御仏との出会いに日本人の「こころ」の原点を見なおしたい。
◇京のお地蔵さん　竹村俊則著　京都新聞社　1994.6　214p　19cm　1200円　①4-7638-0353-0
* 京の名刹や町角に祀られているお地蔵さん。油掛地蔵、安産地蔵、埋木地蔵、桂地蔵、金目地蔵、釘抜地蔵、梯子地蔵、夢見地蔵、六地蔵など重要文化財から市民に親しまれている個性豊かなものまで80体の由緒来歴やご利益などを楽しく紹介。
◇当尾の石仏めぐりー浄瑠璃寺・岩船寺の四季　中淳志写真と文　東方出版　2000.10　92p　21cm　1200円　①4-88591-692-5
* 本書は、初めて当尾を散策するハイカーだけでなく、石仏や石造美術の研究者にも利用していただけるよう、末尾に金石文などの資料を収めた。
◇仏像を旅する「京都」ー千古の都、みやびの文化遺産　伊東史朗編　至文堂　1991.11　268p　26cm　3200円
◇仏像めぐりの旅 4　京都（洛中・東山）　毎日新聞社編　毎日新聞社　1993.2　194p　19cm　1300円　①4-620-51024-6
◇仏像めぐりの旅 5　京都（洛北・洛西・洛南）　毎日新聞社編　毎日新聞社　1993.2　194p　19cm　1300円　①4-620-51025-4
◇魅惑の仏像 阿弥陀如来ー京都・平等院鳳凰堂　小川光三撮影・文、西村公朝、西川杏太郎、山崎隆之、木村恭造文、小川瞳絵　毎日新聞社　2001.7　109p　21cm　（めだかの本）　1200円　①4-620-60570-0
* 本書は『魅惑の仏像』を増補・改訂し、再編集したものです。

仏像めぐり（奈良）

◇巡礼大和路の仏像　佐伯快勝著　朱鷺書房　1992.4　222p　19cm　1030円　①4-88602-147-6
* シルクロードの終着点・奈良大和路は、仏教文化財の宝庫。1000年余の歴史を経て今に生きる如来や菩薩、明王、天部、その他の諸尊は、何を語りかけてくれるのか。古寺巡礼の限りない魅力をさぐる。
◇石仏鑽仰ー大和・山城・近江　津井澱著　日本図書刊行会　1997.2　179p　20cm　1800円　①4-89039-150-9
* 十余年に亘る石仏巡行は、私にとって、魂の在り処、広がり、深まりを求める旅であった。石仏は庶民の曼陀羅供。
◇奈良ー奈良公園・西ノ京　毎日新聞社編　毎日新聞社　1992.9　194p　19cm　（仏像めぐりの旅 2）　1300円　①4-620-51022-X
* 古都にある古寺の略縁起、ご本尊のエピソード、仏像鑑賞のポイント、拝観の可否、交通の便など、仏像めぐりの旅の完全実用ガイド。
◇奈良ー斑鳩・飛鳥・室生　毎日新聞社編　毎日新聞社　1992.9　194p　19cm　（仏像めぐりの旅 3）　1300円　①4-620-51023-8
* 古都にある古寺の略縁起、ご本尊のエピソード、仏像鑑賞のポイント、拝観の可否、交通の便など、仏像めぐりの旅の完全実用ガイド。
◇奈良の仏像ー古都の寺々と名品を訪ねて　村田靖子著　大日本絵画　1997.12　398p　20cm　3800円　①4-499-20118-7
* 仏像をどのように見るか。奈良ー飛鳥・白鳳・天平の文化を伝え生まれた仏像は今なお人々の心を捉える。20ヶ寺50体の仏像。その造形美の秘密を探る。
◇奈良・京都の古寺めぐりー仏像の見かた　水野敬三郎著　岩波書店　1985.2　219,5p

18cm （岩波ジュニア新書） 580円
◇奈良国宝仏めぐり―仏像の見方がわかる　久野健文，入江泰吉写真　講談社　1993.6　147p　21cm　（講談社カルチャーブックス81）　1500円　①4-06-198085-8
　＊奈良の国宝仏70体で解説する決定版大和古寺巡礼。仏像とは何か？仏像の種類は？その見分け方は？仏像を知るための疑問に豊富なカラー写真で解説。仏像鑑賞と古寺めぐりのルート案内・地図も充実。
◇奈良大和路の仏像―飛鳥・白鳳・天平仏に親しむ　小川光三写真　日本交通公社出版事業局　1993.12　159p　21cm　（JTBキャンブックス）　1500円　①4-533-02012-7
◇仏像めぐりの旅2　奈良（奈良公園・西ノ京）　毎日新聞社編　毎日新聞社　1992.9　194p　19cm　1300円　①4-620-51022-X
◇仏像めぐりの旅3　奈良（斑鳩・飛鳥・室生）　毎日新聞社編　毎日新聞社　1992.9　194p　19cm　1300円　①4-620-51023-8
◇魅惑の仏像　阿修羅―奈良・興福寺　小川光三撮影　毎日新聞社　2000.11　110p　21cm　（めだかの本）　1200円　①4-620-60561-1
◇魅惑の仏像　四天王―奈良・東大寺　毎日新聞社編，小川光三撮影　毎日新聞社　2000.12　110p　21cm　（めだかの本）　1200円　①4-620-60563-8
◇魅惑の仏像　釈迦三尊―奈良・法隆寺金堂　小川光三撮影・著，西村公朝，西川杏太郎，小川瞳，山崎隆之，高田良信著　増補・改訂版　毎日新聞社　2001.1　109p　21cm　（めだかの本）　1200円　①4-620-60564-6
◇魅惑の仏像　十一面観音―奈良・室生寺　小川光三撮影，毎日新聞社編　毎日新聞社　2001.5　109p　21cm　（めだかの本）　1200円　①4-620-60568-9
◇魅惑の仏像　千手観音―奈良・唐招提寺　小川光三撮影，毎日新聞社編　増補・改訂版　毎日新聞社　2001.2　109p　21cm　（めだかの本）　1200円　①4-620-60565-4
◇魅惑の仏像　薬師三尊―奈良・薬師寺　小川光三撮影，毎日新聞社編　毎日新聞社　2001.3　109p　21cm　（めだかの本）　1200円　①4-620-60566-2
◇大和仏心紀行　榊莫山著　毎日新聞社　2000.4　215p　21cm　1800円　①4-620-60558-1
◇大和路古寺・仏像巡り　小川光三文・写真　主婦と生活社　1999.2　127p　21cm　1500円　①4-391-12314-2
◇大和路石仏散歩　石浜俊造著　主婦と生活社　1997.9　127p　21cm　（孔雀ブックス）　1300円　①4-391-12071-2
◇大和路のみ仏たち―奈良三十三か寺めぐり　大橋一章，森野勝編著　グラフ社　1987.12　318p　19cm　1900円　①4-7662-0165-5

仏像めぐり（中国地方）

◇出雲観音巡礼―よみがえる三十三カ所　平幡良雄著　改訂2版　満願寺教化部　1995.7　96p　19cm　800円
◇吉備の文英様石仏　黒瀬稔雄写真，根木修文　山陽新聞社　1993.5　95p　26cm　（山陽新聞サンブックス）　1500円　①4-88197-457-2
◇周防三十三観音霊場　山下喜一著　山下喜一　1987.1　85p　21cm
◇石仏を訪ねて　大竹市歴史研究会編　大竹市教育委員会　1992.3　61p　26cm　（大竹市の文化財　第1集）
◇瀬戸内三十三観音巡り　片山新助著　山陽新聞社　1986.8　165p　19cm　1000円　①4-88197-207-3
◇高梁市の石仏巡礼記　野口喜久夫著　野口喜久夫　1983　80p　19cm
◇旅の仏たち―地方仏紀行4　丸山尚一著　毎日新聞社　1987.12　234p　21cm　1800円　①4-620-60234-5
　＊瀬戸内の海の明るさをたたえた山陽路や，南国的なおおらかさにあふれる四国路の仏たちに対して，山雲様式を中心とする山陰の仏たちは，荒海に立ち向かうがごとく凛々しく剛直だ。一方，宇佐八幡信仰を基盤とする北九州は，神と仏の照応する特異な文化を形づくっている。古代日本文化の多様性と豊かさを物語る。平安木彫仏100余体を収載。
◇中国四十九薬師巡礼　中国四十九薬師霊場会編，冨永航平著　朱鷺書房　1997.10　217p　19cm　1000円　①4-88602-311-8
　＊経典に説かれる薬師の十二大願のうち，とくに病苦や貧困を取り除くという願が根本となって，薬師への熱心な祈りは，わが国に仏教の伝来した当初から絶えることがなかった。薬師信仰で知られる中国五県の古寺名刹四十九カ所を，詳細に案内する。
◇中国地蔵尊巡拝―法話と札所案内　中国地蔵尊霊場会編，下休場由晴著　朱鷺書房　1998.5　197p　19cm　1000円　①4-88602-313-4
　＊本書は，自然のめぐみ豊かな中国地方五県をめぐる地蔵尊霊場の詳細ガイドで

ある。
◇長門三十三観音霊場　山下喜一著　山下喜一　1983.6　78p　21cm
◇野の石―山陰の石仏めぐり　原宏一著　原宏一　1984.6　168p　22cm　2800円
◇備中西国三十三所観音霊場―花山法皇の伝説地を訪ねる　小出公大著　小出公大　1987.8　92p　19cm
◇美作西国三十三所観音霊場―作州路に幻の札所を訪ねる　小出公大著　小出公大　1989.8　90p　19cm

仏像めぐり（四国地方）

◇阿讃峠みち 石仏篇　岡泰著　岡泰　1983.2　104p　26cm
◇讃岐の石仏―峠の地蔵　安川満俊編　讃岐写真作家の会　1995.8　95p　27cm（香川写真文庫6）　2000円
◇讃岐の仏像―知られざる古仏をたずねて 上　武田和昭著　美巧社　1983.9　162p　21cm　1500円
◇瀬戸内の石仏を訪ねて―千種義人写真集　千種義人著　中国新聞社　1988.1　220p　27cm　3000円

仏像めぐり（九州・沖縄地方）

◇臼杵石仏―よみがえった磨崖仏　賀川光夫編　吉川弘文館　1995.5　176p　19cm　2884円　ⓘ4-642-07461-9
　＊臼杵磨崖仏は37年にわたる調査・保全工事・仏体修復をへて見事によみがえった。日本を代表するこの貴重な文化遺産を、文献や最新の資料を駆使して、考古学・歴史・美術史の面から、その実像と創建の歴史をさぐる。
◇大分の石仏を訪ねて　千種義人著　朝日新聞社　1988.11　213p　21cm　2000円　ⓘ4-02-255729-X
　＊大分は石仏の宝庫である。石仏に惹かれ、大分各地をカメラと共に旅すること20年。国東半島や宇佐、大分平野、臼杵、大野川流域や竹田周辺に磨崖仏や石塔、名もなき野ぼとけたちを求めて、その魅力に迫る。経済学の泰斗が謳う大分石仏讃歌。
◇九州四十九院薬師巡礼　九州四十九院薬師霊場会編、冨永航平著　朱鷺書房　1999.5　210p　19cm　1000円　ⓘ4-88602-318-5
　＊古来、九州は大陸との交易の窓口であり、早くからわが国にもたらされた薬師信仰も、九州各地に深く根づいている。全行程1600キロ、九州七県にまたがる薬師霊場めぐりは、大自然の生気を吸収して心身ともに癒される旅。まさに巡礼の醍醐味を満喫できよう。
◇九州西国観音巡礼―仏を描いて札所をめぐる 詳細地図・付　近藤弘訓著　朱鷺書房　1996.4　237p　19cm　1030円　ⓘ4-88602-304-5
　＊1280余年の昔、和銅6年(713)に、宇佐の仁聞菩薩と法蓮上人によって開かれたと伝わる観音霊場。英彦山の麓に始まり、大分、熊本、福岡、佐賀、長崎とめぐるコースは、古代史の舞台ともなった歴史と観光の地。本尊仏画をまじえて、その魅力と参拝のポイントを紹介する。
◇佐賀の石神・石仏を訪ねて　白浜信之著　佐賀新聞社　1992.8　153p　26cm　2000円　ⓘ4-88298-041-X
◇相良三十三観音スケッチ巡礼　坂本福治著　坂本福治　1997.9　82p　15×21cm　1905円
◇高鍋大師　相場惣太郎著　高鍋大師仰会　1991.12　124p　30cm
◇仏像を旅する「九州・沖縄」―南国の文化・民俗　八尋和泉編　至文堂　1992.2　320p　26cm　3500円
◇むらの石塔をたずねて　郡山政雄編　郡山政雄　1991.8　41p　21cm
◇私たちのお地蔵さん―北九州地蔵菩薩訪ね歩き　熊谷治編　あらき書店　1984.10　118p　20cm　2000円

仏像めぐり（アジア）

◇阿修羅の道―アジア仏像の旅　久野健著　学生社　1994.4　232p　19cm　2400円　ⓘ4-311-20189-3
　＊インドに生れた仏教文化はアジア各地へ流出する中でどう変化したか？インドには少ない阿修羅像がどこを通って日本に来たか？スリランカ、ボロブドゥール、アンコールワット、タイ、ミャンマー、天山南路、中国、朝鮮、韓国など、仏像の魅力にとりつかれ、阿修羅の来た道と仏教美術の真髄を求めてたどる仏像行脚の旅。
◇韓国観音の旅―韓国観音霊場札所めぐり　日下悌宏編著　文芸タイムス社　1987.10　86p　19cm　980円

仏像めぐり

◇見仏記3　海外編　いとうせいこう，みうらじゅん著　角川書店　2000.8　318p　15cm（角川文庫）　571円　①4-04-184604-8
　＊見仏熱が高じに高じて、とうとう海を越えてしまった、二人組。韓国では山の上にある寺を目指して急な石段を腿上げ運動でしのぎ、タイでは閉所＆高所恐怖に耐えながら狭く暗い壁の中を進む。中国ではえんえんと夜汽車に揺られ、降り損ねればどうなるかわからないような場所を進み、炎天下のインドでは一体の仏像を見るだけのために揺れのひどい小型車で往復十六時間の移動をする。常識人なら絶対やらない苛酷ツアーを、ただただ仏像を見るだけのために敢行してしまった、仏像中毒者コンビが放つ、大好評シリーズ、第三弾。

◇見仏記　海外篇　いとうせいこう，みうらじゅん著　角川書店　1998.2　317p　19cm　1900円　①4-04-883510-6
　＊韓国では山の上にある寺を目指して急な石段を腿上げ運動でしのぎ、タイでは閉所恐怖と高所恐怖に耐えながら、狭く暗い壁の中を進む。広大な中国ではえんえんと夜汽車に揺られ、降りそこねればどうなるかわからないような場所を目指し、炎天下のインドでは一体の仏像を見るだけのために揺れのひどい小型車で往復16時間の移動をする。本書は、常識人なら絶対やらない過酷なツアーを、ただ仏像を見るためだけに敢行してしまった、仏像中毒者コンビの汗と涙と笑いの記録である。

◇中国五大石窟の旅―はるかなる微笑仏　紀野一義著　佼成出版社　1986.4　193p　21cm　2000円　①4-333-01224-4

◇東洋仏像名宝辞典　久野健編　東京堂出版　1986.7　303p　21cm　6800円　①4-490-10213-5
　＊日本仏像の源流をたどり、さらにアジア仏像芸術の全貌をこの1冊にまとめた初めての辞典！収録した仏像には必ず写真を掲げ、東洋仏像の概要がわかり、各国の仏像拝観のガイドとしても便利！

◇仏跡をたずねて―インド・スリランカ・中国　里吉力雄著　春秋社　1994.5　158p　30cm　8240円　①4-393-95312-6
　＊インドでお釈迦さまに出会った。カラー写真で綴る仏跡巡りの旅の感動。

古都・街道

古都（日本）

奥州平泉

岩手県　平安時代，鎌倉時代　関連人物：藤原清衡，藤原基衡，藤原秀衡　指定：特別史跡「中尊寺境内」，国宝「中尊寺金色堂」ほか

*　　　　*　　　　*

◇奥州平泉黄金の世紀　荒木伸介，角田文衛ほか著　新潮社　1987.5　119p　22×17cm（とんぼの本）　1100円　④4-10-601947-7
◇奥州藤原四代「炎の生涯」　高橋克彦ほか著　ベストセラーズ　1993.4　263p　15cm（ワニ文庫）　580円　④4-584-37001-X
　＊NHK大河ドラマ「炎立つ」の舞台に新視点から探る。陸奥に眠る熱き炎が迫りくる。
◇平泉　岩波書店編集部編，泉秀二，朝日新聞文化事業部，岩波映画製作所写真　〔復刻版〕　岩波書店　1988.10　63p　21cm（シリーズ　古都案内　1950～1954）　600円　④4-00-003548-7
　＊奥羽の住民;奥羽の歴史;奥州藤原氏と平泉;奥州藤原氏の滅亡;金色堂;遺体の調査;今日の平泉
◇炎立つ国・奥州―安倍・清原・藤原氏の軌跡　高橋克彦編　川嶋印刷　1993.9　168p　30cm　2000円
◇炎立つ紀行　中村紀顕著，岩手日報社出版部編　岩手日報社　1994.7　79p　30cm　1500円　④4-87201-161-9
　＊古戦場、城跡、黄金の文化遺産、安倍一族と藤原四代の壮大な歴史ドラマを追うカラー紀行。

江戸名所散策

東京都　江戸時代

*　　　　*　　　　*

◇歩くヒント―江戸東京歴史ウォーク　都心・下町篇　江戸東京散策倶楽部篇　海象社　1999.5　177p　21cm　（海象ブックス）　1500円　④4-907717-00-8
　＊江戸東京の土地の記憶に魅入られて、史跡を巡り歩いた方々が足で書きまくり、いの一番にすすめる快感散歩コースの決定版。
◇うさぎちゃんのわくわく江戸散歩　田中ひろみ著　双葉社　2001.11　207p　21cm　1300円　④4-575-29299-0
　＊イラスト入りで、わかりやすく楽しく江戸のことがわかる！あなたも今日からお江戸通。
◇内神田界隈江戸模様　久保元彦著　ヨシダ印刷両国工場（印刷）　1997.2　134p　21cm
◇江戸いまむかし謎とき散歩―永遠にきらめく歴史街を訪ねて　江戸を歩く会編　広済堂出版　1998.7　295p　19cm　1600円　④4-331-50641-X
　＊江戸は永遠に滅びない！江戸を愛する作家、編集者、画家たちが、失われゆく江戸をしのびながら、思い思いに江戸を歩いた。時代小説を楽しむための基礎知識がぎっしり詰まった歴史「謎」読本。
◇江戸へ旅する本　矢崎市朗著　近代文芸社　1997.2　245p　20cm　1500円　④4-7733-5816-5
　＊楽天的で生活を楽しむ天才、それが江戸っ子たち。忙しいのは少し忘れて、彼らの暮らしをのぞきにタイムスリップ・ツアーへ―?!そんな気分を味わえる"ガイドブック"です。
◇江戸おもしろ瓦版―大江戸事件帳関八州事件帳　歴史ウォーキング　さいとう・はるき著　主婦と生活社　1998.4　143p　21cm　1200円　④4-391-12187-5
◇江戸から東京へ　第1巻　麹町・神田・日本橋・京橋・本郷・下谷　矢田挿雲著　新版　中央公論社　1998.9　476p　16cm　（中公文庫）　1143円　④4-12-203246-6
　＊旧市街に残る古蹟、町並みに沿って、築城当時の江戸から説きおこし、地理・歴史・風俗・伝説の各方面にわたり、江戸・

249

◇江戸から東京へ 第2巻 浅草 上 矢田挿雲著 新版 中央公論社 1998.10 366p 16cm (中公文庫) 914円 ⓓ4-12-203269-5
　＊金竜山浅草寺、仲見世、蔵前の札差し、町奴、歌仙茶屋、水茶屋の女など、浅草に残る江戸町人の日常のあとをたどり、更に山谷堀、道哲寺、花魁道中を初めとし、吉原遊廓の変遷を物語って、江戸の華やかな生活を生きいきと描く歴史散歩。

◇江戸から東京へ 第3巻 浅草 下 矢田挿雲著 新版 中央公論社 1998.11 366p 16cm (中公文庫) 914円 ⓓ4-12-203293-8
　＊浅草橋、蔵前、山谷堀、橋場にのこる史蹟を中心に、北斎、広重、歌麿、清長らの浮世絵師たちの日常、蜀山人、宿屋飯盛にまつわるエピソード、俠客、新門辰五郎の逸話など、江戸下町の庶民の哀歓を生きいきと描く歴史散歩。

◇江戸から東京へ 第4巻 本所 上 矢田挿雲著 新版 中央公論社 1998.12 400p 16cm (中公文庫) 1048円 ⓓ4-12-203315-2
　＊鼠小僧、加藤千蔭、京伝と京山、竹本義太夫、待乳山楳之丞など回向院をめぐる史話、吉良屋敷にのこる赤穂浪士義挙の跡、おいてけ堀、足洗え屋敷、斬られ地蔵、狸囃子など、面妖陰暗の七不思議の伝説等、狸の本所は両国を中心に江戸を探る、興味あふれる歴史散歩。

◇江戸から東京へ 第5巻 本所 下 矢田挿雲著 新版 中央公論社 1999.1 418p 16cm (中公文庫) 1048円 ⓓ4-12-203337-3
　＊本所番場に仮宅した蘭方医伊東玄朴の活躍を始め、シーボルト事件、プーチャチン・ペルリのあいつぐ外国使節の来朝、吉田松陰の密航、唐人お吉、ジョン万次郎の話など、風雲急を告げる幕末の世相と庶民の日常を巧みに描く東京歴史散歩。

◇江戸から東京へ 第6巻 向島・深川 上 矢田挿雲著 新版 中央公論新社 1999.2 426p 16cm (中公文庫) 1048円 ⓓ4-12-203359-4

◇江戸から東京へ 第7巻 深川 下 矢田挿雲著 新版 中央公論新社 1999.3 394p 16cm (中公文庫) 1048円 ⓓ4-12-203382-9

　＊花柳気質の粋をもって任じた辰巳芸者、いなせな鳥追娘、娘義太夫の流行を始め、『梅暦』の為永春水と『修紫田舎源氏』の柳亭種彦、寺門静軒の江戸払いなど、天保の改革に揺らぐ辰巳の里を中心に、深川江戸ッ子の風俗と生活を物語る。

◇江戸から東京へ 第8巻 小石川 矢田挿雲著 新版 中央公論新社 1999.4 402p 16cm (中公文庫) 1048円 ⓓ4-12-203404-3
　＊後楽園を中心に、徳川頼房、水戸黄門にまつわるかずかずのエピソード、茗荷谷、白山、音羽にのこる史跡・史話、切支丹屋敷をめぐって幕府の異教徒弾圧の歴史を展開するなど、小石川にのこる江戸生活を描き出す。

◇江戸から東京へ 第9巻 矢田挿雲著 新版 中央公論新社 1999.5 308p 16cm (中公文庫) 914円 ⓓ4-12-203425-6
　＊江戸の成り立ち、コレラの流行、元禄・安政の大地震など、江戸の町とその災害を語り、大正の大震災で灰燼に帰した名所旧跡のあとを刻明にたどって、江戸の歴史を振り返る。

◇江戸近郊ウォーク 村尾嘉陵著, 阿部孝嗣現代語訳 小学館 1999.4 281p 20cm (地球人ライブラリー) 1600円 ⓓ4-09-251041-1
　＊今から約190年前の文化・文政から天保にかけてすこぶる旅好きで健脚だった著者が杖を片手に西は高幡不動から東は船橋・柏あたりまで27年間のあいだに足の向くまま訪ね歩いた一日40キロの道くさ記録。

◇江戸東京大地図—地図でみる江戸東京の今昔 平凡社 1993.9 205p 37cm 12000円 ⓓ4-582-43414-2

◇江戸・東京歴史の散歩道 1 中央区・台東区・墨田区・江東区 街と暮らし社編 街と暮らし社 1999.9 191p 21cm (江戸・東京文庫 1) 1800円 ⓓ4-7954-0139-X

◇江戸の快楽—下町抒情散歩 荒俣宏著, 安井仁写真 文芸春秋 1999.5 195p 22cm 2000円 ⓓ4-16-355210-3
　＊さあ、懐かしき江戸情緒を探しに行こう！神社仏閣に詣で、老舗の味に舌鼓を打ち、回遊式庭園に憩う—。目からウロコの日本橋下町案内。

◇江戸の旅と流行仏—お竹大日と出羽三山 牛島史彦編 東京都板橋区立郷土資料館 1992.10 57p 30cm

◇江戸の町歩き 旅行読売出版社 1998.1 122p 26cm (旅行読売mook 95) 857円 ⓓ4-89752-060-6

◇「江戸‐東京」河岸綺譚　榧野八束著　INAX,図書出版社発売　1993.7　47p　21cm　（INAX ALBUM　16）　927円　⑩4-8099-1037-7
◇江戸あるき西ひがし　早乙女貢著　小学館　1999.10　288,16p　16cm　（小学館文庫）　600円　⑩4-09-403611-3
　＊時代小説といえば江戸。では当時の江戸とはいったいどんな風景だったのだろうか？大都市・東京の心臓部で、書斎から飛び出した時代小説作家の眼が捉えた江戸の名残と風景。浅草奥山の美女の茶屋から青山の屋敷町で憤死した高野長英の旧跡まで、足で探った異色のルポ。ビルの谷間に残る時代の面影をめざとく見つけ、知られざる歴史の挿話や事件を紹介する作者の蘊蓄の面白さ。思わず時代小説が読みたくなる、当世地図入り江戸歩きガイド。
◇江戸アルキ帖　杉浦日向子著　新潮社　1989.4　258p　15cm　（新潮文庫）　640円　⑩4-10-114911-9
　＊日曜日の昼下がり、タイムマシンに乗って、のんびり江戸の町を散歩してみませんか。日本橋を振り出しに、神田、浅草、芝、本所、小石川…。足の向くまま気の向くまま、猪牙に乗って隅田川を下り、須田町の銭湯で汗を流し、疲れたら神楽坂の掛茶屋で一服―現代の浮世絵師・杉浦日向子が案内する、前代未聞の江戸ガイドブック決定版。カラー・イラスト127点収録、文庫オリジナル。
◇江戸を歩く　早乙女貢著　平凡社　1984.10　264p　20cm　1400円
◇「江戸」を歩く　江戸いろは会編　日本交通公社　1994.11　159p　21cm　（JTBキャンブックス）　1500円　⑩4-533-02092-5
　＊老舗、味、職人技、祭・行事・庭園、屋敷、寺社、事件、くらし、男伊達、悪、怨、遺跡・墓碑、坂…(付)総索引。
◇江戸から東京へ―遷都と集中　小島慶三著　めいけい出版　1992.5　252p　18cm　（ヒューマノミックスめいけい）　980円　⑩4-943950-09-4
　＊江戸の近代化の条件が熟して東京が成立した。日本と命運をともにしてきた江戸から東京の姿を分析し、遷都の推移を立証。ヒューマノミックス（人間復興・共存）の考えに立ってプロジェクト構想、遷都とゆらぐ東京の進むべき方向を示唆する。
◇江戸切絵図散歩　池波正太郎著　新潮社　1989.3　98p　22×17cm　1600円　⑩4-10-301242-0

＊"切絵図"とは現代の東京区分地図。切絵図を片手に散歩に出よう。"江戸・東京"が見えてくる。
◇江戸近郊道しるべ　村尾嘉陵著,朝倉治彦編注　平凡社　1985.8　418,5p　18cm　（東洋文庫　448）　2400円　⑩4-582-80448-9
◇江戸芸能散歩　東京都高等学校国語教育研究会編　水声社　1996.11　198p　21cm　1545円　⑩4-89176-343-4
　＊歩いていける江戸の町。東京に残る江戸情緒へのアクセス・ガイド。便利な地図でめぐる、現代東京の「江戸芸能」ゆかりの地。
◇江戸古地図散歩―回想の下町　山手懐旧　池波正太郎著　平凡社　1994.1　107p　22×17cm　1600円　⑩4-582-82872-8
　＊掘割に江戸の情緒を、路地裏に明治大正の面影を求めて下町から山手へ、池波正太郎が江戸切絵図を手に歩いた東京のまち。十五の地域ごとに古地図と現代地図を対照した江戸・東京散歩の決定新版。付図「鬼平犯科帳」を歩く。
◇江戸古地図散歩　池波正太郎著　新装版　平凡社　1994.3　107p　22×17cm　（コロナ・ブックス）　1600円　⑩4-582-63306-4
　＊池波正太郎とともに鬼平が生きた江戸へ。下町から山の手へ、時代小説の舞台、生まれ育った町の面影を求めて、15の地域ごとに対照した江戸切絵図と現代地図で江戸・東京を案内する立体構成。
◇江戸散歩　上　三遊亭円生著　朝日新聞社　1986.7　296p　15cm　（朝日文庫）　480円　⑩4-02-260385-2
　＊洒脱な語りに甦る江戸の面影。落語や先人の思い出の中に生きている、懐しいあの町、この路地。
◇江戸老舗地図　江戸文化研究会編　主婦と生活社　1981.12　135p　26cm　1600円
◇江戸庶民の四季　西山松之助著　岩波書店　1993.3　220p　19cm　（岩波セミナーブックス　46）　1800円　⑩4-00-004216-5
　＊今に名残りをとどめる江戸庶民の文化生活を、正月・夏祭・月見・鬼やらいなど節目を彩る年中行事や盛んだった信仰生活、そして遠近の旅の様子を中心に、『東都歳事記』『江戸名所図会』、神田の一町名主の日記、その他の史料に基づいて生き生きと再現する。絶好の江戸文化案内。
◇江戸町人の生活　日本映画テレビプロデューサー協会編　日本放送出版協会　1980.12　284p　20cm　（目で見る日本風俗誌　1）　1700円

◇江戸っ子の春夏秋冬―続「半七捕物帳」江戸めぐり　今井金吾著　河出書房新社　1991.12　249p　19cm　2200円　Ⓘ4-309-22210-2
　＊ご存知『半七捕物帳』を通して、江戸庶民の暮らしぶりや仕きたり、祭りや人情風俗などを、豊富な絵図とともに四季ごとに明らかにした異色大江戸歳時記。
◇江戸東京・街の履歴書―番町・九段・麹町あたり　班目文雄著　原書房　1989.3　296p　21cm　2200円　Ⓘ4-562-02022-9
　＊旗本の屋敷町から維新政府の官員の町へ、そして女子高と高級住宅の建ち並ぶ町へ。時代の変革と共にその主を次々と代え、いまなおレトロとモダンが同居する町。当時の地図も豊富にまじえて、徳川家康の入府から現在に至る生い立ちを明らかにする。
◇江戸東京・街の履歴書 4　銀座・有楽町・築地あたり　班目文雄著　原書房　1992.6　200p　21cm　2300円　Ⓘ4-562-02324-4
　＊江戸と断絶した街、銀座。煉瓦街の強行建設で生まれ時計師が、薬剤士が、写真師が技術と芸術をもたらして洗練された街につくり変えた銀座の意外史。
◇江戸東京・街の履歴書 3　新宿西口・東口・四谷あたり　班目文雄著　原書房　1991.2　192p　21cm　2000円　Ⓘ4-562-02176-4
　＊戦後の混乱の中から性風俗の街が生まれ、巨大な浄水場が超高層のビル群に変わる…。江戸時代に突如出現した宿場町が、たむろする遊女達を、大正ロマンを、新左翼とヒッピーを、整然とした未来都市を、次々と呑み込んで繁栄をきわめていく。21世紀に向けて、さらに変貌を続ける新都心・新宿の300年間の歩みを解き明かす。
◇江戸東京学への招待 1　文化誌篇　小木新造編著　日本放送出版協会　1995.11　290p　19cm　（NHKブックス）　1100円　Ⓘ4-14-001750-3
　＊江戸から東京への400の歴史を一括りにして眺め、巨大な歴史都市を総合的に捉え直そうとする「江戸東京学」シリーズの第一弾。本書は、浮世絵や屏風絵ほか、様々な史料に多角的にアプローチし、祝祭や娯楽・風俗、モードやメディアにあらわれる、都市の文化的様相を読み解く「文化誌」篇。歴史学、民俗学、社会学、美術史学などの第一線の研究者を糾合し、通時的な分析を試みて、創造の活気漲る迷宮都市・江戸東京の精華に迫る。

◇江戸東京さんぽまっぷ 1　5000分の1　江戸・明治・現在図・航空写真　平凡社　1995.4　87p　21×13cm　1500円　Ⓘ4-582-82882-5
　＊江戸の盛り場と文化の街、上野・浅草から両国までの今昔を地図で歩く・見る・知る。江戸の切絵図と明治の東京図を現在図に重ね合わせ、航空写真でつぶさに観察―歴史を楽しむ必携書。歩いて便利なアクセスマップ付。
◇江戸東京さんぽまっぷ 2　5000分の1　江戸・明治・現在図・航空写真　平凡社　1995.4　87p　21×13cm　1500円　Ⓘ4-582-82883-3
　＊大江戸八百八町の中心地、日本橋と大川（隅田川）界隈の今昔を地図で歩く・見る・知る。江戸の切絵図と明治の東京図を現在図に重ね合わせ、航空写真でつぶさに観察―歴史を楽しむ必携書。歩いて便利なアクセスマップ付。
◇江戸東京さんぽまっぷ 3　5000分の1　江戸・明治・現在図・航空写真　平凡社　1995.4　95p　21×13cm　1500円　Ⓘ4-582-82884-1
　＊江戸時代からの要衝の地、霞が関・丸の内から銀座までの今昔を地図で歩く・見る・知る。江戸の切絵図と明治の東京図を現在図に重ね合わせ、航空写真でつぶさに観察―歴史を楽しむ必携書。歩いて便利なアクセスマップ付。
◇江戸東京さんぽまっぷ 4　紀尾井町 青山 六本木…　平凡社　1995.9　103p　21cm　1500円　Ⓘ4-582-82885-X
　＊江戸の切絵図と明治の東京図を現在図に重ね合わせ、航空写真でつぶさに観察―歴史を楽しむ必携書。
◇江戸東京さんぽまっぷ 5　5000分の1小日向 牛込 四谷…　平凡社　1995.9　103p　21×13cm　1500円　Ⓘ4-582-82886-8
　＊江戸の切絵図と明治の東京図を現在図に重ね合わせ、航空写真でつぶさに観察―歴史を楽しむ必携書。
◇江戸東京さんぽまっぷ 6　池之端 後楽園 神田…　平凡社　1995.9　103p　21cm　1500円　Ⓘ4-582-82887-6
　＊江戸の切絵図と明治の東京図を現在図に重ね合わせ、航空写真でつぶさに観察―歴史を楽しむ必携書。
◇江戸東京八十景小事典　芳賀徹ほか編著　エッソ石油広報部　1987.11　201p　15cm　（エナジー小事典　第9号）
◇江戸東京物語―池袋・中山道界隈　新潮社編　新潮社　1997.6　219p　18cm　1100

◇江戸東京物語 山の手篇　新潮社編　新潮社　1994.1　209p　18cm　1100円　④4-10-354008-7
　＊武蔵野台地に開けた山の手に、漱石、鴎外らの知的雰囲気と故事来歴を探る、山の手「今昔物語」。
◇江戸東京物語 都心篇　新潮社編　新潮社　1993.11　217p　19cm　1100円　④4-10-354006-0
　＊「江戸東京」発展の陰に埋もれた名所旧跡、故事来歴をエピソードで復元する東京ガイド・ブック。
◇江戸東京物語 都心篇　新潮社編　新潮社　2001.9　347p　15cm（新潮文庫）781円　④4-10-120825-5
　＊八重洲口にあった"遠山の金さん"の北町奉行所。丸ビル入居第一号・高浜虚子の意外な先見。落成披露日に大震災、帝国ホテルの数奇な運命。六代円生も親しんだ神田須田町の賑わい。あんみつ誕生秘話…。江戸東京四百年の歩みを101のコラムとイラスト・写真でつづるシリーズ第一弾。日本橋、銀座・築地、丸の内・皇居、神田・お茶の水を収録。散歩人のための地図・ガイド付き。
◇江戸・東京 歴史の散歩道—江戸の名残と情緒の探訪2　千代田区・新宿区・文京区　街と暮らし社,すずさわ書店発売　2000.10　189p　21cm（江戸・東京文庫 2）1800円　④4-7954-0153-5
　＊路地裏に入ればあなたの知らない東京がある。丹念に歩いて書いた歴史と文学ウォーキング・ガイド。
◇江戸の再発見　稲垣史生著　新潮社　1980.7　324p　20cm　1400円
◇江戸の旅　今野信雄著　岩波書店　1986.8　206p　18cm（岩波新書）480円
◇江戸の旅　今野信雄著〔特装版〕　岩波書店　1993.7　206p　20cm（岩波新書の江戸時代）1500円　④4-00-009140-9
　＊大名行列、朝鮮通信使の一行、伊勢・金比羅参り、出湯の旅、武者修行、芸人の旅…。江戸時代にはすでに多くの旅行ガイドブックが発行され、大勢の人々が様々な目的で旅をしている。そこには時に悲劇も生れたが、熱気とロマンもあった。街道や宿場の発達の歴史をたどりながら、江戸時代を中心にして、昔の旅の姿を生きいきと再現する。

◇江戸名所水車案内　前田清志著　クオリ　1990.10　35p　18cm（コインブックス30）412円
◇江戸名物評判記案内　中野三敏著　岩波書店　1985.9　228p　18cm（岩波新書）480円
◇お江戸と東京の坂 千代田区の巻　竹原俊夫著　竹原俊夫　2000.2　135p　21cm
◇お江戸風流さんぽ道　杉浦日向子編著　世界文化社　1998.8　195p　19cm　1400円　④4-418-98516-6
　＊現代東京版・お江戸散策ガイド付き！江戸風俗研究家、杉浦日向子が語る江戸庶民の心豊かな暮らしぶり。
◇大江戸を歩く　旅行読売出版社　2000.12　121p　26cm（旅行読売mook）857円　④4-89752-253-6
◇大江戸八百八町を歩く江戸散歩　旅行読売出版社　1999.7　121p　26cm（旅行読売mook）857円　④4-89752-180-7
◇大江戸観光　杉浦日向子著　筑摩書房　1987.5　227p　19cm　1200円　④4-480-85385-5
　＊ちょっと、江戸を散歩してみませんか？理屈や趣味やウンチクにわずらわされるよりも、はとバスにでも乗った気分で出かけてみましょう。遠い昔の江戸の街がホラ、こんなに愉快なワンダーランドだったなんて…。
◇大江戸観光　杉浦日向子著　筑摩書房　1994.12　262p　15cm（ちくま文庫）520円　④4-480-02929-X
　＊ちょっと江戸を散歩してみませんか。理屈や趣味やウンチクにとらわれるよりも、はとバスにでも乗った気分で出かけてみましょう。名ガイドが、明るく案内する浮世絵、歌舞伎、戯作、怪談、珍奇なものたち…遠い昔の江戸の街が、ホラ、こんなに身近で、愉快なワンダーランドだったなんて…。タイムマシンに乗って、別天地へようこそ。
◇考証・江戸を歩く　稲垣史生著　時事通信社　1988.11　243p　19cm　1300円　④4-7887-8838-1
　＊時代考証の第一人者が、現代の東京を散策しつつ、様々な歴史の名残をすくいとり、江戸時代の人々の息遣い、人間模様、街の姿を鮮かに再現してみせる。
◇考証 江戸を歩く　稲垣史生著　河出書房新社　1991.12　254p　15cm（河出文庫）580円　④4-309-47228-1
　＊花の向島、忠臣蔵の本所、辰巳芸者の深川。隅田川に沿った街々と寺社の歴史をたどる。

◇小唄江戸散歩　平山健著　立風書房　1988.12　333p　19cm　2000円　ⓝ4-651-98994-2
　＊江戸下町ゆかりの小唄300余曲の紹介、鑑賞を通して、江戸風俗と人情の機微を偲び、小唄の楽しみ、古きよき東京の回顧に、忘れられた日本人の心を描く。愛好家待望の小唄江戸案内。
◇古書を片手に江戸散歩　今井金吾著　日本古書通信社　1995.3　81p　11cm　（こつう豆本　115）　600円
◇史話江戸を歩く　早乙女貢著　新人物往来社　1993.4　239p　20cm　1600円　ⓝ4-404-02014-7
◇東京江戸案内—歴史散策　巻の5　年中行事と地名篇　桜井正信編　八坂書房　1994.7　235,45p　19cm　1800円　ⓝ4-89694-744-4
◇東京江戸今と昔—歴史細見　桜井正信編　八坂書房　1980.12　403p　19cm　2000円
◇東京新発見 1　東京・江戸知る会編　みずうみ書房　1987.5　189p　21cm　1400円　ⓝ4-8380-1531-3
　＊歩いて見つける江戸文化、読んで楽しいTOKYO案内。
◇東京新発見 2　東京・江戸知る会編　みずうみ書房　1987.5　177p　21cm　1400円　ⓝ4-8380-1532-1
　＊歩いて見つける江戸文化、読んで楽しいTOKYO案内。
◇東京新発見 3　東京・江戸知る会編　みずうみ書房　1987.11　173p　21cm　1400円　ⓝ4-8380-1533-X
　＊「生きている古都・東京」に江戸のたたずまいを見つける徒歩旅行。国際都市の発展と、江戸の風光明眉と伝統が巧に織りなされている東京を、6コースに分けて歩く。1コースは1日約8時間で歩けるよう構成。各コースは11～13ポイント。地図・写真・解説・注入り。
◇東京の中の江戸　長谷章久著　角川書店　1980.7　241p　19cm　（角川選書　114）　840円
◇東京のなかの江戸—加太こうじ江戸東京誌　加太こうじ著　立風書房　1988.1　226p　19cm　1500円　ⓝ4-651-70501-4
　＊江戸っ子というよりは、軽薄でモダン好みの東京っ子・加太こうじ。ふるさと・東京への熱い思いと、体験をもとに書下ろした江戸東京誌。
◇東京歴史マップ 下　大江戸の散歩　尾河直太郎著　新草出版　1988.12　205p　19cm　1500円　ⓝ4-915652-09-2
◇東京歴史物語—新・東京の中の江戸　長谷章久著　角川書店　1985.9　323p　19cm　（角川選書　162）　1100円　ⓝ4-04-703162-3
◇残されたる江戸　柴田流星著, 江戸川朝歌画　中央公論社　1990.6　241p　15cm　（中公文庫）　540円　ⓝ4-12-201717-3
　＊夏祭り、風鈴と釣忍、藪入と閻魔、渡し舟、五月場所、苗売り、菊と紅葉、丑べに、筍めし、八百善料理、歳の市、浅草趣味、常磐津、清元、歌沢、江戸ッ児の教育などなど—。江戸の名所名物、年中行事、物売り、気質など、失われゆく江戸を明治人が愛惜をこめて綴る。明治という、江戸の面影が未だ色濃く残されている時代に纏められた資料生ゆたかな、明治版"江戸案内"。竹久夢二挿画十五葉入り。
◇ビジュアルブック江戸東京 4　昭和30年東京ベルエポック　川本三郎編、田沼武能写真　岩波書店　1992.12　94p　25×17cm　1800円　ⓝ4-00-008484-4
　＊昭和三十三年、東京タワーができた頃、街には都電が走っていた。戦争が終わって十三年。東京の町はようやく落ち着きを取りもどし、普通の市民生活が始まっていた。なつかしい街並と生活をふりかえるモノクロ写真102枚。
◇ビジュアルブック江戸東京 2　浮世絵にみる江戸名所　ヘンリー・D.スミス編　岩波書店　1993.5　94p　26cm　2000円　ⓝ4-00-008482-8
　＊江戸の都市空間を鮮やかに描きだしたのは、広重、北斎、英泉、江漢らによる浮世絵や銅版画であった。両国橋、浅草観音、王子などの名所を描いた風景版画で、江戸の都市景観をたのしむ一冊。カラー図版114枚。
◇ふるさと東京　江戸風物誌　佐藤高写真・文　朝文社　1995.5　189,22p　21cm　3500円　ⓝ4-88695-127-9
　＊徳川300年。江戸は独特の庶民文化を生み出した。河岸のにぎわい、大山まいり、川遊び…。四季おりおりの楽しみ、人情、情緒を貴重な古資料、写真と文でつづる。シリーズ最終巻。
◇悠悠逍遙江戸名所　白石つとむ著　小学館　1995.11　399p　26cm　4800円　ⓝ4-09-680433-9
　＊『江戸名所図会』は一九世紀初頭の江戸風景を写真のように正確に描写している。本書はその風景図を上段に、そして下段にその場所の切絵図を載せ、解説文と、

この上下を比較対照することによって、江戸時代の実景とその地図上の位置が正確に読みとれる。『江戸名所図会』から164景を選び、その部分の切絵図を掲載、図会の挿絵中の小さな文字も翻刻。図会の原本2頁以上の挿絵を1枚につなぎ、パノラマで展開。図会の江戸郊外から64景紹介。二代目広重『江戸名所一覧双六』広重『名所江戸百景』『江戸名所』や、明治期の『新撰東京名所図会』・小林清親『東京名所図』など収録。

◇歴史散策 東京江戸案内 巻の1 名所篇 桜井正信編 八坂書房 1994.4 238,25p 19cm 1800円 ④4-89694-740-1
 ＊史跡・旧跡をめぐる街あるきの名ガイド。付録:年号・西暦対照表・国・都指定文化財一覧。

◇歴史散策 東京江戸案内 巻の2 歌舞伎と落語篇 桜井正信編 八坂書房 1994.4 245,23p 19cm 1800円 ④4-89694-741-X
 ＊歌舞伎・落語の舞台をめぐる街あるきの名ガイド。付録:専門図書館・公文書館一覧・主要劇場・能楽堂・寄席一覧・噺の会一覧。

◇歴史散策 東京江戸案内 巻の4 相撲と銅像篇 桜井正信編 八坂書房 1994.6 178,46p 19cm 1600円 ④4-89694-743-6
 ＊相撲と銅像・童謡が語る街あるきの名ガイド。

◇歴史散策 東京江戸案内 巻の5 年中行事と地名篇 桜井正信編 八坂書房 1994.7 235,45p 19cm 1800円 ④4-89694-744-4
 ＊行事と地名・川面がさそう街あるきの名ガイド。付録:東京の年中行事一覧・花火大会一覧・公園庭園一覧他。

◇歴史散策 東京江戸案内 巻の3 老舗と職人篇 桜井正信編 八坂書房 1994.6 269,43p 19cm 2000円 ④4-89694-742-8
 ＊のれんと技・地名が秘めた歴史をめぐる名ガイド。付録:博物館・美術館一覧・新東京百景・東京都地名一覧。

江戸名所図会

東京都 江戸時代

＊　　　＊　　　＊

◇今とむかし広重名所江戸百景帖 暮しの手帖社 1993.6 221p 26cm 4800円 ④4-7660-0047-1

◇浮世絵にみる江戸名所 ヘンリー・スミス編 岩波書店 1993.5 94p 26cm (ビジュアルブック江戸東京 2) 2000円 ④4-00-008482-8

◇江戸切絵図を読む 祖田浩一著 東京堂出版 1999.6 238p 21cm 2200円 ④4-490-20383-7
 ＊江戸に東京のルーツを探る！切絵図に描かれた地名、屋敷、名所などにつき、その由来、伝承、変遷を語る。

◇江戸切絵図の世界 — 尾張屋板切絵図/近江屋板切絵図 切絵図で江戸を歩く 新人物往来社 1998.4 207p 26cm (別冊歴史読本第60号) 2500円 ④4-404-02605-6

◇江戸切絵図集 市古夏生、鈴木健一編 筑摩書房 1997.4 407p 15cm (ちくま学芸文庫) 1250円 ④4-480-08337-5
 ＊『江戸名所図会』がベストセラーとなった十数年後、地域別の分割図＝切絵図が各種出版され、広く利用されるようになった。持ち歩きに便利なうえ、多色刷りの美しさも手伝って、大いに流布したのである。本書は、近江屋板切絵図32枚を分割して収録、『江戸名所図会』に収載された項目との対照を試みる。

◇江戸時代女性生活絵図大事典 第1巻 江戸前期の女子用往来 大空社 1993.5 303p 27cm ④4-87236-283-7

◇江戸時代女性生活絵図大事典 第2巻 教訓・行儀作法 大空社 1993.5 328p 27cm ④4-87236-283-7

◇江戸時代女性生活絵図大事典 第3巻 家庭・社会 大空社 1993.5 306p 27cm ④4-87236-283-7

◇江戸時代女性生活絵図大事典 第4巻 学問・家事・諸芸 大空社 1993.5 341p 27cm ④4-87236-283-7

◇江戸時代女性生活絵図大事典 第5巻 四季・動植物・名所 大空社 1993.5 294p 27cm ④4-87236-283-7

◇江戸時代女性生活絵図大事典 第6巻 化粧・養生・占い 大空社 1994.6 387p 27cm ④4-87236-284-5

◇江戸時代女性生活絵図大事典 第7巻 通過儀礼・年中行事 大空社 1994.6 404p 27cm ④4-87236-284-5

◇江戸時代女性生活絵図大事典 第8巻 和歌・古典文学 大空社 1994.6 338p 27cm ④4-87236-284-5

◇江戸時代女性生活絵図大事典 第9巻 伝記・信仰—ほか 大空社 1994.6 385p 27cm ⓘ4-87236-284-5

◇江都名所図会 北尾蕙斎政美〔画〕 大空社 1993.9 32枚 26×32〜26×84cm 35000円 ⓘ4-87236-840-1

◇江戸名所図会を読む 続 川田寿著 東京堂出版 1995.3 302p 21cm 2900円 ⓘ4-490-20261-X

◇江戸名所図会事典 市古夏生, 鈴木健一編 筑摩書房 1997.6 443p 15cm （新訂江戸名所図会 別巻2） 1200円 ⓘ4-480-08338-3

◇『江戸名所図会』でたどる新宿名所めぐり 新宿区生涯学習財団新宿歴史博物館編 新宿歴史博物館 2000.7 44,32p 30cm

◇江戸名所図会の世界—近世巨大都市の自画像 千葉正樹著 吉川弘文館 2001.3 326,15p 22cm 7500円 ⓘ4-642-03363-7

＊私たちが目にすることが出来る史料の大部分が時の為政者か比較的規模の大きい経営体の残したものであり、ふつうに生きている人々が文書を残していることはきわめて稀である。当然、どれだけ記録性の高い史料であっても、行政や経営の必要から情報が選択され、無意識のバイパスがかかっているはずである。現象としての都市、すなわち日々の暮らしが紡ぎだしていく都市社会を捉えていくためには、それはいかにも一面的な見方のように思えた。図像を研究対象に選んだのはその限界を突破できないかという期待からである。製作者の意図と背後に隠されていた江戸の実像をあぶり出す。

◇江戸名所図屏風の世界 小木新造, 竹内誠編 岩波書店 1992.12 92p 26cm （ビジュアルブック江戸東京 1） 2000円 ⓘ4-00-008481-X

◇江戸イラスト事典 渋川育由編 河出書房新社 1992.8 199p 21cm 1500円 ⓘ4-309-26173-6

＊この本は、江戸時代に出版された「草双紙」「名所図会」などの絵本類から、絵のみを項目別に選択した江戸イラスト・カット集です。

◇江戸絵図巡り 小野武雄著 展望社 1981.1 334p 20cm 2800円

◇江戸切絵図—尾張屋清七版 出場限朱引入 慶応義塾大学三田情報センター 1985.10 13,17p 図版32枚 37cm （文献シリーズ no.15）

◇江戸切絵図を歩く 新人物往来社編 新人物往来社 2001.8 262p 19cm 2600円 ⓘ4-404-02931-4

◇江戸切絵図散歩 池波正太郎著 新潮社 1993.12 204p 15cm （新潮文庫） 520円 ⓘ4-10-115668-9

＊「江戸切絵図」は現代の東京区分地図にあたる。切絵図を片手に散歩に出れば、いたるところで江戸の名残りに出会い、剣客親子や火付盗賊改方の活躍の場所を彷彿とすることができる。浅草生まれの著者が、失われゆくものを惜しみつつ、子供の頃に目に焼き付けた情景を練達の文と得意の絵筆で再現して、江戸と東京の橋渡しをしてくれるユニークな本。切絵図や浮世絵、写真など多数収録。

◇江戸切絵図集成 第1巻 吉文字屋板.新編江戸安見図 斎藤直成編 中央公論社 1981.8 138p 35cm 16000円

◇江戸切絵図集成 第2巻 近江屋板 上 斎藤直成編 中央公論社 1981.10 151p 35cm 18000円

◇江戸切絵図集成 第3巻 近江屋板 下 斎藤直成編 中央公論社 1981.11 160p 35cm 18000円

◇江戸切絵図集成 第4巻 尾張屋板 上 斎藤直成編 中央公論社 1982.1 125p 35cm 16000円

◇江戸切絵図集成 第5巻 尾張屋板 下 斎藤直成編 中央公論社 1982.3 124p 35cm 16000円

◇江戸切絵図集成 第6巻 平野屋板 他.索引 斎藤直成編 中央公論社 1984.11 165p 35cm 18000円 ⓘ4-12-401496-1

◇江戸切絵図と東京名所絵 白石つとむ編 小学館 1993.3 197p 37cm 12000円 ⓘ4-09-680432-0

＊江戸で人気の尾張屋清七版『江戸切絵図』全31図をカラー掲載。江戸案内の名著『江戸名所図会』から280点余の切絵図関連の図を掲載。広重「名所江戸百景」清親「東京名所図」明治11年刊「実測東京全図」鍬形恵斎「江戸一目図屏風」など収録。

◇江戸近郊名勝一覧—全 一名絵本江戸めぐり 松亭金水撰, 歌川広重画 太平書屋 1987.6 192p 11×16cm 4000円

◇江戸城下変遷絵図集—御府内沿革図書 1 幕府普請奉行編 原書房 1985.7 x,149p 27cm 8000円 ⓘ4-526-01553-5

◇江戸城下変遷絵図集—御府内沿革図書 13 幕府普請奉行編 原書房 1986.7 xi,177p 27cm 8000円 ⓘ4-562-01565-9

古都・街道　　　　　　　　　　　　　　　　　　　　　　　古都

◇江戸城下変遷絵図集―御府内沿革図書 14　幕府普請奉行編　原書房　1986.8　x,159p　26cm　8000円　Ⓡ4-562-01566-7

◇江戸城下変遷絵図集―御府内沿革図書 15　幕府普請奉行編　原書房　1986.9　x,165p　27cm　8000円　Ⓡ4-562-01567-5

◇江戸城下変遷絵図集―御府内沿革図書（ごふないえんかくずしょ）16　幕府普請奉行編, 朝倉治彦解説・監修　原書房　1986.10　147p　26cm　8000円　Ⓡ4-562-01568-3
　＊本書は幕府撰『御府内往還其外沿革図書』を新編複製したものである。

◇江戸城下変遷絵図集―御府内沿革図書 17　幕府普請奉行編, 朝倉治彦解説・監修　原書房　1986.11　153p　26cm　8000円　Ⓡ4-562-01569-1
　＊御府内と称する地域は、文化元年（1804年）に御曲輪内より4里までと定められた範囲である。それは、東は、砂村、亀戸、木戸川、須田村まで、西は、代々木村、角筈村、戸塚村、上落合村まで、南は、上大崎村、南品川宿まで、北は、千住、尾久村、滝野川村、板橋川までで、この地域に、地図上、朱線をひいて、朱引内ともよばれた。前者の御府内15部は、曲輪内、小川町、番町、神田、浜町、八丁堀、霊厳島、木挽町、築地、愛宕下、西久保、麻布、赤坂、青山、四谷、市谷、牛込、小日向、小石川、本郷、湯島、下谷、浅草をふくむ地域である。後者の御府内場末は、三田、高輪、飯倉、渋谷、千駄ケ谷、原宿、内藤、大久保、中野、巣鴨、池袋、板橋、根津、谷中、駒込、竜泉寺村などをおさめる地域である。今回発行するのは、前者の御府内15部である。

◇江戸城下変遷絵図集―御府内沿革図書 18　幕府普請奉行編　原書房　1987.2　xv,249p　27cm　8000円　Ⓡ4-562-01570-5

◇江戸城下変遷絵図集―御府内沿革図書 19　幕府普請奉行編　原書房　1987.3　xvi,286p　27cm　8000円　Ⓡ4-562-01571-3

◇江戸城下変遷絵図集―御府内沿革図書 2　幕府普請奉行編　原書房　1985.8　xi,187p　27cm　8000円　Ⓡ4-562-01554-3

◇江戸城下変遷絵図集―御府内沿革図書 20　幕府普請奉行編, 朝倉治彦解説・監修　原書房　1987.6　143,104p　26cm　8000円　Ⓡ4-562-01572-1
　＊本書は幕府撰『御府内往還其外沿革図書』を新編複製したものである。収録の地域ごとに、説明を付して解読の参考とした。

◇江戸城下変遷絵図集―御府内沿革図書 3　幕府普請奉行編　原書房　1985.9　x,149p　27cm　8000円　Ⓡ4-562-01555-1

◇江戸城下変遷絵図集―御府内沿革図書 4　幕府普請奉行編　原書房　1985.10　x,173p　27cm　8000円　Ⓡ4-562-01556-X

◇江戸城下変遷絵図集―御府内沿革図書 5　幕府普請奉行編　原書房　1985.11　x,165p　27cm　8000円　Ⓡ4-562-01557-8

◇江戸城下変遷絵図集―御府内沿革図書 6　幕府普請奉行編　原書房　1985.12　x,149p　27cm　8000円　Ⓡ4-562-01558-6

◇江戸城下変遷絵図集―御府内沿革図書 7　幕府普請奉行編　原書房　1986.1　149p　27cm　8000円　Ⓡ4-562-01559-4

◇江戸城下変遷絵図集―御府内沿革圖書 8　幕府普請奉行編, 朝倉治彦解説・監修　〔復刻版〕　原書房　1986.2　10,159p　26cm　8000円　Ⓡ4-562-01560-8

◇江戸城下変遷絵図集 9　御府内沿革圖書　幕府普請奉行編・朝倉治彦監修・解説　〔復刻版〕　原書房　1986.3　149p　26cm　8000円　Ⓡ4-562-01561-6
　＊原本 幕府普請奉行編 御府内沿革図書;延宝年間から文久年間の200年間

◇江戸城下変遷絵図集 第11巻　御府内沿革図書　幕府普請奉行編, 朝倉治彦解説・監修　原書房　1986.5　165p　26cm　8000円　Ⓡ4-562-01563-2

◇江戸城下変遷絵図集 第12巻　御府内沿革図書　幕府普請奉行編, 朝倉治彦監修　原書房　1986.6　165p　26cm　8000円　Ⓡ4-562-01564-0

◇江戸城下変遷絵図集 第10巻　御府内沿革図書　幕府普請奉行編, 朝倉治彦解説・監修　〔複製本〕　原書房　1986.4　157p　26cm　8000円　Ⓡ4-562-01562-4
　＊本書は幕府撰『御府内往還・其外沿革図書』を新編複製したものである。なお原本記載の説明文は、分離して、それのみを編集して3冊とした。

◇江戸商売図絵　三谷一馬著　中央公論社　1995.1　632p　15cm　（中公文庫）　1300円　Ⓡ4-12-202226-6
　＊大江戸に生き、この都市の繁栄を支えてきた庶民の生業の数々―。江戸風俗画の研究と模写に打ち込んできた著者が、当時の商いの姿を描いた膨大な絵画資料を博捜、精確に復元し、それぞれに平易な解説文を付す。当時の人々の生活の息吹までもいきいきと再現する江戸風俗絵引きの決定版。

◇江戸諸国遊里図絵　佐藤要人, 花咲一男共著　三樹書房　1994.10　317p　21cm　3296円　Ⓘ4-89522-184-9
＊本書は、近世期初頭、徳川氏の戦後政策の一環として、公認されることになった諸国遊里の変遷を、江戸文芸を通して概観したものです。

◇江戸図屛風を読む　水藤真, 加藤貴編　東京堂出版　2000.4　190p　21cm　2200円　Ⓘ4-490-20394-2
＊将軍家光時代の江戸を探索!「江戸図屛風」に描かれた大名屋敷、日本橋・京橋界隈の賑い、女性の風俗、鷹狩りの様などを丹念に読み解く。

◇江戸の女たちのグルメ事情―絵図と川柳にみる食文化　渡辺信一郎著　TOTO出版　1994.10　250p　19cm　(TOTO Books 015)　1100円　Ⓘ4-88706-106-4
＊『江戸の女たちのトイレ』に続くおまたせ第2弾。女たちが無性に好んだ食べ物とは。

◇江戸名所図会 1　鈴木棠三, 朝倉治彦校注　角川書店　1989.6　360p　15cm　(角川文庫)　790円　Ⓘ4-04-402901-6
＊江戸神田の町名主斎藤幸雄、幸孝、幸成の親子三代、三十余年の歳月を費して完成した武蔵名所図会ともいうべき好著。ほろびゆく大江戸の市民生活の面影が、長谷川雪旦父子の情緒豊かな挿絵入りで楽しく伝えられる。

◇江戸名所図会 2　鈴木棠三, 朝倉治彦校注　角川書店　1989.6　415p　15cm　(角川文庫)　890円　Ⓘ4-04-402902-4
＊江戸神田の町名主斎藤幸雄、幸孝、幸成の親子三代、三十余年の歳月を費して完成した武蔵名所図会ともいうべき好著。ほろびゆく大江戸の市民生活の面影が、長谷川雪旦父子の情緒豊かな挿絵入りで楽しく伝えられる。

◇江戸名所図会 2　市古夏生, 鈴木健一校訂　新訂版　筑摩書房　1996.10　406p　15cm　(ちくま学芸文庫)　1200円　Ⓘ4-480-08312-X
＊江戸は神田雉町の名主、斎藤幸雄・幸孝・幸成(月岑)が三代、三十有余年を費やして完成させた江戸の地誌。天保7年(1836)に出版されるや、たちまち「名所図会」ブームをまきおこし、多くの人々に親しまれた全7巻20冊の完全新訂版。江戸府内にとどまらず、西は日野、東は船橋、北は大宮、南は横浜まで、広大な地域の名所古跡・神社仏閣などを、詳細な現地調査と古典への博捜で記述した。それに付さ

れた長谷川雪旦の挿絵も興味が尽きない。本文庫では、漢詩・漢文は原則として読み下すなど、最も読みやすい本文提供をめざした。第2巻「巻之二」は、おもに、品川区、大田区、川崎市、横浜市などをとり扱う。

◇江戸名所図会 3　鈴木棠三, 朝倉治彦校注　角川書店　1989.6　508p　15cm　(角川文庫)　970円　Ⓘ4-04-402903-2
＊江戸神田の町名主斎藤幸雄、幸孝、幸成の親子三代、三十余年の歳月を費して完成した武蔵名所図会ともいうべき好著。ほろびゆく大江戸の市民生活の面影が、長谷川雪旦父子の情緒豊かな挿絵入りで楽しく伝えられる。

◇江戸名所図会 4　斎藤幸雄著　新典社　1984.1　402p　27cm　(名所図会叢刊 9)　6600円

◇江戸名所図会 4　鈴木棠三, 朝倉治彦校注　角川書店　1989.6　431p　15cm　(角川文庫)　930円　Ⓘ4-04-402904-0
＊江戸神田の町名主斎藤幸雄、幸孝、幸成の親子三代、三十余年の歳月を費して完成した武蔵名所図会ともいうべき好著。ほろびゆく大江戸の市民生活の面影が、長谷川雪旦父子の情緒豊かな挿絵入りで楽しく伝えられる。

◇江戸名所図会 4　市古夏生, 鈴木健一校訂　新訂版　筑摩書房　1996.12　412p　15cm　(ちくま学芸文庫)　1200円　Ⓘ4-480-08314-6
＊江戸は神田雉町の名主、斎藤幸雄・幸孝・幸成(月岑)が三代、三十有余年を費やして完成させた江戸の地誌。天保7年(1836)に出版されるや、たちまち「名所図会」ブームをまきおこし、多くの人々に親しまれた全7巻20冊の完全新訂版。第4巻「巻之四」は、おもに、新宿区、中野区、杉並区、豊島区、板橋区、練馬区と都下の武蔵野市など、そして、埼玉県の狭山市、所沢市、浦和市、大宮市などを収める。

◇江戸名所図会 5　鈴木棠三, 朝倉治彦校注　角川書店　1989.6　453p　15cm　(角川文庫)　930円　Ⓘ4-04-402905-9
＊江戸神田の町名主斎藤幸雄、幸孝、幸成の親子三代、三十余年の歳月を費して完成した武蔵名所図会ともいうべき好著。ほろびゆく大江戸の市民生活の面影が、長谷川雪旦父子の情緒豊かな挿絵入りで楽しく伝えられる。

◇江戸名所図会 5・6　斎藤幸雄著　新典社　1984.1　410p　27cm　(名所図会叢刊 10)　6700円

◇江戸名所図会 6　鈴木棠三,朝倉治彦校注　角川書店　1989.6　489p　15cm　(角川文庫)　970円　①4-04-402906-7
＊江戸神田の町名主斎藤幸雄、幸孝、幸成の親子三代、三十余年の歳月を費して完成した武蔵名所図会ともいうべき好著。ほろびゆく大江戸の市民生活の面影が、長谷川雪旦父子の情趣豊かな挿絵入りで楽しく伝えられる。

◇江戸名所図会 7　斎藤幸雄著　新典社　1984.1　388p　27cm　(名所図会叢刊 11)　6300円

◇江戸名所図会あちこち　浜田右二郎著　広論社　1984.9　128p　26cm　1480円　①4-87535-079-1

◇江戸名所図会を読む　川田寿著　東京堂出版　1990.9　289p　21cm　2900円　①4-490-20167-2
＊本書は、天保5・7(1834・6)刊『江戸名所図会』全7巻・20冊より、108項目、124図をとりあげ、そこに描かれた世態・風俗など当時の社会生活一般について、解説・考証をおこなったものである。

◇江戸名所花暦　岡山鳥著,長谷川雪旦画,今井金吾校注　改訂新装版　八坂書房　1994.3　236,8p　19cm　2500円　①4-89694-642-1
＊『江戸名所図会』の長谷川雪旦挿画による花鳥風月、四季折々の名所案内。現在の地名との対照注釈付。

◇江戸名所一〇〇選　綿谷雪著　再版　秋田書店　1986.12　288p　19cm　980円

◇大江戸散歩絵図　松本哉著　新人物往来社　1996.12　203p　19cm　2500円　①4-404-02442-8
＊江戸の名残り、名所旧跡を訪ねた絵と文を中心に本書を作った。とはいえ、江戸の名所総合案内、故事渉猟にはほど遠く、「散歩絵図」というごく気ままな雑記である。

◇大江戸曼陀羅　朝日新聞社　1996.5　425p　21cm　3600円　①4-02-256255-2
＊大江戸世界を、豊富なカラー図版で再現、多彩な筆者の道案内で、トリップ。

◇嘉永・慶応江戸切絵図―江戸・東京今昔切絵図散歩　人文社　1995.8　80p　30cm　(古地図ライブラリー 1)　1500円　①4-7959-1350-1

◇近郊散策江戸名所図会を歩く　川田寿著　東京堂出版　1997.7　259p　21cm　2900円　①4-490-20321-7
＊江戸市中の喧騒をはなれ、近郊71ケ所の古跡・旧跡をめぐる名所案内。すぐれた眺望、目を驚かす奇観をもとめ歩いて、労

をいとわなかった江戸庶民。当時の観光スポットを、魅力ある挿絵と解説で紹介する。

◇鍬形蕙斎・江都名所図会の世界　小沢弘、内田欽三, 喜多正之, 小島惟孝著　大空社　1993.9　278p　26cm　35000円　①4-87236-840-1
＊北斎・広重も手本にした。幻の浮世絵風景画ついに公開。東京から江戸へタイムトラベル。淡彩でよみがえる桃源郷。

◇ここが広重画・「東京百景」　〔歌川広重〕〔画〕,堀晃明著　小学館　2000.7　217p　15cm　(小学館文庫)　657円　①4-09-411321-5
＊参勤交代の武士や江戸見物におとずれた旅人たちの必須アイテム「江戸切絵図」をもとに、広重が描いた大江戸名所を現代の「東京」に探し訪ねる散策紀行。切絵図を眺め、かつての江戸に空想を巡らせるもよし、「広重の江戸」の現在地が一目でわかる現在図と写真を手がかりに、東京の町を歩くもまたよし。希代の浮世絵師になりかわり、今なお残る江戸情緒を堪能できる一冊。

◇古板江戸図集成 第1巻　古板江戸図集成刊行会〔編〕　中央公論美術出版　2000.7　193,36p　37cm　25000円　①4-8055-1476-0,4-8055-1475-2
＊一枚数十万円数百万円の市価を持つ古地図も、虫が喰っていたり、汚損していたりでは骨董品としての値打ちしかない。地図は実用品である。古地図に生命を吹きこもう、読める地図を作ろう。江戸を描き、江戸を語るのにウソがあってはいけない―この趣旨で貴重な地図を細かく写真にうつし、不明の個所を修復したのがこの地図である。望まれながらどこでも着手の出来なかったこの事業は、空前のものであり、絶後のものとなろう。

◇古板江戸図集成 第2巻　古板江戸図集成刊行会〔編〕　中央公論美術出版　2001.5　193,46p　37cm　25000円　①4-8055-1477-9,4-8055-1475-2

◇古板江戸図集成 第3巻　古板江戸図集成刊行会〔編〕　中央公論美術出版　2000.9　174,36p　37cm　25000円　①4-8055-1478-7,4-8055-1475-2
＊「江戸方角安見図鑑 乾」「江戸方角安見図鑑 坤」という題簽がそれぞれについている。乾の巻は延宝七年三月の開板、坤の巻は延宝八年一月の板行で、蔵板は表紙屋市郎兵衛となっている。従来の江戸絵図は、みな七尺(約二一〇センチ)四方、

古都・街道

五尺(約一五〇センチ)四方もある大絵図であったが、この延宝図は乾坤二冊子になっている。今までの大絵図のように部屋いっぱいに広げないで、机上で見られる絵図である。収録各図解説と第3巻の索引付き。

◇彩色江戸物売図絵 三谷一馬著 中央公論社 1996.3 312p 15cm (中公文庫) 1200円 ⓄB4-12-202564-8
＊奇抜な着想から生まれた人目をひく衣裳、思わず笑いを誘われる軽妙な身振り―。江戸の街を往来し、庶民に日用品を運んできた物売りの数々を、当時の絵画資料をよりどころにいきいきと再現、それぞれに鮮やかな彩色をほどこす。江戸風俗画の研究に打ち込んできた著者が二十数年の歳月をかけて描きあげた物売り百五十姿を、オールカラーで収録。

◇「仕掛人・梅安」のキーワード 鈴木一風斎著 小学館 1999.10 219p 15cm (小学館文庫) 676円 ⓄB4-09-417041-3
＊たかがミーハーとあなどるなかれ！無類の梅安びいきが、池波文学のヒーロー「藤枝梅安」の足音をてがかりに、切絵図と名所図会で潜入する大江戸の旅。梅安が最初に見た江戸は？、どこに住んだか？、仕掛料はいくら？…梅安のすべてがわかる「追っかけ辞典」。百万都市江戸のざわめきと、梅安・彦次郎の心意気がよみがえる魅力のカラー文庫。

◇新訂江戸名所図会 5 巻之5 玉衡之部.巻之6 開陽之部 市古夏生, 鈴木健一校訂 筑摩書房 1997.1 441p 15cm (ちくま学芸文庫) 1236円 ⓄB4-480-08315-4
＊江戸は神田雉町の名主、斎藤幸雄・幸孝・幸成(月岑)が三代、三十有余年を費やして完成させた江戸の地誌。天保7年(1836)に出版されるや、たちまち「名所図会」ブームをまきおこし、多くの人々に親しまれた全7巻20冊の完全新訂版。江戸府内にとどまらず、西は日野、東は船橋、北は大宮、南は横浜まで、広大な地域の名所古跡・神社仏閣などを、詳細な現地調査と古典への博捜で記述した。それに付された長谷川雪旦の挿絵も興味が尽きない。第5巻は「巻之五」「巻之六」を収録。上野・浅草の賑わいを中心に、台東区、文京区、北区、荒川区、足立区から、埼玉県下におよぶ地域を収める。

◇新訂江戸名所図会 6 巻之7 揺光之部 市古夏生, 鈴木健一校訂 筑摩書房 1997.2 410p 15cm (ちくま学芸文庫) 1236円 ⓄB4-480-08316-2

＊江戸は神田雉町の名主、斎藤幸雄・幸孝・幸成(月岑)が三代、三十有余年を費やして完成させた江戸の地誌。天保7年(1836)に出版されるや、たちまち「名所図会」ブームをまきおこし、多くの人々に親しまれた全7巻20冊の完全新訂版。江戸府内にとどまらず、西は日野、東は船橋、北は大宮、南は横浜まで、広大な地域の名所古跡・神社仏閣などを、詳細な現地調査と古典への博捜で記述した。それに付された長谷川雪旦の挿絵も興味が尽きない。第6巻「巻之七」は隅田川東岸の地域、江東区、墨田区、江戸川区、葛飾区、そして千葉県下におよび地域を収める。全巻の完結篇。

◇新訂 江戸名所図会 1 天枢之部 市古夏生, 鈴木健一校訂 筑摩書房 1996.9 335p 15cm (ちくま学芸文庫) 1000円 ⓄB4-480-08311-1
＊江戸は神田雉町の名主、斎藤幸雄・幸孝・幸成(月岑)が三代、三十余年を費やして完成させた江戸の地誌。天保7年(1836)に出版されるや、たちまち「名所図会」ブームをまきおこし、多くの人々に親しまれた全7巻20冊の完全新訂版。江戸府内にとどまらず、西は日野、東は船橋、北は大宮、南は横浜まで、広大な地域の名所古跡・神社仏閣などを、詳細な現地調査と古典への博捜で記述した。それに付された長谷川雪旦の挿絵も興味が尽きない。本文庫では、漢詩・漢文は原則として読み下すなど、最も読みやすい本文提供をめざした。第1巻「巻之一」は、おもに、千代田区、中央区、港区などをとり扱う。

◇続 江戸名所図会を読む 川田寿著 東京堂出版 1995.3 302p 21cm 2900円 ⓄB4-490-20261-X
＊江戸市民の暮らしぶりを活写して好評の前書に続き、101項目を収録する。『江戸名所図会』の風趣溢れる挿絵を舞台に江戸人の営み・風俗や、江戸の風景を興味深く解説。

◇東京名勝図会 東京名所独案内 岡部啓五郎〔著〕 上田維暁〔著〕, 竜渓書舎編集部編 竜渓書舎 1992.7 1冊 22cm (近代日本地誌叢書 東京篇 2) 15000円 ⓄB4-8447-3350-8

◇東京遊行記 大町桂月著 大空社 1992.2 1冊 22cm (文学地誌「東京」叢書 第3巻) 15000円 ⓄB4-87236-217-9

◇東京市電名所図絵―総天然色石版画・絵葉書に見る明治・大正・昭和の東京 林順信著, 吉川文夫車両解説 JTB 2000.8 175p

◇東京の中の江戸名所図会　杉本苑子著　旺文社　1985.12　228p　16cm　(旺文社文庫)　360円　④4-01-064350-1
◇東京の中の江戸名所図会　杉本苑子著　文芸春秋　1996.3　231p　15cm　(文春文庫)　420円　④4-16-722422-4
　＊時代小説家の著者にとって、無二の友というべき「江戸名所図会」。当時の風景、風俗を単に描いていただけでなく、そこからは生活の鼓動さえ伝わってくる…。本書は、「図会」に登場する日本橋、隅田川、護国寺、不忍池、麻布など、三十カ所余りの名所を訪ね、現在の東京とそこに息づく江戸を、独特の視点でとらえたエッセイ集。
◇日本人江戸名所図会　マガジンハウス　1998.3　161p　21cm　(Magazine House mook)　1000円　④4-8387-8150-4
◇日本名所風俗図会 4　江戸の巻 II　朝倉治彦編　角川書店　1980.10　697p　31cm　7500円
◇半七の見た江戸ー『江戸名所図会』でたどる「半七捕物帳」　岡本綺堂著、今井金吾編　河出書房新社　1999.5　213p　21cm　2500円　④4-309-22349-4
　＊甦る半七捕物帳の江戸。『江戸名所図会』をはじめ、錦絵、瓦版、古写真などで、往時の町を再現。
◇ビジュアルブック江戸東京 1　江戸名所図屏風の世界　小木新造,竹内誠編　岩波書店　1992.12　94p　25×17cm　2000円　④4-00-008481-X
　＊明暦大火以前の江戸の精彩に富む姿をつたえる「江戸名所図屏風」により、江戸初期の町の様子と人びとの暮らしぶりを紹介する。東京の原点を理解するための貴重な一冊。カラー図版93枚。
◇広重ー江戸風景版画大聚成　酒井雁高編　小学館　1996.7　322p　42cm　78000円　④4-09-699491-X
◇広重の江戸名所ー歌川広重生誕二百年記念　日本浮世絵博物館所蔵　安城市歴史博物館編　安城市歴史博物館　1997.2　35p　24cm
◇広重名所江戸百景ー新印刷による　歌川広重〔画〕,河津一哉解説　暮しの手帖社　1991.1　図版100枚　28cm　33000円　④4-7660-0036-6
◇広重江戸名所吟行　黒田杏子編　小学館　1997.7　127p　21cm　(Shotor Library)　1500円　④4-09-343102-7

　＊街に出会う、ひとに出会う、季節に出会う。黒田杏子とその主宰誌『藍生』の仲間が、毎月欠かさず広重の『名所江戸百景』を訪れ詠みつづけた吟行の記録・四十八番。
◇広重 名所江戸百景　ヘンリー・D.スミス著,生活史研究所監訳　岩波書店　1992.3　262p　37×26cm　12000円　④4-00-008169-1
◇広重 名所江戸百景　大野和彦著　京都書院　1998.9　1冊　15cm　(京都書院アーツコレクション 174)　1000円　④4-7636-1674-9
◇復元・江戸情報地図　吉原健一郎,俵元昭,中川恵司編　朝日新聞社　1994.10　126p　37cm　15000円　④4-02-256797-X
　＊安政3年(1856)年の江戸とその周辺を6500分の1地図36面で構成し、同一地域の現代東京の地図と重ね合わせて示す地図帳。各図の両袖には歴史地名などの簡単な解説を記載する。巻頭に基本資料となった地図・文書一覧、巻末に参考文献リストがある。大名索引など5編の索引を付す。―初めての江戸・東京重ね合わせ地図。
◇名所江戸百景　一立斎広重画,宮尾しげを文　集英社　1992.4　187p　30cm　4500円　④4-08-532032-7
　＊江戸名所の美しい自然と人物を詩情豊かに描いた不朽の大作119枚を、オールカラーで一挙収載した豪華版画集。カラー図版全119枚に詳細な解説を付し、「広重と名所江戸百景」「江戸の年中暦」「地図」を併載。
◇「名所江戸百景」傑作集　初代広重画　共同通信社出版局　1988.1　図版40枚　42cm　43000円　④4-7641-0174-2
◇目でみる江戸・明治百科 6　明治新東京名所、地方名所の巻　国書刊行会　1996.6　159p　13×19cm　2400円　④4-336-03801-5
　＊明治22年創刊のグラフィック誌『風俗画報』。そこに掲載された一流画人の手になる風俗画を集大成。変わりゆく明治の町並みをきめ細やかに案内する風俗画。東京名所に「万世橋開橋」や「浅草六区」を掲げる斬新な着眼。明治の地方名所紹介を併録。
◇吉原現勢譜・今昔図　葭之葉会　1984.7　図版1枚　60×87cm
◇吉原図会　尾崎久弥著　日本図書センター　1983.3　1冊　27cm　(日本風俗叢書)　8000円

東京下町

東京都

*　　　*　　　*

◇浅草案内誌 残されたる江戸 佐伯徳海著 柴田流星著, 竜渓書舎編集部編 竜渓書舎 1992.11 58,201p 22cm （近代日本地誌叢書 東京篇 38） 15000円 Ⓘ4-8447-3350-8

◇浅草繁昌記 実力社〔編纂〕, 竜渓書舎編集部編 竜渓書舎 1992.7 342p 22cm （近代日本地誌叢書 東京篇 7） 15000円 Ⓘ4-8447-3350-8

◇浅草木馬館日記 美濃瓢吾著 筑摩書房 1996.4 206p 20cm 1600円 Ⓘ4-480-81398-5

◇浅草 子どもの歳時記 漆原喜一郎著 晩成書房 1990.3 213p 19cm 1648円 Ⓘ4-89380-113-9

◇浅草の百年―神谷バーと浅草の人びと 神山圭介著 踏青社, 審美社発売 1989.9 241p 19cm 1500円
＊12階が影を映す瓢箪池のほとりにペラゴロがたむろし、田谷力三がうたう。カジノの舞台にエノケンがおどる。明治・大正・昭和前期から戦後へと、庶民のまち浅草近代100年の風俗文化の変遷をたどる。

◇浅草歴史を訪ねて 堀和久著 ぱる出版 1985.11 126p 19cm （浅草文庫 3） 650円 Ⓘ4-938238-33-0

◇浅草六区―興行と街の移り変り 東京都台東区教育委員会編 台東区教育委員会 1987.3 124p 30cm （台東区文化財調査報告書 第5集）

◇足立区町名のうつりかわり 東京都足立区区民部管理課編 東京都足立区 1982.10 311p 18cm 600円

◇足立区立郷土博物館総合案内 東京都足立区立郷土博物館編 足立区立郷土博物館 1986.11 109p 26cm

◇荒工界隈―千住文学・歴史散歩 市川謙作著 市川謙作 1988.3 98p 26cm

◇うえの春秋 月刊うえの編集部編 上野のれん会 1980.5 432p 22cm

◇江戸東京たてもの園考古資料一覧―旧武蔵野郷土館収蔵資料 東京都歴史文化財団東京都江戸東京博物館分館江戸東京たてもの園編 東京都歴史文化財団東京都江戸東京博物館分館江戸東京たてもの園 1999.3 233p 30cm （江戸東京たてもの園資料目録 1） Ⓘ4-924965-21-9

◇江戸名所隅田川―絵解き案内 棚橋正博著 小学館 1998.5 126p 21cm 1600円 Ⓘ4-09-626211-0
＊月雪花に浮かれ出る江戸っ子の遊びの名所巡り。佃島の佃煮・玉屋と鍵屋の花火戦争。吉良邸と忠臣蔵・浜町河岸の杉田玄白先生。長命寺の桜餅他・大江戸隅田川18景。

◇江戸浅草を語る 浅草寺日並記研究会編 東京美術 1990.12 272p 19cm （浅草寺選書 2） 1600円 Ⓘ4-8087-0562-1
＊東京のふるさと大江戸の生活を読む。

◇江戸川区史跡と名所 東京都江戸川区教育委員会社会教育課 1982.3 54p 21cm

◇江戸川区の史跡と名所 江戸川区教育委員会学習・スポーツ振興課編 第13版 江戸川区教育委員会学習・スポーツ振興課 2000.11 175p 18cm

◇江戸川区の史跡と名所 東京都江戸川区教育委員会社会教育課編 第5版 江戸川区教育委員会 1985.1 126p 18cm

◇江戸隅田川界隈 中尾達郎著 三弥井書店 1996.11 303p 19cm （三弥井民俗選書） 2884円 Ⓘ4-8382-9033-0
＊江戸庶民にとって万事の根本でありこよなく愛された隅田川。江戸はやり唄の調べとともに隅田川界隈の風俗・文芸の所どころを探訪する。

◇江戸東京・街の履歴書 2 浅草・上野・谷中あたり 班目文雄著 原書房 1989.12 273p 21cm 2500円 Ⓘ4-562-02082-2
＊活気あふれる庶民の街、浅草。急速に開発がすすむ上野。いまなお江戸の面影をただよわせる谷中―それぞれの個性を強烈に発揮し、山の手に対抗してしたたかに生きる下町。幡随院長兵衛、雷門助六、彰義隊の志士らの活躍をおりまぜ、豊富な地図とイラストを駆使して、中世から現在に至る下町の多彩な表情をつづる。

◇江戸東京物語 下町篇 新潮社編 新潮社 1993.12 221p 19cm 1100円 Ⓘ4-10-354007-9
＊「江戸東京」発展の陰に埋もれた名所旧跡、故事来歴をエピソードで復元する東京ガイド・ブック。

◇大江戸を考証する―上野・浅草をゆく 稲垣史生著 旺文社 1986.7 358p 15cm （旺文社文庫） 500円 Ⓘ4-01-061459-5

◇葛飾遺跡探訪 改訂版 東京都葛飾区郷土と天文の博物館 2000.3 12,75p 21cm

（かつしかブックレット　10）

◇葛飾風物誌―江戸川葛飾のむかし　亀井鳴瀬著, 亀井千歩子編　彩流社　1981.5　266p　20cm　1800円

◇川の手あらかわ探偵報告　東京都荒川区　1989.3　78p　26cm

◇生粋の下町 東京根岸　北正史著, 沢田重隆絵　草思社　1987.10　253p　21cm　1800円　Ⓘ4-7942-0292-X

＊丹念に描かれた町のたたずまい。鳶、紺屋、居酒屋の女将など、仕事を通して語られた下町の暮し。震災にも戦災にも焼けなかった町・根岸を通して見た東京論。

◇幻景の東京下町―森義利の「少々昔の図絵」より　森義利装画・語り, 沼田陽一聞き書き　日本放送出版協会　1989.1　197p　21cm　1800円　Ⓘ4-14-008628-9

＊レトロの町・夢幻の町東京下町…浜町暮らし90年の老画家が版画と肉筆画そして軽妙な語りによって再現した下町の人情。「棲み家としての下町」には本当の暮らしがあった。粋でいなせな江戸っ子の生活誌！

◇江東事典 史跡編　東京都江東区総務部広報課編　江東区　1992.4　358p　21cm　1200円

◇江東区史跡散歩　細田隆善著　学生社　1992.5　189p　19cm　（東京史跡ガイド 8）　1600円　Ⓘ4-311-41958-9

＊亀戸天神・富岡八幡宮などの史跡群。富岡八幡宮・深川不動の門前仲町、清澄庭園や深川八景で有名な辰巳の花街、芭蕉庵跡や採茶庵跡、江戸文地蔵の霊巌寺や萩寺竜眼寺、紀伊国屋文左衛門の墓や木場の史跡など…豊かな史跡の江東区をくまなく案内。

◇子ども風土記わが町南千住　上岡功　1983　114p　26cm

◇古老が語る江東区のよもやま話　東京都江東区総務部広報課　1987.12　262p　19cm　（江東ふるさと文庫　6）　800円

◇今昔 四季隅田川―江戸情緒とリバーサイドに遊ぶ　講談社編　講談社　1992.10　139p　21cm　（講談社カルチャーブックス　63）　1500円　Ⓘ4-06-198072-6

＊今も残る年中行事や流域の下町めぐり、船からの景観など、東京の"母なる川"として復活した隅田川との遊び方を紹介。下町散策コース、年中行事ガイド、橋めぐりなど情報満載。

◇THE 隅田川　読売新聞社　1992.4　172p　29×22cm　（よみうりカラームックシリーズ）　2400円　Ⓘ4-643-92037-8

◇史跡をたずねて　〔東京都〕江東区総務部広報課編　増補　江東区　1991.12　331,16p　18cm　700円

◇史跡をたずねて―下谷・浅草　〔東京都〕台東区企画部広報課編　新版　東京都台東区　1994.6　367p　19cm

◇史跡をたずねて―したや,あさくさ　東京都台東区企画部広報課編　新版　東京都台東区　1984.6　367p　19cm

◇史跡をたずねて　東京都江東区総務部広報課編　江東区　1988.11　275,16p　18cm　500円

◇下町　朝日新聞東京本社社会部著　朝日新聞社　1984.6　239p　15cm　（朝日文庫）　360円

◇下町観光歳時記　東京都台東区役所観光課編　台東区　1998　40p　21cm

◇下町の民俗学　加太こうじ著　PHP研究所　1980.8　233p　20cm　1200円

◇下町四代―庶民たちの江戸から昭和へ　松本和也著　朝日ソノラマ　1988.8　316p　20cm　1800円　Ⓘ4-257-03253-7

◇下町歴史めぐり　七賢出版　1994.10　209p　19cm　（首都圏3時間ハイキング　7）　1400円　Ⓘ4-88304-182-4

◇下谷繁昌記　明治教育社〔編〕, 竜渓書舎編集部編　竜渓書舎　1992.7　320,12p　22cm　（近代日本地誌叢書　東京篇 11）　15000円　Ⓘ4-8447-3350-8

◇下谷根岸　東京都台東区立下町風俗資料館編　台東区教育委員会　1985.10　84p　21cm

◇週末を楽しむ東京下町散歩・山の手散歩―懐しい道新しい街45ルート　成美堂出版編集部編　成美堂出版　2000.5　159p　26cm　（Seibido mook）　950円　Ⓘ4-415-09529-1

◇将軍が撮った明治のすみだ―小梅水戸邸物語　すみだ郷土文化資料館編　すみだ郷土文化資料館　1998.9　1冊（ページ付なし）　30cm

◇図説 東京下町花散歩　杉崎光明著　河出書房新社　1993.4　127p　22×17cm　1600円　Ⓘ4-309-72485-X

＊35ポイントの花名所と四季おりおりの花―。生粋の東京下町育ち・緑のプロ20年の著者が、花の魅力と情緒豊かな下町の歴史を探索する異色の下町散歩ガイド。

◇すみだの史跡文化財めぐり　第2版　東京都墨田区教育委員会社会教育課　1993.6　219p　21cm

◇すみだ川を渡った花嫁　松本哉著　河出書房新社　1995.10　253p　20cm　2000円

◇隅田川随想―江戸の昔をたずねて　鶴見誠著，日本古典文学会編　貴重本刊行会　1993.1　281p　22cm　2800円　Ⓒ4-88915-073-0
◇隅田川の伝説と歴史　すみだ郷土文化資料館編　東京堂出版　2000.6　165p　21cm　1600円　Ⓒ4-490-20397-7
　＊隅田川周辺に起源をもち、人々の心の中で育まれてきた伝説の数々を、歴史の視点でなぞり、背景に潜む真実に迫る。
◇墨田区史跡散歩　小島惟孝著　学生社　1993.2　178p　19cm　（東京史跡ガイド7）　1800円　Ⓒ4-311-41957-0
　＊両国・本所・向島、「歴史の宝庫」墨田区。
◇千住宿―開館記念　東京都足立区立郷土博物館，千住宿町並調査団編　足立区立郷土博物館　1986.11　47p　26cm
◇たいとう名所図会―史跡説明板ガイドブック　〔東京都〕台東区教育委員会編　台東区教育委員会　1999.10　239p　21cm
◇台東区史跡散歩　松本和也著　学生社　1992.6　228p　19cm　（東京史跡ガイド6）　1700円　Ⓒ4-311-41956-2
◇地名のはなし　東京都江戸川区教育委員会会教育課編　江戸川区教育委員会　1989.3　87p　22cm　（江戸川ブックレット no.5）
◇東京下町・老舗と名所―食と職が同居する街　婦人画報社　1997.8　127p　21cm　（Ars books 42）　1648円　Ⓒ4-573-40042-7
　＊変化の著しい東京の街並みの中にあって、下町には今も懐かしい風情が残っています。街の横顔はそれぞれですが、人々の暮らしの匂いが漂う下町の魅力は、今も健在です。本書では、横丁に点在する老舗の味や職人の技、また寺社や名所旧跡をご案内します。
◇東京上野の五百年　保坂三蔵編　改訂版　東洋堂企画出版社　1983.12　342p　31cm　17000円　Ⓒ4-924706-13-2
◇東京ウォーキング―文学と歴史を巡る10000歩 19　　台東区　上野公園満喫コース　籠谷典子編著　牧野出版　2001.3　93p　19cm　800円　Ⓒ4-89500-087-7
◇東京下町ぶらり散歩　山本鉱太郎著　保育社　1984.6　151p　15cm　（カラーブックス 645）　500円　Ⓒ4-586-50645-8
◇東京の町を読む―下谷・根岸の歴史的生活環境　陣内秀信，板倉文雄他著　相模書房　1981.6　209p　19cm　（相模選書）　1400円
◇東京路上細見 2　日本橋・人形町・銀座・築地・佃島　林順信著　平凡社　1987.10　285p　19cm　1900円　Ⓒ4-582-82831-0
　＊江戸の城下町の中心として栄えた日本橋と、文明開化後、近代日本の先端都市として発展した銀座・築地は、今、どのように変わっていこうとしているのか。昔懐かしいたたずまいを残す佃島にも、変化の波が―。好評第1巻（本郷・神田篇）にひきつづき、横町と路地のすみずみを歩いて、現在の東京の魅力を探る。
◇東京路上細見 3　上野・御徒町・谷中・入谷・根岸　酒井不二雄著　平凡社　1988.9　286p　19cm　1900円　Ⓒ4-582-82836-1
　＊〈表通りの東京〉よりも、〈裏通りの東京〉が好き!!通りから路地へ下町ウォーキングガイド！
◇東京路上細見 4　浅草・合羽橋・鳥越・浅草橋　清水谷孝尚，小森隆吉著　平凡社　1989.5　317p　19cm　1960円　Ⓒ4-582-82841-8
　＊浅草寺を中心に開けた庶民の町「浅草」界隈をつぶさに歩き、歴史をたどる。
◇東京路上細見 5　向島・両国・深川・木場　小桧山俊著　平凡社　1990.3　334p　19cm　1960円　Ⓒ4-582-82845-0
　＊桜雲、風にたなびく樹影、川瀬に映ろふ。掘割沿いに橋、また橋。〈墨東〉人情裏通り。
◇都電荒川線歴史散歩　鈴木亨著　鷹書房弓プレス　1991.9　250p　19cm　（史跡をたずねて各駅停車）　1010円　Ⓒ4-8034-0378-3
◇都電の消えた街―東京今昔対比写真 下町編　諸河久写真，林順信文　〔改装版〕　大正出版　1993.12　155p　25×19cm　3000円　Ⓒ4-8117-0607-2
◇とんびの独言―鳶頭政五郎覚書　山口政五郎著　角川書店　1996.7　251p　19cm　1600円　Ⓒ4-04-883456-8
　＊今なお生きつづける、勇みで粋な町鳶の世界。本物の江戸っ子たちの、惚れぼれするような横顔。
◇不思議の町 根津―ひっそりした都市空間　森まゆみ著　山手書房新社　1992.2　267p　19cm　1600円　Ⓒ4-8413-0035-X
　＊根津神社、根津遊廓、団子坂、菊人形―。江戸から明治期への名残りと情緒がつくる下町の風景と人気を描いた魅力あるエッセイ。
◇溟東向島の道　鈴木都宣著　文芸社　2000.1　261p　19cm　1500円　Ⓒ4-88737-751-7
　＊道には文化がある。向島に生まれ育った著者の見てきた道にはそれぞれの理由があり、古代から現代へ歴史を刻む。古い道と新しい道が混在する街。道が語る向島の歴史は郷土史資料としても時代の橋

◇明治吉原細見記　斎藤真一著　河出書房新社　1987.4　127p　30cm　2200円　ⓘ4-309-26072-1
　＊明治・吉原の遊女を描く幻想画帖。明治吉原に生きた養祖母の面影を追って、吉原へ時間を超えて旅した作者は初めて見た遊女の社会、暮し、その一人一人の姿、人生を記録する。遊女の眼となって見たそれは、日本近代社会の陰画であり、明治女性の哀しみに満ちた長い墓標の列であった。

◇谷中スケッチブック―心やさしい都市空間　森まゆみ著　筑摩書房　1994.3　297,8p　15cm　（ちくま文庫）　680円　ⓘ4-480-02855-2
　＊坂と路地と寺の町、谷中。古い火鉢や桶に植えられた草花、子供たちの遊び声があふれる路地。寺の門前には昔ながらの和菓子屋、煎餅屋。寺町の歴史と今を、谷中に魅せられた著者が何回も取材し、ていねいにまとめあげた一冊。添えた写真からも、下町の人情がふつふつと伝わり、寺社リスト・索引付きでガイドブックとしても最適。

◇谷根千百景―剪画で訪ねる下町ぶらり歩き　石田良介・文　日貿出版社　1999.7　269p　21cm　2000円　ⓘ4-8170-3124-7
　＊下町的雰囲気がたっぷり残る温もりの町"谷中・根津・千駄木"―やねせん地域を15年に亘って剪画に記録し続けてきた著者による待望の百景画文集。あなたも本書を片手にきっと訪ねたくなる。

◇山手線歴史散歩　岡崎柾男著　鷹書房　1986.10　249p　19cm　（史跡をたずねて各駅停車シリーズ）　980円　ⓘ4-8034-0301-5
　＊新らしくて古い東京再発見。「省線」の頃から、東京のどまん中をグルリとまわっていることで親しまれてきた山手線を各駅停車でルポして、その昔は「御府内」と周辺の村々だった、大江戸の歴史の厚みを懐古する。

◇歴史と文化の散歩道―Tokyo walking 19　柴又コース　さんぽみち総合研究所（株）編　東京都生活文化局コミュニティ文化部観光レクリエーション課　1995.3　23p　23×11cm

◇歴史と文化の散歩道―Tokyo walking 10　言問コース　余暇開発センター編　東京都生活文化局コミュニティ文化部観光レクリエーション課　1987.3　23p　23×11cm

◇歴史と文化の散歩道―Tokyo walking 8　谷中コース　余暇開発センター編　東京都生活文化局コミュニティ文化部観光レクリエーション課　1987.3　23p　23×11cm

◇歴史と文化の散歩道―Tokyo walking 9　千住コース　余暇開発センター編　東京都生活文化局コミュニティ文化部観光レクリエーション課　1987.3　23p　23×11cm

◇私たちの浅草　松井覚進文,斎藤信男画　朝日ソノラマ　1989.12　196p　19cm　1200円　ⓘ4-257-03281-2
　＊激変する東京にあって、浅草は今もなお、不思議な魅力と魔力を湛えた街である。その秘密はどこにあるのか？斬新な切り口と画で綴る浅草探訪記。

◇私だけの東京散歩　下町・都心篇　春風亭小朝、木野花、秋元康、中沢けい、泡坂妻夫ほか著、荒木経惟、飯田鉄、高梨豊写真　作品社　1995.8　177p　21cm　1800円　ⓘ4-87893-227-9
　＊心から下町・都心を愛する著名人28名がそっと教える私の散歩道ガイド。

鎌倉

神奈川県　鎌倉時代～室町時代

＊　　　＊　　　＊

◇エッセー鎌倉百景　佐藤繁著　門土社　1998.10　119p　21cm　1000円　ⓘ4-89561-211-2

◇鎌倉―歴史漫歩　吉居一朗著　吉居一朗　1978　100p　21cm

◇鎌倉　岩波書店編集部編　岩波書店　1952　図版64p　19cm　（岩波写真文庫）

◇かまくら―史跡めぐり　佐藤善治郎著　明治書院　1957　151p　図版　18cm

◇鎌倉―その風土と歴史探訪　川副博、川副武胤著　読売新聞社　1975　289p　地図　20cm　980円

◇鎌倉―古絵図・紀行　東京美術　1976　2冊　27cm　全28000円

◇かまくら　大森金五郎著　村田書店　1976.6　350,12,18p　20cm　3500円

◇鎌倉―史蹟と伝説　二橋進著　鎌倉新書　1978.11　174p　18cm　（鎌倉新書ガイドブックシリーズ）　650円

◇鎌倉―中世史の風景　永井路子文,松尾順造写真　岩波書店　1984.8　79p　22cm　（岩波グラフィックス　25）　1200円　ⓘ4-00-008425-9

◇鎌倉―井本たかし写真集　井本たかし著　グラフィック社　1987.2　92p　25×26cm

265

2900円　①4-7661-0416-1
◇鎌倉　岩波書店編集部編，長野重一写真〔復刻版〕　岩波書店　1988.10　63p　21cm　（シリーズ　古都案内　1950～1954）　600円　①4-00-003549-5
◇鎌倉―かまくら　加藤蕙著，川目竜央写真　エディ出版事業部　1993.4　285p　20cm　（読んで再訪旅シリーズ）　2400円　①4-900684-33-3
◇鎌倉　弘済出版社　1995.11　159p　20cm　（ニューガイド　私の日本　10）　1150円　①4-330-33395-3
　＊小町通り、若宮大路、鶴岡八幡宮、瑞泉寺、金沢街道、報国寺、天園、円覚寺、明月院、建長寺、源氏山、銭洗弁天、鎌倉山、大船、今泉、大町、材木座、長谷、由比ケ浜、稲村崎、七里ケ浜、江ノ島。
◇鎌倉　清水さとし，新井孝佳，半田一成，小山守著　改訂3版　山と渓谷社　1996.5　333p　19cm（ジェイ・ガイド　8）　1300円　①4-635-00338-8
　＊古都の寺めぐりから四季の花ごよみまで、鎌倉の魅力満載。
◇鎌倉―今日から土地の人　しっとり紫陽花、夏を待つ　実業之日本社　1996.12　159p　21cm　（ブルーガイドニッポン　12）　1240円　①4-408-01512-1
　＊今日から土地の人。小町通り、若宮大路、鶴岡八幡宮、二階堂・覚園寺、金沢街道、円覚寺・建長寺、銭洗弁天・大船、小町大路、妙本寺・材木座、逗子・葉山、横須賀、由比ケ浜大通り、長谷・鎌倉大仏、七里ケ浜、片瀬・江ノ島。
◇鎌倉―小さくて豊かな町を歩く　太陽編集部，コロナ・ブックス編集部編　平凡社　2000.3　128p　22cm　（コロナ・ブックス　79）　1524円　①4-582-63376-5
　＊心いやされる古都へ。静けさを訪ね、美しき古刹に詣で、自然の恵みを存分に味わう。800年の時を重ねた鎌倉で、「本当の豊かさ」に出会うための旅案内。
◇鎌倉―歴史漫歩　続々　吉居一朗著　吉居一朗　1980　81p　21cm
◇鎌倉を歩く時宗を歩く　鈴木亨著　鷹書房弓プレス　2001.4　230p　19cm　1300円　①4-8034-0460-7
　＊今は静かなたたずまいだが坂東武者たちの栄枯盛衰や、北条一族の苛烈なドラマの痕跡を色濃く残す鎌倉の風土を、史話と史跡を中心に簡潔にルポ。
◇鎌倉古戦場を歩く　奥富敬之，奥富雅子著　新装版　新人物往来社　2000.12　246p 20cm　2200円　①4-404-02896-2
　＊四方を山と海に囲まれたもののふの都鎌倉。幕府が置かれ、寺院や館が立ち並ぶ往時の姿を、現在も偲ぶことができる。切通し、やぐらなど、北条氏ゆかりの地を中心に紹介する散策のための決定版。
◇鎌倉散歩と味ガイド　講談社　2000.4　223p　19cm　（東京インポケット　7）　1200円　①4-06-270607-5
◇鎌倉史跡事典　奥富敬之著　新人物往来社　1997.3　331p　22cm　12360円　①4-404-02452-5
　＊源氏武家政権の首都・鎌倉。史料を調べ、歩き、史跡を再現した「吾妻鏡」研究第一者が描く史跡事典。排列は、見出し語の五十音順。
◇鎌倉史跡事典―コンパクト版　奥富敬之著　新人物往来社　1999.4　331p　20cm　4800円　①4-404-02808-3
　＊源氏武家政権の首都・鎌倉について、「吾妻鏡」の中で記述されている史跡の解説と現住所、現地の写真などを集めた史跡事典。排列は、見出し語の五十音順。1997年発行のもののコンパクト版。
◇鎌倉のあるきかた　第2版　ゼンリン　2000.4　159p　21cm　（福袋）　1200円　①4-432-90284-1
◇鎌倉の歩き方味わい方―北条時宗ゆかりの古寺と史跡を訪ねて　湯本和夫著　ベストセラーズ　2001.7　222p　18cm　（ベスト新書）　680円　①4-584-12006-4
　＊バス通りから一歩入った路地のあちらこちらに、わずか一四一年と短かった鎌倉時代の歴史の息遣いが残る。幾筋もの閑雅な小道、四季折々に目を楽しませる花々、耳に優しく届く鳥のさえずり…。そして時を経た多くの古寺社や、歴史道の片隅に残る「人間ドラマ」の証拠の数々…。鎌倉をこよなく愛する著者が、時宗を始めとする北条氏一族の面影を訪ねて、鎌倉の小さな道を隅々まで散歩する。史都・鎌倉の本当の魅力を楽しむためのユニークな歴史＆散策ガイド。
◇鎌倉の小径、うら路、かくれ道―古都の風情がいまに残る　有楽出版社　1998.3　159p　21cm　（ブルーガイド）　1700円　①4-408-59110-6
　＊情趣豊かな生垣沿いの路を往くと、思いがけない古刹、社に通じ、古い史跡、趣味深い店に遭い、また木漏れ陽の小径が続く。それが鎌倉という町なのです。隠れた鎌倉の小径と旧跡徹底ガイド。

◇鎌倉の路地散歩―村人の信仰を尋ねて　尾関勇著　尾関勇　1994.2　227p　18cm
◇鎌倉めぐりのための鎌倉の歴史　島津哲夫著　島津哲夫　1993.2　105p　26cm
◇鎌倉・伊豆―武家の盛衰　千賀四郎編集　小学館　1973　182p　20cm　(歴史の旅　5)　750円
◇鎌倉　海と山のある暮らし　安西篤子著,沢田重隆絵　草思社　1996.11　222p　21cm　2266円　⓪4-7942-0737-9
 ＊東国の武士たちが集った歴史の舞台、伝統と町の暮らしと豊かな自然が溶け合った町、鎌倉―鶴岡八幡宮の裏手に住む著者が語る、鎌倉暮らしのすべて。一人歩いた浄智寺、駆込寺法を教えていただいた東慶寺、花見に集まる大仏の高徳院、家族で出かける江ノ島神社…どこか優しげな鎌倉の社寺。門付けにこられる僧や御用聞きの思い出、孫たちが集まる夏のにぎわい、やぶさめや薪能、花を見に来る友人たち、祭りで活躍する見知った顔…四季の暮らしの中に見る鎌倉。谷戸と切通しと海にしっかりと守られながら、気取りのない古都の暮らし。鎌倉ゆかりの文士たちとの思い出や、歴史の栄華や悲劇を拾いつつ、鎌倉のありのままの姿を綴り、沢田重隆の絵が古都の趣きと山から海へと連なる風景を見事に捉える。生活者の目から、これまでにない姿を描き出した、暮らしの中の鎌倉論。
◇鎌倉　女ひとり旅　直良三樹子著　鷹書房　1989.6　252p　19cm　(女ひとり旅シリーズ)　1000円　⓪4-8034-0355-4
 ＊鎌倉は歩く街である。谷(やつ)と石段と切通しを女ひとり丹念に歩けば、山麓にたたずむ古寺や崖裾のやぐらの中の五輪塔が、鎌倉独特の伝説と歴史をひとつひとつやさしく話しかけてくる。
◇鎌倉幻想行　村上光彦著　朝日新聞社　1986.5　253p　19cm　1300円　⓪4-02-255527-0
 ＊古都散歩で見かけるさりげない光景に、洞窟や迷路など幻想文学のモチーフを重ね合せて、著者のイメージは南仏へ、古代ギリシアへと飛翔する。仏文学者がおくる異色の鎌倉案内。
◇鎌倉50撰―歴史漫歩　吉居一朗著　吉居一朗　1982　106p　21cm
◇鎌倉　古戦場を歩く　奥富敬之著,奥富雅子著　新人物往来社　1985.7　246p　20cm　2000円　⓪4-404-01276-4
◇かまくら子ども風土記　改訂9版　鎌倉市教育研究所　1979.5　4冊　21cm

◇鎌倉今昔物語―古社寺・人・文学・風土　しおはまやすみ,鈴木俊雄著　(横浜)あるちざん　1990.5　83p　25×26cm　2060円　⓪4-938522-08-X
 ＊数多くの花の寺とともに、ここ鎌倉の歴史的風土は、四時、人を魅了してやみません。じっさい鎌倉とは、ただ鎌倉幕府があった古都というばかりでなく、禅宗と日蓮宗の本拠地であり、日本で初めて社会事業としての施療が行なわれた処であり、文学史上では初めて『万葉集』が読解され、初めて『源氏物語』が書物になった処でもあるのです。そして少し前は、無名時代の芥川龍之介や萩原朔太郎らが温かい人情に包まれて、その才能を伸ばした処でした。しかし、僅か半世紀前の彼らの足跡すら既に失われようとし、数多くの「やぐら群」や「切通し」などの鎌倉古道は、風化と損壊の危機に瀕しています。この本は、今ならばまだ私たちが先人たちの足跡を辿ることが出来る最後の機会だということを踏査し実感して書かれたものです。
◇鎌倉残照―中安辰夫写真集　中安辰夫著　岩崎美術社　1995.5　123p　26cm　2060円　⓪4-7534-1349-7
◇鎌倉散歩24コース　神奈川県高等学校教科研究会社会科部会歴史分科会編　山川出版社　1993.12　198p　18cm　1200円　⓪4-634-60630-5
 ＊鎌倉武士が躍動した"鎌倉"。多くの文人が愛した"鎌倉"。今、その息吹を感じる。鎌倉の散歩コースと散歩事典。
◇鎌倉史跡見学　沢寿郎著　岩波書店　1979.8　205,7p　18cm　(岩波ジュニア新書)　480円
◇鎌倉事典　白井永二編　〔新装普及版〕　東京堂出版　1992.1　366p　21cm　2800円　⓪4-490-10303-4
 ＊鎌倉幕府開府800年。古都鎌倉の歴史と文化を紹介。鎌倉の昔と今の社寺・史跡・美術・文学・地名・人名・事件など幅広く1800項目をおさめ地元の学者が解説。
◇鎌倉　史都散歩　朝日新聞社編　1966　222p　地図　22cm
◇鎌倉・湘南新風土記―続・『吾妻鏡』を歩く　末広昌雄著　岳書房　1990.1　222p　19cm　1648円
◇鎌倉史話紀行　今野信雄著　青蛙房　1982.5　239p　20cm　1800円
◇鎌倉史話散歩　御所見直好著　秋田書店　1975　270p　図　19cm　1200円
◇鎌倉史話探訪―武家社会の葛藤の謎　御所見直好著　大和書房　1990.8　229p　19cm

1650円　①4-479-01047-5
＊古都の史跡をめぐり、鎌倉史の史疑や秘話を追う。禍福およびなす頼朝の生涯を縦糸に、義経、政子、実朝ら多彩な人間群像をからませた異色の歴史人物紀行。

◇鎌倉と江の島－地誌と歴史散歩　近藤広著　全教出版　1985.11　86p　21cm

◇鎌倉謎とき散歩 古寺伝説編　湯本和夫著　広済堂出版　1993.10　247p　15cm　（広済堂文庫）　500円　①4-331-65186-X
＊大仏は二代目？三代目？そして、どんな方法でつくられたのか？なぜ奈良の大仏のように大仏殿がないのか。駆込寺・東慶寺に逃げ込んだ女性は、どのように保護されたか。明月院のアジサイは昔から咲いていたのか。田谷の地下寺院はだれが掘ったのか。江の島の洞窟はどこまでつづいているのか。史都・鎌倉の数々の謎に迫る異色の書。

◇鎌倉謎とき散歩 史都のロマン編　湯本和夫著　広済堂出版　1993.9　252p　15cm　（広済堂文庫）　500円　①4-331-65185-1
＊頼朝はなぜ弟義経を抹殺したか。頼朝が建てた巨大な寺院とは？実朝はなぜ日本脱出を試みたか…。権力闘争や人間模様を映しだした数々のドラマなどを掘り起こし、謎の部分を大胆に推理しながら、鎌倉の新しい「魅力の鉱脈」をはじめて明らかにした、史都のタイムスリップ案内。

◇鎌倉に異国を歩く　石井喬著　大月書店　1994.10　119p　19cm　（こだわり歴史散策　1）　1400円　①4-272-61071-6
＊読んで知り、歩いて実感する。はるばると海をこえて古都・鎌倉を訪れた人びとの足跡をたどる。"世界とのかかわり"というテーマにこだわった歴史散策のガイドブック。

◇鎌倉の史跡　三浦勝男著　かまくら春秋社　1983.8　298p　19cm　（鎌倉叢書　第7巻）　1800円

◇鎌倉の史跡めぐり 上　清水銀造著　（横浜）丸井図書出版　1988.10　222p　19cm　980円
＊鎌倉のすべてが歩ける本、上巻14コース。下巻の14コースも加えると、鎌倉の史跡のすべてを手順よく迷わず歩いて行ける。

◇鎌倉の年中行事　大三輪竜彦著, 松尾順造写真　保育社　1993.10　151p　15cm　（カラーブックス）　700円　①4-586-50855-8
＊鎌倉の伝統行事と新しい行事を季節ごとに美しい写真と正確な解説で案内。

◇「鎌倉の碑」めぐり　稲葉一彦著　表現社　1982.3　319p　19cm　2000円　①4-89201-050-2

◇鎌倉の歴史と美術　渋江二郎著　有隣堂　1972　200p 図　20cm　800円

◇鎌倉百八箇所　村上光彦文, 新藤悦子写真　用美社　1989.4　287p　15cm　（用美文庫）　1000円　①4-946419-73-X
＊鎌倉の淵源するところは古く、鎌倉の松原を渡る風は旅人に"鬼哭啾々たり"と呟かせる。想像力の深い淵をどこまでも沈んでいきながら辿る十二の道＝百八箇所。

◇鎌倉ぶらり一日旅－春夏秋冬たのしめる歴史の町 花・文学そして味覚　婦人画報社　1995.4　127p　21cm　（あるすぶっくす　22）　1600円　①4-573-40022-2
＊四季の折々に鎌倉を訪ねるための見どころと、味どころ、器などおみやげの店を紹介します。

◇鎌倉文化財散歩　貫達人著　学生社　1972　220p　19cm　780円

◇鎌倉への道　鈴木棠三著　三一書房　1988.6　254p　19cm　2000円
＊人々は、どんな思いを抱いて鎌倉への旅路をたどったのだろうか。鎌倉で見た栄枯の姿は？

◇鎌倉みち－写真集　蜂矢敬啓撮影　有峰書店新社　1985.10　86p　26cm　1800円

◇鎌倉名所図会　鈴木亨著　鷹書房　1979.1　190p　19cm　880円

◇鎌倉名数ガイド　伊東秀郎著　日本図書刊行会, 近代文芸社発売　1987.3　171p　15cm　（トレビ文庫）　270円　①4-89607-975-2
＊鎌倉には数詞（名数）でよぶ史跡が少なくない。何でもない井戸や橋にまで数の中にあげて史跡としてしまう。おそらく江戸の人達の観光用に作られたものであろう。大山・江ノ島・金沢八景を結ぶ相模遊覧コースが、江戸町人の間で人気の出だした江戸中期、だれかが言いだしたものだろう。名数が鎌倉遊覧のムードを煽ったことに違いない。そこで、数を基準にして代表的な史跡を集成してまとめてみようと試みたのが本書である。

◇鎌倉もうひとつの貌　染谷孝哉著　蒼海出版　1980.1　360,7p　19cm　1300円

◇鎌倉歴史散策　安田三郎, 永井路子, 山田嚞巳男共著　保育社　1976　151p　15cm　（カラーブックス）

◇鎌倉歴史散歩　大仏次郎編　河出書房新社　1948　219p 図版　18cm　（河出新書）

◇鎌倉歴史散歩－北条氏九代の陰謀と盛衰　沢史生著　創元社　1969　198p　18cm

320円
◇鎌倉歴史散歩　奥富敬之著　新人物往来社　2001.8　302p　19cm　2500円　ⓘ4-404-02934-9
　＊海の底にあった鎌倉の市街地、武士の都鎌倉の都市計画、姿を現わした華麗な永福寺などいままで知られることのなかった鎌倉の歴史が鮮やかによみがえる。
◇鎌倉・歴史と美術　貫達人,三山進編　至文堂　1966　296p地図　23cm
◇鎌倉・歴史の散歩道──中世の香りを残す古都を歩く　講談社　1993.5　144p　21cm　(講談社カルチャーブックス　77)　1500円　ⓘ4-06-198082-3
　＊いにしえの人物や出来事に思いを馳せ、春夏秋冬の草木の変化を楽しむ、古都の散策ガイドブック。
◇鎌倉歴史文学散歩　上巻　大蔵・日蓮の里・由比・扇ケ谷　小沢彰著　有峰書店新社　1997.3　225p　19cm　1748円　ⓘ4-87045-196-4
　＊歴史を秘めて、ひっそりと鎮まる鎌倉…その史都鎌倉の全容を「あますところなく伝える最も正確で詳しい案内書」と多くの方々から絶賛を浴び、修学旅行の最良のテキストとして折紙つきの書。
◇光芒鎌倉──井本たかし写真集　井本たかし著　ぎょうせい　1989.6　150p　30cm　10000円　ⓘ4-324-01854-5
◇古都残影鎌倉──その歴史と風土を追って　志村士郎著　有峰書店新社　1995.7　295p　20cm　2800円　ⓘ4-87045-212-X
◇四季鎌倉──写真集　井本たかし著　国書刊行会　1978.3　244p　31cm　35000円
◇私板かまくら今昔抄　清田昌弘著　清田昌弘　1989.11　94p　21cm　(かまくらブックレット)　800円
◇湘南電車歴史散歩　鈴木亨著　鷹書房　1988.9　250p　19cm　(史跡をたずねて各駅停車シリーズ)　980円　ⓘ4-8034-0339-2
　＊明るい湘南の風土にマッチした蜜柑色と葉緑のツートン・カラーの湘南電車はなぜか心をゆさぶり、伊豆は下田・修善寺へ走る白と緑の「踊り子号」は、熱き旅情をかきたてる。
◇新版鎌倉名所記　沢寿郎著　かまくら春秋社　1974　272p　22cm　1400円
◇素顔の鎌倉　大仏次郎編　実業之日本社　1971　319p　地図　20cm　880円
◇図説鎌倉歴史散歩　佐藤彰彦,錦昭江編　新装版　河出書房新社　2000.3　131p　22cm　(ふくろうの本)　1600円　ⓘ4-309-72631-3
　＊最も輝いていた時代の鎌倉を歩く、新機軸の歴史探訪。
◇図説　鎌倉歴史散歩　佐藤和彦,錦昭江編　河出書房新社　1993.3　131p　22×17cm　1600円　ⓘ4-309-72484-1
　＊最も輝いていた時代の鎌倉を歩く、新機軸の歴史探訪。
◇誰も知らない鎌倉路　御所見直好著　集英社　1983.9　381p　16cm　(集英社文庫)　420円　ⓘ4-08-750663-0
◇中世都市鎌倉を歩く──源頼朝から上杉謙信まで　松尾剛次著　中央公論社　1997.11　184p　18cm　(中公新書)　660円　ⓘ4-12-101392-1
　＊源頼朝に始まる鎌倉幕府が滅亡すると、鎌倉は急速に衰退しゴーストタウンとなったと考えられがちだが、実態は違っていた。京都室町に幕府が移った後も、鎌倉は東国を管轄する鎌倉府の所在地として十五世紀半ばまで繁栄を続けた。武家の首都として誕生し、幕府滅亡後はほとんど知られることのない都市鎌倉とはいかなるものだったのか。源氏、北条氏、足利氏、上杉氏の足跡を寺社や史跡に尋ねながら、謎に包まれた鎌倉の中世を歩く。
◇中世都市鎌倉──遺跡が語る武士の都　河野真知郎著　講談社　1995.5　284p　19cm　(講談社選書メチエ)　1500円　ⓘ4-06-258049-7
　＊壮大な武家屋敷の跡が、小学校の敷地の下から現れた。軒を連ねる浜辺の倉、華やかな寺院、町屋の庶民生活…。「中世考古学」は古都のイメージをつぎつぎと塗りかえる。盛んな交易で中国にまでつながり、あらゆる物資を貪欲に呑みこんだ東国最大の都市。発掘の最前線に立つ学者が「もののふの栄華」を明らかにする。
◇ないしょにしておきたい鎌倉　原田寛写真・文　講談社　1999.2　125p　21cm　(講談社カルチャーブックス　130)　1800円　ⓘ4-06-198133-1
　＊「とっておきの鎌倉」をあなただけにお知らせします。本書は、鎌倉を何度か訪れ、既に主な見どころは見てしまったという方、誰でも行くような通りいっぺんの観光名所にははじめから興味がないという方に、これまでのガイドブックとは一味違う、鎌倉の知られざる魅力、隠れた名所・名店を知っていただこうというものである。
◇永井路子の私のかまくら道──鎌倉の歴史と陰　永井路子著　改訂版　かまくら春秋社

2001.4 175p 19cm 850円 ⓘ4-7740-0164-3
◇永井路子の私のかまくら道―鎌倉の歴史と陰 永井路子著 改訂版 かまくら春秋社 1979.3 168p 19cm 780円
◇日本随筆紀行 第9巻 くれないの武者の祈り―鎌倉 小林秀雄ほか著 作品社 1986.8 238p 19cm 1200円 ⓘ4-87893-409-3
◇平安鎌倉史紀行 宮脇俊三著 講談社 1994.12 398p 19cm 1700円 ⓘ4-06-207302-1
　＊あくまでも歴史の流れにこだわりながら、年表、地図、時刻表を手にして訪れる歴史紀行、平安鎌倉史篇。「古代史紀行」につづく"日本通史の旅"第二弾。
◇政子・頼朝の鎌倉歴史散歩 二橋進著 現代史出版会 1978.12 217p 19cm 890円
◇もうひとつの鎌倉―歴史の風景 石井進著 そしえて 1983.7 79p 19cm （風土と歴史をあるく） 980円 ⓘ4-88169-301-8
◇私が歩いた鎌倉 千歳寛子著 千歳寛子 1984.10 225p 19cm
◇私の鎌倉案内 樋口清之著 主婦の友社 1978.12 225p 19cm （Tomo選書） 780円

京都

京都府　指定：世界遺産「古都京都の文化財」

　　　　＊　　　＊　　　＊

◇鴨川風雅集 生田耕作編著 （京都）京都書院 1990.12 239p 19×25cm 5800円 ⓘ4-7636-4045-3
　＊秀麗の風光に恵まれ千年の歴史と文化で彩られた鴨川、戦後荒廃の国土にただ一つ奇蹟的に残された、日本人の還るべき〈心の故郷〉、この掛け替えない財宝が、誤れる都市計画によって、いまやわれわれの目の前で無残な壊滅の運命に晒されようとしている。醒めては二度と還らぬ〈夢の風景〉を、絵と文章と写真で後世に伝える、痛恨の記念碑的アンソロジー。
◇京舞妓（KYŌ MAIKO） 浜岡昇撮影 （京都）京都書院 1987.6 109p 30cm 2800円 ⓘ4-7636-3057-1
◇あなたと京都へ―片岡孝夫のとっておき古都案内 片岡孝夫著 PHP研究所 1984.4 158p 18cm （ライフ・カレント） 800円 ⓘ4-569-21280-8

◇岩倉・幡枝の今昔 小谷卯之助著 小谷卯之助 1983.3 270p 22cm
◇梅棹忠夫の京都案内 梅棹忠夫著 角川書店 1987.5 279p 19cm （角川選書 178） 1000円 ⓘ4-04-703178-X
　＊歴史千年、洗練と文化のふかさにおいて京都は、その存在を世界に誇りうる、日本の「みやこ」である。この魅力に満ちた都市について、三十余年にわたって書きつがれたエッセイを新たに編成、書き下ろしを加えて構成する。きっすいの京都人にして、民族学・比較文明論の第一人者という、望みうる最高の筆者によって成った。
◇うらにし手帖―丹後宮津在日ケ谷にて 池田助雄著 ふだん記全国グループ 1981.4 206p 19cm （ふだん記新書 93）
◇絵図が語るふるさとの景観―一目で見る城陽300年 平成10年度特別展 城陽市歴史民俗資料館編 城陽市歴史民俗資料館 1998.10 48p 30cm （城陽市歴史民俗資料館展示図録 11）
◇大堰川探検―歴史を知り、自然を感じる 第24回企画展展示図録 亀岡市文化資料館編 亀岡市文化資料館 1997.11 29p 30cm
◇大原―里をあるく 三木卓著, 吉田智一写真 桐原書店 1983.11 109p 20cm 1280円
◇大原周辺―山本建三写真集 山本建三写真 光村推古書院 1985.7 163p 26cm 2800円 ⓘ4-8381-0082-5
◇おはなし歴史風土記 26 京都府 歴史教育者協議会編 岩崎書店 1986.1 91p 27cm 1200円 ⓘ4-265-93226-6
◇風が見た京都 中田安昭著 北樹社 1994.7 183p 19cm 1400円 ⓘ4-938424-49-5
　＊京都に風のように訪れ、そして風のように去った著者が、心に残る古都の風趣と生活をたおやかな筆緻で綴った珠玉のエッセイの数々。
◇亀岡百景 永光尚著 南郷書房出版部 1983.9 184p 22cm
◇祇園女御と祇園寺―祇園周辺の歴史・文学散歩 成瀬宗慶, 竹腰幸夫著 法政出版 1999.11 90p 19cm 762円 ⓘ4-89441-167-9
◇祇園 昭和13年～35年―浅野喜市写真集 浅野喜市著 （京都）京都書院 1990.6 105p 26×26cm ⓘ4-7636-3142-X
◇木津川歴史散歩―南山城をめぐる 斎藤幸雄著 かもがわ出版 1990.5 212p 19cm （かもがわ選書 6） 1553円 ⓘ4-906247-81-4

◇京と太閤さん―京都観光 桃山時代の歴史と遺構 京美観光出版社編 京美観光出版社 1985.11 168p 21cm (京の美) 600円 ⓘ4-88599-018-1
◇京・西陣―松尾弘子写真集 松尾弘子著 淡交社 1999.11 1冊(ページ付なし) 19×27cm 2800円 ⓘ4-473-01695-1
  *人の手と心が織りなす日々。まち・ひと・くらし。失われゆく西陣の肖像を、詩情あふれるモノクロ写真でつづる。
◇京の「粋場」歩き 松山猛著 講談社 1998.5 226p 20cm (The new fifties) 1500円 ⓘ4-06-208941-6
◇京・まちの博物館 朝日新聞京都支局編 淡交社 1982.6 229p 19cm 1200円 ⓘ4-473-00805-3
◇京を歩けば―だれも知らない古都 三洋化成工業 1983.2 295p 19cm 1000円
◇京・四季のうつろい―岡田克敏写真集 岡田克敏撮影 紫紅社 1987.5 161p 30cm 3500円 ⓘ4-87940-500-0
◇京・四季の旅情 北条秀司著 淡交社 1981.7 237p 19cm 1200円 ⓘ4-473-00750-2
◇京住記―それぞれの京都 60人の語り 朝日新聞社編 朝日新聞社 1986.12 136p 26×21cm 2000円 ⓘ4-02-258393-2
  *この本に収載した60人の"京住者"の語りからは、それを享受しつつも、愛してやまない京都の魅力が聞こえてくる。株式会社・西洋環境開発が西京・桂坂に新しい町づくりを始め、朝日新聞紙面で昭和60年9月3日付から約1年間、「京住記」52本の広告連載を行った。カラーページのエッセイはそれをまとめたものである。京都を知るもう一つのガイドブック。
◇京都 編集・執筆:奈良本辰也等 山と渓谷社 1973 392p 地図2枚 25cm 3800円
◇京都―児矢野昌敬写真集 児矢野昌敬著 教育出版センター 1984.6 174p 30cm 3500円
◇京都 日本経済新聞社編 日本経済新聞社 1998.11 202p 19cm (日経都市シリーズ) 1500円 ⓘ4-532-14700-X
  *生まれ変わる古都。経済活性化の役割を担う南部地域プロジェクト、"頭脳集積"進む学研都市、世界的な文化遺産の継承―「開発と保存の調和」をキーワードに新たな街づくりを目指す建都1200年都市の素顔を多角的に描く。
◇京都 水上勉著 河出書房新社 2000.6 210p 20cm (日本の風景を歩く) 1600円 ⓘ4-309-62135-X

◇京都案内―歴史をたずねて 京都歴史教育者協議会編 改訂版 かもがわ出版 1999.8 144,7p 21cm 1500円 ⓘ4-87699-098-0
◇京都・異界をたずねて 蔵田敏明文,角野康夫写真 淡交社 2000.4 126p 21cm (新撰京の魅力) 1500円 ⓘ4-473-01741-9
◇京都異界紀行―千年の魔都の水脈 加門七海,豊嶋泰国著 原書房 2000.8 202p 21cm 1500円 ⓘ4-562-03330-4
  *京都に潜む魔を探る。呪術・風水・怪異・伝奇・冥界…「水」を手がかりに、加門七海と豊嶋泰国が、異界へと足を踏み入れる。
◇京都一流の旅 読売新聞社 1985.4 170p 29cm 2300円 ⓘ4-643-62080-3
◇京都への道 1 丹後京道・丹波京道 山田興司写真・文 京都書院 1994.4 1冊(頁付なし) 26×26cm 3980円 ⓘ4-7636-3229-9
◇京都大原―山里にひっそり息づく歴史をたどる 感動と発見の旅 学習研究社 2001.5 127p 15cm (学研M文庫) 650円 ⓘ4-05-902034-6
  *旅は心をいやすために、また先人たちの残してくれた建造物や、その思想を確かめるために行く。大人たちが求めるやすらぎの旅や、知的欲求を満たすために、訪れたいエリアを厳選して、地元でも愛された老舗だけを紹介。少しでも心に残る旅を、急がずにゆったりと楽しんで貰いたいと願うからである。
◇京都、オトナの修学旅行 赤瀬川原平,山下裕二著 淡交社 2001.3 223p 19cm 1600円 ⓘ4-473-01808-3
  *コドモの時は、あんなにつまんなかったのに…。日本美術応援団ふたたび見参。
◇京都鴨川 横山健蔵著 光村推古書院 1997.9 59p 17×19cm (Suiko books) 1000円 ⓘ4-8381-0208-9
◇京都・久多―女性がつづる山里の暮らし 久多木の実会編 ナカニシヤ出版 1993.11 199p 20cm 1900円 ⓘ4-88848-220-9
◇京都小路散歩 邦光史郎著 徳間書店 1994.3 218p 16cm (徳間文庫) 460円 ⓘ4-19-890086-8
◇京都散策案内―古都千年の歴史を訪ねて 1993年度版 木下長宏著,ユニ・プラン編集部編 ユニ・プラン 1993.4 83p 21cm 600円 ⓘ4-89704-011-6
◇京都旬の旅―古都の四季 小学館 1997.7 138p 21cm (小学館フォトカルチャー) 1600円 ⓘ4-09-331101-3

◇京都・絶品の四季—四十八景季節の粧い　高城修三文，橋本健次写真　淡交社　2000.9　126p　21cm　（新撰京の魅力）　1500円　④4-473-01747-8
　＊京都を真底愛する芥川賞作家・高城修三が厳選、1000年の都が育てた優雅・華麗・繊細・寂な美。
◇京都地図物語　植村善博，上野裕編　古今書院　1999.4　126p　26cm　2600円　④4-7722-1685-5
　＊本書の特徴は、明快でオリジナルな地図を自作したことである。そして、文と地図とを見開きとし、ただちに対照できるよう、一テーマを完結させるようにした。
◇京都謎とき散歩—古都1200年のロマンを訪ねて　左方郁子著　広済堂出版　1997.6　260p　19cm　1600円　④4-331-50584-7
　＊怨霊、悲恋、陰謀、裏切り—古都1200年の歴史の舞台で繰り広げられた謎めいたドラマが真実を語り始める！エキゾチック京都の魅力を再発見する歴史「謎」読本。
◇京都夏物語　中田昭写真・文　光村推古書院　1999.7　58p　17×19cm　（Suiko books）　1000円　④4-8381-0236-4
　＊初夏の葵祭、盛夏の祇園祭…。祭の熱気とともに、夏が到来する。厳しい暑さで知られる京の夏。一方で、華やかな行事の数々と、美しい花に彩られたこの季節は都らしい情趣に満ちている。雅やかな古都の夏に、日本の心が宿る一冊。
◇京都の魔界をゆく—絵解き案内　編集工房か舎，菊池昌治著　小学館　1999.3　127p　21cm　1600円　④4-09-626212-9
　＊だれも知らない、だれも教えてくれない、もう一つの京都を歩く。1200年の歳月、数知れない人と事件と思い…謎と神秘に満ちた、京都21の魔景をのぞく旅。
◇京都の見どころ知りどころ—美しく謎めいた京都の「点と線」を歩く　森本千著　文芸社　1999.10　287p　19cm　1400円　④4-88737-398-8
　＊日本人で京都に興味を持たない人はまずいないであろう。京都の歴史は日本の歴史でもあり、京都は日本人の心のふるさとであるともいえる。実際にそんな感じを抱いている人も多いに違いない。本書はそのようなより多くの人たちに京都やその雰囲気を伝えるために、「点と線」という個々のつながりのなかで京都をとらえたものであり、京都をもっとよく知りたい、訪れたい、再度訪れたい、ときたま立ち寄る機会がある人や、また京都に住む人にも、市民として地元の文化に関する理解を深め、実用的に役立つよう配慮すると同時に、歴史や文化の流れとともに京都独特の話や味を楽しめるよう心がけた。
◇京都の魅力 1（洛西）　橋本健次写真，川端洋之文　光村推古書院　1997.7　59p　17×19cm　1000円　④4-8381-0188-0
　＊のびやかな田園風景に、緑濃い木立や深い竹林に、王朝の雅が残り香として漂う。嵯峨野のすばらしさとは—。秘められた姿を求めて、一瞬の風光を探して、洛西に迫った写真物語。
◇京都の魅力 2（洛東）　橋本健次写真，川端洋之文　光村推古書院　1997.8　58p　17×19cm　1000円　④4-8381-0189-9
　＊東山沿いの道をたどれば、新しい発見に出会う。洛東の素晴らしさは、ちょうどよいくらいの近さに、歴史の謎を秘めた場所があること。東山沿いのビューポイントから、厳選した、とっておきのシーン。
◇京都の罠—素顔の古都を再発見　茂山あきら，蒲田春樹著　ベストセラーズ　1997.3　260p　18cm　（ワニの本）　1226円　④4-584-01000-5
　＊コレを知らないで京都の街は歩けない！京の本質に迫るもうひとつのガイドブック。
◇京都百年パノラマ館—写真集成　白幡洋三郎ほか編　淡交社　1992.7　254p　31cm　6800円　④4-473-01250-6
◇京都冬物語　中田昭写真・文　光村推古書院　1998.12　58p　17×19cm　（Suiko books）　1000円　④4-8381-0243-7
　＊南座の顔見世、祇園の事始め、八坂神社のをけら詣り…京都の一年は華やかに、そして慌ただしく暮れていく。正月を迎えると、町は正月飾りに装いを変え、晴れやかな行事が続く。二月には北野天満宮の梅花祭が艶やかさを添える。雪景色と様々な行事がおりなす京都の冬。その魅力をあますことなく伝える一冊。
◇京都魔界紀行　志村有弘編著　勉誠出版　2000.8　143p　23cm　（Museo 1）　1200円　④4-585-09066-5
◇京都名庭散歩　水野克比古写真　京都書院　1997.2　303p　15cm　（京都書院アーツコレクション 14（写真 2））　1030円　④4-

7636-1514-9
  ＊洛中洛外、庭園の粋。カラー写真160点。
◇京都遊廓見聞録　田中泰彦編集解説　京を語る会　1993.3　252p　21cm　7000円
◇京都洛北の原風景 ― 写真で見る暮らしの百年　中村治著　世界思想社　2000.3　188p　21cm　1900円　ⓘ4-7907-0816-0
  ＊現代の暮らしを見つめ直す。かつて農村の暮らしはどのようなものであったのか。それは戦前戦後を通じてどのように変化していったのか。洛北岩倉を舞台に、家族の記録、あるいは生活の一コマとして撮影された約200枚の写真が物語る百年の歴史。
◇京都歴史街道　駒敏郎監修, 中田昭写真・文　京都書院　1997.9　271p　15cm　（京都書院アーツコレクション　54 歴史2）　1000円　ⓘ4-7636-1554-8
◇京都・歴史の紡ぎ糸　安森ソノ子著　ふるさと紀行編集部　1997.4　303p　22cm　（ふるさと紀行エッセイ選書　ふるさと京都　no.8）　2000円　ⓘ4-87357-030-1
◇京都案内　洛中　岩波書店編集部編, 岩波映画製作所写真　〔復刻版〕　岩波書店　1988.10　63p　21cm　（シリーズ　古都案内　1950～1954）　600円
◇京都雨景　水野克比古著　光村推古書院　1997.6　59p　18×20cm　（SUIKO BOOKS）　1000円　ⓘ4-8381-0196-1
  ＊古都京都に雨はよく似合う。古社寺の建物や参道、瓦屋根に降る雨、町家や路地に降る雨…。桜や紫陽花、新緑や紅葉はより色鮮やかに、通りかかる人々を魅了する。写真家水野克比古がとらえた京情緒あふれる雨の写真集。
◇京都への道2　南山城京道・若狭京道　山田興司写真・文　京都書院　1994.5　1冊　26×26cm　（美しい京都シリーズ）　3980円　ⓘ4-7636-3230-2
◇京都往来　吉田光邦著　朝日新聞社　1982.10　256p　19cm　（朝日選書　215）　900円
◇京都 大原野 ― 水野克比古写真集　水野克比古著　京都書院　1998.8　1冊　15cm　（京都書院アーツコレクション　159）　1000円　ⓘ4-7636-1659-5
◇京都 大原・八瀬 ― 水野克比古写真集　水野克比古著　京都書院　1998.8　1冊　15cm　（京都書院アーツコレクション　158）　1000円　ⓘ4-7636-1658-7
◇京都おもしろ再発見　朝日新聞京都支局編　かもがわ出版　1992.5　176p　21cm　1500円　ⓘ4-87699-039-5
  ＊街道筋から裏通りを歩いて洋風建築や石仏、動物といった心に残るものなどを細かく記録する、今はやりの路上観察の手法で、新聞記者が町に出て、時には町家にあがりこませてもらい、伝統の町のなかでいしえから今に伝わるさまざまな京都の表情と、現代の京都の魅力を積極的にさぐる。
◇京都 女ひとり旅　志田奈々子著　鷹書房　1989.4　249p　19cm　1000円　ⓘ4-8034-0351-1
  ＊京都のよさは誰でもが自分の京都を発見できますで。京都に育ち、東京で学んだ現代京女が、いにしえから今に伝わるさまざまな京都の表情と、現代の京都の魅力を積極的にさぐる。
◇京都ガイド ― ひとりで歩く魅力の京都　三上嘉道編, 京都の会編　刊々堂出版社　1984.3　142p　23cm　1400円　ⓘ4-7952-1307-0
◇京都感覚　秦恒平著　筑摩書房　1989.2　251p　19cm　1600円　ⓘ4-480-81268-7
◇京都 祇園　溝縁ひろし著　光村推古書院　1996.7　1冊　17×19cm　（SUIKO BOOKS）　1000円　ⓘ4-8381-0171-6
  ＊古都の典雅な伝統が今も息づく街、祇園。歴史をたたえた町並みの中、日本髪を結い、だらりの帯をしめ、おこぼをはいた舞妓が歩く様子は、まるで夢のひとこまのようである。その美しさの奥に流れるものは自分を磨き、礼節を重んじる祇園の心意気に他ならない。そのような祇園の世界を、四季を通じて繰り広げられる様々な行事を通して紹介する写真集。
◇京都 祇園・東山 ― 水野克比古写真集　水野克比古著　京都書院　1998.8　1冊　15cm　（京都書院アーツコレクション　156）　1000円　ⓘ4-7636-1656-0
◇京都 こころの旅路　榊原幸一著　勁草出版サービスセンター, 勁草書房発売　1991.11　311p　19cm　2060円　ⓘ4-326-93226-0
◇京都 嵯峨野・嵐山 ― 水野克比古写真集　水野克比古著　京都書院　1998.8　1冊　15cm　（京都書院アーツコレクション　157）　1000円　ⓘ4-7636-1657-9
◇京都 嵯峨野の四季 ― 水野克比古写真集　水野克比古著　東方出版　1996.3　142p　21cm　2200円　ⓘ4-88591-467-1
  ＊本書は、日本の"心の故郷"となった嵯峨野の四季を彩る自然の風景や、祈りの祭、石仏たち、そして高雄、梅津、松尾、太

秦という嵯峨野にはなくてはならない周辺の名勝を添えて、その全容を美しい写真と文で綴った必携の写真文集。
◇京都撮影紀行―京都とその周辺特選撮影ガイド　重版　日本カメラ社　1996.2　192p　26cm　(シリーズ日本カメラ　No.102)　1300円　Ⓘ4-8179-5046-3
◇京都撮影地80選　山本建三著　日本カメラ社　1983.6　230p　19cm　(NCフォトブックス)　980円　Ⓘ4-8179-1010-0
◇京都散策案内―古都千年の歴史を訪ねて　木下長宏著, 荒川のり子イラスト　(京都)ユニプラン　1989.3　83p　21cm　(U Books)　580円　Ⓘ4-946442-27-8
＊戦乱の世をしなやかに生きぬいた春日局。その秘密を京都にさぐる。春日局ゆかりの史跡徹底ガイド。
◇京都散策案内―古都千年の歴史を訪ねて　ユニ・プラン編集部編集, 木下長宏著　ユニ・プラン　1990.3　83p　21cm　(U books)　583円　Ⓘ4-946442-58-8
◇京都散策案内―古都千年の歴史を訪ねて　ユニ・プラン編集部編　ユニプラン　1993.4　83p　21cm　(U BOOKS)　600円　Ⓘ4-89704-011-6
＊本書は、京都、滋賀の名所旧蹟95ケ所を収録している。
◇京都散策案内―古都千年の歴史を訪ねて　ユニプラン　1996.4　83p　21cm　700円　Ⓘ4-89704-078-7
＊京都体験マニュアル改訂増強版。秀吉　Watching in KYOTO.
◇京都写真帖　笑う鴨川　甲斐扶佐義著　リブロポート　1996.10　237p　23×16cm　2884円　Ⓘ4-8457-1097-8
＊路地や川筋に息づく京の人々の姿を、散歩の途中に拾い集めた、25年の生活誌。
◇京都巡礼―浜岡収写真集　浜岡収著　求竜堂　1994.7　111p　26cm　2000円　Ⓘ4-7630-9421-1
＊知られざる京都を行く迫真の映像ドキュメント。
◇京都雪月花―水野克比古作品集　水野克比古著　毎日新聞社　1992.1　1冊　31×31cm　5900円　Ⓘ4-620-60379-1
◇京都千年 4　御所と別業―雅びの系譜　村井康彦編　講談社　1984.9　229p　21cm　1500円　Ⓘ4-06-187104-8
◇京都、大好き。　寿岳章子著　ぱる出版　1999.11　272p　19cm　1800円　Ⓘ4-89386-746-5

＊京都の四季、花、散歩道、暮らしの知恵、ことばの魅力、文化の奥深さ、寿岳家の茶の間の思い出―京都の暮らし75年の著者が贈る我が心の京都ものがたり、まだ見ぬ京の魅力を探しにぶらりぶらり散歩に出かけましょう。
◇京都丹後路―森沢保賢写真集　森沢保賢著　旅行読売出版社　1992.11　71p　18×19cm　1000円　Ⓘ4-89752-209-9
◇京都つれづれ―千二百年の隠された古都物語　邦光史郎編著　ベストセラーズ　1994.3　253p　19cm　1200円　Ⓘ4-584-18168-3
＊きらびやかな王朝文化、隠栖者たちの悲憤、伝統を支える庶民の活気、自然の美、明と暗、静と動…。それが京都。奥深き千二百年の魅力。
◇京都 哲学の道・岡崎―水野克比古写真集　水野克比古著　京都書院　1998.8　1冊　15cm　(京都書院アーツコレクション　155)　1000円　Ⓘ4-7636-1655-2
◇京都転転　菊池昌治著　学芸書林　1988.4　312p　19cm　2000円　Ⓘ4-905640-21-0
＊京都は風のない街…。華やかな都大路のかたわらに、ひっそりたたずむ京の小路から聞こえる歴史とロマンの響き。一何げない風景のなかから「もうひとつの京都」を探る。
◇京都点々累々―近藤誠宏写真集　近藤誠宏著　ながら書房　1985.8　102p　22×23cm　3900円
◇京都の大路小路　小学館　1994.5　311p　21cm　2900円　Ⓘ4-09-387105-1
＊「道」の視点から紹介する京都。歩いて確かめた109路の歴史・文化・観光。"姉三六角蛸錦"―路をさぐれば京都の素顔が記えてくる。
◇京都の散歩みち　光明正信, 塚本珪一著　改訂版;〔カラー版〕　山と渓谷社　1988.5　188p　18×15cm　1300円　Ⓘ4-635-60002-5
◇京都の旅 第1集　松本清張, 樋口清之著　光文社　1984.9　262p　図版12枚　16cm　(光文社文庫)　440円　Ⓘ4-334-70020-9
◇京都の旅 第2集　松本清張, 樋口清之著　光文社　1984.10　262p　図版12枚　16cm　(光文社文庫)　440円　Ⓘ4-334-70033-0
◇京都の謎―日本史の旅　奈良本辰也, 高野澄著　祥伝社　1986.2　253p　15cm　(ノン・ポシェット)　400円　Ⓘ4-396-31006-4
◇京都の謎 伝説編　高野澄著　祥伝社　1991.4　320p　15cm　(ノン・ポシェット)　480円　Ⓘ4-396-31037-4

古都・街道　　　　　　　　　　　　　　　　　　　古都

◇京都の魅力4　洛北　橋本健次写真, 川端洋之文　光村推古書院　1997.10　59p　17×20cm　(SUIKO BOOKS)　1000円　Ⓓ4-8381-0191-0
◇京都の魅力5　洛南　橋本健次写真, 川端洋之文　光村推古書院　1997.11　59p　17×19cm　(SUIKO BOOKS)　1000円　Ⓓ4-8381-0192-9
　＊酒蔵の街並み、池に映る三重塔、山上の伽藍、石仏の小道、のびやかな風景の中に、古代からの歴史の記憶が残る。さまざまな美があり、それぞれに異なった光景が見られる洛南の魅力を訪ねて―。西陣の家並み、鴨川の流れ、東山の古寺、北山杉の峠道、嵯峨野の石仏、伏見の水景、山紫水明の京都には、鮮やかに目に残る風景が広がる。北から南へ、東から西へ、古都・京都の魅力を訪ねる。全五巻シリーズの完結編。
◇京都白情―ラヴ・ラビリンス　荒木経惟撮影　新潮社　1996.6　1冊　26cm　3500円　Ⓓ4-10-380006-2
　＊写真家が見た、もうひとつのセンチメンタルな京都。祇園祭りの夕闇のなかで出逢った京女との逢瀬。秋の清滝、冬の祇園、桜散る木屋町…。千年の古都の四季に織りなす煩悩の究極。撮り下ろし。
◇京都発見3　洛北の夢　梅原猛著, 井上隆雄写真　新潮社　2001.5　222p　21cm　2500円　Ⓓ4-10-303015-1
　＊天皇家との深い関わりで知られ法然が浄土仏教を醸した地でもある八瀬、悲運の皇子・惟喬親王の足跡を遺す洛北の里々、小野妹子に始まり小野篁や小野道風を輩出した小野氏の根拠地、三千院や寂光院を擁する大原、天狗が義経を育んだ鞍馬など、洛北を中心に"冷凍された日本史"の解凍を試みる。カラー写真や新史料も満載！千二百年の古都に梅原猛が初めて挑む、知的刺激に溢れた文化論。待望の第三巻。
◇京都 花の散歩道―浅野喜市写真集　浅野喜市著　日本カメラ社　1987.7　151p　26×21cm　1900円　Ⓓ4-8179-3006-3
◇京都パノラマ―山本建三写真集1　洛中・洛外　山本建三著　(京)京都書院　1988.12　107p　27×30cm　3800円　Ⓓ4-7636-3105-5
　＊奥深い京都の風景美を、超横長のフィルムでダイナミックに表現した画期的写真集。

◇京都パノラマ―山本建三写真集2　高雄・北山　山本建三著　(京)京都書院　1989.1　107p　27×29cm　3800円　Ⓓ4-7636-3106-3
◇京都パノラマ―山本建三写真集3　嵯峨野・西山　山本建三著　(京)京都書院　1989.2　107p　27×30cm　3800円　Ⓓ4-7636-3107-1
　＊奥深い京都の風景美を、超横長のフィルムでダイナミックに表現した画期的写真集。
◇京都火と水と　大村しげ著　冬樹社　1984.3　241p　20cm　1200円
◇京都百話　奈良本辰也ほか著　角川書店　1984.5　291p　19cm　(角川選書 146)　960円
◇京都府　小原直久写真　保育社　1981.9　64,16p　19cm　(カメラ風土記 27)　500円
◇京都府遺跡地図 第1分冊　京都府教育庁指導部文化財保護課編　第3版　京都府教育委員会　2001.3　78p　42cm
◇京都府ガイド―京都歴遊 風土と人のうた　京都府広報課　1994.3　33p　30cm
◇京都府の不思議事典　井本伸広, 山嵜泰正編　新人物往来社　2000.4　232p　22cm　3000円　Ⓓ4-404-02853-9
◇京都府弥栄町遺跡地図　弥栄町教育委員会　1998.3　60p　30cm　(京都府弥栄町文化財調査報告 第14集)
◇京都伏見歴史紀行　山本真嗣著, 水野克比古撮影　山川出版社　1983.9　239p　図版10枚　19cm　1500円
◇京都遍歴　水上勉著　平凡社　1982.10　285p　20cm　(水上勉紀行文集 第2巻)　1200円
◇京都遍歴　水上勉著　立風書房　1994.5　249p　21cm　2600円　Ⓓ4-651-71039-5
　＊小僧時代の暦が眠る街に人に…生の根を抱き直す私版京都再訪。
◇京都 先斗町　溝縁ひろし撮影　光村推古書院　1997.8　1冊　17×19cm　(SUIKO BOOKS)　1000円　Ⓓ4-8381-0207-0
　＊古都の情緒を色濃く残す先斗町を写真で紹介、かわいい舞妓も収録。
◇京都街歩きガイド―1200年の歴史タウンはさすがにおくぶかい41コース　実業之日本社　1996.7　159p　21cm　(ブルーガイドニッポンアルファ)　1300円　Ⓓ4-408-05412-7
◇京都 町なかの暮らし　寿岳章子著, 沢田重隆絵　草思社　1988.1　252p　21cm　1800

275

円 ⓘ4-7942-0304-7
 *京都の町を歩く。昔、住んでいた東山三条古川町、南座裏、南禅寺かいわい。変化しているとはいえ、まだまだ昔の姿が残っている京都。そして新村出、柳宗悦、河井寛次郎らの学者、文化人から日々の暮らしになくてはならぬ商いびとや職人さんまで、よき縁を結んだ人びととの出会い。家庭料理の味、おいしい食べもの屋さん、京野菜や漬物を食べるしあわせ、奥の深い京菓子などを描いた食べぐらしをはじめ、寿岳家二代にわたる60年の京都での生活を通して、伝統的で新しい、しなやかでしたたかな京都人特有の暮らしぶりを浮き彫りにする。沢田重隆の美しい八十余点の精密画とあいまって、日本の古都・京都の素顔が楽しくうかがえる得がたい画文集！

◇京都ミステリーの旅—中岡俊哉のショックレポート　中岡俊哉著　みき書房　1984.5　214p　19cm　780円

◇京都夢いろ彩時記　永田萌著　淡交社　1996.6　125p　21cm　1700円　ⓘ4-473-01478-9
 *日本には古くから伝えられる美しい色の名前があります。目にも耳にも雅びやかなその名は今では呼ぶ人も少なくなりました。最新エッセイ。

◇京都夢見小路　永田萌著　東京書籍　1985.10　115p　21cm　1200円　ⓘ4-487-75058-X

◇京都　洛中—水野克比古写真集　水野克比古著　京都書院　1998.8　1冊　15cm　（京都書院アーツコレクション　154）　1000円　ⓘ4-7636-1654-4

◇京都歴史アトラス　足利健亮編　中央公論社　1994.9　1冊　30cm　6500円　ⓘ4-12-002361-3
 *京都の起源から現代都市空間までを通覧できることを主眼に編集された地図帳。古代から現代までの時代別に構成、見開き単位で、『源氏物語』の世界、幕末・明治維新の遺跡などのテーマごとの110点の地図と解説を掲載している。巻末に人名・事項名を含む索引を付す。また付録として、美術館・博物館マップ、寺社マップがあり、各施設の紹介データも記載している。—建都1200年、京都の全歴史を地図で読む。

◇京都歴史歳時記　奈良本辰也著　徳間書店　1985.2　249p　16cm　（徳間文庫）　320円　ⓘ4-19-597800-9

◇京都歴史散歩　奈良本辰也編　河出書房新社　1965　238p　18cm　（Kawade paperbacks）

◇京都わが心の町　出口勇藏著　風媒社　1990.2　215p　20cm　1700円

◇京西山周辺—山本建三写真集　山本建三写真　光村推古書院　1986.8　161, 〔2〕p　26cm　2800円　ⓘ4-8381-0089-2

◇京のあたりまえ　岩上力著　光村推古書院　2000.9　269p　19cm　1700円　ⓘ4-8381-0273-9
 *日本人の心の故郷として愛される京都。そんな京都に生きる人々の暮らしを綴りながら、古くからの風習やしきたりに息づく感性や発想を紹介し、都人としての思いを語ったエッセイ集。"京都人"必携の暮らしのマニュアル、"京都ファン"必読の本音の京都ガイド。

◇京の息づかい　島崎博絵, 千田稔文　光村推古書院　1999.9　62p　17×19cm　1000円　ⓘ4-8381-0256-9
 *国際日本文化研究センター客員教授として来日した著者の京都のスケッチに、文を添えた、長らく外国に滞在した日本人の目でとらえた京都の姿を収めた画集。

◇京の影像—深田登美雄写真集　深田登美雄著　芸艸堂　1982.11　1冊　26×27cm　12000円

◇京の影像—深田登美雄写真集 2　深田登美雄著　学芸書林　1988.11　133p　31×24cm　9800円　ⓘ4-905640-33-4
 *長い歴史と伝統に培われた京の風物詩を幽雅に繊細に結像。レンズを通して38年間、京都を見つめ続けてきた著者が放つ会心の影像ファンタジー。「京の美」の真髄、いま遙やかに再現！

◇京の思い出図絵—水上勉画文集　水上勉著　平凡社　1984.4　133p　18cm　1600円

◇京の小路散歩—もうひとつの京都新発見　暮らしが息づく通り道　駒敏郎文　婦人画報社　1996.11　127p　21cm　（あるすぶっくす）　1700円　ⓘ4-573-40037-0

◇京の撮影マップ　宇治・山城　山本建三著　（京都）淡交社　1987.10　131p　19cm　980円　ⓘ4-473-01011-2

◇京の撮影マップ　東山・醍醐　山本建三著　（京都）淡交社　1988.4　131p　19cm　980円　ⓘ4-473-01036-8

◇京の撮影マップ　北山　山本建三著　（京都）淡交社　1986.11　131p　19cm　980円　ⓘ4-473-00971-8

＊北山の自然に、京の新しい魅力を求め、四季折々の美を散策コースごとに紹介。詳細なデータや地図、撮影のポイントを記したカメラハイクガイド。

◇京の里山 丹波紀行――福井章二・千鶴子写真 福井章二, 福井千鶴子著 光村印刷 2001.7 59p 21×23cm （BeeBooks） 2700円 ⓝ4-89615-876-8

◇京の散歩みち――魅力いっぱいの京都50コース MCR著 第8版 昭文社 1988.1 173p 19cm （エアリアガイド 54） 950円 ⓝ4-398-11054-2

◇京の散歩道 中嶋賞華文・写真 （京都）一燈園燈影舎 1990.4 331p 21cm 1700円 ⓝ4-924520-57-8

◇京の椿 水野克比古著 光村推古書院 1996.3 63p 18×19cm （スイコブックス） 1000円 ⓝ4-8381-0161-9
＊古くから貴人や武将、茶人に愛され、育てられてきた京椿。尼寺や寺社、民家の庭先にも、どことなく品位をそなえた名椿が優美な花姿を見せる。また嵯峨野の竹林に、東山の樹林に、原生の椿が力強く咲いている。その多様な表情を18年撮り続けた写真家が、心を込めて贈る椿巡礼写真集。

◇京の椿と寺――水野克比古写真集 水野克比古著 日本写真企画 1981.2 141p 21×24cm （こころにふれる写真シリーズ 4） 4800円

◇京の庭・宗祖・散歩道・総合ガイド 京美観光出版社編 （京都）京美観光出版社,東洋文化社発売 1987.4 168p 21cm 600円 ⓝ4-88599-025-4

◇京の百景 京都府文化事業団 1980.11 1冊 25×20cm

◇京の文化と伝統 京都市文化観光局編 京都ライトハウス点字出版部 1985.3 136p 28cm 1200円

◇京の名庭――横山健蔵写真集 横山健蔵写真 淡交社 1996.9 175p 26cm 3300円 ⓝ4-473-01479-7

◇京の夢物語 岡本小夜子著 けやき書房 2000.5 265p 19cm （ふれ愛ブックス） 2100円 ⓝ4-87452-332-3
＊京育ち、京暮らしの作者が、好評の『京の町あるき』につづいて、あなたの知りたい、京の魅力をご案内。いにしえの歴史を、いまに伝える神社、仏閣、その教え。京の遊び心に、京ならではのおいしい話。あるきつかれたら、気軽によれる喫茶店、居酒屋、レストランで、ひと息ついて…。京を満喫しませんか。

◇京の歴史ガイドと最新観光ガイド 京美観光出版社編 （京都）京美観光出版社,東洋文化社発売 1986.11 168p 21cm 600円 ⓝ4-88599-023-8

◇京の路地裏 吉村公三郎著 岩波書店 1992.4 262p 16cm （同時代ライブラリー 109） 900円 ⓝ4-00-260109-9
＊大津に生まれ、京都に育ち、京を舞台とした数多くの名画を監督した巨匠には、京都人の暖かさとシブチン加減がよくわかる。舞妓、祇園、京言葉…。鋭い観察眼と流麗な筆が捉えた古都の裏表は、一味違った旅行案内でもある。

◇京東山周辺――山本建三写真集 山本建三写真 （京都）光村推古書院 1988.10 131p 26cm 2800円 ⓝ4-8381-0099-X

◇京百景――俳図俳文集 但馬美作著 田島喜代子 1982.11 120p 27cm 2500円 ⓝ4-7636-1023-6

◇京・伏見歴史の旅 山本真嗣著, 水野克比古撮影 山川出版社 1991.11 247p 19cm 1700円 ⓝ4-634-60280-6

◇京舞妓歳時記――溝縁ひろし写真集 溝縁ひろし著 東方出版 1995.8 151p 21cm 2500円 ⓝ4-88591-436-1
＊祇園甲部・祇園東・宮川町、先斗町・上七軒そして島原。正月・節分・八朔祭の日の晴れ姿、舞妓の年中行事、稽古場などの表情をあでやかに表現。

◇京町家の春夏秋冬――祇園祭山鉾町に暮らして 小島冨佐江著 文英堂 1998.9 247p 21cm 1800円 ⓝ4-578-10067-7
＊街中にあるから町家。そう考えるとふつうの家です。ただ、ちょっと違うのは、著者の住む古い町家が、祇園祭の山鉾町の町内にあるということ。そのため一年が祇園祭を中心に動いていきます。四季折々の暮らしぶりから、祇園祭の舞台裏や町家再生への思いが伝わってくる随筆集。

◇京町家の四季 杉本節子著 展望社 2000.12 161p 19cm 1600円 ⓝ4-88546-070-0
＊京格子の内の、古くから伝えられる生活文化、年中行事を紹介しながら、日々の営みを写真とともに、詩情豊かに綴るエッセイ集。

◇京洛往還記 菊池昌治著 学芸書林 1988.3 158p 19cm 1800円 ⓝ4-905640-16-5
＊人間の歩いたあとが道になり歴史をつくる。千年の歴史の中で様々な相貌を見せてきた京都の道。その道をある者は野望を胸に、ある者は落魄の思いで、ある者

は望郷の念やみがたく、おのがじしの道を辿ってきた。それはそのまま京都の歴史の内実を形づくってきたものである。
◇京洛彩光―児矢野昌敬写真集　児矢野昌敬著　グラフィック社　1988.8　99p　25×26cm　2900円　①4-7661-0489-7
◇京洛四季―山本建三写真集　山本建三著　日本カメラ社　1987.5　183p　26cm　1600円　①4-8179-3005-5
◇京洛南周辺―山本建三写真　山本建三写真　光村推古書院　1988.7　131p　26cm　2800円　①4-8381-0098-1
◇京洛ひとり歩き　駒敏郎著　本阿弥書店　1991.3　261,8p　19cm　1800円　①4-89373-041-1
　＊観光ルートにはのらない町中の小さな社、変りゆく家並の一角にも、歴史が息づく京都。町歩きの途上に味わう古都千二百年のエッセンス。挿画・地図付。
◇京洛物語　清水誠規著　丸善京都支店出版サービスセンター　1981.10　245p　19cm　1000円
◇京洛和歌―山本建三写真集　山本建三著　日本カメラ社　1988.6　159p　26cm　1900円
◇誤解される京都　駒敏郎著　本阿弥書店　1993.12　192p　19cm　1800円　①4-89373-071-1
　＊京都にまつわる誤解をときながら、古都に流れる歳月と人々の暮らしのひだをこまやかに語るエッセイ集。
◇こちらふるさと応答ねがいます　小牧規子著　（京都）京都書院　1990.4　278p　19cm　（京都ブックス　3）　1800円　①4-7636-4031-3
◇古都―昭和12年～47年　浅野喜一写真集　浅野喜一著　京都書院　1992.11　105p　26×26cm　3600円　①4-7636-3214-0
◇古都往還―京都一時の愁い　栗田勇著　筑摩書房　1980.4　205p　20cm　1800円
◇古都往来―京の画文集　岩田重義著　白川書院新社　1992.4　142p　23×22cm　4500円　①4-7867-0014-2
◇古都　京のまち　山嵜謹哉著　大明堂　1996.10　152p　19cm　2575円　①4-470-99006-X
◇古都　昭和12年～47年―浅野喜市写真集　浅野喜市著　京都書院　1992.11　1冊　26×26cm　3600円　①4-7636-3214-0
◇古都叙情―京都百景　清水正画　ハイセン　1986.1　110p　26×26cm　5000円

◇古都の旅―今日の風土記　第2集　松本清張, 樋口清之著　光文社　1995.11　262p　17cm　（カッパ・ブックス）　980円　①4-334-04111-6
　＊千二百年の歳月が築いた古都・京都。推理小説から日本歴史の謎に挑んだ巨匠松本清張と、民族の心性の奥深く分け入った歴史学の泰斗樋口清之、二人の共同作業が生んだ、類をみないガイド書。
◇子ども日本風土記 26　京都　日本作文の会編　京都府編集委員会編　岩崎書店　1981.4　158p　23cm　1600円
◇5,000,000歩の京都　妹尾豊孝著　マリア書房　1997.11　1冊（ページ付なし）　29×29cm　5000円　①4-89511-311-6
◇今昔京都ふしぎ紀行　高野澄著　京都新聞社　1998.7　247p　19cm　1800円　①4-7638-0440-5
　＊「京都―それは何か」。古より多くの人々が訪れ魅了されたその"ふしぎ"さ。代表的な京都見聞録が今ひもとかれる。
◇嵯峨野―橋本健次写真集　橋本健次著　旅行読売出版社　1992.2　71p　18×19cm　1000円　①4-89752-202-1
◇嵯峨野周辺―山本建三写真集　山本建三写真　光村推古書院　1984.12　163p　26cm　2800円　①4-8381-0073-6
◇山村の十二カ月―丹波美山の暮らしと民俗　西浦左門著　エンタプライズ　1990.6　253p　20cm　（シリーズ山と民俗　14）　2000円　①4-7825-2032-9
◇四季京都　杉本苑子著, 相馬大著, 大野克比古写真　光村推古書院　1983.11　167p　30cm　7900円　①4-8381-0064-7
◇四季京都―山本建三写真集　山本建三著　グラフィック社　1989.12　97p　25×26cm　2990円　①4-7661-0556-7
◇四季　京の川―浅野喜市写真集　浅野喜市著　（京都）京都書院　1987.11　105p　30×30cm　3600円　①4-7636-3069-5
◇四季　京の里―浅野喜市写真集　浅野喜市著　京都書院　1988.2　105p　30×30cm　3600円
◇四季　京の町―浅野喜市写真集　浅野喜市著　（京都）京都書院　1988.4　105p　30×30cm　3600円　①4-7636-3072-5
　＊京都に生まれ、京都に育ち、写真一筋に京都美を撮りつづけてきた著者の、50年の成果を、京都の自然を構成する「川」「山」に、人々の暮らしが生きる「里」「町」を加え、美しい写真集として、4部作にまとめました。

◇四季 京の山　浅野喜市著　(京都)京都書院　1988.1　105p　30×30cm　(浅野喜市写真集　2)　3600円　ⓘ4-7636-3070-9
◇四季の京ごころ　松本章男著　筑摩書房　1981.12　225p　20cm　1400円
◇時代別・京都を歩く―歴史を彩った24人の群像　蔵田敏明〔著〕, 土村清治写真　山と渓谷社　1999.12　175p　21cm　(歩く旅シリーズ)　1400円　ⓘ4-635-01104-6
　＊京都の歴史を彩った24人の人物に焦点を当て、時代ごとに京都を紹介。歩くためのガイドと地図も付いて、歴史好き、文学好き、旅好き、京都好き垂涎の書。修学旅行生にもお役立ち。
◇史都散策 京　奈良本辰也著　河合出版　1989.12　333p　19cm　1600円　ⓘ4-87999-026-4
　＊古都への郷愁にかられて京を旅する。伝統美に精通する著者とともに、洛中洛外の道を余すところなく散策する。
◇私版京都図絵　水上勉著　作品社　1980.5　197p　20cm　980円
◇私版京都図絵　水上勉著　福武書店　1986.11　232p　15cm　(福武文庫)　400円　ⓘ4-8288-3033-2
　＊京都を舞台にした「五番町夕霧楼」や「雁の寺」など水上文学の代表作はどのように着想されたか―幼少年に出家して以来、青春期を送った京洛の地を足で歩き、自らの精神史を発掘し、作品の背景を解明したユニークな自伝的京都紀行。
◇写真でたどるふるさとの歩み―写真展「舞鶴の戦後50年」から　舞鶴市秘書課広報係編　舞鶴市　1996.3　155p　30cm
◇写真で見る京都今昔　菊池昌治著　新潮社　1997.9　111p　22cm　(とんぼの本)　1500円　ⓘ4-10-602062-9
　＊「京都らしい閑雅な趣を失った所も少なくない」とかの永井荷風を慨嘆させたのは1世紀前。今また巨大"軍艦"駅も誕生し、景観論争が喧しい。時代とともに変貌をとげる古都の姿を、今に残る貴重な写真と文人墨客の名文とで回顧する。懐かしく、驚きにみちた古都の面影が郷愁をさそい、旅心をかきたてる。
◇写真京都叢書 第3　大原久雄, 村田奎太郎写真, 山本礼二解説　豊書房　図版64p　19cm
◇写真京都叢書 第5　大原久雄写真, 林寛治解説　豊書房　19cm
◇写真京都叢書 第6　村田圭太郎, 岸田武夫写真, 平沢圭市郎解説　豊書房　19cm
◇写真集 西陣―美を織る暮らし　神山洋一著　大月書店　1993.1　204p　21cm　2500円　ⓘ4-272-62016-9
　＊西陣とそこに生きる人びとにカメラを向けつづけてきた、十数年の結晶。著名な京都論者である松本章男氏の一文も彩りをそえ、写真と一体となって西陣の魅力を綴る。
◇史料京見聞記 第2巻　紀行 2　駒敏郎〔ほか〕編　法蔵館　1991.11　457p　22cm　9800円　ⓘ4-8318-3712-1
◇史料京見聞記 第3巻　紀行 3　駒敏郎〔ほか〕編　法蔵館　1991.11　469p　22cm　9800円　ⓘ4-8318-3713-X
◇史料京見聞記 第4巻　見聞雑記 1　駒敏郎〔ほか〕編　法蔵館　1992.3　443p　22cm　9800円　ⓘ4-8318-3714-8
◇史料京見聞記 第5巻　見聞雑記 2　駒敏郎〔ほか〕編　法蔵館　1992.3　383,65p　22cm　9800円　ⓘ4-8318-3715-6
◇史料 京都見聞記 第1巻　紀行 1　駒敏郎, 村井康彦, 森谷尅久編　(京都)法蔵館　1991.9　427p　21cm　9800円　ⓘ4-8318-3711-3
　＊本集は江戸時代の紀行文・見聞録などのなかから、京都について書かれた部分をできるだけ底本に忠実に抄録し、原則としてその見聞時期の編年順に、読者に読み易い形の史料として提供した。
◇新京都案内―都鄙問答　杉本秀太郎執筆, 森裕貴撮影　岩波書店　1983.9　79p　22cm　(岩波グラフィックス　16)　1200円
◇新・京都名所めぐり　大久保郁子著　駸々堂出版　1986.8　233,6p　18cm　980円　ⓘ4-397-50211-0
◇新・京洛の四季―PANORAMA写真集　福島右門写真　毎日新聞社　1989.9　117p　28×38cm　9800円　ⓘ4-620-60186-1
　＊PANORAMAで撮し出された壮麗な世界。深い歴史と伝統の中で、ひそやかに息づく京の美を、斬新なワイドサイズのフィルムで掬いとった魅力あふれる写真集。
◇新修京都叢書 第3巻　野間光辰編　臨川書店　1994.1　332p　22cm　5300円　ⓘ4-653-02599-1,4-653-02596-7
◇新版 京都府の歴史散歩 上　山本四郎著, 井上厚撮影　山川出版社　1995.2　285p　18cm　(新全国歴史散歩シリーズ　26)　890円　ⓘ4-634-29260-2
◇新版 京都府の歴史散歩 中　山本四郎著, 井上厚撮影　山川出版社　1995.2　288p　18cm　(新全国歴史散歩シリーズ　26)　890円　ⓘ4-634-29560-1

◇新風土記 28　京都府　岩波書店編集部編, 岩波映画製作所写真　岩波書店　1987.2　62p　21cm　(岩波写真文庫復刻ワイド版)　600円　Ⓘ4-00-004288-2
◇新・都の魁　杉田博明, 三浦隆夫著, 京都新聞社編　(京都)京都新聞社　1989.12　303p　21cm　2060円　Ⓘ4-7638-0253-4
　＊かつて京都で「都の魁」と題した本が刊行(明治16年)された。それは近代化が進む洛中の商家の営みを銅板画で活写したもので、100年を経たいま、その記録は町家の景観の変化などを伝える貴重な資料となっている。本書は「都の魁」にならい、遺したい町並みや人々の暮らしを、21世紀にどうつなぐかという視点から、京都の現況を細密な絵と克明な取材で捉えたルポルタージュである。
◇素顔の京都　奈良本辰也編　実業之日本社　1972　284p　20cm　880円
◇杉本苑子の京都　杉本苑子著　冬樹社　1980.10　263p　20cm　1500円
◇杉本苑子の京都　杉本苑子著　旺文社　1985.11　302p　16cm　(旺文社文庫)　420円　Ⓘ4-01-064349-8
◇瀬戸内寂聴紀行文集　第1巻　京のみち　平凡社　1985.7　284p　20cm　1400円　Ⓘ4-582-37511-1
◇瀬戸内寂聴紀行文集　第2巻　嵯峨野みち　平凡社　1985.5　286p　20cm　1400円　Ⓘ4-582-37512-X
◇全国の伝承 江戸時代 人づくり風土記―ふるさとの人と知恵 26　京都　加藤秀俊, 谷川健一, 稲垣史生, 石川松太郎, 吉田豊編　農山漁村文化協会　1988.11　377p　26cm　4300円　Ⓘ4-540-88003-9
　＊千年の高度な文化蓄積を誇り、王城の地の伝統を尊重しつつ歴史の方向を見失わない京都びと。仏教と私塾を中心とする独自な学問、繊細で雅な工芸美術、そして町と在郷を結ぶ経済発展の中ではぐくまれた信用第一ののれん商法。有形無形の歴史を聞き書き編んだ京都圏の人づくり読本。
◇続 京都の大路小路―新たに歩いた105路の歴史・文化・観光　小学館　1995.11　263p　21cm　2900円　Ⓘ4-09-387158-2
　＊正編を引き継ぎ、京都の大路小路の全貌を明らかにする完結の105通り。
◇拓本「京都」　高橋昌博著　高橋昌博　1995.2　90p　26cm　2000円
◇拓本「京都」2　高橋昌博著　高橋昌博　1996.4　108p　26cm　2000円

◇楽しい京の山歩き―史跡とその歴史をたずねて　岩田英彬著　松籟社　1995.4　173p　19cm　1400円　Ⓘ4-87984-168-4
◇旅とスケッチ・京都奈良―思い出を一枚の絵に 古都の歴史と自然を描く　婦人画報社　1997.4　127p　21cm　(Ars books 39)　1752円　Ⓘ4-573-40039-7
　＊本書では、観光地として大変人気のある京都・奈良をテーマにして、スケッチ旅行の楽しみ方を紹介しています。スケッチをするのに相応しい名刹や景勝地の案内をはじめとして、スケッチのテクニック解説、構図の決め方、そしてスケッチ旅行に備えたい道具類の紹介と、入門編の内容になっています。
◇旅の雫―京都散策・東山　寺脇弘光文, 渡辺由起子川柳, 金田薫子写真　G旅の雫　1993.6　15p　26cm
◇旅のひと―パリー京都　藤田ジャクリーン著　法藏館　1983.1　87p　21cm　400円
◇丹波・丹後　水上勉著　河出書房新社　2000.4　189p　20cm　(日本の風景を歩く)　1600円　Ⓘ4-309-62133-3
◇丹波・亀岡―その風土とくらし 続ふるさと亀岡をつづる　福知正温著　大学堂書店　1984.2　246p　20cm　1800円
◇丹波風物誌　湯浅貞夫著　文理閣　1982.11　161p　20cm　1200円　Ⓘ4-89259-056-8
◇丹波福知山の歴史散歩　塩見利夫著　桐村好文堂　1982.7　92p　22cm
◇地図のない京都―ぼくの散歩帖　甲斐扶佐義写真　甲斐扶佐義著　径書房　1992.4　170p　24cm　3296円
◇撮っておき京都　東京写真協会　1999.9　59p　21×30cm　(東京写真協会写真集　2)
◇なぜか嵯峨野　増田正造著　桐原書店　1981.5　151p　24cm　(Rambling guide 野と里)　1500円
◇奈良本辰也自選歴史を往く 3　古都に想う　奈良本辰也著　学習研究社　1977.10　318p　20cm　1300円
◇西陣百家百住―三田村宗二作品集　三田村宗二著　(京都)京都書院　1987.10　241p　23×30cm　3800円　Ⓘ4-7636-1057-0
　＊1年間西陣の町をくまなく歩き、現存する200件の家を写生いたしました。その内より115点を選び、『西陣百家百住』というタイトルでここに刊行しました。この作品集を通じて、西陣のもつ心豊かな人間性や生活習慣がいまも絶えることなく受け継がれ営まれていることを実感し、日本人の「暮らしと住まい」の原点が理解できることと思います。

◇日本随筆紀行 第15巻　ふかぶかと古都は夕暮れ―京都　松田道雄ほか著　作品社　1986.9　254p　19cm　1200円　①4-87893-415-8
◇日本随筆紀行 第16巻　露踏みわけて深草の里―京都府・滋賀　室井犀星ほか著　作品社　1986.10　254p　19cm　1200円　①4-87893-416-6
◇はじめて歩く京都　内山泉文　ナンバー出版　1981　159p　19cm　(ロータリーガイドS)　680円
◇晴れて丹波の村人に―京育ち一家の村入り記　森茂明著　クロスロード　1986.1　229p　19cm　(クロスロード選書)　980円
◇版画宇治百景―宇治の観光ガイド　宇治公民館版画サークル編　宇治公民館版画サークル　1985.3　図版100枚　22cm
◇はんなり京都―西陣と室町の暮らし　深見きみ著　河出書房新社　1988.7　211p　20cm　1600円　①4-309-24102-6
◇ビジュアルワイド 新日本風土記 26　京都府　ぎょうせい　1989.2　71p　29×22cm　2000円　①4-324-01097-8
　＊貴族や武士たちの夢のなごりをいまに伝える京都市の町なみ。長い年月がはぐくんだ伝統的産業。日本三景の一つとして知られる天橋立など、京都府の全てをビジュアルに紹介。
◇人づくり風土記―全国の伝承・江戸時代 26 ふるさとの人と知恵・京都　加藤秀俊ほか編纂　農山漁村文化協会　1988.11　377p　27cm　(聞き書きによる知恵シリーズ)　4300円　①4-540-88003-9
◇風景画全集 美しい日本 6　京都 1　内山武夫編　ぎょうせい　1988.2　103p　30×31cm　5000円　①4-324-01046-3
◇冬の台所―京のくらしうた　大村しげ著　冬樹社　1980.12　230p　20cm　1200円
◇ふるさとを歩く―久御山町の歴史と伝承　久御山町文書広報課　1983.3　146p　18cm
◇ふるさと今昔写真集―舞鶴の歴史写真展から　舞鶴市秘書課広報係編　舞鶴市　1994.2　94p　30cm
◇平安京の不思議―古都に眠る歴史の謎を訪ねて　森浩一編著　PHP研究所　1994.4　219p　19cm　1500円　①4-569-54296-4
◇平安の都―古代を考える　笹山晴生編　吉川弘文館　1991.2　270p　19cm　1860円　①4-642-02149-3
　＊千年の都"京都"は、桓武天皇による権力の掌握と、中央の地方支配確立の流れの中で、古代宮都の最後を飾るもっとも整った平安京として生まれた。本書は、遷都にいたる政局や、宮都の構造と儀礼、都の経済メカニズムと民衆、最澄・空海による新仏教の成立など、多方面から立体的に復原する。図版・写真を多数収めた、京都の原像を知る最適の入門書。
◇細川時代の宮津―宮津の歴史散歩 中嶋利雄・講演集　中嶋利雄著「中嶋利雄・講演集」刊行委員会編集・構成　あまのはしだて出版　1992.3　107p　21cm　1300円
◇魔界都市・京都の謎―封印された闇の歴史を暴く　火坂雅志著　PHP研究所　2000.7　204,3p　15cm　(PHP文庫)　552円　①4-569-57433-5
　＊千年の都・京都は実は魔界都市だった!?桓武天皇が平安京を取り囲むように仕組んだ、四つの巨石に秘められた謎とは?比叡山の僧侶たちが今なお恐れる四大魔所とは?陰陽師・安倍晴明や天才詩人・小野篁の正体とは?夏の風物詩・祇園祭や大文字送り火に隠された恐怖とは?著者が自らの足で取材し、突きとめた京都の知られざる闇の歴史が今、ここに暴かれる。
◇魅せられたる京都　遠藤隆一著　遠藤隆一　1984.11　261p　27cm
◇南山城の歴史と文化　京都府立山城郷土資料館編　京都府立山城郷土資料館　1982.11　48p　26cm　(展示図録 1)
◇目で見る南山城の100年―宇治市・城陽市・八幡市・久世郡・相楽郡・綴喜郡　郷土出版社　1995.11　147p　37cm　11000円　①4-87664-098-X
◇山科の歴史探訪 4　名所図会に見る山科　山科の歴史を知る会　1992.10　185p　26cm
◇山科の歴史探訪 5　道標に見る山科　山科の歴史を知る会　1994.4　188p　26cm
◇山科の歴史探訪 3　山科の歴史を歩く―探訪会資料　山科の歴史を知る会　1989.11　170p　26cm
◇やましろ歴史探訪―南山城史跡散策ガイドブック　斎藤幸雄著　かもがわ出版　1998.11　124p　21cm　1300円　①4-87699-421-8
　＊歴史とロマンの宝庫・南山城。ミニ史跡紹介50と動物像20をめぐる、史跡散策ガイド。
◇ゆうこが行く京都　芸文社　1985.10　161p　15cm　(ロマンチック旅文庫)　480円　①4-87465-165-8
◇淀の歴史と文化　西川幸治編　淀観光協会　1994.9　93p　26cm
◇洛西探訪―京都文化の再発見　後藤靖,山尾幸久編　(京都)淡交社　1990.10　224,5p

19cm　1700円　ⓇN4-473-01159-3
◇洛東探訪―山科の歴史と文化　後藤靖, 田端泰子編　淡交社　1992.10　253,7p　19cm　2300円　ⓇN4-473-01257-3
　＊この本は山科の案内書であるが、単なるガイドブックではない。学問的研究を基礎にしながら、山科に住んだ人々の生活と文化の歩みをわかりやすく明らかにしようとしたものである。
◇歴史探訪丹後の古代中世社会を探る2　加悦町教育委員会　1998.3　113p　27cm（加悦町歴史文化シリーズ　第2集）
◇歴史探訪丹後の中世社会を探る1　加悦町教育委員会　1997.3　108p　26cm（加悦町歴史文化シリーズ　第1集）
◇歴史を探る旅　京都・瀬戸内海　奈良本辰也著　日本交通公社出版事業局　1974　233p　18cm（ベルブックス）　480円
◇歴史の京　洛東を歩く　高野澄文, 永野一晃写真　淡交社　2001.9　127p　21cm（新撰　京の魅力）　1500円　ⓇN4-473-01840-7
◇歴史の京　洛北を歩く　高野澄文, 橋本健次写真　淡交社　2001.11　126p　21cm（新撰　京の魅力）　1500円　ⓇN4-473-01850-4
　＊山中越、白川北、石川丈山、梅田雲浜、八瀬・大原など、京都・洛北エリアを読みとくキーワードが満載。
◇わが道は京都岡崎から―歴史と文学によびかけつつ　深江浩著　ナカニシヤ出版　2000.12　211p　21cm　2200円　ⓇN4-88848-613-1
◇わくわく歩き京都―世界文化遺産と寺社・史跡をめぐる旅　実業之日本社　2001.3　129p　26cm（ブルーガイド情報版）　838円　ⓇN4-408-03370-7
◇私の歩いた郷土の歴史―丹波霧　芦田金次郎著　桐村好文堂　1981.11　132p　22cm
◇THE　京都　読売新聞社　1989.5　166p　30×22cm　2060円　ⓇN4-643-89031-2

京名所図会

京都府

＊　　＊　　＊

◇宇治名所図会―旅へのいざない　特別展　宇治市歴史資料館編　宇治市歴史資料館　1998.10　48p　30cm
◇京の名所図会を読む　宗政五十緒編　東京堂出版　1998.9　217p　21cm　2900円　ⓇN4-490-20355-1

＊洛中・洛外・近郊の、名所旧跡90景を収録。近世京都の地誌『拾遺都名所図会』の挿絵を読み解いて、往時の京都人の生活・人情・風俗を懇切に解説する。
◇京都名所図会―絵解き案内　宗政五十緒, 西野由紀著　小学館　1997.5　127p　21cm　1600円　ⓇN4-09-626196-3
◇京都名所図絵　阿部泉著　つくばね舎　2001.1　317p　21cm　2500円　ⓇN4-924836-49-4
　＊京の歴史と京の今を結ぶ著者入魂の書。今の京都を江戸期の名所記で観る。『都名所図会』『拾遺都名所図会』『年中行事大成』『都林泉名勝図会』『花洛名勝図会』から多数の図版を収録。京都を奥深く観るための最適の書。
◇京の四季―洛中洛外図屏風の人びと　林屋辰三郎著　岩波書店　1985.9　79p　22cm（岩波グラフィックス　32）　1300円　ⓇN4-00-008432-1
◇京名所図絵と祇園山鉾　田中泰彦編著　岩崎美術社　1990.3　112p　26cm（双書美術の泉　80）　1900円　ⓇN4-7534-1180-X
◇近世京都絵図十種　京を語る会編　京を語る会　1975　図10枚　解説〔29〕p　29cm（京の民俗資料）　10000円
◇元禄京都洛中洛外大絵図　白石克編　勉誠社　1987.7　11,19p　図版26p　37cm　6000円
◇今昔名所図会2　洛東　竹村俊則文, 水野克比古写真　京都書院　1992.5　118p　30cm　3500円　ⓇN4-7636-3198-5
◇今昔名所図会3　洛西　竹村俊則文, 山本建三写真　京都書院　1992.6　126p　30cm　3500円　ⓇN4-7636-3199-3
◇今昔名所図会1　洛中　竹村俊則文, 浅野喜市写真　京都書院　1992.7　127p　30cm　3500円　ⓇN4-7636-3197-7
　＊安永9年に刊行された京都名所案内記『都名所図会』は、挿画を中心とした最初の名所図会であり、有名な社寺はもとより小さな古蹟に至るまで採り上げ、又、名所旧跡や年中行事をも細かく説明したものです。本書では、この図書の中で"挿画"で紹介された同じ場所にカメラを向け、京都の今と昔の変遷をビジュアルに対比しています。又、各巻を地域別で分類し、各収録場所についての最新の解説を加えました。
◇今昔名所図会5　洛北　竹村俊則文, 角野康夫写真　京都書院　1992.8　1冊　30cm　3500円　ⓇN4-7636-3201-9
　＊安永九年に刊行された京都名所案内記『都名所図会』は、挿画を中心とした最

初の名所図会であり、有名な社寺はもとより小さな古蹟に至るまで採り上げ、又、名所旧跡や年中行事をも細かく説明したものです。本書では、この図書の中で"挿画"で紹介された同じ場所にカメラを向け、京都の今と昔の変遷をビジュアルに対比しています。

◇今昔都名所図会 4　洛南　竹村俊則文, 横山健蔵写真　京都書院　1992.9　127p　30cm　3500円　①4-7636-3200-0

＊安永9年に刊行された京都名所案内記『都名所図会』は、挿画を中心とした最初の名所図会であり、有名な社寺はもとより小さな古蹟に至るまで採り上げ、又、名所旧跡や年中行事をも細かく説明したものです。本書では、この図書の中で"挿画"で紹介された同じ場所にカメラを向け、京都の今と昔の変遷をビジュアルに対比しています。

◇昭和京都名所図会 1　洛東　上　竹村俊則著　駸々堂出版　1980.6　254p　22cm　2000円

◇昭和京都名所図会 2　洛東　下　竹村俊則著　駸々堂出版　1981.10　302p　22cm　2500円

◇昭和京都名所図会 3　洛北　竹村俊則著　駸々堂出版　1989.7　326p　22cm　2678円　①4-397-50129-7

◇昭和京都名所図会 4　洛西　竹村俊則著　駸々堂出版　1983.11　382p　22cm　2800円

◇昭和京都名所図会 5　洛中　竹村俊則著　駸々堂出版　1984.11　398p　22cm　2800円　①4-397-50131-9

◇昭和京都名所圖會 6　洛南　竹村俊則著　駸々堂出版　1986.1　374p　22cm　2800円　①4-397-50132-7

◇昭和京都名所図会 7　南山城　竹村俊則著　駸々堂出版　1989.6　426p　21cm　3300円　①4-397-50133-5

＊本書は昭和30年代に執筆した拙者『新撰京都名所図会』全7巻を元にして新しく筆をとったものであり、とくに東山方面は根本的に書き改めた。解説に当たってはつとめて歴史地理的に平易に記述するよう心がけ、古文化財を中心に史蹟・伝説・年中行事・風俗習慣・民間信仰・名物名産はもとより新しい産業文化施設等に至るまで収録するようにつとめた。

◇新修京都叢書 第6巻　都名所図会　野間光辰編, 新修京都叢書刊行会編著　秋里籬島著　2版　臨川書店　1994.4　2冊（別冊とも）　22cm　9000円　①4-653-02602-5,4-653-02596-7

◇新修京都叢書 第7巻　拾遺都名所図会　野間光辰編, 新修京都叢書刊行会編　秋里籬島〔作〕　2版　臨川書店　1994.5　15,598p　22cm　7313円　①4-653-02603-3,4-653-02596-7

◇新修京都叢書 第9巻　都林泉名勝図会　野間光辰編, 新修京都叢書刊行会編著　秋里籬島〔著〕, 西村中和〔ほか画〕　2版　臨川書店　1994.6　8,569p　22cm　7210円　①4-653-02605-X,4-653-02596-7

◇新修京都叢書 第6巻　拾遺都名所図会　野間光辰編　秋里籬島著　2版　臨川書店　1976.6　13,755p　22cm

◇新修京都叢書 第7巻　都名所図会　野間光辰編　秋里籬島著　2版　臨川書店　1976.8　15,598p　22cm

◇新修京都叢書 第8巻　宝永花洛細見図—作者不詳　野間光辰編　2版　臨川書店　1976.8　15,626p　22cm

◇新修京都叢書 第9巻　都林泉名勝図会　野間光辰編　秋里籬島著　2版　臨川書店　1976.8　8,569p　22cm

◇新撰京都名所図會 巻2　竹村俊則著　白川書院　1959　221p　図版　地図　22cm

◇新撰京都名所図會 巻3　竹村俊則著　白川書院　1961　214p　図版　地図　22cm

◇新撰京都名所図會 巻4　竹村俊則著　白川書院　1962　244p　図版　地図　22cm

◇新撰京都名所圖會 巻5　（洛南の部）　竹村俊則著　白川書院　1963　254p　図版　地図　22cm

◇新撰京都名所圖會 巻6　竹村俊則著　白川書院　1965　22cm

◇新撰京都名所圖會 巻7　竹村俊則著　白川書院　1965　22cm

◇新撰京都名所圖會 第1　竹村俊則著　白川書院　1958　157p　図版　地図　22cm

◇新訂都名所図会 1　市古夏生, 鈴木健一校訂　筑摩書房　1999.2　226p　15cm　（ちくま学芸文庫）　900円　①4-480-08481-9

＊安永9年(1780)に町人吉野屋為八が計画・刊行した京都の地誌。俳諧師秋里籬島による名所の由来記と、なによりも俯瞰図を多用した竹原春朝斎の挿絵をもって、この『都名所図会』は高い評判を呼び起こし、引き続き、再刻本や『拾遺都名所図会』までもが刊行された。こうして、以後つぎつぎと『江戸名所図会』に代表される〈名所図会〉ものの出版を誘発する、大きなきっかけを作ったのである。本文庫では、漢詩・漢文は原則として読み下すなど、最も読みやすい本文提供をめざ

した。第1巻は、おもに京都市の中心部、上京区・中京区・下京区を記述した。巻之一「平安城(首)」と巻之二「平安城(尾)」を収録する。

◇新訂都名所図会 2 巻之三:左青竜;巻之四:右白虎 市古夏生, 鈴木健一校訂 筑摩書房 1999.3 349p 15cm (ちくま学芸文庫) 1200円 ①4-480-08482-7

＊安永9年(1780)に町人吉野屋為八が計画・刊行した京都の地誌。俳諧師秋里籬島による名所の由来記と、なによりも竹原春朝斎の俯瞰図を多用した挿絵をもって、この『都名所図会』は高い評判を呼び起こし、引き続き、再刻本や『拾遺都名所図会』までもが刊行された。こうして、以後つぎつぎと『江戸名所図会』に代表される「名所図会」ものの出版を誘発する、大きなきっかけを作ったのである。本文庫では、漢詩・漢文は原則として読み下すなど、最も読みやすい本文提供をめざした。第2巻は、おもに京都市の東部を記述した、巻之三「左青竜」と南西部を記述した巻之四「右白虎」を収録する。

◇新訂都名所図会 3 巻之五:前朱雀;巻之六:後玄武 市古夏生, 鈴木健一校訂 筑摩書房 1999.4 315p 15cm (ちくま学芸文庫) 1100円 ①4-480-08483-5

◇新訂都名所図会 4 拾遺巻之一:平安城;拾遺巻之二:左青竜 市古夏生, 鈴木健一校訂 筑摩書房 1999.5 451p 15cm (ちくま学芸文庫) 1300円 ①4-480-08484-3

＊安永9年(1780)に町人吉野屋為八が計画・刊行した京都の地誌。俳諧師秋里籬島による名所の由来記と、なによりも竹原春朝斎の俯瞰図を多用した挿絵をもって、この『都名所図会』は高い評判を呼び起こし、引き続き、再刻本や『拾遺都名所図会』までもが刊行された。こうして、以後つぎつぎと〈名所図会〉に代表される〈名所図会〉ものの出版を誘発する、大きなきっかけを作ったのである。本文庫では、漢詩・漢文は原則として読み下すなど、最も読みやすい本文提供をめざした。第4巻からは、『拾遺都名所図会』。おもに京都中心部を記述した巻之一「平安城」と東部を記述した巻之二「左青竜」を収録する。

◇新訂都名所図会 5 拾遺巻之三:後玄武・右白虎;拾遺巻之四:前朱雀 市古夏生, 鈴木健一校訂 筑摩書房 1999.6 505p 15cm (ちくま学芸文庫) 1400円 ①4-480-08485-1

＊安永9年(1780)に町人吉野屋為八が計画・刊行した京都の地誌。俳諧師秋里籬島による名所の由来記と、なによりも竹原春朝斎の俯瞰図を多用した挿絵をもって、この『都名所図会』は高い評判を呼び起こし、引き続き、再刻本や『拾遺都名所図会』までもが刊行された。こうして、以後つぎつぎと『江戸名所図会』に代表される「名所図会」ものの出版を誘発する、大きなきっかけを作ったのである。本文庫では、漢詩・漢文は原則として読み下すなど、最も読みやすい本文提供をめざした。第5巻は、『拾遺都名所図会』の巻之三「後玄武・右白虎」と巻之四「前朱雀」に、解説および詳細な索引を付す。

◇福知山城絵図 福知山市郷土資料館 1989.10 20p 26cm

◇都名所図会を読む 宗政五十緒編 東京堂出版 1997.3 272p 21cm 2987円 ①4-490-20302-0

＊数ある名所図会のなかでも、その嚆矢として知られる『都名所図会』より100図を収録。当時の生活・風俗・習慣・年中行事などを興味深く解説する。町々や辻々、寺院や神社に昔の面影を色濃くのこす京都の、手軽な観光ガイドとしても絶好。

◇都林泉名勝図会―京都の名所名園案内 上 秋里籬島著, 白幡洋三郎監修 講談社 1999.12 282p 15cm (講談社学術文庫) 900円 ①4-06-159411-7

＊今から二百年前、京都の名園を見事な図絵で紹介する案内書が刊行された。林泉＝庭園の魅力を、さまざまな古典の引用や故事来歴の取材によって伝える、売れっ子作家秋里籬島の最高傑作である。現在でも往時のままに残っている庭も多く、ガイドブックとしても使える楽しさ満載の一級資料。

◇都林泉名勝図会―京都の名所名園案内 下 秋里籬島著, 白幡洋三郎監修 講談社 2000.5 288p 15cm (講談社学術文庫) 960円 ①4-06-159412-5

◇都名所図會 秋里籬島撰, 竹原春朝斎画, 原田幹校訂 人物往来社 1967 2冊 22cm

◇都名所図会 秋里籬島著, 竹原春朝斎画, 竹村俊則校注 新版 角川書店 1976 949p 18cm 2900円

◇都名所図会 秋里湘夕著, 竹原春朝斎画 新典社 1984.1 2冊 27cm (名所図会叢刊 1,2) 60006600円

◇都林泉名勝図絵―抄 秋里籬島著, 上原敬二編 加島書店 1972 109p 16×21cm (読みと解説つき造園古書叢書 9) 600円

◇都林泉名勝図会　秋里籬島著，井口洋校訂　柳原書店　1975　543p　22cm　7400円
◇明治の京都名所五十一景－石田有年の銅版画　石田有年〔作〕，田中泰彦編　京を語る会　1994.11　1冊（頁付なし）　22×31cm　10000円

奈　良

奈良県　指定：世界遺産「古都奈良の文化財」

＊　　＊　　＊

◇秋篠川のほとりから－奈良歴史散歩　直木孝次郎著　塙書房　1995.2　214p　18cm　（塙新書　70）　1100円　⓪4-8273-4070-6
　＊古代文化の咲き匂う奈良の都は、同時に政争の舞台でもあった…。平城京建設の一端をになった秋篠川のほとりに佇み散策し、泰斗としての歴史家の堅実なる視点から、折々に綴る思索の結晶。古代の都の繁栄と衰退を平易に語りつつ、奈良の古層へわれわれを導く。
◇飛鳥　井上光貞，門脇禎二編　吉川弘文館　1987.1　296p　19cm　（古代を考える）　1800円　⓪4-642-02142-6
　＊古代国家形成の舞台"飛鳥"。ここには尽きない魅力がある。訪れる者の心によって、見る者の視角によって、その魅力はさまざまに生れる。本書は、最新の発掘成果を十二分に活用し、飛鳥史の諸相とアジア史とのかかわりを、歴史・考古・文学の諸方面から総合的に把握する。一地図・写真を多数収め、飛鳥散策案内を付すなど、現地見学にも最適。
◇飛鳥への旅－ガイドブック　藤田浩著　偕成社　1994.7　215p　19cm　2000円　⓪4-03-529350-4
◇飛鳥散歩24コース　奈良県高等学校教科等研究会歴史部会編　山川出版社　2000.8　184p　18cm　1200円　⓪4-634-60870-7
　＊歩こう、見よう！飛鳥の散歩コースと散策事典。古代史の舞台となった"飛鳥"。ロマンあふれる飛鳥の地には何か新しい発見がある。
◇飛鳥光と風－写真集　森和彦著・写真，河上邦彦，菅谷文則，和田萃監修　人文書院　1997.9　201p　20cm　（飛鳥学　第4巻）　3400円　⓪4-409-52028-8
　＊飛鳥学全巻にわたる、風景、寺、社、遺跡、石造物、祭祀民俗等を厳選収録し、景観の美しさだけではなく、いまは見られ

ぬ遺跡発掘現場の汗や涙を含めて見事に白黒世界に定着した比類ないアルバム。
◇飛鳥・山の辺・斑鳩－古代の歴史をひもとく旅　感動と発見の旅　学習研究社　2001.5　127p　15cm　（学研M文庫）　650円　⓪4-05-902038-9
　＊旅は心をいやすために、また先人たちの残してくれた建造物や、その思想を確かめるために行く。大人たちが求めるやすらぎの旅や、知的欲求を満たすために、奈良の訪れたいエリアを厳選して、地元でも愛された老舗だけを紹介。
◇飛鳥への古道－古景巡礼　千田稔著　そしえて　1984.3　73p　19cm　（風土と歴史をあるく）　980円　⓪4-88169-305-0
◇飛鳥路－歴史とのふれあい鑑賞の手引　フジタ編集部編　フジタ　1990.4　96p　19cm　631円　⓪4-89349-210-1
◇斑鳩散歩24コース　奈良県高等学校教科等研究会歴史部会編　山川出版社　2000.8　178p　18cm　1200円　⓪4-634-60860-X
　＊聖徳太子にちなむ史跡・文化財あふれる斑鳩散策。古代からの息吹を感じつつ…。歩こう、見よう！斑鳩の散歩コースと散歩事典。
◇いにしえの御所を尋ねて　御所市教育委員会編　改訂2版　御所市教育委員会　1994.1　23p　26cm
◇入江泰吉写真全集　1　大和路百景　集英社　1981.2　119p　35cm　4300円
◇入江泰吉写真全集　5　春秋大和路　集英社　1981.10　119p　35cm　4800円
◇近江・大和　水上勉著　河出書房新社　2000.5　205p　20cm　（日本の風景を歩く）　1600円　⓪4-309-62134-1
◇おはなし歴史風土記　29　奈良県　歴史教育者協議会編　岩崎書店　1986.6　91p　26cm　1200円　⓪4-265-93229-0
◇各駅停車全国歴史散歩　30　奈良県　青山茂編　河出書房新社　1984.5　280,6p　19cm　1200円　⓪4-309-71230-4
◇河内飛鳥　門脇禎二，水野正好編　吉川弘文館　1989.10　283p　19cm　（古代を考える）　1860円　⓪4-642-02148-5
　＊難波の津から二上山をへて飛鳥にいたる古道＝竹内街道に沿って、今も燦然たる光彩をはなつ渡来文化のベルトライン「河内飛鳥」。本書は、古代王権と中国・朝鮮の先進文化の入口として、最も重要な地域であめりながらも忘れられたもう一つの飛鳥＝河内飛鳥を、考古・歴史・文学の諸方面からスポットをあてた注目の書。図版を多数収録し、現地見学に最適。

古都　　　　　　　　　　　　　　　　　　　　古都・街道

◇河内飛鳥を訪ねてみよう　石部正志編著　（京都）松籟社　1989.7　220p　19cm　1400円　Ⓘ4-87984-101-3
◇木の国 日本の世界遺産―古都奈良 文化遺産編　大蔵省印刷局　1998.12　63p　26cm　880円　Ⓘ4-17-160009-X
◇近鉄奈良・京都線歴史散歩　鯨景三著　鷹書房　1987.4　252p　19cm　（史跡をたずねて各駅停車）　980円　Ⓘ4-8034-0316-3
　＊大阪・奈良・京都を結ぶ大動脈の近鉄沿線には、古社名刹、宮跡古墳が散在し、まさに古代と現代が交錯している。
◇古都の旅―奈良・京都　福山大仁著　斎藤美佐子　1998.9　94p　26cm
◇散策&鑑賞奈良大和路編―古都の美術・歴史を訪ねて　木下長宏, ユニプラン編集部編著　ユニプラン　2001.4　96p　21cm　552円　Ⓘ4-89704-157-0
◇知られざる大和路　山路麻芸文, 野沢寛絵　春秋社　1988.10　350p　19cm　2200円　Ⓘ4-393-43607-5
　＊大和のロマンと万葉の世界が、今、あざやかに甦る。埋もれつつある大和路の廃寺・遺跡。その歴史と伝説を、大和に生まれ育った著者が、文学的に綴る大和路案内。
◇城と川のある町―大和郡山歴史散歩　鈴木良編　（京都）文理閣　1988.4　181p　19cm　1200円　Ⓘ4-89259-126-2
　＊大和郡山は玄人好みのする歴史の町といっても良い。中世の農村だけではない。古代史でも面白い史跡は多い。平城京羅城門、官道である下つ道、西市跡など―どれ一つをとっても一度は歩いてみたいところだ。本書を読んでいただけば、それぞれの史跡をかなりの程度まで深く、具体的に理解することが可能だろう。
◇新版 奈良県の歴史散歩 上　奈良県歴史学会編　山川出版社　1993.7　279p　18cm　（新全国歴史散歩シリーズ　29）　890円　Ⓘ4-634-29290-4
◇新版 奈良県の歴史散歩 下　奈良県歴史学会編　山川出版社　1993.7　294p　18cm　（新全国歴史散歩シリーズ　29）　890円　Ⓘ4-634-29590-3
◇聖地への旅―大峰山　矢野建彦著, 宮家準, 岡倉捷郎文　佼成出版社　1987.4　151p　21cm　（フォト・マンダラ）　1600円　Ⓘ4-333-01269-4
◇旅奈良大和路古道　西岡比古司写真・文　京都書院　1998.5　255p　15cm　（京都書院アーツコレクション　126 歴史 3）　1000円　Ⓘ4-7636-1626-9
◇奈良―南都旅愁　木全敬蔵, 岩本次郎著　そしえて　1985.6　127p　19cm　（風土と歴史をあるく）　1300円　Ⓘ4-88169-312-3
◇奈良 東部　岩波書店編集部編, 岩波映画製作所写真　〔復刻版〕　岩波書店　1988.10　62p　21cm　（シリーズ 古都案内 1950～1954）　600円　Ⓘ4-00-003544-4
◇奈良新発見―いまに生きる歴史を歩く　奈良県歴史教育者協議会編　かもがわ出版　1999.8　172p　21cm　1600円　Ⓘ4-87699-459-5
　＊新しい発見がいっぱいの奈良―最新の発掘・研究成果にもとづき、奈良の地に息づく歴史を、現場に立ち、見て、体験するためのガイドブック。奈良の教師がえらんだこだわりの旅案内。古墳や遺跡、古寺や景観に秘められた歴史の姿がうかびあがる。
◇奈良謎とき散歩―万葉人の息吹と古代のロマンを訪ねて　吉田甦子著　広済堂出版　1998.3　272p　19cm　1600円　Ⓘ4-331-50615-0
　＊風かおる山の辺の道、光に満ちた飛鳥、悠久の時を刻んだ斑鳩の古寺社たち。千二百年以上も前に生きた万葉びとの喜びと悲しみが聞こえてくる、ロマンあふれる奈良大和路の歴史を歩く。
◇奈良大和路散策案内―史跡で訪ねる古都　木下長宏著, ユニプラン編集部編　ユニプラン　1997.4　80p　21cm　419円＋税　Ⓘ4-89704-104-X
◇奈良閑話　喜多野徳俊著　近代文芸社　1988.1　225p　19cm　1500円　Ⓘ4-89607-744-X
　＊1月15日、若草山山焼から5月、興福寺南大門跡での薪能に至るまで、郷土史を通じ知られざる奈良を垣間見る。
◇奈良県　入江泰吉写真　保育社　1981.6　64,16p　19cm　（カメラ風土記　30）　500円
◇奈良散歩―村山勇写真集　村山勇写真　光村印刷　1994.3　47p　17×19cm　（Bee Books 183）　1000円　Ⓘ4-89615-183-6
◇奈良の旅　松本清張, 樋口清之著　光文社　1984.11　253p 図版12枚　16cm　（光文社文庫）　440円　Ⓘ4-334-70068-3
◇奈良町物語　奈良まちづくりセンター　1991.6　130p　18cm　700円
◇奈良万葉　井上博道写真, 奈良市教育委員会編　奈良市教育委員会　1988.2　206p　27×35cm

286

◇奈良大和路―入江泰吉写真集　入江泰吉著　日本カメラ社　1985.3　154p　26cm　1900円

◇奈良大和路―井上博道写真集　井上博道著　京都書院　1988.7〜9　4冊　30×30cm　各3600円　④4-7636-3088-1

◇奈良大和路―入江泰吉写真集　入江泰吉著　日本カメラ社　1989.4　154p　26cm　1900円　④4-8179-3009-8

◇奈良 大和路「里」―井上博道写真集　井上博道写真　(京都)京都書院　1988.9　107p　30×30cm　3600円　④4-7636-3091-1

◇奈良大和路散策案内―史跡で訪ねる古都〔最新版〕　ユニプラン　1996.4　79p　21cm　430円　④4-89704-073-6

◇奈良大和路散策案内―史跡で訪ねる古都 1990年度版　ユニ・プラン編集部編集, 木下長宏著　ユニ・プラン　1990.3　80p　21cm　(U books)　583円　④4-946442-59-6

◇奈良大和路の歴史を歩く　籔景三著　新人物往来社　1988.5　214p　19cm　1300円　④4-404-01512-7

＊奈良大和の歴史が判りやすく読め、史跡めぐりガイドとしても役立つ。

◇奈良大和路「都」―井上博道写真集　井上博道著　(京都)京都書院　1988.7　107p　31×31cm　3600円　④4-7636-3088-1

＊多くの社寺と、歴史的景観を有する美しい古都奈良は、世界の貴重な財産である。しかし、最近の奈良は、激しく変貌し、この写真集が、奈良大和路の挽歌にならないことを祈っている。

◇ビジュアルワイド 新日本風土記29　奈良県　ぎょうせい　1988.9　71p　30cm　2000円　④4-324-01100-1

＊神話と伝説の山、大和三山。華やかな天平文化のおもかげ、春を告げる東大寺の御水取。墨・筆づくりに代表される独特の伝統的産業など、奈良県の全てをビジュアルに紹介。

◇秘められた大和路　山路麻芸文, 野沢寛絵　春秋社　1991.10　286p　19cm　2500円　④4-393-43610-5

＊大和に生まれ育った著者が、記・紀・万葉の伝説や秘話をおりまぜながら、あまり観光化されていない神社、仏閣、遺跡などの埋もれた魅力に焦点をあてた、エッセーふうの大和路案内。

◇藤原京千三百年―飛鳥・奈良の宮都　小松左京, 石倉明編著　有学書林　1994.12　198p　19cm　1800円　④4-946477-18-7

◇仏教伝来―白川義員作品集 第2巻　シルクロードから飛鳥へ　白川義員著　学習研究社　1986.7　314p　43cm　38000円　④4-05-004967-8

◇平城坊目考 平城坊目遺考　久世宵瑞著, 金沢昇平〔校正〕　金沢昇平著　五月書房　1998.4　28,629p　22cm　30000円　④4-7727-0278-4

＊古都奈良の名所旧跡・江戸期の研究書・金沢昇平版の復刻。平城宮跡「朱雀門」落成記念。

◇平城京 西　井上博道著　光村推古書院　1998.10　71p　17×19cm　(Suiko books)　1200円　④4-8381-0233-X

＊奈良の都は、咲き誇る花がかおりを放つときのように今、全盛を極めている。鮮やかな色彩とともに、朱雀門が往時の姿をとりもどし、朱雀大路を行き交う人々の様子が目に浮かぶ平城宮跡。薬師寺の東塔、秋篠寺の伎芸天、唐招提寺の金堂、など今に伝わる天平の心。華やかな都の薫りを写真で伝える奈良万葉シリーズ第五巻。

◇平城京 東　井上博道著　光村推古書院　1998.12　71p　17×19cm　(Suiko books)　1200円　④4-8381-0234-8

＊平城京は約七十年間という短命な都でしたが、天平、白鳳の文化が開花爛熟した所です。以後千三百年近い歳月の間に様々な激変を体験しながらも、なお、万葉集に歌われた原風景の多くが守り残されてきました。万葉歌をイメージしながら撮影した、タイムスリップしながら映像化した写真集。

◇万葉を歩く―奈良・大和路　山崎しげ子文, 森本康則写真　東方出版　1995.11　128p　21cm　1500円　④4-88591-456-6

◇万葉吉野紀行―歩いて実感する　吉野歴史資料館編　吉野町教育委員会　2001.3　33p　13×19cm　300円

◇万葉明日香路―上山好庸写真集　上山好庸写真　光村推古書院　2001.9　47p　17×19cm　1000円　④4-8381-0291-7

◇万葉を歩く 奈良・大和路　東方出版　1995.11　128p　21cm　1500円　④4-88591-456-6

＊万葉に親しむ1日で巡る感動のモデルコース15。コースガイド・コース地図・写真多数。

◇万葉の大和路　犬養孝文, 入江泰吉写真　旺文社　1987.4　223p　15cm　(旺文社文庫)　650円　④4-01-064360-9

287

＊カラー版大和路の旅。達意のエッセイと写真による万葉散策決定版。

◇道―私のすてきな道　「道―私のすてきな道」編集室企画・編集，井上博道写真，建設省近畿地方建設局奈良国道工事事務所監修　奈良新聞社　1999.11　127p　21cm　952円　①4-88856-026-9
＊季節の移ろいを感じる道、毎日何気なく歩く駅へ向かう道、あの日あの時あの人とького思い出の道。多くの人の、多くの歴史が重なって、いつかどこかで生まれた道を集めた写真エッセイ集。

◇大和を歩く―ひとあじちがう歴史地理探訪　奈良地理学会編　奈良新聞社　2000.11　339p　21cm　(Yamato walk guide book)　1800円　①4-88856-031-5
＊本書は、74名の執筆陣が概説、地域編、コラム、データ編をそれぞれ分担執筆し、地形図や写真、図表などを駆使して、大和の歴史地理的事象をより分かりやすく解説したガイドブックである。

◇大和千年の路　榊莫山著　文芸春秋　2001.3　211p　18cm　(文春新書)　680円　①4-16-660158-X

◇大和紀行　石田公道編　道新文化センター「石田文学セミナー」　1986.7　202p　19cm　1000円

◇大和・熊野路の音―日幷貞夫写真集　日幷貞夫著　日本写真企画　1980.11　142p　21×24cm　(こころにふれる写真シリーズ　3)　4800円

◇大和散歩日記　小山龍太郎著　小山龍太郎　1983.5　94p　20cm

◇大和路写し歩き　玉河晋次著　玉河晋次　1999.7　144p　27cm

◇大和路心景―滅びるもの、甦るもの　寺尾勇著　創元社　1998.1　245p　19cm　1400円　①4-422-70021-9
＊こころで見つめる奈良大和路の仏像、寺、そして景観―。その美と対峙して感動を得た時、人ははじめてそれを自分のものにする。大和路の旅―それは自分自身を見つめる旅。美しき滅びの姿、力強き甦りの姿を、写真と文でつづる。

◇大和路慕情　木村昭彦著　光村印刷　2000.2　83p　21×23cm　(Bee books)　2800円　①4-89615-789-3

◇大和路・いせ路道標の旅　稲神和子著　2版　しるべ文庫　1987.4　231p　19cm　1500円

◇大和路有情　入江泰吉著　保育社　1980.12　249p　36cm　30000円

◇大和路を歩く―シルクロードの往き着く古都　大地みちえ著　(大阪)創芸出版　1988.4　255p　19cm　1300円　①4-915479-30-7
＊この本の紀行は、『東海道中膝栗毛』のような、まったく肩の凝らない酒脱な見学の記録である。珍らしい事物を発見して感心する庶民の旅である。生活者の素直な眼が、飾り気のない文章の中におりおりきらめく。

◇大和路をめぐる　続・続　山路麻芸文，野沢寛絵　春秋社　1980.5　308p　20cm　2000円

◇大和路　女ひとり旅　藪チカ子著　鷹書房　1989.6　252p　19cm　(女ひとり旅シリーズ)　1000円　①4-8034-0354-6
＊斑鳩法隆寺に藤ノ木古墳、飛鳥の石舞台と高松塚古墳、花の吉野の蔵王堂、大和三山の山ノ辺の道、郡山高田の城下町、剣聖の里柳生など、大和路のあちこちを、女ひとり颯爽と歩く旅。

◇大和路邂逅―山田興司写真集　山田興司著　(京都)京都書院　1988.6　107p　30×30cm　3600円　①4-7636-3086-5
＊仰ぐ朝夕の太陽、夜空に冴える月や宇宙に輝く星々。そこに映し出された自然の神秘的な光景に、古代大和の原風景を見、感動の瞬間を写し重ねていた…本書は、古代大和の自然と人との関わりを、見事に活写した資料価値の高い写真集です。

◇大和路紀行―藤田浩写真集　藤田浩著　日本カメラ社　1990.3　155p　26×21cm　2100円　①4-8179-3017-9

◇大和路撮影地70選　葛西宗誠著　日本カメラ社　1985.9　214p　19cm　(NCフォトブックス)　980円　①4-8179-1014-3

◇大和路雪月花―入江泰吉　写真人生を語る　入江泰吉著　集英社　1991.11　215p　21cm　2200円　①4-08-532033-5

◇大和路　能とまつりの旅―写真とルポで訪ねる　山崎しげ子文　檜書店　1996.11　127p　21cm　2266円　①4-8279-0941-5
＊古代より悠久の時を刻む大和。大和を舞台とした能の名曲の数々と、風景や歴史、伝統のまつりを、奈良在住の随筆家山崎しげ子が綴る。美しい大和の風景と、奥深い能の舞台の写真が、人々の心を揺り動かす。

◇大和路遍歴　入江泰吉著　法蔵館　1981.9　220p　20cm　(法蔵選書　2)　1300円

◇大和の古道　田中真知郎写真，前登志夫文　講談社　1985.9　186p　22cm　2600円　①4-06-200251-5

◇大和の古道を行く　池田末則著　大阪書籍　1984.8　208p　19cm　（朝日カルチャーブックス　38）　1200円　④4-7548-1038-4
◇大和慕情　榊莫山著　本阿弥書店　1991.4　218p　19cm　2000円　④4-89373-042-8
　＊花アルトキハ花ニ酔ヒ風アルトキハ風ニ酔フ。―もの想う至福の時間を綴った悠悠自適の随想集。
◇大和まほろばの記　前川佐美雄著　角川書店　1982.6　225p　19cm　（角川選書　136）　880円
◇大和名所記―和州旧跡幽考　林宗甫著　臨川書店　1990.10　950p　22cm　14563円　④4-653-01672-0
◇やまと余情―入江泰吉の世界　奈良市写真美術館編　奈良市写真美術館,(奈良)入江泰吉記念写真美術財団,(京都)光村推古書院発売　2000.10　111p　26cm　2400円　④4-8381-9905-8
　＊奈良・大和路の風景には、長い歴史がひっそりと息づいています。写真家・入江泰吉は、そんな風景にこだわり、半世紀にわたって撮りつづけました。本書は、全作品を収蔵する美術館が解説を付した九十四点を、四季に再編して一冊にまとめたものです。
◇大和歴史散策 3　奈良・生駒　青山茂著　保育社　1980.1　151p　15cm　（カラーブックス）　430円
◇大和歴史散策 4　吉野・十津川　青山茂著　保育社　1980.8　151p　15cm　（カラーブックス　507）　430円
◇山辺の道―古墳・氏族・寺社　和田萃編　吉川弘文館　1999.3　336p　19cm　（古代を考える）　3000円　④4-642-02189-2
　＊日本最古の道、山辺の道。その道沿いには、初期の王陵とされる巨大古墳が密集し、古寺社や祭祀遺跡が点在している。ヤマト王権の成立をうかがわせる遺跡群を通して、三輪山や石上神宮の祭祀、古代寺院の歴史的背景をさまざまな視点から最新の成果をもとに描く。日本古代の政治・文化の揺籃の地であり、四季折々の趣をもつ山辺の道へ、いま読者を誘う。
◇横大路―いまに生きる大和の古道　環境文化研究所　1981.6　地図1枚　21cm　（歴史の道シリーズ 2）　800円
◇吉野―悠久の風景　上田正昭編著　講談社　1990.3　315p　19cm　2400円　④4-06-204757-8
　＊日本の原像・吉野のすべてを浮き彫りにする。歴史・民俗・自然から見た「吉野百科」。

◇吉野紀行　前登志夫著　新版　角川書店　1984.3　304p　19cm　（角川選書　145）　960円
◇歴史を歩く―伊都・橋本の郷土史かるた　北尾清一著　まんげつ会　1987.11　281p　20cm　1500円
◇歴史散歩月ケ瀬梅林―村のむかし　稲葉長輝著　文進堂　1987.2　205p　19cm　1500円
◇歴史と文化の素顔―奈良・大和路を行く　細呂木千鶴子著　（大阪）大阪書籍　1987.11　479p　19cm　2000円　④4-7548-6004-7
　＊奈良・大和路の歴史・文化の大道はもとより、裏通りや横丁までも遺さない。しかも美術や民俗などの様々な側面を持っており、批判や鑑賞や評価など随時顔を出し、それは常に一考を遺る。
◇わたしの大和路―寒川昌明写真集　寒川昌明著, 山田実編　寒川昌明　1997.7　171p　22×30cm　5000円
◇NHK平城京ロマンの旅　NHK平城京プロジェクト編　学習研究社　1988.5　111p　29cm　（Gakken mook）　1400円
◇The奈良・大和路―いまよみがえる古代のロマン　読売新聞社　1989.10　166p　29cm　2200円　④4-643-89067-3

大阪名所図会

大阪府

＊　　　＊　　　＊

◇河内長野の古絵図　河内長野市教育委員会　1983.3　47p　30cm　（河内長野市文化財調査報告書　第7輯）
◇河内名所図会　秋里籬嶋編, 丹羽桃渓画, 堀口康生校訂　柳原書店　1975　546p　22cm　7500円
◇河内名所図会　秋里籬島著　臨川書店　1995.5　516p　21cm　（版本地誌大系　4）　8240円　④4-653-03008-1
◇堺大絵図―元禄二己巳歳　前田書店出版部編　前田書店　1977.1　図12枚　49cm　120000円
◇住吉名勝図会　藤原秀憲解説　国書刊行会　1987.1　274p　31cm　9500円
◇摂津名所図会　秋里籬島著　臨川書店　1974　2冊　22cm　全12000円
◇摂津名所図会 1　秋里籬島著, 竹原春朝斎ほか画　新典社　1984.1　420p　27cm　（名

所図会叢刊 3） 6800円
◇摂津名所図会 2 秋里籬島著, 竹原春朝斎ほか画 新典社 1984.1 509p 27cm （名所図会叢刊 4） 8200円
◇摂津名所図会 3 秋里籬島著, 竹原春朝斎ほか画 新典社 1984.1 445p 27cm （名所図会叢刊 5） 7200円
◇続浪花風俗図絵 藤原せいけん画・解説, 杉本宇造編 杉本書店 1972 198p 21cm 4500円
◇浪花百景 一養斎芳滝ほか画 立風書房 1976.6 図版102枚 38cm 103000円
◇浪花風俗図絵 長谷川貞信画, 杉本宇造編・解説 杉本書店 1968 189p 22cm 3500円

長崎と異国文化

長崎県

＊　　＊　　＊

◇埋もれた歴史散歩・長崎——唐紅毛400年のロマン 田栗奎作著 長崎書房（制作・発行） 1977.2 238p 19cm 720円
◇大いなる遺産長崎の教会——三沢博昭写真集 三沢博昭写真 智書房 2000.8 240p 31cm 3800円 ①4-434-00265-1
◇おはなし歴史風土記 42 長崎県 歴史教育者協議会編著 大江一道ほか編 岩崎書店 1983.8 91p 27cm 1200円
◇記憶にのこる明治の長崎 大野良子著 宝文館出版 1988.10 164p 20cm 1600円 ①4-8320-1331-9
◇キミは長崎を発見したか 林内みのる著 芸文堂 1990.9 245p 20cm 1456円 ①4-905897-48-3
◇グラバー家の最期——日英のはざまで 多田茂治著 （福岡）葦書房 1991.12 220p 19cm 1700円
　＊長崎被爆後半月, 自から命を断ったグラバー家最後の当主倉場富三郎と父トーマス・グラバーその光と影, 栄光と悲惨とに隔てられた生涯。
◇自然と歴史の平戸——田平・大島・生月 山口康夫編 芸文堂 1974 314p 19cm 980円
◇写真で観る長崎巡礼の旅——日本キリスト教のルーツを訪ねて 進藤修著 近代文芸社 1996.8 75p 19cm 1200円 ①4-7733-5194-2
　＊転宗する意思表示さえすれば, 死は免れるものをと言われても, 彼らは信仰を捨てなかった。日本の殉教者に学ぶ。
◇新版 長崎県の歴史散歩 長崎県高等学校教育研究会社会科部会編 山川出版社 1989.4 235p 18cm （新全国歴史散歩シリーズ 42） 890円 ①4-634-29420-6
◇図説長崎歴史散歩——大航海時代にひらかれた国際都市 原田博二著 河出書房新社 1999.7 127p 22cm （ふくろうの本） 1800円 ①4-309-72612-7
　＊世界と日本を結んだ国際都市・長崎。大航海時代, ポルトガル船の平戸入港からはじまり, 鎖国下の日本で唯一, 世界にひらかれつづけた都市・長崎の栄光の歴史。
◇全国の伝承 江戸時代 人づくり風土記——ふるさとの人と知恵 42 長崎 加藤秀俊, 谷川健一, 稲垣史生, 石川松太郎, 吉田豊編 農山漁村文化協会 1989.5 373p 26cm 4500円 ①4-540-89007-7
　＊世界への唯一の窓だった江戸時代の長崎は, 全国の先進的な人びとの関心の地であった。活版印刷, 造船業, 写真術, ビワ・ザボンなどの栽培…。大陸と西欧の文明の摂取はいかに行われたか。多彩な国際交流の中で育まれた国際感覚と生活文化を聞き書き編んだ長崎県の人づくり読本。
◇大航海時代の長崎県——南蛮船来航の地を訪ねて 長崎県教育委員会編 長崎県教育委員会 1988.3 198p 21cm
◇長崎——歴史の旅への招待 原田伴彦著 中央公論社 1964 198p 18cm （中公新書）
◇長崎絵地図——巻物ブック JIX 1977 1巻 900円
◇長崎東山手・オランダ坂——ユースホステルのあった町 梨森武志著 梨森武志 1997.5 99p 26cm
◇長崎・平戸散歩25コース 長崎県高等学校教育研究会地理公民部会歴史分科会編 山川出版社 2001.8 227p 18cm 1200円 ①4-634-60940-1
　＊西洋と東洋が交錯する町"長崎・平戸"。歴史を刻んだ石畳, 異国に開かれた港の風景に異邦人たちの面影がよみがえる。長崎・平戸の散歩コースと散歩事典。
◇ながさき浪漫——写真でしのぶ明治・大正・昭和 アルバム長崎百年 ながさき浪漫会編 長崎文献社 1999.2 162p 30cm 2800円 ①4-88851-011-3
◇長崎・熊本散策案内——異国情緒と歴史探訪 1990年度版 （京都）ユニプラン 1990.6 96p 21cm （U BOOKS） 390円 ①4-

946442-50-2
◇長崎への招待　嘉村国男編　第7版　長崎文献社　1986.11　231p　20cm　1200円
◇長崎郷土物語―わしが町さ物語 下巻　歌川龍平著　歴史図書社　1979.7　271p　20cm　2400円
◇長崎県　長崎新聞社編　河出書房新社　1982.10　211p　19cm　（各駅停車全国歴史散歩　43）　980円
◇長崎県文化百選 3 事始め編　長崎県編　長崎新聞社　1997.4　239p　19cm　1286円
＊生活に潤いと安らぎを与えてくれる郷土の誇れる文化をさまざまな観点から取り上げ、県内外に紹介することで、地域文化を再発見、再認識し、多様な県民文化の創造に寄与するシリーズ。第三回の今回は、全国に先駆けて長崎県に生まれた文化、海外との豊かな交流の歴史からもたらされた文化、「事始め」を取り上げました。
◇長崎県文化百選 5 祭り・行事編　長崎県編　長崎新聞社　1999.3　231p　19cm　1334円　Ⓘ4-931493-05-X
＊生活に潤いと安らぎを与えてくれる郷土の誇れる文化をさまざまな観点から取り上げ、県内外に紹介することで、地域文化を再発見、再認識し、多様な県民文化の創造に寄与するシリーズ。第五回の今回は、「祭り・行事」をテーマに長崎県の伝統的な祭りや郷土色豊かな行事を紹介します。
◇長崎県文化百選 6　海外交流編　長崎県編　長崎新聞社　2000.3　237p　19cm　1400円　Ⓘ4-931493-06-8
◇長崎県文化百選 7　壱岐・対馬編　長崎県編　長崎新聞社　2001.3　235p　19cm　1400円　Ⓘ4-931493-07-6
◇長崎県大百科事典　長崎新聞社長崎県大百科事典出版局編　長崎新聞社　1984.8　1050p　図版16枚　31cm　30000円
◇長崎県の歴史散歩　長崎県高等学校教育研究会社会科部会編　新版　山川出版社　1989.4　235p　18cm　（新全国歴史散歩シリーズ 42）　890円　Ⓘ4-634-29420-6
◇長崎町尽し 総町編　嘉村国男著　長崎文献社　1986.7　222p　19cm　（郷土シリーズ 第2巻）　1200円
◇長崎 歴史の旅　外山幹夫著　朝日新聞社　1990.10　289,17p　19cm　（朝日選書　411）　1130円　Ⓘ4-02-259511-6
＊石畳に刻まれた栄光と受難の日々。歴史学者が生活者の眼で語る長崎物語。
◇南蛮長崎草　永見徳太郎著　歴史図書社　1978.9　407p 図版17枚　20cm　4800円
◇日本随筆紀行 第22巻　異国の響きが聞えてくる―長崎　佐多稲子ほか著　作品社　1987.6　238p　19cm　1200円　Ⓘ4-87893-422-0
◇ビジュアルワイド新日本風土記 42　長崎県　ぎょうせい　1989.6　71p　30cm　2060円　Ⓘ4-324-01113-3
＊水晶宮を思わせる雲仙の霧氷。南蛮船の渡来からキリシタン弾圧へと流れる歴史。長崎ガラスなどの工芸や異国情緒ただよう長崎市街など、長崎県の全てをビジュアルに紹介。
◇松田𩜙一の長崎今昔物語―いま、ふたたび、港から　松田𩜙一編　改訂新版　よか研究会　1997.12　226,36p　19cm　1500円
◇歴史と観光の島・平戸　平戸文化財研究所編　3版　平戸文研出版部　1977.8　87p　18cm　480円

古都（アジア）

◇韓国の古都を行く　李進熙著　学生社　1988.12　246p　19cm　1300円　Ⓘ4-311-20140-0
＊渡来人のふるさと―百済＝公州・扶余。王陵と石仏の国―新羅＝慶州。「倭館」と「倭城」の置かれた町―釜山。李王朝の都から韓国の首都ソウルへ―。秘められた歴史と文化に思いを馳せながらめぐる韓国古都の旅。
◇古都慶州を歩く　中村欽哉著　柘植書房新社　2001.9　214p　19cm　1800円　Ⓘ4-8068-0461-4
＊屋根のない博物館といわれる慶州をあまねく解説。
◇週刊地球旅行 no.67　古都慶州と知られざる韓国―韓国　講談社　1999.7　34p　30cm　533円
◇中国古都訪游　大森尚人著　ユースビジコム出版　1997.12　145p　20cm　1429円　Ⓘ4-946517-05-7
◇中国古都を探ねて　岡時義著　岡時義　1986.12　119p　20cm
◇中国古都の旅　新井慧誉著　寿徳寺,世界聖典刊行協会発売　1986.8　100p　26cm　（寿徳寺文庫　13）　1500円
＊この旅行記は、当初より「中国古都の旅」と題して、寿徳寺の寺報『観世音』通巻No.137（昭和59年9月発行）より通巻

◇中国の都城 2　長安・洛陽物語　松浦友久, 植木久行著　集英社　1987.7　278p　19cm　1400円　ⓃⒹ4-08-162002-4
◇中国の都城 4　蘇州・杭州物語　村上哲見著　集英社　1987.9　278p　19cm　1400円　ⓃⒹ4-08-162004-0
　＊地上の楽園―江南の二大古都。豊饒な風土が文学・芸術を育む。山紫水明の都に花開く中国文化の粋。
◇中国の都城 6　成都・重慶物語　筧文生著　集英社　1987.12　262p　19cm　1400円　ⓃⒹ4-08-162006-7
　＊沃野四川に対峙する錦と霧の二大名城！孔明が来、玄宗が拠った大地の奥ふところ―天然の要害"天府の土"の歴史と文化のロマン。
◇中国の都城 7　南京物語　石川忠久著　集英社　1987.11　270p　19cm　1400円　ⓃⒹ4-08-162007-5
　＊優雅な貴族文化に彩られた六朝時代を中心に、中国史の光陰を詩と挿話で綴る。栄華の夢二千年、王家興亡の物語。
◇長安―絢爛たる唐の都　京都文化博物館編、門脇禎二、町田章、田中淡、井上満郎、田辺昭三、礪波護、筒井紘一、渡辺信一郎著　角川書店　1996.4　280p　19cm　（角川選書）1700円　ⓃⒹ4-04-703269-7
　＊遣唐使たちが見聞した、世界都市の構造と文化。古代中国の中心でありシルクロードの起点であった長安。学際的研究と多彩な図版でその実像を知る。
◇長安旅遊―歴史と文学の舞台「西安」を楽しむ本　学習研究社　2000.6　147p　22cm　（Gakken graphic books　14）1600円　ⓃⒹ4-05-401206-X
　＊始皇帝が吼え、武帝が走り、楊貴妃が微笑み、杜甫が吟じる。そこはみんな西安だった！JASと、歴史群像がジョイントして贈る西安物語。
◇長安の夢　陳舜臣著　講談社　1991.8　295p　15cm　（講談社文庫）460円　ⓃⒹ4-06-184962-X
　＊長安には春がふさわしい。漢の時代から、長安ははなやいだみやこであった。そして唐代にはローマと並ぶ最大の都だった。―日本にも馴染の深い白居易、李白、杜甫、王維らの詩眼を通して、いにしえの夢のみやこの全容を浮きぼりにする。「西域巡礼」「三蔵法師の道」を併録しシルクロード、天竺への道をも紹介。
◇仏の里・ラオス―太田亨・写真集　太田亨著　東方出版社　1999.5　148p　21cm　3000円　ⓃⒹ4-88591-603-8
　＊仏を信じ、精霊とともに生きる、やさしさと輝きを持つ国。
◇街道物語　北京・西安・敦煌　日本交通公社出版事業局　1996.4　254p　21cm　1900円　ⓃⒹ4-533-02420-3
◇ラオス古都紀行―世界遺産の町ルアンパバーンに生きる人びと　曹洞宗国際ボランティア会広報課編　曹洞宗国際ボランティア会　1999.5　88p　22cm　（シャンティ　1999）730円　ⓃⒹ4-7738-9536-5
　＊ボーペンニャン！（気にしないで）出会いはお金に換えられない―。こう言って、もてなすラオスの村人たち。一期一会―忘れていた温もりがそこにある。岩田慶治が語る「アジア・奥の細道」所収。

北　京

中国

＊　　　＊　　　＊

◇旧京私記―北平外史　青竜子著　西田書店　2001.3　275p　22cm　3600円　ⓃⒹ4-88866-328-9
◇古都北京　北川桃雄著　中央公論美術出版　1969　189p　図版　20cm　930円
◇図説　北京―3000年の悠久都市　村松伸文、浅川敏写真　河出書房新社　1999.10　111p　22×17cm　（ふくろうの本）1800円　ⓃⒹ4-309-72620-8
　＊マルコ・ポーロが驚嘆した史上空前の巨大都市・北京。一千年の王朝に壮麗な宮廷文化、中国動乱の歴史舞台を探訪する。4000年の中国文化が凝縮する「王」の都の誕生から現在までを写真・図版で綴る決定版！都市ガイド。
◇中国の都城 1　北京物語―黄金の甍と朱楼の都　林田慎之助著　集英社　1987.5　284pp　20cm　1400円　ⓃⒹ4-08-162001-6
◇北京　岩波書店編集部編　岩波書店　1957　図版64p地図　19cm　（岩波写真文庫）
◇北京　安藤彦太郎著, 阿部徹雄, 熊瀬川紀, 島内英佑撮影　講談社　1967　150p　19cm　（原色写真文庫）
◇北京―世界の都市の物語　竹内実著　文芸春秋　1999.6　433,6,16p　15cm　（文春文

庫) 638円 ⓘ4-16-715402-1
  * 黄土が生んだ城壁都市、北京。その歴史は神代に始まる。人類の始祖のひとつ北京原人、理想の王・黄帝から、今日の城内を管制し、庭園を充実させた清の康熙、雍正、乾隆帝、そして毛沢東まで。この都における英雄たちの事跡をたどりつつ、紫禁城の構造、料理、演劇、庭園、胡同の生活と北京の魅力をあますところなく紹介する。
◇北京四天主堂物語—もう一つの北京案内記 矢沢利彦著 平河出版社 1987.9 404p 19cm 2500円 ⓘ4-89203-136-4
  * 義和団事件最後の舞台となった北堂と呼ばれる天主堂は、今では美しく修復され、訪れる人も多いという。マッテオ・リッチが住み、アダム・シャールが建て、清朝三百年の歴史のなかで多くの宣教師たちが守った四つの天主堂の物語を、資料を駆使して描く。本邦初訳のファヴィエ「北堂籠城記」付。
◇北京追想—城壁ありしころ 臼井武夫著 東方書店 1981.11 214p 20cm 1900円 ⓘ4-497-00084-2
◇北京の史蹟 繭山康彦著 平凡社 1979.10 271p 22cm 2200円
◇北京歴史散歩 竹中憲一著 徳間書店 1988.6 350p 19cm 1500円 ⓘ4-19-553700-2
  * 本書は、主として1979年から1986年にかけ『北京日報』『北京晩報』の両紙に掲載された北京に関する記事をもとに、著者自身が実際に現場を踏んだ、文字どおりの歴史散歩の結果である。6年有余、北京暮しの休日を、胡同から胡同へ、古老たちと語りあい、3000年の歴史を掘り起こす。史跡95カ所を精選収録。

上 海

中国

* * *

◇上海—甦る世界都市 田嶋淳子編著 時事通信社 2000.3 271p 20cm 2800円 ⓘ4-7887-9940-5
  * 99年10月、香港やSPに劣らぬ規模の新国際空港が浦東に開港、上海は新たな世紀に向け、飛躍への舞台を用意した。…通信技術の飛躍的な発展は中国社会を確実に変え、その先頭に上海が立っている。

◇上海うら門通り 前田利昭著 青木書店 1999.3 190p 20cm 1700円 ⓘ4-250-99005-2
  * 消えゆく上海を求めて。今日的路地裏散歩案内。
◇上海歴史ガイドマップ 木之内誠編著 大修館書店 1999.6 214p 22cm 3000円 ⓘ4-469-23205-X
  * 上海の歴史を解説したガイドブック。上海の主要街区の過去と現在を地図に表した「地図編」と、歴史的建築や観光スポットなどの名所旧跡等、823項目を解説した「解説編」で構成される。年表、索引付き。
◇上海雑談 陳舜臣著 日本放送出版協会 2000.7 205p 19cm 1500円 ⓘ4-14-080514-5
  * 中国歴史文学の泰斗が、悠久たる歴史の肉声と英知に迫る。陳舜臣ワールドの魅力が今、自ら明かされる。
◇上海放生橋故事—英伸三、中国江南を撮る 英伸三著, 英愛子文 アートダイジェスト 2001.3 166p 27×22cm 3900円 ⓘ4-900455-58-X
  * 放生橋は1571年明朝の時代に建造された五つのアーチをもつ石橋。上海市街の西50キロの歴史の古い水郷のまち朱家角にある。人々はゆるやかな石段を上り下りして渡り荷船は大きくあいたアーチをくぐって運河を往来する。これは橋と運河とそれをめぐる人々の物語である。
◇太平天国と上海 外山軍治著 高桐書院 1947 169p 図版 B6 33円
◇中国の都城5 上海物語 丸山昇著 集英社 1987.10 262p 19cm 1400円 ⓘ4-08-162005-9
  * 「中国のなかの外国」租界の都の光と陰。革命と反革命のうず巻く国際都市を舞台に、明日の自由を求めて命をかけた人々の熱いドラマ！

イスタンブール

トルコ 指定：世界遺産「イスタンブール歴史地区」

* * *

◇イスタンブール ガリマール社, 同朋舎出版編 同朋舎出版 1994.8 414p 23cm (旅する21世紀ブック) 3300円 ⓘ4-8104-1845-6

◇イスタンブール、時はゆるやかに 渋沢幸子著 新潮社 1994.1 244p 19cm 1500円 ④4-10-395901-0
＊長い歴史が渦を巻き、ケバブの香りが漂って、イスタンブールに時が流れる…。バックパッカーの日本人と心やさしいトルコの人々が織りなす、魅惑の街の物語。

◇イスタンブール歴史散歩 渋沢幸子, 池沢夏樹著 新潮社 1994.5 119p 21cm （とんぼの本） 1400円 ④4-10-602028-9
＊壮厳で静謐なモスク、喧騒に溢れたバザール、山と積まれた生鮮食品、芳ばしいケバブの香り…、アジアとヨーロッパの二大陸にまたがって立つ世界唯一の都市イスタンブールは、いつ訪ねても愉しい。ビザンティン文明とイスラム文明が複雑に重層するこの都の二千年の歴史を訪ねて、活気に満ちた街を行く。

◇イスタンブール 日高健一郎, 谷水潤著 丸善 1990.8 110p 21cm （建築巡礼 17） 2369円 ④4-621-03518-5
＊イスタンブール、この魔法のような地名がわれわれ日本人をも捉えて離さないのは何なのであろうか。本書は、ビザンティン建築の粋、ハギアソフィア大聖堂を始め、モスクを作ったスルタンたちの歴史、それを建設した建築家の才能と努力の跡を辿る。

◇イスタンブール—世界の都市の物語 陳舜臣著 文芸春秋 1998.9 305,12p 15cm （文春文庫） 476円 ④4-16-715016-6
＊1600年の長きにわたって首都としての機能を果たしてきた都市、イスタンブール。330年、コンスタンティヌス帝の遷都によってローマ帝国の首都となり、メフメット二世の攻略により1453年以降はオスマン・トルコ帝国の首都として。東西の融合するこの華麗な都市を歴史を縦糸に、人物そして観光スポットを織りまぜて総合的に解説。

◇イスタンブール 陳舜臣著 集英社 2001.3 611p 21cm （陳舜臣中国ライブラリー 26） 3300円 ④4-08-154026-8
＊シルクロードの旅・西域余聞・イスタンブールほか・対談:自作の周辺（陳舜臣,稲畑耕一郎述）

◇イスタンブールからバスに乗って 渋沢幸子著 恒文社21 2001.7 246p 20cm 1700円 ④4-7704-1049-2
＊トルコひとり旅の達人サチコさん、今回はエーゲ海沿いの街や遺跡をバスを駆使して巡り、旅の最後は憧れのキプロス島へ渡ります。第二ボスフォラス大橋を、ヨーロッパからアジアに向かって渡るバスに乗り、勇躍旅は始まります。はてさて、どんな人や出来事が待っていることやら、サチコさん自身にもわからない。

◇イスタンブールから船に乗って 渋沢幸子著 新潮社 1997.9 230p 20cm 1400円 ④4-10-395902-9
＊長い歴史と文化の香り高い黒海沿岸で美しいモスクや教会をめぐり歩き、心優しいトルコの人々とチャイ・パーティ。アクシデントに遭っても「ひとり旅の達人」は元気いっぱい！軽快な紀行エッセイ。

◇イスタンブールから船に乗って 渋沢幸子著 新潮社 1999.9 283p 16cm （新潮文庫） 438円 ④4-10-145822-7

◇イスタンブール、時はゆるやかに 渋沢幸子著 新潮社 1997.3 276p 16cm （新潮文庫） 451円 ④4-10-145821-9
＊かつてコンスタンティノープルと呼ばれた古都イスタンブール。その魅力は、層をなす歴史の重みと、混沌の中の輝きだろうか—1981年訪れて以来惚れこみ、毎年バックパックを背に縦横無尽に一人旅。夕版に映えるモスク、バザールの喧噪、そして今や家族のような懐かしい人たち…豊富な体験と溢れる想いのエッセンスを、歯切れよく巧みに織りあげたイスタンブール・トルコ物語。

◇イスタンブールの東では 夏苅一裕著 文芸社 2000.4 258p 20cm 1500円 ④4-8355-0044-X
＊トルコの魅力に憑かれて9年。偏愛する東部の田舎街をめぐって触れた、街と人びとの温かさを綴る、旅の記憶。

◇イスタンブールが面白い—東西文明の交流点を歩く 小田陽一文・写真, 増島実写真 講談社 1996.6 119p 21cm （講談社カルチャーブックス） 1600円 ④4-06-198115-3
＊アジアとヨーロッパ両大陸に接する町—イスタンブール。幾多の民族の興亡の舞台となったこの町の魅力を歴史、宗教、風俗…とあらゆる角度から立体的に紹介する。

◇イスタンブールとトルコの大地 2002～2003年版 「地球の歩き方」編集室編 改訂第13版 ダイヤモンド・ビッグ社,ダイヤモンド社発売 2001.11 437p 21×14cm （地球の歩き方 21） 1640円 ④4-478-05190-9

◇イスタンブールとトルコの大地 '96～'97版 改訂第9版 ダイヤモンド・ビッグ社,ダイヤモンド社発売 1996.5 320p 21×14cm （地球の歩き方 21） 1580円 ④4-478-

07312-0
◇イスタンブールはガラタ橋—現代トルコ紀行　杉野園明著　文理閣　1995.2　270p　19cm　2300円　①4-89259-234-X
◇週刊地球旅行 no.15　哀愁のイスタンブール—トルコ　講談社　1998.7　33p　30cm　533円
◇週刊ユネスコ世界遺産 no.15　イスタンブールの歴史地区—トルコ　講談社　2001.2　34p　30cm　533円
◇好きになっちゃったイスタンブール—東西ごちゃまぜタウンあたふた迷い旅　下川裕治、ゼネラルプレス編・著　双葉社　1997.12　189p　21cm　(アジア楽園マニュアル)　1500円　①4-575-28785-7
◇図説 イスタンブル歴史散歩　鈴木董著, 大村次郷写真　河出書房新社　1993.6　127p　22×17cm　(河出の図説シリーズ)　1800円　①4-309-72421-3
  ＊東西文明の接点、ビザンツ・オスマン両帝国の古都の魅力、そのすべてを語り尽くす華麗なる歴史絵巻。
◇世界の都市の物語 4　イスタンブール　陳舜臣著　文芸春秋　1992.4　295,10p　19cm　2000円　①4-16-509560-5
◇isTANBUL—海峡はコスモポリタン　PARCO出版　1994.4　143p　22cm　(「フォト・ガイド」20世紀・都市と思想)　1650円　①4-89194-370-X
  ＊『歩き方』から『考え方』へ、新しい旅行のスタイルを提案する新世代へのガイドブック。

古都(ヨーロッパ)

◇アラブとしてのスペイン—アンダルシアの古都めぐり　余部福三著　第三書館　1992.7　387p　19cm　2575円
  ＊スペインをスペインたらしめているのは、アラブ(イスラーム)文化である。マドリードもバルセロナもジブラルタルもアラビア語起源。コロンブスが新大陸を目指したとき、多くのスペイン人はアラビア語を喋っていた。スペイン史を東方から読み直す。
◇イギリスの古都と街道 上　紅山雪夫著　トラベルジャーナル　1999.4　269p　19cm　(TRAJAL books)　1700円　①4-89559-456-4
  ＊魅力的な中心都市—ロンドン。サクソン時代の古都—ウィンチェスター。神秘に満ちた巨石遺跡—ストーンヘンジ。歴史的景観が美しい大学街—オックスフォード。シェイクスピアの故郷—ストラトフォード。穏やかな自然と昔ながらの家並み—コッツウォルズ地方。読んで旅するイギリス歴史・文化紀行。
◇イギリスの古都と街道 下　紅山雪夫著　トラベルジャーナル　1999.10　252p　19cm　(TRAJAL books)　1700円　①4-89559-478-5
  ＊読んで旅するイギリス歴史・文化紀行。
◇イタリア古都紀行—悠久なる時の流れ　渡部雄吉著　クレオ　1990.10　142p　30cm　(知の旅シリーズ)　2990円　①4-906371-03-5
◇イタリアの古都と街道 上　紅山雪夫著　トラベルジャーナル　1995.5　254p　19cm　1700円　①4-89559-338-X
  ＊読んで旅するイタリア歴史・文化紀行。
◇イタリアの古都と街道 下　紅山雪夫著　トラベルジャーナル　1995.5　269p　19cm　1700円　①4-89559-339-8
  ＊読んで旅するイタリア歴史・文化紀行。
◇ウラジオストク—街の歴史散歩　B.マルコフ著, 大浦清〔ほか〕訳　桂書房　1992.8　217p　18cm　2060円
◇黄金のプラハ—幻想と現実の錬金術　石川達夫著　平凡社　2000.5　393p　19cm　(平凡社選書)　2800円　①4-582-84205-4
  ＊ヨーロッパの歴史と文化の十字路。宗教改革、民族運動、ナチズム、社会主義、民主化、…歴史の激動に翻弄されながらも、その記憶と伝説によって夢幻の美に彩られた、中欧の古都プラハ。幾重にも積み重なった記憶の深みに分け入り、幻想と歴史が織りなすプラハの魅力へと読者を誘う。
◇オーストリア・中欧の古都と街道　紅山雪夫著　トラベルジャーナル　2000.10　278p　19cm　(TRAJAL books)　1800円　①4-89559-501-3
  ＊海外旅行講座。読んで旅するオーストリア歴史・文化紀行。
◇近世ドイツ都市地図集成　ドイツ都市地図刊行会編　遊子館　2000.5　1冊　56×72cm　135000円　①4-946525-28-9
◇古都 ウラジオストック　ディーディーエスジャパン, 今井書店発売　1993.7　1冊　35×25cm　10000円
  ＊V.K・アルセニエフ記念国立沿岸地方総合博物館のコレクションから、写真、えはがき、歴史上の重要な資料、手紙、新

聞、書物、地図、いろいろな正面図、勲章やメダル、航海用具、諸道具、日常生活用具、装飾・工芸品など。

◇週刊地球旅行 no.35　ロワールの古城と古都ナント―フランス　講談社　1998.11　34p　30cm　533円

◇週刊ユネスコ世界遺産 no.19　プラハの歴史地区―チェコ　講談社　2001.3　34p　30cm　533円

◇新版 プラハ幻景―東欧古都物語　ヴラスタ・チハーコヴァー著　新宿書房　1993.6　250p　20×16cm　3200円　①4-88008-187-6

＊錬金術師が、パタフィジシャンが、カフカが生きた街プラハ。古代・中世・現代が交錯する、百塔の都プラハ。プラハっ子の美術評論家がその魅力をあますことなく語る。

◇図説ドイツ古都物語　谷克二文、武田和秀写真　河出書房新社　1999.10　127p　22cm　（ふくろうの本）　1800円　①4-309-72621-6

＊珠玉の光彩を放つドイツの歴史都市13。統一ヨーロッパの中核として世界に飛躍するドイツの至宝、伝統と個性にみちた歴史都市の魅力を探訪する―。

◇図説 ブダペスト都市物語　早稲田みか文, チョマ・ゲルゲイ写真　河出書房新社　2001.3　135p　22×17cm　（ふくろうの本）　1800円　①4-309-72650-X

＊「ドナウの真珠」世界遺産をよむ。ウィーン、プラハと並んで中欧の核心を成すハンガリーの首都・ブダペスト。その歴史と文化を深い愛情をこめて描く。

◇スペインの古都と街道　紅山雪夫著　トラベルジャーナル　1997.5　294p　19cm　（TRAJAL books）　1900円　①4-89559-393-2

＊ロマンチックな古城と旧市街―セゴビア。スペインの歴史と文化が凝集―トレド。『ドン・キホーテ』の舞台―ラ・マンチャ。名建築メスキータ―コルドバ。イスラム建築の傑作―アルハンブラ宮殿。ヒラルダの塔と春祭り―セビーヤ。読んで旅するスペイン歴史・文化紀行。

◇地中海の都市を歩く　谷岡武雄著　大阪書籍　1983.12　249p　19cm　（朝日カルチャーVブックス）　1100円　①4-7548-1806-7

◇中世の町―風景　鈴木成高著　東海大学出版会　1982.12　263p　20cm　2500円

◇ナポリ―バロック都市の興亡　田之倉稔著　筑摩書房　2001.1　206p　17cm　（ちくま新書）　680円　①4-480-05879-6

＊個性あるイタリアの都市のなかでも、最もエネルギーに満ちあふれた街・ナポリ。近年、南イタリアの素朴な中にも健康で豊かな生活が現代日本人の心をとらえているが、その中心都市ナポリには長い歴史に裏打ちされた多様な文化が混在する。本書ではその中でも、強大な帝国スペインの影響下にあった時代を経て「イタリアのパリ」と謳われたベル・エポックの頃までの栄華を極めた時代に焦点をあて、芸能・歌謡・祝祭空間として発展を遂げたバロック都市の魅力をあますところなく紹介する。

◇ナポリの街の物語―そこにイタリアの全てがある街　寺尾佐樹子著　主婦の友社　1997.4　207p　21cm　1600円+税　①4-07-220486-2

◇ナポリの肖像―血と知の南イタリア　沢井繁男著　中央公論新社　2001.10　231p　18cm　（中公新書）　780円　①4-12-101609-2

＊イタリア半島南部にある、風光明媚な大都市ナポリ。東にポンペイを滅亡させた火の山ヴェズーヴィオを望み、足元の紺碧の海には、カプリやイスキアの島々が浮かんでいる。ギリシアの植民市として出発したナポリは、さまざまな民族が往き来する地中海の歴史の中でどのように独自の文化を築きあげたのだろうか。本書は、旅行者を魅了してやまない、かの地の豊饒な生活と文化の神髄に迫ろうとするものである。

◇ブダペストれきし紀行　クラウディ・キンガ文, 山地征典訳　コルヴィナ書店　1997　1冊（ページ付なし）　24cm　①963-13-4352-9

◇ブダペスト物語―現代思想の源流をたずねて　栗本慎一郎著　晶文社　1982.7　300p　20cm　2300円

◇プラハ幻景―東欧古都物語　ヴラスタ・チハーコヴァー著　新宿書房　1987.5　234p　20×16cm　2400円　①4-88008-098-5

＊プラハの物語、美術・建築案内、そして市民の日常生活、さらに道化・お化けの話など、この街の魅力をあますことなく語る。古都プラハのパノラミック・ワールド！

◇プラハのアール・ヌーヴォー―壁装都市の歴史と栄光　田中充子・写真　丸善　1993.6　110p　21cm　（建築巡礼 31）　2369円　①4-621-03853-2

＊ゴシック、ルネッサンス、バロック、ロココ、アール・ヌーヴォー、キュビズムとあ

らゆる建築様式の建物を今日、同時に見ることのできる街プラハは、まさに「建築博物館」の街である。本書は、今まで紹介されることのなかった美しい街の遺産を、著者と共に巡り、19世紀後半から20世紀における都市改造を通して、プラハの街のもつ都市空間の魅力を探る。

◇プラハの光―ヨゼフ・スデク写真集　ヨゼフ・スデク写真、ズデニエク・キルシュネル解説、高嶺エヴァ、海都子洋訳　宝島社　1993.11　1冊　36×27cm　15000円　①4-7966-0690-4

◇森と野と古都の旅―西ドイツ地図紀行　堀淳一著　旺文社　1986.5　288p　15cm　（旺文社文庫）　440円　①4-01-064275-0
　＊地図を片手に、列車とバスを乗り継いでの西ドイツ気まま旅。ローマ時代の遺跡が残る古都トリアー、バロック建築と近代建築が見事なハーモニーを奏でるフルダ、シュワーベン・アルプの高原から眺望する牧草と畑の織りなすモザイク模様。ワイン街道で出会った陽気な人々…。観光旅行では訪れることのない町、未だ知られざる西ドイツの姿を、カメラとペンと地図で紹介する楽しい紀行。

◇ヨーロッパ都市の歴史街道　谷岡武雄著　古今書院　2000.4　310p　22cm　4600円　①4-7722-5039-5
　＊著者は、約40年かけて、ヨーロッパ各地の都市を歩き回ってきた。本書は、東経10度帯のおもに中小都市をみずから歩くことによって都市像を具体的に明らかにしたものである。

ロンドン

イギリス
　　　　　　　＊　　　＊　　　＊

◇聴き倒れロンドン　小島智著　ヤマハミュージックメディア　1996.7　199p　21cm　1900円　①4-636-20933-8
　＊音楽ファンの聖地。一度は住んでみたい刺激に満ちた若者の街ロンドン。その魅力に取り憑かれたロンドン歩きの名人＝小島智が行く先々で出会った音楽、人、街を語る。

◇シークレット・シティ・ロンドン―奇怪な歴史の街探訪　マイケル・チェンバース著、佐藤茂男訳　北星堂書店　1993.4　277p　19cm　1800円　①4-590-00925-0

　＊歴史の街ロンドンにも暗い影の部分がある―。この奇怪なロンドンの〈名所・旧跡〉を、個別の地図を付けて案内する。

◇週刊ユネスコ世界遺産 no.6　ウェストミンスター宮殿―イギリス　講談社　2000.11　34p　30cm　533円

◇世界の都市の物語 6　ロンドン　小池滋著　文芸春秋　1992.6　319P　19cm　2000円　①4-16-509580-X

◇パリ・ロンドン―戦争と平和の旅　辻野功著　創元社　1996.6　197p　19cm　1400円　①4-422-24083-8
　＊ヨーロッパの史跡や寺院の多くには戦争にちなんだ物語がある。パリ篇とロンドン篇に分け、史跡や博物館、記念碑等を紹介しながら、戦争こそ常態であったヨーロッパの歴史を振り返る。

◇100年前のロンドン　マール社　1996.4　159p　21cm　（100年前シリーズ）　980円　①4-8373-0720-5

◇ロンドン―写真集イギリスの歴史と文学 3　桜庭信之, 井上宗和著　大修館書店　1981.12　178p　27m　6900円

◇ロンドン―紀行と探訪　桜庭信之著　大修館書店　1985.11　197p　20cm　1400円　①4-469-24087-7

◇ロンドン　永井清陽著　読売新聞社　1987.5　215p　19cm　（世界歴史紀行）　1200円　①4-643-87034-6
　＊王室のエピソード、名所旧蹟の案内。古き首都の素顔を描く歴史物語。

◇ロンドン―ある都市の伝記　クリストファー・ヒバート著, 横山徳爾訳編　北星堂書店　1988.5　425p　22×17cm　2800円　①4-590-00806-8
　＊ローマ時代以来、ロンドンとロンドン市民の歩んだはるかな道を、現代イギリスの著名な歴史家とともにたどる、壮大な文化の旅。

◇ロンドン―地主と都市デザイン　鈴木博之著　筑摩書房　1996.1　206p　18cm　（ちくま新書）　680円　①4-480-05657-2
　＊ロンドンは広大な土地を持つ地主たちにより、エステートごとに開発されてきた。公園やストリートの名前からは地主や開発に携わった人物が読み取れる。彼らはまとまった土地を全体として有効に活用する町づくりができる立場なのだ。ロンドンを散策しながらエステートと建築の由来を追い、特異な発展を遂げてきた巨大都市の形成史を知る。

◇ロンドン地名由来事典　渡辺和幸著　鷹書房弓プレス　1998.5　318p　22cm　3500円

①4-8034-0439-9
　＊街路名を中心とするロンドンの地名750項目を選び、その由来や歴史的な背景、ゆかりの人物などについて解説した事典。和文対照一覧付き。
◇ロンドンの近現代建築―古い都市が生み出した新しい空間　鵜飼哲矢著　丸善　1998.11　110p　22cm　（建築巡礼　39）　2800円　①4-621-04526-1
　＊ロジャース、フォスター、グリムショウ、ホプキンスらの最先端建築が聳え立つ一方で、頑ななまでに伝統に回帰しようとする建物が共存する街ロンドン―本書は、大英帝国の時代から1990年代にわたる時代時々の社会、文化を刻み込み、現在の魅力ある街を形づくっている様々な建築を案内します。また、巻末には、実際に訪れる際に便利な主要建築の住所・最寄り駅・案内図を掲載。
◇ロンドン縦断―ナッシュとソーンが造った街　長谷川堯著　丸善　1993.2　110p　21cm　（建築巡礼　22）　2369円　①4-621-03803-6
　＊19世紀を代表する英国建築家ジョン・ソーンは厳格な古典主義の継承者として近代建築の父ともいわれている。その代表的作品であるソーン博物館、イングランド銀行に見られるロンドンとその周辺地域にある近代建築群の魅力を探る。一方、ピクチャレスクの作風として知られるジョン・ナッシュは多くの公園都市ロンドンの田園的環境を造った建築家であり都市計画家である。これら他のヨーロッパの首都にはない知られざる不思議な都市の魅力を巡る。
◇ロンドン・デイズ　マール社　1996.6　239p　26cm　2200円　①4-8373-0243-2
　＊イギリスの四季のなかで、最も美しいといわれるのは、夏です。本書には、その夏に撮影された写真が多数収められております。マンガ家やイラストレーターの方々の作品の一助に。
◇ロンドン歴史・文学散歩―市内と近郊をめぐって　宮崎昭威著　三修社　1984.3　209p　19cm　（コロン・ブックス）　980円　①4-384-06426-8

パ　リ

フランス

＊　　　＊　　　＊

◇古都パリ巡礼の旅　みやけみづほ著　こぶし出版　1985.8　240p　20cm　1600円
◇知られざるパリ―歴史の舞台裏を歩く　菊盛英夫著　岩波書店　1985.11　243p　19cm　1700円　①4-00-001023-9
◇図説 パリ歴史物語 下　ミシェル・ダンセル著, 蔵持不三也編訳　原書房　1991.5　242p　21cm　2500円　①4-562-02206-X
　＊それぞれのエピソードを浮彫りにする「パリ歴史小事典」、400に及ぶ豊富な図版、1区から20区までの区分地図、パリ市街略図、ペール＝ラシェーズ墓地地図などで編集・構成された画期的パリ歴史案内。付・パリ歴史小事典、パリ市街区分地図・8～20区、地下鉄路線図。
◇図説 パリ歴史物語＋パリ歴史小事典 上　ミシェル・ダンセル著, 蔵持不三也編訳　原書房　1991.4　246p　21cm　2500円　①4-562-02205-1
　＊通りや建物や広場のなかに、歴史のひだが深く刻みこまれたパリの光と影を、生粋のパリっ子であり、詩人そして「首都の年代史家」でもある著者が、数多くのエピソードから魅力あふれる実像を描く。パリ歴史小事典、パリ市街略図、パリ市街区分地図・1～7区。
◇世界の都市の物語 1　パリ　木村尚三郎著　文芸春秋　1992.2　1冊　19cm　2000円　①4-16-509530-3
　＊政治に文化に時代をリードしてきたパリの栄光と変遷。文芸春秋70周年記念出版。
◇世界歴史の旅 第9　座右宝刊行会編　小学館　1968　201p　24cm
◇セーヌのほとり―知られざるパリの息吹　倉田保雄著　広済堂出版　1995.2　218p　15cm　（広済堂文庫）　500円　①4-331-65220-3
　＊大革命時代の、ナポレオンの、ヴィクトル・ユゴーのそして、現代のパリ―光、匂い、色彩、ささやき、花、女、優しさパリの息吹のすべてがここにある。
◇空から見たパリ　ヤン・アルテュス・ベルトラン写真, アンヌ・アルテュス・ベルトラン文, 磯村尚徳訳　河出書房新社　1993.2　173p　37×27cm　6800円　①4-309-26175-2
　＊古くて新しい都市パリ、中世と近代が、ルネサンスと超モダンが調和的に共存し、不思議な魅力を湛えた歴史の都パリへの空からの訪問。
◇パリ　有田英光著　読売新聞社　1987.9　214p　19cm　（世界歴史紀行）　1200円　①4-643-87065-6

古都・街道　　　　　　　　　　　　　　　　　　　古都

　　＊歴史を知る、旅を知る。広場、大聖堂、宮殿、古い街角。秘めたパリの歴史を語りかける。
◇パリ時間旅行　鹿島茂著　中央公論新社　1999.7　282p　16cm（中公文庫）648円　①4-12-203459-0
　　＊パリにはそこに足を踏み入れた者を魅了して止まない、濃密なる「パリ時間」が流れている…。オスマン改造以前、十九世紀パリの原風景へと誘う、華麗なる時間旅行。ボードレール、プルーストの生きた時代のパリの街の音や匂いが鮮やかに甦る、珠玉の知的探求エッセイ集。
◇パリの奇跡―都市と建築の最新案内　松葉一清著　朝日新聞社　1998.6　263p　15cm（朝日文庫）760円　①4-02-261222-3
◇パリのル・マレ歴史散策―中世、ブルボン朝の栄華、フランス革命を見て歩く　中村総一郎著　京都書院　1998.6　255p　15cm（京都書院アーツコレクション　149　旅行21）1000円　①4-7636-1649-8
◇巴里今昔―緑川洋一写真集　緑川洋一著　東方出版　1996.11　127p　25×26cm　4120円　①4-88591-506-6
◇パリ・世紀末パノラマ館―エッフェル塔からチョコレートまで　鹿島茂著　角川春樹事務所,ハルキ・コミュニケーション発売　1996.4　233p　24×16cm　2900円　①4-89456-024-0
　　＊19世紀末、幻想都市パリに何が起こったか。熱烈な19世紀愛好家の著者が、世紀末パリの事物と風俗の変遷をノスタルジーたっぷり、パノラマ風に紹介し、サン＝シモン、フーリエのユートピア思想を視野に入れつつ、パリ変貌の必然を論じた、目まいにも似た不思議な既視感が横溢する、魅惑の最新エッセイ。写真・図版100余点収録。
◇パリ・世紀末パノラマ館―エッフェル塔からチョコレートまで　鹿島茂著　中央公論新社　2000.12　315p　15cm（中公文庫）724円　①4-12-203758-1
　　＊十九世紀末、先進、躍動、享楽、芸術、退廃が渦巻く幻想都市パリ。熱烈なる十九世紀愛好家である鹿島教授が、その風俗・事象の変遷を、パノラマ風に紹介する。サン＝シモン、フーリエのユートピア思想にも言及しつつ、ノスタルジー溢れるパリと現代のパリが交錯する刺激的エッセイ。写真・図版百余点収載。
◇パリ広場散策―美しき首都の成り立ち　元岡展久著,香山寿夫監修　丸善　1998.12　107p　21cm（建築巡礼　40）2700円

①4-621-04543-1
　　＊本書は、幾多の歴史が積層する「パリ」という生きた芸術作品を、その象徴ともいえる広場を巡り、鑑賞する。巻末には、20以上の広場とその周辺の主要建築物を、住所と地図で詳細に紹介する。パリ再発見のために必読の書。
◇パリ 歴史の風景　饗庭孝男編　山川出版社　1997.11　281,13p　19cm　2600円　①4-634-64470-3
　　＊セーヌ、ノートル＝ダム、モンパルナス、モンマルトル…街角にひそむ歴史の息吹。豊富な写真・地図に加え、実際に歩くのに便利な「地区を歩く」のコラムや、「パリ小辞典」も掲載。
◇パリ・ロンドン―戦争と平和の旅　辻野功著　創元社　1996.6　197p　19cm　1400円　①4-422-24083-8
　　＊ヨーロッパの史跡や寺院の多くには戦争にちなんだ物語がある。パリ篇とロンドン篇に分け、史跡や博物館、記念碑等を紹介しながら、戦争こそ常態であったヨーロッパの歴史を振り返る。
◇街物語　パリ　日本交通公社出版事業局　1995.8　254p　21×14cm　1800円　①4-533-02234-0
◇マレの街かど―パリ歴史散歩　アレックス・カーメル著,中川美和子訳　白水社　2000.5　191p　20cm　1900円　①4-560-02822-2
　　＊カルナヴァレ館、スービーズ館、サレ館、ヴォージュ広場…中世以来の面影を残すパリでもっとも古い町並を探索する興味深い歴史エッセイ。
◇ロシア人の見た十八世紀パリ　ニコライ・カラムジン著,福住誠訳　彩流社　1995.12　183p　21cm　2300円　①4-88202-376-8
　　＊フランス革命期のパリを訪れたロシアの若き文学者、ニコライ・カラムジン・憧れの都に胸躍る彼の眼にうつったものは一革命下のパリの素顔。
◇Paris―夢の軌跡　阿部修二写真　宝島社　1994.5　1冊（頁付なし）26cm　3800円　①4-7966-0806-0

ベルリン

ドイツ

＊　　　＊　　　＊

◇写真紀行 ベルリン歴史の道　平井正著　光人社　1993.6　237p　19cm　1800円

299

①4-7698-0653-1
  *旅をしながらグローバルな視点から世界の動向を読む。壁構築前の1958年以来、ベルリン訪問をくり返すこと30有余年栄光と悲惨の道を凝視しつづけてきた著者が贈る叙情溢れるフォト&エッセイー。ドイツ最新事情。
◇新・ベルリン物語 上 橋口譲二著 情報センター出版局 1993.4 302p 20cm 1600円 ①4-7958-1402-3
◇新・ベルリン物語 下 橋口譲二著 情報センター出版局 1993.7 317p 20cm 1600円 ①4-7958-1432-5
◇図説 ベルリン 谷克二文,鷹野晃,武田和秀写真 河出書房新社 2000.10 135p 22×17cm (ふくろうの本) 1800円 ①4-309-72647-X
  *東西ヨーロッパの結び目に位置し、歴史の激動の嵐にもまれつづけた都市。そして、ヨーロッパ文化の先駆けであった街。今、統一ドイツの首都として壮大に甦る、ベルリンの真実の物語。
◇ベルリン過去・現在・未来 木戸衛一編著 三一書房 1998.9 240,6p 21cm 2900円 ①4-380-98302-1
◇ベルリーン滞在記 庄司美保子〔ほか〕著 庄司美保子 1991.9 598p 21cm
◇私のベルリン巡り―権力者どもの夢の跡 三宅悟著 中央公論社 1993.4 278p 18cm (中公新書 1127) 820円 ①4-12-101127-9
  *1989年11月、冷戦の象徴であったベルリンの壁が破られた。ポツダム会談が決定づけた、世界の戦後体制が崩れたのである。本書は、この現代史最大の事件を生んだ都市ベルリンに長く滞在する著者が、各地を逍遙しながら、フリードリヒ大王からヒットラー、ホーネカーに至る権力者たちの夢を想い、この都市が目撃した悲劇と高揚に満ちた数々の歴史的情景を綴り、今日の激変する姿を伝える、歴史と空間へのベルリン案内である。

ウィーン

オーストリア 指定：世界遺産「ウィーン歴史地区」

       *   *   *

◇ウィーン―世界の都市の物語 森本哲郎著 文芸春秋 1998.10 378,10p 15cm (文春文庫) 552円 ①4-16-761101-5
  *シューベルト、ツヴァイク、クリムト、エゴン・シーレ、フロイト…そして、ヒトラー。音楽に美術に哲学に、数々の巨星たちを生んだ欧州の華、世紀末に輝いた芸術の都、ウィーン。著者が若き日に聴き入った「ドナヴ河の漣」から説き起こし、芸術家たちがつどったカフェを巡りつつ、この文化都市の全貌を明らかにする異色ガイド。
◇ウィーン古都物語 田中長徳著 縮刷 グラフィック社 1997.8 142p 24cm (写真紀行) 1800円 ①4-7661-0994-5
◇ウィーン古都物語 田中長徳著 グラフィック社 1988.10 142p 30cm 2900円 ①4-7661-0502-8
  *ウィーン、プラハ、ブダペスト。かつてはひとつの大帝国であった三都。これらの古都の名所、旧蹟を、ウィーン在住の著者があますことなく紹介します。
◇ウィーンの都市と建築―様式の回路を辿る 川向正人著 丸善 1990.4 110p 21cm (建築巡礼 13) 2369円 ①4-621-03483-9
  *ゴシック、バロックなどの時代様式が民族的・風土的に変形されながらも見事に集積するウィーンの都市・建築を様式の回路を辿るように、ていねいに探訪する。ウィーンの魅力とは何か。街に、建築に、読者を案内しながら、その魅力が説き明かされる。
◇ウィーン物語 宝木範義著 新潮社 1991.11 191p 19cm (新潮選書) 900円 ①4-10-600408-9
  *カフェ、聖堂、美術館、駅、環状道路、オペラ、家具…。それぞれの都市空間にひそむウィーンの感性を探る新しい歴史物語。
◇図説ウィーン世紀末散歩 南川三治郎著 河出書房新社 1998.4 127p 22cm 1800円 ①4-309-72576-7
  *華やかなハプスブルク帝国の落日を背景に、歴史上最も多彩で絢爛たる文化の輝きをしるしたウィーンの世紀末。建築、美術、工芸、ファッション、音楽、文学、哲学、思想…あらゆる分野で、来たるべき時代を拓いた豊かな才能がひしめいていた。今も残る天才たちの足跡を求め、実際に街を歩いて得た豊かな情報を満載した決定版ウィーン・カルチュア・ガイド。

ローマ

イタリア　指定：世界遺産「ローマ歴史地区、教皇領とサン・パオロ・フオーリ・レ・ムーラ大聖堂」

＊　　＊　　＊

◇建築ガイド 1　ローマ　Renzo Salvadori〔著〕　長尾重武訳　丸善　1991.12　144p　22cm　1751円　④4-621-03649-1
◇週刊地球旅行 no.2　永遠の都ローマ―イタリア　講談社　1998.3　34p　30cm　533円
◇図説　ローマ―「永遠の都」都市と建築の2000年　河辺泰宏著　河出書房新社　2001.1　143p　21×17cm　(ふくろうの本)　1800円　④4-309-72653-4
　＊古代ローマ帝国の遺産を受けつぎ、ルネサンスを経て、バロック様式を開花させた世界都市・ローマ。ヨーロッパ文明の淵源に迫る2000年の旅。不滅の「ローマ・スタイル」―斬新な視点による、ローマ入門。
◇世界の都市の物語 5　ローマ　弓削達著　文芸春秋　1992.5　310,24p　19cm　2000円　④4-16-509570-2
　＊7つの丘にいまも栄華と夢の跡をとどめる"永遠の都"。
◇都市ローマ　P.グリマル文, F.クイリチ写真, 青柳正規, 野中夏実訳　岩波書店　1998.4　198p　27cm　5400円　④4-00-024107-9
◇ローマ―バロックの劇場都市　長尾重武著　丸善　1993.7　110p　21cm　(建築巡礼26)　2369円　④4-621-03859-1
　＊永遠の都ローマはきわめて刺激的で、過去のみに生きるのでなく、今もなお私たちに美的、知的経験を与えてくれる。17世紀から18世紀にかけて、ローマを華やかに彩るバロック様式を生み出したベルニーニ、ボロミーニ、コルトーナらに焦点をあて、彫刻と美術と建築が融合されたこの時代の建築遺産を著者と共に巡り、劇場空間ともいうべき都市ローマの魅力を探る。
◇ローマ―ある都市の伝記　クリストファー・ヒバート著、横山徳爾訳　朝日新聞社　1991.2　526,42p　19cm　(朝日選書 420)　2450円　④4-02-259520-5
　＊ローマ―都市の中の都市。その栄光と衰退の3000年を一望の下に描く歴史の旅。
◇ローマ―イタリア　ガリマール社, 同朋舎出版編　同朋舎出版　1995.3　514p　23cm　(望遠郷「旅する21世紀」ブック 9)　3300円　④4-8104-2056-6
◇ローマ―イタリア　Dorling Kindersley, 同朋舎出版編　同朋舎出版　1995.6　431p　23cm　(地球・街角ガイド「タビト」 4)　2980円　④4-8104-2124-4
◇ローマ　井関正昭執筆　第12版　昭文社　1997　239p　19cm　(エアリアガイド海外 24)　1429円　④4-398-11324-X
◇ローマ―イメージの中の「永遠の都」　長尾重武著　筑摩書房　1997.12　237p　18cm　(ちくま新書)　660円　④4-480-05738-2
　＊古代ローマ帝国の首都、カトリックの中心都市、近代イタリアの首都…歴代の最高権力が莫大な富を注ぎ込んで幾重にもつくりあげた、真に贅沢な都市、ローマ。「永遠の都」に展開された壮大な建築やモニュメントは、今なお私たちを魅了してやまない。イタリア建築史の第一人者が、古代から現代までのローマの都市史・建築史のエッセンスを、絵画や写真、そして『ローマの休日』をはじめとするさまざまな映像を引きつつ紹介し、その奥深き魅力を余すところなく描き出す。
◇ローマ散策　河島英昭著　岩波書店　2000.11　258,2p　18cm　(岩波新書)　700円　④4-00-430698-1
　＊驚異と魅惑にみちた"永遠の都"ローマ、泉の水音にさそわれながら、数かずの遺跡をたずね、石畳の街路や広場に歩をはこべば、はるか古代、中世からルネッサンス、バロックと、幾層にも積み重なった時代の歴史と文化が、次つぎと私たち旅びとの前に姿をあらわす。尽きせぬローマの魅力のありかを解き明かす待望のローマ案内。旅行者必携。
◇ローマ・聖堂めぐり　成田元著　成田元　1992.1　163p　19cm
◇ローマ夢幻巡礼　松本徹著　小沢書店　1998.5　213p　20cm　2200円　④4-7551-0367-3
◇ローマ散歩 1　スタンダール著, 臼田紘訳　新評論　1996.9　434p　21cm　4944円　④4-7948-0324-9
　＊スタンダールの最後の未邦訳作品。作家スタンダールを案内人にローマを巡り歩く刺激的な旅。コロッセオ、サン・ピエトロ大聖堂、そしてラファエッロ…。
◇ローマ大学考古学科―"人間"再発見のロマンス　広瀬三矢子著　新風舎　1995.9　159p　19cm　1500円　④4-88306-591-X

古都　　　　　　　　　　　　　　　　　　　　　　　　　　古都・街道

　　＊ここはローマである、何が起こるかわか
　　らない。ローマ大学文学部考古学科での
　　留学体験記。
◇ローマ珍巡礼記―すべての道はローマへ通
　ず　アダルベルト・ザイポルト著，増田和宣
　訳　エンデルレ書店　1959　183p　20cm

ヴェネツィア

イタリア　指定：世界遺産「ヴェネツィアとその潟」

　　　　＊　　　　＊　　　　＊

◇ヴェニス　篠山紀信著　新潮社　1981.4　1
　冊　31cm　8000円
◇ヴェニス光と影　吉行淳之介，篠山紀信著
　新潮社　1980.10　131p　24cm　1600円
◇ヴェニス　光と影　吉行淳之介，篠山紀信著
　新潮社　1990.8　158p　15cm　（新潮文
　庫）　440円　④4-10-114315-3
　　＊熟した果実に蟻が群れるように、世界中
　　から観光客が集まる水の都ヴェニス。か
　　つては栄光と繁栄を誇り、後には頽廃と
　　没落の都として、今や世紀末を代表する
　　かのようなこの土地に、作家と写真家は
　　入った…。作家のペン、写真家のカメラ
　　がとらえた栄光の都市ヴェニスの官能の
　　名残り、そして死のイメージ…。文学と
　　写真のプリズムを透して、今。たそがれ
　　のヴェニスは揺れる…。
◇ヴェネツィア―沈みゆく栄光　写真・文:持
　田信夫　徳間書店　1976　159p　30cm
　4800円
◇ヴェネツィア　小滝達郎著　筑摩書房
　1991.11　1冊　30cm　5700円　④4-480-
　87193-4
　　＊カーニヴァルの仮面仮装をクライマック
　　スにすえて、ヴェネツィアの風物をみず
　　みずしい感触でとらえた写真集。
◇ヴェネツィア―水上の迷宮都市　陣内秀信著
　講談社　1992.8　278p　18cm　（講談社現
　代新書　1111）　650円　④4-06-149111-3
　　＊内海に浮かぶ「アドリア海の花嫁」。四季
　　折々の呼吸がたちのぼる大運河、路地に
　　感じる街の体温、光と闇を彩る祝祭。足
　　で識り五官でつかむ、水の都へ道案内。
◇ヴェネツィア―栄光の都市国家　饗庭孝男，
　陣内秀信，山口昌男著　東京書籍　1993.11
　294p　19cm　2500円　④4-487-75298-1
　　＊小さい海上都市でありながら、その広大
　　な海上貿易と戦争を通し、オリエント、イ

スラム、ラテン、ゲルマン、スラヴ等の
文化を媒介し、混融させることで自らを
強大にして栄光にみちた都市としたヴェ
ネツィアを、脱領域的にとらえた力動感
あふれる書物。
◇ヴェネツィア　ガリマール社，同朋舎出版編
　同朋舎出版　1994.8　475p　23cm　（「旅
　する21世紀」ブック　望遠郷　5）　3300円
　④4-8104-1848-0
◇ヴェネツィア―エリオ・チオル写真集　エリ
　オ・チオル写真　岩波書店　1996.1　165p
　29×31cm　6800円　④4-00-008063-6
◇ヴェネツィア　上　クリストファー・ヒバー
　ト著，横山徳爾訳　原書房　1997.5　331p
　21cm　3800円　④4-562-02918-8
　　＊本書は、ラグーナの島々での初期の定住
　　の時代から一九六六年の洪水にいたるヴ
　　ェネツィアとヴェネツィアの人びとの社
　　会生活の歴史への、豊富な図版を用いた入
　　門書として、一般の読者を対象に執筆し
　　たものである。また、各世代、各世紀に、
　　ヴェネツィアが外国からの訪問者たちの
　　眼にはどのように見えたかを語ろうとつ
　　とめた。さらに、ガイドブックとしても役
　　にたつように配慮した。ロレンツェッティ
　　の書物のような包括的なものではないが、
　　「ヴェネツィア建築・美術案内」は、本文
　　で言及されているすべての建築物や芸術
　　作品について解説している。またヴェネ
　　ツィアの貴重で楽しい名所旧跡の主要な
　　ものは網羅できた。
◇ヴェネツィア　下　クリストファー・ヒバート
　著，横山徳爾訳　原書房　1997.5　338,10p
　21cm　3800円　④4-562-02919-6
　　＊精緻な筆で語られるエピソード満載のヴ
　　ェネツィア紀行。
◇ヴェネツィア奇譚　大江妙子著　郁朋社
　2000.1　207p　20cm　1200円　④4-
　87302-074-3
◇ヴェネツィア―水都逍遙　松永伍一文，二重
　作嘩写真　京都書院　1998.5　251p　15cm
　（京都書院アーツコレクション　130　旅行
　15）　1000円　④4-7636-1630-7
◇ヴェネツィア水の都の街歩き　栗原紀子文，
　長谷川朝美写真　東京書籍　1999.12　169p
　21cm　1900円　④4-487-79484-6
　　＊ガイドブックではつかみきれない不思議
　　世界ヴェネツィアのエッセンスが満載！ヴ
　　ェネツィアを旅する人の素朴な疑問と好
　　奇心に応えた本。
◇ヴェネツィア&ヴェネト―「イタリア」　同
　朋舎出版　1996.5　311p　22×13cm　（地
　球・街角ガイド）　2300円　④4-8104-2257-7

＊800以上のカラー写真がわかりやすくご案内します。大きな建物や、歴史的建造物は間取り図と鳥瞰図で、丁寧に解説。市街地の大部分の鳥瞰図を掲載。三次元の視点からなら目的地を探すのが簡単です。ホテル、レストラン、カフェなどの情報は高級店から気さくな店まで、すべてを紹介。サバイバル・ガイドで、交通機関や電話の使いかたなどヴェネツィアで楽しく過ごすための方法をわかりやすく解説。

◇ヴェネツィア案内　ガイド・ブゼット著，川合多喜子訳　平凡社　1979.3　148p　18cm（平凡社カラー新書）　550円

◇ヴェネツィア案内　渡部雄吉，須賀敦子，中嶋和郎著　新潮社　1994.5　119p　21cm（とんぼの本）　1500円　④4-10-602027-0
＊120以上の島が400もの橋で結ばれた、海に浮かぶ都市ヴェネツィア。黄金のモザイクがきらめくサン・マルコ大聖堂、薔薇色のドゥカーレ宮殿。そしてそこからあちらこちらに伸びゆく小路を歩いて訪ねる教会堂、美術館、さざめく広場。迷路のようなこの都市を地区ごとに案内、つぶさに巡るための一冊。

◇ヴェネツィア暮し　矢島翠著　平凡社　1994.8　302p　16cm（平凡社ライブラリー　68）　1200円　④4-582-76068-6
＊世界史上、その存続自体が僥倖ともいわれる、海の都ヴェネツィアに暮したとき、通りすがりの旅人には見えにくい、さまざまな現象や風景が見えてくる。一歴史、美術の話題をも交えて贈る、人なつっこく、ノスタルジックな滞在記。

◇ヴェネツィア見聞録―沢本吉則写真集　沢本吉則写真　求竜堂　1996.1　96p　25×26cm　2900円　④4-7630-9542-0
＊海都ヴェネツィアを日本人としては初めて本格的な空撮に成功。迷宮都市とラグーナ（潟）を陸と空からカメラが捉える。ヴェネツィア人のロベルト・バルビエロが路案内として同行した知られざるヴェネツィア共和国1千年の栄華照残。

◇ヴェネツィア 大運河　ウンベルト・フランツォイ著，マーク・スミス写真，中山悦子訳　洋泉社　1994.10　315p　33×28cm　25000円　④4-89691-150-4
＊世界一美しい"水の路"＝大運河から眺望するヴェネツィアの宮殿、教会、建築物の全貌をオールカラーで再現。ヴェネツィアの名士たちが初めて公開した歴史的宮殿の内部などの貴重な映像とあわせて、ヴェネツィアの昔日の栄光を今日につな

ぎとめる決定版。総写真点数388。

◇ヴェネツィア帝国への旅　ジャン・モリス著，椋田直子訳　東京書籍　2001.8　308p　19cm　2500円　④4-487-79583-4
＊中世から6世紀間にわたって栄華を誇った海洋帝国ヴェネツィア。西欧一の贅を尽くし、洗練された政治機構を備えた交易帝国の栄枯盛衰、十字軍やオスマン帝国との抗争など歴史の表舞台で活躍した人間模様や、奇跡の都コンスタンティノープル、キプロス島・クレタ島などエーゲ海の島々、ギリシャ本土のペロポネソス半島、アドリア海北岸の海岸都市などを巡りつつ、「海の旅人」「歴史の旅人」として情緒豊かに綴る紀行文学の傑作。

◇ヴェネツィアの光　奈良原一高著　流行通信　1987.5　108p　37cm　18000円
＊写真は撮る人の心と外界とが融合するインナー・スペースである。ヴェネツィアへの訪問を重ねるうちに、途中から僕はおかしなことに気づき始めた。ヴェネツィアは時には物憂げな顔をしていたかと思うと、次の瞬間には光の微笑を覗かせる、まるで美しい女のようだ。イタリー語の女性名詞であるVENEZIA、かつて"アドリア海の花嫁"と呼ばれ、元首が指環を海に落として海との結婚の契りを結ぶ儀式さえ行っていたこの街は、人を誘うように写真を撮らせる。撮り終わるとその場所は二度とそれ以上の表情を見せることはない。どうやら、ヴェネツィアは僕に撮られたがっているようだ…ふとそのような想いが湧いてきたのは、もうこの本の旅が終わりに近づいた頃だった。

◇ヴェネツィアの夜―奈良原一高写真集　奈良源一高写真，塩野七生文　岩波書店　1985.7　32p　30×31cm　6300円　④4-00-008027-X

◇ヴェネツィアの夜―奈良原一高写真集　奈良原一高著　岩波書店　1994.3　72,32p　30×32cm　6500円　④4-00-008027-X
＊ヴェネツィアの夜の光景に魅了された写真家が10年の年月を費やし、落日、舟の描く光跡、橋と迷路と広場、雷光、花火などの華麗な闇の世界を精緻な感性に裏づけられた目で捉える。

◇ヴェネツィア 光と陰の迷宮案内　陣内秀信著　日本放送出版協会　1996.12　270p　19cm（世界・わが心の旅）　1700円　④4-14-005240-6
＊町歩きの達人が水の迷宮都市をめぐる。とっておきのルート公開。

◇週刊地球旅行 no.11　水の都ヴェネツィア—イタリア　講談社　1998.6　33p　30cm　533円
◇週刊ユネスコ世界遺産 no.2　ヴェネツィアとその潟—イタリア　講談社　2000.11　34p　30cm　533円
◇図説 ヴェネツィア—「水の都」歴史散歩　ルカ・コルフェライ著, 中山悦子訳　河出書房新社　1996.1　131p　22×17cm　1800円　⑪4-309-72426-4
　＊海上に築かれた奇蹟の都市。地中海文明をリードした都市ヴェネツィアの華麗な美と魅惑の歴史。現地のジャーナリストが日本人のために書き下ろした、本格的ヴェネツィア案内。特別掲載(Bell'Itaria誌特約)ドゥカーレ宮殿豪華細密イラスト。
◇図説 ヴェネツィア—「水の都」歴史散歩　ルカ・コルフェライ著, 中山悦子訳　新装版　河出書房新社　2001.10　131p　22×17cm　(ふくろうの本)　1800円　⑪4-309-76005-8
　＊海上に築かれた奇蹟の都市。地中海文明をリードした都市ヴェネツィアの華麗な美と魅惑の歴史。ドゥカーレ宮殿豪華細密イラストを特別掲載。
◇都市ヴェネツィア—歴史紀行　F.ブローデル著, 岩崎力訳　岩波書店　1990.3　237p　16cm　(同時代ライブラリー　20)　1200円　⑪4-00-260020-3
　＊豊かな過去を持つ美しい都ヴェネツィア。823年、町の象徴となった聖マルコと獅子の挿話、遠方交易の隆盛の日々、華ひらいた18世紀文化、仮面劇・祝祭—。アナール派の重鎮の手によって、海洋都市の歴史が語られ、その豪奢な魅力が浮き彫りにされて行く。イタリア第1線映像作家のカラー写真90点を収載。
◇都市ヴェネツィア—歴史紀行　F.ブローデル著, 岩崎力訳　岩波書店　1986.8　166p　27×23cm　4800円　⑪4-00-001487-0

シエナ

イタリア　指定：世界遺産「シエナ歴史地区」

　　＊　　＊　　＊

◇シエナ—イタリア中世の都市　林直美著, 篠利幸撮影　京都書院　1998.6　255p　15cm　(京都書院アーツコレクション　134　旅行16)　1000円　⑪4-7636-1634-X

◇週刊ユネスコ世界遺産 no.14　シエナの歴史地区—イタリア　講談社　2001.2　34p　30cm　533円
◇聖母の都市シエナ—中世イタリアの都市国家と美術　石鍋真澄著　吉川弘文館　1988.4　269,3p　21cm　3800円　⑪4-642-07248-9
　＊「中世都市の女王」ともいうべきシエナは、中世においてはあるゆる意味で典型的な都市国家であった。しかも、いわゆる「シエナ派絵画」を頂点とする、すぐれた造形美術文化を発達させた。くわえて、16世紀以降衰微したために、それら中世の遺産がほとんど無傷のまま伝えられているからである。本書は、まず13世紀末から14世紀前半のシエナの都市国家体制とその市民たちの姿を生き生きと語り、つづいてシエナの市民たちがいかにして都市を整備し、大聖堂や市庁舎を建設したかを詳説する。そして最後に、ドゥッチョ、シモーネ・マルティーニ、アンブロジオ・ロレンツェッティというシエナの生んだ3人の偉大な画家とその作品を、社会との関連において考察する。

フィレンツェ

イタリア　指定：世界遺産「フィレンツェ歴史地区」

　　＊　　＊　　＊

◇週刊地球旅行 no.14　ルネサンスの都フィレンツェ—イタリア　講談社　1998.6　33p　30cm　533円
◇週刊ユネスコ世界遺産 no.7　フィレンツェの歴史地区—イタリア　講談社　2000.12　34p　30cm　533円
◇素顔のフィレンツェ案内　中嶋浩郎, 中嶋しのぶ著　白水社　1996.11　210p　19cm　2000円　⑪4-560-04614-X
◇フィレンツェ　ガリマール社, 同朋舎出版編　同朋舎出版　1994.8　399p　23cm　(旅する21世紀ブック)　3300円　⑪4-8104-1844-8
◇フィレンツェ　野口昌夫, 石川清共訳　丸善　1995.8　142p　21cm　(建築ガイド　5)　2060円　⑪4-621-04075-8
　＊本書はフィレンツェの起源から近代に至るまで、各時代の代表的な建築を解説し、成熟したまち—フィレンツェそのものを紹介。
◇フィレンツェ—佐藤明写真集　佐藤明著　講談社　1997.12　130p　25×27cm　6800

円　①4-06-208969-6
＊光の重層を巧みなカメラワークでとらえる写真界の巨星・佐藤明の写真集。イタリア・トスカーナ地方の美しい古都に漂う静謐な空気感が、観る者に迫る。ローマ在住の作家・塩野七生氏の特別寄稿も所載。

◇フィレンツェ―世界の都市と物語　若桑みどり著　文芸春秋　1999.4　445p　15cm（文春文庫）　590円　①4-16-729102-9
＊レオナルド・ダ・ヴィンチ、ミケランジェロ、ラッファエッロら幾多の天才たちの名とともにルネサンスの栄光に輝く都市。この"ローマの名高く美しい娘"フィレンツェの偉大さは、領土や軍事力にあるのではなく、文化の繁栄、共和国的体制にこそあった。歴史と芸術作品を通して、花の都を支えてきた市民とその心を描き出した都市ガイド。

◇フィレンツェ 下　クリストファー・ヒバート著, 横山徳爾訳　原書房　1999.3　301,46p　21cm　3800円　①4-562-03179-4
＊あらゆる人を魅惑する美の都フィレンツェ。イタリア統一から第二次世界大戦へとつづく近代以降の激動の歴史＋「建築・美術案内」で詳細にたどる「花の都」のすべて。

◇フィレンツェ貴族からの招待状　山下史路著　文芸春秋　1998.9　293p　19cm　1762円　①4-16-354380-5
＊トゥレヴィの泉、ダンテの『神曲』、キャンティ・クラシコ、そして家族の誇り―。ルネッサンスの時代から芸術家を支え続け、今もパラッツォを守る十四の名家、洗練のスタイル。

◇フィレンツェと中世・ルネッサンス都市 '96〜'97版　改訂第3版　ダイヤモンド・ビッグ社,ダイヤモンド社発売　1996.3　288p　21×14cm　（地球の歩き方　79）　1480円　①4-478-03895-3
＊本書で取りあげた中部3州は、自然・芸術・グルメ、どれをとっても訪れる人を十分満足させる土地だと言えます。すでに有名なフィレンツェなどの都市はもちろん、日本ではまだあまり知られていない見どころをも積極的に紹介致しました。

◇フィレンツェに抱かれて―歴史の中に生きる人々の生活と姿　R.W.B.ルイス著, 岸本完司訳　中央公論新社　1999.5　414p　19cm　2800円　①4-12-002901-8
＊成り立ちから現在まで、フィレンツェの息づかいのすべてがここにある。歴史を辿り、芸術を賞味し、そこで暮らした街

への賛歌。
◇私のフィレンツェ　松永伍一著　講談社　1977.3　139p 図　15cm　（講談社文庫）　360円

バチカン

バチカン市国　指定：世界遺産「ローマ歴史地区、教皇領とサン・パオロ・フオーリ・レ・ムーラ大聖堂」

　　　＊　　　＊　　　＊

◇ヴァチカン―ローマ法王、祈りの時　南里空海文, 野町和嘉写真　世界文化社　2000.7　207p　22cm　2800円　①4-418-00515-3

◇ヴァチカン市国　オラーツィオ・ペトロジッロ著, 石鍋真澄, 石鍋真理子訳　新版　ミュージアム図書　1999.7　222p　30×25cm　6400円　①4-944113-29-3
＊本書の案内は論理的な道筋にしたがって進められる。つまり使徒ペテロの墓から始まって、その巨大な保管箱である大聖堂に進み、教皇が教会を導いている宮殿へと昇って行く。そして傑作がある美術館を通って市国-庭園巡りをし、最後に受け入れと送り出しの場所である広場に出る。こうした場所のつながりに、時間のつながりも加わる。ヴァチカンのグロッタで地下の神秘を発見する夜明けから、聖所での早朝の祈りへ、そして教皇の精力的な活動が展開される朝、芸術が満ちあふれる正午、市国でのゆっくりとした午後、そして最後に広場での郷愁を覚える日没、といった具合である。

◇ヴァティカン―歴史・芸術・建築　ヴァレリオ・ヴォルピーニ文, ターノ・チテローニ写真, 別宮貞徳監訳　原書房　1991.9　195p　30×25cm　12000円　①4-562-02232-9
＊ヴァティカン市国の歴史と、おびただしい数にのぼる芸術作品、そして市国内の組織や生活を、ユーモアをまじえた平易な文章と、美しいフルカラーの写真で伝える。

◇週刊地球旅行 no.51　永遠の聖都ヴァティカン―イタリア　講談社　1999.3　34p　30cm　533円

◇週刊ユネスコ世界遺産 no.5　ヴァティカン市国―イタリア　2　講談社　2000.11　34p　30cm　533円

◇知られざるバチカン　ジョージ・ブル著, 関栄次訳　日本放送出版協会　1988.7　220p

19cm 1800円 ①4-14-008604-1
◇聖なる王国ヴァティカン バート・マクダウェル著、ジェームズ・L.スタンフィールド写真、高橋健次訳 日本テレビ放送網 1993.9 231p 29cm 9000円 ①4-8203-9330-8

バルセロナ

スペイン　　　＊　　　＊　　　＊

◇世界の都市の物語3 バルセローナ 神吉敬三著 文芸春秋 1992.3 339,17p 19cm 2000円 ①4-16-509550-8
＊世界史と共に生きた街、古くて新しい芸術の都の魅力。
◇バルセローナの旅 田沼武能・矢野純一文写真 リブロポート 1990.12 239p 21×15cm (リブロ「旅の本」) 3296円 ①4-8457-0562-1
◇バルセロナ―地中海都市の存在証明 岸田省吾著 丸善 1991.4 112p 21cm (建築巡礼 21) 2369円 ①4-621-03596-7
＊本書は地中海ゴシックの中世からガウディを生んだモデルニスモ都市の世紀末、そして地中海都市の再生をめざす現代に至るまで、バルセロナのエネルギーが異様なまでに高まった三つの時代を取り上げ、それらを貫いて流れるバルセロナの建築的伝統の核心に迫る。
◇バルセロナ―自由の風が吹く街 岡村多佳夫著 講談社 1991.9 220p 18cm (講談社現代新書 1067) 600円 ①4-06-149067-2
＊1888年万国博から1992年オリンピックにいたる、"カタルーニャ・ルネサンス"の道のり。ミロやガウディの芸術、市民戦線の志士たちを生んだ、魅惑の地中海都市を訪ねる。
◇バルセロナ、秘数3 中沢新一著 中央公論社 1992.1 258p 16cm (中公文庫) 540円 ①4-12-201874-9
◇バルセロナ賛歌 伊藤千尋著 朝日新聞社 1992.4 287p 19cm 1450円 ①4-02-256454-7
＊地中海の歴史と伝統を受け継ぐ港町バルセロナ。オリンピック開催都市の誇る文化遺産、EC加盟で経済躍進したモザイク国家スペインの新しいプロフィルを紹介する。

◇バルセロナ、秘数3 中沢新一著 中央公論社 1990.6 249p 19cm 2300円 ①4-12-001931-4
＊海と空のはざまをゆくさめた酩酊船、バルセロナ。地中海都市の自立のたましいの奥に聴く、まあたらしい思考の音楽。
◇バルセロナものがたり 安東早苗著 小学館 1992.5 223p 19cm 1800円 ①4-09-387089-6
＊ガウディやピカソが歩いた石畳。古い街並を想い出が追う。女性デザイナーの眼を通して綴られる芸術の街、バルセロナ。カタルーニャ文化が創りあげた都市の姿。そして、愛、友情。

モスクワ

ロシア　　　＊　　　＊　　　＊

◇帝政末期のモスクワ ウラジーミル・アレクセーヴィチ・ギリャロフスキー著、村手義治訳 中央公論社 1990.2 608p 15cm (中公文庫) 820円 ①4-12-201688-6
＊犯罪者、娼婦、乞食が根城にする貧民街ヒトロフカ。〈一文出して、十文儲ける〉式の泥棒市場スハレフカ…。モスクワ市民が憩う銭湯、料理屋、床屋、パン屋、競馬場…。繁栄の街角とその陰の"どん底"を舞台に展開される人間模様を、炯眼と度胸で描く、迫真のドキュメント。
◇モスクワ―都市の地理 G.ラッポ、A.チキシェフ、A.ベッケル著、渡辺一夫訳 古今書院 1988.4 217p 21cm 3200円 ①4-7722-1430-5
＊この書物は、ソ連の首都であり、人口882万(1987)の世界的巨大都市であるモスクワの都市地理学的側面について書かれたものです。その自然的位置、地理と深いかかわりをもつ都市の発達史、巨大都市また首都としての機能、将来を透視した都市計画などについて、古典的ともいえる確かさで記述し、問題を投げかけています。
◇モスクワ―ペテルブルグ縦横記 沼野充義著 岩波書店 1995.3 108,106p 19cm (シリーズ旅の本箱) 2200円 ①4-00-003840-0

サンクト・ペテルブルク

ロシア 指定：世界遺産「サンクト・ペテルブルグ歴史地区と関連建造物群」

＊　　＊　　＊

◇サンクト・ペテルブルク――水と石と炎の街 12章　田中則子著　大阪市姉妹都市交流協議会　1995.3　56p　26cm　（姉妹都市交流資料 no.5)

◇サンクトペテルブルク探訪　山本耕二写真と文　草の根出版会　1993.3　135p　23cm　（母と子でみる 15）1600円　Ⓒ4-87648-094-X

◇母と子でみるサンクトペテルブルク探訪　山本耕二写真・文　草の根出版会　1993.3　135p　23×16cm　（母と子でみるシリーズ 15）1600円　Ⓒ4-87648-094-X
 ＊1991年9月6日、レニングラードはふたたびサンクトペテルブルク（聖ペテロの都）という帝政時代（ロマノフ王朝）の名前にもどった。ロシアの代表的な都市ペテルブルクとはいったいどのような都市だったのだろうか。帝政ロシアの首都から社会主義革命の舞台へ。そしてソ連邦解体といった歴史の激動を刻みつけたサンクトペテルブルクの探訪記。

◇モスクワ―ペテルブルグ縦横記　沼野充義著　岩波書店　1995.3　108,106p　19cm　（シリーズ旅の本箱）2200円　Ⓒ4-00-003840-0

◇レニングラード物語――華麗なる都の250年　NHK取材班著　日本放送出版協会　1983.6　230p　図版12枚　20cm　1500円　Ⓒ4-14-002124-1

◇Amber――琥珀　白夜のサンクトペテルブルグ　大江徹写真集　大江徹著　日本芸術出版社　1994.9　1冊（頁付なし）　35cm　6000円　Ⓒ4-89011-350-9

街道（日本）

◇1日1万歩日本の旧街道ウォーキングガイド 西日本編　日本歩け歩け協会編　実業之日本社　1997.11　224p　21cm　1400円　Ⓒ4-408-13338-5
 ＊本書は（社）日本歩け歩け協会およびその加盟団体の設定したコースを中心に、西日本各地より合計54コースを紹介してい ます。

◇1日1万歩日本の旧街道ウォーキングガイド 東日本編　日本歩け歩け協会編　実業之日本社　1997.4　224p　21cm　1400円＋税　Ⓒ4-408-13304-3
 ＊いにしえの旅人のように歩く。遺跡をめぐり宿場町に泊まる。石畳の道を散策し、山越えを楽しむ。花を愛で、潮騒に耳をすます。ウォーキングは、心の旅。メーンコースだけではなくサブコースもガイドコース高低差マップ、歩数・消費カロリーデータ付き。

◇街道を歩こう　山根ひとみ、葦の会著　広済堂出版　1999.2　127p　22cm　（ウォーキングbook 2）1600円　Ⓒ4-331-50675-4
 ＊中高年の人びとが個人で、またグループで「ウォーキング」を楽しむためのガイドブックです。正確な地図、最新のデータ、ウォーキングのノウハウを盛り込んだ、利便性の高い内容となっています。目的地へのアクセスを含め、起点から1日程度のコースを主に紹介しています。風景を楽しむことができるよう、写真を使って見所をイメージできるようにしています。

◇街道歴史散歩　日本通信教育連盟　1997　95p　21cm

◇街道案内 1　権藤晋著　北冬書房　1996.6　172p　19cm　（風景とくらし叢書）1900円　Ⓒ4-89289-090-1
 ＊旧街道や宿跡の美しさと旅の醍醐味を独自の文章と写真でとらえた案内書。

◇街道紀行　野口冬人著　刊々堂出版社　1981.11　238p　20cm　1500円　Ⓒ4-7952-1322-4

◇旧街道　高野慎三文・写真　北冬書房　1990.11　213p　21cm　（風景とくらし叢書 3）1800円　Ⓒ4-89289-084-7
 ＊忘れられた旧街道、さびれた旧宿場の歴史を求めて、足で歩いたユニークな旅行記。写真150葉収録。

◇古街道を歩く――「なつかしい日本」のたたずまいを訪ねて　小山和写真・文　講談社　1996.11　119p　21cm　（講談社カルチャーブックス）1500円　Ⓒ4-06-198119-6
 ＊自分の脚力をたのんで歩く、そんな、いにしえの旅に思いを馳せながら、古い街道を歩くと、たくさんの新鮮な発見が！自分の脚で歩く旅。

◇古道巡礼　加藤誠著　千人社　1980.7　221p　20cm　（歴史選書 13）1300円

◇城と街道　南条範夫著　中央公論社　1981.7　302p　16cm　（中公文庫）360円

◇新 道の風土記　榊原和夫著　旺文社　1986.6　191p　15cm　（旺文社文庫）　500円　①4-01-064338-2
　＊脇街道を行く。街道が運んだ生活、文化と伝統を訪ねる
◇旅と街道　林英夫ほか著　光村図書出版　1985.6　218p　19cm　（朝日カルチャー叢書 23）　1200円　①4-89528-033-0
◇探訪古代の道　上田正昭著　法蔵館　1988.1　3冊　22cm　各2800円　①4-8318-6451-X
◇峠の旧街道テクテク歩き―歴史再発見の旅　山本倩文　講談社　1992.10　143p　21cm　（講談社カルチャーブックス　61）　1500円　①4-06-198064-5
　＊現代文明にも染まらず、歴史や文学作品の舞台として、今なお昔日の面影を残す峠の旧街道。地形図片手に車社会を離れ、歴史に塗りこめられた古道に、古人の逸話や史実を探しもとめた徒歩紀行。
◇日本再発見 道 1　ゼノン・プランニング・センター編　〔オールカラー版〕　（京都）同朋舎出版　1991.7　163p　27×22cm　3500円　①4-8104-0959-7
　＊著名作家による日本全国街道紀行。
◇日本再発見 道 2　ゼノン・プランニング・センター編　〔オールカラー版〕　（京都）同朋舎出版　1991.8　163p　27×22cm　3500円　①4-8104-0960-0
　＊著名作家による日本全国街道紀行。
◇日本の街道―ふるさと紀行　東海テレビ放送編　文一総合出版　1980.3　202p　22cm　1800円
◇日本の街道 2　江戸への道―東海道 日光道 甲州路 水戸・佐倉道 大山道　児玉幸多ほか著　集英社　1981.5　167p　27cm　1800円
◇日本の街道ハンドブック　三省堂　1993.7　238p　21cm　1500円　①4-385-15820-7
◇日本の峠路　山本倩著　立風書房　1988.9　298p　19cm　1500円　①4-651-78022-9
　＊日本は山国である。峠を越さなければ他国に行けない。万葉の昔から営々と旅をつづけてきた日本人は、峠で何を考えたのだろう。〈旅を栖として〉歩きつづける著者が、滅びゆく《峠の路》を優しく掘り起こしつつ辿る。
◇道の古代史―古道哀歓　上田正昭著　大和書房　1986.4　281p　19cm　（日本文化叢書　7）　1900円　①4-479-83007-3
　＊日本古代の道をたずねて、古代人の足取りをみきわめ、政治と文化の谷間にひそむ歴史と人間の道を探る。

◇道の風土記―街道が運んだ生活文化　榊原和夫著　旺文社　1984.6　191p　16cm　（旺文社文庫）　480円　①4-01-064285-8
◇道の風土記　共同通信社編　新潮社　1989.6　235p　19cm　（新潮選書）　1000円　①4-10-600362-7
　＊人が歩くところに「道」ができる。「道」はまた、人の往来を誘い、文化や技術を運んだ。征服者や兵士たちも駆け抜けた。北海道から沖縄まで、日本列島の「道」には、歴史が浸み込んでいる。この本は共同通信社から配信され、地方紙40紙に掲載された「新・日本風土記」で、全国から選んだ有名無名の「道」50回シリーズ。
◇歴史の道を歩く 東日本編　藤井正大著　柏書房　1983.7　221p　20cm　1600円
◇歴史の道・再発見 第6巻 サヌカイトから自由民権まで―南海道をあるく　井ケ田良治, 塚田孝, 原田敬一, 細川涼一, 藪田貫, 吉田晶編　フォーラム・A　1996.11　285p　19cm　2480円　①4-938701-64-2
◇忘れられた道―旧道の静寂・廃道の幽愁　堀淳一文・写真　そしえて　1984.7　77p　19cm　（風土と歴史をあるく）　980円　①4-88169-308-5

街道（北海道・東北地方）

◇会津の街道　会津史学会編　歴史春秋出版　1985.3　306p　27cm　3500円
◇会津の街道　酒井淳著　歴史春秋社　1993.6　62p　19cm　（歴春ブックレット　5）　500円　①4-89757-304-1
◇雄物川と羽州街道　国安寛編　吉川弘文館　2001.3　254,22p　20cm　（街道の日本史　10）　2300円　①4-642-06210-6
　＊奥羽・出羽の山々の沢水を集め、横手盆地をへて秋田の地へ、川に沿った羽州街道。その流域に生起した厳しい歴史を探り、農業や舟運・鉱山に生きる人びとの生活の知恵を通して、秋田南から全国にメッセージを発信。
◇北秋田と羽州街道　佐々木潤之介, 佐藤守, 板橋範芳編　吉川弘文館　2000.12　256,18p　20cm　（街道の日本史　9）　2300円　①4-642-06209-2
　＊厳しい自然環境の中で、人びとは農業や漁業・港町、鉱山と林業などの生活を営みながら、独特の文化を創り上げてきた。安藤昌益・内藤湖南・小林多喜二を生み出したものは何か。民衆の軌跡を追究し、北秋田の個性を発見する。

◇東北の街道―道の文化史いまむかし　渡辺信夫監修，無明舎出版編　東北建設協会　1998.7　237p　26cm　2857円　④4-89544-188-1
　＊東北の41の街道、30カ所の宿場、21カ所の峠の歴史や文化を、各県近世史の第一人者が余すところなく書きおろした「いにしえ」7000キロの旅。
◇浜街道を行く―いわき・陸前浜・陸中海岸　新月通正著　朝日ソノラマ　1979.8　278p　19cm　850円
◇みちのく街道史　渡辺信夫著　河出書房新社　1990.3　267,7p　19cm　2600円　④4-309-22168-8
　＊道は人びとの生活を結び、物を運び、情報を運んだ。道の歴史は、人間の歴史と共に古い。「道」の視点から歴史に分け入るみちのく生活文化史。
◇最上川と羽州浜街道　横山昭男著　吉川弘文館　2001.6　272,26p　20cm　（街道の日本史　11）　2300円　④4-642-06211-4
　＊松尾芭蕉が「五月雨をあつめて早し」とよんだ最上川は、村山・最上と庄内の異なる両地域を結ぶ大動脈であった。水運の町＝大石田の繁栄、港町＝酒田、修験のメッカ出羽三山など、大河流域に生きた人びとの歴史を描く。
◇忘れられた道―北の旧道・廃道を行く　堀淳一文・写真　北海道新聞社　1992.10　122p　22×17cm　1700円　④4-89363-653-7
　＊積丹半島西岸、養老散布、小砂子山道などの旧・廃道を訪ね、歴史と人々の暮らしを四季の旅情とともに描く。ロマンと哀愁誘う歴史の道紀行。

奥州街道

栃木県〜福島県　江戸時代　指定：五街道

＊　　　＊　　　＊

◇奥州道中分間延絵図　第1巻　白沢・氏家・阿久津河岸蓮連川　児玉幸多監修　東京美術　1997.4　2冊　42cm　40000円　④4-8087-0640-7
◇奥州道中分間延絵図　第2巻　佐久山・八木沢陣屋・大田原・鍋掛・越堀　児玉幸多監修　東京美術　2000.7　2冊　42cm　40000円　④4-8087-0690-3
◇奥州道を歩く　小林利外著　小林利外　1992.7　944p　26cm
◇街道紀行1　みちのく路　毎日新聞社編　毎日新聞社　1991.7　154p　37cm　4900円　④4-620-60411-9
　＊街道から見つめる日本の原風景。風土を伝え、歴史を語る旅へ。奥州街道、羽州街道の幹道に沿って、詩情あふれる奥の細道、素朴な城下町、民話のふるさと、そして北国の人々の暮らしを訪ねる。
◇日本の街道1　風かけるみちのく―奥州街道　羽州街道　会津街道　浜街道　渡辺信夫ほか著　集英社　1981.7　167p　27cm　1800円
◇ふるさと富谷―奥州街道　高橋静香著，松下興産株式会社編　松下興産　1991.8　119p　21cm
◇ふるさとの旧街道　河北地区文化財保護委員会編　宮城県桃生郡河北地区教育委員会　1984.1　132p　27cm　（河北地区文化財資料集）　1500円

街道（関東地方）

◇碓氷峠・足柄峠への古道　蜂矢敬啓著　高文堂出版社　1992.11　221p　19cm　1700円　④4-7707-0407-0
◇青梅街道　中西慶爾著　木耳社　1982.1　293p　19cm　1800円
◇青梅街道―江戸繁栄をささえた道　山本和加子著　聚海書林　1984.12　283p　20cm　1900円　④4-915521-25-7
◇かながわの古道　阿部正道著　神奈川合同出版　1981.3　175p　15cm　（かもめ文庫）　580円
◇「川越街道の昔を歩く」記録集　新座市立野火止公民館編　新座市立野火止公民館　1999.3　79p　26cm　（講座クローズアップにいざ）
◇川越街道―宿場をいろどる歴史の残照　笹沼正巳ほか著　聚海書林　1984.3　278p　図版13枚　22cm　3800円　④4-915521-22-2
◇古街道を往く―千葉県広報協会創立20周年記念誌　千葉県広報協会　1984.3　176p　30cm　（房総路　2）　2800円
◇さいたま歴史街道　吉本富男編，土屋皓生写真　（浦和）埼玉新聞社　1990.12　200p　26cm　3800円　④4-87889-116-5
　＊街道は、人が行き、物が行き、そして…、文化が運ばれる道。第一線の執筆者が街道ごとにテーマ設定、歴史ある風景と新しい街道風景をビジュアルにカラーで構成。
◇下野街道物語―大いなる栃木の街道をゆく　島遼伍作・監修　下野新聞社　1999.9　175p

21cm　1800円　Ⓒ4-88286-105-4
＊よく人生は道にたとえられる。後方を見るのは過去をふりかえることであり、前に進むことは未来の展望につながっている。そう考えるならば、道は"未知"でもある。先人たちは、その道をどんな思いを抱いて歩いていったのだろう。行き着く先に、いったい何を期待していたのだろうか。本書で紹介するのは、それら街道や道に残された物語である。道や街道は歴史の証人であり、一方でその時代の生きざまを反映してきたのだ。

◇上州の旧街道いま・昔　山内種俊著　山内種俊　1985.6　299p　20cm
◇逗子道の辺百史話―道の辺史話総集編　三浦澄子編　逗子道の辺史話編集室　1986.12　196p　19cm　2000円
◇全集写真探訪ぐんま―再発見―わがふるさと　4　街道を歩く　上毛新聞社編　上毛新聞社　1984.11　154p　26cm　3200円
◇館林道見取絵図―行田・上新郷・川俣・館林　東京美術　1995.5　1冊　42×18cm　43260円　Ⓒ4-8087-0617-2
◇多摩の街道　上　清水克悦, 津波克明著　けやき出版　1999.3　156p　21cm　1500円　Ⓒ4-87751-071-0
＊本書は、多摩地区を東西に走る甲州街道と青梅街道のガイドブックです。街道沿いに佇んで旅人の安全を見守ってくれた石塔や石仏、宿場跡の風情、周辺の寺社や史跡、公園、観光施設などを紹介しています。
◇多摩の街道　下　池上真由美, 清水克悦, 津波克明著　けやき出版　1999.3　155p　21cm　1500円　Ⓒ4-87751-072-9
＊本書は、多摩地区を東西南北に走る鎌倉街道や川崎街道、陣馬街道、町田街道、五日市街道、檜原街道などを紹介したガイドブックです。街道沿いに佇んで旅人の安全を見守ってくれた石塔や石仏、宿場跡の風情、街道周辺の寺社や史跡、名勝、公園、観光施設などを取り上げています。また、世田谷通りのように、多摩地区に隣接する道も加えてあります。
◇多摩の街道―歩こうふるさとの道を　津波克明, 宅間靖, 清水克悦著　けやき出版　1992.10　182p　21cm　1300円　Ⓒ4-905942-11-X
◇東金御成街道史跡散歩　本保弘文著　暁印書館　2000.12　233p　19cm　1300円　Ⓒ4-87015-142-1
＊街道の歴史・街道沿いの寺社・石造物・史跡・自然美等を詳細に網羅した労作。

◇長狭街道往来―千葉県の地方道　その歴史と地理　石井昇三著　崙書房出版　1995.2　203p　21cm　2500円　Ⓒ4-8455-1011-2
◇成田街道―房総の道　山本光正著　聚海書林　1987.3　283p　20cm　1900円　Ⓒ4-915521-32-X
◇成田街道―信仰の道　図録　成田山霊光館　1988.2　20p　26cm
◇成田街道酒々井の歴史散歩　相京晴次著　国書刊行会　1990.8　247p　19cm　2000円　Ⓒ4-336-03153-3
◇箱根・伊豆謎とき散歩―日本の歴史をつくった「道」を訪ねて　ひろたみを著　広済堂出版　2000.1　247p　19cm　1600円　Ⓒ4-331-50710-6
＊箱根・伊豆に集まる自然の道、古代の道、宗教の道、戦国の道、情報の道、江戸の道。これらの道の成立を知れば、歴史の素顔が見えてくる。
◇箱根道紀行―江戸時代の七湯道と権現への道　私家版　松永達雄著　松永達雄　1998.4　109p　21cm
◇房総の街道繁盛記　山本鉱太郎著　崙書房出版　1999.8　341p　22cm　3300円　Ⓒ4-8455-1058-8
＊十数年の歳月をかけて房総の全街道を踏破！多数の写真・図版と詳細な地図で甦る、房総の街道の決定版。さあ、歩いてみようふるさとの歴史道。
◇三国街道を歩く―風ひかる道　上毛新聞社出版局編　上毛新聞社出版局　1999.4　135p　30cm　1600円　Ⓒ4-88058-741-9
＊群馬から日本海の湊へとつづく三国街道。懐かしいふるさとの風景をたずねると、遙かなる時の余韻が心を豊かに満たす。
◇三国峠を越えた旅人たち　五十嵐富夫著　吾妻書館　1983.5　201p　19cm　（ぐんま歴史新書　3）　1500円
◇水戸佐倉道分間延絵図　東京美術　1990.11　2冊　45×19cm　（五街道分間延絵図）　25750円　Ⓒ4-8087-0564-8
＊水戸佐倉道は、日光道中の首駅である千住宿から分かれて、水戸や佐倉へ向う街道である。しかし道中奉行の管轄下にある宿場は、新宿・八幡・松戸の三宿にすぎない。したがって本絵図に描かれている範囲も狭く、千住宿から始まって、八幡・松戸に達するまでの道筋である。今日で言えば、東京都の江戸川区・葛飾区や千葉県の市川市・松戸市・船橋市の範囲である。水戸佐倉道は、原本は一巻の巻物で、本書ではこれをそのまま複製する。解説篇は絵図篇と対照して用いる

古都・街道　　　　　　　　　　　　　　　　街道

◇武蔵古道・ロマンの旅　芳賀善次郎著　さきたま出版会　1984.4　228p　18cm　（さきたま双書）　1300円　④4-87891-025-9
◇わがまち茨木 街道編　茨木市, 茨木市教育委員会編　茨木市　1992.3　94p　26cm
◇NHK 関東甲信越 小さな旅 7　街道をあるく　小さな旅取材班編　学陽書房　1987.10　218p　19cm　1100円　④4-313-88017-8
　＊江戸のむかしが残る街道。"旅人"と"みち"の再発見。塩の道・千国街道、足柄道、北国街道…。小さな脇往還での新しい出会い。"あし""やど""あじ"などのすぐに役立つ情報も満載。

日光街道

東京都～栃木県　江戸時代　指定：五街道, 特別史跡「日光杉並木街道」

　　　　＊　　　＊　　　＊

◇日光御成道分間延絵図　第1巻　岩淵　川口　小原昭二解説　東京美術　1988.7　2冊　42×18cm　22000円　④4-8087-0507-9
◇日光御成道分間延絵図　第2巻　鳩ケ谷　大門　青木義脩解説　東京美術　1988.8　2冊　42×18cm　24000円　④4-8087-0508-7
◇日光御成道分間延絵図　第3巻　東京美術　1988.9　2冊　43×19cm　（五街道分間延絵図）　24000円　④4-8087-0509-5
　＊日光御成道の分は、原本では三巻の巻物であるが、本書はこれをそのまま複製する。解説篇は絵図篇と対照して用いることを原則として構成した。すなわち、上段には原本絵図に記載されている文字をすべて抜き出して、これを簡略化した地図上に示した。中段には、絵図に描写されている社寺そのほかの現状写真を載せて、古今の時代的な対照をあらわした。下段には、絵図面に出ている宿村・社寺そのほかの解説を施して、読者の便を計った。
◇日光街道を歩く——江戸の史跡を訪ねて　横山吉男著　東京新聞出版局　1991.5　250,4p　19cm　（街道シリーズ 3）　1500円　④4-8083-0403-1
　＊家康の江戸開府以来4百年——日本橋から街道筋の名所・史跡を訪ねて日光へ。歩くための地図もついています。
◇日光街道繁昌記　本間清利著　補訂版　埼玉新聞社　1980.4　265p　19cm　（しらこばと選書 1）　1000円

◇日光杉並木街道　日光東照宮　1978.4　173p　31cm
◇日光杉並木街道の物語　長倉肇著　日光杉並木街道保存委員会　1970　60p　21cm　（並木叢書　2）
◇日光道中分間延絵図 第1巻　児玉幸多監修　東京美術　1986.10　2冊　43×18cm　（五街道分間延絵図）　28000円　④4-8087-0319-X
　＊五海道其外分間見取延絵図は江戸幕府の道中奉行所に於て、数年にわたって精密な測量や調査をして文化3年（1806）に完成したものである。3部作られたというが、その1部が東京国立博物館に収蔵されていて、歴史資料として国の重要文化財に指定されている。本絵図はそのうちの日光道中の首巻である。
◇日光道中分間延絵図　第3巻　古河　野木　間々田　小山　新田　小金井　手塚良徳解説　東京美術　1987.7　2冊　42×18cm　28000円　④4-8087-9366-1
◇日光道中分間延絵図　第4巻　東京美術　1987.12　2冊　45×20cm　（五街道分間延絵図）　26000円　④4-8087-0381-5
◇日光道中分間延絵図　第5巻　下・中・上徳次郎　大沢　今市　鉢石　千田孝明解説　東京美術　1988.2　2冊　42×18cm　32000円　④4-8087-0382-3
◇日光道中壬生通分間延絵図　第1巻　東京美術　1990.9　2冊　43×19cm　（五街道分間延絵図）　29870円　④4-8087-0559-1
　＊壬生通は江戸から日光に向う諸街道の一つである。日光道中の小山宿から分かれて、やや西方を北上して、日光道中の今市宿で合流して日光の鉢石に至るのである。原本では二巻の巻物であるが、本書ではこれをそのまま複製する。解説篇は絵図篇と対照して用いることを原則として構成した。
◇日光道中壬生通分間延絵図　第2巻　東京美術　1990.9　2冊　43×19cm　（五街道分間延絵図）　29870円　④4-8087-0560-5
　＊本巻は壬生通の第2巻である。日光道中の小山宿から分かれてきた壬生通は、飯塚・壬生・楡木・奈佐原の四宿を経て本巻に入り、本巻の鹿沼・文挟・板橋の三宿を経て、日光道中の今市宿に合流する。壬生通は、将軍が通行したことも数度あるが、御幣使は楡木宿から板橋宿までは通行するのが例であった。原本では二巻の巻物であるが、本書ではこれをそのままに複製する。解説篇は絵図篇と対照して用いることを原則として構成した。

◇日光例幣使のみち―京都から日光へ　清水寥人著，永岡利一画　（高崎）あさを社　1986.1　2冊　26cm　（風の中の街道　第1集）　2900円

◇例幣使街道　みやま文庫　1968　303p　図版　19cm　（みやま文庫　28）

鎌倉街道

全国各地～神奈川県　鎌倉時代

＊　　　＊　　　＊

◇鎌倉街道　上道　埼玉県立歴史資料館　1985.3　12p　26cm　（資料館ガイドブック2）

◇鎌倉街道をゆく　栗原仲道著　埼玉新聞社　1998.12　268p　20cm　1800円　④4-87889-192-0

◇鎌倉街道夢紀行―上道コース　テレビ埼玉編　さきたま出版会　2001.3　175p　20cm　1600円　④4-87891-078-X

◇鎌倉街道　田村栄写真・文　誠文堂新光社　1990.3　190p　26×26cm　12000円　④4-416-89000-1

＊消えて行く貴重な中世の遺産―鎌倉街道をせめて写真として残すことを念願して18年。平板な記録を超えることを目指した成果がここに漸く結晶した。

◇鎌倉街道 東京編　阿部正道著　そしえて　1983.10　95p　19cm　（風土と歴史をあるく）　980円　④4-88169-303-4

◇旧鎌倉街道・探索の旅 上道編　芳賀善次郎著　さきたま出版会　1992.10　252p　18cm　（さきたま双書）　1500円

◇旧鎌倉街道・探索の旅 中道編　芳賀善次郎著　さきたま出版会　2000.10（第5刷）205,4p　19cm　（さきたま双書）　1500円　④4-87891-075-5

◇旧鎌倉街道・探索の旅 下道編　芳賀善次郎著　さきたま出版会　2000.10（第4刷）222,6p　19cm　（さきたま双書）　1500円　④4-87891-076-3

◇旧鎌倉街道―その道すじと沿道の史蹟を歩く　芳賀善次郎著　さきたま出版会　1978.10　252p　19cm　（さきたま双書）　1200円

◇旧鎌倉街道探索の旅 中道編　芳賀善次郎著　さきたま出版会　1981.1　205,4p　18cm　（さきたま双書）　1300円

◇旧鎌倉街道探索の旅 下道編　芳賀善次郎著　さきたま出版会　1982.2　228,6p　18cm　（さきたま双書）　1300円

◇旧鎌倉街道 探索の旅 山ノ道編　芳賀善次郎著　（浦和）さきたま出版会　1988.3　159p　19cm　（さきたま双書）　1300円　④4-87891-037-2

＊幕末のシルクロード―幻の道。鎌倉～秩父～藤岡を経て、信州へ続く、渓谷美あふれる古道。

◇古道紀行―鎌倉街道　小山和著　保育社　1994.11　188p　19cm　1800円　④4-586-61308-4

＊いざ鎌倉―武士の合言葉であった鎌倉への道。ここでは旅情の濃い信濃―上州の鎌倉街道を、四季の風物と共に探る。

◇中世東国史の中の鎌倉古道　蜂矢敬啓著　高文堂出版社　1997.5　197p　19cm　1900円　④4-7707-0558-1

◇三河古道と鎌倉街道　武田勇著　武田勇　1976.9　212p　22cm

甲州街道

東京都～山梨県　江戸時代　指定：五街道

＊　　　＊　　　＊

◇甲斐と甲州道中　飯田文弥編　吉川弘文館　2000.12　254,22p　20cm　（街道の日本史　23）　2300円　④4-642-06223-8

＊高峻な山々に囲まれた風光明媚の国、甲斐。武田信玄の遺風を受継ぎながら農業・養蚕や特産品に生きる国中と、織物・富士信仰などに生活を託す郡内。それぞれの個性を追究し、飯田蛇笏に至る俳諧の伝統に地域文化を発見。

◇風は僕の案内人―人と甲州街道と中央本線　大穂耕一郎著　のんぶる舎　1993.6　294p　21cm　1900円　④4-931247-22-9

◇郡内甲州街道物語　鈴木美良著　鈴木美良　1987.12　259p　19cm　2000円

◇甲州街道石仏紀行　瀬沼和重著　のんぶる舎らいぶらりー　1992.4　125p　27cm　（のんぶる舎らいぶらりー　2）　2800円　④4-931247-15-6

◇甲州街道　小林富司夫文，ギンザカメラグループ写真　山梨日日新聞社　1966　225p　22cm　800円

◇甲州街道　中西慶爾著　木耳社　1972　437p　図　19cm　1200円

◇甲州街道を歩く―日本橋から小仏峠へ　横山吉男著　東京新聞出版局　1990.11　241,5p　19cm　（街道シリーズ　2）　1500円　④4-8083-0391-4

＊東京再発見！家康の江戸城入城以来400年―私たちのふるさと東京の歴史を、自分の足でたしかめるための史跡徹底ガイド。

◇甲州街道七十二景　橋本豊治, 石井宏直, 中村英一, 平沼潔画,「甲州街道七十二景」画集刊行会編　普及版　ふこく出版,星雲社発売　1999.1　116p　25×23cm　3000円　Ⓘ4-7952-8265-X

＊日本橋から下諏訪まで、古き面影を留める甲州街道を、七十二景にまとめた貴重な画集！街道の歴史と地域の歴史、その変貌の様子が窺える多彩な解説と共感を呼ぶ随想文の数々！街道歩きのためのポイントを紹介。

◇甲州道中分間延絵図　第9巻　東京美術　1987.10　2冊　45×20cm　（五街道分間延絵図）　29000円　Ⓘ4-8087-0377-7

＊本書の原本の総称は『五海道其外分間見取延絵図』である。甲州道中の分は、原本では9巻の巻物であり、本書はこれをそのままに複製したものである。

◇甲州道中分間延絵図　第7巻　東京美術　1987.2　2冊　43×18cm　（五街道分間延絵図）　27000円　Ⓘ4-8087-0355-6

＊本書の原本の総称は『五街道其外公間見取延絵図』であるが、享保元年(1716)に幕府では、東海道を除いては海道という言葉を使うことを廃止しているので、ここでは五街道とし、かつ呼称の煩雑を避けて、『五街道分間延絵図』とした。甲州道中の第6巻で甲府柳町まで達した。しかし甲府道中はさらに先へ進み、中山道の下諏訪宿まで行き、両街道が合流する。本巻には韮崎と台ケ原の両宿が含まれている。

◇甲州道中分間延絵図 第8巻　教来石 蔦木 金沢　笹本正治解説　東京美術　1987.8　2冊　43×19cm　27000円　Ⓘ4-8087-0367-X

◇古道紀行　甲州街道　小山和著　保育社　1995.4　193p　19cm　1800円　Ⓘ4-586-61309-2

＊著者はこの道も、古代の道の延長線上にある、という思いを捨てかねていたが、改めて克明に取材すると、沿道に五千年の人の生活の痕跡があり、厚く積る歴史が重なっていた。一番興味深かったのが、甲斐の縄文人であった。甲斐は古代〜中世〜近世を通じてあまり活発な外部との交流がない。閉じられた国であった。今でも甲州の人々にはそういう意識がある。最も活発に外部と交流し、接触していた時代―開かれた甲斐が、縄文時代だったらしいというのが、意外性もあって面白い。甲斐源氏五百年、諏訪は『古事記』に現れる神の国だが、中世末は戦乱の道となった。覇権をめぐる武家の攻防は、この小冊子に書き切れないけれども、話題性の高い部分を摘記して、甲州道中沿いに繰り広げられた「歴史マンダラ」を探ってみた。それは本当に、立体的な曼荼羅の中を歩く印象であった。

◇山峡の道　その歴史と風土―富士山への憧憬と住民の苦悩　守屋千尋著　時潮社　1986.10　303p　21cm　2700円

＊科学技術の進歩は、一つ一つ陸の孤島からの脱皮を図っている。だが貧困地帯、中間通過地帯、国境地帯の内部体質は依然同じである。陸の孤島脱皮、内部体質の改善、このことを山峡の道に求めて歩き続け、まとめたのが本稿である。

街道（中部・東海地方）

◇あいちの街道ひざくりげ　谷彰著　第一法規出版　1983.3　219p　19cm　1200円

◇あを越え伊勢表街道―伊勢参宮 初瀬街道 参宮街道　中村敏文著　近畿古道探索会大和支部　1989.8　232p　21cm

◇秋葉街道覚書　沖和雄著　川中子真　1991.12　83p　21cm

◇秋葉みち 信州街道をゆく　沢田猛文, 加藤伸幸絵　（舞阪町）ひくまの出版　1988.6　187p　19cm　1500円　Ⓘ4-89317-109-7

＊秋葉みち・信州街道は太古より塩や魚を運んだくらしの道、秋葉へむかう信仰の道、そして、風林火山の旗ひるがえる戦国動乱の道でもあった。新しい視点でとらえた楽しいロマン紀行。

◇安倍川と安倍街道　海野実著　（静岡）明文出版社,安倍藁科歴史民俗研究会発売　1991.3　189p　21cm　（静岡県川と街道叢書）　1600円　Ⓘ4-943976-19-0

＊安倍川は静岡市の母なる川である。安倍川は険しい安倍山中から流れ出て51kmを一気に駿河湾に注ぐ急流河川の典型であり、四季折々に変わった姿を見せてくれる。この本は、安倍川と共に喜び悲しんだ人々の暮らしをまとめた史話と生活史である。

◇伊豆と黒潮の道　仲田正之編　吉川弘文館　2001.5　250,23p　20cm　（街道の日本史 22）　2300円　Ⓘ4-642-06222-X

＊“海の玄関口”伊豆と東海道の難所、箱根。黒潮と東海道、二つの道に育まれた独自の個性を探る。

◇伊勢本街道 上　上方史蹟散策の会著　向陽書房　1993.3　206p　21cm　1980円　①4-906108-21-0
◇伊勢街道―合同句集　芸濃町俳句教室　1986.10　120p　19cm
◇伊勢参宮街道の道標と常夜燈―四日市追分より伊勢神宮(内宮)まで　三重県立伊勢高等学校歴史部編　伊勢郷土会　1982.3　56p　26cm　800円
◇伊勢参宮道中記―天保十一年子二月　宮崎平左衛門著　クギヤ印刷所　1986.6　149p　22cm
◇伊勢路見取絵図 第3巻　児玉幸多監修　東京美術　1986.5　2冊　42×18cm　(五街道分間延絵図)　26000円　①4-8087-0301-7
  *本巻は伊勢路第3巻として、東海道の四日市宿の南の日永の追分で分かれて、神戸・白子・上野を通って津に達するまでを描いている。この『伊勢路見取絵図』は、東海道の関宿から分かれて南下して、津や松坂を経て神宮に至る道筋を本道として描いていることは第1巻と第2巻によって示されたとおりである。しかし名古屋より東の国々からの参宮者の交通路はこの道であって、近世の伊勢参宮街道はこの道を主流としたのであった。神戸宿は関氏の一族神戸氏が築いた城の城下に発達した宿場で、戦国時代に早くも伝馬の制があり、定期市も開かれていた。しかし神戸友盛の時に織田信長に攻められて、その三男信孝を養子として家名は残った。そして領主は変遷したが宿場としての機能を果したのである。
◇伊勢本街道 下　上方史蹟散策の会編　向陽書房　1993.6　219p　21×18cm　1980円　①4-906108-22-9
  *奈良県の御杖村村末から三重県に入り、伊勢地・払戸の地名とともに伊勢ならではの太一灯籠に往時を偲びつつ、奥津から上多気・仁柿・横野・大石から津留の渡しで櫛田川を越え、相可・池上・田丸を経て伊勢にいたる道中を歩き、周辺の史跡58カ所をも含めて文章と写真で紹介したものである。カラー16点、モノクロ324点、地図を合わせて総232ページ。
◇伊那街道ふるさとの道　柿木憲二著　伊那毎日新聞社　1981.7　242p　22cm　2500円　④-87081-001-6
◇江戸時代の旅と街道　上田市立博物館編　上田市立博物館　1991.10　59p　26cm
◇街道への誘い―ふるさと守山物語　川本文彦著　風媒社　1997.5　226p　19cm　1400円　①4-8331-5086-7

  *なつかしい記憶と出会う散歩道。身近な町の街道で、古い歴史と幾多のドラマに出会う。"守山"の魅力を再発見する街道散策への誘い。
◇街道を歩く―愛知とその周辺　加藤淳子著　(名古屋)中日出版社　1987.11　199p　18cm　880円　①4-88519-051-7
  *発見と出合いを求めて。裏通りの古い町並・茅ぶき屋根・白い蔵・1里塚や峠の道祖神・道しるべ…。さあ、始めよう！楽しくリッチなウォーキング。
◇街道と宿場　信州歴史の道研究会解説、三橋秀年写真　信濃毎日新聞社　1981.4　300p　19cm　(信州の文化シリーズ)　2000円
◇画文集 あなたの北国街道　新海輝雄著　樑　2001.5　182p　26cm　3000円　①4-900408-82-4
◇木曽・伊那・多治見―立ちどまる旅籠の街道・格子窓　ブルーガイドニッポン編集部編　第2改訂版　実業之日本社　2000.5　159p　21cm　(ブルーガイドニッポン 21)　1200円　①4-408-01521-0
◇塩の道500景―千国街道を歩く　田中欣一、田中省三著　信濃毎日新聞社　1997.5　206p　21cm　1900円　①4-7840-9710-4
◇塩の道を歩く　田中欣一文、田北圭一写真　信濃毎日新聞社　1989.1　159p　26cm　2200円
◇塩の道・千国街道　亀井千歩子著　東京新聞出版局　1980.6　317p　19cm　1500円　①4-8083-0005-2
◇塩の道・千国街道　田中欣一編　銀河書房　1982.2　330p　19cm　1600円
◇千国街道からみた日本の古代―塩の道・麻の道・石の道　郷津弘文著　栂池高原ホテル出版部　1986.7　357p　19cm　1800円
◇千国街道ものがたり―蘇る塩の道　大日方健著　郷土出版社　1990.10　263p　19cm　1553円　①4-87663-158-1
◇つれづれ街道東濃路　建設省中部地方建設局多治見工事事務所　1988　22p　30cm
◇天保国絵図で辿る広重・英泉の木曽街道六拾九次旅景色　堀晃明著　人文社　2001.7　112p　30cm　(古地図ライブラリー　8)　2200円　①4-7959-1907-0
◇天竜川と秋葉街道　神谷昌志著　(静岡)明文出版社　1987.1　232p　21cm　1500円　①4-943976-11-5
  *ふる里を流れ下る大天竜と信仰の道秋葉街道。昔から川と道には遠州に暮らす人々の様々な哀歓が刻み込まれています。この本は、史話と伝承をたずね歩いてつづ

◇はいばらの伊勢街道―その周辺の歴史と文化　榛原町広報課編　榛原町　1991.3　90p　26cm

◇びさい昔の街道　尾西市文化財審議会編　尾西市教育委員会　1981.3　40p　26cm（尾西市文化財叢書　3）

◇ひだ・みの日本歴史街道　ひだ・みの日本歴史街道事務局監修　昭文社　1997.11（2刷）191p　21cm　（エアリアマップ）　1333円　①4-398-13178-7

◇飛騨ぶり街道物語―ぶり街道の文化と自然　飛騨文化自然誌調査会調査・執筆，岐阜総合研究所企画・編　岐阜新聞社,(発)岐阜新聞情報センター発売　2001.10　121p　26cm　1143円　①4-87797-016-9

◇姫街道―椿の花散る道　夏目隆文，西野綾子著　ひくまの出版　1982.3　2冊　19cm（シリーズ・わたしの散歩道　6,7）各1200円

◇姫街道―写真紀行　神谷昌志著　国書刊行会　1984.5　125p　31cm　5000円

◇姫街道―細江―その周辺　細江町企画課編　改訂版　細江町　1988.1　72p　19cm

◇北国街道分間絵図　〔鈴木魚郡里〕〔著〕，尾崎行也解説執筆　復刻　郷土出版社　1998.11　4冊（解説とも）　25cm　全47000円　①4-87663-422-X

◇名優でつづる木曽街道―三代豊国の役者見立六十九次　三代歌川豊国〔画〕,平木浮世絵財団編　平木浮世絵財団　c1997　51p　26cm

◇目で見る美濃・飛騨の街道　岐阜郷土出版社　1989.2　303p　31cm　14000円　①4-87664-044-0

◇甦れ　姫街道　横山吉男著　（日野）明星大学出版部　1988.11　97p　19cm　980円
＊ここに1本の道がある。その名の可憐な「姫街道」という。いつの頃開発された道なのか判然としないが、東海道の脇道の古い道である。私は時間の許す限り、この「姫街道」を歩いた。そして、「姫街道」にどのような文化遺産が現存するのかについて実際に見、脚で調べた結果が本書である。

◇歴史「古道」を歩く―滅びゆく千国古道探索紀行　井口一幸著　彩流社　2000.9　238p　19cm　1900円　①4-88202-660-0
＊縄文時代から黒耀石、ヒスイ、塩を運んだ道、ヌナガワ姫、安曇族、鉄をめぐる伝説、戦国期、武田・上杉の争いの舞台となった城跡、江戸期の信越国境秘話、そして過疎化によって消えゆく村々―太古

より信・越をむすんだ険しくも重要な道筋、千国古道を実際に歩き、その歴史を縦横に探索する。

◇歴史の道北国街道を歩く　伝田重義〔著〕　信毎書籍出版センター　2000.1　517p　21cm　3000円

中山道

東京都～滋賀県　江戸時代　指定：五街道,重要伝統的建造物群保存地区「楢川村奈良井」,同「南木曾町妻篭宿」

＊　　　＊　　　＊

◇歩いて歩いて関東へ―近江日野商人中山道踏破　日野～お江戸日本橋完歩　記念写真集　日野町教育委員会　1992.12　123p　22×27cm

◇生きていた美濃中山道　太田三郎著　教育出版文化協会　1977　223p　27cm　9800円

◇ウォーク中山道東海道　東海版　与具日出夫著　七賢出版　1994.5　237p　19cm　（GUIDE BOOK OF SHICHIKEN）　1400円　①4-88304-157-3
＊それぞれの想いを胸に、幾多の旅人が行き交った道。人の姿は変わっても、街道からみえる四季折々の佇まいは、往時の面影をとどめている。

◇近江歴史回廊　近江中山道　淡海文化を育てる会編　淡海文化を育てる会,サンライズ出版発売　1998.12　237p　21cm　1500円　①4-88325-055-5
＊近江中山道は栄枯盛衰の歴史を映した道。六波羅滅亡の悲話、婆娑羅大名佐々木京極道誉、織田信長の勇騒、石田三成の運命、街道には、人々のロマンと歴史の足跡が残る。

◇カラー中山道の魅力　文:邦光史郎，写真:小林義雄　淡交社　1975　218p　22cm　1800円

◇軽井沢・佐久・中山道を歩く　土屋郁子,平野勝重著　郷土出版社　1986.8　306p　19cm（ふるさとの歴史散歩シリーズ　2）　1500円

◇かわら版歴史の道　中山道―信濃路二十六宿の旅　吉井正徳著　ほおずき書籍,星雲社発売　2000.4　277p　19cm　1800円　①4-7952-2530-3
＊江戸時代に信州の地を横断していた街道・中山道―。信濃路の道中に設けられた26宿の各宿場ごとに、その構成・伝承・歴史・史実を掲載。著者10年の歳月をかけた集大成。浅間山噴火・ニセ官軍事件・農

街道　　　　　　　　　　　　　　　　　　　　　　　　　古都・街道

民一揆・朝日将軍源義仲の悲話etc…。宿場界隈で起こった真実のドラマが満載。
◇木曽街道　沢田正春著　木耳社　1967　103p　27cm
◇木曽街道六十九次　英泉, 広重画, 編集: 楢崎宗重, 岡畏三郎, 鈴木重三　毎日新聞社　1975　原色はり込図74枚　解説65,10p　55cm(解説:36cm)　100000円
◇木曽路―歴史と文学の旅　駒敏郎著　保育社　1971　153p　15cm（カラーブックス）280円
◇木曽路をゆく―贄川宿～馬籠宿　児玉幸多監修　学習研究社　2000.11　127p　21cm（中山道の歩き方 歴史街道トラベルガイド）1600円　④4-05-401271-X
＊1冊で木曽路のすべてがわかる中山道徹底ガイド！山間の情報あふれる木曽路十一宿！今に残る木曽路の旧街道の道筋と、宿場町のありさまを詳細な地図と写真、紀行文で徹底解説。街道歩きの楽しみとともに木曽路のすべてを紹介する中山道トラベルガイドの決定版。
◇木曽路紀行藤波の記―江戸開幕50年中山道の旅　飯塚明著　日本図書刊行会　1999.9　261p　20cm　2000円　④4-8231-0322-X
＊本書は明暦元年(1655)7月23日から8月5日にかけて、江戸から大阪までの旅をした道中日記、紀行文の翻刻とその現代語訳である。7月は29日が晦日だったので12日間にわたる長旅であった。約350年も前の非常に古い時代の貴重な街道記録である。国立公文書館内閣文庫に蔵する飯塚半右衛門正重『木曽路紀行 藤波の記』乾・坤二分冊を翻刻し、現代語訳を付したもの。
◇木曽路名所図絵　秋里籬島編著　名著出版　1972　569p　23cm　3800円
◇木曽路名所図会　秋里籬島著　臨川書店　1995.9　706p　21cm（版本地誌大系　6）9991円　④4-653-03098-7
◇木曽路名所図会 6巻　秋里籬島編　ムセイオン出版　1981.8　7冊　26cm　全70000円
◇木曽歴史散歩―街道千三百年の踏み跡　沢史生著　創元社　1971　212p　18cm　350円
◇旧中山道 3　日本橋―横川　観光資源保護財団編　観光資源保護財団　1976.2　57p　26cm
◇小泉澄男写真集「中山道」―江戸から京へ・姫街道　小泉澄男著　日本カメラ社　1995.6　152p　31×23cm　5800円　④4-8179-2034-3

＊本書は、時と共に失われて行く街道に、今もなお残る貴重な江戸時代の面影を後世に残したいと願いつつ、六年半の歳月をかけて江戸より京まで、中山道の旅を続けた一写真家の記録である。
◇古稀中山道完歩　木村清著　木村清　1995.3　149p　20cm　1200円
◇今昔中山道独案内　今井金吾著　日本交通公社出版事業局　1976　449,11p　22cm　5500円
◇今昔中山道独案内　今井金吾著　〔新装版〕　日本交通公社出版事業局　1994.8　449,11,20p　21cm（今井金吾独案内シリーズ）6500円　④4-533-02047-X
＊中山道六十九次の完全踏査。全行程を2万5千分1地形図に正確に再現。宝暦版『岐蘇路安見絵図』併載による今昔対照。善光寺道・善光寺西街道を付載。
◇史跡探訪―郷土のしおり 2　中山道筋の巻　清水要次著　郷土誌刊行会　1983.3　279p　19cm　1300円　④4-87392-007-8
◇信濃路をゆく 上　軽井沢―望月宿　児玉幸多監修　学習研究社　2001.2　127p　21cm（中山道の歩き方 歴史街道トラベルガイド）1600円　④4-05-401269-8
＊信濃路の街道情緒を1冊で味わう中山道・善光寺街道徹底ガイド！宿場町時代の空気を色濃く残す信州、中山道・善光寺街道の道筋。街道歩きの楽しみと史跡・名所の数々を詳細な地図と写真、紀行文で紹介する歴史ドラベルガイドの決定版。
◇信濃路をゆく 下　芦田宿―本山宿　児玉幸多監修　学習研究社　2001.3　127p　21cm（中山道の歩き方 歴史街道トラベルガイド）1600円　④4-05-401270-1
＊1冊で信濃路の楽しみを堪能できる中山道・善光寺西街道徹底ガイド！峠道を越えて里に憩う信濃の旅路！難所の峠を越え、宿場の安らぎに憩う信州、中山道・善光寺西街道の道筋。街道歩きの楽しみと史跡・名所の数々を詳細な地図と写真、紀行文で紹介する歴史トラベルガイドの決定版。
◇写真 中仙道　薗部澄著　社会思想社　1962　270p　16cm（現代教養文庫）
◇巡歴中山道　中西慶爾著　木耳社　1976　551p 地図　20cm　2800円
◇新版 岐阜県の中山道　松尾一著　まつお出版　1993.7　181p　21cm　2000円　④4-9900168-3-1
◇旅―馬と人―浮世絵にみる東海道と木曽街道の旅　馬事文化財団馬の博物館編　馬事文化財団　2000.4　111p　21×30cm

316

◇てくてく中山道―ふるさとの伝承と石造文化財　岡村知彦編纂　軽井沢西部小学校六年松組　1992.2　214,436p　26cm　12000円
◇てくてく中山道 下　岡村知彦著　岡村知彦　1995.2　245p　21cm　2000円
◇東京周辺 歴史街道東海道・中山道を歩く　弘済出版社　1998.10　175p　20cm　(ニューガイド私の日本アルファ　16)　1190円　①4-330-52898-3
　＊江戸と京都を結ぶ旧街道、東海道と中山道の史跡をたどり歩く、歴史街道の旅。本書では、東京から日帰り・1泊で行ける50のモデルコースをご紹介しています。歩行距離、所要時間を参考にして、自分らしい「弥次喜多道中」をお楽しみください。
◇中山道―昔と今　稲垣進一著　保育社　1983.3　151p　15cm　(カラーブックス599)　500円　①4-586-50599-0
◇中山道―江戸から京へ・姫街道　小泉澄男写真集　小泉澄男著　日本カメラ社　1995.6　152p　31cm　5800円　①4-8179-2034-3
◇中山道を歩く―日本橋―三条大橋534キロ完全踏破　山と渓谷社　2000.9　159p　21cm　(歩く旅シリーズ)　1500円　①4-635-01121-6
◇中山道めぐり―スケッチ・心にのこる69宿を描く　亀子誠著　日貿出版社　1999.9　157p　23cm　2500円　①4-8170-3146-8
　＊30有余年にわたる取材とスケッチにより、中山道の歴史と現在を集大成。
◇中山道を歩く　児玉幸多著　中央公論社　1988.10　427p　15cm　(中公文庫)　580円　①4-12-201556-1
　＊日本橋から京都へ、東海道と並ぶ幹線道路の中山道は、昔日の面影をはるかに多く残している。近世史の泰斗が、六十九次の宿場宿場を踏破し、史実と自らの足で新旧両時代にわたる街道のたたずまいを再現した「歴史の道」を歩く楽しい紀行エッセイ。
◇中山道を歩く―日本橋から戸田の渡しへ　横山吉男著　東京新聞出版局　1991.6　239,3p　19cm　(街道シリーズ 4)　1500円　①4-8083-0404-X
　＊家康の江戸開府以来四百年―。日本の歴史を作った武将・文人の足跡を訪ねる徹底ガイド。歩くための地図付き。
◇中仙道往来と名物　礒部鎮雄編　南洋文庫　1948　14丁　9cm　(掌中叢書　第6編)
◇中山道を行く 1　荻野悌著　文献出版　1987.6　398p　19cm　2400円

◇中山道を行く 2　荻野悌著　文献出版　1987.7　407p　19cm　2400円
◇中山道を行く 3　荻野悌著　文献出版　1987.8　407p　19cm　2400円
◇中山道紀行―カメラリポート　NHK6局「中山道」制作グループ編　郷土出版社　1990.2　190p　21cm　1800円　①4-87663-138-7
◇中山道の歩き方 近江路をゆく―柏原宿～三条大橋　児玉幸多監修　学習研究社　2001.5　127p　21cm　1600円　①4-05-401273-6
　＊宿場の歴史と風光明媚な景色に心動かされる中山道・近江の旅路。街道歩きの楽しみと史跡・名所の数々を詳細な地図と写真、紀行文で紹介する歴史トラベルガイドの決定版。
◇中山道の歩き方 美濃路をゆく―落合宿～今須宿　児玉幸多監修　学習研究社　2001.5　127p　21cm　1600円　①4-05-401272-8
　＊宿場町の風情と山川草木の自然の息吹に触れる中山道・美濃の旅路。街道歩きの楽しみと史跡・名所の数々を緻密な地図と写真、紀行文で紹介する歴史トラベルガイドの決定版。
◇中山道のスケッチ―信濃二六宿訪ね歩き　亀子誠文・絵　郷土出版社　1986.11　143p　20cm　1500円
◇中山道道しるべの旅　稲神和子著　柏書房　1982.7　15,206p　20cm　1600円
◇中山道民家の旅　吉田桂二画・文, 木寺安彦写真　東京堂出版　1989.12　126p　26cm　2000円　①4-490-20154-0
　＊この本は、ルート図をつけた中山道のガイドブックで、写真を付した文章で多少近辺の名所・旧跡を紹介しながら、ルートを説明し、サインペンで描いた細密な絵を多く入れている。
◇中山道例幣使道分間延絵図 第2巻　太田 八木 簗田 天明 犬伏　五十嵐富夫解説, 高崎寿解説　東京美術　1989.7　2冊　43×18cm　34000円　①4-8087-0521-4
◇中山道例幣使道分間延絵図 第3巻 解説篇　富田 栃木 合戦場 金崎　日向野徳久解説　東京美術　1989.10　63p　42×18cm
◇中山道歴史散歩―宿場と旧道の面影をしのぶ　斎藤利夫著　有峰書店新社　1995.9　276p　19cm　2000円　①4-87045-213-8
　＊日本で一番旧道と古宿の残る道。東山道から木曽街道と呼ばれた中山道は、景観に恵まれた歴史と文化遺産の宝庫。全行程をくまなく解説。

317

◇中仙道六十九宿今様道中記　斎藤与治郎著　斎商　1975　119p 肖像 はり込図7枚　22cm　1300円
◇ひと・とき・みち―中山道を歩く　岡島博男著，岡島春美絵　岡島博男　1994.9　395p　22cm
◇武州路・上州路をゆく―日本橋～坂本宿　児玉幸多監修　学習研究社　2001.1　127p　21cm　(中山道の歩き方 歴史街道トラベルガイド)　1600円　Ⓓ4-05-401268-X
　＊武蔵野の面影と上州の旅情を楽しむ！現代の町並のなかにも歴史街道の風情を残す中山道は武州・上州の旅路。詳細地図と写真、紀行文で街道歩きの楽しみととともに史跡・名所を紹介したトラベルガイドの決定版。
◇ぶらり中山道―訪ねてみよう宿場町 中山道全行程と六十九宿場町　松山達彦著　松山達彦　1998.7　285p　26cm　2500円　Ⓓ4-88848-430-9
◇平成中山道紀行―新・駅伝ウォーキング　小池啓之著　小池啓之　1995.2　358p　21cm
◇まちかど新風土記―中仙道の巻　読売新聞社浦和支局編　信陽堂出版部　1977.2　254p　19cm　980円
◇瑞浪市の中山道ガイドブック―深萱・大久後立場から大湫・細久手両宿そして津橋立場まで　渡辺俊典執筆・編　大湫町コミュニティー推進協議会　1999.10　79p　19cm
◇歴史と風土 碓氷峠　萩原進著　増補新装版　有峰書店新社　1989.1　334p　19cm　2000円　Ⓓ4-87045-181-6
　＊浅間山麓に長い歴史をみつめてきた碓氷峠。古道の変遷から碓氷関、浅間三宿、峠路の文学や民話伝説など実地と文献の両面より詳述。
◇65cmの旅―東海道・中仙道1000キロを歩く　東海道・中仙道気まま旅の会編　東海道・中仙道気まま旅の会　1994.7　155p　22cm　2000円

東海道

東京都～京都府　江戸時代　指定：五街道，史跡「箱根旧街道」，同「箱根関跡」，特別史跡「新居関跡」，重要伝統的建造物群保存地区「関町関宿」

　　　　＊　　　＊　　　＊

◇池田みち子の東海道中膝栗毛　池田みち子著　集英社　1987.2　294p　19cm　(わたしの古典　20)　1400円　Ⓓ4-08-163020-8
　＊伊勢をめざして江戸を出た、急がぬ旅の二人連れ。色気と食い気が先に立ち、伊勢参りは二の次の珍道中。確かな筆で、江戸の笑いを現代によみがえらせる。
◇いま街道は 東海道編　静岡新聞社　1984.6　246,〔1〕p　19cm　1000円　Ⓓ4-7838-1027-4
◇ウォーク中山道東海道 東海版　与呉日出夫著　七賢出版　1994.5　237p　19cm　(GUIDE BOOK OF SHICHIKEN)　1400円　Ⓓ4-88304-157-3
　＊それぞれの想いを胸に、幾多の旅人が行き交った道。人の姿は変わっても、街道からみえる四季折々の佇まいは、往時の面影をとどめている。
◇浮世絵対比五十三次今昔写真集―歌川広重生誕200年記念　菊原馥写真と文　八千代市文芸協会　1997.3　87p　26cm　Ⓓ4-906609-01-5
◇浮世絵 大東海道 下　大野和彦著，浜田信義編　京都書院　1998.9　255p　15cm　(京都書院アーツコレクション　193)　1200円　Ⓓ4-7636-1693-5
◇江戸・大正・平成東海道五十三次いまむかし　マール社編集部編　マール社　1997.9　151p　21cm　1400円　Ⓓ4-8373-0732-9
　＊鉄道が敷かれ、バイパスが通り、広重の描いた東海道五十三次は、すっかり姿を変えてしまいました。本書では、広重の図と大正・平成の写真を対比させ、その移り変わりの様子をひとめで促えられるように構成されています。むかしを偲ぶだけではなく、受け継がれてきた歴史・文化を残していけるように、未来にも目を向けています。時代を超えた旅人気分を味わって下さい。
◇江戸の旅―東海道五十三次物語　今井金吾著　河出書房新社　1988.7　244p　15cm　(河出文庫)　460円　Ⓓ4-309-47137-4
◇艶本紀行東海道五十三次　林美一著　新装版　河出書房新社　2001.1　400p　15cm　(河出文庫)　650円　Ⓓ4-309-47410-1
　＊日本橋から東海道、そして伊勢路へ―『関中膝磨毛』の旅。弥次・北ならぬ九次郎兵衛・舌八の繰り広げる色道修行の珍道中。宿場では飯盛旅籠に泊まり、遊廓の女郎と遊び、茶屋の女をからかい、旅の娘にちょっかいを出しては、おおしくじり。艶本・道中記を渉猟し、現地を訪ねて資料を探索し、故老への聞き書きをして、江戸時代の旅を再現した貴重な街道の風俗史。

古都・街道　　　　　　　　　　　　　　　　　　　　　街道

◇艶本紀行 東海道五十三次　林美一著　河出書房新社　1986.12　400p　15cm　（河出文庫）　640円　①4-309-47100-5
　＊東海道、伊勢路、江戸の旅再現！日本橋から京都まで、九次郎兵衛、舌八が繰りひろげる「東海道中膝磨毛」チン道中。

◇街道紀行 4　東海道　毎日新聞社編　毎日新聞社　1990.11　154p　37cm　4900円　①4-620-60414-3
　＊昔も今も西と東を結ぶ主要幹線である東海道をはじめに、古代から都として栄えた京、奈良を中心とする諸道、信仰の道である熊野路・伊勢路など…。庶民が往来した街道風景や歴史の香が立ちのぼる古都の景観を紹介。

◇葛飾北斎 東海道五十三次　永田生慈解説　岩崎美術社　1994.3　165p　26cm　15450円　①4-7534-1342-X

◇現代版・東海道中膝栗毛　佐藤秀五郎著　而立書房　1976　238p　20cm　1000円

◇考証東海道五十三次　綿谷雪著　秋田書店　1974　306p　20cm　980円

◇古東海道謎紀行　放生池一弥著　海道史研究会　1998.11　141p　19cm　1143円

◇小堀遠州東海道紀行　小堀宗通著　村松書館　1985.11　90p　22cm　2800円

◇今昔東海道ひとり歩き―江戸から大坂へ57次　今井金吾著　日本交通公社出版事業局　1983.8　227p　19cm　（交通公社のガイドシリーズ）　980円

◇今昔東海道独案内　今井金吾著　日本交通公社出版事業局　1974　334,8p　22cm　3700円

◇今昔東海道独案内　今井金吾著　〔新装版〕　日本交通公社出版事業局　1994.8　334,8,16p　21cm　（今井金吾案内シリーズ）　5000円　①4-533-02046-1
　＊東海道五十三次の完全踏査。全行程を2万5千分1地形図に正確に再現。宝暦版『新板東海道分間絵図』併載による今昔対照。伊勢参宮街道を付載。

◇こんなに面白い江戸の旅―東海道五十三次ガイドブック　菅井靖雄著　東京美術　2001.8　143p　21cm　1600円　①4-8087-0707-1
　＊江戸の日本橋～京の三条大橋まで、各宿場の歴史や伝説、見学場所・名物など、イラスト地図と共に見開き2ページで案内。宿泊日数・所持品・宿情報・病気・トラブル対策など江戸の旅の心得がわかる。

◇諸国道中袖鏡の東海道　岡田屋嘉七著, 赤羽根秀一編　赤羽根秀一　1979.11　52p　18cm

◇新・東海道五十三次―平成から江戸を見る　宮川重信著　東洋出版　2000.11　437p　22cm　4000円　①4-8096-7359-6
　＊東海道五十三次全宿場と街道沿いの史跡を七十余枚の写真に収録しました。江戸の昔から今日に至る関わりを記述するにあたり、土地の資料などを細かく照合、史実の正確性を期しました。筆者取材・撮影ならではの臨場感をも興味深く楽しめる一冊です。

◇新・東海道五十三次　武田泰淳著　中央公論社　1977.3　277p　16cm　（中公文庫）　320円

◇水彩で描く東海道スケッチの旅　小川幸治画文　日貿出版社　2001.7　131p　26cm　2500円　①4-8170-3227-8
　＊平成13年(2001)は、徳川家康が宿駅制度を定めて400年目にあたり、東海道五十三次の宿場ではさまざまなイベントが行われて、江戸時代の旅や当時の人々の生活を再発見しようという気運が高まっている。これまで東京の風景を独特の水彩で記録してきた著者は、かねがね江戸文化が残る東海道を描いてみたいと思い続けていたが、この時を機として五十三次を歩く旅に出た。そして同行のカメラマンと3年にわたって何度か往復し、水彩画と墨画スケッチを500枚描いた。本書はまだまだ江戸の面影が残る東海道の魅力を訪ね求め、軽妙なスケッチで現在の風景を描いた傑作「平成版/東海道五十三次」。読者の方々にも東海道のスケッチとウォーキングを楽しんでいただけるように、街道と宿場のガイドや地図なども掲載。

◇図説 東海道五十三次　今井金吾著　河出書房新社　2000.12　127p　21×17cm　（ふくろうの本）　1800円　①4-309-72651-8
　＊街道の歴史、名所・旧跡、故事・伝説、芭蕉の足跡を訪ねる。

◇青春コンビ東海道をゆく　百瀬明治著　三一書房　1966　235p　18cm　（高校生新書）

◇川柳東海道 上　日本橋から大井川まで　岡田甫著　読売新聞社　1972　362,4p　19cm　650円

◇川柳東海道 下　大井川から京都まで　岡田甫著　読売新聞社　1973　418,4p　19cm　850円

◇旅―馬と人―浮世絵にみる東海道と木曽街道の旅　馬事文化財団馬の博物館編　馬事文化財団　2000.4　111p　21×30cm

◇旅のあこがれ浮世絵東海道―名古屋テレビ浮世絵コレクションより　安城市歴史博物

319

館編　安城市歴史博物館　2001.4　71p　30cm
◇千里の旅—歩き続けた東海道五十三次の記録　黒田千里著　アーテックス博進堂(印刷)　1998.12　95p　20×21cm　2500円
◇天竜川と東海道—浜松の東玄関　わがまち文化誌　浜松市立天竜公民館わがまち文化誌編集委員会編　浜松市立天竜公民館　1994.2　300p　21cm
◇東海道中勝景行程記　太平書屋編　太平書屋　2000.5　73p　15×21cm　(太平文庫 44)　3000円
◇東海道中記—平成版　鈴木和平著　JTB　2001.2　270p　19cm　1400円　Ⓓ4-533-03649-X
　＊歩くなら、やっぱり東海道！実際に歩いた著者ならではの、ツボを押さえたアドバイスと手作り詳細マップが、旅のプランニングや道中歩きに必ず役立ちます。
◇東海道—随筆　波多野承五郎著　第5版　万里閣書房　1930.4　393p　19cm
◇東海道—安藤広重の『東海道五十三次』と古道と宿駅の変遷　八幡義生著　有峰書店　1974　348p 図　19cm　(歴史と風土 10)　1300円
◇東海道—林忠彦写真集　林忠彦著　集英社　1990.9　189p　31×31cm　7500円　Ⓓ4-08-532028-9
　＊写真生活50余年の総決算、江戸時代の面影を求めて撮り下ろした写真家・林忠彦執念のライフワーク。カラー105点。詳細な撮影記を併載。
◇東海道絵図 1(巻第1-巻第5)　江戸—金屋　木下良監修　昭和礼文社　1冊　31×43cm　(東海道絵図集成 1)　42000円　Ⓓ4-915124-55-X
◇東海道絵図 2(巻第6-巻第10)　金屋—京　木下良監修　昭和礼文社　2000.12　1冊　31×43cm　(東海道絵図集成 1)　42000円　Ⓓ4-915124-55-X
◇東海道をゆく　リクルート　2001.4　177p　26cm　838円　Ⓓ4-89807-671-8
◇東海道53次ある記—広重と十返舎一九の東海道を訪ねて　武川和洋著　文芸社　2000.5　170p　19cm　1200円　Ⓓ4-8355-0032-6
　＊足掛け4年半「通いの東海道53次」。この旅で「江戸」を知りました。路傍の一里塚、道祖神、そして御油、舞坂に代表される松並木。江戸は今でも脈々と息づいています。
◇東海道五十三次を歩く 1(日本橋—大磯)　児玉幸多監修, 碧水社企画・編集　講談社　1999.8　126p　20cm　(Kodansha sophia books)　1600円　Ⓓ4-06-269062-4
　＊国土地理院発行の二万五千分の一地図に旧東海道をカラー表記し、点在する史跡、旧跡、景勝地、東海道ゆかりの地などをマーキングした、一目でわかる東海道区間カラー地図を掲載。いにしえの旅気分を味わえる古地図や古写真、復元イラストなどの歴史資料から、現代の旅の楽しみに欠かせないおすすめ味処、土産物店情報も満載し、今と昔の旅のツボをとことん刺激する、まったく新しい東海道ガイド。第一巻は、お江戸日本橋から大磯宿を越えた浜町までの約十九里（約76km）。喧噪の中にたたずむ昔の面影をたどる道のり。弥次喜多気分でゆっくり歩くか、ポイントを押さえた駆け足の旅にするか、この一冊があれば自由自在。
◇東海道五十三次を歩く 2(小田原—箱根—府中)　児玉幸多監修, 碧水社企画・編集　講談社　1999.9　126p　20cm　(Kodansha sophia books)　1600円　Ⓓ4-06-269063-2
　＊国土地理院発行の二万五千分の一地図に旧東海道をカラー表記し、点在する史跡、旧跡、景勝地、東海道ゆかりの地などをマーキングした、一目でわかる東海道区間カラー地図を掲載。いにしえの旅気分を味わえる古地図や古写真、復元イラストなどの歴史資料から、現代の旅の楽しみに欠かせないおすすめ味処、土産物店情報も満載し、今と昔の旅のツボをとことん刺激する、まったく新しい東海道ガイド。2001年、街道制定400周年!!歩きどころ目白押しの第2巻!!箱根越えあり、富士の眺め、疲れを癒す伊豆の温泉街、海辺に続く松原と、東海道の要所が続く。観光地としての見どころだけではなく旧東海道の戦の歴史と江戸の庶民文化を伝える重要ポイントを徹底網羅。
◇東海道五十三次を歩く 3(丸子—大井川浜名湖—新居)　児玉幸多監修, 碧水社編集・企画　講談社　1999.10　126p　20cm　(Kodansha sophia books)　1600円　Ⓓ4-06-269064-0
　＊国土地理院発行の二万五千分の一地図に旧東海道をカラー表記し、点在する史跡、旧跡、景勝地、東海道ゆかりの地などをマーキングした、一目でわかる東海道区間カラー地図を掲載。いにしえの旅気分を味わえる古地図や古写真、復元イラストなどの歴史資料から、現代の旅の楽しみに欠かせないおすすめ味処、土産物店情報も満載し、今と昔の旅のツボをとことん刺激する、まったく新しい東海道ガ

イド。丸子宿から新居宿までの約二十三里(89km)には、旅人の足を鈍らせた難所が多い。大井川と天竜川、宇津ノ谷峠と小夜の中山。ここを歩いた古人の心意気を感じながら、今なお残る歴史遺産や伝説の数々に触れる旅を紹介する。

◇東海道五十三次を歩く 4(白須賀—伊勢湾・木曽川—桑名) 児玉幸多監修, 碧水社企画・編集 講談社 1999.11 126p 20cm (Kodansha sophia books) 1600円 ①4-06-269065-9

＊国土地理院発行の二万五千分の一地図に旧東海道をカラー表記し、点在する史跡、旧跡、景勝地、東海道ゆかりの地などをマーキングした、一目でわかる東海道区間カラー地図を掲載。いにしえの旅気分を味わえる古地図や古写真、復元イラストなどの歴史資料から、現代の旅の楽しみに欠かせないおすすめ味処、土産物店情報も満載し、今と昔の旅のツボをとことん刺激する、まったく新しい東海道ガイド。遊女屋が並ぶ紅灯の宿、城下町岡崎、東海道唯一の海路となる伊勢湾渡海(七里の渡し)…白須賀から桑名までの約二十六里(100km)は、かつて個性豊かな宿がつないでいた。今に至るまでの栄枯の差こそあれ、思いがけない発見も楽しめる通好みの区間である。見落としがないよう詳細情報をわかりやすく掲載。

◇東海道五十三次を歩く 5(四日市—鈴鹿峠・琵琶湖—三条大橋) 児玉幸多監修, 碧水社企画・編集 講談社 1999.12 126p 20cm (Kodansha sophia books) 1600円 ①4-06-269066-7

＊国土地理院発行の二万五千分の一地図に旧東海道をカラー表記し、点在する史跡、旧跡、景勝地、東海道ゆかりの地などをマーキングした、一目でわかる東海道区間カラー地図を掲載。いにしえの旅気分を味わえる古地図や古写真、復元イラストなどの歴史資料から、現代の旅の楽しみに欠かせないおすすめ味処、土産物店情報も満載し、今と昔の旅のツボをとことん刺激する、まったく新しい東海道ガイド。東海道最後の難所、鈴鹿峠を越え、穏やかな町並みを歩けば、道は琵琶湖畔を過ぎ、風雅な匂いを漂わせる。四日市から京都三条大橋までの約二十七里(105km)は、今は所々で寸断されるが、わかりやすい地図と説明、詳細情報で歴史街道を辿る旅の醍醐味を感じながら歩けるよう構成。

◇東海道五十三次紀行—四〇〇年街道のドラマ 現代歴史視考 高田宏文, 中里和人写真 黙出版 2001.7 205p 19cm 2200円 ①4-900682-60-8

◇東海道五十三次ハンドブック 森川昭著 三省堂 1997.6 220p 21cm 1600円 ①4-385-41029-1

◇東海道五十三次ひとり歩き—夢ロマン 山下敬之著 ブックヒルズ 1997.5 111p 21cm 800円

◇東海道と碑 壬生芳樹著 静岡新聞社 1994.8 238p 19cm (Roman kaido Tôkaidô 9) 1600円 ①4-7838-1049-4

◇東海道と脇街道 小杉達著 静岡新聞社 1997.8 199p 19cm (RomanKaido Tokaido. 3) 1600円 ①4-7838-1059-1

＊本書では東海道から枝分かれする脇街道に焦点を当てることにした。東海道の不便性、困難性を示している難所の代表、すなわち川と峠を叙述するにとどめ、もっぱら脇街道に重点をおいた。

◇東海道徒歩38日間ひとり旅 糸川燿史著 小学館 2001.8 282p 15cm (小学館文庫) 552円 ①4-09-411401-7

＊いつか、東京ぐらいへは自分の足で歩いていきたい—。大阪在住の多忙な写真家が、ある夏の朝ふと思い立って出かけた現代版東下り。仕事を中断してカメラ片手に「何かが変わるかもしれない」と大阪の帝塚山から京都も名古屋もすっ飛ばし、千葉県の銚子までひたすら足任せの38日。何度も「あほらし！もうやめや！」と呟きつつ、風通しの悪い世の中に怒る旅を文と写真で綴る五十代感覚的けじめ紀行。

◇東海道の城を歩く—街道探訪 泉秀樹文と写真 立風書房 2000.6 157p 21cm 1600円 ①4-651-75120-2

＊いまも残る街道沿いの城をたずね、戦国の乱世に思いを馳せる。—名城・城址・むかし町をめぐる旅。

◇東海道の名所と名物—駿州蒲原〜遠州掛川 第九回特別展 藤枝市郷土博物館編 藤枝市郷土博物館 1995.10 47p 30cm

◇東海道名所図会 上巻 〔秋里籬島〕〔著〕, 〔竹原春泉斎〕〔画〕 復刻版 羽衣出版 1999.8 486p 27cm ①4-938138-29-8

◇東海道名所図会 上巻 京都・近江・伊勢編 秋里籬島原著, 〔竹原春泉斎〕〔画〕, 粕谷宏紀監修 ぺりかん社 2001.3 420p 20cm (新訂日本名所図会集 1) ①4-8315-0952-3

＊江戸本を新字・新かなで読みやすくした普及版！有名絵師による実景絵図が各名

321

街道　　　　　　　　　　　　　　　　　　　　　　　　　　　　　　　古都・街道

　所に挿入。名所(歌枕)を歌った和歌・俳句・漢詩を随所に配す。新たに四種の索引を巻末に付す。「都」「大和」「摂津」等の名所図会を著した秋里籬島の傑作。
◇東海道名所図会　下巻　〔秋里籬島〕〔著〕，〔竹原春泉斎〕〔画〕　復刻版　羽衣出版　1999.8　440p　27cm　Ⓘ4-938138-29-8
◇東海道名所図会を読む　粕谷宏紀著　東京堂出版　1997.4　267p　21cm　2800円+税　Ⓘ4-490-20309-8
　＊参勤交代や下命を受けた武士、行商などの商人、そしてレジャーと化した巡礼修行の老若男女と、東海道は江戸時代にもっとも往来の激しい街道であった。そんな街道の様子・旅人の風俗などを挿絵から興味深く解説。巻末に「近世の旅について」の解説と、当時旅人のために刊行された『旅行用心集』『東海道人物志』を付し、往時の旅の様子を活写。
◇東海道歴史ウオーク　横山吉男著　東京新聞出版局　2000.11　281p　19cm　1600円　Ⓘ4-8083-0718-9
　＊歩こう見よう東海道の今昔。徳川家康が宿駅・伝馬制度を定めてから400年を迎える東海道。江戸時代の大名はじめ、多くの文人墨客が往来、文化の交流を果たした東海道の今昔を再発見する旅に出かけてみませんか。
◇東海道を歩く—史蹟を道づれに　小林利外著　小林利外　1984.3　2冊　26cm
◇東海道を歩く—東京の史跡散策案内　横山吉男著　東京新聞出版局　1990.11　233,4p　19cm　(街道シリーズ　1)　1500円　Ⓘ4-8083-0390-6
　＊東京再発見！家康の江戸城入城以来400年—私たちのふるさと東京の歴史を、自分の足でたしかめるための史跡ガイド。
◇東海道を馬で行く　昌子武司著　文芸春秋　1990.1　270p　19cm　1500円　Ⓘ4-16-343720-7
　＊問題児教育専門の大学教授が、ひょんなことからヘソクリで馬を買い、悪戦苦闘、ついに手なずけて挑んだ東海道。車にびっくり、人情にホロリとしながら1300キロを39日で踏破した顛末をユーモラスにつづる漫談教授の遊々馬旅道中記。
◇東海道をこころみる　篠原勲著　菅沼プリント(印刷)　1971　152p　18cm　非売
◇東海道五十三次　岩波書店編集部編　岩波書店　1956　図版64p　19cm　(岩波写真文庫)
◇東海道五十三次—百二十五里・十三日の道中　岸井良衛著　中央公論社　1964　206p

　18cm　(中公新書)
◇東海道五十三次—今と昔　今井金吾著　社会思想社　1966　315p　15cm　(現代教養文庫)
◇東海道五十三次　上　角川書店編　角川書店　1957　70p　19cm　(角川写真文庫)
◇東海道53次　徳力富吉郎著　保育社　1992.3　151p　15cm　(カラーブックス)　620円　Ⓘ4-586-50823-X
　＊広重版画の53次をカラー頁で、今を著者のスケッチと写真で訪ね歩く。
◇東海道五拾三次　歌川広重画,吉田漱解説　集英社　1994.5　123p　30cm　3800円　Ⓘ4-08-532046-7
　＊本巻は、歌川広重の「東海道五拾三次」(保永堂版)を全点原色図版で収録するほか、「東海道五十三次」(行書東海道)、「東海道」(隷書東海道)、葛飾北斎画の「東海道五十三次」(『絵本駅路鈴』)の全点、および広重画の狂歌絵本『東海道名所会』、絵本『東海道風景図会』の一部を単色図版で収録した。
◇「東海道五十三次」おもしろ探訪——宿一話で読む歴史雑学の旅　泉秀樹著　PHP研究所　2001.8　360p　15cm　(PHP文庫)　648円　Ⓘ4-569-57599-4
　＊慶長6年(1601)、徳川家康が京と江戸を結ぶ最重要の交通路として定めた「東海道」。将軍・大名から一般庶民まで、様々な人間が行き交った東海道は、今なお各地に残る美しい風物をバックに、多くのドラマを歴史に刻んだ。本書は、五十三次の宿場ごとに発掘した人物や事件の意外なエピソードを、著者撮影の風景写真とともに紹介。東海道五十三次をめぐるオモシロ歴史雑学帖。
◇東海道五十三次狂遊記　尾崎勝一著　近代文芸社　1996.5　193p　19cm　1500円　Ⓘ4-7733-4843-7
　＊大正初期の東海道の景。旧道の険しさに流れた汗と涙。道中を彩る悲喜交々の人間模様。古き良き時代の旅の趣き。
◇東海道五十三次抄　杉浦明平著　オリジン出版センター　1994.2　190p　19cm　2060円　Ⓘ4-7564-0183-X
　＊遠州三河・尾張の伝統をたずね、五十三次の名所旧跡や人情を、おもしろおかしく披露する。それは、鍛冶の手わざや食べものうつわに及び、二流の宿の良さを浮上させる。記録文学の名手、明平さんの珠玉の紀行。
◇東海道五十三次　将軍家茂公御上洛図—E・キヨソーネ東洋美術館蔵　福田和彦著　河

出書房新社　2001.1　139p　26cm　3500円　Ⓘ4-309-25513-2
＊229年ぶりの将軍上洛を華麗に描いた大判錦絵の傑作、イタリアで発見!!　開国か攘夷か、大激動の幕末文久3年、第14代将軍徳川家茂（いえもち）の総勢3000人の武装行列が日本橋から京・二条城まで東海道五十三次を威風堂々と行く。当代一流の絵師を総動員して描かれた徳川幕府最後の記念碑的大イヴェント。

◇東海道五十三次昭和現代版膝栗毛道中記　斎藤与治郎著　百貨通信社　1974　107p　図肖像　はり込図2枚　21cm　1000円

◇東海道五十三次の事典　森川昭監修　三省堂　1986.7　254p　19cm　（サンレキシカ 36）　1000円　Ⓘ4-385-15618-2
＊あなたも歩ける五十三次。主婦の紀行と〈見どころ案内〉

◇東海道五十七次―京街道四宿　大坂-守口-枚方・淀・伏見-大津　中島三佳著　中島三佳　1986.10　166p　27cm　2500円

◇東海道今昔旅日記―お姫さま江戸へ　福島和夫著, 島根新聞社編　新人物往来社　1969　252p　19cm　580円

◇東海道中膝栗毛　田岡典夫著　平凡社　1973　205p　20cm　（歴史と文学の旅）　750円

◇東海道中膝栗毛　田辺聖子著　講談社　1990.9　293p　19cm　（古典の旅　12）　1200円　Ⓘ4-06-192082-0
＊古典の舞台を巡る新しい発見の旅。

◇東海道ちょっと物知りウォーキング　菊地真, 小林祥次郎編　勉誠出版　2001.10　175p　22×16cm　（museo　7）　1300円　Ⓘ4-585-09072-X

◇東海道　都市と観光地のガイド　日本交通公社編　1966　77p　19cm　（ガイド・シリーズ）

◇東海道と人物　杉山元衛, 山本正著　静岡新聞社　1994.11　222p　19cm　1600円　Ⓘ4-7838-1053-2

◇東海道一人歩き　平林源治著　文芸社　2001.9　153p　19cm　900円　Ⓘ4-8355-2341-5
＊今年は東海道宿駅制定400周年記念の年。カメラを持たず、目と耳と足で歩いた延べ22日間。C型肝炎の70歳の著者が、7回に分けて歩き通した東海道五十三次。

◇東海道遍歴―足で書いた五十三次　佐藤幸信著　鷹書房　1978.10　193p　19cm　780円

◇東海道　水の旅　中西準子著　岩波書店　1991.3　211,3p　18cm　（岩波ジュニア新書　186）　600円　Ⓘ4-00-500186-6
＊新幹線に乗って東京から大阪まで時速200kmの水の旅をしよう。車窓を流れ去ってゆく川や湖は、さまざまな表情を見せてくれる。水の豊かな川、水のない川、澄んだ水、濁った水。それらの果たす役割、かかえる問題を水問題の専門家が見つめてゆく。神奈川県に水不足のない理由、丹那トンネルの湧水を水源とする町、濃尾平野の水の豊かさなど、わずか3時間の旅から日本の自然と文化が見えてくる。

◇東海道　昔と今　徳力富吉郎著　保育社　1962　127p　15cm　（カラーブックス）

◇東海道名所記　浅井了意著　現代思潮社　1978.10　204,252p　16cm　（覆刻日本古典全集）

◇東海道名所図会　秋里籬島著, 竹原春泉斎画, 原田幹校訂　日本資料刊行会　1976.9　925p　22cm　9300円

◇東海道名所図会 1　秋里籬島著, 竹原春泉斎画　新典社　1984.1　492p　27cm　（名所図会叢刊　12）　8000円

◇東海道名所図会 2　秋里籬島著, 竹原春泉斎画　新典社　1984.1　446p　27cm　（名所図会叢刊　13）　7200円

◇東海道名所図會　秋里籬島著, 竹原春泉斎画, 原田幹校訂　人物往来社　1967　925p　22cm

◇東海道歴史散歩　尾崎士郎著　河出書房新社　1958　193p　図版　18cm　（河出新書）

◇東海道歴史散歩　日下英之編　東海道研究会　1988.7　321p　21cm　2300円　Ⓘ4-924295-01-9

◇東海道歴史散歩　小杉達著　静岡新聞社　1992.10　199p　19cm　1800円　Ⓘ4-7838-1619-0

◇東京周辺　歴史街道東海道・中山道を歩く　弘済出版社　1998.10　175p　20cm　（ニューガイド私の日本アルファ　16）　1190円　Ⓘ4-330-52898-3
＊江戸と京都を結ぶ旧街道、東海道と中山道の史跡をたどり歩く、歴史街道の旅。本書では、東京から日帰り・1泊で行ける50のモデルコースをご紹介しています。歩行距離、所要時間を参考にして、自分らしい「弥次喜多道中」をお楽しみください。

◇道中記集成　第11巻　大空社　1996.6　312,10p　22cm　Ⓘ4-7568-0170-8

◇道中記集成　第10巻　大空社　1996.6　326,10p　22cm　Ⓘ4-7568-0170-6

◇日本一周駆け足の旅 東海道篇　金沢良夫著　日本図書刊行会　1999.11　302p　20cm

1700円　①4-8231-0388-2

＊日本を走ろう!! 東京日本橋から京都三条大橋まで苦難と喜びの道。各所旧跡の風景、人々との出会い等々走って綴る日本一周の旅、その東海道篇。

◇日本の断面　東海道の旅　幸田清喜著　恒春閣　1959　108p　19cm

◇裸の大将遺作　東海道五十三次　山下清著　小学館　2000.7　221p　15cm　(小学館文庫)　476円　①4-09-411341-X

＊今年の花火見物はどこへ行こうかな—知的障害というハンディキャップをものともせず、下駄履きで全国を踏破した大放浪画家山下清。その裸の大将の幻の遺作「東海道五十三次」が東海道宿駅制定400年祭を前に甦る。1964年の東京オリンピック直後の東海道の風景を、当時新素材の出現と驚きをもって迎えられたフェルトペンで描いている。宿場町の持つ、人生にも似た躍動と哀感がインクのにおいと混ざりあって旅情を誘う。

◇広重五十三次を歩く—日本橋〜袋井宿　上　土田ヒロミ写真, 日本放送出版協会編　日本放送出版協会　1997.7　159p　21cm　1800円　①4-14-080318-5

＊五十三次今(写真)昔(広重画)。宿場歴史物語。街道をめぐる伝説。有名、無名の人々の足跡。見どころ・味どころ。交通アクセス。旧東海道マップ。エッセイ・解説。

◇広重五十三次を歩く—見付宿〜京都　下　土田ヒロミ写真, 日本放送出版協会編　日本放送出版協会　1997.7　159p　21cm　1800円　①4-14-080319-3

＊五十三次今(写真)昔(広重画)。宿場歴史物語。街道をめぐる伝説。有名、無名の人々の足跡。見どころ・味どころ。交通アクセス。旧東海道マップ。エッセイ・解説。

◇広重の東海道五拾三次旅景色—天保懐宝道中図で辿る　歌川広重〔画〕, 堀晃明著, 人文社第一編集部編　人文社　1997.4　160p　30cm　(古地図ライブラリー　5)　2600円　①4-7959-1904-6

◇広重と歩こう東海道五十三次　安村敏信, 岩崎均史著　小学館　2000.4　127p　26cm　(アートセレクション)　1900円　①4-09-607001-7

＊広重の版画で知る江戸時代の旅とくらし。いまの宿場を歩くための詳細ガイド付き。この本では、江戸と京都を含めた保永堂版の版画五十五枚をすべて収録し、美術、歴史、情報という三つの要素で構成してみました。

◇広重、東海道を行く　那須田稔著, 鵜田幹・え　静岡新聞社　1981.1　206p　20cm　(静岡県歴史物語　4)　1100円　①4-7838-1106-7

◇広重のカメラ眼—佐野喜版東海道の旅　嶋田正文著　沖縄図書センター, エムティ出版発売　2001.4　379p　19cm　2800円　①4-89614-890-8

◇夫婦弥次喜多道中記—四〇〇年後の東海道　西津貴美子著　文芸社　2000.10　309p　19cm　1300円　①4-8355-0649-9

＊夫婦二人で歩いた旧東海道の旅。それぞれの宿場で、街道筋で見つけ、出会った400年前の風物。楽しく語り合い、静かに学びながら進んだ二人の旅は、そんじょそこらのガイドブックではお目にかかれないような詳細な記録を残してくれました。旅好きの人、史蹟愛好家、時代劇ファン、散歩仲間、などなどに是非プレゼントしてほしい1冊。

◇ぶらぶら旅日記—東海道・静岡二十二宿　雨宮清子著　武田出版　2000.6　229p　19cm　1200円　①4-7952-9768-1

＊自分の足を栗毛の馬に見立てて、徒歩旅行することを「膝栗毛」というそうで…。近ごろ、ちまたでこの徒歩旅行がひそかなブーム。そこで著者もワラジならぬウオーキングシューズで繰り出した、静岡県内二十二宿を巡るぶらり旅。

◇ぶらり東海道五十三次芸能ばなし　児玉信著, 森田拾史郎写真　アートダイジェスト　2001.3　255p　19cm　(a.d.楽学読本)　1800円　①4-900455-57-1

＊徳川家康が東海道に五十三次の伝馬の制を定めてからちょうど四〇〇年。東海道は私たちのバックボーンであり、そこを行き来したさまざまな人や物を思うと、ロマンがかきたてられる。本書では、能や歌舞伎などの芸能を通して、それらの面影を五十三次にたどってみた。

◇方言から見た東海道　山口幸洋著　秋山書店　1982.9　236p　19cm　(秋山叢書)　1200円

◇三つの東海道　湯之上隆著　静岡新聞社　2000.6　198p　19cm　1600円　①4-7838-1072-9

＊本書の書名は、これまで日本の主要幹線であり続けた、古代・中世・近世という3つの時代の東海道を意味している。中世の水陸交通に比重をおいて、遠江・駿河・伊豆という、現在の静岡県を構成する地域を中心に、関連する資料をもとにして、地域からみた東海道の歴史を描いた。

◇見習い隠居の旅日記―「平成の東海道五十三次」四人旅　福田裕一著　文芸社　2001.6　221p　19cm　1200円　①4-8355-1832-2
◇山科の歴史探訪 2　東海道　逢坂山～巘上　山科の歴史を知る会　1986.10　55p　26cm
◇400年の東海道を歩こう　弘済出版社　2001.4　159p　29cm　(旅の手帖情報版)　1143円　①4-330-63001-X
◇旅窓全書　史跡・東海道線　和歌森太郎, 石田龍次郎編　修道社　1966　322p　18cm
◇歴史地図の歩き方 東海道五十三次　長崎健監修　青春出版社　2001.9　219p　19cm　1100円　①4-413-03287-X
　＊東京・日本橋～京都・三条大橋までの各エリアの宿場町情報、隠された歴史、江戸時代から愛された甘味処など、知らなかった東海道を愉しむ本。
◇65cmの旅―東海道・中仙道1000キロを歩く　東海道・中仙道気まま旅の会編　東海道・中仙道気まま旅の会　1994.7　155p　22cm　2000円
◇RomanKaido Tokaido. 8　東海道と伝説　鈴木瀝, 大嶋善孝著　静岡新聞社　1994.3　222p　19cm　1600円　①4-7838-1047-8

街道（北陸地方）

◇宇奈月町の旧北陸街道　宇奈月町教育委員会　1982　36p　19cm
◇越中の街道と石仏―富山県の歴史　塩照夫著　北国出版社　1983.2　374p　21cm　1800円
◇街道紀行 3　信越・北陸路　毎日新聞社編　毎日新聞社　1990.10　154p　37cm　4900円　①4-620-60413-5
　＊街道は人の物の移動のみならず、文化の伝播にも重要な役割を果たしてきた、昔からの交通路です。本シリーズはその街道を軸としてとらえた風景写真で構成する大型写真集です。姿を消しつつある街道風景、そして新しく生まれた現代の街道など、それぞれ新しい視点でとらえたビジュアルな写真が、日本各地の風景を伝え、歴史を語ります。本巻は、昔の面影を色濃く残す中山道信濃路と木曽路、北陸の国々を結ぶ北陸道など。山を越えて塩と魚が通る道、北前船でにぎわう港町など、詩情あふれる山里と日本海の風景です。
◇鯖街道　上方史蹟散策の会編　向陽書房　1998.2　157p　20×18cm　1900円　①4-906108-34-2
　＊若狭湾で獲れたサバ、カレイ、グジなどの海産物を一塩して小浜から夜を徹して運ぶ。本書は若狭街道ルート、根来・針畑越えルート、湖のルートを選び、街道筋の名所、旧跡を紹介していく。
◇日本の街道 3　雪の国北陸―北国路 越後路 能登路 三国街道 千国街道　木下良ほか著　集英社　1981.8　167p　27cm　1800円
◇北陸道の旅と歴史　横山英彦著　雪書房　1993.6　142p　26cm　1900円　①4-946379-27-4

街道（近畿地方）

◇近江北国街道と脇往還―歴史散歩　馬場秋星著　イメーディアリンク　1999.7　153p　21cm
◇近江の街道　小林博, 木村至宏編　サンブライト出版　1982.8　436p　19cm　(近江文化叢書 13)　1800円
◇近江の古道　相馬大著　サンブライト出版　1985.5　134p　19cm　850円
◇大阪市の旧街道と坂道　旧街道等調査委員会編　増補再版　大阪市土木技術協会　1987.3　207p　21×30cm
◇大阪の街道　神野清秀著　(京都)松籟社　1989.9　207p　18cm　(大阪文庫 10)　900円
◇街道・古道を歩く―関西周辺 歩いてみたい古い道、懐かしい道24コース　山と渓谷社　1999.12　167p　21cm　(歩く旅シリーズ)　1400円　①4-635-01105-4
　＊先人たちのしるした足跡をたどり、日本の原風景へといざなう道を歩いてみませんか。万葉の道、信仰の道など、詳しい地図とガイド付きで全24コースを紹介。
◇関西歴史街道を歩こう　日本交通公社出版事業局　1994.12　130p　26cm　(るるぶ情報版)　880円
◇関西 山越の古道 上　中庄谷直著　ナカニシヤ出版　1995.2　238p　19cm　2000円　①4-88848-253-5
　＊信仰の道、遊山の道、生業の道。五幾内(山城・大和・摂津・河内・和泉)の町々を結ぶ山中を古道が縦横に走る。石仏に導かれ石畳を踏みしめる静かな山旅全30コース。
◇関西 山越の古道 中　中庄谷直著　ナカニシヤ出版　1995.10　237p　19cm　2000円　①4-88848-283-7

街道

　＊江戸時代、庶民の夢と願いを運んだ参詣の道。あえぎ登った峠では涼風がそよぎお地蔵さんが微笑む。古道は今、歴史を訪ねるハイキング道としてよみがえる。

◇京街道をゆく――丹波・三和の山陰道　三和町郷土資料館　1997.11　32p　30cm

◇京・近江の峠　京都新聞社編著　京都新聞社　1980.7　214p　17×19cm　1250円

◇京都古道物語　中田昭写真・文　グラフィック社　1989.1　142p　30cm　2900円　Ⓓ4-7661-0511-7

◇京都千年 5　町と道――洛中・京の辻　森谷尅久編　講談社　1984.5　226p　21cm　1500円　Ⓓ4-06-187105-6

◇京の古道　相馬大文、横山健蔵写真　サンブライト出版　1980.8　156p　19cm　950円

◇神戸西国街道まわり道――在りし日の街道風景をたどる　道谷卓監修, 神戸市都市計画局計画部まちづくり支援室編　神戸市都市計画局計画部まちづくり支援室　2001.4　58p　21cm

◇湖国の街道――琵琶湖をめぐる街道景観の昨日と今日　浅香勝輔編　ナカニシヤ出版　1989.9　204p　19cm　1950円　Ⓓ4-88848-102-4

◇コミック京都の歴史　特集:京の散歩道　内山智恵・え, 京美編集部文　京美観光出版社　1986.4　168p　21cm　(京の美　No.8)　600円　Ⓓ4-88599-021-1

◇下ツ道――いまに生きる大和の古道　環境文化研究所　1981.6　地図1枚　21cm　(歴史の道シリーズ 1)　800円

◇竹内街道　上方史蹟散策の会編　向陽書房　1988.4　225p　20cm　1900円　Ⓓ4-906108-14-8

◇竹内街道と長尾街道　松原市郷土史研究会編　松原市教育委員会　1986.3　35p　21cm

◇鉄が米より先にきた　丹波路を行く　白井新平著　啓衆新社　1985.9　127p　18cm　800円

◇奈良の街道筋　上　青山茂著, 沢田重隆絵　草思社　1989.4　275p　21cm　2000円　Ⓓ4-7942-0339-X

　＊歴史を実感させる古代からの道。豊かな自然と溶けあった心なつかしい道。奈良へと続く道々を美術史家、青山茂が個人的な思いもこめて案内する。上巻は近鉄大阪線の北側の道を歩く。

◇奈良の街道筋　下　青山茂著, 沢田重隆絵　草思社　1991.10　374p　21cm　3500円　Ⓓ4-7942-0434-5

　＊難波より当麻を通り、飛鳥京に至る官道第1号の横大路を中心に、初瀬街道、室生路、伊勢街道、葛城古道、紀路、吉野路など、歴史と自然が渾然一体となった魅力あふれる奈良南部の道々を歩く。

◇日本の街道 5　京への道――若狭路　近江路　丹波路　大和路　伊勢路　紀州路　原田伴彦ほか著　集英社　1981.4　167p　27cm　1800円

◇根来街道――画文集　宮村泰彦画, 増田次郎文　画文集根来街道刊行会　1997.10　132p　22×29cm　5000円

◇播州と山陽道　三浦俊明, 馬田綾子著　吉川弘文館　2001.10　252p　19cm　(街道の日本史 39)　2300円　Ⓓ4-642-06239-4

　＊畿内と西国を結ぶ交通の要衝播磨。世界文化遺産の姫路城、忠臣蔵の赤穂など風光明媚な街道を歩く。温暖な気候がもたらした瀬戸内の製塩と特産の木綿・醬油、生野銀山やたたら製鉄など、地域の生活史と文化を探る。

◇東高野街道　下　上方史蹟散索の会編著　向陽書房　1991.10　189p　20cm　2300円　Ⓓ4-906108-20-2

◇東高野街道――いまに生きる河内の古道　コミュニティー＆コミュニケーション編　環境文化研究所　1982.6　地図1枚　21cm　(歴史の道シリーズ 3)　800円　Ⓓ4-7952-0047-5

◇東高野街道　上　上方史蹟散索の会編著　向陽書房　1990.9　201p　20cm　2300円　Ⓓ4-906108-17-2

◇兵庫の街道いまむかし　橘川真一編著　改訂版　神戸新聞総合出版センター　1994.12　249p　19cm　1500円　Ⓓ4-87521-084-1

◇兵庫の街道 いまむかし　神戸新聞社編　(神戸)神戸新聞出版センター　1986.5　226p　19cm　1000円　Ⓓ4-87521-643-2

　＊歴史を旅する。イラストマップと「周辺ガイド」付。巻末に『播磨巡覧記』全文を収録

◇ふなさか雑記――有馬街道の歴史と民話　岩橋慶造著　岩橋慶造　1984.10　183p　19cm

◇平安京からの道――いまに生きる京の道　環境文化研究所　1983.6　地図1枚　21cm　(歴史の道シリーズ 4)　800円　Ⓓ4-7952-0046-7

街道（中国地方）

◇おかやまの街道―画文集　中島守明著，岡山民報社企画・編集　手帖舎　1997.2　108p　19×26cm　1748円　①4-88743-256-9
◇街道紀行 5　山陰・山陽路　毎日新聞社編　毎日新聞社　1991.5　154p　37cm　4900円　①4-620-60415-1
　＊京と九州を結ぶ古代からの大動脈山陽道、神話の国へ通じる山陰道。中国地方を東西に走る二つの幹道を、幾筋もの往還が南北に結ぶ。吉備の古代路、出雲文化を伝える道、名城をたどる道、維新の志士たちが駆け抜けた道…。
◇銀山街道　島根県教育委員会　1997　25p　21cm　（歴史の道 3）
◇古道紀行 吉備路　小山和著　保育社　1992.6　186p　19cm　1800円　①4-586-61303-3
◇西国街道をたずねて―旧山陽道マップ　宮島ロライオンズクラブ　1981　1冊　30cm
◇山陰道 2　島根県教育委員会　1997　29p　21cm　（歴史の道 2）
◇残月―旧道を訪ねて　〔三宅宣士〕〔著〕　田中平版印刷（印刷）　1998　112p　26cm
◇山陽道―緑川洋一写真集　緑川洋一著　集英社　1992.1　189p　31×31cm　7500円　①4-08-532036-X
　＊ふる里瀬戸内を撮り続けて50余年。今、新たな史観にたち、失なわれゆく、"歴史回廊"山陽道を愛惜を込めて活写した作品集。大阪から下関へ。陸路・海路の2部構成でカラー102点収録。
◇歴史の中の旅人たち―山陰の街道を往く　藤沢秀晴著　山陰中央新報社　1981.5　320p　18cm　（山陰中央新報ふるさと文庫10）

街道（四国地方）

◇街道紀行 6　四国・九州路　毎日新聞社編　毎日新聞社　1991.3　154p　37cm　4900円　①4-620-60416-X
　＊八十八ケ所をたずねて四国をめぐる遍路道、全国から海路を渡って参詣に押しかけ金毘羅参詣の道、外国文化の唯一の通り道であった長崎街道など…。おだやかな南国の街道風景に四国・九州の歴史と風土が浮かび上がる。

◇旧街道　愛媛新聞社著　愛媛文化双書刊行会　1973　253p　19cm　（愛媛文化双書 9）950円
◇土佐藩主参勤交代道―伊予路紀行　信藤英敏著　石川プリント（印刷）　1998.3　150p　21cm　（街道シリーズ 2）　1200円
◇土佐の街道　山崎清憲著　高知新聞社　1978.6　262p　19cm　1200円

街道（九州・沖縄地方）

◇大村藩の街道と宿場　喜々津健寿著　芸文堂　1985.12　176p　19cm　（肥前歴史叢書 7）　1800円
◇熊本の街道と峠　岩本政教編著　熊本日日新聞社　1980.4　223p　15cm　（熊本の風土とこころ 20）　700円
◇佐賀の街道　川上茂治著　ふるさと社　1982.4　365p　19cm　1700円
◇佐賀関街道―関往還　佐賀関街道編集委員会編　佐賀関町教育委員会社会教育課　1994.3　96p　21cm
◇島原街道を行く　松尾卓次著　葦書房　1997.10　224p　21cm　1800円　①4-7512-0689-3
◇新景旧景長崎街道　佐賀新聞社　1999.10　221p　21cm　1600円　①4-88298-093-2
　＊鎖国下の江戸時代、唯一外国との窓口だった長崎。異国の人、物、文化は「長崎街道」を通って流れた。脇街道を含む福岡・佐賀・長崎の宿場47カ所の今昔を紀行する。
◇高千穂と日向街道　安藤保, 大賀郁夫編　吉川弘文館　2001.2　240,24p　20cm　（街道の日本史 53）　2300円　①4-642-06253-X
　＊黒潮と照葉樹林の国、大隅・日向。ここに生きる人びとは、温暖な気候からの恵みと自然の猛威を共に受け入れて、独特の生業と文化を育んできた。伝統を重んじながら新しい地域づくりを行なってきた南国の歴史を描き出す。
◇筑前の長崎街道　松尾昌英著　みき書房　1992.3　112p　26cm　3000円
◇筑前の街道　近藤典二著　西日本新聞社　1985.4　306p　19cm　（西日本選書 5）　1900円　①4-8167-0121-4
◇つれづれ歩み旅 旧長崎街道紀行　池田隆著　近代文芸社　1996.3　131p　19cm　1300円　①4-7733-5318-X
　＊歩きと思考の織りなすロマン。旧街道をシーボルト君と旅しながら、過去・現在・

未来を語る。遠賀川沿いを歩きながら、現代の自動車社会に取って替わる奇想天外な21世紀後半の交通システムを空想設計してみる等々。旧街道を徒歩旅行しながら、何気なく見る物をきっかけに、「時」を主題とした思索、空想、回想をつれづれに展開していく。ムソルグスキーの曲"展覧会の絵"のようなテンポで、歩きと感慨が繰り返されていくタッチの紀行文である。時間が有れば、誰にでも出来る"歩きながらの思考遊び"の楽しさを綴っている。

◇長崎街道—伊能図で甦る古の夢　河島悦子著　ゼンリンプリンテックス(製作)　1997.3　167p　26cm　2000円

◇長崎街道を行く　松尾卓次著　葦書房　1999.12　190p　21cm　1800円　④4-7512-0755-5

◇日本の街道 8　日燃ゆる九州—筑紫路 日向路 薩摩路 長崎路 唐津街道　丸山雍成ほか著　集英社　1981.6　167p　27cm　1800円

宿場町

◇会津の宿場—会津五街道と宿場・再見　会津史学会編　歴史春秋社　1983.2　182p　26cm　3400円

◇江戸東京を歩く宿場　塩見鮮一郎著　三一書房　1998.6　262p　19cm　2200円　④4-380-98273-4

　＊江戸の宿場として栄えた品川、板橋、千住、新宿。かつての面影を探りながら、「東京江戸という地域」の歴史を歩く。

◇大村藩の街道と宿場　喜々津健寿著　芸文堂　1985.12　176p　19cm　（肥前歴史叢書 7）　1800円

◇街道今昔—趣味の宿場めぐり 上　日本経済新聞社婦人家庭部編　社会思想研究会出版部　1962　348p　15cm　（現代教養文庫）

◇街道と宿場　信州歴史の道研究会解説、三橋秀文写真　信濃毎日新聞社　1981.4　300p　19cm　（信州の文化シリーズ）　2000円

◇宿場行　高野慎三文・写真　北冬書房　1988.5　158p　22cm　（風景とくらし叢書 1）　1500円

　＊忘れられた山間の宿場に、"幕末の原風景"を訪ねる。20年にわたって撮影した貴重な写真を収めた、魅力あふれるガイドブック。

◇宿場春秋—近江の国・草津宿史話　小林保夫、八杉淳著　角川書店　2000.6　192p　19cm　（角川選書）　1200円　④4-04-703316-2

＊時代劇でなじみ深い宿場風景だが、その実態はどのようなものだったのか。本陣とは？宿泊システムは？もてなしの料理は？住民の暮らしぶりは？東海道五十三次・五十二番目の宿場で、中山道との合流点である草津宿は、街道を行き交う人・物・文化・情報の出会いの場であり、訪れる顔ぶれは様々、珍妙な事件にもこと欠かない。草津に残された宿泊記録、日記、絵画から、宿場の人間模様を浮かび上がらせる。

◇宿場と街道　今戸榮一編　日本放送出版協会　1984.12　285p　20cm　（目で見る日本風俗誌 6）　2000円　④4-14-004032-7

◇宿場と街道—五街道入門　児玉幸多著　東京美術　1986.12　209p　19cm　（東京美術選書 50）　1200円　④4-8087-0353-X

　＊街道と旅を通して知る江戸時代。五街道ハンドブック。

◇宿場とその風物詩—写真集　山内正秋、山内徹共著　総合編集センター　1982.2　198p　27cm　2500円

◇宿場町矢掛　毛利寿行、YMフォトクラブ写真、加原耕作文、山陽新聞社編　山陽新聞社　1998.11　95p　26cm　（山陽新聞サンプックス）　1800円　④4-88197-658-3

◇探訪・奈良井宿—奈良井氏がいた　笹本正治著　楢川村教育委員会　1993.1　79p　21cm　（楢川ブックレット 1）

◇妻籠宿　小寺武久著　中央公論美術出版　1989.4　156p　19cm　1600円　④4-8055-0181-2

　＊日本のみならず、世界中から注目されている木曽妻籠宿とは、一体どんなところであろうか。開発という名の伝統破壊の吹きすさぶ嵐のさなかで、いかにして日本で初めての町並み復原保存が成功したのであろうか。本書では、この間の事情を明快に説き明かしている。

◇東海道五十三次宿場の旅　日本の美社編　昭和出版房　1974　209p　30cm　10000円

◇東海道の宿—水口屋ものがたり　スタットラー著、斎藤襄治訳　社会思想社　1978.3　422p　15cm　（現代教養文庫）　480円

◇中山道吹上間の宿—街並みの変遷昭和56年〜平成8年 篠原斉四郎写真集　篠原斉四郎著　篠原斉四郎　1997.6　74p　21×30cm

◇中山道小田井宿　御代田町文化財審議委員会編　御代田町教育委員会　1973　71p　図　26cm

◇中町の昔と今—北国街道新井宿　中町会館落成記念誌編集委員会編　中町興会会　1997.4

古都・街道　　　　　　　　　　　　　　　　　　　　　　　街道

127p　26cm
◇ぶらり中山道―訪ねてみよう宿場町　中山道全行程と六十九宿場町　松山達彦著　松山達彦　1998.7　285p　26cm　2500円　④4-88848-430-9
◇ふるさと大湫百話―中山道大湫宿史　渡辺俊典執筆・編　大湫町コミュニテイ推進協議会　1997.10　286p　21cm
◇保土ケ谷宿今昔―その名勝と史跡　横浜市保土ケ谷区　1975.11　32p　17×17cm
◇みちのくの宿駅　河北新報社編集局編　淡交新社　1963　224p　22cm
◇みちのくの宿場を歩く　西岡義治著　新樹社　1984.7　249p　19cm　2500円　④4-7875-8361-1
◇美濃路―熱田宿から垂井宿まで　日下英之著　愛知県郷土資料刊行会　1985.8　248p　21cm　(愛知選書　1)　1800円　④4-87161-034-9
◇むかしの宿むかしの旅―大磯・小嶋本陣を中心に　小丸俊雄著　講談社出版(製作)　1974　256p　20cm　1000円
◇歴史的町なみ北国街道本海野宿　海野史研究会　1983　30p　26cm　350円

関所跡

◇阿波の関所　山田竹系著　徳島県教育会出版部　1964　109p　19cm　(徳島郷土双書6)
◇甲斐国の関所―その歴史を訪ねて　鈴木悦郎著　鈴木悦郎　1989.7　114p　19cm

街道(世界)

ロマンチック街道

ドイツ～オーストリア
　　　＊　　　＊　　　＊
◇欧州ロマンチック街道　小橋敏男著　生涯学習研究社　1993.6　204p　19cm
◇週刊地球旅行　no.16　ロマンチック街道とメルヘン街道―ドイツ　講談社　1998.7　33p　30cm　533円
◇ドイツ―ベルリン・ミュンヘンとロマンティック街道　キークリエイション企画・編集　美術出版社　1997.4　159p　21cm　(世界・美術の旅ガイド　6)　2300円＋税　④4-568-44006-8
　＊ベルリンとミュンヘンの美術館を紹介する他、ドナウ川の上流アウグスブルクからマイン川畔ヴュルツブルクまで、ドイツ中部を南北に横断するロマンティック街道、白鳥城で知られるノイシュヴァンシュタイン城を見ながらの旅は近年日本でもつとに知られる。ほかに旧東ドイツのドレスデン、ライプツィヒなどの町と美術館を紹介。
◇ドイツロマンティック街道物語　沖島博美,ふみ子・ヴォールファルト著　実業之日本社　2000.11　231p　19cm　1700円　④4-408-00765-X
　＊ヴュルツブルクからアルプス山麓のフュッセンまで、中世の姿をそのまま残す可愛らしい町並、村々、古城、伝統を守る人々…。美しき町と道と人の物語。旅行情報付。
◇ドイツ・ロマンチック街道　弘済出版社　1997.11　223p　22×13cm　(ニューガイドワールド　16)　1524円　④4-330-48497-8
　＊本書は実用一点張りのガイドブックです。大きな地図、独自の検索システムに加え、状況別のシステムや、マナー、会話、治安についてなど、自由旅行に必要十分な情報が、1冊に網羅されています。
◇ドイツ・ロマンティック街道―スケッチ・淡彩画集　網干啓四郎著　日本信用調査　1993.11　1冊　21×31cm　4500円　④4-930909-31-7
◇ドイツ・ロマンティック街道　小谷明,阿部謹也,坂田史男,伊藤智剛著　新潮社　1987.7　119p　22×17cm　(とんぼの本)　1200円　④4-10-601948-5
◇もうひとつのロマンチック街道―ヨーロッパ歴史・文化紀行　藤代幸一著　法政大学出版局　1990.3　236p　19cm　1957円　④4-588-27616-6
　＊有名な町の知られざる歴史、語られざる村のゆたかな文化の小路へ。
◇ロマンチック街道へようこそ―ドイツの郷愁　バスツアーのための見どころのすべて　矢野定宣,鈴木一吉著　日地出版　1998.1　203p　19cm　(海外旅行選書)　1200円　④4-527-00588-X
　＊ヴュルツブルク・ローテンブルク・アウグスブルク・フュッセン・ノイシュバンシュタイン城とルードヴィヒ2世などなど、珠玉の街々を。また観光コースとして知られるライン河・古城街道も特別付録として紹介。

329

街道

◇ロマンチック街道　虫明亜呂無著　話の特集　1979.5　219p　20cm　1200円

◇ロマンチック街道　安野光雅著　講談社　1980.9　85p　23×25cm　2600円

◇ロマンチック街道旅物語　藤代幸一文、佐伯和子画　東京書籍　1992.11　159p　21cm　1600円　Ⓟ4-487-75339-2

＊おとぎ話のような町並み遙かなる中世のお城夏を彩る祭りの数々…。ドイツ亭スペシャル・メニュー「ロマンチック街道」をどうぞ。

◇ロマンチック街道に遊ぶ―ドイツ中世の街並み博物館　釜本美佐子著　講談社　1992.4　143p　21cm　（講談社カルチャーブックス 49）　1500円　Ⓟ4-06-198059-9

＊城壁内の可憐な木骨組みの家々、森や牧場に点在する華麗な教会、沿道に広がる田園風景、そして圧巻は夢のノイシュヴァンシュタイン城。街道350キロを北から南へ23の町を訪ねるビジュアル紀行。詳細旅行ガイドつきです。

◇ロマンチック街道とミュンヘン　1996～97　地球の歩き方編集室著作編集　ダイヤモンド・ビッグ社　1996.3　267p　21cm　（地球の歩き方　56）　1580円　Ⓟ4-478-07665-0

◇ロマンチック街道物語―遙かなるドナウの流れ　三輪晃久著　縮刷　グラフィック社　1997.8　142p　24cm　（写真紀行）　1800円　Ⓟ4-7661-0992-9

◇ロマンチック街道　若月伸一著　講談社　1989.11　195p　15cm　（講談社文庫）　740円　Ⓟ4-06-184594-2

◇ロマンティック街道　長谷川つとむ著　高文堂出版社　1996.9　158p　19cm　（ドイツの街道双書　1）　1700円　Ⓟ4-7707-0522-0

◇ロマンティック街道を行く　船水芳雄著　船水芳雄　1978.11　124p　14cm

◇ロマンティック街道で待ち合わせ　中谷彰宏著　実業之日本社　1995.9　197p　18cm　1200円　Ⓟ4-408-39451-3

◇ロマンティック街道とミュンヘン　2002～2003年版　「地球の歩き方」編集室編　改訂第4版　ダイヤモンド・ビッグ社,ダイヤモンド社発売　2001.11　297p　21×14cm　（地球の歩き方　56）　1540円　Ⓟ4-478-07668-5

◇ロマンチック街道とミュンヘン　'96～'97版　ダイヤモンド・ビッグ社,ダイヤモンド社発売　1996.3　267p　21×14cm　（地球の歩き方　56）　1580円　Ⓟ4-478-07665-0

◇ロマンティック街道物語―遙かなるドナウの流れ　三輪晃久著　グラフィック社　1985.9　142p　30cm　2900円　Ⓟ4-7661-0349-1

◇ロマンティック街道物語―遙かなるドナウの流れ　三輪晃久著　グラフィック社　1988.1　142p　30cm　2900円　Ⓟ4-7661-0349-1

メルヘン街道

ドイツ

＊　　　＊　　　＊

◇週刊地球旅行 no.16　ロマンチック街道とメルヘン街道―ドイツ　講談社　1998.7　33p　30cm　533円

◇ドイツ・メルヘン街道物語　藤代幸一文、佐伯和子画　東京書籍　1996.5　134p　21cm　1600円　Ⓟ4-487-79232-0

＊ロマンチック街道を卒業したあなたに贈るドイツの新しい旅情。

◇メルヒェン街道物語　高橋健二監修、若月伸一写真・文　グラフィック社　1998.1　141p　24cm　（写真紀行）　1800円　Ⓟ4-7661-1008-0

◇メルヒェン街道　早川東三著　郁文堂　1988.4　60p　21cm　1100円　Ⓟ4-261-00949-8

◇メルヒェン街道物語　橘川真写真・文　グラフィック社　1985.11　141p　30cm　2900円　Ⓟ4-7661-0360-2

◇メルヒェン街道物語　橘川真写真・文　グラフィック社　1988.1　141p　30cm　2900円　Ⓟ4-7661-0360-2

◇メルヘン街道　長谷川つとむ著　高文堂出版社　1997.2　143p　19cm　（ドイツの街道双書　2）　1600円　Ⓟ4-7707-0539-5

城と城下町

城・城跡（日本）

◇埋もれた古城　遠藤周作著　新潮社　1971　201p　18cm　530円
◇埋もれた古城　遠藤周作著　集英社　1979.7　180p　16cm　（集英社文庫）　200円
◇古写真で見る失われた城—保存版　平井聖，小沢健志監修　世界文化社　2000.10　247p　26cm　3800円　⓪4-418-00219-7
　＊写真は歴史の「生き証人」！幕末から戦前までの貴重な古写真で、今、蘇る失われた城の全貌！海外も含め、各地を取材して発見した古写真330点余を厳選して収録、明治維新や戦災の際に失われた日本人の文化遺産たる全国の城原風景を再現した、価値ある一冊。
◇古城のミステリー—日本縦断　城だけが知っている歴史の真相　栄枯盛衰会編　ベストセラーズ　1995.2　270p　15cm　（ワニ文庫）　520円　⓪4-584-30441-6
◇最新研究日本の城世界の城　千田嘉博編　新人物往来社　1999.4　206p　26cm　（別冊歴史読本　16）　2800円　⓪4-404-02716-8
◇写真紀行　日本の城 1　東山道　集英社　1988.9　155p　34cm　4800円　⓪4-08-596001-6
　＊美しき山河に映える古城のおもかげ。北アルプス連峰を望む松本城、琵琶湖を見つめる彦根城、岩木山を背にした弘前城など36城をカラーで177点収録。
◇写真紀行 日本の城 4　南海道・西海道　集英社　1988.11　155p　37cm　4800円　⓪4-08-596004-0
　＊南国の武将が夢を託した華麗な城塞群。火の国の名城熊本城、黒潮望む高知城、琉球王朝の栄華伝える首里城など四国・九州・沖縄の34城をカラーで186点収録。
◇城郭建造物遺構「櫓」探訪 上　美坂竜城著　文芸社　2001.2　522p　図版16p　27cm　2000円　⓪4-8355-1444-0
　＊全国各地の城郭を探訪、形式・規模・工事歴から、城史・藩史まで、細部にわたり検討。十有余年をかけた「櫓」の研究の集大成。

◇城郭事典　小学館　1981.9　323p　16cm　（探訪ブックス〈城〉　10）　950円
◇城館調査ハンドブック　千田嘉博，小島道裕，前川要著　新人物往来社　1993.10　275p　19cm　2000円　⓪4-404-02058-9
　＊故郷の歴史を身近に理解するための城や館の歩き方と発掘調査の手引き。
◇城—その美と構成　藤岡通夫著　第2版　保育社　1992.2　153p　15cm　（カラーブックス）　620円　⓪4-586-50820-5
◇城—日本の名景　日丼貞夫著　光村推古書院　1998.8　95p　17×19cm　（Suiko books）　1600円　⓪4-8381-0227-5
　＊本書は、群雄割拠の戦国時代から武家社会が安定した江戸期まで、いわゆる近世の城を中心に掲載した。現存する天守閣をはじめ櫓や門、また、復元された天守閣や建造物も掲載し、石垣や堀だけの城跡も含め南から順に北へと編集した。
◇城　日本編　西ケ谷恭弘編著　小学館　1982.4　295p　20cm　（万有ガイド・シリーズ　16）　1850円
◇城をめぐる—兵たちの夢跡を歩く　マガジントップ編　山海堂　1999.5　159p　21cm　（私の創る旅　1）　1600円　⓪4-381-10329-7
　＊城。勝者と敗者が交錯した世界一美しき野望の形。美しき名城、哀しき古城…、自分だけの風景に出会える59の物語を、ここに完全収録。
◇城古写真カタログ—日本の城原風景を読む　三浦正幸編　新人物往来社　2000.4　190p　26cm　（別冊歴史読本）　2200円　⓪4-404-02740-2
◇城と城下町　石井進，千田嘉博監修　山川出版社　1999.7　123,15p　21cm　（文化財探訪クラブ　6）　1600円　⓪4-634-22260-4
　＊旅立つ心が知識を求めて…。歴史を探る、文化財を訪ねる。
◇城と城下町100選—地図で歩く　平凡社　2001.7　159p　22cm　2000円　⓪4-582-82963-5
　＊たくさんの美しい城の写真と、大きく読みとりやすい文字、わかりやすい散歩コ

城・城跡　　城と城下町

ースの入った詳細な地図で綴るガイド。江戸時代後期のすべての城が載る全国城マップ付き。全国の代表的な城と城下町を100カ所掲載。城と城下町の歴史散歩に必携。

◇城の鑑賞基礎知識　三浦正幸著　至文堂　1999.9　279p　26cm　3600円　④4-7843-0163-1
　＊日本の城の美しさは、疑うことなく世界一である。石垣や土居、天守や櫓や城門、それらをまとめて全体として眺めても、個々の要素を一つずつ見ても美しい。それは、本来は軍事施設でありながら、外見の美にこだわりを持って築かれたからにほかならない。そんな城の鑑賞に必要な基礎知識が本書には詰まっている。しかも単なる基礎知識ではなく、これまでの誤った城の常識を根本的に改め、最新の研究成果を分かり易く加えてある。だれもが容易に城の専門家になれるはずである。

◇城と街道　南条範夫著　中央公論社　1981.7　302p　16cm　（中公文庫）　360円

◇城と城下町の旅情―城下町を訪ねるガイドブック　井上宗和著・撮影　日地出版　1996.1　176p　26cm　（日本の旅）　2200円　④4-527-00579-0

◇城のひみつ　おもしろ大事典　斎藤政秋著　小学館　1991.1　288p　19cm　（小学館ビッグ・コロタンシリーズ　22）　780円　④4-09-259022-9
　＊日本全国の城徹底ガイド！城の歴史、ひみつ、見どころ、見学メモなどが満載！信長、秀吉、家康など9人の武将と城のエピソードをまんがで紹介！

◇城の見方ハンドブック　菅井靖雄著　池田書店　2001.7　191p　17cm　950円　④4-262-15707-5
　＊本物の城の美と歴史を楽しむ城探訪の入門書。天守・櫓・石垣・縄張など、日本の城の特徴がよくわかる。

◇新・日本名城100選　西ケ谷恭弘著　秋田書店　1991.4　262p　19cm　（新100選シリーズ　8）　1700円　④4-253-00408-3
　＊白亜の天守を誇る巨城から戦乱に晒された草むす古城まで、幾星霜の歴史を経た城郭の史話を城郭研究の第一人者が集大成。

◇図解　城のすべて　PHP研究所　1995.3　143p　21cm　1400円　④4-569-54658-7
　＊歴史を今に物語る、名城・古城の魅力とは。天守、堀、塁、石垣、門、櫓、本丸…日本の美が凝縮された城郭の姿を、簡潔な史話とともにイラスト、写真解説。

◇図説日本城郭大事典 1　平井聖監修　日本図書センター　2000.2　207p　31cm　④4-8205-2697-9,4-8205-2696-0

◇図説日本城郭大事典 2　平井聖監修　日本図書センター　2000.2　207p　31cm　④4-8205-2698-7,4-8205-2696-0

◇図説日本城郭大事典 3　平井聖監修　日本図書センター　2000.2　207p　31cm　④4-8205-2699-5,4-8205-2696-0

◇図説 日本の名城　平井聖, 小室栄一編、斎藤政秋写真　新装改訂版　河出書房新社　2001.1　127p　22cm　（ふくろうの本）　1800円　④4-309-72652-6
　＊城の美を追い続けるカメラアイが捉えた日本の城の華麗な姿。創建時の全貌を鮮やかに甦らせる復元図。城の権威が平易に語る日本の城の歴史と魅力。城はなぜ日本の都市の中心であり続けるのか。

◇図説 日本の名城　平井聖, 小室栄一編、斎藤政秋写真　河出書房新社　1994.3　127p　23×17cm　（河出の図説シリーズ）　1800円　④4-309-72490-6
　＊世界に誇る日本の名城90。城の美を追い続けるカメラアイが捉えた日本の城の華麗な姿。創建時の全貌を鮮やかに甦らせる復元画。城の権威が平易に語る日本の城の歴史と魅力。城はなぜ日本の都市の中心であり続けたのか。

◇全国現存天守閣城郭巡り（53ケ城）　鎌田正三郎著　丸八青果　1997.4　107p　15×22cm　1500円

◇空から見た日本の城―大判航空写真でさぐる城の構造　西日本編　千田嘉博編　新人物往来社　1998.7　111p　26cm　（別冊歴史読本　77）　1800円　④4-404-02634-X

◇空から見た日本の城―大判航空写真でさぐる城の構造　東日本編　千田嘉博編　新人物往来社　1998.7　111p　26cm　（別冊歴史読本　76）　1800円　④4-404-02633-1

◇探訪ブックス 日本の城 10　城郭事典　小学館　1989.11　323p　15cm　800円　④4-09-401220-6
　＊古代の城から近世城郭に至る築城技術を解明。名城の系譜・城郭の調査と見方・城郭の構成・合戦と城郭・城郭関係資料など城郭データを多数収録。

◇定本日本城郭事典　西ケ谷恭弘編　秋田書店　2000.9　566p　19cm　3200円　④4-253-00375-3
　＊日本の代表的な600余城を収載!!天守閣そびえたつ近世の巨城、草に埋もれた中

世の居館跡—築城・城攻め・落城などさまざまに歴史をにぎわした日本の城郭総覧。
◇日本の古城をめぐって　西野博道著　西野博道　1991.12　236p　20cm　2000円
◇日本の城—復原図譜　西ケ谷恭弘著,香川元太郎イラスト　理工学社　1992.1　191p　27cm　2987円　⓪4-8445-3015-1
◇日本の城　戦国—江戸編　西ケ谷恭弘監修・文,香川元太郎イラストレーション・文　世界文化社　1997.7　210p　28cm（ビッグマンスペシャル）　2430円　⓪4-418-97117-3
◇日本の名城—知識と鑑賞の旅　井上宗和著　雄山閣出版　1992.8　442,7p　21cm　5800円　⓪4-639-01107-5
◇日本の名城—復元イラストと古絵図で見る　碧水社　1995.4　103p　26cm　1500円
◇日本の名城—古写真大図鑑　森山英一編著　講談社　1998.11　435p　16cm（講談社＋α文庫）　1300円　⓪4-06-256303-7
 ＊幕末から昭和初期に撮影された城郭古写真300枚と精密度の高い復元図70点、復元模型などを掲載した図鑑。93城を収録。慶応三年現在の、城主、石高、明治六年における存城・廃城の別、所在地の各データを掲載。
◇日本の名城・古城もの知り事典—日本史興亡の舞台　小和田哲男監修　主婦と生活社　2000.11　625p　21cm　2100円　⓪4-391-12464-5
 ＊この本では、天守閣や櫓などが残る近世の名城だけでなく、原始・古代の城にも光をあて、戦国武将たちが戦いあい、今は文字通り「兵どもが夢のあと」となっている中世の城もたくさんとりあげている。城の歴史を通して、それぞれの武将たちの戦いぶりと興亡の歴史を読みとることができる。
◇日本の名城城絵図を読む　新人物往来社　1998.10　206p　26cm（別冊歴史読本91）　2800円　⓪4-404-02667-6
◇日本名城紀行—文庫判　小学館　1989.5　6冊　15cm　各600円　⓪4-09-401201-X
◇日本名城総覧　歴史研究会「城の会」編　新人物往来社　1999.6　455p　21cm（別冊歴史読本24）　2400円　⓪4-404-02724-9
◇日本名城の旅—東日本編　ゼンリン　2001.3　159p　21cm（福袋）　1200円　⓪4-432-90600-6
 ＊日本全国には数多くの城跡が残っています。天守閣の現存するものから堀や碑だけのものまで、その形態は様々です。本シリーズでは全国を東日本と西日本に分け、復興を含む天守閣や櫓、城門などが残り、周辺にも観光的要素が多い城を中心に紹介しています。また本文で大きく取り上げることのできなかった城はデータ中心に紹介しています。
◇日本名城の旅—西日本編　ゼンリン　2001.3　159p　21cm（福袋）　1200円　⓪4-432-90601-4
 ＊日本全国には数多くの城跡が残っています。天守閣の現存するものから堀や碑だけのものまで、その形態は様々です。本シリーズでは全国を東日本と西日本に分け、復興を含む天守閣や櫓、城門などが残り、周辺にも観光的要素が多い城を中心に紹介しています。また本文で大きく取り上げることのできなかった城はデータ中心に紹介しています。
◇日本名城の旅　上巻　井上宗和〔著〕　日地出版　1995.1　160p　21cm（旅の本）　1500円　⓪4-527-00556-1
◇日本名城の旅　上巻　井上宗和〔著〕　日地出版　1997.1　160p　21cm（旅の本）　1500円　⓪4-527-00556-1
◇日本古城物語　井上宗和著　グラフィック社　1987.10　142p　30cm　2900円　⓪4-7661-0432-3
◇日本史小百科 24　城郭　西ケ谷恭弘著　近藤出版社　1988.3　382,15p　19cm　2300円　⓪4-7725-0074-X
 ＊日本城郭史の新生面を開く。その形態の変遷から技術・名城まで。最新データと図版400点余で解明する城の全て！
◇日本縦断　古城のミステリー—城だけが知っている歴史の真相　栄枯盛衰会編　ベストセラーズ　1995.2　270p　15cm（ワニ文庫）　520円　⓪4-584-30441-6
 ＊日本には2万から3万もの城や城跡が残っていると言われている。もともと武士の砦、合戦の拠点として築かれたこともあって、城は血なまぐさい話に事欠かない。騙されて人柱にさせられた女、城の攻防をめぐる一族皆殺しなどの惨劇、下剋上にまつわる遺恨など、悲しくも恐ろしい歴史の真実と怪奇談。よりすぐりの29話が、あなたを秘められた歴史の裏舞台へといざなう。
◇日本城郭研究　楢本達朗著,香川節編　ヒューマン刊行会　1987.12　189p　21cm（ヒューマン双書　4）　1500円　⓪4-946430-12-1
◇日本城郭事典　〔新装版〕　秋田書店　1989.10　534p　19cm　1950円　⓪4-253-00369-9

城・城跡　　　　　　　　　　　　　　　　　　　　　　　　城と城下町

　＊天守閣そびえた近世の巨城から草に埋もれた居館跡まで、築城・城攻め・落城さまざまに歴史をにぎわした日本の城郭総覧。日本の代表的な城600余を収載。

◇日本の古城・名城100話　鈴木亨著　立風書房　1987.3　280p　19cm　1300円　④4-651-75012-5
　＊最古の城、稲城に始まる名城100を、特色、攻防をめぐる秘話、遺構の写真等で紹介。時代順編成なので城郭史にもなっており、交通を示したので探訪にも便利。

◇日本の城郭を歩く―古写真が語る名城50　西ケ谷恭弘著　JTB　2001.7　239p　21cm　(JTBキャンブックス)　1800円　④4-533-03871-9
　＊本書は、日本人が心から愛して止まない城郭美のかつての姿が、実際にどのような風景であったか、その城が現在どうなっているのか、を古写真と現在の写真によって、一人でも多くの歴史ファンに知っていただくためのものである。

◇日本の城―写真紀行1　東山道　第二アートセンター編　集英社　1988.9　155p　38cm　4800円　④4-08-596001-6

◇日本の城―写真紀行4　南海道・西海道　第二アートセンター編　集英社　1988.11　155p　38cm　4800円　④4-08-596004-0

◇日本の城と城下町　新谷洋二著　同成社　1991.10　210p　21cm　4500円　④4-88621-092-9
　＊都市工学の権威であり、城研究家として知られた著者が、こよなく愛する日本の城について、知るところのエッセンスを、豊富なカラー写真とともに、情熱をこめて語る。

◇日本の城「早わかり」―環濠集落から近世の名城まで　これ一冊で城郭のすべてがわかる　日本文芸社　1989.12　280p　19cm　1200円　④4-537-02168-3
　＊古代から近世までの城郭の歴史がわかる。戦略拠点としての城がわかる。日本の名城30の特徴がわかる。天守閣のつくりがわかる。城郭の構造が詳しくわかる。

◇日本の城ハンドブック　三省堂　1993.7　284p　21cm　1500円　④4-385-15822-3
　＊歴史ファンのための古城・名城事典。

◇日本の名城・古城　井上宗和著　角川書店　1985.2　397p　15cm　(角川文庫　5938)　540円　④4-04-156003-9

◇日本の名城・古城事典　ティビーエス・ブリタニカ　1989.3　517p　21cm　3200円　④4-484-89208-1

　＊北は北海道の五稜郭から南は沖縄の首里城まで、代表的な名城から草むす古城跡まで、全国に散在する名城・古城を解説。読んで楽しい史話でつづる城郭事典の決定版。

◇日本名城古写真集　日本城郭協会編　新人物往来社　1980.2　194p　27cm　7000円

◇日本名城図鑑―同一縮尺で見る城郭規模の比較　理工学社　1993.12　266p　26cm　3914円　④4-8445-3017-8
　＊本書の第1編・第2編には日本の歴史を説きつつ、そこに成立した城郭の本質を簡潔に示した。第3編は本書の主題で、近世100名城を選び、その歴史と構造を現地調査を踏まえて図解・詳述した。特に"同一縮尺による城郭規模の比較"は、城はもとより、生活空間としての都市を理解するうえで、斬新な試みであろう。全編の要所に復原イラスト・筆者等所蔵の貴重な資料を豊富に駆使したビジュアルな紙面構成は、関連分野に新風を送るとともに、城郭ファン愛蔵の一書として完璧。

◇日本名城の旅　下巻　日地出版　1995.6　160p　21cm　(旅の本)　1500円　④4-527-00557-X
　＊関西以北の名だたる名城、弘前城・仙台城・会津若松城・江戸城・小田原城・松本城・名古屋城・犬山城・金沢城等、名城102ケ所をえらんで掲載。まさに戦国時代を彷彿とさせる、500万城郭ファン垂涎の書。

◇日本名城一〇〇選　日本城郭資料館著　22版　秋田書店　1987.9　318p　21cm　1400円　④4-253-00302-8

◇日本名城秘話　百瀬明治著　徳間書店　1995.1　275p　15cm　(徳間文庫)　520円　④4-19-890256-9
　＊日本の城郭史にはいくつかの変革期がある。濠一重、柵一重の室町初期の城構えは、戦国大名の台頭により、巨額の費用と労働力を徴用した、天険の要害城郭へと発達し、さらに鉄砲の普及が石垣と塗り込め壁を招来。やがて強力な中央政権の出現により、城は都市と経済を象徴する建築物へと変貌していった。北は函館・五稜郭から南は宮崎・飫肥城まで、日本の名城と城にまつわる秘話を集大成。

◇日本列島名城の謎　平川陽一編　トラベルジャーナル　1995.6　260p　19cm　1600円　④4-89559-341-X
　＊本書は、日本各地の名城から、とくに興味深い人間ドラマが伝えられている城を選び、地域別にグループとして紹介している。加えて、城の由来や歴史、建築様

式などにも触れている。

◇復原図譜 日本の城　西ケ谷恭弘著，香川元太郎イラストレーション　理工学社　1992.1　191p　26cm　2987円　④4-8445-3015-1

＊古代の堀をめぐらした環濠集落から中世、戦国の城・近世の大坂・江戸城に至るまで、イラスト化にあたっては城址の現状地形、発掘調査結果、古絵図、資料・文献などをつきあわせ、勇気と決断をもって迫真の復原を試みた。研究者・愛好家・入門者にとって待望の一冊。

◇復元大系 日本の城 9　城郭の歴史と構成　ぎょうせい　1993.8　175p　37cm　25000円　④4-324-03197-5

◇古い寺、古い城 ―「形と心」を探る　藤本輝夫著　近代文芸社　1996.11　142p　19cm　2000円　④4-7733-5771-1

＊形を通して心を探る。古寺巡礼に曼荼羅の心をたずね古城探訪に歴史のロマンを追う。一病理学者の旅は尽きない。

◇マルチメディア日本の城図鑑 ― ガイドブック　内藤昌監修　アスキー　1997.11　45p　27cm　(CD-ROM & book Windows & Macintosh対応)　5800円　④4-7561-1527-6

◇名城の謎と怪奇 ― 不思議・伝説の城めぐり　早乙女貢ほか著　大陸書房　1991.7　287p　15cm　(大陸文庫)　560円　④4-8033-3420-X

＊謀叛、奇策、そして相剋。"名城"に繰り広げられる人間模様の軌跡。

◇歴史探訪 日本の城　井上宗和著　広済堂出版　1991.11　315p　15cm　(広済堂文庫)　460円　④4-331-65117-7

＊人はなぜ「城」に魅せられるのか、戦乱の歴史をくぐりぬけながらも、最も優美なフォルムに結晶した日本の城。邪馬台国の時代、望楼と木柵を構えただけの防御の城から、壮麗な天守が往時の権力者の威光を物語る近世大名の居城まで、日本人の城造りの知恵と心の動きの象徴である城の秘密と謎を余す所なく解明した格好の入門編。

◇私の巡った日本のお城 ― 山中勝写真集　第1部　山中勝〔撮影〕　山中勝　1992　72p　25×26cm

城・城跡(北海道・東北地方)

◇会津鶴ケ城 ― 物語・日本の名城　阿井景子著　成美堂出版　1995.8　310p　15cm　(成美文庫)　560円　④4-415-06426-4

＊本書は、黒川城のあとを受けて、蒲生氏郷によって築かれた城が、戊辰戦争により銃砲弾を受けて破壊されるまでの城をめぐる歴史をドラマチックに描く。

◇会津若松城　斎藤光男著　日本図書刊行会，近代文芸社発売　1989.1　198p　19cm　1500円　④4-89607-015-1

＊皇第50代桓武天皇の裔で、相模国三浦の名族を祖とする会津葦名氏20代―伊達政宗―蒲生氏郷・秀行―上杉景勝―蒲生秀行・忠郷―加藤嘉明・明成―保科正之を祖とする明治元年までの会津松平氏10代が城主であった会津若松城の変遷をたどり、先人たちが血と生命と誠と生涯をかけて努力してきた過程をみると「人間としていかに生きるべきか」を、それぞれの時代に、さまざまな角度から、後世の我々に見事に教えてくれている。日本人の心の原点に立ち会津の歴史その実像をさぐる。

◇絵図でみる上山城　上山城管理公社編　上山城管理公社　1989.3　34p　30cm

◇三戸城　小井田幸哉著　改訂版　三戸町観光協会　1989.7　20p　26cm

◇史跡盛岡城跡 ― 石垣移動量調査報告書　盛岡市　2000.3　121p 図版5枚　31cm

◇城郭と城下町 1　北海道・東北　小学館　1987.8　206p　21cm　1350円　④4-09-569001-1

＊戦国の風雲児、独眼龍伊達政宗の夢を追って米沢、岩出山、仙台に。鶴ケ城に涙し、壮烈な死をとげた白虎隊、そして二本松少年隊の悲劇に思いを馳せ、みちのくの古城を訪ねる。

◇城 1(北海道・東北)　吹雪舞うみちのくの堅城　毎日新聞社　1997.3　167p　31cm　2800円　④4-620-60511-5

＊伊達政宗ら奥州武士の血が騒ぐ！天下を望まむ風雲の城。航空写真・古写真を含む豊富な写真に加えて、絵図面・復元図、そして人と城の大河ドラマ史上最高の城シリーズ決定版!!「明治維新廃城一覧」付き。

◇白米城跡と神社仏堂の縁起 ― 平成三年三月三日　甲高武雄著，白米青年会編　いわき市勿来町白米青年会　1993.7　71p　26cm

◇図説中世城郭事典 第1巻　北海道 東北 関東　村田修三編　新人物往来社　1987.4　343p　27cm　9800円　④4-404-01425-2

◇仙台城歴史散策 ― 青葉城の盛衰とロマン　逸見英夫，水殿畔著　宮城文化協会　1988.11　152p　22cm　(宮城文化シリーズ no.3)　1800円

335

城・城跡

◇探訪ブックス 日本の城1 東北の城 〔新装版〕 小学館 1989.10 327p 15cm 800円 ⓘ4-09-401211-7
  ＊五稜閣・弘前城・仙台城・若松城など全1970城収録。
◇鶴ケ城—会津六百年の星霜を辿る心の旅路 歴史春秋社 1984.8 124p 26cm 1000円
◇鶴ケ城を歩く—みちのくに聳え立つ天下の名城 佐藤恒雄著 歴史春秋出版 1998.9 71p 19cm (歴春ブックレット no.19) 500円 ⓘ4-89757-372-6
◇つわものどもの夢のあと石川城 大仏ケ鼻城を偲ぶ会 1981.10 1冊 25cm
◇東北の城 小学館 1981.2 327p 16cm (探訪ブックス〈城〉1) 950円
◇日本城郭大系3 川崎利夫ほか編 新人物往来社 1981.2 623p 27cm 6800円
◇日本名城紀行1 東北・北関東 小学館 1989.5 293p 15cm 600円 ⓘ4-09-401201-X
  ＊蝦夷地（北海道）唯一の大名松前氏の居城松前城、岩木山を背にした弘前城、津軽の戦国物語を伝える浪岡城、転変を重ねた山形城、伊達政宗の築いた仙台城、戊辰戦争に落城した悲劇の会津若松城、釣天井の伝説がのこる宇都宮城、さらに鶴ケ岡城、箕輪城など、東国の古城の興亡と秘話を井上ひさし、長部日出雄、藤沢周平、森敦、五味康祐、遠藤周作らの一流作家がドラマチックに描く、城物語と紀行。
◇復元大系日本の城1 北海道・東北 北野隆〔ほか〕編 秋保良〔ほか〕執筆 ぎょうせい 1993.2 179p 37cm 25000円 ⓘ4-324-03189-4
◇物語三戸城 佐藤嘉悦著 東奥日報社 1982.10 245p 19cm 1300円 ⓘ4-88561-004-2
◇盛岡城の石垣 高橋喜平写真・文，岩手日報社出版部編 岩手日報社 1997.6 103p 15×17cm 1500円 ⓘ4-87201-225-9

城・城跡（関東地方）

◇茨城の城館—古城が語る栄枯の跡1 サンケイ新聞社編，河野辰男解説 筑波書林 1981.3 104p 18cm （ふるさと文庫） 580円
◇茨城の城館—古城が語る栄枯の跡2 サンケイ新聞社編，河野辰男解説 筑波書林 1981.3 p105〜203 18cm （ふるさと文庫） 580円
◇茨城の城館—古城が語る栄枯の跡3 サンケイ新聞社編，河野辰男解説 筑波書林 1981.5 p205〜303 18cm （ふるさと文庫） 580円
◇茨城の城館—古城が語る栄枯の跡4 サンケイ新聞社編，河野辰男解説 筑波書林 1981.5 p305〜383 18cm （ふるさと文庫） 480円
◇描かれた世喜宿城—城絵図の世界 平成8年度企画展 千葉県立関宿城博物館編 千葉県立関宿城博物館 1997.1 33p 26cm
◇忍城史跡碑—五十基、写真と案内 大沢俊吉著 国書刊行会 1981.3 60p 15×21cm 500円
◇忍城史跡碑—六十六基金石文集 写真と案内 大沢俊吉著 国書刊行会 1986.2 109p 15×21cm 1000円
◇小田原城とその周辺 日本城郭協会編 国書刊行会 1985.11 96p 22cm 1800円
◇笠間城のはなし 田中嘉彦著 筑波書林 1986.8 2冊 18cm （ふるさと文庫） 各600円
◇神奈川県の歴史—城址・砦址・館址 横浜市内地区・川崎市内地区・三浦半島地区・湘南地区・足柄地区・北相模地区 山下雅義〔編〕 山下雅義 1993 74p 30cm
◇関東の城址を歩く 西野博道著 さきたま出版会 2001.10 191p 21cm 1800円 ⓘ4-87891-083-6
  ＊世界の古城をめぐった著者が関八州の80城に5年の歳月をかけて迫る。
◇関東の城 小学館 1981.8 327p 16cm （探訪ブックス〈城〉2） 950円
◇関東百城 大多和晃紀著 有峰書店新社 1993.7 485p 21cm 3800円 ⓘ4-87045-200-6
  ＊関東地方一都六県の主要城址を訪ね、政治・戦略・築城面など、あらゆる方面から古城郭を追究し、併せてそれに関連する関東武士団の盛衰を詳述した。関東地方の中世史を知る絶好の書。
◇近世栃木の城と陣屋 杉浦昭博著 随想舎 1997.9 167p 21cm 1500円 ⓘ4-88748-000-8
◇埼玉の古城址 中田正光著 新装版 有峰書店新社 2001.4 323p 19cm 2500円 ⓘ4-87045-222-7
  ＊埼玉県は、足利・上杉・北条氏の三巴合戦がくり広げられ、各地に古城址がちらばる。本書は『秩父路の古城址』につづ

◇埼玉の館城跡　埼玉県教育委員会編　国書刊行会　1987.10　222p　26cm　2000円
◇史跡めぐり　栃木の城　増補改訂版　下野新聞社　1995.7　565p　21cm　2000円　①4-88286-062-7
　＊20年前好評を博した『栃木の城』が装丁を一新して再び登場。
◇城郭と城下町 2　関東　小学館　1987.11　206p　21cm　1350円　①4-09-569002-X
　＊智将太田道灌の炯眼的中し、江戸は天下の府城となった。後北条氏五代が夢を散らした小田原城、水戸光圀公の治績伝える水戸城など、関東の覇城に天下計略の刻を知る。
◇城 2(関東)　もののふ集う東国の城　毎日新聞社　1997.2　167p　31cm　2800円　①4-620-60512-3
◇瑞竜小野崎城 — 興亡八百年の歩み　青山弁著　筑波書林　1984.7　100p　18cm　(ふるさと文庫)　600円
◇袖ケ浦の中世城館跡　袖ケ浦市教育委員会　1997.3　83p　26cm　(袖ケ浦市史基礎資料調査報告書　7)
◇多摩丘陵の古城址　田中祥彦著　新装版　有峰書店新社　2001.7　317p　19cm　2500円　①4-87045-224-3
　＊滅びゆく古城址50カ処。横浜・川崎・八王子・青梅・檜原地方に残る中世城郭に、初めて歴史のメスを入れ、従来の築城説を完全にくつがえした注目の書！秩父路・埼玉の古城址につづく武蔵国古城址の三部作。
◇探訪ブックス 日本の城 2　関東の城　〔新装版〕　小学館　1989.9　327p　15cm　800円　①4-09-401212-5
　＊データを満載した城郭ガイドの決定版。江戸城・川越城・小田原城・水戸城など全1330城収録。
◇秩父路の古城址　中田正光著　有峰書店新社　2001.4　336p　19cm　2500円　①4-87045-223-5
　＊秩父路に眠る古城址37城！秩父は戦略的にも上州・信州・甲州から峠道を越えて武蔵国に入る重要な地点であった。歴史を秘めたまま秩父路に残る城址を徹底的に調査、興亡つねなき戦国の歴史と共にやさしく詳述。
◇秩父路の古城址　中田正光著　有峰書店新社　1982.3　336p　19cm　1500円
◇月居城 — 常陸北限の守り　青山弁著　筑波書林　1983.2　103p　18cm　(ふるさと文庫)　580円
◇栃木と近県名城と城下町の旅　下野新聞社編　下野新聞社　1997.9　175p　21cm　1600円　①4-88286-080-5
◇日本名城紀行 2　南関東・東海　小学館　1989.5　293p　15cm　600円　①4-09-401202-8
　＊太田道灌の江戸城、戦国の山城八王子城、春日局にもゆかりの川越城、太閤秀吉に屈した小田原城、若き日の徳川家康を支えた浜松城、御三家筆頭尾張徳川家の名古屋城、国宝犬山城、斎藤道三・織田信長が手にした岐阜城、織田鉄砲隊と武田騎馬軍団決戦の場長篠城など、天下人ゆかりの名城を円地文子、三浦朱門、杉本苑子、黒岩重吾ら一流作家がドラマチックに描く、城物語と紀行。
◇秦野の城郭　秦野市教育委員会編　秦野市教育委員会　1999.3　100p　30cm　(秦野市文化財調査報告書　4)
◇八王子城 — みる・きく・あるく　峰岸純夫, 椚国男編　(八王子)揺籃社　1989.12　71p　21cm　600円　①4-946430-51-2
　＊本書は、八王子城を愛するさまざまな分野の人々による、これから八王子城へ登ろうとする人々へのガイドブックである。
◇『八王子城』を語る　竹野功騎著　竹野功騎　2000.5　178p　19cm　1500円
　＊国指定史跡八王子城跡が、二度目の落城、現代の落城の危機と、心ある人たちに憂えられ、守る運動もすすめられている。だが現実は、圏央道建設のトンネル工事が、八王子城の下にも進捗している。環境庁指定の保護種であるオオタカの繁殖地であり、文部省が指定した国史跡、所管は文化庁であるが、その国指定史跡が国(建設省)の手によって、公然と破壊がすすめられている。本書は、八王子城に関しての一書である。
◇復元大系日本の城 2　関東　北野隆〔ほか〕編　青木信一〔ほか〕執筆　ぎょうせい　1993.3　175p　37cm　25000円　①4-324-03190-8
◇水戸城　弓削徳介著　筑波書林　1980.3　110p　18cm　(ふるさと文庫)　580円
◇武蔵の古城址 — 城址・砦址・館址・屋敷址　小幡晋著　武蔵野郷土史刊行会　1980.11　275p　19cm　1200円

城・城跡　　　　　　　　　　　　　　　　　　　城と城下町

江戸城

東京都　江戸時代　関連人物：徳川氏　指定：特別史跡「江戸城跡」

　　　　＊　　　＊　　　＊

◇江戸城　西和夫著　中央公論美術出版　1982.3　40p　19cm（美術文化シリーズ 126）　500円

◇江戸城　村井益男責任編集　小学館　1986.7　215p　37cm　（日本名城集成）　28000円　①4-09-576004-4

◇江戸城―四海をしろしめす天下の府城　学習研究社　2000.4　175p　27cm（「歴史群像」名城シリーズ）　2500円　①4-05-401200-0

＊天正18年(1590)、北条氏滅亡後に関東に封ぜられた徳川家康は、江戸の地を選んで本拠地と定め、太田道灌の築いた江戸城に漸次、修築を加えていった。慶長8年(1603)、家康は征夷大将軍となり天下をその掌中にすると、江戸城もそれに相応しい威容を整えていく。全国の諸大名を大動員し、当時の最高水準の建築技術を駆使した天下普請による江戸城の誕生である。この巨大モニュメント江戸城を、慶長・元和・寛永と三度建て替えられた天守の真実の姿、また広大な本丸・二丸・西丸を占めた壮麗な御殿群の建築構造・内部構成など全方位から解明する。

◇江戸城1　城郭　伊東竜一編　至文堂　1992.10　313p　37cm　（城郭・侍屋敷古図集成）　50000円

◇江戸城2　侍屋敷　波多野純編　至文堂　1996.1　312p　37cm　（城郭・侍屋敷古図集成）　50000円　①4-7843-0124-0

◇江戸城外堀物語　北原糸子著　筑摩書房　1999.7　253p　18cm　（ちくま新書）　660円　①4-480-05809-5

＊寛永13年の江戸城外堀の天下普請は、第三代将軍家光の威信をかけた一大国家事業であった。これにより、江戸城は城郭が完成、現代の首都東京に引き継がれる都市プランとその基盤が形成された。人力だけの時代に一体どのようにして大土木工事は可能だったのか。外堀や石垣の構築、水利施設の整備など、インフラの視点から、都市づくりの細部の模様を再現してみよう。本書は、地下鉄南北線工事に伴う遺跡発掘の遺構が物語る江戸の都市づくりの話である。

◇江戸城とその周辺　日本城郭協会編　日本城郭協会出版部　1961　96p　22cm

◇江戸城と大名屋敷を歩く　滝尾紀子著　大月書店　1994.12　110p　20×14cm　（こだわり歴史散策 2）　1400円　①4-272-61072-4

＊読んで知り、歩いて実感する。家康の天下普請から幕府の滅亡を告げた彰義隊の敗北まで、変貌を遂げる東京に江戸の面影を訪ねる。

◇江戸城の歴史地理　中川徳治著　校訂増補　小峯書店　1976　207,4p　図　19cm　1500円

◇江戸城物語　朝日新聞社編　1964　230p　19cm

◇写真で見る江戸東京　芳賀徹, 岡部昌幸著　新潮社　1992.1　127p　22×17cm　（とんぼの本）　1500円　①4-10-602002-5

＊徳川15代の居城として、その権力の象徴であった江戸城の威容は、どれほどのものだったのか。そして大名屋敷をはじめとする町のありさまは、どのようなものだったのか。幕末にもたらされた写真術は、浮世絵や絵地図ではうかがうことのできないリアリティをもって、江戸城を中心とした江戸の景観を現出させてくれる。そして官庁や銀行などの洋風建築が建設されて文明開化してゆく東京の姿が、写真術の発達とともに、まざまざととらえられ、今日に残された。人工着色によってカラー化された写真は、"夢の中の都市"といった趣きさえある。古きよき時代＝江戸東京を写真で散歩する。

◇東京歴史散歩 第1集　江戸城とその付近　豊島寛彰著　虹書房　1960　214p　22cm

城・城跡（中部・東海地方）

◇愛知の城―史跡散策　山田柾之著　山田柾之　1993.4　268p　27cm　5200円

◇明智城(長山城)と明智光秀―市立図書館の資料に見る　可児市, 可児市観光協会編　可児市　1999.3　162p　30cm

◇井伊保物語・井平城　池田利喜男編　引佐町伊平地区歴史と文化を守る会　1999.9　154p　26cm

◇伊賀上野城 3　最後の伊賀城代　藤林明芳著　日本古城友の会　1997.5　20p　22cm　（城と陣屋シリーズ 218号）

◇伊賀名張城名張陣屋　藤林明芳著　日本古城友の会　1998.3　22p　22cm　（城と陣屋シリーズ 222号）

◇帰雲城―世界遺産 白川郷物語 上　森省三著　青樹社　1997.6　278p　19cm　1600円　ⓞ4-7913-1038-1
　＊世にも美しい不思議な響きを持つ名の城砦の興亡の物語である。楠木正成の子孫、内ケ嶋為氏は白川郷の領主に移封され金山の開発に成功、約二百年も前から白川郷を支配していた正蓮寺という一向宗の寺を焼き討ち滅亡させる。やがて蓮如の白骨のお文により政教合体する。
◇帰雲城―世界遺産 白川郷物語 下　森省三著　青樹社　1997.6　412p　19cm　1600円　ⓞ4-7913-1039-X
　＊幻の帰雲城と現代に呼ばれる理由は、帰雲城が一瞬にして山津波により城砦、城下町もろとも飲み込まれ一人も生き残らず、今も明確な位置すら不明なことである。幻の一言をさらに際立たせるのが二兆円と推定される黄金埋没伝説である。天正大地震は天災であり予見はなく金銀は通常の状態のまま、城内に置かれていたはずである。まさに日本のポンペイである。戦国時代を帰雲城は多国からの侵略に対しいつも黄金を献上して災難を乗り越えてゆく。
◇掛川城―平成の築城 歴史の町掛川に天守閣が今甦る。　東海道掛川宿まちおこしの会著　東海道掛川宿まちおこしの会　1994.4　60p　20×21cm
◇岐阜城いまむかし　中日新聞岐阜総局編　中日新聞本社　1982.4　231p　19cm　980円　ⓞ4-8062-0120-0
◇国宝犬山城図録　横山住雄著　教育出版文化協会　1987.4　71p　26cm　1000円
◇小牧山城―散策コースと小牧・長久手の合戦の砦跡　小牧市文化財資料研究会編　小牧市教育委員会　1998.3　116p　22cm　(小牧叢書　16)
◇小諸城　中村勝実著　櫟　1983.8　413p　19cm　(千曲川文庫　4)　1600円　ⓞ4-900408-05-0
◇小諸城七つのナゾ　小諸城探検隊著　櫟　1991.10　90p　19cm　850円　ⓞ4-900408-36-0
◇静岡県古城めぐり　小和田哲男ほか著　静岡新聞社　1984.7　254p　19cm　1300円　ⓞ4-7838-1026-5
◇静岡県の城物語　小和田哲男文、水野茂写真　(静岡)静岡新聞社　1989.9　179p　21cm　3100円　ⓞ4-7838-1037-0
◇七州城いまむかし　豊田市教育委員会編　豊田市教育委員会　1982.3　51p　26cm　(豊田市文化財叢書　第5)

◇信濃飯山城　志村平治著　日本古城友の会　1997.9　25p　22cm　(城と陣屋シリーズ　220号)
◇信濃小館城―高梨氏館　志村平治著　日本古城友の会　1998.4　12,29p　22cm　(城と陣屋シリーズ　223号)
◇信濃葛尾城　志村平治著　日本古城友の会　1997.7　17p　22cm　(城と陣屋シリーズ　219号)
◇写真紀行 日本の城 2　東海道・北陸道　集英社　1988.7　155p　37cm　4800円　ⓞ4-08-596002-4
　＊諸国をにらんだ巨大な城郭群の雄姿。天下の府江戸城、西国の要大阪城、東海の押え名古屋城、加賀百万石の金沢城などの34城をカラーで188点収録。
◇駿遠豆古城歴史紀行　長倉智恵雄著　明文出版社　1992.3　189p　19cm　(駿遠豆・ブックス　9)　1545円　ⓞ4-943976-07-7
　＊天下統一を目指した武将たちの夢と戦いの跡を、自分の足で訪ね、自分の目で確かめ、その城が活躍した時代を掘り下げた、これはユニークな古城史です。
◇城郭と幕末維新の藩主・領主―伊勢志摩 上　藤林明芳著　日本古城友の会　1998.11　6,15p　22cm　(城と陣屋シリーズ　225号)
◇城郭と幕末維新の藩主・領主―伊勢伊賀 下　藤林明芳著　日本古城友の会　1999.1　6,16p　22cm　(城と陣屋シリーズ　227号)
◇城郭と城下町 3　東海　小学館　1987.9　206p　30cm　1350円　ⓞ4-09-569003-8
　＊信長が天下布武の野望を蓄えた清須城、岐阜城。家康が忍の心を養った岡崎城、浜松城、駿府城。風雲児藤堂高虎の伊賀上野城など東海の名城に戦国天下取りへの道程を知る。
◇城 4　東海―天下人への夢馳せる群雄の城　平井聖監修　毎日新聞社　1996.12　159p　30cm　2800円　ⓞ4-620-60514-X
　＊信長、秀吉、家康―。天下人三人の夢を育んだ東海の名城、堅城列伝！航空写真・古写真を含む豊富な写真に加えて、絵図面・復元図、そして人と城の大河ドラマ。史上最高の城シリーズ決定版。
◇新伊勢亀山城　藤林明芳, 栢木隆共著　日本古城友の会　1999.6　10,18p　22cm　(城と陣屋シリーズ　229号)
◇信州の城と古戦場　南原公平著　令文社　1987.5　310p　18cm　800円
◇図説・駿河・伊豆の城　郷土出版社　1992.10　246p　38cm　16000円　ⓞ4-87665-037-3

◇図説・高島城と諏訪の城　浅川清栄責任編集　郷土出版社　1995.3　206p　31cm　11000円　①4-87663-278-2

◇図説・美濃の城　林春樹責任編集　郷土出版社　1992.7　268p　38cm　16000円

◇図説中世城郭事典 第2巻　中部 近畿1　村田修三編　新人物往来社　1987.6　347pp　27cm　9800円　①4-404-01426-0

◇探訪ブックス 日本の城 4　東海の城〔新装版〕　小学館　1989.8　327p　15cm　800円　①4-09-401214-1

＊名古屋城・岐阜城・浜松城・津城など全1330城収録。歴史・ドラマ・構造・見どころ、城址一覧・所在地・交通・遺構・形式・地図・縄張図・現代写真・古写真・城絵図などを多数収録。

◇中部城門　近藤薫著　近藤薫　1981.10　96p　26cm

◇中部の城　小学館　1980.12　327p　16cm（探訪ブックス〈城〉　3）　950円

◇鶴城記・西尾城由来書　西尾市教育委員会　2001.3　52p　30cm（西尾市岩瀬文庫叢書　3）

◇定本佐久の城　井出正義〔ほか〕編　郷土出版社　1997.7　209p　31cm　11000円　①4-87663-373-8

＊城跡からふるさとの歴史が見える。知られざるふるさとの城100余城。その歴史とロマンをビジュアルに紹介。

◇東海道の城を歩く―街道探訪　泉秀樹文と写真　立風書房　2000.6　157p　21cm　1600円　①4-651-75120-2

＊いまも残る街道沿いの城をたずね、戦国の乱世に思いを馳せる。―名城・城址・むかし町をめぐる旅。

◇常滑の城　吉田弘著　常滑の史跡を守る会　1997.4　250p　21cm

◇豊川城―水野佐渡守忠直の豊川陣屋　松山雅要〔著〕　松山雅要　1998.2　1冊（ページ付なし）　26cm

◇日本城郭大系　8　湯本軍一編，磯貝正義編　新人物往来社　1980.10　481p　27cm　6800円

◇日本名城紀行　3　中部・北陸　小学館　1989.5　293p　15cm　600円　①4-09-401203-6

＊転変の武将石川数正の築いた松本城、知将真田氏が徳川軍を迎え撃った上田城、信州の山あいにたたずむ小諸城、高遠城、武田信玄の本拠躑躅ケ崎館、前田利家築城の金沢城、上杉謙信が攻めとった七尾城、朝倉氏の一乗谷城、浅井氏の小谷城など、戦国武将の光と影を伝える中部・北陸の堅城を山本茂実、井出孫六、笹沢左保、水上勉、永井路子らの一流作家がドラマチックに描く、城物語と紀行。

◇箱根をめぐる古城30選―ガイドブック　小田原城郭研究会編　神奈川新聞社　1987.3　358p　18cm（かなしんブックス　17）　920円

◇東三河の武将とその城　高橋敬二著　中村出版（印刷）　1998.4　122p　26cm

◇復元大系日本の城 3　北信越　北野隆〔ほか〕編　浅川清栄〔ほか〕執筆　ぎょうせい　1992.11　175p　37cm　25000円　①4-324-03191-6

◇復元大系日本の城　4　東海　北野隆〔ほか〕編　奥出賢治〔ほか〕執筆　ぎょうせい　1992.7　175p　37cm　25000円　①4-324-03192-4

◇ふるさと古城の旅　水野茂著　海馬出版　1999.9　250p　21cm　1600円　①4-907698-01-1

＊静岡県内にある700の城のほとんどが、戦国時代に土塁や堀で構築された「土の城」である。本書は産経新聞に8年間（352回）連載された「ふるさと古城の旅」から121城をピックアップ、新たな資料を踏まえ加筆したものである。城郭史研究の基礎ともいわれる縄張図を多数収録した、静岡県の中世城館跡および戦国史に関する格好のガイドブックである。

◇松阪 城と城下町―天守閣建設をめぐって　久松倫生著　光陽出版社　1994.10　62p　21cm　1000円　①4-87662-135-7

◇三河寺部陣屋　藤林明芳著　日本古城友の会　2000.11　20p　22cm（城と陣屋シリーズ　235号）

◇美濃城郭と幕末維新の藩主たち　藤林明芳著　日本古城友の会　1999.5　8,20p　22cm（城と陣屋シリーズ　228号）

名古屋城

愛知県　江戸時代　関連人物：尾張徳川家　指定：特別史跡「名古屋城跡」

＊　＊　＊

◇尾張名古屋城雑記　藤林明芳著　日本古城友の会　1998.9　10,23p　22cm（城と陣屋シリーズ　224号）

◇尾張の名城 犬山城と名古屋城　城戸久著　名古屋鉄道株式会社　1949　79p 図版　19cm

◇懐古国宝名古屋城　名古屋城振興協会編　名古屋城振興協会　2000.3　354p　38cm
◇四季名古屋城　内海薫写真と文　グラフ社　1979.8　24p　21×21cm　（カラーアルバム　16）　800円
◇史話名古屋城と城下町─歴史散歩　水谷盛光著　2版　名古屋城振興協会　1997.3　322p　19cm　（名古屋城叢書　6）
◇史話名古屋城と城下町─歴史散歩　水谷盛光著　名古屋城振興協会　1979.3　316p　18cm　（名古屋城叢書　6）　980円
◇特別史蹟名古屋城いまむかし─写真に見る名古屋城　服部鉦太郎著, 名古屋城振興協会編　名古屋城振興協会　1995.2　157p　図版40p　19cm　（名古屋城叢書　10）　1000円
◇特別史蹟名古屋─歴史・美術・建築　山田秋衞著　4版　名古屋城振興協会　1985.11　226p　19cm　（名古屋城叢書　1）
◇名古屋城　名古屋市編　1953　3冊　37cm
◇名古屋城　城戸久著　中央公論美術出版　1966　40p　図版　19cm
◇名古屋城　内藤昌責任編集　小学館　1985.10　231p　38cm　（日本名城集成）　28000円　ⓘ4-09-576003-6
◇名古屋城─内海薫写真集　内海薫写真, 坂田薫編　グラフィック社　1989.7　103p　25×27cm　2990円　ⓘ4-7661-0508-7
◇名古屋城─尾張を守護する金の鯱　学習研究社　2000.6　143p　27cm　（「歴史群像」名城シリーズ）　2300円　ⓘ4-05-401199-3
＊金の鯱が燦然と光を放つ名城は大坂の陣を控えた徳川家康が, 東海道筋の要衝として築き上げた戦国最後にして最大の軍事要塞だった。その知られざる全建築と全構造に迫る。
◇名古屋城─石垣刻印が明かす築城秘話　名古屋市教育委員会著　名古屋市教育委員会　2001.3　125p　21cm　（文化財叢書　第95号）
◇名古屋城石垣の刻紋　高田祐吉著　名古屋城振興協会　1999.3　213p　図版16p　19cm　（続・名古屋城叢書　2）
◇名古屋城とその周辺　日本城郭協会編　日本城郭協会出版部　1961　96p　22cm
◇名古屋城物語　朝日新聞社編　1966　268p　18cm
◇堀川物語─名古屋城とともに四百年　中日新聞社社会部編　中日新聞社　1986.4　249,4p　19cm　1500円　ⓘ4-8062-0171-5
◇歴史探索・徳川宗春─なめたらいかんて, 名古屋城　舟橋武志著　ブックショップ「マイタウン」　1995.4　185p　21cm　（Muneharu series　1）　1500円

松本城

長野県　室町時代〜江戸時代　関連人物：石川数正, 石川康長　指定：国宝「松本城天守」

　　　＊　　　＊　　　＊

◇国宝 松本城　松本市教育委員会編　1966　211p　図版共　30cm
◇国宝 松本城─佐々木信一写真集　佐々木信一著　クレオ　1993.6　86p　30×27cm　3800円　ⓘ4-906371-19-1
＊築造400年を迎える国宝松本城。信州の風土に息づく古城の姿を, 鋭い感性と新しい視座でとらえた瞠目の写真集。
◇国宝松本城 四季の彩り─宮下済雄写真集　宮下済雄写真　研光新社　1993.9　1冊　37cm　15000円　ⓘ4-87454-006-6
◇国宝松本城物語　山田良春著　信毎書籍出版センター　1981.4　159p　19cm　800円
◇信濃の美 3　松本城　信濃毎日新聞社編　信濃毎日新聞社　1972　114p　25cm　1200円
◇定本・国宝松本城　住田正ほか解説　郷土出版社　1988.3　259p　38cm　14000円　ⓘ4-87663-105-0
◇松本城─その歴史と見どころ　金井円編著　名著出版　1984.8　158p　19cm　1200円　ⓘ4-626-01128-4
◇松本城とその周辺　日本城郭協会編　日本城郭協会出版部　1961　96p　22cm
◇松本城とその城下町　中島次太郎著　歴史図書社　1969　221p　図版　19cm　600円

城・城跡（北陸地方）

◇越前勝山城─柴田勝安の築城と小笠原氏悲願の再建　増田公輔著　増田公輔　1999.6　154p　21cm
◇写真に見る羽茂城のすべて─遺跡地・文化財・伝承地　羽茂町郷土史研究会編　羽茂町教育委員会　1993.11　39p　26cm　（羽茂の郷土叢書　第2集）
◇城郭と城下町 4　北陸・甲信越　小学館　1988.1　206p　21cm　1350円　ⓘ4-09-569004-6
＊躑躅ケ崎館と春日山城を出て, 信玄と謙信が死闘を繰り返した, 川中島の要地海津城。国宝の天守伝える松本城, 百万石

◇城 3(甲信越・北陸) 銀嶺を望む風雪の城 毎日新聞社 1997.3 159p 31cm 2800円 ①4-620-60513-1
  ＊武田の興亡、加賀百万石の誕生。厳しき風土に生きた人と城の大河ドラマ。航空写真・古写真を含む豊富な写真に加えて、絵図面・復元図、そして人と城の大河ドラマ史上最高の城シリーズ決定版！天下分け目の関ケ原から四百年。あの時代のエネルギーが生んだ名城の数々が、時空を超えて生きた城として甦る。耳を澄ませば、戦乱の泰平の時代を生き抜いた城の鼓動が聞こえる。郷土の誇りと愛着に支えられ、時代の都市に引き継がれたかけがえのない歴史的文化遺産である城を新視点から探訪、日本人の心の原点に迫る本格城シリーズ。「明治維新廃城一覧」付き。
◇図説中世の越後―春日山城と上杉番城 大家健著 野島出版 1998.3(第2刷) 301p 27cm 6000円 ①4-8221-0159-2
◇能登奥郡の山城 髙井勝己編 髙井勝己 1997.1 175p 21cm (図説・石川県の城 1)
◇氷見の山城 氷見市教育委員会編 氷見市教育委員会 2001.1 243p 26cm
◇福井の城―福井・丸岡・大野・小浜・鯖江城 吉田純一著 フェニックス出版 1994.2 184p 21cm 1800円 ①4-89220-602-4
◇福井城・金沢城 平井聖監修,吉田純一著 至文道 1997.9 305p 38cm (城郭・侍屋敷古図集成) 49000円 ①4-7843-0125-9
  ＊城郭・侍屋敷の古図を網羅。戦術のために生活の一部として築かれた城郭古図を特撮、細部にわたって紹介。江戸屋敷や国許屋敷にも重点をおき武士の生活状況がわかる図面を掲載。一点解説も充実。各図面の寸法なども掲載。絵図、平面図、建地割など諸研究の基本となる資料を各冊約300点余掲載。
◇復元大系日本の城 3 北信越 北野隆〔ほか〕編 浅川清栄〔ほか〕執筆 ぎょうせい 1992.11 175p 37cm 25000円 ①4-324-03191-6
◇南加賀の山城 髙井勝己編 髙井勝己 2000.2 186p 21cm (図説・石川県の城 4)
◇よみがえる福井城 吉田純一〔述〕 福井市立郷土歴史博物館 1995.3 36p 21cm (文化講演録 第3輯)

◇両越国境朝日町の山城―今よみがえる歴史の里 竹内俊一著 朝日町中央公民館 1998.3 69p 30cm

城・城跡(近畿地方)

◇英賀岩繁城・復元模型図集― 司馬遼太郎の世界・英賀城跡 播磨灘・姫路沿岸の変遷 平成5・6・7・8年度 英賀保小学校歴史探偵クラブ編著 姫路市立英賀保小学校 1997.5 78p 26cm
◇明石城をめぐる歴史の旅 黒部亨著,北村泰生写真 神戸新聞総合出版センター 2000.8 140p 19cm (ビジュアル・ブックス 2) 1000円 ①4-343-00079-6
◇安土城再見―天守閣の復原考証 兵頭与一郎著 西田書店 1991.7 218p 22cm 2300円 ①4-88866-130-8
◇近江の城―城が語る湖国の戦国史 中井均著 サンライズ印刷出版部 1997.10 200p 19cm (淡海文庫 9) 1200円 ①4-88325-114-4
◇大阪の戦乱と城 棚橋利光著 松籟社 1993.6 246p 20cm 2400円 ①4-87984-132-3
◇河内陣屋集―寄書・今昔 上田一著 日本古城友の会 1997.11 54p 22cm (城と陣屋シリーズ 221号)
◇紀伊貴志城―和歌山城を守備する外城 藤林明芳著 日本古城友の会 2000.3 24p 22cm (城と陣屋シリーズ 232号)
◇京都御所と二条城 岩波書店編集部編 岩波書店 1952 図版64p 19cm (岩波写真文庫 第62)
◇近畿の城 小学館 1981.3 327p 16cm (探訪ブックス〈城〉 5) 950円
◇国指定史跡感状山城跡―講演記録集 相生市教育委員会生涯学習課編 相生市教育委員会 2000.3 122p 21cm
◇上月城物語 竹本春一著 佐用郡歴史研究会 1981.11 372p 19cm 2000円
◇湖国百選―Beautiful Shiga 101 城 滋賀総合研究所編 滋賀県企画部地域振興室 1992.3 119p 26cm
◇史跡洲本城 洲本市立淡路文化史料館 1999.10 51p 22×22cm
◇城郭と城下町 5 近畿 小学館 1987.10 206p 21cm 1350円 ①4-09-569005-4
  ＊天下は信長から秀吉に、天下人の城は安土城から大坂城に。彦根城には徳川家の先鋒井伊家があり、紀州徳川家は和歌山

城を居城とす。近畿の大城に天下の重さをはかる。

◇城 5 近畿—華と競う王者の城 毎日新聞社 1996.9 159p 30cm 2800円 ①4-620-60515-8
 ＊航空写真・古写真を含む豊富な写真に加えて、絵図面・復元図、そして人と城の大河ドラマ。史上最高の城シリーズ決定版。

◇城—和歌山城郭調査研究会10周年記念誌 和歌山城郭調査研究会編 和歌山城郭調査研究会 1998.8 123p 26cm

◇新紀伊新宮城 栢木隆,藤林明芳共著 日本古城友の会 1999.12 10,21p 22cm (城と陣屋シリーズ 231号)

◇図説中世城郭事典 第3巻 近畿2 中国 四国 九州 村田修三編集 新人物往来社 1987.7 335pp 27cm 9800円 ①4-404-01427-9

◇洲本城案内 岡本稔,山本幸夫著 Books成錦堂 1982.4 143p 19cm 980円

◇園部藩と城—維新の築城にいたるまで 平成11年度秋季特別展図録 園部文化博物館編 園部文化博物館 1999.11 42p 30cm

◇但馬の城と城下町—地図をみて歩いて探す城下町 出石城/豊岡城/八木城/竹田城/村岡陣屋を探る 谷本進著,山田宗之編 但馬考古学研究会 1994.4 171p 26cm 1500円

◇但馬・八木城 八鹿町教育委員会編 八鹿町教育委員会 1989.3 139p 図版10枚 26cm (兵庫県八鹿町ふるさとシリーズ 第1集)

◇探究！丹波亀山城—第27回企画展展示図録 亀岡市文化資料館編 亀岡市文化資料館 1999.6 28p 30cm

◇丹波篠山城とその周辺 嵐瑞澂著 改訂第5版 篠山史友会 1992.4 47p 26cm 410円

◇丹波篠山城とその周辺 嵐瑞澂著 篠山史友会 1988.5 42p 25cm 400円

◇丹波の城 神戸新聞丹波総局編 丹波文庫出版会 1988.6 206p 19cm (丹波文庫3) 1200円

◇探訪ブックス 日本の城 5 近畿の城 〔新装版〕 小学館 1989.8 327p 15cm 800円 ①4-09-401215-X
 ＊彦根城・二条城・大坂城・和歌山城など全120城収録。歴史・ドラマ・構造・見どころ・城址一覧・所在地・交通・遺構・形式・地図・縄張図・現状写真・古写真・城絵図などを多数収録。

◇豊能ふるさと談議—山と中世の城跡を尋ねての感慨 史実と現実の課題 西川隆夫著

北摂振興 1995.1 168p 22cm 3000円

◇日本城郭大系 11 京都・滋賀・福井 竹岡林ほか編 新人物往来社 1980.9 485p 27cm 6800円

◇日本城郭大系 12 田代克己ほか編 新人物往来社 1981.3 579p 27cm 6800円

◇日本名城紀行 4 畿内 小学館 1989.5 293p 15cm 600円 ①4-09-401204-4
 ＊明智光秀と織田信長の反逆のドラマを生んだ安土城、大老井伊直弼を生んだ彦根城、大政奉還の舞台二条城、秀吉が築き徳川が再建した大坂城、戦国の梟雄松永久秀が築き、近世城郭の祖とされる多聞城、楠木正成の英雄伝説を生んだ千早・赤坂城、そして和歌山城、茨木城など、歴史の転回点となった巨城を山田風太郎、邦光史郎、村上元三、藤本義一らの一流作家がドラマチックに描く、城物語と紀行。

◇播磨国の古城—内山城と内山大夫 山本豊子〔著〕 山本豊子 2000.1 13p 21cm

◇彦根城の修築とその歴史 彦根城博物館編 彦根市教育委員会 1995.7 24p 30cm

◇彦根城の四季—岡川和夫写真集 岡川和夫著 カガミ写真機店 1987.2 115p 25×26cm 4900円

◇彦根城博物館—歴史展示ガイドブック 彦根城博物館編 彦根城博物館 1987.3 96p 26cm

◇ひょうごの城紀行 上 朽木史郎,橘川真一編 神戸新聞総合出版センター 1998.4 302p 19cm 1500円 ①4-87521-495-2

◇ひょうごの城紀行 下 朽木史郎,橘川真一編 神戸新聞総合出版センター 1998.12 290p 19cm 1500円 ①4-343-00033-8
 ＊戦乱の時代を経て、その本来の機能を失ってなお、今も我々に歴史のロマンを感じさせてくれる城の遺構。先人の残した文化遺産を訪ね、歴史の盛衰に思いを馳せる。本書では兵庫県内の主な城の歴史や現状を、写真・現況図等も豊富に添えて、わかりやすく解説した。

◇復元大系日本の城 7 南紀・四国 北野隆〔ほか〕編 岡本和之〔ほか〕執筆 ぎょうせい 1993.5 176p 37cm 25000円 ①4-324-03195-9

◇復元模型安土城 宮上茂隆作 草思社 1995.12 37p 図版48枚 26cm 3900円 ①4-7942-0634-8

◇復元 安土城—信長の理想と黄金の天主 内藤昌著 講談社 1994.5 318p 19cm (講談社選書メチエ 17) 1700円 ①4-06-258017-9

城・城跡　　　　　　　　　　　　　　　　　　　　　城と城下町

　＊わずか三年にして、灰塵に帰した幻の城。ヨーロッパにまで知られたその華麗なる姿。黄金の瓦・黒漆の壁・朱の八角円堂…。和様、唐様、南蛮風を総合した造型美は、近世の到来にふさわしい。戦国の世を「平安楽土」とすべく、「安土御構」に信長の託した夢とは。三十年にわたる研究が、いま一冊となった―。

◇復元大系 日本の城 5　近畿　ぎょうせい　1992.5　173p　37cm　25000円　④4-324-03193-2
◇福知山城物語　京都新聞社編　京都新聞社　1987.3　157p　19cm　950円　④4-7638-0217-8
◇不滅の建築 11　二条城二の丸御殿　岡本茂男撮影、鈴木嘉吉、工藤圭章編　毎日新聞社　1989.4　63p　30cm　1850円　④4-620-60281-7
◇幻の安土城天守復元―信長天下統一の象徴　日本経済新聞社　1992.7　117p　30cm　2800円　④4-532-12214-7
　＊信長の壮大な意図を秘めた安土城天守。その壮麗、絢爛な様は遠くヨーロッパにまで伝わる。本能寺の変で信長の野望とともに灰燼に帰した幻の巨城が400年の時を超えて原寸大で甦る。現代の名匠、名工たちが挑んだ復元のドキュメンタリー。セビリア万国博覧会日本館出展。
◇万歩50選―古道城址をたずねて 1集　橋本寿クラブ歩こう会　1986　1冊　26cm
◇大和飛鳥の古城跡　尾原隆男著　日本古城友の会　2000.5　12p　22cm　（城と陣屋シリーズ 233号）
◇よみがえる八木城跡―但馬八木城跡国指定事業　八鹿町教育委員会編　八鹿町教育委員会　1999.1　303p　26cm　（八鹿町ふるさとシリーズ 第12集）
◇わがまち茨木　城郭編　茨木市、茨木市教育委員会編　茨木市　1987.3　91,15p　26cm

大坂城

大阪府　安土桃山時代　関連人物：豊臣秀吉
指定：特別史跡「大坂城跡」

　　　　＊　　　＊　　　＊

◇大阪城　日本城郭協会編　1960　36p 図版共　26cm
◇大阪城　岡本良一著　岩波書店　1970　202p 図版　18cm　（岩波新書）　150円
◇大阪城　岡本良一編,今駒清則写真　清文堂出版　1983.5　107p　27cm　2900円
◇大坂城　岡本良一責任編集　小学館　1985.4　215p　38cm　（日本名城集成）　28000円　④4-09-576002-8
◇大坂城　岡本良一著　〔特装版〕　岩波書店　1993.7　202p　20cm　（岩波新書の江戸時代）　1500円　④4-00-009133-6
　＊いまもなお雄大な石垣を残して当時の規模をしのばせる大坂城―。ここを舞台としていかなる戦乱の物語が展開され、民衆の血と汗が流されてきたのだろうか。著者は、大坂城に勤務した二十数年間の研究成果を集約して、本書をまとめた。秀吉の築城、豊臣・徳川の攻防、江戸時代の改築から今日までの歴史、さらにその築城技術まで語る。
◇大阪城―物語・日本の名城　江崎誠致著　成美堂出版　1995.12　275p　15cm　（成美文庫）　560円　④4-415-06433-7
　＊大阪城は秀吉によって築かれ、家康によって落され、元和偃武の時代を迎えた。この城を築くため、何十万人の人々が動員され、この城の攻防に、何十万人の人々が参戦した。日本の城郭中、大阪城ほど多くの労力と人命が投入され、歴史の転換点となった城はない。そこにはその歴史の転機にかかわった何十万人の人々が存在するのである。
◇大坂城―天下人二人の武略燦然　学習研究社　2000.4　143p　27cm　（「歴史群像」名城シリーズ）　2300円　④4-05-401197-7
　＊天下を取った秀吉がその英知を傾けた城、その秀吉の栄光を消さんがために更に大規模に作られた徳川の城。ふたつの大坂城のすべて。
◇大阪城の四季―登野城弘写真集　登野城弘著　東方出版　2000.1　1冊（ページ付なし）　22cm　（Toho art books 21）　1200円　④4-88591-650-X
　＊著者の優れた芸術眼が探り当てた大阪城のすばらしく豊かな美しさ。それらを写真の画面に定着させる確かな技術。その作品を見たあとでは、これまで気付かなかった大阪城の四季折々の美のポイントが鮮やかに見えてくるのです。まさに、「芸術は自然を模倣する。されど、自然もまた芸術を模倣する」の格言どおりです。来る日も来る日も大阪城を撮りつづける著者は、「大阪城の美」という新しい価値の限りない発見者であり創造者です。
◇大阪城への招待　秋山進午ほか著　大阪観光協会　1983.8　2冊　18cm　各980円
◇大阪城ガイド　渡辺武ほか共著　保育社　1983.9　151p　15cm　（カラーブックス

344

◇大阪城今昔　志村清写真，日本古城友の会編　日本城郭資料館出版会　1970　105p　19cm　490円
◇大阪城と大阪のまち――イラストと写真でつづるカラーガイド　ナンバー出版　1983.11　79p　21cm　（ナンバーガイド）　500円
◇大阪城とその周辺　日本城郭協会編　日本城郭協会出版部　1962　96p　22cm
◇大阪城の謎　村川行弘著　学生社　1970　216p 図版　19cm　580円
◇大阪城の魅力――歴史の宝庫　登野城弘写真，渡辺武文　淡交社　1994.6　127p　26cm　2500円　①4-473-01337-5
◇大阪城秘ストリー　渡辺武著　東方出版　1996.4　189p　19cm　1360円　①4-88591-479-5
　＊平成の城代が語る現代の天守閣余話。ならわっ子の身近なシンボルにも、意外と知られていないことを――。
◇大坂城物語　牧村史陽著　創元社　1959　340p 図版　19cm
◇大阪城ものがたり――10の章と100の節　渡辺武著　ナンバー出版　1983.10　247p　19cm　980円
◇大阪城400年　岡本良一ほか著　大阪書籍　1982.10　361p　19cm　（朝日カルチャーブックス　11）　1400円　①4-7548-1011-2
◇大阪城歴史散策　渡辺武著　保育社　1992.6　151p　15cm　（カラーブックス）　620円　①4-586-50831-0
　＊謎の石垣解明と太閤さんの天守閣をはじめ、大阪城の過去と現在を散策。
◇古写真なにわ風景――テーマ展　大阪城天守閣編　大阪城天守閣特別事業委員会　2000.3　32p　21×30cm　（南木コレクションシリーズ　第10回）
◇図説再見大阪城　渡辺武著　2版増補　大阪都市協会　1990.3　221p　27cm　3000円
◇図説再見大阪城　渡辺武著　大阪都市協会　1983.9　217p　27cm　2000円
◇摂津大坂城 13　「御天守」の朱書き符号石　藤井重夫著　日本古城友の会　1997.3　25p　22cm　（城と陣屋シリーズ　217号）
◇摂津大坂城 14　寛永元年毛利家助役の動向　藤井重夫著　日本古城友の会　1998.12　40p　22cm　（城と陣屋シリーズ　226号）

姫路城

兵庫県　室町時代～江戸時代　関連人物：赤松貞範, 池田輝政　指定：特別史跡「姫路城跡」，国宝「姫路城大天守」ほか

　　　＊　　　＊　　　＊

◇木の国 日本の世界遺産 文化遺産編　法隆寺・姫路城　大蔵省印刷局編　大蔵省印刷局　1994.7　43p　26cm　13500円　①4-17-160003-0
◇究極の美姫路城――「世界文化遺産」認定記念　北村泰生写真　世界文化社　1994.4　151p　30cm　5800円　①4-418-94901-1
　＊日本の国宝から世界人類の遺産へとはばたく至宝「姫路城」、その美のすべてをあますところなく集大成した後世にのこる珠玉の写真集。
◇検証 姫路城――匠たちの遺産　神戸新聞総合出版センター　1995.12　275p　19cm　1300円　①4-87521-487-1
　＊昭和初期から戦争をはさんで30年以上の長きにわたった姫路城大修理は、全部材を解体して、再び組み立てるという、空前の規模の大事業であった。その「昭和の築城」にたずさわった匠たちの苦闘の歩みを追う第1部「昭和の匠たち」を中心に、第2部「その構造と美」、第3部「まちを描く」の3部構成で、姫路城の魅力を多角的に検証する。
◇国宝姫路城　初井新三郎著　第4版　姫路郷土文献刊行会　1972　111p　22cm　500円
◇白鷺のうた――姫路の城と町と人と…　神戸新聞姫路支社編　神戸新聞出版センター　1983.4　302p　19cm　1200円　①4-87521-622-X
◇日本名建築写真選集 6　姫路城　西川孟撮影, 内藤昌解説, 海野弘エッセイ　新潮社　1992.6　134p　31×24cm　5000円　①4-10-602625-2
　＊播州平野に聳える姫路城の美しさは、白鷺の異名にふさわしい。剛毅な石垣、漆喰の白壁、重奏しながら大天守閣へと集約される瓦屋根、この美貌の城の魅力を活写した西川孟の傑作。
◇姫路――白鷺城　岩波書店編集部編　岩波書店　1954　図版64p　19cm　（岩波写真文庫）
◇日女道かゞみ――昭和の大修理30周年記念誌　姫路市立城郭研究室編　日本城郭研究セン

◇姫路城　藤岡通夫著　中央公論美術出版　1965　40p 図版　19cm
◇姫路城　写真:中村昭夫，文:城戸久　朝日新聞社　1972　図144p 52,4p　27cm　2800円
◇姫路城―写真集　北村泰生編著　神戸新聞出版センター　1982.8　213p　34cm　17000円　④4-87521-115-5
◇姫路城　加藤得二責任編集　小学館　1984.12　215p　38cm　(日本名城集成)　28000円　④4-09-576001-X
◇姫路城―世界に誇る白亜の天守　学習研究社　2000.7　175p　27cm　(「歴史群像」名城シリーズ)　2500円　④4-05-401201-9
　＊白鷺のように優美で華麗と謳われ世界にも認められた名城・姫路城。大天守と3基の小天守からなる連立天守群をはじめとするその構造・その歴史・その美に迫る！「城」ファン必携の1冊。
◇姫路城―漫遊ガイド　寺林峻編，北村泰生写真　神戸新聞総合出版センター　2000.9　141p　19cm　971円　④4-343-00113-X
◇姫路城―永遠の天守閣　中元孝迪著　神戸新聞総合出版センター　2001.5　334p　20cm　1800円　④4-343-00065-6
　＊1601年(慶長6年)池田輝政が、秀吉の天守がそびえる地に、新しい築城を開始した。それから400年、赤松円心が砦を築いたといわれる1333年(元弘3年)まで遡れば600年以上にわたる、姫路城を舞台に繰り広げられたドラマを描く歴史ドキュメント。その美しさの秘密、歴史の謎に迫る、"21世紀の姫路城史"。
◇姫路城絵図展―雄藩姫路の城下と城郭　姫路城世界遺産登録5周年記念　姫路市立城郭研究室編　姫路市立城郭研究室　1998.10　79p　30cm
◇姫路城とその周辺　日本城郭協会編　日本城郭協会出版部　1961　96p はり込原色図版1枚　22cm
◇姫路城の五十年　髙橋秀吉著　髙橋文庫　1963　68p 図版　19cm　(この眼で見た姫路の五十年シリーズ)
◇姫路城物語―名城にくり広げられた人間ドラマ・女人哀史　酒井美意子著　主婦と生活社　1991.4　227p　19cm　1400円　④4-391-11341-4
　＊白鷺の城を彩った男女の数奇な運命。秀吉、家康、官兵衛、秀忠、輝政、武蔵、又兵衛、抱一、千姫、督姫、「播州皿屋敷」のお菊、お夏・清十郎、遊女高尾…。

◇不滅の建築 10　姫路城天守閣　岡本茂男撮影，香山宏，小川国夫文，鈴木嘉吉，工藤圭章編　毎日新聞社　1989.3　63p　31×22cm　1800円　④4-620-60280-9
　＊蒼空に聳える白鷺城。古建築が秘める美とロマンの起源―ひとつの建築で一巻にまとめた『魅惑の仏像』姉妹編。

城・城跡（中国地方）

◇出雲・隠岐の城館跡　島根県教育委員会編　島根県教育委員会　1998.3　328p　30cm　(島根県中近世城館跡分布調査報告書　第2集)
◇因幡若桜鬼ケ城　角田誠，谷本進編　城郭談話会　2000.3　233p　26cm
◇石見の城館跡　島根県教育委員会編　島根県教育委員会　1997.3　245p　30cm　(島根県中近世城館跡分布調査報告書　第1集)
◇岡山の城―歴史散歩　富阪晃著　山陽新聞社　1995.8　237p　19cm　1600円　④4-88197-545-5
◇岡山城―写真集　渡辺泰多著　渡辺泰多　1993.10　120p　31cm　4000円　④4-943947-98-0
◇岡山城　光岡てつま写真，加原耕作文　山陽新聞社　1994.11　95p　26cm　(山陽新聞サンブックス)　1500円　④4-88197-513-7
◇鬼ノ城と大廻り小廻り　村上幸雄，乗岡実著　吉備人出版　1999.2　164p　21cm　(吉備考古ライブラリィ 2)　1600円　④4-906577-23-7
　＊いつ、だれが、何のために築いたのか…。大和政権や朝鮮半島との関連は…文献に記されず、謎の多い2つの巨大な古代山城を、発掘に携わった著者がその全貌を解きほぐす。
◇吉備鬼ノ城　多賀左門著　日本古城友の会　1999.7　52p　22cm　(城と陣屋シリーズ第230号)
◇山陰の城　小学館　1981.4　327p　16cm　(探訪ブックス〈城〉 6)　950円
◇しまねの中世山城―歴史探訪ハイキングガイド　国立三瓶青年の家　1994.3　72p　30cm
◇写真紀行 日本の城 3　山陽道・山陰道　集英社　1988.5　155p　37cm　4800円　④4-08-596003-2
　＊白鷺の城姫路、烏の城岡山、鯉の城広島、千鳥の城松江など、美と歴史を誇る30城の四季を鮮烈なカメラアイが捉える。

◇城郭と城下町 6　山陰　小学館　1987.12　206p　21cm　1350円　Ⓟ4-09-569006-2
　＊高杉晋作ら幕末の志士たちの活躍見つめた萩城、山口城。鯉の泳ぐ城下町津和野。不昧公の粋を伝える松江城。山中鹿之介奮戦の地月山富田城など山陰の古き城と町を巡る。

◇城郭と城下町 7　山陽　小学館　1987.8　206p　21cm　1350円　Ⓟ4-09-569007-0
　＊白鷺の姿も華麗に、千姫伝説を残す姫路城。大石内蔵助が大望を秘めて後にした赤穂城。名君池田光政公の居城岡山城、毛利氏発祥の地吉田郡山城など山陽路に歴史を探る。

◇探訪ブックス　日本の城 7　山陽の城〔新装版〕　小学館　1989.7　327p　15cm　800円　Ⓟ4-09-401217-6
　＊データを満載した城郭ガイドの決定版！姫路城・岡山城・広島城・岩国城など全960城収録。城郭、城址めぐりに必携のハンドブック。歴史・ドラマ・構造・見どころ・城址一覧・所在地・交通・遺構・形式・地図・縄張図・現状写真・古写真・城絵図などを多数収録。

◇津山城　近田陽子写真、三好基之文、山陽新聞社出版局編　山陽新聞社　1997.11　95p　26cm　（山陽新聞サンブックス）　1714円　Ⓟ4-88197-639-7

◇津山城物語　日高一著　山陽新聞社　1987.7　157p　20cm　1500円　Ⓟ4-88197-239-1

◇日本名城紀行 5　山陽・山陰　小学館　1989.5　293p　15cm　600円　Ⓟ4-09-401205-2
　＊白鷺にたとえられる天下の名城姫路城、鳥の名で呼ばれる岡山城、鯉の城広島城、千鳥の異名をもつ松江城、さらに福山城、備中松山城など中国路には美しき天守が競い合う。また維新の志士たちを育んだ萩城、静かなたたずまいの城下町をもつ津和野城、秀吉の城攻めで知られる鳥取城などを南条範夫、藤原審爾、早乙女貢、奈良本辰也らの一流作家・史家がドラマチックに描く、城物語と紀行。

◇ひろしま城と古戦場　村上正名著　広学図書　1985.5　143p　15cm　（ひろしま文庫 6）　700円

◇備後の山城と戦国武士　田口義之著　葦陽文庫　1997.12　167p　21cm　（葦陽文庫 1）

◇備後福山城―近世城郭の掉尾を飾る城　吉田和隆著　吉田和隆　1998.3　110p　30cm　900円

◇備後福山城あれこれ　吉田和隆著　吉田和隆　1995.7　54p　26cm

◇備後福山城の研究　吉田和隆著　吉田和隆　1995.7　60p　21cm

◇復元大系日本の城 6　中国　北野隆〔ほか〕編　青山賢信〔ほか〕執筆　ぎょうせい　1992.3　174p　37cm　25000円　Ⓟ4-324-03194-0

◇伯耆の古城跡―他史跡 1　尾原隆男著　日本古城友の会　1995.5　18p　22cm　（城と陣屋シリーズ　209号）

◇伯耆の古城跡―他史跡 2　尾原隆男著　日本古城友の会　1995.7　12,22p　22cm　（城と陣屋シリーズ　210号）

◇伯耆米子城　佐々木謙著　改版　立花書院　2000.10　151p　19cm　1500円

◇松江城　河井忠親著　新装版　松江今井書店　1998.6　134p　19cm　1700円　Ⓟ4-89593-027-0
　＊山陰で唯一天守閣の残る松江城。関ケ原合戦後、出雲・隠岐二十四万石の大守として月山富田城に入った堀尾吉晴は、新時代へ向けて軍事・政治・経済・交通の要地を求めた。築城の過程から城下街の誕生まで、松江城のすべてを著した労作の新装版。

◇松江城物語　島田成矩著　山陰中央新報社　1985.3　218p　19cm　1000円　Ⓟ4-87903-001-5

◇松江城歴代藩主の菩提寺　内田兼四郎編著　内田兼四郎　1980.3　122p　21cm　（松江今昔シリーズ 4）

◇山城探訪―福山周辺の山城三〇選　備陽史探訪の会　1995.5　159p　21cm

城・城跡（四国地方）

◇阿波の華徳島城　徳島市立徳島城博物館編　徳島市立徳島城博物館　1999.10　66p　30cm

◇河後森城の発掘と歴史　矢野和泉著　八重垣書房　1997.6　360p　20cm　2095円

◇河後森城の発掘と歴史　矢野和泉著　改訂版　八重垣書房　1998.3　360p　20cm　2095円

◇高知城を歩く　岩崎義郎著　高知新聞社　2001.1　207p　19cm　1714円　Ⓟ4-87503-302-8

◇讃岐の古城址　安川満俊編　讃岐写真作家の会　1994.9　96p　27cm　（香川写真文庫 5）　1500円

◇讃岐の城跡　藤堂久行著　藤堂久行　1991.8　275p　21cm
◇四国の城と城下町―歴史発見の旅　井上宗和著　愛媛新聞社　1994.7　187p　30cm　3800円　ⓘ4-900248-20-7
◇城郭と城下町 8　四国　小学館　1988.3　206p　21cm　1350円　ⓘ4-09-569008-9
　＊山内一豊が妻とともに勝ちとった高知城。藤堂高虎が築き、伊達氏が伝えた宇和島城。子規、漱石も愛した松山城。海をのぞむ高松城、丸亀城など海の国四国の城めぐり。
◇勝瑞城ものがたり　多田巧著　教育出版センター　1983.12　79p　19cm　500円
◇城 7（四国）　黒潮寄せる南海の城　毎日新聞社　1997.1　159p　31cm　2800円　ⓘ4-620-60517-4
◇探訪ブックス 日本の城 8　四国の城　〔新装版〕　小学館　1989.11　327p　15cm　800円　ⓘ4-09-401218-4
◇徳島城下絵図―図録　徳島市立徳島城博物館編　徳島市立徳島城博物館　2000.3　62p　21×30cm
◇徳島城　徳島県立博物館　1998.3　54p　19cm　（徳島の自然と歴史ガイド　no.1）
◇徳島・城と町まちの歴史　河野幸夫著　聚海書林　1982.4　383p　20cm　3400円　ⓘ4-915521-09-5
◇日本名城紀行 6　四国・九州　小学館　1989.5　293p　15cm　600円　ⓘ4-09-401206-0
　＊南国の陽光を受けて立つ高知城、松山城、伊達氏の宇和島城、加藤清正が築き、西南戦争に炎上した熊本城、秀吉の果たせぬ夢の跡名護屋城、化け猫伝説を秘めた佐賀城、キリシタンの悲劇に沈む島原城・原城、荒城の月のふるさと岡城、琉球王朝の府首里城など、四国・九州にひろがる名城を大原富枝、杉森久英、戸川幸夫、豊田有恒、富士正晴らの一流作家がドラマチックに描く、城物語と紀行。
◇復元大系日本の城 7　南紀・四国　北野隆〔ほか〕編　岡本和之〔ほか〕執筆　ぎょうせい　1993.5　176p　37cm　25000円　ⓘ4-324-03195-9
◇変貌した阿波古城―阿波城跡写真集　鎌谷嘉喜著　多田印刷　2000.4　98p　26cm　2000円
◇松山城と道後温泉―渡部章正写真集　渡部章正編　愛媛文化双書刊行会　1983.12　210p　18cm　（愛媛文化双書　38）1500円

城・城跡（九州沖縄地方）

◇九州の城　小学館　1981.6　327p　16cm　（探訪ブックス〈城〉　9）　950円
◇薩摩の外城―島津藩の麓町を訪ねて　大川晶平著　日本古城友の会　2000.7（再版）40p　図版16p　22cm　（城と陣屋シリーズ234号）
◇城郭と城下町 10　南九州・沖縄　小学館　1984.3　206p　21cm　1200円　ⓘ4-09-569010-0
◇城郭と城下町 9　北九州　小学館　1988.2　206p　21cm　1350円　ⓘ4-09-569009-7
　＊天草四郎の奮戦を伝える島原城、原城。黒田如水の智恵に母里太兵衛の豪気が花を添える福岡城。海外交易の夢を残す平戸城、福江城など海をにらむ北九州の名城と城下町。
◇城 8　九州・沖縄―火燃ゆる強者どもの城　平井聖監修　毎日新聞社　1996.10　159p　30cm　2800円　ⓘ4-620-60518-2
　＊熱き英雄伝説九州・沖縄の名城に甦る。航空写真・古写真を含む豊富な写真に加えて、絵図面・復元図、そして人と城の大河ドラマ。史上最高の城シリーズ決定版。
◇高城の史蹟　山口祐造著　諫早高城会　1993.11　64p　27cm
◇高城の史跡散歩　山口祐造著　諫早高城会　1994.11　104p　19cm　1200円
◇探訪ブックス 日本の城 9　九州の城　〔新装版〕　小学館　1989.9　327p　15cm　800円　ⓘ4-09-401219-2
　＊データを満載した城郭ガイドの決定版。熊本城・福岡城・島原城・首里城など全1450城を収録。
◇日本城郭大系 17　長崎・佐賀　外山幹夫編、高島忠平編　新人物往来社　1980.11　355p　27cm　6800円
◇肥後古城物語　荒木栄司著　熊本日日新聞社　1982.5　233p　19cm　（熊日選書　10）1500円
◇福岡古城探訪　広崎篤夫著　海鳥社　1997.4　236p　19cm　1800円　ⓘ4-87415-179-5
　＊精緻な縄張図と現地案内図を付した待望の城址ガイド。苔むした石塁、樹海の中の濠跡、屹立する巨岩の城門跡…。繰り広げられた戦いと、強者たちの野望と挫折の舞台、福岡県の古城47カ所を初めて徹底紹介する。

◇福岡県の城　広崎篤夫著　海鳥社　1995.4　406,51p　21cm　3200円　①4-87415-100-0
＊福岡県各地に残る古代・中世の城址を、40年に及ぶ文献渉猟と現地踏査をもとに紹介する。310カ所を解説、縄張図130点・写真220点を掲載。「福岡県城址一覧」では800余カ所を総覧。城郭ファン待望の書。
◇復元大系日本の城 8　九州・沖縄　北野隆〔ほか〕編　北野隆〔ほか〕執筆　ぎょうせい　1992.9　175p　37cm　25000円　①4-324-03196-7
◇我が巡礼—島原 原城への旅　藤本栄之助著　鉱脈社　2001.2　267p　19cm　2000円　①4-906008-70-4
＊ひとはなぜ巡礼の旅に出るのか？人間の尊厳と誇りを支える力とは？延岡から島原「原城」へとヨーロッパ精神史のドラマを重ねつつたどる、自己省察の旅。それはまた、この国が失った精神性の高さ回復の旅ともなっている。

熊本城

熊本県　　江戸時代　　指定：特別史跡「熊本城跡」
　　　　＊　　　　＊　　　　＊

◇熊本城　藤岡通夫著　中央公論美術出版　1976　38p 図　19cm　（美術文化シリーズ）400円
◇熊本城　北野隆著　至文堂　1993.4　304p　37×27cm　（城郭・侍屋敷古図集成）52000円　①4-7843-0123-2
◇熊本城　熊本日日新聞社　1997.9　59p　30cm　（フォト・レポート　1）　1200円　①4-87755-010-2
◇熊本城—偉容誇る大小の天守・石垣　学習研究社　2000.5　143p　27cm　（歴史群像名城シリーズ）2300円　①4-05-401198-5
＊清正石垣・清正土居と呼ばれる石垣積みの華麗なる様相地形の要衝を占めた縄張り天下の築城名人が築いた天下の名城のすべて。
◇熊本城とその周辺　日本城郭協会編　日本城郭協会出版部　1961　97p　22cm
◇天守閣再建記念 熊本城今昔記　下田曲水編　熊本市役所観光課　1963　141p 図版　22cm　（史蹟の熊本 第9集）

城・城跡（世界）

◇最新研究日本の城世界の城　千田嘉博編　新人物往来社　1999.4　206p　26cm　（別冊歴史読本　16）2800円　①4-404-02716-8
◇城　フィリップ・ウィルキンソン著，長谷川堯監修　紀伊国屋書店　1998.4　127p　13cm　（ポケットペディア）951円　①4-314-00805-9
＊ヨーロッパ各地の城から中東、日本の城まで、世界の城への道案内。城のなかのさまざまな構造から城を守る兵士・騎士の防具、城にすむ女性や子どもたちの日常生活、調理場にいたるまで、楽しい情報が満載。
◇世界の古城をたずねて　井上宗和著　朝日新聞社　1986.7　228p　22cm　2200円　①4-02-255574-2
◇世界の城　井上宗和著　朝日新聞社　1969　図版92枚 解説94p　27cm　1600円
◇世界の城　北海道新聞社編　北海道新聞社　1976　253p　31cm　6000円
◇世界の城　北海道新聞社編　北海道新聞社　1977.12　253p　26cm　2200円

城・城跡（アジア）

◇中国古代の城—中国に古代城址を訪ねて　五井直弘著　研文出版　1983.9　253p　20cm　（研文選書　17）1900円
◇トプカプ宮殿の光と影　N.M.ペンザー著，岩永博訳　法政大学出版局　1992.1　410,29p　19cm　（りぶらりあ選書）3914円　①4-588-02130-3
＊シルクロードの西の終着駅イスタンブルに、今もなお往時の美をとどめるトプカプ宮殿。15世紀中葉から5世紀間にわたって、オスマン帝国のスルタンの居城であったこの宮殿の、構造や美術的特色を考察するとともに、謎に包まれた組織・制度の実態を、ハレムにおけるスルタン妃や側室の演じた政治的役割、女官や宦官の機能を軸に描き出す。去勢の方法や女性の衣裳、入浴の作法等にもおよぶ興味つきない宮廷の社会学・民俗学。
◇バタヴィア城日誌 1　村上直次郎訳註，中村孝志校注　平凡社　1970　350p 図版　18cm　（東洋文庫　170）550円

◇バタヴィア城日誌 2　村上直次郎訳注，中村孝志校注　平凡社　1972　424p 図　18cm（東洋文庫 205）
◇バタヴィア城日誌 3　村上直次郎訳注，中村孝志校注　平凡社　1975　442,46p 図　18cm（東洋文庫 271）　1200円

紫禁城

中国　15世紀　関連人物：永楽帝

＊　　　＊　　　＊

◇NHKスペシャル 故宮 ― 至宝が語る中華五千年 3　陳舜臣，中野美代子，NHK取材班著　日本放送出版協会　1997.3　351p　21cm　1942円　④4-14-080263-4
＊故宮の至宝を案内役に中華五千年の歴史の全貌を描くNHKスペシャル『故宮』の出版化第3弾。
◇NHKスペシャル 故宮 ― 至宝が語る中華五千年 4　陳舜臣，竹内実，NHK取材班著　日本放送出版協会　1997.6　337p　21cm　1942円　④4-14-080264-2
◇故宮・ガイド ― 中国五千年の美の殿堂　謝新発著　勁草書房　1988.8　388p　21×16cm　2400円　④4-326-00003-1
＊世界に冠たる美の殿堂、それは故宮博物院である。70万点を越す世界的な文化遺産を収める。本書は、故宮博物院が所蔵する文物を詳細に解説した。故宮見学のガイド、読物として万人必読の書。
◇故宮案内　繭山康彦著　平凡社　1980.3　144p　18cm　（平凡社カラー新書）　550円
◇故宮博物院 13　玉器　樋口隆康監修，日本放送出版協会編　日本放送出版協会　1999.2　89p　32×24cm　2600円　④4-14-080291-X
＊美と強靱さゆえに尊ばれてきた「玉（ぎょく）」。礼器として造形された新石器時代から、清朝の驚異の工芸美に至る、中国玉器の七千年。
◇故宮博物院 6　宋・元の陶磁　長谷部楽爾監修，弓場紀知，日本放送出版協会編，故宮博物院，NHKスペシャル「故宮」プロジェクト協力　日本放送出版協会　1997.10　89p　32×24cm　2600円　④4-14-080284-7
＊定窯。汝窯。さらに竜泉窯、景徳鎮。故宮伝世の至宝、青磁・白磁・青花の名品を通して中国陶磁史上の黄金時代をたどる。
◇故宮博物院 第5巻　清の絵画　小川裕充監修，宮崎法子構成・執筆　日本放送出版協会　1999.3　89p　32×24cm　2600円　④4-14-080283-9
＊王原祁ら文人正統派、石濤らの個性派、華喦ら揚州八怪、そしてイタリア人宮廷画家・郎世寧と…。故宮の名品でたどる百花繚乱の清代中国絵画のゆくえ。
◇故宮博物院物語　古屋奎二著　新訂版　二玄社　1992.11　270p　19cm　2000円　④4-544-01138-8
◇紫禁城宮殿　于倬雲編，田中淡，末房由美子訳　講談社　1984.2　331p　37cm　35000円　④4-06-200370-8
◇紫禁城の黄昏　レジナルド・フレミング・ジョンストン著，入江曜子，春名徹訳　岩波書店　1989.2　507p　15cm　（岩波文庫）　700円　④4-00-334481-2
＊イギリスの有能な官僚にして中国文化を高く評価する学者であったジョンストン（1874―1938）は、1919年清朝最後の皇帝宣統帝溥儀の家庭教師として紫禁城に迎えられ5年余りそこで暮した。宦官に支配される「小宮廷」の実態をつぶさに書きとめたこのインサイド・ストーリーは、清朝末から「満州国」にかけての中国理解に欠かせない1冊。図版多数。
◇週刊地球旅行 no.10　北京・紫禁城と万里の長城 ― 中国　講談社　1998.5　34p　30cm　533円
◇週刊ユネスコ世界遺産 no.34　故宮/万里の長城 ― 中国　講談社　2001.7　34p　30cm　533円
◇ふたつの故宮 上　天裂け、中原燃ゆ 朕は皇帝なり　日本放送出版協会　1999.3　360p　21cm　2900円　④4-14-080430-0
＊疾風の如く、怒涛の如く、流転の秘法に中華を見た渾身の歴史ドキュメント。
◇ふたつの故宮 下　鳥集雲散、夷狄来り去る 流転の皇帝コレクション　後藤多聞著　日本放送出版協会　1999.5　423p　21cm　2500円　④4-14-080431-9

城・城跡（ヨーロッパ）

◇イギリスの古城を旅する　西野博道著　双葉社　2000.8　345p　15cm　（双葉文庫）　590円　④4-575-71159-4
＊これまでイギリスの城の本が不思議になかった。イングランド、ウェールズ、スコットランドの古城にのめりこんだ著者が、気ままに列車とバスでめぐった歴史紀行。ヴェールにつつまれた古城の向こうに「女王陛下の国」のもうひとつの物語が見えてくる。

城と城下町　　　　　　　　　　　　　　　　　　　　　　　　　　　城・城跡

◇イギリスの古城　太田静六著　吉川弘文館　1986.7　128p　26cm（世界の城郭）4800円　Ⓓ4-642-07242-X
　＊本書は建築史の権威である著者が、自らイギリス全土をくまなく踏査し、撮影した写真とともに、古代から近世に至る城郭の変遷を組織的に述べ、かつ各城ごとに本格的な解説を附したものである。特に古城の宝庫ウェールズや、外国人の立ち入り困難な北アイルランドの古城の紹介は圧巻である。

◇イギリスの古城を旅する　西野博道著　双葉社　1995.5　271p　19cm　1600円　Ⓓ4-575-28455-6
　＊イングランド、ウェールズ、スコットランドの古城にのめりこんだ著者が、気ままに列車でバスでめぐった歴史紀行。

◇クラクフ—バベル城・旧市街・カジミェシ地区　ポドレツキ・ヤヌシの写真100選　ポドレツキ・ヤヌシ〔写真〕　Wydawnictwo "Karpaty"-Andrzej Laczynski　1997　1冊（ページ付なし）30cm　Ⓓ83-85204-41-5

◇古城の国ポルトガルの人びと　いまむらよしお著　光村印刷　1995.3　1冊　26×26cm　8000円　Ⓓ4-89615-833-4

◇週刊地球旅行　no.35　ロワールの古城と古都ナント—フランス　講談社　1998.11　34p　30cm　533円

◇新・粋な大人のヨーロッパ—音楽とワインと古城の旅　藤本良一著　昭文社　2001.6　221p　21cm（個人旅行紀行）1600円　Ⓓ4-398-21110-1
　＊クラシック、オペラ、ワイン、古城ホテル…ワンランク上の旅を楽しむ一冊。ヨーロッパ大好き人間がおくる"大人"のための旅案内。

◇スイスの城とワインの旅物語　井上宗和著　グラフィック社　1989.3　142p　30cm　2900円　Ⓓ4-7661-0518-4
　＊城とワインの研究家で知られる著者が、2年余の歳月をかけて取材したスイスの古城とワイン・シャトー90余を、あますところなく美しいカラー写真で公開。

◇スペインの城とワインの旅物語　井上宗和著　グラフィック社　1990.3　141p　30cm　2990円　Ⓓ4-7661-0563-X

◇中世への旅騎士と城　ハインリヒ・プレティヒャ著，平尾浩三訳　白水社　1982.5　252p　20cm　1700円

◇ドイツ・北欧・東欧の古城　太田静六著　吉川弘文館　1992.12　173p　26cm（世界の城郭）5700円　Ⓓ4-642-07411-2
　＊本書は、ドイツ・イタリアをはじめ、今まであまり紹介されることのなかった北欧・東欧など17カ国の古城を、建築史家である著者の手による豊富な写真に、解説を付して紹介する。城壁都市や水城に加え、司教城郭にもふれたヨーロッパ城郭の集大成。

◇プラハ城—歴史と遺産　カール・シュヴァルツェンブルク，イヴォ・フロビル，ラジスラフ・ケスネル，イヴァン・ムフカ，トマーシュ・ヴルチック文，ミロスラフ・フチェク，バルバラ・フツコヴァー写真，エミル・M.ビューラーデザイン　恒文社　1995.9　271p　33×26cm　12000円　Ⓓ4-7704-0828-5
　＊著名なチェコの美術史家の執筆と多数の美しいカラー写真、歴史的絵画、地図で構成される本書は、プラハ城とその重要な美術コレクションに関して初めて幅広く、詳細に解説したものである。

◇フランス　城とワイン　井上宗和著　三修社　1983.3　229p　15cm　380円　Ⓓ4-384-06928-6

◇フランスの城と街道—中世ロマンの残り香を訪ねて　紅山雪夫著　森谷トラベル・エンタプライズ　1983.3　149p　18cm（トラベルジャーナル新書）700円　Ⓓ4-89559-134-4

◇フランスの城と街道　紅山雪夫著　トラベルジャーナル　1994.4　334p　19cm　1800円　Ⓓ4-89559-309-6

◇フランスの城とワインの旅物語　井上宗和著　グラフィック社　1993.2　135p　30cm　2990円　Ⓓ4-7661-0735-7

◇フランスの古いお城　ジャン・フランソワ・バルビエ画，ジャン・ジャック・ブリズバール文，松崎文則訳（新潟）西村書店　1989.9　1冊　27×24cm（フランスのくらしとあゆみ）1442円　Ⓓ4-89013-821-8

◇フランス　ロワール古城めぐり—絢爛たるロマンと追憶に心解き放たれる　宮本唯志写真，海野弘文　講談社　1996.4　119p　21cm（講談社カルチャーブックス）1500円　Ⓓ4-06-198114-5
　＊コース別、わかりやすい3つのゾーンで、徹底旅情報。今、人気のロワールが全てわかる。城・河・アート・食・自然を完全ガイド。

◇ポルトガルの古城を訪ねて　いまむらよしお著　光陽出版社　1992.5　1冊（頁付なし）26×26cm　8000円　Ⓓ4-87662-083-0

351

城・城跡　　　　　　　　　　　　　　　　　　　　　　　　　　城と城下町

◇ヨーロッパ古城の旅　井上宗和著　みき書房　1994.8　151p　24×19cm　2800円　①4-89521-274-2
　＊ヨーロッパ全土にある多くの城の中から73の名城を厳選。自らの旅の紀行文に託して城の歴史、見どころを280点余の美しいカラー写真で紹介。ヨーロッパを旅する人のガイドブックとして、城のもつロマンを誌上体験したい人への必読書。

◇ヨーロッパ古城巡りの本　近畿日本ツーリスト　1993.1　224p　26cm　（旅のガイドムック　31）　1980円　①4-87638-236-0

◇ヨーロッパ宮殿物語　井上宗和著　縮刷　グラフィック社　1997.12　142p　24cm　（写真紀行）　1800円　①4-7661-1005-6
　＊西欧14カ国の宮殿にまつわる悲喜こもごものロマンスとエピソードを洒脱な文章で綴る。

◇ヨーロッパ古城ガイド　1　井上宗和著　グラフィック社　1998.5　154p　25cm　2500円　①4-7661-1056-0
　＊戦いのために築いた城塞、集落を防備した城郭都市、歴代の王が住居・政庁とした王宮（宮殿・王城）、貴族や豪族が構えた城館などなど、ヨーロッパ各国に残る古城の数々を実際に現地へ訪ねて来た著者でなくては語れない『ヨーロッパ古城ガイド』。写真と案内図によって古城をとらえ、交通のアクセス、城の歴史と概要、見学のポイント等を紹介する。本書には、フランス、スペイン、ポルトガル、イタリア、ギリシア、トルコ、デンマーク、スウェーデン、ノルウェー、ロシア共和国、ポーランド、チェコ共和国、ハンガリー、ユーゴスラヴィア、ルーマニア、ブルガリアの国々から、その代表的な約120の古城を納めた。

◇ヨーロッパ古城物語　井上宗和著　縮刷　グラフィック社　1997.8　142p　24cm　（写真紀行）　1800円　①4-7661-0991-0

◇ヨーロッパの古城　勝井規和著, 勝井悦子文　クレオ　1997.12　142p　31cm　3800円　①4-87736-021-2

◇ヨーロッパの古城をめぐる旅　武田正彦写真　小学館　1999.7　127p　21cm　（Shotor travel）　1500円　①4-09-343161-2
　＊古城に泊まってワインに酔う。美食を堪能し、秘められた歴史物語に夢を馳せる…。日本ではあまり知られていない名城を多数収録。ありきたりの旅では物足りないあなたへ。

◇ヨーロッパの旅城と城壁都市　紅山雪夫著　創元社　1998.7　262p　19cm　1800円　①4-422-24085-4
　＊戦いの城、優雅な城館、市民を守る城壁都市、中世の街並み—知識は旅を3倍楽しくする。旅のベテランが見どころをやさしく解説。目からウロコの「城ものがたり」。

◇ヨーロッパ古城・寺院の旅　田村秀夫著　三修社　1984.6　220p　19cm　（コロン・ブックス）　1000円　①4-384-06427-6

◇ヨーロッパ・古城の旅　井上宗和著　角川書店　1984.1　280p　15cm　（角川文庫）　380円　①4-04-156001-2

◇ヨーロッパ古城物語　井上宗和著　グラフィック社　1984.6　142p　30cm　2900円　①4-7661-0309-2

◇ヨーロッパの宮殿　太田静六著　理工図書　1999.2　170,145p　26cm　6500円　①4-8446-0620-4
　＊本書は全ヨーロッパを自ら調査した上で、その中から必要な宮殿ないし邸館を選んで紹介したばかりでなく、掲載した全写真も建築様式史の専門家である著者が自ら急所をつかんで撮影したもので、その数も270余枚と大変多い。また著者は世界の建築様式の専門家なので、解説も建築上の特徴を充分に説明している。また本書の編集は、一般の人は写真だけをみても楽しめるように、専門家は本文と対照すれば学問的にも役立つようにと心がけている。

◇ヨーロッパの古城—城郭の発達とフランスの城　太田静六著　吉川弘文館　1989.3　136,172p　26cm　（世界の城郭）　4800円　①4-642-07243-8
　＊建築史家である著者自らが、各地をめぐり集めた豊富な写真と資料を基に、ヨーロッパの古城のもつ魅力を十二分に紹介する。前編では城郭の発祥地古代エジプトをはじめ、オリエント諸国、ギリシア、ローマ帝国に至る発達の歴史をわかりやすく概説し、後編ではヨーロッパの中心、フランスの古城を取り上げる。〈世界の城郭〉シリーズの第二冊。

◇ライン河物語—花と古城と伝説の旅　三輪晃久著　グラフィック社　1987.6　142p　30cm　2900円　①4-7661-0429-3

◇ロアールの城　ジャック・デュラン文, パトリス・フロリ画, 末松氷海子訳　（新潟）西村書店　1986.11　1冊　27×25cm　（フランスのくらしとあゆみ）　1400円　①4-89013-074-8
　＊緑の森の広がる「フランスの庭」ロアール渓谷。ここに散在するシャトー群の中でひときわ美しくそびえたつシャンボー

ル城。フランソワ1世がその情熱と権力をかたむけてつくらせたこの城の華麗な装飾と王や貴族たちの宮廷生活を再現します。フランスの第一線で活躍するイラストレータが、フランスを代表する建造物の歴史を、そこに生きた人々のくらしぶりとともに生き生きと描きます。
◇ロワール河畔古城めぐり　中村総一郎著　京都書院　1998.5　256p　15cm　(京都書院アーツコレクション　111 旅行 12)　1000円　ⓘ4-7636-1611-0

城・城跡(ドイツ)

◇週刊地球旅行 no.26　ノイシュヴァンシュタイン城とミュンヘン―ドイツ　講談社 1998.9　33p　30cm　533円
◇城郭ガイドブック　Fotoverlag Huber　1997　1冊(ページ付なし)　21cm　ⓘ3-930705-48-6
◇ドイツ・古城街道旅物語　沖島博美文、一志敦子絵　東京書籍　1997.7　158p　21cm　1600円　ⓘ4-487-79286-X
＊現代の知られざる貴族たちの暮らし―ロマンあふれる古城ホテルの数々―メルヒェンにも語られない恋の行方と悲しい幽霊たち―。もっともドイツらしい風景あこがれの古城街道のエピソードと情報がこの一冊に。
◇ドイツ古城街道物語　若月伸一著　縮刷　グラフィック社　1997.12　142p　24cm　(写真紀行)　1800円　ⓘ4-7661-1007-2
＊ドイツで最も多く古城が点在している古城街道。メルヘンチックな古城や街並みなどを交えて紹介。
◇ドイツ~チェコ古城街道　阿部謹也、若月伸一、沖島博美著　新潮社　1997.9　119p　22cm　(とんぼの本)　1500円　ⓘ4-10-602061-0
＊南ドイツを横断してチェコのプラハまで、ヨーロッパを代表する観光ルート・古城街道が全長約一千キロに延長された。武骨な中世の城砦から華やかな宮殿まで、"古城密度"ナンバーワンの街道を、古城に伝わる悲喜こもごもの伝説や沿道の祭り、風物などをたどり、古城を改装したホテルに泊まりながら、歴史の旅をとことん楽しむための一冊。
◇ドイツの城と街道　紅山雪夫著　新版　トラベルジャーナル　1994.8　274p　19cm　(TRAJAL books)　1800円　ⓘ4-89559-310-X

◇ドイツ古城街道物語　橘川真著　グラフィック社　1989.4　142p　30cm　2990円　ⓘ4-7661-0521-4
◇ドイツ城とワイン　井上宗和著　三修社　1983.3　231p　15cm　ⓘ4-384-06927-8
◇ドイツの古城とロマンティック・ホテル　改訂第2版　ダイヤモンド・ビッグ社,ダイヤモンド社発売　1995.12　142p　21×14cm　(地球の歩き方　504)　1680円　ⓘ4-478-03121-5
◇ドイツの古城ホテルとレストラン　地球の歩き方編集室編　ダイヤモンド・ビッグ社,ダイヤモンド社発売　1992.6　186p　21×24cm　(地球の歩き方　504)　1480円　ⓘ4-478-03120-7
◇ドイツの古都と古城　魚住昌良著　山川出版社　1991.6　241,10p　19cm　2300円　ⓘ4-634-64120-8
＊中世の面影を今に残すドイツの古都、静かなたたずまいの中にありし日の歴史を語る古城―。ドイツ中世史家が歴史と文化に興味をもって旅する人におくる古都と古城の歴史散歩。
◇ドイツの城と街道　紅山雪夫著　トラベルジャーナル　1993.3　274p　19cm　(TRAJAL Books)　1500円　ⓘ4-89559-276-6
＊ルートヴィヒ2世の夢の跡―新白鳥城。生きている絵本のような町―ミッテンヴァルト。ゲーテの見た皇帝戴冠式―フランクフルト。青春の大学町―ハイデルベルク。読んで旅するドイツ歴史・文化紀行。
◇ドイツの城とワインの旅物語　井上宗和著　グラフィック社　1993.7　135p　30cm　2990円　ⓘ4-7661-0746-2
◇ライン河の古城　鈴木亨著、勝井恵和写真　鷹書房　1982.5　82p 図版32枚　22cm　1800円
◇ルートヴィヒ2世の世界―オーバーバイエルンとシュワーベンにある城と王宮　ペーター・O.クリュックマン著、竹内智子訳　ミュージアム図書　2001.9　62p　30×23cm　(バイエルンの城・庭園・湖シリーズ)　2000円　ⓘ4-944113-49-8
＊ルートヴィヒ2世の遺産に関するこの大判写真ガイドブックは、ドイツにある史跡管理の最大の権威、バイエルン州立城址管理局と協力して編集されたものであり、ケンプテンからケーニヒスゼーにいたるアルプス山麓地域でも最も美しく興味深い場所を、素晴らしいカラー写真とともに紹介している。本書は、ルートヴィヒ2世の実現した夢、あるいは果たされな

かった夢について語るものであり、有益でかつ興味深い。各史跡の詳細な地図および一般情報は、カバー内側の折り返し部分に記載されている。

ヴェルサイユ宮殿

フランス　17世紀　指定：世界遺産「ヴェルサイユ宮殿と庭園」

＊　　＊　　＊

◇ヴェルサイユ宮殿・ロワールの古城物語　勝井規和写真，鈴木亨文　グラフィック社　1987.12　127p　30cm　2900円　④4-7661-0455-2
　＊本書はフランス中世からルネッサンスにかけての華々しい時代の宮廷文化、建築、フランス庭園、王侯貴族の生活などをヴェルサイユ宮殿とロワール河の古城を追うことによってまとめたものである。
◇週刊地球旅行 no.23　ヴェルサイユ宮殿とイル・ド・フランスの旅──フランス　講談社　1998.9　33p　30cm　533円
◇週刊ユネスコ世界遺産 no.13　ヴェルサイユ宮殿と庭園──フランス　講談社　2001.1　34p　30cm　533円

アルハンブラ宮殿

スペイン　13～14世紀　指定：世界遺産「グラナダのアルハンブラ、ヘネラリーフェとアルバイシン」

＊　　＊　　＊

◇週刊地球旅行 no.24　アルハンブラ宮殿とアンダルシア──スペイン　講談社　1998.9　33p　30cm　533円
◇週刊ユネスコ世界遺産 no.10　グラナダのアルハンブラ宮殿──スペイン　講談社　2000.12　34p　30cm　533円
◇新アルハンブラ物語　安引宏，佐伯泰英著　新潮社　1991.9　119p　22×17cm　（とんぼの本）　1400円　④4-10-601997-3
　＊アルハンブラ宮殿…、それは人類が創造したもっともロマンティックな建物のひとつである。スペイン南部、アンダルシア地方のグラナダに、13世紀から15世紀にかけてここを統治していたイスラム教徒が建てたこの宮殿は、至る所に甘美なアラベスク文様と噴水をあしらって、アラビアン・ナイトの逸楽の世界を今も彷彿とさせてくれる。ワシントン・アーヴィングの「アルハンブラ物語」を手びきに、伝説に満ちたこの美しい宮殿を散策しよう。

城下町（日本）

◇城下町の古い街並みを歩く　実業之日本社　1999.7　175p　21cm　（ブルーガイド）　1800円　④4-408-00075-2
　＊12古都の路地散策45コース。
◇城下町探訪 1　藤島亥治郎著　千人社　1982.4　222p　20cm　（歴史選書　1）　1300円　④4-87574-301-7
◇城下町探訪 2　藤島亥治郎著　千人社　1981.4　222p　20cm　（歴史選書　6）　1300円　④4-87574-302-5
◇城下町の旅　奈良本辰也等著　芸艸堂　1973　285p 図　22cm　1500円
◇城と城下町　石井進，千田嘉博監修　山川出版社　1999.7　123,15p　21cm　（文化財探訪クラブ　6）　1600円　④4-634-22260-4
　＊旅立つ心が知識を求めて…。歴史を探る、文化財を訪ねる。
◇城と城下町100選──地図で歩く　平凡社　2001.7　159p　22cm　2000円　④4-582-82963-5
　＊たくさんの美しい城の写真と、大きく読みとりやすい文字、わかりやすい散歩コースの入った詳細な地図で綴るガイド。江戸時代後期のすべての城が載る全国城マップ付き。全国の代表的な城と城下町を100カ所掲載。城と城下町の歴史散歩に必携。
◇城と城下町の旅情──城下町を訪ねるガイドブック　井上宗和著・撮影　日地出版　1996.1　176p　26cm　（日本の旅）　2200円　④4-527-00579-0
◇なつかしい城下町　駒敏郎著　保育社　1981.3　151p　15cm　（カラーブックス　528）　500円
◇奈良本辰也自選歴史を往く 4　城下町を往く　奈良本辰也著　学習研究社　1977.10　318p 図　20cm　1300円
◇日本城下町一〇〇選　西ケ谷恭弘著，後藤美恵子著　4版　秋田書店　1980.7　273p　19cm　1200円
◇日本の城と城下町　新谷洋二著　同成社　1991.10　210p　21cm　4500円　④4-88621-092-9

*都市工学の権威であり、城研究家として知られる著者が、こよなく愛する日本の城について、知るところのエッセンスを、豊富なカラー写真とともに、情熱をこめて語る。

城下町（北海道・東北地方）

◇城郭と城下町 1　北海道・東北　小学館　1987.8　206p　21cm　1350円　ⓘ4-09-569001-1
＊戦国の風雲児、独眼龍伊達政宗の夢を追って米沢、岩出山、仙台に。鶴ヶ城に涙し、壮烈な死をとげた白虎隊、そして二本松少年隊の悲劇に思いを馳せ、みちのくの古城を訪ねる。

◇城下町古地図散歩 8　仙台/東北・北海道の城下町　平凡社　1998.4　168p　29cm　（太陽コレクション）　2800円　ⓘ4-582-94296-2

◇城下町盛岡遺聞　太田俊穂著　大和書房　1982.9　224p　20cm　1300円

◇城下町山形　武田好吉著　誌趣会　1986.8　52p　19cm　（ふるさと山形　2）

◇南部八戸の城下町—むかしのはちのへを偲んで　髙島成侑、三浦忠司著　伊吉書院　1983.10　340p　19cm　1800円

◇日本城下町絵図集 東北篇　渡辺信夫編集　昭和礼文社　1980.6　1冊　42cm　33500円

◇マイク探訪城下町—NHKリレーニュース　新井勝著　よねざわ豆本の会　1981.10　62p　9×9cm　（よねざわ豆本　第37輯）

城下町（関東地方）

◇イラストマップで歩く房総の城下町45　さいとうはるき著　崙書房出版　1996.7　188p　18cm　1500円　ⓘ4-8455-1030-8

◇関東周辺城下町・門前町を歩く　旅行読売出版社　1998.7　122p　26cm　（旅行読売mook 116）　857円　ⓘ4-89752-081-9

◇城郭と城下町 2　関東　小学館　1987.11　206p　21cm　1350円　ⓘ4-09-569002-X
＊智将太田道灌の炯眼的中し、江戸は天下の府城となった。後北条氏五代が夢を散らした小田原城、水戸光圀公の治績伝える水戸城など、関東の覇城に天下計略の刻を知る。

◇城下町古地図散歩 9　江戸・関東の城下町　平凡社　1998.10　167p　29cm　（太陽コレクション）　2800円　ⓘ4-582-94319-5

◇城下町東京—江戸と東京との対話　正井泰夫著　原書房　1987.5　217p　21cm　2000円　ⓘ4-562-01862-3
＊地図と景観写真という、街の実態を知るのに最も有効なメディアを通して、雑居都市東京の成り立ちと骨組みをわかりやすく説く。特別付録・大江戸新地図—幕末の江戸のようすが、ひと目でわかる！—をもとに、とかく下町情緒でとらえがちな江戸～東京を、山手・台地地形からもとらえなおす、広い視野からの恰好の東京論！

◇栃木と近県名城と城下町の旅　下野新聞社編　下野新聞社　1997.9　175p　21cm　1600円　ⓘ4-88286-080-5

◇日本城下町絵図集 関東・甲信越篇　村井益男編集　昭和礼文社　1981.6　1冊　42cm　33500円

◇房総城下町絵本　さいとうはるき著　崙書房出版　1995.9　217p　21cm　2800円　ⓘ4-8455-1019-7
＊楽しいイラストとマップ。一緒にふるさとの城下町探訪の旅へ。気鋭のイラストレーターが案内する房総の城下45ケ所。どこからでもスタートできる。江戸・大名ものしり話16話。

城下町（中部・東海地方）

◇上田城下町歴史地名大鑑　滝沢主税編　長野地名研究所　1988.3　161p　38cm　15000円

◇小諸藩歴史散歩—高原の城下町　飯塚道重著　櫟　1998.4　222p　21cm　1500円　ⓘ4-900408-73-5

◇城郭と城下町 3　東海　小学館　1987.9　206p　30cm　1350円　ⓘ4-09-569003-8
＊信長が天下布武の野望を蓄えた清洲城、岐阜城。家康が忍の心を養った岡崎城、浜松城、駿府城。風雲児藤堂高虎の伊賀上野城など東海の名城に戦国天下取りへの道程を知る。

◇城下町古地図散歩 2　名古屋・東海の城下町　平凡社　1995.11　167p　29cm　（太陽コレクション）　2800円

◇城下町・松代　長野市教育委員会松代藩文化施設管理事務所　1999.10　94p　21cm

◇城下町岩手の文化 2部　郷賢遺墨編　柏正憲編　柏正憲　1981.10　41p　26cm

◇城下町今昔—わが「まち」松本　池田六之助著　三修社　1999.11　372p　21cm　2800

円　①4-384-01110-5
＊変貌する城下町松本、が、ここにゃ今も「まち」のぬくもりがあるずら。呉服屋三代目池田六之助。生まれ育った信州松本市の風俗・歴史から市制まで、思いのままに綴った。

◇城のあるマチの原風景―「松本学」事始め　上条宏之著　竜鳳書房　1998.6　101p　21cm　(竜鳳ブックレット)　1200円　①4-947697-09-1
◇すばらしい松本―歴史と文化・歩いて再発見　笹本正治著, 興膳禎嘉写真　信濃毎日新聞社　2001.2　143p　21cm　1600円　①4-7840-9884-4
＊思いがけない宝物・景観、豊かな文化にびっくりします。松本がどんなところか歴史と文化の薫りを写真にのせて再発見の旅へ。
◇駿河国田中城絵図　藤枝市郷土博物館　1987.11　図版1枚　80×98cm
◇駿府の城下町　若尾俊平ほか著　静岡新聞社　1983.12　381p　20cm　1600円　①4-7838-1024-9
◇地域からの目―城下町西尾　礒貝逸夫著　三河新報社　1984.5　258p　19cm　1500円
◇松阪　城と城下町―天守閣建設をめぐって　久松倫生著　光陽出版社　1994.10　62p　21cm　1000円　①4-87662-135-7

城下町（北陸地方）

◇北の城下町・金沢―金沢今むかし　田中喜男編, 谷内広撮影　文一総合出版　1980.5　190p　22cm　2000円
◇城郭と城下町 4　北陸・甲信越　小学館　1988.1　206p　21cm　1350円　①4-09-569004-6
＊鵬ケ崎館と春日山城を出て、信玄と謙信が死闘を繰り返した、川中島の要地海津城。国宝の天守伝える松本城、百万石の栄華を誇った金沢城など、北国の険城に歴史を探る。
◇城下町金沢　北国新聞社出版局編　北国新聞社　1993.12　140p　19cm　1800円　①4-8330-0821-1
◇城下町ぶらりスケッチ―私の都市美探訪　櫛比清著　能登印刷出版部　1982.11　186p　20×21cm　2000円

城下町（近畿地方）

◇城下町いずし　出石町　1984　1冊　20×21cm
◇城下町和歌山百話　三尾功著, 和歌山市史編纂室編　和歌山市　1985.9　278p　19cm
◇但馬の城と城下町―地図をみて歩いて探す城下町　出石城/豊岡城/八木城/竹田城/村岡陣屋を探る　谷本進著, 山田宗之編　但馬考古学研究所　1994.4　171p　26cm　1500円
◇日本の城下町 7　近畿 1　ぎょうせい　1981.4　181p　27cm　2800円
◇ひょうご花の城下町を歩く　高松幸子編著　神戸新聞総合出版センター　2001.4　143p　21cm　1800円　①4-343-00110-5
◇和歌山城下まちしるべ　和歌山市教育委員会編　和歌山市教育委員会　1987.3　57p　15×21cm

城下町（中国地方）

◇山陰の城下町　内藤正中編　山陰中央新報社　1983.4　283p　18cm　(山陰中央新報ふるさと文庫　12)　1300円
◇城郭と城下町 6　山陰　小学館　1987.12　206p　21cm　1350円　①4-09-569006-2
＊高杉晋作ら幕末の志士たちの活躍見つめた萩城、山口城。鯉の泳ぐ城下町津和野。不昧公の粋を伝える松江城。山中鹿之介奮戦の地月山富田城など山陰の古き城と町を巡る。
◇城郭と城下町 7　山陽　小学館　1987.8　206p　21cm　1350円　①4-09-569007-0
＊白鷺の姿も華麗に、千姫伝説を残す姫路城。大石内蔵助が大望を秘めて後にした赤穂城。名君池田光政公の居城岡山城、毛利氏発祥の地吉郡山城など山陽路に歴史を探る。
◇城下町長府―新編歴史散歩　古川薫著　新日本教育図書　2000.5　135p　19cm　940円　①4-88024-220-9
＊維新のふるさと山口。そこはまた、歴史に彩られた町並みが見られる観光地でもあります。山口の歴史を知り、山口を歩く―そこには新たな発見があることでしょう。直木賞作家で山口出身・在住の古川薫が描く山口の本で、あなただけの新たな歴史を発見してみませんか。

◇城下町と海辺の風景 ― 中国・四国　髙橋東山著　日貿出版社　1999.11　103p　30cm　(水墨画紀行　第4集)　2600円　ⓘ4-8170-3152-2
　＊「日本全国写生行脚」をめざして単独スケッチ旅行を続ける水墨画家・髙橋東山による「水墨画紀行」シリーズ第四集。中国・四国の9県に取材し、萩・津和野をはじめとする城下町、美しい島影が浮かぶ瀬戸内の海、大歩危・小歩危の峡谷美、水郷倉敷、鳥取砂丘、大山など変化に富んだ風景を、著者独特の絶妙な水墨表現で描き上げた作品51点を収録。それぞれの絵に解説を付すほか、墨・紙・硯等の道具について語るエッセイ「墨絵雑感」も併載した。
◇城下町長府の文化 ― 長府博物館五十年の歩み　長府博物館五十年史編集委員会編　長府博物館友の会　1983.10　255p　22cm　2000円
◇城下町津山　末安祥二写真,日髙一文　山陽新聞社　1993.3　95p　26cm　(山陽新聞サンブックス)　1500円　ⓘ4-88197-452-1
◇城下町萩 ― 歴史散歩　古川薫著　新日本教育図書　1983.8　175p　19cm　800円
◇新あいらぶ城下町 ― 岡山城築城400年　山陽新聞社編集局編　山陽新聞社　1997.4　253p　19cm　1524円　ⓘ4-88197-621-4

城下町（四国地方）

◇四国の城と城下町 ― 歴史発見の旅　井上宗和著　愛媛新聞社　1994.7　187p　30cm　3800円　ⓘ4-900248-20-7
◇城郭と城下町 8　四国　小学館　1988.3　206p　21cm　1350円　ⓘ4-09-569008-9
　＊山内一豊が妻とともに勝ちとった高知城。藤堂高虎が築き、伊達氏が伝えた宇和島城。子規、漱石も愛した松山城。海をのぞむ高松城、丸亀城など海の国四国の城めぐり。
◇城下町松山と近郊の変貌　窪田重治著　青葉図書　1992.11　359p　22cm　3000円

城下町（九州沖縄地方）

◇愛宕の里　別巻〔8〕　岡城下町 ― 岡城下傍通絵図・岡城下総町絵図　小倉文雄著　小倉文雄　1987　98枚　26×37cm
◇再見・城下町小倉 ― 北九州市制35周年記念特別展　北九州市立歴史博物館編　北九州市立歴史博物館　1998.10　36p　26cm
◇城郭と城下町 10　南九州・沖縄　小学館　1984.3　206p　21cm　1200円　ⓘ4-09-569010-0
◇城郭と城下町 9　北九州　小学館　1988.2　206p　21cm　1350円　ⓘ4-09-569009-7
　＊天草四郎の奮戦を伝える島原城、原城。黒田如水の智恵に母里太兵衛の豪気が花を添える福岡城。海外交易の夢を残す平戸城、福江城など海をにらむ北九州の名城と城下町。
◇筑前城下町 秋月を往く　田代量美著　西日本新聞社　2001.1　306p　21cm　1905円　ⓘ4-8167-0510-4
　＊秋月氏、黒田氏とともに栄えた旧城下町・秋月。シンボルは霊峰・古処山と眼鏡橋。四季折々に活躍を見せるこの山郷はなぜかくも現代人を引き付けてやまないのか。自然、風土、歴史、そして名君と勤皇の志士…キリシタン聖地の秘史もひもときながら九州の小京都と人気の町の魅力を解き明かす―。
◇よみがえる小倉城下町　北九州市立考古博物館　1992.9　57p　26cm

人物探訪

日本史―古代

◇安倍晴明を旅しよう　南原順著　二見書房　2000.4　268p　21cm　1200円　[I]4-576-00570-7
　＊謎と伝奇とロマンに満ちた全国41カ所の秘跡をめぐる。現地最新情報、写真、アクセス、マップつき探訪ガイド。
◇最澄を歩く　菊池東太写真, 吉沢健吉文　佼成出版社　1992.2　158p　21cm　(写真紀行 日本の祖師)　2000円　[I]4-333-01549-9
◇菅原道真―物語と史蹟をたずねて　嶋岡晨著　成美堂出版　1985.8　208p　19cm　900円　[I]4-415-06556-2
◇藤原純友―物語と史蹟をたずねて　鈴川薫著　成美堂出版　1976　206p 図　19cm　700円
◇防長路―Yamgin Graph 第13　神功皇后　山口銀行編　1960-64　21cm
◇防長路―Yamgin Graph 第15　続 神功皇后　山口銀行編　1960-64　21cm
◇日本武尊の伝説をたずねて―相模野へのいざない　平塚市教育委員会編　平塚市観光協会　1985.1　38p　26cm
◇弓削の旅―道鏡伝説を追って　本田義幾編　本田義幾　1988.6　32p　21cm

聖徳太子

飛鳥時代(574～622)

＊　＊　＊

◇聖徳太子―物語と史蹟をたずねて　徳永真一郎著　成美堂出版　1975　224p　19cm　700円
◇聖徳太子の寺を歩く―太子ゆかりの三十三カ寺めぐり　南谷恵敬監修, 林豊著, 沖宏治写真　JTB　2001.10　152p　21cm　(JTBキャンブックス)　1600円　[I]4-533-04021-7

空　海

平安時代(774～835)

＊　＊　＊

◇九州・篠栗(ささぐり)霊場の旅―弘法大師の世界　読売新聞社　1986.12　122p　30cm　1400円　[I]4-643-41750-1
◇空海―物語と史蹟をたずねて　八尋舜右著　成美堂出版　1984.5　222p　19cm　900円　[I]4-415-06551-1
◇空海―物語と史蹟をたずねて　八尋舜右著　成美堂出版　1995.8　308p　15cm　(成美文庫)　560円　[I]4-415-06424-8
　＊お大師さんの名で親しまれ、素朴な庶民信仰のなかにいまも生きる沙門空海。現世の栄達に背を向けて、仏法の世界に悟りをもとめて山野をさまよい歩いた若き苦行時代から、唐にわたって名僧恵果より密教をさずかり、帰朝して、壮大な真言密教の教義を開花させるまで、最澄との出会いと別れのエピソードをまじえながら、空海六十二年の跡を追う。
◇空海の風にのって―中年自転車四国遍路のススメ　北勲著　求竜堂　2000.6　143p　20cm　1400円　[I]4-7630-0025-X
　＊一現役サラリーマンが同世代に贈る人生のエール。後半生の人生をみつめるためひとり自転車で遍路道をゆく。
◇空海の残した道―現代歩き遍路がそこに見たもの　松坂義晃著　新風舎　1997.6　574p　21cm　1800円　[I]4-7974-0199-0
◇空海を歩く　矢野建彦写真, 佐藤健文　佼成出版社　1992.1　158p　21cm　(写真紀行 日本の祖師)　2000円　[I]4-333-01546-4
◇空海の里―善通寺市文化財いろは歌　宮川重市解説・編集　善通寺市筆岡郷土研究会　1985.6　98p　26cm
◇弘法大師空海は生きていた―四国霊場1400キロを歩いて　久保田豊・久江著　なかみや出版　1999.1　348p　22cm　1800円　[I]4-931313-40-X

◇弘法大師・心の旅―越後二十一箇所霊場　高橋与兵衛著　新潟日報事業社出版部　1993.7　145p　21cm　1600円　Ⓓ4-88862-480-1
◇弘法大師紀行　真鍋俊照著　平凡社　1974　210p　20cm　（歴史と文学の旅）　900円
◇弘法大師御誕生所　善通寺案内　四国観光新聞社編　1955　図版14枚　地図　26cm　（四国観光シリーズ）
◇下総のへんろ道―空海とともに歩む　小林茂多著　小林茂多　1999.3　417p　19cm
◇密教の水源をみる―空海・中国・インド　松本清張著　講談社　1984.4　303p　22cm　2100円　Ⓓ4-06-200776-2
◇もう一人の空海　寺林峻著　春秋社　1990.7　342p　19cm　1950円　Ⓓ4-393-17271-X
　＊弘法大師と空海のはざまに揺れて、著者は四国巡礼の旅に出る。深い思策と遍歴の旅路の末に出会ったものとは？〈空海〉の真実にせまる出色の空海論。

円仁

平安時代（794～864）

　　　　＊　　　　＊　　　　＊

◇円仁求法の旅　玉城妙子著　講談社　2000.4　222p　20cm　1800円　Ⓓ4-06-210173-4
　＊『大唐西域記』（三蔵法師）、『東方見聞録』（マルコ・ポーロ）と共に世界三大旅行記のひとつ、円仁の「入唐求法巡礼行記」。中国5000キロの足跡を辿る。
◇円仁唐代中国への旅―『入唐求法巡礼行記』の研究　エドウィン・O.ライシャワー〔著〕，田村完誓訳　講談社　1999.6　529p　15cm　（講談社学術文庫）　1400円　Ⓓ4-06-159379-X
　＊慈覚大師円仁の著わした『入唐求法巡礼行記』は、日本最古の旅日記で、世界三大旅行記の一つともされる。五台山への巡礼、長安資聖寺での生活、廃仏毀釈の法難。九年半にわたる円仁のさすらいと冒険の旅の記録は、唐代動乱の政治や庶民の生活を克明正確に描写する。本書は、この旅行記の魅力と歴史的価値を存分に論じるライシャワー博士畢生の研究の精華である。
◇円仁の道　岩根哲哉著　ツーワンライフ　1997.9　296p　19cm　1715円　Ⓓ4-924981-10-9
◇円仁唐代中国への旅　E.O.ライシャワー著，田村完誓訳　原書房　1984.12　318,18p　

22cm　4800円　Ⓓ4-562-01531-4
◇入唐求法巡礼行記 1　円仁著，足立喜六訳注，塩入良道補注　平凡社　1988.8　334p　18cm　（東洋文庫　157）　2200円　Ⓓ4-582-80157-9
◇入唐求法巡礼行記 2　円仁著，足立喜六訳注，塩入良道補注　平凡社　1985.2　335p　18cm　（東洋文庫　442）　2400円　Ⓓ4-582-80442-X
◇入唐求法巡礼行記 第1　円仁著，足立喜六訳注，塩入良道補注　平凡社　1970　334p　図版　18cm　（東洋文庫　157）　450円
◇入唐求法巡礼行記　円仁著，深谷憲一訳　中央公論社　1990.11　731p　15cm　（中公文庫）　1300円　Ⓓ4-12-201755-6
　＊日蓮の「立正安国論」にも記され平安・鎌倉時代にはかなり著名だったこの本が歴史に再登場するのは明治16年に東寺観智院で写本が発見されてからである。本書は慈覚大師円仁が五台山から長安に至り唐武宗の廃仏に遇って帰国するまでの苦心10年の日記4巻を現代口語体で全訳、写本原文も併載。

平将門

平安時代（？～940）

　　　　＊　　　　＊　　　　＊

◇関東中心平将門伝説の旅 下巻　稲葉岳男編著　稲葉岳男　1993.8　421p　26cm
◇関東中心平将門伝説の旅　茨城　稲葉岳男編著　稲葉岳男　1987.11　323p　26cm
◇史跡紀行平将門　加藤薫著　新人物往来社　1976　254p　20cm　980円
◇史蹟将門塚の記　史蹟将門塚保存会　1976.2　52p　21cm
◇新編将門地誌 1　赤城宗徳著　筑波書林　1986.12　86p　18cm　（ふるさと文庫）　600円
◇新編将門地誌 2　赤城宗徳著　筑波書林　1986.12　p87～184　18cm　（ふるさと文庫）　600円
◇新編将門地誌 3　赤城宗徳著　筑波書林　1986.12　291p　18cm　（ふるさと文庫）　600円
◇平将門―物語と史蹟をたずねて　土橋治重著　成美堂出版　1975　224p　19cm　700円
◇将門地誌　赤城宗徳著　毎日新聞社　1972　326p　20cm　800円

◇将門伝説の旅　中村ときを著　朝日ソノラマ　1975　186p　17cm　(紀行シリーズ)　550円
◇将門風土記　柴田弘武著，写真:横村克弘　たいまつ社　1976　159p　21cm　1580円

瀬戸内水軍と村上氏

中国地方　平安時代～室町時代

　　　　＊　　＊　　＊

◇海賊史の旅―村上水軍盛衰記　村谷正隆著　(福岡)海鳥社　1990.7　244p　19cm　(海鳥ブックス　7)　1700円　①4-906234-75-5
　＊律令社会の崩壊に際し、海上にその活路を開いていった農・漁民層は、戦国期の瀬戸内海においては村上氏を棟梁とする海賊衆として、海域一円を支配し、強大な軍事・経済力を持つに至った。彼ら村上水軍の足跡を、瀬戸内の島々、そして九州各地、さらに遠く韓国扶余にまで追い、ロマンに満ち溢れた盛衰の歴史を跡づける。
◇瀬戸内水軍を旅する　中国新聞社編著　新人物往来社　1990.2　230p　19cm　2000円　①4-404-01698-0
　＊古代・中世・戦国末期までの水軍史と史跡、とくに村上水軍の拠点や古戦場を丹念に辿る。瀬戸内海の歴史に新しい光をあてる。
◇瀬戸内の海賊衆―歴史紀行　森本繁著　山陽新聞社　1984.11　342p　20cm　1800円
◇瀬戸内海―水軍の興亡　千賀四郎編集　小学館　1974　182p　20cm　(歴史の旅　6)　750円
◇瀬戸七橋と水軍の宝の歴史物語　神川武利著　叢文社　1999.5　242p　19cm　1600円　①4-7947-0311-2
　＊西瀬戸内海を縦につなぐ七つの大橋が芸予の島々を結ぶ。大橋が結ぶ島々には水軍ゆかりの宝が豊富にねむっている。とりわけ大三島の大山祇神社に残る水軍の宝物は、海に生きた我々先祖の歴史の刻印であり、あかしである。歴史は先祖の足跡の記録だ。瀬戸の海の史詩と歴史絵巻には先祖の血潮がやどる。我々の生活は現に生きている者のことに偏り過ぎている。先に亡くなった大勢の先祖たちのこと―歴史を思い描くところに文化の豊かさがある。昔といっても五百年～千年というのはそんなに遠い昔とはいえない。人工美の橋を見ながら、海に生きた先祖たちの足跡―水軍の歴史を残された宝物によっと思い描いてみたい。
◇歴史紀行　瀬戸内水軍　森本繁著　新人物往来社　1987.2　251p　19cm　2000円　①4-404-01406-6
　＊藤原純友の乱から三島村上水軍まで、瀬戸内を制覇した水軍の史跡を歩き、合戦をいきいきと再現。

日本史―中世

◇足利尊氏―物語と史蹟をたずねて　水野泰治著　成美堂出版　1991.8　247p　19cm　1000円　①4-415-06573-2
　＊天下制覇を遂げた巨人の行動力と知謀。骨肉相はむ動乱の世を、尊氏はいかに生きたか…。後醍醐天皇を始めとする南北朝期の傑物像を浮き彫りにしながら、室町幕府の創設者として苦悩し遂巡し行動する尊氏の誕生から終焉までをビビッドに描く。
◇一遍―遊行の跡を訪ねて　越智通敏著　愛媛文化双書刊行会　1978.4　227p　19cm　(愛媛文化双書　30)　1200円
◇一遍の跡をたずねて　一遍会編　一遍生誕750年・没後700年記念事業会　1989.7　241p　19cm　1500円
◇関東常陸に恵信尼をたずねて　松田良夫著　つむぎ社　1985.9　252p　19cm　3500円
◇北政所ねね―物語と史蹟をたずねて　土橋治重著　成美堂出版　1980.9　224p　19cm　900円
◇京都道元禅師を歩く　百瀬明治，杉田博明編著，西山治朗写真　京都新聞社　1999.6　121,7p　19cm　1000円　①4-7638-0457-X
　＊恵まれた境涯を投げうち、人間の可能性を信じ、真理を求め続けた潔癖な思想家、曹洞宗・宗祖の道元禅師は、京都で生まれ、育ち、示寂した。道元禅師が京都生まれであったことを知らない人が多い。なぜ京都から越前へ行ったのか、また、なぜ京都へ帰ってきたのか。本書では、道元禅師ゆかりの地に足を運びながら、その生涯をたどり、道元禅師の人となりを考察する。生誕800年記念出版。
◇西行の花―中世紀行　中野孝次著　淡交社　1982.11　210p　20cm　1500円　①4-473-00810-X
◇佐波川今昔集錦―重源上人の足跡を中心として　建設省山口工事事務所編　建設省山口

工事事務所　1999.3　127p　30cm
◇世阿弥を歩く　白洲正子,権藤芳一著　駸々堂出版　1978.2　139p　18cm　（駸々堂ユココンカラー双書）　500円
◇千姫—物語と史蹟をたずねて　松本幸子著　成美堂出版　1982.5　231p　19cm　900円　①4-415-06546-5
◇道元禅師旧蹟紀行　小倉玄照著　誠信書房　1980.9　360p　22cm　3800円
◇遠江武将物語　神谷昌志著　（静岡）明文出版社　1986.2　251p　19cm　（駿遠豆・ブックス　2）　1500円　①4-943976-30-1
　＊あなたの町や村には、こんな武将が住んでいた。鎌倉時代から南北朝時代、そして室町時代の戦国期に、遠江国（遠州地方）で栄枯盛衰の歳月をおくった武将たちの生きざまを探りながら、彼等が私たちの郷土に残していった中世史の史跡やゆかりの寺院、神社をたずねてみましょう。この1冊はそのための手引書です。
◇徳地の俊乗房重源　重源上人杣入り八〇〇年記念誌編集委員会編　徳地町　1986.11　160p　22cm
◇謎を追う名馬と花の武士　波多野いと子文・写真　文芸社　2001.9　183p　19cm　1000円　①4-8355-2236-2
　＊鹿児島県甑島で偶然にある武将の墓を発見したことから謎解きの旅がはじまった。鎌倉幕府設立に深く貢献した梶原景時、景季親子、そして名馬"磨墨"を追い求めた歴史ロマンの旅。
◇日本の旅人　3　西行—出家が旅　富士正晴著　淡交社　1973　228p　22cm　950円
◇仏陀から道元への道—インド・ネパール仏蹟巡礼記　東隆真著　国書刊行会　2000.8　295p　19cm　1800円　①4-336-04260-8
　＊本書は著者のインド・ネパール仏蹟の巡礼記録である。しかし、単なる旅行記ではない。著者は曹洞宗学、特に道元、瑩山両禅師の思想と生涯に詳しい宗学者である。両禅師とも正伝の仏法はインドの釈尊から脈々と受け継がれていることを疑っていないし、今日の学問研究から言ってもそれは正しい。著者は宗学からさかのぼってついに釈尊に至り、釈尊を思慕し、「求道の旅」としてインド仏蹟巡拝に出かけられた。四大仏蹟を中心として旅しながら、博士は執拗なまでに釈尊にかかわる土地、事蹟、年代、遺品、遺跡、歴史、伝承等を調べ、そして両禅師の語録から釈尊の生涯、事蹟、仏蹟に関するすべての記述をあらためて検討される（博士自らの現代語訳が付されている）。その結果、博士は道元禅師の目指した「仏祖正伝の法」は釈尊につながっていることを自らに確認される。本書は、そうした事をふまえた記録である。
◇弁慶—物語りと史蹟をたずねて　水野泰治著　成美堂出版　1986.3　224p　19cm　900円　①4-415-06558-9
　＊源平合戦を背景に、多くの人に親しまれ、古くから語り伝えられてきた伝説に沿いながら、知勇兼備の忠臣・弁慶の波乱に富んだ生涯を描く。
◇北条早雲—物語と史蹟をたずねて　土橋治重著　成美堂出版　1974　221p　19cm　600円
◇北条政子—物語と史蹟をたずねて　土橋治重著　成美堂出版　1978.10　223p　19cm　800円
◇柳生宗矩—物語と史蹟をたずねて　徳永真一郎著　成美堂出版　1978.10　206p　19cm　800円
◇山本勘助—物語と史蹟をたずねて　土橋治重著　成美堂出版　1987.9　221p　19cm　900円　①4-415-06563-5
◇利休を歩く　京都新聞社編　京都新聞社　1990.10　159p　30cm　1553円　①4-7638-0263-1
◇臨済僧栄朝の足跡を訪ねて—慈光寺伝記を含む　岡野恵二著　岡野恵二　1986.4　27p　26cm
◇呂宋助左衛門—物語と史蹟をたずねて　土橋治重著　成美堂出版　1977.9　224p　19cm　800円

源氏と平家

平安時代,鎌倉時代　指定：史跡「屋島」

　　　＊　　　＊　　　＊

◇カメラ紀行　平家物語　杉本苑子文、浅野喜市写真　淡交新社　1964　188p　22cm
◇カメラ散歩　平家物語　朝日新聞社編　1966　233p　図版　22cm
◇源氏伝説のふるさと—信州鬼無里の伝承　ふるさと草子刊行会編　改訂版　ふるさと草子刊行会　1985.6　122p　19cm　1200円
◇源平合戦ゆめのあと　神戸新聞社編　神戸新聞出版センター　1985.8　181p　17cm　（兵庫ふるさと散歩　14）　850円　①4-87521-015-9
◇源平の古戦場を行く　鈴木亨著　青樹社　1972　254p　図　20cm　500円

◇源平の舞台はいま　読売新聞高松支局編　美巧社　1986.3　323p　19cm　1300円
◇写真紀行平家絵巻　奈良本辰也著、駒敏郎著、中村昭夫写真　徳間書店　1985.5　186p　16cm　（徳間文庫　450-3）　480円　①4-19-597857-2
◇新平家カメラ紀行—付・吉川英治「新平家今昔紀行」　構成・解説:尾崎秀樹　講談社　1971　212p 地図　22cm　830円
◇新・平家歴史と旅　小山竜太郎著　若木書房　1972　247p　22cm　850円
◇平家物語絵巻紀行—林原美術館所蔵　宮坂靖彦著　中国新聞社　1993.5　110p　21×30cm　2500円　①4-88517-168-7
◇平家れくいえむ紀行　中石孝著　新潮社　1999.7　269p　20cm　1800円　①4-10-431101-4
◇平家絵巻—写真紀行　文:奈良本辰也、駒敏郎、写真:中村昭夫　新人物往来社　1972　158p　22cm　980円
◇平家絵巻—写真紀行　奈良本辰也、駒敏郎著、中村昭夫写真　徳間書店　1985.5　186p　16cm　（徳間文庫）　480円　①4-19-597857-2
◇平家の秘蝶・維盛—紀伊国に流亡の古跡を訪ねて　浜光治著　浜光治　1979.1　246p　19cm　980円
◇平家物語—古典カメラ紀行　門脇禎二、横井清共著　保育社　1966　153p　15cm　（カラーブックス）
◇平家物語を歩く　杉本苑子著　講談社　1985.3　222p　15cm　（講談社文庫）　340円　①4-06-183476-2
◇平家物語図絵　河出書房編　河出書房　1956　図版79p　18cm　（河出新書 写真編）
◇平家物語の旅　村松定孝著　人物往来社　1967　326p　19cm　（歴史選book）
◇平家物語の旅　上原まり著　六興出版　1985.4　190p　19cm　1000円
◇平家物語の風土　相馬大著　白川書院　1972　353p　19cm　850円
◇平家物語の舞台　邦光史郎、百瀬明治著　徳間書店　1988.12　221p　15cm　（徳間文庫）　380円　①4-19-568649-0
＊信濃前司行長の作といわれる『平家物語』は、琵琶法師によって語り継がれ、次第にその形を整えていった。"諸行無常"の調べに「奢れる者久しからず」と切々と伝えるその哀切のロマンは、平家一門の栄華と滅亡を物語る"滅びの美学"である。栄達の道を駆けのぼった平家と脆くも都を追われた滅びの平家を、物語の舞台を訪

ねて跡づけながら、その滅びの美の痕跡を現代に甦らせる歴史ノンフィクション・ロマン。
◇平家物語・社めぐり　春木一夫著　平家物語史跡をめぐる会　赤間関書房（製作）　1972　80p　19cm　130円
◇水の底の都—「平家物語」わたしの旅　真砂早苗著　西田書店　1988.6　261p　21cm　1800円　①4-88866-076-X
＊京都、伊豆、木曽、下関…、「平家」の舞台に身を沈め、残された断片に往時の声を聴きつづける旅の終わり…、いま「物語」は微かな風にそよいで蘇る！
◇源実朝—物語と史蹟をたずねて　八尋舜右著　成美堂出版　1979.5　224p　19cm　800円
◇源義家歴史紀行　長谷川周吉著　長谷川周吉　1985.1　318p　22cm
◇謡曲・平家物語紀行 上　白洲正子著　平凡社　1973　205p 図　20cm　（歴史と文学の旅　13）　750円

源頼朝と源義経

平安時代, 鎌倉時代

　　　　＊　　　＊　　　＊

◇羽前最上郡 源義経の足あと　佐藤義則編　1967　83p　25cm
◇カメラ紀行 義経残照　読売新聞社編　読売新聞社　1990.4　270p　21cm　1700円　①4-643-90031-8
＊800年の命脈を保つ義経伝説。ペンとカメラでつづる悲運の英雄の足跡。
◇遠野・義経北コース　前野和久著　牧野出版　1978.11　179p　19cm　1200円
◇謀略家頼朝と武将たち—源平合戦の遺跡探訪　小林林平著　共栄書房　1982.1　284p　20cm　1800円
◇政子・頼朝の鎌倉歴史散歩　二橘進著　現代史出版会　1978.12　217p　19cm　890円
◇源義経—史実と説話との交流 文学散歩 1　牧村史陽著　史陽選集刊行会　1969.10　113p　19cm　（史陽選集　40）
◇源義経—史実と説話との交流 文学散歩 2　牧村史陽著　史陽選集刊行会　1971.10　91p　19cm　（史陽選集　47）
◇源義経の旅　菊村紀彦著　雪華社　1966　246p 図版　19cm
◇源頼朝—物語と史蹟をたずねて　永岡慶之助著　成美堂出版　1979.1　232p　19cm

◇義経腰掛松の碑の写真―福島県伊達郡国見町　北畠康次著　メグミ出版　1998.3　15p　20×30cm　（義経の腰掛松の碑　4）　2500円
◇義経と歩く　来住邦男, 松野五郎共著　のじぎく文庫　1966　53p　13cm

法　然

鎌倉時代（1133～1212）

＊　　＊　　＊

◇法然を歩く　樋口英夫写真, 林淳文　佼成出版社　1992.2　158p　21cm　（写真紀行 日本の祖師）　2000円　①4-333-01550-2
◇法然上人二十五霊場巡礼―法話と札所案内　冨永航平著　朱鷺書房　1994.9　198p　19cm　1030円　①4-88602-302-9

親　鸞

鎌倉時代（1173～1262）

＊　　＊　　＊

◇古寺巡礼ガイド親鸞―付・蓮如の旅　法蔵館　1983.11　167p　21cm　1800円
◇親鸞―物語と史蹟をたずねて　童門冬二著　成美堂出版　1973　220p　19cm　600円
◇親鸞の妻恵信尼をたずねて　松田良夫著　つむぎ社　1992.3　342p　19cm　2500円　①4-87601-264-4
◇親鸞への旅―アジアの風に吹かれて　尾畑文正著　樹心社, 星雲社発売　1994.4　210p　19cm　2000円　①4-7952-2452-8
　＊インド、ネパール、タイ、スリランカ…、沖縄を起点にアジア各地を歩く。それは、アジアの人々と自然を犠牲にした豊かさの中に生きる日本人としての自分、そのわが身の在り方全体が問われ続ける旅である。その厳しい問いかけ、告発を、まさしく如来の声として、耳をすまし、こころを開き、言葉を尽くして聞きとっていく歩み―その歩みこそ"親鸞への旅"である。
◇親鸞を紀行する　村上五朗著　新人物往来社　1973　213p　図　20cm　850円
◇親鸞紀行　丹羽文雄著　平凡社　1972　205p　20cm　（歴史と文学の旅）　750円

◇親鸞聖人御旧跡巡拝誌 近畿篇　高下恵著　百華苑　1979.12　258p　19cm　2000円
◇親鸞聖人御旧跡巡拝誌 東海篇・拾遺篇　高下恵著　百華苑　1983.7　261p　19cm　2500円
◇親鸞聖人 二十四輩巡拝―関東御旧蹟を歩く　新妻久郎著　朱鷺書房　1996.7　227,8p　19cm　1236円　①4-88602-306-1
　＊主に関東における親鸞聖人の二十四人の高弟を二十四輩と称し、その遺跡寺院をめぐる巡拝が、古くから盛んに行われてきた。二十四輩めぐりは、まさしく親鸞聖人の足跡をたどる旅であり、親鸞聖人とともに歩く旅でもある。
◇親鸞と東国　園部公一著　崙書房　1982.6　116p　18cm　（ふるさと文庫）　680円
◇親鸞のふるさと　新いばらきタイムス社事業部編　改訂　新いばらきタイムス社　1989.11　134p　30cm　3000円
◇直江津と五智国分寺親鸞聖人の歩き方　改訂　直江の津同好会　1998.4　26p　21cm　500円

日　蓮

鎌倉時代（1222～1282）

＊　　＊　　＊

◇日蓮―物語と史蹟をたずねて　田下豪著　成美堂出版　1981.11　224p　19cm　900円　①4-415-06545-7
◇日蓮―物語と史蹟をたずねて　田下豪著　成美堂出版　1997.3　318p　16cm　（成美文庫）　560円　①4-415-06465-5
　＊日蓮は、鎌倉・京都・奈良などで修業ののち、仏法の真髄は法華経にありと説き、日蓮宗の開祖となった。その生涯は、仏教界の伝統を排し、予言や幕政批判も行ったため、二回の流罪を交えて烈しい憎悪と迫害の連続であった。本書は日蓮宗の教学や宗旨よりも、辻説法や著述に日々身をくだき、宗教家として魂を磨き思想を深めた人間日蓮を生々と描く。
◇日蓮紀行―世直しの道を訪ねて　武田京三文・写真　まどか出版　2000.10　190p　21cm　1800円　①4-944235-02-X
　＊かつてこんな日本人がいた。信仰観の違いから教会を出たクリスチャンの著者が、日蓮と出会い、その足跡を追う旅に。房総、鎌倉、伊豆、佐渡、身延、池上を廻る中で、日蓮に異色の日本人像を見い出

日本史―中世　　　　　　　　　　　　　　　　　　　　人物探訪

した著者渾身の紀行文学。写真、史跡アクセス情報も満載。
◇日蓮大聖人の生涯を歩く　佐藤弘夫、小林正博、小島信泰著　第三文明社　1999.4　205p　19cm　1300円　Ⓘ4-476-06144-3
　＊現地取材から生まれた臨場感溢れる日蓮大聖人の一生。写真175枚使用。
◇日蓮を歩く　内藤正敏写真，中尾堯文　佼成出版社　1992.3　158p　21cm　（写真紀行日本の祖師）　2000円　Ⓘ4-333-01552-9
◇日蓮聖人の歩まれた道―その生涯と足跡をたずねて　市川智康著　水書坊　1981.9　237p　19cm　1200円　Ⓘ4-943843-17-4
◇日蓮大聖人ゆかりの地を歩く―鎌倉・伊豆・竜の口・依智・佐渡　鎌倉遺跡研究会著　第三文明社　1994.10　246p　19cm　1500円　Ⓘ4-476-06092-7
◇日蓮の佐渡　中俣正義撮影，山本修之助文　新潟日報事業社　1979.8　1冊　30cm　2000円
◇日蓮の佐渡遺跡―遺跡巡りの旅　本間守拙著　新潟日報事業社出版部　1989.4　163p　21cm　1650円　Ⓘ4-88862-371-6
◇日蓮の旅　新月通正著　朝日ソノラマ　1980.4　300p　20cm　1800円
◇日本の旅人 4　日蓮―配流の道　紀野一義著　淡交社　1973　225p　22cm　950円

一休宗純

室町時代（1394～1481）

　　　＊　　　＊　　　＊

◇一休を歩く　水上勉著　日本放送出版協会　1988.2　208p　21cm　1500円　Ⓘ4-14-008563-0
　＊乱世に生き腐敗した大寺を出、生涯を市中や地方に暮した。酒肆婬坊に出入りし、女犯、肉食を犯した。しかし、この破戒僧の教えは、持戒堅固な僧より人々の心を捉えた。風狂三昧、自由闊達な生きざまを辿り、人間一休の真実に迫る。気鋭の写真家水谷内健次のカメラにより、嵯峨野地蔵院から、京都、滋賀、福井、大阪、田辺の一休寺まで、巨匠のひたぶるな一休探訪の足跡を描写する。
◇一休を歩く　水上勉著　集英社　1991.10　237p　15cm　（集英社文庫）　380円　Ⓘ4-08-749752-6
　＊600年前の動乱の時代を生きた禅僧、一休。後小松帝の側室の子としてわずか6歳で出家。無欲清貧、風辛水宿、自己見性につとめる純粋禅僧に師事するが死別。やがて失意の青年僧一休は酒肆淫坊に出入りし、女犯をなす破戒三昧な生活の中で、人間的な自由禅を志向していく。放浪無頼の風狂の人、一休宗純和尚の由縁の地、京都嵯峨野、堅田、堺、住吉、田辺を水上勉が訪れ歩くほろつき文学紀行。

北条時宗

室町時代（1251～1284）

　　　＊　　　＊　　　＊

◇鎌倉を歩く時宗を歩く　鈴木亨著　鷹書房弓プレス　2001.4　230p　19cm　1300円　Ⓘ4-8034-0460-7
　＊今は静かなたたずまいだが坂東武者たちの栄枯盛衰や、北条一族の苛烈なドラマの痕跡を色濃く残す鎌倉の風土を、史話と史跡を中心に簡潔にルポ。
◇鎌倉の歩き方味わい方―北条時宗ゆかりの古寺と史跡を訪ねて　湯本和夫著　ベストセラーズ　2001.7　222p　18cm　（ベスト新書）　680円　Ⓘ4-584-12006-4
　＊バス通りから一歩入った路地のあちらこちらに、わずか一四一年と短かった鎌倉時代の歴史の息遣いが残る。幾筋もの閑雅な小道、四季折々に目を楽しませる花々、耳に優しく届く鳥のさえずり…。そして時を経た多くの古寺社や、歴史道の片隅に残る「人間ドラマ」の証拠の数々…。鎌倉をこよなく愛する著者が、時宗を始めとする北条氏一族の面影を訪ねて、鎌倉の小さな道を隅々まで散歩する。史都・鎌倉の本当の魅力を楽しむためのユニークな歴史＆散策ガイド。
◇北条時宗の決断―「蒙古襲来」を歩く　森本繁著　東京書籍　2000.12　260p　19cm　1500円　Ⓘ4-487-79646-6
　＊未曽有の国難「蒙古襲来」に立ち向かい、若き時宗は、どう考え、どう決断したか！NHK大河ドラマのヒーローの実体に迫る。ゆかりの地をすべて歩き、写真112枚に収録。

蓮如

室町時代（1415～1499）

＊　　＊　　＊

◇蓮如街道・合掌の旅―蓮如上人御影吉崎御下向1991年度自由参加レポート　松岡満雄編　松岡満雄　1991.11　65p　26cm
◇蓮如伝説への旅―越前・加賀から世界文化遺産の越中五箇山へ　和田重厚著　戎光祥出版　1998.2　126p　19cm　1200円　⊕4-900901-03-2
◇蓮如北陸路を行く　朝倉喜祐著　国書刊行会　1995.10　229p　19cm　1800円　⊕4-336-03768-X

戦国大名

◇石田三成写真集　石田多加幸文・写真　新人物往来社　1986.8　230p　26cm　7000円　⊕4-404-01375-2
　＊関ケ原合戦・西軍の組織者・石田三成の悲劇の生涯は義に生きた日本人の典型であった。450枚の写真と20枚の地図・戦闘図・系図で克明に描く。永久保存版。
◇上杉謙信―物語と史蹟をたずねて　八尋舜右著　成美堂出版　1976　223p　肖像　19cm　700円
◇講釈師足で綴る戦国ドラマの旅　宝井馬琴著　象山社　1989.10　266p　20cm　1800円　⊕4-87978-006-5
◇斎藤道三―物語と史蹟をたずねて　土橋治重著　成美堂出版　1997.6　302p　15cm　（成美文庫）　543円　⊕4-415-06469-8
◇斎藤道三―物語と史蹟をたずねて　土橋治重著　成美堂出版　1972　221p　肖像　19cm　500円
◇真田幸村―物語と史蹟をたずねて　松永義弘著　成美堂出版　1988.6　232p　19cm　900円　⊕4-415-06567-8
　＊慶長20年5月7日、決戦の日、幸村は家康の本陣に突撃し、「真田日の本一のつわもの」と伝えられるほど奮戦し、ついに討死にした。戦場で華々しく戦い、いさぎよく死んでいった史上数すくない日本武士道の実践者・幸村。父昌幸ほどの軍事的才能もなく、兄信之の政治力にはるかに劣るらしい幸村ではあるが、古来、武士たちが理想とした、忠節に殉じた悲劇の武将について伝説は数多く残されている。本書は、家康との宿命的な対決で大坂城に散った、当代随一の軍略家の数奇な生涯を描く。
◇戦国街道を歩く―街道探訪　泉秀樹文・写真　立風書房　2000.12　158p　21cm　1700円　⊕4-651-75121-0
　＊覇者への道を駆けぬけた、つわもの達の夢の跡。近世・戦国ロマンの来歴をたどる。
◇利家とまつ―加賀百万石への旅　北国新聞社　2001.9　112p　26×21cm　1000円
◇福島正則史跡道の旅―福島正則公顕彰の道　須高文化推進協議会編纂　須高文化推進協議会　1998.7　30,4p　27cm　600円
◇武将たちの足跡をたどる―戦乱の世を生き、夢に散った男たち　マガジントップ編　山海堂　2000.4　159p　21cm　（私の創る旅7）　1600円　⊕4-381-10369-6
　＊その昔、男たちは夢と野望のために戦い、疾風のように乱世を駆け抜けていった。そして今も残る彼らの夢のあしあと…。遠い日に散った武将を偲ぶ31の旅路。
◇前田利家―物語と史蹟をたずねて　井口朝生著　成美堂出版　1986.6　224p　19cm　900円　⊕4-415-06559-7
　＊「槍の又佐」はその"かぶき"ぶりゆえに、主君信長の怒りを買いながらも、常に戦陣の先頭に立ち、数々の武勲をうちたてた。前田家の存亡をかけて、宿敵佐々成政との末森合戦に勝利をおさめた前田利家は、加賀、能登、越中を手中にし北陸の雄として一大勢力を形成した。信長が本能寺に倒れ、やがて天下は秀吉から家康へと移っていく。盟友秀吉の幕下に下りながらも、豊臣政権の重鎮として秀吉死後は、家康に対応して政治の舞台で影響力を発揮する。めまぐるしく移り変わる時勢、信長、秀吉、家康の三大英傑の陰で生きながらも、ついに加賀百万石の礎を築いた前田利家の足跡を追ってみた。
◇室町戦国史紀行　宮脇俊三著　講談社　2000.11　374p　20cm　1800円　⊕4-06-210090-8
　＊あくまでも年代順にこだわって、年表、地図、時刻表を手に訪れる南北朝動乱～関ケ原合戦のあと。日本通史の旅・完結篇。
◇歴史紀行　安芸吉川氏　中国新聞社編著　新人物往来社　1988.6　222p　19cm　2000円　⊕4-404-01517-8
　＊中国の覇者・毛利氏の「3本の矢」とは、毛利・吉川・小早川の同族体制を意味するが、もともと吉川氏は駿河に発し、芸北（広島県北部）大朝町を本拠とする豪族であった。地元・中国新聞社が丹念細密に実地踏査した吉川氏史跡（国史跡）の現況を歴史紀行風に紹介しつつ、この戦国の雄の足跡をたどり、芸北の中世に光をあてる。

◇歴史見学にやくだつ遺跡と人物 6　戦国時代の遺跡と人物　島津隆子執筆　ポプラ社　1992.4　45p　29×22cm　2500円　⓪4-591-04056-9
　＊遺跡、鉄砲伝来紀功碑・春日山城跡・安土城跡など。人物、織田信長・ザビエルなど。カラー版。小学上級〜中学生向。

毛利元就

山口県　戦国時代（1497〜1571）

＊　　　＊　　　＊

◇皇太子さまの毛利元就紀行―フォト史跡探訪　大久保利美撮影　三心堂出版社　1997.4　158p　27cm　2425円＋税　⓪4-88342-106-6
◇毛利元就―ビジュアル・ガイド　PHP研究所編、林義勝写真　PHP研究所　1997.6　127p　21cm　1476円　⓪4-569-55659-0
　＊元就を知る、歩く、撮る。情報満載のフォト＆ガイドブック。
◇毛利元就写真集　森本繁著　新人物往来社　1987.11　238p　26cm　7000円　⓪4-404-01464-3
　＊三つ矢の教えで名を残した毛利元就75年の生涯は、果てしなき戦乱の連続であった。永久保存版豪華写真集。
◇歴史紀行・毛利元就　森本繁著　新人物往来社　1985.6　259p　20cm　2000円　⓪4-404-01271-3

武田信玄

山梨県　戦国時代（1521〜1573）

＊　　　＊　　　＊

◇川中嶋古戦場ひとり旅―信玄軍配団扇の跡　岡沢由往著　銀河書房　1988.3　216p　19cm　1000円
◇激戦川中島―武田信玄最大の戦闘　一ノ瀬義法著　教育書籍　1987.11　249p　19cm　1200円　⓪4-317-60015-3
　＊武田信玄の生涯で最大の戦闘は、何といっても、宿敵上杉謙信との間で戦われた川中島の戦いであった。本書は、古戦場跡に何度も足を運んだ著者が、綿密な考証と両将の人間性の分析を経て書き下ろされた信玄論の決定版である。本文中に「史跡めぐり」に便利なように地図と写真・解説を豊富に入れた。
◇ザ・山梨―武田信玄と甲斐路　読売新聞社　1987.11　176p　30cm　2000円　⓪4-643-87087-7
◇武田信玄―戦国の雄・その生涯と史跡をたどる　野沢公次郎ほか執筆　信濃毎日新聞社　1988.4　143p　26cm　1900円
◇武田信玄―物語と史蹟をたずねて　土橋治重著　成美堂出版　1991.1　224p　19cm　1000円　⓪4-415-06510-4
　＊野望と戦乱の渦巻く中を、戦国最強の武田軍団が出陣する。戦国の時を天下制覇に向けて野望の虎が駆ける。当代随一の戦略家・信玄の雄大な生き方に迫る。
◇武田信玄を歩く　土橋治重著　新人物往来社　1987.6　223p　19cm　1600円　⓪4-404-01422-8
　＊信玄の歩いた道をたどって「風林火山」を旅する本。写真・地図満載。
◇武田信玄写真集　坂本徳一編　新人物往来社　1987.4　209p　26cm　7000円　⓪4-404-01413-9
　＊信長が恐れた戦国最強の男、武田信玄の全生涯を、600枚の写真と、24枚の地図・戦闘図で綴る、歴史ドキュメント。
◇武田のふるさと　武田神社企画編集　武田神社　1982.6　80p　27cm　1200円
◇風林火山伊那をゆく―伊那と武田氏　一ノ瀬義法著　伊那毎日新聞社　1988.4　202p　22cm　1300円
◇歴史紀行 武田信玄―はためく風林火山　原書房　1987.12　168p　30cm　1800円　⓪4-562-01912-3
◇歴史探訪 武田信玄　吉川弘文館　1987.11　159p　26cm　1800円　⓪4-642-07270-5

明智光秀

滋賀県　戦国時代，安土桃山時代（1528〜1582）

＊　　　＊　　　＊

◇明智光秀ゆかりの地を訪ねて　塩見弥一著　日本図書刊行会　1997.2　128p　20cm　1500円　⓪4-89039-246-7
　＊謎の多い出生地を含めた前半生から、数多い首塚・供養塔まで悲運の武将明智光秀とその一族ゆかりの地を、史実にそって文と写真で約60か所をまとめて紹介した初めての本。

◇明智城(長山城)と明智光秀 ― 市立図書館の資料に見る　可児市，可児市観光協会編　可児市　1999.3　162p　30cm
◇明智光秀 ― 物語と史蹟をたずねて　早乙女貢著　成美堂出版　1978.5　224p　19cm　800円

織田信長

滋賀県，愛知県　戦国時代，安土桃山時代(1534〜1582)　指定：特別史跡「安土城跡」

＊　　　＊　　　＊

◇イラスト・ガイド 青春の信長を歩く　宇佐美イワオ著　風媒社　1992.11　63p　21cm　(遊歩図鑑　パート5)　1030円　①4-8331-0020-7
◇織田信長 ― 物語と史蹟をたずねて　土橋治重著　成美堂出版　1973　240p　肖像　19cm　600円
◇信長と京都ガイド　京美観光出版社編　京美観光出版社，ふたば書房発売　1992.5　161p　19cm　(京のみどころ味どころ　No.54)　520円　①4-89320-138-7
◇遊歩図鑑　パート5　青春の信長を歩く ― イラスト・ガイド　宇佐美イワオ著　風媒社　1992.11　63p　21cm　1030円　①4-8331-0020-7

豊臣秀吉

大阪府，京都府　安土桃山時代(1536〜1598)

＊　　　＊　　　＊

◇史跡 太閤記　藤本光著　新人物往来社　1993.11　482p　21cm　9800円　①4-404-02060-0
　＊豊臣秀吉〈史跡〉事典ともいうべき大著。全国700カ所に及ぶ秀吉の史跡をとおして，その生涯を叙述する。秀吉の足跡を知る決定判。
◇豊臣秀吉　近畿日本ツーリスト　1998.8　191p　22cm　(歴史の舞台を旅する　1)　1800円　①4-87638-658-7
◇豊臣秀吉 ― 物語と史蹟をたずねて　嶋岡晨著　成美堂出版　1973　215p　図　19cm　600円
◇秀吉の京をゆく　津田三郎文，創作工房写真編集　淡交社　2001.9　125p　21cm　(新撰 京の魅力)　1500円　①4-473-01843-1

徳川家康

愛知県，東京都　安土桃山時代，江戸時代(1542〜1616)

＊　　　＊　　　＊

◇大御所徳川家康の城と町 ― 駿府城関連史料調査報告書　静岡市教育委員会編　静岡市教育委員会　1999.3　205,65p　30cm
◇徳川家康の生母於大 ― その周辺と史蹟を訪ねて　村瀬正章著　愛知県郷土資料刊行会　1998.11　258p　19cm　1500円　①4-87161-065-9
　＊お大の思慮深さ，夫や子に対する愛情と信仰心，そして自らの運命を切り開いていく強い生活態度を思うと，お大は知・情・意を兼ね備えた女性であった。戦国の歴史の中で生き抜いたお大の生き方は，私たちに大きな教訓を与えてくれる。それは現代に生きるわれわれにも通じるものがあると考えるからである。
◇徳川家康歴史紀行5000キロ　宮脇俊三〔著〕　講談社　1998.4　227p　15cm　(講談社文庫)　400円　①4-06-263753-7
◇徳川家康 ― 物語と史蹟をたずねて　神坂次郎著　成美堂出版　1976　222p　19cm　700円
◇徳川家康タイムトラベル　宮脇俊三著　講談社　1983.4　194p　19cm　890円　①4-06-200509-3

伊達政宗

宮城県　安土桃山時代，江戸時代(1567〜1636)

＊　　　＊　　　＊

◇ザ・仙台 ― 伊達政宗と杜の都　読売新聞社　1986.11　162p　30cm　2000円　①4-643-54970-X
◇伊達政宗探訪 ― 逸見英夫仙台郷土史著作集2　逸見英夫著　宮城地域史学協議会　1993.12　270p　21cm　(宮城地域史学文庫　第5集)　2700円
◇伊達政宗公ゆかりの寺院 その2　宮城文化協会　1987.10　39p　26cm　500円

◇伊達政宗公ゆかりの寺院 仙台編 その1　宮城文化協会　1987.7　35p　26cm　500円
◇伊達宗城在京日記　日本史籍協会編　東京大学出版会　1972　726p　22cm　(日本史籍協会叢書)　3000円

日本史―近世

◇井伊直弼―物語と史蹟をたずねて　徳永真一郎著　成美堂出版　1974　216p　肖像　19cm　650円
◇大岡越前―物語と史蹟をたずねて　竹内勇太郎著　成美堂出版　1976　208p　肖像　19cm　700円
◇大村益次郎―物語と史蹟をたずねて　土橋治重著　成美堂出版　1976　221p　肖像　19cm　700円
◇春日局―物語と史蹟をたずねて　松本幸子著　成美堂出版　1988.8　232p　19cm　900円　①4-415-06568-6
　＊明智光秀の重臣斎藤利三の娘として、貞女のなんたるかを躾けられた春日局は、幼くして父を失い、謀反人の娘として流浪の日々をひっそりとかくれるように生きてきた。長じてからは、夫の不実に悩み、失意のうちに婚家を出奔。のち、板倉勝重の斡旋で家光の乳母として大奥にのぼった。自分を慕うあまり実の両親に疎まれた家光をひたすら庇い、将軍継承問題では身を呈して家光を救い、やがて、家光の絶大な信頼を得て大年寄として大奥に君臨する。本書は、徳川三代将軍家光の乳母となり、卓抜した政治力と鉄のような意志をもって大奥を取りしきった女傑の生涯を描き、実像に迫る。
◇国定忠治の旅　新月通正著　朝日ソノラマ　1981.2　197p　19cm　850円
◇近藤富蔵―物語と史蹟をたずねて　小川武著　成美堂出版　1973　224p　19cm　600円
◇清水次郎長―物語と史蹟をたずねて　竹内勇太郎著　成美堂出版　1988.1　224p　19cm　900円　①4-415-06564-3
　＊浪曲の名調子で、あるいは講談、映画や大衆小説で、ご存じ清水の次郎長と清水一家の面々の物語は誰でも知っている。他の博徒、侠客にはない次郎長の持つ一種の明るさ、闊達さによって「やくざ・博徒」のマイナスイメージを超え、人気・知名度とともにナンバーワンの侠客として庶民の心に生きてきた。伝説とフィクションに彩られて、その素顔は意外らかではないが、本書はその人気の秘密を探りつつ、清水港の暴れん坊から貧乏博徒に、そして海道一の大親分にと、幕末、維新の激動の時代を越え、新しい時代に適応しながら、数々の修羅場をくぐり抜けて生きた1人の侠客の足跡と生涯を追った。
◇清水次郎長―物語と史蹟をたずねて　竹内勇太郎著　成美堂出版　1999.12　319p　15cm　(成美文庫)　543円　①4-415-06866-9
　＊浪曲の名調子、講談、映画、大衆小説で人気ナンバーワンの侠客といえば清水次郎長。法度を犯し、宿場から宿場へと浮草のように流れる「無宿人・博徒」のマイナスイメージを払拭し、明るく、爽快なイメージを与えてくれるのは次郎長のもつ独得の潤達さにある。清水港の暴れん坊から海道一の大親分へと数々の修羅場をくぐり抜けて生きた侠客の一代記。
◇たけはら―安芸の小京都　頼山陽のふるさと　太田雅慶編　ブレーン企画　1987.2　116p　26cm　700円
◇旅する益軒『西北紀行』―山城・丹波・丹後・若狭・近江を巡る　西村隆夫著　和泉書院　1997.11　206p　19cm　2500円　①4-87088-872-6
◇忠治街道かけめぐる―探訪三十年 国定忠治とその外伝　井上俊郎著　あさを社　1978.3　205p　19cm　1200円
◇東遊漫録　頼山陽著　東城書店　1982.9　58p〔25〕枚　25cm　2500円
◇遠山金四郎―物語と史蹟をたずねて　童門冬二著　成美堂出版　1982.8　206p　19cm　900円　①4-415-06547-3
◇徳川吉宗―物語と史蹟をたずねて　井口朝生著　成美堂出版　1983.6　205p　19cm　900円
◇徳川吉宗―物語と史蹟をたずねて　井口朝生著　成美堂出版　1994.10　273p　15cm　(成美文庫)　560円　①4-415-06409-4
　＊紀伊家の庶子の末に生まれながらも、天下の将軍となった幸運児・吉宗は、六尺豊かな堂々たる体軀で武芸に励み、歴代将軍の中では異色の存在である。自ら粗衣をまとい、勤倹尚武の風を奨励、名奉行大岡越前をはじめ多くの能吏を登用して「享保の改革」を断行していく。後に"徳川幕府中興の英主"と称えられた八代将軍吉宗の生涯と施政の実体に迫る。
◇二宮金次郎遺跡巡り―文と写真で綴る尊徳翁への想い　藤森自空著　草輝出版　2000.7　221p　19cm　1300円　①4-88273-056-1

◇日本の旅人 11　頼山陽―歴史への帰還者　野口武彦著　淡交社　1974　220p　22cm　950円
◇日本の旅人 13　渡辺崋山―優しい旅びと　芳賀徹著　淡交社　1974　248p　22cm　950円
◇日本の旅人 7　髙山彦九郎―京都日記　野間光辰著　淡交社　1974　200p　地図　22cm　950円
◇宣長大平旅日記　玉村禎祥著　近畿文化誌刊行会　1985.3　224p　21cm　(近畿文化誌叢書 第1集)　2000円
◇白隠を歩く　杉全泰写真，野木昭輔文　佼成出版社　1992.1　158p　21cm　(写真紀行 日本の祖師)　2000円　Ⓓ4-333-01548-0
◇平賀源内―物語と史蹟をたずねて　船戸安之著　成美堂出版　1999.10　316p　16cm　(成美文庫)　543円　Ⓓ4-415-06865-0
　＊江戸中期、火浣布(燃えない布)や寒暖計、エレキテル(摩擦起電機)の製作などレオナルド・ダ・ビンチに比せられるほど、多彩な才能を発揮した平賀源内にとって封建制度の壁は厚かった。彼は18世紀から20世紀にまたがる大きな虹を描いてみせた。それは壮大で華麗ではあったが、早すぎたはかない虹であった。そこに彼の悲劇があった。
◇平賀源内―物語と史蹟をたずねて　船戸安之著　成美堂出版　1978.3　224p　19cm　800円
◇防長路―Yamgin Graph 第8　村田清風の事蹟をたずねて　山口銀行編　1960-64　21cm
◇最上徳内　島谷良吉著　〔新装版〕　吉川弘文館　1989.11　309p　19cm　(人物叢書)　1860円　Ⓓ4-642-05177-5
　＊鋭い科学的洞察力をもって、蝦夷・千島・樺太をしばしば探検、アイヌ民族と接し、ロシア語に精通した幕吏最上徳内。北方の防衛、開発・保護などに寄与した数々の先駆的業績は、今日の領土・漁業問題にも深い史的掛り合いを持つ。多年、厖大な資料を精査し徳内の足跡を究めた著者が、敬愛をもって描いた本書は多くの人々に読まれるべき好著である。
◇雷電為右衛門旅日記　田中邦文著，東部町商工会青年部編　銀河書房　1983.6　249p　22cm　2600円
◇和算家の旅日記　佐藤健一著　時事通信社　1988.5　239p　19cm　1700円　Ⓓ4-7887-8815-2
　＊和算家のなかには「旅」をしながら数学を教え歩く一群の人びとがいた。「遊歴算家」と呼ばれた人たちである。大島喜侍、山口和、佐久間纉、犬目の兵助…。彼らは、数学を生活の糧にするとともに、数学に深い愛情をいだいていた。こうして、文明開化とともに流入する西洋数学を素早く受け入れる素地をつくったのである。

水戸光圀

茨城県　江戸時代(1628～1700)

＊　　＊　　＊

◇水戸徳川―光圀、斉昭の残影を求めて　青木正雄写真集　青木正雄著　光村印刷　1993.4　47p　20×22cm　(Bee books)　1500円　Ⓓ4-89615-657-9
◇水戸黄門―物語と史蹟をたずねて　稲垣史生著　成美堂出版社　1980.4　208p　19cm　800円
◇水戸黄門紀行　鈴木一夫著　(大阪)保育社　1990.12　151p　15cm　(カラーブックス)　620円　Ⓓ4-586-50804-3
　＊水戸藩二代藩主徳川光圀の足跡を辿り、光圀の実像とその人間性に迫る。
◇水戸黄門の跡をゆく　鈴木茂乃夫著　暁印書館　1994.11　227p　19cm　1600円　Ⓓ4-87015-111-1
◇水戸黄門の遊跡　日立地方の巻　鈴木彰著　崙書房　1979.2　148p　18cm　(ふるさと文庫)　580円

円　空

関東地方～北海道　江戸時代(1632～1695)

＊　　＊　　＊

◇円空山河―尾張・美濃・飛騨の円空街道を疾走する　黒野興起著　ブックショップ「マイタウン」　1988.10　185p　21cm　1400円
◇円空巡礼―近江路 伊勢路 大和　小竹隆夫写真　グループ"木魂"　1979　145p　21cm　2300円
◇円空巡礼　後藤英夫，長谷川公茂，三山進著　新潮社　1986.11　120p　22cm　(とんぼの本)　1100円　Ⓓ4-10-601940-X
◇円空の旅―信仰のふるさと　文:飯沢匡，五来重，写真:二村次郎　毎日新聞社　1974　170p　22cm　(日本のふるさとシリーズ)　1600円

◇円空風土記　丸山尚一著　読売新聞社　1974　375,8p 図　21cm　3000円
◇円空　微笑の旅路　三宅雅子著　叢文社　2001.6　157p　19cm　1600円　①4-7947-0371-6
　＊得もいわれぬ微笑仏のほほ笑みの謎は…？円空のイバラの路を女流歴史作家がたどる。寛永9(1632)年、「父無し子」として美濃の国・木曽川と長良川に挟まれた低湿地帯に生まれた円空は、幼くして洪水に母を奪われた。23歳で世話になった寺を飛び出し、伊吹山に登って修験の道に—。貧困・無知・病魔・悪政に苦しむ衆生の救済を志し、12万体の仏像彫刻の悲願のもと、北海道から九州まで、山を駆け野に伏して最後にたどりついた微笑の世界とは？円空生涯の謎に迫る。
◇新・円空風土記　丸山尚一著　里文出版　1994.9　522p　21cm　4800円　①4-947546-72-7
　＊江戸中期の遊行造像僧・円空の木彫仏に現代彫刻の原点をみ、その中に秘められた土の匂い、陽の匂い、風の音、雨の音、雪の静けさにひかれた著者が、40年の歳月をかけ、円空が滞在し、刻んだ、その風土を訪ね、調べ、感動した円空仏への思いとその旅の集大成である。
◇微笑の円空仏を訪ねる旅　小竹隆夫撮影　太陽社　1978.3　180p　28cm　(Sun mook no.1)　1800円
◇美濃路—円空さんが歩いた道　中濃広域観光推進協議会　1985.3　44p　21cm

宮本武蔵

岡山県　江戸時代(1584〜1645)

＊　　＊　　＊

◇宮本武蔵—物語と史蹟をたずねて　川村晃著　成美堂出版　1998.3　300p　16cm　(成美文庫)　543円　①4-415-06490-6
　＊宮本武蔵は剣の道をきわめるだけではなく、自分の才能を多面的に花ひらかせ、画業をはじめ諸芸に通じる偉大な人間であったが、なにがそれを可能にしたのであろうか。本書は瓦礫雑多な資料を適正に整理し、朦朧としていた俗伝巷説の数々の謎を明らかにして大きな空白を埋め、いま、武蔵の真実の全体像を鮮やかに浮きぼりにする。
◇宮本武蔵—物語と史蹟をたずねて　川村晃著　成美堂出版　1984.1　222p　19cm　900円　①4-415-06550-3
◇宮本武蔵の旅　城塚朋和文，城塚尚興写真　六興出版　1984.3　205p　20cm　980円

赤穂浪士と忠臣蔵

兵庫県，東京都　江戸時代

＊　　＊　　＊

◇赤穂義士史跡めぐり　赤穂市教育研究所義士と教育部編　改訂版　赤穂市文化振興財団編　赤穂市文化振興財団　1993.3　42p　21cm
◇赤穂浪士—物語と史蹟をたずねて　船戸安之著　成美堂出版　1974　224p　19cm　650円
◇忠臣蔵名所　田中緑紅著　京を語る会　1958　59p　19cm　(緑紅叢書　第20輯)　300円
◇歴史紀行「忠臣蔵」を歩く　森本繁著　中央公論社　1999.1　366p　16cm　(中公文庫)　838円　①4-12-203330-6
　＊全国に散在する赤穂義士の遺跡。なぜ日本人はかくも「忠臣蔵」に心ひかれるのか。そんな疑問から故地をめぐる旅が始まった。長年、実証歴史作家として研鑽を積んだ著者が、東京、京都、大阪、赤穂、広島…と、ゆかりの地をたどりながら、その眼と脚でさぐった「元禄赤穂事件」の謎と真実。
◇歴史写真紀行元禄の夢跡—林義勝写真集　林義勝〔著〕　日本写真企画　1999.10　143p　22cm　2300円　①4-930887-18-6
　＊「忠臣蔵」の世界における"現場"を物語の順に旅をする写真集。収められたすべての写真は、著者の遠近両用の眼差しによって絞り込まれた、「忠臣蔵」の断面であり、"忠臣蔵"は、元禄という特殊な色を放つ季節に咲いた、不思議なけしきであることが、清々しく伝わってくる。

伊能忠敬

千葉県〜全国各地　江戸時代(1745〜1818)
指定：史跡「伊能忠敬旧宅」

＊　　＊　　＊

◇伊能忠敬　近畿日本ツーリスト　1999.5　191p　22cm　(歴史の舞台を旅する　4)　1714円　①4-87638-674-9

◇伊能忠敬を歩く——江戸から蝦夷へ四百里の旅ガイド　「伊能忠敬の道」発掘調査隊編著　広済堂出版　1999.2　143p　21cm（ウォーキングbook 3）1600円　①4-331-50674-6
＊忠敬旅立ちから200年が訪れる西暦2000年。忠敬の測量旅行を、現代人が追体験するための完全ガイド版刊行。
◇伊能忠敬——かがやく日本地図　今井誉次郎著　講談社　1982.12　189p　18cm（講談社火の鳥伝記文庫）390円　①4-06-147540-1
◇私の伊能ウオーク574日——ニッポン再発見の旅　畑中一一著　現代書館　2001.4　220p　20cm　2000円　①4-7684-6798-9

大黒屋光太夫

ロシア　江戸時代(1751～1828)

＊　　＊　　＊

◇大黒屋光太夫追憶——古都ペテルブルグ・イルクーツクを訪ねて　衣斐賢譲著, 田口栄志, 衣斐信行編　竜光禅寺出版部　1992.2　199p　19cm　1500円
◇大黒屋光太夫　亀井高孝著　〔新装版〕　吉川弘文館　1987.2　350p　19cm（人物叢書）1900円　①4-642-05067-1
＊伊勢白子の船頭光太夫は、露領の北海小島に漂着してつぶさに辛酸をなめ、国都ペテルブルグに至り、女帝に拝謁を許され、日露国交開始の橋渡しとして漸く11年後に送還された。著者の数奇な運命児を単に漂泊中の足跡をたどって追究するだけでなく、わが鎖国下の国際情勢を緻密に分析しつつ、ダイナミックに描き出した。
◇北槎聞略——大黒屋光太夫ロシア漂流記　桂川甫周著, 亀井高孝校訂　岩波書店　2000.10　484p　15cm（岩波文庫）860円　①4-00-334561-4
＊天明2(1782)年12月、駿河沖で遭難した回米船の船頭・大黒屋光太夫と乗組の一行は7か月余漂流の後アムチトカ島にたどり着く。本書は桂川甫周が幕命によって光太夫から聴取した聞書で、約10年に及ぶ漂民体験やロシア帝国の風俗・制度・言語等を驚くべき克明さで記録した第一級の漂流記である。

良　寛

新潟県～全国各地　江戸時代(1758～1831)

＊　　＊　　＊

◇いしぶみ良寛　続編　渡辺秀英著　考古堂書店　1997.4　173p　26cm　2800円　①4-87499-539-X
＊良寛ゆかりの碑、83基を拓本・碑とともに解説。
◇良寛——物語と史蹟をたずねて　八尋舜右著　成美堂出版　1986.11　223p　19cm　950円　①4-415-06561-9
＊地位も名誉も金もいらない。人を愛し、自然に親しみ、風狂と漂泊のなかから珠玉の詩歌を生んだ大愚良寛の生涯。
◇良寛ガイド——心の豊かさを訪ねて　考古堂書店編集部編, 加藤僖一監修　考古堂書店　1998.11　96p　19cm　1200円　①4-87499-555-1
◇良寛に会う旅　中野孝次著　春秋社　1997.6　206p　20cm　2000円　①4-393-44129-X
＊美徳の源泉を尋ねる。国上山の五合庵や、良寛が生きた越後の舞台を訪ね良寛のたたずんだあたりに立ち来し方をしのぶ紀行。美しい季節のカラー写真と共に著者自身の思い入れ。
◇良寛を歩く　水上勉著　日本放送出版協会　1986.3　237p　21×16cm　1600円　①4-14-008479-0
＊本当の和尚が見えてきた。詩作三昧にふけり、安穏と暮らしたかに見える良寛だが、実は腐敗した宗教に批判の眼を向け、越後蒲原平野の苦惨の現実をじっくりと見つめていた。群馬県木崎、新潟県蒲原郡、岡山県玉島を徹底取材！
◇良寛を歩く　水上勉著　集英社　1990.12　237p　15cm（集英社文庫）350円　①4-08-749668-6
＊僧侶でありながら寺に住まず、経をよまず、弟子をとらず。妻子もなく孤独な詩作三昧の暮らしぶり。野山で庶民の子らと手毬つき、かくれんぼ。一所不住、随処作主、禅僧として最高の行雲流水を生きた良寛。木崎、分水・出雲崎、備中玉島、京都、寺泊、和島村。良寛和尚のゆかりの地を歩き、愛と反骨の人生をたどる水上勉のほろつき文学紀行。
◇良寛をもとめて　松岡新也著　朝日ソノラマ　1975　156p 図　18cm（紀行シリー

ズ) 550円
◇「良寛幻想」―詩画集 良寛をさがす私の心の旅 良寛歌,小島寅雄絵・詩・文 求竜堂 1998.1 1冊 21×19cm 1800円 ①4-7630-9801-2
  * 良寛の歌と、寅雄の絵と詩と文で、五合庵、国上山、蒲原平野、出雲崎など、良寛をさがしながら歩いた越後路。小島寅雄描きおろしによる初の詩画集。
◇良寛賛―いちねんの旅 鶴田忠義著 (福岡)葦書房 1986.4 264p 19cm 1500円
  * 孤愁の人・良寛さんへのモノローグ。寺泊へ、佐渡へ―自らの良寛さんを求めて辿る風流茶人の気ままな旅。居ながらにして四季を、そして人間を旅する新感覚の紀行評論
◇良寛巡礼 小林新一著 恒文社 1992.3 158p 24×21cm 4500円 ①4-7704-0745-9
  * 良寛の生きた道を歩いてみよう。越後出雲崎の名主の長男として生まれ、試行錯後の末に出家して風光温暖な備中玉島の円通寺で修行し、聖胎長養に西国路を放浪、再び越後に帰還した良寛。著者は28年の歳月にわたり自ら良寛が歩いたその道筋を追跡。これまで知られていなかった高野山の山本家墓や「高野紀行」の"さみつ坂"を発見するなど良寛研究の新提言がある。越後と西国に残る美しい自然の四季を捉えた写真紀行。
◇良寛の書と風土 加藤僖一著 第9版 考古堂書店 2001.1 225p 21cm (考古堂ブックス 2) 1800円 ①4-87499-114-9
  * 年を追ってますます光彩を放つ良寛の書の名品と、良寛をはぐくんだ美しい風土の魅力のすべてを紹介。
◇良寛の旅 加藤僖一著 野島出版 1976 130p 15cm (ノジマ・ブックス 1) 680円
◇良寛の旅 谷川敏朗著 恒文社 1990.6 246p 19cm 1600円 ①4-7704-0606-1
  * "名主の昼あんどん"とまで嘲笑された幼少年期の良寛が、どのように自己形成をとげ巨人となったか。全国的に点在している良寛遺跡を地域別にまとめその土地にちなんだ良寛関連の事蹟を詳しく解説。良寛の遺跡を歩くガイド。
◇良寛のふるさと 小林新一,宮栄二著 中日新聞東京本社,東京新聞出版局 1968 206p 27cm
◇良寛のふるさと 小島正芳文,木原尚撮影 新潟日報事業社出版部 1988.3 119p 21cm 1500円 ①4-88862-335-X

◇良寛碑をたずねて 吉田行雄著 旭光社 万松堂(発売) 1974 301,16p 図 21cm 1500円
◇良寛墨蹟探訪 宮栄二著 象山社 1983.7 215p 23cm 3800円
◇良寛みやげ―越後ふるさと出雲崎 目崎徳衛ほか著 名著刊行会 1988.10 103p 19cm 1000円 ①4-8390-0235-5
  * 浦のはるかに佐渡を浮べた日本海の古港・出雲崎に良寛堂が立っている。ひなびた風雅が寂しげに辺りを区切り、訪う人びとの感慨をみたしているが、建立者は耐雪・佐藤吉太郎であり、その志は良寛記念館へと連なった。文明の時代を超え、数かずの歴史の栄光と詩情をたたえた老いた町は何ゆえか現代の日本人の郷愁をさそう。この不思議な扉をひらく、小さな心の旅が本書である。
◇わたしの良寛 榊莫山著 毎日新聞社 1999.7 85p 27×23cm 3000円 ①4-620-60533-6
  * 良寛ゆかりの地を訪ねての、切々たる追慕の画文集。詩人・良寛の残した漢詩に、莫山先生が訳をつけた。その独特の味わいは、もう絶品というほかない。

間宮林蔵

北海道 江戸時代(1775～1844)

*　　　*　　　*

◇新サハリン探検記―間宮林蔵の道を行く 相原秀起著 社会評論社 1997.5 214p 20cm 2000円+税 ①4-7845-0366-8
  * サハリン特派員のみた林蔵の道。幻の北のシルクロード、北部大地震、謎のスターリントンネル、先住民や朝鮮人の暮らし…。国境地帯にたくましく生きる人びとの現在をルポする―。
◇炎の海峡―小説間宮林蔵 海老原一雄著 新人物往来社 1990.6 461p 19cm 1700円 ①4-404-01738-3
  * 世界地図に間宮海峡の名を残した間宮林蔵を同郷人が克明に描いた感動の生涯。
◇間宮林蔵 洞富雄著 〔新装版〕 吉川弘文館 1986.12 365p 19cm (人物叢書) 1900円 ①4-642-05061-2
  * 北辺急を告げる際、身を挺して蝦夷および樺太を探検し、ついに間宮海峡を発見してシベリア大陸に渡り、世界地理学史上に不滅の名を残す。彼はこの輝しい前

半生に反し、その後半生は"シーボルト事件"摘発の発頭人となり、さらに幕府の隠密として活躍した。新しい史料を基礎に、当時の世界情勢を背景として、その生涯を描く。
◇間宮林蔵　吉村昭著　講談社　1987.1　461p　15cm　（講談社文庫）　580円　①4-06-183912-8
　＊謎多き探検家の波瀾万丈の生涯を描く歴史長編。樺太は島なのか、大陸の一部なのか？世界地理上の謎であった同地を探検して島であることを確認し、間宮海峡を発見した間宮林蔵。その苦難の探検行をリアルに再現し、幕府隠密として生きた晩年までの知られざる生涯を描く。史実の闇に光をあてる長編傑作。
◇未踏世界の探検・間宮林蔵　赤羽栄一著　清水書院　1984.10　234p　18cm　（清水新書）　480円　①4-389-44036-5

松浦武四郎

北海道　江戸時代（1813〜1888）

　　　＊　　　＊　　　＊

◇蝦夷奇勝図巻―松浦武四郎自筆考証文付　谷元旦画　朝日出版　1973　図27枚　90p　31×44cm（蝦夷紀行：18×26cm）　35000円
◇北の風土記―武四郎つれづれ　吉田武三著　北海道新聞社　1975　253p　19cm　920円
◇校訂蝦夷日誌 1編　松浦武四郎著，秋葉実翻刻・編　北海道出版企画センター　1999.12　522p　22cm　①4-8328-9907-4
◇校訂蝦夷日誌 2編　弘化3年 西蝦夷地・カラフト　松浦武四郎著，秋葉実翻刻・編　北海道出版企画センター　1999.12　510p　22cm　①4-8328-9907-4
◇校訂蝦夷日誌 3編　嘉永2年 東蝦夷地沿岸・国後・択捉島　松浦武四郎著，秋葉実翻刻・編　北海道出版企画センター　1999.12　227,21p　22cm　①4-8328-9907-4
◇サハリン松浦武四郎の道を歩く　梅木孝昭著　北海道新聞社　1997.3　216p　19cm　（道新選書 31）　1456円　①4-89363-950-1
　＊「北海道」の名付け親・松浦武四郎の2度にわたるサハリン（樺太）踏査から150年。数々の悪条件を克服しながら7年に及ぶ執念の現地追跡調査を敢行、今、武四郎の偉業をつぶさに説き明かす。
◇静かな大地―松浦武四郎とアイヌ民族　花崎皋平著　岩波書店　1988.9　353p　19cm　2800円　①4-00-002656-9
　＊松浦武四郎は、足かけ14年、6回にわたってアイヌモシリを踏破する。そこには、豊かな大地に生きる人びとの固有の文化がいきづいていた。アイヌ民族との出会いのドラマが『日誌』に記される。旅は人をつくり変える。対象と共苦する記録者の目と手は、武四郎にどのような変貌を余儀なくさせたか。著者自らその足跡を追い、現在のアイヌの人びとの姿を重ねつつ、残された厖大な記録を立体的に読む。
◇武四郎蝦夷地紀行―渡島日誌1〜4 西蝦夷日誌7〜8　松浦武四郎著，秋葉実解読　北海道出版企画センター　1988.9　631p　22cm　8000円　①4-8328-8809-9
◇多気志楼蝦夷日誌集　松浦竹四郎著，正宗敦夫編纂校訂　現代思潮社　1978.10　3冊　16cm　（覆刻日本古典全集）
◇竹四郎廻浦日記 上　松浦武四郎著，高倉新一郎解読　北海道出版企画センター　1978.10　649p　22cm　7000円
◇東奥沿海日誌　松浦武四郎著，吉田武三編　時事通信社　1969　348p　図版　18cm　（時事新書）　400円
◇日本の旅人 14　松浦武四郎―蝦夷への照射　更科源蔵著　淡交社　1973　232p　22cm　950円
◇戊午東西蝦夷山川地理取調日誌 上　松浦武四郎著，高倉新一郎校訂，秋葉実解読　北海道出版企画センター　1985.3　676p　22cm　8500円
◇松浦武四郎知床紀行集―松浦武四郎没後百年記念　秋葉実解読　斜里町立知床博物館協力会　1994.9　97p　20×22cm
◇松浦武四郎紀行集 上　吉田武三編　富山房　1975　666,19p　図　肖像　22cm　3800円
◇松浦武四郎紀行集 下　吉田武三編　富山房　1977.2　649,43p　図22枚　22cm　4800円

ジョン万次郎

アメリカ　江戸時代（1828〜1898）

　　　＊　　　＊　　　＊

◇さざなみ軍記・ジョン万次郎漂流記　井伏鱒二著　新潮社　1986.9　284p　15cm　（新潮文庫）　320円　①4-10-103407-9
　＊都を落ちのびて瀬戸内海を転戦する平家一門の衰亡を、戦陣にあって心身ともに成長して行くなま若い公達の日記形式で

描出した「さざなみ軍記」。土佐沖で遭難後、異人船に救助され、アメリカ本土で新知識を身につけて幕末の日米交渉に活躍する少年漁夫の数奇な生涯「ジョン万次郎漂流記」。他にSFタイムスリップ小説の先駆とも言うべき「二つの話」を収める著者会心の歴史名作集。

◇ジョン万エンケレセ 永国淳哉著 高知新聞社 1982.3 210p 19cm (高新ふるさと文庫 6) 1100円

◇ジョン万次郎—アメリカを発見した日本人 成田和雄著 河出書房新社 1990.3 227p 15cm (河出文庫) 520円 ④4-309-47190-0

*天保12年(1848)、土佐の一漁師万次郎は太平洋の無人島・鳥島に漂着、アメリカの捕鯨船に助けられて、遙かな異郷の土を踏んだ。アメリカ東海岸の町フェアヘーブンの人々との交流、勇壮な捕鯨、ゴールドラッシュなどを体験し、11年後に生還した彼を待っていたのは、倒幕と開国に揺れる幕末日本であった…。最初の国際人の数奇な生涯と、いまに至る心温まる日米交流の秘話を、現地取材で追跡した感動のノンフィクション。

◇ジョン万次郎のすべて 永国淳哉編 新人物往来社 1992.12 260p 19cm 2800円 ④4-404-01970-X

*幕末の日米経済摩擦に全力で貢献した男・ジョン万次郎の生涯を全調査。

◇ジョン・マンと呼ばれた男—漂流民中浜万次郎の生涯 宮永孝著 集英社 1994.1 285p 19cm 1800円 ④4-08-781092-5

*動乱の幕末、アメリカ漂流の中で新しい運命を見出したジョン万次郎の軌跡を海外取材と新史料で追体験する本格的評伝。

◇中浜万次郎集成 川澄哲夫編 小学館 1990.6 1119p 21cm 18000円 ④4-09-358041-3

*万次郎の業績とその時代背景を知ることは、日本史の欠けている部分を埋めることである。万次郎の見聞・述懐・紀行・語録・論評を、多数の写本・英文記録などから初めて集大成。

◇中浜万次郎漂流記 高橋史朗校訂、前田和男編 高知県立高知追手前高等学校 1988.11 78p 26cm

◇漂巽紀略 川田維鶴撰 高知市民図書館 1986.3 147,74p 22cm 2000円

◇私のジョン万次郎—子孫が明かす漂流150年目の真実 中浜博著 小学館 1991.3 287p 19cm 1800円 ④4-09-387065-9

*ジョン万次郎の曾孫(4代目)が中浜家に代々伝わる秘蔵の資料と、永年かけて調べあげた事実を、今初公開。また、その生涯とその業績を、豊富な写真と図版で浮き彫りにする。

◇私のジョン万次郎—子孫が明かす漂流の真実 中浜博著 小学館 1994.10 281p 15cm (小学館ライブラリー 63) 800円 ④4-09-460063-9

*日本の夜明けに、坂本竜馬を始め多くの人に大きな影響を与えたジョン万次郎。漂流から百五十年余、直系子孫が語る波乱に満ちたその生涯。

アメリカ彦蔵

アメリカ 江戸時代(1837〜1897)

*　　　*　　　*

◇ジョセフ=ヒコ 近盛晴嘉著 〔新装版〕 吉川弘文館 1986.5 291p 19cm (人物叢書) 1600円 ④4-642-05038-8

*ヒコは漂流して渡米、日本人として禁教後最初にキリスト教の洗礼を受け、また帰化第1号の米国市民権を得る。ハリスに伴われて開国日本に帰り、わが国最初の新聞『海外新聞』を発行し、幕末明治の文化の恩人となった。著者はヒコ研究に30年、この"新聞の父"の生涯と功績とを克明に記し、また『ヒコ自伝』を正確にした。

◇ジョセフ彦—ドキュメント・リンカーンに会った日本人 数奇な運命に彩られた漂流者の生涯 近盛晴嘉著 日本ブリタニカ 1980.3 254p 19cm 1200円

◇ジョセフ彦漂流譚 近盛晴嘉著 日本古書通信社 1987.10 76p 10cm (こつう豆本 81) 500円

◇漂流—ジョセフ・ヒコと仲間たち 春名徹著 角川書店 1982.1 253p 19cm (角川選書 132) 880円

日本史—近代

◇会津白虎隊—物語と史蹟をたずねて 星亮一著 成美堂出版 1988.1 224p 19cm 900円 ④4-415-06565-1

*戸ノ口原の戦いに敗れた白虎隊士20名は飯盛山に退き、集団自刃して若い命を自ら散らした。16、17歳の少年たちを従容として死に向かわせた壮烈なまでの会津

武士道とは？
◇榎本武揚―物語と史蹟をたずねて　赤木駿介著　成美堂出版　1980.12　240p　19cm　900円
◇大久保利通―物語と史蹟をたずねて　松永義弘著　成美堂出版　1989.10　223p　19cm　1000円　Ⓟ4-415-06571-6
　＊西郷隆盛、木戸孝允とともに、近代日本国家の基礎を築いた大久保利通は、後世、「維新の三傑」の一人として称えられた。だが、西郷、木戸と比して大久保は、およそ面白味のない"冷徹な官僚政治家"として大衆的人気は低い。しかし、新しく発足した新政府が、内外に深刻な問題を抱え、たえず分裂・抗争の危機をはらんでいた激動の時代に、西郷の異常なまでの郷土愛、木戸の理想主義に対し、大久保は現実社会の本質を見極め、そのときそのときの最善と信ずる策をとり、それを断乎として実行した。断乎すぎて、現実実義者で冷酷と憎まれた所以である。本書は、近年、日本史上偉大な政治家の一人として見直され評価の高い政治家の事蹟を調べその実像を描く。
◇和宮―物語と史蹟をたずねて　遠藤幸威著　成美堂出版　1979.12　224p　19cm　800円
◇シベリア横断 福島安正大将伝　坂井藤雄著　葦書房　1992.4　308p　19cm　2050円
　＊1892年、単騎ベルリンを発しウラル、シベリアを横断、ウラジオストックを経て帰国した陸軍大将・福島安正。その1万4000キロにわたる苦闘の足跡と時代の背景を辿る。
◇島津斉彬・道中記　都城市立図書館編　都城市立図書館　1977.9　166p　25cm　1500円
◇謝花昇集　伊佐真一編　みすず書房　1998.6　402p　19cm　5700円　Ⓟ4-622-03666-5
　＊本書は、謝花昇が書いた「東京留学日記」から、卒業論文、講演記録、行政文書、新聞投書、唯一の著書『沖縄糖業論』、病気全快の広告に至るまで28点、いま知られる限りの全てを集めた。それとともに、彼に関連する人物、なかんずく「沖縄倶楽部」で苦楽をともにした人々の行動を克明に追った年譜も収めた。そしてこれらの収集資料と調査に基づく編者渾身の力作『謝花昇―近代日本を駆け抜けた抵抗』も併載した。
◇大志と野望―ウィリアム・スミス・クラークの足跡をたずねて　北海道放送「大志と野望」特別取材班構成,阿部進企画,児玉喬夫絵　KABA書房　1981.12　64p　27cm（はかせブックス）　1500円
◇新渡戸稲造―物語と史蹟をたずねて　井口朝生著　成美堂出版　1984.11　222p　19cm　900円　Ⓟ4-415-06553-8
◇二本松少年隊―物語と史蹟をたずねて　星亮一著　成美堂出版　1998.9　301p　15cm（成美文庫）　543円　Ⓟ4-415-06806-5
　＊戊辰の戦局は混迷の度を極め、薩摩・長州を主力とする西軍は奥州白川口まで攻め寄せてきた。圧倒的な武力を背景とする西軍に対しあくまで抗戦を貫くか恭順かで二本松の藩論はゆれていたが、慶応4年7月28日の早暁、母の手で名前を縫いつけられた着物を身につけた少年たちは、墳墓の地を守りぬく誇りを胸に大壇口へ出陣していった。

勝海舟

東京都　幕末期, 明治時代（1823～1899）
　　　　＊　　＊　　＊

◇勝海舟―物語と史蹟をたずねて　船戸安之著　成美堂出版　1991.1　222p　19cm　1000円　Ⓟ4-415-06526-0
　＊幕臣でありながら幕藩体制を超越し、誠心、日本国を思いながら、世界に目を向けていた好漢・勝海舟の生涯を描く。
◇勝海舟の嫁 クララの明治日記 上　クララ・ホイットニー著, 一又民子, 髙野フミ, 岩原明子, 小林ひろみ訳　中央公論社　1996.5　598p　15cm（中公文庫）　1200円　Ⓟ4-12-202600-8
　＊明治八年、商法講習所の教師として招かれた父親にしたがい、十四歳のクララは一家とともに来日する。のち勝海舟の三男・梅太郎と国際結婚、一男五女をもうけ、明治三十三年にアメリカへ帰国するまで、大小のノート十七冊に及ぶ日記を遺した。上巻では来日より明治十一年七月十八日までの日記を収録、純粋な少女の目に映った当時の日本の風俗、勝海舟ら明治の礎を築いた人々の日常を生き生きと描写する。
◇咸臨丸出航―物語と史蹟をたずねて　土橋治重著　成美堂出版　1973　222p　19cm　600円

日本史―近代　　　　　　　　　　　　　　　　　　　　　　　　　　　　人物探訪

岩倉具視と岩倉使節団

京都府　幕末期,明治時代(1825～1883)

*　　　*　　　*

◇アメリカの岩倉使節団　宮永孝著　筑摩書房　1992.3　262p　19cm　（ちくまライブラリー　70）　1350円　④4-480-05170-8
　＊近代文明の構築のために明治新政府の権力中枢によって企てられた200余日間の大陸横断旅行。
◇岩倉使節団『米欧回覧実記』　田中彰著　岩波書店　1994.2　235p　16cm　（同時代ライブラリー　174）　900円　④4-00-260174-9
　＊新生日本の草創期に1年10か月にわたる米欧の旅。大国・中国・小国と直面する状況が様々に異なる諸国で、博大な見聞と体験をした。大久保利通らの一行は、日本の進路に重ねて、何を感じ、何を構想したか。『実記』を携えて追体験の旅を関した著者ならではのユニークな一書。
◇白い崖の国をたずねて―岩倉使節団の旅 木戸孝允のみたイギリス アルビオン　宮永孝著　集英社　1997.3　285p　20cm　1648円　④4-08-781148-4
　＊明治5年7月、"東洋のイギリス"をめざす東の島国から、7つの海に君臨する西の島国に、はじめて岩倉具視を全権大使とする政府使節団が訪れた。副使・木戸孝允を中心に、120日にわたったイギリス滞在生活をはじめて再現し、かれら少壮の新政府のリーダーたちが、精力的に視察をかさね、見聞をひろげて学んだものを明らかにする。当時の銅版画や地図、写真などの新資料も多数収録。見失ってしまった現代日本の原点を探る―。
◇新・米欧回覧―岩倉使節団の旅を追う 歴史紀行　古川薫著　毎日新聞社　1993.6　218p　20cm　1500円　④4-620-30943-5
◇堂々たる日本人―知られざる岩倉使節団 この国のかたちと針路を決めた男たち　泉三郎著　祥伝社　1996.11　267p　19cm　1600円　④4-396-61062-9
　＊一個の弾丸も放たず、一滴の血も流さずに封建制度を撤廃した「廃藩置県」のわずか半年後、明治新政府の多数の指導者が世界視察の旅に発った。世界史に例のないこの岩倉使節団の壮挙こそ「明治という国家」創成の秘密を解くカギであり、

日本近代化の原点である。歴史講談のごとき著者の語り口によって甦った歴史の真実。それは、国家の命運をにない、高い志を持ち、深い教養と鋭い観察眼をそなえ、しかも礼節を失わなかった「堂々たる日本人」の颯爽とした姿である。
◇「米欧回覧」百二十年の旅―岩倉使節団の足跡を追って 欧亜編　泉三郎著　図書出版社　1993.8　358p　19cm　2472円　④4-8099-0179-3
　＊久米邦武の『欧米回覧実記』に拠りつつ、岩倉使節団の旅した欧州とアジアの諸国を再訪した著者は、近代日本120年にとって使節団の旅がいかなる意味を持ったかを明らかにし、国際社会における今日の日本の立場を考える。
◇「米欧回覧」百二十年の旅―岩倉使節団の足跡を追って 米英編　泉三郎著　図書出版社　1993.3　317p　19cm　2575円　④4-8099-0175-0
　＊明治4年、岩倉具視を団長に新生日本のリーダーたちは世界一周の旅に出た。著者は今日においてこの旅をたどり直すことと、久米邦武『欧米回覧実記』の解読とを通じて、新たな国際化の試練に遭遇している日本の運命を考える。
◇歴史紀行 新・米欧回覧―岩倉使節団の旅を追う　古川薫著　毎日新聞社　1993.6　218p　19cm　1500円　④4-620-30943-5
　＊岩倉使節団が、先進文明諸国の視察のため、世界一周旅行の壮途についた日から120年。『回覧実記』を合せ鏡として、変容する欧米世界の現況を、写真と流麗な文章で活写した、新しい歴史紀行の傑作。

西郷隆盛

鹿児島県　幕末期,明治時代(1827～1877)

*　　　*　　　*

◇西郷隆盛紀行　橘川文三著　朝日新聞社　1985.5　222p　19cm　（朝日選書　280）　820円　④4-02-259380-6
◇西郷隆盛の道―失われゆく風景を探して　アラン・ブース著，柴田京子訳　新潮社　1993.7　213p　19cm　1300円　④4-10-525302-6
　＊延岡から高千穂をぬけ鹿児島へ…。西郷敗走のルートを辿りながら、田舎の素朴な人々の姿をユーモアたっぷりに描く。

376

◇写真紀行　西郷隆盛　福田敏之著　新人物往来社　1989.12　193p　19cm　1800円　Ⓘ4-404-01684-0
　＊悲劇の巨人を悼む西郷隆盛遺跡の写真紀行。
◇流魂記―奄美大島の西郷南洲　脇野素粒著　丸山学芸図書　1990.4　353p　19cm　1800円　Ⓘ4-89542-009-4
　＊5年間にわたる西郷隆盛の南島での流人生活の跡をくまなく訪ね歩き、多くの新資料をもとに知られざるその全容を描きつくす記念すべき労作。

吉田松陰

山口県　幕末期(1830～1859)　指定：史跡「吉田松陰幽囚の旧宅」、同「松下村塾」

　　　＊　　　＊　　　＊

◇日本の旅人 15　吉田松陰―東北遊日記　奈良本辰也著　淡交社　1973　224p　22cm　950円
◇吉田松陰全集 第10巻　日記 1　吉田松陰〔著〕, 山口県教育会編纂　マツノ書店　2001.1　471,7p　22cm
◇吉田松陰津軽の旅　柳沢良知〔著〕　柳沢良知　2000　67p　26cm
◇吉田松陰―物語と史蹟をたずねて　徳永真一郎著　成美堂出版　1976　221p　図　19cm　700円

福沢諭吉

幕末期, 明治時代(1834～1901)　指定：史跡「福沢諭吉旧居」

　　　＊　　　＊　　　＊

◇福沢諭吉―物語と史蹟をたずねて　岩井護著　成美堂出版　1998.9　285p　16cm　(成美文庫)　543円　Ⓘ4-415-06815-4
　＊咸臨丸での渡米をはじめ三度の欧米視察で、近代西洋文明の卓越を実感した福沢諭吉は、慶応義塾の創設や『西洋事情』などの著作活動を通じて、西洋思想・制度の普及に力を注いだ。本書は、慶応義塾から実業界にいくたの俊英を輩出させ、『学問のすすめ』など数多くの著作を通じて国民思想の変革を求めた、明治の思想的先覚者の生涯をたどる。

◇福沢諭吉―物語と史蹟をたずねて　岩井護著　成美堂出版　1982.12　216p　19cm　900円　Ⓘ4-415-06548-1
◇福沢諭吉と写真屋の娘　中崎昌雄著　大阪大学出版会　1996.10　213p　19cm　2060円　Ⓘ4-87259-025-2
　＊わずか11か月だが日本の近代化へのエポックをなす万延元年、遣米使節のサムライは咸臨丸で、サンフランシスコで何を体験し、記録したか。時に福沢諭吉27歳。綱淵謙錠氏も感動の史談。
◇諭吉のさと―城下町中津を歩く　横尾和彦著　西日本新聞社　1994.2　166p　19cm　1200円　Ⓘ4-8167-0355-1
　＊人誰か故郷を思わざらん―。19歳の諭吉が仲間たちに書き贈った「中津留別の書」は近代精神の提唱であった。維新の夜明けに蘭学者や大実業家を輩出した土壌、今に残る歴史の遺産は「西の博多、東の中津」の栄華を物語る。時は移り人は変わっても脈打つ伝統の底流。裏通りに横丁に"まちづくり"に励む人たちの心のひだの奥にひそむ庶民の哀歓探検。

坂本竜馬

高知県　幕末期(1835～1867)

　　　＊　　　＊　　　＊

◇京の旅観光総ガイド　特集：坂本竜馬・新選組　京美観光出版社編　京美観光出版社　1987.11　184p　21cm　600円　Ⓘ4-88599-028-9
◇坂本竜馬　近畿日本ツーリスト　1998.8　191p　22cm　(歴史の舞台を旅する 2)　1800円　Ⓘ4-87638-659-5
◇坂本竜馬の京の足跡・高瀬川の変遷　田中泰彦編集・解説　京を語る会　1990.11　154p　21cm　2060円
◇坂本竜馬―物語と史蹟をたずねて　八尋舜右著　日本点字図書館(製作)　1987.5　4冊　27cm　各1200円
◇坂本竜馬―物語と史蹟をたずねて　八尋舜右著　成美堂出版　1994.6　311p　15cm　(成美文庫)　560円　Ⓘ4-415-06401-9
　＊狂信的な尊攘運動が熾烈をきわめる幕末―。ずばぬけた発想と無類の行動力をもって、薩長同盟を成立させ、大政奉還の計画を推進した坂本竜馬。しかし、新時代の幕明けを前に刺客によって、あたら33年の生涯を近江屋に閉じた。かれの死後

日本史―近代　　　　　　　　　　　　　　　　　　　　　　　　　　　　　　　　　　人物探訪

には、明治新政府の青写真がのこされていた。維新史上第一級の英傑を描く、著者渾身の歴史小説。
◇坂本龍馬青春と旅　宮地佐一郎著　旺文社　1983.10　144p　26cm（旺文社人物グラフィティ）1600円
◇坂本竜馬と歩く　童門冬二著　新人物往来社　1987.2　202p　19cm　1600円　①4-404-01403-1
◇竜馬からのメッセージ―高知城の謎から幕末・竜馬関係までの史跡を探訪する　息のながい本　前田秀徳〔著〕　改訂　前田秀徳　1993.9　288p　21cm　2300円
◇竜馬脱藩物語―写真集　前田秀徳著　新人物往来社　1999.6　208p　20cm　2800円　①4-404-02811-3
　＊土佐の桜は早く咲き、早く散る。竜馬は、夢、多き春に土佐を旅立った。峠から土佐を見下ろした里に、さまざまな想いを残しての旅立ちであった。三月二十四日、春とはいえすでに城下の桜は散っていた。こんにちの暦に直せば、四月二十二日前後になろうか。早くから覚悟はできていたことであろうが、竜馬も人の子、希望と惜別のはざまで、その胸の内はまるで冬を迎える秋の想いであったのかもしれない。季節が春であったにもかかわらずその想いは複雑で、心という字の上に秋の文字（愁）が、寂しそうにあったのではないだろうか。とにかく、彼らが歩いたであろう多くの旧街道や、生活道が開発という名のもとに消え去ろうとしている。それらをふまえて、著者なりに竜馬たちが歩いたであろう道を今一度、考え直し、「竜馬脱藩（出奔）の物語」としてその記録を束ねておきたかった。これら写真の群れは「新説竜馬脱藩の道」に多くの疑問をもちながら、旧説竜馬脱藩の道を繰り返し追い求め、撮影したもので、文章はその「想い」を思いつくがままに書き下ろしたものである。
◇竜馬ゆかりの人と土地―高知県内版　高知県文化財団、高知県立坂本竜馬記念館編　高知県文化財団　1997.5　168p　18cm　762円

徳川慶喜

東京都　幕末期, 明治時代（1837～1913）

　　　　＊　　　　＊　　　　＊

◇写された明治の静岡―徳川慶喜と明治の静岡写真展　静岡市教育委員会編　静岡市教育委員会　1998.8　105p　20×21cm
◇徳川慶喜―物語と史蹟をたずねて　水野泰治著　成美堂出版　1997.12　268p　19cm　1000円　①4-415-06578-3
◇徳川慶喜を歩く　さんぽみち総合研究所編著, 植苗竹司監修　新紀元社　1998.1　176p　21cm　1300円　①4-88317-305-4
　＊読んで歩くか、歩いて見るか。水戸、江戸、京都、そして東京。足と心でたどる徳川慶喜ガイド。
◇徳川慶喜を紀行する―幕末二十四景　津川安男著　新人物往来社　1998.3　220p　21cm　2000円　①4-404-02598-X
　＊テレビプロデューサーが綴る徳川慶喜とその時代
◇徳川慶喜をめぐる歴史散歩―水戸・東京・静岡・京都・大阪　原遙平著　三心堂出版社　1998.2　100p　21cm　1300円　①4-88342-165-1
　＊本書では、幕末に関連のある博物館も取り上げ、必要な個所にはデータを挿入。観光ガイド的な情報も充実させた。
◇徳川慶喜の歴史散歩―最後の将軍が見た風景　保科輝勝著　なあぷる　1997.12　239p　21cm　1800円　①4-931440-04-5
　＊最後の徳川将軍・慶喜の足跡を、「場所」を中心にたどってみたのが本書である。百数十年前、慶喜がどこで何をしたのか。その場所はどのように変わっているのか。時の流れは変化を意味する。この変化を見つめてみよう。本書は、旅行ガイドとしても使えるように詳しく行程を描いている。

高杉晋作

山口県　幕末期（1839～1867）

　　　　＊　　　　＊　　　　＊

◇奇兵隊のまち、吉田―史跡ガイド　奇兵隊士研究所編　下関市吉田観光協会　1992.11　15p　26cm
◇写真集 高杉晋作の生涯　冨成博, 吉岡一生, 新谷照人, 清水恒治著　新人物往来社　1989.12　184p　19cm　2300円　①4-404-01689-1
◇高杉晋作―物語と史蹟をたずねて　八尋舜右著　成美堂出版　1976　224p　肖像　19cm　700円

人物探訪　　　　　　　　　　　　　　　　　　　　　　　　　　　　　　　　世界史

◇高杉晋作青春と旅　奈良本辰也著　旺文社　1983.12　144p　26cm　（旺文社人物グラフィティ）　1600円　④4-01-070732-1
◇高杉晋作と維新の史跡—やさしい歴史ガイド　「東行庵だより」編集部編　「東行庵だより」編集部　1986.4　111p　18cm

新撰組

京都府　幕末期　関連人物：土方歳三，沖田総司，近藤勇

＊　　　＊　　　＊

◇沖田総司—物語と史蹟をたずねて　童門冬二著　成美堂出版　1977.9　222p　19cm　800円
◇沖田総司を歩く　大路和子著　新人物往来社　1989.6　258p　19cm　2000円　④4-404-01621-2
　＊風のごとく疾駆する、幕末の天才剣士・沖田総司。25歳で逝った薄倖の生涯を訪ねて歩く、詩的ルポルタージュ。
◇沖田総司を紀行する　平石純子著　新人物往来社　1974　216p　21cm　1200円
◇沖田総司と新撰組の旅　尾崎秀樹著　旺文社　1984.2　144p　26cm　（旺文社人物グラフィティ）　1600円　④4-01-070733-X
◇紀行新選組　尾崎秀樹文，榊原和夫写真　新人物往来社　1973　202p図　20cm　900円
◇京の旅観光総ガイド　特集：坂本竜馬・新選組　京美観光出版社編　京美観光出版社　1987.11　184p　21cm　600円　④4-88599-028-9
◇新撰組—物語と史蹟をたずねて　童門冬二著　成美堂出版　1976　223p図　19cm　700円
◇新選組　女ひとり旅　赤間倭子著　鷹書房　1990.7　250p　19cm　（女ひとり旅シリーズ）　1000円　④4-8034-0370-8
　＊新選組の盛衰を追慕して、多摩・江戸・京都・甲州・流山・会津・仙台・函館へと女ひとり旅。隊士たちの生きざまに光をあてつつ、知られざる逸話異説を発掘する新選組ファン待望の書。
◇新選組残照—史跡探訪　赤間倭子著　東洋書院　1994.7　297p　19cm　1900円　④4-88594-221-7
　＊幕末動乱の時代を流星のように駆け抜けて散った新選組。多摩、京洛、坂東、さい果ての北海道まで新選組研究の第一人者がその遺跡を探訪する。

◇土方歳三への旅　村松友視著　PHP研究所　1988.3　258p　15cm　（PHP文庫）　450円　④4-569-26142-6
　＊新選組"鬼"の副長・土方歳三。激動する幕末に"士道"を貫かんと、近藤勇、沖田総司らと共に幕府擁護のため、時代の風に立ち向かって闘い抜いた男。生地日野から壮烈な最期を遂げる函館まで、虚実皮膜のライブ紀行を展開しながら、「誠」に殉じた男の35年にわたる生きざまと謎につつまれた真の姿に著者の筆が冴え渡る。
◇土方歳三—物語と史蹟をたずねて　童門冬二著　成美堂出版　1985.11　240p　19cm　900円　④4-415-06557-0
◇土方歳三を歩く　野田雅子，久松奈都子著　新人物往来社　1988.11　260p　19cm　1800円　④4-404-01554-2
　＊われらが青春の土方歳三。2人の乙女がその足跡を追って京都から雪の箱館まで歩きに歩いたノンフィクション。
◇誠—新撰組のふるさと日野　日野市観光協会編　日野市観光協会　1988.5　32p　19×26cm　500円

世界史

◇王陽明紀行—王陽明の遺跡を訪ねて　岡田武彦著　登竜館　1997.8　427p　22cm　3400円　④4-89619-135-8
　＊本書は日本の同志と中国の陽明学者との協同で、数回にわたって中国全土に散在する王陽明の遺跡を調査したときの旅行記である。

張　騫

中国　前漢時代（?〜前114）

＊　　　＊　　　＊

◇張騫とシルクロード—東西文化の交流　長沢和俊著　清水書院　1972　220p　20cm　（センチュリーブックス）
◇張騫とシルク・ロード　長沢和俊著　清水書院　1984.10　220p　18cm　（清水新書）　480円　④4-389-44030-6

379

アレキサンダー大王

バルカン半島～インド　紀元前4世紀(前356～前323)

＊　　＊　　＊

◇アレキサンダーの道―アジア古代遺跡の旅　井上靖文，平山郁夫画　文芸春秋　1976　217p 地図　19×26cm　3600円
◇アレキサンダーの道　井上靖，平山郁夫著　文芸春秋　1986.12　231p　15cm　（文春文庫）　580円　①4-16-710428-8
　＊アフガニスタンからイラン高原を通り抜け、イスタンブールに到る一万キロの道。アレキサンダー大王が大軍を率いて長駆し、チンギス汗のモンゴル軍が侵略をほしいままにした原野へ、作家は古代遺跡を求めて旅立った―。歴史の廃墟に立って悠久の時間に思いを馳せるシルクロード紀行。平山画伯の色刷作品3点を収めた。秀絶の画文集。
◇アレクサンドロスの道―ガンダーラ・スワート　オーレル・スタイン著，谷口陸男，沢田和夫訳　白水社　1984.10　301,15p　24cm　5800円　①4-560-03000-6
◇アレクサンドリア　エドワード・モーガン・フォスター著，中野康司訳　晶文社　1988.12　221p　19cm　（双書・20世紀紀行）　1900円　①4-7949-2824-6
　＊1915年秋、第1次世界大戦がはじまって2年目、一人のイギリス人がアレクサンドリアにやってきた。彼は国際赤十字の仕事をしながら、この町を歩きまわった。そして、一冊の旅行案内書を書こうと思いついた。ヨーロッパとアフリカとアジアのはざまで生きぬいた町―アレクサンドロス大王の創建以来、2300年の歴史をもつ都市の生命の源泉を描ききって、本書は比類のない「旅行案内書」となった。
◇アレクサンドリア・プロジェクト―アレクサンダー大王の謎と古代都市計画　ステファン・A.シュウォルツ著，幾島幸子訳　工作舎　1988.9　310p　21cm　2900円
　＊ギリシャ・ローマ時代(紀元前4～1世紀)に溯るエジプトの大都市アレクサンドリアは、現代の計画的都市形態の原型ともいわれる。アレクサンドリアの名は、かのマケドニアの王アレクサンダーにちなんでつけられ、プトレマイオス王朝のもとで栄えた。いまなお名高い大図書館の起源は、この地に葬られたというアレクサンダーの遺骸はどこに。岩屋、水路、ユダヤ人共同墓地、東港…。超能力者と科学者が〈メビウス・グループ〉に結集。サイキックな考古学者の旅が始まる。
◇アレクサンドロス古道　スタイン，アリアーノス著，前田竜彦訳　同朋舎出版　1985.6　422,11p　20cm　4500円　①4-8104-0441-2

聖パウロの旅

トルコ，ギリシア　1世紀頃

＊　　＊　　＊

◇神の旅人―パウロの道を行く　森本哲郎著　新潮社　1988.5　214p　21cm　1500円　①4-10-337203-6
　＊神の言葉を携えて、パウロは運命のローマへと旅した。その二万キロを辿り歴史と人間ドラマを語る紀行。
◇聖パウロの世界をゆく　曽野綾子編著　講談社　1982.9　399p　20cm　1600円　①4-06-200203-5
◇聖パウロの世界をゆく　曽野綾子編著　講談社　1985.11　399p　19cm　（もんじゅ選書3）　1300円　①4-06-192255-6
◇トルコ・ギリシア　パウロの旅　牛山剛著，横山匡写真　ミルトス　1989.7　279p　21cm　2300円　①4-89586-005-1
　＊イスラエルで生まれた宗教をヘレニズム世界に伝えた使徒パウロ。トルコ、ギリシアの美しい自然と遺跡の中に立つと、彼の言葉がいきいきと響いてくる。西洋の歴史を変えた男使徒パウロの足跡を徹底取材。
◇パウロの歩いた道　原口貞吉著　日本基督教団出版局　1996.11　206p　21cm　2884円　①4-8184-0259-1
　＊小アジアの道を尋ねて。心を燃えたたせ不眠の旅をしたパウロの想い。隠されたローマ街道の歴史をたどり使徒言行録を立体的に読みとる。

毛沢東

中国　20世紀(1893～1976)

＊　　＊　　＊

◇毛沢東の国　ラージャ・フーシーシン著，朝川清訳　共同出版社　1954　254p　19cm
◇毛沢東の国に生きて　一帰国者の生活記録　乃生哲巳著　至誠堂書店　1953　254p　図版　19cm
◇毛沢東の中国　ロレンツ・スツッキー著，井上勇訳　時事通信社　1966　169p　18cm（時事新書）

民俗・生活

民俗学

菅江真澄

長野県～北海道　江戸時代(1754～1829)

＊　　　＊　　　＊

◇新訳 真澄翁男鹿遊覧記　菅江真澄著並に画，男鹿史志刊行会編　男鹿史志刊行会　1952　487p 図版 22cm
◇菅江真澄・秋田の旅　田口昌樹著　秋田文化出版　1992.1　233p 21cm　2000円
◇菅江真澄と阿仁　福岡竜太郎著 改訂版　福岡竜太郎　1990.12　168p 19cm　1100円
◇菅江真澄と阿仁 続　福岡竜太郎著　福岡竜太郎　1990.12　148p 19cm　1000円
◇菅江真澄と男鹿—男鹿の菅江真澄の道　男鹿市教育委員会編　男鹿市教育委員会　1995.5　63p 26cm
◇菅江真澄と津軽　坂本吉加著　緑の笛豆本の会　1997.3　45p 9.4cm　(緑の笛豆本第341集)
◇菅江真澄深浦読本　桜井冬樹執筆編集　深浦町真澄を読む会　1999.6　132p 30cm
◇菅江真澄みちのくの旅　神山真浦著　日本図書刊行会　1998.2　176p 20cm　1500円　①4-89039-820-1
◇菅江真澄みちのく漂流　簾内敬司著　岩波書店　2001.1　226p 20cm　2300円　①4-00-001069-7

＊漂泊者真澄の日記・地誌は，帰還の地をもつ者の旅の記録ではなかった。マタギの生態と鉱山労働，山岳信仰と海神八百比丘尼の伝承，十三湊を拠点とする安東水軍と蝦夷の一族の物語。北のトポスに折り畳まれた生と死の痕跡を，真澄の旅をとおし，著者自らの肉体に沈められた記憶としてたどる，もうひとつの道の奥。天明・天保飢饉の余燼のくすぶる真澄の東北と，現代の風景は異なっているだろうか。「辺境」から見た，日本近代の意味とは何か。江戸末期と二〇世紀末と，二百年を隔てた転換期の東北北部—菅江真澄の足跡を追い，その眼差しと重ねつつ，北の飢餓回廊とその固有の日と夜を描く，現代の東北風土記。

◇菅江真澄遊覧記 1　菅江真澄著，内田武志，宮本常一編訳　平凡社　2000.4　411p 16cm　(平凡社ライブラリー)　1300円　①4-582-76335-9

＊天明三年，みちのくを目指して長い旅へ出た菅江真澄は，同時に丹念な日記をつけ始め，村々の日常生活や民俗行事を克明に写しとった。旅の始めの第一巻は信濃から出羽へ，そして津軽・南部へ。「伊那の中路」「秋田のかりね」「外が浜風」など日記七編のほか，真澄の評伝と年表を収録。

◇菅江真澄遊覧記 2　菅江真澄著，内田武志，宮本常一編訳　平凡社　2000.5　363p 16cm　(平凡社ライブラリー)　1200円　①4-582-76341-3

＊みちのくを行く真澄は念願の平泉へ。さらに心中期すのは蝦夷地への旅である。天明八年，津軽を出てついに松前に上陸。アイヌ語の習得にも力を注いだ真澄の観察眼が，蝦夷地の人々の生活を今に伝える貴重な記録を生む。天明六年から寛政三年の日記六編を収録。

◇菅江真澄遊覧記 3　菅江真澄著，内田武志，宮本常一編訳　平凡社　2000.6　465p 16cm　(平凡社ライブラリー)　1500円　①4-582-76345-6

＊蝦夷から戻った真澄は，南部領，津軽領を精力的に歩く。津軽藩からは採薬掛の指導まで依頼されるが，しかし，その詳細な記録は藩内での疑惑を呼び，あらぬ嫌疑をかけられることにもなる…。本巻では，およそ九年に及ぶ青森地方の巡遊記を収録。波瀾に巻き込まれながらも，真澄の観察力は精彩を放つ。

◇菅江真澄遊覧記 4　菅江真澄著，内田武志，宮本常一編訳　平凡社　2000.7　398p 16cm　(平凡社ライブラリー)　1400円　①4-582-76351-0

＊みちのくへの長い旅が始まって二十年の歳月が過ぎようという頃，真澄が歩いて

いたのは佐竹藩領の秋田である。雪中の深山を行き、花の山里を訪ね、あるいは廃坑になった鉱山を探索し、修験の峰入りを試みる…。衰えることのない真澄の好奇心を語る秋田での日記九編のほか、図絵集「百臼の図」、諸国民謡集「ひなの一ふし」を収録。

◇菅江真澄遊覧記 5　菅江真澄著，内田武志，宮本常一編訳　平凡社　2000.8　415p　16cm　（平凡社ライブラリー）　1400円　①4-582-76356-1

＊八郎潟付近や男鹿半島を巡りつくし、真澄は秋田藩庁のある久保田へ向かう。久保田では信頼できる知人を得、秋田藩主・佐竹義和とも対面、出羽六郡の地誌編纂の下命を受けることになる。文政十二年、真澄が七十六歳の生涯を閉じたのは、その調査の旅の途上だった。第五巻は日記から地誌へ移行する著作をたどり、併せて真澄の著書目録を収録。

◇菅江真澄　宮本常一著　未来社　1980.10　303p　20cm　（旅人たちの歴史　2）　1500円
◇菅江真澄と秋田の風土　秋田県立博物館　1975　60p 肖像　26cm
◇菅江真澄と江差浜街道　小林優幸著　みやま書房　1984.5　273p　19cm　1400円
◇菅江真澄の旅と日記　内田武志著　〔新装版〕未来社　1991.3　292p　19cm　2060円　①4-624-11024-2
◇菅江真澄のふるさと 続々　仲彰一，伊奈繁弐編　仲彰一　1984.10　12,174p　21cm
◇菅江真澄未刊南部仙台歌日記　菅江真澄稿，白山友正校訂　短歌紀元社　1964　2冊　22cm　（短歌紀元叢書　第29-30編）
◇菅江真澄遊覧記 5　菅江真澄著，内田武志編訳，宮本常一編訳　平凡社　1990.9　317p　18cm　（東洋文庫　119）　2000円　①4-582-80119-6
◇菅江真澄遊覧記 第1　菅江真澄著，内田武志，宮本常一編訳　平凡社　1965　245p　18cm　（東洋文庫）
◇菅江真澄遊覧記 第2　菅江真澄著，内田武志，宮本常一編訳　平凡社　1966　287p 地図　18cm　（東洋文庫）
◇菅江真澄遊覧記 第3　菅江真澄著，内田武志，宮本常一編訳　平凡社　1967　365p　18cm　（東洋文庫）
◇菅江真澄遊覧記 第4　菅江真澄著，内田武志，宮本常一編訳　平凡社　1967　308p　18cm　（東洋文庫）
◇外浜奇勝　菅江真澄著，青森県立図書館編　青森県立図書館　1976.2　1冊　19cm　（青森県立図書館郷土双書　第8集）
◇鶯能辞賀楽美　菅江真澄著　秋田県大館市史編さん委員会　1990.5　1冊　19cm
◇日本の旅人 9　菅江真澄 — 常民の発見　秋本松代著　淡交社　1973　231p　22cm　950円
◇未刊 菅江真澄遊覧記　菅江真澄著，白山友正編　白帝社　1966　182p 図版　19cm

柳田国男と遠野物語

岩手県　明治時代, 大正時代, 昭和時代（1875～1962）

＊　　＊　　＊

◇海南小記　柳田国男著　創元社　1952　223p 図版　15cm　（創元文庫　D第37）
◇海南小記　柳田国男著　角川書店　1956　222p　15cm　（角川文庫）
◇聞き書き遠野物語　内藤正敏著　新人物往来社　1978.11　249p　20cm　1600円
◇北上の文化 — 新・遠野物語　加藤秀俊，米山俊直共著　社会思想社　1963　228p 図版共図版　16cm　（現代教養文庫）
◇写真遠野物語　浦田穂一写真　誠文堂新光社　1981.11　150p　27cm　4800円
◇写真譜・民話のさと遠野　浦田穂一写真，高橋富雄解説，木暮正夫民話　桜楓社　1985.8　126p　26cm　2500円　①4-273-02032-7
◇信州随筆　柳田国男著　郷土出版社　1986.8　260,9p　22cm　3500円
◇定本 柳田國男集 第21巻　柳田国男著　筑摩書房　1962　479p 図版　23cm
◇定本 柳田国男集 第20巻　柳田国男著　筑摩書房　1962　495p 図版　23cm
◇定本 柳田国男集 第2巻　柳田国男著　筑摩書房　1968　486p 図版　23cm
◇定本 柳田国男集 第3巻　柳田国男著　筑摩書房　1963　497p 図版　23cm
◇定本 柳田国男集 第3巻　柳田国男著　筑摩書房　1968　497p 図版　23cm
◇遠野 — 民話のふるさと　観光資源保護財団編　観光資源保護財団　1976.2　46p　26cm
◇遠野 — 民話の神・仏に出逢う里　加藤敬著，佐藤和彦ほか聞き書き・文　学習研究社　1996.11　119p　22×17cm　（学研グラフィックブックス）　1600円　①4-05-400741-4

＊七観音、お地蔵さま、お太子さん、カッパ、天狗、山男、田の神、山の神、ザシキワラシ、オシラサマ、念仏回し、土葬、お盆…その昔身近であった神々は遠野の里に今も息づく。日本人の「祈り」を写真と聞き書きで綴るもうひとつの『遠野物語』。

◇遠野今昔 第3集　遠野市老人クラブ連合会編集委員会編　遠野市老人クラブ連合会　1990.11　158p　26cm

◇遠野今昔 第4集　遠野市老人クラブ連合会編　遠野市老人クラブ連合会　1991.11　161p　26cm

◇遠野今昔 第5集　遠野市老人クラブ連合会編　遠野市老人クラブ連合会　1992.12　164p　26cm

◇遠野今昔 第6集　遠野市老人クラブ連合会編　遠野市老人クラブ連合会　1993.12　154p　26cm

◇遠野上郷大槌町物語―陸中海岸に秘められていた史実と伝承　しおはまやすみ, 松橋暉男著　あるちざん　1980.1　140p　27cm　3000円

◇遠野今昔 第1集　遠野市老人クラブ連合会編集委員会編　遠野市老人クラブ連合会　1988.4　126p　26cm

◇遠野今昔 第2集　遠野市老人クラブ連合会編集委員会編　遠野市老人クラブ連合会　1989.12　145p　26cm

◇遠野の手帖　日本民話の会編　国土社　1985.9　184p　21cm　980円　ⓃⒹ4-337-50801-5

◇遠野物語　柳田国男著　文芸春秋社　1948　312p　地図　19cm　(文芸春秋選書　第5)

◇遠野物語　柳田国男著　創元社　1951　224p　図版　地図　15cm　(創元文庫　D　第12)

◇遠野物語　柳田国男著　角川書店　1955　222p　地図　15cm　(角川文庫)

◇遠野物語　柳田国男著　日本点字図書館(製作)　1984.4　4冊　27cm　全2400円

◇遠野物語　柳田国男著　日本近代文学館　1984.12　114p　24cm　(秀選名著複刻全集近代文学館)

◇遠野物語　柳田国男著　大和書房　1988.8　295p　図版48p　22cm　ⓃⒹ4-479-88012-7

◇遠野物語　柳田国男著　岩波書店　1989.5　330p　15cm　(岩波文庫　33-138-1)　398円　ⓃⒹ4-00-331381-X

◇遠野物語　柳田国男著, 鵜飼久市抄訳, 高野玲子画　星の環会　1994.5　55p　26cm　(郷土の研究　2)　1400円　ⓃⒹ4-89294-056-9

◇「遠野物語」を歩く―民話の舞台と背景　菊池照雄文, 富田文雄写真　講談社　1992.2　143p　21cm　(講談社カルチャーブックス　40)　1500円　ⓃⒹ4-06-198039-4

＊日本民俗学の出発点となった「遠野物語」を、遠野に育った著者が、体験をもとに読み解き、四季の写真とともに舞台となった土地を案内。

◇遠野物語をゆく　菊池照雄著　伝統と現代社　1983.6　260p　22cm　2000円

◇遠野物語をゆく　菊池照雄著　梟社, 新泉社発売　1991.7　260p　21cm　2060円

＊過ぎ越しの時間に埋もれた秘境遠野の自然と人、夢と伝説の山襞をめぐり、永遠の幻想譚『遠野物語』の行間に光をあてた珠玉の民俗誌。

◇遠野物語考　高橋喜平著　創樹社　1976　174p　図　20cm　900円

◇『利根川図志』と柳田国男―利根川文化への招待　守屋健輔著　崙書房　1983.10　164p　18cm　(ふるさと文庫)　780円

◇日本の祭　柳田国男著　創元社　1953　216p　図版　15cm　(創元文庫　D第49)

◇日本の祭　柳田国男著　角川書店　1956　216p　15cm　(角川文庫)

◇日本の祭 5版　柳田国男著　弘文堂　1952　280p　22cm

◇民俗の旅―柳田国男の世界　読売新聞社　1975　180p　29cm　1800円

◇柳田国男全集 第18巻　柳田国男著　筑摩書房　1999.3　747p　22cm　7600円　ⓃⒹ4-480-75078-9

＊旅の記録と評論『北国紀行』、一年の行事の考察『年中行事』、佐渡を描いた作品『北小浦民俗誌』、国語政策批判の書『標準語と方言』、批評・序跋・解題集『老読書歴』。

◇柳田国男事典　野村純一, 三浦佑之, 宮田登, 吉川祐子編　勉誠出版　1998.7　827,69p　23×16cm　9800円　ⓃⒹ4-585-06006-5

＊柳田国男の全業績を有機的・総合的に把握できる事典。事項索引、書名索引、人名索引付き。

◇柳田国男全集 1　柳田国男著　筑摩書房　1989.9　704p　15cm　(ちくま文庫)　1130円　ⓃⒹ4-480-02401-8

＊日本人は如何にして渡って来たか。―伊良湖岬の浜辺に漂着した椰の実に着想し、はるか南方から稲をたずさえて北上してきた日本人の起源を探る雄大な仮説"日本人の南方渡来説"を、最晩年の柳田国男が生涯にわたる研究の蓄積と構想を傾け

民俗・生活　　　　　　　　　　　　　　　　　　　　民俗学

て示した『海上の道』。南島研究の契機となり、さらに沖縄学誕生の基礎となった大正九年暮れから翌十年春にかけての南九州・南西諸島への旅の記録『海南小記』のほか、海島民族である日本人の移住・信仰・文化の問題にふれた『島の人生』および単行本未収録「海女部史のエチュウド」を収録。

◇柳田国男全集 2　柳田国男著　筑摩書房　1989.9　662p　15cm（ちくま文庫）1130円　①4-480-02402-6

＊大正8年貴族院書記官長を辞任し、翌9年朝日新聞社の客員となった柳田国男は、東北地方をはじめ日本全国各地を旺盛に旅し、農山村や漁村の人々の生活・信仰や風俗・風習に触れたが、これらの旅における発見と認識が彼の学問の基礎となった。本巻には、著者の民俗学的関心と詩人としての感受性が一体化した紀行文学の傑作として評価の高い作品『雪国の春』『秋風帖』『豆の葉と太陽』のほか、街道や峠道と人間との関わりを説いた『東国古道記』および単行本未収録作品「旅中小景」「丹波市記」などを収録。

◇柳田国男全集 20　柳田国男著　筑摩書房　1990.7　513p　15cm（ちくま文庫）950円　①4-480-02420-4

＊豊かな自然に囲まれて、起伏に富む地形をもつわが国は、地名のきわめて多い国である。われわれに馴染みの深い軽井沢や田代、堀之内など、地名は遠い祖先の暮しの営みを伝える重要な意味をもっている。いわば、地名は大地に刻まれた太古の記憶の結晶である。日本の地名研究の指針となった先駆的名著『地名の研究』。アイノカゼやヤマセ、アナジなど日本各地で採集された風の称呼を分類・比較し、その言葉を携えて歩いた人々の生活や民俗に迫ろうとする『風位考』。他に農耕や水運に関する地名、名字や食物の名前についての諸論考を収録。

◇柳田国男全集 3　柳田国男著　筑摩書房　1989.10　598p　15cm（ちくま文庫）1030円　①4-480-02403-4

＊水曜日毎に武蔵・相模の界隈を散策した折の紀行エッセイ「水曜手帖」、明治四十年代に農商務省の役人として越後・木曾・飛騨・北陸路を視察旅行した際の日記をもとに誌した『北国紀行』、国際連盟委任統治委員としてジュネーブに滞在した当時の「瑞西日記」、さらに江戸末期の遊歴文人菅江真澄が遺した旅の日記を紹介しつつ、その漂泊に想いを寄せた論考の集成『菅江真澄』他を収録。旅の目的・方法や面白味を説き、旅行道を提唱した柳田国男は、山里や海辺の小村の風物やそこに生きる人々の生活の中から民俗の心を汲みあげようとしている。

◇柳田国男選集 6　紀行 1　修道社　1972　231p　肖像　20cm　700円

◇柳田国男選集 6　紀行 1　修道社　1972　231p　肖像　20cm　700円

◇柳田国男選集 7　紀行 2　修道社　1972　210p　肖像　20cm　700円

◇柳田国男選集 7　紀行 2　修道社　1972　210p　肖像　20cm　700円

◇柳田國男先生著作集 第2冊　柳田國男著　実業之日本社　1948　18cm

◇柳田國男先生著作集 第6冊　柳田國男著　実業之日本社　1948　18cm

◇柳田国男と小子内浜 ―「浜の月夜」と「清光館哀史」の背景　中村英二著　淵沢秀岳　1987.11　149p　19cm　1000円

◇柳田国男と遠野物語　岩崎敏夫著　遠野市立博物館　1985.2　58p　21cm

◇柳田国男と利根川 ― 柳田学発生の周辺を歩く　守屋健輔著　崙書房　1975　206p　19cm　1200円

◇柳田国男と民俗の旅　松本三喜夫著　吉川弘文館　1992.9　254p　19cm　2200円　①4-642-07387-6

＊その生涯を旅にあけくれた民俗学の父、柳田国男。彼は旅の中で新しい学問を創造していった人である。大小の旅をとおして、何を見、何を考え、どのような人々と出会いながら柳田民俗学を構築しようとしていったのかを検証し、著者自ら柳田の旅を追体験することによって柳田の全貌に迫ろうとする。

◇柳田国男の本棚 第8巻　ハルマヘイラ島生活　柳田国男著　大空社　1997.9　262p　21cm　9000円　①4-7568-0387-3

＊柳田民俗学の基底は、生涯にわたる津々浦々への旅と、無尽蔵の読書とが深く結び付いて形成されている。柳田学は当初、民族の固有信仰の残留を辿る伝説研究や離島に残存する古い民俗を探る調査あるいは民話・民謡・昔話の研究、各地域にわたる方言研究などにはじまり、さらには各地方の同志たちの協力による全国の農山漁村生活者の多領域にわたる本格的調査研究などの共同研究へと幅広く発展し、体系化されていく。本書は、不滅の「柳田学」を形成するに至った今日ではほとんど手に入らない希少な文献を精選して刊行するものである。

385

◇雪国の民俗　柳田国男，三木茂著　第一法規出版　1977.4　287p　27cm　3800円

宮本常一と民俗学

全国各地　昭和時代（1907～1981）

＊　＊　＊

◇大隅半島民俗採訪録 出雲八束郡片句浦民俗聞書　宮本常一著　未来社　1995.3　351p　19cm　（宮本常一著作集　39）　3914円　Ⓘ4-624-92439-8
◇庶民の旅　宮本常一著　社会思想社　1970　246p 図　16cm　（現代教養文庫）
◇新日本風土記―日本に生きる 1　宮本常一編　国土社　1981.10　302p　22cm　1500円　Ⓘ4-337-04501-5
◇新日本風土記―日本に生きる 11　近畿編―和歌山・三重・滋賀　3　宮本常一編　国土社　1981.10　285p　22cm　1500円　Ⓘ4-337-04511-2
◇新日本風土記―日本に生きる 12　東海編―愛知・岐阜・静岡　宮本常一編　国土社　1981.9　277p　22cm　1500円　Ⓘ4-337-04512-0
◇新日本風土記―日本に生きる 13　中部山岳編―飛騨・長野・山梨　宮本常一編　国土社　1982.6　278p　22cm　1500円　Ⓘ4-337-04513-9
◇新日本風土記―日本に生きる 14　北陸編―福井・石川・富山・新潟　宮本常一編　国土社　1981.10　278p　22cm　1500円　Ⓘ4-337-04514-7
◇新日本風土記―日本に生きる 17　東北編―福島・宮城・岩手・青森東部　1　宮本常一編　国土社　1981.10　270p　22cm　1500円　Ⓘ4-337-04517-1
◇新日本風土記―日本に生きる 19　北海道編　宮本常一編　国土社　1981.10　278p　22cm　1500円　Ⓘ4-337-04519-8
◇新日本風土記―日本に生きる 10　近畿編―奈良・京都　2　宮本常一編　国土社　1981.6　278p　22cm　1500円　Ⓘ4-337-04510-4
◇新日本風土記―日本に生きる 2　九州編―鹿児島・宮崎・熊本　1　宮本常一編　国土社　1981.10　278p　22cm　1500円　Ⓘ4-337-04502-3
◇新日本風土記―日本に生きる 3　九州編―長崎・佐賀・天草　2　宮本常一編　国土社　1981.10　278p　22cm　1500円　Ⓘ4-337-04503-1
◇新日本風土記―日本に生きる 5　四国編　宮本常一編　国土社　1981.10　285p　22cm　1500円　Ⓘ4-337-04505-8
◇新日本風土記―日本に生きる 7　山陽編―山口・広島・岡山　宮本常一編　国土社　1981.6　294p　22cm　1500円　Ⓘ4-337-04507-4
◇新日本風土記―日本に生きる 8　山陰編―島根・鳥取・兵庫北部・京都北部　宮本常一編　国土社　1979.6　277p　22cm　1500円　Ⓘ4-337-04508-2
◇新日本風土記―日本に生きる 9　近畿編―兵庫南部・大阪府　1　宮本常一編　国土社　1979.10　269p　22cm　1500円　Ⓘ4-337-04509-0
◇菅江真澄　宮本常一著　未来社　1980.10　303p　20cm　（旅人たちの歴史　2）　1500円
◇旅の民俗―のりものとはきもの　宮本常一著　社会思想社　1972　220p 図　15cm　（現代教養文庫）
◇旅の民俗と歴史 1　日本の宿　宮本常一編著　八坂書房　1987.4　304p　19cm　1800円
＊宿・旅籠・旅館の文化史。商人の宿、庶民の宿、流人の宿、信者の宿、湯の宿、宿と遊女…。
◇旅の民俗と歴史 2　大名の旅　宮本常一編著　八坂書房　1987.6　255p　19cm　1800円
＊大名旅行・本陣の社会文化史。今に残る本陣を、各地に訪ね、古の参勤交代の様相をさぐる。
◇旅の民俗と歴史 3　旅の発見―日本文化を考える　宮本常一編著　八坂書房　1987.5　263p　19cm　1800円
◇旅の民俗と歴史 4　庶民の旅　宮本常一編著　八坂書房　1987.8　246p　19cm　1800円　Ⓘ4-89694-704-5
＊情報・知識をはこぶ旅人たち。風来坊、遊行僧、百姓町人、芸人など民衆の旅の方法と地元とのかかわり。
◇旅の民俗と歴史 5　伊勢参宮　宮本常一編著　八坂書房　1987.10　245p　19cm　1800円　Ⓘ4-89694-705-3
＊伊勢信仰の変遷と参詣の旅。講の組織化、ぬけ参り、お蔭参りなど民衆と伊勢信仰の実相を究明する。
◇旅の民俗と歴史 6　旅の民俗―はきものとのりもの　宮本常一編著　八坂書房　1987.12　220p　19cm　1800円　Ⓘ4-89694-706-1

民俗・生活　　　　　　　　　　　　　　　　　　　　民俗学

◇旅の民俗と歴史 7　海と日本人　宮本常一編著　八坂書房　1987.7　246p　19cm　1800円
　＊海の往来―異国文化交流史。未知の世界を求めて海を渡った人々の航跡と新文化受容の歴史。
◇旅の民俗と歴史 8　山の道　宮本常一編著　八坂書房　1987.9　203p　19cm　1800円　ⓝ4-89694-708-8
　＊山間往来・放浪の生活文化史。落人、木地屋、マタギ、サンカなど秘境を生活の場にした民の記録。
◇旅の民俗と歴史 9　川の道　宮本常一編著　八坂書房　1987.11　279p　19cm　1800円　ⓝ4-89694-709-6
　＊山と海を結ぶ道＝川の利用史。交通な輸送路として、また漁労、治水に利用されたおもな河川37の歴史と役割。
◇中国風土記　宮本常一著　広島農村人文協会　1958　331p　19cm
◇日本祭礼風土記 第2　宮本常一編　慶友社　1962　510p　19cm
◇野田泉光院　宮本常一著　未来社　1980.3　287p　20cm　（旅人たちの歴史 1）1500円
◇古川古松軒／イザベラ・バード　宮本常一著　未来社　1984.10　257p　20cm　（旅人たちの歴史 3）2000円
◇宮本常一を歩く―日本の辺境を旅する 上巻　毛利甚八著　小学館　1998.5　239p　22cm　（Lapita books）1400円　ⓝ4-09-341021-6
　＊4000日を旅に暮らした、昭和の巨人の足跡をたどる。
◇宮本常一を歩く―日本の辺境を旅する 下巻　毛利甚八著　小学館　1998.5　255p　22cm　（Lapita books）1400円　ⓝ4-09-341022-4
　＊現代にわずかに残る、良き時代の日本を訪ねる旅。
◇宮本常一著作集 36　越前石徹白民俗誌―その他　未来社　1992.10　326p　19cm　3296円　ⓝ4-624-92436-3
◇宮本常一著作集 31　旅にまなぶ　宮本常一著　未来社　1986.8　313p　19cm　2800円
◇宮本常一が見た日本　佐野真一著　日本放送出版協会　2001.10　326p　19cm　1700円　ⓝ4-14-080639-7
　＊戦前から高度成長期にかけて、日本じゅうの村という村、島という島を歩き、そこに生きる人びとの生活を記録した宮本

常一は、人をとろかすような笑顔と該博な知識をもって地域振興策を説き、人びとに誇りと勇気を与えつづけた。宮本が残した厖大な資料をもとに、第一級のノンフィクション作家である著者が日本各地を取材、そのまなざしの行方を追い、いまこそ求められている宮本的「経世済民」思想と行動の全容を綴る。読者に深い感銘を与えた大宅賞受賞作『旅する巨人』の続編作品。
◇宮本常一著作集 40　周防大島民俗誌　宮本常一著，田村善次郎編　未来社　1997.2　412p　19cm　3914円　ⓝ4-624-92440-1
◇宮本常一著作集 18　旅と観光,旅に学ぶ,日本遊覧記　未来社　1975　336p　19cm　1500円
◇宮本常一著作集 25　村里を行く　未来社　1977.8　335p　19cm　2000円
◇宮本常一著作集 26　民衆の知恵を訪ねて　未来社　1981.12　343p　19cm　2500円
◇宮本常一著作集 27　都市の祭と民俗　未来社　1982.8　322p　19cm　2500円
◇宮本常一著作集 29　中国風土記　未来社　1984.4　332p　19cm　2800円
◇宮本常一著作集 35　離島の旅　宮本常一著　未来社　1986.12　314p　19cm　2800円
◇宮本常一著作集 第7　宮本常一著　未来社　1968　300p　19cm
◇民俗学の旅　宮本常一著　文芸春秋　1978.12　239,4p　20cm　1000円
◇民俗学の旅　宮本常一著　講談社　1993.12　247p　15cm　（講談社学術文庫）760円　ⓝ4-06-159104-5
　＊自らを「大島の百姓」と称し、生涯にわたり全国をくまなく歩きつづけた宮本常一。その歩みは同時に日本民俗学体系化への確かな歩みでもあった。著者の身体に強く深く刻みこまれた幼少年時代の生活体験や美しい故郷の風光と祖先の人たち、そして柳田国男や渋沢敬三など得た師友の回想をまじえながら、その体験的実験的踏査を克明かつ感動的に綴る。宮本民俗学をはぐくんだ庶民文化探究の旅の記録。
◇私の日本地図 11　阿蘇・球磨　宮本常一著　同友館　1972　255p　地図　19cm　650円
◇私の日本地図 12　瀬戸内海 4 備讃の瀬戸付近　宮本常一著　同友館　1973　262p　地図　19cm　800円
◇私の日本地図 14　京都　宮本常一著　同友館　1975　254p　地図　19cm　1000円
◇私の日本地図 15　壱岐・対馬紀行　宮本常一著　同友館　1976　255p　地図　19cm

387

1200円
◇私の日本地図5　五島列島　宮本常一著　同友館　1968　263p 地図　19cm　520円
◇私の日本地図6　瀬戸内海　第2 芸予の海　宮本常一著　同友館　1969　262p 地図　19cm　580円
◇私の日本地図9　瀬戸内海　3 周防大島　宮本常一著　同友館　1971　277p 地図　19cm　650円
◇私の日本地図　第3　宮本常一著　同友館　1967　280p　19cm
◇私の日本地図　第4　宮本常一著　同文館　1968　284p 地図　19cm

柳宗悦と民芸

全国各地　大正時代, 昭和時代（1889〜1961）

＊　　＊　　＊

◇伊平屋・伊是名の旅―古く美しき島々を訪ねて　第9回史蹟・民芸の旅　沖縄タイムス出版部編　沖縄タイムス文化事業局出版部　1971　102p　15cm
◇NHK新日本紀行　第4集　民芸に生きる　NHK報道番組班編　新人物往来社　1978.9　245p　22cm　1500円
◇韓国民芸の旅　高崎宗司編著　草風館　2001.2　87p　21cm　1200円　①4-88323-117-8
　＊朝鮮半島の埋もれていた民芸＝陶磁器をはじめ木工品や漆器など、手仕事に美と用を見出した3人の日本人―柳宗悦、浅川伯教・巧兄弟に導かれて、民芸旅行を試みてきた著者たちによる韓国各地の「民芸世界」へのガイドブック。
◇暮らしのしおり―山陰の歳時記とガイド　no.6　山陰の美術・民芸館　山陰中央新報社編　島田成矩, 石村春荘著　山陰中央テレビジョン放送　1980.7　134p　21cm　600円
◇島根民芸録・出雲新風土記　太田直行著　冬夏書房　1987.7　399p 図版18枚　22cm　6000円
◇日本のふるさと―福岡から島根,鳥取,岡山へ　第8回史跡,民芸の旅　宮城鷹夫編　沖縄タイムス社　1970　201p　15cm
◇日本の民芸　伊東安兵衛著　三彩社　1965　89p 図版66p　19cm　（三彩ガイドブック）
◇残るものと亡びゆくものと―手仕事の里を訪ねて　古島敏雄著　専修大学出版局　1984.12　284p　21cm　1900円　①4-88125-032-9

◇広島県文化百選 3　民芸・民具編　中国新聞社　1984.5　217p　17cm　1500円
◇ふるさとの民工芸　山口県ふるさとづくり県民会議編　山口県ふるさとづくり県民会議　1990.3　96p　21cm
◇ふる里の名産と民芸品―群馬県　上毛新聞社出版局　1983.10　236p　19cm　1200円
◇ふるさとみやぎ文化百選　第5集　民芸民具　宮城県生活福祉部県民生活課　1987　1冊　26cm
◇民芸案内　伊東安兵衛著　改訂版　芳賀書店　1965　216p 図版12枚　22cm
◇民芸買物紀行　青柳恵介著　新潮社　1991.3　119p　22×17cm　（とんぼの本）　1400円　①4-10-601992-2
　＊あそこに行ったらこれを買いたい。風光明媚で土産良ければいうことなし。という訳で、東北、北陸、山陰、四国、九州を回ってみました。歩いて探したら、まだまだ残っていた、本当の手づくりの品々。使いやすくて美しい物のみを求め、各地を訪ねた目利きがそっと教える、掘出し物の数々を御紹介します。
◇民芸の里・郷土玩具の町　山本鉱太郎著　実業之日本社　1980.3　357p　19cm　（ブルーガイドL）　850円
◇民芸の旅　山中登著　新興出版社　1963　166p　16cm　（真昼文庫）
◇民芸の旅　西日本編　鈴木尚夫著　芸艸堂　1979.9　247p 図版26枚　22cm　1500円
◇民芸の旅　東日本編　近藤京嗣著　芸艸堂　1978.6　257p　22cm　1500円
◇柳宗悦 民芸紀行　柳宗悦著, 水尾比呂志編　岩波書店　1986.10　314p　15cm　（岩波文庫）　500円
　＊美しい品物・良い工芸を求めて、日本各地・中国・朝鮮を訪ね歩いた民芸紀行から、19篇を精選。日本民芸の貴重な記録・図版多数。

方言の旅

◇会津ことば散歩　江川義治著　歴史春秋社　1979.6　295p　20cm　1450円
◇愛知県方言集　黒田鉱一編　愛知県郷土資料刊行会　1973　279,93p　22cm　（愛知郷土資料叢書　第18集）　2800円
◇秋山郷のことばと暮らし―信越の秘境　馬瀬良雄ほか編　第一法規出版　1982.10　313,18p　21cm　2800円

民俗・生活　　　　　　　　　　　　　　　　　　　　　　　　　　　方言の旅

◇あつみ温泉の訛語と方言集　和島泰賢著　ヤマグチヤ書店　1981.12　238p　19cm
◇伊賀北東部方言集　北浦譲著　三重県郷土資料刊行会　1972　112p　22cm　（三重県郷土資料叢書　第41集）
◇出雲方言考―出雲ことばの源流をたずねて　上山根茂著　中央印刷工業　1984.5　184p　19cm
◇茨城のことば　上　遠藤忠男著　筑波書林　1983.11　96p　18cm　（ふるさと文庫）600円
◇茨城のことば　下　遠藤忠男著　筑波書林　1984.1　194p　18cm　（ふるさと文庫）600円
◇岩手の方言をたずねて　森下喜一著　熊谷印刷出版部　1983.10　182p　19cm　1200円
◇印西方言録―印旛沼西岸地域のことばとくらし　阿部義雄著　崙書房出版　1988.11　202p　18cm　（ふるさと文庫）980円
◇歌の調べ方言の響き　相場信太郎ほか著　作品社　1998.4　252p　22cm　（新編・日本随筆紀行　大きな活字で読みやすい本）⒤4-87893-818-8,4-87893-807-2
◇おいでなんし―東信のふるさと方言集　福沢武一著　郷土出版社　1988.1　303p　22cm　2800円
◇大分県方言の旅　第1-3巻　松田正義，糸井貫一共著　NHK大分放送局　1955-58　3冊　22cm
◇おばんでした―北海道方言の旅　小野米一編　北海道新聞社　1987.3　181p　19cm　980円　⒤4-89363-481-X
◇おやべのことば―方言　その2　語源的観察　小矢部市教育委員会　1988.3　212p　21cm　（ふるさとのこころ　第12集）
◇軽米・ふるさと言葉　軽米町教育委員会編　軽米町　1987.3　215p　21cm
◇北播磨の方言―地理・歴史と言語　丸山三郎編著　丸山三郎　1987.10　145,11p　22cm
◇郷土の年中行事と方言　甲奴町教育委員会　1985.12　71p　21cm
◇頸城の方言　小林勉著　週刊文化新聞社　1973　94p　図　19cm　500円
◇頸城方言事典　小林勉編著　耕文堂書店　1989.9　180p　19cm　1600円
◇熊本県方言風土記　田中正行著　日本談義社　1966　220p　図版　19cm
◇ことばのスケッチ―利根のことば　上野勇著　高城書店出版部　1959　144p　18cm　（郷土新書　7）130円
◇ことばの旅　芥子川律治著　名古屋鉄道東京東京出版企画社（発売）　1974　226p　図　19cm　（東海叢書　18）970円
◇西城地方の方言とことわざ　西城町教育委員会　1982.3　182p　27cm　（西城町史資料集　1）
◇上州の風土と方言　都丸十九一著　上毛新聞社　1977.9　268,10p　図　19cm　980円
◇「高城」私考　楠本正憲著　楠本正憲　1987.2　262p　20cm　2000円
◇徳之島の今と昔と方言しらべ　浜田敬助著　浜田敬助　1986.10　246p　19cm　980円
◇土佐方言小記　桂井和雄著　高知市役所,高知市観光協会　1953　58p　19cm　（郷土叢書）
◇鳥取ことばは愉し―その特色　古田恵紹著　鳥取市社会教育事業団　1983.9　147p　19cm　（郷土シリーズ　24）600円
◇新潟県頸城方言集　渡辺慶一著　国書刊行会　1975　221,30p　22cm　（全国方言資料集成）2500円
◇西郡方言あれこれ　櫛形町教育委員会編　櫛形町教育委員会　1983.3　21p　21cm　（ふるさとシリーズ　4）
◇日本語をあるく・方言風土記　藤原与一著　冬樹社　1979.8　304p　19cm　1800円
◇日本縦断『ふるさと語』情報館―忘れていた人にも知らなかった人にも　川崎洋著　大和出版　1983.6　243p　18cm　（グリーン・ブックス　49）750円　⒤4-8047-2049-9
◇播磨方言風土記　丸山三郎著　丸山三郎　1987.10　173,26p　19cm
◇ひょうご方言散歩道　宮崎修二朗編著　神戸新聞出版センター　1985.7　221p　19cm　1200円　⒤4-87521-652-1
◇ふるさと魚津―風土に生きる方言　魚津歴史同好会方言調査委員会編　魚津歴史同好会　1988.3　155p　21cm
◇ふるさとお国ことば随想―二王子方言あれこれ　宮村堅弥著　新潟日報事業社出版部　1987.7　154p　21cm　1200円　⒤4-88862-309-0
◇ふるさとのことば―山口県阿武郡福栄村方言　波多放彩著　防長民俗研究所　1967　147p　21cm　（防長民俗叢書　第2集）
◇方言をしらべよう　1　北海道方言　小野米一指導,松田忠徳写真,渡辺一夫構成　福武書店　1990.3　47p　27cm　（郷土の研究）1942円　⒤4-8288-3812-0
◇方言をしらべよう　10　絵でみる方言地図　佐藤亮一指導,江尻良行イラスト,渡辺一夫構成　福武書店　1990.3　47p　27cm　（郷土の研究）1942円　⒤4-8288-3821-X

◇方言をしらべよう2　東北地方　佐藤亮一指導, 吉田智一写真, 渡辺一夫構成　福武書店　1990.3　47p　27cm（郷土の研究）1942円　ⓓ4-8288-3813-9
◇方言をしらべよう3　関東地方　佐藤亮一指導, 穴沢誠写真, 福生武構成　福武書店　1990.3　47p　27cm（郷土の研究）1942円　ⓓ4-8288-3814-7
◇方言をしらべよう4　中部地方　山田達也指導, 穴沢誠写真, 福生武構成　福武書店　1990.3　47p　27cm（郷土の研究）1942円　ⓓ4-8288-3815-5
◇方言をしらべよう6　中国地方　虫明吉治郎指導, 井上一郎写真, 福生武構成　福武書店　1990.3　47p　27cm（郷土の研究）1942円　ⓓ4-8288-3817-1
◇方言をしらべよう7　四国地方　土居重俊ほか指導, 岩附信紀写真, 福生武構成　福武書店　1990.3　47p　27cm（郷土の研究）1942円　ⓓ4-8288-3818-X
◇方言をしらべよう8　九州地方　木部暢子指導, 穴沢誠写真, 渡辺一夫構成　福武書店　1990.3　47p　27cm（郷土の研究）1942円　ⓓ4-8288-3819-8
◇方言をしらべよう9　沖縄地方　加治工真市指導, 岩附信紀写真, 福生武構成　福武書店　1990.3　47p　27cm（郷土の研究）1942円　ⓓ4-8288-3820-1
◇方言から見た東海道　山口幸洋著　秋山書店　1982.9　236p　19cm（秋山叢書）1200円
◇方言の山野―ことばのさとをたずねて　藤原与一著　文化評論出版　1973　292p　22cm　1200円
◇方言の旅　柴田武編　筑摩書房　1960　227p　23cm
◇方言風土記　杉本つとむ著　雄山閣出版　1975　238p　図　19cm　680円
◇北海道ことば風土記　岡田文枝著　みやま書房　1975　207p　19cm　920円
◇北海道の方言紀行　石垣福雄著　（札幌）北海道新聞社　1990.9　337p　19cm　1500円　ⓓ4-89363-584-0
　＊われわれの先祖と共に北海道に渡り、定着した方言。生活の中に今なお息づく言葉を道内各地にたずね、そのルーツや、共通語にはない北海道方言の魅力を探る。
◇都城方言集　瀬戸山計儀著　瀬戸山計佐儀　都城史談会（発売）1974　128p　19cm　600円
◇籾村地名と方言　石田農夫男著　石田農夫男　1988.4　116p　22cm

◇八重山小話―その自然と言語習俗　瀬名波長宣著　沖縄春秋社　1973　371p　図　19cm　1500円
◇柳川方言総めぐり　松石安兵衛著　生涯学習振興財団　1989.11　261p　21cm　1500円

年中行事（日本）

◇イラスト ふるさと祭事記　とよた時絵・文　富民協会　1994.3　222p　19cm　1400円　ⓓ4-8294-0148-6
　＊農村生まれの人ならだれでも記憶にある農業行事。栽培技術、農業機械が発達しない時代は、作物の出来、不出来は神さままかせ。ただ祈るだけでした。そんななかから生まれたこれらの祭り、行事。本書は、とっつきにくいこんなテーマをユーモラスなタッチと文で、格式ばらないシロウトの目で描いた本。
◇英語で紹介する日本の年中行事　倉智雅子, ジョン・マクダウエル共著　ナツメ社　1998.8　251p　19cm　1700円　ⓓ4-8163-2449-6
　＊1月から12月の日本の年中行事を、日本語と英語で解説し、それに関係する日本の文化もあわせて紹介。アルファベット順の索引付き。
◇神去来　石塚尊俊著　慶友社　1995.10　362,8p　21cm　6180円　ⓓ4-87449-223-1
　＊季節とともに去来する神々残された様々な習俗の中に日本古来の信仰を見る。
◇川の歳時記　岡村直樹著　北斗出版　1999.4　350p　20cm　2500円　ⓓ4-89474-004-4
◇暮しに生きる日本のしきたり　丹野顕著　講談社　2000.11　285p　19cm　1500円　ⓓ4-06-210480-6
　＊日本の伝統行事・しきたりはこんなにも美しい。季節の移ろいとともに生きる、ゆかしくなつかしい日本の行事。日本人が日本人であるための、伝統のしきたりの由来と正しい作法を、わかりやすく伝える。
◇子や孫に伝えたいすたれゆく行事　佐藤勲著　佐藤勲　1992　1冊（頁付なし）21cm
◇五行循環　吉野裕子著　人文書院　1992.3　290p　20cm　2472円　ⓓ4-409-54037-8
◇三省堂年中行事事典　田中宣一, 宮田登編　三省堂　1999.8　428,23p　19cm　2800円　ⓓ4-385-15027-3
　＊日本各地で行われている主要な年中行事を収録した事典。約280行事を季節順に配列。巻頭に、日本の年中行事を解説し

た「概説」、巻末に、全項目と主要事項を50音順に配列した索引と、付録として、方位・時刻表、月名、十干・十二支、二十四節気・雑節がある。

◇幸せ暮らしの歳時記　藤野邦夫〔著〕　講談社　2000.1　625p　15cm　（講談社文庫）　933円　①4-06-264776-1

◇四季の移ろい―暦と行事　吉田和典編著　書肆方丈　1994.1　216p　19cm　1700円

◇諸国年中行事　速水春暁斎著，森川保之画，水谷類校訂，宮尾与男注解　八坂書房　1981.12　253p　20cm　（生活の古典双書）　3200円

◇新版 日本の年中行事　弓削悟編著　金園社　1995.10　462p　19cm　2400円　①4-321-21008-9

＊日本の年中行事について解説したもの。国民の休日、一般的な国民行事、記念日、祭事等を月別に収録する。また各行事を一般的な行事、季節に関する行事、神社の祭礼・寺院の法会等、8種に分類し記号で明示する。

◇日本の年中行事百科―民具で見る日本人の暮らしQ&A　1（正月）　河出書房新社　1997.4　63p　29cm　①4-309-60981-3,4-309-60980-5

◇日本の年中行事百科―民具で見る日本人の暮らしQ&A　2（春）　河出書房新社　1997.4　51p　29cm　①4-309-60982-1,4-309-60980-5

◇日本の年中行事百科―民具で見る日本人の暮らしQ&A 3（夏）　河出書房新社　1997.4　55p　29cm　①4-309-60983-X,4-309-60980-5

◇日本の年中行事百科―民具で見る日本人の暮らしQ&A　4（秋・冬）　河出書房新社　1997.4　51p　29cm　①4-309-60984-8,4-309-60980-5

◇日本の年中行事百科―民具で見る日本人の暮らしQ&A 5（民具小事典・索引）　河出書房新社　1997.4　55p　29cm　①4-309-60985-6,4-309-60980-5

◇日本の年中行事　塩田勝編　改訂　金園社　1984.1　498p　19cm　1300円

◇日本の年中行事　白鳥文子，ジョン・ポーター著　面影橋出版　1993.6　238p　18cm　1000円　①4-88066-002-7

◇日本の年中行事百科　調べて学ぶ身近なモノと四季の行事―民具で見る日本人のくらしQ&A　岩井宏実監修　河出書房新社　1997.4　5冊（セット）　30cm　15000円　①4-309-60980-5

◇日本の美学 31　特集 年中行事　『日本の美学』編集委員会編　灯影舎　2000.11　150p　23×15cm　2000円　①4-924520-94-2

＊本号の特集テーマは「年中行事」である。美学の問題としては、ふたつの側面が考えられ、ひとつはさまざまの年中行事が文学、美術、演劇などでどのように取上げられ、表現されているかという芸術表現の問題であり、もうひとつは、祭りの飾りや山車などに見られるように、行事そのものの表現の問題である。それぞれの行事の意味と役割り、あるいは諸外国との比較による日本の年中行事の特質の考察などを促し、年中行事を通して日本人の美意識や価値観を改めて見直している。

◇日本文化を知る　岡田啓助，岡中正行，沖永宜司，加藤健司編　おうふう　2000.3　207p　21cm　2500円　①4-273-03114-0

＊二千年の歳月を経てはぐくまれてきた、神話・説話・祭り・芸能・年中行事・宗教思想などから、日本人の営みの所産を再認識。

◇年中行事・儀礼事典　川口謙二，池田孝，池田政弘著　改訂新版　東京美術　1997.12　263,13p　19cm　（東京美術選書　19）　1600円　①4-8087-0020-4

＊暦に掲載されている年中行事のうちから主要なものを選んで解説したもの。

◇年中行事歳時記　窪寺紘一著　世界聖典刊行協会　1994.12　353p　19cm　（ぼんブックス　33）　1854円　①4-88110-183-8

◇年中行事の研究　田中宣一著　桜楓社　1992.7　625,44p　22cm　19000円　①4-273-02593-0

◇民具の歳時記　岩井宏実著　増補版　河出書房新社　2000.6　173p　22cm　2400円　①4-309-24227-8

＊民具を通して見る四季の行事。年中行事一覧を増補。

◇山の歳事暦―山村の暮らしと祭り・行事　山村民俗の会編　エンタプライズ,産学社発売　1991.2　257p　19cm　（シリーズ山と民俗　9）　2060円　①4-7825-2041-7

＊山の四季はめまぐるしく移り変わる。厳しい自然に挑む山びとたちの暮らし、生活ごよみによって一年の祭りや行事をたずねる。

年中行事（北海道・東北地方）

◇会津の年中行事と食べ物　平出美穂子著　歴史春秋出版　1999.10　121p　26cm　1500円　①4-89757-397-1
◇秋田の年中行事　第2巻　春光編　長山幹丸著　秋田豆ほんこの会　1989.5　63p　10.8cm　（秋田豆ほんこ　第9冊）
◇余目町の民俗―年中行事　余目町教育委員会編　余目町教育委員会　2001.3　68p　26cm
◇祝いの日々―仙台地方の年中行事・正月と盆　企画展　仙台教育文化事業団仙台市歴史民俗資料館　1995.7　39p　26cm
◇岩手の年中行事―ふるさとの民俗歳時記　毎日新聞社盛岡支局, 岩手県文化財愛護協会編　岩手県文化財愛護協会　1984.1　164p　18cm　（岩手県文化財普及シリーズ　その3）　1000円
◇いわて日めくり草紙　金野静一著　岩手日報社出版部　1988.12　300p　19cm　1200円　①4-87201-004-3
◇岩出山の年中行事―民俗調査記録　岩出山町史編纂委員会編　岩出山町史編纂委員会　1997.3　156p　26cm　（岩出山町史資料集　第1集）
◇太田の年中行事　太田町文化財保護協会編　太田町公民館　1987　121p　21cm
◇男鹿のなまはげ―その伝承と基盤を探る　なまはげシンポジウム　男鹿のなまはげ保存伝承促進委員会編　男鹿のなまはげ保存伝承促進委員会　1997.3　81p　26cm
◇金沢八幡宮掛け歌行事―秋田県指定無形民俗文化財　文化財収録作成調査報告書　秋田県教育委員会編　秋田県教育委員会　1999.3　80p　30cm　（秋田県文化財調査報告書　第292集）
◇記録男鹿のナマハゲ　第2集　男鹿市, 若美町編　男鹿市　1981.3　162p　26×37cm
◇口語会津風俗帳　年中行事篇　三瓶源作著　歴史春秋出版　1988.4　261p　22cm　4800円
◇こんな行事あんな遊び　村野井幸雄著　歴史春秋出版　1987.11　200p　19cm　1000円
◇相馬野馬追　原町市　1983.11　464p　21cm
◇たかはたに伝わる年中行事　高畠町連合婦人会　1986.7　23p　22cm
◇田んぼの中の家―故郷の風物詩　加藤祝子著　生涯学習研究社　1999.11　145p　20cm
◇なまはげ研究紀要　男鹿のなまはげ保存伝承促進委員会編　男鹿のなまはげ保存伝承促進委員会　1998.3　96p　21cm
◇ふくしま海の歳時記―海辺に生きる人々の暮しと輝き　髙橋貞夫著　歴史春秋出版　2000.7　345p　20cm　1429円　①4-89757-411-0
◇ふるさとの行事　髙橋敏雄著　豊文社　1981.7　104p　21cm　980円
◇ふる里道しるべ　蜂谷寛著　蜂谷寛　1981.5　60p　21cm
◇北海道の年中行事　北海道新聞社　1996.4　232p　20×15cm　（北の生活文庫　6）　1600円　①4-89363-162-4
　＊伝統的社会の中で培われてきた年中行事や、移住者によって北海道へもたらされた過程と現状。
◇盛岡の裸まいり・盛岡の舟っこ流し　小形信夫著　盛岡市教育委員会文化課　1997.3　79p　19cm　（盛岡市文化財シリーズ　第29集）

年中行事（関東地方）

◇秋川の年中行事　東京都立秋川高等学校図書館　1986　50p　26cm
◇市川市周辺の年中行事伊豆日記・口約　武井順一著　協進社（印刷）　1999.7　165p　19cm　1500円
◇伊奈の年中行事と人の一生　伊奈町史編集室編　伊奈町　1996.3　150p　26cm　（伊奈町史資料調査報告書　第12集）
◇茨城北相馬の小正月―あわのとりの子どもたち　渡辺貢二著　崙書房　1982.8　111p　18cm　（ふるさと文庫）　680円
◇いばらき歳時記―那珂町額田周辺の年中行事　大録義行著　筑波書林　1982.2　87p　18cm　（ふるさと文庫）　480円
◇浮世絵江戸の一年　太田記念美術館学芸部企画編集　太田記念美術館　1988.9　120p　26cm
◇江戸東京歳時記　長沢利明著　吉川弘文館　2001.4　223p　19cm　（歴史文化ライブラリー　115）　1700円　①4-642-05515-0
　＊徳川家康の入府以来、世界的大都市に発展した「江戸東京」では、多彩な行事や祭が毎日のように行なわれている。それら一つ一つには、どんな信仰的な意味や目的があるのか。四季を通じて、江戸っ子の季節感覚を再発見。

◇江戸東京の年中行事　長沢利明著　三弥井書店　1999.11　378p　20cm　3200円　①4-8382-9051-9
　＊巨大都市東京で静かに受け継がれつづける江戸東京の年中行事。伝統の薄れ行くいま、少しずつ形を変えてゆく。
◇江戸年中行事図聚　三谷一馬著　中央公論社　1998.1　426p　16cm　（中公文庫）　1143円　①4-12-203042-0
◇江戸年中行事と際物　東京都葛飾区郷土と天文の博物館　1995.3　73p　26cm　（民俗資料調査報告書　平成5年度）
◇江戸の春秋　三田村鳶魚著, 朝倉治彦編　中央公論社　1997.11　322p　16cm　（中公文庫）　629円　①4-12-202999-6
◇江戸の夏―その涼と美　東京都江戸東京博物館編　江戸東京歴史財団　1994.7　92p　30cm
◇江戸年中行事　三田村鳶魚編, 朝倉治彦校訂　中央公論社　1981.12　428p　16cm　（中公文庫）　560円
◇江戸風俗　東都歳時記を読む　川田寿著　東京堂出版　1993.1　193p　21cm　2600円　①4-490-20203-2
　＊初午詣・花見・汐干狩・七夕・二十六夜待・西の市…。江戸市民の生活に四季おりおりの彩をそえた江戸の年中行事39をとりあげ、人々の暮らしぶりを活写。『東京歳事記』の興趣あふれる挿絵と平易な解説に、華やかな江戸の賑わいが満喫できる。
◇大磯の年中行事―豊かさへの願い　大磯町郷土資料館編　大磯町郷土資料館　1993.3　36p　26cm　（資料館資料　3）
◇奥多摩町の獅子舞めぐり　石川博司著　ともしび会　1995.1　85p　22cm
◇小田原の年中行事　西海賢二著　小田原市教育委員会　1993.3　97p　26cm　（小田原市文化財調査報告書　第41集）
◇葛飾区の年中行事　東京都葛飾区郷土と天文の博物館　1999.3　64p　21cm　（かつしかブックレット　9）
◇川の大じめ　上尾市教育委員会　1997.8　41p　30cm　（上尾市文化財調査報告　第55集）
◇川越市の年中行事　1　川越市教育委員会編　川越市教育委員会　1999.3　160p　30cm　（川越市文化財調査報告書　第9集）
◇川越市の年中行事　2　川越市教育委員会編　川越市教育委員会　2001.1　144p　30cm　（川越市文化財調査報告書　第10集）
◇川島の民俗・年中行事　川島町文化財保護審議会編　川島町教育委員会　1992.2　106p　21cm　（川島町の文化財　10）
◇関東周辺歳時記の旅　旅行読売出版社　1997.12　122p　26cm　（旅行読売mook　93）　857円　①4-89752-057-6
◇季節の習俗　上　今瀬文也編著　筑波書林　1991.12　114p　18cm　（ふるさと文庫）　618円
◇季節の習俗　下　今瀬文也編著　筑波書林　1992.2　323p　18cm　（ふるさと文庫）　618円
◇群馬の行事事典　群馬歴史散歩の会　1993.4　231p　19cm
◇群馬の暮らし歳時記　板橋春夫著　上毛新聞社　1988.6　208p　19cm　（上毛文庫　13）
◇ご一同様に申し上げます―私本町田風土記　中丸祐昌著　久美堂　1994.1　221p　20cm　1500円
◇埼玉のオビシャ行事―埼玉のオビシャ行事調査事業報告書　埼玉県立民俗文化センター編　埼玉県教育委員会　1994.3　273p　26cm
◇埼玉の民俗歳時記　倉林正次, 倉林美千子著　さきたま出版会　1980.7　309p　19cm　（さきたま双書）　1500円
◇狭山の行事とふるさと料理　野田秀子著　さやま市民文庫刊行会　1985.9　110p　19cm　（さやま市民文庫　第3集）　720円
◇四季暦江戸模様　久保元彦著　久保元彦　2000.2　238p　21cm
◇獅子の里を訪ねて―神奈川県の一人立ち三頭獅子舞　吉村俊介著, 相沢雅雄編　宮の橋社　1992.5　123p　19×26cm
◇写真で綴る嵐山歳事記―祭と年中行事　長島喜平監修　嵐山町　1999.7　246p　31cm　（嵐山町博物誌　第9巻(民俗編　1)）
◇上州歳時記　都丸十九一著　広報社　1997.7　352p　22cm　2761円　①4-906654-00-2
◇新訂　東都歳事記　上　市古夏生, 鈴木健一校訂　筑摩書房　2001.5　278p　15cm　（ちくま学芸文庫）　1000円　①4-480-08621-8
　＊江戸の人々の毎日に、四季折々の彩りをそえた年中行事を、名所・風俗の紹介とともにつづった『東都歳事記』。『江戸名所図会』の斎藤月岑の筆、長谷川雪旦・雪堤の画で天保9年(1838)に刊行され、江戸歳事記の決定版として広く長く親しまれたその全四巻五冊を、読みやすさに徹した新校訂で刊行する。年始の祝い、初午、花見、灌仏会、七夕、納涼、二十六夜待ち、看菊、紅葉、芝居顔見世、西の市、煤掃、そして多彩な祭りや宗教行事、

年中行事　　　　　　　　　　　　　　　　　　　　　　　民俗・生活

日々の慣わしの詳細な記述から、江戸の暮らしが立ちあらわれる。上巻には、正月から六月までを収める。

◇新訂 東都歳事記 下　巻之三 秋之部・巻之四 冬之部　市古夏生，鈴木健一校訂　筑摩書房　2001.6　332p　15cm　（ちくま学芸文庫）　1100円　④4-480-08622-6
　＊江戸の人々の毎日に、四季折々の彩りをそえた年中行事を、名所・風俗の紹介とともにつづった『東都歳事記』。『江戸名所図会』の斎藤月岑の筆、長谷川雪旦・雪堤の画で天保9年に刊行され、江戸歳事記の決定版として広く長く親しまれたその全四巻五冊を、読みやすさに徹した新校訂で刊行する。年始の祝い、初午、花見、灌仏会、七夕、納涼、二十六夜待ち、看菊、紅葉、芝居顔見世、酉の市、煤掃、そして多彩な祭りや宗教行事、日々の慣わしの詳細な記述から、江戸の暮らしが立ちあらわれる。下巻には、七月から十二月までを収める。

◇図説浮世絵に見る江戸の歳時記　佐藤要人監修, 藤原千恵子編　河出書房新社　1997.11　127p　22cm　1800円　④4-309-72571-6
◇川柳江戸歳時記　花咲一男著　岩波書店　1997.3　299p　20cm　3000円　④4-00-000214-7
◇高崎を歩く　石川博司著　ともしび会　2000.11　60p　21cm
◇中世鎌倉人の年中行事―テーマ展図録　神奈川県立金沢文庫編　神奈川県立金沢文庫　1993.11　63p　26cm
◇東京年中行事 上の巻　若月紫蘭著　大空社　1992.2　1冊　22cm　（文学地誌「東京」叢書　第5巻）　10000円　④4-87236-219-5
◇東京年中行事 下の巻　若月紫蘭著　大空社　1992.2　1冊　22cm　（文学地誌「東京」叢書　第6巻）　11000円　④4-87236-220-9
◇東京市暦　川端誠作　リブロポート　1990.7　1冊　26×26cm　（リブロの絵本）　2060円　④4-8457-0508-7
◇東京今と昔―巷にみる祭り・伝説・年中行事　山本富夫著, 警視庁警務部教養課編　自警会　1984.12　397p　22cm　（自警文庫　13）
◇東京いまとむかし―祭り、行事、伝説を訪ねて 上　山本富夫絵・文　彩流社　1991.1　237p　19cm　1700円　④4-88202-190-0
◇東京年中行事 第1,2　若月紫蘭著, 朝倉治彦校注　平凡社　1968　2冊　18cm　（東洋文庫）
◇東京の市と縁日 TOKYO情緒歳時記―江戸をさがす半日旅　婦人画報社　1994.12　127p　21cm　（あるすぶっくす　20）　1600円　④4-573-40020-6
　＊お正月のだるま市に始まり、暮も近づく頃の酉の市、そして師走の歳の市まで、日本の生活の中には季節の風物詩が織り込まれている。今もなお生活の中に息づく市と縁日は、江戸庶民が暮らしを楽しむために育てあげたもの。その懐かしい市と縁日の風情をたどりながら、江戸情緒にふれる一冊。

◇東京の市と縁日ガイド―四季をたのしむ首都圏250カ所　中原幹生著　改訂版　実業之日本社　1982.10　255p　18cm　（ブルーガイド L）　880円
◇東京の縁日風土記　山本偩著　講談社　1982.9　256p　19cm　1100円　④4-06-200158-6
◇東京わが町 秋冬編　原義郎著　保育社　1983.9　151p　15cm　（カラーブックス　617）　500円　④4-586-50617-2
◇東京わが町 春夏編　原義郎著　保育社　1984.2　151p　15cm　（カラーブックス　633）　500円　④4-586-50633-4
◇東都歳事記 1　斎藤月岑著, 朝倉治彦校注　平凡社　1970　268p　18cm　（東洋文庫　159）　450円
◇東都歳事記 2　斎藤月岑著, 朝倉治彦校注　平凡社　1970　296p　18cm　（東洋文庫　177）　500円
◇東都歳事記 3　斎藤月岑著, 朝倉治彦校注　平凡社　1972　227,41p　18cm　（東洋文庫　221）
◇栃木の民俗―杉山の行事十二ケ月　大和ミエ子著　教育出版センター　1980.9　147p　22cm　1500円
◇年中行事―正月・お盆を中心として　新田町誌編さん室　1984.5　155p　26cm　（新田町誌基礎資料　第7号）
◇東村山の年中行事　東村山市教育委員会　1989.3　220p　26cm　（東村山市文化財調査報告　第2集）
◇ひのふるさと歳時記　日野市立図書館　1992.3　120p　30cm
◇〈ふるさと東京〉民俗歳事記　佐藤高写真・文　朝文社　1992.4　213p　22cm　3200円　④4-88695-061-2
◇ふるさと歳時記―足利の元日から大晦日まで　台一雄著　岩下書店　1981.5　239p　19cm　1000円
◇民俗歳事記―ふるさと東京　佐藤高写真・文　朝文社　1992.4　213p　21cm　3200円　④4-88695-061-2

＊わたし達のまわりにある四季おりおりの行事。消えゆこうとするこれらの風物を350点の写真と文でつづる、なつかしい東京の歳時記。
◇無形の民俗文化財 ― 記録 第43集　盆行事　4　茨城県・埼玉県　文化庁文化財保護部　2000.3　224p　図版20p　21cm
◇村の明治 ― 筑東旧小幡村の歳時記　高橋臥峰著　筑波書林　1981.4　102p　18cm　（ふるさと文庫）　580円

年中行事（中部・東海地方）

◇池田町歳時記 ― 年中行事　仁科宗一郎著　柳沢書苑　1980.11　175p　19cm　1500円
◇稲沢の年中行事　稲沢市史編纂委員会編　稲沢市教育委員会　1996.3　67p　26cm　（稲沢市史資料　第31編）
◇有東木のギリッカケ　静岡市教育委員会編　静岡市教育委員会　1999.3　16p　21cm　（静岡市の伝統文化ガイドブック　no.2）
◇小布施の安市と小正月行事 ― 座談会記録　日本のあかり博物館編　日本のあかり博物館　1999.1　16p　26cm
◇尾張の年取りと正月 ― 食民俗の聞き書きから　平成九年度日比野光敏ゼミナール卒業研究　市邨学園短期大学生活文化学科日比野光敏ゼミナール編　市邨学園短期大学生活文化学科日比野光敏ゼミナール　1998.3　197p　21cm
◇上黒田の獅子舞い　上黒田区編集　上郷史学会　1982.10　31p　26cm
◇近世の民俗的世界 ― 濃州山間農家の年中行事と生活　林英一著　岩田書院　2001.3　269p　22cm　6900円　ⓘ4-87294-195-0
◇小河内のヒヨンドリ　静岡市教育委員会編　静岡市教育委員会　1999.3　13p　21cm　（静岡市の伝統文化ガイドブック　no.1）
◇静岡県民俗歳時記　富山昭著　静岡新聞社　1992.11　205p　19cm　2500円　ⓘ4-7838-1044-3
◇静岡県の年中行事　富山昭文・写真　静岡新聞社　1981.12　303p　19cm　1400円　ⓘ4-7838-1018-4
◇信州歳時記366日 ― きょうの出来事　信州世相文化研究会編　郷土出版社　1999.2　241p　21cm　1600円　ⓘ4-87663-430-0
　＊2月29日を含む一年366日それぞれについて長野県内の暦・記念日・歴史上の出来事・祭り・年中行事を記したもの。

◇諏訪大社の御柱と年中行事　宮坂光昭著　郷土出版社　1992.3　275p　19cm　1600円　ⓘ4-87663-178-6
◇大王町の年中行事 ― 他　古謡と方言　秀森典嶺〔ほか〕著　2版　大王町教育委員会　1991.3　81p　21cm　（大王町教育委員会文化財資料　第2集）
◇知立の歳時記　上　春・夏編　隅田三郎編著　知立市中央公民館　1989.3　92p　26cm
◇知立の歳時記　下　秋・冬編　隅田三郎編著　知立市中央公民館　1990.2　165p　26cm
◇土肥の年中行事　土肥町郷土誌編集委員会編　土肥町教育委員会　1989.3　67p　21cm　（郷土誌叢書　第4集）
◇東栄の年中行事と風習　東栄町文化財審議会編　東栄町教育委員会　1989.3　104p　22cm
◇どんど焼物語 ― お正月子供の行事　森田信一　1994　14,3枚　図版9枚　19×26cm
◇年中行事と生活暦 ― 民俗誌への接近　倉石忠彦著　岩田書院　2001.4　179p　21cm　2800円　ⓘ4-87294-205-1
◇野並村風俗 ― 年中行事と冠婚葬　山内昭子著　山内昭子　1983.3　43p　26cm
◇浜北市の年中行事・文化財　浜北市教育委員会教育部生涯学習課編　浜北市教育委員会　1995.3　141p　21cm　（浜北市史資料）
◇藤枝の年中行事 ― 第22回企画展　藤枝市郷土博物館編　藤枝市郷土博物館　1993.3　32p　26cm
◇ふるさとの行事 ― 美濃と飛騨　岐阜県小中学校長会編　岐阜県校長会館　1999.11　223p　21cm　1524円
◇松本の三九郎 ― 夜空をこがす火の祈り　新改訂　日本民俗資料館　1997.6　134p　26cm　（年中行事基礎調査報告書）
◇三重の歳時記　第5集　中野イツ著　向陽書房　2000.5　149p　21cm　1500円　ⓘ4-906108-41-5
◇三重の歳時記　中野イツ著　光書房　1981.6　167p　21cm　1900円
◇みずなみの年中行事　瑞浪市教育委員会編　瑞浪市教育委員会　1994.2　112p　26cm　（生涯学習読本シリーズ　no.1）
◇みやがわ四季のうつろい ― 宮川村の年中行事　宮川村自分史をつづる会編　宮川村教育委員会　1986.11　211,9p　22cm　（みやがわ叢書　第1集）

年中行事　　　　　　　　　　　　　　　　　　　　　　　　　　　　　　　民俗・生活

年中行事（北陸地方）

◇越後・佐渡暮らしの歳時記　駒形覡著　国書刊行会　1992.5　204p　22cm　2600円　①4-336-03371-4
◇越後と佐渡の原風景　佐藤和彦著　高志書院　1997.10　190p　22cm　3800円　①4-906641-07-5
◇佐渡年中行事　中山徳太郎、青木重孝共編　増補版　高志書院　1999.7　315p　19cm　3500円　①4-906641-31-8
◇三条歳時記　岩淵一也著　越後ジャーナル社　1992.5　189p　20cm　1400円
◇大門町に伝わる年中行事　大門町立二口公民館　2000　11p　26cm
◇滑川のネブタ流しと夏を彩る民俗行事　滑川市立博物館編　滑川市教育委員会　1999.3　89p　30cm
◇ネブタ流しと年中行事展　滑川市立博物館編　滑川市立博物館　2000.7　32p　30cm
◇昔の十二ヶ月―城下町金沢の年中行事　能登印刷出版部　1999.11　101p　21cm　（資料叢書　第2冊）　1400円　①4-89010-314-7

年中行事（近畿地方）

◇和泉市PTA文庫　第5集　市内の年中行事　和泉市PTA協議会文化委員会編　和泉市PTA協議会文化委員会　1984.3　102p　21cm
◇伊勢大神楽―悠久の獅子　渋谷章監修、吉原晴朗写真、福井武郎解説　東方出版　1998.11　110p　25×20cm　3000円　①4-88591-582-1
　＊重要無形民俗文化財指定。獅子舞いのカラー歳時記。京都を拠点に2府5県を巡る旅の記録。
◇近江の宮座とオコナイ　中沢成晃著　岩田書院　1995.2　314p　22cm　（日本宗教民俗学叢書　2）　6077円　①4-900697-20-6
◇大原の祇園行事　甲賀町教育委員会編　大鳥神社内大原祇園保存会　1990.3　180p　26cm　（滋賀県選択無形民俗文化財調査報告書）
◇亀岡の行事と行事食　続　亀岡市行事食研究会　1994.3　143p　19cm
◇季節を祝う京の五節句―新春・雛祭・端午・七夕・重陽　京都府京都文化博物館学芸第一課編　京都文化博物館　2000.4　195p　30cm
◇紀の川流域の民俗―橋本市の年中行事と歌　斎藤和枝著　桜楓社　1992.1　179p　19cm　2800円　①4-273-02569-8
◇京の365日―カメラ歳時記　上　横山健蔵写真・文　淡交社　1996.1　207p　19cm　1700円　①4-473-01427-4
◇京の365日―カメラ歳時記　下　横山健蔵写真・文　淡交社　1996.1　207p　19cm　1700円　①4-473-01428-2
◇京暮らしの彩り　大村しげ著、土村清治写真　佼成出版社　1988.9　245p　19cm　1200円　①4-333-01362-3
◇京ごよみ365日　駒敏郎編　講談社　1986.2　189p　22cm　2600円　①4-06-201551-X
◇京都十二カ月―毎月、京都へ行きたくなる本　ひらのりょうこ文、土村清治写真　山と渓谷社　1998.12　167p　21cm　（Jガイドホリデー）　1300円　①4-635-00674-3
◇京都歳時記　宗政五十緒、森谷尅久編　（京都）淡交社　1986.2　338p　21cm　2800円　①4-473-00940-8
　＊この1冊でわかる！　京の暮しと四季の移ろい。年中行事を中心に、気候・動植物から、衣食住や、ことば・伝説・伝統芸能まで、京都の四季折々を収録した生活文化便覧。
◇京都歳時記　1　小学館　1986.2　163p　21cm　（小学館「歳時記」シリーズ）　1400円　①4-09-584001-3
　＊千年のみやこに桜咲き、いま、たおやかに春。京洛の春景色と祭り・花・味覚を満載。多彩なエッセイは山口誓子・奈良本辰也・駒敏郎・尾崎左永子・楢林忠男他。
◇京都歳時記　2　小学館　1986.2　163p　21cm　（小学館「歳時記」シリーズ）　1400円　①4-09-584002-1
　＊千年のみやこに祇園囃子を聞けば、燃える夏。京洛の夏景色と祭り・花・味覚を満載。多彩なエッセイは塚本邦雄・岡部伊都子・藤嶽彰英・岩城もと子・高野澄他。
◇京都歳時記　3　小学館　1986.2　163p　21cm　（小学館「歳時記」シリーズ）　1400円　①4-09-584003-X
　＊千年のみやこに紅葉燃え、色あざやかに秋。京洛の秋景色と祭り・花・味覚を満載。多彩なエッセイは大村しげ・秦恒平・寿岳章子・相馬大・國分綾子他。
◇京都歳時記　4　小学館　1986.2　163p　21cm　（小学館「歳時記」シリーズ）　1400円　①4-09-584004-8

民俗・生活　　　　　　　　　　　　　　　　　　　　　　　　　　　　　　年中行事

＊千年のみやこに淡雪の舞い、梅の香におう冬。京洛の冬景色と祭り・花・味覚を満載。多彩なエッセイは邦光史郎・百瀬明治・村山古郷・秋山十三子・渡会恵介他。

◇京都千年 8　くらしと年中行事──古都の歳時記　森谷尅久編　講談社　1984.11　236p　21cm　1500円　⓵4-06-187108-0

◇今日のKYOTO 2001年春夏版　ユニプラン　2001.3　96p　21cm　857円　⓵4-89704-149-X
＊このガイドブックは、京都に来られた方の旅行日に3月から8月にかけて行われている行事・イベントを、ダイアリー風に紹介し、今年だからこそ拝観できる文化財の公開や、興味はあったがまだ見たことのない行事などに是非、出向いていただきたいと願い編集したものです。

◇京の年中行事・テーマ別コース　京都市文化観光局編　京都ライトハウス点字出版部　1986.3　162p　28cm（京都ガイドブックシリーズ）　1200円

◇さんだ風土記 1　三田・三輪　三田市年中行事調査委員会編　三田市教育委員会　1994.3　39p　30cm

◇さんだ風土記 2　高平　三田市年中行事調査委員会編　三田市教育委員会　1995.9　35p　30cm

◇さんだ風土記 4　広野　三田市年中行事調査委員会編　三田市教育委員会　1997.10　48p　30cm

◇さんだ風土記 5　本庄　三田市年中行事調査委員会編　三田市教育委員会　1998.9　40p　30cm

◇さんだ風土記 6　藍　三田市年中行事調査委員会編　三田市教育委員会　1999　32p　30cm

◇さんだ風土記 別冊　三田天満神社正遷宮・のぼりさし　三田市教育委員会　1999　8p　30cm

◇信楽町の祇園花行事──滋賀県選択無形民俗文化財調査報告書　信楽町教育委員会編　信楽町教育委員会　1999.3　92p　30cm（信楽町文化財報告書　第9集）

◇新修京都叢書 第4巻　日次紀事　野間光辰編，新修京都叢書刊行会編　黒川道祐〔撰〕　2版　臨川書店　1994.2　13,517p　22cm　6900円　⓵4-653-02600-9,4-653-02596-7

◇泉南市域の年中行事　泉南市成人読書連合会　1986.8　46p　26cm

◇田原本町の年中行事　田原本町教育委員会　1984.3　94p　21cm

◇東大寺お水取り──二月堂修二会の記録と研究　普及版　小学館　1996.5　253p　30cm　4800円　⓵4-09-680751-6
＊天平勝宝より1240余年にわたる稀有の行法の全記録。「正倉院」に匹敵する無形文化の宝蔵は、奈良文化の神髄を直伝する。10年におよぶ、東大寺の全面協力の下徹底取材し、全行事を完全集大成。

◇なじおの年中行事　名塩探史会編　名塩探史会　1982.4　83p　21cm　500円

◇奈良市年中行事調査概報 7（平成8年度）　奈良市教育委員会　1997.3　24p　26cm

◇寝屋川市の民俗──年中行事と民家　寺前治一ほか編　寝屋川市教育委員会　1986.3　66p　22cm

◇年中行事と民俗芸能──但馬民俗誌　大森恵子著　岩田書院　1998.11　534p　22cm　14800円　⓵4-87294-128-4

◇ふるさと近江健康歳時記　橋本猛著　京都新聞社　1994.11　239p　19cm　1500円　⓵4-7638-0362-X
＊わが国には季節に彩られた伝統的な年中行事や祭礼が豊富である。四季折々の変わり目に見事に位置づけられた行事や祭礼を、生活習慣の改善の決心をするキッカケに利用しない手はないと思う。

◇ふるさと佐用の心　佐用郡いずみ会　1984.3　116p　21cm

◇三和の歳時と食　三和町ふれっしゅグループ　1992.3　48p　26cm

◇無形の民俗文化財──記録 第41集　盆行事 3　京都府・大阪府　文化庁文化財保護部　1998.3　265p　図版24p　21cm

◇村境の作り物──丹後の道切り行事　京都府立丹後郷土資料館編　京都府立丹後郷土資料館　1996.4　16p　30cm（特別陳列図録 37）

◇大和の年中行事　山田熊夫ほか著　改訂版　奈良新聞出版センター　1986.1　452p　19cm　1800円

◇冷泉布美子が語る京の雅・冷泉家の年中行事　冷泉布美子，南里空海著　集英社　1999.10　239p　22cm　2000円　⓵4-08-783147-7
＊正月、節分、お節句、お花見、七夕─。私たちが何気なく迎えている年中行事がよくわかります。

大文字送り火

京都府　指定：無形民俗文化財「大文字送り火」

＊　　　＊　　　＊

397

◇京都大文字五山送り火　京都市文化観光資源保護財団,大文字五山保存会連合会編　京都市文化観光資源保護財団,(京都)光村推古書院発売　2001.1　65p　20×21cm　1500円　④4-8381-9906-6
　＊先人から脈々と受け継がれてきた京の伝統行事「大文字五山送り火」はいつの時代も民衆の"祈りの火"として夜空を焦がしてきた。本書では点火にかかわる人たちの作業風景から精霊の炎が天空を染めるまで行事のすべてを豊富な写真と解説で詳しく紹介する。
◇京の送火大文字　田中緑紅著　京を語る会　1957　52p　19cm　(緑紅叢書　第4輯)　300円
◇京の大文字ものがたり　岩田英彬著　松籟社　1990.7　187p　18cm　(京都文庫　1)　950円　④4-87984-111-0

年中行事(中国地方)

◇岡山の民俗　土井卓治ほか著　日本文教出版　1981.11　205p　15cm　(岡山文庫　99)　700円
◇郷土の年中行事と方言　甲奴町教育委員会　1985.12　71p　21cm
◇下松市の風俗と生活―年中行事　下松市教育委員会編　下松市教育委員会　1982.3　131p　21cm
◇福山の歴史民俗暦　村上正名編著　福山市文化財協会　1980.12　153p　19cm　1300円
◇ふるさとの行事　広兼勲編　広兼勲　1980.7　144p　21cm　(シリーズ「ふるさと美和」)
◇みみずの呟―懐かしい昔の思い出　岡田忠章著　岡田忠章　1997.6　160p　22cm
◇吉見の歳時記　津森一衛〔著〕,河田光再編　河田光　1991.8　24p　21cm

年中行事(四国地方)

◇神山の年中行事　神山町成人大学「神山の年中行事」編集委員会　神山町教育委員会社会教育課　1989.4　48p　26cm
◇小豆島の年中行事　小豆島の民俗を語る会編　オリーブの里協会　1989.9　122p　18cm　600円
◇ふるさと歳時記―川島町の年中行事　川島町ふるさとを探る会編　喜多弘　1990.5　289p　19cm　1300円

年中行事(九州・沖縄地方)

◇おきなわ行事・イベントオールガイド―元気な365日　ボーダーインク編集部編　ボーダーインク　1995.5　174p　19cm　1500円
◇沖縄の自然と文化シリーズ　8　沖縄の年中行事　大城学文,大塚勝久写真　ポプラ社　1986.6　39p　23cm　980円　④4-591-02229-3
◇沖縄の年中行事―ハンドブック　崎原恒新著　沖縄出版　1990.4　239p　19cm　1540円
◇沖縄の年中行事100のナゾ　比嘉朝進著　風土記社　1984.9　223p　18cm　1000円
◇鹿児島の民俗暦　小野重朗文,鶴添泰蔵写真　海鳥社　1992.11　271,23p　19cm　(海鳥ブックス　13)　1700円　④4-87415-024-1
　＊九州の南端に位置し、南のしまにつながる鹿児島の祭りや歳時習俗は、その地理的特徴によって、中央の古い文化の伝播と蓄積とを示すものと、南の島々から南九州にかけて育まれた文化を現わしているものがある。こうした鹿児島の祭りと年中行事を集大成する。
◇神の島 久高島―年中行事とイザイホー　小川克巳,川上幸子著　汐文社　1993.8　300p　21cm　3000円　④4-8113-0149-8
◇郷土の生活に根ざした年中行事―甑島平良　小松重三著　小松重三　1981　74p　25cm
◇さらにつかえるおきなわ行事イベントの本　ボーダーインク編集部編　ボーダーインク　2000.8　160p　21cm　1600円　④4-89982-002-X
　＊年中行事とイベントを1冊で紹介。『おきなわ行事イベントオールガイド』から5年。新たなイベント情報を盛りこみ、写真も多数掲載。さらにつかいやすく生まれ変わりました。
◇ふるさと歳時記　池山一美著　池山一美　1987　97p　26cm
◇宗像の儀礼伝承―年中行事・人生儀礼　宗像市史編集委員会編　宗像市　1992.3　182p　21cm　(宗像市史民俗資料集　1)

年中行事(世界)

◇英米の年中行事　東浦義雄,板倉恵美子著　研究社出版　1963　226p　18cm　(カレッジ・ライブラリー)

民俗・生活　　　　　　　　　　　　　　　　　　　　　　　　　　　　　　　祭

◇続　中国の年中行事　中村喬著　平凡社　1990.3　261p　19cm　（平凡社選書　134）　2163円　Ⓘ4-582-84134-1
　＊正月元旦の爆竹、門飾り、年酒、年賀。七日人日（七日正月）、立春。2月の春遊、花朝節（花の日）。8月の中秋節。10月の暖炉開き、墓参り。12月の除夜、おにやらい、どんどんやきなどが、確かな文献操作によって記述され、ここに中国の重要な伝統的年中行事はほぼ網羅される。生活習俗のさまざまを通して中国の文化を理解する最良の手引書。
◇中国の年中行事　中村喬著　平凡社　1988.1　301p　20cm　（平凡社選書　115）　2300円　Ⓘ4-582-84115-5
◇中国の年中行事　続　中村喬著　平凡社　1990.3　261p　20cm　（平凡社選書　134）　2163円　Ⓘ4-582-84134-1
◇朝鮮歳時記　許南麒著　同成社　1981.8　238p　22cm　2800円　Ⓘ4-88621-005-8
◇巴里ごよみ　早川雅水著　青蛙房　1995.8　254p　19cm　2060円　Ⓘ4-7905-0390-9
　＊25歳の未婚女性を祝福する日や逞しい消防マンの舞踏会など、フランス好きが知りたかった年中行事のすべてがこのおしゃれなエスプリいっぱいの一冊に詰まっている。
◇ヨーロッパ歳時記　植田重雄著　岩波書店　1983.10　209,7p　18cm　（岩波新書）　430円

祭（日本）

◇秋祭りに行きたくなる本　リバティ書房編集室編　リバティ書房　1998.8　189p　21cm　1000円　Ⓘ4-89810-011-2
　＊日本全国秋祭りガイド。実りの季節。忘れかけていた何かをとりもどす郷愁の秋祭り。秋風とともに出かけてみませんか。
◇お祭ものしりガイド―全国400余の例にみる祭りの本質と楽しみ方　戸井昌造著　日本交通公社出版事業局　1984.4　254,5p　19cm　（交通公社のガイドシリーズ）　980円
◇行事と祭りの事典　三省堂編修所編　三省堂　1991.7　352p　18cm　（三省堂実用　10）　1000円　Ⓘ4-385-14167-3
◇くらしと祭り百話　小野迪夫著　神社新報社　1994.9　237p　18cm　（神社新報ブックス　7）　1030円　Ⓘ4-915265-91-9
◇車で訪ねる日本の祭り　全国編　第2版　JAF出版社　1993.2　208p　26×22cm　（JAFドライブガイド　26）　1900円　Ⓘ4-7886-2261-0
　＊北海道のさっぽろ雪まつりから沖縄のエイサー祭りまで、全国の120を越す有名祭り、フェスティバルをテーマ別徹底紹介。交通規制の区域、駐車場マップ付。
◇子どもの歳時記―祭りと儀礼　天野武著　増補版　岩田書院　1996.4　221p　26cm　2472円　Ⓘ4-900697-50-7
◇三六五日お祭り歳時記　日本祭礼研究班著　小学館　2000.11　558p　15cm　（小学館文庫）　800円　Ⓘ4-09-417491-5
　＊海辺の漁村から山に囲まれた町、古都から大都会まで、あるいは雪の降る北国の街から黒潮洗う南国の島々まで、南北に長い日本列島。その各地で今日も行われているさまざまな祭礼。古式豊かな宗教行事から勇壮な競技まで、壮麗な山車や竿灯から渡御の舟や御輿まで、一年三六五日を暦順に紹介する"祭時期"ガイド。全国各地の社寺、自治体、観光協会の全面的協力で、写真・地図・問い合わせ先などを含めた、旅のお供に最適の一冊。文庫書き下ろし。
◇諸国の祭と芸能　宮尾しげを著　三省堂　1980.7　274p　22cm　2500円
◇知りたい、見たい、参加したい　旅と祭り300選　近畿日本ツーリスト　1987.5　160p　30cm　（旅のガイドムック　Select 4）　2100円　Ⓘ4-87638-038-4
　＊日本全国、四季折々の祭りと、見どころ、名物など、旅の魅力を紹介。
◇尻つみ祭り　佃春夫著　日本随筆家協会　1992.12　265p　19cm　（現代随筆選書　129）　1700円　Ⓘ4-88933-153-0
　＊詩人でもあり歌人でもある著者が、渾身の力で紡いでみせた故郷は伊東の祭りをはじめ、土俗的香りを持つ随筆群を収める。
◇世界の祭りと子ども5　日本編　春　西田敬写真・文　大日本図書　1993.2　71p　25×19cm　3200円　Ⓘ4-477-00230-0
◇世界の祭りと子ども6　日本編　夏　西田敬写真・文　大日本図書　1993.2　69p　25×19cm　3200円　Ⓘ4-477-00231-9
◇世界の祭りと子ども7　日本編　秋　西田敬写真・文　大日本図書　1993.2　68p　25×19cm　3200円　Ⓘ4-477-00232-7
◇世界の祭りと子ども8　日本編　冬　西田敬写真・文　大日本図書　1993.2　71p　25×19cm　3200円　Ⓘ4-477-00233-5
◇全国祭りの旅―諸国御祭礼百四拾九膝栗毛御案内　木継鳥夫編著　金園社　1980.3

祭　　　　　　　　　　　　　　　　　　　　　　　民俗・生活

318p　19cm　850円
◇旅と祭り300選―知りたい、見たい、参加したい　近畿日本ツーリスト　1987.5　160p　28cm　（旅のガイドムック select）　2100円　①4-87638-038-4
◇だんじり考　宮本英希著　宮本英希　1997.7　85p　30cm
◇伝統の祭りを訪ねる―識る・見る・参加する　ブルーガイド編集部編　実業之日本社　1998.7　199p　21cm　（通の行く旅）　1600円　①4-408-00072-8
　＊伝統文化にふれる旅。迫力ある祭りに驚き、静寂な祭りで心なごむ。四季折々の祭りを楽しむ。祭りに参加できる喜び。祭りマップ・見どころ・撮影ポイント・直前での宿泊予約など旅のガイドが充実。
◇とんまつりJapan　みうらじゅん著　集英社　2000.7　223p　20cm　1500円　①4-08-781193-X
◇謎解き祭りの古代史を歩く　彩流社　1999.8　188p　21cm　（オフサイド・ブックス）　1200円　①4-88202-608-2
　＊祭りがもたらす"知的興奮"！太古の息吹きを伝える諏訪の御柱祭、熊野の火祭り、奇祭岩手の蘇民祭、吉田の火祭り、血が騒ぐ弘前ねぶた/青森ねぶた、浅草三社祭、博多祇園山笠、「国つ神」とふれあう大和の祭り等、全国100以上の祭りから"隠された古代"を発掘する旅。写真・マップ満載。
◇にっぽん祭り紀行　吉田智一文・写真　桐原書店　1987.4　167p　19cm　（ENJOY YOUR TRIP テーマのある旅 2）　1200円
◇日本の祭　柳田国男著　創元社　1953　216p 図版　15cm　（創元文庫 D第49）
◇日本の祭　柳田国男著　角川書店　1956　216p　15cm　（角川文庫）
◇日本の祭 5版　柳田国男著　弘文堂　1952　280p　22cm
◇日本「祭礼行事」総覧　新人物往来社　1999.1　455p　21cm　（別冊歴史読本）　2400円　①4-404-02696-X
◇日本祭礼民俗誌　加藤健司著　おうふう　2000.3　326p　21cm　2800円　①4-273-03112-4
　＊約十年の月日を要し、日本の祭礼を都道府県すべてにわたり取材。その中から、それぞれの場所の小さな、それでいて日本人の信仰心意の伝統的ありようを伝承する特徴的な祭礼を取り上げ、山の、海の、里の、都市のそして、日本の豊かさを感じる。四季折々、日本各地の祭礼行事採訪記。

◇日本の祭り　堤勝雄写真　PHP研究所　1998.4　141p　21cm　（写真紀行）　1571円　①4-569-60083-2
　＊"御柱"のダイナミズム、"高山祭"の華麗さ、"流しびな"の優しさ…祭りの原点に迫る、貴重な写真を多数収録。
◇日本の祭ポケット図鑑―伝統ある祭礼と年中行事230のすべて　萩原秀三郎著　オリジン社　1995.7　424p　15cm　（主婦の友生活シリーズ）　1400円
◇日本歳事辞典―まつりと行事　儀礼文化研究所編　大学教育社　1981.2　389p　19cm　1300円
◇日本祭礼地図 5　付録・索引編―社寺霊場総覧　田原久ほか編　国土地理協会　1980.11　398p 図版24p　27cm　8500円
◇日本全国お祭りさがし　さの昭著　今日の話題社　1999.1　225p　21cm　1600円　①4-87565-501-0
　＊全国188ヵ所のお祭りを収録したガイドブック。東京を中心とした首都圏のお祭りを紹介するコーナーと、他の都道府県のお祭りを紹介するコーナーの2本立て。全国のお祭りマップ、カレンダー付き。
◇日本全国津々浦々お祭りイベントガイド365日 1999年版　アムタス「お祭りイベントガイド365日」編集室編　アムタス　1998.10　517p　19cm　953円　①4-915703-25-8
　＊お祭り、イベント情報11623件を掲載したガイド。日付順に配列し、所在地、電話番号などを掲載。
◇日本のお祭り 東日本編　平野勲著　現代評論社　1980.6　205p　22cm　3000円
◇日本の奇祭　清野龍文　有朋舎　1983.7　206p　26cm　3800円　①4-89687-038-7
◇日本の奇祭　合田一道著　青弓社　1996.11　222p　19cm　2060円　①4-7872-3130-8
　＊その土地の音であり、色であり、匂いであり、温度であり、生活である祭り―日本各地で連綿と受け継がれている奇祭の数々を紹介する。
◇日本の行事祭り事典　三省堂編修所編　三省堂　1980.9　382p　19cm　1400円
◇日本の祭り―山車と屋台　渡辺良正写真と文　サンケイ新聞社　1980.4　163p　30cm　2800円
◇日本の祭り―歴史探訪　村上元三著　あずさ書房　1981.9　219p　20cm　（あずさ選書）　1200円
◇日本の祭　芸術新潮編集部編　新潮社　1990.9　119p　22×17cm　（とんぼの本）　1300円　①4-10-601987-6

民俗・生活　　　　　　　　　　　　　　　　　　　　　　　　　　　　　　祭

＊行って、見て、参加しなくては祭の醍醐味はわからない。四季の祭を追いかけて、北へ、南へと飛び廻った雑誌「芸術新潮」の「ローカル・ガイド」を、新データを盛り込んで1冊に再編集。他に「日本の祭ごよみ」も収録。これさえあれば、いつ、どこで、どんな祭があるのか一目瞭然、すぐに祭に駆けつけられる。
◇日本の祭　芳賀日出男著　（大阪）保育社　1991.3　151p　15cm　（カラーブックス）620円　Ⓘ4-586-50807-8
　＊全国各地に伝わる有名な祭・珍しい祭を各県から1件以上とりあげて紹介。
◇日本の祭り歳時記― 四季折々の全国の祭りを訪ねる　芳賀日出男写真　講談社　1991.8　143p　21cm　（講談社カルチャーブックス21）　1500円　Ⓘ4-06-198037-8
　＊にぎにぎしく絢爛豪華な祭、古式を伝えるゆかしく典雅な祭り、肉弾が相ぶつかる熾烈で勇壮な男の祭り、里に連綿と続く郷愁をさそうひなびた祭り、原始に呼び戻される畏敬と浄化を願う火祭り、等、季節感を添えて、厳選113の祭りを月別に収載。
◇日本の祭りと芸能 1　芳賀日出男著　小峰書店　1995.4　55p　30cm　（日本の伝統芸能　5）　3000円　Ⓘ4-338-12305-2
◇日本の祭りと芸能 2　芳賀日出男著　小峰書店　1995.4　55p　30cm　（日本の伝統芸能　6）　3000円　Ⓘ4-338-12306-0
◇裸祭り考― 写真集　水野徳三郎著　水野義裕　1997.1　145p　25×26cm
◇ふしぎの祭り― 日本不思議旅行ガイド　にじゅうに編集部編　にじゅうに　1998.2　111p　20cm　1800円　Ⓘ4-931398-05-7
　＊美しくて少し怖いお祭り30。旅行者をひととき異界に誘うファンタジックなお祭り。大好評の日本不思議旅行ガイドシリーズの第2弾。
◇ふるさと・祭り― 山下肇写真集　山下肇著　山下肇　1988.6　116p　22×26cm
◇祭― 大爆発・日本の祭　喜多章著　河出書房新社　1995.4　141p　30cm　3500円　Ⓘ4-309-90137-9
　＊神輿が揺らぐ、山車が躍る― 男の血が騒ぐ。忘れかけていた日本がここにある。岸和田だんじり祭り・一の宮けんか祭り・大原のはだか祭り・西大寺会陽・博多祇園山笠・諏訪の御柱祭りほか。
◇まつり― 考古学から探る日本古代の祭　大場磐雄著、桐原健解説　新装版　学生社　1996.11　249p　19cm　2266円　Ⓘ4-311-20205-9

＊石器時代・縄文時代の遺物が語りかける、そばくな、ひたむきな祈り、日本人最初の「まつり」の姿！石の神、水の神、海の神、氏の神等の祭祀遺跡から、「まつり」の源をさぐる！古代日本人の思想と信仰を解明し、埋もれた古代の「まつり」を復元。
◇祭り― ふるさと東日本　髙橋秀雄著　そうよう　2000.5　305p　21cm　4600円　Ⓘ4-7938-0159-5
　＊懐かしいふるさと、思い出がいっぱいのふるさと。日本の伝統文化を残している、祭りをはじめ民俗信仰、伝統芸能など、豊富な写真で紹介する。
◇祭り― ふるさと西日本　髙橋秀雄著　そうよう　2000.5　318p　21cm　4600円　Ⓘ4-7938-0160-9
　＊懐かしいふるさと、思い出がいっぱいのふるさと。日本の伝統文化を残している、祭りをはじめ民俗信仰、伝統芸能など、豊富な写真で紹介する。
◇祭り歳事記　同盟通信社　1992.3　319p　31cm　30000円
◇祭りとイベント　小松和彦編　小学館　1997.2　285p　19cm　（現代の世相　5）　1600円　Ⓘ4-09-386505-1
　＊神なき時代の祝祭空間、日本人の心はどう変わっていくか！？変貌する家族儀礼、商品化されるふるさと、日常の祝祭化の浸透…。非日常と日常の曖昧な境界線上にさまよう現代と現代人の意識を考える。
◇祭りと年中行事　神社本庁　1993.5　14p　21cm　（氏子のしおり　第38号）
◇祭と民俗芸能暦　前島淑恵編　日本学術文化社　1993.11　484p　30cm
◇祭りごよみ 東日本編　牧田茂著, 牧田道子絵　講談社　2000.2　307p　19cm　1300円　Ⓘ4-87513-086-4
　＊日本全国の祭り、約300編を掲載。民俗学者であり、新聞記者でもあった著者の軽妙な文章と画家である夫人の墨絵で綴る"日本人の心のふるさと"。
◇祭りごよみ 西日本編　牧田茂著, 牧田道子絵　交通新聞社　2000.2　289p　19cm　1300円　Ⓘ4-87513-087-2
　＊日本全国の祭り、約300編を掲載。民俗学者であり、新聞記者でもあった著者の軽妙な文章と画家である夫人の墨絵で綴る"日本人の心のふるさと"。
◇まつり伝承論　茂木栄著　大明堂　1993.10　332p　21cm　4120円　Ⓘ4-470-20039-5
◇祭に乾杯― にっぽん祭紀行　森井禎紹写真集　森井禎紹著　日本写真企画　2001.11　143p

24×26cm　（LIFE BOOKS）　3800円　ⓘ4-930887-41-0
◇まつりの旅　田中義広著　まつり同好会　1981.11　224p 図版22枚　22cm　2500円

祭（北海道・東北地方）

◇会津田島祇園祭　室井康弘著　歴史春秋出版　1987.7　177p　19cm　1000円
◇あおもりのおまつり　小野忠太郎編著　東北の祭り刊行会　1987.4　227p　19cm　（まつり　4）　870円
◇秋田の祭りを訪ねて　秋田市立赤れんが郷土館編　秋田市立赤れんが郷土館　2000.3　45p　30cm　（学習講座集録　平成11年度）
◇秋田県の祭り・行事—秋田県祭り・行事調査報告書　秋田県教育委員会編　秋田県教育委員会　1997.3　140p　30cm　（秋田県文化財調査報告書　第271集）
◇いわてのおまつり　小野忠太郎編著　東北の祭り刊行会　1989.4　254p　19cm　（まつり　6）　900円
◇上杉雪灯籠まつり—ミニガイドブック　米沢観光協会監修　酸漿出版　1999.11　32p　21cm　285円
◇上杉まつり　米沢観光協会監修　第2版　酸漿出版　2000.3　40p　21cm　285円
◇王祇祭り—黒川能の里の大祭　井上孝一著　東北出版企画　1984.12　168p　18cm　（とうほく百科新書　2）　980円
◇大江町の祭り　大江町老人クラブ連合会　1987.3　348p　21cm　（大江町民俗文化シリーズ　第3集）
◇大太鼓の里—写真集　宮野明義著　無明舎出版　1989.10　119p　26cm　1806円
◇お祭りガイド 東北　渡辺良正著　三一書房　1990.9　232p　19cm　2000円　ⓘ4-380-90233-1
　＊祭り宝庫・東北に伝わるお祭り50選。時の流れに変わる祭り、変わらぬ祭り。都市の一大イベントから雪深い産土の社の神事まで、日本人の心に響く鉦の音。
◇角館の祭り—神と人間の接点から　富木耐一著　無明舎出版　1982.8　203p　20cm　1500円
◇竿灯の本　堀田正治著　秋田文化出版　1995.7　207p　19cm　1000円
◇北の夏まつり—ふるさと自慢　田村修著　MBC21,東京経済発売　1993.7　165p　18cm　800円　ⓘ4-8064-0365-2
　＊山車が繰り出し、神輿が舞う—。年に一度、北国を熱くする“まつり”の数々。まつりを演出する太鼓、囃子、花火などについての考察。青森のねぶた、弘前のねぷた、秋田の竿灯、仙台の七夕まつり、盛岡のさんさ踊り、山形の花笠まつりなどの、今昔の諸相。東北六県プラス新潟の主要なまつり一覧付き。
◇心に残る置賜のまつりと歳時記　〔須藤正夫〕〔著〕　須藤正夫　1998.4　213p　26cm　2300円
◇木幡の幡祭り—記録作成等の措置を講ずべき無形の民俗文化財　東和町教育委員会編　東和町教育委員会　2001.3　34,99p　30cm
◇祭礼行事 岩手県　髙橋秀雄, 門屋光昭著　桜楓社　1992.12　139p　26cm　4800円　ⓘ4-273-02456-X
　＊厳寒の正月に裸で水垢離をとり、無病息災と五穀豊穣を祈願する湯田町の湯の沢裸祭り・餅と蘇民袋を奪い合う壮絶な祭り黒石寺の蘇民祭・中世寺院芸能の形式を今に伝えている平泉毛越寺の延年など、岩手県の祭礼行事を写真で紹介する。
◇札幌まつり　札幌市教育委員会編　北海道新聞社　1994.3　312p　19cm　（さっぽろ文庫　68）　1540円　ⓘ4-89363-067-9
　＊神輿渡御、サーカス、露店—。アカシアの花咲くころ、郷愁を誘う北海道神宮例祭が華やかに繰り広げられる。札幌まつりとして親まれるこの祭りの歩み、今の姿、思い出などを地域の神社祭も加えて紹介。
◇写真集 角館のお祭り—神に寄る人々　藤木春悦著　（秋田）無明舎出版　1990.12　138p　26cm　2200円
　＊動と静、ハレとケ、荘厳と勇壮、259200秒のドラマを10年の歳月をかけて活写した二百葉の燃焼の一瞬…。みちのく城下町が燃える—。
◇庄内地方の祭と芸能　五十嵐文蔵著　阿部久書店　1998.3　353,9p　22cm　3800円
◇庄内の祭りと年中行事　無明舎出版編　無明舎出版　2001.1　164p　26cm　1905円　ⓘ4-89544-265-9
　＊永い年月をかけて川が育んだ山形県赤川地域の豊かな文化。自然や祖先から伝承された祭り、行事、芸能、信仰、風俗を克明に記録した民俗誌。
◇新庄まつり—写真集　写真集「新庄まつり」編集委員会編　新庄市　1990.3　200p　31cm
◇津軽の祭りと行事　船水清著　改訂　北方新社　1990.4　222p　19cm　（青森県の文

民俗・生活　　　　　　　　　　　　　　　　　　祭

化シリーズ 6)　1350円
◇津軽の祭り　　船水清ほか著　　北の街社　1983.8　127p　22cm　950円
◇天神祭り—城下町鶴岡の奇祭　日向文吾著　東北出版企画　1986.5　94p　18cm　（とうほく百科新書 3）　700円
◇東湖八坂神社祭統人行事　東湖八坂神社祭統人行事調査記録委員会編　天王町　1990.3　222p　26cm
◇都道府県別 祭礼行事 宮城県　高橋秀雄,三崎一夫編　桜楓社　1992.8　149p　26cm　4800円　①4-273-02458-6
  ＊盆送りの名残りを持つ仙台の七夕祭り、顕拝や鹿踊りで知られる大滝不動の縁日、中世芸能の趣を残す小迫祭り、新田町の勇壮な虎舞、頭屋制の箟峰寺のお福田など、多彩な宮城の祭りを紹介する。
◇都道府県別 祭礼行事 山形県　高橋秀雄,大友義助編　桜楓社　1993.6　143p　26cm　4800円　①4-273-02462-4
  ＊真夏の山形の夜を彩る花笠まつり。一子相伝の林家舞楽を奉納する谷地まつり。高寺大権現の延年を伝える高寺八講。2人の松聖が験競べをする羽黒山松例祭。双分当屋が支える王祇祭の黒川能。江戸中期から伝承される黒森歌舞伎など山形の祭礼を紹介。
◇都道府県別 祭礼行事 秋田県　高橋秀雄,須藤功編　桜楓社　1992.10　149p　26cm　4800円　①4-273-02460-8
  ＊夏の夜に百数本の竿灯ゆらめく秋田の竿灯、県下に八十余りも伝えられているぼんでん祭り、古い芸能を残す八幡大日堂の舞楽・小滝神社のチョークライロ舞、来訪する祖霊を迎える西馬音内・一日市・手馬内の盆踊りなど秋田の祭礼を写真で紹介。
◇都道府県別 祭礼行事 青森県　高橋秀雄,成田敏編　桜楓社　1993.7　143p　26cm　4800円　①4-273-02454-3
  ＊人形灯籠の青森ねぶたと扇灯籠の弘前ねぷた。津軽最大の祭り岩木山お山詣。古風な田植え踊りの八戸のえんぶり。鶏の烏帽子を被る念仏踊りの平内鶏舞。修験者歌舞を農民が受け継いだ東通の能舞。全国でも珍しい新羅神社の騎馬打毬など青森の祭礼を紹介。
◇都道府県別 祭礼行事 福島県　高橋秀雄,懸田弘訓編　桜楓社　1993.5　143p　26cm　4800円　①4-273-02464-0
  ＊古式甲冑競馬と神旗争奪戦を繰りひろげる相馬野馬追。12年に1度海に下る江垂日吉神社の浜下り。素朴ながら気品ある舞

の会津の彼岸獅子。江戸時代から伝わる農村歌舞伎を上演する檜枝岐歌舞伎。頭屋を中心に行われる田島祇園祭りなど福島の祭礼を紹介。
◇都道府県別 祭礼行事 北海道　桜楓社　1993.9　143p　26cm　4800円　①4-273-02452-7
  ＊漁業の祖先神として祀られた姥神大神宮の例大祭、厳冬の一月に御神体を抱いて海に駆けこむ木古内町佐女川神社の禊、アイヌのイヨマンテ、オロチョンの火祭りなど北海道の祭礼行事をカラー写真を交じえて紹介する。
◇登米の秋まつり　とよま囃子保存会　1989.9　68p　26cm　1200円
◇日本の祭り—旅と観光 1（北海道・東北編）　日本の祭り研究会編　新日本法規出版　1992.6　214p　31cm　4500円　①4-7882-3901-9,4-7882-3900-0
◇日本の祭り 1　東北・北海道　岩崎敏夫編　講談社　1982.7　175p　28cm　2800円　①4-06-180011-6
◇眠流し行事能代役七夕　能代のねぶながし行事記録作成委員会編　能代市教育委員会　1998.3　276p　26cm
◇花輪ねぷた探訪　小田切康人著　『おだぎり通信』出版事業部　1994.7　286p　21cm　2200円
◇日高見のまつり　北上市立博物館　1988.3　32p　21×22cm　（北上川流域の自然と文化シリーズ 10)
◇ふくしまの祭りと民俗芸能　懸田弘訓著　歴史春秋出版　2001.2　212p　19cm　（歴春ふくしま文庫 46）　1200円　①4-89757-617-2
  ＊福島県に古くから脈々と伝えられている祭りと民俗芸能。歴史的由来やならわしを詳細にまとめた一冊。
◇北海道まつりの四季　北海道新聞社編　北海道新聞社　1990.1　249p　26cm　2800円　①4-89363-559-X
◇北海道祭りのロマン　合田一道著　北海道新聞社　1982.4　296p　19cm　1200円
◇炎の伝承—"北上・みちのく芸能まつり"の軌跡　北上・みちのく芸能まつり実行委員会　1999.8　340p　26cm
◇舞った、叫んだ、燃えた!! YOSAKOIソーラン祭り　北海道新聞社　1996.8　95p　26×21cm　1400円　①4-89363-126-8
◇みちのく大祭典98　石川博司著　多摩獅子の会　1998.6　22p　21cm

403

◇宮城県の祭り・行事―宮城県祭り・行事調査報告　宮城県教育委員会編　宮城県教育委員会　2000.3　130p　30cm　（宮城県文化財調査報告書　第182集）
◇みやぎのおまつり　小野忠太郎編著　東北の祭り刊行会　1988.4　318p　19cm　（まつり　5）　870円
◇盛岡八幡宮祭りの山車行事　小形信夫著　盛岡市教育委員会　1986.8　54p　図版6枚　19cm　（盛岡市文化財シリーズ　第16集）
◇雪まつり　札幌市教育委員会文化資料室編集　北海道新聞社　1988.12　318p　19cm　（さっぽろ文庫　47）　1500円　ⓘ4-89363-046-6
◇我町・我祭　佐藤崇著　佐藤崇　1985.8　98p　21cm

青森ねぶた

青森県　指定：重要無形民俗文化財「青森ねぶた」
　　＊　　　＊　　　＊

◇ザ・ねぷた　大条和雄著　県内出版　1982.7　199p　19cm　850円　ⓘ4-87608-016-X
◇ねぶた　和田光弘写真　講談社　1983.7　123p　27cm　3800円　ⓘ4-06-200701-0
◇ねぷた祭り―明治・大正・昭和　笹原茂朱著　少年社　1982.7　324p　22cm　1800円
◇弘前ねぶた速報ガイド　1995　路上社　1995.8　100p　26cm　600円　ⓘ4-947612-65-7
◇弘前ねぶた速報ガイド'89　路上社　1989.8　96p　26cm　500円

仙台七夕

宮城県　指定：日本三大七夕
　　＊　　　＊　　　＊

◇仙台七夕と盆まつり―その由来と伝承　三原良吉著　宝文堂出版　1971.8　53p　19cm
◇仙台祭絵図―木版画　平井安三郎編　平井安三郎　1980.8　59p　27cm　1000円

祭（関東地方）

◇秋川のまつり　東京都立秋川高等学校図書館　1984　47p　26cm
◇いばらきの曳山　上　河野弘著　筑波書林　1990.9　89p　18cm　（ふるさと文庫）　600円
◇いばらきの祭りと民俗芸能　茨城県生活福祉部総合県民室編　茨城県　1983.3　295p　21cm
◇茨城の神輿　髙橋一郎編　アクロス,星雲社発売　1994.7　205p　27×19cm　4000円　ⓘ4-7952-8911-5
◇宇都宮の祭りと芸能　宇都宮市教育委員会教育課編　宇都宮市教育委員会　1984.3　58p　26cm　（文化財シリーズ　第7号）
◇江戸の祭囃子―江戸の祭囃子現状調査報告書　東京都教育庁生涯学習部文化課　1997.3　389p　26cm
◇江戸型山車のゆくえ―天下祭及び祭礼文化伝播に関する調査・研究報告書　続　〔東京都〕千代田区教育委員会,〔東京都〕千代田区立四番町歴史民俗資料館編　千代田区教育委員会　1999.3　212p　30cm　（千代田区文化財調査報告書　11）
◇江戸祭・縁日地図　江戸文化研究会編　主婦と生活社　1983.5　136p　26cm　1600円　ⓘ4-391-10652-3
◇おごせの祭りと芸能　越生町教育委員会編　越生町教育委員会　1990.3　48p　図版8枚　21cm　（越生叢書　1）
◇おまつりガイドかながわ―創る・みる・遊ぶ　小嶋寛著　神奈川新聞社　1994.12　208p　15cm　（かもめ文庫　49）　700円　ⓘ4-87645-182-6
◇お祭りガイド　関東　渡辺良正著　三一書房　1989.6　249p　19cm　1600円　ⓘ4-380-89222-0
　＊今ならまだ、"お祭り"に出会うことができる。都会の片隅、山深い集落、海鳴りのする漁村、鎮守の森のあるところ―日本の神々とともに集い、遊ぶ空間への道案内。
◇お祭り歳時記カーニバルTokyo―日めくりプラン　日地出版　1982.4　124p　19cm　（アトラスガイド）　780円
◇鹿島の祭頭祭　祭頭囃保存会編　第2版　祭頭囃保存会　1984.3　86p　21cm
◇画集　童子のみたま祭　西原比呂志絵　展転社　1993.7　63p　19×21cm　（シリーズ・

民俗・生活　　　　　　　　　　　　　　　　　　　　　　　　祭

ふるさと靖国　2)　2000円　Ⓘ4-88656-092-X
◇川越を歩く　石川博司著　ともしび会　2000.1　62p　21cm
◇川越氷川祭礼の展開―第11回企画展図録　川越市立博物館編　川越市立博物館　1997.10　111p　30cm
◇川越まつりと山車―ふるさとを語り継ぐ　木下雅博著　川越市文化財保護協会　1985.8　132p　19cm　900円
◇関東お祭り紀行　重森洋志著　無明舎出版　2000.10　127p　21cm　(んだんだブックス)　1600円　Ⓘ4-89544-245-4
◇吉岡祇園の山車祭り―大栄町吉岡　堤照恒,坂本旭正編　篠塚印刷(印刷)　1997.3　62p　26cm
◇くにたちの祭り―企画展　くにたち文化・スポーツ振興財団,くにたち郷土文化館編　くにたち文化・スポーツ振興財団　2001.1　47p　30cm
◇熊谷うちわ祭り―関東一の祇園　新島章夫著　さきたま出版会　2001.7　102p　20cm　952円　Ⓘ4-87891-080-1
◇闇夜祭―府中大国魂神社例大祭より　写真集　むさし府中青年会議所　1988.9　1冊　19×26cm
◇祭事祭礼　佐藤高写真・文　朝文社　1993.1　227p　21cm　(ふるさと東京)　3200円　Ⓘ4-88695-083-3
　＊祭囃子に大太鼓、鎮守さまの境内には綿菓子、ラムネ屋、飴細工…。祭りは、わたし達の生活と深くかかわり、またなつかしい思い出ともなっている。写真と文でつづる東京のお祭り。〈ふるさと〉東京シリーズ第2冊。
◇埼玉五大祭り　石川博司著　ともしび会　1998.12　70p　21cm
◇埼玉の祭り・行事―埼玉の祭り・行事調査事業報告書　埼玉県立民俗文化センター編　埼玉県教育委員会　1997.1　260p　30cm
◇埼玉の流鏑馬　埼玉県立歴史資料館　1991.7　13p　26cm　(資料館ガイドブック　no.8)
◇埼玉のまつり　国土地理協会編　埼玉県県民部自治文化課　1989.3　280p　21cm　(埼玉ふるさとシリーズ　3)
◇祭礼行事―都道府県別　神奈川県　高橋秀雄,須藤功編　桜楓社　1991.12　149p　27cm　4800円　Ⓘ4-273-02478-0
◇祭礼事典―都道府県別　東京都　東京都祭礼研究会編　桜楓社　1992.9　191p　27cm　6200円　Ⓘ4-273-02475-6

◇祭礼行事 35　栃木県　高橋秀雄,尾島利雄編　おうふう　1995.11　143p　26cm　6800円　Ⓘ4-273-02468-3
◇祭礼行事 38　茨城県　高橋秀雄,加藤健司,茂木栄編　おうふう　1996.3　143p　26cm　6800円　Ⓘ4-273-02466-7
　＊鮮やかなカラー写真で綴る「歳時記」・「祭り紀行」、祭りの特色を平易な文章で紹介する「解説」・「祭り探訪」。地域に根差した祭りの魅力に迫る。巻末に市町村別祭礼行事一覧掲載。
◇祭礼行事 40　埼玉県　高橋秀雄,枋原嗣雄編　おうふう　1996.9　143p　26cm　6800円　Ⓘ4-273-02472-1
　＊鮮やかなカラー写真で綴る「歳時記」・「祭り紀行」、祭りの特色を平易な文章で紹介する「解説」・「祭り探訪」。地域に根差した祭りの魅力に迫る。巻末に市町村別祭礼行事一覧掲載。
◇祭礼行事　東京都　高橋秀雄,原義郎編　桜楓社　1992.1　149p　26cm　4800円　Ⓘ4-273-02476-4
　＊三社祭り・深川祭り・くらやみ祭りなどの勇壮な神輿祭り、古式を伝えている王子神社の田楽舞・板橋の田遊び、檜原村の式三番・日の出町の鳳凰の舞など、首都東京の祭礼をカラーで紹介。
◇祭礼行事・群馬県　高橋秀雄,板橋春夫編　おうふう　1996.1　143p　26cm　6800円　Ⓘ4-273-02470-5
　＊鮮やかなカラー写真で綴る「歳時記」・「祭り紀行」、祭りの特色を平易な文章で紹介する「解説」・「祭り探訪」。地域に根差した祭りの魅力に迫る。巻末に市町村別祭礼行事一覧掲載。
◇坂戸の大宮住吉神楽　坂戸市教育委員会編　3版　坂戸市教育委員会　1984.3　28p　26cm
◇ささ、日本百名祭へ―関東版　重森洋志,三島宏之著,山田晋也写真　青苑新社　1998.10　246p　21cm　1200円　Ⓘ4-88375-004-3
　＊ここにあるのは単なる"祭り"の記録ではない。我々が忘れかけた"自然とともに生きる意義"の記録である。
◇狭布佐の祭―八日市場の村々と年中行事　ふるさと写真集　中西文明著　千葉日報社　1984.10　1冊　21×22cm　2800円
◇佐原の大祭―諏訪神社祭礼　山車曳廻しについての心得　堤照恒著　堤照恒　1991.9　151p　27cm
◇下町神輿　木下忠義,青森清編　刊々堂出版社　1983.7　181p　27cm　3500円　Ⓘ4-

405

祭　　　　　　　　　　　　　　　　　　　　　　　　　　民俗・生活

7952-1331-3
◇全集写真探訪ぐんま―再発見―わがふるさと 5　祭りと郷土芸能　上毛新聞社編　上毛新聞社　1984.9　154p　26cm　3200円
◇大東京神輿　小澤宏之写真、田中真理子文　講談社　1983.5　159p　22cm　3800円　①4-06-200391-0
◇秩父の祭り―保存版　枥原嗣雄, 千嶋寿監修　郷土出版社　1998.12　263p　31cm　9500円　①4-87663-425-4
◇秩父の祭と行事　堀口英昭著　ちちの木の会　1992.5　260p　27cm　4300円
◇秩父大祭―歴史と信仰と　千嶋寿著　埼玉新聞社　1981.12　306p　20cm　1800円
◇秩父祭　清水武甲写真, 秩父祭保存委員会編　増補版　言叢社　1984.6　142p　31cm　5500円
◇調布のまつり―ふるさとまつりの調査と提言　調布のまつり特別委員会編　調布青年会議所　1992.12　361p　26cm
◇東京北区を歩く　石川博司著　ともしび会　1999.1　45p　21cm
◇東京の祭り暦　原義郎著　小学館　2001.1　143p　21cm　(Shotor travel)　1700円　①4-09-343167-1
　＊ふるさと、東京祭探訪。民俗芸能、神輿祭り、花まつり、歳の市など都会の四季折々の行事を新発見する。一家に必携のイベントガイド。
◇東京わが町宮神輿名鑑　原義郎撮影・編著　三省堂　1997.9　383p　31cm　12000円　①4-385-35771-4
　＊東京の宮神輿293基を祭の開催順に収録。各々に神社名、鎮座地、製作者、作成年代、寸法、祭の開催月日、祭神、氏子町会数、神輿の特徴を写真付きで解説。
◇東京今と昔―巷にみる祭り・伝説・年中行事　山本富夫著, 警視庁警務部教養課編　自警会　1984.12　397p　22cm　(自警文庫　13)
◇東京いまとむかし―祭り、行事、伝説を訪ねて　上　山本富夫絵・文　彩流社　1991.1　237p　19cm　1700円　①4-88202-190-0
◇東京の祭と市　清水さとし著　昭文社　1985.2　141p　19cm　(エアリアガイド　18)　690円
◇栃木の江戸型山車　太田義男編著　千代田印刷　1994.12　68p　19cm　800円
◇栃木市を歩く　石川博司著　ともしび会　2000.11　50p　21cm
◇とちぎのまつり百選―ふるさと劇場がおもしろい　栃木県企画部広報課企画・編集　栃木県　1989.2　122p　20cm

◇都道府県別 祭礼行事 千葉県　髙橋秀雄, 渡辺良正編　桜楓社　1992.9　149p　26cm　4800円　①4-273-02474-8
　＊太平洋の荒波に神輿を洗う上総裸祭り、やわたのまちの名称で親しまれている館山の国司祭り、新年の祝宴・直会として伝えられているおびしゃなど房総の祭礼を写真で紹介。
◇都道府県別 祭礼事典 神奈川県　神奈川県祭礼研究会編　桜楓社　1992.4　229p　26cm　6200円　①4-273-02477-2
◇那古の祭り　矢原午郎著　矢原冨美代　1997.7　111p　20cm　1000円
◇成田祇園祭―まつりの、あの興奮をそのままに再現　浅利正時編　千葉日報社　1988.10　112p　29cm　2900円
◇西金砂神社小祭礼　柳下征史〔ほか〕著　八溝文化社　1997.3　161p　29cm　3200円
◇西金砂の祭礼と田楽―古代から現代まで　金砂郷村史編さん委員会編　金砂郷村　1985.3　136p　26cm
◇西多摩祭事記　石川博司著　ともしび会　1995.6　50p　21cm
◇日本の祭り―旅と観光 2(関東編)　日本の祭り研究会編　新日本法規出版　1992.7　198p　31cm　4500円　①4-7882-3902-7,4-7882-3900-0
◇日本の祭り 2　関東　西角井正大編　講談社　1982.11　183p　28cm　2800円　①4-06-180012-4
◇平方のどろいんきょ　上尾市教育委員会　1995.3　78p　30cm　(上尾市文化財調査報告　第44集)
◇深川の祭り　木村喜久男, 岡田睦子, 今村宗一郎編著, 柳隆司〔ほか〕写真　アクロス　1998.5　261p　27cm　(江戸神輿図鑑　1)　5000円　①4-7952-8913-1
◇深川八幡祭写真集　富岡八幡宮, 下町タイムス社企画・編集　下町タイムス社　1981.5　1冊　24×26cm　3000円
◇復活日本一黄金大神輿―東京深川富岡八幡宮御本社神輿　本田嘉郎著　ぎょうせい　1991.1　157p　30cm　8000円　①4-324-03049-9
◇ふるさとガイド 続・祭りとイベント　ふるさと情報センター　c1987　253p　26cm
◇〈ふるさと東京〉祭事祭礼　佐藤高写真・文　朝文社　1993.1　227p　22cm　3200円　①4-88695-083-3
◇ふるさとの祭り―多野藤岡の観光　群馬県藤岡財務事務所　1980.2　73p　26cm

406

民俗・生活　　　　　　　　　　　　　　　　　　　　　　　　　　祭

◇逸見の祭り―鹿島神社の祭礼と逸見・吉倉の祭りを記録する　平成11年度　逸見地域文化振興懇話会「逸見の祭り」調査研究検討会〔編〕　横須賀市　2000.6　67p　30cm
◇房総の祭りと技―無形文化財・無形民俗文化財　千葉県教育庁生涯学習部文化課編　千葉県教育委員会　1994.3　94p　19cm
◇房総祭事記―千葉県の祭り　森田保著，黒川雅光写真　大宜　1981.7　113p　31cm　3400円
◇房総の祭り―本田嘉郎写真集　本田嘉郎著，朝日新聞千葉支局房総の祭出版委員会編　文理書院　1986.8　236p　30cm　5000円　⑭4-8312-8602-8
◇房総の祭り　中嶋清一著　うらべ書房　1988.2　435p　21cm　2884円
◇本庄まつりの山車　水島治平著　本庄市教育委員会　1985.3　30p　26cm
◇三浦半島の一年―祭礼と年中行事　田辺悟，金子和子共著　暁印書館　1984.7　200p　20cm　1500円
◇三浦半島のまつりとくらし　辻井善弥著　神奈川合同出版　1987.3　189p　15cm　(かもめ文庫)　630円
◇民俗東京の祭り　中村規著　鷹書房　1980.6　357p　22cm　2800円
◇村のまつり　荒川村歴史民俗研究会編　荒川村教育委員会　1992.3　164p　22cm
◇真岡の夏祭り　第2版　真岡市夏祭奉賛会　1999.7　131p　30cm
◇真岡の夏祭り　藤本豊人ほか編　真岡市夏祭奉賛会　1986　103p　30cm
◇屋台のわだち―聞き書き・那珂湊天満宮の祭礼異聞　菊池恒雄編　筑波書林　1993.3　365p　19cm　2800円
◇弓の民俗　埼玉県立歴史資料館　1995.10　13p　30cm　(資料館ガイドブック　no.12)
◇私の広報おうめ　石川博司著　ともしび会　1994.11　59p　21cm
◇私のまつり通信　石川博司著　ともしび会　1994.6　87p　22cm
◇私のまつり通信2　石川博司著　ともしび会　1999.8　105p　21cm
◇NHK関東甲信越小さな旅5　祭りと芸能の風土　NHK編集センター編　学陽書房　1986.4　250p　19cm　980円　⑭4-313-88015-I
　＊伝統の祭り、庶民の芸ごと。ふるさとが熱くもえるとき！秘境の霜月祭り、新しいレンゲ祭り、熱狂の花火祭り、なまこ壁を支える人びとのこころ。"あし""やど""あじ"などのガイドも充実。

東京三社祭

東京都　指定：江戸三大祭

＊　　　　＊　　　　＊

◇浅草「三社祭の日」―昭和52年(1977)～平成4年(1992)吉野義朗写真集　吉野義朗著　美術写真印刷研究室　1992.8　104p　21×30cm　2500円
◇浅草　三社祭　野口由美子文，竹田晴夫，高橋つとむ，森一，大沢博写真　アクロス，星雲社発売　1990.4　79p　26cm　3000円　⑭4-7952-8906-9
◇浅草三社祭　野口由美子文，竹田晴夫ほか写真　アクロス　1990.4　79p　27cm　3000円　⑭4-7952-8906-9
◇SANJA―男たちの歳時記　浅草三社祭　大高克俊，桃井誠忠，大沢博，竹田晴夫，安藤昇写真　アクロス，星雲社発売　1993.4　125p　26cm　3500円　⑭4-7952-8910-7
◇Sanja―男たちの歳時記　浅草三社祭　アクロス編　アクロス　1993.4　125p　26cm　3500円　⑭4-7952-8910-7

祭（中部・東海地方）

◇愛知の祭り紀行　北条秀司著　中日新聞本社　1982.8　219p　18cm　1300円　⑭4-8062-0127-8
◇足助の山車講演会の記録　足助町教育委員会　1997.5　22p　30cm
◇足助町の祭りと山車　足助資料館編　足助町教育委員会　1998.3　72p　図版10p　30cm
◇飯田お練りまつり―平成十年戊寅　飯田お練りまつり奉賛会編　南信州新聞社出版局　1998.9　177p　27cm
◇石取祭―写真が語る　安藤隆二編著　新光堂書店　1989.7　118p　26cm　2300円
◇伊勢湾―海の祭りと港の歴史を歩く　海の博物館，石原義剛著　風媒社　1996.7　165p　21cm　1550円　⑭4-8331-0045-2
　＊神話と伝説の海"伊勢湾"完全ガイドブック。古代の海上の道に思いを馳せ、大王埼から伊良湖岬まで、伊勢湾・三河湾をぐるりと歩いてみよう。海と港の歴史・文化を再発見する、初めての"海のガイドブック"。
◇一幡神社古例祭御榊神事―静岡県指定無形民俗文化財　相良町教育委員会，御榊神事保存会編　相良町教育委員会　1991.3　22p

26cm
◇犬山祭―三百五十年の歴史をもつ 犬山祭山車保存冊子委員会編 犬山祭山車保存会 1983.2 48p 20×21cm
◇上野天神祭―三重県指定無形民俗文化財調査報告書 上野市教育委員会編 上野市教育委員会 1999.3 126p 30cm
◇大いなる諏訪祭り―祭りが解き明かす諏訪の深層 増沢光男著 あーる企画 1992.3 223p 19cm 1500円
◇大岩二川の祭りを歩く 印南敏秀編著 豊橋市教育委員会 1999.3 278p 30cm (二川宿総合調査 民俗編)
◇お白石持ち―第六十一回神宮式年遷宮白石奉献 写真集 宇治中之切町奉献団 1994.3 19枚 21×30cm
◇鬼行列と供奉面―三重県無形文化財 広出良夫編 広出良夫 1989 24p 26cm
◇小畑のおためし―新城市指定無形民俗文化財 新城市教育委員会編 新城市教育委員会 1999.3 27p 図版10枚 26cm
◇おまつり―余暇プラン 平成11年用 勝田洋介著, 余暇の名人の会編 余暇の名人の会 1998.12 14,24,14p 26cm
◇おまつり―余暇プラン 平成10年用 〔勝田洋介〕〔著〕 勝田洋介 1997.12 14,18,14p 21cm
◇尾張のまつり 愛知県社会科教育研究会尾張部会編 浜島書店 1992.3 208p 21cm (ザ・尾張シリーズ 第2集) 2200円
◇尾張の山車とからくり人形 名古屋市総務局企画部百周年事業推進室ほか企画・編集 名古屋市総務局企画部百周年事業推進室(からくりワンダーランド名古屋市館) 1989.7 119p 30cm
◇御柱大祭写真グラフ―延喜式内小川神社 小川村公民館小根山分館企画・編集 西沢照雄 1980.9 66p 29cm 1000円
◇隠れ里の祭り 山崎一司著 富山村教育委員会 1987.11 230p 22cm 1500円
◇春日神社の石取祭 桑名市教育委員会編 再版 桑名市教育委員会 1998.11 151p 30cm (三重県祭礼行事記録調査報告書)
◇神となった巨木―平成戊寅十年諏訪大社式年造営御柱大祭 北原守写真・文 ケイマックス 1998.12 1冊(ページ付なし) 27×29cm 4762円 ⓘ4-9980725-1-X
◇神々の国から―日本文化のふるさと、再生への道標 三遠信の祭り 三隅治雄編著 三遠信刊行会 1990.6 192p 26cm (三遠信 第2巻) 2800円 ⓘ4-88242-111-9

◇神々の里の形―愛知県北設楽郡東栄町古戸の花祭りより 味岡伸太郎著, 山本宏務写真 グラフィック社 2000.5 207p 26cm 3800円 ⓘ4-7661-1166-4
◇からくり人形の宝庫―愛知の祭りを訪ねて 千田靖子著 中日出版社 1991.9 345p 22cm 2800円 ⓘ4-88519-071-1
◇からくり人形の宝庫―愛知の祭りを訪ねて 千田靖子著 3版 中日出版社 1997.11 351p 21cm (愛知選書 2) 2500円 ⓘ4-88519-128-9
◇刈谷の万灯祭―天下の奇祭 河野和夫著 愛知県郷土資料刊行会 1997.7 112p 27cm 2800円 ⓘ4-87161-057-8
◇川島の川まつり 羽島郡四町教育委員会 1986.12 72p 22cm
◇岐阜県の祭りから 2 清水昭男著 一つ葉文庫 1998.7 214p 19cm 1450円 ⓘ4-9900166-9-6
◇岐阜県の祭りから 3 清水昭男著 一つ葉文庫 2001.2 230p 19cm 1450円 ⓘ4-9900166-0-2
◇岐阜県の祭りから 清水昭男著 一つ葉文庫 1996.1 254p 19cm 1500円 ⓘ4-9900166-7-X
◇郡上おどり―熱狂!真夏の大舞踏会 三井政二著 銀河書房 1988.8 210p 19cm 1500円
◇芸能の谷―伊那谷 第3巻 写真・祭り全集 三隅治雄著 新葉社 1986.12 314p 20cm 2500円 ⓘ4-88242-103-8
◇甲州の祭り 山梨写真研究会編著 文一総合出版 1982.6 190p 22cm 2000円
◇『国府宮裸まつり』構成の持続と変化―尾張総社尾張大国霊神社儺追神事の観察 祭礼調査とその資料の体系的集積に伴う研究プロジェクト報告 茂木栄,島田潔著, 祭礼調査とその資料の体系的集積に伴う研究プロジェクト編 国学院大学日本文化研究所 1991.3 149p 21cm (国府祭研究シリーズ)
◇御油の夏祭り 愛知学泉大学生活文化研究所 1997.3 90p 26cm
◇祭催彩―名古屋の祭り・イベントのハンドブック 1996 名古屋観光コンベンションビューロー 1996.3 65p 20cm
◇祭催彩―名古屋の祭・イベントハンドブック 1999 名古屋観光コンベンションビューロー編集・制作 名古屋観光コンベンションビューロー 1999.4 93p 20cm
◇祭礼行事―都道府県別 愛知県 髙橋秀雄,春日井正人編 桜楓社 1991.7 151p 27cm 4800円 ⓘ4-273-02496-9

民俗・生活　　　　　　　　　　　　　　　　　　　　　　　　　　　　　　　祭

◇祭礼事典—都道府県別 愛知県　愛知県祭礼研究会編　桜楓社　1991.7　219p　27cm　6200円　Ⓓ4-273-02495-0
◇祭礼行事・三重県　髙橋秀雄, 藤原寛, 西城利夫, 林潤一, 福田良彦編　おうふう　1995.5　143p　26cm　6800円　Ⓓ4-273-02498-5
◇祭礼行事・山梨県　髙橋秀雄, 志摩阿木夫編　おうふう　1995.9　144p　26cm　6800円　Ⓓ4-273-02488-8
　＊鮮やかなカラー写真で綴る「歳時記」・「祭り紀行」、祭りの特色を平易な文章で紹介する。「解説」・「祭り探訪」。地域に根差した祭りの魅力に迫る。巻末に市町村別祭礼行事一覧掲載。
◇「桜ケ池のお櫃納め」と佐倉の民俗—浜岡町佐倉地区民俗調査報告書　浜岡町教育委員会編　浜岡町教育委員会　1999.3　211p　30cm
◇山王まつり—日吉神の信仰　石原久夫著　金幣社日吉神社氏子総代会　1991.4　67p　21cm
◇師勝のまつり　師勝町まつり編集委員会編　師勝町教育委員会　1982.3　40p　26cm
◇島田大井神社大祭写真集—東海道・島田宿帯祭　大井神社編　大井神社　1992.6　1冊（頁付なし）28cm
◇島田大祭展—第二回企画展　島田市博物館編　島田市博物館　1992.7　56p　26cm
◇霜月まつり　宮本辰雄写真・文　信濃教育会出版部　1985.12　81p　24cm（新信濃写真風土記）2200円　Ⓓ4-7839-1005-7
◇写真集伊那路の祭　下村幸雄著　草風館　1999.4　163p　18×18cm　2190円　Ⓓ4-88323-108-9
　＊郷土に育まれた文化財。祭りは先祖からの預かりもの。大事に子孫にいつまでも伝えてほしい。
◇白子屋台行事　鈴鹿市教育委員会編　鈴鹿市教育委員会　2001.3　123p　30cm（三重県祭礼行事記録調査報告書）
◇神宮式年遷宮の歴史と祭儀　中西正幸著　大明堂　1995.11　321p　21cm　3914円　Ⓓ4-470-20042-5
◇信州に生きる—写真記録　下巻（祭りと伝統行事編）　長野県民俗の会編　郷土出版社　1993.4　220p　21cm　2400円　Ⓓ4-87663-212-X
◇信州の「祭・郷土芸能」百選　長野県観光連盟　1995.8　119p　20cm（長野県観光みどころシリーズ　11）1000円　Ⓓ4-474-10191-X

◇図説御柱祭—決定版　上田正昭監修　郷土出版社　1998.3　295p　31cm　8500円　Ⓓ4-87663-382-7
　＊なぜ？なぜ？おんばしらのナゾに迫る決定版!! あのころ、あのとき…。思い出のおんばしらを再現。豪華、にぎやか、美しい! 三拍子そろった楽しい祭りの本。本書には貴重な絵巻・絵図・写真などが収録されているばかりでなく、アジア各地の柱まつりと比較し、日本全国の柱信仰のなかで、諏訪の御柱信仰の独自性と普遍性をみきわめる。そして御柱祭の歴史と信仰の軌跡を、文書・記録や絵図、あるいは先学の諸説にもとづいて明らかにする。
◇諏訪大社祭事と御柱　信濃毎日新聞社編　信濃毎日新聞社　1992.3　102p　26cm　1500円　Ⓓ4-7840-9208-0
◇諏訪土産　岩波其残著　下諏訪町　1994.2　1冊　26cm
◇善光寺平のまつりと講　郷土を知る会編　郷土を知る会　1998.5　78p　21cm
◇大東町八坂神社の祇園祭り—静岡県無形民俗文化財　大東町教育委員会編　大東町教育委員会　1992.3　79p　26cm
◇髙山祭　山本茂実著　角川書店　1998.6　373p　20cm（山本茂実全集　第4巻）Ⓓ4-04-574304-9,4-04-574300-6
◇垂井曳山祭り写真集　沢島武徳編　垂井日之出印刷所　1988.4　127p　28cm　2000円
◇だんじり—上野天神祭　広出良夫編　広出良夫　1992　9p　26cm
◇天竜川の神人—生と死の祭り　北川天写真集　北川天著　野草社　1999.5　155p　21×22cm　3000円　Ⓓ4-7877-9980-0
　＊南信濃、三河、遠江を流れる天竜川沿いの村々では、千年の昔からの祭りが受けつがれ、神と人との交流が毎年くりかえされる。この祭りの中へ22年通い続け、生と死の祭りを記録した本書は、「いのちの永遠」を見事に写しだしている。
◇東海道と祭り　中村羊一郎, 吉川祐子著　静岡新聞社　1996.11　206p　19cm（RomanKaido Tokaido　7）1600円　Ⓓ4-7838-1056-7
◇東海の祭り—全国の祭り百選つき　田中義広著　中日新聞本社　1980.5　207p　19cm　980円　Ⓓ4-8062-0073-5
◇遠江の御船行事—国無形民俗文化財記録選択調査報告書　静岡県教育委員会編　静岡県教育委員会　1998.3　173p　30cm（静岡県文化財報告書　第51集）

409

◇遠山の霜月祭考　後藤総一郎, 遠山常民大学編　遠山常民大学　1993.9　157p　19cm　（伊那民俗ブックス　3）　1800円　ⓘ4-943981-00-3
◇都道府県別 祭礼行事 岐阜県　髙橋秀雄, 片桐芳一編　桜楓社　1992.3　149p　26cm　4800円　ⓘ4-273-02492-6
　＊春秋に絢爛巧緻な屋台の出る高山祭り、勇壮な起し太鼓で知られる古川祭り、古風な芸態を残す能郷の能狂言、本格的な人形浄瑠璃が伝えられている真桑文楽など、山国岐阜の祭りをカラー写真で紹介する。
◇都道府県別 祭礼行事 静岡県　髙橋秀雄, 八木洋行編　桜楓社　1992.11　143p　26cm　4800円　ⓘ4-273-02494-2
　＊海道一の規模を誇る三嶋大社大祭・港町焼津市でその名の如く勇壮な荒祭り・男たちの裸体が跳躍乱舞する見付天神の裸祭り・夜を徹して行われる西浦田楽・盆供養の祈りを込めた遠州大念仏など、静岡県の祭礼を多彩な写真で紹介する。
◇都道府県別 祭礼行事 長野県　髙橋秀雄, 下平宗男編　おうふう　1995.2　143p　26cm　6800円　ⓘ4-273-02490-X
　＊鮮やかなカラー写真で綴る「歳時記」・「祭り紀行」、祭りの特色を平易な文章で紹介する「解説」・「祭り探訪」。地域に根差した祭りの魅力に迫る。巻末に市町村別祭礼行事一覧掲載。
◇都道府県別 祭礼事典 岐阜県　岐阜県祭礼研究会編　桜楓社　1993.1　209p　26cm　6200円　ⓘ4-273-02491-8
　＊本書は岐阜県内の主な現行の祭事を神社祭礼を中心に50音順に配列、解説を加えた記事項目、内内各社の祭事を月日順に配列した神社祭事暦および無形民俗文化財一覧からなる。
◇名古屋市山車調査報告書4　有松まつり　名古屋市教育委員会編　名古屋市教育委員会　1997.3　215p　30cm　（名古屋市文化財調査報告　33）
◇名古屋市山車調査報告書5　紅葉狩車—広井神明社祭　名古屋市教育委員会編　名古屋市教育委員会　1999.3　112p　30cm　（名古屋市文化財調査報告　39）
◇名古屋市山車調査報告書6　二福神車・唐子車—広井神明社祭　名古屋市教育委員会編　名古屋市教育委員会　2001.3　159p　30cm　（名古屋市文化財調査報告　48）
◇郷愁の四日市祭—平成九年度企画展　四日市市立博物館編　四日市市立博物館　1997.3　87p　30cm

◇日本の祭り—旅と観光　3（甲信越・北陸編）　日本の祭り研究会編　新日本法規出版　1992.4　206p　31cm　4500円　ⓘ4-7882-3903-5,4-7882-3900-0
◇日本の祭り—旅と観光　4（東海編）　日本の祭り研究会編　新日本法規出版　1992.3　206p　31cm　4500円　ⓘ4-7882-3904-3,4-7882-3900-0
◇日本の祭り3　甲信越・北陸　小倉学編著　講談社　1982.12　171p　29cm　2800円　ⓘ4-06-180013-2
◇八幡祭と屋台—秋の高山まつり　日下部宣三編纂　桜山八幡宮　1988.9　136p　21cm
◇花祭—奥三河の芸能と風土　竹内敏信写真集　竹内敏信著　誠文堂新光社　1983.11　188p　31cm　20000円　ⓘ4-416-88316-1
◇花祭りのむら　須藤功文・写真　福音館書店　2000.10　365p　20cm　1600円　ⓘ4-8340-1703-6
　＊花祭りは、愛知県の奥三河地方に七百年前から伝わる民俗芸能です。真冬の十一月から三月にかけて、十七カ所で行なわれ、夜を徹して舞が奉納されます。村人はそれぞれ祭りの役を担い、子どもたちは、幼いときから舞いはじめ、花祭りとともに成長しました。しかし、過疎化により村から子どもたちの声が聞かれなくなり、後継者難は深刻な状況にあります。それでもなお、伝統の灯を絶やさないために新たな可能性に挑戦する人びとがいます。時代とともに変わる村人の暮らしと花祭りを、四十年にわたって撮りつづけた民俗学写真家による、希有な"村の生活誌"である。
◇花祭論　愛知大学綜合郷土研究所編　岩田書院　1997.3　177p　21cm　2200円　ⓘ4-900697-85-0
◇浜松まつり—浜松まつり会館10周年記念誌　浜松市観光コンベンション課　1996.3　84p　30cm
◇浜松祭り　住友一俊ほか写真, 上原秀文, 奥野美里ほか英訳　ミスター・ポンド・カンパニー　1981.4　1冊　30cm　1850円
◇「飛騨高山まつりの森」への道—平成の祭屋台と文化のパトロネージ　「飛騨高山まつりの森」への道編集委員会著　高山ランド　1998.4　271p　21cm　1800円　ⓘ4-8454-1147-4
　＊本書では、私財を投じて「飛騨高山まつりの森」をつくろうとする中田金太の人物像と計画過程を「平成文化のパトロネージ」という視点から、「平成の祭屋台」製

民俗・生活　　　　　　　　　　　　　　　　　祭

作に携わる日本各地の作家、職人たちの技の系譜と生き方を、「平成の匠」という視点からとらえ展開します。また、最先端の科学技術を駆使して日本初の地中ドームを完成させた、トンネル技術者たちの奮闘を「高度テクノロジー時代の職人たち」としてとらえ紹介します。
◇飛騨高山祭―絢爛たる民衆哀歌　山本茂実著　朝日新聞社　1986.8　358p　15cm（朝日文庫）　520円　④4-02-260381-X
　＊山国の小さな町・飛騨高山。しっとりと落ち着いた家並みの続くこの町が、春秋の祭には豪華な屋台で飾られ沸く。この祭に凝集されるすさまじいばかりの飛騨びとの熱気は何か。祭に託して語ろうとするものは―。圧政と搾取に呻吟した山国の人びとの姿と、対照的に展開する華麗な祭の全容を、民衆への共感をこめて描く。
◇飛騨の哀歌高山祭　山本茂実著　角川書店　1981.4　340p　15cm（角川文庫）　380円
◇ふるさとの祭り歳時記―本間久善写真集 東海の伝統と風土　本間久善編　日本カメラ社　1997.5　256p　31cm　6500円　④4-8179-2039-4
◇故郷の山と川と祭―加藤武信遺稿集　加藤武信〔著〕, 山川一年, 水野収編　加藤三郎　1992.12　166p　21cm
◇平成元年の古川祭　古川町教育委員会編　古川町教育委員会　1991.3　308p　26cm
◇舞阪大太鼓まつり　舞阪町立郷土資料館編　舞阪町立郷土資料館　1999.3　272p　30cm（舞阪町立郷土資料館資料集　第5集）
◇松本あめ市調査報告書―平成10年までの調査から　日本民俗資料館, 松本市立博物館編　日本民俗資料館　1998.3　46p　26cm
◇万灯まつり―刈谷秋葉神社の祭礼　村瀬正章著　村瀬正章　1982.7　44p　21cm
◇三重の祭―海に山に里に、神々つどう美し国　乾淳子〔ほか編〕　伊勢志摩編集室　1994.6　127p　22cm（しおさい文庫 3）1300円　④4-900759-01-5
◇三重の祭と食文化　水谷令子著　中部経済新聞社　1999.10　126p　19cm　1000円　④4-88520-044-X
◇三重のまつり―随想　松浦良代著　光書房　1982.4　225p　26cm　2000円
◇三熊野神社の地固め舞と田遊び―静岡県無形民俗文化財記録保存報告書　大須賀町教育委員会編　大須賀町教育委員会　1991.3　182p　26cm
◇見付天神裸まつり―海と山との交歓　矢奈比売神社, 遠江総社淡海国玉神社祭礼の観察 祭

礼調査とその資料の体系的集積に伴う研究プロジェクト報告　薗田稔〔ほか〕著, 祭礼調査とその資料の体系的集積に伴う研究プロジェクト編　国学院大学日本文化研究所　1991.3　303p　21cm　（国府祭研究シリーズ）
◇美濃花みこし　花みこし連編　花みこし連　1999　38p　30cm
◇目で見る信州の祭り大百科　小林経広ほか編集, 坂口清一写真　郷土出版社　1988.12　486p　29cm　10000円　④4-87663-122-0
◇山梨県の祭り・行事―山梨県祭り・行事調査報告書　山梨県祭り・行事調査委員会編　山梨県教育委員会　1999.3　236p 図版12枚　30cm
◇吉永八幡宮大名行列―県記録選択「大井川下流域の大名行列・奴道中」記録作成事業報告書　大井川町教育委員会生涯学習課編　大井川町教育委員会　2001.3　132p　30cm

祭（北陸地方）

◇石川の祭り・行事―石川県祭り・行事調査事業報告書　石川県教育委員会編　石川県教育委員会　1999.3　230p　30cm
◇岩瀬の曳山　富山大学人文学部文化人類学研究室編　富山大学人文学部文化人類学研究室　1991.3　126p　26cm（地域社会の文化人類学的調査 5）
◇岩瀬の曳山 続編　富山大学人文学部文化人類学研究室編　富山大学人文学部文化人類学研究室　1992.3　90p　26cm（地域社会の文化人類学的調査 6）
◇岩瀬曳山車祭　岩瀬曳山車祭調査会　1992.3　216p　21cm
◇奥能登のキリコまつり　奥能登広域圏無形民俗文化財保存委員会編　奥能登広域圏事務組合　1994.3　86p　27cm
◇音の民俗学―越後と佐渡の祭りを聴く　伊野義博著　髙志書院　2000.10　155p　19cm　1800円　④4-906641-41-5
◇おまつり・おはやし・おどり―若狭の祭礼・山車・風流　特別展　福井県立若狭歴史民俗資料館編　福井県立若狭歴史民俗資料館　1998.10　35p　30cm
◇おわら風の盆　北日本新聞社　1998.7　1冊（ページ付なし）　15×16cm　476円　④4-906678-23-8
◇加越能の曳山祭　宇野通著　能登印刷出版部　1997.8　379p　22cm　2500円　④4-89010-278-7

411

◇風の盆おわら案内記　成瀬昌示編, 里見文明写真　新版　言叢社　1995.8　112p　22cm　2000円　①4-905913-54-3
◇轂類聚―石川県美川町、藤塚神社春季例大祭　伊藤博一著　伊藤博一　1990.1　301p　26cm
◇小松の曳山　宮腰重雄撮影, 大西勉文, 宮誠而企画・編集　宮誠而　1983.4　119p　27cm
◇祭礼行事―都道府県別 富山県　高橋秀雄, 漆間元三編　桜楓社　1991.10　149p　27cm　4800円　①4-273-02482-9
◇祭礼事典―都道府県別 富山県　富山県祭礼研究会編　桜楓社　1991.12　204p　27cm　6200円　①4-273-02481-0
◇祭礼行事 27　福井県　高橋秀雄, 金田久璋編　おうふう　1995.1　143p　26cm　6800円　①4-273-02486-1
◇写真譜・加賀の祭り歳時記　渋谷利雄写真, 藤島秀隆民話　桜楓社　1988.11　117p　26cm　2500円　①4-273-02248-6
　＊加賀の風土;夏の祭り;秋の祭り;冬の祭り;加賀の祭り歳時記;加賀路の民話;加賀路の祭りマップ;加賀の祭り暦
◇写真譜・能登の祭り歳時記　渋谷利雄写真, 小倉学, 加藤健司解説, 藤島秀隆民話　桜楓社　1987.5　119p　26cm　2500円　①4-273-02146-3
◇重要有形・無形民俗文化財高岡御車山調査報告 4(平成8年度)　守山町御車山　高岡市教育委員会編　高岡市教育委員会　1997.3　63p 図版26枚　30cm
◇重要有形・無形民俗文化財高岡御車山調査報告 5(平成9年度)　木舟町御車山　高岡市教育委員会編　高岡市教育委員会　1998.3　88p 図版40枚　30cm
◇重要有形・無形民俗文化財高岡御車山調査報告 6(平成10年度)　小馬出町御車山　高岡市教育委員会編　高岡市教育委員会　1999.3　88p 図版34枚　30cm
◇重要有形・無形民俗文化財高岡御車山調査報告 7(平成10年度)　一番街通御車山　高岡市教育委員会編　高岡市教育委員会　1999.3　104p 図版35枚　30cm
◇高岡の祭礼と母衣武者行列―企画展　高岡市立博物館編　高岡市立博物館　1998.7　24p　30cm
◇高岡のまつり　清水千鶴子〔編〕　清水千鶴子　1995.4　67p　26cm
◇高岡御車山祭―時代背景と特徴・一番街通・他 日本の文化財　金丸明義著　金丸明義　1994.3　1冊　26cm
◇高浜町の民俗文化―年中行事と祭り　高浜町教育委員会編　高浜町教育委員会　1995.3　181p　27cm
◇敦賀祭礼の山車　敦賀市教育委員会文化課編著　敦賀市教育委員会　1997.4　63p　21cm
◇天皇の祭り 村の祭り　森田悌編　新人物往来社　1994.4　231p　19cm　1800円　①4-404-02104-6
　＊北陸に伝わる農村神事の実態と変遷から意外な事実が判明する。天皇家の神事、嘗の祭りを検証し、国家成立の謎に迫る。
◇都道府県別 祭礼行事 新潟県　高橋秀雄, 近藤忠造編　桜楓社　1993.4　143p　26cm　4800円　①4-273-02480-2
　＊越後一の宮弥彦神社の舞楽と灯籠祭り。大阪四天王寺舞楽の流れの能生町白山神社や糸魚川市の天津神社の舞楽。囃子田で豊作を祈る佐渡の五所神社の御田植祭。各産の村上堆朱・堆黒作りのオシャギリ屋台が練る村上大祭など越後の祭礼行事を紹介。
◇都道府県別 祭礼行事 石川県　高橋秀雄, 今村充夫編　桜楓社　1992.7　152p　26cm　4800円　①4-273-02484-5
　＊加賀地方では城下町の格式ある祭りが残り、能登地方ではお涼み祭りのキリコが知られているが、地域の民俗に密着した古風な神事も多い石川県。その多彩な祭礼を写真で紹介。
◇とやまに祭りありて　富山県民生涯学習カレッジ　1994.1　86p　26cm
◇七尾の「でか山」　松浦五郎編著　七尾市職員労働組合　1995.3　199p　19cm　1500円
◇七尾・祭りの国フェスティバル　七尾市　1999　24p　30cm
◇能登キリコ祭り―写真と解説　渋谷利雄写真, 藤平朝雄文　せいしん社　1999.5　93p　19cm　1000円
◇氷見の祭りと年中行事―特別展　氷見市立博物館　1996.3　71p　30cm
◇氷見の祭りと獅子舞　「氷見の祭りと獅子舞」編集委員会編　氷見市教育委員会　1984.1　2冊　21cm
◇藤冢山王新記―石川県美川町、藤冢神社春季例大祭 後編　伊藤博一著　伊藤博一　2001.2　177p　26cm
◇藤冢山王新記―石川県美川町、藤冢神社春季例大祭 前編　伊藤博一著　伊藤博一　1993.9　364p　26cm

◇ふるさとの景観越前・若狭の祀り譜　吉川弘明著　スカイ　1998.11　243p　19×21cm　3810円　⑩4-921137-00-5
◇三国の曳き山車まつり展　三国町郷土資料館　2000.3　19p　30cm

祭（近畿地方）

◇葵祭（賀茂祭）　京都書院　1991.11　147p　30cm　3980円　⑩4-7636-3190-X
◇淡路祭事記365日　神戸新聞淡路総局編　神戸新聞出版センター　1983.9　332p　21cm　2800円　⑩4-87521-623-8
◇生駒谷の祭りと伝承　桜井満、伊藤高雄編　桜楓社　1991.4　215p　21cm　（古典と民俗学叢書　14）　2900円　⑩4-273-02430-6
◇泉佐野の祭り―日根神社まくら祭り・春日神社夏祭り　泉佐野市教育委員会編　泉佐野市教育委員会　1997.3　40p　21cm　（泉佐野の歴史と文化財　第5集）
◇泉佐野の祭り だんじり・やぐら編　泉佐野市教育委員会編　泉佐野市教育委員会　1998.3　45p　21cm　（泉佐野の歴史と文化財　第6集）
◇魚吹八幡神社秋祭絵巻　網干写真クラブ撮影　中央出版　1982.9　160p　26×27cm　5500円
◇宇陀の祭りと伝承　桜井満、瀬尾満編　おうふう　1995.10　190p　21cm　（古典と民俗学叢書　17）　2900円　⑩4-273-02877-8
　＊水分の神と里のまつり大和盆地の東に位置する宇陀は、伊勢と大和を結ぶ要衝の地である。仙郷へのあこがれの地として今に古代の息吹を伝える宇陀の祭りに民俗の心を探る。
◇雨天決行まつりへのドラマ　中之島まつり協会編　いんてる社　1983.5　249,18p　19cm　1000円
◇絵でみる丹後の暮らしとまつり―村の年中行事　庶民の暮らしや文化を伝承する会　1992.4　88p　26cm
◇近江祭礼風土記　正・続全二冊　井上頼寿著　復刻版　臨川書店　2001.3　2冊（セット）　21cm　9800円　⑩4-653-03558-X
　＊民俗学者として名高い著者は、自身が深く愛した湖国各地をくまなく踏査し、古習神事の聞き取り・文献調査を重ね、生涯その神事研究に携わった。そうした成果の中から、古代の息吹を多く伝える湖北地方の神事のうち、「折年祭」の原型とされる「湖北のオコナイ」の記録を、滋賀県神社庁から委嘱を受け、まとめた正編「近江祭礼風土記」（昭和35年刊の復刊）。そして湖国全般の祭礼を記述することを目指した著者が、その続編として著した「続近江祭礼風土記"農耕儀礼"」は、惜しくも著者の絶筆となった貴重な調査報告である（昭和48年刊の復刊）。
◇近江中山芋くらべ祭り　岡本信男著　中山芋くらべ祭保存会　1989.8　142p　26cm　2000円
◇近江国蒲生郡沙沙貴祭り―神輿三社神事と大松明奉納　秋田裕毅著　昭和癸未会　1986.3　100p　20×27cm
◇近江のケンケト祭り・長刀振り―民俗文化財地域伝承活動1（昭和61年度）　滋賀県教育委員会事務局文化部文化財保護課編　滋賀県教育委員会　1987.3　151p　26cm
◇近江のケンケト祭り・長刀振り―民俗文化財地域伝承活動2（昭和62年度）　滋賀県教育委員会事務局文化部文化財保護課編　滋賀県教育委員会　1988.3　303p　26cm
◇近江の祭礼　滋賀県神道青年会編　（大津）近江文化社,海青社発売　1991.8　307p　19cm　1800円　⑩4-906165-97-4
　＊まつりガイドブック。
◇近江の曳山祭　木村至宏編　サンブライト出版　1984.7　267p　19cm　（近江文化叢書　18）　1500円
◇大阪のまつり　大阪観光協会　1981.3　72p　20cm
◇大阪の祭展―平成10年度夏の展示　大阪府立中之島図書館編　大阪府立中之島図書館　1998.7　13p　30cm
◇大阪のだんじり―わき起る歓声・祭のドラマ　大阪観光協会　1986.9　215p　30cm　6500円
◇大阪の祭り　大阪府神道青年会編　大阪府神道青年会　1980.11　363p　27cm
◇小杖祭りの祭礼芸能―滋賀県選択無形民俗文化財調査報告書　小杖祭り保存会編　小杖祭り保存会　1999.3　96p　30cm
◇葛城山の祭りと伝承　桜井満、大石泰夫編　桜楓社　1992.9　188p　21cm　（古典と民俗学叢書　16）　2900円　⑩4-273-02598-1
　＊大和盆地の南西の壁をなす葛城の山々は、一言主大神を伝え、役行者を生んだ霊気ただよう地である。葛城の山と里の民俗世界に、古代と現代の接点を探る。
◇鴨川住吉の神事　桐851宗吉著　社町学術文化振興協会　1991.6　134p　22cm
◇紀州の祭と民俗　小山豊著　国書刊行会　1992.9　375p　22cm　10000円　⑩4-336-

03391-9
◇岸和田だんじり祭り—岡田満写真集　岡田満著　日本機関紙出版センター　1999.8　116p　24×25cm　1905円　Ⓘ4-88900-815-2
＊“勇壮”“豪快”“華麗”な昼の顔と“優雅”な夜の顔をあわせもつ岸和田だんじり祭り。歴史を支えてきた人々の実相は路地裏の風景にあり、今日の社会が喪失してしまった最も人間的な存在のありようを岸和田祭りに求め、モノクロ写真の銀塩という技法で表現したこの「岡田満写真集」に、岸和田だんじり祭りの本質が見えてくる。
◇岸和田の熱い風—だんじり祭りを楽しむ本　シメノ印刷工業　1982.9　47p　19cm　800円
◇木本八幡宮御田祭・木ノ本の獅子舞　和歌山民俗学会編　和歌山市　1994.3　19p 図版4枚　21cm　(和歌山市無形文化財映像記録保存事業調査報告書　平成5年度)
◇京の祭　中田昭写真・文, 浜田信義編　京都書院　1998.12　287p　15cm　(京都書院アーツコレクション　225 Life 8)　1200円　Ⓘ4-7636-1725-7
◇京都讃歌—祭事抄 太田稔・貞子写真集　太田稔・貞子著, 師岡清高監修　光村印刷　1997.4　47p　20×22cm　(Bee books)　2000円　Ⓘ4-89615-735-4
◇京都の祭り暦　森谷尅久編, 中田昭写真　小学館　2000.5　175p　21cm　(Shotor travel)　1800円　Ⓘ4-09-343093-4
＊古都の四季を彩る祭りと行事120を紹介。知るほどに行きたくなる京都の旅の良きガイド。
◇京都滋賀子どもの祭り　京都新聞社編著　京都新聞社　1984.1　273p　19cm　1200円　Ⓘ4-7638-0166-X
◇京都の三大祭　所功著　角川書店　1996.1　291p　19cm　(角川選書)　1400円　Ⓘ4-04-703268-9
＊古式ゆかしい王朝絵巻のような葵祭、壮麗な山鉾・花傘の巡行する祇園祭、そして時代装束の鮮やかな時代祭。三祭三式の由来と見どころをふまえ、京都千二百年の史流をたどりながら、日本の多彩な“祭文化”の本質を探り出す。
◇京都の祭り　中田昭著　保育社　1996.1　150p　15cm　(カラーブックス)　700円　Ⓘ4-586-50883-3
◇京都祭と花　広江美之助著, 高田秀利編集, 弓削政写真　青菁社　1990.8　207p　18×20cm　2718円　Ⓘ4-915534-25-1
◇京都祭の魅力 1　横山健蔵写真・文　京都書院　1994.2　1冊　26×26cm　(美しい京都シリーズ)　3980円　Ⓘ4-7636-3227-2
◇京都祭の魅力 2　横山健蔵写真・文　京都書院　1994.2　1冊　26×26cm　(美しい京都シリーズ)　3980円　Ⓘ4-7636-3228-0
◇京の旅観光総ガイド　特集:京都三大祭　京美観光出版社編集　京美観光出版社　1989.5　184p　21cm　602円　Ⓘ4-88599-035-1
◇京の祭　津田三郎著　昭文社　1985.8　173p　19cm　(エアリアガイド　56)　950円
◇京の祭　横山健蔵写真, 芳井敬郎文　佼成出版社　1994.3　134p　30cm　3500円　Ⓘ4-333-01690-8
＊日本の祭りの原点。歴史と伝統が息吹く“京の祭”の情趣と彩りを、清新なカメラ・アイで集大成。“京の祭”マップ付。
◇京の祭歳時記　横山健蔵著　佼成出版社　1993.11　206p　21cm　2300円　Ⓘ4-333-01666-5
＊平安建都以来、悠久の歴史の中で伝承されてきた多種多彩な“京の祭”を、新たな視点で集大成。京都市内はもとより京都府下まで、合わせて200余の“京の祭”を、1年の各月・日順にわかりやすく編集・紹介。京都市在住の著者が、15年以上の歳月をかけて活写した各祭礼の臨場感を醸し出すオリジナル・フォト300余点を収録。各祭礼の催行寺院・神社の由緒、歴史、特徴、ならびに所在地、利用交通機関などを網羅したオール・ガイドブック。
◇京の祭り12カ月　京美観光出版社編　(京都)京美観光出版社,東洋文化社発売　1990.10　161p　19cm　(京のみどころ味どころ No.52)　520円　Ⓘ4-88599-070-X
◇京の祭と歳時記—京伝説一1200年の町衆文化への旅　京都民報社編, 川端道喜ほか著, 横山健蔵写真　京都民報社　1985.7　158p　19cm　(ナンバーガイド　34)　980円　Ⓘ4-88859-033-8
◇京の社—神々と祭り　上田正昭ほか著　人文書院　1985.12　221p　20cm　1800円　Ⓘ4-409-54015-7
◇ザ・だんじり—躍動!! 泉州路 富田林・羽曳野・千早赤坂・河内長野・堺・高石・和泉・泉大津・忠岡・岸和田・貝塚・熊取・泉佐野・阪南　シメノ印刷工業　1985.12　212p　30cm　1980円
◇祭礼行事—都道府県別 滋賀県　高橋秀雄, 長谷川嘉和編　桜楓社　1991.8　149p　27cm　4800円　Ⓘ4-273-02500-0

民俗・生活　　　　　　　　　　　　　　　　　　　　　　　　　　　　　　　　　祭

◇祭礼行事―都道府県別 奈良県　　高橋秀雄,鹿谷勲編　桜楓社　1991.11　149p　27cm　4800円　④4-273-02508-6
◇祭礼行事―都道府県別 兵庫県　　高橋秀雄,久下隆史編　おうふう　1997.1　143p　27cm　6800円　④4-273-02506-X
  ＊鮮やかなカラー写真で綴る「歳時記」・「祭り紀行」、祭りの特色を平易な文章で紹介する「解説」・「祭り探訪」。地域に根差した祭りの魅力に迫る。巻末に市町村別祭礼行事一覧掲載。
◇祭礼行事―都道府県別 和歌山県　　高橋秀雄,小山豊編　おうふう　1999.3　143p　27cm　6800円　④4-273-02510-8
  ＊鮮やかなカラー写真で綴る「歳時記」・「祭り紀行」、祭りの特色を平易な文章で紹介する「解説」・「祭り探訪」。地域に根差した祭りの魅力に迫る。巻末に市町村別祭礼行事一覧掲載。
◇祭礼事典―都道府県別 滋賀県　滋賀県祭礼研究会編　桜楓社　1991.10　232p　27cm　6200円　④4-273-02499-3
◇堺まつり10年史　堺文化観光協会　1983　1冊　30cm
◇滋賀の百祭 続　大塚虹水写真・著　京都新聞社　1998.4　231p　20cm　1800円　④4-7638-0432-4
  ＊歴史・風俗が分かる。著者が自らカメラを携え「1日1祭り」のペースで滋賀県内の祭りをくまなく撮影取材した「お祭り百科」の第2弾。
◇滋賀県の祭礼行事―滋賀県祭礼行事実態調査報告書　〔滋賀県教育委員会文化部〕文化財保護課編　滋賀県教育委員会　1995.3　296p　30cm
◇滋賀の百祭　大塚虹水著　（京都）京都新聞社　1990.10　231p　19cm　1600円　④4-7638-0264-X
  ＊湖国には長浜曳祭りをはじめ各地のケンケト祭りなど郷土色の濃い祭りが鋼えられています。本書は伝統ある117祭を収め、ご祭神と祭りの由来、見どころと時間、関連行事、交通機関を網羅しました。
◇四季の祭りと年中行事―亀岡歳時記 開館十周年記念特別展示会図録　亀岡市文化資料館　亀岡市文化資料館　1995.11　56p　30cm
◇地蔵盆の手帖　松浦忠平編著・画　壬生寺　1986.7　64p　21cm
◇昭和の一ツ山　神戸新聞姫路支社編　神戸新聞出版センター　1987.12　87p　26cm　1500円　④4-87521-664-5

◇住吉大社の祭事記―登野城弘写真集　登野城弘著　東方出版　2001.8　1冊　22×21cm　(TOHO ART BOOKS)　1500円　④4-88591-735-2
  ＊住吉大社には年間の祭礼が数多い。本書では、とくにその中でも6月14日の御田植神事(重要無形民俗文化財指定)と7月20日の神輿洗神事に始まる夏の大祭にスポットをあててみた。
◇摂河泉だんぢり談義 地車工匠編　若松均著　若松均　1983.4　393p　19cm
◇泉州だんぢり談義―十三夜ものがたり　若松均著　若松均　1981.3　170p　19cm
◇続 近江祭礼風土記―農耕儀礼　井上頼寿著　臨川書店　2001.3　133p　21cm　3000円　④4-653-03557-1
◇太鼓―播州灘まつり 追録　礒田七郎著　礒田七郎　1994.5　64p　22cm
◇高砂神社当初秋祭り神事　辻川博編　辻川博　1987.5　1冊　26cm
◇竜野武者行列―その由来とあゆみ　竜野武者行列保存会〔編〕　竜野神社奉賛会　2000.1　85p　21cm
◇だんぢり四方山　宮本福太郎著　だんぢり雑考会　1982.6　214p　22cm
◇丹波の祭と民俗芸能―ふるさとの心と祈り　丹波文化団体協議会編　神戸新聞総合出版センター　1996.4　197p　19cm　(のじぎく文庫)　1300円　④4-87521-488-X
◇都道府県別 祭礼行事 京都府　高橋秀雄,青山淳二編　桜楓社　1992.6　149p　26cm　4800円　④4-273-02502-7
  ＊農耕から伝わる祭り、宮廷や貴族社会の人たちが信仰した古い社寺の風格のある祭り、庶民のあいだで成長したとみられる祭りなど、京都府の祭りはその幅広さが特色である。その数々の祭祀を地域別に紹介する。
◇都道府県別 祭礼行事 大阪府　高橋秀雄,森成元編　桜楓社　1993.3　144p　26cm　4800円　④4-273-02504-3
  ＊聖徳太子御忌日にその御霊を祀る四天王寺・聖霊会の舞楽。華麗な陸渡御、船渡御で賑わう大阪天満宮の夏祭り。白木造り唐破風の地車を曳き廻す岸和田のダンジリ祭り。頭屋の座衆が特殊神饌を調進する海老江八坂神社の御饌神事など大阪の祭礼を写真で紹介。
◇都道府県別 祭礼事典 奈良県　奈良県祭礼研究会編　桜楓社　1992.6　287p　26cm　6200円　④4-273-02507-8
  ＊本書は奈良県内の主な現行の祭事を神社祭礼を中心に50音順に配列、解説を加え

415

た記事項目、県内各社の祭事を月日順に配列した神社祭事暦および無形民俗文化財一覧からなる。

◇長浜曳山祭―1982　長浜曳山祭典委員長　1982　99p　26cm

◇ながはま曳山まつり―重要無形民俗文化財指定　月宮殿田町山組　1990.4　203p　26cm

◇灘まつり　神戸新聞出版センター編　神戸新聞出版センター　1984.10　128p　35cm　14000円　④4-87521-130-9

◇日本の祭り―旅と観光 5（近畿編）　日本の祭り研究会編　新日本法規出版　1992.5　214p　31cm　4500円　④4-7882-3905-1, 4-7882-3900-0

◇日本の祭り 5　近畿 I　牧田茂編著　講談社　1982.10　175p　29cm　2800円　④4-06-180015-9

◇日本の祭り 6　近畿 2　岩井宏實編著　講談社　1983.2　159p　28cm　2800円　④4-06-980016-7

◇泊瀬川の祭りと伝承　桜井満, 上野誠編　おうふう　1997.3　176p　21cm　（古典と民俗学叢書 18）　2900円　④4-273-02947-2
　＊こもりくの泊瀬小国の伝承世界。泊瀬川の激流が形成したV字谷。長い谷、ハツセ（長谷・泊瀬）をめぐる伝承世界を探究する国文学・歴史学・民俗学の共同研究。

◇播磨の祭り　北村泰生写真、藤木明子文　神戸新聞総合出版センター　1999.11　175p　21cm　1900円　④4-343-00045-1
　＊勇壮な屋台の練り合わせ、厳かに執り行われる神事舞、色とりどりの装束をまとった華やかな行列。「祭りの宝庫・播磨」ならではの、多彩で個性豊かな祭りの競演。

◇春木南地車新調記念誌　春木南地車新調実行委員会　1999.11　80p　31cm

◇ハレの日のこどもたち―近江子供と祭り　橋本猛写真・文　京都新聞社　1998.11　109p　26cm　2400円　④4-7638-0442-1
　＊主役は近江の子どもたち。地域の祭りで活躍する子どもたちの姿は、かけがえのない「湖国の宝物」。その様々な表情を著者が撮影した写真と文章で紹介。

◇播州播磨国高砂神社秋祭大正・昭和写真集　辻川博編　辻川博　1989.1　33p　26cm

◇播州播磨国高砂神社当初秋祭り神事　辻川博編　辻川博　1988.7　1冊　26cm

◇「火祭りの里」城屋　「火祭りの里」城屋編集委員会　城屋老人会　1992.8　189p　27cm

◇平成の灘まつり　北村泰生編　神戸新聞総合出版センター　1992.10　127p　35cm　17000円　④4-87521-167-8

◇ホーホー踊りの郷―北摂・三田写真ガイド　武本俊文写真・文　六甲タイムス社　1983.11　219, 16p　22cm　1800円

◇宮座とまつり―開館十周年記念特別展　京都府立山城郷土資料館編　京都府立山城郷土資料館　1992.10　63p　26cm　（特別展展示図録 12）

◇室の祭礼―室津民俗館特別展　御津町史編集室編　御津町教育委員会　1993　48p　26cm　（御津町史編集図録 3）

◇米里村当状　八鹿町教育委員会編　八鹿町教育委員会　1992.8　227p　26cm　（兵庫県八鹿町ふるさとシリーズ 第5集）

◇盛物日記―貴志の大飯祭　中西喬一著　ゆのき書房　1982.4　275p　22cm　3500円

◇大和の祭り　髙田健一郎著, 德髙孝昭撮影, 青人社編　向陽書房　1991.10　197p　21cm　3200円　④4-906108-19-9

◇やまと まつり旅―奈良の民俗と芸能　鹿谷勲著　やまと崑崙企画, 星雲社発売　2001.10　121p　21cm　1800円　④4-7952-8708-2
　＊大和には寺社行事、民俗行事、それに伴う神事芸能・民俗芸能がきわめて多彩に伝承されている。本書は、そうした数多くの行事・芸能のなかから代表的なものを取り上げて一本にまとめた。

◇洛中洛外京の祭と歳時12カ月　落合俊彦著, 横山健藏写真撮影　竹内書店新社　1999.11　186p　21cm　2500円　④4-8035-0077-0
　＊京都を知り、味わい、体験できるように、京都市とその周辺の、数限りないなかから主な祭と歳時を選び、1月から12月まで、日別、行事別に紹介し、行事の営まれる時間を加えた。行事の内容、歴史、主な寺院、神社、名所の由来などを記し、関わりのある人と物語についても触れている。

◇若杉ざんざか踊り　若杉ざんざか踊り編集委員会編　大屋町教育委員会　1983.3　98p　26cm

◇私と祭　三田明良〔著〕　三田明良　1998　27p　21cm

◇笑い祭　山本謙一〔ほか〕編　笑い祭保存会　1994.2　241p　22cm

京都祇園祭

京都府　指定：日本三大祭, 重要無形民俗文化財「京都祇園祭の山鉾行事」

民俗・生活　　　　　　　　　　　　　　　　　　　　祭

*　　*　　*

◇祇園会余聞　田中緑紅著　京を語る会　1960　50p　19cm　（緑紅叢書　第3輯）　300円
◇祇園祭—都市人類学ことはじめ　米山俊直著　中央公論社　1974　215p　18cm　（中公新書）　380円
◇祇園祭　植木行宣, 中田昭共著　保育社　1996.6　151p　15cm　（カラーブックス）　700円　Ⓒ4-586-50888-4
　＊全山鉾32基を写真で紹介、神事や全国の「祇園祭」、歴史や逸話にもふれる。
◇祇園祭細見　山鉾篇　松田元編画　3版　京を語る会　1990.6　197,6p　26cm　2500円
◇祇園祭細見　山鉾編　松田元著　京を語る会　1990.6　197,6p　26cm　2428円
◇祇園祭ねりもの　下　田中緑紅著　京を語る会　1971　50p　19cm　（緑紅叢書　第34輯）　400円
◇祇園祭秘話　田中緑紅著, 京を語る会編　京を語る会　1972　62p　19cm　（緑紅叢書　第53輯）　400円
◇京祇園会の話　田中緑紅著　京を語る会　1972　63p　19cm　（緑紅叢書　第15輯）　300円
◇京都　祇園祭のすべて—祇園祭の完璧ガイド　絢爛絵巻　婦人画報社　1993.5　136p　21cm　（あるすぶっくす　6）　1600円　Ⓒ4-573-40006-0
　＊1カ月にも及ぶさまざまな行事、重要文化財級の秀麗な懸装品の数々、町家の見識を見せる屏風祭など、その細部には目もくるめくような夏の絵巻が繰り広げられています。本書では祇園祭の魅力のすべてを取材しました。
◇ザ・フォト祇園祭　シーグ社出版企画, 浅野喜市ほか写真　京都書院　1986.7　112p　37cm　2800円　Ⓒ4-7636-3032-6
◇中世京都と祇園祭—疫神と都市の生活　脇田晴子著　中央公論新社　1999.6　234p　18cm　（中公新書）　780円　Ⓒ4-12-101481-2
　＊毎年、夏の京都で華麗、豪壮に繰り広げられる祇園祭。その本源は、大都市住民が恐ろしい疫病罹災から免れるために催した祇園御霊会である。現在の祭りの中心は、町々の山鉾巡行に移っているが、神社を出発して、町の御旅所に遊幸する神輿渡御も重要である。二つの祭りが付かず離れず別個に進行する特異な祭りの成立と変遷をたどり、貴賤が参加した、都市の共同体を結成する人々の主体性が作り上げてきた信仰と祭りの事績を語る。

◇ドキュメント祇園祭—都市と祭と民衆と　米山俊直編著　〔カラー版〕　日本放送出版協会　1986.7　177p　19cm　（NHKブックス）　900円　Ⓒ4-14-003029-1
　＊熱狂と興奮にみちた宵山と、豪壮華麗な山鉾巡行で全国的に知られる祇園祭を、よりふかく味わうための手引きとして、この祭の全体像をわかりやすく活写するとともに、祭と都市人とのかかわり、都市における祭の意味を、今日的視点から探る。
◇まち祇園祭すまい—都市祭礼の現代　谷直樹, 増井正哉共編　思文閣出版　1994.7　198p　26cm　3800円　Ⓒ4-7842-0846-1

大阪天神祭

大阪府　　指定：日本三大祭

*　　*　　*

◇大阪天神祭—上田安彦写真集　上田安彦写真　東方出版　1995.7　95p　21×23cm　2800円　Ⓒ4-88591-443-4
◇天神祭—水の都・千年の祭　米山俊直, 河内厚郎編著　東方出版　1994.7　182p　19cm　1300円　Ⓒ4-88591-394-2
◇天神祭—なにわの響き　井野辺潔, 網干毅編著　創元社　1994.7　291p　21cm　3200円　Ⓒ4-422-70071-5
　＊大阪人の心意気とパワーが炸裂する天神祭。その多彩な芸能音楽の魅力や特徴を10年にわたる調査研究をもとに明らかにする。写真150点収録。
◇天満宮御神事　御迎船人形図会　髙島幸次編著　東方出版　1996.7　118p　26cm　2884円　Ⓒ4-88591-494-9
　＊天神祭の風流人形、趣向の粋を再現。川を渡御する神輿をお迎えするため、御旅所近くの町々は華やかに装飾した「御迎船」を繰り出した。その船に飾られた御迎人形の美しさを、暁鐘成の文章と松川半山の画で活写した図会を復刻、解説する。弘化三年版をカラーで復刻。

祭（中国地方）

◇出雲大社の祭礼行事—神在祭・古伝新嘗祭・涼殿祭　島根県古代文化センター編　島根県古代文化センター　1999.3　133,3p　30cm　（島根県古代文化センター調査研究

417

祭　　　　　　　　　　　　　　　　　　　　　　　　　　　　　民俗・生活

報告書　6）
◇出雲祭事記　速水保孝著　講談社　1980.6　198p　22cm　2000円
◇いなか神主奮戦記―「むら」と「祭り」のフォークロア　神崎宣武著　講談社　1991.12　254p　20cm　1800円　①4-06-205323-3
◇大山神社祭礼布施の山祭り調査報告書　「布施の山祭り」行事調査委員会編　布施村　1997.3　149p　30cm
◇おかやまのイベント・お祭りガイド―Myおかやま　山陽新聞社出版局編　山陽新聞社　1997.5　117p　26cm　1500円　①4-88197-623-0
◇岡山県指定重要無形民俗文化財加茂大祭　植木克己編　加茂川町教育委員会　1994.5　143p　22cm　①4-89620-006-3
◇岡山の会陽　三浦叶著　日本文教出版　1985.9　173p　15cm　（岡山文庫　118）　700円
◇岡山の祭りと行事　上巻（1月～8月）　岡山民俗学会解説，岡田弘写真，山陽新聞社編　山陽新聞社　1982.12　287p　22cm　2500円
◇吉備高原の神と人―村里の祭礼風土記　神崎宣武著　中央公論社　1983.12　202p　18cm　（中公新書）　480円　①4-12-100713-1
◇芸備地方のまつり―稲作を中心として　藤井昭著　第一法規出版　1995.12　245p　22cm　2200円　①4-474-00560-0
◇祭礼行事―都道府県別　鳥取県　髙橋秀雄，野津竜編　おうふう　1995.7　143p　27cm　6800円　①4-273-02512-4
◇祭礼行事―都道府県別　島根県　髙橋秀雄，白石昭臣編　桜楓社　1991.6　151p　27cm　4800円　①4-273-02514-0
◇祭礼事典―都道府県別　島根県　島根県祭礼研究会編　桜楓社　1991.6　232p　27cm　6200円　①4-273-02513-2
◇祭礼行事　広島県　髙橋秀雄，神田三亀男編　おうふう　1996.5　143p　26cm　6800円　①4-273-02518-3
　＊鮮やかなカラー写真で綴る「歳時記」・「祭り紀行」、祭りの特色を平易な文章で紹介する「解説」・「祭り探訪」。地域に根差した祭りの魅力に迫る。巻末に市町村別祭礼行事一覧掲載。
◇祭礼行事・山口県　髙橋秀雄，伊藤芳枝編　おうふう　1995.8　143p　26cm　6800円　①4-273-02520-5
　＊鮮やかなカラー写真で綴る「歳時記」・「祭り紀行」、祭りの特色を平易な文章で紹介する「解説」・「祭り探訪」。地域に根差し

た祭りの魅力に迫る。巻末に市町村別祭礼行事一覧掲載。
◇島根の祭りと伝統芸能　島根県観光連盟　1994.3　95p　26cm
◇島根半島の祭礼と祭祀組織　島根県古代文化センター編　島根県古代文化センター　1997.3　7,156,7p　30cm　（島根県古代文化センター調査研究報告書　2）
◇神話と祭りと芸能の山陰路　石塚尊俊著　ワン・ライン　2001.9　230p　21cm　1900円　①4-948756-10-5
◇鳥取県祭り歳時記　野津竜著　山陰放送　1985.6　230p　27cm　4500円
◇都道府県別　祭礼行事　岡山県　髙橋秀雄，佐藤米司，尾崎聡，福尾美夜，立石憲利編　おうふう　1995.12　143p　26cm　6800円　①4-273-02516-7
　＊鮮やかなカラー写真で綴る「歳時記」・「祭り紀行」、祭りの特色を平易な文章で紹介する「解説」・「祭り探訪」。地域に根差した祭りの魅力に迫る。巻末に市町村別祭礼行事一覧掲載。
◇日本の祭り―旅と観光　6（中国・四国編）　日本の祭り研究会編　新日本法規出版　1992.8　206p　31cm　4500円　①4-7882-3906-X,4-7882-3900-0
◇日本の祭り　7　中国・四国　石塚尊俊編著　講談社　1983.1　175p　28cm　2800円　①4-06-180017-5
◇広島県の神楽　真下三郎著　第一法規出版　1981.10　190p　18×18cm　1900円
◇広島県の盆踊　真下三郎著　渓水社　1987.7　181p　18×18cm　2000円　①4-87440-171-6
◇広島県文化百選　2　まつり・行事編　中国新聞社　1984.3　217p　17cm　1500円
◇松江のホーランエンヤ　松江市郷土芸能文化保護育成協議会編　松江市教育委員会社会教育課　1991.3　201p　図版11枚　21cm
◇山口県のまつり　山口県ふるさとづくり県民会議編　山口県ふるさとづくり県民会議　1982.3　213p　21cm

祭（四国地方）

◇新野町祭あれこれ　阿南市新野公民館　1993.2　77p　21cm　（新野郷土史研究紀要　第9集）
◇愛媛の祭り―昭和を生き抜いた人々が語る　愛媛県生涯学習センター　2000.3　8,399p　27cm　（地域文化調査報告書　平成11年度）

民俗・生活　　　　　　　　　　　　　　　　　　　　　　　　　　　　祭

◇愛媛まつり紀行―21世紀に伝えたい郷土の祭礼　愛媛県歴史文化博物館編　愛媛県歴史文化博物館　2000.7　179p　30cm
◇愛媛民俗伝承の旅―祭りと年中行事　押岡四郎写真　愛媛新聞社　1999.4　254p　29cm　3800円　④4-900248-59-2
　＊だれもが抱く『原風景』へ、至高のカメラが肉薄した『風土記絵巻』勇壮・豪華絢爛な祭り、時代を超えて継承されてきた民俗遺産…愛媛の70全市町村に連綿と伝わる年中行事を網羅した決定版！撮影期間6年、迫真のカラー写真460余点が語る伝統美への旅。
◇祭礼行事―都道府県別　岡山県　高橋秀雄〔ほか〕編　おうふう　1995.12　143p　27cm　6800円　④4-273-02516-7
◇祭礼行事―都道府県別　徳島県　高橋秀雄、西田茂雄編　おうふう　1998.9　143p　27cm　6800円　④4-273-02522-1
　＊鮮やかなカラー写真で綴る「歳時記」・「祭り紀行」、祭りの特色を平易な文章で紹介する「解説」・「祭り探訪」。地域に根差した祭りの魅力に迫る。巻末に市町村別祭礼行事一覧掲載。
◇祭礼行事 30　愛媛県　高橋秀雄、客野澄博編　おうふう　1995.6　143p　26cm　6800円　④4-273-02526-4
　＊鮮やかなカラー写真で綴る「歳時記」・「祭り紀行」、祭りの特色を平易な文章で紹介する「解説」・「祭り探訪」。地域に根差した祭りの魅力に迫る。巻末に市町村別祭礼行事一覧掲載。
◇祭礼行事・高知県　高橋秀雄、高木啓夫編　おうふう　1995.10　143p　26cm　6800円　④4-273-02528-0
◇太鼓台―小豆島の秋まつり　藤井豊監修　月刊「ぴ～ぷる」（発売）　1998.10　210p　31cm　9524円
◇とくしまの祭り―写真集　徳島新聞社第二事業部編　徳島新聞社　1983.10　239p　31cm　9500円
◇土佐の祭り　高木啓夫著　高知新聞社　1992.11　192p　26cm　(Koshin books)　2300円
◇土佐の祭り　高木啓夫著　高知市民図書館　1982.11　286p　21cm　3200円
◇都道府県別 祭礼行事 香川県　高橋秀雄、市原輝士編　桜楓社　1992.5　149p　26cm　4800円　④4-273-02524-8
　＊古くからの宮座組織を基盤に持つ金刀比羅宮大祭、太鼓台で知られる豊浜町のちょうさ祭り、浅野町のひょうきんなひょうげ祭り、女性だけで遣われる直島女文

楽、三百年以上の伝統を持つ小豆島の農村歌舞伎など、香川の祭りをカラーで紹介する。

徳島阿波踊り

徳島県　　　　＊　　　＊　　　＊

◇阿波おどり　徳島新聞社編　徳島新聞社　1980.7　296p　19cm　1900円
◇阿波踊り撮った踊った40年　津田幸好著　第一出版　1987.8　205p　18cm　(第一出版叢書　1)　1000円　④4-924762-08-3
◇阿波おどり物語　読売新聞徳島支局編　読売新聞徳島支局　1974.4　161p　18cm
◇随想写真阿波踊り―踊り踊らば　井村幸男編・著　徳島県教育印刷　1999.8　213p　19cm　(エッセイストとくしま叢書　第3集)　1000円
◇徳島の盆踊り―モラエスの日本随想記　W.de モラエス著、岡村多希子訳　講談社　1998.1　290p　15cm　(講談社学術文庫)　820円　④4-06-159312-9
　＊本書は、モラエスが終の栖と定めた徳島から祖国ポルトガルの新聞に連載した記事をまとめたもので、一市井人の眼で捉えた大正初期の日本人の生活と死生観が讃嘆をもって語られる。殊に死者を迎える祭り「盆」への憧憬は、孤愁の異邦人に愛しい死者との再会を夢想させる。吉井勇が「日本を恋ぬ悲しきまでに」と詠じたモラエスの「日本」が、現代の日本人の心奥に埋没した魂の響を呼び起こしてくれる。
◇私の阿波手帖　桧瑛司著　桧小舎　1989.12　197p　21cm

祭（九州・沖縄地方）

◇奄美のまつりと芸能　まつり同好会　1982.10　1冊　21cm　3000円
◇伊万里に伝わるまつりと行事　中野隆三撮影、荒谷義樹解説　中野隆三　2000.10　81p　27cm
◇伊万里ふるさと読本 第3集　伝承編―伊万里のまつり　伊万里市教育委員会　1996.3　84p　26cm
◇宇佐の神祭りの謎　竹折勉著　竹折勉　1994.9　220p　21cm

419

◇えんや―写真集・唐津くんち　英伸三写真，金丸弘美文　家の光協会　1992.9　155p　28×21cm　3800円　ⓈB4-259-54415-2
　＊連綿と受け継がれてきた唐津くんちの全容を完全取材。勇壮な祭りの熱気と興奮、さらに祭りを支える人々のフォトドキュメント。
◇沖縄を識る―琉球列島の神話と祭り　比嘉政夫著　歴史民俗博物館振興会　1998.3　73p　21cm　(歴博ブックレット　4)　762円　ⓈB4-916202-05-8
◇沖縄の祭礼―東村民俗誌　渡辺欣雄著　第一書房　1987.11　302,11p　22cm　(武蔵大学研究叢書　no.62)
◇おきなわの祭り　沖縄タイムス社編　沖縄タイムス社　1991.9　374p　28cm　12000円
◇沖縄の祭りと行事　比嘉政夫著　沖縄文化社　1993.8　94p　19cm　980円
◇沖縄の祭と芸能　本田安次著　第一書房　1991.9　378,16p　20cm　(南島文化叢書　13)　3400円　ⓈB4-8042-0020-7
◇沖縄県の祭り・行事―沖縄県祭り・行事調査報告書　沖縄県教育庁文化課編　沖縄県教育委員会　1997.3　249p　30cm　(沖縄県文化財調査報告書　第127号)
◇かごしま四季の旅―祭り、歴史、自然をたずねて　星原昌一著　南日本新聞開発センター　1984.7　224p　21cm　1500円
◇神々のふるさと久高嶋―イザイホー・生活　当間一郎文，友利安徳写真　沖縄公論社　1982.8　304p　27cm　15000円
◇菊池の祭り―郷土の心をささえるまつりと芸能　菊池地域ワーキンググループ　1989　27p　30cm
◇九州の祭り・200選　朝日新聞西部本社著　葦書房　1983.7　2冊　21cm　各1500円
◇久高島の祭りと伝承　古典と民俗学の会編　桜楓社　1991.10　202p　22cm　(古典と民俗学叢書　15)　2900円　ⓈB4-273-02559-0
◇くにさきノート―国東半島の祭りを追って　くにさきノート委員会編著，NHK大分放送局編　NHKサービスセンター福岡支所　1981.10　209p　21cm
◇熊本の祭り　白石巌文　熊本日日新聞社　1988.10　119p　26cm　(ふるさとシリーズ　4)　2500円
◇心の宴―詩情と伝説につつまれた島の　大分県姫島の盆踊り　古家輝雄写真集　古家輝雄著　日本写真企画　1992.8　85p　26cm　2500円
◇小原の祭り　永松富造〔著〕　永松富造　1990印刷　79p　26cm

◇祭礼行事―都道府県別　宮崎県　高橋秀雄，山口保明編　おうふう　1998.2　137p　27cm　6800円　ⓈB4-273-02540-X
　＊鮮やかなカラー写真で綴る「歳時記」・「祭り紀行」、祭りの特色を平易な文章で紹介する「解説」・「祭り探訪」。地域に根ざした祭りの魅力に迫る。巻末に市町村別祭礼行事一覧掲載。
◇祭礼行事―都道府県別　熊本県　高橋秀雄，坂本経昌編　おうふう　1997.4　143p　27cm　6800円　ⓈB4-273-02536-1
　＊熊本県の祭り。鮮やかなカラー写真で綴る「歳時記」・「祭り紀行」、祭りの特色を平易な文章で紹介する「解説」・「祭り探訪」。地域に根ざした祭りの魅力に迫る。巻末に市町村別祭礼行事一覧掲載。
◇祭礼行事―都道府県別　佐賀県　高橋秀雄，仏坂勝男編　桜楓社　1991.9　149p　27cm　4800円　ⓈB4-273-02532-9
◇祭礼行事―都道府県別　鹿児島県　高橋秀雄，向山勝貞編　おうふう　1998.6　143p　27cm　6800円　ⓈB4-273-02542-6
　＊鮮やかなカラー写真で綴る「歳時記」・「祭り紀行」、祭りの特色を平易な文章で紹介する「解説」・「祭り探訪」。地域に根ざした祭りの魅力に迫る。巻末に市町村別祭礼行事一覧掲載。鹿児島県の祭り。
◇祭礼行事―都道府県別　大分県　高橋秀雄，染矢多喜男編　桜楓社　1993.10　143p　27cm　4800円　ⓈB4-273-02538-8
◇祭礼行事―都道府県別　長崎県　高橋秀雄，立平進，吉村政徳編　おうふう　1997.8　143p　27cm　6800円　ⓈB4-273-02534-5
　＊鮮やかなカラー写真で綴る「歳時記」・「祭り紀行」、祭りの特色を平易な文章で紹介する「解説」・「祭り探訪」。地域に根ざした祭りの魅力に迫る。巻末に市町村別祭礼行事一覧掲載。
◇祭礼事典―都道府県別　佐賀県　佐賀県祭礼研究会編　桜楓社　1991.11　198p　27cm　6200円　ⓈB4-273-02531-0
◇祭礼事典―都道府県別　長崎県　倉林正次監修，長崎県祭礼研究会編　おうふう　1997.12　272p　26cm　12000円　ⓈB4-273-02533-7
　＊長崎県内の主な現行の祭事を神社祭礼を中心に五十音順に配列、解説を加えた記事項目と県内各社の際事を月日順に配列した神社際事暦一覧からなる事典。
◇写真集・郷土の祭り―九州・沖縄・山口・島根10県　全日本写真連盟西部本部，朝日新聞社企画　あらき書店　1985.11　168p　25×26cm　1800円

◇対馬の祭り　城田吉六著　第一法規出版　1982.5　106p　19cm　1300円
◇都道府県別 祭礼行事 沖縄県　高橋秀雄,比嘉康雄編　桜楓社　1992.4　149p　26cm　4800円　Ⓘ4-273-02544-2
　＊沖縄の祭りには、固有な信仰をそのままうけ伝えているものが多い。そして、同種同根のものが、それぞれの島々で異なる名称や表現で伝承されている。それらを地域別に分けて、祭祀の特色を紹介する。
◇都道府県別 祭礼行事 福岡県　高橋秀雄,渡辺良正編　桜楓社　1993.2　143p　26cm　4800円　Ⓘ4-273-02530-2
　＊裸形の青年たちが宝珠を奪いあう筥崎宮の玉せせり・それぞれ三百人ずつがいぶし手と鬼警固役に分かれ乱舞する大宰府天満宮の鬼すべ・松ばやしを先頭に始まる博多どんたく・夏を告げる祭り博多祇園山笠など、福岡の祭礼を写真で紹介。
◇長崎くんち―全踊町収録 昭和58年〜平成2年　越中哲也解説,有馬喜幸撮影制作　ナガサキインカラー　1991.6　92p　20×22cm　2000円
◇中洲流―五十年の軌跡　中洲流50周年実行委員会　1999.6　185p　30cm
◇日本の祭り―旅と観光7(九州・沖縄編)　日本の祭り研究会編　新日本法規出版　1992.9　214p　31cm　4500円　Ⓘ4-7882-3907-8,4-7882-3900-0
◇日本人の魂の原郷・沖縄久高島　比嘉康雄著　集英社　2000.5　222p　18cm　(集英社新書)　660円　Ⓘ4-08-720034-5
　＊沖縄本島の東の海上に浮かぶ小さな島―久高島に琉球王朝よりはるか昔、古代人の心情から生まれ、「母神」を守護神とみる祭祀の形があった。それは、ノロをはじめとする女性神職者たちによって担われ、今日まで継承されてきている。12年に一度の大祭「イザイホー」、海の神が鎮まる海岸で豊漁を祈り草束を振るう神女や、海の彼方にある魂の原郷ニラーハラーの神となって登場する神女の威厳に満ちた姿が、かずかずの祭祀を彩っている。30年近くも琉球弧の祭祀を追いつづけてきた著者が、久高島祭祀の多層なシーンをカメラとペンで記録した。30余枚の写真とともに、古代人の鎮魂のありようを伝える貴重な1冊。
◇日本の祭り8　九州・沖縄　三隅治雄編著　講談社　1982.9　179p　28cm　2800円　Ⓘ4-06-180018-3

◇博多祇園山笠　管洋志写真・文　海鳥社　1995.6　152,6p　22×31cm　3800円　Ⓘ4-87415-114-0
◇博多どんたく読本　福岡市民の祭り振興会編　福岡市民の祭り振興会　1992.2　228p　27cm　2500円
◇博多の祭り　竹沢尚一郎編　九州大学文学部人間科学科比較宗教学研究室　1998.3　181p　26cm　(九州の祭り　第1巻)
◇博多祇園山笠　管洋志写真,長谷川法世文　講談社　1983.6　210p　27cm　5800円　Ⓘ4-06-200166-7
◇博多祇園山笠　博多祇園山笠振興会　1988.4　67p　22cm　500円
◇火の神・山の神　高見乾司著　海鳥社　1995.8　263p　22cm　(九州の土俗面考1)　2600円　Ⓘ4-87415-126-4
◇日田祇園会　小山輝夫写真, 後藤功一文　日田祇園山鉾振興会　1997.7　104p　31cm
◇福岡県文化百選1　祭り・行事編　福岡県編(福岡)西日本新聞社　1988.4　222p　19cm　1600円　Ⓘ4-8167-0012-9
◇ふるさとまつり歳時記―宮崎県　鉱脈社編集　宮崎県企画調整部　1989.3　247p　26cm　2913円
◇南日本の民俗文化―小野重朗著作集4　祭りと芸能　小野重朗著　第一書房　1993.9　370p　22cm　5500円　Ⓘ4-8042-0061-4
◇南日本の民俗文化―小野重朗著作集6　南島の祭り　小野重朗著　第一書房　1994.9　327p　22cm　5500円　Ⓘ4-8042-0075-4
◇宮崎の祭り　野口逸三郎,柳宏吉編　宮崎日日新聞社　1982.3　216p　15cm　(宮崎の自然と文化 10)　980円
◇燃えた3日間―'93大分七夕まつり　大分合同新聞写真グラフ　大分合同新聞社写真部, フォトスタジオあいうえお写真　大分合同新聞社　1993.9　95p　37cm　1500円
◇琉球弧―女たちの祭　比嘉康雄写真, 谷川健一文　朝日新聞社　1980.12　139p　21×23cm　3700円

祭(世界)

◇アンデス、祭りめぐり　鈴木智子著　青弓社　2000.4　204p　19cm　(寺子屋ブックス14)　1600円　Ⓘ4-7872-3172-3
　＊大自然の力が人々を衝き動かすアンデスには、一年を通じて数え切れないほどのさまざまな祭りがある。神々への畏敬の念をこめたコイヨリッティの巡礼、町を

舞台にした一編の壮大なドラマのような聖カルメンの祭り…。土着の神々とスペイン占領時代にもたらされたカトリック教が不思議なかたちで混在しているのは、彼らのおおらかさであり、悲しい記憶への弔いでもあるのか。色とりどりの民族衣装が音楽に舞い、人々は酒を囲んで陽気に語らう。アンデスの祭りと暮らしに魅せられた著者が、その魅力を豊富な写真と文章に収めて、神秘の世界へといざなう。南米文学の魔術的リアリズムに通じる墓どろぼうとしゃれこうべの話、ナスカの地上絵についてなど、現地在住で好奇心旺盛な著者ならではの話題満載のフォトエッセイ。

◇インディオの祭―竹田鎭三郎メキシコ画集1　竹田鎭三郎〔画〕　ブックグローブ社　1990.6　182p　30cm　8700円　Ⓣ4-938624-04-4

◇インディオの祭―竹田鎭三郎メキシコ画集2　竹田鎭三郎〔画〕　ブックグローブ社　1990.6　99p　30cm　2300円　Ⓣ4-938624-05-2

◇インディオの祭―竹田鎭三郎メキシコ20年1963〜1983　竹田鎭三郎画　竹田鎭三郎画集刊行会　1983.8　182p　30cm　9000円　Ⓣ4-499-29001-5

◇キリストの祭り　朝日新聞社　1982.5　80p　30cm　1500円

◇祝祭―世界の祭り・民族・文化　芳賀日出男監修, 芳賀ライブラリー編著　クレオ　2001.4　271p　30cm　3000円　Ⓣ4-87736-062-X

＊世界の国々の様々な祭り・民族・文化を、2500点以上に及ぶ貴重なカラー写真で紹介。世界の祭りと民族と文化を知るための必携の書。

◇祝祭の民族誌―マヤ村落見聞録　桜井三枝子著　全国日本学士会　1998.3　290,5p　22cm　（大阪経済大学研究叢書　第33冊）　3900円　Ⓣ4-916186-00-1

＊古代マヤ遺跡と美しい自然の景観で世界中の観光客を集めるメキシコのユカタン半島、中米のグアテマラ。その森林の奥深くで「語る十字架」儀礼を信仰する「反乱マヤ軍」の末裔たちが繰り広げる神秘的な祝祭。

◇シリーズ世界のお祭り 10　ユダヤ教のお祭り　ルーベン・ターナー著, 高階美行訳・解説　同朋舎出版　1989.2　47p　24cm　1800円　Ⓣ4-8104-0734-9

◇シリーズ世界のお祭り 5　収穫と感謝のお祭り　ラルフ・ウィトロック著, 井本英一訳・解説　同朋舎出版　1989.2　47p　24cm　1800円　Ⓣ4-8104-0729-2

◇シリーズ世界のお祭り 6　新年のお祭り　アラン・ブラックウッド著, 井本英一訳・解説　同朋舎出版　1989.2　47p　24cm　1800円　Ⓣ4-8104-0730-6

◇シリーズ世界のお祭り 7　ハロウィン　ロビン・メイ著, バーグランド薫訳・解説　同朋舎出版　1989.2　47p　24cm　1800円　Ⓣ4-8104-0731-4

◇世界の祭と踊り　宮本順三〔画〕　山三化学工業　1992.4　119p　25×26cm　9000円

◇世界の祭と踊り 第2集　宮本順三〔画〕　山三化学工業　1992.12　107p　25×26cm　9000円

◇世界のおまつり―世界の子どもたち　アナベル・キンダスリー文, バーナバス・キンダスリー写真　ほるぷ出版　1998.6　64p　31×25cm　2000円　Ⓣ4-593-53347-3

＊あざやかな写真で紹介する世界の子どもたちとおまつり。小学校中学年から。

◇世界の祭り―721万キロの紀行文　兼高かおる写真・文　ソニー・マガジンズ　1991.11　156p　19cm　（VISUAL BOOKS 3）　1380円　Ⓣ4-7897-0695-8

＊721万キロの紀行文。ベニス、ニューオリンズのカニーバルから、チベットの小さな祭りまで、写真で世界を旅する。

◇世界の祭りと子ども 1　世界編　4-6月　西田敬写真・文　大日本図書　1993.2　1冊　25×19cm　3200円　Ⓣ4-477-00226-2

◇世界の祭りと子ども 2　世界編　7-9月　西田敬写真・文　大日本図書　1993.2　1冊　25×19cm　3200円　Ⓣ4-477-00227-0

◇世界の祭りと子ども 3　世界編　10-12月　西田敬写真・文　大日本図書　1993.2　1冊　25×19cm　3200円　Ⓣ4-477-00228-9

◇世界の祭りと子ども 4　世界編　1-3月　西田敬写真・文　大日本図書　1993.2　1冊　25×19cm　3200円　Ⓣ4-477-00229-7

◇珍祭・奇祭ウソのような本当の話―熱狂・興奮・陶酔でそりゃもう大騒ぎ！スリル満点、命をかけたペルーの"ハサミ踊り"とは？　ユーモア人間倶楽部編　青春出版社　1992.2　254p　15cm　（青春best文庫）　460円　Ⓣ4-413-08085-8

◇珍祭・奇祭―ウソのような本当の話 熱狂・興奮・陶酔でそりゃもう大騒ぎ！　ユーモア人間倶楽部編　青春出版社　1992.2　254p　15cm　（青春BEST文庫）　460円　Ⓣ4-413-08085-8

＊さわり放題のエッチな祭典、殴り合いの狂宴など、世界中の血湧き肉踊る仰天のお祭りが大集合。
◇フィエスタ―中米の祭りと芸能　黒田悦子著　平凡社　1988.3　306p　20cm　2800円　Ⓘ4-582-24102-6
◇ペルー・インディオ祝祭日　飯田ファン一夫著　PMC出版　1987.8　230p　20cm　1300円　Ⓘ4-89368-118-4

祭（アジア）

◇アジアの奇祭　さの昭文, 石川武志写真　青弓社　1998.11　238p　20cm　（写真叢書）　2000円　Ⓘ4-7872-7102-4
　＊本書は、アジア各地の宗教を日常生活のレベルでとらえ、その本質に迫ってみたものである。
◇アジアの祭りと芸能　「アジアの祭りと芸能」プロジェクトチーム〔著〕, 学習院大学東洋文化研究所編　学習院大学東洋文化研究所　1992.3　99p　26cm　（調査研究報告no.37）
◇アジア祝祭カレンダー　1990年　水島司編　平凡社　1989.12　115p　20cm　1000円　Ⓘ4-582-43321-9
◇アジアのお祭り 1　ユネスコ国際連合教育科学文化機関・アジア文化センター編, 南本史訳　講談社　1979.5　101p　22cm　（少年少女ノンフィクションブックス）　980円
◇アジアのお祭り 2　ユネスコ国際連合教育科学文化機関・アジア文化センター編, 南本史訳　講談社　1979.5　109p　22cm　（少年少女ノンフィクションブックス）　980円
◇インド・祭り―沖守弘写真集　沖守弘著　学習研究社　1988.4　167p　30cm　2400円　Ⓘ4-05-102893-3
　＊悠久の大地彩る民族の祭り。ヒンドゥー教徒6億に息吹く古代文化の心。15年間撮り続けた写真6万枚から128枚精選不思議の国インド23の祭りを世界に初公開。
◇韓国の村祭り　朴桂弘著　国書刊行会　1982.5　688p　22cm　12000円
◇シク教のお祭り　Dr.スクビル・シング・カプール著, 溝上富夫訳・解説　同朋舎出版　1989.2　47p　24cm　（シリーズ世界のお祭り 4）　1800円　Ⓘ4-8104-0728-4
◇スリランカの祭　岩田慶治ほか著　工作舎　1982.9　176p　27cm　3400円
◇東アジアの神と祭り　諏訪春雄編　雄山閣出版　1998.2　513,18p　22cm　14000円

Ⓘ4-639-01511-9
　＊東アジア農村祭祀を比較検討し、分布、交流の姿を追及、その共通する民俗宗教の構造を明らかにする。
◇ブータンのツェチュ祭―神々との交感　永橋和雄写真, 今枝由郎文　平河出版社　1994.3　167p　26cm　（アジア民俗写真叢書　12）　3800円　Ⓘ4-89203-239-5
◇ユダヤ人の祭り　吉見崇一著　エルサレム宗教文化研究所　1986.2　162p　18cm　（エルサレム文庫　4）　1200円

祭（ヨーロッパ）

◇イギリス祭事・民俗事典　チャールズ・カイトリー著, 渋谷勉訳　大修館書店　1992.10　453p　21cm　5665円　Ⓘ4-469-04117-3
　＊伝統の国イギリスには、古くから現代にまで伝わる祭りや行事が多い。本書は、著者が自ら全国的に調査した、現代に生きる368の祭りや行事に関して、貴重な写真や図版162点を駆使して、その系譜、内容、開催の日程などを解説したものである。
◇ヴェネツィアー仮面の祭り―佐藤美子作品集　佐藤美子写真・文　玄光社　1993.10　55p　29cm　（玄光社mook　61）　2000円　Ⓘ4-7683-0030-8
◇オーストリアの祝祭と信仰　窪明子著　第一書房　2000.8　544,9p　22cm　12000円　Ⓘ4-8042-0716-3
　＊オーストリア滞在二十一年を迎え、オーストリアにすっかり根を下ろした感のある著者が、各地の習俗について、各季節に最もふさわしいものを、四季を追いながら、その実態を紹介した。
◇仮面―ヨーロッパの祭りと年中行事　遠藤紀勝著　社会思想社　1990.11　182,24p　15cm　（現代教養文庫）　640円　Ⓘ4-390-11365-8
　＊ヨーロッパの祭りに使われる仮面には、千年余の歴史を経てなお生きているものが多い。仮面はもともと農耕儀礼の聖具であり、土の香りがする一方、あやしげな魅力を放つ。本書では、百枚をこえる写真を駆使して、ヨーロッパの年中行事を紹介しながら、仮面にこめられた呪術的な意味にまで言及する。高度な近代文明の裏に脈々と生きつづける土俗文化に注目した著者が、度重なる取材旅行の末にまとめあげた労作である。

◇図説ヨーロッパの祭り 谷口幸男，遠藤紀勝著 河出書房新社 1998.11 111p 22cm 1800円 ⓄⅣ4-309-72589-9
  *太陽仮面、サンタ・クロース、雪男に熊男、バイキング…、クリスマス、カーニバルと仮面行事、猫祭りにワイン祭りなど、有名な祭り、珍しい祭りを訪ね歩き、ヨーロッパの四季と精神風土にふれる、ガイドブックにはないユニークなお祭り紀行。キリスト教年中行事事典付き。
◇パリのカーニヴァル アラン・フォール著，見富尚人訳 平凡社 1991.2 277p 19cm 2900円 Ⓝ4-582-45207-8
  *19世紀のパリ。四旬節前の三日間、特に肉の火曜日(マルディ・グラ)を頂点に、路上でくり広げられるカーニヴァルのお祭り騒ぎ。金持ちも貧乏人のなりをし、野卑な罵声や糞尿譚が飛びかう。
◇ヨーロッパの祭と伝承 植田重雄[著] 講談社 1999.4 343p 15cm (講談社学術文庫) 1000円 Ⓝ4-06-159371-4
  *待降節・復活祭・万霊節と生活に豊かな彩りを添えるキリスト教の四季の祭—その中には多神教で土俗的なケルトやゲルマンの遺習が脈々と息づいている。ウォーダン、ペルヒタなど、ゲルマンの魔群や精霊のその暗き世界に、希望と光、祈りと願いの結晶としてキリスト教がはりい込む。本書は、年間行事の紹介を通して、西洋文化の深層を明らかにした労作である。
◇ヨーロッパの祝祭 レオン・マルキ，エンツォ・スペーラ，ジェニファー・M.ラス共著，蔵持不三也編著 河出書房新社 1996.9 270p 19cm 2800円 Ⓝ4-309-22300-1
  *"祭りのない人生は、旅籠のない長旅のようだ"カルナヴァル、仮面・仮装、樹木祭、怪物退治…さまざまな「祭り」の綿密な分析を通じて明らかにされるヨーロッパ文化の古層と現代における変容。ヨーロッパ民俗学最新の研究成果。
◇ヨーロッパの祝祭典—中世の宴とグルメたち マドレーヌ・ペルナー・コズマン著，加藤恭子，山田敏子訳 原書房 1986.12 269,4p 21cm 2000円 Ⓝ4-562-01839-9
  *中世の騎士や貴族たちの贅を尽したコスチュームやごちそうを実際に楽しんでみませんか？遠い異教時代のならわしとキリストの教えとがとけ合って、人びとに受け継がれてきた祝典のいわれとメニューをたどる、西洋お祭りカレンダー。
◇ヨーロッパの祝祭典—中世の宴とグルメたち マドレーヌ・P.コズマン著，加藤恭子，山田敏子訳 原書房 1987.2 269,4p 21cm 2000円 Ⓝ4-562-01839-9
◇ヨーロッパの祭 遠藤紀勝著 駸々堂出版 1977.7 135p 18cm (駸々堂ユニコンカラー双書) 500円
◇ヨーロッパの祭り—新年から大晦日まで 遠藤紀勝著 講談社 1986.12 206p 15cm (講談社文庫) 560円 Ⓝ4-06-183935-7
  *甦る生命の春、歓喜の夏、収穫感謝の秋、悪魔のような冬—四季折々の人間の営み。ながい歴史と古い伝統。それらが融合して生みだされたヨーロッパ独得の祭り行事を、新年から大晦日まで現地取材で再現した"祭り歳時記"。現代に脈々と生きつづける祭りの楽しさ、華やかさを美しい写真と文で紹介する。
◇ヨーロッパの祭と伝承 植田重雄著 早稲田大学出版部 1985.2 322,8p 20cm 2400円
◇ロシアの縁日—ペトルーシカがやってきた A.F.ネクルィローヴァ著，坂内徳明訳 平凡社 1986.7 310p 21×16cm (叢書 演劇と見世物の文化史) 2300円 Ⓝ4-582-26013-6
  *かつて広場には哄笑と歓声がこだましていた。祭日や市の日に近代ロシア諸都市で盛大にくりひろげられた縁日。この〈色彩豊かなカオス〉を満たす多彩な見世物や芸人たちを鮮やかによみがえらせる。
◇ロシアの祭り ペ・ヤ・プロップ著，大木伸一訳 岩崎美術社 1966 212p 図版 19cm (民俗民芸双書 9)
◇ロシアの祭り ペ・ヤ・プロップ著，大木伸一訳 岩崎美術社 1982.5 212p 19cm (民俗民芸双書 9) 1500円

街並み(日本)

角館の武家町

秋田県 指定：重要伝統的建造物群保存地区「角館町角館」

　　　＊　　　＊　　　＊

◇角館—みちのくの城下町 富木隆蔵文，大野源二郎写真 慶友社 1970 206p 19cm 800円
◇角館ガイドブック 無明舎出版編 無明舎出版 1998.2 109p 19cm 1000円 Ⓝ4-89544-177-6

民俗・生活　　　　　　　　　　　　　　　　　　　街並み

◇角館風土記　小林定静編　秋田文化出版社　1986.11　278p　19cm（現代風土記シリーズ 5）　1300円
◇写真譜・枝垂桜のまち角館　千葉克介編　桜楓社　1986.6　127p　26cm　2500円　Ⓘ4-273-02107-2

白川郷の合掌造り

岐阜県　指定：世界遺産「白川郷・五箇山の合掌造り集落」、重要伝統的建造物群保存地区「白川村荻町」

   ＊　　　＊　　　＊

◇美しい村白川郷―世界文化遺産　藤沢健一写真集　藤沢健一著　日本素描版画協会　1997.5　1冊（ページ付なし）　20×23cm
◇帰雲城―世界遺産　白川郷物語 上　森省三著　青樹社　1997.6　278p　19cm　1600円　Ⓘ4-7913-1038-1
 ＊世にも美しい不思議な響きを持つ名の城砦の興亡の物語である。楠木正成の子孫、内ケ嶋為氏は白川郷の領主に移封され金山の開発に成功、約二百年も前から白川郷を支配していた正蓮寺という一向宗の寺を焼き討ち滅亡させる。やがて蓮如の白骨のお文により政教合体する。
◇帰雲城―世界遺産　白川郷物語 下　森省三著　青樹社　1997.6　412p　19cm　1600円　Ⓘ4-7913-1039-X
 ＊幻の帰雲城と現代に呼ばれる理由は、帰雲城が一瞬にして山津波により城砦、城下町もろとも飲み込まれ一人も生き残らず、今も明確な位置すら不明なことである。幻の一言をさらに際立たせるのが二兆円と推定される黄金埋没伝説である。天正大地震は天災であり予見はなく金銀は通常の状態のまま、城内に置かれていたはずである。まさに日本のポンペイである。戦国時代は帰雲城は多国からの侵略に対しいつも黄金を献上して災難を乗り越えてゆく。
◇合掌造り―くらしと風土　岩田慶治文、安達浩写真　淡交社　1970　259p　22cm　1000円
◇白川郷三つの旅　佐名木照著　白川郷合掌文化研究室　1978　51p　26cm
◇高山・白川郷・五箇山　JTB　2000.11　127p　21cm　（アイじゃぱん 31）　950円　Ⓘ4-533-03653-8

◇高山 白川郷　2版　昭文社　1997.1　303p　19cm　（旅・王・国 23）　1238円　Ⓘ4-398-14273-8
 ＊下呂・奥飛騨温泉郷・郡上八幡・五箇山・ひるがの高原。
◇飛騨白川郷は紅い雪だった　源氏物語のような女の香り　吉田暁一郎著　鳥影社,星雲社発売　1989.2　221p　19cm　1200円　Ⓘ4-7952-5138-X
 ＊ルポルタージュ・飛騨白川郷！不思議な魅力をたたえる奥飛騨の里。38年に及ぶ取材を通して、山間に秘められた人間ドラマの歴史をえぐり出す迫真のレポート（写真多数収録）。＋ロマン小説。
◇ミステリアス白川郷　三輪晴吉, 板谷静夫執筆　（京都）燈影舎　1988.10　144p　26cm　2800円　Ⓘ4-924520-26-8
 ＊現代のミステリアス、スイスの幻想をまのあたりに‥。白川郷の合掌造りは、ドイツの建築家ブルーノ・タウトが、伊勢神宮・桂離宮とともに日本建築の美の典型として高く評価されていることはよく知られている。彼はまた、「このあたりの景色はもう日本的ではない。これはスイスか、さもなければスイスの幻想だ。」と白川郷との出逢いを語っている。
◇わくわく歩き飛騨高山・白川郷・奥飛騨・下呂・上高地　実業之日本社編著　実業之日本社　2001.8　137p　26cm　（ブルーガイド情報版）　838円　Ⓘ4-408-03384-7

街並み（ヨーロッパ）

◇イギリス―街の物語を探す旅への案内書　JTB　1997.8　254p　21cm　（街物語）　1900円　Ⓘ4-533-02747-4
 ＊豊富な地図、図版、館内図などで、博物館、美術館、教会、歴史的建造物などを専任ガイドのように案内します。
◇イタリアのカントリーサイド―さまざまなバール、リストランテ、民家や町並み　増田正写真と文　集英社　1997.10　132p　30cm　3800円　Ⓘ4-08-532053-X
 ＊イタリアの北から南まで、17地域、45の町や村の古い教会、バール、カフェ・リストランテ、また塔や広場、民家や町並みの素顔を、増田正の眼が捉えた心温まる写真集。カラー247点・単色96点。
◇美しき街―異形の大地・莠めく聚落　写真とビデオによるスペイン, イタリアの街　伊奈製陶　1981　1冊　21×21cm　750円

425

街並み　　　　　　　　　　　　　　　　　　　　　　　　　　　　民俗・生活

◇英国ロマネスク建築巡礼—写真紀行　岩部定男編,岩部径写真　形文社　2000.7　255p　20cm　4000円
◇英国のカントリーサイド—さまざまなパブ・イン、民家や町並み　増田正写真・文　集英社　1990.4　149p　30cm　3500円　ⓓ4-08-532027-0
　＊英国各地の古いパブ（酒場）やイン（旅籠）、またさまざまな民家や町並みの表情を、デザイナー増田正の眼がたんねんに捕捉した異色の写真集。
◇劇的な空間—栄光のイタリア・バロック　湯沢正信著　丸善　1989.5　109p 21cm　（建築巡礼　7）　2369円　ⓓ4-621-03373-5
　＊17世紀ローマと18世紀トリノ、この対比的な二大バロック都市に華開いたバロック建築は、無限に変容するバロック音楽に比せられる程、劇的な空間を実現し、さらに、現代の我々に通ずる建築システムを作り出した。本書は、イタリアバロックの魅力を語り、さらにそのダイナミズムに迫る巡礼記。
◇スウェーデンの街と住まい　山本明著　丸善　1992.9　110p　22cm　（建築探訪 5）　2369円　ⓓ4-621-03750-1
◇スペインのカントリーサイド—さまざまなパブや民家の表情　増田正写真・文　集英社　1992.3　149p　30×23cm　3800円　ⓓ4-08-532037-8
　＊スペインの北から南まで、古いカフェ（酒場）やメゾン（旅籠）、またさまざまな民家や町並みの素顔を、デザイナー増田正の眼が捕捉した異色の写真集。
◇地中海・町並み紀行—旅の絵本　吉田桂二絵と文　東京堂出版　1997.3　157p　22cm　2575円　ⓓ4-490-20189-3
◇地中海を巡る町と住まいの旅　吉田桂二著　彰国社　1992.11　213p　21cm　2580円　ⓓ4-395-00352-4
　＊この本にまとめたのは、この数年間、幾度となく地中海を巡って繰り返した旅の記録である。
◇パティオ—スペイン・魅惑の小宇宙　レオナルド・アリサバラガ, フェリックス・ルイス, ピラール・ホルナ, イグナシオ・ゴメス, 毛綱毅曠, 水野雅文文, 藤塚光政撮影　建築資料研究社　1991.11　207p　30cm　8800円　ⓓ4-87460-324-6
◇フランスのカントリーサイド—さまざまなカフェ、レストラン、民家や町並み　増田正写真・文　集英社　1996.6　132p　30cm　3800円　ⓓ4-08-532051-3

＊フランスの18の地方部、64の町や村の古いカフェ・レストラン、またさまざまな民家や町並みの素顔を、デザイナー増田正の眼が捕えた心温まる写真集。カラー231点・単色165点。
◇北欧のカントリーサイド—さまざまなパブや旅籠、民家や町並み　増田正写真・文　集英社　1993.5　148p　30×22cm　3800円　ⓓ4-08-532045-9
　＊北欧の4ケ国、42の町や村の古いカフェ（酒場）や、クロ（旅籠）、またさまざまな民家や町並みの素顔を、デザイナー増田正の眼が捕えた心温まる写真集。
◇南イタリア 石の住まい　エドワード・アレン著, 増田和彦, 高砂正弘訳　学芸出版社　1993.4　237p　21cm　3296円　ⓓ4-7615-3032-4
　＊本書は、トゥルッリのあるムルジア地域とした知られている、南イタリアの識別しやすい地域の建物の造られていく歴史、そして、その建物がどのように町を形づくっていったかの歴史を語っている。
◇ヨーロッパの家—伝統の町並み・住まいを訪ねて 1　イギリス・アイルランド・北欧　樺山紘一監修　講談社　2000.5　167p　25×26cm　3800円　ⓓ4-06-271051-X
　＊主な伝統的住宅を網羅。木村伊兵衛賞受賞の写真家が多彩な住まいをつぶさに紹介。家にちなんだ雑学、各国ごとの旅情報も掲載。
◇ヨーロッパの家—伝統の町並み・住まいを訪ねて 2　フランス・スペイン　樺山紘一監修　講談社　2000.7　167p　25×26cm　3800円　ⓓ4-06-271052-8
　＊ボルドーのワイン・シャトー、「アルザスの真珠」と称されるコルマールの町並み、コルドバの花いっぱいのパティオ、グアディクスの洞窟住居、バルセロナのガウディ設計の「カサ・ミラ」など、魅力あふれるフランス、スペインの住まい56軒を収録。
◇ヨーロッパの家—伝統の町並み・住まいを訪ねて 3　オランダ・ドイツ・スイス・オーストリア　樺山紘一監修　講談社　2000.9　155p　25×26cm　3800円　ⓓ4-06-271054-4
　＊国別・生活文化圏別に巻編成。人・歴史・文化を育んだ伝統的な住まい約200軒を掲載。本場ヨーロッパのインテリアやその演出法など、住まいづくりのヒントがいっぱい。ヨーロッパの住まいの文化をわかりやすく解説。家に関する基本知識や興味深い雑学・エピソードも収録。各

426

◇ヨーロッパの家―伝統の町並み・住まいを訪ねて 4　イタリア・ギリシア・ポルトガル　樺山紘一監修　講談社　2000.11　155p　25×26cm　3800円　⓸4-06-271053-6
　＊イタリア・ギリシア・ポルトガルの風土・時代・人が築いた伝統の住まい。山頂に築かれたイタリアの山岳都市と迷路のような石畳の狭い路地、1、2階が石積みで3階が木造のギリシアのユニークな家、白壁の家が連なるポルトガル南部の町並みなど50軒を収録。
◇ヨーロッパの街並と窓　勝井規和著　クレオ　1998.7　126p　30cm　2800円　⓸4-87736-028-X
　＊ヨーロッパの窓を写真の被写体として撮る著者。本書は、ヨーロッパの街並や人々の住まい方の素晴らしさを伝えている。

民謡（日本）

◇うたを訪ねて―埼玉・人と心の哀歓　朝日新聞浦和支局編　さきたま出版会　1978.10　270p　19cm　（さきたま双書）　1000円
◇風・旅・旋律　河野保雄文, 吉井忠絵　音楽之友社　1999.8　109p　24cm　2500円　⓸4-276-20112-8
　＊わたくしたちは何を失い、何を得たのか？縄文の時空につらなる東北歴史・民俗紀行。
◇鳥踊考　村杉弘著　鬼灯書籍　1992.12　212p　22cm　2000円　⓸4-89341-167-5
◇心に響く民謡百景　菊池淡狂著　日本民謡協会出版部　1999.6　198,26p　19cm　1905円
◇五線譜のない旅―宮崎民謡紀行　原田解著　鉱脈社　1989.12　216p　19cm　1200円
◇信濃の伝統音楽　村杉弘著　音楽之友社　1983.2　217p　22cm　2200円　⓸4-276-13371-8
◇周防長門の民謡―ふるさとの唄とこころ　いとう・たけし編　防長民俗叢書刊行会　1970　61p　18×18cm　非売
◇全国民謡の旅―諸国民謡92の案内　木継鳥夫著　金園社　1981.7　318p　19cm　（Travel books）　880円
◇続・民謡のふるさとを行く―わたしの採集手帖　竹内勉著　音楽之友社　1983.3　306p　19cm　1600円　⓸4-276-13362-9
◇津軽民謡草創期の人びと―旅芸人の歴史と秘話を訪ねて　千葉勝友著　みくに書房　1996.9　263p　19cm　3500円　⓸4-943850-56-1
◇峠のうた港のうた―みやざき民謡紀行　原田解著　本多企画　1998.6　131p　21cm　（本多企画ブックレット　no.3）　1000円　⓸4-89445-040-2
　＊本書は、著者の四十年に及ぶ民謡生活の中で出会い触れ合った、ふるさとの調べや歌い手たちの人生ドラマをまとめた、ささやかな民謡紀行である。
◇新潟県民謡紀行　越後民謡研究会〔著〕　野島出版　1993.8　249p　19cm　1850円　⓸4-8221-0143-6
◇日本民謡の旅 1　関東・東北・北海道・中部　服部竜太郎著　河出書房新社　1973　211p図　21cm　680円
◇日本民謡の旅 上巻　高橋掬太郎著　第二書房　1960　190p図版　19cm
◇日本民謡の旅 2　中部・近畿・中国・四国　服部竜太郎著　河出書房新社　1973　212p図　20cm　680円
◇日本民謡の旅 3　九州・奄美・沖縄　服部竜太郎著　河出書房新社　1973　215p図　20cm　680円
◇日本民謡の旅 第1　有信堂マスプレス編部編　1960　39p　19×20cm　（マスプレスシリーズ）
◇日本民謡・拾い歩き　服部竜太郎著　七曜社　1961　234p　21cm
◇房総の民唄をたずねて―わが愛する山野の声　田村実著　崙書房　1974　227p　19cm　1000円
◇みやざきのうたと芸能101　宮崎県企画・編集　宮崎県文化振興課　2000.3　226p　19cm　（ふるさと再発見　2）
◇宮崎平野のフォークソング―大淀川民謡紀行　原田解著　本多企画　1996.7　121p　21cm　（本多企画ブックレット　No.2）　1000円　⓸4-89445-011-9
◇民謡の旅　佐藤政次編　駿河台出版社　1979.10　508p　22cm　2000円
◇民謡紀行全集 第1　服部龍太郎著　河出書房新社　1962　220p　19cm
◇民謡紀行全集 第2　服部竜太郎著　河出書房新社　1962　224p　19cm
◇民謡紀行全集 第3　服部龍太郎著　河出書房新社　1962　211p　19cm
◇民謡の旅路 西日本をゆく　服部知治著　日本青年出版社　1972　190p　18cm　（青年新書）

◇民謡のふるさと―明治の唄を訪ねて　服部竜太郎著　朝日新聞社　1967　323p　20cm
◇民謡のふるさとを行く―わたしの採集手帖　竹内勉著　音楽之友社　1978.4　356p　19cm　1600円
◇民謡風土記　毎日新聞学芸部編　時事通信社　1982.3　296p　20cm　1600円
◇民謡歴史散歩〔第1〕　池田弥三郎, 宮尾しげを編　河出書房新社　1961　206p　図版　18cm
◇民謡歴史散歩〔第2〕　池田弥三郎, 宮尾しげを編　河出書房新社　1962　227p　図版　18cm
◇民謡歴史散歩〔第3〕　池田弥三郎, 宮尾しげを編　河出書房新社　1962　223p　図版　18cm
◇山の民のまつり―信州の民謡・味・祭　長野県観光連盟編　令文社　1967　236p　図版　18cm

民謡（沖縄）

◇沖縄うたの旅―青木誠音楽の本　青木誠著　PHP研究所　1995.3　287,15p　20cm　1500円　④4-569-54662-5
◇沖縄芸能大全集　第1巻　民謡編　滝原康盛編　琉球音楽楽譜研究所　1982.4　319p　26cm
◇沖縄芸能大全集　第2巻　民謡編　滝原康聖編　琉球音楽楽譜研究所　1982.12　319p　26cm
◇沖縄島唄紀行　藤田正文, 大城弘明写真　小学館　2001.7　133p　21cm　(Shotor travel)　1600円　④4-09-343170-1
＊沖縄の島唄をガイドに、伝統的な沖縄の祭りや風俗、自然、歴史などを探訪する。
◇語やびら島うた―そぞろある記　上原直彦著　那覇出版社　1986.8　255p　20cm　1800円
◇久米島「琉歌・そぞろ歩き」　宮城鷹夫著　プロジェクト・オーガン出版局　1982.10　318p　20cm　1600円
◇崎山節のふるさと―西表島の歌と昔話　川平永美述, 安渓遊地, 安渓貴子編　ひるぎ社　1990.7　189,9p　18cm　（おきなわ文庫　52）　880円
◇南洋・台湾・沖縄音楽紀行　東洋音楽学会編　音楽之友社　1968　323p　図版　22cm　（東洋音楽選書　5）
◇ふるさとばんざい―島うたの周辺　上原直彦著　沖縄公論社　1982.6　362p　21cm　1982円
◇民謡歴史散歩〔第4〕　池田弥三郎, 宮尾しげを編　河出書房新社　1962　221p　図版　18cm
◇琉歌幻視行―島うたの世界　竹中労著　田畑書店　1975　453p　20cm　2200円
◇琉球列島島うた紀行　第1集　奄美諸島・沖縄北部・沖縄中部　仲宗根幸市編著　琉球新報カルチャーセンター　1997.4　195p　23cm　1800円　④4-89742-005-9
◇琉球列島島うた紀行　第2集　八重山諸島・宮古諸島　仲宗根幸市編著　琉球新報カルチャーセンター　1998.2　201p　23cm　1900円　④4-89742-006-7
＊本書は新報カルチャーセンター「琉球列島〈島うた〉紀行」後半の「八重山諸島」「宮古諸島」の両ブロックを、コースに沿って編集したものである。全体の内容は巻頭写真特集、民謡発祥地伝承地図、各ブロックの概説、歌詞、訳、解説で構成している。
◇琉球列島島うた紀行　第3集　沖縄本島周辺離島・那覇・南部　仲宗根幸市編著　琉球新報カルチャーセンター　1999.11　244p　23cm　2000円　④4-89742-007-5
＊久米島・渡名喜・伊江島・伊是名・伊平屋…沖縄本島周辺の島々と、那覇・南部の民謡を網ら。全体の内容は巻頭写真特集、民謡発祥地伝承地図、各ブロックの概説、歌詞、訳、解説で構成している。
◇わが故郷(しま)アントゥリ―西表・網取村の民俗と古謡　山田武男著, 安渓遊地編, 安渓貴子編　ひるぎ社　1986.5　248,16p　18cm　（おきなわ文庫　27）　900円

民謡（世界）

◇アリランの誕生―歌に刻まれた朝鮮民族の魂　宮塚利雄著　創知社　1995.1　349p　21cm　2884円　④4-915510-73-5
＊朝鮮民衆史にみる"アリラン"の謎とその深層。南北を結ぶ絆の歌はどのようにして生まれ歌いつがれてきたのか。
◇イタリアの旅―古い民謡と地方料理をたずねて　真鍋理一郎訳・編・著　全音楽譜出版社　1988.9　187p　21cm　1500円　④4-11-737060-X
◇済州島民謡紀行　服部竜太郎著　未来社　1972　221p　図　19cm　800円
◇世界の民謡をたずねて　江波戸昭著　自由国民社　1972　286p　19cm　580円

民俗・生活　　　　　　　　　　　　　　　　民族

◇世界民謡集―歌の風土記　服部竜太郎著　社会思想研究会出版部　1959　171,84p　15cm　（現代教養文庫）

民　族

アイヌ

北海道

＊　　　＊　　　＊

◇アイヌ―コタンの悲歌　奥山亮著　みやま書房　1970　86p　15cm　（みやま文庫 1）150円
◇アイヌ民族写真・絵画集成 第1巻　アイヌ民族の祭礼――神々との交流　横山孝雄・萱野茂編　日本図書センター　1995.3　195p　31cm　⑰4-8205-7219-9,4-8205-7218-0
◇アイヌ民族写真・絵画集成 第2巻　アイヌ民族の民具――生き続ける伝統　横山孝雄編　秋辺得平編　日本図書センター　1995.3　159p　31cm　⑰4-8205-7220-2,4-8205-7218-0
◇アイヌ民族写真・絵画集成 第3巻　アイヌ民族の文様――躍動する図柄　横山孝雄編　知里むつみ編　日本図書センター　1995.3　169p　31cm　⑰4-8205-7221-0,4-8205-7218-0
◇アイヌ民族写真・絵画集成 第4巻　アイヌ民族の伝承――文芸・技能・遊び　横山孝雄編　横山孝雄編　日本図書センター　1995.3　167p　31cm　⑰4-8205-7222-9,4-8205-7218-0
◇アイヌ民族写真・絵画集成 第5巻　アイヌ民族の芸術――甦る精霊たち　横山孝雄編　知里むつみ編　日本図書センター　1995.3　145p　31cm　⑰4-8205-7223-7,4-8205-7218-0
◇アイヌ民族写真・絵画集成 第6巻　アイヌ民族の歴史――差別・抑圧と誇り　横山孝雄編　横山孝雄編　日本図書センター　1995.3　183p　31cm　⑰4-8205-7224-5,4-8205-7218-0
◇アイヌ、いま―北国の先住者たち　西浦宏己著　新泉社　1984.12　286p　21cm　2200円
◇アイヌ、神々と生きる人々　藤村久和著　福武書店　1985.6　230p　22cm　2000円　⑰4-8288-1142-7

◇アイヌ歌謡を尋ねて―私の場合　増田又喜著　近代文芸社　1996.8　150p　19cm　1500円　⑰4-7733-5715-0
◇アイヌ勘定 北海道膝栗毛　宇佐美省吾著　青蛙房　1958　251p　19cm
◇アイヌ語古朝鮮語日本の地名散歩　大友幸男著　三一書房　1997.1　288p　20cm　2575円　⑰4-380-97213-5
　＊アイヌ語と古代朝鮮語の関係に視点をおいた日本古地名散歩。多民族国家、日本の原形を探る。
◇アイヌ語地名と伝説の岩―カムイコタンからチュプペッまで　由良勇著　マルヨシ印刷　1990.2　196p　21cm　2000円
◇アイヌ語地名リスト　北海道環境生活部　2001.3　145p　21×30cm
◇アイヌ語で解く地名と文化事典　福田吉次郎, 地名から文化を考える会編著　地名から文化を考える会　1991.7　192p　19cm
◇アイヌ語の幻影―アイヌ語の河川.湖沼.沼沢.地名の語韻を尋ねて　湯浅正著　湯浅正　1998.1　208p　26cm
◇アイヌ語地名を歩く　山田秀三著　（札幌）北海道新聞社　1986.6　213p　20×16cm　1500円　⑰4-89363-465-8
　＊アイヌ語地名研究第一人者の著者が40年を回想した随筆集。学者・古老らとの親交、調査旅行の秘話等。
◇アイヌ語地名解 北海道地名の起源　更科源蔵著　北書房　1966　360p　17cm
◇アイヌ語地名考 第3集　苫田・津山編　井上文夫著　美作出版社　1988.3　119p　19cm　（作州文庫）
◇アイヌ語地名資料集成　佐々木利和編　草風館　1988.2　543p　23cm　24000円
◇アイヌ語地名と原日本人―先住者の心をたずねて　松本成美, 白糠地名研究会著　現代史出版会　1983.10　286p　20cm　1700円　⑰4-19-812801-4
◇アイヌ語地名の研究―山田秀三著作集　山田秀三著　草風館　1983.6～8　4冊　23cm　各6000円
◇アイヌ語地名の研究―山田秀三著作集 1　山田秀三著　新装版　草風館　1995.7　334p　21cm　6000円　⑰4-88323-082-1
　＊北海道・東北地方のアイヌ語地名の分布・系統を解明した山田地名学の宝庫。
◇アイヌ語地名の研究―山田秀三著作集 2　山田秀三著　新装版　草風館　1995.7　343p　21cm　6000円　⑰4-88323-083-X
◇アイヌ語地名の研究―山田秀三著作集 3　山田秀三著　新装版　草風館　1995.7

429

民族　　　　　　　　　　　　　　　　　　　民俗・生活

365p 21cm 6000円 ①4-88323-084-8
◇アイヌ語地名の研究―山田秀三著作集 4　山田秀三著　新装版　草風館　1995.7　378p 21cm 6000円 ①4-88323-085-6
◇アイヌ語地名の輪郭　山田秀三著　草風館　1995.9　211p 21cm 6180円 ①4-88323-080-5
◇アイヌ歳時記―二風谷のくらしと心　萱野茂著　平凡社　2000.8　231p 18cm （平凡社新書）　700円 ①4-582-85054-5
  * 大自然と動物、植物を神とし、友として生きてきたアイヌ民族。人びとは、食べ物やさまざまな生活用具の素材を自然が与えてくれた恵みとして受け取り、大切にしてきた。その生活誌を、言葉や風習、民具など民族文化の継承・保存に生涯を捧げてきた一人のアイヌが自らの体験に基づいてつづる。ふるさと二風谷の四季のくらしとできごとの中にアイヌの心が生き生きと浮かび上がる感動の歳時記。
◇アイヌ人とその文化―明治中期のアイヌの村から　R・ヒッチコック著, 北構保男訳　六興出版　1985.4　251p 20cm （世界の民族誌 1）　2400円
◇アイヌ人物語―北涯の悲劇　松好貞夫著　雄山閣出版　1970　269p 図版　19cm 800円
◇アイヌ生活誌―アイヌ無形民俗文化財の記録　アイヌ無形文化伝承保存会編　アイヌ無形文化伝承保存会　1984.11　279p 26cm
◇アイヌの秋―日本の先住民族を訪ねて　ヤン・ハヴラサ著, 長与進訳　未来社　1988.9　248p 19cm 1800円 ①4-624-41065-3
  * 本書はチェコ人作家ヤン・ハヴラサの日本旅行記『日本の秋 わが生涯の断片』から、北海道紀行に関連する個所を選んで翻訳したものである。原書は5部構成になっているが、訳出した部分は、第1部「横浜からの手紙」の後半の3章と、第3部「滅びゆく民族のもとで」の全6章にあたる。訳出に際して、各章に通し番号をふした。ハヴラサは夫人とともに1912年(明治45年)5月に来日し、翌年の春まで丸1年間わが国に滞在して、各地を旅行した。訳出した滞在日記の日付は、1912年(大正元年)秋のものである。
◇アイヌの足跡　増補改訂版　満岡伸一著　7版　三好商店　1962　258p 図版　19cm
◇アイヌの里二風谷に生きて　萱野茂著　北海道新聞社　1987.4　219p 20cm 1500円 ①4-89363-478-X
◇アイヌの四季　更科源蔵文, 掛川源一郎写真　淡交新社　1968　230p 図版共　22cm

◇アイヌの世界―ヤイユーカラの森から　計良光範著　明石書店　1995.8　230p 19cm 2266円 ①4-7503-0720-3
◇アイヌの世界に生きる　茅辺かのう著　筑摩書房　1984.9　180p 20cm 1200円
◇アイヌの碑　萱野茂著　朝日新聞社　1990.12　205p 15cm （朝日文庫　か11-1）　408円 ①4-02-260622-3
◇アイヌの民俗　早川昇著　岩崎美術社　1983.9　20,275p 19cm （民俗民芸双書 54）　2100円
◇アイヌ部落探訪談 刊　金田一京助著　83p 19cm
◇アイヌ民族　本多勝一著　朝日新聞社　1993.4　341p 19cm 1650円 ①4-02-256577-2
  * 五百余年前、アイヌモシリの地で暮らす少女ハルコロ。彼女の語りを通して描き出される日常生活、祭り、戦い、そして南から迫る「隣人」たちの影…。国際先住民年を迎えて、待望の異色ルポ登場。
◇岩手のアイヌ語地名　小島俊一著, 岩手日報社出版部編　岩手日報社　1997.1　182p 19cm 1165円 ①4-87201-216-X
◇エカシとフチ―北の島に生きたひとびとの記録　『エカシとフチ』編集委員会編　札幌テレビ放送　1983.12　2冊 26cm 全4300円
◇枝幸郡アイヌ語地名考　新岡武彦著　北海道出版企画センター　1986.7　222p 17cm 1000円 ①4-8328-8608-8
◇雄武町のアイヌ語地名解　広瀬隆人著　みやま書房　1988.11　194p 21cm 1000円
◇おれの二風谷　萱野茂著　すずさわ書店　1975　278p 19cm （アイヌ民族シリーズ）　980円
◇上川アイヌ　熊祭り イヨマンデ　倉光秀明著　アイヌ祭祀研究会　1953　82p 図版共　8×19cm
◇樺太アイヌ　西鶴定嘉著　みやま書房　1974　136p 図　18cm 600円
◇樺太アイヌ語地名小辞典　佐々木弘太郎著　みやま書房　1969　254p 図版　16cm 750円
◇樺太アイヌのトンコリ　金谷栄二郎, 宇田川洋著　常呂町郷土研究同好会　1986.3　76p 17cm （ところ文庫 2）
◇川と湖の物語―札幌郡広島周辺アイヌ語地名考　田中吉人著　広島町郷土史研究会　1982.8　288p 19cm 850円
◇川は生きている―空知川アイヌ語地名の旅　田中吉人著　楡書房(発売)　1969　236p

民俗・生活　　　　　　　　　　　　　　　　　　　　　　　　　　　民族

19cm　800円

◇九州の先住民はアイヌ―新地名学による探求　根中治著　葦書房　1983.10　283p　19cm　1500円

◇コタンに生きる人びと　新谷行著　三一書房　1979.9　234p　20cm　1200円

◇札幌のアイヌ地名を尋ねて　山田秀三著　楡書房　1965　176p　22cm

◇沙流アイヌの熊祭　伊福部宗夫著　みやま書房　1969　121,22p 図 19cm （みやま双書 6）　400円

◇沙流郡のアイヌ語地名 1　扇谷昌康, 島田健一著　北海道出版企画センター　1988.8　308p　21cm　3000円　④4-8328-8811-0

◇標茶町のアイヌ地名―釧路川中流域　標茶町郷土館編　標茶町教育委員会　1983.5　100p　26cm

◇縄文人の遺産―アイヌ語からみた地名と和語　梶浦浩著　行人社　1993.8　330p　22cm　3090円　④4-905978-39-4

◇信州のアイヌコタン 第2巻（安曇・信州北西部編）　百瀬信夫著　百瀬信夫　1997.2　128p　26cm　2000円

◇信州のアイヌコタン 第3巻（応用編）　百瀬信夫著　百瀬信夫　1998.7　127p　26cm　2000円

◇信州のアイヌコタン 第4巻　はじめに石器と地名（ことば）ありき　百瀬信夫著　百瀬信夫　2000.2　128p　26cm　2000円

◇信州のアイヌコタン 第1巻　松本・諏訪編　百瀬信夫著　諏訪文化会館出版部　1996.3　119p　26cm　（信州名物 おらが本）　2000円

◇先住民族アイヌの現在　本多勝一著　朝日新聞社　1993.8　277p　15cm　（朝日文庫）　450円　④4-02-260776-9

◇端野町のアイヌ語地名　伊藤公平著, 端野町立歴史民俗資料館編　端野町教育委員会　1989.8　60p　26cm　（資料館シリーズ no.2）

◇データベースアイヌ語地名 1　後志　榊原正文編著　北海道出版企画センター　1997.11　405p　21cm　4000円　④4-8328-9710-1

◇東北・アイヌ語地名の研究　山田秀三著　草風館　1993.8　213p　21cm　6180円　④4-88323-063-5

　＊古太蝦夷（アイヌ語族）の足跡。山田秀三遺稿集。

◇東北六県アイヌ語地名辞典　西鶴定嘉著　国書刊行会　1995.6　357p,xxii　21cm　7000円　④4-336-03744-2

◇常呂町のアイヌ語地名　伊藤せいち著　オホーツク文化資料館　1983.11　87p　21cm　800円

◇日本のアイヌ語地名―東北から沖縄まで　大友幸男著　三一書房　1997.10　275p　18cm　（三一新書）　900円　④4-380-97018-3

　＊全国各地にアイヌ語を訪ねる旅―地名はいつ、どういう意味でつけられたのか。「大和語」では意味が通じにくい各地の方言の由来は。関東以西にもアイヌ語地名は存在する―。弥生時代の人々が使った古代語の名残りであるアイヌ語地名をたどる。

◇日本アイヌ地名考　山本直文著　1965　35,35p　22cm

◇日本縦断アイヌ語地名散歩　大友幸男著　三一書房　1995.6　224p　19cm　2200円　④4-380-95255-X

◇北海道アイヌ語地名集　小原隆幸〔著〕　小原隆幸　1997　358p　21cm

◇「北方四島」のアイヌ語地名ノート―松浦武四郎「山川図」による　榊原正文著　北海道出版企画センター　1994.3　334p　17cm　1500円　④4-8328-9402-1

◇みちのくの人々―アイヌの人との交流　切田未良著　亀梨書店　1986.12　149p　19cm　980円

◇室蘭・登別のアイヌ語地名　知里真志保, 山田秀三共著　噴火湾社　1979.5　3冊　22cm　全1900円

◇八重山にアイヌ語地名があるか　井上文夫著　美作出版社　1994.3　110p　19cm

◇私のアイヌ語地名調査　榊原正文著　榊原正文　2000.3　169p　21cm

中国少数民族

中国

　　　　＊　　　　＊　　　　＊

◇藍の里―西南中国の人びと　鎌沢久也写真・文　平河出版社　1994.5　179p　26cm　（アジア民俗写真叢書 13）　3811円　④4-89203-246-8

◇ウイグル―その人びとと文化　権藤与志夫編著　朝日新聞社　1991.4　281p　19cm　（朝日選書 424）　1200円　④4-02-259524-8

　＊九州大学・新疆ウイグル自治区少数民族調査団による初めての総合学術調査。

431

◇雲南・四川・貴州と少数民族 2000-2001年版 「地球の歩き方」編集室著作編集　ダイヤモンド・ビッグ社　2000.6　320p　21cm　（地球の歩き方　104）　1640円　Ⓓ4-478-07862-9
　＊自然に恵まれたこの地に数多くの民族が暮らしている。ふれてみよう、彼らの文化と笑顔の旅に。
◇雲南・嶺南の少数民族―藤島薫写真集　藤島薫写真　北海道教育社　1993.10　81p　30cm　3000円
◇雲南・少数民族の天地―中国の秘境を行く　NHK取材班著　日本放送出版協会　1985.2　243p　図版14枚　22cm　1600円　Ⓓ4-14-008413-8
◇雲南の少数民族　宋恩常主編, 中国雲南人民出版社編集　日本放送出版協会　1990.4　247p　31cm　14563円　Ⓓ4-14-009135-5
◇貴州旅情―中国貴州省少数民族を訪ねて　宮城の団十郎著　近代映画社　1997.11　251p　20cm　1500円　Ⓓ4-7648-1841-8
　＊中国秘境の一つと言われている貴州省。そこに暮らす少数民族の生活と文化に魅せられた著者が、その貴州省の未開放地区までも訪ね歩くとても愉快な道中記である。
◇シルクロード―大地に生きる少数民族と大自然 伴野憲司写真集　伴野憲司著　光村印刷　1998.5　71p　17×19cm　（Bee books）　1800円　Ⓓ4-89615-569-6
◇図説日本人の原郷―揚子江流域の少数民族文化を訪ねて　萩原秀三郎著　小学館　1990.6　238p　23cm　3500円　Ⓓ4-09-680521-1
◇中国55の少数民族を訪ねて　市川捷護, 市橋雄二著　白水社　1998.1　339,2p　20cm　2500円　Ⓓ4-560-03031-6
　＊こんなにすてきな人たちがいる！世界初。辺境10数万キロを踏破して出会った、歌と踊りと祈りのある暮らし、全記録。
◇中国少数民族の地を訪ねて　久金彰著　久金彰　1982.10　12p　26cm
◇中国雲貴高原の少数民族―ミャオ族・トン族　田畑久夫, 金丸良子著　白帝社　1989.3　166p　31cm　18000円　Ⓓ4-89174-108-2
◇中国少数民族事典　田畑久夫, 金丸良子, 新免康, 松岡正子, 索文清ほか著　東京堂出版　2001.9　244p　21cm　3800円　Ⓓ4-490-10592-4
　＊55の少数民族の伝統や文化、自然環境、歴史、経済、社会組織などを、図表・写真を多用して総合的に紹介する。

◇中国西南の少数民族―生活文化をさぐる旅　古島琴子著　サイマル出版会　1987.7　259p　19cm　1500円　Ⓓ4-377-20749-0
　＊中国農村の生活を永年研究してきた著者が、「越人」の後裔と呼ばれる中国西南の少数民族を訪ね、直接見聞した民族文化を、きめ細かな観察で描いたユニークな民族誌！
◇中国南部少数民族誌―海南島・雲南・貴州　鈴木正崇著　三和書房　1985.8　251p　20cm　2600円
◇中国の少数民族―その歴史と文化および現況　村松一弥著　毎日新聞社　1973　326p　20cm　1200円
◇中国の少数民族地帯をゆく　鳥居竜蔵著　朝日新聞社　1980.7　310p　19cm　（朝日選書　162）　980円
◇中国民族誌―雲南からゴビへ　周達生著　日本放送出版協会　1980.6　169p　図版24枚　19cm　（NHKブックス カラー版 C12）　850円
◇時を織り込む人々―中国貴州苗族染色探訪15年　鳥丸貞恵著　西日本新聞社　2001.3　141p　24×24cm　3143円　Ⓓ4-8167-0520-1
　＊中国の少数民族ミャオ族に伝わる多様な染織技法。博多帯のルーツを彼の地に求めて15年…、前作「布の風に誘われて」につぎ、著者が情熱を傾けて記録した「魂の織物」の数々。その神話的な美しさを生んだ技術のナゾを本書で解き明かす。700枚を超えるカラー写真と細密なイラストが圧巻。
◇布の風に誘われて―Fabric graffiti 中国貴州苗族染織探訪13年　鳥丸貞恵写真と文, イングデザイン研究所編　西日本新聞社　1999.1　93p　24×24cm　2800円　Ⓓ4-8167-0475-2
　＊著者鳥丸貞恵氏が10年前に語った中国の少数民族ミャオ族との出会いの興奮が番組の発端となった。その変わらない情熱が博多織ルーツ捜しの旅へと駆り立て、手仕事の中に新しい命を紡ぐ美しい娘の物語となった。
◇北方騎馬民族オロチョン　永田珍馨著　毎日新聞社　1969　162p　19cm　400円

ロマ

民俗・生活　　　　　　　　　　　　　　　　　　　　　　　　民族

ヨーロッパ
*　　　*　　　*

◇ジプシー　ヤン・ヨァーズ著,村上博基訳　早川書房　1967　284p 図版　19cm　(ハヤカワ・ノンフィクション)
◇ジプシー　ジュール・ブロック著,木内信敬訳　白水社　1973　153,2p 図　18cm　(文庫クセジュ)
◇ジプシー　ヤン・ヨァーズ著,村上博基訳　早川書房　1977.9　318p　16cm　(ハヤカワ文庫)　370円
◇ジプシー――さすらう東洋の民　M.ブロック著,相沢久訳　第三文明社　1978.4　203p　18cm　(レグルス文庫)　480円
◇ジプシー――漂泊の魂　相沢久著　講談社　1980.6　187p　18cm　(講談社現代新書)　390円
◇「ジプシー」の幌馬車を追った――気ままな探検隊が見た自由を生きる東欧の民　伊藤千尋著　増補版　大村書店　1999.8　270p　19cm　2000円　①4-7563-3002-9
　＊自由でありたい、生活も精神も。だから出かけよう、すべてを捨てて自由な旅に。決まっていた就職をとりやめ、「ジプシー調査探検旅行」に飛び出した著者が、迫害の中にも力強く生きる流浪の民・ロム(ジプシー)と過ごした青春の記録。そこで見つけた、ほんとうの自由、ほんとうの人間らしさとは―。
◇ジプシー生活誌　小野寺誠著　日本放送出版協会　1981.2　235p　19cm　(NHKブックス　384)　750円
◇世界のジプシー　ネボイシァ・バト・トマシェヴィッチ,ライコ・ジューリッチ共著　恒文社　1993.3　289p　31×23cm　15000円　①4-7704-0769-6
◇旅するジプシーの人類学　ジュディス・オークリー著,木内信敬訳　晶文社　1986.9　370,16p　21cm　(晶文社アルヒーフ)　3900円　①4-7949-2423-2
　＊ジプシーと共に暮らし、働き、話に耳をかたむけつづけた著者が、その起源、歴史、生活、文化、思想などを丹念に綴り、彼らを取り巻く固定観念に基づいてつくりあげられてきた、これまでのジプシー像を根本的に書きかえる大作。
◇ロマ・旅する民族――ジプシーの人類学的考察の試み　相沢好則著　八朔社　1996.3　231p　19cm　(叢書ベリタス)　2575円　①4-938571-56-0

ネイティブ・アメリカン

カナダ,アメリカ
*　　　*　　　*

◇アメリカ・インデアンの歴史　富田虎男著　雄山閣出版　1982.9　200p　20cm　1600円　①4-639-00180-X
◇アメリカ・インディアン――アメリカ合衆国先住民族の現状　豊崎博光著　豊崎博光　1974　〔88p〕　20×26cm　2500円
◇アメリカ・インディアン――その文化と歴史　ウィルコム・E.ウォシュバーン著,富田虎男訳　南雲堂　1977.5　305p 図　22cm　(新アメリカ史叢書　別巻)　2900円
◇アメリカ・インディアン――その生活と文化　青木晴夫著　講談社　1979.5　220p　18cm　(講談社現代新書)　390円
◇アメリカ・インディアン悲史――誇り高いその衰亡　藤永茂著　朝日新聞社　1972　338p　20cm　700円
◇アメリカ・インディアン悲史　藤永茂著　朝日新聞社　1974　268,2p　19cm　(朝日選書　21)　600円
◇アメリカ先住民のすまい　L.H.モーガン著,古代社会研究会訳　岩波書店　1990.12　421,19p　15cm　(岩波文庫　34―204―3)　699円　①4-00-342043-8
◇あるインディアンの自伝――北米ウィネバゴ族の生活と文化　ポール・ラディン著,滝川秀子訳,原ひろ子解説　思索社　1980.5　220p　20cm　1800円
◇インディアンの夢のあと――北米大陸に神話と遺跡を訪ねて　徳井いつこ著　平凡社　2000.2　235p　18cm　(平凡社新書)　680円　①4-582-85034-0
　＊「歴史が浅い国」といわれるアメリカに、古のミステリーとファンタジーを訪ねてみよう。岩絵に遊ぶ笛吹き男、太陽と星の運行を見守る窓、全長410メートルにおよぶエメラルドのヘビ…。大地に残された数々の不思議から、ネイティブアメリカンの世界観、人生観が見えてくる。遺跡という「空っぽ」の場所から始まる、北米大陸、インディアンの心への旅。
◇インディアン居留地で見たこと――カナダ、グラシイ・ナロウズでの6年　宮松宏至著　草思社　1983.6　230p　20cm　1300円
◇ウインター・カウント――スー族の酋長が記したアメリカ・インディアンの歴史　D.チー

433

| 民族 | 民俗・生活 |

フ・イーグル著, 神田栄次訳 誠文堂新光社 1983.5 343p 20cm 2500円 ④4-416-88306-4

◇帰ってきたナバホ―アメリカ・インディアン探訪記 一之宮久著 三一書房 1981.3 321p 20cm 2500円

◇カナダ―インディアン―滅びゆく少数民族 新保満著 三省堂 1968 200p 18cm (三省堂新書)

◇極北のインディアン 須江ひろ子著 朝日新聞社 1965 237p 19cm

◇極北のインディアン 原ひろ子著 玉川大学出版部 1979.3 206p 19cm (玉川選書98) 950円

◇極北のインディアン 原ひろ子著 中央公論社 1989.12 250p 15cm (中公文庫) 380円 ④4-12-201672-X
 ＊1960年代初頭、2度にわたって、カナダ北西部の寒帯地に住む狩猟民ヘヤー・インディアンの世界に入り、彼らとともに暮らし、実地調査を行なった若き文化人類学者が、その得がたい体験、フィールド・ワークの全過程を詳細に記録する。冒険にみちた調査旅行記。

◇氷の国から火の島まで―〈最初のアメリカ人〉をたずねて 賀来寿一著 講談社 1968 326p 図版 19cm

◇最古のアメリカ人 ロバート・クレイボーン著, タイムライフブックス編集部編, 大貫良夫訳 タイムライフブックス 1977 160p 26cm (ライフ人類100万年)

◇ジェロニモ追跡 菊池東太著 草思社 1987.3 253p 20cm 1600円 ④4-7942-0268-7

◇酋長の系譜―新正卓写真集 新正卓著 講談社 1993.12 163p 31×31cm 11000円 ④4-06-206731-5
 ＊先住民族インディアンの居留地は、中・西部ばかりでなく、アメリカ各地に点在する。新正卓が、キャンピング・カーで合衆国本土を5年間に渡って走破し、撮影した286点の肖像は、気高い品格と誇りに満ちあふれている。

◇白い征服者との闘い―アメリカ・インディアン酋長レッド・フォックスの回想 レッド・フォックス記述, キャッシュ・アシャー編, 秋山一夫訳 サイマル出版会 1971 243p 図 肖像 20cm 590円

◇世界の民族誌 4 北西海岸インディアンの美術と文化 D.キュー, P.E.ゴッダード著, 菊池徹夫, 益子待也訳 六興出版 1990.7 207,12p 20cm 2200円 ④4-8453-8110-9

◇世界の民族と生活 4 北アメリカ 米山俊直ほか訳編 ヘルマン・ヴォウテルス著 ぎょうせい 1980.12 151p 29cm 2800円

◇大平原の戦士と女たち―写されたインディアン居留地の暮らし ダン・アードランド著, 横須賀孝弘訳 社会評論社 1999.9 221p 22cm 2800円 ④4-7845-0383-8
 ＊20世紀初め、インディアン学校の教師となった夫とともに、居留地へと赴いたジュリア。子供たちの目の光りに魅了され、素朴な暮らしや儀式に目を見張る彼女は、インディアンの信頼を得て、その生活をカメラを通して記録する。写真に残された「過去」からの贈り物。

◇文化と環境―エスキモーとインディアン 岡田宏明著 北海道大学図書刊行会 1979.3 259p 19cm (北大選書 1) 1300円

◇米国先住民の歴史―インディアンと呼ばれた人びとの苦難・抵抗・希望 清水知久著 明石書店 1986.2 210p 19cm 1200円

◇ホピの国―砂漠のインディアンを訪ねて 青木やよひ著 潮出版社 1975 235p 18cm (潮新書) 420円

◇ホピの聖地へ―知られざる「インディアンの国」 北沢方邦著 東京書籍 1996.4 151p 21cm 1800円 ④4-487-79250-9
 ＊サンタフェ、グランド・キャニオン、仮面の神々、銀とトルコ石…。合衆国南西部のナバホ、ホピたちの「インディアンの国」を訪ね、大地とともに生きるひとびとの文化の神髄に触れる旅。

◇滅びゆくインディアン C.ハミルトン編, 和巻耿介訳 大陸書房 1969 405p 19cm 630円

◇滅びゆくことばを追って―インディアン文化への挽歌 青木晴夫著 三省堂 1972 227p 19cm (Sanseido books 33) 700円

◇滅びゆくことばを追って―インディアン文化への挽歌 青木晴夫著 新版 三省堂 1984.11 230p 19cm (三省堂選書 111) 1100円 ④4-385-43111-6

イヌイット

カナダ、アメリカ

＊　＊　＊

◇アマサリク―エスキモーと文明 ロベール・ジュサン著, 宮治美江子訳 思索社 1977.5

293p 図 肖像　20cm　1900円
◇アラスカ・エスキモー　佐藤政信, 原田建司, 小島臣平著　朝日新聞社　1968　204p 図版 19cm
◇アラスカ・エスキモー　祖父江孝男著　社会思想社　1972　213p 図　15cm　(現代教養文庫)　240円
◇エスキモー―極北の文化誌　宮岡伯人著　岩波書店　1987.2　216p 18cm　(岩波新書)　480円
◇エスキモー―極北の文化誌　宮岡伯人著　岩波書店　1993.3　216p 18cm　(岩波新書 364)　580円　①4-00-420364-3
　＊限られた物質的資源をさまざまな工夫で活用して苛酷な環境を生き抜いてきた「創意ある人々」エスキモー。言語の研究のためにたびたびアラスカを訪れてエスキモーと生活を共にしてきた著者は、驚くべき独自の体系を示すエスキモー語の世界、また短い夏の生活の輝き、長い冬に伝えられてきた興趣あふれる伝承や儀礼の世界へと読者をいざなう。
◇エスキモー人―日本人の郷愁をさそう北方民族　祖父江孝男著　光文社　1961　227p 図版　18cm　(カッパブックス)
◇エスキモーの歌―民族音楽紀行　小泉文夫著　青土社　1978.7　324p 20cm　1600円
◇カナダ・エスキモー　本多勝一著　すずさわ書店　1972　286,19p 図20枚 22cm　(本多勝一著作集 1)　1000円
◇カナダ＝エスキモー　本多勝一著　朝日新聞社　1981.9　283p 15cm　380円
◇カナダ・エスキモー再訪―私の世界探検2　藤木高嶺著　立風書房　1980.10　195p 19cm　980円
◇極北の放浪者 エスキモー　G.ド・ポンサン著, 近藤等訳　新潮社　1957　210p 図版 20cm　(人と自然叢書)
◇極北の放浪者エスキモー　G.ド・ポンサン著, 近藤等訳　新潮社　1972　210p 図 20cm　(人と自然シリーズ)　800円
◇文化と環境―エスキモーとインディアン　岡田宏明著　北海道大学図書刊行会　1979.3　259p 19cm　(北大選書 1)　1300円

アボリジニ

オーストラリア

　　　　＊　　　　＊　　　　＊

◇アボリジナル―オーストラリアに生きた先住民族の知恵　ジェフリー・ブレイニー著, 越智道雄, 高野真知子訳　サイマル出版会　1984.12　292p 19cm　1400円　①4-377-30655-3
◇オーストラリア アボリジニーのくらしを見た！　ジャック・イヴ・クストー著　同朋舎出版　1994.5　60p 28×23cm　(クスト―隊の世界探検 1)　2000円　①4-8104-1913-4
　＊愛船カリプソ号に乗ってクストー隊がオーストラリアを探検。砂漠の大地で出会ったアボリジニーの長老が語るのは…。
◇オーストラリアの原住民―ある未開社会の崩壊　新保満著　日本放送出版協会　1980.11　199,10p 19cm　(NHKブックス 379)　700円
◇オーストラリアの原住民―社会人類学的素描　K.マドック著, 松本博之訳　勁草書房　1986.5　329p 20cm　(オーストラリア・シリーズ 5)　3000円
◇悲しきブーメラン―アボリジニーの悲劇　新保満著　未来社　1988.2　209p 20cm　1600円
◇今日に生きる原始人―オーストラリア原住民　コリン・シンプソン著, 竹下美保子訳　サイマル出版会　1972　240p 図 19cm　580円
◇精霊の楽園オーストラリア―アボリジニ 妖怪の古里紀行　水木しげる絵, 大泉実成文　祥伝社　2000.10　231p 21cm　(水木しげるの大冒険 2)　1800円　①4-396-41004-2
　＊首長ガメのバーベキュー、イモムシの巨岩、中央砂漠の聖巡礼、野生の巨大ワニ、お化けの滝キャンプ、雷の岩絵。怪しくも深淵で、とんちんかんな『精霊オリンピック』の旅へ―イザ!! コミック―書き下ろし34ページ「精霊伝説アボリジニ」収録。
◇隣のアボリジニ―小さな町に暮らす先住民　上橋菜穂子著　筑摩書房　2000.5　200p 19cm　(ちくまプリマーブックス)　1200円　①4-480-04237-7
　＊独自の生活様式と思想を持ち、過酷な自然の中で生きる「大自然の民アボリジニ」。そんなイメージとは裏腹に、マイノリティとして町に暮らすアボリジニもまた、多くいる。伝統文化を失い、白人と同じような暮らしをしながら、なお「アボリジニのイメージ」に翻弄されて生きる人々…その過去と現在を、アボリジニの視点と白人の視点を交差させつつ、いきいきと描く。多文化主義オーストラリアのもうひとつの素顔。

民族

◇野生と文明――オーストラリア原住民の間で
　新保満著　未来社　1979.12　267p　20cm
　1400円

事項名索引

事項名索引

【あ】

愛知県
　→名古屋城 …………………… 340
　→織田信長 …………………… 367
　→徳川家康 …………………… 367
アイヌ ……………………………… 429
アイルランド　→ケルト神話 …… 167
アウシュヴィッツ　→ヨーロッパ …… 86
青森ねぶた ………………………… 404
明石城　→城・城跡(近畿地方) …… 342
赤松貞範　→姫路城 ……………… 345
秋田県　→角館の武家町 ………… 424
秋葉街道　→街道(中部・東海地方)
　……………………………………… 313
明智光秀
　→明智光秀 …………………… 366
　→戦国大名 …………………… 365
赤穂浪士　→赤穂浪士と忠臣蔵 …… 370
赤穂浪士と忠臣蔵 ………………… 370
アジア ……………………………… 59
アジア(古都)　→古都(アジア) …… 291
アジア(寺院)　→寺院・教会(アジ
　ア) ……………………………… 220
アジア(城・城跡)　→城・城跡(ア
　ジア) …………………………… 349
アジア(仏像めぐり)　→仏像めぐり
　(アジア) ……………………… 247
アジア(祭)　→祭(アジア) ……… 423
アジア(遺跡・史跡めぐり)　→遺跡・
　史跡めぐり(アジア) ………… 143
足利尊氏
　→太平記 ……………………… 3
　→日本史―中世(人物探訪) …… 360
足利義政　→金閣と銀閣 ………… 202
足利義満　→金閣と銀閣 ………… 202
飛鳥時代
　→善光寺 ……………………… 189
　→法隆寺 ……………………… 206
　→薬師寺 ……………………… 207
　→聖徳太子 …………………… 358
安土城
　→城・城跡(近畿地方) ……… 342
　→織田信長 …………………… 367
安土桃山時代
　→関ヶ原合戦 ………………… 149
　→大坂城 ……………………… 344
　→明智光秀 …………………… 366
　→織田信長 …………………… 367
　→豊臣秀吉 …………………… 367
　→徳川家康 …………………… 367
　→伊達政宗 …………………… 367
アステカ文明　→マヤ・アステカ文
　明 ……………………………… 120
アッシジの聖フランチェスコ …… 222
アフリカ(古代遺跡)　→古代遺跡
　(アフリカ) …………………… 116
安倍晴明　→日本史―古代(人物探
　訪) ……………………………… 358
アボリジニ ………………………… 435
阿弥陀如来坐像　→平等院 ……… 202
アメリカ
　→ペリー ……………………… 19
　→E.S.モース ………………… 20
　→ジョン万次郎 ……………… 373
　→アメリカ彦蔵 ……………… 374
　→ネイティブ・アメリカン …… 433
　→イヌイット ………………… 434
アメリカ彦蔵 ……………………… 374
アユタヤ王朝　→遺跡・史跡めぐり
　(アジア) ……………………… 143
新居関跡　→東海道 ……………… 318
アルハンブラ宮殿 ………………… 354
アレキサンダー大王 ……………… 380
阿波踊り　→徳島阿波踊り ……… 419
アンコール遺跡 …………………… 145
アンデス文明　→インカ帝国の遺
　跡 ……………………………… 141
井伊直弼　→日本史―近世(人物探
　訪) ……………………………… 368
イエス・キリスト　→キリスト教 …… 163
イギリス
　→イザベラ・バード ………… 20
　→アーネスト・サトウ ……… 21
　→ロンドン …………………… 297
池田輝政　→姫路城 ……………… 345
石川数正
　→松本城 ……………………… 341
　→戦国大名 …………………… 365
石川康長　→松本城 ……………… 341
石田三成　→関ヶ原合戦 ………… 149
石山寺　→寺社めぐり(近畿地方) …… 190
イースター島のモアイ像 ………… 142
イスタンブール …………………… 293

439

事項名索引

出雲神話 …………………… 153
出雲大社　→出雲神話 …… 153
イスラム教 ………………… 162
伊勢街道　→街道（中部・東海地方）
　　　　　　　　　　　　……… 313
遺跡　→遺跡・史跡 ………… 99
遺跡・史跡めぐり（アジア） … 143
遺跡・史跡めぐり（関東地方） … 127
遺跡・史跡めぐり（九州・沖縄地方）
　　　　　　　　　　　　……… 138
遺跡・史跡めぐり（近畿地方） … 134
遺跡・史跡めぐり（四国地方） … 138
遺跡・史跡めぐり（世界） …… 140
遺跡・史跡めぐり（中国地方） … 136
遺跡・史跡めぐり（中部・東海地方）
　　　　　　　　　　　　……… 133
遺跡・史跡めぐり（日本） …… 124
遺跡・史跡めぐり（北陸地方） … 134
遺跡・史跡めぐり（北海道・東北地方）
　　　　　　　　　　　　……… 126
伊勢神宮 …………………… 188
イタリア
　→古代ローマ遺跡 ………… 114
　→ポンペイ遺跡 …………… 116
　→アッシジの聖フランチェスコ … 222
　→ローマ …………………… 301
　→ヴェネツィア …………… 302
　→シエナ …………………… 304
　→フィレンツェ …………… 304
一休宗純 …………………… 364
厳島神社 …………………… 209
一遍　→日本史―中世（人物探訪）… 360
伊那街道　→街道（中部・東海地方）
　　　　　　　　　　　　……… 313
稲荷山鉄剣　→古代遺跡（関東地方）
　　　　　　　　　　　　……… 101
イヌイット ………………… 434
犬山城　→城・城跡（中部・東海地方）
　　　　　　　　　　　　……… 338
伊能忠敬 …………………… 370
茨城県　→水戸光圀 ………… 369
岩倉具視と岩倉使節団 ……… 376
岩手県
　→奥州平泉 ………………… 249
　→柳田国男と遠野物語 …… 383
インカ帝国の遺跡 …………… 141
インディアン　→ネイティブ・アメリカン
　　　　　　　　　　　　……… 433

インド
　→タージ・マハル宮 ……… 221
　→アレキサンダー大王 …… 380
インド（仏教）　→仏教（インド）… 157
ウィーン …………………… 300
ウィーン歴史地区　→ウィーン … 300
上杉謙信
　→川中島合戦 ……………… 149
　→戦国大名 ………………… 365
ウェストミンスター宮殿　→ロンドン
　　　　　　　　　　　　……… 297
ヴェネツィア ……………… 302
上野城　→城・城跡（中部・東海地方）
　　　　　　　　　　　　……… 338
ヴェルサイユ宮殿 …………… 354
宇佐神宮　→寺社めぐり（九州・沖縄地方）
　　　　　　　　　　　　……… 219
羽州街道　→街道（北海道・東北地方）
　　　　　　　　　　　　……… 308
碓氷峠　→中山道 …………… 315
海のシルクロード …………… 62
雲崗石窟 …………………… 145
永源寺　→寺社めぐり（近畿地方）… 190
永平寺　→寺社めぐり（北陸地方）… 189
永楽帝　→紫禁城 …………… 350
エジプト　→古代エジプト文明 … 116
恵信尼　→日本史―中世（人物探訪）
　　　　　　　　　　　　……… 360
エスキモー　→イヌイット … 434
蝦夷地 ……………………… 25
江戸三大祭　→東京三社祭 … 407
江戸時代
　→幕末・明治維新 ………… 4
　→漂流記 …………………… 6
　→エンゲルベルト・ケンペル … 18
　→ペリー …………………… 19
　→シーボルト ……………… 19
　→琉球王国遺跡 …………… 139
　→戊辰戦争 ………………… 149
　→日光東照宮 ……………… 182
　→江戸名所散策 …………… 249
　→江戸名所図会 …………… 255
　→奥州街道 ………………… 309
　→日光街道 ………………… 311
　→甲州街道 ………………… 312
　→中山道 …………………… 315
　→東海道 …………………… 318
　→江戸城 …………………… 338

440

事項名索引

→名古屋城 ……………………… 340
→松本城 ………………………… 341
→姫路城 ………………………… 345
→熊本城 ………………………… 349
→徳川家康 ……………………… 367
→伊達政宗 ……………………… 367
→水戸光圀 ……………………… 369
→円空 …………………………… 369
→宮本武蔵 ……………………… 370
→赤穂浪士と忠臣蔵 …………… 370
→伊能忠敬 ……………………… 370
→大黒屋光太夫 ………………… 371
→良寛 …………………………… 371
→間宮林蔵 ……………………… 372
→松浦武四郎 …………………… 373
→ジョン万次郎 ………………… 373
→アメリカ彦蔵 ………………… 374
→菅江真澄 ……………………… 382
江戸城 …………………………… 338
江戸名所散策 …………………… 249
江戸名所図会 …………………… 255
榎本武揚　→日本史─近代（人物探
　訪）…………………………… 374
円覚寺　→寺社めぐり（鎌倉）……… 185
円空 ……………………………… 369
円仁 ……………………………… 359
延暦寺　→比叡山延暦寺 ………… 195
奥州街道 ………………………… 309
奥州平泉 ………………………… 249
青梅街道　→街道（関東地方）…… 309
王陽明　→世界史（人物探訪）…… 379
大石内蔵助　→赤穂浪士と忠臣蔵 … 370
大岡越前　→日本史─近世（人物探
　訪）…………………………… 368
大久保利通　→日本史─近代（人物
　探訪）………………………… 374
大坂城 …………………………… 344
大阪天神祭 ……………………… 417
大阪府
　→太平記 ……………………… 3
　→大阪名所図会 ……………… 289
　→大坂城 ……………………… 344
　→豊臣秀吉 …………………… 367
　→大阪天神祭 ………………… 417
大阪名所図会 …………………… 289
大村益次郎　→日本史─近代（人物
　探訪）………………………… 368
岡山県　→宮本武蔵 ……………… 370

岡山城　→城・城跡（中国地方）…… 346
沖田総司　→新撰組 ……………… 379
沖縄（民謡）　→民謡（沖縄）……… 428
沖縄県　→琉球王国遺跡 ………… 139
沖縄地方（街道）　→街道（九州・沖
　縄地方）……………………… 327
沖縄地方（寺社めぐり）　→寺社めぐ
　り（九州・沖縄地方）………… 219
沖縄地方（城下町）　→城下町（九州
　沖縄地方）…………………… 357
沖縄地方（城・城跡）　→城・城跡（九
　州沖縄地方）………………… 348
沖縄地方（年中行事）　→年中行事
　（九州・沖縄地方）…………… 398
沖縄地方（仏像めぐり）　→仏像めぐ
　り（九州・沖縄地方）………… 247
沖縄地方（文化財探訪）　→文化財探
　訪（九州・沖縄地方）………… 233
沖縄地方（祭）　→祭（九州・沖縄地
　方）…………………………… 419
沖縄地方（遺跡・史跡めぐり）　→遺
　跡・史跡めぐり（九州・沖縄地方） 138
オーストラリア　→アボリジニ …… 435
オーストリア
　→ウィーン …………………… 300
　→ロマンチック街道 ………… 329
織田信長 ………………………… 367
小田原城　→城・城跡（関東地方）… 336
オーパーツ　→古代遺跡（世界）… 106
お水取り　→年中行事（近畿地方）… 396
オリエント地方　→アレキサンダー
　大王 …………………………… 380
オリンピア　→古代ギリシア遺跡 … 113
オリンピアの遺跡　→古代ギリシ
　ア遺跡 ………………………… 113
尾張徳川家　→名古屋城 ………… 340

【 か 】

外国人の見た日本 ……………… 11
街道　→古都・街道 …………… 249
街道（沖縄地方）　→街道（九州・沖
　縄地方）……………………… 327
街道（関東地方） ………………… 309
街道（九州地方）　→街道（九州・沖
　縄地方）……………………… 327
街道（近畿地方） ………………… 325

441

街道（四国地方） ……………… 327
街道（世界） …………………… 329
街道（中国地方） ……………… 327
街道（中部地方）　→街道（中部・東海地方） ………………………… 313
街道（東海地方）　→街道（中部・東海地方） ………………………… 313
街道（東北地方）　→街道（北海道・東北地方） ………………………… 308
街道（日本） …………………… 307
街道（北陸地方） ……………… 325
街道（北海道）　→街道（北海道・東北地方） ………………………… 308
貝原益軒　→日本史―近世（人物探訪） ………………………………… 368
鏡女王　→興福寺 ……………… 206
香川県　→金刀比羅宮 ………… 219
角館の武家町 …………………… 424
鶴林寺　→寺社めぐり（近畿地方） …… 190
鹿児島県　→西郷隆盛 ………… 376
春日局　→日本史―近世（人物探訪） ………………………………… 368
和宮　→日本史―近代（人物探訪） … 374
勝海舟 …………………………… 375
加藤清正　→戦国大名 ………… 365
神奈川県
　→太平記 ……………………… 3
　→鎌倉 ………………………… 265
　→鎌倉街道 …………………… 312
金沢城　→城・城跡（北陸地方） …… 341
金沢　→城下町（北陸地方） ……… 356
カナダ
　→ネイティブ・アメリカン … 433
　→イヌイット ………………… 434
鎌倉 ……………………………… 265
鎌倉（寺社めぐり）　→寺社めぐり（鎌倉） …………………………… 185
鎌倉街道 ………………………… 312
鎌倉時代
　→平家落人伝説 ……………… 3
　→比叡山延暦寺 ……………… 195
　→奥州平泉 …………………… 249
　→鎌倉 ………………………… 265
　→鎌倉街道 …………………… 312
　→瀬戸内水軍と村上氏 ……… 360
　→源氏と平家 ………………… 361
　→源頼朝と源義経 …………… 362
　→法然 ………………………… 363

　→親鸞 ………………………… 363
　→日蓮 ………………………… 363
唐津くんち　→祭（九州・沖縄地方） ………………………………… 419
ガリラヤ　→キリスト教 ……… 163
川越街道　→街道（関東地方） … 309
川中島合戦 ……………………… 149
漢時代
　→万里の長城 ………………… 111
　→敦煌の遺跡 ………………… 111
鑑真　→唐招提寺 ……………… 208
観心寺　→寺社めぐり（近畿地方） …… 190
観世音寺　→寺社めぐり（九州・沖縄地方） ………………………… 219
岩船寺　→寺社めぐり（京都） … 197
ガンダーラ文化 ………………… 112
関東地方（街道）　→街道（関東地方） ………………………………… 309
関東地方（古代遺跡）　→古代遺跡（関東地方） ………………… 101
関東地方（寺社めぐり）　→寺社めぐり（関東地方） ………………… 177
関東地方（城下町）　→城下町（関東地方） ………………………… 355
関東地方（城・城跡）　→城・城跡（関東地方） ………………… 336
関東地方（年中行事）　→年中行事（関東地方） ………………… 392
関東地方（仏像めぐり）　→仏像めぐり（関東地方） ………………… 240
関東地方（文化財探訪）　→文化財探訪（関東地方） ………………… 228
関東地方（祭）　→祭（関東地方） …… 404
関東地方（遺跡・史跡めぐり）　→遺跡・史跡めぐり（関東地方） … 127
カンボジア　→アンコール遺跡 … 145
岸和田だんじり　→祭（近畿地方） …… 413
木曽街道　→中山道 …………… 315
木曽路　→中山道 ……………… 315
北国街道　→街道（中部・東海地方） ………………………………… 313
北政所ねね　→日本史―中世（人物探訪） …………………………… 360
吉備津神社　→寺社めぐり（中国地方） ………………………………… 208
岐阜県
　→関ヶ原合戦 ………………… 149
　→白川郷の合掌造り ………… 425

事項名索引

岐阜城　→城・城跡(中部・東海地方) ……………………………………… 338	清水寺 …………………………… 202
奇兵隊　→高杉晋作 ……………… 378	ギリシア
九州地方(街道)　→街道(九州・沖縄地方) …………………………… 327	→古代ギリシア遺跡 ……… 113
九州地方(古代遺跡)　→古代遺跡(九州地方) ……………………… 105	→ギリシア神話 …………… 168
九州地方(寺社めぐり)　→寺社めぐり(九州・沖縄地方) ………… 219	→聖パウロの旅 …………… 380
九州地方(城下町)　→城下町(九州・沖縄地方) ……………………… 357	ギリシア神話 …………………… 168
九州地方(城・城跡)　→城・城跡(九州沖縄地方) ………………… 348	キリシタン　→日本とキリスト教(キリシタン) ……………………… 154
九州地方(年中行事)　→年中行事(九州・沖縄地方) ……………… 398	キリスト　→キリスト教 ……… 163
九州地方(仏像めぐり)　→仏像めぐり(九州・沖縄地方) ………… 247	キリスト教 ……………………… 163
九州地方(文化財探訪)　→文化財探訪(九州・沖縄地方) ………… 233	金閣寺　→金閣と銀閣 ………… 202
九州地方(祭)　→祭(九州・沖縄地方) …………………………… 419	銀閣寺　→金閣と銀閣 ………… 202
九州地方(遺跡・史跡めぐり)　→遺跡・史跡めぐり(九州・沖縄地方) 138	近畿地方(街道)　→街道(近畿地方) ………………………………… 325
旧満州 ………………………………… 70	近畿地方(古代遺跡)　→古代遺跡(近畿地方) ……………………… 103
教王護国寺　→寺社めぐり(京都) … 197	近畿地方(寺社めぐり)　→寺社めぐり(近畿地方) …………………… 190
教会(ヨーロッパ)　→寺院・教会(ヨーロッパ) ……………………… 221	近畿地方(城下町)　→城下町(近畿地方) ………………………………… 356
教会(世界)　→寺院・教会(世界) … 220	近畿地方(城・城跡)　→城・城跡(近畿地方) ……………………… 342
京都 ……………………………… 270	近畿地方(年中行事)　→年中行事(近畿地方) ……………………… 396
京都(寺社めぐり)　→寺社めぐり(京都) ………………………………… 197	近畿地方(仏像めぐり)　→仏像めぐり(近畿地方) …………………… 244
京都(仏像めぐり)　→仏像めぐり(京都) ………………………………… 245	近畿地方(文化財探訪)　→文化財探訪(近畿地方) …………………… 231
京都祇園祭 ……………………… 416	近畿地方(祭)　→祭(近畿地方) … 413
京都府	近畿地方(遺跡・史跡めぐり)　→遺跡・史跡めぐり(近畿地方) ……… 134
→太平記 …………………………… 3	グアテマラ　→マヤ・アステカ文明 ………………………………… 120
→平等院 ……………………… 202	空海
→清水寺 ……………………… 202	→高野山金剛峰寺 ………… 196
→金閣と銀閣 ………………… 202	→四国遍路の旅 …………… 210
→京都 ………………………… 270	→空海 ……………………… 358
→京名所図会 ………………… 282	国定忠治　→日本史―近世(人物探訪) …………………………… 368
→東海道 ……………………… 318	熊野古道 ………………………… 151
→豊臣秀吉 …………………… 367	熊本城 …………………………… 349
→岩倉具視と岩倉使節団 …… 376	グラナダのアルハンブラ、ヘネラリーフェとアルバイシン　→アルハンブラ宮殿 ………………… 354
→新撰組 ……………………… 379	鞍馬寺　→寺社めぐり(京都) … 197
→大文字送り火 ……………… 397	ケルト神話 ……………………… 167
→京都祇園祭 ………………… 416	源氏と平家 ……………………… 361
京名所図会 ……………………… 282	建長寺　→寺社めぐり(鎌倉) … 185

443

事項名索引

建仁寺　→寺社めぐり（京都）	197
原爆ドームと原爆資料	137
原爆（長崎）　→遺跡・史跡めぐり（九州・沖縄地方）	138
源平合戦　→源氏と平家	361
ケンペル　→エンゲルベルト・ケンペル	18
ケンペル,エンゲルベルト　→エンゲルベルト・ケンペル	18
高山寺　→寺社めぐり（京都）	197
甲州街道	312
興聖寺　→寺社めぐり（京都）	197
高台寺　→寺社めぐり（京都）	197
高知県　→坂本竜馬	377
興福寺	206
弘法大師　→空海	358
光明寺　→寺社めぐり（京都）	197
高野山金剛峰寺	196
広隆寺　→寺社めぐり（京都）	197
五街道	
→奥州街道	309
→日光街道	311
→甲州街道	312
→中山道	315
→東海道	318
粉河寺　→寺社めぐり（近畿地方）	190
故宮　→紫禁城	350
国宝	
→善光寺	189
→比叡山延暦寺	195
→高野山金剛峰寺	196
→平等院	202
→金閣と銀閣	202
→東大寺	205
→法隆寺	206
→薬師寺	207
→室生寺	208
→唐招提寺	208
→厳島神社	209
→国宝	224
→奥州平泉	249
→松本城	341
→姫路城	345
古戦場（世界）	150
古戦場（日本）	148
古代遺跡（アジア）	108
古代遺跡（アフリカ）	116
古代遺跡（関東地方）	101

古代遺跡（九州地方）	105
古代遺跡（近畿地方）	103
古代遺跡（四国地方）	104
古代遺跡（世界）	106
古代遺跡（中国地方）	104
古代遺跡（中南米）	120
古代遺跡（中部地方）　→古代遺跡（中部・東海地方）	102
古代遺跡（東海地方）　→古代遺跡（中部・東海地方）	102
古代遺跡（東北地方）　→古代遺跡（北海道・東北地方）	101
古代遺跡（日本）	99
古代遺跡（北陸地方）	103
古代遺跡（北海道）　→古代遺跡（北海道・東北地方）	101
古代遺跡（ヨーロッパ）	113
古代エジプト文明	116
古代ギリシア遺跡	113
後醍醐天皇　→太平記	3
古代都市ウシュマル　→マヤ・アステカ文明	120
古代ローマ遺跡	114
コタン　→アイヌ	429
古都　→古都・街道	249
古都（アジア）	291
古都（ヨーロッパ）	295
古都（日本）	249
金刀比羅宮	219
古墳（世界）	124
古墳（日本）	122
小諸城　→城・城跡（中部・東海地方）	338
五稜郭　→戊辰戦争	149
金剛峰寺不動堂　→高野山金剛峰寺	196
金剛力士立像　→東大寺	205
金剛輪寺　→寺社めぐり（近畿地方）	190
金地院　→寺社めぐり（京都）	197
近藤勇　→新撰組	379
近藤富蔵　→日本史―近世（人物探訪）	368
金毘羅参　→金刀比羅宮	219

444

事項名索引

【さ】

西行　→日本史―中世（人物探訪） …… 360
西教寺　→寺社めぐり（近畿地方） …… 190
西郷隆盛 ……………………………… 376
西国巡礼 ……………………………… 193
埼玉県
　→秩父事件 …………………………… 36
　→秩父札所めぐり ………………… 183
最澄
　→比叡山延暦寺 …………………… 195
　→日本史―古代（人物探訪） …… 358
斎藤道三　→戦国大名 ……………… 365
西芳寺　→寺社めぐり（京都） …… 197
西明寺　→寺社めぐり（近畿地方） …… 190
佐賀県　→吉野ヶ里遺跡 …………… 105
坂上田村麻呂　→清水寺 …………… 202
坂本竜馬 ……………………………… 377
篠栗八十八ヵ所　→寺社めぐり（九州・沖縄地方） ………………… 219
サトウ,アーネスト　→アーネスト・サトウ …………………………… 21
真田幸村　→戦国大名 ……………… 365
ザビエル,フランシスコ　→フランシスコ・ザビエル ……………… 155
サンクト・ペテルブルク …………… 307
三国志 ………………………………… 69
三国時代　→三国志 ………………… 69
三十三間堂　→寺社めぐり（京都） …… 197
三千院　→寺社めぐり（京都） …… 197
三内丸山遺跡　→古代遺跡（北海道・東北地方） ……………………… 101
サンティアゴ・デ・コンポステーラの巡礼路　→スペイン巡礼 …… 166
サン・ピエトロ大聖堂　→寺院・教会（ヨーロッパ） …………… 221
寺院（アジア）　→寺院・教会（アジア） ………………………… 220
寺院（ヨーロッパ）　→寺院・教会（ヨーロッパ） …………… 221
寺院（世界）　→寺院・教会（世界） …… 220
シエナ ………………………………… 304
滋賀県
　→比叡山延暦寺 …………………… 195
　→中山道 …………………………… 315
　→明智光秀 ………………………… 366

　→織田信長 ………………………… 367
四境戦争　→幕末・明治維新 ……… 4
紫禁城 ………………………………… 350
四国地方（街道）　→街道（四国地方） ………………………… 327
四国地方（古代遺跡）　→古代遺跡（四国地方） …………………… 104
四国地方（寺社めぐり）　→寺社めぐり（四国地方） …………… 209
四国地方（城下町）　→城下町（四国地方） ……………………… 357
四国地方（城・城跡）　→城・城跡（四国地方） ……………………… 347
四国地方（年中行事）　→年中行事（四国地方） ………………… 398
四国地方（仏像めぐり）　→仏像めぐり（四国地方） …………… 247
四国地方（文化財探訪）　→文化財探訪（四国地方） …………… 233
四国地方（祭）　→祭（四国地方） …… 418
四国地方（遺跡・史跡めぐり）　→遺跡・史跡めぐり（四国地方） …… 138
四国八十八ヵ所　→四国遍路の旅 …… 210
四国遍路の旅 ………………………… 210
寺社仏閣 ……………………………… 169
寺社めぐり（沖縄地方）　→寺社めぐり（九州・沖縄地方） …… 219
寺社めぐり（鎌倉） ………………… 185
寺社めぐり（関東地方） …………… 177
寺社めぐり（九州地方）　→寺社めぐり（九州・沖縄地方） …… 219
寺社めぐり（京都） ………………… 197
寺社めぐり（近畿地方） …………… 190
寺社めぐり（四国地方） …………… 209
寺社めぐり（中国地方） …………… 208
寺社めぐり（中部地方）　→寺社めぐり（中部・東海地方） …… 185
寺社めぐり（東海地方）　→寺社めぐり（中部・東海地方） …… 185
寺社めぐり（東北地方）　→寺社めぐり（北海道・東北地方） …… 176
寺社めぐり（奈良） ………………… 202
寺社めぐり（日本） ………………… 169
寺社めぐり（北陸地方） …………… 189
寺社めぐり（北海道）　→寺社めぐり（北海道・東北地方） …… 176
慈照寺　→金閣と銀閣 ……………… 202

445

事項名索引

閑谷学校　→遺跡・史跡めぐり（中国地方） ………… 136
四天王寺　→寺社めぐり（近畿地方） ………… 190
信濃路　→中山道 ………… 315
篠山城　→城・城跡（近畿地方） ………… 342
司馬遼太郎「街道をゆく」 ………… 7
ジプシー　→ロマ ………… 432
シーボルト ………… 19
島根県　→出雲神話 ………… 153
清水次郎長　→日本史―近世（人物探訪） ………… 368
下鴨神社　→寺社めぐり（京都） ………… 197
釈迦　→仏教（インド） ………… 157
釈迦如来及両脇侍像　→法隆寺 ………… 206
釈尊　→仏教（インド） ………… 157
謝花昇　→日本史―近代（人物探訪） ………… 374
シャルトル大聖堂 ………… 223
上海 ………… 293
宗教　→宗教・神話 ………… 151
宗教（ヨーロッパ）　→宗教・神話（ヨーロッパ） ………… 165
宗教（世界）　→宗教・神話（世界） ………… 156
宗教（日本）　→宗教・神話（日本） ………… 151
修道院（ヨーロッパ） ………… 223
重要伝統的建造物群保存地区
　→中山道 ………… 315
　→東海道 ………… 318
　→角館の武家町 ………… 424
　→白川郷の合掌造り ………… 425
重要無形民俗文化財
　→青森ねぶた ………… 404
　→京都祇園祭 ………… 416
宿場町 ………… 328
首里城　→琉球王国遺跡 ………… 139
首里城跡　→琉球王国遺跡 ………… 139
松下村塾　→吉田松陰 ………… 377
城下町（関東地方） ………… 355
城下町（九州沖縄地方） ………… 357
城下町（近畿地方） ………… 356
城下町（四国地方） ………… 357
城下町（中国地方） ………… 356
城下町（中部地方）　→城下町（中部・東海地方） ………… 355
城下町（東海地方）　→城下町（中部・東海地方） ………… 355

城下町（東北地方）　→城下町（北海道・東北地方） ………… 355
城下町（日本） ………… 354
城下町（北陸地方） ………… 356
相国寺　→寺社めぐり（京都） ………… 197
正倉院 ………… 232
聖徳太子
　→法隆寺 ………… 206
　→聖徳太子 ………… 358
小豆島霊場　→寺社めぐり（四国地方） ………… 209
聖武天皇
　→東大寺 ………… 205
　→正倉院 ………… 232
浄瑠璃寺　→寺社めぐり（京都） ………… 197
青蓮院　→寺社めぐり（京都） ………… 197
昭和時代
　→旧満州 ………… 70
　→原爆ドームと原爆資料 ………… 137
　→ノモンハン事件 ………… 150
　→柳田国男と遠野物語 ………… 383
　→宮本常一と民俗学 ………… 386
　→柳宗悦と民芸 ………… 388
ジョセフ・ヒコ　→アメリカ彦蔵 ………… 374
ジョン万次郎 ………… 373
白川郷の合掌造り ………… 425
白鷺城　→姫路城 ………… 345
シルクロードと楼蘭 ………… 74
城・城跡（アジア） ………… 349
城・城跡（沖縄地方）　→城・城跡（九州沖縄地方） ………… 348
城・城跡（関東地方） ………… 336
城・城跡（九州地方）　→城・城跡（九州沖縄地方） ………… 348
城・城跡（近畿地方） ………… 342
城・城跡（四国地方） ………… 347
城・城跡（世界） ………… 349
城・城跡（中国地方） ………… 346
城・城跡（中部地方）　→城・城跡（中部・東海地方） ………… 338
城・城跡（ドイツ） ………… 353
城・城跡（東海地方）　→城・城跡（中部・東海地方） ………… 338
城・城跡（東北地方）　→城・城跡（北海道・東北地方） ………… 335
城・城跡（日本） ………… 331
城・城跡（北陸地方） ………… 341

城・城跡(北海道) →城・城跡(北海道・東北地方) ……… 335	聖書 →キリスト教 ……………… 163
城・城跡(ヨーロッパ) ………… 350	聖パウロの旅 …………………… 380
城と城下町 ……………………… 331	聖フランチェスコ →アッシジの聖フランチェスコ ……………… 222
神功皇后 →日本史―古代(人物探訪) ……………………………… 358	清涼寺 →寺社めぐり(京都) … 197
神護寺 →寺社めぐり(京都) … 197	世界 ……………………………… 56
秦時代 →万里の長城 ………… 111	世界(街道) →街道(世界) …… 329
壬申の乱 →近畿地方 …………… 44	世界(教会) →寺院・教会(世界) … 220
新撰組 …………………………… 379	世界(古戦場) →古戦場(世界) … 150
人物探訪 ………………………… 358	世界(古代遺跡) →古代遺跡(世界) ……………………………… 106
人物探訪(世界史) →世界史(人物探訪) …………………… 379	世界(古墳) →古墳(世界) …… 124
人物探訪(日本史―近世) →日本史―近世(人物探訪) …… 368	世界(寺院) →寺院・教会(世界) … 220
人物探訪(日本史―近代) →日本史―近代(人物探訪) …… 374	世界(宗教) →宗教・神話(世界) … 156
人物探訪(日本史―古代) →日本史―古代(人物探訪) …… 358	世界(城・城跡) →城・城跡(世界) ……………………………… 349
人物探訪(日本史―中世) →日本史―中世(人物探訪) …… 360	世界(神話) →宗教・神話(世界) … 156
親鸞 ……………………………… 363	世界(年中行事) →年中行事(世界) ……………………………… 398
神話 →宗教・神話 …………… 151	世界(仏教) →仏教(世界) …… 156
神話(ヨーロッパ) →宗教・神話(ヨーロッパ) …………… 165	世界(祭) →祭(世界) ………… 421
神話(世界) →宗教・神話(世界) … 156	世界(民謡) →民謡(世界) …… 428
神話(日本) →宗教・神話(日本) … 151	世界遺産
随心院 →寺社めぐり(京都) … 197	→万里の長城 ………………… 111
瑞竜寺 →寺社めぐり(北陸地方) … 189	→敦煌の遺跡 ………………… 111
菅江真澄 ………………………… 382	→古代ギリシア遺跡 ………… 113
菅原道真	→古代ローマ遺跡 …………… 114
→大宰府 ……………………… 139	→ポンペイ遺跡 ……………… 116
→日本史―古代(人物探訪) … 358	→古代エジプト文明 ………… 116
崇徳天皇 →金刀比羅宮 ………… 219	→マヤ・アステカ文明 ……… 120
スフィンクス →古代エジプト文明 ……………………………… 116	→ナスカ遺跡 ………………… 122
スペイン	→原爆ドームと原爆資料 …… 137
→フランシスコ・ザビエル … 155	→琉球王国遺跡 ……………… 139
→スペイン巡礼 ……………… 166	→インカ帝国の遺跡 ………… 141
→バルセロナ ………………… 306	→雲崗石窟 …………………… 145
→アルハンブラ宮殿 ………… 354	→アンコール遺跡 …………… 145
スペイン巡礼 …………………… 166	→スペイン巡礼 ……………… 166
世阿弥 →日本史―中世(人物探訪) ……………………………… 360	→日光東照宮 ………………… 182
西域 →シルクロードと楼蘭 …… 74	→厳島神社 …………………… 209
生活 →民俗・生活 …………… 382	→タージ・マハル宮 ………… 221
青岸渡寺 →寺社めぐり(近畿地方) ……………………………… 190	→アッシジの聖フランチェスコ … 222
	→シャルトル大聖堂 ………… 223
	→モン・サン・ミシェル修道院 … 223
	→京都 ………………………… 270
	→奈良 ………………………… 285
	→イスタンブール …………… 293
	→ウィーン …………………… 300
	→ローマ ……………………… 301

事項名索引

→ヴェネツィア ………… 302
→シエナ ………………… 304
→フィレンツェ ………… 304
→バチカン ……………… 305
→サンクト・ペテルブルク … 307
→ヴェルサイユ宮殿 …… 354
→アルハンブラ宮殿 …… 354
→白川郷の合掌造り …… 425
世界遺産の旅 …………………… 93
世界（遺跡・史跡めぐり） →遺跡・
　史跡めぐり（世界） ………… 140
世界史（人物探訪） …………… 379
関ヶ原合戦 ……………………… 149
関所跡 …………………………… 329
関町関宿　→東海道 …………… 318
瀬戸内水軍と村上氏 …………… 360
前漢時代　→張騫 ……………… 379
善光寺 …………………………… 189
戦国時代
　→川中島合戦 ………………… 149
　→毛利元就 …………………… 366
　→武田信玄 …………………… 366
　→明智光秀 …………………… 366
　→織田信長 …………………… 367
戦国大名 ………………………… 365
仙台城　→城・城跡（北海道・東北地方） …………………………… 335
仙台七夕 ………………………… 404
泉涌寺　→寺社めぐり（京都） … 197
千利休　→戦国大名 …………… 365
千姫　→日本史─中世（人物探訪） … 360
禅林寺　→寺社めぐり（京都） … 197
相馬野馬追　→年中行事（北海道・東北地方） ……………………… 392

【た】

大覚寺　→寺社めぐり（京都） … 197
大黒屋光太夫 …………………… 371
醍醐寺　→寺社めぐり（京都） … 197
大正時代
　→柳田国男と遠野物語 ……… 383
　→柳宗悦と民芸 ……………… 388
大仙院　→寺社めぐり（京都） … 197
大山寺　→寺社めぐり（中国地方） … 208
大徳寺　→寺社めぐり（京都） … 197
太平記 …………………………… 3

大文字送り火 …………………… 397
平将門 …………………………… 359
大連　→旧満州 ………………… 70
高杉晋作 ………………………… 378
高山右近　→日本とキリスト教（キリシタン） ………………… 154
高山彦九郎　→日本史─近世（人物探訪） ……………………… 368
竹内街道　→街道（近畿地方） … 325
武田信玄
　→川中島合戦 ………………… 149
　→武田信玄 …………………… 366
大宰府 …………………………… 139
タージ・マハル宮 ……………… 221
田代栄助　→秩父事件 ………… 36
伊達政宗 ………………………… 367
ダライ・ラマ　→仏教（チベット） … 160
知恩院　→寺社めぐり（京都） … 197
千国街道　→街道（中部・東海地方） …………………………… 313
智積院　→寺社めぐり（京都） … 197
秩父事件 ………………………… 36
秩父札所めぐり ………………… 183
地中海　→シルクロードと楼蘭 … 74
千葉県　→伊能忠敬 …………… 370
チベット（仏教）　→仏教（チベット） ……………………………… 160
チベット仏教　→仏教（チベット） … 160
中華民国時代　→旧満州 ……… 70
中国
　→海のシルクロード ………… 62
　→中国 ………………………… 65
　→三国志 ……………………… 69
　→旧満州 ……………………… 70
　→シルクロードと楼蘭 ……… 74
　→万里の長城 ………………… 111
　→敦煌の遺跡 ………………… 111
　→雲崗石窟 …………………… 145
　→ノモンハン事件 …………… 150
　→北京 ………………………… 292
　→上海 ………………………… 293
　→紫禁城 ……………………… 350
　→張騫 ………………………… 379
　→毛沢東 ……………………… 380
　→中国少数民族 ……………… 431
中国（仏教）　→仏教（中国） … 156
中国少数民族 …………………… 431

448

事項名索引

中国地方（遺跡・史跡めぐり）　→遺跡・史跡めぐり（中国地方）……… 136
中国地方（街道）　→街道（中国地方）……………………………………… 327
中国地方（古代遺跡）　→古代遺跡（中国地方）………………………… 104
中国地方（寺社めぐり）　→寺社めぐり（中国地方）……………………… 208
中国地方（城下町）　→城下町（中国地方）………………………………… 356
中国地方（城・城跡）　→城・城跡（中国地方）…………………………… 346
中国地方（年中行事）　→年中行事（中国地方）………………………… 398
中国地方（仏像めぐり）　→仏像めぐり（中国地方）……………………… 246
中国地方（文化財探訪）　→文化財探訪（中国地方）…………………… 233
中国地方（祭）　→祭（中国地方）…… 417
忠臣蔵　→赤穂浪士と忠臣蔵 …… 370
中尊寺　→寺社めぐり（北海道・東北地方）………………………………… 176
中南米（古代遺跡）　→古代遺跡（中南米）…………………………………… 120
中部地方（遺跡・史跡めぐり）　→遺跡・史跡めぐり（中部・東海地方） 133
中部地方（街道）　→街道（中部・東海地方）……………………………… 313
中部地方（古代遺跡）　→古代遺跡（中部・東海地方）………………… 102
中部地方（寺社めぐり）　→寺社めぐり（中部・東海地方）……………… 185
中部地方（城下町）　→城下町（中部・東海地方）………………………… 355
中部地方（城・城跡）　→城・城跡（中部・東海地方）…………………… 338
中部地方（年中行事）　→年中行事（中部・東海地方）………………… 395
中部地方（仏像めぐり）　→仏像めぐり（中部・東海地方）……………… 242
中部地方（文化財探訪）　→文化財探訪（中部・東海地方）…………… 230
中部地方（祭）　→祭（中部・東海地方）…………………………………… 407
重源　→日本史―中世（人物探訪） 360
張騫 ………………………………… 379
長春　→旧満州 ……………………… 70
朝鮮 …………………………………… 64

チリ　→イースター島のモアイ像 … 142
ツタンカーメン　→古代エジプト文明 ……………………………………… 116
津山城　→城・城跡（中国地方）… 346
鶴岡八幡宮　→寺社めぐり（鎌倉）… 185
鶴ヶ城　→城・城跡（北海道・東北地方）………………………………… 335
天皇陵　→古墳（日本）…………… 122
天武天皇　→薬師寺 ……………… 207
天竜寺　→寺社めぐり（京都）…… 197
ドイツ
　→エンゲルベルト・ケンペル … 18
　→シーボルト …………………… 19
　→ベルリン …………………… 299
　→ロマンチック街道 ………… 329
　→メルヘン街道 ……………… 330
ドイツ（城・城跡）　→城・城跡（ドイツ）………………………………… 353
東海地方（遺跡・史跡めぐり）　→遺跡・史跡めぐり（中部・東海地方） 133
東海地方（街道）　→街道（中部・東海地方）……………………………… 313
東海地方（古代遺跡）　→古代遺跡（中部・東海地方）………………… 102
東海地方（寺社めぐり）　→寺社めぐり（中部・東海地方）……………… 185
東海地方（城下町）　→城下町（中部・東海地方）………………………… 355
東海地方（城・城跡）　→城・城跡（中部・東海地方）…………………… 338
東海地方（年中行事）　→年中行事（中部・東海地方）………………… 395
東海地方（仏像めぐり）　→仏像めぐり（中部・東海地方）……………… 242
東海地方（文化財探訪）　→文化財探訪（中部・東海地方）…………… 230
東海地方（祭）　→祭（中部・東海地方）…………………………………… 407
東海道 ……………………………… 318
東海道五十三次　→東海道 ……… 318
道鏡　→日本史―古代（人物探訪） 358
東京三社祭 ………………………… 407
東京下町 …………………………… 262
東京都
　→江戸名所散策 ……………… 249
　→江戸名所図会 ……………… 255
　→東京下町 …………………… 262
　→日光街道 …………………… 311

449

事項名索引

 →甲州街道 ································ 312
 →中山道 ·································· 315
 →東海道 ·································· 318
 →江戸城 ·································· 338
 →徳川家康 ······························ 367
 →赤穂浪士と忠臣蔵 ················ 370
 →勝海舟 ·································· 375
 →徳川慶喜 ······························ 378
 →東京三社祭 ·························· 407
道元　→日本史―中世（人物探訪）··· 360
東寺　→寺社めぐり（京都）········ 197
等持院　→寺社めぐり（京都）···· 197
道成寺　→寺社めぐり（近畿地方）··· 190
唐招提寺 ·· 208
東大寺 ·· 205
東福寺　→寺社めぐり（京都）···· 197
東北地方（街道）　→街道（北海道・
 東北地方）······························ 308
東北地方（古代遺跡）　→古代遺跡
 （北海道・東北地方）············· 101
東北地方（寺社めぐり）　→寺社めぐ
 り（北海道・東北地方）········· 176
東北地方（城下町）　→城下町（北海
 道・東北地方）······················ 355
東北地方（城・城跡）　→城・城跡（北
 海道・東北地方）··················· 335
東北地方（年中行事）　→年中行事
 （北海道・東北地方）············· 392
東北地方（仏像めぐり）　→仏像めぐ
 り（北海道・東北地方）········· 238
東北地方（文化財探訪）　→文化財探
 訪（北海道・東北地方）········· 227
東北地方（祭）　→祭（北海道・東北
 地方）······································ 402
東北地方（遺跡・史跡めぐり）　→遺
 跡・史跡めぐり（北海道・東北地
 方）·· 126
遠野物語　→柳田国男と遠野物語··· 383
遠山金四郎　→日本史―近世（人物
 探訪）······································ 368
徳川家康
 →関ヶ原合戦 ·························· 149
 →日光東照宮 ·························· 182
 →徳川家康 ······························ 367
徳川光圀　→水戸光圀 ················ 369
徳川慶喜
 →戊辰戦争 ······························ 149
 →徳川慶喜 ······························ 378

徳川吉宗　→日本史―近世（人物探
 訪）·· 368
徳島阿波踊り ································ 419
徳島県　→徳島阿波踊り ············ 419
徳島城　→城・城跡（四国地方）··· 347
特別史跡
 →吉野ヶ里遺跡 ······················ 105
 →大宰府 ·································· 139
 →戊辰戦争 ······························ 149
 →金閣と銀閣 ·························· 202
 →厳島神社 ······························ 209
 →奥州平泉 ······························ 249
 →日光街道 ······························ 311
 →東海道 ·································· 318
 →江戸城 ·································· 338
 →名古屋城 ······························ 340
 →大坂城 ·································· 344
 →姫路城 ·································· 345
 →熊本城 ·································· 349
 →織田信長 ······························ 367
特別名勝
 →金閣と銀閣 ·························· 202
 →厳島神社 ······························ 209
栃木県
 →日光東照宮 ·························· 182
 →奥州街道 ······························ 309
 →日光街道 ······························ 311
トプカプ宮殿　→城・城跡（アジア）
 ·· 349
豊臣秀吉
 →大坂城 ·································· 344
 →豊臣秀吉 ······························ 367
トルコ
 →イスタンブール ·················· 293
 →聖パウロの旅 ······················ 380
敦煌の遺跡 ···································· 111
トン族　→中国少数民族 ············ 431

【な】

長崎街道　→街道（九州・沖縄地方）
 ·· 327
長崎くんち　→祭（九州・沖縄地方）
 ·· 419
長崎と異国文化 ···························· 290
中山道 ·· 315
長野県

事項名索引

　　→川中島合戦 ……………………… 149
　　→善光寺 …………………………… 189
　　→松本城 …………………………… 341
　　→菅江真澄 ………………………… 382
中浜万次郎　→ジョン万次郎 ……… 373
南木曾町妻篭宿　→中山道 ………… 315
名古屋城 ………………………………… 340
ナスカ遺跡 ……………………………… 122
ナスカおよびフマナ平原の地上絵
　　→ナスカ遺跡 ……………………… 122
七三一部隊　→旧満州 ………………… 70
なまはげ　→年中行事（北海道・東
　　北地方）…………………………… 392
奈良 ……………………………………… 285
奈良（寺社めぐり）　→寺社めぐり
　　（奈良）…………………………… 202
奈良（仏像めぐり）　→仏像めぐり
　　（奈良）…………………………… 245
楢川村奈良井　→中山道 …………… 315
奈良県
　　→太平記 …………………………… 3
　　→東大寺 …………………………… 205
　　→興福寺 …………………………… 206
　　→法隆寺 …………………………… 206
　　→薬師寺 …………………………… 207
　　→室生寺 …………………………… 208
　　→唐招提寺 ………………………… 208
　　→正倉院 …………………………… 232
　　→奈良 ……………………………… 285
奈良時代
　　→比叡山延暦寺 …………………… 195
　　→東大寺 …………………………… 205
　　→興福寺 …………………………… 206
　　→室生寺 …………………………… 208
　　→唐招提寺 ………………………… 208
　　→正倉院 …………………………… 232
成田街道　→街道（関東地方）…… 309
南禅寺　→寺社めぐり（京都）…… 197
南都七大寺
　　→東大寺 …………………………… 205
　　→興福寺 …………………………… 206
　　→法隆寺 …………………………… 206
　　→薬師寺 …………………………… 207
南北朝時代　→太平記 ………………… 3
新潟県　→良寛 ………………………… 371
西本願寺　→寺社めぐり（京都）… 197
二条城　→城・城跡（近畿地方）… 342
日蓮 ……………………………………… 363

日光街道 ………………………………… 311
日光杉並木街道　→日光街道 ……… 311
日光東照宮 ……………………………… 182
新渡戸稲造　→日本史―近代（人物
　　探訪）…………………………… 374
二宮金次郎　→日本史―近世（人物
　　探訪）…………………………… 368
日本三大七夕　→仙台七夕 ………… 404
日本三大祭
　　→京都祇園祭 ……………………… 416
　　→大阪天神祭 ……………………… 417
日本史―近世（人物探訪）………… 368
日本史―近代（人物探訪）………… 374
日本史―古代（人物探訪）………… 358
日本史―中世（人物探訪）………… 360
日本とキリスト教　→日本とキリス
　　ト教（キリシタン）…………… 154
二本松少年隊　→日本史―近代（人
　　物探訪）………………………… 374
女人高野　→室生寺 ………………… 208
仁和寺　→寺社めぐり（京都）…… 197
ネイティブ・アメリカン …………… 433
年中行事（沖縄地方）　→年中行事
　　（九州・沖縄地方）…………… 398
年中行事（関東地方）……………… 392
年中行事（九州地方）　→年中行事
　　（九州・沖縄地方）…………… 398
年中行事（近畿地方）……………… 396
年中行事（四国地方）……………… 398
年中行事（世界）…………………… 398
年中行事（中国地方）……………… 398
年中行事（中部地方）　→年中行事
　　（中部・東海地方）…………… 395
年中行事（東海地方）　→年中行事
　　（中部・東海地方）…………… 395
年中行事（東北地方）　→年中行事
　　（北海道・東北地方）………… 392
年中行事（日本）…………………… 390
年中行事（北陸地方）……………… 396
年中行事（北海道）　→年中行事（北
　　海道・東北地方）……………… 392
ノイシュヴァンシュタイン城　→城・
　　城跡（ドイツ）………………… 353
ノートルダム大聖堂　→寺院・教会
　　（ヨーロッパ）………………… 221
ノモンハン事件 ……………………… 150

451

【は】

パウロ　→聖パウロの旅 …………… 380
博多どんたく　→祭（九州・沖縄地方） ……………………………… 419
パキスタン　→ガンダーラ文化 …… 112
白隠　→日本史─近世（人物探訪） … 368
幕末期
　→幕末・明治維新 ………………… 4
　→勝海舟 ………………………… 375
　→岩倉具視と岩倉使節団 ……… 376
　→西郷隆盛 ……………………… 376
　→吉田松陰 ……………………… 377
　→福沢諭吉 ……………………… 377
　→坂本竜馬 ……………………… 377
　→徳川慶喜 ……………………… 378
　→高杉晋作 ……………………… 378
　→新撰組 ………………………… 379
箱根旧街道　→東海道 …………… 318
箱根関跡　→東海道 ……………… 318
バチカン …………………………… 305
バチカン市国　→バチカン ……… 305
莫高窟　→敦煌の遺跡 …………… 111
バード，イザベラ　→イザベラ・バード ……………………………… 20
浜街道　→街道（北海道・東北地方） ……………………………… 308
浜田彦蔵　→アメリカ彦蔵 ……… 374
パリ ………………………………… 298
バルカン半島　→アレキサンダー大王 ……………………………… 380
バルセロナ ………………………… 306
パルテノン　→古代ギリシア遺跡 … 113
ハルビン　→旧満州 ………………… 70
ハンザ同盟　→ヨーロッパ ………… 86
万里の長城 ………………………… 111
比叡山　→比叡山延暦寺 ………… 195
比叡山延暦寺 ……………………… 195
彦根城　→城・城跡（近畿地方） … 342
土方歳三　→新撰組 ……………… 379
姫街道　→街道（中部・東海地方） … 313
姫路城 ……………………………… 345
百済寺　→寺社めぐり（近畿地方） … 190
白虎隊　→日本史─近代（人物探訪） ……………………………… 374
兵庫県
　→姫路城 ………………………… 345
　→赤穂浪士と忠臣蔵 …………… 370
平等院 ……………………………… 202
漂流記 ………………………………… 6
平賀源内　→日本史─近世（人物探訪） ……………………………… 368
ピラミッド　→古代エジプト文明 … 116
広島県
　→原爆ドームと原爆資料 ……… 137
　→厳島神社 ……………………… 209
ファラオ　→古代エジプト文明 … 116
フィレンツェ ……………………… 304
溥儀　→旧満州 ……………………… 70
富貴寺　→寺社めぐり（九州・沖縄地方） ……………………………… 219
福岡県　→大宰府 ………………… 139
福沢諭吉 …………………………… 377
福島県　→奥州街道 ……………… 309
福島正則　→戦国大名 …………… 365
福島安正　→日本史─近代（人物探訪） ……………………………… 374
福山城　→城・城跡（中国地方） … 346
藤原鎌足　→興福寺 ……………… 206
藤原清衡　→奥州平泉 …………… 249
藤原純友　→日本史─古代（人物探訪） ……………………………… 358
藤原秀衡　→奥州平泉 …………… 249
藤原基衡　→奥州平泉 …………… 249
藤原頼通　→平等院 ……………… 202
仏教（インド） …………………… 157
仏教（チベット） ………………… 160
仏教（中国） ……………………… 156
仏教（世界） ……………………… 156
仏像　→文化財・仏像 …………… 224
仏像めぐり（アジア） …………… 247
仏像めぐり（沖縄地方）　→仏像めぐり（九州・沖縄地方） ……… 247
仏像めぐり（関東地方） ………… 240
仏像めぐり（九州地方）　→仏像めぐり（九州・沖縄地方） ……… 247
仏像めぐり（京都） ……………… 245
仏像めぐり（近畿地方） ………… 244
仏像めぐり（四国地方） ………… 247
仏像めぐり（中国地方） ………… 246
仏像めぐり（中部地方）　→仏像めぐり（中部・東海地方） ……… 242
仏像めぐり（東海地方）　→仏像めぐり（中部・東海地方） ……… 242

事項名索引

仏像めぐり（東北地方） →仏像めぐり（北海道・東北地方） …………… 238	→金刀比羅宮 ………………………… 219
仏像めぐり（奈良） ………………… 245	→奥州平泉 …………………………… 249
仏像めぐり（日本） ………………… 234	→空海 ………………………………… 358
仏像めぐり（北陸地方） …………… 243	→円仁 ………………………………… 359
仏像めぐり（北海道） →仏像めぐり（北海道・東北地方） …………… 238	→平将門 ……………………………… 359
ブッダ →仏教（インド） ………… 157	→瀬戸内水軍と村上氏 ……………… 360
武帝 →敦煌の遺跡 ………………… 111	→源氏と平家 ………………………… 361
フランス	→源頼朝と源義経 …………………… 362
→シャルトル大聖堂 ……………… 223	平家落人伝説 ……………………………… 3
→モン・サン・ミシェル修道院 … 223	平家納経 →厳島神社 ……………… 209
→パリ ……………………………… 298	平家物語 →源氏と平家 …………… 361
→ヴェルサイユ宮殿 ……………… 354	平城京 →奈良 ……………………… 285
フランチェスコ →アッシジの聖フランチェスコ …………………………… 222	北京 …………………………………… 292
フロイス,ルイス →ルイス・フロイス …………………………………… 155	ベニス →ヴェネツィア …………… 302
文化財 →文化財・仏像 …………… 224	ヘボン →外国人の見た日本 ……… 11
文化財探訪（沖縄地方） →文化財探訪（九州・沖縄地方） …………… 233	ペリー …………………………………… 19
文化財探訪（関東地方） …………… 228	ペルー
文化財探訪（九州地方） →文化財探訪（九州・沖縄地方） …………… 233	→ナスカ遺跡 ……………………… 122
文化財探訪（近畿地方） …………… 231	→インカ帝国の遺跡 ……………… 141
文化財探訪（四国地方） …………… 233	ペルシア →アレキサンダー大王 … 380
文化財探訪（中国地方） …………… 233	ペルリ →ペリー ……………………… 19
文化財探訪（中部地方） →文化財探訪（中部・東海地方） …………… 230	ベルリン ……………………………… 299
文化財探訪（東海地方） →文化財探訪（中部・東海地方） …………… 230	ベルリンの壁 →遺跡・史跡めぐり（世界） …………………………… 140
文化財探訪（東北地方） →文化財探訪（北海道・東北地方） …………… 227	弁慶 →日本史―中世（人物探訪） … 360
文化財探訪（日本） ………………… 227	法界寺 →寺社めぐり（京都） …… 197
文化財探訪（北陸地方） …………… 231	方言の旅 ……………………………… 388
文化財探訪（北海道） →文化財探訪（北海道・東北地方） …………… 227	北条早雲 →日本史―中世（人物探訪） ……………………………………… 360
文成帝 →雲崗石窟 ………………… 145	北条時宗 ……………………………… 364
平安時代	北条政子 →日本史―中世（人物探訪） ……………………………………… 360
→大宰府 …………………………… 139	法然 …………………………………… 363
→熊野古道 ………………………… 151	法隆寺 ………………………………… 206
→西国巡礼 ………………………… 193	北魏時代 →雲崗石窟 ……………… 145
→比叡山延暦寺 …………………… 195	北陸地方（遺跡・史跡めぐり） →遺跡・史跡めぐり（北陸地方） …… 134
→高野山金剛峰寺 ………………… 196	北陸地方（街道） →街道（北陸地方） ……………………………………… 325
→平等院 …………………………… 202	北陸地方（古代遺跡） →古代遺跡（北陸地方） ……………………… 103
→清水寺 …………………………… 202	北陸地方（寺社めぐり） →寺社めぐり（北陸地方） ……………………… 189
→厳島神社 ………………………… 209	北陸地方（城下町） →城下町（北陸地方） ……………………………… 356
→四国遍路の旅 …………………… 210	北陸地方（城・城跡） →城・城跡（北陸地方） ……………………… 341

453

事項名索引

北陸地方（年中行事）　→年中行事
　　（北陸地方） ………………… 396
北陸地方（仏像めぐり）　→仏像めぐ
　　り（北陸地方） ……………… 243
北陸地方（文化財探訪）　→文化財探
　　訪（北陸地方） ……………… 231
北陸地方（祭）　→祭（北陸地方） 411
戊辰戦争 ……………………………… 149
北海道
　　→蝦夷地 ……………………… 25
　　→戊辰戦争 …………………… 149
　　→円空 ………………………… 369
　　→間宮林蔵 …………………… 372
　　→松浦武四郎 ………………… 373
　　→菅江真澄 …………………… 382
　　→アイヌ ……………………… 429
北海道（街道）　→街道（北海道・東
　　北地方） ……………………… 308
北海道（古代遺跡）　→古代遺跡（北
　　海道・東北地方） …………… 101
北海道（寺社めぐり）　→寺社めぐり
　　（北海道・東北地方） ……… 176
北海道（城・城跡）　→城・城跡（北
　　海道・東北地方） …………… 335
北海道（年中行事）　→年中行事（北
　　海道・東北地方） …………… 392
北海道（仏像めぐり）　→仏像めぐり
　　（北海道・東北地方） ……… 238
北海道（文化財探訪）　→文化財探訪
　　（北海道・東北地方） ……… 227
北海道（祭）　→祭（北海道・東北地
　　方） …………………………… 402
北海道（遺跡・史跡めぐり）　→遺跡・
　　史跡めぐり（北海道・東北地方） 126
ボリビア　→インカ帝国の遺跡 … 141
ポルトガル　→ルイス・フロイス 155
ボロブドゥール遺跡　→遺跡・史跡
　　めぐり（アジア） …………… 143
本田善光　→善光寺 ……………… 189
ポンペイ遺跡 ……………………… 116
ポンペイ、エルコラーノおよびトッ
　　レ・アヌンツィアータの遺跡
　　→古代ローマ遺跡 …………… 114
　　→ポンペイ遺跡 ……………… 116

【ま】

前田利家　→戦国大名 …………… 365
将門伝説　→平将門 ……………… 359
街並み（ヨーロッパ） …………… 425
街並み（日本） …………………… 424
マチュ・ピチュ歴史保護区　→イン
　　カ帝国の遺跡 ………………… 141
松浦武四郎 ………………………… 373
松江城　→城・城跡（中国地方） 346
松本　→城下町（中部・東海地方） 355
松本城 ……………………………… 341
松山城　→城・城跡（四国地方） 347
祭（アジア） ……………………… 423
祭（沖縄地方）　→祭（九州・沖縄地
　　方） …………………………… 419
祭（関東地方） …………………… 404
祭（九州地方）　→祭（九州・沖縄地
　　方） …………………………… 419
祭（近畿地方） …………………… 413
祭（四国地方） …………………… 418
祭（世界） ………………………… 421
祭（中国地方） …………………… 417
祭（中部地方）　→祭（中部・東海地
　　方） …………………………… 407
祭（東海地方）　→祭（中部・東海地
　　方） …………………………… 407
祭（東北地方）　→祭（北海道・東北
　　地方） ………………………… 402
祭（日本） ………………………… 399
祭（北陸地方） …………………… 411
祭（北海道）　→祭（北海道・東北地
　　方） …………………………… 402
祭（ヨーロッパ） ………………… 423
マホメット　→イスラム教 ……… 162
間宮林蔵 …………………………… 372
マヤ文明　→マヤ・アステカ文明 120
万福寺　→寺社めぐり（京都） … 197
三重県　→伊勢神宮 ……………… 188
三国街道　→街道（関東地方） … 309
三井寺　→寺社めぐり（近畿地方） 190
水戸光圀 …………………………… 369
源実朝　→源氏と平家 …………… 361
源義経　→源頼朝と源義経 ……… 362
源頼朝　→源頼朝と源義経 ……… 362
源頼朝と源義経 …………………… 362

454

ミャオ族　→中国少数民族 ……………… 431
宮城県
　　→伊達政宗 …………………………… 367
　　→仙台七夕 …………………………… 404
宮島　→厳島神社 ……………………… 209
宮本常一と民俗学 ……………………… 386
宮本武蔵 ………………………………… 370
妙心寺　→寺社めぐり（京都）………… 197
妙法院　→寺社めぐり（京都）………… 197
民芸　→柳宗悦と民芸 ………………… 388
民族 ……………………………………… 429
民俗学 …………………………………… 382
民謡（沖縄）……………………………… 428
民謡（世界）……………………………… 428
民謡（日本）……………………………… 427
無形民俗文化財　→大文字送り火 …… 397
村田清風　→日本史―近世（人物探
　　訪）…………………………………… 368
室生寺 …………………………………… 208
室町時代
　　→琉球王国遺跡 …………………… 139
　　→フランシスコ・ザビエル ……… 155
　　→ルイス・フロイス ……………… 155
　　→比叡山延暦寺 …………………… 195
　　→金閣と銀閣 ……………………… 202
　　→鎌倉 ……………………………… 265
　　→松本城 …………………………… 341
　　→瀬戸内水軍と村上氏 …………… 360
　　→一休宗純 ………………………… 364
　　→北条時宗 ………………………… 364
　　→蓮如 ……………………………… 364
明治維新　→幕末・明治維新 …………… 4
明治時代
　　→幕末・明治維新 …………………… 4
　　→E.S.モース ………………………… 20
　　→イザベラ・バード ………………… 20
　　→アーネスト・サトウ ……………… 21
　　→秩父事件 …………………………… 36
　　→勝海舟 …………………………… 375
　　→岩倉具視と岩倉使節団 ………… 376
　　→西郷隆盛 ………………………… 376
　　→福沢諭吉 ………………………… 377
　　→徳川慶喜 ………………………… 378
　　→柳田国男と遠野物語 …………… 383
メキシコ　→マヤ・アステカ文明 …… 120
メッカ　→イスラム教 ………………… 162
メルヘン街道 …………………………… 330

メンフィスとその墓地遺跡―ギーザ
　　からダハシュールまでのピラミ
　　ッド地帯　→古代エジプト文明 · 116
モアイ像　→イースター島のモアイ
　　像 …………………………………… 142
毛沢東 …………………………………… 380
毛利元就 ………………………………… 366
最上徳内　→日本史―近世（人物探
　　訪）…………………………………… 368
モース,E.S.　→E.S.モース …………… 20
モスクワ ………………………………… 306
本居宣長　→日本史―近世（人物探
　　訪）…………………………………… 368
盛岡城　→城・城跡（北海道・東北地
　　方）…………………………………… 335
モンゴル　→ノモンハン事件 ………… 150
モン・サン・ミシェル修道院 ………… 223

【　や　】

柳生宗矩　→日本史―中世（人物探
　　訪）…………………………………… 360
薬師寺 …………………………………… 207
八坂神社　→寺社めぐり（京都）……… 197
屋島　→源氏と平家 …………………… 361
靖国神社　→寺社めぐり（関東地方）
　　……………………………………… 177
柳田国男と遠野物語 …………………… 383
柳宗悦と民芸 …………………………… 388
山口県
　　→毛利元就 ………………………… 366
　　→吉田松陰 ………………………… 377
　　→高杉晋作 ………………………… 378
日本武尊　→日本史―古代（人物探
　　訪）…………………………………… 358
山梨県
　　→甲州街道 ………………………… 312
　　→武田信玄 ………………………… 366
山本勘助　→日本史―中世（人物探
　　訪）…………………………………… 360
弥生時代
　　→吉野ヶ里遺跡 …………………… 105
　　→出雲神話 ………………………… 153
吉田松陰 ………………………………… 377
吉野ヶ里遺跡 …………………………… 105
ヨーロッパ
　　→ヨーロッパ ……………………… 86

455

事項名索引

→ロマ 432
ヨーロッパ（教会） →寺院・教会（ヨーロッパ） 221
ヨーロッパ（古都） →古都（ヨーロッパ） 295
ヨーロッパ（寺院） →寺院・教会（ヨーロッパ） 221
ヨーロッパ（宗教） →宗教・神話（ヨーロッパ） 165
ヨーロッパ（修道院） →修道院（ヨーロッパ） 223
ヨーロッパ（城・城跡） →城・城跡（ヨーロッパ） 350
ヨーロッパ（神話） →宗教・神話（ヨーロッパ） 165
ヨーロッパ（街並み） →街並み（ヨーロッパ） 425
ヨーロッパ（祭） →祭（ヨーロッパ） 423

【ら】

頼山陽 →日本史―近世（人物探訪） 368
雷電為右衛門 →日本史―近世（人物探訪） 368
ラマ教 →仏教（チベット） 160
琉球王国遺跡 139
竜安寺 →寺社めぐり（京都） 197
良寛 371
旅順 →旧満州 70
盧舎那仏坐像 →東大寺 205

呂宋助左衛門 →日本史―中世（人物探訪） 360
ルルド →宗教・神話（ヨーロッパ） 165
レニングラード →サンクト・ペテルブルク 307
蓮華寺 →寺社めぐり（京都） 197
蓮如 364
楼蘭 →シルクロードと楼蘭 74
鹿苑寺 →金閣と銀閣 202
六波羅蜜寺 →寺社めぐり（京都） 197
ロシア
　→モスクワ 306
　→サンクト・ペテルブルク 307
　→大黒屋光太夫 371
ロマ 432
ロマネスク教会 →寺院・教会（ヨーロッパ） 221
ローマ歴史地区、教皇領とサン・パオロ・フオーリ・レ・ムーラ大聖堂
　→古代ローマ遺跡 114
　→ローマ 301
　→バチカン 305
ロマンチック街道 329
ロンドン 297

【わ】

若松城 →城・城跡（北海道・東北地方） 335
和歌山県
　→熊野古道 151
　→高野山金剛峯寺 196

456

読書案内・紀行編　歴史と民俗の旅

2002年10月25日　第1刷発行

発　行　者／大髙利夫
編集・発行／日外アソシエーツ株式会社
　　　　　　〒143-8550 東京都大田区大森北1-23-8 第3下川ビル
　　　　　　電話(03)3763-5241(代表)　FAX(03)3764-0845
　　　　　　URL http://www.nichigai.co.jp/
発　売　元／株式会社紀伊國屋書店
　　　　　　〒163-8636 東京都新宿区新宿3-17-7
　　　　　　電話(03)3354-0131(代表)
　　　　　　ホールセール部(営業)　電話(03)5469-5918

電算漢字処理／日外アソシエーツ株式会社
印刷・製本／株式会社平河工業社

不許複製・禁無断転載　　　《中性紙三菱クリームエレガ使用》
〈落丁・乱丁本はお取り替えいたします〉
ISBN4-8169-1740-3　　　　Printed in Japan, 2002

本書はディジタルデータでご利用いただくことができます。詳細はお問い合わせください。

選書・読書指導に最適！
ハンディなブックガイド

読書案内シリーズ

読書案内・知る本

・解説と参考図書目録・

大事件を知る本	A5・440頁 定価(本体6,800円＋税)	1997.12刊
続・大事件を知る本 古代～近世	A5・340頁 定価(本体6,600円＋税)	1999.9刊
ものの歴史を知る本Ⅰ	A5・350頁 定価(本体7,000円＋税)	1998.1刊
ものの歴史を知る本Ⅱ	A5・340頁 定価(本体7,000円＋税)	1998.10刊
「明治」を知る本	A5・400頁 定価(本体6,800円＋税)	2000.3刊
大江戸を知る本	A5・360頁 定価(本体6,800円＋税)	2000.7刊
伝統芸能を知る本	A5・360頁 定価(本体7,400円＋税)	2000.12刊
国宝を知る本 建造物編	A5・370頁 定価(本体7,500円＋税)	2001.3刊
国宝を知る本 絵画編	A5・380頁 定価(本体7,800円＋税)	2001.11刊
国宝を知る本 彫刻編	A5・370頁 定価(本体7,800円＋税)	2001.11刊

読書案内・紀行編

・旅に関する図書を一覧・

歴史と民俗の旅	A5・470頁 定価(本体6,800円＋税)	2002.10刊
自然と冒険の旅		2002.11刊行予定
芸術と文学の旅		2002.12刊行予定
読書案内 日本の作家－伝記と作品 新訂版	A5・430頁 定価(本体5,000円＋税)	2002.5刊
読書案内 世界の作家－伝記と作品 新訂版	A5・380頁 定価(本体5,000円＋税)	2002.7刊

●お問い合わせ・資料請求は…
データベースカンパニー
日外アソシエーツ
〒143-8550 東京都大田区大森北1-23-8
TEL.(03)3763-5241　FAX.(03)3764-0845
ホームページ http://www.nichigai.co.jp/